ZHONGGUO
DAXUEZHUANYE
QUANJIE

中国大学专业全解

杜衡 ● 主编

WUHAN UNIVERSITY PRESS
武汉大学出版社

图书在版编目(CIP)数据

中国大学专业全解/杜衡主编. —武汉:武汉大学出版社,2016.5
ISBN 978-7-307-17866-3

Ⅰ.中… Ⅱ.杜… Ⅲ.高等学校—专业—介绍—中国 Ⅳ.G647.32

中国版本图书馆 CIP 数据核字(2016)第 102918 号

责任编辑:陈 红

出版发行:武汉大学出版社 (430072 武昌 珞珈山)
(电子邮件:cbs22@whu.edu.cn 网址:www.wdp.com.cn)
印刷:武汉市新华印刷有限责任公司
开本:787×1092 1/16 印张:38.25 字数:1261 千字
版次:2016 年 5 月第 1 版 2016 年 5 月第 1 次印刷
ISBN 978-7-307-17866-3 定价:60.00 元

版权所有,不得翻印;凡购买我社的图书,如有质量问题,请与当地图书销售部门联系调换。

编写说明

每年高考志愿填报，总是考生及其家长最为纠结的事情。在分数业已明确的情况下，选择一所自己心仪已久的大学和喜欢又有发展前景的专业，成为广大考生和家长的共同追求。如何选择呢？学校优先还是专业优先？什么专业是符合自己个性特征又有发展前景的专业？如此等等，不仅考验着考生及其家长的能力和智慧，也考验着他们的决心和耐心。

虽然，考生在填报志愿时，把过多的时间和精力放在了对学校的选择上，但是，更能够反映考生及其家长的智慧、决断、眼光的，却是其对专业的选择。事实上，就影响考生此后一生发展的重要程度而言，专业的因素远远大于学校。有调查显示，对于专业的满意度，有52.78%的在校大学生选择了“一般般”，仅有27.78%的在校大学生选择了“喜欢”，而选择了“不喜欢”与“非常不喜欢”的比例，则高达11.11%与8.33%。近年来的就业数据也显示，学以致用（就业与自己所学专业一致）的比例非常低，有的专业甚至还不到一半，令人震惊。那么，在至关重要的专业选择上，为什么会出现这么大的失误呢？一是很多考生在填报志愿时，对所报专业的相关知识（如学习内容、培养目标、能力要求、毕业去向、发展前景等）一无所知，仅看专业名称或参照同学的填报而匆匆填报，没有广泛地收集信息和有针对性地精准分析；二是很多考生对自己完全没有能力倾向认知和职业发展规划，仅凭个人好恶和简单的形势判断就完成填报。一句话，大多数考生填报志愿时，对专业认知的资讯掌握得非常有限，或者望文生义，或者随波逐流，或者盲目崇拜，感性大于理性，缺乏全面把握和透彻分析。可以想象，这种状况下填报的志愿会出现什么样的情况!

要想上一所自己心仪的大学、学一个自己称心的专业，就必须对中国大学的专业有一个全方位的了解和把握，知道该专业的前世今生、学业内涵、发展趋势，了解该专业的整体状况、学校分布、职业前景，真正实现理性填报。正是基于帮助考生及其家长全面了解中国大学专业、准确填报志愿的考虑，我们编写了这本《中国大学专业全解》。全书分为六个部分：普通高等学校本科专业目录（2012年）、普通高等学校本科专业目录新旧专业对照、2015年度普通高等学校本科专业备案和审批结果、普通高等学校本科专业解析、2012年教育部学科评估排名前十的普通高等学校名录、深度：部分普通高等学校本科专业详解。在本书资料收集、整理、编辑的过程中，我们始终坚持三个原则：新、全、准。所谓“新”，是指书中有关大学专业的信息，必须是最新的，比如，本书中“2015年度普通高等学校本科专业备案和审批结果”，就是教育部2016年2月16日发布的，是2016年大学本科招生的指导性文件，这是最新资讯；本书对资讯的处理，其时间下限截至2016年3月31日。所谓“全”，一是指本书对中国大学专业的解析，是对教育部颁布的《普通高等学校本科专业目录（2012年）》所列全部12大类学科门类92类506种专业的详细解读，成为全国同类图书的唯一；二是指本书对全部收录专业的解读，是关于该专业的全方位解读，诸如专业名称、专业代码、培养目标、培养要求、主干学科、主要课程、实践环节、修业年限、授予学位、就业方向、开设学校等等，力求全面和完整。所谓“准”，是指本书对任一专业的解读，都在收集、编辑过程中经过反复的核实和校对，务求准确反映其全貌；同时，本书的各种数据，也与官方数据进行了详细比对，力求精准。

总之，能给考生及其家长以具体的帮助，就是我们的初衷，也是我们一贯坚持的原则，祈求所愿即所做！

编 者

2016年4月1日

目 录

一、普通高等学校本科专业目录(2012年)

一、基本专业

01 学科门类:哲学

0101	哲学类
010101	哲学
010102	逻辑学
010103K	宗教学

02 学科门类:经济学

0201	经济学类
020101	经济学
020102	经济统计学
0202	财政学类
020201K	财政学
020202	税收学
0203	金融学类
020301K	金融学
020302	金融工程
020303	保险学
020304	投资学
0204	经济与贸易类
020401	国际经济与贸易
020402	贸易经济

03 学科门类:法学

0301	法学类
030101K	法学
0302	政治学类
030201	政治学与行政学
030202	国际政治
030203	外交学
0303	社会学类
030301	社会学
030302	社会工作
0304	民族学类
030401	民族学
0305	马克思主义理论类
030501	科学社会主义
030502	中国共产党历史
030503	思想政治教育
0306	公安学类
030601K	治安学
030602K	侦查学
030603K	边防管理

04 学科门类:教育学

0401	教育学类
040101	教育学
040102	科学教育
040103	人文教育
040104	教育技术学(注:可授教育学或理学或工学学士学位)
040105	艺术教育(注:可授教育学或艺术学学士学位)
040106	学前教育
040107	小学教育
040108	特殊教育
0402	体育学类
040201	体育教育
040202K	运动训练
040203	社会体育指导与管理
040204K	武术与民族传统体育
040205	运动人体科学

05 学科门类:文学

0501	中国语言文学类
050101	汉语言文学
050102	汉语言

050103	汉语国际教育
050104	中国少数民族语言文学
050105	古典文献学

0502	**外国语言文学类**
050201	英语
050202	俄语
050203	德语
050204	法语
050205	西班牙语
050206	阿拉伯语
050207	日语
050208	波斯语
050209	朝鲜语
050210	菲律宾语
050211	梵语巴利语
050212	印度尼西亚语
050213	印地语
050214	柬埔寨语
050215	老挝语
050216	缅甸语
050217	马来语
050218	蒙古语
050219	僧伽罗语
050220	泰语
050221	乌尔都语
050222	希伯来语
050223	越南语
050224	豪萨语
050225	斯瓦希里语
050226	阿尔巴尼亚语
050227	保加利亚语
050228	波兰语
050229	捷克语
050230	斯洛伐克语
050231	罗马尼亚语
050232	葡萄牙语
050233	瑞典语
050234	塞尔维亚语
050235	土耳其语
050236	希腊语
050237	匈牙利语
050238	意大利语
050239	泰米尔语
050240	普什图语
050241	世界语
050242	孟加拉语
050243	尼泊尔语
050244	克罗地亚语
050245	荷兰语
050246	芬兰语
050247	乌克兰语
050248	挪威语
050249	丹麦语
050250	冰岛语
050251	爱尔兰语
050252	拉脱维亚语
050253	立陶宛语
050254	斯洛文尼亚语
050255	爱沙尼亚语
050256	马耳他语
050257	哈萨克斯坦语
050258	乌兹别克斯坦语
050259	祖鲁语
050260	拉丁语
050261	翻译
050262	商务英语

0503	**新闻传播学类**
050301	新闻学
050302	广播电视学
050303	广告学
050304	传播学
050305	编辑出版学

06 学科门类:历史学

0601	**历史学类**
060101	历史学
060102	世界史
060103	考古学
060104	文物与博物馆学

07 学科门类:理学

0701	**数学类**
070101	数学与应用数学
070102	信息与计算科学

0702	**物理学类**
070201	物理学
070202	应用物理学
070203	核物理

0703	**化学类**
070301	化学

070302	应用化学(注:可授理学或工学学士学位)
0704	**天文学类**
070401	天文学
0705	**地理科学类**
070501	地理科学
070502	自然地理与资源环境(注:可授理学或管理学学士学位)
070503	人文地理与城乡规划(注:可授理学或管理学学士学位)
070504	地理信息科学
0706	**大气科学类**
070601	大气科学
070602	应用气象学
0707	**海洋科学类**
070701	海洋科学
070702	海洋技术(注:可授理学或工学学士学位)
0708	**地球物理学类**
070801	地球物理学
070802	空间科学与技术(注:可授理学或工学学士学位)
0709	**地质学类**
070901	地质学
070902	地球化学
0710	**生物科学类**
071001	生物科学
071002	生物技术(注:可授理学或工学学士学位)
071003	生物信息学(注:可授理学或工学学士学位)
071004	生态学
0711	**心理学类**
071101	心理学(注:可授理学或教育学学士学位)
071102	应用心理学(注:可授理学或教育学学士学位)
0712	**统计学类**
071201	统计学
071202	应用统计学

08 学科门类:工学

0801	**力学类**
080101	理论与应用力学(注:可授工学或理学学士学位)
080102	工程力学
0802	**机械类**
080201	机械工程
080202	机械设计制造及其自动化
080203	材料成型及控制工程
080204	机械电子工程
080205	工业设计
080206	过程装备与控制工程
080207	车辆工程
080208	汽车服务工程
0803	**仪器类**
080301	测控技术与仪器
0804	**材料类**
080401	材料科学与工程
080402	材料物理(注:可授工学或理学学士学位)
080403	材料化学(注:可授工学或理学学士学位)
080404	冶金工程
080405	金属材料工程
080406	无机非金属材料工程
080407	高分子材料与工程
080408	复合材料与工程
0805	**能源动力类**
080501	能源与动力工程
0806	**电气类**
080601	电气工程及其自动化
0807	**电子信息类**
080701	电子信息工程(注:可授工学或理学学士学位)
080702	电子科学与技术(注:可授工学或理学学士学位)

080703	通信工程
080704	微电子科学与工程(注:可授工学或理学学士学位)
080705	光电信息科学与工程(注:可授工学或理学学士学位)
080706	信息工程
0808	**自动化类**
080801	自动化
0809	**计算机类**
080901	计算机科学与技术(注:可授工学或理学学士学位)
080902	软件工程
080903	网络工程
080904K	信息安全(注:可授工学或理学或管理学学士学位)
080905	物联网工程
080906	数字媒体技术
0810	**土木类**
081001	土木工程
081002	建筑环境与能源应用工程
081003	给排水科学与工程
081004	建筑电气与智能化
0811	**水利类**
081101	水利水电工程
081102	水文与水资源工程
081103	港口航道与海岸工程
0812	**测绘类**
081201	测绘工程
081202	遥感科学与技术
0813	**化工与制药类**
081301	化学工程与工艺
081302	制药工程
0814	**地质类**
081401	地质工程
081402	勘查技术与工程
081403	资源勘查工程
0815	**矿业类**
081501	采矿工程
081502	石油工程
081503	矿物加工工程
081504	油气储运工程
0816	**纺织类**
081601	纺织工程
081602	服装设计与工程(注:可授工学或艺术学学士学位)
0817	**轻工类**
081701	轻化工程
081702	包装工程
081703	印刷工程
0818	**交通运输类**
081801	交通运输
081802	交通工程
081803K	航海技术
081804K	轮机工程
081805K	飞行技术
0819	**海洋工程类**
081901	船舶与海洋工程
0820	**航空航天类**
082001	航空航天工程
082002	飞行器设计与工程
082003	飞行器制造工程
082004	飞行器动力工程
082005	飞行器环境与生命保障工程
0821	**兵器类**
082101	武器系统与工程
082102	武器发射工程
082103	探测制导与控制技术
082104	弹药工程与爆炸技术
082105	特种能源技术与工程
082106	装甲车辆工程
082107	信息对抗技术
0822	**核工程类**
082201	核工程与核技术
082202	辐射防护与核安全
082203	工程物理
082204	核化工与核燃料工程
0823	**农业工程类**
082301	农业工程
082302	农业机械化及其自动化
082303	农业电气化

082304	农业建筑环境与能源工程
082305	农业水利工程
0824	**林业工程类**
082401	森林工程
082402	木材科学与工程
082403	林产化工
0825	**环境科学与工程类**
082501	环境科学与工程
082502	环境工程
082503	环境科学(注:可授工学或理学学士学位)
082504	环境生态工程
0826	**生物医学工程类**
082601	生物医学工程(注:可授工学或理学学士学位)
0827	**食品科学与工程类**
082701	食品科学与工程(注:可授工学或农学学士学位)
082702	食品质量与安全
082703	粮食工程
082704	乳品工程
082705	酿酒工程
0828	**建筑类**
082801	建筑学
082802	城乡规划
082803	风景园林(注:可授工学或艺术学学士学位)
0829	**安全科学与工程类**
082901	安全工程
0830	**生物工程类**
083001	生物工程
0831	**公安技术类**
083101K	刑事科学技术
083102K	消防工程
	09 学科门类:农学
0901	**植物生产类**
090101	农学
090102	园艺
090103	植物保护
090104	植物科学与技术
090105	种子科学与工程
090106	设施农业科学与工程(注:可授农学或工学学士学位)
0902	**自然保护与环境生态类**
090201	农业资源与环境
090202	野生动物与自然保护区管理
090203	水土保持与荒漠化防治
0903	**动物生产类**
090301	动物科学
0904	**动物医学类**
090401	动物医学
090402	动物药学
0905	**林学类**
090501	林学
090502	园林
090503	森林保护
0906	**水产类**
090601	水产养殖学
090602	海洋渔业科学与技术
0907	**草学类**
090701	草业科学
	10 学科门类:医学
1001	**基础医学类**
100101K	基础医学
1002	**临床医学类**
100201K	临床医学
1003	**口腔医学类**
100301K	口腔医学
1004	**公共卫生与预防医学类**
100401K	预防医学
100402	食品卫生与营养学(注:授予理学学士学位)
1005	**中医学类**

100501K	中医学
100502K	针灸推拿学
100503K	藏医学
100504K	蒙医学
100505K	维医学
100506K	壮医学
100507K	哈医学
1006	**中西医结合类**
100601K	中西医临床医学
1007	**药学类**
100701	药学(注:授予理学学士学位)
100702	药物制剂(注:授予理学学士学位)
1008	**中药学类**
100801	中药学(注:授予理学学士学位)
100802	中药资源与开发(注:授予理学学士学位)
1009	**法医学类**
100901K	法医学
1010	**医学技术类**
101001	医学检验技术(注:授予理学学士学位)
101002	医学实验技术(注:授予理学学士学位)
101003	医学影像技术(注:授予理学学士学位)
101004	眼视光学(注:授予理学学士学位)
101005	康复治疗学(注:授予理学学士学位)
101006	口腔医学技术(注:授予理学学士学位)
101007	卫生检验与检疫(注:授予理学学士学位)
1011	**护理学类**
101101	护理学(注:授予理学学士学位)
	12 学科门类:管理学
1201	**管理科学与工程类**

120101	管理科学(注:可授管理学或理学学士学位)
120102	信息管理与信息系统(注:可授管理学或工学学士学位)
120103	工程管理(注:可授管理学或工学学士学位)
120104	房地产开发与管理
120105	工程造价(注:可授管理学或工学学士学位)
1202	**工商管理类**
120201K	工商管理
120202	市场营销
120203K	会计学
120204	财务管理
120205	国际商务
120206	人力资源管理
120207	审计学
120208	资产评估
120209	物业管理
120210	文化产业管理(注:可授管理学或艺术学学士学位)
1203	**农业经济管理类**
120301	农林经济管理
120302	农村区域发展(注:可授管理学或农学学士学位)
1204	**公共管理类**
120401	公共事业管理
120402	行政管理
120403	劳动与社会保障
120404	土地资源管理(注:可授管理学或工学学士学位)
120405	城市管理
1205	**图书情报与档案管理类**
120501	图书馆学
120502	档案学
120503	信息资源管理
1206	**物流管理与工程类**
120601	物流管理
120602	物流工程(注:可授管理学或工学学士学位)

1207	**工业工程类**
120701	工业工程(注:可授管理学或工学学士学位)
1208	**电子商务类**
120801	电子商务(注:可授管理学或经济学或工学学士学位)
1209	**旅游管理类**
120901K	旅游管理
120902	酒店管理
120903	会展经济与管理

13 学科门类:艺术学

1301	**艺术学理论类**
130101	艺术史论
1302	**音乐与舞蹈学类**
130201	音乐表演
130202	音乐学
130203	作曲与作曲技术理论
130204	舞蹈表演
130205	舞蹈学
130206	舞蹈编导
1303	**戏剧与影视学类**
130301	表演
130302	戏剧学
130303	电影学
130304	戏剧影视文学
130305	广播电视编导
130306	戏剧影视导演
130307	戏剧影视美术设计
130308	录音艺术
130309	播音与主持艺术
130310	动画
1304	**美术学类**
130401	美术学
130402	绘画
130403	雕塑
130404	摄影
1305	**设计学类**
130501	艺术设计学
130502	视觉传达设计
130503	环境设计
130504	产品设计
130505	服装与服饰设计
130506	公共艺术
130507	工艺美术
130508	数字媒体艺术

二、特设专业

01 学科门类:哲学

0101	**哲学类**
010104T	伦理学

02 学科门类:经济学

0201	**经济学类**
020103T	国民经济管理
020104T	资源与环境经济学
020105T	商务经济学
020106T	能源经济
0202	**财政学类**
0203	**金融学类**
020305T	金融数学
020306T	信用管理(注:可授经济学或管理学学士学位)
020307T	经济与金融
0204	**经济与贸易类**

03 学科门类:法学

0301	**法学类**
030102T	知识产权
030103T	监狱学
0302	**政治学类**
030204T	国际事务与国际关系
030205T	政治学、经济学与哲学
0303	**社会学类**
030303T	人类学
030304T	女性学
030305T	家政学
0304	**民族学类**

0305	马克思主义理论类
0306	公安学类
030604TK	禁毒学
030605TK	警犬技术
030606TK	经济犯罪侦查
030607TK	边防指挥
030608TK	消防指挥
030609TK	警卫学
030610TK	公安情报学
030611TK	犯罪学
030612TK	公安管理学
030613TK	涉外警务
030614TK	国内安全保卫
030615TK	警务指挥与战术
	04 学科门类:教育学
0401	教育学类
040109T	华文教育
0402	体育学类
040206T	运动康复(注:可授教育学或理学学士学位)
040207T	休闲体育
	05 学科门类:文学
0501	中国语言文学类
050106T	应用语言学
050107T	秘书学
0502	外国语言文学类
0503	新闻传播学类
050306T	网络与新媒体
050307T	数字出版
	06 学科门类:历史学
0601	历史学类
060105T	文物保护技术
060106T	外国语言与外国历史(注:可授历史学或文学学士学位)
	07 学科门类:理学
0701	数学类
070103T	数理基础科学
0702	物理学类
070204T	声学
0703	化学类
070303T	化学生物学
070304T	分子科学与工程
0704	天文学类
0705	地理科学类
0706	大气科学类
0707	海洋科学类
070703T	海洋资源与环境
070704T	军事海洋学
0708	地球物理学类
0709	地质学类
070903T	地球信息科学与技术(注:可授理学或工学学士学位)
070904T	古生物学
0710	生物科学类
0711	心理学类
0712	统计学类
	08 学科门类:工学
0801	力学类
0802	机械类
080209T	机械工艺技术
080210T	微机电系统工程
080211T	机电技术教育
080212T	汽车维修工程教育
0803	仪器类
0804	材料类
080409T	粉体材料科学与工程
080410T	宝石及材料工艺学
080411T	焊接技术与工程
080412T	功能材料
080413T	纳米材料与技术
080414T	新能源材料与器件

0805	**能源动力类**
080502T	能源与环境系统工程
080503T	新能源科学与工程
0806	**电气类**
080602T	智能电网信息工程
080603T	光源与照明
080604T	电气工程与智能控制
0807	**电子信息类**
080707T	广播电视工程
080708T	水声工程
080709T	电子封装技术
080710T	集成电路设计与集成系统
080711T	医学信息工程
080712T	电磁场与无线技术
080713T	电波传播与天线
080714T	电子信息科学与技术(注:可授工学或理学学士学位)
080715T	电信工程及管理
080716T	应用电子技术教育
0808	**自动化类**
080802T	轨道交通信号与控制
0809	**计算机类**
080907T	智能科学与技术
080908T	空间信息与数字技术
080909T	电子与计算机工程
0810	**土木类**
081005T	城市地下空间工程
081006T	道路桥梁与渡河工程
0811	**水利类**
081104T	水务工程
0812	**测绘类**
081203T	导航工程
081204T	地理国情监测
0813	**化工与制药类**
081303T	资源循环科学与工程
081304T	能源化学工程
081305T	化学工程与工业生物工程
0814	**地质类**
081404T	地下水科学与工程

0815	**矿业类**
081505T	矿物资源工程
081506T	海洋油气工程
0816	**纺织类**
081603T	非织造材料与工程
081604T	服装设计与工艺教育
0817	**轻工类**
0818	**交通运输类**
081806T	交通设备与控制工程
081807T	救助与打捞工程
081808TK	船舶电子电气工程
0819	**海洋工程类**
081902T	海洋工程与技术
081903T	海洋资源开发技术
0820	**航空航天类**
082006T	飞行器质量与可靠性
082007T	飞行器适航技术
0821	**兵器类**
0822	**核工程类**
0823	**农业工程类**
0824	**林业工程类**
0825	**环境科学与工程类**
082505T	环保设备工程
082506T	资源环境科学(注:可授工学或理学学士学位)
082507T	水质科学与技术
0826	**生物医学工程类**
082602T	假肢矫形工程
0827	**食品科学与工程类**
082706T	葡萄与葡萄酒工程
082707T	食品营养与检验教育
082708T	烹饪与营养教育
0828	**建筑类**
082804T	历史建筑保护工程
0829	**安全科学与工程类**

0830	**生物工程类**
083002T	生物制药
0831	**公安技术类**
083103TK	交通管理工程
083104TK	安全防范工程
083105TK	公安视听技术
083106TK	抢险救援指挥与技术
083107TK	火灾勘查
083108TK	网络安全与执法
083109TK	核生化消防

09 学科门类:农学

0901	**植物生产类**
090107T	茶学
090108T	烟草
090109T	应用生物科学(注:可授农学或理学学士学位)
090110T	农艺教育
090111T	园艺教育
0902	**自然保护与环境生态类**
0903	**动物生产类**
090302T	蚕学
090303T	蜂学
0904	**动物医学类**
090403T	动植物检疫(注:可授农学或理学学士学位)
0905	**林学类**
0906	**水产类**
090603T	水族科学与技术
0907	**草学类**

10 学科门类:医学

1001	**基础医学类**
1002	**临床医学类**
100202TK	麻醉学
100203TK	医学影像学
100204TK	眼视光医学
100205TK	精神医学
100206TK	放射医学
1003	**口腔医学类**
1004	**公共卫生与预防医学类**
100403TK	妇幼保健医学
100404TK	卫生监督
100405TK	全球健康学(注:授予理学学士学位)
1005	**中医学类**
1006	**中西医结合类**
1007	**药学类**
100703TK	临床药学(注:授予理学学士学位)
100704T	药事管理(注:授予理学学士学位)
100705T	药物分析(注:授予理学学士学位)
100706T	药物化学(注:授予理学学士学位)
100707T	海洋药学(注:授予理学学士学位)
1008	**中药学类**
100803T	藏药学(注:授予理学学士学位)
100804T	蒙药学(注:授予理学学士学位)
100805T	中药制药(注:可授理学或工学学士学位)
100806T	中草药栽培与鉴定(注:授予理学学士学位)
1009	**法医学类**
1010	**医学技术类**
101008T	听力与言语康复学
1011	**护理学类**

12 学科门类:管理学

1201	**管理科学与工程类**
120106TK	保密管理
1202	**工商管理类**
120211T	劳动关系
120212T	体育经济与管理

120213T	财务会计教育
120214T	市场营销教育
1203	**农业经济管理类**
1204	**公共管理类**
120406TK	海关管理
120407T	交通管理(注:可授管理学或工学学士学位)
120408T	海事管理
120409T	公共关系学
1205	**图书情报与档案管理类**
1206	**物流管理与工程类**
120603T	采购管理
1207	**工业工程类**
120702T	标准化工程
120703T	质量管理工程
1208	**电子商务类**
120802T	电子商务及法律
1209	**旅游管理类**
120904T	旅游管理与服务教育
	13　学科门类:艺术学
1301	**艺术学理论类**
1302	**音乐与舞蹈学类**
1303	**戏剧与影视学类**
130311T	影视摄影与制作
1304	**美术学类**
130405T	书法学
130406T	中国画
1305	**设计学类**
130509T	艺术与科技

说明:1.《普通高等学校本科专业目录(2012年)》是高等教育工作的基本指导性文件之一。它规定专业划分、名称及所属门类,是设置和调整专业,实施人才培养,安排招生,授予学位,指导就业,进行教育统计和人才需求预测等工作的重要依据。

2.本目录根据《教育部关于进行普通高等学校本科专业目录修订工作的通知》(教高〔2010〕11号)要求,按照科学规范、主动适应、继承发展的修订原则,在1998年原《普通高等学校本科专业目录》及原设目录外专业的基础上,经分科类调查研究、专题论证、总体优化配置、广泛征求意见、专家审议、行政决策等过程形成。

3.本目录的学科门类与国务院学位委员会、教育部2011年印发的《学位授予和人才培养学科目录(2011年)》的学科门类基本一致,分设哲学、经济学、法学、教育学、文学、历史学、理学、工学、农学、医学、管理学、艺术学12个学科门类。新增了艺术学学科门类,未设军事学学科门类,其代码11预留。专业类由修订前的73个增加到92个;专业由修订前的635种调减到506种。本目录哲学门类下设专业类1个,4种专业;经济学门类下设专业类4个,17种专业;法学门类下设专业类6个,32种专业;教育学门类下设专业类2个,16种专业;文学门类下设专业类3个,76种专业;历史学门类下设专业类1个,6种专业;理学门类下设专业类12个,36种专业;工学门类下设专业类31个,169种专业;农学门类下设专业类7个,27种专业;医学门类下设专业类11个,44种专业;管理学门类下设专业类9个,46种专业;艺术学门类下设专业类5个,33种专业。

4.新目录分为基本专业(352种)和特设专业(154种),并确定了62种专业为国家控制布点专业。特设专业和国家控制布点专业分别在专业代码后加“T”和“K”表示,以示区分。

5.本目录所列专业,除已注明者外,均按所在学科门类授予相应的学位。对已注明了学位授予门类的专业,按照注明的学科门类授予相应的学位;可授两种(或以上)学位门类的专业,原则上由有关高等学校确定授予其中一种。

二、普通高等学校本科专业目录新旧专业对照①

一、基本专业			
专业代码	学科门类、专业类、专业名称	原专业代码	原学科门类、专业类、专业名称
01	学科门类:哲学	01	学科门类:哲学
0101	哲学类	0101	哲学类
010101	哲学	010101	哲学
010102	逻辑学	010102*	逻辑学
010103K	宗教学	010103*	宗教学
02	学科门类:经济学	02	学科门类:经济学
0201	经济学类	0201	经济学类(部分)
020101	经济学	020101	经济学
		020116S	海洋经济学
020102	经济统计学	071601	统计学(部分)
0202	财政学类	0201	经济学类(部分)
020201K	财政学	020103	财政学
020202	税收学	020110W	税务
0203	金融学类	0201	经济学类(部分)
020301K	金融学	020104	金融学
020302	金融工程	020109W	金融工程
020303	保险学	020107W	保险
020304	投资学	020114W	投资学
0204	经济与贸易类	0201	经济学类(部分)
020401	国际经济与贸易	020102	国际经济与贸易
020402	贸易经济	020106W	贸易经济
		020117S	国际文化贸易
03	学科门类:法学	03	学科门类:法学
0301	法学类	0301	法学类
030101K	法学	030101	法学
0302	政治学类	0304	政治学类
030201	政治学与行政学	030401	政治学与行政学
030202	国际政治	030402	国际政治
		030406W	国际政治经济学
030203	外交学	030403*	外交学
0303	社会学类	0303	社会学类
030301	社会学	030301*	社会学
030302	社会工作	030302	社会工作

①新旧专业分别指《普通高等学校本科专业目录(2012年)》和《普通高等学校本科专业目录(1998年颁布)》中的专业。

专业代码	学科门类、专业类、专业名称	原专业代码	原学科门类、专业类、专业名称
0304	民族学类	0601	历史学类(部分)
030401	民族学	060105*	民族学
0305	马克思主义理论类	0302	马克思主义理论类
030501	科学社会主义	030201*	科学社会主义与国际共产主义运动
030502	中国共产党历史	030202*	中国革命史与中国共产党党史
030503	思想政治教育	030404	思想政治教育
0306	公安学类	0305	公安学类
030601K	治安学	030501	治安学
030602K	侦查学	030502	侦查学
030603K	边防管理	030503	边防管理
04	学科门类:教育学	04	学科门类:教育学
0401	教育学类	0401	教育学类
040101	教育学	040101	教育学
		110306W	高等教育管理(部分)
040102	科学教育	040108W	科学教育
040103	人文教育	040107W	人文教育
040104	教育技术学(注:可授教育学或理学或工学学士学位)	040104	教育技术学
040105	艺术教育(注:可授教育学或艺术学学士学位)	040106W	艺术教育
040106	学前教育	040102	学前教育
040107	小学教育	040105W	小学教育
040108	特殊教育	040103	特殊教育
		040109S	言语听觉科学
0402	体育学类	0402	体育学类
040201	体育教育	040201	体育教育
040202K	运动训练	040202*	运动训练
040203	社会体育指导与管理	040203	社会体育
040204K	武术与民族传统体育	040205*	民族传统体育
040205	运动人体科学	040204*	运动人体科学
05	学科门类:文学	05	学科门类:文学
0501	中国语言文学类	0501	中国语言文学类
050101	汉语言文学	050101	汉语言文学
050102	汉语言	050102	汉语言
050103	汉语国际教育	050103*	对外汉语
		050106W	中国语言文化
		050108S	中国学
050104	中国少数民族语言文学	050104	中国少数民族语言文学
050105	古典文献学	050105*	古典文献
0502	外国语言文学类	0502	外国语言文学类
050201	英语	050201	英语
		070413S	生物医学英语
050202	俄语	050202	俄语
050203	德语	050203*	德语

专业代码	学科门类、专业类、专业名称	原专业代码	原学科门类、专业类、专业名称
050204	法语	050204*	法语
050205	西班牙语	050205*	西班牙语
050206	阿拉伯语	050206*	阿拉伯语
050207	日语	050207	日语
050208	波斯语	050208△	波斯语
050209	朝鲜语	050209*	朝鲜语
		050248W	韩国语
050210	菲律宾语	050210△	菲律宾语
050211	梵语巴利语	050211△	梵语巴利语
050212	印度尼西亚语	050212△	印度尼西亚语
050213	印地语	050213△	印地语
050214	柬埔寨语	050214△	柬埔寨语
050215	老挝语	050215△	老挝语
050216	缅甸语	050216△	缅甸语
050217	马来语	050217△	马来语
050218	蒙古语	050218△	蒙古语
050219	僧伽罗语	050219△	僧加罗语
050220	泰语	050220*	泰语
050221	乌尔都语	050221△	乌尔都语
050222	希伯来语	050222△	希伯莱语
050223	越南语	050223*	越南语
050224	豪萨语	050224△	豪萨语
050225	斯瓦希里语	050225△	斯瓦希里语
050226	阿尔巴尼亚语	050226△	阿尔巴尼亚语
050227	保加利亚语	050227△	保加利亚语
050228	波兰语	050228△	波兰语
050229	捷克语	050229△	捷克语
050230	斯洛伐克语	050238W	捷克语—斯洛伐克语
050231	罗马尼亚语	050230△	罗马尼亚语
050232	葡萄牙语	050231*	葡萄牙语
050233	瑞典语	050232△	瑞典语
050234	塞尔维亚语	050233△	塞尔维亚—克罗地亚语
		050250W	塞尔维亚语
050235	土耳其语	050234△	土耳其语
050236	希腊语	050235△	希腊语
050237	匈牙利语	050236△	匈牙利语
050238	意大利语	050237*	意大利语
050239	泰米尔语	050239W	泰米尔语
050240	普什图语	050240W	普什图语
050241	世界语	050241W	世界语
050242	孟加拉语	050242W	孟加拉语
050243	尼泊尔语	050243W	尼泊尔语
050244	克罗地亚语	050244W	塞尔维亚语—克罗地亚语
		050251W	克罗地亚语
050245	荷兰语	050245W	荷兰语
050246	芬兰语	050246W	芬兰语
050247	乌克兰语	050247W	乌克兰语

专业代码	学科门类、专业类、专业名称	原专业代码	原学科门类、专业类、专业名称
050248	挪威语	050252W	挪威语
050249	丹麦语	050253W	丹麦语
050250	冰岛语	050254W	冰岛语
050251	爱尔兰语	050256S	爱尔兰语
050252	拉脱维亚语	050257S	拉脱维亚语
050253	立陶宛语	050258S	立陶宛语
050254	斯洛文尼亚语	050259S	斯洛文尼亚语
050255	爱沙尼亚语	050260S	爱沙尼亚语
050256	马耳他语	050261S	马耳他语
050257	哈萨克语	050262S	哈萨克语
050258	乌兹别克语	050263S	乌兹别克语
050259	祖鲁语	050264S	祖鲁语
050260	拉丁语	050265S	拉丁语
050261	翻译	050255S	翻译
050262	商务英语	050249S	商务英语
0503	**新闻传播学类**	**0503**	**新闻传播学类**
050301	新闻学	050301*	新闻学
050302	广播电视学	050302	广播电视新闻学
050303	广告学	050303	广告学
050304	传播学	050305W	传播学
050305	编辑出版学	050304	编辑出版学
06	**学科门类:历史学**	**06**	**学科门类:历史学**
0601	**历史学类**	**0601**	**历史学类(部分)**
060101	历史学	060101	历史学
060102	世界史	060102*	世界历史
060103	考古学	060103	考古学
060104	文物与博物馆学	060104	博物馆学
07	**学科门类:理学**	**07**	**学科门类:理学**
0701	**数学类**	**0701**	**数学类**
070101	数学与应用数学	070101	数学与应用数学
070102	信息与计算科学	070102	信息与计算科学
0702	**物理学类**	**0702**	**物理学类**
070201	物理学	070201	物理学
070202	应用物理学	070202	应用物理学
070203	核物理	070204S	核物理
0703	**化学类**	**0703**	**化学类**
070301	化学	070301	化学
070302	应用化学(注:可授理学或工学学士学位)	070302	应用化学
0704	天文学类	0705	天文学类
070401	天文学	070501	天文学
0705	**地理科学类**	**0707**	**地理科学类**
070501	地理科学	070701	地理科学
070502	自然地理与资源环境(注:可授理学或管理学学士学位)	070702	资源环境与城乡规划管理(部分)

专业代码	学科门类、专业类、专业名称	原专业代码	原学科门类、专业类、专业名称
070503	人文地理与城乡规划(注:可授理学或管理学学士学位)	070702	资源环境与城乡规划管理(部分)
070504	地理信息科学	070703	地理信息系统
0706	**大气科学类**	**0709**	**大气科学类**
070601	大气科学	070901	大气科学
070602	应用气象学	070902	应用气象学
0707	**海洋科学类**	**0710**	**海洋科学类**
070701	海洋科学	071001	海洋科学
		071003W	海洋管理
070702	海洋技术(注:可授理学或工学学士学位)	071002	海洋技术
0708	**地球物理学类**	**0708**	**地球物理学类**
070801	地球物理学	070801	地球物理学
070802	空间科学与技术(注:可授理学或工学学士学位)	070803S	空间科学与技术
		070802S	地球与空间科学
0709	**地质学类**	**0706**	**地质学类**
070901	地质学	070601	地质学
070902	地球化学	070602	地球化学
0710	**生物科学类**	**0704**	**生物科学类**
071001	生物科学	070401	生物科学
		070407W	生物化学与分子生物学
		070411S	生物资源科学
		070412S	生物安全
		070405W	生物科学与生物技术(部分)
071002	生物技术(注:可授理学或工学学士学位)	070402	生物技术
		070405W	生物科学与生物技术(部分)
071003	生物信息学(注:可授理学或工学学士学位)	070403W	生物信息学
		070404W	生物信息技术
		070408W	医学信息学
071004	生态学	071402	生态学(部分)
0711	**心理学类**	**0715**	**心理学类**
071101	心理学(注:可授理学或教育学学士学位)	071501	心理学
071102	应用心理学(注:可授理学或教育学学士学位)	071502	应用心理学
0712	**统计学类**	**0716**	**统计学类**
071201	统计学	071601	统计学(部分)
071202	应用统计学	071601	统计学(部分)
08	**学科门类:工学**	**08**	**学科门类:工学**
0801	**力学类**	**0711**	**力学类**
		0817	**工程力学类**
080101	理论与应用力学(注:可授工学或理学学士学位)	071101	理论与应用力学
080102	工程力学	081701	工程力学
		081702W	工程结构分析

专业代码	学科门类、专业类、专业名称	原专业代码	原学科门类、专业类、专业名称
0802	机械类	0803	机械类
080201	机械工程	080305Y	机械工程及自动化
		080313S	工程机械
080202	机械设计制造及其自动化	080301	机械设计制造及其自动化
		080309S	制造自动化与测控技术
		080311S	制造工程
		080312S	体育装备工程
		081210S	交通建设与装备(部分)
080203	材料成型及控制工程	080302	材料成型及控制工程
080204	机械电子工程	080307W	机械电子工程
080205	工业设计	080303	工业设计(部分)
080206	过程装备与控制工程	080304	过程装备与控制工程
080207	车辆工程	080306W	车辆工程
080208	汽车服务工程	080308W	汽车服务工程
0803	仪器类	0804	仪器仪表类
080301	测控技术与仪器	080401	测控技术与仪器
		080402S	电子信息技术及仪器
0804	材料类	0802	材料类
		0713	材料科学类
080401	材料科学与工程	080205Y	材料科学与工程
080402	材料物理(注:可授工学或理学学士学位)	071301	材料物理
080403	材料化学(注:可授工学或理学学士学位)	071302	材料化学
080404	冶金工程	080201	冶金工程
		080211W	稀土工程
080405	金属材料工程	080202	金属材料工程
080406	无机非金属材料工程	080203	无机非金属材料工程
080407	高分子材料与工程	080204	高分子材料与工程
		080212S	高分子材料加工工程
080408	复合材料与工程	080206W	复合材料与工程
0805	能源动力类	0805	能源动力类(部分)
080501	能源与动力工程	080501	热能与动力工程
		080505S	能源工程及自动化
		080506S	能源动力系统及自动化
		080110S	能源与资源工程(部分)
0806	电气类	0806	电气信息类(部分)
080601	电气工程及其自动化	080601	电气工程及其自动化
		080608Y	电气工程与自动化
		080618W	电气信息工程
		080620W	电力工程与管理
		040316W	电气技术教育
		080639S	电机电器智能化
0807	电子信息类	0806	电气信息类(部分)
		0712	电子信息科学类
080701	电子信息工程(注:可授工学或理学学士学位)	080603	电子信息工程

专业代码	学科门类、专业类、专业名称	原专业代码	原学科门类、专业类、专业名称
080702	电子科学与技术(注:可授工学或理学学士学位)	080606	电子科学与技术
		080630S	真空电子技术
080703	通信工程	080604	通信工程
		080634S	信息与通信工程
080704	微电子科学与工程(注:可授工学或理学学士学位)	071202	微电子学
		080621W	微电子制造工程
		080642S	微电子材料与器件
		080646S	微电子科学与工程
080705	光电信息科学与工程(注:可授工学或理学学士学位)	071203*	光信息科学与技术
		071207W	光电子技术科学
		080614W	信息显示与光电技术
		080616W	光电信息工程
		080643S	光电子材料与器件
080706	信息工程	080609Y	信息工程
		071206W	信息科学技术
		080625S	信息物理工程
0808	**自动化类**	**0806**	**电气信息类(部分)**
080801	自动化	080602	自动化(部分)
0809	**计算机类**	**0806**	**电气信息类(部分)**
080901	计算机科学与技术(注:可授工学或理学学士学位)	080605	计算机科学与技术
		080638S	仿真科学与技术
080902	软件工程	080611W	软件工程
		080619W	计算机软件
080903	网络工程	080613W	网络工程
080904K	信息安全(注:可授工学或理学或管理学学士学位)	071205W	信息安全
		071204W	科技防卫
080905	物联网工程	080640S	物联网工程
		080641S	传感网技术
080906	数字媒体技术	080628S	数字媒体技术
		080612W	影视艺术技术
0810	**土木类**	**0807**	**土建类(部分)**
081001	土木工程	080703	土木工程
		080703Y	土木工程
		040328W	建筑工程教育
081002	建筑环境与能源应用工程	080704	建筑环境与设备工程
		080710S	建筑设施智能技术(部分)
		080716S	建筑节能技术与工程
081003	给排水科学与工程	080705	给水排水工程
		080711W	给排水科学与工程
081004	建筑电气与智能化	080712S	建筑电气与智能化
		080710S	建筑设施智能技术(部分)
0811	**水利类**	**0808**	**水利类**
081101	水利水电工程	080801	水利水电工程
		080805W	水资源与海洋工程(部分)
081102	水文与水资源工程	080802	水文与水资源工程
		080805W	水资源与海洋工程(部分)

专业代码	学科门类、专业类、专业名称	原专业代码	原学科门类、专业类、专业名称
081103	港口航道与海岸工程	080803	港口航道与海岸工程
		080804W	港口海岸及治河工程
		080805W	水资源与海洋工程(部分)
0812	**测绘类**	**0809**	**测绘类**
081201	测绘工程	080901	测绘工程
081202	遥感科学与技术	080902W	遥感科学与技术
0813	**化工与制药类**	**0811**	**化工与制药类**
081301	化学工程与工艺	081101	化学工程与工艺
		081103W	化工与制药(部分)
081302	制药工程	081102	制药工程
		081103W	化工与制药(部分)
0814	**地质类**	**0801**	**地矿类(部分)**
081401	地质工程	080106Y	地质工程
		080108S	煤及煤层气工程(部分)
081402	勘查技术与工程	080104	勘查技术与工程
		080110S	能源与资源工程(部分)
081403	资源勘查工程	080105	资源勘查工程
0815	**矿业类**	**0801**	**地矿类(部分)**
081501	采矿工程	080101	采矿工程
081502	石油工程	080102	石油工程
		080108S	煤及煤层气工程(部分)
081503	矿物加工工程	080103	矿物加工工程
081504	油气储运工程	081203	油气储运工程
0816	**纺织类**	**0814**	**轻工纺织食品类(部分)**
081601	纺织工程	081405	纺织工程
081602	服装设计与工程(注:可授工学或艺术学学士学位)	081406	服装设计与工程
0817	**轻工类**	**0814**	**轻工纺织食品类(部分)**
081701	轻化工程	081402	轻化工程
081702	包装工程	081403	包装工程
081703	印刷工程	081404	印刷工程
		081413S	数字印刷
0818	**交通运输类**	**0812**	**交通运输类**
081801	交通运输	081201	交通运输
		080715S	总图设计与工业运输(部分)
081802	交通工程	081202	交通工程
		081210S	交通建设与装备(部分)
081803K	航海技术	081205	航海技术
081804K	轮机工程	081206	轮机工程
081805K	飞行技术	081204	飞行技术
0819	**海洋工程类**	**0813**	**海洋工程类**
081901	船舶与海洋工程	081301	船舶与海洋工程
0820	**航空航天类**	**0815**	**航空航天类**
082001	航空航天工程	081505S	航空航天工程
		081506S	工程力学与航天航空工程
		081507S	航天运输与控制
082002	飞行器设计与工程	081501	飞行器设计与工程

专业代码	学科门类、专业类、专业名称	原专业代码	原学科门类、专业类、专业名称
082003	飞行器制造工程	081503	飞行器制造工程
082004	飞行器动力工程	081502	飞行器动力工程
082005	飞行器环境与生命保障工程	081504	飞行器环境与生命保障工程
0821	兵器类	0816	武器类
082101	武器系统与工程	081607Y	武器系统与工程
082102	武器发射工程	081601	武器系统与发射工程
082103	探测制导与控制技术	081602	探测制导与控制技术
082104	弹药工程与爆炸技术	081603	弹药工程与爆炸技术
082105	特种能源技术与工程	081604	特种能源工程与烟火技术
082106	装甲车辆工程	081605	地面武器机动工程
082107	信息对抗技术	081606*	信息对抗技术
0822	核工程类	0805	能源动力类(部分)
082201	核工程与核技术	080502	核工程与核技术
		080508S	核技术
		080511S	核反应堆工程
082202	辐射防护与核安全	081008S	核安全工程
		080509S	辐射防护与环境工程
082203	工程物理	080503W	工程物理
082204	核化工与核燃料工程	080510S	核化工与核燃料工程
0823	农业工程类	0819	农业工程类
082301	农业工程	081905W	农业工程
082302	农业机械化及其自动化	081901	农业机械化及其自动化
082303	农业电气化	081902	农业电气化与自动化
082304	农业建筑环境与能源工程	081903	农业建筑环境与能源工程
082305	农业水利工程	081904	农业水利工程
0824	林业工程类	0820	林业工程类
082401	森林工程	082001	森林工程
082402	木材科学与工程	082002	木材科学与工程
082403	林产化工	082003	林产化工
0825	环境科学与工程类	0810	环境与安全类(部分)
		0714	环境科学类
082501	环境科学与工程	081005S	环境科学与工程
082502	环境工程	081001	环境工程
		081006S	环境监察
082503	环境科学(注:可授工学或理学学士学位)	071401	环境科学
		071404S	地球环境科学
082504	环境生态工程	071402	生态学(部分)
0826	生物医学工程类	0806	电气信息类(部分)
082601	生物医学工程(注:可授工学或理学学士学位)	080607	生物医学工程
		080626S	医疗器械工程
0827	食品科学与工程类	0814	轻工纺织食品类(部分)
082701	食品科学与工程(注:可授工学或农学学士学位)	081401	食品科学与工程
		040311W	农产品储运与加工教育(部分)
		040322W	食品工艺教育
082702	食品质量与安全	081407W	食品质量与安全
		081411S	农产品质量与安全

专业代码	学科门类、专业类、专业名称	原专业代码	原学科门类、专业类、专业名称
082703	粮食工程	081415S	粮食工程
082704	乳品工程	081416S	乳品工程
082705	酿酒工程	081408W	酿酒工程
0828	建筑类	0807	土建类(部分)
082801	建筑学	080701	建筑学
		080701Y	建筑学
082802	城乡规划	080702	城市规划
082803	风景园林(注:可授工学或艺术学学士学位)	080708W	景观建筑设计
		080713S	景观学
		080714S	风景园林
0829	安全科学与工程类	0810	环境与安全类(部分)
082901	安全工程	081002	安全工程
		081007S	雷电防护科学与技术
		081004W	灾害防治工程
0830	生物工程类	0818	生物工程类
083001	生物工程	081801	生物工程
		081906W	生物系统工程
		081410S	轻工生物技术
0831	公安技术类	0821	公安技术类
083101K	刑事科学技术	082101	刑事科学技术
083102K	消防工程	082102	消防工程

专业代码	学科门类、专业类、专业名称	原专业代码	原学科门类、专业类、专业名称
09	学科门类:农学	09	学科门类:农学
0901	植物生产类	0901	植物生产类
090101	农学	090101	农学
		040311W	农产品储运与加工教育(部分)
090102	园艺	090102	园艺
090103	植物保护	090103	植物保护
090104	植物科学与技术	090106W	植物科学与技术
		070409W	植物生物技术
		040303W	特用作物教育
090105	种子科学与工程	090107W	种子科学与工程
090106	设施农业科学与工程(注:可授农学或工学学士学位)	090109W	设施农业科学与工程
0902	自然保护与环境生态类	0904	环境生态类
090201	农业资源与环境	090403	农业资源与环境
		081414S	植物资源工程
090202	野生动物与自然保护区管理	090303*	野生动物与自然保护区管理
090203	水土保持与荒漠化防治	090402	水土保持与荒漠化防治
0903	动物生产类	0905	动物生产类
090301	动物科学	090501	动物科学
		070410W	动物生物技术
		040306W	畜禽生产教育
0904	动物医学类	0906	动物医学类
090401	动物医学	090601	动物医学
090402	动物药学	090602S	动物药学

专业代码	学科门类、专业类、专业名称	原专业代码	原学科门类、专业类、专业名称
0905	林学类	0903	森林资源类
090501	林学	090301	林学
090502	园林	090401	园林
090503	森林保护	090302	森林资源保护与游憩(部分)
0906	水产类	0907	水产类
090601	水产养殖学	090701	水产养殖学
		040307W	水产养殖教育
090602	海洋渔业科学与技术	090702	海洋渔业科学与技术
0907	草学类	0902	草业科学类
090701	草业科学	090201	草业科学
10	学科门类:医学	10	学科门类:医学
1001	基础医学类	1001	基础医学类
100101K	基础医学	100101*	基础医学
1002	临床医学类	1003	临床医学与医学技术类(部分)
100201K	临床医学	100301	临床医学
1003	口腔医学类	1004	口腔医学类
100301K	口腔医学	100401	口腔医学
1004	公共卫生与预防医学类	1002	预防医学类
100401K	预防医学	100201	预防医学
100402	食品卫生与营养学(注:授予理学学士学位)	100204S	营养学
		040332W	食品营养与检验教育(部分)
1005	中医学类	1005	中医学类(部分)
100501K	中医学	100501	中医学
100502K	针灸推拿学	100502	针灸推拿学
100503K	藏医学	100504	藏医学
100504K	蒙医学	100503	蒙医学
100505K	维医学	100506W	维医学
100506K	壮医学	100507S	壮医学
100507K	哈医学	100508S	哈医学
1006	中西医结合类	1005	中医学类(部分)
100601K	中西医临床医学	100505W	中西医临床医学
1007	药学类	1008	药学类(部分)
100701	药学(注:授予理学学士学位)	100801	药学
		100807W	应用药学
100702	药物制剂(注:授予理学学士学位)	100803	药物制剂
1008	中药学类	1008	药学类(部分)
100801	中药学(注:授予理学学士学位)	100802	中药学
100802	中药资源与开发(注:授予理学学士学位)	100806W	中药资源与开发
1009	法医学类	1006	法医学类
100901K	法医学	100601*	法医学
1010	医学技术类	1003	临床医学与医学技术类(部分)
101001	医学检验技术(注:授予理学学士学位)	100304*	医学检验
101002	医学实验技术(注:授予理学学士学位)	100311W	医学实验学
		100309W	医学技术
		100312S	医学美容技术

专业代码	学科门类、专业类、专业名称	原专业代码	原学科门类、专业类、专业名称
101003	医学影像技术(注:授予理学学士学位)	100303*	医学影像学
		080629S	医学影像工程
101004	眼视光学(注:授予理学学士学位)	100306W	眼视光学(部分)
101005	康复治疗学(注:授予理学学士学位)	100307W	康复治疗学
101006	口腔医学技术(注:授予理学学士学位)	100402W	口腔修复工艺学
101007	卫生检验与检疫(注:授予理学学士学位)	100202S	卫生检验
1011	**护理学类**	**1007**	**护理学类**
101101	护理学(注:授予理学学士学位)	100701	护理学
12	**学科门类:管理学**	**11**	**学科门类:管理学**
1201	**管理科学与工程类**	**1101**	**管理科学与工程类(部分)**
120101	管理科学(注:可授管理学或理学学士学位)	110101*	管理科学
		110109S	管理科学与工程
		071701W	系统理论
		071702W	系统科学与工程
120102	信息管理与信息系统(注:可授管理学或工学学士学位)	110102	信息管理与信息系统(部分)
120103	工程管理(注:可授管理学或工学学士学位)	110104	工程管理
		110108S	项目管理
120104	房地产开发与管理	110106W	房地产经营管理
120105	工程造价(注:可授管理学或工学学士学位)	110105W	工程造价
1202	**工商管理类**	**1102**	**工商管理类(部分)**
120201K	工商管理	110201	工商管理
		110217S	商务策划管理
		110213S	特许经营管理
		110207W	商品学
		110214S	连锁经营管理
		110317S	食品经济管理
120202	市场营销	110202	市场营销
120203K	会计学	110203	会计学
120204	财务管理	110204	财务管理
120205	国际商务	110211W	国际商务
120206	人力资源管理	110205	人力资源管理
120207	审计学	110208W	审计学
120208	资产评估	110215S	资产评估
120209	物业管理	110212S	物业管理
120210	文化产业管理(注:可授管理学或艺术学学士学位)	110310S	文化产业管理
1203	**农业经济管理类**	**1104**	**农业经济管理类**
120301	农林经济管理	110401	农林经济管理
		040312W	农业经营管理教育
120302	农村区域发展(注:可授管理学或农学学士学位)	110402	农村区域发展

专业代码	学科门类、专业类、专业名称	原专业代码	原学科门类、专业类、专业名称
1204	公共管理类	1103	公共管理类
120401	公共事业管理	110302	公共事业管理
		110309W	公共管理
		110315S	公共安全管理
		110312S	国防教育与管理
		110318S	应急管理
		110306W	高等教育管理(部分)
		040337W	职业技术教育管理
120402	行政管理	110301	行政管理
		110307W	公共政策学
120403	劳动与社会保障	110303*	劳动与社会保障
120404	土地资源管理(注:可授管理学或工学学士学位)	110304*	土地资源管理
120405	城市管理	110308W	城市管理
1205	图书情报与档案管理类	1105	图书档案学类
120501	图书馆学	110501	图书馆学
120502	档案学	110502	档案学
120503	信息资源管理	110503W	信息资源管理
1206	物流管理与工程类	1102	工商管理类(部分)
120601	物流管理	110210W	物流管理
120602	物流工程(注:可授管理学或工学学士学位)	081207W	物流工程
1207	工业工程类	1101	管理科学与工程类(部分)
120701	工业工程(注:可授管理学或工学学士学位)	110103	工业工程
		080715S	总图设计与工业运输(部分)
1208	电子商务类	1102	工商管理类(部分)
120801	电子商务(注:可授管理学或经济学或工学学士学位)	110209W	电子商务
		020112W	网络经济学
1209	旅游管理类	1102	工商管理类(部分)
120901K	旅游管理	110206	旅游管理
		090302	森林资源保护与游憩(部分)
120902	酒店管理	110218S	酒店管理
120903	会展经济与管理	110311S	会展经济与管理
13	学科门类:艺术学	[新增]	
1301	艺术学理论类	[新增]	
130101	艺术史论	050422W	艺术学
1302	音乐与舞蹈学类	[新增]	
130201	音乐表演	050403	音乐表演
130202	音乐学	050401	音乐学
130203	作曲与作曲技术理论	050402	作曲与作曲技术理论
130204	舞蹈表演	050409	舞蹈学(部分)
130205	舞蹈学	050409	舞蹈学(部分)
130206	舞蹈编导	050410	舞蹈编导

专业代码	学科门类、专业类、专业名称	原专业代码	原学科门类、专业类、专业名称
1303	戏剧与影视学类	[新增]	
130301	表演	050412	表演
130302	戏剧学	050411	戏剧学
130303	电影学	050423W	影视学
130304	戏剧影视文学	050414	戏剧影视文学
130305	广播电视编导	050420	广播电视编导
		050424S	广播影视编导
130306	戏剧影视导演	050413	导演
130307	戏剧影视美术设计	050415	戏剧影视美术设计
130308	录音艺术	050417	录音艺术
130309	播音与主持艺术	050419*	播音与主持艺术
130310	动画	050418	动画
		050421W	影视教育[撤销,无布点]
1304	美术学类	[新增]	
130401	美术学	050406	美术学
130402	绘画	050404	绘画
130403	雕塑	050405	雕塑
130404	摄影	050416	摄影(部分)
1305	设计学类	[新增]	
130501	艺术设计学	050407	艺术设计学
130502	视觉传达设计	050408	艺术设计(部分)
130503	环境设计	050408	艺术设计(部分)
130504	产品设计	050408	艺术设计(部分)
		080303	工业设计(部分)
130505	服装与服饰设计	050408	艺术设计(部分)
130506	公共艺术	050430S	公共艺术
130507	工艺美术	040330W	装潢设计与工艺教育
130508	数字媒体艺术	080623W	数字媒体艺术
		050431S	数字游戏设计

二、特设专业

专业代码	学科门类、专业类、专业名称	原专业代码	原学科门类、专业类、专业名称
01	学科门类:哲学	01	学科门类:哲学
0101	哲学类	0101	哲学类
010104T	伦理学	010104W	伦理学
02	学科门类:经济学	02	学科门类:经济学
0201	经济学类	0201	经济学类(部分)
020103T	国民经济管理	020105W	国民经济管理
020104T	资源与环境经济学	020108W	环境经济
		020115W	环境资源与发展经济学
020105T	商务经济学	020118H	商务经济学
020106T	能源经济	020121S	能源经济

专业代码	学科门类、专业类、专业名称	原专业代码	原学科门类、专业类、专业名称
0202	财政学类	0201	经济学类(部分)
0203	金融学类	0201	经济学类(部分)
020305T	金融数学	020119H	金融数学
020306T	信用管理(注:可授经济学或管理学学士学位)	020111W	信用管理
020307T	经济与金融	020120S	经济与金融
0204	经济与贸易类	0201	经济学类(部分)
03	学科门类:法学	03	学科门类:法学
0301	法学类	0301	法学类
030102T	知识产权	030103S	知识产权
		030102W	知识产权法
030103T	监狱学	030120W	监狱学
0302	政治学类	0304	政治学类
030204T	国际事务与国际关系	030408H	国际事务与国际关系
		030405W	国际文化交流
		030409H	欧洲事务与欧洲关系
		030410H	东亚事务与东亚关系
		030407S	国际事务
030205T	政治学、经济学与哲学	030411S	政治学、经济学与哲学
0303	社会学类	0303	社会学类
030303T	人类学	030304W	人类学
030304T	女性学	030305S	女性学
030305T	家政学	030303W	家政学
0304	民族学类	0601	历史学类(部分)
0305	马克思主义理论类	0302	马克思主义理论类
0306	公安学类	0305	公安学类
030604TK	禁毒学	030505W	禁毒学
030605TK	警犬技术	030506W	警犬技术
030606TK	经济犯罪侦查	030507W	经济犯罪侦查
030607TK	边防指挥	030508W	边防指挥
030608TK	消防指挥	030509W	消防指挥
030609TK	警卫学	030510W	警卫学
030610TK	公安情报学	030511S	公安情报学
030611TK	犯罪学	030512S	犯罪学
030612TK	公安管理学	030513S	公安管理学
030613TK	涉外警务	030514S	涉外警务
030614TK	国内安全保卫	030515S	国内安全保卫
030615TK	警务指挥与战术	030516S	警务指挥与战术
04	学科门类:教育学	04	学科门类:教育学
0401	教育学类	0401	教育学类
040109T	华文教育	040110S	华文教育
		040304W	林木生产教育[撤销,无布点]
		040305W	特用动物教育[撤销,无布点]
		040309W	农业机械教育[撤销,无布点]

专业代码	学科门类、专业类、专业名称	原专业代码	原学科门类、专业类、专业名称
		040310W	农业建筑与环境控制教育[撤销,无布点]
		040319W	制浆造纸工艺教育[撤销,无布点]
		040320W	印刷工艺教育[撤销,无布点]
		040321W	橡塑制品成型工艺教育[撤销,无布点]
		040323W	纺织工艺教育[撤销,无布点]
		040324W	染整工艺教育[撤销,无布点]
		040325W	化工工艺教育[撤销,无布点]
		040326W	化工分析与检测技术教育[撤销,无布点]
		040327W	建筑材料工程教育[撤销,无布点]
0402	体育学类	0402	体育学类
040206T	运动康复(注:可授教育学或理学学士学位)	040206S	运动康复与健康
040207T	休闲体育	040207S	休闲体育
05	学科门类:文学	05	学科门类:文学
0501	中国语言文学类	0501	中国语言文学类
050106T	应用语言学	050107W	应用语言学
050107T	秘书学	040335W	文秘教育
0502	外国语言文学类	0502	外国语言文学类
0503	新闻传播学类	0503	新闻传播学类
050306T	网络与新媒体	050307S	新媒体与信息网络
		050306W	媒体创意
050307T	数字出版	050308S	数字出版
06	学科门类:历史学	06	学科门类:历史学
0601	历史学类	0601	历史学类(部分)
060105T	文物保护技术	060106W	文物保护技术
060106T	外国语言与外国历史(注:可授历史学或文学学士学位)	060107S	外国语言与外国历史
07	学科门类:理学	07	学科门类:理学
0701	数学类	0701	数学类
070103T	数理基础科学	070103S	数理基础科学
0702	物理学类	0702	物理学类
070204T	声学	070203W	声学
0703	化学类	0703	化学类
070303T	化学生物学	070303W	化学生物学
070304T	分子科学与工程	070304W	分子科学与工程
0704	天文学类	0705	天文学类
0705	地理科学类	0707	地理科学类
0706	大气科学类	0709	大气科学类

专业代码	学科门类、专业类、专业名称	原专业代码	原学科门类、专业类、专业名称
0707	海洋科学类	0710	海洋科学类
070703T	海洋资源与环境	071005S	海洋生物资源与环境
070704T	军事海洋学	071004W	军事海洋学
0708	地球物理学类	0708	地球物理学类
0709	地质学类	0706	地质学类
070903T	地球信息科学与技术(注:可授理学或工学学士学位)	070704W	地球信息科学与技术
070904T	古生物学	070603S	古生物学
0710	生物科学类	0704	生物科学类
0711	心理学类	0715	心理学类
0712	统计学类	0716	统计学类
08	学科门类:工学	08	学科门类:工学
0801	力学类	0711	力学类
		0817	工程力学类
0802	机械类	0803	机械类
080209T	机械工艺技术	040313W	机械制造工艺教育
		040314W	机械维修及检测技术教育
080210T	微机电系统工程	080310S	微机电系统工程
080211T	机电技术教育	040315W	机电技术教育
080212T	汽车维修工程教育	040317W	汽车维修工程教育
0803	仪器类	0804	仪器仪表类
0804	材料类	0802	材料类
		0713	材料科学类
080409T	粉体材料科学与工程	080209W	粉体材料科学与工程
080410T	宝石及材料工艺学	080208W	宝石及材料工艺学
080411T	焊接技术与工程	080207W	焊接技术与工程
080412T	功能材料	080215S	功能材料
		080213S	生物功能材料
080413T	纳米材料与技术	080216S	纳米材料与技术
080414T	新能源材料与器件	080217S	新能源材料与器件
0805	能源动力类	0805	能源动力类(部分)
080502T	能源与环境系统工程	080504W	能源与环境系统工程
080503T	新能源科学与工程	080512S	新能源科学与工程
		080507S	风能与动力工程
0806	电气类	0806	电气信息类(部分)
080602T	智能电网信息工程	080645S	智能电网信息工程
080603T	光源与照明	080610W	光源与照明
080604T	电气工程与智能控制	080633H	电气工程与智能控制
0807	电子信息类	0806	电气信息类(部分)
		0712	电子信息科学类
080707T	广播电视工程	080617W	广播电视工程
080708T	水声工程	080644S	水声工程
080709T	电子封装技术	080214S	电子封装技术
080710T	集成电路设计与集成系统	080615W	集成电路设计与集成系统

专业代码	学科门类、专业类、专业名称	原专业代码	原学科门类、专业类、专业名称
080711T	医学信息工程	080624S	医学信息工程
080712T	电磁场与无线技术	080631S	电磁场与无线技术
080713T	电波传播与天线	080635S	电波传播与天线
080714T	电子信息科学与技术(注：可授工学或理学学士学位)	071201	电子信息科学与技术
080715T	电信工程及管理	080632H	电信工程及管理
080716T	应用电子技术教育	040318W	应用电子技术教育
0808	**自动化类**	**0806**	**电气信息类(部分)**
080802T	轨道交通信号与控制	080602	自动化(部分)
0809	**计算机类**	**0806**	**电气信息类(部分)**
080907T	智能科学与技术	080627S	智能科学与技术
080908T	空间信息与数字技术	080903W	空间信息与数字技术
080909T	电子与计算机工程	080637H	电子与计算机工程
0810	**土木类**	**0807**	**土建类(部分)**
081005T	城市地下空间工程	080706W	城市地下空间工程
081006T	道路桥梁与渡河工程	080724W	道路桥梁与渡河工程
0811	**水利类**	**0808**	**水利类**
081104T	水务工程	080709W	水务工程
0812	**测绘类**	**0809**	**测绘类**
081203T	导航工程	080904S	导航工程
081204T	地理国情监测	080905S	地理国情监测
0813	**化工与制药类**	**0811**	**化工与制药类**
081303T	资源循环科学与工程	080218S	资源循环科学与工程
		080210W	再生资源科学与技术
081304T	能源化学工程	081106S	能源化学工程
081305T	化学工程与工业生物工程	081104S	化学工程与工业生物工程
0814	**地质类**	**0801**	**地矿类(部分)**
081404T	地下水科学与工程	080109S	地下水科学与工程
0815	**矿业类**	**0801**	**地矿类(部分)**
081505T	矿物资源工程	080107Y	矿物资源工程
081506T	海洋油气工程	080111S	海洋油气工程
0816	**纺织类**	**0814**	**轻工纺织食品类(部分)**
081603T	非织造材料与工程	081412S	非织造材料与工程
081604T	服装设计与工艺教育	040329W	服装设计与工艺教育
0817	**轻工类**	**0814**	**轻工纺织食品类(部分)**
0818	**交通运输类**	**0812**	**交通运输类**
081806T	交通设备与控制工程	081213S	交通信息与控制工程
		081209W	交通设备信息工程
		080647S	交通设备与控制工程
081807T	救助与打捞工程	081211S	救助与打捞工程
081808TK	船舶电子电气工程	080636S	船舶电子电气工程
0819	**海洋工程类**	**0813**	**海洋工程类**
081902T	海洋工程与技术	081302S	海洋工程与技术
081903T	海洋资源开发技术	081303S	海洋资源开发技术

专业代码	学科门类、专业类、专业名称	原专业代码	原学科门类、专业类、专业名称
0820	航空航天类	0815	航空航天类
082006T	飞行器质量与可靠性	081508S	质量与可靠性工程
082007T	飞行器适航技术	081212S	航空器适航技术
0821	兵器类	0816	武器类
0822	核工程类	0805	能源动力类(部分)
0823	农业工程类	0819	农业工程类
0824	林业工程类	0820	林业工程类
0825	环境科学与工程类	0810	环境与安全类(部分)
		0714	环境科学类
082505T	环保设备工程	081009S	环保设备工程
082506T	资源环境科学(注:可授工学或理学学士学位)	071403W	资源环境科学
		081105S	资源科学与工程
082507T	水质科学与技术	081003W	水质科学与技术
0826	生物医学工程类	0806	电气信息类(部分)
082602T	假肢矫形工程	080622W	假肢矫形工程
0827	食品科学与工程类	0814	轻工纺织食品类(部分)
082706T	葡萄与葡萄酒工程	081409W	葡萄与葡萄酒工程
082707T	食品营养与检验教育	040332W	食品营养与检验教育(部分)
082708T	烹饪与营养教育	040333W	烹饪与营养教育
0828	建筑类	0807	土建类(部分)
082804T	历史建筑保护工程	080707W	历史建筑保护工程
0829	安全科学与工程类	0810	环境与安全类(部分)
0830	生物工程类	0818	生物工程类
083002T	生物制药	081107S	生物制药
0831	公安技术类	0821	公安技术类
083103TK	交通管理工程	082104W	交通管理工程
083104TK	安全防范工程	082103W	安全防范工程
083105TK	公安视听技术	082106S	公安视听技术
083106TK	抢险救援指挥与技术	082108S	抢险救援指挥与技术
083107TK	火灾勘查	030504W	火灾勘查
083108TK	网络安全与执法	082107S	网络安全与执法
083109TK	核生化消防	082105W	核生化消防
09	学科门类:农学	09	学科门类:农学
0901	植物生产类	0901	植物生产类
090107T	茶学	090104△	茶学
090108T	烟草	090105W	烟草
090109T	应用生物科学(注:可授农学或理学学士学位)	090108W	应用生物科学
		040308W	应用生物教育
090110T	农艺教育	040301W	农艺教育
090111T	园艺教育	040302W	园艺教育
0902	自然保护与环境生态类	0904	环境生态类
0903	动物生产类	0905	动物生产类
090302T	蚕学	090502△	蚕学

专业代码	学科门类、专业类、专业名称	原专业代码	原学科门类、专业类、专业名称
090303T	蜂学	090503W	蜂学
0904	动物医学类	0906	动物医学类
090403T	动植物检疫(注:可授农学或理学学士学位)	070406W	动植物检疫
0905	林学类	0903	森林资源类
0906	水产类	0907	水产类
090603T	水族科学与技术	090703S	水族科学与技术
0907	草学类	0902	草业科学类
10	学科门类:医学	10	学科门类:医学
1001	基础医学类	1001	基础医学类
1002	临床医学类	1003	临床医学与医学技术类(部分)
100202TK	麻醉学	100302*	麻醉学
100203TK	医学影像学	100303*	医学影像学
100204TK	眼视光医学	100306W	眼视光学(部分)
100205TK	精神医学	100308W	精神医学
100206TK	放射医学	100305W	放射医学
1003	口腔医学类	1004	口腔医学类
1004	公共卫生与预防医学类	1002	预防医学类
100403TK	妇幼保健医学	100203S	妇幼保健医学
100404TK	卫生监督	100206S	卫生监督
100405TK	全球健康学(注:授予理学学士学位)	100205S	全球健康学
1005	中医学类	1005	中医学类(部分)
1006	中西医结合类	1005	中医学类(部分)
1007	药学类	1008	药学类(部分)
100703TK	临床药学(注:授予理学学士学位)	100808S	临床药学
100704T	药事管理(注:授予理学学士学位)	100810S	药事管理
100705T	药物分析(注:授予理学学士学位)	100812S	药物分析
100706T	药物化学(注:授予理学学士学位)	100813S	药物化学
100707T	海洋药学(注:授予理学学士学位)	100809S	海洋药学
1008	中药学类	1008	药学类(部分)
100803T	藏药学(注:授予理学学士学位)	100805W	藏药学
100804T	蒙药学(注:授予理学学士学位)	100811W	蒙药学
100805T	中药制药(注:可授理学或工学学士学位)	100814S	中药制药
100806T	中草药栽培与鉴定(注:授予理学学士学位)	100804W	中草药栽培与鉴定
1009	法医学类	1006	法医学类
1010	医学技术类	1003	临床医学与医学技术类(部分)
101008T	听力与言语康复学	100310W	听力学
1011	护理学类	1007	护理学类
12	学科门类:管理学	11	学科门类:管理学
1201	管理科学与工程类	1101	管理科学与工程类(部分)
120106TK	保密管理	110102	信息管理与信息系统(部分)

专业代码	学科门类、专业类、专业名称	原专业代码	原学科门类、专业类、专业名称
1202	工商管理类	1102	工商管理类(部分)
120211T	劳动关系	110314S	劳动关系
120212T	体育经济与管理	020113W	体育经济
		110316S	体育产业管理
120213T	财务会计教育	040334W	财务会计教育
120214T	市场营销教育	040336W	市场营销教育
1203	农业经济管理类	1104	农业经济管理类
1204	公共管理类	1103	公共管理类
120406TK	海关管理	110319S	海关管理
120407T	交通管理(注:可授管理学或工学学士学位)	110313S	航运管理
120408T	海事管理	081208W	海事管理
120409T	公共关系学	110305W	公共关系学
1205	图书情报与档案管理类	1105	图书档案学类
1206	物流管理与工程类	1102	工商管理类(部分)
120603T	采购管理	110219S	采购管理
1207	工业工程类	1101	管理科学与工程类(部分)
120702T	标准化工程	110110S	标准化工程
120703T	质量管理工程	110107S	产品质量工程
1208	电子商务类	1102	工商管理类(部分)
120802T	电子商务及法律	110216H	电子商务及法律
1209	旅游管理类	1102	工商管理类(部分)
120904T	旅游管理与服务教育	040331W	旅游管理与服务教育
13	学科门类:艺术学	[新增]	
1301	艺术学理论类	[新增]	
1302	音乐与舞蹈学类	[新增]	
1303	戏剧与影视学类	[新增]	
130311T	影视摄影与制作	50416	摄影(部分)
		050432S	数字电影技术
		050426S	照明艺术
1304	美术学类	[新增]	
130405T	书法学	050425S	书法学
130406T	中国画	050429S	中国画
1305	设计学类	[新增]	
130509T	艺术与科技	050428S	音乐科技与艺术
		050427S	会展艺术与技术

三、2015年度普通高等学校本科专业备案和审批结果①

一、新增备案本科专业名单					
主管部门、学校名称	专业名称	专业代码	学位授予门类	修业年限	备注
工业和信息化部					
北京航空航天大学	经济统计学	020102	经济学	四年	
北京航空航天大学	工程管理	120103	管理学	四年	
北京理工大学	新能源材料与器件	080414T	工学	四年	
西北工业大学	社会工作	030302	法学	四年	
西北工业大学	船舶与海洋工程	081901	工学	四年	
国家安全生产监督管理总局					
华北科技学院	房地产开发与管理	120104	管理学	四年	
华北科技学院	产品设计	130504	艺术学	四年	
国家民族事务委员会					
中南民族大学	机械设计制造及其自动化	080202	工学	四年	
中南民族大学	建筑学	082801	工学	五年	
西南民族大学	学前教育	040106	教育学	四年	
西南民族大学	环境工程	082502	工学	四年	
西北民族大学	数字媒体技术	080906	工学	四年	
北方民族大学	水利水电工程	081101	工学	四年	
北方民族大学	中国画	130406T	艺术学	四年	
国务院侨务办公室					
华侨大学	应用语言学	050106T	文学	四年	
华侨大学	绘画	130402	艺术学	四年	
教　育　部					
中国人民大学	政治学、经济学与哲学	030205T	法学	四年	
中国人民大学	西班牙语	050205	文学	四年	
清华大学	哲学	010101	哲学	二年	二学位
清华大学	金融学	020301K	经济学	二年	二学位
清华大学	政治学与行政学	030201	法学	四年	
清华大学	汉语言文学	050101	文学	二年	二学位
清华大学	历史学	060101	历史学	二年	二学位
清华大学	行政管理	120402	管理学	四年	
北京化工大学	化学	070301	理学	四年	
北京邮电大学	材料科学与工程	080401	工学	四年	
北京邮电大学	电磁场与无线技术	080712T	工学	四年	
北京师范大学	社会学	030301	法学	四年	
北京师范大学	药学	100701	理学	四年	
北京外国语大学	蒙古语	050218	文学	四年	

①教育部2016年2月16日发布。

主管部门、学校名称	专业名称	专业代码	学位授予门类	修业年限	备注
北京语言大学	音乐学	130202	艺术学	四年	
北京语言大学	书法学	130405T	艺术学	四年	
中国传媒大学	软件工程	080902	工学	四年	
对外经济贸易大学	希腊语	050236	文学	四年	
对外经济贸易大学	国际商务	120205	管理学	四年	
吉林大学	生物制药	083002T	工学	四年	
吉林大学	康复治疗学	101005	理学	四年	
东北师范大学	汉语国际教育	050103	文学	四年	
东北师范大学	表演	130301	艺术学	四年	
东北师范大学	数字媒体艺术	130508	艺术学	四年	
上海交通大学	法语	050204H	文学	四年	
上海交通大学	材料科学与工程	080401H	工学	四年	
华东理工大学	软件工程	080902	工学	四年	
华东师范大学	音乐表演	130201	艺术学	四年	
上海外国语大学	政治学与行政学	030201	法学	四年	
上海外国语大学	匈牙利语	050237	文学	四年	
河海大学	法语	050204	文学	四年	
河海大学	环境生态工程	082504	工学	四年	
江南大学	表演	130301	艺术学	四年	
浙江大学	体育教育	040201	教育学	四年	
浙江大学	西班牙语	050205	文学	四年	
浙江大学	微电子科学与工程	080704	工学	四年	
合肥工业大学	药学	100701	理学	四年	
厦门大学	西班牙语	050205	文学	四年	
厦门大学	工程管理	120103	工学	四年	
山东大学	海洋科学	070701	理学	四年	
中国石油大学(华东)	能源化学工程	081304T	工学	四年	
武汉大学	管理科学	120101	管理学	四年	
华中科技大学	医学实验技术	101002	理学	四年	
华中科技大学	数字媒体艺术	130508	艺术学	四年	
中国地质大学(武汉)	大气科学	070601	理学	四年	
中国地质大学(武汉)	数字媒体艺术	130508	艺术学	四年	
华中师范大学	政治学与行政学	030201	法学	四年	
华中师范大学	科学教育	040102	教育学	四年	
华中师范大学	劳动与社会保障	120403	管理学	四年	
华中师范大学	播音与主持艺术	130309	艺术学	四年	
中南财经政法大学	俄语	050202	文学	四年	
中南大学	地球物理学	070801	理学	四年	
华南理工大学	生物信息学	071003	理学	四年	
四川大学	网络与新媒体	050306T	文学	四年	
四川大学	航空航天工程	082001	工学	四年	
重庆大学	航空航天工程	082001	工学	四年	
西南交通大学	思想政治教育	030503	法学	四年	
西南交通大学	城市地下空间工程	081005T	工学	四年	
西南交通大学	道路桥梁与渡河工程	081006T	工学	四年	
西南交通大学	铁道工程	081007T	工学	四年	

主管部门、学校名称	专业名称	专业代码	学位授予门类	修业年限	备注
电子科技大学	地球信息科学与技术	070903T	工学	四年	
电子科技大学	光源与照明	080603T	工学	四年	
西南财经大学	信用管理	020306T	经济学	四年	
西安交通大学	网络与新媒体	050306T	文学	四年	
中国矿业大学(北京)	城市地下空间工程	081005T	工学	四年	
卫生部					
北京协和医学院	药学	100701	理学	四年	
中国地震局					
防灾科技学院	地理科学	070501	理学	四年	
防灾科技学院	物联网工程	080905	工学	四年	
防灾科技学院	城市地下空间工程	081005T	工学	四年	
防灾科技学院	水利水电工程	081101	工学	四年	
中国民用航空局					
中国民用航空飞行学院	应用气象学	070602	理学	四年	
中国民用航空飞行学院	应用心理学	071102	理学	四年	
中国民用航空飞行学院	导航工程	081203T	工学	四年	
北京市					
北京工业大学	数学与应用数学	070101	理学	四年	
北京工业大学	微电子科学与工程	080704	工学	四年	
北方工业大学	经济与金融	020307T	经济学	四年	
北京服装学院	艺术与科技	130509T	艺术学	四年	
北京印刷学院	物流工程	120602	工学	四年	
北京印刷学院	艺术与科技	130509T	艺术学	四年	
北京石油化工学院	人力资源管理	120206	管理学	四年	
北京第二外国语学院	波兰语	050228	文学	四年	
北京第二外国语学院	捷克语	050229	文学	四年	
北京第二外国语学院	匈牙利语	050237	文学	四年	
北京第二外国语学院	拉脱维亚语	050252	文学	四年	
首都经济贸易大学	商务经济学	020105T	经济学	四年	
首都经济贸易大学	法语	050204	文学	四年	
中国戏曲学院	文化产业管理	120210	艺术学	四年	
北京电影学院	作曲与作曲技术理论	130203	艺术学	四年	
北京电影学院	产品设计	130504	艺术学	四年	
北京电影学院	数字媒体艺术	130508	艺术学	四年	
北京电影学院	艺术与科技	130509T	艺术学	四年	
北京城市学院	翻译	050261	文学	四年	
北京城市学院	物联网工程	080905	工学	四年	
北京城市学院	风景园林	082803	工学	四年	
北京城市学院	广播电视编导	130305	艺术学	四年	
北京吉利学院	网络与新媒体	050306T	文学	四年	
北京吉利学院	财务管理	120204	管理学	四年	
北京吉利学院	电子商务	120801	管理学	四年	
北京吉利学院	艺术设计学	130501	艺术学	四年	
北京工业大学耿丹学院	物联网工程	080905	工学	四年	
北京工业大学耿丹学院	城乡规划	082802	工学	四年	

主管部门、学校名称	专业名称	专业代码	学位授予门类	修业年限	备注
北京第二外国语学院中瑞酒店管理学院	汉语言	050102	文学	四年	
天　津　市					
天津科技大学	投资学	020304	经济学	四年	
天津科技大学	秘书学	050107T	文学	四年	
天津科技大学	音乐表演	130201	艺术学	四年	
天津理工大学	新能源材料与器件	080414T	工学	四年	
天津理工大学	微电子科学与工程	080704	工学	四年	
天津外国语大学	外交学	030203	法学	四年	
天津外国语大学	泰语	050220	文学	四年	
天津城建大学	房地产开发与管理	120104	管理学	四年	
天津体育学院运动与文化艺术学院	汉语言文学	050101	文学	四年	
天津体育学院运动与文化艺术学院	电子商务	120801	管理学	四年	
天津体育学院运动与文化艺术学院	影视摄影与制作	130311T	艺术学	四年	
天津体育学院运动与文化艺术学院	视觉传达设计	130502	艺术学	四年	
天津理工大学中环信息学院	测控技术与仪器	080301	工学	四年	
天津财经大学珠江学院	网络工程	080903	工学	四年	
天津财经大学珠江学院	国际商务	120205	管理学	四年	
天津天狮学院	药学	100701	理学	四年	
天津天狮学院	康复治疗学	101005	理学	四年	
天津天狮学院	环境设计	130503	艺术学	四年	
河　北　省					
河北工程大学	休闲体育	040207T	教育学	四年	
河北工程大学	焊接技术与工程	080411T	工学	四年	
河北工程大学	遥感科学与技术	081202	工学	四年	
河北工程大学	食品质量与安全	082702	工学	四年	
河北工程大学	风景园林	082803	工学	四年	
石家庄经济学院	捷克语	050229	文学	四年	
石家庄经济学院	广播电视编导	130305	艺术学	四年	
石家庄经济学院	播音与主持艺术	130309	艺术学	四年	
石家庄经济学院	影视摄影与制作	130311T	艺术学	四年	
华北理工大学	生物信息学	071003	理学	四年	
华北理工大学	车辆工程	080207	工学	四年	
华北理工大学	智能科学与技术	080907T	工学	四年	
华北理工大学	城乡规划	082802	工学	五年	
河北科技大学	飞行器设计与工程	082002	工学	四年	
河北建筑工程学院	德语	050203	文学	四年	
河北建筑工程学院	应用统计学	071202	理学	四年	
河北建筑工程学院	车辆工程	080207	工学	四年	
河北建筑工程学院	网络工程	080903	工学	四年	
河北农业大学	舞蹈表演	130204	艺术学	四年	
河北医科大学	食品卫生与营养学	100402	理学	四年	

主管部门、学校名称	专业名称	专业代码	学位授予门类	修业年限	备注
河北北方学院	体育教育	040201	教育学	四年	
河北北方学院	食品质量与安全	082702	工学	四年	
河北北方学院	草业科学	090701	农学	四年	
河北北方学院	康复治疗学	101005	理学	四年	
河北北方学院	数字媒体艺术	130508	艺术学	四年	
承德医学院	生物医学工程	082601	工学	四年	
河北师范大学	建筑环境与能源应用工程	081002	工学	四年	
保定学院	休闲体育	040207T	教育学	四年	
保定学院	秘书学	050107T	文学	四年	
保定学院	文物与博物馆学	060104	历史学	四年	
保定学院	人文地理与城乡规划	070503	理学	四年	
保定学院	物流工程	120602	管理学	四年	
河北民族师范学院	新能源科学与工程	080503T	工学	四年	
河北民族师范学院	环境生态工程	082504	工学	四年	
河北民族师范学院	文化产业管理	120210	管理学	四年	
河北民族师范学院	表演	130301	艺术学	四年	
廊坊师范学院	保险学	020303	经济学	四年	
廊坊师范学院	小学教育	040107	教育学	四年	
廊坊师范学院	翻译	050261	文学	四年	
廊坊师范学院	历史建筑保护工程	082804T	工学	四年	
廊坊师范学院	书法学	130405T	艺术学	四年	
衡水学院	应用统计学	071202	理学	四年	
衡水学院	化学工程与工艺	081301	工学	四年	
衡水学院	食品质量与安全	082702	工学	四年	
衡水学院	物流工程	120602	工学	四年	
衡水学院	绘画	130402	艺术学	四年	
石家庄学院	俄语	050202	文学	四年	
石家庄学院	机械设计制造及其自动化	080202	工学	四年	
石家庄学院	材料科学与工程	080401	工学	四年	
邯郸学院	化学工程与工艺	081301	工学	四年	
邯郸学院	环境生态工程	082504	工学	四年	
邯郸学院	财务管理	120204	管理学	四年	
邯郸学院	舞蹈表演	130204	艺术学	四年	
邢台学院	金融工程	020302	经济学	四年	
邢台学院	机械电子工程	080204	工学	四年	
邢台学院	食品科学与工程	082701	工学	四年	
邢台学院	工艺美术	130507	艺术学	四年	
沧州师范学院	网络与新媒体	050306T	文学	四年	
沧州师范学院	机械电子工程	080204	工学	四年	
沧州师范学院	信息工程	080706	工学	四年	
沧州师范学院	软件工程	080902	工学	四年	
燕山大学	舞蹈表演	130204	艺术学	四年	
燕山大学	公共艺术	130506	艺术学	四年	
河北科技师范学院	西班牙语	050205	文学	四年	
河北科技师范学院	应用统计学	071202	理学	四年	
河北科技师范学院	化学工程与工艺	081301	工学	四年	

主管部门、学校名称	专业名称	专业代码	学位授予门类	修业年限	备注
河北科技师范学院	生物工程	083001	工学	四年	
河北科技师范学院	舞蹈表演	130204	艺术学	四年	
唐山学院	机械工程	080201	工学	四年	
唐山学院	车辆工程	080207	工学	四年	
唐山学院	新能源材料与器件	080414T	工学	四年	
唐山学院	给排水科学与工程	081003	工学	四年	
唐山学院	物流管理	120601	管理学	四年	
北华航天工业学院	秘书学	050107T	文学	四年	
北华航天工业学院	微电子科学与工程	080704	工学	四年	
北华航天工业学院	物联网工程	080905	工学	四年	
北华航天工业学院	电子商务	120801	管理学	四年	
河北传媒学院	电子商务	120801	管理学	四年	
河北传媒学院	美术学	130401	艺术学	四年	
河北传媒学院	雕塑	130403	艺术学	四年	
河北工程技术学院	电子信息工程	080701	工学	四年	
河北工程技术学院	软件工程	080902	工学	四年	
河北工程技术学院	网络工程	080903	工学	四年	
河北工程技术学院	建筑电气与智能化	081004	工学	四年	
河北工程技术学院	房地产开发与管理	120104	管理学	四年	
河北工程技术学院	市场营销	120202	管理学	四年	
河北美术学院	表演	130301	艺术学	四年	
河北美术学院	播音与主持艺术	130309	艺术学	四年	
河北科技学院	机械电子工程	080204	工学	四年	
河北科技学院	交通工程	081802	工学	四年	
河北科技学院	广播电视编导	130305	艺术学	四年	
河北科技学院	播音与主持艺术	130309	艺术学	四年	
河北外国语学院	汉语国际教育	050103	文学	四年	
河北外国语学院	翻译	050261	文学	四年	
河北外国语学院	网络与新媒体	050306T	文学	四年	
河北外国语学院	网络工程	080903	工学	四年	
河北外国语学院	土木工程	081001	工学	四年	
河北外国语学院	康复治疗学	101005	理学	四年	
河北科技大学理工学院	社会工作	030302	法学	四年	
河北科技大学理工学院	车辆工程	080207	工学	四年	
河北师范大学汇华学院	汽车服务工程	080208	工学	四年	
河北师范大学汇华学院	建筑环境与能源应用工程	081002	工学	四年	
河北师范大学汇华学院	食品质量与安全	082702	工学	四年	
石家庄铁道大学四方学院	机械设计制造及其自动化	080202	工学	四年	
石家庄铁道大学四方学院	工程造价	120105	工学	四年	
中国地质大学长城学院	工程造价	120105	管理学	四年	
中国地质大学长城学院	电子商务及法律	120802T	管理学	四年	
中国地质大学长城学院	数字媒体艺术	130508	艺术学	四年	
燕京理工学院	日语	050207	文学	四年	
燕京理工学院	朝鲜语	050209	文学	四年	
燕京理工学院	电气工程及其自动化	080601	工学	四年	
燕京理工学院	采购管理	120603T	管理学	四年	

主管部门、学校名称	专业名称	专业代码	学位授予门类	修业年限	备注
燕京理工学院	摄影	130404	艺术学	四年	
北京交通大学海滨学院	工程造价	120105	工学	四年	
北京交通大学海滨学院	电子商务	120801	工学	四年	
河北中医学院	制药工程	081302	工学	四年	
河北中医学院	生物工程	083001	工学	四年	
河北中医学院	医学检验技术	101001	理学	四年	
河北中医学院	公共事业管理	120401	管理学	四年	
张家口学院	金融工程	020302	经济学	四年	
张家口学院	汉语国际教育	050103	文学	四年	
张家口学院	生物科学	071001	理学	四年	
张家口学院	药学	100701	理学	四年	
张家口学院	美术学	130401	艺术学	四年	
山西省					
山西大学	新能源科学与工程	080503T	工学	四年	
山西大学	物业管理	120209	管理学	四年	
太原科技大学	采矿工程	081501	工学	四年	
中北大学	分子科学与工程	070304T	理学	四年	
中北大学	采矿工程	081501	工学	四年	
太原理工大学	能源经济	020106T	经济学	四年	
太原理工大学	文物保护技术	060105T	历史学	四年	
山西农业大学	风景园林	082803	工学	四年	
山西农业大学	植物科学与技术	090104	农学	四年	
山西医科大学	医学影像技术	101003	理学	四年	
长治医学院	医学影像技术	101003	理学	四年	
山西师范大学	生态学	071004	理学	四年	
山西师范大学	摄影	130404	艺术学	四年	
太原师范学院	统计学	071201	理学	四年	
太原师范学院	城市管理	120405	管理学	四年	
太原师范学院	书法学	130405T	艺术学	四年	
山西大同大学	运动康复	040206T	理学	四年	
山西大同大学	商务英语	050262	文学	四年	
山西大同大学	书法学	130405T	艺术学	四年	
长治学院	翻译	050261	文学	四年	
长治学院	应用统计学	071202	理学	四年	
长治学院	光电信息科学与工程	080705	理学	四年	
运城学院	应用统计学	071202	理学	四年	
运城学院	材料化学	080403	工学	四年	
运城学院	通信工程	080703	工学	四年	
忻州师范学院	小学教育	040107	教育学	四年	
忻州师范学院	审计学	120207	管理学	四年	
山西中医学院	生物制药	083002T	工学	四年	
山西中医学院	药物分析	100705T	理学	四年	
吕梁学院	机械电子工程	080204	工学	四年	
吕梁学院	园林	090502	农学	四年	
吕梁学院	物业管理	120209	管理学	四年	
太原学院	投资学	020304	经济学	四年	

主管部门、学校名称	专业名称	专业代码	学位授予门类	修业年限	备注
太原学院	物联网工程	080905	工学	四年	
太原学院	建筑学	082801	工学	五年	
太原学院	园林	090502	农学	四年	
太原学院	会展经济与管理	120903	管理学	四年	
山西应用科技学院	汽车服务工程	080208	工学	四年	
山西应用科技学院	风景园林	082803	工学	四年	
山西应用科技学院	电子商务	120801	管理学	四年	
山西应用科技学院	音乐表演	130201	艺术学	四年	
山西应用科技学院	播音与主持艺术	130309	艺术学	四年	
山西大学商务学院	商务经济学	020105T	经济学	四年	
山西大学商务学院	数字媒体艺术	130508	艺术学	四年	
山西医科大学晋祠学院	医学检验技术	101001	理学	四年	
山西医科大学晋祠学院	眼视光学	101004	理学	四年	
山西医科大学晋祠学院	康复治疗学	101005	理学	四年	
山西财经大学华商学院	金融工程	020302	经济学	四年	
山西财经大学华商学院	商务英语	050262	文学	四年	
山西财经大学华商学院	资产评估	120208	管理学	四年	
山西工商学院	翻译	050261	文学	四年	
山西工商学院	建筑环境与能源应用工程	081002	工学	四年	
山西工商学院	音乐表演	130201	艺术学	四年	
山西传媒学院	网络与新媒体	050306T	文学	四年	
山西传媒学院	数字媒体技术	080906	工学	四年	
山西传媒学院	表演	130301	艺术学	四年	
山西传媒学院	摄影	130404	艺术学	四年	
山西传媒学院	环境设计	130503	艺术学	四年	
太原工业学院	汽车服务工程	080208	工学	四年	
山西工程技术学院	投资学	020304	经济学	四年	
山西工程技术学院	机械工程	080201	工学	四年	
山西工程技术学院	勘查技术与工程	081402	工学	四年	
山西工程技术学院	工程造价	120105	工学	四年	
山西工程技术学院	财务管理	120204	管理学	四年	
	内蒙古自治区				
内蒙古大学	轨道交通信号与控制	080802T	工学	四年	
内蒙古大学	道路桥梁与渡河工程	081006T	工学	四年	
内蒙古科技大学	书法学	130405T	艺术学	四年	
内蒙古师范大学	经济与金融	020307T	经济学	四年	
内蒙古师范大学	审计学	120207	管理学	四年	
内蒙古师范大学	播音与主持艺术	130309	艺术学	四年	
内蒙古民族大学	小学教育	040107	教育学	四年	
内蒙古民族大学	数字媒体技术	080906	工学	四年	
呼伦贝尔学院	网络工程	080903	工学	四年	
呼伦贝尔学院	道路桥梁与渡河工程	081006T	工学	四年	
集宁师范学院	人文地理与城乡规划	070503	理学	四年	
集宁师范学院	风景园林	082803	工学	四年	
河套学院	金融工程	020302	经济学	四年	
河套学院	机械电子工程	080204	工学	四年	

主管部门、学校名称	专业名称	专业代码	学位授予门类	修业年限	备注
河套学院	物联网工程	080905	工学	四年	
内蒙古大学创业学院	表演	130301	艺术学	四年	
内蒙古师范大学鸿德学院	汉语言文学	050101	文学	四年	
内蒙古师范大学鸿德学院	物业管理	120209	管理学	四年	
内蒙古艺术学院	文化产业管理	120210	艺术学	四年	
内蒙古艺术学院	播音与主持艺术	130309	艺术学	四年	
内蒙古艺术学院	动画	130310	艺术学	四年	
内蒙古艺术学院	绘画	130402	艺术学	四年	
内蒙古艺术学院	视觉传达设计	130502	艺术学	四年	
内蒙古艺术学院	服装与服饰设计	130505	艺术学	四年	
鄂尔多斯应用技术学院	汽车服务工程	080208	工学	四年	
鄂尔多斯应用技术学院	电子信息科学与技术	080714T	工学	四年	
鄂尔多斯应用技术学院	护理学	101101	理学	四年	
鄂尔多斯应用技术学院	音乐表演	130201	艺术学	四年	
鄂尔多斯应用技术学院	舞蹈表演	130204	艺术学	四年	
辽 宁 省					
辽宁大学	商务英语	050262	文学	四年	
沈阳航空航天大学	飞行器适航技术	082007T	工学	四年	
辽宁科技大学	功能材料	080412T	工学	四年	
辽宁科技大学	工程造价	120105	工学	四年	
辽宁工程技术大学	能源化学工程	081304T	工学	四年	
沈阳建筑大学	交通工程	081802	工学	四年	
辽宁工业大学	环境科学与工程	082501	工学	四年	
大连海洋大学	汽车服务工程	080208	工学	四年	
辽宁医学院	保险学	020303	经济学	四年	
沈阳医学院	医学影像技术	101003	理学	四年	
沈阳师范大学	工艺美术	130507	艺术学	四年	
东北财经大学	应用统计学	071202	理学	四年	
鲁迅美术学院	戏剧影视美术设计	130307	艺术学	四年	
沈阳大学	舞蹈表演	130204	艺术学	四年	
大连大学	运动康复	040206T	理学	四年	
辽宁科技学院	遥感科学与技术	081202	工学	四年	
辽宁科技学院	物业管理	120209	管理学	四年	
沈阳工程学院	光源与照明	080603T	工学	四年	
辽东学院	投资学	020304	经济学	四年	
辽东学院	动物科学	090301	农学	四年	
沈阳工学院	测绘工程	081201	工学	四年	
大连工业大学艺术与信息工程学院	公共艺术	130506	艺术学	四年	
沈阳城市建设学院	工程造价	120105	管理学	四年	
大连医科大学中山学院	数字媒体技术	080906	工学	四年	
大连财经学院	金融工程	020302	经济学	四年	
大连财经学院	投资学	020304	经济学	四年	
沈阳城市学院	播音与主持艺术	130309	艺术学	四年	
辽宁中医药大学杏林学院	药事管理	100704T	理学	四年	
辽宁中医药大学杏林学院	中药资源与开发	100802	理学	四年	

主管部门、学校名称	专业名称	专业代码	学位授予门类	修业年限	备注
辽宁中医药大学杏林学院	康复治疗学	101005	理学	四年	
辽宁何氏医学院	药事管理	100704T	理学	四年	
沈阳化工大学科亚学院	能源化学工程	081304T	工学	四年	
辽宁财贸学院	金融工程	020302	经济学	四年	
辽宁财贸学院	文化产业管理	120210	艺术学	四年	
辽宁财贸学院	播音与主持艺术	130309	艺术学	四年	
辽宁传媒学院	传播学	050304	文学	四年	
辽宁传媒学院	数字媒体技术	080906	工学	四年	
辽宁传媒学院	广播电视编导	130305	艺术学	四年	
辽宁传媒学院	播音与主持艺术	130309	艺术学	四年	
辽宁传媒学院	影视摄影与制作	130311T	艺术学	四年	
营口理工学院	金融工程	020302	经济学	四年	
营口理工学院	环境科学与工程	082501	工学	四年	
营口理工学院	物流工程	120602	工学	四年	
吉林省					
延边大学	行政管理	120402	管理学	四年	
东北电力大学	新能源材料与器件	080414T	工学	四年	
东北电力大学	表演	130301	艺术学	四年	
吉林化工学院	飞行器制造工程	082003	工学	四年	
吉林化工学院	信息资源管理	120503	管理学	四年	
长春中医药大学	财务管理	120204	管理学	四年	
北华大学	康复治疗学	101005	理学	四年	
通化师范学院	教育学	040101	教育学	四年	
通化师范学院	机械电子工程	080204	工学	四年	
通化师范学院	医学检验技术	101001	理学	四年	
吉林师范大学	给排水科学与工程	081003	工学	四年	
吉林工程技术师范学院	德语	050203	文学	四年	
吉林工程技术师范学院	轨道交通信号与控制	080802T	工学	四年	
吉林工程技术师范学院	物流管理	120601	管理学	四年	
吉林工程技术师范学院	表演	130301	艺术学	四年	
长春师范大学	经济与金融	020307T	经济学	四年	
长春师范大学	德语	050203	文学	四年	
长春师范大学	物联网工程	080905	工学	四年	
白城师范学院	网络与新媒体	050306T	文学	四年	
白城师范学院	物联网工程	080905	工学	四年	
白城师范学院	道路桥梁与渡河工程	081006T	工学	四年	
长春工程学院	地质工程	081401	工学	四年	
吉林警察学院	数字媒体艺术	130508	艺术学	四年	
长春大学	西班牙语	050205	文学	四年	
长春光华学院	投资学	020304	经济学	四年	
长春光华学院	学前教育	040106	教育学	四年	
长春光华学院	机械设计制造及其自动化	080202	工学	四年	
长春工业大学人文信息学院	机械设计制造及其自动化	080202	工学	四年	
长春工业大学人文信息学院	车辆工程	080207	工学	四年	
长春工业大学人文信息学院	土木工程	081001	工学	四年	

主管部门、学校名称	专业名称	专业代码	学位授予门类	修业年限	备注
长春理工大学光电信息学院	网络工程	080903	工学	四年	
长春理工大学光电信息学院	服装设计与工程	081602	艺术学	四年	
吉林建筑大学城建学院	房地产开发与管理	120104	管理学	四年	
长春建筑学院	数字媒体技术	080906	工学	四年	
长春科技学院	金融工程	020302	经济学	四年	
长春科技学院	车辆工程	080207	工学	四年	
长春科技学院	康复治疗学	101005	理学	四年	
吉林动画学院	软件工程	080902	工学	四年	
吉林动画学院	戏剧影视导演	130306	艺术学	四年	
吉林动画学院	工艺美术	130507	艺术学	四年	
吉林师范大学博达学院	食品质量与安全	082702	工学	四年	
吉林师范大学博达学院	影视摄影与制作	130311T	艺术学	四年	
长春大学旅游学院	网络工程	080903	工学	四年	
长春大学旅游学院	工程造价	120105	管理学	四年	
黑龙江省					
哈尔滨理工大学	食品科学与工程	082701	工学	四年	
黑龙江科技大学	商务英语	050262	文学	四年	
黑龙江科技大学	道路桥梁与渡河工程	081006T	工学	四年	
佳木斯大学	机械设计制造及其自动化	080202	工学	二年	二学位
佳木斯大学	焊接技术与工程	080411T	工学	二年	二学位
哈尔滨医科大学	医学信息工程	080711T	工学	四年	
黑龙江中医药大学	运动康复	040206T	理学	四年	
黑龙江中医药大学	医学检验技术	101001	理学	四年	
哈尔滨师范大学	社会工作	030302	法学	四年	
哈尔滨师范大学	录音艺术	130308	艺术学	四年	
哈尔滨师范大学	雕塑	130403	艺术学	四年	
牡丹江师范学院	学前教育	040106	教育学	四年	
牡丹江师范学院	公共艺术	130506	艺术学	四年	
哈尔滨学院	建筑电气与智能化	081004	工学	四年	
哈尔滨学院	酒店管理	120902	管理学	四年	
大庆师范学院	材料科学与工程	080401	工学	四年	
大庆师范学院	物联网工程	080905	工学	四年	
绥化学院	数字出版	050307T	文学	四年	
绥化学院	电子商务	120801	管理学	四年	
哈尔滨商业大学	保险学	020303	经济学	四年	
黑龙江工业学院	俄语	050202	文学	四年	
黑龙江东方学院	贸易经济	020402	经济学	四年	
黑龙江东方学院	软件工程	080902	工学	四年	
哈尔滨信息工程学院	自动化	080801	工学	四年	
哈尔滨信息工程学院	电子商务	120801	管理学	四年	
黑龙江工程学院	城市地下空间工程	081005T	工学	四年	
齐齐哈尔工程学院	电子科学与技术	080702	工学	四年	
齐齐哈尔工程学院	食品质量与安全	082702	工学	四年	
黑龙江外国语学院	电子商务	120801	管理学	四年	
哈尔滨远东理工学院	物流工程	120602	工学	四年	
哈尔滨剑桥学院	机械工艺技术	080209T	工学	四年	

主管部门、学校名称	专业名称	专业代码	学位授予门类	修业年限	备注
上海市					
上海海事大学	翻译	050261	文学	四年	
上海应用技术学院	铁道工程	081007T	工学	四年	
上海健康医学院	药学	100701	理学	四年	
上海健康医学院	医学检验技术	101001	理学	四年	
上海健康医学院	医学影像技术	101003	理学	四年	
上海海洋大学	软件工程	080902	工学	四年	
上海海洋大学	生物制药	083002T	工学	四年	
上海体育学院	康复治疗学	101005	理学	四年	
上海大学	音乐表演	130201	艺术学	四年	
上海大学	表演	130301	艺术学	四年	
上海大学	影视摄影与制作	130311T	艺术学	四年	
上海工程技术大学	翻译	050261	文学	四年	
上海工程技术大学	能源与动力工程	080501	工学	四年	
上海电机学院	经济与金融	020307T	经济学	四年	
上海电机学院	材料科学与工程	080401	工学	四年	
上海电机学院	电气工程与智能控制	080604T	工学	四年	
上海杉达学院	汉语国际教育	050103	文学	四年	
上海杉达学院	网络与新媒体	050306T	文学	四年	
上海杉达学院	软件工程	080902	工学	四年	
上海政法学院	税收学	020202	经济学	四年	
上海政法学院	广播电视编导	130305	艺术学	四年	
上海第二工业大学	投资学	020304	经济学	四年	
上海第二工业大学	车辆工程	080207	工学	四年	
上海商学院	经济统计学	020102	经济学	四年	
上海商学院	商务英语	050262	文学	四年	
上海商学院	物联网工程	080905	工学	四年	
上海建桥学院	德语	050203	文学	四年	
江苏省					
苏州大学	集成电路设计与集成系统	080710T	工学	四年	
苏州大学	轨道交通信号与控制	080802T	工学	四年	
苏州大学	作曲与作曲技术理论	130203	艺术学	五年	
江苏科技大学	新能源材料与器件	080414T	工学	四年	
江苏科技大学	新能源科学与工程	080503T	工学	四年	
江苏科技大学	水声工程	080708T	工学	四年	
南京工业大学	汉语国际教育	050103	文学	四年	
南京工业大学	工程力学	080102	工学	四年	
常州大学	商务英语	050262	文学	四年	
南京林业大学	水土保持与荒漠化防治	090203	农学	四年	
南通大学	表演	130301	艺术学	四年	
徐州医学院	应用心理学	071102	理学	四年	
徐州医学院	计算机科学与技术	080901	工学	四年	
南京中医药大学	生物技术	071002	理学	四年	
江苏师范大学	车辆工程	080207	工学	四年	
淮阴师范学院	软件工程	080902	工学	四年	
淮阴师范学院	电子商务	120801	管理学	四年	

主管部门、学校名称	专业名称	专业代码	学位授予门类	修业年限	备注
盐城师范学院	商务英语	050262	文学	四年	
盐城师范学院	测绘工程	081201	工学	四年	
盐城师范学院	生物医学工程	082601	工学	四年	
盐城师范学院	人力资源管理	120206	管理学	四年	
盐城师范学院	电子商务	120801	管理学	四年	
南京财经大学	投资学	020304	经济学	四年	
南京财经大学	物联网工程	080905	工学	四年	
江苏警官学院	物联网工程	080905	工学	四年	
常熟理工学院	金融工程	020302	经济学	四年	
常熟理工学院	功能材料	080412T	工学	四年	
常熟理工学院	电子商务	120801	管理学	四年	
淮阴工学院	材料科学与工程	080401	工学	四年	
淮阴工学院	高分子材料与工程	080407	工学	四年	
淮阴工学院	城市地下空间工程	081005T	工学	四年	
常州工学院	城市地下空间工程	081005T	工学	四年	
扬州大学	西班牙语	050205	文学	四年	
扬州大学	风景园林	082803	工学	四年	
扬州大学	酒店管理	120902	管理学	四年	
扬州大学	公共艺术	130506	艺术学	四年	
三江学院	保险学	020303	经济学	四年	
三江学院	电子商务及法律	120802T	管理学	四年	
三江学院	会展经济与管理	120903	管理学	四年	
南京工程学院	能源化学工程	081304T	工学	四年	
南京审计学院	贸易经济	020402	经济学	四年	
南京审计学院	政治学、经济学与哲学	030205T	法学	四年	
南京晓庄学院	经济与金融	020307T	经济学	四年	
南京晓庄学院	国际经济与贸易	020401	经济学	四年	
南京晓庄学院	通信工程	080703	工学	四年	
南京晓庄学院	食品质量与安全	082702	工学	四年	
徐州工程学院	新能源科学与工程	080503T	工学	四年	
南京特殊教育师范学院	小学教育	040107	教育学	四年	
南京特殊教育师范学院	英语	050201	文学	四年	
南京特殊教育师范学院	应用心理学	071102	理学	四年	
南京特殊教育师范学院	公共事业管理	120401	管理学	四年	
南京特殊教育师范学院	服装与服饰设计	130505	艺术学	四年	
南通理工学院	机械电子工程	080204	工学	四年	
南通理工学院	车辆工程	080207	工学	四年	
南通理工学院	电气工程及其自动化	080601	工学	四年	
南通理工学院	数字媒体技术	080906	工学	四年	
南通理工学院	电子商务	120801	管理学	四年	
南通理工学院	环境设计	130503	艺术学	四年	
泰州学院	知识产权	030102T	法学	四年	
泰州学院	小学教育	040107	教育学	四年	
泰州学院	网络与新媒体	050306T	文学	四年	
泰州学院	应用统计学	071202	理学	四年	
泰州学院	机械设计制造及其自动化	080202	工学	四年	

主管部门、学校名称	专业名称	专业代码	学位授予门类	修业年限	备注
泰州学院	物联网工程	080905	工学	四年	
泰州学院	制药工程	081302	工学	四年	
泰州学院	信息管理与信息系统	120102	工学	四年	
泰州学院	财务管理	120204	管理学	四年	
无锡太湖学院	机械电子工程	080204	工学	四年	
金陵科技学院	金融工程	020302	经济学	四年	
金陵科技学院	功能材料	080412T	工学	四年	
金陵科技学院	光电信息科学与工程	080705	工学	四年	
金陵科技学院	数字媒体技术	080906	工学	四年	
金陵科技学院	电子商务	120801	管理学	四年	
南京大学金陵学院	房地产开发与管理	120104	管理学	四年	
南京大学金陵学院	数字媒体艺术	130508	艺术学	四年	
中国传媒大学南广学院	音乐表演	130201	艺术学	四年	
中国传媒大学南广学院	电影学	130303	艺术学	四年	
中国传媒大学南广学院	艺术与科技	130509T	艺术学	四年	
南京理工大学泰州科技学院	汽车服务工程	080208	工学	四年	
南京理工大学泰州科技学院	电气工程与智能控制	080604T	工学	四年	
南京理工大学泰州科技学院	工程管理	120103	工学	四年	
南京理工大学泰州科技学院	财务管理	120204	管理学	四年	
南京工业大学浦江学院	工程造价	120105	工学	四年	
南京师范大学中北学院	社会体育指导与管理	040203	教育学	四年	
南京师范大学中北学院	机械工程	080201	工学	四年	
南京师范大学中北学院	光电信息科学与工程	080705	工学	四年	
南京医科大学康达学院	医学信息工程	080711T	工学	四年	
苏州大学应用技术学院	电子商务	120801	管理学	四年	
苏州科技学院天平学院	财务管理	120204	管理学	四年	
江苏大学京江学院	人力资源管理	120206	管理学	四年	
江苏大学京江学院	质量管理工程	120703T	管理学	四年	
江苏大学京江学院	电子商务	120801	管理学	四年	
江苏师范大学科文学院	社会体育指导与管理	040203	教育学	四年	
南京邮电大学通达学院	财务管理	120204	管理学	四年	
常州大学怀德学院	焊接技术与工程	080411T	工学	四年	
常州大学怀德学院	电子商务	120801	管理学	四年	
南通大学杏林学院	交通设备与控制工程	081806T	工学	四年	
南通大学杏林学院	物流管理	120601	管理学	四年	
南通大学杏林学院	酒店管理	120902	管理学	四年	
南京审计学院金审学院	网络工程	080903	工学	四年	
南京审计学院金审学院	视觉传达设计	130502	艺术学	四年	
宿迁学院	学前教育	040106	教育学	四年	
宿迁学院	广告学	050303	文学	四年	
宿迁学院	数学与应用数学	070101	理学	四年	
宿迁学院	材料科学与工程	080401	工学	四年	
宿迁学院	通信工程	080703	工学	四年	
宿迁学院	市场营销	120202	管理学	四年	
宿迁学院	产品设计	130504	艺术学	四年	
江苏第二师范学院	贸易经济	020402	经济学	四年	

主管部门、学校名称	专业名称	专业代码	学位授予门类	修业年限	备注
江苏第二师范学院	商务英语	050262	文学	四年	
江苏第二师范学院	历史学	060101	历史学	四年	
江苏第二师范学院	应用化学	070302	理学	四年	
江苏第二师范学院	应用心理学	071102	教育学	四年	
江苏第二师范学院	美术学	130401	艺术学	四年	
江苏第二师范学院	数字媒体艺术	130508	艺术学	四年	
西交利物浦大学	经济与金融	020307TH	经济学	四年	
西交利物浦大学	广播电视学	050302H	文学	四年	
西交利物浦大学	数字媒体艺术	130508H	艺术学	四年	
浙　江　省					
杭州电子科技大学	数字媒体艺术	130508	艺术学	四年	
浙江理工大学	新能源材料与器件	080414T	工学	四年	
浙江理工大学	海洋资源开发技术	081903T	工学	四年	
浙江海洋学院	小学教育	040107	教育学	四年	
浙江海洋学院	能源化学工程	081304T	工学	四年	
浙江海洋学院	环境科学与工程	082501	工学	四年	
浙江海洋学院	交通管理	120407T	工学	四年	
温州医科大学	运动康复	040206T	理学	四年	
温州医科大学	生物制药	083002T	工学	四年	
浙江中医药大学	医学实验技术	101002	理学	四年	
浙江师范大学	材料科学与工程	080401	工学	四年	
杭州师范大学	文化产业管理	120210	艺术学	四年	
湖州师范学院	金融工程	020302	经济学	四年	
湖州师范学院	建筑学	082801	工学	五年	
绍兴文理学院	应用统计学	071202	理学	四年	
绍兴文理学院	地质工程	081401	工学	四年	
绍兴文理学院	康复治疗学	101005	理学	四年	
台州学院	机械电子工程	080204	工学	四年	
台州学院	康复治疗学	101005	理学	四年	
温州大学	小学教育	040107	教育学	二年	二学位
温州大学	翻译	050261	文学	四年	
温州大学	应用心理学	071102	教育学	二年	二学位
温州大学	车辆工程	080207	工学	四年	
温州大学	财务管理	120204	管理学	二年	二学位
丽水学院	数字媒体技术	080906	工学	四年	
丽水学院	环境工程	082502	工学	四年	
丽水学院	康复治疗学	101005	理学	四年	
浙江工商大学	金融学	020301K	经济学	二年	二学位
浙江工商大学	物联网工程	080905	工学	四年	
浙江工商大学	城乡规划	082802	工学	四年	
嘉兴学院	车辆工程	080207	工学	四年	
中国计量学院	翻译	050261	文学	四年	
中国计量学院	声学	070204T	理学	四年	
中国计量学院	公共艺术	130506	艺术学	四年	
浙江科技学院	公共事业管理	120401	管理学	四年	
浙江科技学院	电子商务	120801	管理学	四年	

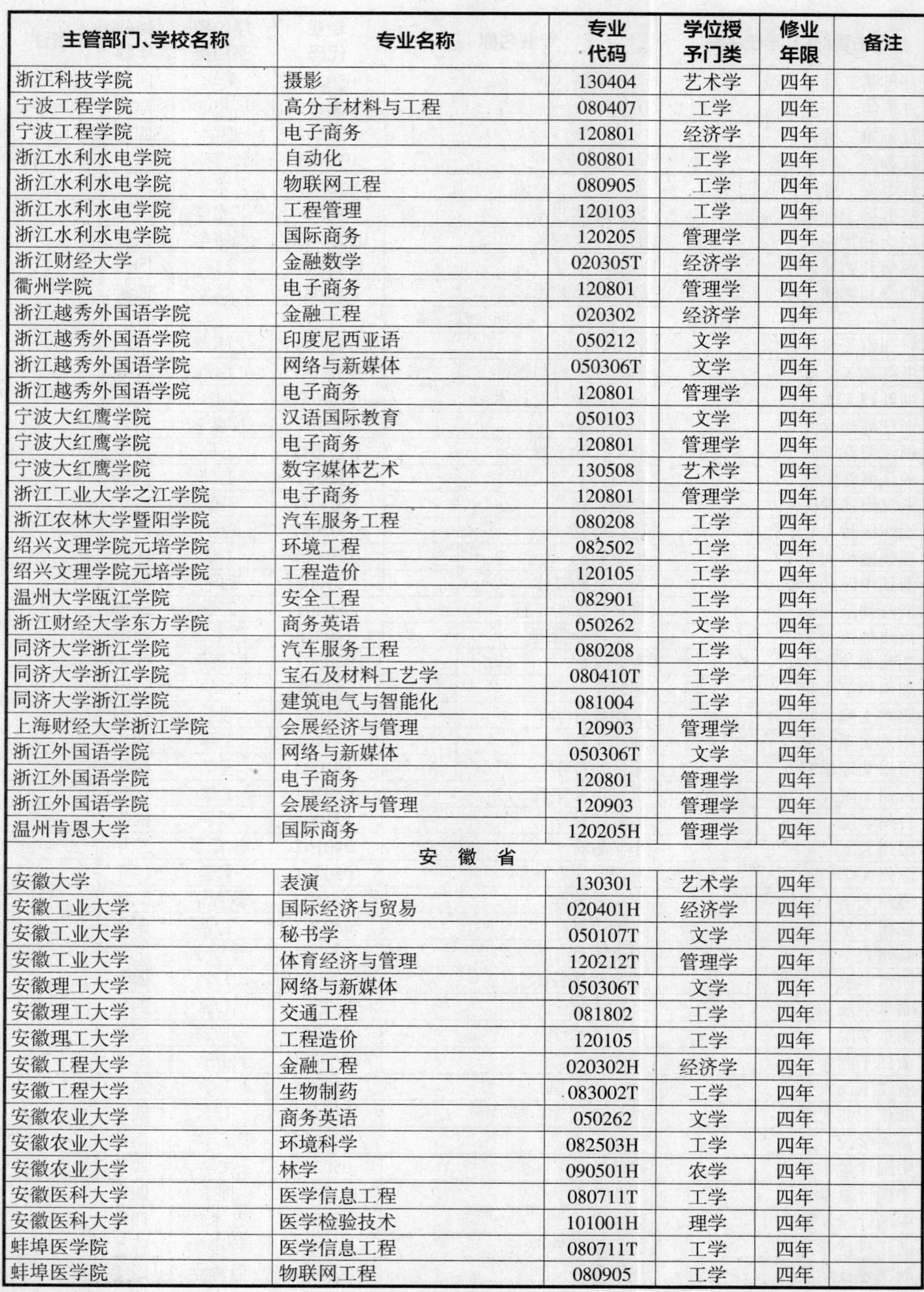

主管部门、学校名称	专业名称	专业代码	学位授予门类	修业年限	备注
浙江科技学院	摄影	130404	艺术学	四年	
宁波工程学院	高分子材料与工程	080407	工学	四年	
宁波工程学院	电子商务	120801	经济学	四年	
浙江水利水电学院	自动化	080801	工学	四年	
浙江水利水电学院	物联网工程	080905	工学	四年	
浙江水利水电学院	工程管理	120103	工学	四年	
浙江水利水电学院	国际商务	120205	管理学	四年	
浙江财经大学	金融数学	020305T	经济学	四年	
衢州学院	电子商务	120801	管理学	四年	
浙江越秀外国语学院	金融工程	020302	经济学	四年	
浙江越秀外国语学院	印度尼西亚语	050212	文学	四年	
浙江越秀外国语学院	网络与新媒体	050306T	文学	四年	
浙江越秀外国语学院	电子商务	120801	管理学	四年	
宁波大红鹰学院	汉语国际教育	050103	文学	四年	
宁波大红鹰学院	电子商务	120801	管理学	四年	
宁波大红鹰学院	数字媒体艺术	130508	艺术学	四年	
浙江工业大学之江学院	电子商务	120801	管理学	四年	
浙江农林大学暨阳学院	汽车服务工程	080208	工学	四年	
绍兴文理学院元培学院	环境工程	082502	工学	四年	
绍兴文理学院元培学院	工程造价	120105	工学	四年	
温州大学瓯江学院	安全工程	082901	工学	四年	
浙江财经大学东方学院	商务英语	050262	文学	四年	
同济大学浙江学院	汽车服务工程	080208	工学	四年	
同济大学浙江学院	宝石及材料工艺学	080410T	工学	四年	
同济大学浙江学院	建筑电气与智能化	081004	工学	四年	
上海财经大学浙江学院	会展经济与管理	120903	管理学	四年	
浙江外国语学院	网络与新媒体	050306T	文学	四年	
浙江外国语学院	电子商务	120801	管理学	四年	
浙江外国语学院	会展经济与管理	120903	管理学	四年	
温州肯恩大学	国际商务	120205H	管理学	四年	
安徽省					
安徽大学	表演	130301	艺术学	四年	
安徽工业大学	国际经济与贸易	020401H	经济学	四年	
安徽工业大学	秘书学	050107T	文学	四年	
安徽工业大学	体育经济与管理	120212T	管理学	四年	
安徽理工大学	网络与新媒体	050306T	文学	四年	
安徽理工大学	交通工程	081802	工学	四年	
安徽理工大学	工程造价	120105	工学	四年	
安徽工程大学	金融工程	020302H	经济学	四年	
安徽工程大学	生物制药	083002T	工学	四年	
安徽农业大学	商务英语	050262	文学	四年	
安徽农业大学	环境科学	082503H	工学	四年	
安徽农业大学	林学	090501H	农学	四年	
安徽医科大学	医学信息工程	080711T	工学	四年	
安徽医科大学	医学检验技术	101001H	理学	四年	
蚌埠医学院	医学信息工程	080711T	工学	四年	
蚌埠医学院	物联网工程	080905	工学	四年	

主管部门、学校名称	专业名称	专业代码	学位授予门类	修业年限	备注
蚌埠医学院	康复治疗学	101005	理学	四年	
安徽师范大学	英语	050201H	文学	四年	
安徽师范大学	世界史	060102	历史学	四年	
安徽师范大学	生物制药	083002T	工学	四年	
安徽师范大学	酒店管理	120902	管理学	四年	
安徽师范大学	动画	130310H	艺术学	四年	
阜阳师范学院	休闲体育	040207T	教育学	四年	
阜阳师范学院	复合材料与工程	080408	工学	四年	
阜阳师范学院	光电信息科学与工程	080705	工学	四年	
阜阳师范学院	食品质量与安全	082702	工学	四年	
阜阳师范学院	生物制药	083002T	工学	四年	
安庆师范学院	国际经济与贸易	020401H	经济学	四年	
安庆师范学院	英语	050201H	文学	四年	
安庆师范学院	文化产业管理	120210	管理学	四年	
安庆师范学院	电子商务	120801	管理学	四年	
淮北师范大学	政治学与行政学	030201	法学	四年	
淮北师范大学	行政管理	120402	管理学	四年	
淮北师范大学	公共关系学	120409T	管理学	四年	
黄山学院	机械电子工程	080204	工学	四年	
黄山学院	电子商务	120801	经济学	四年	
黄山学院	旅游管理与服务教育	120904TH	管理学	四年	
黄山学院	工艺美术	130507	艺术学	四年	
皖西学院	环境科学与工程	082501	工学	四年	
皖西学院	电子商务	120801	管理学	四年	
皖西学院	酒店管理	120902	管理学	四年	
滁州学院	经济统计学	020102	经济学	四年	
滁州学院	网络与新媒体	050306T	文学	四年	
滁州学院	空间信息与数字技术	080908T	工学	四年	
滁州学院	给排水科学与工程	081003	工学	四年	
滁州学院	审计学	120207	管理学	四年	
滁州学院	视觉传达设计	130502H	艺术学	四年	
安徽财经大学	传播学	050304	文学	四年	
安徽财经大学	网络与新媒体	050306T	文学	四年	
安徽财经大学	统计学	071201H	理学	四年	
安徽财经大学	国际商务	120205H	管理学	四年	
安徽财经大学	体育经济与管理	120212T	管理学	四年	
宿州学院	休闲体育	040207T	教育学	四年	
宿州学院	水文与水资源工程	081102	工学	四年	
宿州学院	交通工程	081802	工学	四年	
宿州学院	房地产开发与管理	120104	管理学	四年	
宿州学院	舞蹈表演	130204	艺术学	四年	
巢湖学院	材料成型及控制工程	080203	工学	四年	
巢湖学院	机械电子工程	080204	工学	四年	
淮南师范学院	机械设计制造及其自动化	080202	工学	四年	
淮南师范学院	软件工程	080902	工学	四年	
淮南师范学院	戏剧影视文学	130304	艺术学	四年	

主管部门、学校名称	专业名称	专业代码	学位授予门类	修业年限	备注
铜陵学院	国际经济与贸易	020401H	经济学	四年	
铜陵学院	汽车服务工程	080208	工学	四年	
铜陵学院	房地产开发与管理	120104	管理学	四年	
安徽建筑大学	金融工程	020302	经济学	四年	
安徽建筑大学	资产评估	120208	管理学	四年	
安徽科技学院	国际经济与贸易	020401H	经济学	四年	
安徽科技学院	材料科学与工程	080401	工学	四年	
安徽科技学院	物联网工程	080905	工学	四年	
安徽科技学院	土木工程	081001	工学	四年	
安徽科技学院	药学	100701	理学	四年	
安徽科技学院	物流工程	120602	管理学	四年	
安徽三联学院	家政学	030305T	法学	四年	
安徽三联学院	物联网工程	080905	工学	四年	
合肥学院	投资学	020304	经济学	四年	
合肥学院	应用统计学	071202	理学	四年	
合肥学院	电子信息工程	080701H	工学	五年	
合肥学院	计算机科学与技术	080901H	工学	五年	
蚌埠学院	金融工程	020302	经济学	四年	
蚌埠学院	小学教育	040107	教育学	四年	
蚌埠学院	翻译	050261	文学	四年	
蚌埠学院	环境科学	082503H	工学	四年	
蚌埠学院	电子商务	120801	管理学	四年	
池州学院	朝鲜语	050209	文学	四年	
池州学院	材料成型及控制工程	080203	工学	四年	
池州学院	环境工程	082502	工学	四年	
安徽新华学院	汽车服务工程	080208	工学	四年	
安徽新华学院	电气工程及其自动化	080601	工学	四年	
安徽新华学院	测绘工程	081201	工学	四年	
安徽新华学院	广播电视编导	130305	艺术学	四年	
安徽文达信息工程学院	网络工程	080903	工学	四年	
安徽外国语学院	保险学	020303	经济学	四年	
安徽外国语学院	阿拉伯语	050206	文学	四年	
安徽外国语学院	审计学	120207	管理学	四年	
安徽外国语学院	会展经济与管理	120903	管理学	四年	
安徽外国语学院	视觉传达设计	130502	艺术学	四年	
安徽工程大学机电学院	数字媒体技术	080906	工学	四年	
安徽工业大学工商学院	金属材料工程	080405	工学	四年	
安徽工业大学工商学院	物联网工程	080905	工学	四年	
安徽工业大学工商学院	化学工程与工艺	081301	工学	四年	
安徽工业大学工商学院	工程造价	120105	工学	四年	
安徽工业大学工商学院	工业工程	120701	工学	四年	
安徽建筑大学城市建设学院	工业设计	080205	工学	四年	
安徽建筑大学城市建设学院	道路桥梁与渡河工程	081006T	工学	四年	
安徽建筑大学城市建设学院	工程造价	120105	管理学	四年	
安徽农业大学经济技术学院	金融工程	020302	经济学	四年	
安徽农业大学经济技术学院	物联网工程	080905	工学	四年	

主管部门、学校名称	专业名称	专业代码	学位授予门类	修业年限	备注
安徽农业大学经济技术学院	财务管理	120204H	管理学	四年	
安徽农业大学经济技术学院	电子商务	120801	管理学	四年	
安徽农业大学经济技术学院	酒店管理	120902	管理学	四年	
安徽师范大学皖江学院	家政学	030305T	法学	四年	
安徽师范大学皖江学院	软件工程	080902	工学	四年	
安徽师范大学皖江学院	物联网工程	080905	工学	四年	
安徽师范大学皖江学院	电子商务	120801	管理学	四年	
阜阳师范学院信息工程学院	网络与新媒体	050306T	文学	四年	
阜阳师范学院信息工程学院	汽车服务工程	080208	工学	四年	
阜阳师范学院信息工程学院	工程管理	120103	工学	四年	
阜阳师范学院信息工程学院	视觉传达设计	130502H	艺术学	四年	
淮北师范大学信息学院	物流管理	120601	管理学	四年	
淮北师范大学信息学院	表演	130301	艺术学	四年	
合肥师范学院	金融工程	020302	经济学	四年	
合肥师范学院	学前教育	040106H	教育学	四年	
合肥师范学院	小学教育	040107	教育学	四年	
合肥师范学院	运动康复	040206T	教育学	四年	
合肥师范学院	英语	050201H	文学	四年	
合肥师范学院	材料科学与工程	080401	工学	四年	
合肥师范学院	制药工程	081302H	工学	四年	
合肥师范学院	视觉传达设计	130502H	艺术学	四年	
河海大学文天学院	安全工程	082901	工学	四年	
河海大学文天学院	公共艺术	130506	艺术学	四年	
	福 建 省				
福州大学	汉语言	050102	文学	四年	
福州大学	建筑电气与智能化	081004	工学	四年	
福建工程学院	汽车服务工程	080208	工学	四年	
福建工程学院	道路桥梁与渡河工程	081006T	工学	四年	
集美大学	审计学	120207	管理学	四年	
福建师范大学	统计学	071201	理学	四年	
福建师范大学	行政管理	120402	管理学	四年	
闽江学院	机械电子工程	080204	工学	四年	
武夷学院	保险学	020303	经济学	四年	
武夷学院	商务英语	050262	文学	四年	
武夷学院	数字媒体艺术	130508	艺术学	四年	
宁德师范学院	艺术教育	040105	艺术学	四年	
宁德师范学院	网络与新媒体	050306T	文学	四年	
宁德师范学院	土木工程	081001	工学	四年	
宁德师范学院	环境科学与工程	082501	工学	四年	
宁德师范学院	国际商务	120205	管理学	四年	
泉州师范学院	金融工程	020302	经济学	四年	
泉州师范学院	物联网工程	080905	工学	四年	
泉州师范学院	纺织工程	081601	工学	四年	
闽南师范大学	地理科学	070501	理学	四年	
闽南师范大学	化学工程与工业生物工程	081305T	工学	四年	
厦门理工学院	高分子材料与工程	080407	工学	四年	

主管部门、学校名称	专业名称	专业代码	学位授予门类	修业年限	备注
厦门理工学院	微电子科学与工程	080704	工学	四年	
厦门理工学院	表演	130301	艺术学	四年	
三明学院	通信工程	080703	工学	四年	
三明学院	光电信息科学与工程	080705	工学	四年	
三明学院	数字媒体技术	080906	工学	四年	
龙岩学院	小学教育	040107	教育学	四年	
龙岩学院	光电信息科学与工程	080705	工学	四年	
龙岩学院	环境工程	082502	工学	四年	
莆田学院	物联网工程	080905	工学	四年	
莆田学院	音乐表演	130201	艺术学	四年	
厦门华厦学院	投资学	020304	经济学	四年	
厦门华厦学院	物联网工程	080905	工学	四年	
厦门华厦学院	制药工程	081302	工学	四年	
厦门华厦学院	会展经济与管理	120903	管理学	四年	
厦门华厦学院	数字媒体艺术	130508	艺术学	四年	
闽南理工学院	翻译	050261	文学	四年	
闽南理工学院	资产评估	120208	管理学	四年	
闽南理工学院	电子商务	120801	管理学	四年	
厦门工学院	信息与计算科学	070102	理学	四年	
厦门工学院	机械电子工程	080204	工学	四年	
厦门工学院	物联网工程	080905	工学	四年	
阳光学院	信息与计算科学	070102	理学	四年	
阳光学院	建筑电气与智能化	081004	工学	四年	
阳光学院	广播电视编导	130305	艺术学	四年	
集美大学诚毅学院	网络工程	080903	工学	四年	
福州外语外贸学院	环境设计	130503	艺术学	四年	
福建江夏学院	商务英语	050262	文学	四年	
福建江夏学院	工业设计	080205	工学	四年	
福建江夏学院	光电信息科学与工程	080705	工学	四年	
福建江夏学院	物业管理	120209	管理学	四年	
福建江夏学院	电子商务	120801	经济学	四年	
泉州信息工程学院	金融工程	020302	经济学	四年	
泉州信息工程学院	通信工程	080703	工学	四年	
泉州信息工程学院	建筑电气与智能化	081004	工学	四年	
泉州信息工程学院	国际商务	120205	管理学	四年	
泉州信息工程学院	产品设计	130504	艺术学	四年	
福州理工学院	金融工程	020302	经济学	四年	
福州理工学院	国际经济与贸易	020401	经济学	四年	
福州理工学院	软件工程	080902	工学	四年	
福州理工学院	工程造价	120105	工学	四年	
福州理工学院	物流管理	120601	管理学	四年	
	江　西　省				
南昌大学	劳动与社会保障	120403	管理学	四年	
南昌大学	广播电视编导	130305	艺术学	四年	
东华理工大学	城市地下空间工程	081005T	工学	四年	
东华理工大学	地下水科学与工程	081404T	工学	四年	

主管部门、学校名称	专业名称	专业代码	学位授予门类	修业年限	备注
东华理工大学	审计学	120207	管理学	四年	
南昌航空大学	舞蹈学	130205	艺术学	四年	
江西理工大学	汽车服务工程	080208	工学	四年	
景德镇陶瓷学院	知识产权	030102T	法学	四年	
景德镇陶瓷学院	应用统计学	071202	理学	四年	
景德镇陶瓷学院	通信工程	080703	工学	四年	
景德镇陶瓷学院	数字媒体技术	080906	工学	四年	
江西中医药大学	医学影像技术	101003	理学	四年	
江西中医药大学	康复治疗学	101005	理学	四年	
赣南医学院	物联网工程	080905	工学	四年	
江西师范大学	光电信息科学与工程	080705	工学	四年	
江西师范大学	绘画	130402	艺术学	四年	
上饶师范学院	电子商务	120801	工学	四年	
上饶师范学院	音乐表演	130201	艺术学	四年	
宜春学院	网络与新媒体	050306T	文学	四年	
赣南师范学院	环境科学	082503	理学	四年	
赣南师范学院	土地资源管理	120404	管理学	四年	
赣南师范学院	电子商务	120801	管理学	四年	
江西财经大学	汉语国际教育	050103	文学	四年	
江西科技学院	投资学	020304	经济学	四年	
江西科技学院	网络与新媒体	050306T	文学	四年	
江西科技学院	宝石及材料工艺学	080410T	工学	四年	
江西科技学院	网络工程	080903	工学	四年	
江西科技学院	测绘工程	081201	工学	四年	
江西科技学院	电子商务	120801	管理学	四年	
景德镇学院	商务英语	050262	文学	四年	
景德镇学院	应用统计学	071202	理学	四年	
景德镇学院	机械设计制造及其自动化	080202	工学	四年	
景德镇学院	财务管理	120204	管理学	四年	
景德镇学院	酒店管理	120902	管理学	四年	
景德镇学院	美术学	130401	艺术学	四年	
萍乡学院	思想政治教育	030503	法学	四年	
萍乡学院	学前教育	040106	教育学	四年	
萍乡学院	社会体育指导与管理	040203	教育学	四年	
萍乡学院	工程造价	120105	工学	四年	
萍乡学院	电子商务	120801	管理学	四年	
萍乡学院	音乐学	130202	艺术学	四年	
江西科技师范大学	人文地理与城乡规划	070503	理学	四年	
江西科技师范大学	网络工程	080903	工学	四年	
江西科技师范大学	药物制剂	100702	理学	四年	
江西科技师范大学	人力资源管理	120206	管理学	四年	
南昌工程学院	投资学	020304	经济学	四年	
南昌工程学院	港口航道与海岸工程	081103	工学	四年	
南昌工程学院	数字媒体艺术	130508	艺术学	四年	
新余学院	学前教育	040106	教育学	四年	
新余学院	社会体育指导与管理	040203	教育学	四年	

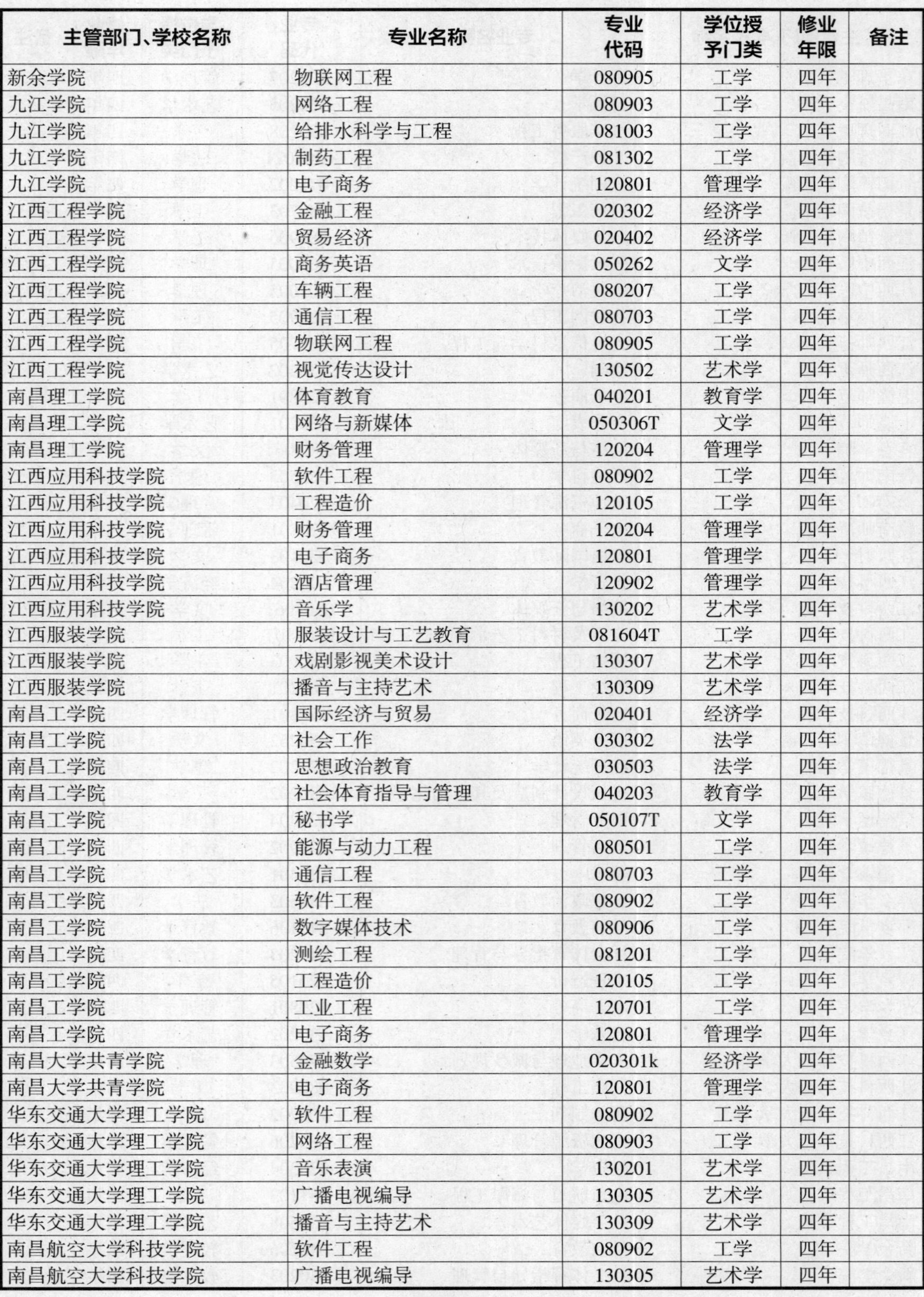

主管部门、学校名称	专业名称	专业代码	学位授予门类	修业年限	备注
新余学院	物联网工程	080905	工学	四年	
九江学院	网络工程	080903	工学	四年	
九江学院	给排水科学与工程	081003	工学	四年	
九江学院	制药工程	081302	工学	四年	
九江学院	电子商务	120801	管理学	四年	
江西工程学院	金融工程	020302	经济学	四年	
江西工程学院	贸易经济	020402	经济学	四年	
江西工程学院	商务英语	050262	文学	四年	
江西工程学院	车辆工程	080207	工学	四年	
江西工程学院	通信工程	080703	工学	四年	
江西工程学院	物联网工程	080905	工学	四年	
江西工程学院	视觉传达设计	130502	艺术学	四年	
南昌理工学院	体育教育	040201	教育学	四年	
南昌理工学院	网络与新媒体	050306T	文学	四年	
南昌理工学院	财务管理	120204	管理学	四年	
江西应用科技学院	软件工程	080902	工学	四年	
江西应用科技学院	工程造价	120105	工学	四年	
江西应用科技学院	财务管理	120204	管理学	四年	
江西应用科技学院	电子商务	120801	管理学	四年	
江西应用科技学院	酒店管理	120902	管理学	四年	
江西应用科技学院	音乐学	130202	艺术学	四年	
江西服装学院	服装设计与工艺教育	081604T	工学	四年	
江西服装学院	戏剧影视美术设计	130307	艺术学	四年	
江西服装学院	播音与主持艺术	130309	艺术学	四年	
南昌工学院	国际经济与贸易	020401	经济学	四年	
南昌工学院	社会工作	030302	法学	四年	
南昌工学院	思想政治教育	030503	法学	四年	
南昌工学院	社会体育指导与管理	040203	教育学	四年	
南昌工学院	秘书学	050107T	文学	四年	
南昌工学院	能源与动力工程	080501	工学	四年	
南昌工学院	通信工程	080703	工学	四年	
南昌工学院	软件工程	080902	工学	四年	
南昌工学院	数字媒体技术	080906	工学	四年	
南昌工学院	测绘工程	081201	工学	四年	
南昌工学院	工程造价	120105	工学	四年	
南昌工学院	工业工程	120701	工学	四年	
南昌工学院	电子商务	120801	管理学	四年	
南昌大学共青学院	金融数学	020301k	经济学	四年	
南昌大学共青学院	电子商务	120801	管理学	四年	
华东交通大学理工学院	软件工程	080902	工学	四年	
华东交通大学理工学院	网络工程	080903	工学	四年	
华东交通大学理工学院	音乐表演	130201	艺术学	四年	
华东交通大学理工学院	广播电视编导	130305	艺术学	四年	
华东交通大学理工学院	播音与主持艺术	130309	艺术学	四年	
南昌航空大学科技学院	软件工程	080902	工学	四年	
南昌航空大学科技学院	广播电视编导	130305	艺术学	四年	

主管部门、学校名称	专业名称	专业代码	学位授予门类	修业年限	备注
南昌航空大学科技学院	播音与主持艺术	130309	艺术学	四年	
南昌航空大学科技学院	动画	130310	艺术学	四年	
江西理工大学应用科学学院	葡萄牙语	050232	文学	四年	
江西理工大学应用科学学院	工程造价	120105	管理学	四年	
景德镇陶瓷学院科技艺术学院	车辆工程	080207	工学	四年	
景德镇陶瓷学院科技艺术学院	物流管理	120601	管理学	四年	
江西农业大学南昌商学院	投资学	020304	经济学	四年	
江西农业大学南昌商学院	商务英语	050262	文学	四年	
江西农业大学南昌商学院	物联网工程	080905	工学	四年	
江西农业大学南昌商学院	风景园林	082803	工学	四年	
江西师范大学科学技术学院	金融工程	020302	经济学	四年	
江西师范大学科学技术学院	小学教育	040107	教育学	四年	
江西师范大学科学技术学院	物流管理	120601	管理学	四年	
江西师范大学科学技术学院	表演	130301	艺术学	四年	
江西师范大学科学技术学院	影视摄影与制作	130311T	艺术学	四年	
赣南师范学院科技学院	学前教育	040106	教育学	四年	
江西财经大学现代经济管理学院	商务英语	050262	文学	四年	
南昌师范学院	思想政治教育	030503	法学	四年	
南昌师范学院	科学教育	040102	教育学	四年	
南昌师范学院	社会体育指导与管理	040203	教育学	四年	
南昌师范学院	化学	070301	理学	四年	
南昌师范学院	统计学	071201	理学	四年	
南昌师范学院	电子信息工程	080701	工学	四年	
南昌师范学院	电子商务	120801	管理学	四年	
南昌师范学院	舞蹈学	130205	艺术学	四年	
山东省					
青岛理工大学	服装与服饰设计	130505	艺术学	四年	
山东农业大学	环境生态工程	082504	工学	四年	
泰山医学院	眼视光学	101004	理学	四年	
滨州医学院	假肢矫形工程	082602T	工学	四年	
滨州医学院	中药学	100801	理学	四年	
山东中医药大学	药物制剂	100702	理学	四年	
山东中医药大学	中药资源与开发	100802	理学	四年	
济宁医学院	生物制药	083002T	工学	四年	
山东师范大学	葡萄牙语	050232	文学	四年	
曲阜师范大学	小学教育	040107	教育学	四年	
聊城大学	政治学、经济学与哲学	030205T	法学	四年	
聊城大学	质量管理工程	120703T	管理学	四年	
聊城大学	书法学	130405T	艺术学	四年	
滨州学院	税收学	020202	经济学	四年	
滨州学院	自动化	080801	工学	四年	
滨州学院	飞行器制造工程	082003	工学	四年	
鲁东大学	化学工程与工艺	081301	工学	四年	
鲁东大学	生物制药	083002T	工学	四年	
临沂大学	商务英语	050262	文学	四年	
临沂大学	园艺	090102	农学	四年	

主管部门、学校名称	专业名称	专业代码	学位授予门类	修业年限	备注
临沂大学	物流工程	120602	工学	四年	
泰山学院	金融工程	020302	经济学	四年	
济宁学院	秘书学	050107T	文学	四年	
济宁学院	高分子材料与工程	080407	工学	四年	
济宁学院	生物制药	083002T	工学	四年	
菏泽学院	金融工程	020302	经济学	四年	
菏泽学院	生物制药	083002T	工学	四年	
菏泽学院	园艺	090102	农学	四年	
青岛滨海学院	投资学	020304	经济学	四年	
青岛滨海学院	给排水科学与工程	081003	工学	四年	
青岛滨海学院	工程造价	120105	工学	四年	
枣庄学院	网络与新媒体	050306T	文学	四年	
枣庄学院	通信工程	080703	工学	四年	
枣庄学院	酒店管理	120902	管理学	四年	
山东交通学院	飞行器设计与工程	082002	工学	四年	
山东女子学院	商务英语	050262	文学	四年	
山东女子学院	数字媒体技术	080906	工学	四年	
烟台南山学院	汉语国际教育	050103	文学	四年	
潍坊科技学院	社会工作	030302	法学	四年	
潍坊科技学院	食品质量与安全	082702	工学	四年	
潍坊科技学院	环境设计	130503	艺术学	四年	
山东英才学院	保险学	020303	经济学	四年	
山东英才学院	审计学	120207	管理学	四年	
山东英才学院	物业管理	120209	管理学	四年	
青岛恒星科技学院	金融工程	020302	经济学	四年	
青岛恒星科技学院	教育技术学	040104	理学	四年	
青岛恒星科技学院	工程造价	120105	工学	四年	
青岛恒星科技学院	国际商务	120205	管理学	四年	
青岛恒星科技学院	酒店管理	120902	管理学	四年	
青岛黄海学院	国际商务	120205	管理学	四年	
青岛黄海学院	影视摄影与制作	130311T	艺术学	四年	
青岛黄海学院	数字媒体艺术	130508	艺术学	四年	
山东现代学院	网络工程	080903	工学	四年	
山东现代学院	交通运输	081801	工学	四年	
山东现代学院	工程造价	120105	工学	四年	
山东现代学院	物流管理	120601	管理学	四年	
山东协和学院	电气工程及其自动化	080601	工学	四年	
山东协和学院	软件工程	080902	工学	四年	
山东协和学院	康复治疗学	101005	理学	四年	
烟台大学文经学院	汽车服务工程	080208	工学	四年	
烟台大学文经学院	物联网工程	080905	工学	四年	
聊城大学东昌学院	汉语国际教育	050103	文学	四年	
青岛理工大学琴岛学院	工程造价	120105	工学	四年	
山东师范大学历山学院	学前教育	040106	教育学	四年	
山东师范大学历山学院	化学	070301	理学	四年	
山东华宇工学院	机械电子工程	080204	工学	四年	

主管部门、学校名称	专业名称	专业代码	学位授予门类	修业年限	备注
山东华宇工学院	网络工程	080903	工学	四年	
山东华宇工学院	工程造价	120105	工学	四年	
山东华宇工学院	物流工程	120602	管理学	四年	
山东华宇工学院	工业工程	120701	管理学	四年	
青岛工学院	城市地下空间工程	081005T	工学	四年	
青岛工学院	人力资源管理	120206	管理学	四年	
青岛工学院	质量管理工程	120703T	管理学	四年	
齐鲁理工学院	护理学	101101	理学	四年	
齐鲁理工学院	工程造价	120105	工学	四年	
济南大学泉城学院	新闻学	050301	文学	四年	
济南大学泉城学院	舞蹈编导	130206	艺术学	四年	
山东政法学院	审计学	120207	管理学	四年	
齐鲁师范学院	电子信息工程	080701	工学	四年	
齐鲁师范学院	制药工程	081302	工学	四年	
北京电影学院现代创意媒体学院	网络与新媒体	050306T	文学	四年	
北京电影学院现代创意媒体学院	环境设计	130503	艺术学	四年	
山东管理学院	金融工程	020302	经济学	四年	
山东管理学院	秘书学	050107T	文学	四年	
山东管理学院	公共关系学	120409T	管理学	四年	
山东农业工程学院	机械工程	080201	工学	四年	
山东农业工程学院	风景园林	082803	工学	四年	
山东农业工程学院	农林经济管理	120301	管理学	四年	
河　南　省					
华北水利水电大学	金融数学	020305T	经济学	四年	
华北水利水电大学	水务工程	081104T	工学	四年	
华北水利水电大学	风景园林	082803	工学	五年	
郑州大学	网络与新媒体	050306T	文学	四年	
郑州大学	冶金工程	080404	工学	四年	
郑州大学	康复治疗学	101005	理学	四年	
郑州轻工业学院	新能源科学与工程	080503T	工学	四年	
郑州轻工业学院	轨道交通信号与控制	080802T	工学	四年	
郑州轻工业学院	安全工程	082901	工学	四年	
河南工业大学	翻译	050261	文学	四年	
河南工业大学	应用统计学	071202	理学	四年	
河南工业大学	网络工程	080903	工学	四年	
河南科技大学	通信工程	080703	工学	四年	
河南科技大学	医学影像技术	101003	理学	四年	
中原工学院	城市地下空间工程	081005T	工学	四年	
中原工学院	物流工程	120602	管理学	四年	
河南科技学院	应用统计学	071202	理学	四年	
河南科技学院	物流管理	120601	管理学	四年	
河南牧业经济学院	国际经济与贸易	020401	经济学	四年	
河南牧业经济学院	能源与动力工程	080501	工学	四年	
河南牧业经济学院	数字媒体技术	080906	工学	四年	
河南牧业经济学院	农业机械化及其自动化	082302	工学	四年	
河南牧业经济学院	园林	090502	农学	四年	

主管部门、学校名称	专业名称	专业代码	学位授予门类	修业年限	备注
河南牧业经济学院	环境设计	130503	艺术学	四年	
河南大学	金融数学	020305T	经济学	四年	
河南大学	书法学	130405T	艺术学	四年	
河南师范大学	应用统计学	071202	理学	四年	
河南师范大学	数字媒体技术	080906	工学	四年	
河南师范大学	城市管理	120405	管理学	四年	
信阳师范学院	商务英语	050262	文学	四年	
信阳师范学院	材料化学	080403	工学	四年	
信阳师范学院	测绘工程	081201	工学	四年	
信阳师范学院	茶学	090107T	农学	四年	
周口师范学院	机械设计制造及其自动化	080202	工学	四年	
周口师范学院	电气工程及其自动化	080601	工学	四年	
周口师范学院	建筑电气与智能化	081004	工学	四年	
周口师范学院	环境工程	082502	工学	四年	
周口师范学院	电子商务	120801	管理学	四年	
周口师范学院	服装与服饰设计	130505	艺术学	四年	
安阳师范学院	新能源材料与器件	080414T	工学	四年	
安阳师范学院	电子商务及法律	120802T	管理学	四年	
安阳师范学院	书法学	130405T	艺术学	四年	
许昌学院	汽车服务工程	080208	工学	四年	
许昌学院	制药工程	081302	工学	四年	
许昌学院	城乡规划	082802	工学	五年	
南阳师范学院	商务英语	050262	文学	四年	
南阳师范学院	汽车服务工程	080208	工学	四年	
南阳师范学院	网络工程	080903	工学	四年	
南阳师范学院	城乡规划	082802	工学	五年	
洛阳师范学院	通信工程	080703	工学	四年	
洛阳师范学院	光电信息科学与工程	080705	工学	四年	
洛阳师范学院	土地资源管理	120404	管理学	四年	
商丘师范学院	广告学	050303	文学	四年	
商丘师范学院	地理信息科学	070504	理学	四年	
商丘师范学院	汽车服务工程	080208	工学	四年	
商丘师范学院	新能源科学与工程	080503T	工学	四年	
商丘师范学院	建筑电气与智能化	081004	工学	四年	
河南财经政法大学	保险学	020303	经济学	四年	
河南财经政法大学	商务英语	050262	文学	四年	
郑州航空工业管理学院	安全工程	082901	工学	四年	
黄淮学院	金融工程	020302	经济学	四年	
黄淮学院	物联网工程	080905	工学	四年	
黄淮学院	食品科学与工程	082701	工学	四年	
平顶山学院	金融工程	020302	经济学	四年	
平顶山学院	商务英语	050262	文学	四年	
平顶山学院	网络与新媒体	050306T	文学	四年	
平顶山学院	材料科学与工程	080401	工学	四年	
洛阳理工学院	软件工程	080902	工学	四年	
洛阳理工学院	安全工程	082901	工学	四年	

主管部门、学校名称	专业名称	专业代码	学位授予门类	修业年限	备注
洛阳理工学院	广播电视编导	130305	艺术学	四年	
新乡学院	投资学	020304	经济学	四年	
新乡学院	物联网工程	080905	工学	四年	
新乡学院	食品科学与工程	082701	工学	四年	
新乡学院	酒店管理	120902	管理学	四年	
信阳农林学院	制药工程	081302	工学	四年	
信阳农林学院	风景园林	082803	工学	四年	
信阳农林学院	动物科学	090301	农学	四年	
信阳农林学院	园林	090502	农学	四年	
信阳农林学院	酒店管理	120902	管理学	四年	
安阳工学院	汉语国际教育	050103	文学	四年	
安阳工学院	新能源材料与器件	080414T	工学	四年	
河南工程学院	电子商务	120801	管理学	四年	
河南工程学院	数字媒体艺术	130508	艺术学	四年	
南阳理工学院	历史建筑保护工程	082804T	工学	五年	
南阳理工学院	电子商务	120801	管理学	四年	
黄河科技学院	学前教育	040106	教育学	四年	
黄河科技学院	机械电子工程	080204	工学	四年	
黄河科技学院	审计学	120207	管理学	四年	
郑州科技学院	翻译	050261	文学	四年	
郑州科技学院	机械电子工程	080204	工学	四年	
郑州科技学院	交通工程	081802	工学	四年	
郑州工业应用技术学院	金融工程	020302	经济学	四年	
郑州工业应用技术学院	商务英语	050262	文学	四年	
郑州工业应用技术学院	物联网工程	080905	工学	四年	
郑州工业应用技术学院	城乡规划	082802	工学	四年	
郑州师范学院	休闲体育	040207T	教育学	四年	
郑州师范学院	网络与新媒体	050306T	文学	四年	
郑州师范学院	光电信息科学与工程	080705	工学	四年	
郑州师范学院	舞蹈学	130205	艺术学	四年	
郑州财经学院	网络工程	080903	工学	四年	
郑州财经学院	土木工程	081001	工学	四年	
郑州财经学院	物流工程	120602	管理学	四年	
黄河交通学院	电气工程及其自动化	080601	工学	四年	
黄河交通学院	土木工程	081001	工学	四年	
黄河交通学院	道路桥梁与渡河工程	081006T	工学	四年	
黄河交通学院	工程管理	120103	管理学	四年	
商丘工学院	汽车服务工程	080208	工学	四年	
商丘工学院	电气工程及其自动化	080601	工学	四年	
商丘工学院	城市地下空间工程	081005T	工学	四年	
河南大学民生学院	文化产业管理	120210	管理学	四年	
河南大学民生学院	物流管理	120601	管理学	四年	
河南大学民生学院	动画	130310	艺术学	四年	
河南师范大学新联学院	机械电子工程	080204	工学	四年	
河南师范大学新联学院	道路桥梁与渡河工程	081006T	工学	四年	
河南师范大学新联学院	建筑学	082801	工学	五年	

主管部门、学校名称	专业名称	专业代码	学位授予门类	修业年限	备注
河南师范大学新联学院	工程造价	120105	工学	四年	
信阳师范学院华锐学院	地理信息科学	070504	理学	四年	
信阳师范学院华锐学院	统计学	071201	理学	四年	
信阳师范学院华锐学院	物联网工程	080905	工学	四年	
信阳师范学院华锐学院	工程造价	120105	工学	四年	
信阳师范学院华锐学院	电子商务	120801	管理学	四年	
河南理工大学万方科技学院	给排水科学与工程	081003	工学	四年	
河南理工大学万方科技学院	电子商务	120801	管理学	四年	
河南理工大学万方科技学院	舞蹈表演	130204	艺术学	四年	
中原工学院信息商务学院	播音与主持艺术	130309	艺术学	四年	
中原工学院信息商务学院	数字媒体艺术	130508	艺术学	四年	
安阳师范学院人文管理学院	土木工程	081001	工学	四年	
商丘学院	汽车服务工程	080208	工学	四年	
商丘学院	物联网工程	080905	工学	四年	
商丘学院	建筑学	082801	工学	五年	
商丘学院	审计学	120207	管理学	四年	
郑州成功财经学院	学前教育	040106	教育学	四年	
郑州成功财经学院	休闲体育	040207T	教育学	四年	
郑州成功财经学院	网络工程	080903	工学	四年	
郑州成功财经学院	土木工程	081001	工学	四年	
郑州升达经贸管理学院	学前教育	040106	教育学	四年	
郑州升达经贸管理学院	机械设计制造及其自动化	080202	工学	四年	
郑州升达经贸管理学院	汽车服务工程	080208	工学	四年	
郑州升达经贸管理学院	电气工程及其自动化	080601	工学	四年	
	湖北省				
武汉科技大学	测控技术与仪器	080301	工学	四年	
武汉工程大学	工程力学	080102	工学	四年	
武汉工程大学	信息工程	080706	工学	四年	
武汉工程大学	数字媒体技术	080906	工学	四年	
武汉轻工大学	体育教育	040201	教育学	四年	
湖北工业大学	环境生态工程	082504	工学	四年	
湖北中医药大学	保险学	020303	经济学	四年	
湖北中医药大学	商务英语	050262	文学	四年	
湖北中医药大学	物联网工程	080905	工学	四年	
湖北中医药大学	医学实验技术	101002	理学	四年	
湖北大学	葡萄牙语	050232	文学	四年	
湖北大学	生物信息学	071003	理学	四年	
湖北大学	制药工程	081302	工学	四年	
湖北师范学院	地理信息科学	070504	理学	四年	
湖北师范学院	软件工程	080902	工学	四年	
湖北师范学院	物流工程	120602	管理学	四年	
黄冈师范学院	商务英语	050262	文学	四年	
黄冈师范学院	车辆工程	080207	工学	四年	
黄冈师范学院	电气工程及其自动化	080601	工学	四年	
黄冈师范学院	工程造价	120105	工学	四年	
湖北民族学院	经济与金融	020307T	经济学	四年	

主管部门、学校名称	专业名称	专业代码	学位授予门类	修业年限	备注
湖北民族学院	商务英语	050262	文学	四年	
湖北民族学院	光电信息科学与工程	080705	理学	四年	
武汉体育学院	机械电子工程	080204	工学	四年	
湖北美术学院	表演	130301	艺术学	四年	
湖北汽车工业学院	焊接技术与工程	080411T	工学	四年	
湖北工程学院	机械电子工程	080204	工学	四年	
湖北理工学院	网络与新媒体	050306T	文学	四年	
湖北理工学院	复合材料与工程	080408	工学	四年	
湖北理工学院	遥感科学与技术	081202	工学	四年	
湖北理工学院	环保设备工程	082505T	工学	四年	
湖北理工学院	舞蹈表演	130204	艺术学	四年	
湖北科技学院	网络与新媒体	050306T	文学	四年	
湖北科技学院	舞蹈表演	130204	艺术学	四年	
湖北医药学院	信息资源管理	120503	管理学	四年	
江汉大学	食品质量与安全	082702	工学	四年	
三峡大学	智能电网信息工程	080602T	工学	四年	
荆楚理工学院	飞行器制造工程	082003	工学	四年	
湖北经济学院	商务经济学	020105T	经济学	四年	
湖北经济学院	网络与新媒体	050306T	文学	四年	
湖北经济学院	数字媒体艺术	130508	艺术学	四年	
武汉商学院	车辆工程	080207	工学	四年	
武汉商学院	物联网工程	080905	工学	四年	
武汉商学院	食品质量与安全	082702	工学	四年	
武汉商学院	会展经济与管理	120903	管理学	四年	
武汉商学院	旅游管理与服务教育	120904T	管理学	四年	
武汉东湖学院	土木工程	081001	工学	四年	
武汉东湖学院	化学工程与工艺	081301	工学	四年	
武汉东湖学院	工程管理	120103	管理学	四年	
汉口学院	数字媒体技术	080906	工学	四年	
汉口学院	市场营销	120202	管理学	四年	
武昌首义学院	广播电视编导	130305	艺术学	四年	
武昌理工学院	食品科学与工程	082701	工学	四年	
武昌理工学院	药学	100701	理学	四年	
武昌理工学院	广播电视编导	130305	艺术学	四年	
武汉生物工程学院	数字媒体技术	080906	工学	四年	
武汉生物工程学院	飞行器制造工程	082003	工学	四年	
武汉生物工程学院	酒店管理	120902	管理学	四年	
武汉大学珞珈学院	翻译	050261	文学	四年	
湖北大学知行学院	商务英语	050262	文学	四年	
湖北大学知行学院	物联网工程	080905	工学	四年	
湖北大学知行学院	工程造价	120105	管理学	四年	
武汉科技大学城市学院	商务英语	050262	文学	四年	
武汉科技大学城市学院	机械电子工程	080204	工学	四年	
三峡大学科技学院	网络与新媒体	050306T	文学	四年	
三峡大学科技学院	物联网工程	080905	工学	四年	

主管部门、学校名称	专业名称	专业代码	学位授予门类	修业年限	备注
三峡大学科技学院	制药工程	081302	工学	四年	
江汉大学文理学院	网络与新媒体	050306T	文学	四年	
江汉大学文理学院	药学	100701	理学	四年	
江汉大学文理学院	酒店管理	120902	管理学	四年	
武汉工程大学邮电与信息工程学院	电气工程及其自动化	080601	工学	四年	
武昌工学院	审计学	120207	管理学	四年	
武昌工学院	酒店管理	120902	管理学	四年	
武汉工商学院	产品设计	130504	艺术学	四年	
长江大学工程技术学院	电子商务	120801	管理学	四年	
长江大学文理学院	物联网工程	080905	工学	四年	
湖北商贸学院	汽车服务工程	080208	工学	四年	
湖北商贸学院	会展经济与管理	120903	管理学	四年	
湖北医药学院药护学院	制药工程	081302	工学	四年	
湖北民族学院科技学院	通信工程	080703	工学	四年	
湖北民族学院科技学院	土木工程	081001	工学	四年	
湖北师范学院文理学院	地理科学	070501	理学	四年	
湖北师范学院文理学院	化学工程与工艺	081301	工学	四年	
湖北工程学院新技术学院	城乡规划	082802	工学	五年	
文华学院	网络与新媒体	050306T	文学	四年	
文华学院	舞蹈表演	130204	艺术学	四年	
武汉学院	物联网工程	080905	工学	四年	
武汉学院	影视摄影与制作	130311T	艺术学	四年	
武汉工程科技学院	汽车服务工程	080208	工学	四年	
武汉工程科技学院	交通运输	081801	工学	四年	
武汉理工大学华夏学院	工程造价	120105	工学	四年	
武汉体育学院体育科技学院	广播电视编导	130305	艺术学	四年	
湖北文理学院理工学院	工程造价	120105	工学	四年	
武汉设计工程学院	数字媒体技术	080906	工学	四年	
武汉设计工程学院	戏剧影视美术设计	130307	艺术学	四年	
武汉设计工程学院	播音与主持艺术	130309	艺术学	四年	
湖北第二师范学院	金融数学	020305T	经济学	四年	
湖北第二师范学院	休闲体育	040207T	教育学	四年	
湖北第二师范学院	汽车服务工程	080208	工学	四年	
湖北第二师范学院	材料科学与工程	080401	工学	四年	
湖南省					
吉首大学	金融数学	020305T	经济学	四年	
吉首大学	建筑学	082801	工学	五年	
吉首大学	药学	100701	理学	四年	
中南林业科技大学	翻译	050261	文学	四年	
中南林业科技大学	舞蹈学	130205	艺术学	四年	
湖南师范大学	特殊教育	040108	教育学	四年	
湖南师范大学	应用物理学	070202	理学	四年	
湖南师范大学	会展经济与管理	120903	管理学	四年	
湖南师范大学	视觉传达设计	130502	艺术学	四年	
湖南理工学院	金融工程	020302	经济学	四年	

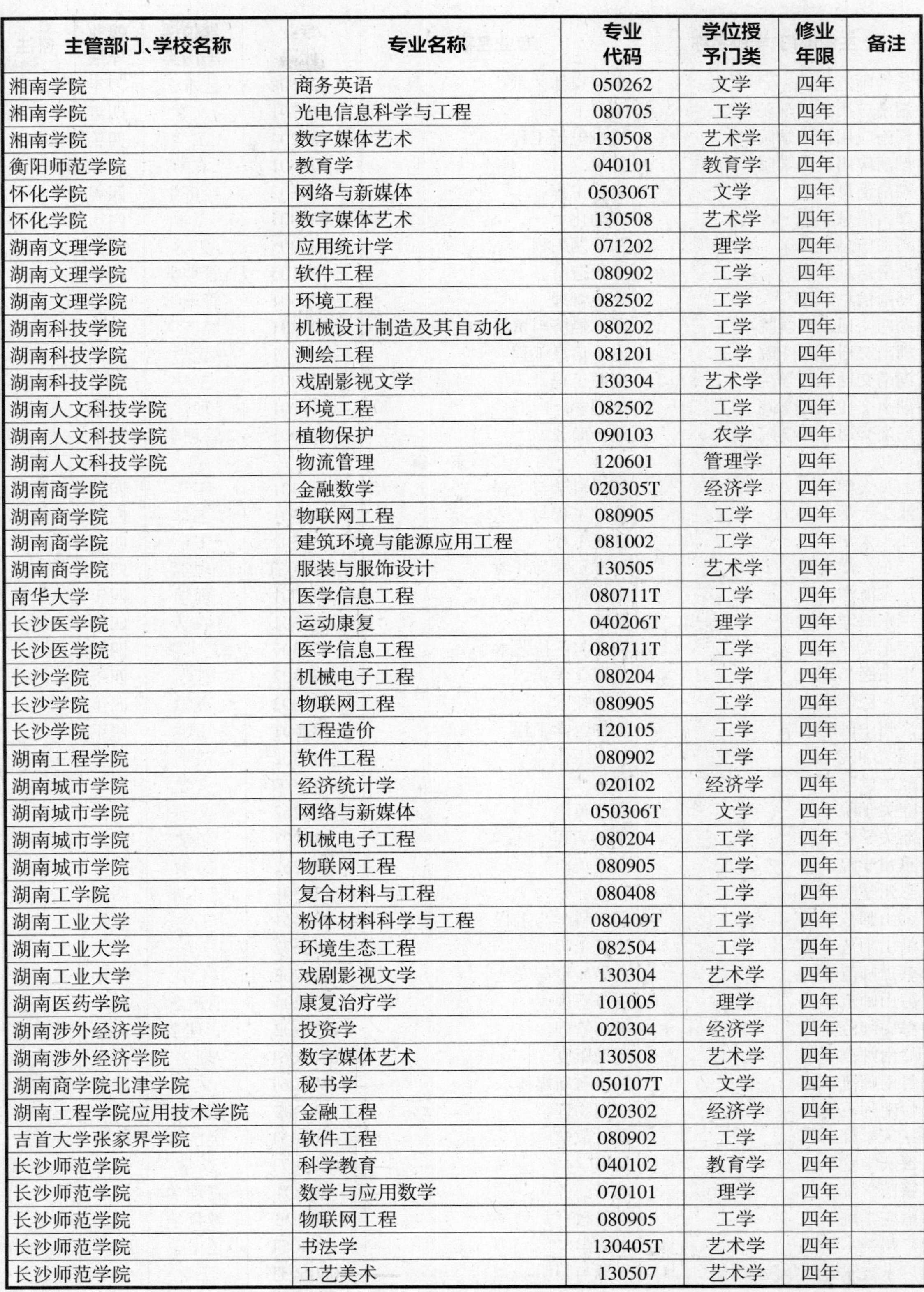

主管部门、学校名称	专业名称	专业代码	学位授予门类	修业年限	备注
湖南学院	商务英语	050262	文学	四年	
湖南学院	光电信息科学与工程	080705	工学	四年	
湖南学院	数字媒体艺术	130508	艺术学	四年	
衡阳师范学院	教育学	040101	教育学	四年	
怀化学院	网络与新媒体	050306T	文学	四年	
怀化学院	数字媒体艺术	130508	艺术学	四年	
湖南文理学院	应用统计学	071202	理学	四年	
湖南文理学院	软件工程	080902	工学	四年	
湖南文理学院	环境工程	082502	工学	四年	
湖南科技学院	机械设计制造及其自动化	080202	工学	四年	
湖南科技学院	测绘工程	081201	工学	四年	
湖南科技学院	戏剧影视文学	130304	艺术学	四年	
湖南人文科技学院	环境工程	082502	工学	四年	
湖南人文科技学院	植物保护	090103	农学	四年	
湖南人文科技学院	物流管理	120601	管理学	四年	
湖南商学院	金融数学	020305T	经济学	四年	
湖南商学院	物联网工程	080905	工学	四年	
湖南商学院	建筑环境与能源应用工程	081002	工学	四年	
湖南商学院	服装与服饰设计	130505	艺术学	四年	
南华大学	医学信息工程	080711T	工学	四年	
长沙医学院	运动康复	040206T	理学	四年	
长沙医学院	医学信息工程	080711T	工学	四年	
长沙学院	机械电子工程	080204	工学	四年	
长沙学院	物联网工程	080905	工学	四年	
长沙学院	工程造价	120105	工学	四年	
湖南工程学院	软件工程	080902	工学	四年	
湖南城市学院	经济统计学	020102	经济学	四年	
湖南城市学院	网络与新媒体	050306T	文学	四年	
湖南城市学院	机械电子工程	080204	工学	四年	
湖南城市学院	物联网工程	080905	工学	四年	
湖南工学院	复合材料与工程	080408	工学	四年	
湖南工业大学	粉体材料科学与工程	080409T	工学	四年	
湖南工业大学	环境生态工程	082504	工学	四年	
湖南工业大学	戏剧影视文学	130304	艺术学	四年	
湖南医药学院	康复治疗学	101005	理学	四年	
湖南涉外经济学院	投资学	020304	经济学	四年	
湖南涉外经济学院	数字媒体艺术	130508	艺术学	四年	
湖南商学院北津学院	秘书学	050107T	文学	四年	
湖南工程学院应用技术学院	金融工程	020302	经济学	四年	
吉首大学张家界学院	软件工程	080902	工学	四年	
长沙师范学院	科学教育	040102	教育学	四年	
长沙师范学院	数学与应用数学	070101	理学	四年	
长沙师范学院	物联网工程	080905	工学	四年	
长沙师范学院	书法学	130405T	艺术学	四年	
长沙师范学院	工艺美术	130507	艺术学	四年	

主管部门、学校名称	专业名称	专业代码	学位授予门类	修业年限	备注
长沙师范学院	数字媒体艺术	130508	艺术学	四年	
湖南应用技术学院	英语	050201	文学	四年	
湖南应用技术学院	机械电子工程	080204	工学	四年	
湖南应用技术学院	林学	090501	农学	四年	
湖南信息学院	金融工程	020302	经济学	四年	
湖南信息学院	自动化	080801	工学	四年	
湖南信息学院	物联网工程	080905	工学	四年	
湖南信息学院	工程造价	120105	管理学	四年	
湖南信息学院	物流管理	120601	管理学	四年	
湖南交通工程学院	国际经济与贸易	020401	经济学	四年	
湖南交通工程学院	电子信息工程	080701	工学	四年	
湖南交通工程学院	交通工程	081802	工学	四年	
湖南交通工程学院	护理学	101101	理学	四年	
湖南交通工程学院	电子商务	120801	管理学	四年	
	广 东 省				
汕头大学	材料科学与工程	080401	工学	四年	
汕头大学	化学工程与工艺	081301	工学	四年	
汕头大学	环境工程	082502	工学	四年	
广东海洋大学	海洋资源与环境	070703T	理学	四年	
广东海洋大学	生物科学	071001	理学	四年	
广东海洋大学	林学	090501	农学	四年	
广东海洋大学	播音与主持艺术	130309	艺术学	四年	
广东医学院	应用化学	070302	理学	四年	
广东医学院	生物技术	071002	理学	四年	
广州中医药大学	生物医学工程	082601	工学	四年	
韶关学院	社会工作	030302	法学	四年	
韶关学院	秘书学	050107T	文学	四年	
韶关学院	商务英语	050262	文学	四年	
韶关学院	车辆工程	080207	工学	四年	
惠州学院	商务英语	050262	文学	四年	
惠州学院	表演	130301	艺术学	四年	
韩山师范学院	材料科学与工程	080401	工学	四年	
韩山师范学院	环境工程	082502	工学	四年	
韩山师范学院	食品质量与安全	082702	工学	四年	
韩山师范学院	财务管理	120204	管理学	四年	
韩山师范学院	酒店管理	120902	管理学	四年	
岭南师范学院	运动康复	040206T	理学	四年	
岭南师范学院	网络与新媒体	050306T	文学	四年	
岭南师范学院	应用物理学	070202	理学	四年	
肇庆学院	金融数学	020305T	经济学	四年	
肇庆学院	秘书学	050107T	文学	四年	
肇庆学院	电子商务	120801	管理学	四年	
嘉应学院	学前教育	040106	教育学	四年	
广州美术学院	书法学	130405T	艺术学	四年	
广东技术师范学院	光源与照明	080603T	工学	四年	

主管部门、学校名称	专业名称	专业代码	学位授予门类	修业年限	备注
广东技术师范学院	交通运输	081801	工学	四年	
广东技术师范学院	舞蹈学	130205	艺术学	四年	
深圳大学	护理学	101101	理学	四年	
深圳大学	服装与服饰设计	130505	艺术学	四年	
广东白云学院	应用心理学	071102	理学	四年	
广东白云学院	软件工程	080902	工学	四年	
广东白云学院	播音与主持艺术	130309	艺术学	四年	
广东白云学院	数字媒体艺术	130508	艺术学	四年	
广州大学	物业管理	120209	管理学	四年	
广州大学	土地资源管理	120404	管理学	四年	
广州航海学院	能源与动力工程	080501	工学	四年	
广州航海学院	国际商务	120205	管理学	四年	
广州航海学院	交通管理	120407T	管理学	四年	
广州航海学院	海事管理	120408T	管理学	四年	
广州航海学院	电子商务	120801	工学	四年	
广州航海学院	数字媒体艺术	130508	艺术学	四年	
广东警官学院	社会工作	030302	法学	四年	
广东金融学院	金融工程	020302	经济学	四年	
广东金融学院	经济与金融	020307T	经济学	四年	
广东金融学院	社会工作	030302	法学	四年	
广东金融学院	翻译	050261	文学	四年	
广东金融学院	网络与新媒体	050306T	文学	四年	
广东金融学院	应用统计学	071202	理学	四年	
电子科技大学中山学院	翻译	050261	文学	四年	
电子科技大学中山学院	材料科学与工程	080401	工学	四年	
电子科技大学中山学院	食品质量与安全	082702	工学	四年	
电子科技大学中山学院	生物制药	083002T	工学	四年	
广东石油化工学院	社会体育指导与管理	040203	教育学	四年	
东莞理工学院	投资学	020304	经济学	四年	
东莞理工学院	文化产业管理	120210	艺术学	四年	
东莞理工学院	广播电视编导	130305	艺术学	四年	
广东工业大学	机械电子工程	080204	工学	四年	
广东工业大学	新能源材料与器件	080414T	工学	四年	
广东工业大学	电子信息工程	080701	工学	四年	
广东工业大学	集成电路设计与集成系统	080710T	工学	四年	
广东工业大学	环境生态工程	082504	工学	四年	
广东工业大学	表演	130301	艺术学	四年	
广东外语外贸大学	希腊语	050236	文学	四年	
广东外语外贸大学	公共关系学	120409T	管理学	四年	
广东培正学院	汉语国际教育	050103	文学	四年	
广东培正学院	西班牙语	050205	文学	四年	
广东培正学院	工艺美术	130507	艺术学	四年	
广东东软学院	日语	050207	文学	四年	
广东东软学院	商务英语	050262	文学	四年	
广东东软学院	市场营销	120202	管理学	四年	
广东东软学院	物流管理	120601	管理学	四年	

主管部门、学校名称	专业名称	专业代码	学位授予门类	修业年限	备注
广东东软学院	动画	130310	艺术学	四年	
广东东软学院	环境设计	130503	艺术学	四年	
广东东软学院	数字媒体艺术	130508	艺术学	四年	
华南理工大学广州学院	税收学	020202	经济学	四年	
华南理工大学广州学院	新能源科学与工程	080503T	工学	四年	
广州大学华软软件学院	日语	050207	文学	四年	
广州大学华软软件学院	智能科学与技术	080907T	工学	四年	
广州大学华软软件学院	市场营销	120202	管理学	四年	
广州大学华软软件学院	产品设计	130504	艺术学	四年	
中山大学南方学院	朝鲜语	050209	文学	四年	
中山大学南方学院	网络与新媒体	050306T	文学	四年	
中山大学南方学院	医学检验技术	101001	理学	四年	
中山大学南方学院	房地产开发与管理	120104	管理学	四年	
中山大学南方学院	文化产业管理	120210	管理学	四年	
广东外语外贸大学南国商学院	税收学	020202	经济学	四年	
广东外语外贸大学南国商学院	应用语言学	050106T	文学	四年	
广东外语外贸大学南国商学院	葡萄牙语	050232	文学	四年	
广东外语外贸大学南国商学院	软件工程	080902	工学	四年	
广东外语外贸大学南国商学院	人力资源管理	120206	管理学	四年	
广东财经大学华商学院	审计学	120207	管理学	四年	
广东海洋大学寸金学院	金融工程	020302	经济学	四年	
广东海洋大学寸金学院	汽车服务工程	080208	工学	四年	
华南农业大学珠江学院	税收学	020202	经济学	四年	
华南农业大学珠江学院	传播学	050304	文学	四年	
华南农业大学珠江学院	电子商务	120801	管理学	四年	
华南农业大学珠江学院	数字媒体艺术	130508	艺术学	四年	
广东技术师范学院天河学院	翻译	050261	文学	四年	
广东技术师范学院天河学院	电子商务	120801	管理学	四年	
北京师范大学珠海分校	人文教育	040103	教育学	四年	
北京师范大学珠海分校	机电技术教育	080211T	工学	四年	
广州大学松田学院	通信工程	080703	工学	四年	
广州大学松田学院	电子商务	120801	工学	四年	
广州商学院	投资学	020304	经济学	四年	
广州商学院	软件工程	080902	工学	四年	
广州商学院	市场营销	120202	管理学	四年	
广州商学院	电子商务及法律	120802T	管理学	四年	
广州商学院	数字媒体艺术	130508	艺术学	四年	
北京理工大学珠海学院	人力资源管理	120206	管理学	四年	
北京理工大学珠海学院	审计学	120207	管理学	四年	
北京理工大学珠海学院	工业工程	120701	工学	四年	
吉林大学珠海学院	投资学	020304	经济学	四年	
吉林大学珠海学院	材料科学与工程	080401	工学	四年	
吉林大学珠海学院	食品质量与安全	082702	工学	四年	
吉林大学珠海学院	物流工程	120602	管理学	四年	
吉林大学珠海学院	音乐学	130202	艺术学	四年	

主管部门、学校名称	专业名称	专业代码	学位授予门类	修业年限	备注
广州工商学院	国际经济与贸易	020401	经济学	四年	
广州工商学院	日语	050207	文学	四年	
广州工商学院	通信工程	080703	工学	四年	
广州工商学院	网络工程	080903	工学	四年	
广州工商学院	食品质量与安全	082702	工学	四年	
广州工商学院	市场营销	120202	管理学	四年	
广州工商学院	人力资源管理	120206	管理学	四年	
广州工商学院	音乐表演	130201	艺术学	四年	
广州工商学院	视觉传达设计	130502	艺术学	四年	
广东科技学院	翻译	050261	文学	四年	
广东科技学院	机械设计制造及其自动化	080202	工学	四年	
广东科技学院	电子商务	120801	管理学	四年	
广东理工学院	金融工程	020302	经济学	四年	
广东理工学院	社会体育指导与管理	040203	教育学	四年	
广东理工学院	车辆工程	080207	工学	四年	
广东理工学院	电子信息工程	080701	工学	四年	
广东理工学院	网络工程	080903	工学	四年	
广东理工学院	风景园林	082803	工学	四年	
广东理工学院	财务管理	120204	管理学	四年	
广东理工学院	标准化工程	120702T	管理学	四年	
东莞理工学院城市学院	网络与新媒体	050306T	文学	四年	
东莞理工学院城市学院	工程管理	120103	工学	四年	
东莞理工学院城市学院	电子商务	120801	经济学	四年	
东莞理工学院城市学院	音乐表演	130201	艺术学	四年	
东莞理工学院城市学院	视觉传达设计	130502	艺术学	四年	
中山大学新华学院	西班牙语	050205	文学	四年	
中山大学新华学院	电气工程及其自动化	080601	工学	四年	
中山大学新华学院	医学影像技术	101003	理学	四年	
广东第二师范学院	统计学	071201	理学	四年	
广东第二师范学院	材料化学	080403	理学	四年	
广东第二师范学院	电子信息工程	080701	工学	四年	
广东第二师范学院	软件工程	080902	工学	四年	
广东第二师范学院	旅游管理与服务教育	120904T	管理学	四年	
广东第二师范学院	数字媒体艺术	130508	艺术学	四年	
南方科技大学	数学与应用数学	070101	理学	四年	
南方科技大学	应用物理学	070202	理学	四年	
南方科技大学	信息工程	080706	工学	四年	
南方科技大学	计算机科学与技术	080901	工学	四年	
南方科技大学	环境科学与工程	082501	工学	四年	
北京师范大学-香港浸会大学联合国际学院	翻译	050261H	文学	四年	
北京师范大学-香港浸会大学联合国际学院	财务管理	120204H	管理学	四年	
香港中文大学(深圳)	翻译	050261H	文学	四年	
香港中文大学(深圳)	数学与应用数学	070101H	理学	四年	

主管部门、学校名称	专业名称	专业代码	学位授予门类	修业年限	备注
广西壮族自治区					
广西大学	海洋科学	070701	理学	四年	
广西大学	生物制药	083002T	工学	四年	
桂林电子科技大学	电信工程及管理	080715T	工学	四年	
桂林电子科技大学	导航工程	081203T	工学	四年	
桂林理工大学	传播学	050304	文学	四年	
广西医科大学	运动康复	040206T	理学	四年	
广西医科大学	翻译	050261	文学	四年	
广西医科大学	应用统计学	071202	理学	四年	
右江民族医学院	食品卫生与营养学	100402	理学	四年	
右江民族医学院	医学实验技术	101002	理学	四年	
桂林医学院	劳动与社会保障	120403	管理学	四年	
广西师范大学	电子科学与技术	080702	工学	四年	
广西师范大学	农学	090101	农学	四年	
广西师范学院	特殊教育	040108	教育学	四年	
广西师范学院	物联网工程	080905	工学	四年	
广西师范学院	地理国情监测	081204T	工学	四年	
广西民族师范学院	小学教育	040107	教育学	四年	
广西民族师范学院	泰语	050220	文学	四年	
广西民族师范学院	新闻学	050301	文学	四年	
河池学院	建筑电气与智能化	081004	工学	四年	
玉林师范学院	物联网工程	080905	工学	四年	
玉林师范学院	土木工程	081001	工学	四年	
玉林师范学院	农林经济管理	120301	管理学	四年	
广西艺术学院	广播电视学	050302	文学	四年	
广西民族大学	秘书学	050107T	文学	四年	
广西民族大学	翻译	050261	文学	四年	
广西民族大学	光电信息科学与工程	080705	工学	四年	
广西民族大学	城市管理	120405	管理学	四年	
百色学院	人文地理与城乡规划	070503	管理学	四年	
百色学院	环境科学与工程	082501	工学	四年	
百色学院	酒店管理	120902	管理学	四年	
百色学院	舞蹈学	130205	艺术学	四年	
广西科技师范学院	艺术教育	040105	艺术学	四年	
广西科技师范学院	英语	050201	文学	四年	
广西科技师范学院	电气工程及其自动化	080601	工学	四年	
广西科技师范学院	财务管理	120204	管理学	四年	
广西科技师范学院	物流管理	120601	管理学	四年	
广西财经学院	商务经济学	020105T	经济学	四年	
广西财经学院	金融数学	020305T	经济学	四年	
广西财经学院	法语	050204	文学	四年	
广西财经学院	新闻学	050301	文学	四年	
南宁学院	经济与金融	020307T	经济学	四年	
南宁学院	通信工程	080703	工学	四年	
南宁学院	软件工程	080902	工学	四年	
南宁学院	物流工程	120602	工学	四年	

主管部门、学校名称	专业名称	专业代码	学位授予门类	修业年限	备注
南宁学院	环境设计	130503	艺术学	四年	
钦州学院	金融工程	020302	经济学	四年	
钦州学院	机械设计制造及其自动化	080202	工学	四年	
钦州学院	土木工程	081001	工学	四年	
钦州学院	生物制药	083002T	工学	四年	
桂林航天工业学院	物联网工程	080905	工学	四年	
桂林航天工业学院	建筑环境与能源应用工程	081002	工学	四年	
桂林航天工业学院	飞行器质量与可靠性	082006T	工学	四年	
桂林航天工业学院	物流管理	120601	管理学	四年	
桂林旅游学院	汉语国际教育	050103	文学	四年	
桂林旅游学院	人文地理与城乡规划	070503	理学	四年	
桂林旅游学院	电子商务	120801	管理学	四年	
桂林旅游学院	音乐表演	130201	艺术学	四年	
桂林旅游学院	环境设计	130503	艺术学	四年	
贺州学院	土木工程	081001	工学	四年	
贺州学院	茶学	090107T	农学	四年	
贺州学院	酒店管理	120902	管理学	四年	
贺州学院	数字媒体艺术	130508	艺术学	四年	
北海艺术设计学院	土木工程	081001	工学	四年	
北海艺术设计学院	建筑学	082801	工学	五年	
北海艺术设计学院	雕塑	130403	艺术学	四年	
北海艺术设计学院	产品设计	130504	艺术学	四年	
北海艺术设计学院	服装与服饰设计	130505	艺术学	四年	
广西科技大学鹿山学院	商务英语	050262	文学	四年	
广西科技大学鹿山学院	测绘工程	081201	工学	四年	
广西民族大学相思湖学院	软件工程	080902	工学	四年	
广西民族大学相思湖学院	环境工程	082502	工学	四年	
广西师范学院师园学院	金融工程	020302	经济学	四年	
广西师范学院师园学院	财务管理	120204	管理学	四年	
桂林电子科技大学信息科技学院	国际商务	120205	管理学	四年	
桂林电子科技大学信息科技学院	数字媒体艺术	130508	艺术学	四年	
桂林理工大学博文管理学院	道路桥梁与渡河工程	081006T	工学	四年	
桂林理工大学博文管理学院	产品设计	130504	艺术学	四年	
广西外国语学院	柬埔寨语	050214	文学	四年	
广西外国语学院	房地产开发与管理	120104	管理学	四年	
广西外国语学院	电子商务	120801	工学	四年	
广西外国语学院	酒店管理	120902	管理学	四年	
广西外国语学院	音乐表演	130201	艺术学	四年	
海 南 省					
海南大学	软件工程	080902	工学	四年	
琼州学院	水产养殖学	090601	农学	四年	
琼州学院	财务管理	120204	管理学	四年	
琼州学院	海事管理	120408T	管理学	四年	
海南师范大学	特殊教育	040108	教育学	四年	
海南师范大学	翻译	050261	文学	四年	
海南师范大学	地理信息科学	070504	理学	四年	

主管部门、学校名称	专业名称	专业代码	学位授予门类	修业年限	备注
海南师范大学	广播电视编导	130305	艺术学	四年	
海口经济学院	广播电视编导	130305	艺术学	四年	
三亚学院	风景园林	082803	艺术学	四年	
三亚学院	会展经济与管理	120903	管理学	四年	
三亚学院	舞蹈编导	130206	艺术学	四年	
重　庆　市					
重庆邮电大学	机械电子工程	080204	工学	四年	
重庆交通大学	道路桥梁与渡河工程	081006T	工学	四年	
重庆师范大学	新能源材料与器件	080414T	工学	四年	
重庆文理学院	林学	090501	农学	四年	
重庆文理学院	物流工程	120602	管理学	四年	
重庆三峡学院	网络与新媒体	050306T	文学	四年	
长江师范学院	网络与新媒体	050306T	文学	四年	
长江师范学院	建筑电气与智能化	081004	工学	四年	
长江师范学院	工程造价	120105	工学	四年	
四川外国语大学	泰语	050220H	文学	四年	
四川外国语大学	希伯来语	050222H	文学	四年	
四川外国语大学	匈牙利语	050237H	文学	四年	
重庆科技学院	矿物加工工程	081503	工学	四年	
重庆理工大学	金融数学	020305T	经济学	四年	
重庆理工大学	商务英语	050262	文学	四年	
重庆工程学院	通信工程	080703	工学	四年	
重庆工程学院	数字媒体技术	080906	工学	四年	
重庆工程学院	电子商务	120801	管理学	四年	
重庆大学城市科技学院	能源与动力工程	080501	工学	四年	
重庆大学城市科技学院	交通工程	081802	工学	四年	
重庆人文科技学院	网络工程	080903	工学	四年	
四川外国语大学重庆南方翻译学院	阿拉伯语	050206	文学	四年	
四川外国语大学重庆南方翻译学院	商务英语	050262	文学	四年	
重庆师范大学涉外商贸学院	保险学	020303	经济学	四年	
重庆师范大学涉外商贸学院	数字媒体技术	080906	工学	四年	
重庆师范大学涉外商贸学院	音乐表演	130201	艺术学	四年	
重庆工商大学融智学院	物流工程	120602	工学	四年	
重庆工商大学派斯学院	税收学	020202	经济学	四年	
重庆工商大学派斯学院	金融工程	020302	经济学	四年	
重庆邮电大学移通学院	电信工程及管理	080715T	工学	四年	
重庆邮电大学移通学院	资产评估	120208	管理学	四年	
重庆第二师范学院	体育教育	040201	教育学	四年	
重庆第二师范学院	广告学	050303	文学	四年	
重庆第二师范学院	酒店管理	120902	管理学	四年	
四　川　省					
西南石油大学	焊接技术与工程	080411T	工学	四年	
西南石油大学	新能源科学与工程	080503T	工学	四年	
西南石油大学	光电信息科学与工程	080705	工学	四年	

主管部门、学校名称	专业名称	专业代码	学位授予门类	修业年限	备注
西南石油大学	电子与计算机工程	080909T	工学	四年	
西南石油大学	财务管理	120204	管理学	四年	
西南石油大学	酒店管理	120902	管理学	四年	
成都理工大学	休闲体育	040207T	教育学	四年	
成都理工大学	地球信息科学与技术	070903T	工学	四年	
成都理工大学	城乡规划	082802	工学	五年	
四川理工学院	投资学	020304	经济学	四年	
四川理工学院	翻译	050261	文学	四年	
四川理工学院	机械电子工程	080204	工学	四年	
西华大学	翻译	050261	文学	四年	
西华大学	酿酒工程	082705	工学	四年	
西华大学	物流工程	120602	工学	四年	
西昌学院	商务英语	050262	文学	四年	
西昌学院	制药工程	081302	工学	四年	
四川医科大学	运动康复	040206T	理学	四年	
川北医学院	社会工作	030302	法学	四年	
四川师范大学	土木工程	081001	工学	四年	
西华师范大学	天文学	070401	理学	四年	
西华师范大学	生态学	071004	理学	四年	
西华师范大学	统计学	071201	理学	四年	
绵阳师范学院	机械电子工程	080204	工学	四年	
绵阳师范学院	审计学	120207	管理学	四年	
绵阳师范学院	舞蹈表演	130204	艺术学	四年	
内江师范学院	商务英语	050262	文学	四年	
内江师范学院	物流工程	120602	工学	四年	
内江师范学院	电子商务	120801	管理学	四年	
宜宾学院	食品质量与安全	082702	工学	四年	
宜宾学院	茶学	090107T	农学	四年	
宜宾学院	质量管理工程	120703T	管理学	四年	
四川文理学院	机械电子工程	080204	工学	四年	
四川文理学院	城乡规划	082802	工学	四年	
阿坝师范学院	体育教育	040201	教育学	四年	
阿坝师范学院	英语	050201	文学	四年	
阿坝师范学院	数学与应用数学	070101	理学	四年	
阿坝师范学院	生物科学	071001	理学	四年	
阿坝师范学院	美术学	130401	艺术学	四年	
乐山师范学院	经济与金融	020307T	经济学	四年	
乐山师范学院	汽车服务工程	080208	工学	四年	
乐山师范学院	制药工程	081302	工学	四年	
成都学院	建筑学	082801	工学	四年	
成都学院	审计学	120207	管理学	四年	
成都工业学院	电子科学与技术	080702	工学	四年	
成都工业学院	信息工程	080706	工学	四年	
成都工业学院	数字媒体技术	080906	工学	四年	
成都工业学院	环境科学与工程	082501	工学	四年	
攀枝花学院	翻译	050261	文学	四年	

主管部门、学校名称	专业名称	专业代码	学位授予门类	修业年限	备注
攀枝花学院	新能源材料与器件	080414T	工学	四年	
攀枝花学院	测绘工程	081201	工学	四年	
四川旅游学院	日语	050207	文学	四年	
四川旅游学院	建筑电气与智能化	081004	工学	四年	
四川旅游学院	人力资源管理	120206	管理学	四年	
四川旅游学院	物流工程	120602	管理学	四年	
成都东软学院	人力资源管理	120206	管理学	四年	
电子科技大学成都学院	投资学	020304	经济学	四年	
电子科技大学成都学院	网络与新媒体	050306T	文学	四年	
成都理工大学工程技术学院	数字媒体技术	080906	工学	四年	
成都理工大学工程技术学院	工程造价	120105	工学	四年	
成都理工大学工程技术学院	资产评估	120208	管理学	四年	
四川传媒学院	艺术教育	040105	教育学	四年	
四川传媒学院	财务管理	120204	管理学	四年	
四川传媒学院	工艺美术	130507	艺术学	四年	
成都信息工程大学银杏酒店管理学院	审计学	120207	管理学	四年	
成都信息工程大学银杏酒店管理学院	电子商务	120801	管理学	四年	
成都文理学院	应用统计学	071202	理学	四年	
成都文理学院	宝石及材料工艺学	080410T	工学	四年	
成都文理学院	工程造价	120105	工学	四年	
成都文理学院	播音与主持艺术	130309	艺术学	四年	
四川工商学院	金融工程	020302	经济学	四年	
四川工商学院	土木工程	081001	工学	四年	
四川工商学院	资产评估	120208	管理学	四年	
四川外国语大学成都学院	国际经济与贸易	020401	经济学	四年	
四川外国语大学成都学院	国际商务	120205	管理学	四年	
四川外国语大学成都学院	会展经济与管理	120903	管理学	四年	
四川工业科技学院	社会体育指导与管理	040203	教育学	四年	
四川工业科技学院	工程造价	120105	管理学	四年	
四川工业科技学院	财务管理	120204	管理学	四年	
四川工业科技学院	电子商务	120801	管理学	四年	
四川大学锦城学院	给排水科学与工程	081003	工学	四年	
西南财经大学天府学院	数字媒体技术	080906	工学	四年	
西南财经大学天府学院	建筑电气与智能化	081004	工学	四年	
西南财经大学天府学院	建筑学	082801	工学	五年	
四川大学锦江学院	经济与金融	020307T	经济学	四年	
四川大学锦江学院	食品科学与工程	082701	工学	四年	
四川文化艺术学院	宝石及材料工艺学	080410T	工学	四年	
四川文化艺术学院	物流管理	120601	管理学	四年	
四川文化艺术学院	会展经济与管理	120903	管理学	四年	
西南科技大学城市学院	金融工程	020302	经济学	四年	
西南科技大学城市学院	能源与环境系统工程	080502T	工学	四年	
成都师范学院	金融数学	020305T	经济学	四年	
成都师范学院	体育教育	040201	教育学	四年	

主管部门、学校名称	专业名称	专业代码	学位授予门类	修业年限	备注
成都师范学院	翻译	050261	文学	四年	
成都师范学院	数字媒体技术	080906	工学	四年	
四川电影电视学院	文化产业管理	120210	管理学	四年	
四川电影电视学院	广播电视编导	130305	艺术学	四年	
	贵 州 省				
贵州医科大学	康复治疗学	101005	理学	四年	
遵义医学院	康复治疗学	101005	理学	四年	
贵阳中医学院	医学信息工程	080711T	工学	四年	
贵阳中医学院	公共事业管理	120401	管理学	四年	
贵州师范大学	应用统计学	071202	理学	四年	
贵州师范大学	通信工程	080703	工学	四年	
贵州师范大学	工程造价	120105	工学	四年	
遵义师范学院	汉语国际教育	050103	文学	四年	
遵义师范学院	材料物理	080402	理学	四年	
遵义师范学院	食品营养与检验教育	082707T	工学	四年	
遵义师范学院	工程造价	120105	工学	四年	
遵义师范学院	财务管理	120204	管理学	四年	
铜仁学院	休闲体育	040207T	教育学	四年	
铜仁学院	商务英语	050262	文学	四年	
铜仁学院	网络与新媒体	050306T	文学	四年	
铜仁学院	材料科学与工程	080401	工学	四年	
铜仁学院	护理学	101101	理学	四年	
兴义民族师范学院	应用生物科学	090109T	农学	四年	
安顺学院	食品质量与安全	082702	工学	四年	
安顺学院	城市管理	120405	管理学	四年	
安顺学院	物流工程	120602	管理学	四年	
贵州工程应用技术学院	通信工程	080703	工学	四年	
贵州工程应用技术学院	软件工程	080902	工学	四年	
贵州工程应用技术学院	制药工程	081302	工学	四年	
贵州工程应用技术学院	风景园林	082803	工学	四年	
贵州工程应用技术学院	财务管理	120204	管理学	四年	
凯里学院	艺术教育	040105	教育学	四年	
凯里学院	秘书学	050107T	文学	四年	
凯里学院	酒店管理	120902	管理学	四年	
黔南民族师范学院	天文学	070401	理学	四年	
黔南民族师范学院	应用心理学	071102	理学	四年	
黔南民族师范学院	应用统计学	071202	理学	四年	
贵州财经大学	翻译	050261	文学	四年	
贵州民族大学	应用心理学	071102	教育学	四年	
贵州民族大学	软件工程	080902	工学	四年	
贵州民族大学	中药资源与开发	100802	理学	四年	
贵州民族大学	图书馆学	120501	管理学	四年	
贵阳学院	机械电子工程	080204	工学	四年	
贵阳学院	建筑学	082801	工学	五年	
贵阳学院	茶学	090107T	农学	四年	
贵阳学院	药学	100701	理学	四年	

主管部门、学校名称	专业名称	专业代码	学位授予门类	修业年限	备注
六盘水师范学院	小学教育	040107	教育学	四年	
六盘水师范学院	新闻学	050301	文学	四年	
六盘水师范学院	物联网工程	080905	工学	四年	
六盘水师范学院	土木工程	081001	工学	四年	
六盘水师范学院	城市管理	120405	管理学	四年	
贵州商学院	投资学	020304	经济学	四年	
贵州商学院	物联网工程	080905	工学	四年	
贵州商学院	人力资源管理	120206	管理学	四年	
贵州商学院	电子商务	120801	管理学	四年	
贵州商学院	酒店管理	120902	管理学	四年	
贵州财经大学商务学院	工程造价	120105	管理学	四年	
贵州财经大学商务学院	资产评估	120208	管理学	四年	
贵州大学明德学院	视觉传达设计	130502	艺术学	四年	
贵州大学明德学院	艺术与科技	130509T	艺术学	四年	
贵州民族大学人文科技学院	学前教育	040106	教育学	四年	
贵州民族大学人文科技学院	电子商务	120801	管理学	四年	
贵州师范大学求是学院	社会体育指导与管理	040203	教育学	四年	
贵州医科大学神奇民族医药学院	康复治疗学	101005	理学	四年	
贵州医科大学神奇民族医药学院	财务管理	120204	管理学	四年	
贵州师范学院	信用管理	020306T	经济学	四年	
贵州师范学院	数字媒体艺术	130508	艺术学	四年	
贵州理工学院	人文地理与城乡规划	070503	理学	四年	
贵州理工学院	材料科学与工程	080401	工学	四年	
贵州理工学院	新能源材料与器件	080414T	工学	四年	
贵州理工学院	采矿工程	081501	工学	四年	
贵州理工学院	交通工程	081802	工学	四年	
云 南 省					
云南大学	物联网工程	080905	工学	四年	
云南大学	数字媒体艺术	130508	艺术学	四年	
昆明理工大学	机械工艺技术	080209T	工学	四年	
昆明理工大学	新能源材料与器件	080414T	工学	四年	
昆明理工大学	智能电网信息工程	080602T	工学	四年	
昆明理工大学	油气储运工程	081504	工学	四年	
云南农业大学	汉语国际教育	050103	文学	四年	
云南农业大学	葡萄与葡萄酒工程	082706T	工学	四年	
云南农业大学	酒店管理	120902	管理学	四年	
西南林业大学	材料科学与工程	080401	工学	四年	
大理大学	缅甸语	050216	文学	四年	
大理大学	财务管理	120204	管理学	四年	
云南师范大学	阿拉伯语	050206	文学	四年	
云南师范大学	传播学	050304	文学	四年	
云南师范大学	文物与博物馆学	060104	历史学	四年	
云南师范大学	通信工程	080703	工学	四年	
昭通学院	秘书学	050107T	文学	四年	
昭通学院	应用统计学	071202	理学	四年	
昭通学院	植物科学与技术	090104	农学	四年	

主管部门、学校名称	专业名称	专业代码	学位授予门类	修业年限	备注
昭通学院	土地资源管理	120404	管理学	四年	
昭通学院	书法学	130405T	艺术学	四年	
昭通学院	工艺美术	130507	艺术学	四年	
曲靖师范学院	金融工程	020302	经济学	四年	
曲靖师范学院	法学	030101K	法学	二年	二学位
曲靖师范学院	英语	050201	文学	二年	二学位
曲靖师范学院	计算机科学与技术	080901	工学	二年	二学位
曲靖师范学院	房地产开发与管理	120104	管理学	四年	
曲靖师范学院	工程造价	120105	管理学	四年	
曲靖师范学院	会计学	120203K	管理学	二年	二学位
曲靖师范学院	物流管理	120601	管理学	四年	
普洱学院	学前教育	040106	教育学	四年	
普洱学院	商务英语	050262	文学	四年	
普洱学院	数字媒体技术	080906	工学	四年	
普洱学院	茶学	090107T	农学	四年	
普洱学院	酒店管理	120902	管理学	四年	
保山学院	水利水电工程	081101	工学	四年	
红河学院	秘书学	050107T	文学	四年	
红河学院	自动化	080801	工学	四年	
云南财经大学	贸易经济	020402	经济学	四年	
云南财经大学	缅甸语	050216	文学	四年	
云南财经大学	采购管理	120603T	管理学	四年	
云南财经大学	数字媒体艺术	130508	艺术学	四年	
云南艺术学院	艺术史论	130101	艺术学	四年	
云南艺术学院	工艺美术	130507	艺术学	四年	
云南艺术学院	艺术与科技	130509T	艺术学	四年	
云南民族大学	学前教育	040106	教育学	四年	
云南民族大学	孟加拉语	050242	文学	四年	
云南民族大学	网络与新媒体	050306T	文学	四年	
云南民族大学	药物分析	100705T	理学	四年	
玉溪师范学院	汽车服务工程	080208	工学	四年	
玉溪师范学院	测绘工程	081201	工学	四年	
玉溪师范学院	环境生态工程	082504	工学	四年	
楚雄师范学院	运动康复	040206T	理学	四年	
楚雄师范学院	书法学	130405T	艺术学	四年	
昆明学院	软件工程	080902	工学	四年	
昆明学院	动物医学	090401	农学	四年	
昆明学院	医学检验技术	101001	理学	四年	
昆明学院	会展经济与管理	120903	管理学	四年	
文山学院	电气工程及其自动化	080601	工学	四年	
文山学院	设施农业科学与工程	090106	农学	四年	
文山学院	工程管理	120103	管理学	四年	
文山学院	酒店管理	120902	管理学	四年	
云南经济管理学院	学前教育	040106	教育学	四年	
云南经济管理学院	物联网工程	080905	工学	四年	
云南经济管理学院	土木工程	081001	工学	四年	

主管部门、学校名称	专业名称	专业代码	学位授予门类	修业年限	备注
云南经济管理学院	药学	100701	理学	四年	
云南经济管理学院	护理学	101101	理学	四年	
云南经济管理学院	审计学	120207	管理学	四年	
云南大学滇池学院	投资学	020304	经济学	四年	
云南大学滇池学院	商务英语	050262	文学	四年	
云南大学滇池学院	建筑学	082801	工学	五年	
云南大学滇池学院	物流管理	120601	管理学	四年	
云南大学旅游文化学院	秘书学	050107T	文学	四年	
昆明理工大学津桥学院	自动化	080801	工学	四年	
昆明理工大学津桥学院	食品质量与安全	082702	工学	四年	
昆明理工大学津桥学院	工程管理	120103	工学	四年	
云南师范大学商学院	经济与金融	020307T	经济学	四年	
云南师范大学商学院	物联网工程	080905	工学	四年	
云南师范大学商学院	工程管理	120103	工学	四年	
云南师范大学商学院	国际商务	120205	管理学	四年	
云南师范大学文理学院	投资学	020304	经济学	四年	
云南师范大学文理学院	西班牙语	050205	文学	四年	
云南师范大学文理学院	土木工程	081001	工学	四年	
昆明医科大学海源学院	工程管理	120103	管理学	四年	
昆明医科大学海源学院	工程造价	120105	管理学	四年	
昆明医科大学海源学院	财务管理	120204	管理学	四年	
云南工商学院	社会体育指导与管理	040203	教育学	四年	
云南工商学院	数字媒体技术	080906	工学	四年	
云南工商学院	建筑学	082801	工学	四年	
云南工商学院	国际商务	120205	管理学	四年	
云南工商学院	酒店管理	120902	管理学	四年	
滇西科技师范学院	政治学与行政学	030201	法学	四年	
滇西科技师范学院	小学教育	040107	教育学	四年	
滇西科技师范学院	数学与应用数学	070101	理学	四年	
滇西科技师范学院	能源与动力工程	080501	工学	四年	
滇西科技师范学院	食品质量与安全	082702	工学	四年	
滇西科技师范学院	审计学	120207	管理学	四年	
西藏自治区					
西藏民族大学	医学检验技术	101001	理学	四年	
陕　西　省					
西安理工大学	日语	050207	文学	四年	
西安理工大学	过程装备与控制工程	080206	工学	四年	
西安理工大学	信息工程	080706	工学	四年	
西安理工大学	电子与计算机工程	080909T	工学	四年	
西安工业大学	武器系统与工程	082101	工学	四年	
西安建筑科技大学	城市地下空间工程	081005T	工学	四年	
西安石油大学	翻译	050261	文学	四年	
陕西科技大学	乳品工程	082704	工学	四年	
西安工程大学	材料科学与工程	080401	工学	四年	
西安工程大学	光电信息科学与工程	080705	理学	四年	
西安工程大学	戏剧影视美术设计	130307	艺术学	四年	

主管部门、学校名称	专业名称	专业代码	学位授予门类	修业年限	备注
陕西中医药大学	食品卫生与营养学	100402	理学	四年	
延安大学	翻译	050261	文学	四年	
延安大学	物联网工程	080905	工学	四年	
咸阳师范学院	金融数学	020305T	经济学	四年	
咸阳师范学院	化学工程与工艺	081301	工学	四年	
咸阳师范学院	国际商务	120205	管理学	四年	
渭南师范学院	商务英语	050262	文学	四年	
渭南师范学院	光电信息科学与工程	080705	工学	四年	
渭南师范学院	能源化学工程	081304T	工学	四年	
西安外国语大学	印度尼西亚语	050212	文学	四年	
西安外国语大学	网络与新媒体	050306T	文学	四年	
西北政法大学	金融工程	020302	经济学	四年	
西北政法大学	网络与新媒体	050306T	文学	四年	
西安音乐学院	艺术史论	130101	艺术学	四年	
西安文理学院	经济与金融	020307T	经济学	四年	
西安文理学院	文物与博物馆学	060104	历史学	四年	
西安文理学院	自然地理与资源环境	070502	理学	四年	
西安文理学院	电子商务	120801	工学	四年	
榆林学院	社会体育指导与管理	040203	教育学	四年	
榆林学院	材料科学与工程	080401	工学	四年	
榆林学院	新能源科学与工程	080503T	工学	四年	
榆林学院	建筑环境与能源应用工程	081002	工学	四年	
商洛学院	社会工作	030302	法学	四年	
商洛学院	园林	090502	农学	四年	
商洛学院	护理学	101101	理学	四年	
商洛学院	电子商务	120801	管理学	四年	
安康学院	金融工程	020302	经济学	四年	
安康学院	制药工程	081302	工学	四年	
安康学院	工程造价	120105	管理学	四年	
西安培华学院	投资学	020304	经济学	四年	
西安培华学院	网络与新媒体	050306T	文学	四年	
西安培华学院	软件工程	080902	工学	四年	
西安培华学院	工艺美术	130507	艺术学	四年	
西安航空学院	车辆工程	080207	工学	四年	
西安航空学院	物联网工程	080905	工学	四年	
西安航空学院	飞行器设计与工程	082002	工学	四年	
西安航空学院	工程管理	120103	工学	四年	
西安航空学院	物流管理	120601	管理学	四年	
西安医学院	食品科学与工程	082701	工学	四年	
西安欧亚学院	应用心理学	071102	教育学	四年	
西安欧亚学院	物联网工程	080905	工学	四年	
西安外事学院	俄语	050202	文学	四年	
西安外事学院	朝鲜语	050209	文学	四年	
西安外事学院	物联网工程	080905	工学	四年	
西安外事学院	药学	100701	理学	四年	
西安翻译学院	俄语	050202	文学	四年	

主管部门、学校名称	专业名称	专业代码	学位授予门类	修业年限	备注
西安翻译学院	土木工程	081001	工学	四年	
西安翻译学院	护理学	101101	理学	四年	
西安翻译学院	审计学	120207	管理学	四年	
西安翻译学院	数字媒体艺术	130508	艺术学	四年	
西京学院	护理学	101101	理学	四年	
西京学院	酒店管理	120902	管理学	四年	
西京学院	产品设计	130504	艺术学	四年	
西安科技大学高新学院	播音与主持艺术	130309	艺术学	四年	
西安思源学院	社会工作	030302	法学	四年	
西安思源学院	学前教育	040106	教育学	四年	
西安思源学院	汉语国际教育	050103	文学	四年	
西安思源学院	环境设计	130503	艺术学	四年	
陕西国际商贸学院	金融工程	020302	经济学	四年	
陕西国际商贸学院	投资学	020304	经济学	四年	
陕西国际商贸学院	工程造价	120105	工学	四年	
陕西国际商贸学院	产品设计	130504	艺术学	四年	
陕西服装工程学院	风景园林	082803	工学	四年	
陕西服装工程学院	财务管理	120204	管理学	四年	
陕西服装工程学院	数字媒体艺术	130508	艺术学	四年	
西安交通工程学院	车辆工程	080207	工学	四年	
西安交通工程学院	物联网工程	080905	工学	四年	
西安交通工程学院	工程造价	120105	管理学	四年	
西安交通工程学院	物流管理	120601	管理学	四年	
西安交通大学城市学院	物联网工程	080905	工学	四年	
西北大学现代学院	网络与新媒体	050306T	文学	四年	
西安财经学院行知学院	物流管理	120601	管理学	四年	
延安大学西安创新学院	商务英语	050262	文学	四年	
延安大学西安创新学院	酒店管理	120902	管理学	四年	
西北工业大学明德学院	翻译	050261	文学	四年	
西北工业大学明德学院	网络工程	080903	工学	四年	
西北工业大学明德学院	财务管理	120204	管理学	四年	
西安理工大学高科学院	审计学	120207	管理学	四年	
陕西学前师范学院	教育学	040101	教育学	四年	
陕西学前师范学院	特殊教育	040108	教育学	四年	
陕西学前师范学院	应用统计学	071202	理学	四年	
陕西学前师范学院	文化产业管理	120210	管理学	四年	
	甘 肃 省				
兰州理工大学	汉语言文学	050101	文学	四年	
甘肃农业大学	车辆工程	080207	工学	四年	
甘肃农业大学	风景园林	082803	工学	四年	
甘肃中医药大学	运动康复	040206T	理学	四年	
西北师范大学	软件工程	080902	工学	四年	
兰州城市学院	网络与新媒体	050306T	文学	四年	
陇东学院	物联网工程	080905	工学	四年	
陇东学院	生物制药	083002T	工学	四年	
陇东学院	工程造价	120105	工学	四年	

主管部门、学校名称	专业名称	专业代码	学位授予门类	修业年限	备注
天水师范学院	机械电子工程	080204	工学	四年	
天水师范学院	通信工程	080703	工学	四年	
天水师范学院	测绘工程	081201	工学	四年	
河西学院	汉语国际教育	050103	文学	四年	
河西学院	俄语	050202	文学	四年	
河西学院	电子商务	120801	管理学	四年	
兰州财经大学	汉语国际教育	050103	文学	四年	
兰州财经大学	会展经济与管理	120903	管理学	四年	
甘肃政法学院	监狱学	030103T	法学	四年	
甘肃民族师范学院	金融数学	020305T	经济学	四年	
甘肃民族师范学院	网络工程	080903	工学	四年	
兰州文理学院	广播电视学	050302	文学	四年	
兰州文理学院	广播电视工程	080707T	工学	四年	
兰州文理学院	戏剧影视文学	130304	艺术学	四年	
兰州文理学院	视觉传达设计	130502	艺术学	四年	
兰州工业学院	经济与金融	020307T	经济学	四年	
兰州工业学院	汽车服务工程	080208	工学	四年	
兰州工业学院	通信工程	080703	工学	四年	
兰州工业学院	软件工程	080902	工学	四年	
兰州工业学院	建筑环境与能源应用工程	081002	工学	四年	
西北师范大学知行学院	应用统计学	071202	理学	四年	
兰州财经大学陇桥学院	测绘工程	081201	工学	四年	
青 海 省					
青海大学	康复治疗学	101005	理学	四年	
青海师范大学	翻译	050261	文学	四年	
青海师范大学	食品科学与工程	082701	工学	四年	
青海民族大学	化学工程与工艺	081301	工学	四年	
青海民族大学	劳动与社会保障	120403	管理学	四年	
青海大学昆仑学院	冶金工程	080404	工学	四年	
宁夏回族自治区					
宁夏大学	葡萄与葡萄酒工程	082706T	工学	四年	
宁夏师范学院	汉语国际教育	050103	文学	四年	
宁夏师范学院	阿拉伯语	050206	文学	四年	
宁夏师范学院	电气工程及其自动化	080601	工学	四年	
宁夏师范学院	网络工程	080903	工学	四年	
宁夏师范学院	化学工程与工艺	081301	工学	四年	
宁夏理工学院	日语	050207	文学	四年	
宁夏理工学院	审计学	120207	管理学	四年	
宁夏理工学院	音乐学	130202	艺术学	四年	
宁夏理工学院	绘画	130402	艺术学	四年	
宁夏理工学院	环境设计	130503	艺术学	四年	
银川能源学院	秘书学	050107T	文学	四年	
银川能源学院	食品质量与安全	082702	工学	四年	
银川能源学院	风景园林	082803	工学	四年	
银川能源学院	信息管理与信息系统	120102	工学	四年	
银川能源学院	物流工程	120602	管理学	四年	

主管部门、学校名称	专业名称	专业代码	学位授予门类	修业年限	备注
中国矿业大学银川学院	网络与新媒体	050306T	文学	四年	
新疆维吾尔自治区					
新疆大学	地质工程	081401	工学	四年	
喀什大学	数字媒体技术	080906	工学	四年	
伊犁师范学院	生物工程	083001	工学	四年	
新疆工程学院	能源经济	020106T	经济学	四年	
新疆工程学院	机械电子工程	080204	工学	四年	
新疆工程学院	工业设计	080205	工学	四年	
新疆工程学院	材料科学与工程	080401	工学	四年	
新疆工程学院	轨道交通信号与控制	080802T	工学	四年	
新疆工程学院	纺织工程	081601	工学	四年	
昌吉学院	材料成型及控制工程	080203	工学	四年	
昌吉学院	交通运输	081801	工学	四年	
新疆农业大学科学技术学院	税收学	020202	经济学	四年	
新疆农业大学科学技术学院	俄语	050202	文学	四年	
新疆农业大学科学技术学院	审计学	120207	管理学	四年	
新疆生产建设兵团					
塔里木大学	历史学	060101	历史学	四年	
塔里木大学	网络工程	080903	工学	四年	
塔里木大学	测绘工程	081201	工学	四年	
塔里木大学	化学工程与工业生物工程	081305T	工学	四年	

二、新增审批本科专业名单

主管部门、学校名称	专业名称	专业代码	学位授予门类	修业年限	备注
工业和信息化部					
西北工业大学	飞行器控制与信息工程	082008T	工学	四年	新专业
公　安　部					
公安海警学院	海警舰艇指挥与技术	083110TK	工学	四年	新专业
教　育　部					
北京大学	数据科学与大数据技术	080910T	理学	四年	新专业
清华大学	水利科学与工程	081105T	工学	四年	新专业
北京外国语大学	亚美尼亚语	050269T	文学	四年	新专业
北京外国语大学	马达加斯加语	050270T	文学	四年	新专业
北京外国语大学	格鲁吉亚语	050271T	文学	四年	新专业
北京外国语大学	阿塞拜疆语	050272T	文学	四年	新专业
北京外国语大学	阿非利卡语	050273T	文学	四年	新专业
北京外国语大学	马其顿语	050274T	文学	四年	新专业
北京外国语大学	塔吉克语	050275T	文学	四年	新专业
对外经济贸易大学	精算学	020308T	理学	四年	新专业
对外经济贸易大学	数据科学与大数据技术	080910T	工学	四年	新专业
上海交通大学	生物医学科学	100103T	理学	四年	新专业
东南大学	机器人工程	080803T	工学	四年	新专业
浙江大学	信息安全	080904K	工学	四年	
厦门大学	能源化学	070305T	理学	四年	新专业

主管部门、学校名称	专业名称	专业代码	学位授予门类	修业年限	备注
厦门大学	网络空间安全	080911TK	工学	四年	新专业
武汉大学	地理空间信息工程	081205T	工学	四年	新专业
武汉大学	基础医学	100101K	医学	五年	
华中师范大学	信息安全	080904K	工学	四年	
中南大学	数据科学与大数据技术	080910T	工学	四年	新专业
中南大学	基础医学	100101K	医学	五年	
四川大学	网络空间安全	080911TK	工学	四年	新专业
四川大学	飞行器控制与信息工程	082008T	工学	四年	新专业
西安交通大学	基础医学	100101K	医学	五年	
北　京　市					
首都师范大学	文化遗产	060107T	历史学	四年	新专业
天　津　市					
天津医科大学	眼视光医学	100204TK	医学	五年	
河　北　省					
河北大学	口腔医学	100301K	医学	五年	
河北医科大学	精神医学	100205TK	医学	五年	
河北师范大学	信息安全	080904K	工学	四年	
张家口学院	运动训练	040202K	教育学	四年	
山　西　省					
山西医科大学	精神医学	100205TK	医学	五年	
山西医科大学	儿科学	100207TK	医学	五年	新专业
山西医科大学	临床药学	100703TK	理学	五年	
内蒙古自治区					
内蒙古大学	运动训练	040202K	教育学	四年	
内蒙古医科大学	精神医学	100205TK	医学	五年	
辽　宁　省					
中国医科大学	精神医学	100205TK	医学	五年	
中国医科大学	儿科学	100207TK	医学	五年	新专业
渤海大学	航海技术	081803K	工学	四年	
渤海大学	轮机工程	081804K	工学	四年	
黑龙江省					
哈尔滨医科大学	儿科学	100207TK	医学	五年	新专业
上　海　市					
上海健康医学院	临床医学	100201K	医学	五年	
上海大学	金融学	020301KH	经济学	四年	
上海大学	材料设计科学与工程	080415T	工学	四年	新专业
江　苏　省					
江苏科技大学	信息安全	080904K	工学	四年	
南京医科大学	眼视光医学	100204TK	医学	五年	
南京中医药大学	临床医学	100201K	医学	五年	
江苏警官学院	公安情报学	030610TK	法学	四年	
江苏警官学院	安全防范工程	083104TK	工学	四年	
泰州学院	旅游管理	120901K	管理学	四年	
金陵科技学院	信息安全	080904K	工学	四年	
浙　江　省					
温州医科大学	精神医学	100205TK	医学	五年	

主管部门、学校名称	专业名称	专业代码	学位授予门类	修业年限	备注
温州医科大学	儿科学	100207TK	医学	五年	新专业
浙江中医药大学	健康服务与管理	120410T	管理学	四年	新专业
中国美术学院	跨媒体艺术	130408TK	艺术学	四年	新专业
宁波大红鹰学院	会计学	120203K	管理学	四年	
温州肯恩大学	会计学	120203KH	管理学	四年	
安徽省					
安徽工业大学	会计学	120203KH	管理学	四年	
安徽医科大学	精神医学	100205TK	医学	五年	
安徽医科大学	妇幼保健医学	100403TK	医学	五年	
铜陵学院	会计学	120203KH	管理学	四年	
福建省					
福建医科大学	眼视光医学	100204TK	医学	五年	
福州外语外贸学院	金融学	020301K	经济学	四年	
江西省					
南昌大学	临床药学	100703TK	理学	五年	
江西警察学院	公安管理学	030612TK	法学	四年	
江西警察学院	网络安全与执法	083108TK	工学	四年	
山东省					
山东科技大学	信息安全	080904K	工学	四年	
泰山医学院	临床药学	100703TK	理学	五年	
滨州医学院	健康服务与管理	120410T	管理学	四年	新专业
山东中医药大学	眼视光医学	100204TK	医学	五年	
山东体育学院	健康服务与管理	120410T	管理学	四年	新专业
山东警察学院	网络安全与执法	083108TK	工学	四年	
河南省					
新乡医学院	儿科学	100207TK	医学	五年	新专业
郑州财经学院	会计学	120203K	管理学	四年	
湖北省					
湖北工业大学	信息安全	080904K	工学	四年	
湖南省					
湖南人文科技学院	运动训练	040202K	教育学	四年	
广东省					
广东海洋大学	水生动物医学	090604TK	农学	四年	
广州医科大学	精神医学	100205TK	医学	五年	
广州医科大学	儿科学	100207TK	医学	五年	新专业
广州医科大学	临床药学	100703TK	理学	五年	
广州中医药大学	临床医学	100201K	医学	五年	
广东药学院	中医学	100501K	医学	五年	
广东药学院	健康服务与管理	120410T	管理学	四年	新专业
广州美术学院	实验艺术	130407TK	艺术学	四年	
广东警官学院	交通管理工程	083103TK	工学	四年	
广东工业大学	信息安全	080904K	工学	四年	
南方医科大学	针灸推拿学	100502K	医学	五年	
广东东软学院	工商管理	120201K	管理学	四年	
广东科技学院	工商管理	120201K	管理学	四年	
广东科技学院	会计学	120203K	管理学	四年	

主管部门、学校名称	专业名称	专业代码	学位授予门类	修业年限	备注
香港中文大学(深圳)	会计学	120203KH	管理学	四年	
广西壮族自治区					
广西大学	运动训练	040202K	教育学	四年	
广西科技大学	临床医学	100201K	医学	五年	
桂林电子科技大学	船舶电子电气工程	081808TK	工学	四年	
广西医科大学	法医学	100901K	医学	五年	
广西中医药大学	预防医学	100401K	医学	五年	
桂林医学院	临床药学	100703TK	理学	五年	
海　南　省					
琼州学院	船舶电子电气工程	081808TK	工学	四年	
海口经济学院	会计学	120203K	管理学	四年	
重　庆　市					
重庆医科大学	精神医学	100205TK	医学	五年	
重庆医科大学	儿科学	100207TK	医学	五年	新专业
四　川　省					
西华大学	信息安全	080904K	工学	四年	
四川旅游学院	会计学	120203K	管理学	四年	
成都医学院	健康服务与管理	120410T	管理学	四年	新专业
贵　州　省					
贵州医科大学	儿科学	100207TK	医学	五年	新专业
安顺学院	教育康复学	040110TK	教育学	四年	
西藏自治区					
西藏民族大学	运动训练	040202K	教育学	四年	
甘　肃　省					
甘肃医学院	临床医学	100201K	医学	五年	
宁夏回族自治区					
宁夏医科大学	基础医学	100101K	医学	五年	
宁夏医科大学	回医学	100509TK	医学	五年	新专业
宁夏医科大学	临床药学	100703TK	理学	五年	

三、调整学位授予门类或修业年限专业

主管部门、学校名称	专业名称	专业代码	学位授予门类	修业年限	备注
教　育　部					
北京中医药大学	英语	050201	文学	四年	
吉林大学	护理学	101101	理学	四年	
河　北　省					
河北工业大学	应用化学	070302	工学	四年	
河北工业大学	材料化学	080403	工学	四年	
山　西　省					
山西医科大学	运动康复	040206T	理学	四年	
辽　宁　省					
辽东学院	工程管理	120103	工学	四年	
吉　林　省					
延边大学	食品科学与工程	082701	工学	四年	

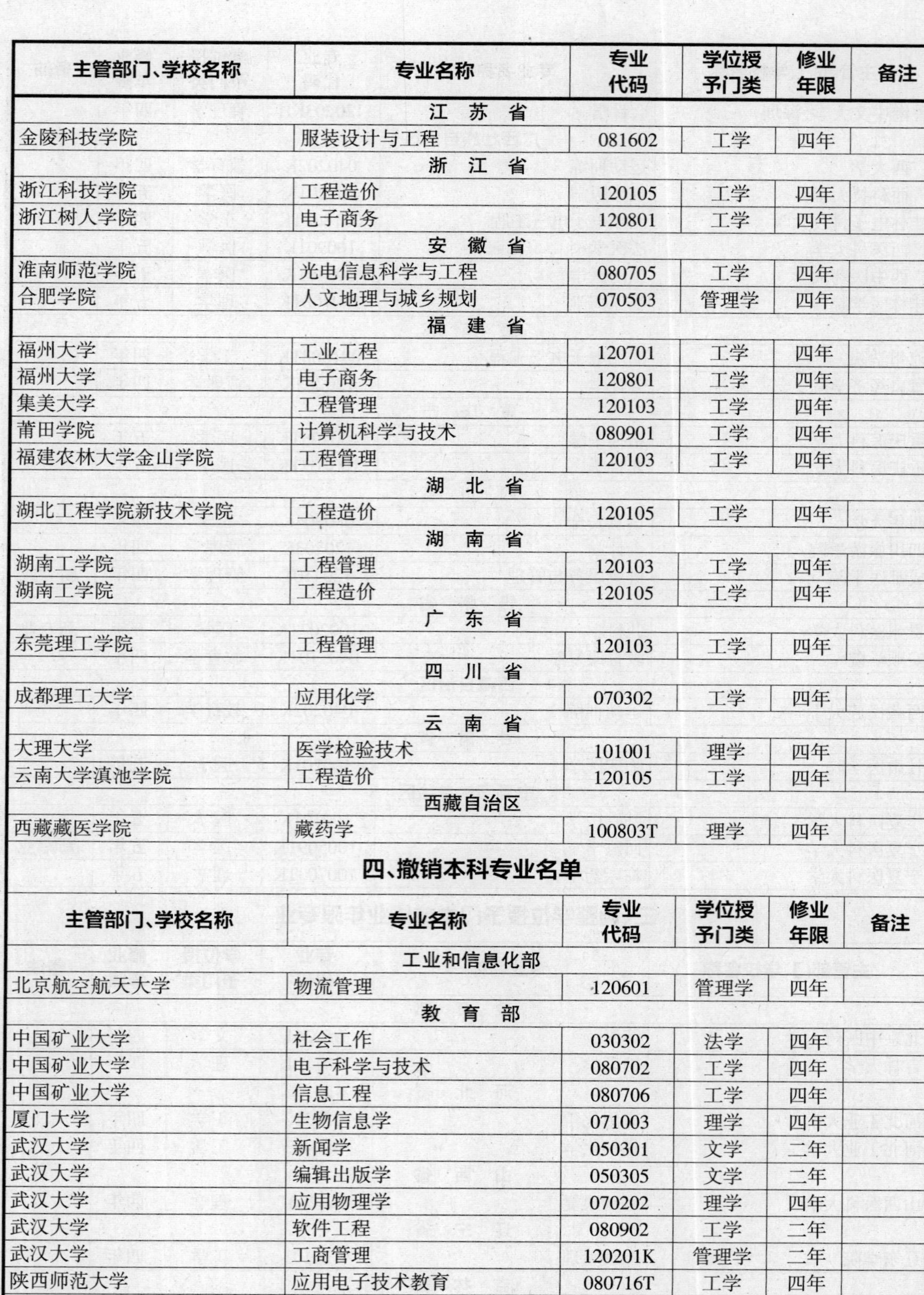

主管部门、学校名称	专业名称	专业代码	学位授予门类	修业年限	备注
		江 苏 省			
金陵科技学院	服装设计与工程	081602	工学	四年	
		浙 江 省			
浙江科技学院	工程造价	120105	工学	四年	
浙江树人学院	电子商务	120801	工学	四年	
		安 徽 省			
淮南师范学院	光电信息科学与工程	080705	工学	四年	
合肥学院	人文地理与城乡规划	070503	管理学	四年	
		福 建 省			
福州大学	工业工程	120701	工学	四年	
福州大学	电子商务	120801	工学	四年	
集美大学	工程管理	120103	工学	四年	
莆田学院	计算机科学与技术	080901	工学	四年	
福建农林大学金山学院	工程管理	120103	工学	四年	
		湖 北 省			
湖北工程学院新技术学院	工程造价	120105	工学	四年	
		湖 南 省			
湖南工学院	工程管理	120103	工学	四年	
湖南工学院	工程造价	120105	工学	四年	
		广 东 省			
东莞理工学院	工程管理	120103	工学	四年	
		四 川 省			
成都理工大学	应用化学	070302	工学	四年	
		云 南 省			
大理大学	医学检验技术	101001	理学	四年	
云南大学滇池学院	工程造价	120105	工学	四年	
		西藏自治区			
西藏藏医学院	藏药学	100803T	理学	四年	

四、撤销本科专业名单

主管部门、学校名称	专业名称	专业代码	学位授予门类	修业年限	备注
		工业和信息化部			
北京航空航天大学	物流管理	120601	管理学	四年	
		教 育 部			
中国矿业大学	社会工作	030302	法学	四年	
中国矿业大学	电子科学与技术	080702	工学	四年	
中国矿业大学	信息工程	080706	工学	四年	
厦门大学	生物信息学	071003	理学	四年	
武汉大学	新闻学	050301	文学	二年	
武汉大学	编辑出版学	050305	文学	二年	
武汉大学	应用物理学	070202	理学	四年	
武汉大学	软件工程	080902	工学	二年	
武汉大学	工商管理	120201K	管理学	二年	
陕西师范大学	应用电子技术教育	080716T	工学	四年	
陕西师范大学	舞蹈表演	130204	艺术学	四年	

主管部门、学校名称	专业名称	专业代码	学位授予门类	修业年限	备注
天　津　市					
天津财经大学珠江学院	工业设计	080205	工学	四年	
河　北　省					
河北师范大学	工业设计	080205	工学	四年	
河北师范大学	服装设计与工程	081602	艺术学	四年	
河北师范大学	服装设计与工艺教育	081604T	工学	四年	
河北师范大学	食品科学与工程	082701	工学	四年	
河北师范大学	财务会计教育	120213T	管理学	四年	
河北师范大学	信息资源管理	120503	管理学	四年	
河北师范大学	作曲与作曲技术理论	130203	艺术学	四年	
河北师范大学	舞蹈学	130205	艺术学	四年	
河北师范大学	影视摄影与制作	130311T	艺术学	四年	
河北师范大学	摄影	130404	艺术学	四年	
河北师范大学	艺术设计学	130501	艺术学	四年	
河北师范大学	工艺美术	130507	艺术学	四年	
辽　宁　省					
沈阳航空航天大学	轨道交通信号与控制	080802T	工学	四年	
沈阳药科大学	生物技术	071002	理学	四年	
辽东学院	翻译	050261	文学	四年	
辽东学院	应用统计学	071202	理学	四年	
吉　林　省					
吉林工程技术师范学院	公共事业管理	120401	管理学	四年	
吉林警察学院	市场营销	120202	管理学	四年	
长春理工大学光电信息学院	无机非金属材料工程	080406	工学	四年	
吉林建筑大学城建学院	信息管理与信息系统	120102	管理学	四年	
吉林建筑大学城建学院	雕塑	130403	艺术学	四年	
长春大学旅游学院	雕塑	130403	艺术学	四年	
黑龙江省					
大庆师范学院	人文教育	040103	教育学	四年	
大庆师范学院	阿拉伯语	050206	文学	四年	
哈尔滨广厦学院	信息与计算科学	070102	理学	四年	
哈尔滨广厦学院	公共事业管理	120401	管理学	四年	
哈尔滨广厦学院	绘画	130402	艺术学	四年	
上　海　市					
上海海洋大学	农业资源与环境	090201	农学	四年	
上海海洋大学	动物科学	090301	农学	四年	
江　苏　省					
江苏科技大学	车辆工程	080207	工学	四年	
江苏科技大学	化学工程与工艺	081301	工学	四年	
江苏科技大学	核工程与核技术	082201	工学	四年	
浙　江　省					
浙江海洋学院	汽车服务工程	080208	工学	四年	
浙江海洋学院	护理学	101101	理学	四年	
温州医科大学	法学	030101K	法学	四年	
温州医科大学	法医学	100901K	医学	五年	
杭州师范大学	社会体育指导与管理	040203	教育学	四年	

主管部门、学校名称	专业名称	专业代码	学位授予门类	修业年限	备注
丽水学院	生物科学	071001	理学	四年	
浙江科技学院	教育技术学	040104	工学	四年	
浙江科技学院	电子信息科学与技术	080714T	工学	四年	
嘉兴学院南湖学院	数学与应用数学	070101	理学	四年	
安　徽　省					
阜阳师范学院	人文教育	040103	教育学	四年	
皖西学院	公共事业管理	120401	管理学	四年	
安徽科技学院	农村区域发展	120302	管理学	四年	
福　建　省					
福建中医药大学	应用心理学	071102	理学	四年	
泉州师范学院	艺术教育	040105	艺术学	四年	
湖　北　省					
武汉科技大学	政治学与行政学	030201	法学	四年	
武汉科技大学	轨道交通信号与控制	080802T	工学	四年	
武汉科技大学	雕塑	130403	艺术学	五年	
武汉科技大学	服装与服饰设计	130505	艺术学	四年	
湖北商贸学院	过程装备与控制工程	080206	工学	四年	
湖北第二师范学院	科学教育	040102	教育学	四年	
广西壮族自治区					
桂林电子科技大学	服装设计与工程	081602	工学	四年	
桂林理工大学	工业设计	080205	工学	四年	
桂林理工大学	服装设计与工程	081602	艺术学	四年	
广西中医药大学	生物医学工程	082601	工学	四年	
河池学院	应用物理学	070202	理学	四年	
广西民族大学	舞蹈表演	130204	艺术学	四年	
钦州学院	思想政治教育	030503	法学	四年	
钦州学院	体育教育	040201	教育学	四年	
贺州学院	汉语国际教育	050103	文学	四年	
江　西　省					
江西农业大学南昌商学院	管理科学	120101	管理学	四年	
山　东　省					
青岛理工大学	服装设计与工程	081602	艺术学	四年	
山东农业大学	服装与服饰设计	130505	艺术学	四年	
滨州学院	物理学	070201	理学	四年	
滨州学院	环境生态工程	082504	工学	四年	
滨州学院	舞蹈表演	130204	艺术学	四年	
四　川　省					
西南石油大学	人文地理与城乡规划	070503	理学	四年	
西华大学	物理学	070201	理学	四年	
四川师范大学	采矿工程	081501	工学	四年	
成都学院	园林	090502	农学	四年	
四川传媒学院	编辑出版学	050305	文学	四年	
成都文理学院	服装与服饰设计	130505	艺术学	四年	
四川大学锦江学院	动画	130310	艺术学	四年	
云　南　省					
玉溪师范学院	人文教育	040103	教育学	四年	

主管部门、学校名称	专业名称	专业代码	学位授予门类	修业年限	备注
西藏自治区					
西藏民族大学	应用统计学	071202	理学	四年	
陕　西　省					
西安理工大学	电子商务	120801	管理学	四年	
西安工业大学	服装与服饰设计	130505	艺术学	四年	
西安建筑科技大学	矿物资源工程	081505T	工学	四年	
西安石油大学	教育技术学	040104	教育学	四年	
西安工程大学	录音艺术	130308	艺术学	四年	
西安工程大学	影视摄影与制作	130311T	艺术学	四年	
延安大学	广播电视学	050302	文学	四年	
咸阳师范学院	艺术教育	040105	教育学	四年	
渭南师范学院	广告学	050303	文学	四年	
渭南师范学院	服装与服饰设计	130505	艺术学	四年	
西安外国语大学	摄影	130404	艺术学	四年	
西北政法大学	边防管理	030603K	法学	四年	
西安文理学院	地理科学	070501	理学	四年	
商洛学院	生物科学	071001	理学	四年	
安康学院	艺术教育	040105	教育学	四年	
西安培华学院	绘画	130402	艺术学	四年	
西安欧亚学院	计算机科学与技术	080901	工学	四年	
西安外事学院	服装与服饰设计	130505	艺术学	四年	
西安翻译学院	广告学	050303	文学	四年	
西安交通大学城市学院	信息与计算科学	070102	理学	四年	
西北大学现代学院	公共事业管理	120401	管理学	四年	
延安大学西安创新学院	工业设计	080205	工学	四年	
西北工业大学明德学院	舞蹈表演	130204	艺术学	四年	
青　海　省					
青海大学	日语	050207	文学	四年	
青海师范大学	科学教育	040102	教育学	四年	
青海师范大学	人文教育	040103	教育学	四年	
青海民族大学	汉语言	050102	文学	四年	
青海民族大学	材料化学	080403	工学	四年	
青海民族大学	市场营销	120202	管理学	四年	

四、普通高等学校本科专业解析

01 学科门类:哲学

0101 哲学类

◆专业名称:哲学

◆专业代码:010101

培养目标:本专业培养具有一定马克思主义哲学理论素养和系统的专业基础知识,有进一步培养潜质的哲学专门人才,以及能在国家机关、文教事业、新闻出版、企业等部门从事实际工作的应用型、复合型高级专门人才。

培养要求:本专业学生主要学习马克思主义的基本理论与历史,以及社会科学、自然科学和思维科学的基础知识,受到中西方哲学的基本理论和发展线索的系统教育,以及创造性思维的培养和业务能力的训练。

毕业生应获得以下几方面的知识和能力:

1.比较系统地掌握马克思主义哲学、中国哲学和西方哲学的理论和历史;

2.具有一定的社会科学、人文科学、自然科学、思维科学的相关知识;

3.掌握哲学学科的基本研究方法、治学方法和相应的社会调查能力;

4.了解国内外哲学界最重要的理论前沿和发展动态;

5.了解国内外最重大的实践问题和发展动态;

6.具有分析和解决社会现实问题的初步能力。

主干学科:哲学

主要课程:哲学概论、马克思主义哲学原理、中国哲学史、西方哲学史、科学技术哲学、伦理学、宗教学、美学、逻辑学、心理学、中外哲学原著导读等。

实践环节:包括社会实习、社会调查、社会公益活动等,一般安排10周左右。

修业年限:四年

授予学位:哲学学士

就业方向:毕业生可在党政机关、企事业单位、新闻机构和教育部门从事行政管理、宣传策划、教学研究等工作。

开设学校:南开大学(教育部直属、985大学、211大学)、咸阳师范学院、首都师范大学、西藏民族学院、仰恩大学、中国地质大学(教育部直属、211工程大学)、浙江大学(教育部直属、985大学、211大学)、厦门大学(教育部直属、985大学、211大学)、复旦大学(教育部直属、985大学、211大学)、山东大学(教育部直属、985大学、211大学)、北京大学(教育部直属、985大学、211大学)、上海大学(211大学)、同济大学(教育部直属、985大学、211大学)、南开大学(教育部直属、985大学、211大学)、西北政法大学、湖南科技大学、湘潭大学、黑龙江大学、上海师范大学、云南民族大学、云南师范大学、陕西师范大学(教育部直属、211大学)、西安交通大学(教育部直属、985大学、211大学)、青岛大学、曲阜师范大学、聊城大学、西北师范大学、湖北大学、河南大学、华侨大学、华东师范大学(教育部直属、985大学、211大学)、东北大学(教育部直属、985大学、211大学)、辽宁大学(211大学)、中央民族大学(985大学、211大学)、湖南师范大学(211大学)、河北大学、云南大学(211大学)、内蒙古大学(211大学)、武汉大学(教育部直属、985大学、211大学)、西北大学(211大学)、郑州大学(211大学)、安徽大学(211大学)、深圳大学、山西大学、浙江工商大学、扬州大学、江西师范大学、西南政法大学、江苏师范大学、梧州学院、山东师范大学、贵州大学(211大学)、西南大学(教育部直属、211大学)、云南师范大学、中央司法警官学院、吉林大学(教育部直属、985大学、211大学)、江西科技师范大学、北京航空航天大学(985大学、211大学)、中国人民大学(教育部直属、985大学、211大学)、北京师范大学(教育部直属、985大学、211大学)、南京师范大学泰州学院、宝鸡文理学院、中南财经政法大学(教育部直属、211大学)、华南农业大学、内蒙古师范大学、哈尔滨理工大学、齐齐哈尔大学、南京师范大学(211大学)、中山大学(教育部直属、985大学、211大学)、东北师范大学(教育部直属、211大学)、大连理工大学(教育部直属、985大学、211大学)、西安电子科技大学(教育部直属、211大学)、中国政法大学(教育部直属、211大学)、华中师范大学(教育部直属、211大学)

◆专业名称:逻辑学
◆专业代码:010102

培养目标:本专业培养具备系统的逻辑学基础知识,一定的数学素养以及计算机理论和操作能力,能在高等院校、科研单位、国家机关及企事业管理部门从事逻辑学的教学、科研和应用方面的工作,并能从事计算机科学和语言学的科研和应用方面相关工作的逻辑学高级专门人才。

培养要求:本专业学生主要学习逻辑学、数学、计算机科学和哲学方面的基本理论和基础知识,受到公理化方法、形式化方法和语义分析方面的基本训练,具有专业研究的基本能力。

毕业生应获得以下几方面的知识和能力:

1.掌握马克思主义的基本原理和逻辑学的基本理论、基础知识;

2.具有数学、计算机科学和哲学的基本素养;

3.掌握逻辑学研究的基本方法;

4.了解现代逻辑的前沿问题与发展动态;

5.掌握文献检索、资料查询的基本方法和手段;

6.具有初步的教学、科研和实际工作能力。

主干学科:哲学、数学

主要课程:数学分析、高等代数、抽象代数、概率统计、逻辑导论、数理逻辑、集合论、模态逻辑、归纳逻辑、应用逻辑、逻辑史、逻辑哲学、程序语言设计、操作系统等。

实践环节:包括教学实习、论文写作等,一般安排6周左右。

修业年限:四年

授予学位:哲学学士

就业方向:在高等院校、科研单位、国家机关及企事业管理部门从事管理、教学、科研和应用方面的工作,并能从事计算机科学和语言的科研和应用等方面的相关工作。

开设学校:中国人民大学(教育部直属、985大学、211大学)、南开大学(教育部直属、985大学、211大学)、中山大学(教育部直属、985大学、211大学)

◆专业名称:宗教学
◆专业代码:010103

培养目标:本专业培养具有一定的马克思主义理论素养,具备较全面的宗教学知识,了解世界各大宗教的历史与现状,熟悉我国宗教法规和政策,能在高等院校、研究机构或政府部门从事教学、研究、宗教事务管理、理论宣传、政策调研等工作的宗教学高级专门人才。

培养要求:本专业学生主要学习宗教学的基本理论,较全面地了解世界各大宗教的历史与现状,以及我国的宗教法规和政策,受到独立思考、分析问题、社会调研等方面的基本训练。

毕业生应获得以下几方面的知识和能力:

1.掌握马克思主义的基本原理和宗教学的基本理论,具有关于世界主要宗教的基本知识;

2.掌握现代宗教学的主要研究方法;

3.了解世界宗教的发展动态和宗教研究的前沿问题;

4.了解我国的宗教法规和政策;

5.具有独立思考、分析问题的基本能力;

6.掌握文献检索、社会调查的基本方法,具有初步的教学、科研和实际工作能力。

主干学科:哲学

主要课程:中国哲学史、外国哲学史、宗教学导论、佛教史、道教史、基督教史、伊斯兰教史、民间宗教研究、宗教社会学、宗教心理学、宗教问题社会调查与方法等。

实践环节:宗教问题社会调查,一般安排6周左右。

修业年限:四年

授予学位:哲学学士

就业方向:从事政府部门、非营利机构以及企业的行政和人力资源管理工作;高校政治学、德育的教学与研究工作;高校行政管理、学生管理及政治思想工作等。

开设学校:山东大学(教育部直属、985大学、211大学)、复旦大学(教育部直属、985大学、211大学)、北京大学(教育部直属、985大学、211大学)、中国人民大学(教育部直属、985大学、211大学)、南开大学(教育部直属、985大学、211大学)、中央民族大学(985大学、211大学)

◆**专业名称:伦理学**

◆**专业代码:010104T**

培养目标:本专业培养品学兼优、德才兼备,适应我国现代化建设需要,具有广博的科学文化知识基础和文史哲素养,较强的哲学、伦理学理论思维能力和实际工作能力的伦理学专业人才和普适性人才。

培养要求:该专业学生应掌握马克思主义哲学和伦理学基本原理,掌握中外伦理学基础理论,经过哲学和伦理学方面的专业训练,掌握系统的基础知识和专业知识,具备较强的理论思维和分析问题、解决问题及语言文字表达的能力。

毕业生应获得以下几方面的知识和能力:

1.掌握马克思主义的基本原理和伦理学的基本理论,具有关于中外伦理学史的基本知识;

2.能运用马克思主义伦理学的基本理论,分析社会主义社会的伦理道德问题,有分析有鉴别地对待中外伦理学的历史遗产和现代资产阶级伦理学的主要流派;

3.具有较强的文字与口头表达能力和初步的科研能力,以及从事社会主义精神文明建设、特别是社会主义道德建设的实际工作能力;

4.具有独立思考、分析问题的基本能力;

5.掌握文献检索、社会调查的基本方法,具有初步的教学、科研和实际工作能力;

6.具有较强的阅读该专业书刊的能力,一定的听、写和说的能力。

主要课程:马克思主义哲学原理、伦理学原理、中国伦理思想史、外国伦理思想史、马克思主义伦理思想研究、德育原理、现代西方伦理学、职业道德概论、应用伦理学等。

实践环节:社会调查,一般安排6周左右。

修业年限:四年

授予学位:哲学学士

就业方向:从事政府部门、非营利机构以及企业的行政及人力资源管理工作;高校政治学、德育的教学与研究工作;高校行政管理、学生管理及政治思想工作;各种新闻媒体、图书馆等机构的采访、编辑、管理等。

开设学校:中国人民大学(教育部直属、985大学、211大学)、湖南师范大学、南京师范大学、东南大学、中南大学、清华大学、西南交通大学、湖北大学、江西师范大学、北京大学、武汉大学、北京师范大学、中南财经政法大学、中山大学、南京大学、华东师范大学、徐州医学院(医学法学与伦理学)

02 学科门类:经济学

0201经济学类

◆**专业名称:经济学**

◆**专业代码:020101**

培养目标:培养具备比较扎实的马克思主义经济学理论基础,熟悉现代西方经济学理论,比较熟练地掌握现代经济分析方法,知识面较宽,具有向经济学相关领域扩展渗透的能力,能在综合经济管理部门、政策研究部门,金融机构和企业从事经济分析、预测、规划和经济管理工作的高级专门人才。

培养要求:系统掌握经济学基本理论和相关的基础专业知识,了解市场经济的运行机制,熟悉党和国家的经济方针、政策和法规,了解中外经济发展的历史和现状;了解经济学的学术动态;具有运用数量分析方法和现代技术手段进行社会经济调查、经济分析和实际操作的能力;具有较强的文字和口头表达能力的专门人才,能熟练掌握一门外语。

毕业生应获得以下几方面的知识和能力:

1.掌握马克思主义经济学、当代西方经济学的基本理论和分析方法;

2.掌握现代经济分析方法和计算机应用技能;

3.了解中外经济学的学术动态及应用前景;

4.了解中国经济体制改革和经济发展;

5.熟悉党和国家的经济方针、政策和法规;

6.掌握中外经济学文献检索、资料查询的基本方法,具有一定的经济研究和实际工作能力。

主干学科:经济学

主要课程:政治经济学、资本论、西方经济学、统计学、国际经济学、货币银行学、财政学、经济学说史、发展经济学、企业管理、市场营销、国际金融、国际贸易等。

实践环节:包括社会调查、毕业实习,一般安排12周。

修业年限:四年

授予学位:经济学学士

就业方向:多数毕业生能在经济管理部门、政策研究部门、金融机构和企业从事经济分析、预测、规划和经济管理等工作。

开设学校:西北大学(211大学)、辽宁财贸学院、青岛大学、闽江学院、重庆大学(教育部直属、985大学、211大学)、中南大学(教育部直属、985大学、211大学)、四川大学(教育部直属、985大学、211大学)、厦门大学(教育部直属、985大学、211大学)、南京大学(教育部直属、985大学、211大学)、浙江大学(教育部直属、985大学、211大学)、九江学院、复旦大学(教育部直属、985大学、211大学)、北京大学(教育部直属、985大学、211大学)、宁波大学、上海大学(211大学)、同济大学(教育部直属、985大学、211大学)、济南大学、江南大学(教育部直属、211大学)、西南大学(教育部直属、211大学)、香港大学、济宁学院、商丘学院、长春大学、吉首大学、湘潭大学、大理学院、西藏大学(211大学)、青海大学、南华大学、广州大学、红河学院、合肥学院、铜陵学院、延安大学、河西学院、聊城大学、许昌学院、长江大学、集美大学、华侨大学、南昌大学(211大学)、苏州大学(211大学)、兰州大学(211大学)、广西大学(211大学)、福州大学(211大学)、吉林大学(教育部直属、985大学、211大学)、延边大学(211大学)、辽宁大学(211大学)、武汉大学(教育部直属、985大学、211大学)、新疆大学(211大学)、郑州大学(211大学)、安徽大学(211大学)、嘉兴学院、西华大学、沈阳大学、深圳大学、山西大学、扬州大学、渤海大学、宜春学院、长治学院、贵阳学院、菏泽学院、宁夏大学(211大学)、燕山大学、晋中学院、贵州大学(211大学)、云南财经大学、云南民族大学、河北师范大学、河北联合大学、河北农业大学、华北电力大学保定校区(教育部直属、211大学)、中央司法警官学院、北京工商大学、中国传媒大学(教育部直属、211大学)、中央财经大学(教育部直属、211大学)、上海海关学院、内蒙古科技大学、泉州师范学院、福建农林大学、福建师范大学、仰恩大学、商丘师范学院、山东科技大学、中国农业大学(教育部直属、985大学、211大学)、贵州财经大学、贵州民族大学、广西师范大学、内蒙古财经大学、中国石油大学(教育部直属、211大学)、中国地质大学(教育部直属、211大学)、河海大学(教育部直属、211大学)、上海交通大学(教育部直属、985大学、211大学)、中山大学(教育部直属、985大学、211大学)、西南财经大学(教育部直属、211大学)、南京理工大学(211大学)、东南大学(教育部直属、985大学、211大学)、中国矿业大学(教育部直属、211大学)、江西财经大学、南京财经大学、大连民族学院、江西科技师范大学、重庆理工大学、华东师范大学(教育部直属、985大学、211大学)、武汉理工大学(教育部直属、211大学)、上海财经大学(教育部直属、211大学)、东北师范大学(教育部直属、211大学)、北京科技大学(教育部直属、211大学)、南京晓庄学院、大连理工大学(教育部直属、985大学、211大学)、清华大学(教育部直属、985大学、211大学)、大连海洋大学、成都理工大学、沈阳师范大学、辽宁师范大学、北京交通大学(教育部直属、211大学)、浙江工商大学、山西农业大学、山西财经大学、浙江理工大学、华南师范大学(211大学)、天津科技大学、北京航空航天大学(985大学、211大学)、湖南大学(教育部直属、985大学、211大学)、中国海洋大学(教育部直属、985大学、211大学)、南开大学(教育部直属、985大学、211大学)、对外经济贸易大学(教育部直属、211大学)、厦门大学嘉庚学院、西交利物浦大学、云南大学滇池学院、西安交通大学城市学院、郑州大学国际学院、云南工商学院、嘉兴学院南湖学院、湖南师范大学树达学院、宁波大学科学技术学院、浙江大学城市学院、信阳师范学院、首都经济贸易大学、河南师范大学、华北电力大学(教育部直属、211大学)、中国石油大学(北京)(教育部直属、211大学)、香港城市大学、香港中文大学、山东大学威海分校、贵州工程应用技术学院、香港科技大学、成都体育学院、上海电机学院、重庆工商大学、淮阴师范学院、湖北师范学院文理学院、闽南理工学院、广东技术师范学院天河学院、吉林工商学院、山西大学商务学院、安徽三联学院、合肥师范学院、江苏师范大学科文学院、黑龙江财经学院、中国传媒大学南广学院、贵州师范大学求是学院、山东青年政治学院、福建江夏学院、广东海洋大学寸金学院、成都文理学院、湖南商学院北津学院、吉首大学张家界学院、衡阳师范学院南岳学院、湖南工程学院应用技术学院、聊城大学东昌学院、四川大学锦江学院、大连理工大学盘锦校区、云南师范大学文理学院、淮北师范大学信息学院、阜阳师范学院信息工程学院、安徽师范大学皖江学院、杭州师范大学钱江学院、上海财经大学浙江学院、温州大学城市学院、浙江工商大学杭州商学院、浙江财经大学东方学院、郑州科技学院、湖北工程学院新技术学院、南昌航空大学科技学院、南昌大学共青学院、长春财经学院、长春光华学院、山西财经大学华商学院、太原科技大学华科学院、中北大学信息商务学院、广西师范大学漓江学院、沈阳城市学院、长春理工大学、西安体育学院、西安外国语大学、西北政法大学、西安财经学院、湖南科技大学、西安工业大学、西安邮电大学、青海师范大学、宝鸡文理学院、青海民族大学、陕西理工学院、咸阳师范学院、渭南师范学院、中南财经政法大学(教育部直属、211大学)、吉林华桥外国语学院、吉林财经大学、衡阳师范学院、湖南商学院、黑龙江大学、华中师范大学(教育部直属、211大学)、华中农业大学(教育部直属、211大学)、湖南农业大学、湖南工程学院、上海师范大学、广东财经大学、广州体育学院、上海电力学院、上海对外经贸大学、安徽建筑大学、上海立信会计学院、上海金融学院、上海海事大学、安徽师范大学、华南农业大学、广东外语外贸大学、广东海洋大学、广东药学院、云南师范大学、西南林业大学、云南农业大学、西安理工大学、西北农林科技大学(教育部直属、985大学、211大学)、淮北师范大学、西北师范大学、河南财经政法大学、甘肃农业大学、山东财经大学、广西科技大学、山东农业大学、玉林师范学院、山东理工大学、内蒙古农业大学、海南师范大学、曲阜师范大学、贵州师范大学、黔南民族师范学院、内蒙古师范大学、山东工商学院、牡丹江师范学院、哈尔滨商业大学、湖北工程学院、湖北师范学院、黑龙江科技大学、湖北经济学院、武汉体育学院、东北石油大学、湖北大学、哈尔滨理工大学、中南民族大学、黄河科技学院、西北民族大学、闽南师范大学、郑州航空工业管理学院、河南大学、河南科技大学、郑州轻工业学院、湖北科技学院、河南工业大学、河南农业大学、暨南大学(211大学)、中国药科大学(教育部直属、211大学)、南京师范大学(211大学)、华南理工大学(教育部直属、985大学、211大学)、四川农业大学(211大学)、北京理工大学(985大学、211大学)、南京审计学院、盐城师范学院、哈尔滨工程大学(211大学)、山东大学(教育部直属、985大学、211大学)、东北大学(教育部直属、985大学、211大学)、华东理工大学(教育部直属、211大学)、华中科技大学(教育部直属、985大学、211大学)、北京邮电大学(教育部直属、211大学)、西南交通大学(教育部直属、211大学)、中国人民大学(教育部直属、985大学、211大学)、中央民族大学(985大学、211大学)、河北经贸大学、湖南师范大学、北京师范大学(教育部直属、985大学、211大学)、河北大学、大连海事大学(211大学)、内蒙古大学(211大学)、哈尔滨工业大学(985大学、211大学)、北京工业大学(211大学)、河北工业大学(211大学)、云南大学(211大学)、天津师范大学、天津外国语大学、天津工业大学、天津财经大学、天津商业大学、合肥工业大学(教育部直属、211大学)、安徽理工大学、安徽工业大学、安徽农业大学、新疆财经大学、杭州师范大学、浙江科技学院、浙江海洋学院、沈阳工业大学、新疆农业大学、新疆师范大学、东北财经大学、西南民族大学、太原科技大学、中北大学、山西师范大学、广东工业大学、太原师范学院、浙江财经大学、西南石油大学、西南科技大学、西华师范大学、四川师范大学、江西农业大学、重庆师范大学、重庆邮电大学、江西师范大学、南昌航空大学、华东交通大学、南京邮电大学、杭州电子科技大学、江苏师范大学、江苏科技大学、石河子大学(211大学)、沈阳理工大学、大连外国语大学、大连交通大学、辽宁工业大学、井冈山大学、重庆三峡学院、中国地质大学长城学院、太原工业学院、青岛滨海学院、重庆人文科技学院、东北大学秦皇岛分校、广东金融学院、徐州工程学院、广西财经学院、重庆科技学院、上海政法学院、阜阳师范学院、重庆交通大学、曲靖师范学院、内江师范学院、中山大学南方学院、陇东学院、哈尔滨师范大学、浙江传媒学院、郑州工业应用技术学院、济南大学泉城学院、重庆师范大学涉外商贸学院、重庆工商大学融智学院、青海大学昆仑学院、燕山大学里仁学院、河北大学工商学院、贵州师范学院、信阳师范学院华锐学院、河南大学民生学院、中山大学新华学院、武汉体育学院体育科技学院、云南师范大学商学院、兰州城市学院、山东政法学院、海口经济学院、河北金融学院、哈尔滨金融学院、中国青年政治学院、中国劳动关系学院、中国政法大学、北京物资学院、北方民族大学、鲁东大学、河北工程大学、石家庄经济学院、山东师范大学、广东培正学院、南方医科大学、辽宁工程技术大学、北京信息科技大学、中国地质大学(北京)(教育部直属、211大学)、东北电力大学、湖南工业大学、吉林师范大学、东北林业大学(教育部直属、211大学)、中南林业科技大学、华北水利水电大学、西安交通大学(教育部直属、985大学、211大学)、上海海洋大学、东北农业大学(211大学)、广东工业大学华立学院、石家庄经济学院华信学院、东北农业大学成栋学院、河南农业大学华豫学院、解放军南京政治学院、江苏科技大学苏州理工学院、新疆农业大学科学技术学院、湖南农业大学东方科技学院、云南大学旅游文化学院、郑州升达经贸管理学院、西安建筑科技大学华清学院、安徽农业大学经济技术学院、浙江理工大学科技与艺术学院、浙江海洋学院东海科学技术学院、江西农业大学南昌商学院、山西师范大学现代文理学院、内蒙古工业大学、河北农业大学现代科技学院、北京师范大学-香港浸会大学联合国际学院

◆专业名称:经济统计学
◆专业代码:020102

培养目标:培养具有良好的数学与经济学素养,掌握统计学的基本理论和方法,能熟练地运用计算机进行数据处理和分析,既能在企业、事业单位和经济、管理部门从事统计调查、统计信息管理、数量分析等开发、应用和管理工作,又能在保险、金融、投资、社会保障等方面从事风险分析和科学精算工作的德智体全面发展的高级实用型人才。

培养要求:本专业学生主要学习经济统计学体系的基本理论和基本知识,接受统计学与经济学科研究方法与社会实践等方面的基本训练,掌握复杂的经济社会实际问题的统计测度、数据处理与分析的能力。

毕业生应获得以下几方面的知识和能力:

1.具有坚实的经济学和数学基础;

2.掌握统计学的基本理论和方法,具有采集、加工和分析数据的基本能力;

3.具备运用计算机和相关统计软件分析、解决实际问题的能力;

4.具有较强的中、英文综合运用的能力;

5.了解经济统计学的理论前沿和中国统计实践的改革与发展,对经济统计学理论方法在中国经济社会发展与改革中的应用有一定认识;

6.具有能初步从事宏观经济与微观管理统计实际工作的能力,具有一定的经济统计学理论研究的能力。

主干学科:理论经济学、应用经济学、统计学

主要课程:数学分析、高等代数、C语言程序设计、数据库原理及其应用、面向对象程序设计、微观经济学、宏观经济学、统计学原理、经济统计学、金融统计学、多元统计分析、实用回归分析、抽样调查技术、统计预测与决策、风险管理、证券期货投资技术分析、统计软件、国民经济核算等。

实践环节:实验课程(含基本统计分析软件应用、统计实务模拟等)、社会实践(含经济社会统计调查、统计工作实习等)、科研和论文写作、科研室主要专业实验(计算机基本技能实验、统计分析应用软件实验、经济计量分析软件实验、数据挖掘技术与应用实验)。

修业年限:四年

授予学位:经济学学士

就业方向:在企事业单位和经济、金融及管理部门从事统计调查、统计信息管理、数量分析、市场研究、质量控制以及高新技术产品开发、研究、应用和管理工作,或在科研教育部门从事研究和教学工作。

开设学校:北京工业大学(211大学)、中央财经大学(教育部直属、985大学、211大学)、对外经济贸易大学(教育部直属、211大学)、首都经济贸易大学、天津财经大学、石家庄经济学院、河北联合大学、河北农业大学、中北大学、山西财经大学、内蒙古财经大学、辽宁大学(211大学)、辽宁工业大学、东北财经大学、北华大学、吉林财经大学、东北林业大学、哈尔滨商业大学、上海财经大学(教育部直属、211大学)、南京邮电大学、南京财经大学、常熟理工学院、浙江工商大学、安徽大学(211大学)、安徽工业大学、安庆师范学院、黄山学院、安徽财经大学、宿州学院、铜陵学院、福州大学(211大学)、闽南师范大学、江西师范大学、上饶师范学院、江西财经大学、德州学院、山东财经大学、郑州大学(211大学)、河南大学、河南财经政法大学、郑州航空工业管理学院、华中科技大学(教育部直属、985大学、211大学)、湖北师范学院、中南财经政法大学(教育部直属、211大学)、中南民族大学、吉首大学、湖南大学(教育部直属、985大学、211大学)、湘南学院、湖南商学院、暨南大学(211大学)、海南大学(211大学)、广东财经大学、成都信息工程学院、重庆文理学院、重庆三峡学院、长江师范学院、西南财经大学(教育部直属、211大学)、西南政法大学、贵州财经大学、贵州民族

大学、红河学院、云南财经大学、云南民族大学、西藏民族学院、西北大学(教育部直属、211大学)、长安大学(211大学)、渭南师范学院、西北师范大学、兰州商学院、石河子大学(211大学)、喀什师范学院、新疆财经大学、广东白云学院、昌吉学院、沈阳大学、南京审计学院、河北金融学院、江苏理工学院、浙江财经大学、广东金融学院、广西财经学院、湖北经济学院、上海金融学院、山东工商学院、辽东学院、重庆工商大学、广东外语外贸大学、广东培正学院、西安欧亚学院、福建农林大学东方学院、大连财经学院、浙江工商大学杭州商学院、青岛黄海学院、河北大学工商学院、江西师范大学科学技术学院、河北农业大学现代科技学院、长春财经学院、安徽财经大学商学院、云南师范大学文理学院、贵州财经大学商务学院、西安交通大学城市学院、福建江夏学院、中山大学新华学院、江苏师范大学科文学院、天津财经大学珠江学院、合肥师范学院、上海财经大学浙江学院、阜阳幼儿师范高等专科学校

◆专业名称:国民经济管理
◆专业代号:020103T

培养目标:培养掌握经济学基础理论和系统的专业知识,熟悉我国经济社会发展战略与规划、经济政策和经济管理实践,了解世界经济动态,能够独立从事经济政策分析和解决实际经济问题,具有较强写作能力和适应能力的复合型人才。

培养要求:既具备扎实的专业知识和技能,包括行业、区域综合经济管理部门发展战略规划的制订、经济政策分析与评估、国有资产管理、经济运行管理和调节;又具备深厚的专业基础知识,通晓企业的战略规划、人力资源、项目、财务和营销等方面的管理知识,有较强的市场适应性。

毕业生应获得以下几方面的知识和能力:

1.掌握马克思主义经济学,当代西方经济学的基本理论和分析方法;

2.掌握国民经济管理学的理论和方法;

3.了解本学科的理论前沿和发展动态;

4.熟悉国家宏观经济政策和经济法规;

5.掌握文献检索、资料查询的基本方法,具有一定的科学研究和实际工作能力;

6.具有一门外语综合运用能力和较好的口头、文字表达能力,能熟练运用计算机从事宏观经济分析与管理工作。

主要课程:经济学基础、中级微观经济学、中级宏观经济学、财政学、货币银行学、国际经济学、金融经济学、计量经济学、统计学、会计学、政治经济学、国民经济管理学、发展战略与规划、投入产出分析、产业经济学、管理学基础等。

修业年限:四年

授予学位:经济学学士

就业方向:学生毕业后可到各类企业或企业集体中从事经济管理、财务管理、营销管理及人力资源管理工作,在各级银行、保险、税务、审计、证券、投资、基建和政府部门从事经济管理工作,在科研机构、大专院校从事经济学、管理学教学科研工作。

开设学校:中央财经大学(教育部直属、985大学、211大学)、四川大学(教育部直属、985大学、211大学)、中国人民大学(教育部直属、985大学、211大学)、西南财经大学(教育部直属、211大学)、江西师范大学、江西财经大学、山西财经大学、安徽财经大学、中南财经政法大学(教育部直属、211大学)、仲恺农业工程学院、辽宁大学(211大学)

◆专业名称:资源与环境经济学
◆专业代码:020104T

培养目标:该专业学生主要学习资源与环境经济学基本理论与基本知识,熟悉资源环境政策法规与交易规则,掌握资源与环境经济分析方法及管理技能,培养适应社会经济发展需要,知识面宽,综合素质高,富有创新精神,实践能力强,德智体美全面发展,能够在各级政府、资源与环境管理部门、农林牧渔各业和各类大中型企业以及相关科研院所等企事业单位,胜任相关专业工作的应用型、复合型、创新型高级专门人才。

培养要求:该专业学生主要学习环境资源与发展经济学方面的基本理论和基本知识,接受相关业务的基本训练,具有在环境资源管理及相关领域实际工作的基本能力。

毕业生应获得以下几方面的知识和能力:

1.掌握经济学、管理学和发展经济学方面的基本理论,兼有经济学、管理学和环境与资源技术科学的交叉优势;

2.掌握环境资源与发展经济学分析的基本理论

和方法，能够运用经济学的方法进行环境资源管理；

3.熟悉重要的国际环境资源与发展经济学方面的经典文献，掌握国家环境资源合理开发与利用、可持续发展的有关政策与法规；

4.能熟练运用计算机和网络资源；

5.具有从事本专业实际工作和科学研究工作的初步能力。

主要课程：自然资源学、环境学概论、资源与环境经济学、资源开发与管理、产业经济学、发展经济学、生态经济学、资源环境定量分析方法、经济地理学、可持续发展理论与实践、环境认证与审计、环境会计学等。

修业年限：四年

授予学位：经济学学士

就业方向：主要在资源与环境管理部门、大中型企业、跨国公司、科研机构从事资源与环境行业政策研究和日常管理、资源与环保产品的市场推广、资源与环境项目评估及绩效管理、资源与环保产业的资本化运作工作。

开设学校：中国人民大学（教育部直属、985大学、211大学）、山西财经大学、内蒙古财经大学、浙江工商大学、安徽理工大学、山东财经大学、贵州财经大学、重庆科技学院

◆专业名称：商务经济学
◆专业代码：020105T

培养目标：商务经济学专业培养具有扎实的经济与管理理论基础，具备使用现代信息技术开展商务活动的能力，能在各类企业、事业单位、政府机构等部门从事现代电子商务运作与管理的高级应用型专门人才。

培养要求：本专业学生应具有扎实的经济与管理理论基础，具备使用现代信息技术开展商务活动的能力。

毕业生应获得以下几方面的知识和能力：

1.掌握管理学、经济学的基本原理和电子商务、物流管理、网络营销的基本知识与方法；

2.熟悉我国改革开放、对外贸易的方针、政策和法规；

3.熟悉国际商务惯例、准则和有关电子商务活动的法律；

4.掌握现代企业开展电子商务的各种模式；

5.具有较强的调查研究和综合分析、解决电子商务方面实际问题的能力；

6.具有熟练的计算机操作水平和一定的开发应用软件的能力；

7.熟练掌握一门外语。

主要课程：英语、商务数学、统计、人类环境和科学、逻辑学概要、财务会计原理、微积分、微电子应用、经济理论、管理会计原理、信息技术、世界文明史、营销原理、宏观经济学原理、管理学原理、管理心理学、微观经济学、数理经济学、货币银行学、公共金融学、经济计量学基础、国际贸易、管理经济学、战略经济学。

修业年限：四年

授予学位：经济学学士

就业方向：在国际机构或组织、国家经济部门或私人贸易公司（如世界银行、亚洲开发银行等）工作，一般从事经济预测和计划、财务分析与信贷分析、市场调查和分析、保险证券分析、效益分析等工作。

开设学校：北京大学（教育部直属、985大学、211大学）、复旦大学（教育部直属、985大学、211大学）、中国人民大学（教育部直属、985大学、211大学）、厦门大学（教育部直属、985大学、211大学）、南开大学（教育部直属、985大学、211大学）、武汉大学（教育部直属、985大学、211大学）、中央财经大学（教育部直属、985大学、211大学）、南京大学（教育部直属、985大学、211大学）、东北财经大学、山东大学（教育部直属、985大学、211大学）、西北大学（211大学）、西南财经大学（教育部直属、211大学）、西安交通大学（教育部直属、985大学、211大学）、上海财经大学（教育部直属、211大学）、北京交通大学（教育部直属、985大学、211大学）、首都经济贸易大学、清华大学（教育部直属、985大学、211大学）、华中科技大学（教育部直属、985大学、211大学）、吉林大学（教育部直属、985大学、211大学）、辽宁大学（211大学）

◆专业名称：能源经济
◆专业代码：020106T

培养目标：培养具有较高专业素养、较强应用技能和科研能力的能源经济专门人才。

培养要求：培养掌握经济学、管理学、能源经济学等方面的基本理论与方法，了解能源技术与

环境科学等方面的基础知识，具备从事能源政策研究、能源产业发展规划、能源技术经济评价、能源金融及国际能源合作等方面工作能力的能源经济师。

毕业生应获得以下几方面的知识和能力：

1.具备良好的数量基础，掌握管理学、经济学方面的基本理论知识和方法；

2.掌握能源经济学基本理论、基本方法，具备能源结构分析、能源市场分析、能源供给需求预测等方面的能力；

3.掌握能源战略与政策、环境管制政策以及能源环境产业发展规划等方面的专业知识，具备从事在相关领域工作的能力基础；

4.掌握能源金融、能源项目管理、能源国际合作、能源市场开发等方面的知识与方法，具备从事这些方面相关分析的能力基础；

5.了解能源技术与环境科学的基础知识与能源技术经济评价等方面的方法；

6.了解新能源与可再生能源的资源状况，了解相关原理与关键技术，掌握新能源与可再生能源发展的相关政策及研究进展，具备在该领域工作的知识基础和能力。

主要课程：能源经济学、宏微观经济学、计量经济学、环境经济学、运筹学、金融学、技术经济学、国际石油经济学、石油地质学、能源法、能源政策与战略、能源金融、能源项目管理、气候变化经济学、新能源与可再生能源等。

修业年限：四年

授予学位：经济学学士

就业方向：毕业生适合在各类能源经营与管理部门、事业单位、各级银行和金融机构、能源企业及下设能源规划与管理部门、跨国能源生产与贸易企业、能源物流企业、能源投资与交易机构从事能源生产经营管理、能源期货与期权交易、能源国际合作与开发等工作，从事上述各类能源领域的调研咨询、政策分析、市场策划、业务操作与管理等工作，也能够在科研机构、高等院校从事教学科研工作。

开设学校：中国人民大学（教育部直属、985大学、211大学）、重庆大学（教育部直属、985大学、211大学）、江苏大学、山西财经大学、湖北工业大学、内蒙古财经大学、晋中学院、江苏大学京江学院、银川能源学院

0202财政学类

◆专业名称：财政学
◆专业代码：020201

培养目标：本专业培养具备财政、税务等方面的理论知识和业务技能，能在财政、税务及其他经济管理部门和企业从事相关工作的高级专门人才。

培养要求：本专业学生主要学习财政税收方面的基本理论和基本知识，受到相关业务的基本训练，具有从事财税及相关领域实际工作的基本能力。

毕业生应获得以下几方面的知识和能力：

1.掌握财政学科的基本理论、基本知识；

2.具有处理财政税收业务的基本能力；

3.熟悉国家有关财政、税收的方针、政策和法规；

4.了解本学科的理论前沿和发展动态；

5.掌握文献检索、资料查询的基本方法，具有一定的科学研究和实际工作能力。

主干学科：经济学

主要课程：政治经济学、西方经济学、货币银行学、国际经济学、财政学、国家预算、税收管理、国际税收、国有资产管理等。

实践环节：包括课程实习、毕业实习等，一般安排6周。

修业年限：四年

授予学位：经济学学士

就业方向：在财政、税务及其他经济管理部门和企业从事相关工作。

开设学校：青海大学（211大学）、四川大学（教育部直属、985大学、211大学）、厦门大学（教育部直属、985大学、211大学）、浙江大学（教育部直属、985大学、211大学）、复旦大学（教育部直属、985大学、211大学）、北京大学（教育部直属、985大学、211大学）、上海大学（211大学）、武汉大学（教育部直属、985大学、211大学）、西藏大学（211大学）、延安大学、青岛大学、集美大学、闽江学院、苏州大学（211大学）、广西大学（211大学）、福州大学（211大学）、吉林大学（教育部直属、985大学、211大学）、辽宁大学（211大学）、安徽大学（211大学）、沈阳大学、扬州大学、江苏大学、贵州大学（211大学）、云南财经大学、北京工商大学、河南财经政法大学、贵

州财经大学、内蒙古财经大学、中国地质大学(教育部直属、211大学)、中山大学(教育部直属、985大学、211大学)、江西财经大学、上海财经大学(教育部直属、211大学)、东北师范大学(教育部直属、211大学)、天津商业大学、南开大学(教育部直属、985大学、211大学)、河北经贸大学、河北经贸大学经济管理学院、贵州财经大学商务学院、山东科技大学泰山科技学院、湖南财政经济学院、厦门大学嘉庚学院、吉林工商学院、西安交通大学城市学院、浙江财经大学东方学院、山西财经大学华商学院、沈阳城市学院、兰州商学院陇桥学院、西安财经学院、吉林财经大学、湖南商学院、中南财经政法大学(教育部直属、211大学)、广东财经大学、上海立信会计学院、上海金融学院、广东外语外贸大学、云南师范大学、西安交通大学(教育部直属、985大学、211大学)、安徽财经大学、兰州商学院、山东财经大学、山东科技大学、山东工商学院、哈尔滨商业大学、湖北经济学院、武汉纺织大学、仰恩大学、西藏民族学院、河南大学、河南工业大学、暨南大学(211大学)、西南财经大学(教育部直属、211大学)、南京审计学院、华中科技大学(教育部直属、985大学、211大学)、湖南大学(教育部直属、985大学、211大学)、中国人民大学(教育部直属、985大学、211大学)、中央民族大学(985大学、211大学)、对外经济贸易大学(教育部直属、211大学)、河北大学、云南大学(211大学)、西北大学(211大学)、天津财经大学、合肥工业大学(教育部直属、211大学)、新疆财经大学、东北财经大学、西南民族大学、山西财经大学、浙江财经大学、南京财经大学、武汉学院、集美大学诚毅学院、广东金融学院、广西财经学院、重庆工商大学、河北大学工商学院、大连财经学院、山东财经大学东方学院、兰州商学院长青学院、河北金融学院、中央财经大学(教育部直属、211大学)、首都经济贸易大学、中国人民大学财政金融学院、西安财经学院行知学院

◆**专业名称:税务学**

◆**专业代码:020202**

培养目标:培养掌握税收基本知识和实际操作技能,从事财政、税务及其他经济管理工作的高级管理人才。

核心能力:税收管理及实际操作技能。

主要课程:税收学、中国现行税制、税务管理、国际税收、西方税收、纳税检查、比较税制、财政学、城市财政学、外国财政、预算会计、企业财务管理、审计、货币银行学基础、国际金融、国际贸易、统计学、纳税登记、税收管理与检查

实践环节:调查研究、毕业论文以及各校的主要特色课程

就业方向:各大公司的税务部、各大银行及企事业单位的财会部门、会计师事务所及税务事务所等中介机构、政府财税部门等。

开设学校:河北经贸大学、首都经济贸易大学、安徽财经大学、中央财经大学(教育部直属、211大学)、上海海关学院、兰州商学院、山东财经大学、贵州财经大学、福州大学(211大学)、厦门大学(教育部直属、985大学、211大学)、西南财经大学(教育部直属、211大学)、江西财经大学、南京财经大学、上海财经大学(教育部直属、211大学)、南京审计学院、浙江财经大学、新疆财经大学、吉林财经大学、广东财经大学、西安财经学院、云南财经大学、内蒙古财经大学、中国人民大学(教育部直属、985大学、211大学)、河北经贸大学经济管理学院、厦门大学嘉庚学院、中国人民大学财政金融学院、浙江财经大学东方学院、江西财经职业学院、南京财经大学红山学院、广东技术师范学院、广西财经学院、中南财经政法大学(教育部直属、211大学)、湖北经济学院、广东外语外贸大学、广东海洋大学寸金学院、广东外语外贸大学南国商学院、黄淮学院

0203金融学类

◆**专业名称:金融学**

◆**专业代码:020301K**

培养目标:本专业培养具备金融学方面的理论知识和业务技能,能在银行、证券、投资、保险及其他经济管理部门和企业从事相关工作的专门人才。

培养要求:本专业学生主要学习货币银行学、国际金融、证券、投资、保险等方面的基本理论和基本知识,受到相关业务的基本训练,具有金融领域实际工作的基本能力。

毕业生应获得以下几方面的知识和能力:

1.掌握金融学科的基本理论、基本知识；

2.具有处理银行、证券、投资与保险等方面业务的基本能力；

3.熟悉国家有关金融的方针、政策和法规；

4.了解本学科的理论前沿和发展动态；

5.掌握文献检索、资料查询的基本方法，具有一定的科学研究和实际工作能力。

主干学科：经济学

主要课程：政治经济学、西方经济学、财政学、国际经济学、货币银行学、国际金融管理、证券投资学、保险学、商业银行业务管理、中央银行业务、投资银行理论与实务等。

实践环节：包括课程实习、毕业实习等，一般安排6周。

修业年限：四年

授予学位：经济学学士

就业方向：在各类金融机构如银行、保险、证券、基金、信托、财务公司、期货公司和其他各类公司从事财务管理等工作，在中央银行及政府各类经济、金融管理部门如银监、证监、保监等部门从事管理工作。

开设学校：苏州大学(211大学)、四川大学(教育部直属、985大学、211大学)、北京工业大学(211大学)、厦门大学(教育部直属、985大学、211大学)、南京大学(教育部直属、985大学、211大学)、浙江大学(教育部直属、985大学、211大学)、复旦大学(教育部直属、985大学、211大学)、东华大学(教育部直属、211大学)、北京大学(教育部直属、985大学、211大学)、宁波大学、上海大学(211大学)、同济大学(教育部直属、985大学、211大学)、兰州大学(教育部直属、985大学、211大学)、西南大学(教育部直属、211大学)、宿迁学院、长春大学、湘潭大学、西藏大学(211大学)、青海大学(211大学)、广州大学、合肥学院、铜陵学院、延安大学、海南大学(211大学)、青岛大学、三峡大学、长江大学、江汉大学、集美大学、闽江学院、华侨大学、南昌大学(211大学)、广西大学(211大学)、福州大学(211大学)、中南大学(教育部直属、985大学、211大学)、重庆大学(教育部直属、985大学、211大学)、吉林大学(教育部直属、985大学、211大学)、辽宁大学(211大学)、武汉大学(教育部直属、985大学、211大学)、济南大学、新疆大学(211大学)、江南大学(教育部直属、211大学)、郑州大学(211大学)、天津大学(教育部直属、985大学、211大学)、安徽大学(211大学)、嘉兴学院、沈阳大学、深圳大学、山西大学、扬州大学、江苏大学、常州大学、大连大学、渤海大学、辽东学院、九江学院、文华学院、外交学院、贵州大学(211大学)、南华大学、上海理工大学、佛山科学技术学院、云南财经大学、石家庄铁道大学、中国政法大学(教育部直属、211大学)、北京工商大学、中国传媒大学(教育部直属、211大学)、首都师范大学、福建师范大学、中国农业大学(教育部直属、985大学、211大学)、贵州财经大学、贵州民族大学、内蒙古财经大学、上海交通大学(教育部直属、985大学、211大学)、中国地质大学(教育部直属、211大学)、中山大学(教育部直属、985大学、211大学)、南京理工大学(211大学)、东南大学(教育部直属、985大学、211大学)、中国矿业大学(教育部直属、211大学)、江西师范大学、江西财经大学、大连民族学院、华东师范大学(教育部直属、985大学、211大学)、华东理工大学(教育部直属、211大学)、武汉理工大学(教育部直属、211大学)、上海财经大学(教育部直属、211大学)、东北师范大学(教育部直属、211大学)、清华大学(教育部直属、985大学、211大学)、大连理工大学(教育部直属、985大学、211大学)、浙江工商大学、浙江理工大学、华南师范大学(211大学)、南京航空航天大学(211大学)、天津商业大学、北京航空航天大学(985大学、211大学)、河北经贸大学、河北经贸大学经济管理学院、武汉纺织大学外经贸学院、云南大学滇池学院、贵州财经大学商务学院、山东科技大学泰山科技学院、上海大学ACCA国际项目、山东广播电视大学、郑州大学国际学院、无锡太湖学院、嘉兴学院南湖学院、湘潭大学兴湘学院、首都经济贸易大学、华北电力大学(教育部直属、211大学)、河南师范大学、辽宁工程技术大学、香港理工大学、中国矿业大学(北京)(教育部直属、211大学)、武汉工商学院、湖北工业大学商贸学院、湖北大学知行学院、湖南财政经济学院、福建农林大学东方学院、厦门大学嘉庚学院、福建师范大学协和学院、福州大学阳光学院、北京师范大学珠海分校、广州商学院、沈阳工学院、山西大学商务学院、吉林工商学院、苏州大学文正学院、西安交通大学城市学院、南京审计学院金审学院、黑龙江财经学院、南京理工大学紫金学院、南京大学金陵学院、北京第二外国语学院、西北工业大学明德学院、福建江夏学院、新疆财经大学商务学院、新疆大学科学技术学院、电子科技大学中山学院、长沙理工大学城南学院、湖南商学院北津学院、湖南师范大学树达学院、西南财经大学天府学院、四川大学锦城学院、山东财经大学燕山学院、贵州大学科技学院、西安欧亚学院、安徽财经大学商学院、安徽大学江淮学院、南昌大学科学技术学院、宁波大学科学技术学院、浙江师范大学行知学院、上海财经大学浙江学院、温州大学城市学院、浙江工商大学杭州商学院、浙江财经大学东方学院、江汉大学文理学院、江西理工大学应用科学学院、华东交通大学理工学院、内蒙古大学创业学院、长春财经学院、长春光华学院、长春大学旅游学院、山西财经大学华商学院、天津商业大学宝德学院、天津财经大学珠江学院、天津天狮学院、广西师范大学漓江学院、浙江大学城市学院、浙江大学宁波理工学院、沈阳化工大学科亚学院、沈阳城市学院、兰州商学院陇桥学院、长春工业大学、西安外国语大学、西北政法大学、西安财经学院、青海师范大学、吉林华桥外国语学院、吉林财经大学、湖南商学院、中南财经政法大学(教育部直属、211大学)、湖南农业大学、长沙理工大学、吉林师范大学、中南林业科技大学、上海工程技术大学、上海海洋大学、上海师范大学、广东财经大学、上海对外经贸大学、上海立信会计学院、上海金融学院、广东外语外贸大学、云南师范大学、昆明理工大学、西安理工大学、西北农林科技大学(教育部直属、985大学、211大学)、华东政法大学、西安交通大学(教育部直属、985大学、211大学)、上海杉达学院、安徽财经大学、陕西师范大学(教育部直属、211大学)、兰州商学院、内蒙古工业大学、内蒙古科技大学、兰州理工大学、西北师范大学、河南财经政法大学、甘肃农业大学、山东财经大学、山东交通学院、广西科技大学、山东农业大学、山东科技大学、山东理工大学、内蒙古农业大学、海南师范大学、山东工商学院、广西师范大学、武汉轻工大学、黑龙江科技大学、湖北经济学院、哈尔滨商业大学、哈尔滨学院、湖北大学、哈尔滨理工大学、黑龙江大学、中南民族大学、武汉纺织大学、湖北工业大学、仰恩大学、福建农林大学、西藏民族学院、黄河科技学院、西北民族大学、郑州航空工业管理学院、中原工学院、河南大学、河南科技大学、黑龙江东方学院、河南工业大学、河南理工大学、暨南大学(211大学)、南京农业大学(教育部直属、211大学)、南京师范大学(211大学)、华南理工大学(教育部直属、985大学、211大学)、四川农业大学(211大学)、西南财经大学(教育部直属、211大学)、上海外国语大学(教育部直属、211大学)、东北农业大学(211大学)、江苏理工学院、南京审计学院、哈尔滨工程大学(211大学)、东北大学(教育部直属、985大学、211大学)、华中科技大学(教育部直属、985大学、211大学)、西南交通大学(教育部直属、211大学)、湖南大学(教育部直属、985大学、211大学)、北京林业大学(教育部直属、211大学)、中国人民大学(教育部直属、985大学、211大学)、中央民族大学(985大学、211大学)、湖南师范大学(211大学)、西安电子科技大学(教育部直属、211大学)、对外经济贸易大学(教育部直属、211大学)、北京师范大学(教育部直属、985大学、211大学)、河北大学、内蒙古大学、哈尔滨工业大学(985大学、211大学)、北京外国语大学(教育部直属、211大学)、河北工业大学、云南大学(211大学)、西北大学(211大学)、天津外国语大学、天津职业技术师范大学、天津工业大学、天津财经大学、南开大学(教育部直属、985大学、211大学)、中国海洋大学(教育部直属、985大学、211大学)、安徽理工大学、安徽农业大学、安徽工业大学、浙江工业大学、浙江师范大学、新疆财经大学、沈阳工业大学、辽宁石油化工大学、辽宁科技大学、东北财经大学、西南民族大学、山西财经大学、五邑大学、汕头大学、浙江万里学院、浙江财经大学、江西农业大学、南京工业大学、西南政法大学、华东交通大学、杭州电子科技大学、淮海工学院、江西理工大学、南京财经大学、沈阳航空航天大学、石河子大学(211大学)、沈阳理工大学、大连外国语大学、辽宁工业大学、沈阳化工大学、重庆理工大学、四川外国语大学、武汉东湖学院、武汉学院、中国矿业大学徐海学院、中南林业科技大学涉外学院、三峡大学科技学院、辽宁对外经贸学院、山东大学威海分校、东北大学秦皇岛分校、湖南涉外经济学院、南京财经大学红山学院、集美大学诚毅学院、广东金融学院、金陵科技学院、广西财经学院、上海商学院、北京工商大学嘉华学院、武昌首义学院、湖北经济学院法商学院、重庆工商大学、南开大学滨海学院、重庆工商大学派斯学院、重庆工商大学融智学院、吉林大学珠海学院、石家庄铁道大学四方学院、河北大学工商学院、大连财经学院、山东财经大学东方学院、河南大学民生学院、兰州商学院长青学院、广州大学松田学院、长春科技学院、河北金融学院、哈尔滨金融学院、防灾科技学院、北京联合大学、中央财经大学(教育部直属、211大学)、中华女子学院、河北联合大学、北京物资学院、北京语言大学(教育部直属)、齐鲁工业大学、广西民族大学、北方民族大学、北京城市学院、石家庄经济学院、河北农业大学、山东师范大学、广东白云学院、广东技术师范学院、安阳师范学院、上海海事大学、华南农业大学、中国青年政治学院、北京理工大学房山分校培训中心、广东海洋大学寸金学院、对外经济贸易大学远程教育学院、中国人民大学财政金融学院、天津外国语学院滨海外事学院、广东外语外贸大学南国商学院、北京航空航天大学北海学院、北京师范大学-香港浸会大学联合国际学院、上海外国语大学贤达经济人文学院、湖北工业大学工程技术学院、东北师范大学人文学院、南京师范大学中北学院、东北农业大学成栋学院、南京航空航天大学金城学院、内蒙古科技大学包头师范学院、东莞理工学院城市学院、湖南农业大学东方科技学院、云南大学旅游文化学院、天津外国语大学滨海外事学院、郑州升达经贸管理学院、安徽工业大学工商学院、安徽农业大学经济技术学院、杭州电子科技大学信息工程学院、江西财经大学现代经济管理学院、安阳师范学院人文管理学院、沈阳师范大学、江苏师范大学、石家庄经济学院华信学院、长春工业大学人文信息学院、西安财经学院行知学院、福州外语外贸学院

◆专业名称:金融工程
◆专业代码:020302

培养目标:本专业坚持“面向现代化、面向世界、面向未来”的人才培养理念,合理设置课程体系,培养具有良好政治素质、合理知识结构,系统掌握金融学基本理论及金融工程的基本原理与技术,具备经济、管理、法律以及金融财务方面的知识,能够开发、设计新型金融工具和金融手段,创造性和个性化地提出解决金融问题的方案,开展金融风险管理、公司理财、投资战略策划以及金融产品定价研究,能在跨国公司和金融机构从事金融财务管理、金融分析和策划的高素质复合型现代金融人才。

培养要求:通过该专业教学计划所规定内容的系统学习与训练,学生应达到以下培养目标:

1.系统掌握马克思主义基本原理、毛泽东思想、邓小平理论及“三个代表”精神实质,认真领会党中央在社会主义市场经济建设过程中的方针、政策,具有良好的政治素养;

2.掌握金融工程学的基本理论和基本技术,通晓与金融工程专业密切相关的金融学、会计学、管理学、法学等学科的基本知识,具有合理的知识结构;

3.掌握定性分析与定量分析相结合的科学研究方法与技能,具有较强的金融分析、策划能力和金融创新能力;

4.了解我国对外方针政策、金融理论前沿和国际金融市场发展动态;

5.具有扎实的数学、计量经济学基础,掌握基本的数学建模技巧和进行金融市场实证研究的技能;

6.具有较强的计算机应用能力,以及获取信息和处理信息的能力;

7.能熟练地查阅英文文献;

8.具有较强的语言与文字表达能力,能胜任专业论文、各类应用文体的写作,具有较强的商务谈判能力;

9.身心健康,达到国家规定的大学生体育锻炼标准。

主干学科:经济学、管理学

主要课程:政治经济学、微观经济学、宏观经济学、计量经济学、货币银行学、金融经济学、金融市场学、证券投资学、衍生金融工具、固定收益证券、公司金融、金融工程学、金融会计、随机过程、时间序列分析、金融统计与分析应用、商业银行经营与管理、保险与精算、博弈论与信息经济学、金融风险管理、投资银行学、国际金融、国际投资、金融法等。

修业年限:四年

授予学位:经济学学士

就业方向:主要到跨国公司、金融机构和高等院校从事金融、财务管理以及教学、科研工作等。

开设学校:四川大学(教育部直属、985大学、211大学)、厦门大学(教育部直属、985大学、211大学)、济宁学院、长春大学、吉首大学、巢湖学院、铜陵学院、临沂大学、青岛大学、武汉大学(教育部直属、985大学、211大学)、温州大学、梧州学院、滁州学院、枣庄学院、铜仁学院、运城学院、贵州财经大学、内蒙古财经大学、山东大学(教育部直属、985大学、211大学)、上海财经大学(教育部直属、211大学)、北京科技大学(教育部直属、211大学)、河北经贸大学、武汉工商学院、福州大学至诚学院、山东英才学院、广东财经大学华商学院、华南理工大学广州学院、天津大学仁爱学院、江苏师范大学科文学院、山东女子学院、广东科技学院、广西外国语学院、福州外语外贸学院、山西工商学院、西北大学现代学院、

阜阳师范学院信息工程学院、安徽师范大学皖江学院、宁波大红鹰学院、北京科技大学天津学院、浙江工业大学之江学院、长春理工大学、西安邮电大学、云南财经大学、湖南科技学院、吉林财经大学、中南财经政法大学(教育部直属、211大学)、吉林化工学院、湖南工程学院、湖南工业大学、广东财经大学、上海对外经贸大学、安徽工程大学、上海金融学院、广东外语外贸大学、安徽科技学院、淮南师范学院、安徽财经大学、皖西学院、兰州商学院、山东财经大学、湖北工程学院、黑龙江工程学院、湖北经济学院、哈尔滨商业大学、中南民族大学、郑州航空工业管理学院、西南财经大学(教育部直属、211大学)、南京审计学院、盐城师范学院、华中科技大学(教育部直属、985大学、211大学)、中国人民大学(教育部直属、985大学、211大学)、河北科技大学、对外经济贸易大学(教育部直属、211大学)、内蒙古大学(211大学)、西北大学(211大学)、天津财经大学、天津科技大学、合肥工业大学(教育部直属、211大学)、南开大学(教育部直属、985大学、211大学)、浙江农林大学、杭州师范大学、浙江科技学院、中国计量学院、沈阳工业大学、东北财经大学、西南民族大学、山西财经大学、成都信息工程学院、广东工业大学、浙江财经大学、浙江工商大学、四川师范大学、南京林业大学、重庆师范大学、盐城工学院、南京信息工程大学、江苏师范大学、江苏科技大学、苏州科技学院、南京财经大学、长江师范学院、重庆理工大学、宁波工程学院、广西财经学院、阜阳师范学院、安庆师范学院、北京工商大学嘉华学院、重庆工商大学、湖南人文科技学院、济南大学泉城学院、南开大学滨海学院、重庆师范大学涉外商贸学院、北京理工大学珠海学院、中山大学新华学院、南京信息工程大学滨江学院、河北金融学院、哈尔滨金融学院、上海建桥学院、中央财经大学(教育部直属、211大学)、南昌理工学院、首都经济贸易大学、上海师范大学、华东政法大学、山东师范大学、东华大学(教育部直属、211大学)、南京师范大学泰州学院、南方科技大学、中国人民大学财政金融学院、江西农业大学南昌商学院

◆**专业名称:保险学**

◆**专业代码:020303**

培养目标:培养"有专长、基础宽、素质高",能够胜任国内、国际风险管理与保险经营管理工作的复合型人才,以及从事风险管理与保险教学科研工作的专门学术人才。

主要课程:货币银行学、公司财务、财政学、证券投资学、保险学、财产保险学、人身保险学、保险法、保险经营与管理、保险精算、保险会计与财务等。

修业年限:四年

授予学位:经济学学士

就业方向:在保险公司、保险中介机构、保险监管机构、银行与证券部门或其他大中型企业风险管理部门、高等院校及有关咨询服务等部门从事相关工作。

开设学校:首都经济贸易大学、重庆工商大学融智学院、铜陵学院、安徽财经大学、北京工商大学、中央财经大学(教育部直属、211大学)、河北金融学院、兰州商学院、闽江学院、仰恩大学、山东财经大学、贵州财经大学、浙江大学(教育部直属、985大学、211大学)、中山大学(教育部直属、985大学、211大学)、西南财经大学(教育部直属、211大学)、厦门大学(教育部直属、985大学、211大学)、江苏大学、南京财经大学、复旦大学(教育部直属、985大学、211大学)、华东师范大学(教育部直属、985大学、211大学)、华东理工大学(教育部直属、211大学)、上海财经大学(教育部直属、211大学)、南京审计学院、西北大学、武汉大学(教育部直属、985大学、211大学)、云南大学(211大学)、浙江工商大学、浙江财经大学、山西财经大学、新疆财经大学、天津理工大学、天津财经大学、辽宁大学(211大学)、湖南大学(教育部直属、985大学、211大学)、河北经贸大学、南开大学(教育部直属、985大学、211大学)、广东金融学院、沈阳工程学院、重庆工商大学、西华大学、绥化学院、中南民族大学、吉林财经大学、湖南商学院、上海师范大学、广东财经大学、西安财经学院、西北农林科技大学(教育部直属、985大学、211大学)、郑州航空工业管理学院、山东工商学院、内蒙古财经大学、江西财经大学、徐州医学院、江西中医药大学、中国人民大学(教育部直属、985大学、211大学)、对外经济贸易大学(教育部直属、211大学)、山东财经大学东方学院、河北经贸大学经济管理学院、武汉工商学院、南开大学滨海学院、北京理工大学房山分校培训中心、贵州财经大学商务学院、南京审计学院金审学院、东莞理工学院城市学院、无锡太湖学院、山西财经大学华商学院、安徽财经大学商学院、江西中医药大学科技学院、武汉学院、南京财经大学红山学

院、南京工业职业技术学院、吉林工商学院、黑龙江财经学院、四川大学锦城学院、上海财经大学浙江学院、浙江财经大学东方学院、长春财经学院、天津财经大学珠江学院、吉林农业大学、中南财经政法大学(教育部直属、211大学)、中南林业科技大学、上海对外经贸大学、上海金融学院、广东外语外贸大学、广州中医药大学、广东药学院、云南财经大学、皖南医学院、湖北经济学院、湖北工业大学、西北民族大学、河南大学、西南民族大学、东北财经大学、沈阳航空航天大学、山东大学威海分校、河北科技师范学院、安徽中医药大学、广西财经学院、河北大学工商学院、河南大学民生学院、兰州商学院长青学院、哈尔滨金融学院、唐山师范学院、南昌工程学院、平顶山学院、防灾科技学院、山东医学高等专科学校、南京中医药大学、安徽医科大学、山西大学商务学院、江苏大学京江学院、南京医科大学康达学院、对外经济贸易大学远程教育学院、江西财经大学现代经济管理学院

◆专业名称:投资学
◆专业代码:020304

培养目标:培养熟悉国家有关投资的方针、政策和法规,了解国内外本学科的理论前沿和发展动态,具有处理固定资产投资、金融资产投资、国际投资、政府投资、企业投资、宏观投资调控等方面业务技能,能在各类企业、经济组织、国家机关以及教学、科研机构从事相关工作的高级专门人才。

培养要求:要求学生有扎实的投资学专业基础理论知识,具有较宽的专业知识面,掌握财经、法律、管理的基本知识和技能,具备定性分析和定量分析及运用外国语言阅读交流的基本能力。通过学习,获得以下知识和技能:

1.系统掌握投资学的基本理论和基本知识,通晓与投资学专业密切相关的管理学、经济学、法学等学科的基本知识;

2.掌握社会科学和自然科学相结合、定性与定量相结合的分析方法,具有处理金融投资、风险投资、国际投资、政府投资、企业投资、投资宏观调控等方面的业务技能;

3.能将投资学的基本理论和方法应用于实践,具有较强的投资组织与决策能力和创新精神;

4.熟悉国家有关投资的方针、政策和法规,了解国内外本学科的理论前沿和发展动态;

5.具有较强的外语听说读写能力,能熟练地查阅外文文献,具有一定的外语交际能力;

6.具有较强的语言与文字表达能力,能胜任专业论文、各类应用文体的写作以及较强的商务谈判能力;

7.具有较强的计算机应用能力和获取信息并处理信息的能力。

主要课程:政治经济学、西方经济学、计量经济学、货币银行学、财政学、会计学、投资学、国际投资、跨国公司经营与案例分析、公共投资学、创业投资、投资项目评估、证券投资学、投资基金管理、投资银行学、公司投资与案例分析、项目融资、投资估算、投资项目管理、房地产金融、家庭投资理财、投资管理信息系统等。

实践环节:暑期社会实践、专业模拟实习、创新实践训练、创业就业教育、学年论文、毕业实习、毕业论文等。

修业年限:四年

授予学位:经济学学士

就业方向:到证券、信托投资公司和投资银行从事证券投资(如投资公司、上市公司、证券公司、信托公司、风险投资公司、商业银行、保险公司等);到社会投资中介机构、咨询公司、财务公司、基金公司、资产管理公司、金融控股公司、房地产公司等,参与操作、协助决策或给予专业建议;到企业的投资部门从事企业投资工作;到各大企业的财会或审计部门、税务部门,参与企业的投资策划与决策、投资理财、风险管理与控制工作;到政府相关部门从事有关投资政策的制定和管理,或者是到会计师事务所及税务师事务所等税务代理机构、政府财税部门,从事行政管理和提供建议的工作;到高校、科研部门从事教学、科研工作。

开设学校:怀化学院、铜陵学院、集美大学、华侨大学、西华大学、三江学院、汉口学院、肇庆学院、贵州财经大学、内蒙古财经大学、武昌工学院、福建师范大学协和学院、吉林工商学院、苏州大学应用技术学院、南京大学金陵学院、福建江夏学院、仲恺农业工程学院、四川大学锦城学院、福州外语外贸学院、西安欧亚学院、华侨大学厦门工学院、上海财经大学浙江学院、温州大学城市学院、郑州成功财经学院、长春财经学院、广西科技大学鹿山学院、西安财经学院、中南财经政法大学(教育部直属、211大学)、吉

林工程技术师范学院、湖南商学院、湖南农业大学、广东财经大学、安徽师范大学、安徽财经大学、兰州商学院、山东财经大学、山东工商学院、哈尔滨商业大学、湖北经济学院、黄河科技学院、南京农业大学(教育部直属、211大学)、天津城建大学、四川农业大学(211大学)、西南财经大学(教育部直属、211大学)、南京审计学院、上海财经大学(教育部直属、211大学)、对外经济贸易大学(教育部直属、211大学)、天津师范大学、成都理工大学、西南民族大学、广东工业大学、浙江财经大学、浙江工商大学、武昌理工学院、武汉学院、郑州财经学院、郑州师范学院、广东金融学院、湖北经济学院法商学院、广西财经学院、北京工商大学嘉华学院、中原工学院信息商务学院、重庆工商大学、烟台大学文经学院、重庆工商大学融智学院、重庆工商大学派斯学院、兰州交通大学博文学院、兰州商学院长青学院、广州大学松田学院、河北金融学院、哈尔滨金融学院、北京农学院、中央财经大学(教育部直属、211大学)、齐鲁工业大学、信阳师范学院、首都经济贸易大学、上海师范大学、湖北文理学院理工学院、湖南农业大学东方科技学院、河北农业大学现代科技学院

◆专业名称:金融数学
◆专业代码:020305T

培养目标:培养掌握数学科学的基本理论与基本方法、基本技能,掌握金融理论基础并接受严格数理金融思维训练,具备运用数学金融知识、计算机技术解决实际问题的能力,受到严格科学思维训练,能凭借坚实的数学基础和金融基础,在金融证券、投资、保险等部门从事经济分析、经济建模、金融产品设计工作的专门人才。

培养要求:系统掌握应用数学、金融学的基础理论和方法,形成扎实的数学基本功底和严谨的数学思维模式。具备灵敏获取信息和分析信息的能力,具备不断学习和创新的精神,具有一定的科学研究和教学能力,具有在经济、金融领域从事定量分析,解决实际经济问题及设计经济数学模型等方面的基本能力。

主要课程:数学分析、高等代数、解析几何、微分方程、概率论、数理统计、应用统计、多元统计分析、运筹学、数值分析、复变函数、实变函数、数学建模与数学实验、西方经济学、货币银行学、计量经济学、会计学、金融工程学、保险学、金融数学、计算机应用基础等。

实践环节:社会认知实习、专业实习和毕业实习等社会实践活动。

修业年限:四年

授予学位:经济学学士

就业方向:到商业银行、金融、投资、保险、证券等部门从事金融分析、策划和管理等工作。

开设学校:山西财经大学、苏州大学、盐城师范学院、安徽财经大学、广西大学(211大学)、乐山师范学院、新疆财经大学、金陵科技学院、广东金融学院、济南大学、山东财经大学、西交利物浦大学、南方科技大学、北京师范大学-香港浸会大学联合国际学院、安徽师范大学皖江学院、牡丹江师范学院、南京师范大学、南京财经大学、河南财经政法大学、内江师范大学、云南财经大学、昌吉学院、南京审计学院、上海金融学院

◆专业名称:信用管理
◆专业名称:020306T

培养目标:培养具有扎实的经济学和金融学理论基础,掌握数理统计和计量经济基本分析方法,并在信用分析与管理方面具有深厚理论基础和应用能力的高级信用管理专门人才。

培养要求:学生应熟悉信用管理国际惯例及相关的法律、规则;具备信用管理专业知识。具有风险管理,资信调查、信用评级、公司信用管理、消费者信用管理、国际业务信用管理、基金管理、投资组合设计与管理等专业知识;并且了解本专业的发展动态,具有较强创新能力,熟练掌握一门以上的外语。

毕业生应掌握以下几方面的能力:

1.掌握管理学、经济学、管理科学技术的基本原理和现代信用管理的基本理论、基本方法;

2.熟悉我国经济与管理的有关方针政策、法律法规以及国际信用管理惯例及相关的法律、规则;

3.系统掌握信用管理的理论知识和分析方法,具有风险管理,资信调查、信用评级、公司信用管理、消费者信用管理、国际业务信用管理、基金管理、投资组合设计与管理等专业知识,具有较强的解决信用管理实际问题的基本能力;

4.具有较强的语言与文字表达能力和人际沟通能力;

5.具有收集信息并进行分析研究、开发利用的

基本能力；

6.掌握文献查询的基本方法，了解信用管理学科发展动态，具有从事信用风险管理研究的初步能力；

7.具有较强创新能力，熟练掌握一门以上的外语。

主要课程：管理信息系统、经济法、市场调查与分析、会计学、财务管理、国家信用管理体系、信用和市场风险管理、企业和个人信用管理、征信数据库应用开发、资信评估、客户关系管理等。

修业年限：四年

授予学位：经济学学士

就业方向：在财政部、工商管理局、海关、征信局、金融行业的商业银行、保险公司、信用卡公司，企业的信用管理部门，研究单位、高等院校、信用评级机构、资产评估机构、会计师事务所、风险管理部门和资金借贷部门，大型企业中的会计审计部门、风险控制部门，还有政府监管部门等从事信用管理工作。

开设学校：中国人民大学（教育部直属、985大学、211大学）、上海财经大学（教育部直属、211大学）、浙江财经学院首都经济贸易大学、吉林大学（教育部直属、985大学、211大学）、上海立信会计学院、上海第二工业大学、山东财经大学、南京审计学院、南京财经大学、上海金融学院、广东金融学院、西南财经大学（教育部直属、211大学）、兰州商学院、天津财经大学、天津商业大学、天津职业技术师范大学、上海师范大学、北京理工大学珠海学院、浙江金融职业学院、浙江经贸职业技术学院、广西经贸职业技术学院、哈尔滨金融学院、温州商贸职业技术学院、辽宁金融职业学院、重庆工商大学融智学院、湖北经济学院、中原工学院信息商务学院

◆专业名称：经济与金融
◆专业代码：020307T

培养目标：经济与金融专业旨在培养具有经济与金融专业方面的知识及理论，能应用所学知识进行相关工作，能在经济和金融活动中进行实际工作的高层次金融人才。

培养要求：经济与金融专业学生主要学习经济与金融专业的知识和理论，受到经济与金融专业方面的基本训练，具有从事实际工作的能力。

毕业生应获得以下几方面的知识和能力：

1.在金融领域有较宽的知识面，掌握金融学、投资学、公司金融及国际金融方面的基本理论与技能；

2.掌握现代经济学分析方法，能够运用经济分析及实证的方法研究并解决金融问题；

3.具备扎实的数理基础和编程能力，能够运用数量化方法对金融问题进行建模和分析；

4.具有在经济和金融领域内的自我学习能力，能够通过阅读最新的研究文献，掌握学科发展前沿，具有进一步深造的潜力；

5.能够熟练运用英语进行跨文化交流。

主要课程：数学：数学分析、线性代数、概率论与数理统计；信息技术：C++程序设计；经管法：财务会计、计量经济学、应用统计，微观经济学、宏观经济学、货币银行学，投资学、国际金融学、金融衍生产品市场、金融随机分析、金融经济学。

修业年限：四年

授予学位：经济学学士

就业方向：到国家经济管理部门、证券公司、投资银行、商业银行、保险公司、各类投资基金及管理公司等金融机构，以及在管理与财务咨询公司和大型工商企业就业。

开设学校：清华大学（教育部直属、985大学、211大学）、对外经济贸易大学（教育部直属、211大学）、大连海洋大学、上海政法学院、常熟理工学院、淮阴工学院、安徽工业大学、安徽新华学院、青岛农业大学、潍坊学院、齐鲁师范学院、汉口学院、兰州商学院陇桥学院、东莞理工学院

0204经济与贸易类

◆专业名称：国际经济与贸易
◆专业代码：020401

培养目标：本专业培养的学生应较系统地掌握马克思主义经济学基本原理和国际经济、国际贸易的基本理论，掌握国际贸易的基本知识与基本技能，了解当代国际经济贸易的发展现状，熟悉通行的国际贸易规则和惯例，以及中国对外贸易的政策法规，了解主要国家与地区的社会经济情况，能在涉外经济贸易部门、外资企业及政府机构从事实际业务、管理、调研和宣传策划工作的高级专门人才。

培养要求：本专业学生主要学习马克思主义经

济学和国际经济、国际贸易的基本理论和基础知识，受到经济学、管理学的基本训练，具有理论分析和实务操作的基本能力。

毕业生应获得以下几方面的知识和能力：

1.掌握马克思主义经济学基本理论和方法；

2.掌握西方经济学、国际经济学的理论和方法；

3.能运用计量、统计、会计方法进行分析和研究；

4.了解主要国家和地区的经济发展状况及其贸易政策；

5.了解国际经济学、国际贸易理论发展动态；

6.能够熟练地掌握一门外语，具有听、说、读、写、译的基本能力，能利用计算机从事涉外经济工作。

主干学科：经济学、统计学

主要课程：政治经济学、西方经济学、国际经济学、计量经济学、世界经济概论、国际贸易理论与实务、国际金融、国际结算、货币银行学、财政学、会计学、统计学。

实践环节：包括社会调查和专业实习等，一般安排6周。

修业年限：四年

授予学位：经济学学士

就业方向：到涉外经济贸易部门、外资企业及政府机构从事实际业务、管理、调研和宣传策划工作。

开设学校：四川大学（教育部直属、985大学、211大学）、上海理工大学、佛山科学技术学院、青海民族大学、云南师范大学、淮南师范学院、河北师范大学、北京工商大学、中国政法大学（教育部直属、211大学）、北京联合大学、河南财经政法大学、中国农业大学（教育部直属、985大学、211大学）、中国传媒大学（教育部直属、211大学）、贵州财经大学、内蒙古财经大学、重庆大学（教育部直属、985大学、211大学）、中国地质大学（教育部直属、211大学）、中国石油大学（教育部直属、211大学）、上海交通大学（教育部直属、985大学、211大学）、中山大学（教育部直属、985大学、211大学）、厦门大学（教育部直属、985大学、211大学）、南京理工大学（211大学）、南京大学（教育部直属、985大学、211大学）、浙江大学（教育部直属、985大学、211大学）、东南大学（教育部直属、985大学、211大学）、中国矿业大学（教育部直属、211大学）、重庆理工大学、复旦大学（教育部直属、985大学、211大学）、华东师范大学（教育部直属、985大学、211大学）、华东理工大学（教育部直属、211大学）、武汉理工大学（教育部直属、211大学）、上海财经大学（教育部直属、211大学）、北京科技大学（教育部直属、211大学）、东北师范大学（教育部直属、211大学）、东华大学（教育部直属、211大学）、大连理工大学（教育部直属、985大学、211大学）、渤海大学、北京大学（教育部直属、985大学、211大学）、沈阳师范大学、武汉大学（教育部直属、985大学、211大学）、北京外国语大学（教育部直属、211大学）、浙江工商大学、宁波大学、上海大学（211大学）、同济大学（教育部直属、985大学、211大学）、华南师范大学（211大学）、兰州大学（教育部直属、985大学、211大学）、天津商业大学、三亚学院、荆楚理工学院、郑州大学国际学院、嘉兴学院南湖学院、西南大学（教育部直属、211大学）、华北电力大学（教育部直属、211大学）、中国石油大学（北京）（教育部直属、211大学）、中国矿业大学（北京）（教育部直属、211大学）、肇庆学院、武昌工学院、武汉工商学院、湖南女子学院、湖南工学院、新乡学院、福州大学至诚学院、闽南理工学院、福州大学阳光学院、广州商学院、沈阳工学院、吉林工商学院、山西大学商务学院、安徽三联学院、安徽新华学院、武夷学院、合肥师范学院、池州学院、扬州大学广陵学院、南通大学杏林学院、南京大学金陵学院、浙江外国语学院、山东女子学院、福建江夏学院、成都学院、成都文理学院、四川传媒学院、四川大学锦江学院、山东管理学院、江西服装学院、福州外语外贸学院、广西外国语学院、广东科技学院、商丘学院、安徽外国语学院、无锡太湖学院、贵州大学科技学院、宁夏理工学院、陕西国际商贸学院、西安欧亚学院、青岛黄海学院、安徽大学江淮学院、温州大学瓯江学院、同济大学浙江学院、宁波大红鹰学院、郑州科技学院、湖南第一师范学院、长春财经学院、长春大学旅游学院、长春光华学院、浙江大学城市学院、沈阳城市学院、辽宁财贸学院、长春理工大学、长春工业大学、北华大学、西北政法大学、长春大学、西安财经学院、长沙理工大学、湖南科技大学、湘潭大学、吉首大学、西安邮电大学、西安工业大学、陕西科技大学、西安工程大学、陕西理工学院、西安外国语大学、青海大学、湖南科技学院、中南财经政法大学（教育部直属、211大学）、吉林财经大学、衡阳师范学院、湖南商学院、东北林业大学（教育部直属、211大学）、黑龙江大学、怀化学院、湖南文理学院、邵阳学院、华中农业大学

(教育部直属、211大学)、东北电力大学、湖南理工学院、吉林师范大学、湖南农业大学、南华大学、中南林业科技大学、湘南学院、湖南工业大学、吉林化工学院、湖南工程学院、上海海洋大学、上海工程技术大学、广东财经大学、上海电力学院、华东政法大学、上海金融学院、安徽工程大学、广东石油化工学院、东莞理工学院、广州大学、广东海洋大学、广东外语外贸大学、广州中医药大学、岭南师范学院、嘉应学院、惠州学院、广东药学院、广东医学院、韶关学院、昆明理工大学、西安石油大学、云南财经大学、红河学院、玉溪师范学院、西安理工大学、西安建筑科技大学、西北农林科技大学、安徽科技学院、淮北师范大学、上海杉达学院、铜陵学院、巢湖学院、黄山学院、安徽财经大学、合肥学院、皖西学院、甘肃政法学院、内蒙古科技大学、海南大学(211大学)、甘肃中医学院、兰州商学院、青岛大学、青岛理工大学、内蒙古民族大学、青岛科技大学、兰州交通大学、商丘师范学院、洛阳师范学院、南阳师范学院、周口师范学院、聊城大学、临沂大学、西北师范大学、青岛农业大学、山东财经大学、山东科技大学、广西科技大学、桂林电子科技大学、山东农业大学、广西师范学院、广西民族大学、山东理工大学、海南师范大学、山东工商学院、牡丹江师范学院、湖北师范学院、武汉轻工大学、黄冈师范学院、黑龙江科技大学、黑龙江工程学院、湖北民族学院、东北石油大学、湖北经济学院、湖北大学、中南民族大学、佳木斯大学、齐齐哈尔大学、武汉纺织大学、三峡大学、湖北工业大学、长江大学、江汉大学、仰恩大学、福建师范大学、泉州师范学院、福建工程学院、黄河科技学院、集美大学、西藏民族学院、中原工学院、西北民族大学、兰州理工大学、闽江学院、闽南师范大学、河南大学、湖北文理学院、河南科技大学、黑龙江东方学院、郑州轻工业学院、河南工业大学、福建农林大学、河南农业大学、华侨大学、河南理工大学、西北工业大学(985大学、211大学)、暨南大学(211大学)、南昌大学(211大学)、苏州大学(211大学)、中国药科大学(教育部直属、211大学)、南京师范大学(211大学)、南京农业大学(教育部直属、211大学)、河海大学(教育部直属、211大学)、天津农学院、广西大学(211大学)、福州大学(211大学)、华南理工大学(教育部直属、985大学、211大学)、四川农业大学(211大学)、西南财经大学(教育部直属、211大学)、北京理工大学(985大学、211大学)、太原理工大学(211大学)、南京审计学院、淮阴工学院、江苏理工学院、盐城师范学院、南京工程学院、常州工学院、华中科技大学(教育部直属、985大学、211大学)、吉林大学(教育部直属、985大学、211大学)、中南大学(教育部直属、985大学、211大学)、东北大学(教育部直属、985大学、211大学)、延边大学(211大学)、辽宁大学(211大学)、北京邮电大学(教育部直属、211大学)、西南交通大学(教育部直属、211大学)、湖南大学(教育部直属、985大学、211大学)、中国人民大学(教育部直属、985大学、211大学)、中央民族大学(985大学、211大学)、河北经贸大学、湖南师范大学、河北大学、北京师范大学(教育部直属、985大学、211大学)、河北科技大学、大连海事大学(211大学)、云南大学(211大学)、北京工业大学(211大学)、内蒙古大学(211大学)、河北工业大学(211大学)、北京林业大学(教育部直属、211大学)、长安大学(教育部直属、211大学)、西北大学(211大学)、天津师范大学、天津工业大学、新疆大学(211大学)、天津外国语大学、江南大学(教育部直属、211大学)、天津科技大学、天津财经大学、郑州大学(211大学)、德州学院、合肥工业大学(教育部直属、211大学)、南开大学(教育部直属、985大学、211大学)、中国海洋大学(教育部直属、985大学、211大学)、安徽工业大学、济南大学、安徽农业大学、安徽大学(211大学)、浙江理工大学、浙江工业大学、西华大学、嘉兴学院、新疆财经大学、浙江师范大学、湖州师范学院、台州学院、浙江科技学院、浙江农林大学、中国计量学院、沈阳药科大学、沈阳工业大学、辽宁科技大学、沈阳大学、辽宁石油化工大学、新疆农业大学、新疆师范大学、东北财经大学、成都理工大学、西南民族大学、中北大学、山西财经大学、太原科技大学、四川理工学院、五邑大学、深圳大学、广东工业大学、汕头大学、山西大学、浙江万里学院、西南科技大学、温州大学、绍兴文理学院、浙江财经大学、西南石油大学、成都信息工程学院、山西农业大学、四川师范大学、西华师范大学、扬州大学、江西农业大学、江西师范大学、江苏大学、南京工业大学、西南政法大学、景德镇陶瓷学院、江西财经大学、东华理工大学、杭州电子科技大学、南京邮电大学、淮海工学院、盐城工学院、华东交通大学、常州大学、江苏师范大学、南京信息工程大学、南京林业大学、南京中医药大学、江西理工大学、南京财经大学、大连民族学院、大连工业大学、大连大学、沈阳理工大学、辽宁工业大学、大连外国语大学、沈阳化工大学、江西科技师范大学、宜春学院、长江师范学院、上饶师范学院、赣南师范学院、辽东学院、井冈山大学、石河子大学（211大学）、重庆三峡学院、四川外国语大学、九江学院、辽宁理工学院、武昌理工学院、武汉东湖学院、三江学院、洛阳理工学院、宿州学院、太原工业学院、三峡大学科技学院、郑州财经学院、武汉工程科技学院、呼伦贝尔学院、青岛滨海学院、山东大学威海分校、丽水学院、百色学院、河北科技师范学院、钦州学院、滁州学院、梧州学院、龙岩学院、宁波工程学院、西京学院、安徽中医药大学、广东金融学院、徐州工程学院、黑河学院、昆明学院、金陵科技学院、广西财经学院、上海商学院、重庆科技学院、上海政法学院、武汉科技大学、湖北理工学院、安庆师范学院、重庆交通大学、上海电机学院、塔里木大学、宜宾学院、乐山师范学院、淮阴师范学院、重庆工商大学、文华学院、贵阳学院、济南大学泉城学院、吉林大学珠海学院、青海大学昆仑学院、常州大学怀德学院、大连财经学院、河南工程学院、贺州学院、长春科技学院、山东政法学院、海口经济学院、燕京理工学院、湖北第二师范学院、河北金融学院、上海建桥学院、外交学院、北京农学院、中央财经大学（教育部直属、211大学）、北京服装学院、河北联合大学、首都师范大学、北京物资学院、国际关系学院（教育部直属）、北京语言大学（教育部直属）、泰山学院、齐鲁工业大学、北方民族大学、北京化工大学（教育部直属）、北方工业大学、北京城市学院、潍坊学院、鲁东大学、烟台大学、廊坊师范学院、衡水学院、河北工程大学、石家庄铁道大学、华北科技学院、石家庄经济学院、燕山大学、山东师范大学、邢台学院、唐山学院、西昌学院、贵州大学（211大学）、攀枝花学院、黄淮学院、广东培正学院、广东白云学院、广东技术师范学院、辽宁工程技术大学、南通大学、西安思源学院、西安外事学院、南昌工程学院、平顶山学院、河南科技学院、信阳师范学院、首都经济贸易大学、安阳师范学院、安阳工学院、南阳理工学院、华中师范大学（教育部直属、211大学）、武汉工程大学、上海应用技术学院、上海海事大学、西安交通大学（教育部直属、985大学、211大学）、华南农业大学、南京航空航天大学（211大学）、北京航空航天大学（985大学、211大学）、东北师范大学人文学院、长江大学文理学院、广东工业大学华立学院、北京师范大学珠海分校、南开大学滨海学院、河北师范大学汇华学院、黑龙江外国语学院、烟台大学文经学院、哈尔滨工业大学（威海）、四川外语学院重庆南方翻译学院、北京理工大学房山分校培训中心、昆明理工大学津桥学院、贵州财经大学商务学院、广东海洋大学寸金学院、成都理工大学工程技术学院、首都师范大学继续教育学院、南京人口管理干部学院、对外经济贸易大学远程教育学院、天津外国语学院滨海外事学院、辽宁科技大学信息技术学院、沈阳工业大学工程学院、沈阳航空航天大学北方科技学院、山东商业职业技术学院、华南理工大学广州学院、广东外语外贸大学南国商学院、安徽农业大学经济技术学院、湘潭大学兴湘学院、江西科技师范大学理工学院、湖北工程学院新技术学院、沈阳化工大学科亚学院、浙江大学宁波理工学院、北京航空航天大学北海学院、北京科技经营管理学院、武汉学院、上海外国语大学贤达经济人文学院、广州大学华软软件学院、解放军陆军航空兵学院、中山大学南方学院、湖北工业大学商贸学院、湖北工业大学工程技术学院、湖北大学知行学院、武汉大学珞珈学院、湖北汽车工业学院科技学院、武汉工程大学邮电与信息工程学院、湖北文理学院理工学院、湖南财政经济学院、福建师范大学闽南科技学院、福建农林大学金山学院、厦门大学嘉庚学院、福建农林大学东方学院、福建师范大学协和学院、山东万杰医学院、广东技术师范学院天河学院、广东外语外贸大学南国商学院、广东财经大学华商学院、华南农业大学珠江学院、河北工程大学科信学院、江苏师范大学科文学院、南京中医药大学翰林学院、苏州大学应用技术学院、苏州大学文正学院、西安交通大学城市学院、西北工业大学明德学院、西安工业大学北方信息工程学院、南京审计学院金审学院、哈尔滨广厦学院、哈尔滨石油学院、黑龙江财经学院、哈尔滨华德学院、哈尔滨远东理工学院、哈尔滨剑桥学院、东北农业大学成栋学院、南京航空航天大学金城学院、南京师范大学中北学院、南京工业大学浦江学院、南京理工大学紫金学院、桂林理工大学博文管理学院、北京第二外国语学院、山东青年政治学院、新疆财经大学商务学院、新疆农业大学科学技术学院、东莞理工学院城市学院、新疆大学科学技术学院、湖南科技大学潇湘学院、长沙理工大学城南学院、湖南文理学院芙蓉学院、南华大学船山学院、湖南工业大学科技学院、湖南师范大学树达学院、湖南农业大学东方科技学院、湖南商学院北津学院、仲恺农业工程学院、电子科技大学中山学院、吉首大学张家界学院、湖南工程学院应用技术学院、湖南理工学院南湖学院、衡阳师范学院南岳学院、山东师范大学历山学院、山东科技大学泰山科技学院、青岛农业大学海都学院、云南大学旅游文化学院、云南大学滇池学院、西南财经大学天府学院、四川大学锦城学院、山东财经大学燕山学院、天津外国语大学滨海外事学院、郑州升达经贸管理学院、河北联合大学轻工学院、陕西科技大学镐京学院、西安建筑科技大学华清学院、西北大学现代学院、云南师范大学文理学院、安徽工程大学机电学院、安徽财经大学商学院、河海大学文天学院、安徽工业大学工商学院、江西农业大学南昌商学院、南昌大学科学技术学院、华侨大学厦门工学院、绍兴文理学院元培学院、杭州电子科技大学信息工程学院、浙江师范大学行知学院、宁波大学科学技术学院、浙江农林大学暨阳学院、浙江理工大学科技与艺术学院、上海财经大学浙江学院、浙江越秀外国语学院、中国计量学院现代科技学院、浙江工商大学杭州商学院、温州大学城市学院、浙江财经大学东方学院、郑州成功财经学院、江汉大学文理学院、江西财经大学现代经济管理学院、南昌大学共青学院、赣南师范学院科技学院、景德镇陶瓷学院科技艺术学院、华东交通大学理工学院、江西师范大学科学技术学院、东华理工大学长江学院、江西理工大学应用科学学院、河南科技学院新科学院、安阳师范学院人文管理学院、山西财经大学华商学院、山西农业大学信息学院、太原理工大学现代科技学院、中北大学信息商务学院、天津师范大学津沽学院、北京科技大学天津学院、天津商业大学宝德学院、天津财经大学珠江学院、广西民族大学相思湖学院、广西师范学院师园学院、广西大学行健文理学院、广西师范大学漓江学院、桂林电子科技大学信息科技学院、浙江工业大学之江学院、兰州商学院陇桥学院、吉林华桥外国语学院、吉林工程技术师范学院、上海对外经贸大学、内蒙古工业大学、哈尔滨商业大学、黑龙江八一农垦大学、哈尔滨理工大学、湖北汽车工业学院、郑州航空工业管理学院、上海外国语大学(教育部直属、211大学)、哈尔滨工程大学(211大学)、对外经济贸易大学(教育部直属、211大学)、哈尔滨工业大学(985大学、211大学)、沈阳航空航天大学、中国地质大学长城学院、武汉科技大学城市学院、电子科技大学成都学院、中国矿业大学徐海学院、中南林业科技大学涉外学院、河南理工大学万方科技学院、南京理工大学泰州科技学院、东南大学成贤学院、辽宁对外经贸学院、湖南涉外经济学院、南京财经大学红山学院、东北大学秦皇岛分校、集美大学诚毅学院、湖北经济学院法商学院、北京工业大学耿丹学院、北京工商大学嘉华学院、中原工学院信息商务学院、武汉理工大学华夏学院、武昌首义学院、郑州工业应用技术学院、江苏大学京江学院、南京师范大学泰州学院、重庆大学城市科技学院、重庆工商大学融智学院、重庆师范大学涉外商贸学院、兰州交通大学博文学院、华中农业大学楚天学院、河北大学工商学院、河北经贸大学经济管理学院、石家庄铁道大学四方学院、燕山大学里仁学院、河北农业大学现代科技学院、河北科技大学理工学院、河南师范大学新联学院、山东财经大学东方学院、武汉纺织大学外经贸学院、河南大学民生学院、上海外国语大学贤达经济学院、长春理工大学光电信息学院、兰州商学院长青学院、大连工业大学艺术与信息工程学院、中山大学新华学院、广州大学松田学院、北京理工大学珠海学院、云南师范大学商学院、石家庄经济学院华信学院、南京信息工程大学滨江学院、青岛理工大学琴岛学院、长春工业大学人文信息学院、西安财经学院行知学院、哈尔滨金融学院、北华航天工业学院、中国青年政治学院、北京石油化工学院、华北水利水电大学、上海立信会计学院

◆**专业名称:贸易经济**

◆**专业代码:020402**

培养目标:通过系统的专业学习,要求学生掌握贸易经济基本理论和操作技能;掌握内、外贸企业经营管理所需的经济、法律、财会、数学、金融等多方面的基础知识,能熟练运用外语和计算机技术,基础扎实,知识面宽,分析解决能力强,具备从事政府和企业经营管理工作所需的基本技能的高级专门人才。

培养要求:掌握经济学、现代管理的基本原理、知识、方法;具备贸易的基本技能;具有开展市场调查、分析、商务策划、公关的能力,有较强创造能力。

通过学习,获得以下几方面的知识和技能:

1.掌握国际贸易理论与实务的相关知识;

2.具有一定的国际贸易法律法规及财政金融方面的知识,能从事金融、贸易相关方面的工作;

3.能利用外语获取最新的经济贸易方面的信息和国际动态,具有一定的市场分析、调研及公关能力;

4.了解经济贸易市场产品形象设计及定位的

知识；

5.具有网上交易、处理商贸纠纷和一定的市场营销策划及商务谈判能力；

6.具有一定的管理、组织及合作能力。

主要课程：经济数学、政治经济学、西方经济学、货币银行学、财政学、会计学、统计学、国际经济学、计量经济学、发展经济学、贸易经济学、市场营销学、物流学、国际金融实务、国际贸易实务、购销实务、管理学、国民经济管理、市场调查、市场营销策划、现代商场策划、证券与期货、公共关系、商务谈判、消费心理、西方商业、电子商务、经济法、合同法、WTO、商贸英语等。

实践环节：包括社会调查和专业实习等，一般安排6周。

修业年限：四年

授予学位：经济学学士

就业方向：主要面向企业、事业单位从事各种贸易企业单位业务、经营管理、市场调研与开发、销售管理、现代物流管理等相关工作。

开设学校：三明学院、齐鲁理工学院、曲阜师范大学、山东财经大学、成都师范学院、楚雄师范学院、浙江工商大学杭州商学院、内蒙古财经大学、安徽财经大学、河北经贸大学、河北经贸大学经济管理学院、山西财经大学、山西大学商务学院、中国人民大学、首都经济贸易大学、北京第二外国语学院、湖南商学院、中南财经政法大学、郑州航空工业管理学院、兰州财经大学、兰州财经大学长青学院、西安财经学院、陕西国际商贸学院、河池学院、哈尔滨师范大学、哈尔滨商业大学、南京财经大学、南京财经大学红山学院、中国传媒大学南广学院、江苏师范大学、重庆工商大学、重庆工商大学融智学院、重庆师范大学涉外商贸学院、辽东学院

03 学科门类：法学

0301 法学类

◆专业名称：法学

◆专业代码：030101

培养目标：本专业培养系统掌握法学知识，熟悉我国法律和党的相关政策，能在国家机关、企事业单位和社会团体、特别是能在立法机关、行政机关、检察机关、审判机关、仲裁机构和法律服务机构从事法律工作的高级专门人才。

培养要求：本专业学生主要学习法学的基本理论和基本知识，受到法学思维和法律实务的基本训练，具有运用法学理论和方法分析问题及运用法律管理事务与解决问题的基本能力。

毕业生应获得以下几方面的知识和能力：

1.掌握法学各学科的基本理论与基本知识；

2.掌握法学的基本分析方法和技术；

3.了解法学的理论前沿和法制建设的趋势；

4.熟悉我国法律和党的相关政策；

5.具有运用法学知识认识和处理问题的能力；

6.掌握文献检索、资料查询的基本方法，具有一定的科学研究和实际工作的能力。

主干学科：法学

主要课程：法理学、中国法制史、宪法、行政法与行政诉讼法、民法、商法、知识产权法、经济法、刑法、民事诉讼法、刑事诉讼法、国际法、国际私法、国际经济法。

实践环节：包括见习、法律咨询、社会调查、专题辩论、模拟审判、疑案辩论、实习等，一般不少于20周。

修业年限：四年

授予学位：法学学士

就业方向：毕业后可以担任法官、检察官、律师、公证员、企业法律顾问等；或者考入硕士研究生继续深造学习；或者作为法律专业人员到企事业单位、社会团体、立法机关、党政机关、公检法司等部门和仲裁机构、法律服务机构从事法律工作。

开设学校：安徽医科大学(医事法学方向)、南开大学(教育部直属、985大学、211大学)、上海政法学院(民商法方向、环境法方向、金融法方向、经济法方向、行政法方向、刑事司法方向、人民调解方向、卓越法律人才培养试点班、国际经济法方向、涉外卓越法律人才培养试点班)、甘肃政法学院、山东政法学院、首都医科大学(卫生法学专业方向)、青海大学(211大学)、西安石油大学、河北师范大学、河北北方学院、山东师范大学、青岛大学、贵州民族大学、聊城大学、兰州交通大学、贵州财经大学、中国石油大学(教育部直属、211大学)、中国地质大学(教育部直属、211大学)、山东大学(教育部直属、985大学、211大

学)、华南理工大学(教育部直属、985大学、211大学)、厦门大学(教育部直属、985大学、211大学)、浙江大学(教育部直属、985大学、211大学)、中国矿业大学(教育部直属、211大学)、江西财经大学、上海财经大学(教育部直属、211大学)、宁波大学、中国计量学院、上海大学(211大学)、晋中学院(法学教育)、安阳工学院、华北电力大学(教育部直属、211大学)、伊春职业学院、宿迁学院、三江学院、香港城市大学、长治学院、湖南警察学院、广州商学院、吉林警察学院、福建警察学院、福建江夏学院、成都学院、无锡太湖学院、沈阳城市学院、长春理工大学、北华大学、西北政法大学、长春师范大学、湖南科技大学、吉首大学、湘潭大学、大理学院、西藏大学(211大学)、陕西科技大学、云南财经大学、云南警官学院、西安工程大学、青海师范大学、青海民族大学、白城师范学院、湖南科技学院、吉林财经大学、衡阳师范学院、通化师范学院、湖南商学院、黑龙江大学、怀化学院、邵阳学院、吉林师范大学、长沙理工大学、广州大学、广东海洋大学、岭南师范学院、韶关学院、嘉应学院、惠州学院、云南民族大学、云南师范大学、昆明理工大学、西安科技大学、西安理工大学、玉溪师范学院、安徽科技学院、淮南师范学院、淮北师范大学、皖南医学院、西安交通大学(教育部直属、985大学、211大学)、巢湖学院、铜陵学院、安徽财经大学、陕西师范大学(教育部直属、211大学)、皖西学院、延安大学、河西学院、兰州商学院、海南大学(211大学)、临沂大学、青岛大学、青岛科技大学、商丘师范学院、洛阳师范学院、兰州理工大学、南阳师范学院、周口师范学院、西北师范大学、许昌学院、山东财经大学、山东科技大学、广西师范学院、广西民族大学、玉林师范学院、山东理工大学、海南师范大学、曲阜师范大学、贵阳医学院、贵州师范大学、山东建筑大学、广西师范大学、湖北工程学院、黄冈师范学院、湖北师范学院、湖北民族学院、湖北经济学院、湖北大学、中南民族大学、三峡大学、武汉工程大学、长江大学、江汉大学、福建师范大学、仰恩大学、福建工程学院、黄河科技学院、集美大学、西藏民族学院、西北民族大学、中原工学院、闽江学院、闽南师范学院、河南大学、河南科技大学、华侨大学、福建农林大学、河南理工大学、东南大学(教育部直属、985大学、211大学)、南昌大学(211大学)、南京理工大学(211大学)、南京大学(教育部直属、985大学、211大学)、暨南大学(211大学)、苏州大学(211大学)、重庆大学(教育部直属、985大学、211大学)、河海大学(教育部直属、211大学)、兰州大学(教育部直属、985大学、211大学)、四川大学(教育部直属、985大学、211大学)、广西大学(211大学)、中山大学(教育部直属、985大学、211大学)、福州大学(211大学)、西南财经大学(教育部直属、211大学)、清华大学(教育部直属、985大学、211大学)、北京理工大学(985大学、211大学)、北京科技大学(教育部直属、211大学)、东华大学(教育部直属、211大学)、南京审计学院、盐城师范学院、上海交通大学(教育部直属、985大学、211大学)、吉林大学(教育部直属、985大学、211大学)、中南大学(教育部直属、985大学、211大学)、复旦大学(教育部直属、985大学、211大学)、华东师范大学(教育部直属、985大学、211大学)、东北大学(教育部直属、211大学)、华东理工大学(教育部直属、211大学)、武汉理工大学(教育部直属、211大学)、华中科技大学(教育部直属、985大学、211大学)、延边大学(211大学)、辽宁大学(211大学)、北京邮电大学(教育部直属、211大学)、西南交通大学(教育部直属、211大学)、湖南大学(教育部直属、985大学、211大学)、中央民族大学(985大学、211大学)、河北经贸大学、湖南师范大学(211大学)、河北科技大学、河北大学、大连海事大学(211大学)、内蒙古大学(211大学)、北京大学(教育部直属、985大学、211大学)、北京交通大学(教育部直属、211大学)、武汉大学(教育部直属、985大学、211大学)、长安大学(教育部直属、211大学)、云南大学(211大学)、西北大学(211大学)、天津师范大学、同济大学(教育部直属、985大学、211大学)、济南大学、新疆大学(211大学)、江南大学(教育部直属、211大学)、天津科技大学、天津财经大学、天津商业大学、郑州大学(211大学)、滨州医学院、天津大学(教育部直属、985大学、211大学)、中国海洋大学(教育部直属、985大学、211大学)、德州学院、安徽大学(211大学)、浙江理工大学、浙江师范大学、嘉兴学院、喀什师范学院、新疆财经大学、浙江农林大学、杭州师范大学、西华大学、辽宁师范大学、沈阳大学、辽宁科技大学、沈阳师范大学、成都理工大学、新疆师范大学、东北财经大学、西南民族大学、泸州医学院、山西财经大学、太原科技大学、中北大学、山西师范大学、五邑大学、深圳大学、忻州师范学院、太原师范学院、汕头大学、山西大同大学、浙江万里学院、山西大学、西南科技大学、温州大学、浙江财经大学、浙江工商大学、西南石油大学、西华师范大学、四川师范大学、扬州大学、江苏大学、西南政法大学、江西师范大学、南昌航空大学、东华理工大学、华东交通大学、淮海工学院、常州大学、江苏师范大学、江西理工大学、南京财经大学、大连民族学院、大连海洋大学、沈阳理工大学、大连大学、沈阳建筑大学、渤海大学、上饶师范学院、井冈山大学、重庆三峡学院、宜春学院、九江学院、武汉东湖学院、太原工业学院、江苏警官学院、梧州学院、沈阳工程学院、伊犁师范学院、长沙学院、广东金融学院、湖北警官学院、黑河学院、上海商学院、大庆师范学院、武汉科技大学、阜阳师范学院、安庆师范学院、榆林学院、曲靖师范学院、内江师范学院、乐山师范学院、宜宾学院、陇东学院、淮阴师范学院、重庆工商大学、文华学院、贵阳学院、河南警察学院、河南城建学院、三亚学院、四川警察学院、河北金融学院、电子科技大学(教育部直属、985大学、211大学)、上海海关学院、北京联合大学、外交学院、北京农学院、中央财经大学(教育部直属、211大学)、北方工业大学、北京工商大学、北京建筑大学、中华女子学院、河北联合大学、北京物资学院、国际关系学院(教育部直属)、首都师范大学、宁夏大学、北方民族大学、北京化工大学(教育部直属、211大学)、北京城市学院、中国传媒大学(教育部直属、211大学)、潍坊医学院、潍坊学院、鲁东大学、烟台大学、石家庄学院、唐山师范学院、廊坊师范学院、河北工程大学、华北科技学院、燕山大学、唐山学院、邢台学院、运城学院、贵州大学(211大学)、攀枝花学院、西南大学、肇庆学院、广东警官学院、四川民族学院、平顶山学院、河南科技学院、信阳师范学院、江西警察学院、安阳师范学院、河南师范大学、武汉纺织大学、华北电力大学保定校区(教育部直属、211大学)、中国政法大学(军事法学,教育部直属、985大学、211大学)、中国人民公安大学、内蒙古财经大学、重庆邮电大学、大连理工大学(教育部直属、985大学、211大学)、北京工业大学(211大学)、沈阳工业大学、新疆农业大学、北京航空航天大学(985大学、211大学)、天津大学仁爱学院(经济法方向)、武汉工商学院(网络法律实务)、北京理工大学房山分校、东北农业大学成栋学院、昆明理工大学津桥学院、贵州民族大学人文科技学院、贵州财经大学商务学院、山东科技大学泰山科技学院、北京民族大学、首都师范大学继续教育学院、天津外国语学院滨海外事学院、沈阳工业大学工程学院、江西科技师范大学理工学院、湘潭大学兴湘学院、南方医科大学、中国石油大学(北京)(教育部直属、985大学、211大学)、武汉科技大学城市学院、天水师范学院(法律实务方向)、湖北大学知行学院、长江大学文理学院、湖北文理学院理工学院、湖北师范学院文理学院、福州大学阳光学院、厦门大学嘉庚学院、福建农林大学东方学院、福建师范大学协和学院、中国石油大学胜利学院、北京师范大学珠海分校、山西大学商务学院、东北师范大学人文学院、公安海警学院、扬州大学广陵学院、南京师范大学中北学院、苏州大学文正学院、黑龙江财经学院、南京理工大学紫金学院、内蒙古科技大学包头师范学院、内蒙古科技大学包头医学院、北京第二外国语学院、贵州师范大学求是学院、宁夏大学新华学院、贵阳医学院神奇民族医药学院、新疆财经大学商务学院、新疆大学科学技术学院、东莞理工学院城市学院、成都文理学院、湖南科技大学潇湘学院、湖南农业大学东方科技学院、长沙理工大学城南学院、南华大学船山学院、湖南工业大学科技学院、湖南商学院北津学院、湖南师范大学树达学院、电子科技大学中山学院、吉首大学张家界学院、湖南理工学院南湖学院、湖南文理学院芙蓉学院、衡阳师范学院南岳学院、云南大学滇池学院、天津外国语大学滨海外事学院、河北联合大学冀唐学院、郑州升达经贸管理学院、河北联合大学轻工学院、贵州大学科技学院、安徽大学江淮学院、安徽农业大学经济技术学院、江西农业大学南昌学院、南昌大学科学技术学院、浙江农林大学暨阳学院、温州医科大学仁济学院、绍兴文理学院元培学院、杭州师范大学钱江学院、宁波大学科学技术学院、浙江师范大学行知学院、浙江理工大学科技与艺术学院、中国计量学院现代科技学院、温州大学瓯江学院、浙江工商大学杭州商学院、嘉兴学院南湖学院、浙江财经大学东方学院、湖北民族学院科技学院、湖北工程学院新技术学院、江汉大学文理学院、江西财经大学现代经济管理学院、景德镇陶瓷学院科技艺术学院、赣南师范学院科技学院、华东交通大学理工学院、江西师范大学科学技术学院、东华理工大学长江学院、江西理工大学应用科学学院、河南科技学院新科学院、安阳师范学院人文管理学院、长春财经学院、呼和浩特民族学院、山西财经大学华商学院、太原科技大学华科学院、太原理工大学现代科技学院、中北大学信息商务学院、山西师范大学现代文理学院、天津医科大学临床医学院、北京科技大学天津学院、天津师范大学津沽学院、广西民族大学相思湖学院、广西大学行健文理学院、广西师范大学漓江学院、浙江大学城市学院、浙江工业大学之江学院、浙江大学宁波理工学院、辽宁师范大学海华学院、兰州商学院陇桥学院、西北师范大学知行学院、西安培华学院、长春工业大学、西安外国语大学、西安财经学院、西安工业大学、宝鸡文理学院、陕西理工学院、中南财经政法大学(教育部直属、211大学)、东北林业大学(教育部直属、211大学)、华中师范大学(教育部直属、211大学)、湖南文理学院、华中农业大学(教育部直属、211大学)、湖南农业大学、中南林业科技大学、湖南理工学院、湖南工业大学、佛山科学技术学院、上海对外经贸大学、华东政法大学(中外合作办学)、上海立信会计学院、广东石油化工学院、东莞理工学院、华南农业大学、广东外语外贸大学、广州医科大学、韩山师范学院、西南林业大学、昆明医科大学、西安建筑科技大学、西北农林科技大学(教育部直属、985大学、211大学)、上海杉达学院、内蒙古工业大学、内蒙古科技大学、内蒙古民族大学、河南财经政法大学、甘肃农业大学、桂林电子科技大学、山东交通学院、山东农业大学、内蒙古农业大学、内蒙古师范大学、贵阳中医学院、山东工商学院、牡丹江师范学院、哈尔滨商业大学、哈尔滨学院、哈尔滨理工大学、佳木斯大学、齐齐哈尔大学、湖北汽车工业学院、哈尔滨医科大学、郑州航空工业管理学院、黑龙江东方学院、郑州轻工业学院、河南工业大学、河南农业大学、湖北文理学院、西北工业大学(985大学、211大学)、南京农业大学(教育部直属、211大学)、南京师范大学(211大学)、华南师范大学(211大学)、四川农业大学(教育部直属、211大学)、太原理工大学(教育部直属、211大学)、东北师范大学(教育部直属、211大学)、上海外国语大学(教育部直属、211大学)、东北农业大学(211大学)、哈尔滨工程大学(211大学)、北京中医药大学(教育部直属、211大学)、北京林业大学(教育部直属、211大学)、中国人民大学(教育部直属、985大学、211大学)、对外经济贸易大学(教育部直属、211大学)、北京师范大学(教育部直属、985大学、211大学)、哈尔滨工业大学(985大学、211大学)、河北工业大学(211大学)、北京外国语大学(教育部直属、211大学)、天津医科大学(211大学)、南京航空航天大学(211大学)、天津工业大学、天津外国语大学、中国民航大学、合肥工业大学(教育部直属、211大学)、安徽工业大学、安徽农业大学、浙江工业大学、四川理工大学、广东工业大学、绍兴文理学院、山西农业大学、江西农业大学、南京林业大学、南京工业大学、景德镇陶瓷学院、杭州电子科技大学、南京信息工程大学、石河子大学(211大学)、大连医科大学、江西科技师范大学、赣南师范学院、赣南医学院、四川外国语大学、辽宁理工学院、武昌理工学院、武汉学院、中南林业科技大学涉外学院、三峡大学科技学院、河南理工大学万方科技学院、山东中医药大学、呼伦贝尔学院、重庆人文科技学院、山东大学威海分校、湖南涉外经济学院、南京财经大学红山学院、集美大学诚毅学院、重庆文理学院、湖北经济学院法商学院、广西财经学院(法学)、中国矿业大学(北京)(教育部直属、211大学)、塔里木大学、中原工学院信息商务学院、武昌首义学院、哈尔滨师范大学、湖南人文科技学院、烟台大学文经学院、南京师范大学泰州学院、南开大学滨海学院、重庆大学城市科技学院、石家庄铁道大学四方学院、河北经贸大学经济管理学院、燕山大学里仁学院、河北大学工商学院、河北农业大学现代科技学院、河北科技大学理工学院、信阳师范学院华锐学院、河南师范大学新联学院、大连财经学院、河南大学民生学院、北京理工大学珠海学院、河北科技师范学院、中山大学新华学院、广州大学松田学院、云南师范大学商学院、石家庄经济学院华信学院、南京信息工程大学滨江学院、燕京理工学院、长春工业大学人文信息学院、河北师范大学汇华学院、中国青年政治学院、中国劳动关系学院、河北农业大学、齐鲁工业大学、中国农业大学(教育部直属、985大学、211大学)、石家庄经济学院、石家庄铁道大学、中央司法警官学院、广东培正学院、广东技术师范学院、辽宁工程技术大学、首都经济贸易大学、中国地质大学(北京)(教育部直属、211大学)、南阳理工学院、华北水利水电大学、上海金融学院、徐州医学院、湖北汽车工业学院科技学院、北京师范大学-香港浸会大学联合国际学院、上海外国语大学贤达经济学院、汉语言文学、北京联合大学应用文理学院、武汉工程大学邮电与信息工程学院

◆专业名称:知识产权

◆专业代码:030102T

培养目标:培养具有普通高校法律专业基础知识,具有较高的知识产权专门学科知识,能在律师事

务所、专利事务所、商标事务所等从事商标代理、专利代理等专门知识产权事务,同时也能在公、检、法等部门从事专门的知识产权司法审判及其他法律事务,或者在版权局、商标局、专利局、科技局等部门从事知识产权管理事务的知识产权专门人才。

培养要求:该专业学生主要学习法学的基本理论和基本知识,受到法学思维和法律实务的基本训练,具有运用法学理论和方法分析问题和运用法律管理事务与解决问题的基本能力。

毕业生应获得以下几方面的知识和能力:

1.具备知识产权专业各学科的基本理论和基本知识,同时兼具普通法学各学科基本理论和基本知识;

2.掌握知识产权专业知识和专业技能,同时具备法学一般分析方法和技术;

3.了解知识产权发展前沿和知识产权发展的趋势;

4.熟悉我国知识产权法律体系和相关政策体系及普通法律体系和政策;

5.运用知识产权知识解决和处理知识产权代理诉讼和管理问题的能力;

6.掌握专利和商标检索、资料查询的技能和方法,同时具有一般文献检索、资料查询的基本方法,能尽快解决文献检索和查询的问题。

主要课程:法理学、宪法学、民法学、刑法学、刑事诉讼法、行政法与行政诉讼法、国际私法、国际法、著作权法(版权法)、专利法、商标法、知识产权国际公约、专利文献检索、知识产权损害赔偿、合同法、知识产权法原理、网络环境下的知识产权保护、企业知识产权战略、反不正当竞争法、知识产权代理实务等。

实践环节:知识产权保护认识实习、知识产权保护状况调查、知识产权申请模拟实验、毕业实习、毕业论文等。

修业年限:四年

授予学位:法学学士

就业方向:在知识产权管理机构、大型企业、科研院所等单位从事知识产权管理工作;在知识产权中介服务机构、律师事务所或人民法院等单位从事知识产权服务或审判工作;在研究单位从事知识产权或相关的研究工作。

开设学校:中国人民大学(教育部直属、985大学、211大学)、石家庄学院、大连理工大学(教育部直属、985大学、211大学)、华东理工大学(教育部直属、985大学、211大学)、苏州大学(211大学)、浙江工业大学、浙江工商大学、铜陵学院、南昌大学(211大学)、河南财经政法大学、湘潭大学、暨南大学(211大学)、桂林电子科技大学、重庆交通大学、西南政法大学、兰州理工大学、辽宁对外经贸学院、安阳工学院、武汉东湖学院、淮北师范大学信息学院、山东政法学院、保定学院、内蒙古财经大学、哈尔滨金融学院、华东政法大学、南京理工大学、杭州师范大学、中国计量学院、福建工程学院、河南师范大学、中南民族大学、湖南师范大学、华南理工大学、广西民族大学、西南科技大学、兰州大学(教育部直属、985大学、211大学)、新疆大学(211大学)、烟台大学、重庆理工大学、上海政法学院、北京科技大学天津学院

◆专业名称:监狱学
◆专业代码:030103T

培养目标:德智体全面发展的、能够熟练掌握马克思主义理论、侦查学基本知识、技能和各种法律知识,能够综合使用各种侦察手段和方法,掌握射击、驾驶、自卫、擒敌等特种技能,具有较强的文字、口头表达能力和计算机操作技能,能够胜任监狱及其他司法部门的侦查工作、刑事执法工作以及本专业教学、科研工作的高级专门人才。

培养要求:该专业学生主要学习监狱学和侦查学的基本理论和基本知识,受到监狱学方面的基本训练,具有使用各种侦察手段和方法,掌握射击、驾驶、自卫、擒敌等特种技能,具有较强的文字、口头表达能力和计算机操作技能。

毕业生具备的专业知识与能力:

1.具备监狱学和侦查学的基本理论和基本知识;

2.具有监狱刑罚学、劳动教养学、犯罪心理学等专业知识;

3.具有打击刑事犯罪、预防刑事犯罪、改造罪犯以及教育管理劳动教养人员的业务能力;

4.掌握射击、驾驶、自卫、擒敌等特种技能;

5.熟悉监狱学的相关法律法规;

6.掌握资料查询的技能和方法,同时具有一般文献检索、资料查询的基本方法,能尽快解决文献检索和查询的问题。

主要课程:法学基础理论、宪法学、刑法学、刑事

诉讼法学、民法学、行政法学、经济法学、犯罪学、犯罪心理学、监狱学基础理论、刑罚学、狱政管理学、监狱教育学、狱内侦查学、罪犯改造心理学、监狱经济管理学、比较监狱学、法律文书、劳动教养学、刑事照相、审讯学、计算机技术、射击技术等。

修业年限:四年

授予学位:法学学士

就业方向:在公检法司和其他机关从事执法工作;在监狱、戒毒所、看守所等机关从事罪犯管理、罪犯教育和罪犯心理矫正工作;在机关、企事业单位从事法律和安全保卫工作。

开设学校:中央司法警官学院、福建警察学院、上海政法学院、山东政法学院、辽宁警察学院

0302政治学类

◆专业名称:政治学与行政学
◆专业代码:030201

培养目标:本专业培养具有一定马克思主义理论素养和政治学、行政学方面的基本理论和专门知识,能在党政机关、新闻出版机构、企事业和社会团体等单位从事教学科研、行政管理等方面工作的政治学和行政学高级专门人才。

培养要求:本专业学生主要学习政治学、行政学、国际政治学和法学等方面的基础理论和基本知识,受到政治学研究、公共政策分析、社会调查与统计等方面的基本训练,具有调查研究、分析判断和协调组织等方面的基本能力。

毕业生应获得以下几方面的知识和能力:

1.掌握马克思主义基本原理和政治学、行政学、国际政治学和法学的基本理论知识;

2.掌握辩证唯物主义和历史唯物主义的基本观点和分析方法,以及系统分析、统计分析、调查分析等科学方法或技术;

3.具有在党政机关、社会团体、新闻出版机构、教育及其他企事业单位从事科研、教学、行政管理以及其他有关专门业务工作的基本能力;

4.了解有关政治体制、决策过程以及党政管理法律、制度、方针、政策;

5.了解政治学及行政学、法学、国际政治学和管理科学等相关学科的发展动态;

6.掌握文献检索和资料查询的基本方法和手段,具有一定的科学研究和实际工作能力。

主干学科:政治学

主要课程:政治学原理、行政学概论、中国政治制度史、当代中国政治制度、比较政治制度、中国政治思想史、当代西方政治思潮、中国社会政治分析等。

实践环节:包括社会调查、参与课题研究、教学实习等,一般安排8周。

修业年限:四年

授予学位:法学或哲学学士

就业方向:毕业后主要到各级党委、人大、政协、政府部门以及企事业单位从事组织、人事、纪检、监督、宣传、外事、文秘等工作,也可到公检法机关从事实际工作,还可从事理论研究及教学工作。

开设学校:西安交通大学(教育部直属、985大学、211大学)、河北师范大学、山东师范大学、青岛大学、海南师范大学、许昌学院、山东财经大学、山东理工大学、中山大学(教育部直属、985大学、211大学)、厦门大学(教育部直属、985大学、211大学)、浙江大学(教育部直属、985大学、211大学)、东南大学(教育部直属、985大学、211大学)、江苏师范大学、复旦大学(教育部直属、985大学、211大学)、延边大学(211大学)、渤海大学、北京大学(教育部直属、985大学、211大学)、宁波大学、新疆大学(211大学)、济南大学、兰州大学(教育部直属、985大学、211大学)、武汉大学(教育部直属、985大学、211大学)、中央民族大学(985大学、211大学)、南开大学(教育部直属、985大学、211大学)、三明学院、保山学院、西北政法大学、长春大学、湘潭大学、西藏大学(211大学)、云南财经大学、青海民族大学、黑龙江大学、吉林师范大学、华东政法大学、安徽师范大学、广东海洋大学、云南民族大学、楚雄师范学院、西安科技大学、红河学院、延安大学、聊城大学、广西民族大学、贵州师范大学、广西师范大学、黄冈师范学院、湖北民族学院、中南民族大学、福建师范大学、闽江学院、闽南师范大学、南京大学(教育部直属、985大学、211大学)、华东师范大学(教育部直属、985大学、211大学)、华中科技大学(教育部直属、985大学、211大学)、西南交通大学(教育部直属、211大学)、湖南大学(教育部直属、985大学、211大学)、湖南师范大学、河北大学、大连海事大学(211大学)、云南大学(211大学)、内蒙古大学

(211大学)、天津师范大学、同济大学(教育部直属、985大学、211大学)、中国海洋大学(教育部直属、985大学、211大学)、安徽理工大学、安徽大学(211大学)、辽宁师范大学、成都理工大学、中北大学、太原师范学院、西华师范大学、西南政法大学、江苏科技大学、长江师范学院、井冈山大学、淮阴师范学院、首都师范大学、唐山师范学院、衡水学院、燕山大学、贵州大学(211大学)、西南大学(教育部直属、211大学)、肇庆学院、河南师范大学、内蒙古科技大学、内蒙古财经大学、江苏理工学院、辽宁石油化工大学、中国人民大学(教育部直属、985大学、211大学)、河北大学工商学院、武汉工商学院、武昌理工学院、内蒙古科技大学包头师范学院、贵州师范大学求是学院、兴义民族师范学院、山东青年政治学院、齐鲁理工学院、西安财经学院、东北林业大学(教育部直属、211大学)、甘肃政法学院、内蒙古师范大学、山东工商学院、黑龙江八一农垦大学、齐齐哈尔大学、华南师范大学(211大学)、四川农业大学(211大学)、南京航空航天大学(211大学)、石河子大学(211大学)、上海政法学院、燕山大学里仁学院、山东政法学院、中国青年政治学院、中国劳动关系学院、中国政法大学(教育部直属、211大学)、华中师范大学(教育部直属、211大学)、湖北文理学院

◆专业名称:国际政治
◆专业代码:030202

培养目标:本专业培养具有一定马克思主义理论素养和国际政治、国际法、政治学等方面的基本理论和专门知识,能在党政机关、企事业单位、高校和科研等部门从事外交、外事、对外宣传、教学和研究等方面的国际政治学高级专门人才。

培养要求:本专业学生主要学习政治学、国际政治、世界经济等方面的基本理论和基础知识,受到国际政治和国际形势研究、社会调查与统计等方面的基本训练,具有调查研究、分析判断和协调组织等方面的基本能力。

毕业生应获得以下几方面的知识和能力:

1.掌握马克思主义基本原理和政治学、国际政治的基本理论、基本知识;

2.掌握社会科学和自然科学相结合的分析方法;

3.具有在党政机关、企事业单位、高校和科研部门从事涉外工作、教学和研究工作的基本能力;

4.了解我国对外方针政策、法规以及国际组织;

5.了解国际政治的理论前沿和政治学、世界经济的发展动态;

6.掌握文献检索、资料查询的基本方法和手段。

主干学科:政治学

主要课程:政治学原理、国际政治概论、国际法与国际组织、当代国际关系、近现代中国外交、西方国际关系理论、国际政治经济学、美国外交政策、各国政治与经济等。

实践环节:包括社会调查、教学实习及参与课题研究等,一般安排8周。

修业年限:四年

授予学位:法学或哲学学士

就业方向:主要到党政机关、企事业单位、高校和科研等部门从事外交、外事、对外宣传、教学和研究等方面的工作。

开设学校:青岛大学、厦门大学(教育部直属、985大学、211大学)、南京大学(教育部直属、985大学、211大学)、浙江大学(教育部直属、985大学、211大学)、复旦大学(教育部直属、985大学、211大学)、延边大学(211大学)、同济大学(教育部直属、985大学、211大学)、济南大学、兰州大学(教育部直属、985大学、211大学)、红河学院、辽宁大学(211大学)、北京大学(教育部直属、985大学、211大学)、新疆大学、山西大学、燕山大学、首都师范大学、山东师范大学、山东大学(教育部直属、985大学、211大学)、华中科技大学(教育部直属、985大学、211大学)、北京大学(教育部直属、985大学、211大学)、西北大学(211大学)、北京外国语大学(教育部直属、211大学)、南开大学(教育部直属、985大学、211大学)、北京第二外国语学院、西安外国语大学、中南财经政法大学(教育部直属、211大学)、上海对外经贸大学、广东外语外贸大学、淮北师范大学、安徽财经大学、曲阜师范大学、暨南大学(211大学)、中山大学(教育部直属、985大学、211大学)、东北师范大学(211大学)、上海外国语大学(211大学)、中国人民大学(教育部直属、985大学、211大学)、对外经济贸易大学(教育部直属、211大学)、云南大学(211大学)、天津外国语大学、四川外国语大学、上海政法学院、中央财经大学(教育部直属、211大学)、中国政法大学(教育部直属、211大学)、北京语言大学(教育部直属)、国际关系学院、河南师范大学、华中师范

大学、北京师范大学-香港浸会大学联合国际学院

◆专业名称:外交学

◆专业代码:030203

培养目标:本专业培养具有一定的马克思主义理论素养和强烈的爱国心,对国际事务和中国外交有系统全面的了解,有交际和谈判的能力,在政治、业务、作风、纪律和语言方面具有较高的综合素质,能在外交和其他外事部门从事实际工作、国际问题研究和教学工作的外交学高级专门人才。

培养要求:本专业学生主要学习外语、外交学和国际政治、法律、经济知识,接受有关理论、发展历史和现状等方面的系统教育。

毕业生应获得以下几方面的知识和能力:

1.掌握马克思主义的基本原理和关于国际关系的基本理论;

2.能熟练地运用一门外语独立从事工作;

3.掌握本专业的基本理论、基础知识以及与本专业有关的国际法、国际经济和国际政治等学科的知识;

4.有较强的汉语基本功和写作能力,以及交际和谈判的能力;

5.具有一定的实际工作能力和调研能力,以及从事国际问题研究的初步能力。

主干学科:政治学

主要课程:外交学、国际关系理论、当代中国外交、国际政治导论、国际关系史、当代国际政治与多边外交、国际法与国际组织、外国政治制度、宗教与国际政治、谈判学等。

实践环节:包括参观访问、社会调查和实习等,一般安排8周左右。

修业年限:四年

授予学位:法学或哲学学士

就业方向:毕业生适宜到国家的外交部门与党的对外联络部门;各级地方政府的外事工作部门与外联部门;中央和地方政府的对外宣传机构与国际公关机构;涉外性企业与事业单位;各类外交与国际问题研究单位;各种涉及涉外专业的高等院校工作。

开设学校:武汉大学(教育部直属、985大学、211大学)、吉林大学(教育部直属、985大学、211大学)、外交学院、国际关系学院(教育部直属)、郑州航空工业管理学院、东北师范大学(教育部直属、211大学)、北京大学(教育部直属、985大学、211大学)、中国人民大学(教育部直属、985大学、211大学)、河南师范大学、西安外国语大学、广东外语外贸大学、北京外国语大学(教育部直属、211大学)、四川外国语大学

◆专业名称:国际事务与国际关系

◆专业代码:030204T

培养目标:本专业培养具有一定马克思主义理论素养和政治学、行政学方面的基本理论和专门知识,能在外企公司、大型企业等从事国际事务等方面工作的国际事务与国际关系学的高级专门人才。

培养要求:本专业学生主要学习国际政治学和国际关系学等方面的基础理论和基本知识,受到国际事务与国际关系方面的基本训练,掌握相关实际工作的基本能力。

毕业生应具备以下的知识和能力:

1.熟悉和了解世界各国的知识和国际关系;

2.了解国际事务与国家、地域间的交往活动,具有从全球视角观察决定当代国际事务进程的结构、动力和网络的能力;

3.提高自身的文化认识和知识技能,并获得工作所需要的相应语言能力;

4.熟练地掌握外语,具有较强的外语阅读、翻译能力和较好的听说能力。

主要课程:比较政治学导论、资本主义的起源、全球关系认识、全球关系课题、国际政治经济、国际组织、中国与世界、发展政治学、中国和世界、选修课程等。

实践环节:包括社会调查、参与课题研究、教学实习等,一般安排8周。

修业年限:四年

授予学位:法学学士

就业方向:毕业生可就业于专业外贸公司、金融机构等单位从事国际贸易及国际化经营管理活动以及相关政策研究。

开设学校:北京大学(教育部直属、985大学、211大学)、北京语言大学、大连外国语大学、湘潭大学、宁波诺丁汉大学、北京第二外国语学院、内蒙古师范大学、湖北大学、广西民族大学

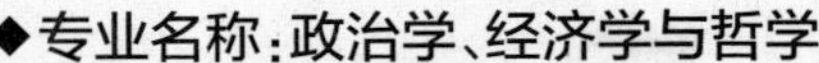

◆专业名称:政治学、经济学与哲学
◆专业代码:030205T

培养目标:本专业要求学生获得良好的政治思想、道德品质、文化修养和身心素质教育,掌握基本的哲学、政治学和经济学知识,打好认识和研究方法论基础,为今后的进一步学习提供支撑,帮助学生实现自我可持续发展。为政府机关、社会管理部门、财富创造部门和国内外哲学社会科学研究机构输送优秀人才。

培养要求:本专业学生主要学习政治学、经济学与哲学等方面的基础理论和基本知识,受到政治学、经济学与哲学等方面的基本训练,掌握相关实际工作的基本能力。

毕业生应具备以下的知识和能力:

1.熟悉政治学、经济学与哲学的基础知识和理论;

2.了解经济学、政治学与哲学的基本法律法规;

3.了解相应学科的发展动态;

4.熟练地掌握外语,具有较强的外语阅读、翻译能力和较好的听说能力。

主要课程:逻辑与批判性思维、微积分、线性代数、概率统计、中国近现代政治发展史、经济学原理、中级微观经济学、中国经济专题、中国哲学史、西方哲学史、宗教学导论、全球化问题研究等。

实践环节:包括教学实习、毕业实习等。

修业年限:四年

授予学位:法学学士

就业方向:该专业的毕业生可以到政府机关、社会管理部门、财富创造部门和国内外哲学社会科学研究机构从事相关学术研究、教学、销售经营、管理、咨询策划服务等工作。

开设学校:北京大学(教育部直属、985大学、211大学)

0303社会学类

◆专业名称:社会学
◆专业代码:030301

培养目标:本专业培养具备较全面的社会学理论知识、较熟练的社会调查技能,能在教育、科研机构、党政机关、企事业单位、社会团体从事社会研究与调查、政策研究与评估、社会规划与管理、发展研究与预测等工作的社会学高级专门人才。

培养要求:本专业学生主要学习理论社会学和应用社会学的基本知识,受到社会研究和社会调查技能以及表达能力的基本训练;具有理论分析、实证调查研究等多方面的基本能力。

毕业生应获得以下几方面的知识和能力:

1.掌握马克思主义基本原理和社会学的基本理论、基本知识,熟悉中外社会学主要学派与学说,并善于运用马克思主义理论分析各种具有重大影响的社会理论和思潮;

2.熟练掌握社会学调查方法和技能,及社会统计方法;

3.了解国情,善于分析各种社会现象和问题,具有初步的科学研究能力和较强的论文写作和语言表达能力;

4.了解党和政府的重大方针、政策、法律和法规,了解国内外的重要事件及其发展;

5.了解现代社会学的前沿理论及重要研究领域中的新进展;

6.掌握文献检索,资料查询的基本方法和手段。

主干学科:社会学、法学。

主要课程:社会学概论、社会研究方法、社会心理学、中外社会思想史、古典及现代社会学理论、社会统计与计算机应用、中国社会等。

实践环节:课堂讨论、实地参观、社会调查、专业教学实习等,一般安排10~12周。

修业年限:四年

授予学位:法学或哲学学士

就业方向:毕业后可在党政机关、企事业管理部门、市场调查公司等从事管理、调查研究工作,还可在工青妇等社会团体、民政部门、NGO组织、政策研究部门、发展规划部门、出版社、报社等工作以及做大学生村干部。

开设学校:山东大学(教育部直属、985大学、211大学)、厦门大学(教育部直属、985大学、211大学)、南京大学(教育部直属、985大学、211大学)、浙江大学(教育部直属、985大学、211大学)、复旦大学(教育部直属、985大学、211大学)、台州学院、上海大学(211大学)、安徽大学(211大学)、广西大学(211大学)、江南大学(教育部直属、211大学)、武汉大学(教育部直属、985大学、211大学)、湘潭大学、华侨大学、苏州大学(211大学)、兰州大学(教育部直属、985大学、211大学)、福州大学(211大学)、中南大学(教育部直属、985大学、211大学)、吉林大学(教育部直属、985大学、211大学)、延边大学(211大学)、北京大学(教育部直属、985大学、211大学)、同济大学(教育部直属、985大学、211大学)、新疆大学(211大学)山西大学、三亚学院、宁夏大学(211大学)、云南民族大学、贵州民族大学、中国传媒大学(教育部直属、211大学)、山东工商学院、南京师范大学(211大学)、中山大学(教育部直属、985大学、211大学)、东南大学(教育部直属、985大学、211大学)、井冈山大学、华东师范大学(教育部直属、211大学)、北京工业大学(211大学)、中国人民大学(教育部直属、985大学、211大学)、南开大学(教育部直属、985大学、211大学)、武汉工商学院、香港城市大学、湖北民族学院科技学院、北华大学、西北政法大学、吉林农业大学、中南财经政法大学(教育部直属、211大学)、黑龙江大学、华中师范大学(教育部直属、211大学、)华中农业大学(教育部直属、211大学)、广东财经大学、华东政法大学、安徽师范大学、华南农业大学、广东海洋大学、云南师范大学、西北农林科技大学(教育部直属、985大学、211大学)、淮北师范大学、西安交通大学(教育部直属、985大学、211大学)、陕西师范大学(教育部直属、211大学)、临沂大学、广西民族大学、广西师范大学、内蒙古师范大学、黑龙江科技大学、湖北民族学院、中南民族大学、西北民族大学、南京农业大学(教育部直属、211大学)、哈尔滨工程大学(211大学)、华东理工大学(教育部直属、211大学)华中科技大学(教育部直属、985大学、211大学)上海财经大学(教育部直属、211大学)、中央民族大学、(985大学、211大学)、湖南师范大学(211大学)、内蒙古大学(211大学)、哈尔滨工业大学(985大学、211大学)、云南大学(211大学)、济南大学、天津理工大学、沈阳师范大学、成都理工大学、东北财经大学、西南民族大学、山西师范大学、杭州电子科技大学、江西科技师范大学、四川外国语大学、呼伦贝尔学院、上海政法学院、重庆工商大学、四川警察学院、中国青年政治学院、中央财经大学(教育部直属、211大学)、中华女子学院、中国政法大学(教育部直属、211大学)、中国农业大学(教育部直属、985大学、211大学)、中央司法警官学院、南昌理工学院、河南师范大学、北京师范大学-香港浸会大学联合国际学院、黄河科技学院

◆专业名称:社会工作

◆专业代码:030302

培养目标:本专业培养具有基本的社会工作理论和知识,较熟练的社会调查研究技能和社会工作能力,能在民政、劳动、社会保障和卫生部门,及工会、青年、妇女等社会组织及其他社会福利、服务和公益团体等机构从事社会保障、社会政策研究、社会行政管理、社区发展与管理、社会服务、评估与操作等工作的高级专门人才。

培养要求:本专业学生主要学习社会工作的基本理论,树立社会工作的价值理想,学习和掌握开展社会工作的技能与方法,使学生具备进行社会调查研究的方法与技能,掌握理论分析、实证研究、社会实践等多方面的基本能力。

毕业生应获得以下几方面的知识和能力:

1.应完整准确地掌握马克思主义基本原理,熟练掌握社会工作的基本理论、方法和知识,了解社会学的理念和方法;

2.熟练掌握社会工作的各种技能和方法,善于运用理论、知识和方法帮助困难群体走出困境,从事正常生活并获得发展;

3.熟练掌握社会调查方法和技能及社会统计方法;

4.了解党和政府的重大方针、政策、法律和法规,有通过社会工作实践和社会工作研究影响社会政策的价值取向的基本能力;

5.具有初步的科学研究能力,善于了解国情,善于分析各种社会现象和问题,具有较强的论文写作和语言表达能力;

6.掌握文献检索、资料查询的方法,具有一定的实际工作能力。

主干学科:社会学

主要课程:社会学概论、社会工作概论、个案与团体工作、社区工作、社会行政、社会保险与社会福利、社会环境保护、组织社会学、社会心理学、青少年社会工作等。

实践环节:课堂讨论、社会实践、社会调查,专业教学实习等,一般安排14~16周。

修业年限:四年

授予学位:法学或哲学学士

◆专业名称:女性学
◆专业代码:030304T

培养目标:女性学专业旨在培养德智体美全面发展,具有“四自”精神、公益意识、性别平等意识,掌握女性学基本理论、基础知识和基本方法,了解社会学、管理学、政治学等多学科和跨学科知识,了解国内外妇女发展状况以及与妇女有关的法律政策与条约,能够在党政部门、企事业单位和妇女组织中从事相关工作,并具备性别研究能力的复合型人才。

培养要求:本专业要求学生要掌握较宽厚的跨学科知识,拥有较强的性别平等意识和熟悉性别分析方法,掌握较高的外语和计算机应用水平。

毕业生具备的专业知识与能力:

1.系统地掌握女性学基本理论和基本方法;较熟练地掌握NGO管理理论、方法与技巧;

2.具备一定的分析性别与发展问题的能力,熟悉解决此类问题的思路和途径;

3.能为政府和相关部门制定妇女政策提供服务。

主要课程:女性学概论、女性学理论、中外妇女运动史、社会研究方法、女性心理学、人类行为与社会环境、妇女人权、妇女工作、性别与公共政策、女性领导学、女政治家研究等。

修业年限:四年

授予学位:法学学士

就业方向:可在党政机关和群团组织、企事业单位、民间组织、大中专院校、社区及国际组织,从事妇女工作、性别与发展的研究与实际推动、性别与政策分析、性别与文化传播、女性学教学与管理等相关工作。

开设学校:中华女子学院、湖南女子学院

◆专业名称:家政学
◆专业代码:030305T

培养目标:本专业培养具备系统的家政学基本理论和相关专业知识,掌握家政管理、营养调配、社区服务、家庭教育等专业技能,能够在城乡社区、家庭服务业、企事业单位、医院、军队、学校、政府机关等部门从事与提高全民生活质量相关工作的高素质家政学专门人才。

培养要求:本专业要求系统掌握家政学的基本理论及专业知识和专业技能技巧;熟练掌握家政学基本研究方法,掌握家政产业的市场策划、运作和预测技能;能够运用所学知识科学指导家庭生活,同时具备传授家庭生活知识的教育能力;了解中外家政学专业的前沿和发展动态;具有较高的外语水平和计算机应用能力;具有为提高全民生活质量提供科学指导的较强实际操作能力。

毕业生应具备以下的知识和能力:

1.掌握家政学的基本理论及专业知识和专业技能技巧;

2.熟练掌握家政学基本研究方法;

3.掌握家政产业的市场策划、运作和预测技能;

4.能够运用所学知识科学指导家庭生活,同时具备传授家庭生活知识的教育能力。

主要课程:社会学概论、社会医学、社会心理学、生活科学概论、应用营养学、优生学、儿童保育与教育、心理咨询与辅导、家庭投资理财、生活美学、公共事业管理、家庭伦理学、婚姻与家庭咨询等。

实践环节:包括教学实习、毕业实习等。

修业年限:四年

授予学位:法学学士

就业方向:家政学专业的就业前景相当不错,家政学专业毕业生能在政府部门和民政系统、妇联系统、社会工作系统、社区指导、服务与管理机构、物业管理机构等从事社区管理与服务、生活与家庭教育指导、婚姻与家庭咨询等工作,能在中小学校和学前教育机构从事生活教育、生活管理等工作;能在企事业单位从事职工保健与生活管理等工作;从事生活科学产业的开发、组织和运作,如家庭产品、老年用品的开发、医疗保健用品的推广等工作。

开设学校:天津师范大学、湖南女子学院、聊城大学东昌学院、吉林农业大学、北京师范大学珠海分校

0304民族学类

◆专业名称:民族学
◆专业代号:030401

培养目标:本专业培养具备系统的民族学基本知识,有进一步培养潜能的民族学专门人才,以及能在国家机关、文教事业、新闻出版、社会团体和各类企事业部门从事实际工作的应用型、复合型高级专

门人才。

培养要求：该专业学生主要学习民族学的基本理论，了解中国民族和族群、中国社会与文化的基本情况；掌握民族学研究的基本方法；受到人类学、语言学及考古学等方面的基本训练。

毕业生应获得以下几方面的知识和能力：

1.掌握马克思主义的基本原理和民族学的基本理论、基础知识，对有关的社会科学与自然科学知识有一定的了解；

2.掌握基本的民族学调查方法与分析方法，以及口头表达和文字表达能力；

3.具有一定的创造性思维能力和从事民族学研究的初步能力；

4.熟悉我国有关少数民族、社会文化方面的方针、政策和法规；

5.了解国内外民族学界最重要的理论前沿和发展动向；

6.掌握文献检索、资料查询、抽样调查的基本方法和手段。

主干学科：历史学、社会学

主要课程：人类学、民族学导论、文化人类学、民族学、人类学史、生态人类学、民族学调查方法、中国民族概论、世界民族概论、民族考古学、民族经济学、族群与家族、民族理论与政策、民族学概论、社会学概论、民俗学概论、中国文化史、世界文化史、人类学通论、宗教文化学、区域经济学、市场营销、文化经济学等。

实践环节：包括参观访问、社会调查、社会公益活动、田野调查、论文写作等，一般安排10周左右。

修业年限：四年

授予学位：法学学士

就业方向：各级党政机关中的民族、宗教、统战、民政、侨务、旅游、文物、博物馆等部门以及相关的政策研究机构、事业单位、群众团体和各类公司、企业、外国在华机构及基金会等非营利组织以及工厂中的公关、策划、管理和文秘部门。

开设学校：中央民族大学（985大学、211大学）、云南大学（211大学）、兰州大学（教育部直属、985大学、211大学）、西南民族大学、中山大学（教育部直属、985大学、211大学）、中南民族大学、宁夏大学（211大学）、广西民族大学、内蒙古大学（211大学）、陕西师范大学（教育部直属、211大学）、重庆三峡学院、青海民族大学、新疆师范大学、云南民族大学、吉首大学、西北民族大学、西藏民族学院、新疆大学（211大学）、贵州民族大学、西南大学（教育部直属、211大学）、广西师范大学、贵州大学（211大学）、湖北民族学院、广东技术师范学院、四川大学（教育部直属、985大学、211大学）、厦门大学（教育部直属、985大学、211大学）、南京大学（教育部直属、985大学、211大学）、南开大学（教育部直属、985大学、211大学）

0305马克思主义理论类

◆专业名称：科学社会主义
◆专业代码：030501

培养目标：本专业培养具有科学社会主义和国际共产主义运动知识，能在党政机关、外事部门、高等院校从事理论宣传、教学研究和实际工作的高级专门人才。

培养要求：本专业学生主要学习马列主义、毛泽东思想、邓小平理论和国际共产主义运动的基本理论和基本知识，受到理论写作和外语等方面的基本训练，具有在马克思主义指导下观察问题和分析问题的基本能力。

毕业生应获得以下几方面的知识和能力：

1.掌握政治学科的基本理论、基本知识；

2.掌握科学的分析方法；

3.具有分析、观察、解决问题的基本能力；

4.了解党的有关方针、政策和法规；

5.了解科学社会主义和国际共产主义运动方面的发展状态；

6.掌握文献检索、资料查询的基本方法，具有一定的科学研究和实际工作能力。

主要课程：科学社会主义原理、马列主义经典著作选读、国际政治学、社会主义思想史、政治学、行政管理学、中共党史等

实践环节：包括教学、组织学生参加社会调查、业务实习等，一般安排18周。

修业年限：四年

授予学位：法学学士

就业方向：在党政机关、外事部门、高等院校从事理论宣传、教学研究和实际工作。

开设学校：山东大学、北京大学、中国人民大学、

华东师范大学、华中师范大学(曾经开设本科专业,目前停招)

◆专业名称:中国共产党历史
◆专业代码:030502

培养目标:中国共产党历史专业培养能从事中国革命史、中国共产党党史教学与研究工作以及理论宣传、党务工作的高级专门人才。

培养要求:学生主要学习中国革命史、中国共产党历史的基本理论和基本知识,受到运用马克思主义的立场、观点和方法分析、认识中国革命的历史经验的基本训练。

毕业生应获得以下几方面的知识和能力:

1.掌握马克思主义的基本原理,全面理解中国共产党领导下的中国人民进行新民主主义革命、社会主义革命和建设的历程和经验;了解毛泽东思想的形成和发展及其基本内容;

2.掌握科学的分析方法;

3.了解党的建设理论和党的纲领、路线、方针、政策;能运用马克思主义的立场、观点和方法理论联系实际地分析和研究党的建设中的有关问题;能理论联系实际地运用马克思主义的立场、观点和方法研究中国革命的经验教训;

4.掌握文献检索、资料查询的基本方法,具有一定的科学研究和实际工作能力。

主干学科:中国共产党历史、中国共产党建设的理论与实践

主要课程:马克思主义哲学原理、马克思主义政治经济学概论、科学社会主义理论与实践、毛泽东思想概论、中国特色社会主义理论体系概论、政治学概论、史学概论、中国近代史、中共党史、中国近现代政治思想史、政党学、党的建设理论与实践、党务管理、当代中国政府与政治、当代中国社会思潮、当代中国社会问题、世界近现代史、统一战线理论与实践、国家公务员制度、中共党史文献选读、马克思主义经典著作选读、海外中共党史研究等。

实践环节:社会调查、业务实习等,一般安排12~14周。

修业年限:四年

授予学位:法学学士

就业方向:毕业生一般在教育局、政策研究室、党史研究室、党政机关、政府部门等机构从事党务工作,可以到高等院校及科研院所进行教学和研究。还可以到报社及新闻媒体机构从事与本专业相关的工作,或者通过村干部选拔及公务员考试去基层工作。

开设学校:延安大学、湘潭大学、广西民族大学、新疆大学(211大学)、中国人民大学(教育部直属、985大学、211大学)、乐山师范学院

◆专业名称:思想政治教育
◆专业代码:030503

培养目标:本专业培养具备马克思主义基本理论和思想政治教育专业知识,能在党政机关、学校、企事业单位从事思想政治工作的专门人才。

培养要求:本专业学生主要学习马克思主义、毛泽东思想、邓小平理论和思想政治教育专业的基本理论和基本知识,受到思想政治教育专业技能与方法的基本训练,掌握从事思想政治工作的基本能力。

毕业生应获得以下几方面的知识和能力:

1.掌握思想政治教育专业的基本理论、基本知识;

2.掌握马克思主义的基本原理和科学分析方法;

3.具有从事思想政治工作的基本能力;

4.了解党和国家的有关方针、政策和法规;

5.了解思想政治教育学科专业的理论前沿、发展动态;

6.掌握文件检索、资料查询的基本方法,具有一定的科学研究和工作能力。

主干学科:政治学、教育学

主要课程:马克思主义思想政治教育理论基础、思想政治道德观教育、中华人民共和国史、伦理学、教育学、管理学、心理学基础、思想政治教育史、思想政治教育案例分析等。

实践环节:包括社会调查、专业实习以及思想政治工作实践(如学生政治辅导员、少先队辅导员等)。

修业年限:四年

授予学位:法学或教育学学士

就业方向:能胜任中学教学工作和党政机关、企事业单位、社会团体的思想政治工作、党群工作及人力资源开发与管理工作。毕业生也可根据自己的职业兴趣、特长、职业气质等在新闻机构从事政治、时

事方面的报道工作，也可在企业的政工科、工会、宣传部等部门就职。

开设学校：大理学院、西北政法大学、黄山学院、昆明理工大学、首都师范大学、山东师范大学、中国传媒大学（教育部直属、211大学）、潍坊学院、中国地质大学（教育部直属、211大学）、南京理工大学（211大学）、石河子大学（211大学）、华中科技大学（教育部直属、985大学、211大学）、北京科技大学（教育部直属、211大学）、沈阳大学、西北大学（211大学）、北京大学（教育部直属、985大学、211大学）、云南大学（211大学）、宁波大学、昌吉学院、安徽大学（211大学）、江南大学（教育部直属、211大学）、广西大学（211大学）、合肥师范学院、武汉工商学院、西昌学院、西南大学（教育部直属、211大学）、三明学院、长治学院、丽水学院、贵州工程应用技术学院、重庆文理学院、天水师范学院、广西财经学院、绥化学院、六盘水师范学院、吕梁学院、宁德师范学院、广东第二师范学院、贵州师范大学求是学院、兴义民族师范学院、齐鲁师范学院、保山学院、文山学院、陕西学前师范学院、成都师范学院、昭通学院、湖南第一师范学院、呼和浩特民族学院、广西民族师范学院、甘肃民族师范学院、北华大学、长春师范大学、湖南科技大学、吉首大学、西藏大学（211大学）、陕西理工学院、青海师范大学、青海民族大学、咸阳师范学院、宝鸡文理学院、渭南师范学院、白城师范学院、湖南科技学院、衡阳师范学院、通化师范学院、华中师范大学（教育部直属、211大学）、怀化学院、湖南文理学院、邵阳学院、吉林师范大学、湖南理工学院、上海师范大学、佛山科学技术学院、安徽师范大学、广东石油化工学院、广州大学、岭南师范学院、嘉应学院、惠州学院、韶关学院、韩山师范学院、云南民族大学、云南师范大学、楚雄师范学院、红河学院、玉溪师范学院、陕西师范大学（教育部直属、211大学）、淮南师范学院、淮北师范大学、延安大学、河西学院、海南大学（211大学）、青岛大学、曲阜师范大学、内蒙古民族大学、内蒙古科技大学、商丘师范学院、洛阳师范学院、周口师范学院、聊城大学、临沂大学、西北师范大学、许昌学院、广西师范学院、玉林师范学院、内蒙古师范大学、海南师范大学、贵州师范大学、广西师范大学、黔南民族师范学院、遵义师范学院、牡丹江师范学院、湖北工程学院、黄冈师范学院、湖北师范学院、黑龙江科技大学、湖北民族学院、湖北大学、中南民族大学、齐齐哈尔大学、长江大学、福建师范大学、泉州师范学院、西藏民族学院、闽南师范大学、河南大学、苏州大学（211大学）、南京师范（211大学）、河海大学（教育部直属、211大学）、华南师范大学（211大学）、兰州大学（教育部直属、985大学、211大学）、太原理工大学（211大学）、东北师范大学（教育部直属、211大学）、盐城师范学院、南京晓庄学院、哈尔滨工程大学（211大学）、中南大学（教育部直属、985大学、211大学）、复旦大学（教育部直属、985大学、211大学）、华东师范大学（教育部直属、985大学、211大学）、东北大学（教育部直属、985大学、211大学）、武汉理工大学（教育部直属、211大学）、延边大学（211大学）、湖南师范大学（211大学）、北京师范大学（教育部直属、985大学、211大学）、河北工业大学（211大学）、武汉大学（教育部直属、985大学、211大学）、长安大学（教育部直属、211大学）、天津师范大学、济南大学、新疆大学（211大学）、郑州大学（211大学）、合肥工业大学（教育部直属、211大学）、南开大学（教育部直属、985大学、211大学）、德州学院、浙江师范大学、湖州师范学院、台州学院、杭州师范大学、西华大学、辽宁师范大学、沈阳师范大学、成都理工大学、喀什师范学院、新疆师范大学、山西师范大学、四川理工学院、山西大同大学、忻州师范学院、太原师范学院、西南科技大学、温州大学、绍兴文理学院、四川师范大学、西华师范大学、扬州大学、江西师范大学、江苏大学、重庆师范大学、西南政法大学、江苏师范大学、苏州科技学院、鞍山师范学院、渤海大学、江西科技师范大学、赣南师范学院、长江师范学院、上饶师范学院、井冈山大学、重庆三峡学院、宜春学院、郑州师范学院、呼伦贝尔学院、枣庄学院、重庆人文科技学院、宁夏师范学院、百色学院、琼州学院、常熟理工学院、滨州学院、伊犁师范学院、西安文理学院、赤峰学院、河池学院、昆明学院、上海政法学院、阜阳师范学院、安庆师范学院、榆林学院、曲靖师范学院、宜宾学院、内江师范学院、乐山师范学院、陇东学院、淮阴师范学院、哈尔滨师范大学、绵阳师范学院、贵阳学院、湖南人文科技学院、贵州师范学院、集宁师范学院、铜仁学院、菏泽学院、凯里学院、兰州城市学院、安顺学院、贺州学院、安康学院、商洛学院、湖北第二师范学院、河北民族师范学院、沧州师范学院、保定学院、中国青年政治学院、中国政法大学（教育部直属、211大学）、河北师范大学、泰山学院、宁夏大学（211大学）、北方民族大学、鲁东大学、邯郸学院、石家庄学院、廊坊师范学院、唐山师范学院、衡水学院、河北北方学院、邢台学院、运城学院、晋中学院、贵州大学(211大学)、肇庆学院、四川文理学院、四川民族学、南通大学、信阳师范学院、安阳师范学院、河南师范大学、佳木斯大学、江汉大学、湖南农业大学、湖北文理学院、哈尔滨学院、河北师范大学汇华学院、内蒙古科技大学包头师范学院、湖南师范大学树达学院、山西师范大学现代文理学院、河南师范大学新联学院

0306 公安学类

◆专业名称:治安学
◆专业代码:030601K

培养目标:本专业培养具有坚定正确的政治方向、严格的组织纪律观念、良好的职业道德,有为维护国家安全、社会安定而献身的精神,熟悉我国公安工作的路线、方针、政策和治安管理法律、法规,系统掌握治安学专业的基本理论、基本知识和基本技能,能在公安、边防、国家安全等部门从事治安管理、出入境管理、道路交通管理、安全保卫、预防和控制犯罪以及治安学教学、科研等方面工作的高级专门人才。

培养要求:本专业学生主要学习治安学、行政法学、行政管理学、安全防范技术、侦查学等方面的基本理论和基本知识,接受公安行政执法和犯罪预防等方面的基本训练,具有管理社会治安,预防处置治安案件、治安事件与治安灾害事故,指导和监督企、事业单位内部治安保卫工作的基本能力。

毕业生应获得以下几方面的知识和能力:

1.掌握治安学、行政法学、行政管理学、安全防范技术学、侦查学等方面的基本理论、基本知识;

2.掌握治安管理方法和安全防范技术;

3.具有管理大、中城市社会治安、处理各种治安问题的初步能力;

4.熟悉党和国家有关公安工作及社会治安工作的方针、政策和法规;

5.掌握通信、驾驶、射击、自卫擒敌等技能,身体素质达到规定标准;

6.掌握公安研究的基本方法,具有一定的教学、科学研究和实际工作能力。

主要课程:公安学基础理论、犯罪学、公安管理学、侦查学总论、刑法、刑事诉讼法、行政法与行政诉讼法、自卫擒敌、射击、安全防范技术、道路交通管理学等。

实践环节:包括调查、见习和实习等。学生在公安机关见习6周,毕业实习10周。

修业年限:四年

授予学位:法学学士

就业方向:在公安、边防、国家安全等部门从事治安管理、出入境管理、道路交通管理、安全保卫、预防和控制犯罪以及治安学教学、科研等工作。

开设学校:湖南警察学院、吉林警察学院、福建警察学院、浙江警察学院、公安海警学院、北京警察学院、西北政法大学、云南警官学院、中南财经政法大学(教育部直属、211大学)、华东政法大学、甘肃政法学院、西南政法大学、中国刑事警察学院、南京森林警察学院、江苏警官学院、山东警察学院、辽宁警察学院、湖北警官学院、重庆警察学院、河南警察学院、四川警察学院、中国人民公安大学、铁道警察学院、广东警官学院、江西警察学院、黑龙江大学、广东财经大学

◆专业名称:侦查学
◆专业代码:030602K

培养目标:本专业培养具有坚定正确的政治方向、严格的组织纪律观念、良好的职业道德,有为维护国家安全、社会安定而献身的精神,熟悉我国公安工作的路线、方针、政策和相关法律、法规,系统掌握侦查学专业的基本理论、基本知识和基本技能,能在公安、检察、国家安全等部门从事侦查工作、刑事执法工作、预防和控制犯罪以及侦查学教学、科研等方面工作的高级专门人才。

培养要求:本专业学生主要学习侦查学的基本理论和基本知识,接受刑事执法、侦查破案的基本训练,掌握侦查学理论和技术,具有分析问题、解决问题的实际工作能力和创新能力。

毕业生应获得以下几方面的知识和能力:

1.掌握法学、侦查学的基本理论、基础知识;

2.掌握侦查手段和侦查技术;

3.具有较强的侦查指挥、刑事执法的基本能力;

4.熟悉公安工作的方针、政策和法规;

5.掌握擒拿格斗技术、警用武器应用技术等技能,身体素质达到规定标准;

6.掌握公安研究的基本方法，具有一定的教学、科学研究和实际工作能力。

主要课程：公安学基础理论、犯罪学、公安管理学、刑法、刑事诉讼法、行政法与行政诉讼法、自卫擒敌、射击、刑事侦查学、物证技术学、法医学、侦查讯问学、现场勘查学。

实践环节：包括见习和实习等。学生在公安机关见习6周，毕业实习10周。

修业年限：四年

授予学位：法学学士

就业方向：在公安、检察、国家安全等部门从事侦查工作、刑事执法工作、预防和控制犯罪以及侦查学教学、科研等方面工作。

开设学校：广西民族大学、中央民族大学（985大学、211大学）、江苏警官学院（反恐怖犯罪、经济犯罪侦查）、湖南警察学院、吉林警察学院、福建警察学院、浙江警察学院、北京警察学院、西北政法大学、云南警官学院、中南财经政法大学（教育部直属、211大学）、华东政法大学、甘肃政法学院、西南政法大学、中国刑事警察学院、南京森林警察学院、山东警察学院、辽宁警察学院、湖北警官学院、重庆警察学院、河南警察学院、四川警察学院、中国人民公安大学、中国政法大学（教育部直属、211大学）、中央司法警官学院、铁道警察学院、广东警官学院、江西警察学院

◆专业名称：边防管理
◆专业代码：030603K

培养目标：培养具备国（边）境管理、部队管理和出入境边防检查等方面的知识和能力，能在公安边防部队和出入境管理部门从事国（边）境管理和出入境边防检查等方面工作的高级专门人才。

培养要求：该专业学生主要学习法律、公安边防业务、部队管理等方面的基本理论和基本知识，受到国（边）境管理、边防勤务与战术、护照证件及交通运工具检查（监护）等方面的基本训练，具有边防执勤、依法处置边境突发事件、管理部队和检查（监护）护照证件、交通运输工具等的基本能力。

主要课程：国际法、刑法、刑事诉讼法、当代世界政治经济法、边防公安法规、公安学概论、治安管理学、刑事侦查学、边境管理学、边防勤务学、边防战术学、边防情报学、边防检查学、护照鉴证制度、口岸管理、国际移民管理概论、行政法与行政诉讼法等。

实践环节：包括见习和实习等。学生在公安机关见习6周，毕业实习10周。

修业年限：四年

授予学位：法学学士

就业方向：在边防部队、人民警察和武警部队中的出入境管理部门和出入境边防检查部门，从事国境管理和出入境边防检查等方面的工作。

开设学校：青岛大学、泰山学院、中国地质大学（教育部直属、211大学）、四川师范大学、安阳师范学院、中南财经政法大学（教育部直属、211大学）、华东政法大学、甘肃政法学院、中国人民武装警察部队学院

◆专业名称：禁毒学
◆专业名称：030604TK

培养目标：本专业培养具有坚定正确的政治方向、严格的组织纪律观念和良好的职业道德，熟悉公安业务，了解我国和世界毒品问题现状、趋势及应对策略，系统地掌握禁毒学的基础理论、基本知识和基本技能，具有从事毒品犯罪案件侦查及其他禁毒工作实践和理论研究能力的专门人才。

培养要求：本专业要求学生要掌握禁毒学的基础知识和理论，受到禁毒学专业方面的训练，具有从事禁毒工作的基本能力。

毕业生应具备以下的知识和能力：

1.掌握公安学基础理论及侦查学、刑事科学技术等相关领域的基础理论和基本知识；

2.掌握缉毒、戒毒、毒品检验和毒品预防教育等禁毒学领域的基础理论和基本知识；

3.全面掌握禁毒工作的程序、措施、手段和方法，运用缉毒工作的各种技术和手段依法办理毒品案件的能力；

4.熟悉公安禁毒工作，具有较高的缉毒办案、戒毒管理、宣传教育以及从事其他公安工作的业务素质；

5.运用禁毒知识和技能开展戒毒和禁毒宣传教育工作的能力，具备较快适应相邻公安业务工作的基本素质和能力。

主要课程：禁毒学导论、毒品学（含检验）、禁毒法学、禁毒情报、戒毒学、毒品公开查缉、毒品犯罪案件侦查（含措施、预审）、毒品预防、国外禁毒概论（双语）、艾滋病与职业防护等。

实践环节：包括教学实习、毕业实习等。

修业年限:四年

授予学位:法学学士

就业方向:禁毒学专业的就业前景相当不错,毕业生能在公安、检察、国家安全等部门从事侦查工作、刑事执法工作、预防和控制犯罪以及侦查学教学、科研等方面工作。

开设学校:中国刑事警察学院、云南大学(211大学)、云南警官学院、甘肃政法学院、广东警官学院、湖南警察学院、楚雄师范学院

◆专业名称:警犬技术
◆专业代码:030605TK

培养目标:警犬技术专业是一门为侦查破案和安全防范服务的综合性应用学科,是刑事侦查和安全防范科学的分支。警犬技术作为我国公安机关的一种专门手段,在侦查、治安、警卫、消防、边防保卫领域中有着广泛的用途。主要培养掌握警犬训练及使用的理论、方法、技能,具有教学能力和公安工作实践能力的警犬技术专业人才。

培养要求:警犬技术是警察机关根据警务需要,训练、使用、管理、繁育警犬以及对警犬疾病进行防治的一种专门技术。它主要从下面四个方面体现出来:(1)警犬;(2)警犬嗅认;(3)警犬作业;(4)警犬训导员。

毕业生应具备以下几方面的能力:

1.掌握警犬训练及使用的理论、方法、技能;

2.熟悉我国公安工作的路线、方针、政策;

3.警犬繁育及警犬疾病防治;

4.能在相关部门从事警犬技术教学及科研。

主要课程:政治理论、大学英语、公安文书写作、计算机应用、公安法规、刑法、刑诉法、刑事案件侦查、临场查缉战术、犯罪现场勘查、痕迹检验、刑事照相、警犬学概论、犬解剖生理、犬病学、养犬学、警犬训练学、警犬使用学、犬行为学、警察体育、擒拿格斗、射击等。

修业年限:四年

授予学位:法学学士

就业方向:警犬技术专业的毕业生主要到公安系统、刑事侦查部门工作,或到检察院、海关等部门从事相关工作。

开设学校:贵州警官职业学院、中国刑事警察学院、甘肃警察职业学院

◆专业名称:经济犯罪侦查
◆专业代码:030606TK

培养目标:培养熟悉我国公安工作的基本路线、方针、政策和相关的法律法规,掌握经济犯罪侦查工作的基本知识和技能,系统掌握职务犯罪侦查方面的基本理论和基本知识,具备检察、纪检、公安及企事业相关工作岗位上所需的侦查技术能力,能在检察、纪检、公安及企事业相关工作单位从事职务犯罪侦查工作的高级应用型人才。

培养要求:该专业学生能够系统地学习刑事法学、经济法学、案件侦查、物证技术等专业的基本理论和基础知识,能够熟练地运用侦查策略方法和刑事科学技术。

毕业生应具备以下几方面的能力:

1.熟练运用侦查策略方法和物证分析技术;

2.掌握经济犯罪的法律法规;

3.熟悉经济犯罪侦查的基本理论、方法和技能;

4.具有较为扎实的经济犯罪侦查实际工作和科学研究的能力以及计算机和外语知识;

5.具备擒敌、射击、驾驶等专业技能。

主要课程:侦查策略、刑法学、证据学、现场勘查、司法会计、走私犯罪案件侦查、金融犯罪案件侦查、商业犯罪案件侦查、经济犯罪防范对策、刑事讯问学、痕迹检验、笔迹学、侦查心理学、法医学、刑事照相、司法精神病学、经济法学等。

修业年限:四年

授予学位:法学学士

就业方向:可在检察、纪检、公安部门以及企事业单位相关岗位工作。

开设学校:中国刑事警察学院、中国人民公安大学、西北政法大学、浙江警察学院、西南政法大学、河南警察学院、重庆警察学院、江苏警官学院、江西警察学院、辽宁警察学院、福建警察学院、广东警官学院、云南警官学院

◆专业名称:边防指挥
◆专业代码:030607TK

培养目标:为公安边防部队培养德、智、体、美全面发展,基础理论扎实、业务素质高、实践能力强、富有创新精神,从事公安边防部队作战指挥、组织训练

和日常管理的指挥警官。

培养要求：比较系统地掌握本专业的基本理论、基础知识和基本技能，重点掌握边防执勤、边防作战和边防案件侦查指挥等知识和技能，熟悉边防政策法规、边界条约、协定、协议和国际惯例及边防勤务与作战的组织指挥程序，具有独立遂行边防执勤、边防作战和边防案件侦查的组织指挥能力。掌握一门外语，能够比较熟练地阅读本专业的外文书刊和资料，具有一定的外语听、说、读、写能力。

毕业生应获得以下的知识和能力：

1.掌握法学、管理学、公安学的基本理论、基本知识；

2.掌握边防执勤、依法处置边防突发事件及护照证件与交通运输工具检查（监护）的技能；

3.具有国（边）境管理、部队管理、边防涉外工作、出入境边防检查工作的基本能力；

4.熟悉边防管理和公安涉外工作的方针、政策和法规；

5.了解本系统国内、国际的发展动态；

6.掌握文件检索、资料查询的基本方法，具有一定的科学研究和实际工作能力。

主要课程：国际法、刑法、刑事诉讼法、当代世界政治经济法、边防公安法规、公安学概论、治安管理学、刑事侦查学、边境管理学、边防勤务学、边防战术学、边防情报学、边防检查学、护照鉴证制度、口岸管理、国际移民管理概论、行政法与行政诉讼法等。

实践环节：公安边防部队实习、社会调查以及各校的主要特色课程。

修业年限：四年

授予学位：法学学士

就业方向：边防指挥专业毕业后能在公安机关与部队工作。

开设学校：中国人民武装警察部队学院

◆专业名称：消防指挥
◆专业代码：030608TK

培养目标：本专业培养具备消防工程技术和灭火救援等方面的知识和能力，能在公安消防部队和企事业单位从事消防工程技术与管理和灭火救援指挥方面工作的工科学科高级专门人才。

培养要求：比较系统地掌握本专业的基本理论、基础知识和基本技能，重点掌握灭火战术、消防部队管理、抢险救援、灭火组织指挥、消防技能训练、消防监督管理等方面的知识和技能，熟悉各种消防技术、设施，具有从事部队管理、消防技能训练和灭火救援组织指挥等工作的能力，掌握一门外语，能够比较熟练地阅读本专业的外文书刊和资料，具有一定的外语听、说、读、写能力。

毕业生应具备以下的知识和能力：

1.熟练掌握消防指挥方面的技术；

2.掌握消防指挥的发展动态；

3.熟悉消防指挥的基本理论、方法和技能；

4.具有较为扎实的消防指挥实际工作和科学研究的能力以及计算机和外语知识。

主要课程：工程力学、化学工程、部队管理科学基础、火灾科学概论、灭火技术、灭火战术、消防技能训练、现代消防装备、灭火救援指挥、消防司令部工作、消防监督管理等。

实践环节：公安消防部队实习、社会调查等。

修业年限：四年

授予学位：法学学士

就业方向：消防指挥专业毕业生的主要去向就是消防部队。

开设学校：中国人民武装警察部队学院

◆专业名称：警卫学
◆专业代码：030609TK

培养目标：警卫学专业主要培养在公安警卫部队从事党和国家领导人、来访重要外宾及重要会议、重大活动安全警卫工作，以及执勤训练、管理教育等方面工作的应用型高级专门人才。

培养要求：本专业学生主要学习警卫学的基础知识和理论，受到警卫学专业的基本训练，具有警卫学实际工作的基本能力。

毕业生应具备以下的知识和能力：

1.比较系统地掌握本专业的基本理论、基础知识和基本技能；

2.熟悉警卫工作的政策法规；

3.具有较强的组织指挥、管理和协调能力；

4.掌握一门外语，能够比较熟练地阅读本专业及相关外文书刊和资料，具有一定的外语听、说、读、写能力；

5.能处理一般涉外业务。

主要课程：治安管理学、散打、驾驶技术、防暴技术、警卫基础理论、警卫参谋学、警卫勤务学、警卫战术学、警卫指挥学、部队管理科学基础、治安管理学、汽车驾驶等。

实践环节:包括教学实习、毕业实习等。

修业年限:四年

授予学位:法学学士

就业方向:警卫学专业毕业生能在公安、检察、国家安全等部门从事侦查工作、刑事执法工作、预防和控制犯罪以及侦查学教学、科研等方面工作。

开设学校:中国人民武装警察部队、中国人民解放军石家庄陆军指挥学院、解放军西安政治学院

◆专业名称:公安情报学
◆专业代码:030610TK

培养目标:本专业培养具备扎实的公安情报理论基础,掌握情报收集、处理、分析、评估、判断和管理的方法与技术,具备使用现代信息技术开展公安情报活动的能力,能在公安各警种从事情报收集、分析、研判和管理的应用型高级专门人才。

培养要求:要求学生必须掌握马克思主义基本理论,具有高度的思想政治觉悟和组织纪律意识,热爱公安事业,具有为维护国家安全和社会稳定而献身的精神;熟悉我国与公安工作相关的法律法规;全面系统地掌握公安学和公安情报学专业的基本理论、基本知识和基本技能。

毕业生应具备以下的知识和能力:

1.比较系统地掌握本专业的基本理论、基础知识和基本技能;

2.具有高度的思想政治觉悟和组织纪律意识;

3.具备使用现代信息技术开展公安情报活动的能力;

4.掌握一门外语,能够比较熟练地阅读本专业及相关外文书刊和资料,具有一定的外语听、说、读、写能力;

5.能处理一般涉外业务。

主要课程:情报学导论、公安情报学、公安情报技术、公安情报管理信息系统、公安情报分析与研判、公安情报组织与利用、公安情报工作实务、公安情报政策与法规等。

实践环节:包括教学实习、毕业实习等。

修业年限:四年

授予学位:法学学士

就业方向:本专业在就业市场上可谓前景广阔,需要的人才量很大。公安情报学的学生毕业后将直接从事公安情报工作,包括国内安全保卫、各类刑事犯罪侦查、社会治安管理情报的搜集、整理、分析和使用等工作,或从事相关专业的教学、科研工作。

开设学校:中国人民武装警察部队、中国人民公安大学

◆专业名称:犯罪学
◆专业代码:030611TK

培养目标:本专业培养适应社会主义和谐社会建设需要,掌握马克思主义基本原理,能在公安保卫部门从事犯罪预防、犯罪分析与预测及罪犯矫治等业务工作和在检察、法院、司法行政部门从事相关工作以及在相关领域从事犯罪学教学、科研工作的高级复合型专门人才。

培养目标:本专业要求学生具有良好的科学素质与人文素质、警察基本素质和技术技能,既有较高的执法能力和管理水平,又有强烈的公共服务意识,全面系统地掌握犯罪学基础理论、基本知识和基本技能。

毕业生应具备以下的知识和能力:

1.比较系统地掌握本专业的基本理论、基础知识和基本技能;

2.具有高度的思想政治觉悟和组织纪律意识;

3.具备犯罪学的基本知识;

4.掌握一门外语,能够比较熟练地阅读本专业及相关外文书刊和资料,具有一定的外语听、说、读、写能力;

5.能处理一般涉外业务。

主要课程:犯罪学原理、西方犯罪学、刑事政策学、犯罪被害人学、犯罪预防学、犯罪心理学、罪犯矫治学、犯罪评估导论、犯罪学研究方法、犯罪统计学、公安学概论、刑事侦查学、治安管理学、刑事科学技术、刑法学、刑事诉讼法学、社会学概论、社会工作概论、普通心理学、社会心理学、人格心理学、变态心理学等。

实践环节:包括教学实习、毕业实习等。

修业年限:四年

授予学位:法学学士

就业方向:犯罪学专业毕业生的就业前景十分可观,毕业生主要从事科研、教育、培训和公务员工作,岗位主要有刑事犯罪鉴定人员、犯罪心理研究员、犯罪调查员、执法人员、警务人员、狱警、感化主

任、假释官、社会工作者等。

开设学校：中国人民公安大学、西南政法大学

◆专业名称：公安管理学
◆专业代码：030612TK

培养目标：本专业着重培养能在公安机关综合管理、政治工作、法制工作、后勤保障等部门从事管理、法制工作和在公安业务部门从事警务指挥、组织管理、信息调研工作以及在相关领域从事教学、科研工作的高级复合型专门人才。

培养要求：本专业要求学生系统掌握刑事科学技术和计算机科学技术的基础理论、基础知识和基本技能，具备一般痕迹检验、文件检验、刑事照相摄影、理化检验、仪器分析以及电子证据的发现、提取、分析、鉴定等方面的知识和能力。

毕业生应具备以下的专业知识与能力：

1.系统掌握本专业必需的基础理论、基本知识和基本技能；

2.具备整体作战、相互协作、保障有力的现代警务指挥意识；

3.掌握现代化指挥手段；

4.具有良好的组织纪律作风；

5.具有较强的语言表达能力和文字表达能力、开拓创新能力、组织管理能力和良好的心理素质。

主要课程：政治学、管理学、公安管理学、公安决策学、公安指挥学、公安政工学、警察人力资源管理、警察组织行为学、公安信息系统管理、警察公共关系等。

实践环节：包括教学实习、毕业实习等。

修业年限：四年

授予学位：法学学士

就业方向：在公安、检察、国家安全等部门从事侦查、刑事执法、预防和控制犯罪以及侦查学教学、科研等方面的工作。

开设学校：中国人民公安大学、四川警察学院、南京森林警察学院、福建警察学院、江苏警官学院

◆专业名称：涉外警务
◆专业代码：030613TK

培养目标：该专业旨在为公安机关培养具备扎实的涉外警务基础理论、基本知识，具备出入境管理、涉外案件处置、国际警务执法合作等方面专业技能，业务素质高、实战能力强，具有较高外语水平，能在公安机关从事出入境管理、边防检查、国际社区管理、涉外案件查处、维和警务、涉外警务联络等工作，以及在相关领域从事教学、科研工作的应用型公安高级专门人才。

培养要求：该专业要求学生具有较强的外语交际应用能力，掌握公安学和治安学等理论知识和公安实践技能。

毕业生应具备以下的知识和能力：

1.系统掌握本专业必需的基础理论、基本知识和基本技能；

2.具备出入境管理、涉外案件处置、国际警务执法合作等方面专业技能；

3.掌握涉外警务处理的基本手段和方法；

4.具有良好的组织纪律作风；

5.具有较强的语言表达能力和文字表达能力、开拓创新能力、组织管理能力和良好的心理素质。

主要课程：涉外警务法律基础、涉外警务概论、出入境管理、涉外案件处置、国际警务合作概论、跨国犯罪对策、国际移民概论、国际关系概论、外交学、警务英语口译、警务英语笔译。

实践环节：包括教学实习、毕业实习等。

修业年限：四年

授予学位：法学学士

就业方向：本专业的毕业生能在公安机关出入境管理部门、武警边防检查机构或者在其他涉外警务工作部门从事出入境管理、国际警务合作、联合国维和警务、边防检查、涉外案件处置、跨国犯罪调查、跨国罪犯追捕与遣返、国际执法联络、国际警务合作、司法协助、中国驻外使领馆警务联络工作。

开设学院：中国人民公安大学、湖北警官学院、北京警察学院、江苏警官学院、浙江警察学院

◆专业名称：国内安全保卫
◆专业代码：030614TK

培养目标：培养适应社会主义和谐社会建设需要，掌握马克思主义基本原理，政治坚定，具有良好职业素养、科学素养和人文素养，熟悉党和国家的路线、方针、政策，掌握国内安全保卫方面的基础理论、基本知识，具备维护国家安全与社会政治稳定方面的职业核心能力和创新精神，能在公安机关国内安全保卫部门、防范和处置邪教犯罪部门、防范和打击

恐怖主义犯罪活动部门等从事相关业务工作，以及能在相关领域从事教学、科研工作的应用型高级专门人才。

培养要求：掌握国际关系学、刑事侦查学、治安管理学等方面的基础理论和基本知识，着重掌握国内安全保卫案件侦查、警察涉外行政执法、涉外治安案件、刑事案件处置以及涉外犯罪预防等方面的基本方法和技巧，具备从事国内安全保卫、出入境管理、边防检查、涉外案件处置、国际警务合作等工作的基本能力。

通过学习，将具备以下几方面的能力：

1.掌握宪法、刑法、民法、刑事诉讼法、行政诉讼法等法律的基本理论和基本知识，牢固树立社会主义依法治国的理念；

2.掌握公安学科的基础理论、基本知识，明确公安工作的性质、任务，懂得公安工作的路线、方针、政策；

3.掌握公安工作所必需的自然科学知识、外语知识。

专业课程：公安学基础理论、刑法、刑事诉讼法、刑事侦查学、公安行政法、犯罪学、治安管理学、擒敌、射击、查缉战术、汽车驾驶、国内安全基础理论、国内安全措施与手段、国内安全情报信息、国内安全案件侦察、保卫学、安全防范技术、事故对策学、痕迹学、刑事图像技术、文件检验、刑事化验、法医学、侦查讯问学等

修业年限：四年

授予学位：法学学士

就业方向：基层公安机关和行政、企事业单位安全保卫部门。

开设学校：中国人民公安大学、福建警察学院、浙江警察学院

◆专业名称：警务指挥与战术
◆专业代码：030615TK

培养目标：警务指挥与战术专业旨在培养适应社会主义和谐社会建设需要，掌握马克思主义基本原理，具有良好的科学素质、人文素质与警察基本素质，既有较高的执法能力和指挥辅助决策能力，又有较强的警务实战训练组织能力，全面系统地掌握警务指挥学基本知识和基本技能，能在公安一线从事警务指挥辅助以及警务实战训练组织的应用型高级专门人才。

培养要求：要求掌握马克思主义基本原理，具有良好的科学素质、人文素质与警察基本素质，既有较高的执法能力和指挥辅助决策能力，又有较强的警务实战训练组织能力，全面系统地掌握警务指挥学的基本知识和基本技能。

毕业生应具备以下的知识和能力：

1.系统掌握警察指挥与战术的基本理论与应用技术；

2.具备较高的战术素养和作战技能；

3.有较高的执法能力和指挥辅助决策能力；

4.有较强的警务实战训练组织能力。

主要课程：侦查学、治安管理学、警务指挥学、警务战术学、警察谋略学、警务实战训练、警务实战心理学、警务战例研究、警务实战技能、警务指挥与战术总论、公安作战指挥、运筹学基础、警务指挥信息系统、警务参谋、警用武器使用、警用装备使用、警务战术学、警务实战心理应用、警务实战法律法规应用、警务实战训练指导法、危机谈判、攀降越障技术等。

实践环节：包括基层公安机关实习、社会调查等，以及各校的主要特色课程和实践环节等。

修业年限：四年

授予学位：法学学士

就业方向：本专业就业前景较好，毕业生主要从事公安执法、战斗指挥与参谋工作等。

开设学校：中国人民公安大学、广东警官学院、河南警察学院、湖北警官学院、湖南警察学院、重庆警察学院、浙江警察学院、福建警察学院、南京森林警察学院

04　学科门类：教育学

0401 教育学类

◆专业名称：教育学
◆专业代码：040101

培养目标：本专业培养具有良好思想道德品质、较高教育理论素养和较强教育实际工作能力的中、高等师范院校师资、中小学校教育科研人员、教育科学研究单位研究人员、各级教育行政管理人员和其他教育工作者。

培养要求:本专业学生主要学习教育科学的基本理论和基本知识,受到教育科学研究的基本训练,掌握从事教师工作的基本技能。

毕业生应获得以下几方面的知识和能力:

1.掌握教育学科的基本理论和基本知识;

2.掌握教育科学研究的基本方法;

3.具有从事教育专业教学和其他一两门中小学学科教学工作的能力;

4.熟悉我国的教育方针、政策和法规;

5.了解教育科学的理论前沿、教育改革的实际状况和发展趋势;

6.掌握文献检索、资料查询的基本方法,具有一定的科学研究和实际工作能力。

主干学科:教育学、心理学

主要课程:普通心理学、教育心理学、中国教育史、外国教育史、教育通论、教学论、德育原理、教育社会学、教育统计测量评价、教育哲学、中小学语文或数学教学法等。

实践环节:教育见习、实习、社会调查、教育调查等,一般安排的时间总数不少于20周。

修业年限:四年

授予学位:教育学学士

就业方向:各类院校、学院,社区服务社,咨询组织,文化组织,还包括司法系统、国家级协会、委员会、研究与开发中心,政府教育部门,甚至是金融机构和传媒行业也同样适合教育学专业的学生就业。

开设学校:合肥学院、延安大学、河西学院、聊城大学、浙江大学(教育部直属、985大学、211大学)、厦门大学(教育部直属、985大学、211大学)、江苏大学、深圳大学、宁波大学、昌吉学院、江南大学(教育部直属、211大学)、三明学院、西藏大学(211大学)、广州大学、韶关学院、长江大学、江汉大学、南昌大学(211大学)、苏州大学(211大学)、兰州大学(教育部直属、985大学、211大学)、郑州大学(211大学)、天津大学(教育部直属、985大学、211大学)、山西大学、扬州大学、钦州学院、昆明学院、邯郸学院、邢台学院、晋中学院、西南大学(教育部直属、211大学)、南通大学、长春师范大学、陕西师范大学(教育部直属、211大学)、山东师范大学、唐山师范学院、贵州师范大学、贵州民族大学、闽南师范大学、福建师范大学、山东理工大学、遵义师范学院、贵州财经大学、广西师范大学、南京师范大学(211大学)、江苏师范大学、井冈山大学、江西科技师范大学、长江师范学院、华东师范大学(教育部直属、985大学、211大学)、华中科技大学(教育部直属、985大学、211大学)、云南大学(211大学)、山西师范大学、浙江师范大学、杭州师范大学、河北大学、合肥师范学院、武汉工商学院、西北师范大学知行学院、安阳师范学院、安庆师范学院、内江师范学院、北京师范大学珠海分校、武夷学院、浙江外国语学院、西安欧亚学院、湖南科技大学、宝鸡文理学院、渭南师范学院、吉林华侨外国语学院、吉林工程技术师范学院、华中师范大学(教育部直属、211大学)、黑龙江大学、吉林师范大学、湖南农业大学、上海师范大学、安徽师范大学、广东外语外贸大学、云南师范大学、上海杉达学院、曲阜师范大学、内蒙古民族大学、商丘师范学院、洛阳师范学院、南阳师范学院、、西北师范大学、许昌学院、广西师范学院、玉林师范学院、内蒙古师范大学、海南师范大学、牡丹江师范学院、湖北师范学院、哈尔滨学院、湖北大学、中南民族大学、佳木斯大学、齐齐哈尔大学、西藏民族学院、河南大学、华南师范大学(211大学)、东北师范大学(教育部直属、211大学)、江苏理工学院、中央民族大学(985大学、211大学)、湖南师范大学(211大学)、北京师范大学(教育部直属、985大学、211大学)、天津师范大学、天津职业技术师范大学、浙江工业大学、辽宁师范大学、沈阳师范大学、喀什师范学院、新疆师范大学、忻州师范学院、太原师范学院、四川师范大学、西华师范大学、重庆师范大学、赣南师范学院、石河子大学、四川外国语大学、丽水学院、徐州工程学院、乐山师范学院、哈尔滨师范大学、信阳师范学院华锐学院、菏泽学院、湖北第二师范学院、首都师范大学、河北师范大学、北京城市学院、鲁东大学、石家庄学院、廊坊师范学院、中央司法尽管学院、思安思源学院、河南科技学院、河南师范大学、首都师范大学继续教育学院、北京师范大学-香港浸会大学联合国际学院、白城师范学院、南京晓庄学院、常州工学院、淮阴师范学院、河北外国语学院

◆专业名称:科技教育
◆专业代码:040102

培养目标:科学教育专业旨在培养具有现代教育理念,能适应21世纪社会经济发展和现代化建设需要,掌握科学教育及相关学科专业的基本理论、基础知识和实验技能,具有良好的科学素养,知识面

宽、能力强、素质高,富有时代特征、探究精神和实践能力的基础教育领域的应用型、复合型专门人才。

培养要求:该专业学生主要学习教育科学的基本理论和基本知识,受到教育科学研究的基本训练,掌握从事教师工作的基本技能。

通过学习,获得以下知识和能力:

1.掌握教育学科的基本理论和基本知识;

2.掌握教育科学研究的基本方法;

3.具有从事教育专业教学和其他一两门中小学学科教学工作的能力;

4.熟悉我国的教育方针、政策和法规;

5.了解教育科学的理论前沿、教育改革的实际状况和发展趋势;

6.掌握文献检索、资料查询的基本方法,具有一定的科学研究和实际工作能力。

主干学科:科学教育

主要课程:普通心理学、教育心理学、中国教育史、外国教育史、教育通论、教学论、德育原理、教育社会学、教育统计测量评价、教育哲学、中小学语文或数学教学法等。

实践环节:教育见习、实习、社会调查、教育调查等,一般安排的时间总数不少于20周。

修业年限:四年

授予学位:教育学学士

就业方向:毕业生一般担任综合实践活动教师和技术教师,尤其是专业化的综合实践活动与技术教师;专业化的科技场馆人员;专业化的(科技教育基地)科普工作者;报社、广电等大众媒体科普栏目的科技工作者;社区、农村、企业等科技站工作者;科普管理机构(科协、社区、科技站等)工作人员;大众科普产品制作人员;科技教育、传播与普及的专业化人员。

开设学校:红河学院、河西学院、许昌学院、渤海大学、昌吉学院、运城学院、怀化学院、临沂大学、宁波大学、台州学院、贵阳学院、保定学院、渭南师范学院、陕西师范大学(教育部直属、211大学)、河北师范大学、西北师范大学、闽南师范大学、广西师范学院、玉林师范学院、鲁东大学、黔南民族师范学院、长江师范学院、石河子大学(211大学)、赣南师范学院、沈阳师范大学、山西师范大学、湖州师范学院、晋中学院、吉林师范大学博达学院、安庆师范学院、湖南第一师范学院、长春师范大学、上海师范大学、岭南师范学院、楚雄师范学院、贵州师范大学、广西师范大学、遵义师范学院、东南大学(教育部直属、985大学、211大学)、华南师范大学(211大学)、浙江师范大学、杭州师范大学、太原师范学院、绍兴文理学院、西华师范大学、四川师范大学、重庆师范大学、阜阳师范学院、乐山师范学院、哈尔滨师范大学、河北民族师范学院、白城师范学院、湖北文理学院、黄冈师范学院、牡丹江师范学院

◆专业名称:人文教育
◆专业代码:040103

培养目标:人文教育专业培养基础扎实、知识结构合理,具有现代教育思想和技能,具有一定理论素养、创新精神和实践能力,既能胜任中学综合文科"人文与社会"课程教学需要,又能适应历史、中文、政治分科教学需要,德、智、体、美全面发展的高级应用人才。

培养要求:该专业的毕业生应当具有宽厚扎实的历史、中文、政治专业基础和较高的综合素质,能够胜任中学语文、历史、政治、人文与社会等课程的教学工作,具备较强的社会适应能力及继续提高和深造的基本条件。

通过学习,获得以下知识和能力:

1.具有坚定的政治方向,热爱社会主义祖国,坚持党的基本路线,拥护中国共产党领导,忠诚党和人民教育事业;具有科学的世界观、人生观、价值观;具有国情意识、开拓意识和乐于奉献的精神,道德高尚,为人师表;

2.掌握该专业所必需的历史、中文、政治、地理等基础理论、基础知识和基本技能,对该专业的学科发展有所了解,初步具有从事中学综合文科课程教学能力和历史、语文、政治分科教学能力,具有一定的社会调查能力和分析解决社会历史问题的能力;

3.掌握古代汉语、一门外语和计算机应用技能,能够熟练运用古代汉语、一门外语阅读古今中外历史典籍、文学作品和相关资料;能够熟练运用现代计算机技术检索、分析电子资源,制作网页、课件等;能掌握历史学、语言学、文学、政治学、社会学研究的基本方法,具备初步进行科学研究的能力;具有较强的语言能力和写作能力;

4.具有该专业以外的较广博的人文艺术、自然科学方面的基本知识和修养,具有自学能力、创新能力和终身学习习惯,从而具备职业迁移的智能基础、

持续发展的潜在能力及较强的社会适应能力；

5.具有健康的体魄、健全的心理素质以及文明的生活习惯。

主要课程：中外文化史、文学概论、社会学研究、美学原理、管理学通论、科学研究方法、现代汉语、中外名著选读、民族与宗教、人文课程资源开发研究、自然与人文、科学与人文等

实践环节：教育见习、实习、社会调查、教育调查等，一般安排的时间总数不少于20周。

修业年限：四年

授予学位：教育学学士

就业方向：毕业生主要就业方向为基础教育文科教师，从事中小学综合文科、历史与社会、地理等人文教育教学工作，以及在政府机关、企事业单位从事公务员、新闻、秘书等其他社会工作，在各级党政机关、旅游、服务业等经济实体从事多方面的管理或服务性工作。

开设学校：湖南人文科技学院、浙江宁波大学、浙江杭州师范大学、浙江师范大学、福建漳州师范学院、吉林长春师范学院、陕西渭南师范学院、安徽安庆师范学院、江西赣南师范学院、四川绵阳师范学院、四川宜宾学院、湖南怀化学院、河南许昌学院、河南信阳师范学院、青海师范大学、甘肃天水师范学院、吉林白城师范学院、甘肃河西学院、黑龙江黑河学院、黑龙江大庆师范学院、吉林师范大学博达学院、云南师范大学、香港城市大学、宁夏师范学院、广西百色学院、太原师范学院、赣南师范学院等

相近专业：教育学、学前教育、特殊教育、教育技术学、小学教育、科学教育、言语听觉科学、华文教育

◆专业名称：教育技术学
◆专业代码：040104

培养目标：本专业培养能够在新技术教育领域从事教学媒体和教学系统的设计、开发、运用、管理和评价等的教育技术学科高级专门人才，包括各级师范院校和中等学校教育技术学教师以及各级电教馆、高校和普教的教育技术人员。

培养要求：本专业学生主要学习教育技术学方面的基本理论和基本知识，接受学习资源和学习过程的设计、开发、运用、管理和评价等方面的基本训练，掌握新技术教育应用方面的基本能力。

毕业生应获得以下几方面的知识和能力：

1.掌握教育技术学科的基本理论和基本知识；

2.掌握教学系统分析、设计、管理、评价的方法和技术；

3.具有媒体（幻灯投影、电视电声教材、计算机课件）制作的基本能力；

4.熟悉国家关于教育、教育技术方面的有关方针、政策、法规；

5.了解教育技术学的理论前沿、应用前景、发展动态；

6.掌握文献检索、资料查询的基本方法，具有一定的科学研究和实际工作能力。

主干学科：教育学、计算机科学与技术

主要课程：教育技术学、教学系统设计、计算机教育基础、网络教育应用、远距离教育、电视教材设计与制作、教育技术研究方法、教育传播学。

实践环节：包括媒体制作实践、课程设计与开发实践、教育实习等，一般安排不少于20周。

修业年限：四年

授予学位：教育学或理学或工学学士

就业方向：在新技术教育领域从事教学媒体和教学系统的设计、开发、运用、管理和评价等相关领域工作，在各省市、区县电教馆（站）和高校从事电教管理、课题研究、教育信息化建设（"校校通"工程、信息技术教育等）等相关工作。

开设学校：青海民族大学、西藏大学（211大学）、长春大学、长春工业大学、铜陵学院、巢湖学院、河北师范大学、邢台学院、石家庄铁道大学、石家庄学院、内蒙古科技大学、周口师范学院、广西科技大学、山东科技大学、山东理工大学、泰山学院、鲁东大学、贵州财经大学、贵州民族大学、桂林电子科技大学、苏州大学（211大学）、中国地质大学（教育部直属、211大学）、南京大学（教育部直属、985大学、211大学）、浙江大学（教育部直属、985大学、211大学）、杭州电子科技大学、江苏师范大学、井冈山大学、重庆三峡学院、长江师范学院、华中科技大学（教育部直属、985大学、211大学）、江苏理工学院、南京晓庄学院、中北大学、宁波大学、浙江海洋学院、北京师范大学（教育部直属、985大学、211大学）、西安电子科技大学（教育部直属、211大学）、河南科技学院新科学院、宿迁学院、集美大学诚毅学院、枣庄学院、长治学院、重庆文理学院、安庆师范学院、阜阳师范学院、乐山师范学院、内江师范学院、黑河学院、贵州师范大学求是学院、保山学院、文山学院、湖南第一师范

学院、长春师范学院、湖南科技大学、陕西理工学院、青海师范学院、咸阳师范学院、宝鸡文理学院、渭南师范学院、白城师范学院、湖南科技学院、衡阳师范学院、吉林工程技术师范学院、通化师范学院、华中师范大学(教育部直属、211大学)、湖南农业大学、上海师范大学、佛山科学技术学院、广东石油化工学院、广州大学、岭南师范学院、嘉应学院、韩山师范学院、云南民族大学、云南师范大学、楚雄师范学院、红河学院、南阳师范学院、聊城大学、临沂大学、西北师范大学、广西师范学院、玉林师范学院、内蒙古师范大学、海南师范大学、贵州师范大学、广西师范大学、黄冈师范学院、湖北师范学院、东北石油大学、武汉体育学院、湖北大学、中南民族大学、齐齐哈尔大学、长江大学、福建师范大学、泉州师范学院、集美大学、西藏民族学院、西北民族大学、闽南师范大学、河南大学、湖北文理学院、南京师范大学(211大学)、华南师范大学(211大学)、兰州大学(教育部直属、985大学、211大学)、天津体育学院、广西大学(211大学)、四川农业大学(211大学)、东北师范大学(教育部直属、211大学)、上海外国语大学(教育部直属、211大学)、东华大学(教育部直属、211大学)、华东师范大学(教育部直属、985大学、211大学)、武汉理工大学(教育部直属、211大学)、延边大学(211大学)、湖南师范大学(211大学)、河北大学、天津师范大学、天津外国语大学、江南大学(教育部直属、211大学)、天津职业技术师范大学、中国海洋大学(教育部直属、985大学、211大学)、浙江工业大学、昌吉学院、浙江师范大学、湖州师范学院、杭州师范大学、辽宁师范大学、沈阳师范大学、喀什师范学院、新疆师范大学、山西师范大学、深圳大学、山西大同大学、温州大学、四川师范大学、西华师范大学、扬州大学、江西农业大学、江西师范大学、江苏大学、重庆师范大学、南昌航空大学、南京邮电大学、沈阳体育学院、鞍山师范学院、渤海大学、石河子大学(211大学)、江西科技师范大学、赣南师范学院、上饶师范学院、九江学院、宁夏师范学院、呼伦贝尔学院、伊犁师范学院、赤峰学院、昆明学院、曲靖师范学院、淮阴师范学院、哈尔滨师范学院、集宁师范学院、兰州城市学院、河北科技师范学院、湖北第二师范学院、保定学院、首都师范学院、山东体育学院、宁夏大学(211大学)、潍坊学院、廊坊师范学院、唐山师范学院、燕山大学、山东师范大学、贵州大学(211大学)、西南大学(教育部直属、211大学)、肇庆学院、广东技术师范学院、南通大学、河南科技学院、信阳师范学院、安阳师范学院、河南师范大学、佳木斯大学、江汉大学、武汉纺织大学、吉林师范大学、南华大学、湖南文理学院、牡丹江医学院、牡丹江师范学院、安徽师范大学、西安交通大学(教育部直属、985大学、211大学)、韶关学院、华南农业大学、福建师范大学闽南科技学院、内蒙古科技大学包头师范学院、山西师范大学现代文理学院、安徽师范大学皖江学院、湖南师范大学树达学院、北京师范大学-香港浸会大学联合国际学院、北京师范大学珠海分校

◆专业名称:艺术教育
◆专业代码:040105

培养目标:培养德智体全面发展,并具有先进教育理念,综合艺术特长的人才,为学前教育、基础教育、特殊教育学校与机构输送从事儿童综合艺术教育的教师和社会工作者。

培养要求:培养学生系统地掌握音乐、美术、舞蹈、戏剧等艺术学科的基本理论与技能,系统地学习人文社会科学、教育学、心理学的基本理论。

主要课程:艺术概论、学前教育概论、特殊教育概论、艺术教育、现代教育技术培训、中外音乐史、中外美术史、艺术欣赏、中外文学名篇欣赏、综合艺术创作原理与实践、艺术康复与治疗、乐理、视唱练耳、声乐基础、钢琴基础、钢琴合奏、和声学、曲式学、歌曲伴奏写作、歌曲创作、乐器基础、合唱与指挥、学校乐队编配与排练、舞蹈、儿童舞蹈表演与创作、素描、色彩、中国画、书法、写生、美术创作、美术设计、艺术专业外语等。

实践环节:教育见习、实习、社会调查、教育调查等,一般安排的时间总数不少于20周。

修业年限:四年

授予学位:教育学或艺术学学士

就业方向:适宜从事中、小学艺术教育工作,也可在艺术研究单位从事研究工作,或在各级文化单位和业余艺术学校从事艺术训练工作。

开设学校:泰山学院、临沂大学、云南师范大学、中国地质大学(教育部直属、211大学)、常州工学院、大连理工大学(教育部直属、985大学、211大学)、四川师范大学、安阳师范学院、绵阳师范学院、北京师范大学珠海分校、云南师范大学文理学院、云南艺术学院、湖北美术学院、华东师范大学(教育部

直属、985大学、211大学)、浙江师范大学、杭州师范大学、重庆师范大学、上海师范大学天华学院、景德镇学院、华中师范大学(教育部直属、211大学)、肇庆学院、广西大学行健文理学院

◆专业名称:学前教育
◆专业代码:040106

培养目标:本专业培养具备学前教育专业知识,能在托幼机构从事保教和研究工作的教师、学前教育行政人员以及其他有关机构的教学、研究人才。

培养要求:本专业学生主要学习学前教育方面的基本理论和基本知识,受到幼儿教育技能的基本训练,具有在托幼机构进行保育、教育和研究的基本能力。

毕业生应获得以下几方面的知识和能力:

1.掌握学前教育学、幼儿心理学、幼儿同课程的设计与实施、幼儿教育研究方法等学科的基本理论和基本知识;

2.掌握观察幼儿、分析幼儿的基本能力以及对幼儿实施保育和教育的技能;

3.具有编制具体教育方案和实施方案的初步能力;

4.熟悉国家和地方幼儿教育的方针、政策和法规;

5.了解学前教育理论的发展动态;

6.掌握文献检索、资料查询的基本方法,具有初步的科学研究和实际工作能力。

主干学科:教育学、心理学

主要课程:普通心理学、人体解剖生理学、教育社会学、声乐、舞蹈、美术、学前教育学、幼儿心理学、幼儿教育心理学、幼儿保健学、幼儿教育研究方法等。

实践环节:包括幼儿园见识、实习、幼儿师范学校实习、教育调查、社会调查,一般安排6~8周。

修业年限:四年

授予学位:教育学学士

就业方向:教育管理部门、大中专院校、各类幼儿园、亲子中心、早教中心、儿童演出院团、儿童读物出版部门等。

开设学校:青海大学(211大学)、新乡学院、济宁学院、吕梁学院、蚌埠学院、池州学院、衢州学院、成都学院、保山学院、文山学院、泰州学院、商丘学院、昭通学院、大理学院、怀化学院、广州大学、惠州学院、韶关学院、红河学院、巢湖学院、黄山学院、延安大学、合肥学院、河西学院、青岛大学、临沂大学、许昌学院、长江大学、集美大学、延边大学(211大学)、德州学院、西华大学、嘉兴学院、昌吉学院、宁波大学、台州学院、沈阳大学、山西大学、温州大学、扬州大学、宜春学院、宿州学院、枣庄学院、百色学院、长治学院、钦州学院、琼州学院、滁州学院、龙岩学院、滨州学院、赤峰学院、河池学院、黑河学院、昆明学院、榆林学院、宜宾学院、绥化学院、贵阳学院、铜仁学院、菏泽学院、安顺学院、凯里学院、贺州学院、三明学院、安康学院、商洛学院、保定学院、泰山学院、宁夏大学(211大学)、潍坊学院、邯郸学院、衡水学院、邢台学院、晋中学院、运城学院、西南大学(教育部直属、211大学)、肇庆学院、南通大学、云南师范大学、河北师范大学、首都师范大学、福建师范大学、张家口学院、现代软件学院、云南工商学院、重庆文理学院、天水师范学院、湖北师范学院文理学院、湖南女子学院、山东英才学院、潍坊科技学院、北京师范大学珠海分校、六盘水师范学院、宁德师范学院、合肥师范学院、哈尔滨剑桥学院、广东第二师范学院、贵州师范大学求是学院、兴义民族师范学院、齐鲁师范学院、山东女子学院、成都文理学院、湖南师范大学树达学院、衡阳师范学院南岳学院、南昌师范学院、江苏第二师范学院、陕西学前师范学院、成都师范学院、山东协和学院、山西工商学院、青岛黄海学院、淮北师范大学信息学院、安徽师范大学皖江学院、湖南第一师范学院、江西师范大学科学技术学院、呼和浩特民族学院、天津师范大学津沽学院、广西师范大学师园学院、广西师范大学漓江学院、西北师范大学知行学院、广西民族师范学院、甘肃民族师范学院、北华大学、陕西理工学院、青海师范大学、咸阳师范学院、宝鸡文理学院、渭南师范学院、白城师范学院、衡阳师范学院、通化师范学院、华中师范大学(教育部直属、211大学)、湖南文理学院、吉林师范大学、上海师范大学、佛山科学技术学院、安徽师范大学、广东石油化工学院、岭南师范学院、韩山师范学院、楚雄师范学院、玉溪师范学院、陕西师范大学(教育部直属、211大学)、淮南师范学院、淮北师范大学、曲阜师范大学、内蒙古民族大学、商丘师范学院、洛阳师范学院、南阳师范学院、周口师范学院、西北师范大学、广西师范学院、玉林师范学院、内蒙古师范大学、海南师范大学、贵州师范大学、广西师

范大学、黔南民族师范学院、遵义师范学院、湖北工程学院、湖北师范学院、黄冈师范学院、齐齐哈尔大学、泉州师范学院、西藏民族学院、闽南师范大学、河南大学、湖北文理学院、湖北科技学院、南京师范大学(211大学)、华南师范大学(211大学)、东北师范大学(教育部直属、211大学)、盐城师范学院、南京晓庄学院、常州工学院、华东师范大学(教育部直属、985大学、211大学)、湖南师范大学(211大学)、北京师范大学(教育部直属、985大学、211大学)、天津师范大学、浙江师范大学、杭州师范大学、湖州师范学院、辽宁师范大学、沈阳师范大学、喀什师范学院、新疆师范大学、山西师范大学、四川理工学院、山西大同大学、忻州师范学院、太原师范学院、绍兴文理学院、四川师范大学、西华师范大学、江西师范大学、重庆师范大学、东华理工大学、江苏师范大学、苏州科技学院、江西科技师范大学、上饶师范学院、赣南师范学院、井冈山大学、石河子大学(211大学)、商丘工学院、洛阳理工学院、郑州师范学院、呼伦贝尔学院、青岛滨海学院、重庆人文科技学院、贵州工程应用技术学院、宁夏师范学院、河北科技师范学院、常熟理工学院、集美大学诚毅学院、上海师范大学天华学院、西安文理学院、伊犁师范学院、徐州工程学院、大庆师范学院、阜阳师范学院、湖北理工学院、安庆师范学院、曲靖师范学院、塔里木大学、乐山师范学院、陇东学院、淮阴师范学院、哈尔滨师范大学、绵阳师范学院、湖南人文科技学院、重庆第二师范学院、荆楚理工学院、南京师范大学泰州学院、贵州师范学院、河南师范大学新联学院、信阳师范学院华锐学院、集宁师范学院、河南大学民生学院、兰州城市学院、吉林师范大学博达学院、云南师范大学商学院、四川师范大学成都学院、河北师范大学汇华学院、湖北第二师范学院、河北民族师范学院、沧州师范学院、河北外国语学院、北京联合大学、中华女子学院、首都师范大学、北京城市学院、石家庄学院、廊坊师范学院、唐山师范学院、河北体育学院、河北北方学院、山东师范大学、景德镇学院、广东技术师范学院、四川文理学院、四川民族学院、江西科技学院、平顶山学院、河南科技学院、信阳师范学院、安阳师范学院、河南师范大学、南阳理工学院、佳木斯大学、湖北大学、华南师范大学凤凰国际学院、北京师范大学-香港浸会大学联合国际学院、内蒙古科技大学包头师范学院、山西师范大学现代文理学院、内蒙古师范大学鸿德学院、上海外国语大学贤达经济人文学院

◆专业名称:小学教育
◆专业代码:040107

培养目标:小学教育专业培养德、智、体全面发展的,具有较高教育理论素养和较强教育实际工作能力(语、数、英)的小学教师及教育科研、各级教育行政管理人员和其他教育工作者。

培养要求:掌握该专业的基本理论、基础知识和基本技能;具有较宽广的知识面,较高的文化素养;了解现代人文社会科学和科学技术发展的新成就;具有正确的教育思想,掌握现代教育技术和信息技术,懂得教育教学规律;具备运用教育理论和先进的教育教学方法实施素质教育的能力、初步的教育教学研究能力、从事小学教师职业的自我发展能力;具有良好的心理素质、健康的体魄和正确的审美观。

主要课程:近现代史、马克思主义基本原理、英语、心理卫生与心理辅导、课程与教学论、发展与教育心理学、中外教育简史、中小学教育管理、比较教育、小学艺术教育、现代教育测量与评价、中小学教师信息技术、学校管理心理学、教学设计、德育原理、教育社会学、学习心理学、教育哲学。

实践环节:教育见习、实习、社会调查、教育调查等,一般安排的时间总数不少于20周。

修业年限:四年

授予学位:教育学学士

就业方向:教育管理部门、大中专学校、小学、各类儿童编辑出版单位。

开设学校:东北师范大学、首都师范大学、天津师范大学、聊城大学、武夷学院、西昌学院、菏泽学院、新乡学院、济宁学院、衢州学院、成都学院、保山学院、文山学院、昭通学院、普洱学院、吉首大学、大理学院、怀化学院、嘉应学院、韶关学院、红河学院、巢湖学院、黄山学院、合肥学院、河西学院、青岛大学、临沂大学、许昌学院、集美大学、延边大学(211大学)、江南大学(教育部直属、211大学)、德州学院、嘉兴学院、昌吉学院、宁波大学、台州学院、沈阳大学、温州大学、扬州大学、大连大学、渤海大学、辽东学院、枣庄学院、丽水学院、百色学院、琼州学院、滁州学院、梧州学院、滨州学院、赤峰学院、河池学院、黑河学院、宜宾学院、贵阳学院、铜仁学院、凯里

学院、贺州学院、安康学院、三明学院、保定学院、泰山学院、宁夏大学(211大学)、潍坊学院、邢台学院、晋中学院、运城学院、萍乡学院、肇庆学院、南通大学、佛山科学技术学院、长春师范大学、唐山师范学院、内蒙古科技大学、西北师范大学、福建师范大学、浙江海洋学院、湖南师范大学(211大学)、张家口学院、山东广播电视大学、安阳师范学院、宿迁学院、郑州师范学院、安庆师范学院、天水师范学院、内江师范学院、长沙师范学院、宁德师范学院、哈尔滨剑桥学院、浙江外国语学院、兴义民族师范学院、齐鲁师范学院江苏第二师范学院、陕西学前师范学院、成都师范学院、湖南第一师范学院、呼和浩特民族学院、广西师范学院师园学院、甘肃民族师范学院、北华大学、湖南科技大学、青海师范大学、青海民族大学、咸阳师范学院、白城师范学院、吉林师范大学、上海师范大学、东莞理工学院、岭南师范学院、韩山师范学院、云南民族大学、云南师范大学、楚雄师范学院、玉溪师范学院、淮南师范学院、商丘师范学院、洛阳师范学院、周口师范学院、广西师范学院、玉林师范学院、内蒙古师范大学、海南师范大学、贵州师范大学、广西师范大学、黔南民族师范学院、遵义师范学院、湖北工程学院、湖北师范学院、泉州师范学院、西藏民族学院、闽南师范大学、湖北科技学院、南京师范大学(211大学)、华南师范大学(211大学)、东北师范大学(教育部直属、211大学)、盐城师范学院、南京晓庄学院、常州工学院、天津师范大学、浙江师范大学、杭州师范大学、湖州师范学院、辽宁师范大学、沈阳师范大学、喀什师范学院、新疆师范大学、山西师范大学、山西大同大学、太原师范学院、绍兴文理学院、四川师范大学、西华师范大学、重庆师范大学、江苏师范大学、鞍山师范学院、赣南师范学院、长江师范学院、上饶师范学院、井冈山大学、重庆三峡学院、呼伦贝尔学院、宁夏师范学院、贵州工程应用技术学院、河北科技师范学院、常熟理工学院、上海师范大学天华学院、重庆文理学院、西安文理学院、伊犁师范学院、徐州工程学院、大庆师范学院、阜阳师范学院、湖北理工学院、曲靖师范学院、乐山师范学院、陇东学院、淮阴师范学院、哈尔滨师范大学、绵阳师范学院、辽宁科技学院、重庆第二师范学院、荆楚理工学院、南京师范大学泰州学院、河南师范大学新联学院、兰州城市学院、吉林师范大学博达学院、河北师范大学汇华学院、湖北第二师范学院、河北民族师范学院、沧州师范学院、鲁东大学、石家庄学院、四川文理学院、四川民族学院、平顶山学院、河南师范大学、南阳理工学院、哈尔滨学院、牡丹江师范学院、安徽师范大学、廊坊师范学院、首都师范大学继续教育学院、内蒙古科技大学包头师范学院

◆专业名称:特殊教育
◆专业代码:040108

培养目标:本专业培养具备普通教育和特殊教育的知识和能力,能在特殊教育机构及与特殊教育相关的机构从事特殊教育实践、理论研究、管理工作等方面的高级专门人才。

培养要求:本专业学生主要学习有特殊教育需要的儿童心理和教育方面的基本理论和基本知识,受到对特殊儿童进行教育和研究的基本训练,具有进行实际教学工作并能进行理论研究的基本能力。

毕业生应获得以下几方面的知识和能力:

1.掌握特殊教育学科的基本理论和基本知识;

2.掌握评估各类特殊儿童的基本方法;

3.具有进行特殊教育实际工作、科研或管理的基本能力;

4.熟悉我国特殊教育的方针、政策和法规;

5.了解特殊教育的理论前沿和发展动态;

6.掌握文献检索、资料查询的基本方法,具有初步的科学研究和实际工作能力。

主干学科:教育学、心理学、医学

主要课程:特殊教育导论、盲童心理与教育、聋童心理与教育、弱智儿童心理与教育、残疾儿童生理与病理、残疾儿童康复、特殊教育技术。

实践环节:残疾儿童生理、病理实验、残疾儿童心理实验,特殊教育技术和设备实验。

修业年限:四年

授予学位:教育学学士

就业方向:国家各级教育管理部门、教育科研部门、相关大中专院校、各级各类特殊教育学校、幼儿园、中小学儿童康复训练中心。

开设学校:衡水学院、成都学院、长春大学、济南大学、赤峰学院、昆明学院、绥化学院、安顺学院、潍坊学院、邯郸学院、西南大学(教育部直属、211大学、免费师范)、郑州师范学院、广东第二师范学院、西安体育学院、华中师范大学(教育部直属、211大学)、广州体育学院、岭南师范学院、云南师范大学、

淮北师范大学、西北师范大学、广西师范大学、湖北师范学院、武汉体育学院、泉州师范学院、华南师范大学(211大学)、天津体育学院、华东师范大学(教育部直属、985大学、211大学)、北京师范大学(教育部直属、985大学、211大学)、滨州医学院、浙江师范大学、杭州师范大学、辽宁师范大学、新疆师范大学、四川师范大学、重庆师范大学、江西师范大学、贵州工程应用技术学院、乐山师范学院、贵州师范学院、河北师范大学汇华学院、北京联合大学、山东体育学院、石家庄学院、四川文理学院

◆专业名称:华文教育
◆专业代码:040109T

培养目标:培养具备系统的教育学、心理学和第二语言教学理论,具有扎实的汉语言语能力与言语交际能力,掌握汉语基础理论与基本知识,熟悉中国国情与社会文化且能够胜任华文教育工作的师范型人才。

培养要求:本专业面向海外培养华文教育师资和教育、教学管理人员,要求学生掌握教育学特别是海外华文教育的基本原理和方法,熟悉侨情,系统掌握汉语和中华文化的基本知识,进行汉语听、说、读、写、译等专项技能与综合技能的训练,掌握海外华侨华人教育规律,最终具备以汉语为教学语言,针对海外华侨华人开展华文教育的良好能力。

通过学习,可以具备以下几方面的能力:

1.具备系统的教育学、心理学和第二语言教学理论。

2.言语技能及教学能力:熟练掌握汉语听、说技能,具有较高的读、写能力,并具有口译、笔译能力;具有良好的华文教学能力。

3.语言知识:要求准确掌握汉语普通话的全部声、韵、调,正确而熟练地掌握2503个汉字和7554个词语,并系统学习汉语语音、文字、词汇、语法和修辞的基本知识。

4.文化知识:掌握汉语交际文化知识,熟悉中国国情,了解中国的地理、社会、政治、经济及中华文化。

主要课程:教育学、心理学、第二语言教学论、综合汉语、汉语听力、汉语口语、汉语阅读、汉语写作、汉英语言对比、英语听说与写作、现代汉语、古代汉语、中国古代文学、中国现当代文学、中华文化、外国文学、对外汉语教学法、现代教育技术等。

修业年限:四年

授予学位:教育学学士

就业方向:一般的毕业生都致力于海外华文教育事业,服务于广大华侨华人,将所学知识服务于海外华人华侨社会,成为联系祖籍国与居住国之间的友好使者,多元文化的传递者,携手推动中外文化的交流与融合,共同促进世界的和平与发展。毕业生适合在海外华文教育机构、海外华文媒体、华人社团等机构从事汉语教师、编辑、记者等工作。

开设学校:暨南大学、云南师范大学华文学院、重庆师范大学、江西宜春学院、湖北师范学院、广东韶关学院、广东肇庆学院

相近专业:教育学、汉语言文学、汉语言、对外汉语、中国语言文化、应用语言学、中国学、古典文献等。

0402体育学类

◆专业名称:体育教育
◆专业代码:040201

培养目标:本专业培养具备系统地掌握体育教育的基本理论、基本知识和基本技能,掌握学校体育教育工作规律,具有较强的实践能力,在全面发展的基础上有所专长,能在中等学校等从事体育教学、课外体育活动、课余体育训练和竞赛工作,并能从事学校体育科学研究、学校体育管理、社会体育指导等工作的高级专门人才。

培养要求:本专业学生主要学习教育学、心理学、人体科学、学校体育学、体育锻炼、训练与竞赛等方面的基本理论、基本知识和基本技能,受到体育科学研究的基本训练,掌握从事学校体育教育工作的基本能力。

毕业生应获得以下几方面的知识和能力:

1.掌握教育科学、心理科学、人体科学的基本理论、基本知识;

2.掌握体育教学的基本理论与方法;

3.掌握体育锻炼、训练与竞赛的基本理论与方法;

4.具有进行学校体育科学研究的基本能力;

5.熟悉国家有关教育、体育工作的方针、政策和法规;

6.了解学校体育改革和体育科学的发展动态。

主干学科：教育学、体育学

主要课程：人体解剖学、人体生理学、体育保健、体育心理学、学校体育学、田径、球类、体操、武术。

实践环节：包括教育实习等，一般安排8~10周。

修业年限：四年

授予学位：教育学学士

就业方向：在中等学校从事体育教学、课外体育活动、课余体育训练和竞赛工作，并能从事学校体育科学研究、社会体育指导等工作，也可继续研究生学习。

开设学校：衡水学院、浙江大学（教育部直属、985大学、211大学）、江南大学（教育部直属、211大学）、新乡学院、济宁学院、吕梁学院、成都学院、保山学院、文山学院、昭通学院、普洱学院、吉首大学、大理学院、怀化学院、邵阳学院、湘南学院、广州大学、嘉应学院、惠州学院、韶关学院、莆田学院、华侨大学、南昌大学（211大学）、苏州大学（211大学）、重庆大学（教育部直属、985大学、211大学）、延边大学（211大学）、德州学院、郑州大学（211大学）、济南大学、西华大学、昌吉学院、宁波大学、台州学院、沈阳大学、深圳大学、山西大学、温州大学、扬州大学、大连大学、宜春学院、九江学院、宿州学院、枣庄学院、丽水学院、百色学院、长治学院、琼州学院、滁州学院、龙岩学院、滨州学院、赤峰学院、河池学院、黑河学院、昆明学院、榆林学院、宜宾学院、绥化学院、贵阳学院、铜仁学院、安顺学院、凯里学院、贺州学院、三明学院、安康学院、菏泽学院、保定学院、泰山学院、宁夏大学（211大学）、潍坊学院、邯郸学院、邢台学院、西昌学院、晋中学院、运城学院、西南大学（教育部直属、211大学）、贵州大学（211大学）、肇庆学院、南通大学、黄淮学院、江汉大学、云南民族大学、河北师范大学、首都师范大学、中国人民公安大学、山东师范大学、内蒙古科技大学、贵州民族大学、中国矿业大学（教育部直属、211大学）、鞍山师范学院、华中科技大学（教育部直属、985大学、211大学）、吉首大学张家界学院、江西科技学院、北京建设大学、天水师范学院、长沙师范学院、六盘水师范学院、山西大学商务学院、宁德师范学院、合肥师范学院、广东第二师范学院、贵州师范大学求是学院、兴义民族师范学院、齐鲁师范学院、湖南科技大学潇湘学院、湖南文理学院芙蓉学院、衡阳师范学院南岳学院、南昌师范学院、张家口学院、陕西学前师范学院、云南师范大学文理学院、哈尔滨体育学院、郑州科技学院、湖南第一师范学院、湖北民族学院科技学院、赣南师范学院科技学院、江西师范大学科学技术学院、呼和浩特民族学院、广西师范学院师园学院、广西师范大学漓江学院、广西民族师范学院、甘肃民族师范学院、西安体育学院、北华大学、长春师范大学、湖南科技大学、西安工业大学、陕西理工学院、青海师范大学、青海民族大学、咸阳师范学院、宝鸡文理学院、渭南师范学院、白城师范学院、吉林体育学院、衡阳师范学院、通化师范学院、湖南科技学院、华中师范大学（教育部直属、211大学）、湖南文理学院、湖南理工学院、吉林师范大学、湖南工业大学、湖南城市学院、上海师范大学、广州体育学院、安徽师范大学、广东石油化工学院、广州中医药大学、岭南师范学院、韩山师范学院、西南林业大学、云南农业大学、云南师范大学、楚雄师范学院、玉溪师范学院、陕西师范大学（教育部直属、211大学）、淮南师范学院、上海体育学院、淮北师范大学、皖西学院、曲阜师范大学、内蒙古民族大学、商丘师范学院、洛阳师范学院、南阳师范学院、周口师范学院、西北师范大学、广西民族大学、玉林师范学院、广西师范学院、山东理工大学、内蒙古师范大学、海南师范大学、贵州师范大学、广西师范大学、遵义师范学院、黔南民族师范学院、湖北工程学院、湖北师范学院、黄冈师范学院、湖北民族学院、武汉体育学院、哈尔滨学院、湖北大学、齐齐哈尔大学、福建师范大学、泉州师范学院、黄河科技学院、西藏民族学院、西北民族大学、闽南师范大学、河南大学、湖北文理学院、河南科技大学、湖北科技学院、暨南大学（211大学）、南京师范大学（211大学）、华南师范大学（211大学）、天津体育学院、四川农业大学（211大学）、东北师范大学（教育部直属、211大学）、太原理工大学（211大学）、盐城师范学院、南京晓庄学院、华东师范大学（教育部直属、985大学、211大学）、中央民族大学（985大学、211大学）、湖南师范大学（211大学）、北京师范大学（教育部直属、985大学、211大学）、云南大学（211大学）、天津师范大学、浙江师范大学、杭州师范大学、湖州师范学院、辽宁师范大学、沈阳师范大学、喀什师范学院、新疆师范大学、山西师范大学、四川理工学院、山西大同大学、忻州师范学院、太原师范学院、绍兴文理学院、西南石油大学、四川师范大学、成都中医药大学、西华师范大学、江西师范大学、重庆师范大学、南京体育学院、景德镇陶瓷学院、东华理工大学、华东交通大学、江苏师范大学、沈阳体育学院、江西科技师范大学、长江师范学院、上饶师范学院、赣南师范学院、井冈山大学、石河子大学(211大学)、重庆三峡学院、郑州师范学院、呼伦贝尔学院、贵州工程应用技术学院、宁夏师范学院、河北科技师范学院、重庆文理学院、西安文理学院、伊犁师范学院、安庆师范学院、阜阳师范学院、曲靖师范学院、陇东学院、内江师范学院、成都体育学院、乐山师范学院、淮阴师范学院、哈尔滨师范大学、重庆工商大学、绵阳师范学院、湖南人文科技学院、贵州师范学院、集宁师范学院、兰州城市学院、武汉体育学院体育科技学院、吉林师范大学博达学院、湖北第二师范学院、沧州师范学院、河北民族师范学院、首都体育学院、山东体育学院、北方民族大学、鲁东大学、廊坊师范学院、唐山师范学院、石家庄学院、河北体育学院、四川文理学院、四川民族学院、北京体育大学(211大学)、平顶山学院、河南科技学院、信阳师范学院、安阳师范学院、河南师范大学、佳木斯大学、长江大学、湖南农业大学、牡丹江师范学院、南京师范大学泰州学院、天津体育学院运动与文化学院、江西科技师范大学理工学院、内蒙古科技大学包头师范学院、景德镇陶瓷学院科技艺术文化学院、太原理工大学现代科技学院、山西师范大学现代文理学院

◆专业名称:运动训练
◆专业代码:040202K

培养目标:本专业培养具备竞技运动方面的基本理论和基本知识,掌握从事专项运动训练的基本能力,从事运动训练教学、训练、科研、管理等方面工作的高级专门人才。

培养要求:本专业学生主要学习竞技体育方面的基本理论和基本知识,受到运动训练方面的基本训练,掌握从事专项运动训练的基本能力。

毕业生应获得以下几方面的知识和能力:

1.掌握运动技术学科、运动人体学科、教育心理学科的基本理论、基本知识;

2.掌握一般运动训练和专项运动训练的分析方法和技术;

3.具有从事专项运动训练与教学、竞赛组织与裁判等工作的基本能力;

4.熟悉我国体育工作、运动训练、运动竞赛等方面的方针、政策和法规;

5.了解一般运动训练和专项运动训练的发展动态。

主干学科:体育学、教育学、生物学

主要专业课程:运动训练学、主修项目理论与实践、运动选材学、运动营养与恢复、运动训练管理学、运动心理学、运动生理学、运动生物力学、教育学。

实践环节:包括毕业论文、运动训练实习、社会实践等三部分。

修业年限:四年

授予学位:教育学学士

就业方向:在专业运动队、业余体校、拥有运动队的企事业单位、各类体育俱乐部、各类群众体育组织从事教练、指导老师和竞赛组织管理等工作;或在各健身俱乐部从事专业的健身健美操和健身舞蹈教练工作。

开设学校:张家口学院、内蒙古大学(211大学)、湖南人文科技学院、西藏民族大学、广西大学(211大学)

◆专业名称:社会体育指导与管理
◆专业代码:040203

培养目标:本专业培养具有社会体育的基本理论、知识与技能,能在社会体育领域中从事群众性体育活动的组织管理、咨询指导、经营开发以及教学科研等方面工作的高级专门人才。

培养要求:本专业学生主要学习社会体育方面的基础理论和基本知识,受到从事社会体育工作的基本训练,掌握群众体育活动组织管理、咨询指导、经营开发和教学科研等方面的基本能力。

毕业生应获得以下几方面的知识和能力:

1.掌握社会体育相关学科的基本理论、基本知识;

2.掌握指导大众体育、养生健身、休闲娱乐及特殊人群体育的运动技术;

3.具有从事群众性体育活动的组织管理、咨询指导、经营开发及教学等方面的基本能力;

4.熟悉党和国家有关体育事业的方针、政策、法规;

5.了解国内外在社会体育方面的学术发展动态;

6.掌握文献检索、资料查询的基本方法,具有一定的科学研究和实际工作能力。

主干学科:体育学、社会学、公共管理

主要课程:社会体育概论、社会体育管理学、健身概论、中华体育养生学、大众健身娱乐体育项目的理论与方法。

实践环节:包括社会调查、实习、毕业论文等,至少应安排20周以上。

修业年限:四年

授予学位:教育学学士

就业方向:该专业就业前景比较狭窄,毕业生一般从事健身教练、理疗师等工作,建议学生慎重选择。

开设学校:黄山学院、延安大学、集美大学、宁波大学、韶关学院、佛山科学技术学院、长春师范大学、西安体育学院、西安石油大学、西安建筑科技大学、河北师范大学、首都师范大学、山东师范大学、内蒙古民族大学、海南师范大学、山东财经大学、山东体育学院、中国地质大学(教育部直属、211大学)、四川农业大学(211大学)、中国矿业大学(教育部直属、211大学)、江西财经大学、鞍山师范学院、江西科技师范大学、上饶师范学院、东北大学(教育部直属、985大学、211大学)、南京晓庄学院、云南大学(211大学)、太原科技大学、中北大学、新疆师范大学、天津体育学院、天津财经大学、北京师范大学(教育部直属、985大学、211大学)、湖南大学(教育部直属、985大学、211大学广西师范大学漓江学院、浙江师范大学行知学院、广西师范学院师园学院、萍乡学院、北京体育大学(211大学)、肇庆学院、天水师范学院、宜宾学院、池州学院、成都学院、商丘学院、辽宁财贸学院、湖南科技大学、白城师范学院、怀化学院、邵阳学院、吉林师范大学、湘南学院、湖南城市学院、上海师范大学、广州体育学院、安徽师范大学、广州大学、广东海洋大学、岭南师范学院、惠州学院、云南师范大学、楚雄师范学院、红河学院、玉溪师范学院、淮南师范学院、淮北师范大学、巢湖学院、临沂大学、商丘师范学院、洛阳师范学院、周口师范学院、聊城大学、许昌学院、山东财经大学、广西科技大学、广西民族大学、玉林师范学院、遵义医学院、贵州师范大学、贵阳医学院、广西师范大学、遵义师范学院、黄冈师范学院、湖北师范学院、湖北民族学院、武汉体育学院、湖北大学、中南民族大学、三峡大学、长江大学、江汉大学、福建师范大学、泉州师范学院、西藏民族学院、西北民族大学、闽南师范大学、湖北科技学院、河南理工大学、广西大学(211大学)、盐城师范学院、山东大学(教育部直属、985大学、211大学)、吉林大学(教育部直属、985大学、211大学)、华东师范大学(教育部直属、985大学、211大学)、湖南师范大学(211大学)、长安大学(教育部直属、211大学)、济南大学、郑州大学(211大学)、德州学院、浙江师范大学、喀什师范学院、昌吉学院、辽宁师范大学、沈阳大学、沈阳师范大学、成都理工大学、西南民族大学、泸州医学院、山西财经大学、山西师范大学、太原师范学院、山西大同大学、山西大学、西南科技大学、西华师范大学、四川师范大学、扬州大学、南京体育学院、江西师范大学、江西理工大学、江苏科技大学、沈阳体育学院、沈阳化工大学、渤海大学、井冈山大学、九江学院、宁夏师范学院、百色学院、枣庄学院、琼州学院、伊犁师范学院、赤峰学院、河池学院、徐州工程学院、黑河学院、大庆师范学院、成都体育学院、曲靖师范学院、内江师范学院、乐山师范学院、淮阴师范学院、贵阳学院、凯里学院、安顺学院、贺州学院、三明学院、海口经济学院、首都体育学院、泰山学院、鲁东大学、北京化工大学(教育部直属、211大学)、潍坊学院、邯郸学院、石家庄学院、廊坊师范学院、华北科技学院、燕山大学、邢台学院、西昌学院、黄淮学院、四川民族学院、南通大学、平顶山学院、河南科技学院、江西警察学院、安阳师范学院、信阳师范学院、东北电力大学、吉林体育学院、通化师范学院、中南林业科技大学、上海体育学院、东莞理工学院河北体育学院、南京师范大学泰州学院、东莞理工学院城市学院、江西理工大学应用科学学院、湖南农业大学东方科技学院、江西科技师范大学理工学院、河南农业大学华豫学院、北京航空航天大学北海学院、绵阳师范学院、武汉生物工程学院、闽南理工学院、江苏科技大学苏州理工学院、内蒙古科技大学包头师范学院、广东第二师范学院、兴义民族师范学院、宁夏大学新华学院、湖南科技大学潇湘学院、湖南师范大学树达学院、云南大学滇池学院、郑州升达经贸管理学院、哈尔滨体育学院、安徽师范大学皖江学院、湖州师范学院求真学院、杭州师范大学钱江学院、湖北民族学院科技学院、江汉大学文理学院、江西师范大学科学技术学院、太原科技大学华科学院、广西民族大学相思湖学院、沈阳化工大学科亚学院、西安工业大学、陕西理工学院、湖南文理学院、湖南农业大学、湖南理工学院、湖南工业大学、韩山师范学院、云南农业大学、山东农业大学、黔南民族师范学院、内蒙古师范大学、哈尔滨学院、齐齐哈尔大学、郑州轻工业学院、河南农业大学、湖北文理学院、南京师范大学(211大学)、华南师范大学(211大学)、天津中医药大学、辽宁石油化工大学、成都中医药大学、重庆邮电大学、赣南师范学院、江西科技师范大学、辽宁理工学院、山东中医药大学、呼伦贝尔学院、贵州工程应用技术学院、湖南涉外经济学院、集美大学诚毅学院、重庆文理学院、哈尔滨师范大学、湖南人文科技学院、云南师范大学商学院、广州大学松田学院、燕京理工学院、西安财经学院行知学院、河北民族师范学院、四川文理学院、南昌理工学院

◆专业名称:武术与民族传统体育
◆专业代码:040204K

培养目标:本专业培养具备民族传统体育教学、训练、科研的基本知识与技能,能从事武术、传统体育养生及民族民间体育工作的高级专门人才。

培养要求:本专业学生主要学习武术、传统体育养生、民族民间传统体育的基本理论与知识,受到这些方面的技术、技能的基本训练,具有组织教学、训练、科研、竞赛、裁判、管理等方面的基本能力。

毕业生应获得以下几方面的知识和能力:

1.掌握武术、传统体育养生、民族民间体育的基本理论与基本知识;

2.掌握本专业的技术技能;

3.具有在本专业领域进行教学、训练、指导与管理的基本能力;

4.熟悉国家所制定的与本专业有关的方针、政策与法规;

5.了解本专业的国内外发展动态;

6.掌握有关本专业的文献检索、资料查询的基本方法,具有一定的科学研究和实际工作能力。

主干学科:体育学、历史学、中医学

主要课程:民族传统体育概论、中国武术史、中国文化概论、武术理论基础、传统体育养生学、中医学基础、专项理论与技术、运动生理学、运动解剖学、运动心理学。

实践环节:包括毕业论文、运动训练实习与社会实践三部分。

修业年限:四年

授予学位:教育学学士

就业方向:一般从事武术教练,或在一些科研机构进行中国传统体育的研究,也可以在一些教育机构从事教育教学工作。

开设学校:西安体育学院、河北师范大学、首都体育学院、首都师范大学、山东师范大学、河北体育学院、黄河科技学院、集美大学、山东体育学院、鲁东大学、苏州大学(211大学)、江西师范大学、沈阳体育学院、南京体育学院、东北师范大学(教育部直属、211大学)、杭州师范大学、天津体育学院、天津师范大学、北京体育大学(211大学)、青海民族大学、商丘师范学院、扬州大学、江苏师范大学、阜阳师范学院、菏泽学院、吉林体育学院、河南大学、武汉体育学院、上海体育学院、广州体育学院、云南师范大学、河南中医学院

◆专业名称:运动人体科学
◆专业代码:040205

培养目标:运动人体科学学科培养从事体育科技教练、运动营养与运动伤害防护师、体育科学研究、全民健身指导及研究、运动人体科学教学以及其他相关专业技术工作的专门人才。

培养要求:学生主要学习运动人体科学方面的基本理论和基本知识,受到专业实验技能方面的基本训练,掌握教学和科学研究方面的基本能力。

毕业生应获得以下几个方面的知识和能力:

1.掌握生物科学、临床医学和体育学的基本理论、基本知识;

2.掌握运动员身体机能诊断与评价、体育保健与康复的分析方法;

3.具有从事运动人体科学教学、研究和实验操作的基本能力;

4.熟悉党和国家有关体育事业、科学研究、社会发展的方针、政策和法规;

5.了解本专业及相关学科的发展动态和理论前沿;

6.掌握文献检索、资料查询的基本方法,具有一定的科学研究和实际工作能力。

主要课程:教育学、高等数学、基础化学、物理学、人体解剖与运动解剖学、人体生理与运动生理学、生物化学与运动生物化学、运动生物力学、运动保健学、运动康复学、医务监督、临床医学基础、中医养生康复学、计算机应用、外语、体育(田径、体操、球类等)。

修业年限:四年

授予学位:教育学学士

就业方向:能在中等以上学校、体育科研机构、运动训练基地和保健康复等部门,从事运动人体科学方面的教学、科研、竞技运动和康复指导。

开设学校:北京体育大学、河南师范大学、山东中医药大学、温州医科大学、泰山医学院、武汉体育

学院、上海体育学院、长治医学院、成都体育学院、天津体育学院、广州体育学院、首都体育学院、西安体育学院、昆明医科大学海源学院、沈阳体育学院、哈尔滨体育学院、南京体育学院、河北体育学院、吉林体育学院、武汉体育学院体育科技学院

◆专业名称:运动康复

◆专业代码:040206T

培养目标:本专业重点培养掌握从事本专业领域实际工作的基本能力和基本技能,适应康复治疗技术生产、建设、管理、服务第一线需要的德、智、技全面发展的高素质康复治疗技术技能型专门人才。

培养要求:本专业学生主要学习运动康复学的基本知识和理论,受到运动康复学的基本训练,具有处理基本疾病的能力。

毕业生应获得以下几方面的知识和能力:

1.熟悉国家体育卫生的工作方针、政策及有关法规;

2.掌握运动康复专业的基础理论、基本知识、基本技能;

3.了解中外运动康复方面的学术动态和发展趋势;

4.具备独立思考能力和合作精神以及从事康复治疗工作的实际能力。

主要课程:系统解剖学、中医基础、人体解剖、运动解剖学、人体生理、运动生理学、生物化学、运动生物力学、康复心理学、医学统计学、组织学、药理学、病理学(含病理物理学)、免疫学、外科学、内科学、中国传统康复治疗学(含针灸、按摩)、运动疗法原理与技术、运动损伤学、运动医务监督、临床运动疗法学、理疗学。

实践环节:教育见习、实习、社会调查、教育调查等。

修业年限:四年

授予学位:教育学或理学学士

就业方向:主要在专业运动队、各级医院的康复机构、体育运动基地、健康休闲俱乐部、职业运动俱乐部、养老院、社区、健康与康复科研所、体育与卫生行政部门等机构从事康复治疗、健康教育、健康测定与评估、健身指导、卫生保健、医疗监督、科学研究及行政管理等工作。

开设学校:首都体育学院、北京体育大学、天津医科大学、天津体育学院、河北师范大学、内蒙古科技大学、大连理工大学、辽宁医学院、沈阳体育学院、齐齐哈尔大学、上海体育学院、南京体育学院、赣南医学院、潍坊医学院、泰山医学院、山东体育学院、武汉体育学院、广州体育学院、玉林师范学院、成都中医药大学、成都体育学院、西安体育学院、河北科技师范学院、武汉体育学院体育科技学院、昆明医科大学海源学院

◆专业名称:休闲体育

◆专业代码:040207T

培养目标:本专业旨在培养德、智、体全面发展,适应21世纪社会发展需要,具有休闲体育的基本理论、知识与技能,能够从事休闲体育研究、体育旅游、休闲体育产品策划与设计工作的高素质、应用型专门人才。

培养要求:本专业学生主要学习休闲体育学的基本知识和理论,受到休闲体育学的基本训练,具有从事休闲体育研究、体育旅游、休闲体育产品策划的初步能力。

毕业生应获得以下几方面的知识和能力:

1.掌握休闲体育相关学科的基本理论、基本知识;

2.掌握指导休闲体育、大众健身、体育旅游、体育赛事相关的运动技术和技能;

3.具有从事休闲体育活动的组织管理、咨询指导、经营开发及教学等方面的基本能力;

4.了解国内外休闲体育的前沿状况和发展动态;

5.掌握计算机、网络技术,文献检索的基本方法,具有较强的外语能力和良好的科学研究工作能力。

主干学科:休闲学概论、休闲体育概论、网球、羽毛球、高尔夫球等。

主要课程:休闲体育理论与方法、运动休闲事业管理、心理学、教育学、体育产业与经济、体育俱乐部经营管理、体育市场营销、高尔夫、时尚有氧运动、攀岩、户外运动、体育舞蹈、民间体育、健身操舞等。

实践环节:教育见习、实习、社会调查、教育调查等。

修业年限:四年

授予学位:教育学学士

就业方向:本专业的毕业生可在休闲体育工商企业(如休闲度假村、高尔夫会所、健身休闲俱乐部、星级酒店康乐部、SPA休闲会所、温泉度假饭店、户外与拓展训练机构、体育旅游公司等)、政府或公益

机构(城市公共游憩空间、主题公园、全民健身中心、公共体育活动与竞赛场所等)、休闲体育事业机构(高等院校、研究所)等单位从事相关工作。

开设学校:首都体育学院、沈阳体育学院、常州大学、杭州师范大学、黄山学院、曲阜师范大学、湖北大学、广东海洋大学、贵阳医学院、琼州学院、池州学院、淮海工学院、北京师范大学珠海分校、广州大学松田学院、成都文理学院、北京体育大学、上海体育学院、南京体育学院、安庆师范学院、淮南师范学院、山东体育学院、武汉体育学院、广州体育学院、西安体育学院、河北体育学院、四川旅游学院、河北传媒学院、武汉体育学院体育科技学院、成都信息工程学院银杏酒店管理学院、三亚学院

05 学科门类:文学

0501 中国语言文学类

◆专业名称:汉语言文学
◆专业代码:050101

培养目标:本专业培养具备文艺理论素养和系统的汉语言文学知识,能在新闻文艺出版部门、高校、科研机构和机关企事业单位从事文学评论、汉语言文学教学与研究工作,以及文化、宣传方面的实际工作的汉语言文学高级专门人才。

培养要求:本专业学生主要学习汉语和中国文学方面的基本知识,受到有关理论、发展历史、研究现状等方面的系统教育和业务能力的基本训练。

毕业生应获得以下几方面的知识和能力:

1.掌握马克思主义的基本原理和关于语言、文学的基本理论;

2.掌握本专业的基础知识以及新闻、历史、哲学、艺术等学科的相关知识;

3.具有文学修养和鉴赏能力以及较强的写作能力;

4.了解我国关于语言文字和文学艺术的方针、政策和法规;

5.了解本学科的前沿成就和发展前景;

6.能阅读古典文献,掌握文献检索、资料查询的基本方法,具有一定的科学研究和实际工作能力。

主干学科:中国语言文学

主要课程:语言学概论、古代汉语、现代汉语、文学概论、中国古代文学史、中国现当代文学史、马克思主义文论、中国古典文献学、外国文学史、汉语史、语言学史学等。

实践环节:包括教学实习、论文写作等,一般安排8周左右。

修业年限:四年

授予学位:文学学士

就业方向:学生毕业后适合报考中国语言文学及其他专业的研究生,或到高等学校、语言文学研究部门从事教学与研究工作,及从事文化宣传、新闻、出版、广播、电视、党政机关、工矿企业等单位的编辑、记者和文秘工作。

开设学校:安徽财经大学、云南师范大学、石家庄铁道大学、首都师范大学、北京联合大学、山东师范大学、唐山师范学院、贵州民族大学、河南财经政法大学、聊城大学、鲁东大学、贵州财经大学、内蒙古财经大学、山东工商学院、重庆大学(教育部直属、985大学、211大学)、苏州大学(211大学)、中国石油大学(教育部直属、211大学)、浙江大学(教育部直属、985大学、211大学)、吉林大学(教育部直属、985大学、211大学)、厦门大学(教育部直属、985大学、211大学)、南昌大学(211大学)、东南大学(教育部直属、985大学、211大学)、中国矿业大学(教育部直属、211大学)、、淮海工学院、复旦大学(教育部直属、985大学、211大学)、华东理工大学(教育部直属、211大学)、清华大学(教育部直属、985大学、211大学)、大连理工大学(教育部直属、985大学、211大学)、北京大学(教育部直属、985大学、211大学)、西北大学(211大学)、嘉兴学院、同济大学(教育部直属、985大学、211大学)、天津中医药大学、中国人民大学(教育部直属、985大学、211大学)、武汉大学(教育部直属、985大学、211大学)、河北经贸大学、南开大学(教育部直属、985大学、211大学)、武汉工商学院、三亚学院、解放军军械工程学院、东华理工大学长江学院、嘉兴学院南湖学院、湘潭大学兴湘学院、晋中学院、西南大学(教育部直属、211大学)、华北电力大学(教育部直属、211大学)、中国石油大学(北京)(教育部直属、211大学)、伊春职业学院、宿迁学院、长治学院、重庆文理学院、肇庆学院、天水师范学院、广西财经学院、西安文理学院、湖北大学知行学院、长江大学文理学院、湖南女子学院、新乡学院、福州大学至诚学院、厦门大学嘉庚学院、福建师

范大学协和学院、济宁学院、中国石油大学胜利学院、广东财经大学华商学院、兰州文理学院、吉林警察学院、六盘水师范学院、太原学院、山西大学商务学院、河套学院、吕梁学院、武夷学院、宁德师范学院、安徽新华学院、浙江树人学院、蚌埠学院、合肥师范学院、池州学院、扬州大学广陵学院、苏州科技学院天平学院、苏州大学文正学院、南通大学杏林学院、哈尔滨广厦学院、黑龙江财经学院、广东第二师范学院、中国矿业大学银川学院、北京第二外国语学院、浙江外国语学院、贵州师范大学求是学院、兴义民族师范学院、齐鲁师范学院、山东青年政治学院、宁夏大学新华学院、衢州学院、成都学院、成都文理学院、湖南科技大学潇湘学院、吉首大学张家界学院、衡阳师范学院南岳学院、山东师范大学历山学院、保山学院、聊城大学东昌学院、齐鲁理工学院、云南艺术学院文华学院、文山学院、云南大学滇池学院、四川大学锦江学院、四川大学锦城学院、南昌师范学院、张家口学院、泰州学院、江苏第二师范学院、陕西学前师范学院、成都师范学院、广西外国语学院、商丘学院、无锡太湖学院、贵州大学科技学院、陕西国际商贸学院、西北大学现代学院、昭通学院、普洱学院、云南工商学院、南昌大学科学技术学院、宁波大学科学技术学院、浙江越秀外国语学院、郑州成功财经学院、湖北民族学院科技学院、湖南第一师范学院、南昌大学共青学院、河南科技学院新科学院、内蒙古大学创业学院、长春光华学院、广西师范大学漓江学院、浙江大学城市学院、沈阳城市学院、西北师范大学知行学院、广西民族师范学院、甘肃民族师范学院、长春理工大学、西安培华学院、北华大学、西安外国语大学、长春大学、西安财经学院、长春师范大学、湖南科技大学、吉首大学、湘潭大学、大理学院、西安工业大学、西藏大学(211大学)、西安工程大学、宝鸡文理学院、青海师范大学、青海民族大学、陕西理工学院、咸阳师范学院、陕西中医学院、渭南师范学院、白城师范学院、湖南科技学院、中南财经政法大学(教育部直属、211大学)、衡阳师范学院、吉林工程技术师范学院、通化师范学院、湖南商学院、华中师范大学(教育部直属、211大学)、、黑龙江大学、怀化学院、湖南文理学院、邵阳学院、吉林师范大学、长沙理工大学、南华大学、湘南学院、湖南城市学院、湖南理工学院、湖南工业大学、上海师范大学、广东财经大学、佛山科学技术学院、华东政法大学、上海立信会计学院、安徽师范大学、广东石油化工学院、东莞理工学院、广州大学、广东海洋大学、华南农业大学、广东外语外贸大学、岭南师范学院、韶关学院、嘉应学院、惠州学院、韩山师范学院、云南民族大学、西南林业大学、云南师范大学、楚雄师范学院、西安科技大学、红河学院、西安石油大学、西安建筑科技大学、玉溪师范学院、安徽科技学院、淮南师范学院、淮北师范大学、西安交通大学(教育部直属、985大学、211大学)、巢湖学院、合肥学院、黄山学院、铜陵学院、陕西师范大学教育部直属、211大学)、皖西学院、延安大学、河西学院、兰州商学院、甘肃政法学院、海南大学(211大学)、临沂大学、青岛大学、青岛理工大学、内蒙古科技大学、青岛科技大学、内蒙古民族大学、兰州交通大学、商丘师范学院、洛阳师范学院、南阳师范学院、周口师范学院、西北师范大学、青岛农业大学、许昌学院、甘肃农业大学、山东财经大学、山东科技大学、广西师范学院、广西民族大学、玉林师范学院、山东理工大学、内蒙古师范大学、海南师范大学、曲阜师范大学、贵州师范大学、广西师范大学、黔南民族师范学院、遵义师范学院、哈尔滨商业大学、湖北工程学院、武汉轻工大学、黄冈师范学院、湖北师范学院、黑龙江科技大学、湖北民族学院、东北石油大学、哈尔滨学院、湖北大学、佳木斯大学、齐齐哈尔大学、中南民族大学、三峡大学、长江大学、福建师范大学、仰恩大学、泉州师范学院、福建工程学院、集美大学、西藏民族学院、西北民族大学、闽江学院、闽南师范大学、莆田学院、河南大学、湖北科技学院、黑龙江东方学院、华侨大学、湖北文理学院、河南理工大学、南京大学(教育部直属、985大学、211大学)、暨南大学(211大学)、南京师范大学(211大学)、兰州大学(教育部直属、985大学、211大学)、四川大学(教育部直属、985大学、211大学)、华南师范大学(211大学)、广西大学(211大学)、中山大学(教育部直属、985大学、211大学)、福州大学(211大学)、四川农业大学(211大学)、西南财经大学(教育部直属、211大学)、东北师范大学(教育部直属、211大学)、南京审计学院、江苏理工学院、盐城师范学院、南京晓庄学院、常州工学院、上海交通大学(教育部直属、985大学、211大学)、吉林大学(教育部直属、985大学、211大学)、中南大学(教育部直属、985大学、211大学)、华东师范大学(教育部直属、985大学、211大学)、华中科技大学(教育部直属、985大学、211大学)、延边大学(211大学)、辽宁大学(211大学)、西南交通大学(教育部直属、211大学)、湖南大学(教育部直属、985大学、211大学)、中央民族大学(985大学、211大学)、西安电子科技大学(教育部直属、211大学)、湖南师范大学(211大学)、对外经济贸易大学(教育部直属、211大学)、北京师范大学(教育部直属、985大学、211大学)、河北科技大学、内蒙古大学(211大学)、北京外国语大学(教育部直属、211大学)、长安大学(教育部直属、211大学)、云南大学(211大学)、天津师范大学、济南大学、上海大学(211大学)、新疆大学(211大学)、天津外国语大学、江南大学(教育部直属、211大学)、天津理工大学、天津财经大学、郑州大学(211大学)、天津大学(教育部直属、985大学、211大学)、南开大学(教育部直属、985大学、211大学)、中国海洋大学(教育部直属、985大学、211大学)、安徽农业大学、德州学院、安徽大学(211大学)、浙江理工大学、嘉兴学院、新疆财经大学、浙江师范大学、昌吉学院、宁波大学、浙江农林大学、湖州师范学院、杭州师范大学、浙江科技学院、西华大学、浙江海洋学院、中国计量学院、喀什师范学院、辽宁师范大学、沈阳大学、沈阳师范大学、新疆师范大学、东北财经大学、西南民族大学、中北大学、山西师范大学、四川理工学院、五邑大学、深圳大学、忻州师范学院、太原师范学院、汕头大学、山西大同大学、山西大学、浙江万里学院、西南科技大学、绍兴文理学院、温州大学、台州学院、浙江财经大学、浙江工商大学、成都信息工程学院、西华师范大学、四川师范大学、江西农业大学、扬州大学、江苏大学、重庆师范大学、江西师范大学、东华理工大学、南京林业大学、华东交通大学、淮海工学院、盐城工学院、常州大学、南京信息工程大学、江苏师范大学、苏州科技学院、大连民族学院、石河子大学(211大学)、鞍山师范学院、大连外国语大学、大连大学、渤海大学、江西科技师范大学、赣南师范学院、长江师范学院、上饶师范学院、辽东学院、井冈山大学、重庆三峡学院、四川外国语大学、宜春学院、九江学院、武昌理工学院、洛阳理工学院、宿州学院、三江学院、郑州师范学院、呼伦贝尔学院、长沙医学院、宁夏师范学院、重庆人文科技学院、山东大学威海分校、贵州工程应用技术学院、丽水学院、百色学院、长治学院、钦州学院、滁州学院、琼州学院、枣庄学院、梧州学院、龙岩学院、湖南涉外经济学院、宁波工程学院、常熟理工学院、西安翻译学院、滨州学院、集美大学诚毅学院、重庆文理学院、伊犁师范学院、赤峰学院、长沙学院、广东金融学院、河池学院、徐州工程学院、黑河学院、昆明学院、重庆科技学院、上海政法学院、大庆师范学院、阜阳师范学院、湖北理工学院、安庆师范学院、榆林学院、曲靖师范学院、塔里木大学、内江师范学院、乐山师范学院、宜宾学院、汉口学院、中山大学南方学院、陇东学院、华中科技大学武昌分校、淮阴师范学院、绥化学院、浙江传媒学院、哈尔滨师范大学、重庆工商大学、绵阳师范学院、文华学院、贵阳学院、湖南人文科技学院、重庆第二师范学院、荆楚理工学院、济南大学泉城学院、烟台大学文经学院、吉林大学珠海学院、延安大学西安创新学院、燕山大学里仁学院、贵州师范学院、集宁师范学院、河南大学民生学院、三亚学院、黑龙江外国语学院、铜仁学院、菏泽学院、凯里学院、安顺学院、贺州学院、河北科技师范学院、安康学院、三明学院、商洛学院、中山大学新华学院、兰州城市学院、云南师范大学商学院、吉林师范大学博达学院、湖北第二师范学院、河北传媒学院、河北民族师范学院、沧州师范学院、保定学院、防灾科技学院、中国青年政治学院、北京联合大学、中国劳动关系学院、中央财经大学(教育部直属、211大学)、北方工业大学、中国政法大学(教育部直属、211大学)、河北师范大学、北京语言大学(教育部直属)、首都师范大学、泰山学院、宁夏大学(211大学)、北方民族大学、中国传媒大学(教育部直属、211大学)、潍坊学院、烟台大学、邯郸学院、石家庄学院、廊坊师范学院、衡水学院、河北工程大学、华北科技学院、燕山大学、河北北方学院、山东师范大学、邢台学院、石家庄铁道大学、唐山学院、中央司法警官学院、西昌学院、运城学院、晋中学院、贵州大学(211大学)、攀枝花学院、西南大学(教育部直属、211大学)、新余学院、黄淮学院、景德镇学院、萍乡学院、肇庆学院、广东技术师范学院、四川文理学院、四川民族学院、南通大学、西安思源学院、西安外事学院、南昌工程学院、平顶山学院、河南科技学院、信阳师范学院、安阳师范学院、河南师范大学、南阳理工学院、江汉大学、湖南农业大学、河南科技大学牡丹江师范学院、首都师范大学、福建师范大学、四川大学(教育部直属、985大学、211大学)、哈尔滨工业大学(985大学、211大学)、汕头大学、浙江海洋学院、天津外国语大学、天津外国语大学、兰州文理学院、信阳师范学院华锐学院、河北经贸大学经济管理学院、福建师范大学协和学院、湖北大学知行学院、焦作师范高等专科学校、河北师范大学汇华学院、重庆第二师范学院、南京师范大学泰州学院、哈尔滨工业大学(威海)、南京师范大学泰州学院、重庆师范大学涉外商贸学院、北京理工大学房山分校培训中心、贵州民族大学人文科技学院、首都师范大学继续教育学院、辽宁师范大学海华学院、广东外语外贸大学南国商学、云南工商学院、江西科技师范大学理工学院、河南农业大学华豫学院、辽宁理工学院、北京师范大学-香港浸会大学联合国际学院、上海政法学院、华中科技大学武昌分校、北京联合大学应用文理学院、湖北文理学院理工学院、湖北师范学院文理学院、福建师范大学闽南科技学院、广东外语外贸大学南国商学院、北京师范大学珠海分校、华南农业大学珠江学院、东北师范大学人文学院、江苏师范大学科文学院、南京师范大学中北学院、西安工业大学北方信息工程学院、哈尔滨远东理工学院、中国传媒大学南广学院、内蒙古科技大学包头师范学院、东莞理工学院城市学院、湖南商学院北津学院、湖南师范大学树达学院、湖南文理学院芙蓉学院、湖南理工学院南湖学院、云南大学旅游文化学院、郑州升达经贸管理学院、西安建筑科技大学华清学院、云南师范大学文理学院、淮北师范大学信息学院、阜阳师范学院信息工程学院、安徽师范大学皖江学院、绍兴文理学院元培学院、杭州师范大学钱江学院、浙江师范大学行知学院、浙江海洋学院东海科学技术学院、中国计量学院现代科技学院、浙江财经大学东方学院、华中师范大学武汉传媒学院、湖北工程学院新技术学院、赣南师范学院科技学院、江西师范大学科学技术学院、安阳师范学院人文管理学院、山西师范大学现代文理学院、天津师范大学津沽学院、广西民族大学相思湖学院、广西师范学院师园学院、广西大学行健文理学院、浙江工业大学之江学院、吉林华桥外国语学院、郑州航空工业管理学院、中国矿业大学徐海学院、上海师范大学天华学院、南京师范大学泰州学院、重庆工商大学派斯学院、河北大学工商学院、河北农业大学现代科技学院、河北科技大学理工学院、河南师范大学新联学院、信阳师范学院华锐学院、长春理工大学光电信息学院、华中师范大学(教育部直属、211大学)、湖南理工学院、湖南理工学院、河南大学、上海师范大学、华东政法大学、上海立信会计学院

◆专业名称:汉语言

◆专业代码:050102

培养目标:本专业培养具备汉语及语言学、中国文学等方面的系统知识和专业技能,能在高校、科研机构和机关企事业相关部门从事汉语言文字的教学科研、对外汉语教学、语言文字管理及语言应用方面实际工作的语言学高级专门人才。

培养要求:本专业学生主要学习汉语及语言学、中国文学的基本理论和基本知识,受到有关理论思维和专业技能的基本训练,掌握调查研究、语言教学的基本能力。

毕业生应获得以下几方面的知识和能力:

1.掌握马克思主义基本原理,汉语及语言学、中国文学的基本理论、基本知识;

2.掌握语音实验技能、中文信息处理技术、汉语教学法;

3.具有哲学和文史知识基础,以及较强的写作能力和社会调查能力;

4.了解我国有关语言文字的方针、政策、法规和当前语文文字工作任务;

5.了解语言文字研究的理论前沿和汉语科技应用的前景;

6.掌握文献检索、资料查询的基本方法,具有一定的科学研究和实际工作能力。

主干学科:中国语言文学

主要课程:语言学概论、现代汉语、古代汉语、文学概论、中国文学史、中国语言学史、计算语言学、汉语史、汉语方言调查、逻辑学、欧美语言学、实验语音学、中文信息处理等。

实践环节:包括语言调查、教学实习、论文写作等,一般安排10~15周。

修业年限:四年

授予学位:文学学士

就业方向:毕业生主要从事大、中专院校和中学的教学工作或相关领域的研究工作,其次是在报刊和电视台从事新闻工作,还有一些从事文秘工作等。

开设学校:长春大学、泰山学院、烟台大学、复旦大学(教育部直属、985大学、211大学)、大连大学、枣庄学院、嘉应学院、延边大学(211大学)、新疆大学(211大学)、昌吉学院、华侨大学、安徽财经大学、云南财经大学、云南师范大学、石家庄铁道大学、首都师范大学、北京联合大学、唐山师范学院、贵州民族大学、河南财经政法大学、聊城大学、西北民族大学、鲁东大学、鲁东大学、贵州财经大学、内蒙古财经大学、山东工商学院、重庆大学(教育部直属、985大

学、211大学)、苏州大学(211大学)、苏州大学(211大学)、中国石油大学(教育部直属、211大学)、浙江大学(教育部直属、985大学、211大学)、吉林大学(教育部直属、985大学、211大学)、厦门大学(教育部直属、985大学、211大学)、南昌大学(211大学)、东南大学(教育部直属、985大学、211大学)、中国矿业大学(教育部直属、211大学)、淮海工学院、江苏师范大学、复旦大学(教育部直属、985大学、211大学)、华东师范大学(教育部直属、985大学、211大学)、华东理工大学(教育部直属、211大学)、华中科技大学(教育部直属、985大学、211大学)、清华大学(教育部直属、985大学、211大学)、大连理工大学(教育部直属、985大学、211大学)、北京大学(教育部直属、985大学、211大学)、沈阳师范大学、西北大学(211大学)、西北大学(211大学)、山西大同大学、嘉兴学院、同济大学(教育部直属、985大学、211大学)、天津中医药大学、华南师范大学(211大学)、中国人民大学(教育部直属、985大学、211大学)、武汉大学(教育部直属、985大学、211大学)、河北经贸大学、南开大学(教育部直属、985大学、211大学)、湖南师范大学(211大学)、武汉工商学院、三亚学院、解放军军械工程学院、长春光华学院、东华理工大学长江学院、嘉兴学院南湖学院、湘潭大学兴湘学院、辽宁财贸学院、南阳理工学院、晋中学院、西南大学(教育部直属、211大学)、华北电力大学(教育部直属、211大学)、中国石油大学(北京)、(教育部直属、211大学)、伊春职业学院、宿迁学院、宿迁学院、长治学院、重庆文理学院、大庆师范学院、肇庆学院、肇庆学院、天水师范学院、广西财经学院、西安文理学院、湖北大学知行学院、长江大学文理学院、湖南女子学院、新乡学院、福州大学至诚学院、厦门大学嘉庚学院、福建师范大学协和学院、济宁学院、中国石油大学胜利学院、广东财经大学华商学院、兰州文理学院、吉林警察学院、六盘水师范学院、太原学院、山西大学商务学院、河套学院、吕梁学院、武夷学院、宁德师范学院、安徽新华学院、浙江树人学院、蚌埠学院、合肥师范学院、池州学院、扬州大学广陵学院、苏州科技学院天平学院、苏州大学文正学院、南通大学杏林学院、哈尔滨广厦学院、黑龙江财经学院、广东第二师范学院、中国矿业大学银川学院、北京第二外国语学院、浙江外国语学院、贵州师范大学求是学院、兴义民族师范学院、齐鲁师范学院、山东青年政治学院、宁夏大学新华学院、衢州学院、新疆大学科学技术学院、成都学院、成都文理学院、湖南科技大学潇湘学院、南华大学船山学院、吉首大学张家界学院、衡阳师范学院南岳学院、山东师范大学历山学院、保山学院、聊城大学东昌学院、齐鲁理工学院、云南艺术学院文华学院、文山学院、云南大学滇池学院、四川大学锦江学院、四川大学锦城学院、南昌师范学院、张家口学院、泰州学院、江苏第二师范学院、陕西学前师范学院、成都师范学院、广西外国语学院、商丘学院、无锡太湖学院、贵州大学科技学院、陕西国际商贸学院、西北大学现代学院、昭通学院、普洱学院、云南工商学院、南昌大学科学技术学院、宁波大学科学技术学院、浙江越秀外国语学院、郑州成功财经学院、湖北民族学院科技学院、湖南第一师范学院、南昌大学共青学院、河南科技学院新科学院、内蒙古大学创业学院、长春光华学院、广西师范大学漓江学院、浙江大学城市学院、沈阳城市学院、西北师范大学知行学院、广西民族师范学院、甘肃民族师范学院、长春理工大学、西安培华学院、北华大学、西安外国语大学、长春大学、西安财经学院、长春师范大学、湖南科技大学、吉首大学、湘潭大学、大理学院、西安工业大学、西藏大学(211大学)、云南财经大学、西安工程大学、宝鸡文理学院、青海师范大学、青海民族大学、陕西理工学院、咸阳师范学院、陕西中医学院、渭南师范学院、白城师范学院、湖南科技学院、中南财经政法大学(教育部直属、211大学)、衡阳师范学院、吉林工程技术师范学院、通化师范学院、湖南商学院、华中师范大学(教育部直属、211大学)、黑龙江大学、怀化学院、湖南文理学院、邵阳学院、吉林师范大学、长沙理工大学、南华大学、湘南学院、湖南城市学院、湖南理工学院、湖南工业大学、上海师范大学、广东财经大学、佛山科学技术学院、华东政法大学、上海立信会计学院、安徽师范大学、广东石油化工学院、东莞理工学院、广州大学、广东海洋大学、华南农业大学、广东外语外贸大学、岭南师范学院、韶关学院、嘉应学院、惠州学院、韩山师范学院、云南民族大学、西南林业大学、云南师范大学、楚雄师范学院、西安科技大学、红河学院、西安石油大学、西安建筑科技大学、玉溪师范学院、安徽科技学院、淮南师范学院、淮北师范大学、西安交通大学(教育部直属、985大学、211大学)、巢湖学院、合肥学院、黄山学院、铜陵学院、陕西师范大学(教育部直属、211大学)、皖西学院、延安大学、河西学院、兰州商学院、甘肃政法学院、海南大学(211大学)、临沂大学、青岛大学、青岛理工大学、内蒙古科技大学、青岛科技大学、内蒙古民族大学、兰州交通大学、商丘师范学院、洛阳师范学院、南阳师范学院、周口师范学院、西北师范大学、青岛农业大学、许昌学院、甘肃农业大学、山东财经大学、山东科技大学、广西师范学院、广西民族大学、玉林师范学院、山东理工大学、内蒙古师范大学、海南师范大学、曲阜师范大学、贵州师范大学、广西师范大学、黔南民族师范学院、遵义师范学院、哈尔滨商业大学、湖北工程学院、武汉轻工大学、黄冈师范学院、湖北师范学院、黑龙江科技大学、湖北民族学院、东北石油大学、哈尔滨学院、湖北大学、佳木斯大学、齐齐哈尔大学、中南民族大学、三峡大学、长江大学、福建师范大学、仰恩大学、泉州师范学院、湖北大学、佳木斯大学、齐齐哈尔大学、中南民族大学、三峡大学、长江大学、福建师范大学、仰恩大学、泉州师范学院、福建工程学院、华侨大学、湖北文理学院、河南理工大学、南京大学(教育部直属、985大学、211大学)、苏州大学(211大学)、兰州大学(教育部直属、985大学、211大学)、华侨大学、湖北文理学院、河南理工大学、南京大学(教育部直属、985大学、211大学)、暨南大学(211大学)、苏州大学(211大学)、南京师范大学(211大学)、兰州大学(教育部直属、985大学、211大学)、盐城师范学院、南京晓庄学院、常州工学院、上海交通大学(教育部直属、985大学、211大学)、吉林大学(教育部直属、985大学、211大学)、中南大学(教育部直属、985大学、211大学)、华东师范大学(教育部直属、985大学、211大学)、华中科技大学(教育部直属、985大学、211大学)、延边大学(211大学)、辽宁大学(211大学)、西南交通大学(教育部直属、211大学)、湖南大学(教育部直属、985大学、211大学)、中央民族大学(985大学、211大学)、西安电子科技大学(教育部直属、211大学)、湖南师范大学(教育部直属、211大学)、对外经济贸易大学(教育部直属、211大学)、北京师范大学(教育部直属、985大学、211大学)、河北科技大学、内蒙古大学(211大学)、北京外国语大学(教育部直属、211大学)、长安大学(教育部直属、211大学)、云南大学(211大学)、天津师范大学、济南大学、上海大学(211大学)、新疆大学(211大学)、天津外国语大学、江南大学(教育部直属、211大学)、天津中医药大学、天津理工大学、天津财经大学、郑州大学(211大学)、天津大学(教育部直属、985大学、211大学)、南开大学(教育部直属、985大学、211大学)、中国海洋大学(教育部直属、985大学、211大学)、安徽农业大学、德州学院、安徽大学(211大学)、浙江理工大学、嘉兴学院、新疆财经大学、浙江师范大学、昌吉学院、宁波大学、浙江农林大学、湖州师范学院、杭州师范大学、浙江科技学院、西华大学、浙江海洋学院、中国计量学院、喀什师范学院、辽宁师范大学、沈阳大学、沈阳师范大学、新疆农业大学、喀什师范学院、新疆师范大学、东北财经大学、西南民族大学、中北大学、山西师范大学、四川理工学院、五邑大学、深圳大学、忻州师范学院、太原师范学院、汕头大学、山西大同大学、山西大学、浙江万里学院、西南科技大学、绍兴文理学院、温州大学、台州学院、浙江财经大学、浙江工商大学、成都信息工程学院、西华师范大学、四川师范大学、江西农业大学、扬州大学、江苏大学、重庆师范大学、江西师范大学、东华理工大学、南京林业大学、华东交通大学、淮海工学院、盐城工学院、常州大学、南京信息工程大学、江苏师范大学、苏州科技学院、大连民族学院、石河子大学(211大学)、石河子大学、(211大学)、鞍山师范学院、大连外国语大学、大连大学、渤海大学、江西科技师范大学、赣南师范学院、长江师范学院、上饶师范学院、辽东学院、井冈山大学、重庆三峡学院、四川外国语大学、宜春学院、九江学院、辽宁理工学院、武昌理工学院、洛阳理工学院、宿州学院、三江学院、郑州师范学院、呼伦贝尔学院、四川外国语大学、宜春学院、九江学院、武昌理工学院、洛阳理工学院、宿州学院、三江学院、郑州师范学院、呼伦贝尔学院、琼州学院、枣庄学院、梧州学院、龙岩学院、湖南涉外经济学院、宁波工程学院、常熟理工学院、西安翻译学院、滨州学院、集美大学诚毅学院、重庆文理学院、伊犁师范学院、赤峰学院、长沙学院、广东金融学院、河池学院、徐州工程学院、黑河学院、昆明学院、重庆科技学院、上海政法学院、大庆师范学院、阜阳师范学院、湖北理工学院、安庆师范学院、榆林学院、曲靖师范学院、塔里木大学、内江师范学院、乐山师范学院、宜宾学院、汉口学院、中山大学南方学院、陇东学院、华中科技大学武昌分校、淮阴师范学院、绥化学院、浙江传媒学院、哈尔滨师范大学、重庆工商大学、绵阳师范学院、文华学院、辽宁科技学院、贵阳学院、湖南人文科技学院、重庆第二师范学院、荆楚理工学院、济南大学泉城学院、烟台大学文经学院、吉林大学珠海学院、延安大学西安创新学院、燕山大学里仁学院、贵州师范学院、集宁师范学院、河南大学民生学院、三亚学院、黑龙江外国语学院、铜仁学院、菏泽学院、凯里学院、安顺学院、贺州学院、河北科技师范学院、安康学院、三明学院、商洛学院、中山大学新华学院、兰州城市学院、云南师范大学商学院、吉林师范大学博达学院、湖北第二师范学院、河北传媒学院、河北民族师范学院、沧州师范学院、保定学院、防灾科技学院、中国青年政治学院、北京联合大学、中国劳动关系学院、中央财经大学(教育部直属、211大学)、北方工业大学、中国政法大学(教育部直属、211大学)、河北师范大学、北京语言大学(教育部直属)、首都师范大学、泰山学院、宁夏大学(211大学)、北方民族大学、中国传媒大学(教育部直属、211大学)、中国传媒大学(教育部直属、211大学)、潍坊学院、烟台大学、邯郸学院、石家庄学院、廊坊师范学院、衡水学院、河北工程大学、华北科技学院、燕山大学、河北北方学院、山东师范大学、邢台学院、石家庄铁道大学、唐山学院、中央司法警官学院、西昌学院、运城学院、贵州大学(211大学)、攀枝花学院、西南大学(教育部直属、211大学)、新余学院、黄淮学院、景德镇学院、萍乡学院、肇庆学院、广东技术师范学院、四川文理学院、四川民族学院、南通大学、西安思源学院、西安外事学院、南昌工程学院、平顶山学院、河南科技学院、信阳师范学院、安阳师范学院、河南师范大学、南阳理工学院、华中师范大学(教育部直属、211大学)、江汉大学、湖南农业大学、中南林业科技大学、河南科技大学、牡丹江师范学院、首都师范大学、福建师范大学、四川大学(教育部直属、985大学、211大学)、石河子大学(211大学)、哈尔滨工业大学(985大学、211大学)、汕头大学、浙江海洋学院、南开大学(教育部直属、985大学、211大学)、兰州文理学院、河北经贸大学经济管理学院、福建师范大学协和学院、湖北大学知行学院、焦作师范高等专科学校、河北师范大学汇华学院、南京师范大学泰州学院、哈尔滨工业大学(威海)、北京理工大学房山分校培训中心、贵州民族大学人文科技学院、首都师范大学继续教育学院、辽宁师范大学海华学院、云南工商学院、江西科技师范大学理工学院、河南农业大学华豫学院、辽宁财贸学院、北京师范大学-香港浸会大学联合国际学院、上海政法学院、华中科技大学武昌分校、北京工业大学耿丹学院、北京联合大学应用文理学院、湖北文理学院理工学院、湖北师范学院文理学院、福建师范大学闽南科技学院、广东外语外贸大学南国商学院、北京师范大学珠海分校、华南农业大学珠江学院、东北师范大学人文学院、江苏师范大学科文学院、南京师范大学中北学院、西安工业大学北方信息工程学院、哈尔滨远东理工学院、中国传媒大学南广学院、内蒙古科技大学包头师范学院、新疆农业大学科学技术学院、东莞理工学院城市学院、湖南商学院北津学院、湖南师范大学树达学院、湖南文理学院芙蓉学院、湖南理工学院南湖学院、云南大学旅游文化学院、郑州升达经贸管理学院、西安建筑科技大学华清学院、云南师范大学文理学院、淮北师范大学信息学院、阜阳师范学院信息工程学院、安徽师范大学皖江学院、江西农业大学南昌商学院、绍兴文理学院元培学院、杭州师范大学钱江学院、浙江师范大学行知学院、浙江海洋学院东海科学技术学院、中国计量学院现代科技学院、浙江财经大学东方学院、华中师范大学武汉传媒学院、湖北工程学院新技术学院、赣南师范学院科技学院、江西师范大学科学技术学院、安阳师范学院人文管理学院、山西师范大学现代文理学院、天津师范大学津沽学院、广西民族大学相思湖学院、广西师范学院师园学院、广西大学行健文理学院、浙江工业大学之江学院、吉林华桥外国语学院、郑州航空工业管理学院、中国矿业大学徐海学院、上海师范大学天华学院、重庆师范大学涉外商贸学院、重庆工商大学派斯学院、河北大学工商学院、河北农业大学现代科技学院、河北科技大学理工学院、河南师范大学新联学院、信阳师范学院华锐学院、长春理工大学光电信息学院、华中师范大学(教育部直属、211大学)、河南大学、上海师范大学、华东政法大学、上海立信会计学院

◆专业名称:汉语国际教育
◆专业代码:050103

培养目标:汉语国际教育专业培养掌握扎实的汉语基础知识,具有较高的人文素养,具备中国文学、中国文化、跨文化交际等方面的专业知识与能力,能在国内外各类学校从事汉语教学,在各职能部门、外贸机构、新闻出版单位及企事业单位从事与语言文化传播交流相关工作的中国语言文学学科应用型专门人才。

培养要求:学生主要学习汉语及语言学、国际文学的基本理论和基本知识,受到有关理论思维和专业技能的基本训练,能流利地使用一种外语进行教学和交流,具有跨文化交际能力。

毕业生应获得以下几方面的知识和能力：

1.掌握马克思主义基本理论，具备良好的专业素质和职业道德；

2.热爱汉语国际教育事业，具有奉献精神和开拓意识；

3.具备熟练的汉语作为第二语言教学技能，能熟练运用现代教育技术和科技手段进行教学；

4.具有较高的中华文化素养和传播能力；

5.能流利地使用一种外语进行教学和交流，具有跨文化交际能力；

6.具有语言文化国际推广项目的管理、组织与协调能力。

主要课程：中国语言文学、外国语言文学基础英语、英语写作、英汉翻译、现代、古代汉语、中国文学、外国文学、中国文化通论、西方文化与礼仪、国外汉学研究、语言学概论、对外汉语教学概论等。

实践环节：包括参观访问、社会调查和教学实习等，一般安排8周左右。

修业年限：四年

授予学位：文学学士

就业方向：在各职能部门、外贸机构、新闻出版单位及企事业单位从事与语言文化传播交流相关的工作。

开设学校：华东师范大学、北京外国语大学、北京语言大学、上海外国语大学、吉林师范大学、上海师范大学、暨南大学、云南师范大学、贵州师范大学、重庆师范大学、广西民族学院等

◆专业名称：中国少数民族语言文学
◆专业代码：050104

培养目标：本专业培养具备有关少数民族语言文学全面系统的知识，能在少数民族教育文化部门及相关单位从事有关少数民族语言、文字、文学、文献的教学、研究、编辑、翻译、新闻报道、文学创作等方面工作的少数民族语言文学高级专门人才。

培养要求：本专业学生主要学习有关民族语言、文学、文献方面的基本理论和基础知识，受到有关理论、发展历史、研究现状等系统教育和从事专业工作所需业务能力的基本训练。

毕业生应获得以下几方面的知识和能力：

1.掌握马克思主义的基本原理和有关民族语言文学的基本理论；

2.掌握本专业的基本知识以及与专业有关的新闻、历史、哲学、艺术、计算语言学、心理学、教育学、行政管理学、文书学、逻辑学、民族学等相关学科的知识；

3.具有较强的语言、文学修养和鉴赏能力，能阅读古典文献；

4.了解我国关于民族语言文字和文学艺术的方针、政策及法规；

5.了解本学科的前沿成就和发展前景；

6.掌握有关民族文献资料的查询方法，有较强的写作能力和一定的实际工作能力以及初步的科研能力。

主干学科：中国语言文学

主要课程：语言学概论、有关民族语言史、古代汉语、有关民族现代语言、现代汉语、汉语—民族语语法对比、文学概论、有关民族文学史、中国文学史、有关民族历史等。

实践环节：包括有关民族语言实习、翻译实习、语言调查等，一般安排8周左右。

修业年限：四年

授予学位：文学学士

就业方向：国家民族事务管理部门、相关人文社科科研究所、大中专学校、文化传媒部门、民族文化产业部门、旅游部门等。

开设学校：贵州民族大学、天津财经大学、河套学院、西藏大学（211大学）、青海师范大学、青海民族大学、云南民族大学、广西民族大学、西北民族大学、延边大学（211大学）、中央民族大学（985大学、211大学）、内蒙古大学（211大学）、新疆大学（211大学）、昌吉学院、新疆财经大学、喀什师范学院、新疆师范大学、西南民族大学、赤峰学院、伊犁师范学院、集宁师范学院、四川民族学院、西北民族大学、西南民族大学、西昌学院、新疆农业大学科学技术学院、新疆大学科学技术学院、呼和浩特民族学院、甘肃民族师范学院、内蒙古民族大学、内蒙古师范大学、新疆农业大学、石河子大学（211大学）、呼伦贝尔学院、塔里木大学

◆专业名称：古典献文学
◆专业代码：050105

培养目标：本专业培养具备中国古籍整理与古典文献学的全面系统知识，能在教育、文化、出版部门，从事古籍整理、传统文化方面的实际工作、古典

文献教学与研究工作的文献学高级专门人才。

培养要求:本专业学生主要学习古籍整理和中国古典文献学方面的基本知识,受到有关理论、发展历史、研究现状等方面的系统教育和业务能力的基本训练。

毕业生应获得以下几方面的知识和能力:

1.掌握马克思主义的基本原理和关于古籍整理、古典文献学的基本理论;

2.了解我国关于古籍整理及编辑出版的方针、政策和法规;

3.掌握本专业的基础知识以及汉语言文学、历史、哲学等学科的相关知识;

4.具有较强的古籍整理能力和古典文献修养,了解本学科的前沿成就和发展前景,有较强的写作能力,并有一定的实际工作能力和初步科研能力;

5.掌握中文文献资料的查询手段。

主干学科:中国语言文学

主要课程:中国古典文献学、目录学、版本学、校勘学、文字学、音韵学、训诂学、文科工具书使用、出土文献概论、古代文化概论、古文献学史、古代汉语、中国古代文学史等。

实践环节:包括教学实习、论文写作等,一般安排6周左右。

修业年限:四年

授予学位:文学学士

就业方向:国家文化、教育管理部门、社会科学研究机构、大中学校、宣传部门、编辑出版单位、图书馆、档案馆、博物馆、新闻单位等相关企事业单位。

开设学校:北京大学(教育部直属、985大学、211大学)、陕西师范大学(教育部直属、985大学)、南京师范大学(211大学)、金陵科技学院、上海师范大学、陕西师范大学(教育部直属、985大学)、南京师范大学(211大学)、金陵科技学院、黑龙江中医药大学

◆专业名称:应用语言学
◆专业代码:050106T

培养目标:本科学生应比较系统地掌握汉语言文字学的基础知识,比较系统地掌握与计算机中文信息处理相关的自然科学基础知识,具有较高的写作能力和外语水平,具有获取新知识的能力和从事高新科学研究和实践的能力,成为具备较高的人文科学素养和自然科学素养、在文理交叉方面全面发展的复合型人才。

培养要求:掌握汉语言文字学的基础知识,比较系统地掌握与计算机中文信息处理相关的自然科学基础知识,具有较高的写作能力和外语水平,具有获取新知识的能力和从事高新科学研究和实践的能力,具备较高的人文科学素养和自然科学素养、在文理交叉方面全面发展。

毕业生应获得以下几方面的知识和能力:

1.具备本学科坚实宽广的基础理论和系统深入的专门知识;

2.有相应能力进行对外汉语多种课程的教学;

3.能在实际教学中独立从事科学研究,能熟练进行对外汉语多种课程的教学,并能在实际教学中独立从事科学研究;

4.能熟练运用电脑,至少能熟练掌握一门外语。

主要课程:语言理论、语言研究方法、应用语言学、对外汉语教学概论、语法理论、语义理论、词汇理论、实验语音学、汉语语用学,汉语方言与方言调查、语言与文化、跨文化交际等。

修业年限:四年

授予学位:文学学士

就业方向:本专业的毕业生多在高等院校、研究、出版等机构从事相关专业的教学及研究,或进入企事业机构从事语言应用方面的工作。

开设学校:北京大学(教育部直属、985大学、211大学)、华中师范大学(教育部直属、211大学)、北京语言大学(教育部直属)、吉林大学(教育部直属、985大学、211大学)、四川大学(教育部直属、985大学、211大学)、华东师范大学(教育部直属、985大学、211大学)、北京师范大学(教育部直属、985大学、211大学)、中国人民大学(教育部直属、985大学、211大学)、南开大学(教育部直属、985大学、211大学)、暨南大学(211大学)、武汉大学(教育部直属、985大学、211大学)、南京师范大学(211大学)、华侨大学、中国传媒大学(教育部直属、211大学)

◆专业名称:秘书学
◆专业代码:050107T

培养目标:本专业培养具有扎实的秘书学基础理论和基本知识,具备良好的人文素养和中文表达能力,受到有效的秘书实践教学训练,能够熟练掌握办文办会、处理事务、参谋咨询、调研协调等秘书工

作基本能力，有较强的学习能力和适应性，毕业后能够在党政机关、企业事业单位尤其是地方、基层企业事业单位从事秘书、管理、公关、宣传等工作的德智体美全面发展的复合型、应用型秘书专业人才。

培养要求：秘书学专业要求学生系统掌握秘书学专业的基础理论、基本知识和基本技能；具有相当的政策、理论水平，具有相当的辅助领导决策的调研、信息处理以及协调、公关能力。

毕业生应获得以下几方面的知识和能力：

1.掌握马克思主义的基本原理和关于语言、文学的基本理论；

2.掌握秘书学专业的基础知识以及相关知识；

3.具有文学修养和鉴赏能力以及较强的写作能力；

4.了解我国关于语言文字和文学艺术的方针、政策和法规；

5.了解本学科的前沿成就和发展前景；

6.能阅读古典文献，掌握文献检索、资料查询的基本方法，具有一定的科学研究和实际工作能力。

主要课程：秘书学概论、秘书实务、策划学基础、现代汉语基础、普通话、秘书公关和礼仪、秘书文档管理、管理学原理、中国秘书史、中外秘书比较、秘书工作案例、秘书实训、中国古代文学作品选、中国现当代文学作品选、外国文学作品选、文书处理与信息管理、秘书写作、基础写作、应用文写作、公务文书写作、公共关系实务、逻辑学、口才训练、书法、公务员制度、行政法学等。

实践环节：教学实习、论文写作等。

修业年限：四年

授予学位：文学学士

就业方向：高等、中等职业技术学校和各类教育机构进行文秘类课程教学和研究以及在国家机关、企事业单位、各类社会组织和机构中从事文秘、公共关系、商务等业务工作。

开设学校：河北农业大学、唐山师范学院、邢台学院、忻州师范学院、长春师范大学、南通大学、安庆师范学院、福建师范大学、赣南师范学院、山东农业大学、聊城大学、信阳师范学院、黄冈师范学院、湖南人文科技学院、广西师范大学、西华师范大学、铜仁学院、云南农业大学、曲靖师范学院、陕西师范大学（教育部直属、211大学）、陕西理工学院、甘肃农业大学、陇东学院、宁夏师范学院、呼伦贝尔学院、金陵科技学院、合肥学院、琼州学院、商洛学院、南京晓庄学院、宁波大学、浙江树人学院、上海建桥学院、嘉兴学院南湖学院、长春光华学院、山东科技大学泰山科技学院、阜阳幼儿师范高等专科学校、河北北方学院、石家庄学院、长治学院、内蒙古师范大学、哈尔滨学院、安徽师范大学、安徽财经大学、江西农业大学、山东科技大学、青岛农业大学、滨州学院、洛阳师范学院、湖南理工学院、湖南商学院、四川师范大学、绵阳师范学院、安顺学院、云南师范大学、云南民族大学、延安大学、咸阳师范学院、西北师范大学、兰州商学院、伊犁师范学院、江西科技学院、淮阴工学院、西安文理学院、华北科技学院、安康学院、广西财经学院、四川民族学院、四川警察学院、宁波大红鹰学院、信阳师范学院华锐学院、安徽师范大学皖江学院、云南师范大学文理学院

0502外国语言文学类

◆专业名称：英语
◆专业代码：050201

培养目标：本专业培养具有扎实的英语语言基础和比较广泛的科学文化知识，能在外事、经贸、文化、新闻出版、教育、科研、旅游等部门从事翻译、研究、教学、管理工作的英语高级专门人才。

培养要求：本专业学生主要学习英语语言、文学、历史、政治、经济、外交、社会文化等方面的基本理论和基本知识，受到英语听、说、读、写、译等方面的良好的技巧训练，掌握一定的科研方法，具有从事翻译、研究、教学、管理工作的业务水平及较好的素质和较强的能力。

毕业生应获得以下几方面的知识和能力：

1.了解我国有关的方针、政策、法规；

2.掌握语言学、文学及相关人文和科技方面的基础知识；

3.具有扎实的英语语言基础和较熟练的听、说、读、写、译的能力；

4.了解我国国情和英语国家的社会和文化；

5.具有一定的第二外国语的实际应用能力；

6.掌握文献检索、资料查询的基本方法，具有初步的科学研究和实际工作能力。

主干学科：英国语言文学

主要课程：基础英语、高级英语、报刊选读、视听、口语、英语写作、翻译理论与实践、语言理论、语

言学概论、主要英语国家文学史及文学作品选读、主要英语国家国情。

实践环节：包括教学实习、论文写作等，一般安排8周左右。

修业年限：四年

授予学位：文学学士

就业方向：毕业生能在英美澳等驻华各类外事机构和独资、合资、跨国公司等担任翻译、谈判、文秘、公关等工作，在新闻媒体、出版社、情报所中胜任编译、编辑、记者等工作。在涉外旅游业担任导游和管理工作，在中学、中专、职高、技校和英语语言培训中心与科研部门等从事教学和科研工作等。

开设学校：贵州师范大学、遵义医学院、石河子大学（211大学）、太原理工大学（211大学）、大连海洋大学、济南大学、辽宁财贸学院、首都经济贸易大学、南方医科大学、晋中学院、辽宁理工学院、湖南理工学院、上海第二工业大学、上海金融学院、山西大学商务学院、华中农业大学楚天学院、燕山大学里仁学院、南京师范大学泰州学院、四川外语学院重庆南方翻译学院、遵义医学院医学与科技学院、首都师范大学继续教育学院、中南财经政法大学武汉学院、北京联合大学应用文理学院、安徽财经大学、唐山师范学院、贵州民族大学、中国石油大学（教育部直属、211大学）、苏州大学（211大学）、浙江大学（教育部直属、985大学、211大学）、中国地质大学（教育部直属、211大学）、华南理工大学（教育部直属、985大学、211大学）、中国矿业大学（教育部直属、211大学）、上海财经大学（教育部直属、211大学）、嘉兴学院、上海大学（211大学）、长春建筑学院、华北电力大学（教育部直属、211大学）、伊春职业学院、宿迁学院、香港理工大学、武昌工学院、长沙师范学院、新乡学院、济宁学院、潍坊科技学院、烟台南山学院、山东英才学院、广州商学院、河套学院、吕梁学院、武夷学院、宁德师范学院、蚌埠学院、池州学院、山东女子学院、齐鲁师范学院、衢州学院、保山学院、青岛工学院、文山学院、张家口学院、南昌师范学院、成都师范学院、山东协和学院、商丘学院、西安欧亚学院、昭通学院、普洱学院、郑州科技学院、沈阳城市学院、大连科技学院、长春理工大学、长春大学、西安体育学院、北华大学、长春师范大学、湖南科技大学、吉首大学、湘潭大学、大理学院、西藏大学（211大学）、陕西科技大学、西安工程大学、青海师范大学、青海民族大学、咸阳师范学院、渭南师范学院、湖南科技学院、吉林财经大学、通化师范学院、湖南商学院、怀化学院、邵阳学院、东北电力大学、长春工程学院、吉林师范大学、长沙理工大学、南华大学、湘南学院、湖南城市学院、湖南工程学院、上海海洋大学、上海师范大学、嘉应学院、上海理工大学、上海电力学院、安徽工程大学、安徽建筑大学、安徽师范大学、广东海洋大学、韶关学院、惠州学院、广东药学院、广州大学、广东医学院、云南民族大学、云南师范大学、昆明理工大学、楚雄师范学院、西安科技大学、西安石油大学、红河学院、西安理工大学、玉溪师范学院、安徽科技学院、淮北师范大学、上海体育学院、西安交通大学（教育部直属、985大学、211大学）、巢湖学院、铜陵学院、合肥学院、黄山学院、陕西师范大学（教育部直属、211大学）、延安大学、河西学院、海南大学（211大学）、临沂大学、青岛大学、青岛理工大学、兰州交通大学、南阳师范学院、商丘师范学院、洛阳师范学院、兰州理工大学、周口师范学院、聊城大学、西北师范大学、广西科技大学、桂林理工大学、山东科技大学、山东理工大学、玉林师范学院、海南师范大学、贵阳医学院、山东建筑大学、广西师范大学、遵义师范学院、黄冈师范学院、湖北工程学院、湖北师范学院、湖北民族学院、武汉体育学院、东北石油大学、湖北大学、三峡大学、武汉工程大学、武汉纺织大学、江汉大学、仰恩大学、泉州师范学院、福建工程学院、集美大学、西藏民族学院、西北民族大学、新乡医学院、中原工学院、闽南师范大学、闽江学院、莆田学院、河南大学、湖北科技学院、华侨大学、福建农林大学、河南理工大学、东南大学（教育部直属、985大学、211大学）、南昌大学（211大学）、南京理工大学（211大学）、南京大学（教育部直属、985大学、211大学）、暨南大学（211大学）、中国药科大学（教育部直属、211大学）、重庆大学（教育部直属、985大学、211大学）、河海大学（教育部直属、211大学）、兰州大学（教育部直属、985大学、211大学）、天津农学院、天津城建大学、天津体育学院、福州大学（211大学）、中山大学（教育部直属、985大学、211大学）、四川大学（教育部直属、985大学、211大学）、厦门大学（教育部直属、985大学、211大学）、西南财经大学（教育部直属、211大学）、清华大学（教育部直属、985大学、211大学）、北京理工大学（985大学、211大学）、东华大学（教育部直属、985大学、211大学）、南京审计学院、盐城师范学院、北京科技大学（教育部直属、211大学）、中南大学（教育部直属、985大学、211大学）、上海交通大学(教育部直属、985大学、211大学)、吉林大学(教育部直属、985大学、211大学)、华东师范大学(教育部直属、985大学、211大学)、复旦大学(教育部直属、985大学、211大学)、东北大学(教育部直属、985大学、211大学)、华东理工大学(教育部直属、211大学)、华中科技大学(教育部直属、985大学、211大学)、延边大学(985大学、211大学)、武汉理工大学(教育部直属、211大学)、北京邮电大学(教育部直属、211大学)、西南交通大学(教育部直属、211大学)、辽宁大学(211大学)、湖南大学(教育部直属、985大学、211大学)、中央民族大学(985大学、211大学)、河北科技大学、湖南师范大学(211大学)、河北大学(教育部直属)、大连海事大学(教育部直属、211大学)、内蒙古大学(教育部直属、211大学)、北京大学(教育部直属、985大学、211大学)、北京交通大学(教育部直属、211大学)、武汉大学(教育部直属、985大学、211大学)、云南大学(211大学)、西北大学(211大学)、长安大学(教育部直属、211大学)、天津师范大学、同济大学(教育部直属、985大学、211大学)、新疆大学(211大学)、天津商业大学、江南大学(教育部直属、211大学)、天津理工大学、天津财经大学、天津科技大学、郑州大学(211大学)、滨州医学院、南开大学(教育部直属、985大学、211大学)、中国海洋大学(教育部直属、985大学、211大学)、天津大学(教育部直属、985大学、211大学)、安徽理工大学、德州学院、安徽大学(211大学)、浙江师范大学、浙江理工大学、喀什师范学院、新疆财经大学、宁波大学、昌吉学院、浙江农林大学、湖州师范学院、杭州师范大学、浙江科技学院、西华大学、浙江海洋学院、中国计量学院、辽宁师范大学、沈阳大学、沈阳师范大学、辽宁科技大学、成都理工大学、新疆师范大学、西南民族大学、川北医学院、泸州医学院、中北大学、山西师范大学、深圳大学、五邑大学、忻州师范学院、太原科技大学、太原师范学院、山西大同大学、浙江财经大学、浙江万里学院、山西大学、台州学院、浙江工商大学、温州大学、西南石油大学、四川师范大学、扬州大学、江苏大学、重庆师范大学、南京体育学院、江西师范大学、东华理工大学、华东交通大学、盐城工学院、常州大学、淮海工学院、江西理工大学、江苏师范大学、苏州科技学院、江苏科技大学、南京财经大学、大连民族学院、大连海洋大学、沈阳体育学院、鞍山师范学院、沈阳理工大学、大连大学、沈阳建筑大学、沈阳化工大学、渤海大学、长江师范学院、上饶师范学院、辽东学院、重庆理工大学、重庆三峡学院、宜春学院、九江学院、武汉东湖学院、宿州学院、三江学院、太原工业学院、长沙医学院、宁夏师范学院、济宁医学院、丽水学院、百色学院、长治学院、钦州学院、滁州学院、枣庄学院、龙岩学院、梧州学院、琼州学院、西京学院、滨州学院、伊犁师范学院、赤峰学院、长沙学院、湖北警官学院、河池学院、徐州工程学院、金陵科技学院、昆明学院、黑河学院、上海商学院、大庆师范学院、武汉科技大学、阜阳师范学院、重庆交通大学、榆林学院、成都体育学院、上海电机学院、内江师范学院、绵阳师范学院、宜宾学院、汉口学院、陇东学院、绥化学院、浙江传媒学院、淮阴师范学院、文华学院、辽宁科技学院、贵阳学院、贵州师范学院、河南城建学院、集宁师范学院、河南工程学院、三亚学院、西安医学院、菏泽学院、铜仁学院、凯里学院、安顺学院、贺州学院、商洛学院、安康学院、三明学院、长春科技学院、兰州城市学院、海口经济学院、河北传媒学院、电子科技大学(教育部直属、985大学、211大学)、保定学院、防灾科技学院、上海海关学院、沧州师范学院、上海建桥学院、北京联合大学、外交学院、中央财经大学(教育部直属、211大学)、北方工业大学、中华女子学院、河北师范大学、河北联合大学、北京物资学院、北京语言大学(教育部直属)、国际关系学院(教育部直属)、首都师范大学、北京印刷学院、山东体育学院、泰山医学院、泰山学院、宁夏大学(211大学)、广西民族大学、北京化工大学(教育部直属、211大学)、鲁东大学(211大学)、北京城市学院、中国传媒大学(教育部直属、211大学)、潍坊学院、潍坊医学院、烟台大学、石家庄学院、邯郸学院、衡水学院、廊坊师范学院、河北体育学院、河北工程大学、华北科技学院、燕山大学、河北北方学院、山东师范大学、唐山学院、邢台学院、西昌学院、运城学院、贵州大学(211大学)、攀枝花学院、西南大学(教育部直属、211大学)、新余学院、黄淮学院、景德镇学院、萍乡学院、广东白云学院、四川民族学院、南通大学、江西科技学院、西安外事学院、西安思源学院、南昌工程学院、北京体育大学(211大学)、平顶山学院、江西警察学院、安阳师范学院、信阳师范学院、北京吉利学院、河南师范大学、吉林建筑大学、河南科技大学、武汉轻工大学、汕头大学、皖西学院、华北电力大学保定校区(教育部直属、211大学)、中央司法警官学院、石家庄铁道大学、中国人民公安大学、青岛科技大学、福建师范大学、许昌学院、内蒙古财经大学、华南师范大学(211大学)、西南政法大学、重庆邮电大学、山东大学(教育部直属、985大学、211大学)、江苏理工学院、大连交通大学、新疆医科大学、广西大学(211大学)、中国科学技术大学(985大学、211大学)、北京航空航天大学(985大学、211大学)、长江大学文理学院、长江大学工程技术学院、武汉工商学院、青岛理工大学琴岛学院、西交利物浦大学、哈尔滨工业大学(威海)、四川外语学院重庆南方翻译中心、哈尔滨远东理工学院、贵州民族大学人文科技学院、南京邮电大学通达学院、新疆财经大学商务学院、聊城大学东昌学院、青岛农业大学海都学院、山东广播电视大学、南京人口管理干部学院、现代管理大学、天津天狮学院、天津外国语学院滨海外事学院、陕西科技大学镐京学院、辽宁科技大学信息技术学院、安徽财经大学商学院、安徽师范大学皖江学院、湘潭大学兴湘学院、湖南商学院北津学院、河南农业大学华豫学院、江西科技师范大学理工学院、北京航空航天大学北海学院、江西旅游商贸职业学院、江西应用科技学院、山西中医学院、北京科技经营管理学院、中国石油大学(北京)(教育部直属、211大学)、郑州师范学院、昆明医科大学海源学院、北京建设大学、重庆科技学院、肇庆学院、广州华立科技职业学院、天水师范学院、南京工业职业技术学院、湖北工业大学工程技术学院、湖北工业大学商贸学院、湖北大学知行学院、湖北文理学院理工学院、武汉大学珞珈学院、湖北师范学院文理学院、湖南女子学院、湖南工学院、武汉生物工程学院、湖南财政经济学院、福建师范大学闽南科技学院、福州大学至诚学院、福建农林大学金山学院、闽南理工学院、厦门大学嘉庚学院、福建师范大学协和学院、福建农林大学东方学院、福州大学阳光学院、中国石油大学胜利学院、广东技术师范学院天河学院、广东外语外贸大学南国商学院、广东财经大学华商学院、华南理工大学广州学院、北京师范大学珠海分校、广州商学院、广东工业大学华立学院、华南农业大学珠江学院、桂林航天工业学院、山西大学商务学院、吉林工商学院、河北工程大学科信学院、天津大学仁爱学院、六盘水师范学院、东北师范大学人文学院、吉林建筑大学城建学院、安徽三联学院、安徽新华学院、安徽文达信息工程学院、浙江树人学院、合肥师范学院、江苏师范大学科文学院、扬州大学广陵学院、苏州大学应用技术学院、苏州大学文正学院、西安交通大学城市学院、江苏科技大学苏州理工学院、南通大学杏林学院、哈尔滨石油学院、哈尔滨广厦学院、黑龙江财经学院、黑龙江工程学院昆仑旅游学院、哈尔滨剑桥学院、哈尔滨华德学院、南京航空航天大学金城学院、南京理工大学紫金学院、中国传媒大学南广学院、南京大学金陵学院、内蒙古科技大学包头师范学院、广东第二师范学院、北京第二外国语学院、中国矿业大学银川学院、内蒙古科技大学包头医学院、浙江外国语学院、贵州师范大学求是学院、西安科技大学高新学院、西安理工大学高科学院、兴义民族师范学院、山东青年政治学院、贵阳医学院神奇民族医药学院、宁夏大学新华学院、新疆农业大学科学技术学院、新疆大学科学技术学院、广东海洋大学寸金学院、东莞理工学院城市学院、成都文理学院成都理工大学工程技术学院、长沙理工大学城南学院、湖南农业大学东方科技学院、南华大学船山学院、湖南科技大学潇湘学院、湖南工业大学科技学院、湖南师范大学树达学院、仲恺农业工程学院、电子科技大学中山学院、吉首大学张家界学院、湖南文理学院芙蓉学院、湖南理工学院南湖学院、衡阳师范学院南岳学院、湖南工程学院应用技术学院、山东师范大学历山学院、齐鲁理工学院、昆明理工大学津桥学院、云南大学旅游文化学院、云南大学滇池学院、四川大学锦江学院、西南交通大学希望学院、西南财经大学天府学院、四川大学锦城学院、四川外国语大学成都学院、四川文化艺术学院、西南科技大学城市学院、山东管理学院、大连理工大学盘锦校区、江苏第二师范学院、陕西学前师范学院、天津外国语大学滨海外事学院、河北联合大学冀唐学院、郑州升达经贸管理学院、河北联合大学轻工学院、广西外国语学院、广东科技学院、福州外语外贸学院、安徽外国语学院、无锡太湖学院、贵州大学科技学院、宁夏理工学院、银川能源学院、西安建筑科技大学华清学院、陕西国际商贸学院、西北大学现代学院、云南师范大学文理学院、哈尔滨体育学院、淮北师范大学信息学院、阜阳师范学院信息工程学院、安徽工程大学机电学院、安徽大学江淮学院、安徽工业大学工商学院、安徽农业大学经济技术学院、南昌大学科学技术学院、浙江中医药大学滨江学院、温州医科大学仁济学院、浙江农林大学暨阳学院、湖州师范学院求真学院、绍兴文理学院元培学院、杭州师范大学钱江学院、宁波大学科学技术学院、浙江师范大学行知学院、浙江理工大学科技与艺术学院、浙江海洋学院东海科学技术学院、杭州电子科技大学信息工程学院、同济大学浙江学院、上海财经大学浙江学院、温州大学城市学院、浙江越秀外国语学院、宁波大红鹰学院、中国计量学院现代科技学院、浙江工商大学杭州商学院、温州大学瓯江学院、嘉兴学院南湖学院、浙江财经大学东方学院、郑州成功财经学院、湖北民族学院科技学院、湖南第一师范学院、江汉大学文理学院、江西中医药大学科技学院、东华理工大学长江学院、南昌航空大学科技学院、江西财经大学现代经济管理学院、景德镇陶瓷学院科技艺术文化学院、南昌大学共青学院、赣南师范学院科技学院、江西师范大学科学技术学院、江西农业大学南昌商学院、江西理工大学应用科学学院、华东交通大学理工学院、河南科技学院新科学院、安阳师范学院人文管理学院、内蒙古大学创业学院、长春财经学院、长春大学旅游学院、山西财经大学华商学院、太原科技大学华科学院、太原理工大学现代科技学院、中北大学信息商务学院、山西农业大学信息学院、北京科技大学天津学院、天津商业大学宝德学院、天津师范大学津沽学院、长春光华学院、天津财经大学珠江学院、广西民族大学相思湖学院、广西师范学院师园学院、广西大学行健文理学院、广西师范大学漓江学院、广西民族师范学院、广西科技大学鹿山学院、浙江大学城市学院、浙江大学宁波理工学院、浙江工业大学之江学院、大连东软信息学院、辽宁师范大学海华学院、兰州商学院陇桥学院、西北师范大学知行学院、甘肃民族师范学院、兰州理工大学技术工程学院、西安培华学院、长春工业大学、西北政法大学、西安财经学院、吉林农业大学、西安邮电大学、西安工业大学、宝鸡文理学院、西安外国语大学、陕西理工学院、陕西中医学院、吉林华桥外国语学院、白城师范学院、中南财经政法大学(教育部直属、211大学)、衡阳师范学院、吉林工程技术师范学院、湖南商学院、东北林业大学(教育部直属、211大学)、华中师范大学(教育部直属、211大学)、黑龙江大学、湖南文理学院、华中农业大学(教育部直属、211大学)、湖南农业大学、吉林化工学院、中南林业科技大学、湖南中医药大学、湖南工业大学、广东财经大学、佛山科学技术学院、上海对外经贸大学、上海立信会计学院、上海应用技术学院、东莞理工学院、广东石油化工学院、华南农业大学、广东外语外贸大学、广州中医药大学、岭南师范学院、韩山师范学院、西南林业大学、云南农业大学、云南财经大学、西安建筑科技大学、西北农林科技大学(教育部直属、985大学、211大学)、淮南师范学院、上海杉达学院、甘肃政法学院、内蒙古工业大学、曲阜师范大学、内蒙古科技大学、内蒙古民族大学、青岛农业大学、河南财经政法大学、甘肃农业大学、山东交通学院、山东财经大学、桂林电子科技大学、山东农业大学、广西师范学院、内蒙古农业大学、广西医科大学、黔南民族师范学院、内蒙古师范大学、山东工商学院、内蒙古医科大学、哈尔滨商业大学、湖北中医药大学、湖北汽车工业学院、黑龙江科技大学、黑龙江工程学院、哈尔滨学院、齐齐哈尔大学、黑龙江八一农垦大学、哈尔滨理工大学、佳木斯大学、中南民族大学、湖北工业大学、黄河科技学院、郑州航空工业管理学院、黑龙江东方学院、郑州轻工业学院、河南工业大学、河南农业大学、湖北文理学院、西北工业大学(985大学、211大学)、南京农业大学(教育部直属、211大学)、南京师范大学(211大学)、四川农业大学(211大学)、东北师范大学(教育部直属、211大学)、上海外国语大学(教育部直属、211大学)、大连理工大学(教育部直属、985大学、211大学)、东北农业大学(211大学)、淮阴工学院、南京工程学院、南京晓庄学院、常州工学院、哈尔滨工程大学(211大学)、北京中医药大学(教育部直属、211大学)、中国人民大学(教育部直属、985大学、211大学)、西安电子科技大学(教育部直属、211大学)、北京师范大学(教育部直属、985大学、211大学)、哈尔滨工业大学(985大学、211大学)、北京工业大学(211大学)、北京外国语大学(教育部直属、211大学)、北京林业大学(教育部直属、211大学)、河北工业大学(211大学)、南京航空航天大学(211大学)、天津医科大学(211大学)、天津外国语大学、天津职业技术师范大学、中国民航大学、天津工业大学、合肥工业大学(教育部直属、211大学)、安徽农业大学、安徽工业大学、浙江中医药大学、温州医科大学、沈阳工业大学、辽宁石油化工大学、新疆农业大学、东北财经大学、山西财经大学、成都信息工程学院、山西医科大学、四川理工学院、广东工业大学、西南科技大学、湖北经济学院、绍兴文理学院、中国民用航空飞行学院、山西农业大学、成都中医药大学、西华师范大学、江西农业大学、南京林业大学、南京工业大学、重庆医科大学、景德镇陶瓷学院、南京邮电大学、杭州电子科技大学、南京信息工程大学、南京医科大学、南京中医药大学、大连工业大学、沈阳航空航天大学、辽宁中医药大学、辽宁工业大学、大连外国语大学、赣南师范学院、江西科技师范大学、江西中医药大学、井冈山大学、赣南医学院、四川外国语大学、中国地质大学长城学院、武昌理工学院、洛阳理工学院、武汉科技大学城市学院、电子科技大学成都学院、中国矿业大学徐海学院、中南林业科技大学涉外学院、三峡大学科技学院、河南理工大学万方科技学院、山东中医药大学、南京理工大学泰州科技学院、呼伦贝尔学院、辽宁对外经贸学院、青岛滨海学院、山东大学威海分校、重庆人文科技学院、东北大学秦皇岛分校、贵州工程应用技术学院、湖南涉外经济学院、南京财经大学红山学院、宁波工程学院、常熟理工学院、西安翻译学院、上海师范大学天华学院、北京大学医学部、集美大学诚毅学院、沈阳工程学院、重庆文理学院、广东金融学院、湖北理工学院、右江民族医学院、湖北经济学院法商学院、西安文理学院、广西财经学院、上海政法学院、大庆师范学院、中国矿业大学(北京)、(教育部直属、211大学)、福建医科大学、安庆师范学院、吉林农业科技学院、曲靖师范学院、塔里木大学、乐山师范学院、北京工业大学耿丹学院、北京邮电大学世纪学院、中山大学南方学院、华中科技大学武昌分校、武汉理工大学华夏学院、哈尔滨师范大学、厦门理工学院、重庆工商大学、湖南人文科技学院、重庆第二师范学院、荆楚理工学院、郑州工业应用技术学院、济南大学泉城学院、江苏大学京江学院、烟台大学文经学院、重庆大学城市科技学院、重庆师范大学涉外商贸学院、重庆工商大学派斯学院、重庆邮电大学移通学院、北京交通大学海滨学院、吉林大学珠海学院、兰州交通大学博文学院、常州大学怀德学院、延安大学西安创新学院、石家庄铁道大学四方学院、华北电力大学科技学院、河北经贸大学经济管理学院、河北农业大学现代科技学院、河北大学工商学院、内蒙古师范大学鸿德学院、河南师范大学新联学院、信阳师范学院华锐学院、大连财经学院、山东财经大学东方学院、长春理工大学光电信息学院、武汉纺织大学外经贸学院、河南大学民生学院、北京理工大学珠海学院、广州大学华软软件学院、大连理工大学城市学院、黑龙江外国语学院、兰州商学院长青学院、河北科技师范学院、中山大学新华学院、云南师范大学商学院、武汉体育学院体育科技学院、广州大学松田学院、山东政法学院、吉林师范大学博达学院、石家庄经济学院华信学院、南京信息工程大学滨江学院、燕京理工学院、西安财经学院行知学院、河北师范大学汇华学院、湖北第二师范学院、河北民族师范学院、河北金融学院、哈尔滨金融学院、北华航天工业学院、河北外国语学院、成都东软学院、齐齐哈尔工程学院、中国青年政治学院、北京石油化工学院、北京服装学院、中国政法大学(教育部直属、211大学)、北京工商大学、齐鲁工业大学、北方民族大学、中国农业大学(教育部直属、985大学、211大学)、河北建筑工程学院、石家庄经济学院、河北农业大学、广东培正学院、广东技术师范学院、四川文理学院、四川旅游学院、辽宁工程技术大学、南昌理工学院、北京信息科技大学、河南科技学院、中国地质大学(北京)、(教育部直属、211大学)、安阳工学院、南阳理工学院、长春中医药大学、华北水利水电大学、牡丹江医学院、牡丹江师范学院、黑龙江中医药大学、上海海事大学、华东政法大学、长江大学、湖北汽车工业学院科技学院、武汉工程大学邮电与信息工程学院、新乡医学院三全学院、南开大学滨海学院、上海中医药大学中药学院、四川外语学院重庆南方翻译中心、东北农业大学成栋学院、西北工业大学明德学院、苏州科技学院天平学院、四川传媒学院、北京邮电大学继续教育学院、对外经济贸易大学远程教育学院、天津体育学院运动与文化学院、沈阳航空航天大学北方科技学院、云南工商学院、湖北工程学院新技术学院、河南中医学院、武汉工程科技学院、北京师范大学-香港浸会大学联合国际学院、上海外国语大学贤达经济人文学院、中原工学院信息商务学院、武汉交通职业学院、南京师范大学中北学院、桂林理工大学博文管理学院、成都信息工程学院银杏酒店管理学院、华中师范大学武汉传媒学院、山西师范大学现代文理学院、桂林电子科技大学信息科技学院、大连工业大学艺术与信息工程学院、长春工业大学人文信息学院、上海中医药大学

◆专业名称:俄语
◆专业代码:050202

培养目标:培养具有扎实的俄语语言基础知识和语言基本技能,较熟练的俄语语言运用能力,能够在高等和中等学校进行俄语教学和教学研究的教师及其他教育工作者,以及能在外事、经贸、文化、新闻出版、旅游等部门从事翻译、科研、管理工作的高级俄语专门人才。

培养要求:该专业学生主要学习俄语语言、文学、历史、政治、经济、外交、社会文化等方面的基本理论和基本知识,受到相应语听、说、读、写、译等方

面的良好的熟巧训练，掌握一定的科研方法，具有从事翻译、研究、教学、管理工作的业务水平及较好的素质和较强的能力。

毕业生应获得以下几方面的知识和能力：

1.具有扎实的俄语语言基础知识，熟练地掌握听、说、读、写、译的基本技能；具有扎实的汉语语言基础知识和较强的汉语表达能力；

2.掌握俄语语言学，俄语对象国文化及相关人文和科技方面的基础知识；

3.了解我国国情和俄语对象国家的社会和文化以及科学技术的发展；

4.熟悉教育法规，掌握并能初步运用心理学、教育学基础理论、俄语教育基本理论，具备良好的教师职业素养和从事俄语教学的基本能力；

5.具有运用现代教育技术开展俄语教学的能力及具有一定的第二外国语的实际运用能力；

6.掌握文献检索、资料查询及运用现代信息技术获得相关信息的基本方法，并有一定的科研能力。

主干学科：俄语言文学

主要课程：基础俄语、高级俄语、俄语视听说、俄语写作、泛读、俄语翻译理论与实践、俄语教育学。

实践环节：包括教学实习、论文写作等，一般安排8周左右。

修业年限：四年

授予学位：文学学士

就业方向：可在外事、经贸、文化、新闻出版、旅游等部门从事翻译、科研、管理工作，也可在国家安全、边检、海关、金融、外贸、外企单位工作。

开设学校：三亚学院、中国传媒大学（教育部直属、211大学）、山东科技大学、中国石油大学（教育部直属、211大学）、浙江大学（教育部直属、985大学、211大学）、中国矿业大学（教育部直属、211大学）、华中科技大学（教育部直属、985大学、211大学）、沈阳城市学院、绥化学院、山东女子学院、长春光华学院、长春理工大学、北华大学、长春大学、长春师范大学、黑龙江大学、吉林师范大学、安徽师范大学、西安石油大学、陕西师范大学（教育部直属、211大学）、海南大学（211大学）、曲阜师范大学、青岛科技大学、西北师范大学、临沂大学、东北石油大学、西北民族大学、河南大学、南京大学（教育部直属、985大学、211大学）、南昌大学（211大学）、苏州大学（211大学）、兰州大学（教育部直属、985大学、211大学）、四川大学（教育部直属、985大学、211大学）、厦门大学（教育部直属、985大学、211大学）、盐城师范学院、山东大学（教育部直属、985大学、211大学）、吉林大学（教育部直属、985大学、211大学）、复旦大学（教育部直属、985大学、211大学）、华东师范大学（教育部直属、985大学、211大学）、东北大学（教育部直属、985大学、211大学）、延边大学（211大学）、辽宁大学（211大学）、中央民族大学（985大学、211大学）、湖南师范大学（211大学）、河北大学、北京大学（教育部直属、985大学、211大学）、内蒙古大学（211大学）、武汉大学（教育部直属、985大学、211大学）、天津师范大学、新疆大学（211大学）、德州学院、南开大学（教育部直属、985大学、211大学）、郑州大学（211大学）、安徽大学（211大学）、辽宁师范大学、沈阳师范大学、沈阳大学、喀什师范学院、新疆师范大学、山西大同大学、山西大学、西南石油大学、四川师范大学、江苏师范大学、沈阳理工大学、琼州学院、伊犁师范学院、黑河学院、大庆师范学院、首都师范大学、河北师范大学、北京语言大学（教育部直属）泰山医学院、燕山大学、山东师范大学、西南大学（教育部直属、211大学）、中央司法警官学院、中国人民公安大学、南京师范大学（211大学）、青岛理工大学琴岛学院、解放军外国语学院、中国石油大学（北京）（教育部直属、211大学）、广东外语外贸大学南国商学院、东北师范大学人文学院、哈尔滨广厦学院、哈尔滨石油学院、黑龙江财经学院、哈尔滨华德学院、浙江外国语学院、北京第二外国语学院、新疆大学科学技术学院、四川外国语大学成都学院、天津外国语大学滨海外事学院、安徽外国语学院、安徽师范大学皖江学院、浙江越秀外国语学院、长春大学旅游学院、天津师范大学津沽学院、大连东软信息学院、长春工业大学、西安外国语大学、吉林华桥外国语学院、华中师范大学（教育部直属、211大学）、东北林业大学（教育部直属、211大学）、中南林业科技大学、广东外语外贸大学、内蒙古民族大学、山东交通学院、山东农业大学、内蒙古师范大学、哈尔滨商业大学、黑龙江工程学院、黑龙江科技大学、哈尔滨学院、哈尔滨理工大学、佳木斯大学、齐齐哈尔大学、黑龙江东方学院、华南师范大学（211大学）、东北师范大学（教育部直属、211大学）、东北农业大学（211大学）、上海外国语大学（教育部直属、211大学）、大连理工大学（教育部直属、985大学、211大学）、中国人民大学（教育部直属、985大学、211大学）、北京师范大学（教育部直属、985大学、211大学）、对外经济贸易大学(教育部直属、211大学)、哈尔滨工业大学(985大学、211大学)、北京外国语大学(教育部直属、211大学)、天津外国语大学、辽宁石油化工大学、大连外国语大学、石河子大学(211大学)、四川外国语大学、辽宁对外经贸学院、呼伦贝尔学院、哈尔滨师范大学、河南大学民生学院、黑龙江外国语学院、吉林师范大学博达学院、河北师范大学汇华学院、河北外国语学院、牡丹江医学院、牡丹江师范学院、北京邮电大学继续教育学院、哈尔滨医科大学

◆专业名称:德语
◆专业代码:050203

培养目标:该专业学生主要接受德语听、说、读、写、译等方面良好的技巧训练,学习相应语语言、文学、历史、政治、经济、外交、社会文化等方面的基本理论和基本知识,掌握一定的科研方法,培养从事翻译、研究、教学、管理等工作的能力。

培养要求:该专业学生主要学习德语语言、文学、历史、政治、经济、外交、社会文化等方面的基本理论和基本知识,受到德语听、说、读、写、译等方面的良好的熟巧训练,掌握一定的科研方法,具有从事翻译、研究、教学、管理工作的业务水平及较好的素质和较强的能力。

毕业生应获得以下几方面的知识和能力:

1.了解我国有关的方针、政策、法规;

2.掌握语言学、文学及相关人文和科技方面的基础知识;

3.具有扎实的德语语言基础和较熟练的听、说、读、写、译能力;

4.了解我国国情和德语国家的社会和文化;

5.具有较好的汉语表达能力和基本调研能力;

6.具有一定的德语实际应用能力;

7.掌握文献检索、资料查询的基本方法,具有初步的科学研究和实际工作能力。

主干学科:德国语言文学

主要课程:基础德语、高级德语、报刊选读、德语视听、德语口语、德语写作、翻译理论与实践、语言理论、语言学概论、德语区国家文学史及文学作品选读、德语区国家国情等。

实践环节:包括教学实习、论文写作等,一般安排8周左右。

修业年限:四年

授予学位:文学学士

就业方向:毕业生主要在国家机关、外事外贸单位及高等院校从事翻译、科研、外事、管理及教学等工作。

开设学校:西安交通大学(教育部直属、985大学、211大学)、燕山大学、北京语言大学(教育部直属)、浙江大学(教育部直属、985大学、211大学)、中国矿业大学(教育部直属、211大学)、广州商学院、青岛工学院、湘潭大学、黑龙江大学、吉林师范大学、上海理工大学、华东政法大学、合肥学院、青岛大学、青岛科技大学、山东财经大学、山东建筑大学、河南大学、南京大学(教育部直属、985大学、211大学)、南昌大学(211大学)、苏州大学(211大学)、重庆大学(教育部直属、985大学、211大学)、兰州大学(教育部直属、985大学、211大学)、中山大学(教育部直属、985大学、211大学)、福州大学(211大学)、厦门大学(教育部直属、985大学、211大学)、北京科技大学(教育部直属、211大学)、北京理工大学(985大学、211大学)、上海交通大学(教育部直属、985大学、211大学)、山东大学(教育部直属、985大学、211大学)、复旦大学(教育部直属、985大学、211大学)、华东师范大学(教育部直属、985大学、211大学)、东北大学(教育部直属、985大学、211大学)、华东理工大学(教育部直属、211大学)、华中科技大学(教育部直属、985大学、211大学)、延边大学(211大学)、辽宁大学(211大学)、西南交通大学(教育部直属、211大学)、北京大学(教育部直属、985大学、211大学)、武汉大学(教育部直属、985大学、211大学)、同济大学(教育部直属、985大学、211大学)、济南大学、郑州大学(211大学)、南开大学(教育部直属、985大学、211大学)、中国海洋大学(教育部直属、985大学、211大学)、安徽大学(211大学)、宁波大学、浙江科技学院、山西大学、南昌航空大学、井冈山大学、宁波工程学院、西安翻译学院、武汉科技大学、上海电机学院、绵阳师范学院、首都师范大学、中国传媒大学(教育部直属、211大学)、唐山师范学院、西南大学(教育部直属、211大学)、广东白云学院、中国人民公安大学、南京师范大学(211大学)、北京航空航天大学(985大学、211大学)、青岛理工大学琴岛学院、四川外语学院重庆南方翻译学院、解放军外国语学院、天津外国语学院滨海外事学院、湘潭大学兴湘学院、广东外语外贸大学南国商学院、西北工业大学明德学院、南京大学金陵学院、北京第二外国

语学院、四川外国语大学成都学院、四川大学锦江学院、天津外国语大学滨海外事学院、安徽外国语学院、南昌大学科学技术学院、同济大学浙江学院、浙江越秀外国语学院、郑州成功财经学院、西安外国语大学、吉林华桥外国语学院、上海应用技术学院、广东外语外贸大学、内蒙古工业大学、西北工业大学(985大学、211大学)、上海外国语大学(教育部直属、211大学)、江苏理工学院、中国人民大学(教育部直属、985大学、211大学)、对外经济贸易大学(教育部直属、211大学)、北京外国语大学(教育部直属、211大学)、天津外国语大学、南京工业大学、大连外国语大学、四川外国语大学、常熟理工学院、上海师范大学天华学院、重庆邮电大学移通学院、黑龙江外国语学院、吉林师范大学博达学院、河北外国语学院、中国政法大学(教育部直属、211大学)、吉林化工学院、上海外国语大学贤达经济人文学院

◆专业名称:法语
◆专业代码:050204

培养目标:培养具有扎实的法语语言基础,比较广泛的科学文化知识,能在外事、经贸、文化、新闻出版、教育、科研、旅游等部门从事翻译、研究、教学、管理工作的法语语言高级专门人才。

培养要求:该专业学生主要学习法语语言、文学、历史、政治、经济、外交、社会文化等方面的基本理论和基本知识,受到法语听、说、读、写、译等方面的良好的熟巧训练,掌握一定的科研方法,具有从事翻译、研究、教学、管理工作的业务水平及较好的素质和较强的能力。

毕业生应获得以下几方面的知识和能力:

1.了解我国有关的方针、政策、法规;

2.掌握语言学、文学及相关人文和科技方面的基础知识;

3.具有扎实的相应语言基础和较熟练的听、说、读、写、译能力;

4.了解我国国情和法语国家的社会和文化;

5.具有较好的汉语表达能力和基本调研能力;

6.具有一定的第二外国语的实际应用能力;

7.掌握文献检索、资料查询的基本方法,具有初步的科学研究和实际工作能力。

主干学科:法国语言文学

主要课程:基础法语、高级法语、报刊选读、视听、口语、法语写作、翻译理论与实践、语言理论、语言学概论、主要法语国家文学史及文学作品选读、主要法语国家国情等。

实践环节:包括教学实习、论文写作等,一般安排8周左右。

修业年限:四年

授予学位:文学学士

就业方向:毕业生主要在国家机关、外事外贸单位、科研院所、涉外企业及高等院校从事教学、翻译、科研、外事、新闻出版、管理等工作。

开设学校:北京语言大学(教育部直属)、北京工商大学、中国传媒大学(教育部直属、211大学)、浙江大学(教育部直属、985大学、211大学)、南京理工大学(211大学)、山西大学、池州学院、长春师范大学、湘潭大学、黑龙江大学、上海师范大学、安徽师范大学、广州大学、西安交通大学(教育部直属、985大学、211大学)、临沂大学、青岛大学、兰州交通大学、山东财经大学、广西民族大学、曲阜师范大学、湖北工程学院、湖北大学、三峡大学、江汉大学、河南大学、南昌大学(211大学)、南京大学(教育部直属、985大学、211大学)、暨南大学(211大学)、苏州大学(211大学)、兰州大学(教育部直属、985大学、211大学)、四川大学(教育部直属、985大学、211大学)、中山大学(教育部直属、985大学、211大学)、厦门大学(教育部直属、985大学、211大学)、盐城师范学院、山东大学(教育部直属、985大学、211大学)、中南大学(教育部直属、985大学、211大学)、复旦大学(教育部直属、985大学、211大学)、华东师范大学(教育部直属、985大学、211大学)、武汉理工大学(教育部直属、211大学)、辽宁大学(211大学)、西南交通大学(教育部直属、211大学)、湖南师范大学(211大学)、河北科技大学、河北大学、北京大学(教育部直属、985大学、211大学)、武汉大学(教育部直属、985大学、211大学)、云南大学(211大学)、天津师范大学、济南大学、南开大学(教育部直属、985大学、211大学)、中国海洋大学(教育部直属、985大学、211大学)、安徽大学(211大学)、辽宁师范大学、沈阳师范大学、西南民族大学、浙江工商大学、四川师范大学、扬州大学、南昌航空大学、南京财经大学、渤海大学、宜春学院、武汉东湖学院、西安翻译学院、安庆师范学院、淮阴师范学院、重庆工商大学、兰州城市学院、电子科技大学(教育部直属、985大学、211大学)、外交学院、国际关系学院(教育部直属)、首都师范大

学、北京城市学院、潍坊学院、鲁东大学、燕山大学、山东师范大学、西安外事学院、南昌工程学院、河南师范大学、中国人民公安大学、天津外国语学院滨海外事学院、湖北大学知行学院、南京师范大学(211大学)、青岛理工大学琴岛学院、贵州师范大学求是学院、解放军外国语学院、湘潭大学兴湘学院、广东外语外贸大学南国商学院、福州外语外贸学院、云南师范大学文理学院、浙江越秀外国语学院、江汉大学文理学院、西安外国语大学、中南财经政法大学(教育部直属、211大学)、吉林华桥外国语学院、华中师范大学(教育部直属、211大学)、中南林业科技大学、上海对外经贸大学、广东外语外贸大学、西南林业大学、郑州航空工业管理学院、华南师范大学(211大学)、上海外国语大学(教育部直属、211大学)、中国人民大学(教育部直属、985大学、211大学)、对外经济贸易大学(教育部直属、211大学)、河北工业大学(211大学)、北京外国语大学(教育部直属、211大学)、天津外国语大学、安徽农业大学、大连外国语大学、四川外国语大学、中山大学南方学院、哈尔滨师范大学、黑龙江外国语学院、吉林师范大学博达学院、河北外国语学院、石家庄经济学院、牡丹江师范学院、上海外国语大学贤达经济人文学院

◆专业名称:西班牙语
◆专业代码:050205

培养目标:培养具有扎实的西班牙语语言基础和比较广泛的科学文化知识,能在外事、经贸、文化、新闻出版、教育、科研、旅游等部门从事翻译、研究、教学、管理工作的西班牙语言高级专门人才。

培养要求:该专业学生主要学习西班牙语语言、文学、历史、政治、经济、外交、社会文化等方面的基本理论和基本知识,受到西班牙语听、说、读、写、译等方面的良好的熟巧训练,掌握一定的科研方法,具有从事翻译、研究、教学、管理工作的业务水平及较好的素质和较强的能力。

毕业生应获得以下几方面的知识和能力:

1.了解我国有关的方针、政策、法规;

2.掌握语言学、文学及相关人文和科技方面的基础知识;

3.具有扎实的西班牙语语言基础和较熟练的听、说、读、写、译能力;

4.了解我国国情和西班牙语国家的社会和文化;

5.具有较好的汉语表达能力和基本调研能力;

6.具有一定的第二外国语的实际应用能力;

7.掌握文献检索、资料查询的基本方法,具有初步的科学研究和实际工作能力。

主干学科:西班牙语言文学

主要课程:基础西班牙语、高级西班牙语、报刊选读、视听、口语、西班牙语写作、翻译理论与实践、语言理论、语言学概论、主要西班牙语国家文学史及文学作品选读、主要西班牙语国家国情等。

实践环节:包括教学实习、论文写作等,一般安排8周左右。

修业年限:四年

授予学位:文学学士

就业方向:主要在外贸公司、旅游、外事、会展、文化、新闻、出版等部门从事管理、外销员、翻译、导游等工作。

开设学校:中国传媒大学(教育部直属、211大学)、中山大学(教育部直属、985大学、211大学)、合肥师范学院、南京大学金陵学院、浙江外国语学院、安徽外国语学院、西安外国语大学、长春师范大学、湘潭大学、黑龙江大学、广东外语外贸大学、云南师范大学、上海杉达学院、临沂大学、青岛大学、兰州交通大学、南昌大学(211大学)、南京大学(教育部直属、985大学、211大学)、苏州大学(211大学)、四川大学(教育部直属、985大学、211大学)、北京理工大学(985大学、211大学)、中南大学(教育部直属、985大学、211大学)、山东大学(教育部直属、985大学、211大学)、吉林大学(教育部直属、985大学、211大学)、华东师范大学(教育部直属、985大学、211大学)、北京大学(教育部直属、985大学、211大学)、北京外国语大学(教育部直属、211大学)、北京交通大学(教育部直属、211大学)、天津外国语大学、南开大学(教育部直属、985大学、211大学)、安徽大学(211大学)、西南科技大学、常州大学、江苏师范大学、大连外国语大学、四川外国语大学、西安翻译学院、河北传媒学院、河北外国语学院、外交学院、河北师范大学、北京语言大学(教育部直属)、首都师范大学、北京城市学院、山东师范大学、解放军外国语学院、天津外国语学院滨海外事学院、广东外语外贸大学南国商学院、中国传媒大学南广学院、北京第二外国语学院、山东青年政治学院、四川外国语大学成都学院、天津外国语大学滨海外事学院、浙江越秀外国语学院、吉林华桥外国语学院、上海外国语大学(教育

部直属、211大学)、对外经济贸易大学(教育部直属、211大学)、湖南涉外经济学院、哈尔滨师范大学、上海外国语大学贤达经济人文学院、黑龙江外国语学院

◆专业名称:阿拉伯语
◆专业代码:050206

培养目标:培养具有扎实的阿拉伯语语言基础、比较广泛的科学文化知识,能在外事、经贸、文化、新闻出版、教育、科研、旅游等部门从事翻译、研究、教学、管理工作的阿拉伯语言高级专门人才。

培养要求:该专业学生主要学习阿拉伯语语言、文学、历史、政治、经济、外交、社会文化等方面的基本理论和基本知识,受到阿拉伯语听、说、读、写、译等方面的良好的熟巧训练,掌握一定的科研方法,具有从事翻译、研究、教学、管理工作的业务水平及较好的素质和较强的能力。

毕业生应获得以下几方面的知识和能力:

1.了解我国有关的方针、政策、法规;

2.掌握语言学、文学及相关人文和科技方面的基础知识;

3.具有扎实的阿拉伯语言基础和较熟练的听、说、读、写、译能力;

4.了解我国国情和阿拉伯国家的社会和文化;

5.具有较好的汉语表达能力和基本调研能力;

6.具有一定的第二外国语的实际应用能力;

7.掌握文献检索、资料查询的基本方法,具有初步的科学研究和实际工作能力。

主干学科:阿拉伯语言文学

主要课程:基础阿拉伯语、高级阿拉伯语、语法、口语、视听说、翻译理论与实践等。

实践环节:包括教学实习、论文写作等,一般安排8周左右。

修业年限:四年

授予学位:文学学士

就业方向:可从事翻译、研究、教学、管理工作。

开设学校:山东师范大学、中山大学(教育部直属、985大学、211大学)、云南大学(211大学)、乐山师范学院、南京大学金陵学院、北京第二外国语学院、浙江外国语学院、浙江越秀外国语学院、西安外国语大学、青海民族大学、广东外语外贸大学、临沂大学、西北师范大学、黑龙江大学、西北民族大学、上海外国语大学(教育部直属、211大学)、对外经济贸易大学(教育部直属、211大学)、北京大学(教育部直属、985大学、211大学)、北京外国语大学(教育部直属、211大学)、天津外国语大学、扬州大学、石河子大学(211大学)、大连外国语大学、四川外国语大学、哈尔滨师范大学、河北外国语学院、北京语言大学(教育部直属)、宁夏大学(211大学)、北方民族大学、广东外语外贸大学南国商学院、四川外国语大学成都学院、吉林华桥外国语学院、上海外国语大学贤达经济人文学院

◆专业名称:日语
◆专业代码:050207

培养目标:培养了解日本政治、经济、历史、文化、文学等方面的基础知识,能在外事、经贸、文化、新闻出版等部门,从事管理及接待工作的高级技术应用性专门人才。

培养要求:该专业学生主要学习日本语语言、文学、历史、政治、经济、外交、社会文化等方面的基本理论和基本知识,受到日语听、说、读、写、译等方面的良好的熟巧训练,掌握一定的科研方法,具有从事翻译、研究、教学、管理工作的业务水平及较好的素质和较强的能力。

毕业生应获得以下几方面的知识和能力:

1.了解我国有关的方针、政策、法规;

2.掌握语言学、文学及相关人文和科技方面的基础知识;

3.具有扎实的日本语语言基础和较熟练的听、说、读、写、译能力;

4.了解我国国情和日本国家的社会和文化;

5.具有较好的汉语表达能力和基本调研能力;

6.具有一定的第二外国语的实际应用能力;

7.掌握文献检索、资料查询的基本方法,具有初步的科学研究和实际工作能力。

主干学科:日本语言文学

主要课程:基础日语、日语语法、日语阅读、日语听说、日语写作基础,报刊导读、日本历史、日本概况、日本文学史、日本经济。

主要环节:语言实践活动、社会实习等,以及各校的主要特色课程。

可设置的专业方向:科技日语。

修业年限:四年

授予学位：文学学士

就业方向：在各级政府涉外部门、企事业单位、科研机关、学校、三资企业等部门，从事外事、国际文化交流等方面的接待服务和管理工作，或在高等院校从事教学科研和翻译工作。

开设学校：常州大学怀德学院、首都师范大学继续教育学院、青海师范大学、贵州民族大学、浙江大学（教育部直属、985大学、211大学）、江西财经大学、上海财经大学（教育部直属、211大学）、太原科技大学、山西财经大学、沈阳城市学院、安康学院、湖南工学院、潍坊科技学院、烟台南山学院、广州商学院、安徽新华学院、安徽三联学院、浙江树人学院、山东女子学院、青岛工学院、无锡太湖学院、长春光华学院、大连科技学院、长春理工大学、北华大学、长春大学、长春师范大学、湖南科技大学、湘潭大学、吉首大学、青海民族大学、咸阳师范学院、渭南师范学院、白城师范学院、湖南科技学院、吉林财经大学、通化师范学院、黑龙江大学、东北电力大学、吉林师范大学、上海海洋大学、上海师范大学、广东财经大学、上海理工大学、上海电力学院、上海海事大学、安徽工程大学、安徽师范大学、广州大学、广东海洋大学、岭南师范学院、嘉应学院、惠州学院、云南民族大学、云南师范大学、陕西师范大学（教育部直属、211大学）、淮北师范大学、西安交通大学（教育部直属、985大学、211大学）、合肥学院、黄山学院、安徽财经大学、延安大学、海南大学（211大学）、青岛大学、青岛理工大学、青岛科技大学、商丘师范学院、洛阳师范学院、兰州理工大学、南阳师范学院、周口师范学院、聊城大学、西北师范大学、许昌学院、山东财经大学、山东科技大学、桂林理工大学、广西师范学院、玉林师范学院、山东理工大学、海南师范大学、曲阜师范大学、贵州师范大学、广西师范大学、黄冈师范学院、湖北师范学院、湖北民族学院、湖北大学、中南民族大学、三峡大学、长江大学、江汉大学、福建师范大学、黄河科技学院、集美大学、中原工学院、闽江学院、闽南师范大学、莆田学院、河南大学、河南科技大学、华侨大学、河南理工大学、东南大学（教育部直属、985大学、211大学）、南京理工大学（211大学）、南京大学（教育部直属、985大学、211大学）、暨南大学（211大学）、南昌大学（211大学）、苏州大学（211大学）、重庆大学（教育部直属、985大学、211大学）、兰州大学（教育部直属、985大学、211大学）、四川大学（教育部直属、985大学、211大学）、广西大学（211大学）、中山大学（教育部直属、985大学、211大学）、福州大学（211大学）、华南理工大学（教育部直属、985大学、211大学）、厦门大学（教育部直属、985大学、211大学）、清华大学（教育部直属、985大学、211大学）、北京理工大学（985大学、211大学）、北京科技大学（教育部直属、211大学）、东华大学（教育部直属、211大学）、常州工学院、上海交通大学（教育部直属、985大学、211大学）、山东大学（教育部直属、985大学、211大学）、吉林大学（教育部直属、985大学、211大学）、中南大学（教育部直属、985大学、211大学）、复旦大学（教育部直属、985大学、211大学）、华东师范大学（教育部直属、985大学、211大学）、东北大学（教育部直属、985大学、211大学）、华东理工大学（教育部直属、211大学）、武汉理工大学（教育部直属、211大学）、华中科技大学（教育部直属、985大学、211大学）、延边大学（211大学）、辽宁大学（211大学）、北京邮电大学（教育部直属、211大学）、西南交通大学（教育部直属、211大学）、湖南大学（教育部直属、985大学、211大学）、中央民族大学（985大学、211大学）、河北经贸大学、湖南师范大学（211大学）、河北大学、大连海事大学（211大学）、云南大学（211大学）、内蒙古大学（211大学）、北京大学（教育部直属、985大学、211大学）、武汉大学（教育部直属、985大学、211大学）、长安大学（教育部直属、211大学）、西北大学（211大学）、天津师范大学、同济大学（教育部直属、985大学、211大学）、济南大学、上海大学（211大学）、江南大学（教育部直属、211大学）、天津科技大学、天津理工大学、天津商业大学、郑州大学（211大学）、南开大学（教育部直属、985大学、211大学）、中国海洋大学（教育部直属、985大学、211大学）、安徽理工大学、德州学院、安徽大学（211大学）、浙江理工大学、嘉兴学院、浙江师范大学、宁波大学、浙江农林大学、湖州师范学院、杭州师范大学、西华大学、辽宁师范大学、沈阳大学、沈阳师范大学、成都理工大学、新疆师范大学、东北财经大学、西南民族大学、山西师范大学、五邑大学、深圳大学、山西大同大学、山西大学、浙江万里学院、西南科技大学、浙江财经大学、浙江工商大学、西华师范大学、四川师范大学、扬州大学、江苏大学、重庆师范大学、江西师范大学、东华理工大学、淮海工学院、盐城工学院、常州大学、江苏师范大学、苏州科技学院、江西理工大学、大连民族学院、大连海洋大学、鞍山师范学院、大连交通大学、大连大学、渤海大学、长江师范学院、辽东学院、井冈山大学、重庆三峡学院、九江学院、三江学院、枣庄学院、龙岩学院、宁波工程学院、西安翻译学院、赤峰学院、长沙学院、上海商学院、大庆师范学院、阜阳师范学院、乐山师范学院、宜宾学院、淮阴师范学院、文华学院、三亚学院、菏泽学院、安顺学院、长春科技学院、海口经济学院、电子科技大学（教育部直属、985大学、211大学）、保定学院、上海建桥学院、北京联合大学、外交学院、中央财经大学（教育部直属、211大学）、北方工业大学、河北联合大学、河北师范大学、首都师范大学、国际关系学院（教育部直属）、北京语言大学（教育部直属）、泰山学院、宁夏大学（211大学）、北方民族大学、中国传媒大学（教育部直属、211大学）、潍坊学院、鲁东大学、烟台大学、邯郸学院、石家庄学院、廊坊师范学院、唐山师范学院、衡水学院、华北科技学院、燕山大学、河北北方学院、山东师范大学、唐山学院、运城学院、贵州大学（211大学）、西南大学（教育部直属、211大学）、广东白云学院、南通大学、西安外事学院、信阳师范学院、安阳师范学院、河南师范大学、中央司法警官学院、中国人民公安大学、内蒙古民族大学、南京师范大学（211大学）、山东财经大学东方学院、福建农林大学东方学院、武汉工商学院、河北师范大学汇华学院、四川外语学院重庆南方翻译学院、哈尔滨远东理工学院、四川大学锦江学院、天津外国语学院滨海外事学院、南京晓庄学院、沈阳药科大学、天津外国语大学、天津财经大学、北京航空航天大学（985大学、211大学）、景德镇陶瓷学院科技艺术文化学院、安徽师范大学皖江学院、湘潭大学兴湘学院、河南农业大学华豫学院、大连艺术学院、浙江师范大学行知学院、广西师范学院师园学院、北京航空航天大学北海学院、江西科技学院、北京理工大学珠海学院、肇庆学院、湖北师范学院文理学院、湖南财政经济学院、福州大学至诚学院、福州大学阳光学院、厦门大学嘉庚学院、福建师范大学协和学院、华南理工大学广州学院、广东技术师范学院天河学院、广东财经大学华商学院、北京师范大学珠海分校、华南农业大学珠江学院、吉林工商学院、吉林建筑大学城建学院、山西大学商务学院、东北师范大学人文学院、扬州大学广陵学院、江苏师范大学科文学院、南京师范大学中北学院、苏州大学应用技术学院、苏州大学文正学院、西安交通大学城市学院、西北工业大学明德学院、南通大学杏林学院、黑龙江财经学院、哈尔滨剑桥学院、南京工业大学浦江学院、中国传媒大学南广学院、南京大学金陵学院、北京第二外国语学院、浙江外国语学院、贵州师范大学求是学院、广东海洋大学寸金学院、四川外国语大学成都学院、湖南师范大学树达学院、湖南农业大学东方科技学院、仲恺农业工程学院、电子科技大学中山学院、吉首大学张家界学院、齐鲁理工学院、云南大学旅游文化学院、云南大学滇池学院、四川大学锦城学院、天津外国语大学滨海外事学院、郑州升达经贸管理学院、安徽外国语学院、福州外语外贸学院、云南师范大学文理学院、淮北师范大学信息学院、阜阳师范学院信息工程学院、江西农业大学南昌商学院、南昌大学科学技术学院、温州医科大学仁济学院、湖州师范学院求真学院、宁波大学科学技术学院、浙江理工大学科技与艺术学院、浙江越秀外国语学院、宁波大红鹰学院、嘉兴学院南湖学院、浙江财经大学东方学院、郑州成功财经学院、赣南师范学院科技学院、东华理工大学长江学院、安阳师范学院人文管理学院、内蒙古大学创业学院、长春财经学院、长春大学旅游学院、呼和浩特民族学院、天津商业大学宝德学院、天津财经大学珠江学院、天津师范大学津沽学院、广西大学行健文理学院、浙江大学城市学院、浙江工业大学之江学院、浙江大学宁波理工学院、大连东软信息学院、辽宁师范大学海华学院、西安培华学院、长春工业大学、西安财经学院、西安外国语大学、西安工业大学、陕西理工学院、吉林华桥外国语学院、中南财经政法大学（教育部直属、985大学）、华中师范大学（教育部直属、985大学）、东北林业大学（教育部直属、985大学）、湖南文理学院、湖南农业大学、中南林业科技大学、吉林化工学院、湖南工业大学、上海第二工业大学、上海对外经贸大学、上海立信会计学院、东莞理工学院、华南农业大学、广东外语外贸大学、韩山师范学院、上海杉达学院、青岛农业大学、桂林电子科技大学、山东交通学院、山东农业大学、内蒙古师范大学、山东工商学院、哈尔滨理工大学、佳木斯大学、齐齐哈尔大学、黑龙江东方学院、河南工业大学、河南农业大学、湖北文理学院、南京农业大学（教育部直属、211大学）、华南师范大学（211大学）、东北师范大学（教育部直属、211大学）、上海外国语大学（教育部直属、211大学）、大连理工大学（教育部直属、985大学、211大学）、江苏理工学院（211大学）、北京林业大学（教育部直属、211大学）、中国人民大学（教育部直属、985大学、211大学）、西安电子科技大学（教育部直属、211大学）、对外经济贸易大学(教育部直属、211大学)、北京师范大学(教育部直属、985大学、211大学)、哈尔滨工业大学(985大学、211大学)、河北工业大学(211大学)、北京外国语大学(教育部直属、211大学)、南京航空航天大学(211大学)、天津工业大学、天津职业技术师范大学、安徽农业大学、浙江工业大学、温州医科大学、沈阳工业大学、辽宁石油化工大学、四川理工学院、广东工业大学、绍兴文理学院、成都中医药大学、江西农业大学、南京工业大学、景德镇陶瓷学院、南京邮电大学、南京信息工程大学、南京林业大学、沈阳航空航天大学、大连工业大学、大连外国语大学、辽宁工业大学、江西科技师范大学、赣南师范学院、四川外国语大学、辽宁理工学院、武昌理工学院、武汉科技大学城市学院、中南林业科技大学涉外学院、辽宁对外经贸学院、青岛滨海学院、山东大学威海分校、湖南涉外经济学院、常熟理工学院、上海师范大学天华学院、东北大学秦皇岛分校、西安文理学院、中原工学院信息商务学院、中山大学南方学院、哈尔滨师范大学、厦门理工学院、烟台大学文经学院、吉林大学珠海学院、燕山大学里仁学院、河北大学工商学院、河北农业大学现代科技学院、河南师范大学新联学院、信阳师范学院华锐学院、河南大学民生学院、长春理工大学光电信息学院、大连理工大学城市学院、黑龙江外国语学院、广州大学松田学院、吉林师范大学博达学院、山东政法学院、南京信息工程大学滨江学院、四川师范大学成都学院、湖北第二师范学院、河北外国语学院、河北农业大学、齐鲁工业大学、广东培正学院、广东技术师范学院、南昌理工学院、南阳理工学院、长春中医药大学、牡丹江医学院、牡丹江师范学院、华东政法大学、广东工业大学华立学院、南开大学滨海学院、苏州科技学院天平学院、北京邮电大学继续教育学院、广东外语外贸大学南国商学院、西安工业大学北方信息工程学院、上海外国语大学贤达经济人文学院、大连工业大学艺术与信息工程学院、哈尔滨医科大学

◆专业名称:波斯语
◆专业代码:050208

培养目标:培养具有扎实的波斯语语言基础和比较广泛的科学文化知识,能在外事、经贸、文化、新闻出版、教育、科研、旅游等部门从事翻译、研究、教学、管理工作的波斯语言高级专门人才。

培养要求:该专业学生主要学习波斯语语言、文学、历史、政治、经济、外交、社会文化等方面的基本理论和基本知识,受到波斯语听、说、读、写、译等方面的良好的熟巧训练,掌握一定的科研方法,具有从事翻译、研究、教学、管理工作的业务水平及较好的素质和较强的能力。

毕业生应获得以下几方面的知识和能力:

1.了解我国有关的方针、政策、法规;

2.掌握语言学、文学及相关人文和科技方面的基础知识;

3.具有扎实的波斯语语言基础和较熟练的听、说、读、写、译能力;

4.了解我国国情和波斯语国家的社会和文化;

5.具有较好的汉语表达能力和基本调研能力;

6.具有一定的第二外国语的实际应用能力;

7.掌握文献检索、资料查询的基本方法,具有初步的科学研究和实际工作能力。

主干学科:波斯语言文学

主要课程:基础波斯语、高级波斯语、报刊选读、视听、口语、波斯语写作、翻译理论与实践、语言理论、语言学概论、主要波斯语国家文学史及文学作品选读、主要波斯语国家国情等。

主要实践环节:包括教学实习、论文写作等,一般安排8周左右。

修业年限:四年

授予学位:文学学士

就业方向:在国家机关、外事、外贸、出版、旅游等部门及外资、合资企业从事口译、笔译工作,还可从事大专院校及科研部门的教学和科研工作。

开设学校:北京大学(教育部直属、985大学、211大学)、北京外国语大学(教育部直属、211大学)、西安外国语大学、上海外国语大学(教育部直属、211大学)、对外经济贸易大学(教育部直属、211大学)

◆专业名称:朝鲜语
◆专业代码:050209

培养目标:培养具有扎实的朝鲜语语言基础、比较广泛的科学文化知识,能在外事、经贸、文化、新闻出版、教育、科研、旅游等部门从事翻译、研究、教学、管理工作的朝鲜语言高级专门人才。

培养要求:该专业学生主要学习朝鲜语语言、文

学、历史、政治、经济、外交、社会文化等方面的基本理论和基本知识，受到朝鲜语听、说、读、写、译等方面的良好的熟巧训练，掌握一定的科研方法，具有从事翻译、研究、教学、管理工作的业务水平及较好的素质和较强的能力。

毕业生应获得以下几方面的知识和能力：

1.了解我国有关的方针、政策、法规；

2.掌握语言学、文学及相关人文和科技方面的基础知识；

3.具有扎实的朝鲜语语言基础和较熟练的听、说、读、写、译能力；

4.了解我国国情和朝鲜语国家的社会和文化；

5.具有较好的汉语表达能力和基本调研能力；

6.具有一定的第二外国语的实际应用能力；

7.掌握文献检索、资料查询的基本方法，具有初步的科学研究和实际工作能力。

主干学科：朝鲜（韩国）语言文学

主要课程：基础朝鲜语、高级朝鲜语、报刊选读、视听、口语、朝鲜语写作、翻译理论与实践、语言理论、语言学概论、主要朝鲜语国家文学史及文学作品选读、主要朝鲜语国家国情等。

修业年限：四年

授予学位：文学学士

就业方向：可从事翻译、研究、教学、管理工作。

开设学校：合肥学院、临沂大学、青岛大学、聊城大学、南京大学（教育部直属、985大学、211大学）、苏州大学（211大学）、山东大学（教育部直属、985大学、211大学）、吉林大学（教育部直属、985大学、211大学）、复旦大学（教育部直属、985大学、211大学）、延边大学（211大学）、辽宁大学（211大学）、北京大学（教育部直属、985大学、211大学）、济南大学、扬州大学、辽东学院、潍坊学院、烟台大学、渭南师范学院、南京师范大学（211大学）、中山大学（教育部直属、985大学、211大学）、哈尔滨工业大学（985大学、211大学）、扬州大学广陵学院、聊城大学东昌学院、山东师范大学历山学院、解放军外国语学院、潍坊科技学院、长江大学文理学院、烟台南山学院、吉林警察学院、浙江树人学院、哈尔滨剑桥学院、北京第二外国语学院、浙江外国语学院、四川外国语大学、成都学院、青岛工学院、齐鲁理工学院、安徽外国语学院、云南师范大学文理学院、浙江越秀外国语学院、长春光华学院、长春大学旅游学院、天津师范大学津沽学院、长春理工大学、西安培华学院、北华大学、西安外国语大学、西北政法大学、长春师范大学、吉林华桥外国语学院、吉林财经大学、通化师范学院、华中师范大学（教育部直属、211大学）、黑龙江大学、吉林师范大学、中南林业科技大学、湖南理工学院、上海海洋大学、广东外语外贸大学、青岛理工大学、青岛科技大学、青岛农业大学、山东科技大学、山东理工大学、曲阜师范大学、广西师范大学、山东工商学院、牡丹江师范学院、哈尔滨理工大学、中南民族大学、佳木斯大学、黑龙江东方学院、郑州轻工业学院、上海外国语大学（教育部直属、211大学）、盐城师范学院、中央民族大学（985大学、211大学）、湖南师范大学（211大学）、对外经济贸易大学（教育部直属、211大学）、河北大学、北京外国语大学（教育部直属、211大学）、天津师范大学、天津外国语大学、中国海洋大学（教育部直属、985大学、211大学）、杭州师范大学、西南民族大学、淮海工学院、大连民族学院、大连外国语大学、四川外国语大学、青岛滨海学院、山东大学威海分校、湖南涉外经济学院、常熟理工学院、西安翻译学院、徐州工程学院、上海商学院、吉林农业科技学院、哈尔滨师范大学、吉林大学珠海学院、河北大学工商学院、黑龙江外国语学院、吉林师范大学博达学院、长春科技学院、云南师范大学商学院、河北外国语学院、北京语言大学（教育部直属）、齐鲁工业大学、中国传媒大学（教育部直属、211大学）、鲁东大学、山东师范大学、广东白云学院、齐齐哈尔大学、济南大学泉城学院、烟台大学文经学院、哈尔滨工业大学（威海）、哈尔滨远东理工学院、青岛农业大学海都学院、天津外国语学院滨海外事学院、广东外语外贸大学南国商学院、东北师范大学人文学院、天津外国语大学滨海外事学院、上海外国语大学贤达经济人文学院

◆专业名称：菲律宾语
◆专业代码：050210

培养目标：培养具有扎实的菲律宾语语言基础和比较广泛的科学文化知识，能在外事、经贸、文化、新闻出版、教育、科研、旅游等部门从事翻译、研究、教学、管理工作的菲律宾语言高级专门人才。

培养要求：该专业学生主要学习菲律宾语语言、文学、历史、政治、经济、外交、社会文化等方面的基本理论和基本知识，受到菲律宾语听、说、读、写、译

等方面的良好的熟巧训练，掌握一定的科研方法，具有从事翻译、研究、教学、管理工作的业务水平及较好的素质和较强能力。

毕业生应获得以下几方面的知识和能力：

1.了解我国有关的方针、政策、法规；

2.掌握语言学、文学及相关人文和科技方面的基础知识；

3.具有扎实的菲律宾语语言基础和较熟练的听、说、读、写、译能力；

4.了解我国国情和菲律宾语国的社会和文化；

5.具有较好的汉语表达能力和基本调研能力；

6.具有一定的第二外国语的实际应用能力；

7.掌握文献检索、资料查询的基本方法，具有初步的科学研究和实际工作能力。

主干学科：菲律宾语言文学

主要课程：基础菲律宾语、高级菲律宾语、报刊选读、视听、口语、菲律宾语写作、翻译理论与实践、语言理论、语言学概论、主要菲律宾语国家文学史及文学作品选读、主要菲律宾国家国情等。

修业年限：四年

授予学位：文学学士

就业方向：可从事翻译、研究、教学、管理工作。

开设学校：北京大学（教育部直属、985大学、211大学）、中国民用航空飞行学院

◆专业名称：梵语巴利语
◆专业代码：050211

培养目标：培养具有扎实的梵语巴利语语言基础和比较广泛的科学文化知识，能在外事、经贸、文化、新闻出版、教育、科研、旅游等部门从事翻译、研究、教学、管理工作的梵语巴利语言高级专门人才。

培养要求：该专业学生主要学习梵语巴利语语言、文学、历史、政治、经济、外交、社会文化等方面的基本理论和基本知识，受到相应语听、说、读、写、译等方面的良好的熟巧训练，掌握一定的科研方法，具有从事翻译、研究、教学、管理工作的业务水平及较好的素质和较强的能力。

毕业生应获得以下几方面的知识和能力：

1.了解我国有关的方针、政策、法规；

2.掌握语言学、文学及相关人文和科技方面的基础知识；

3.具有扎实的梵语巴利语语言基础和较熟练的听、说、读、写、译能力；

4.了解我国国情和梵语巴利语国家的社会和文化；

5.具有较好的汉语表达能力和基本调研能力；

6.具有一定的第二外国语的实际应用能力；

7.掌握文献检索、资料查询的基本方法，具有初步的科学研究和实际工作能力。

主干学科：梵语巴利语语言文学

主要课程：基础梵语巴利语、高级梵语巴利语、报刊选读、视听、口语、梵语巴利语写作、翻译理论与实践、语言理论、语言学概论、主要梵语巴利语国家文学史及文学作品选读、主要梵语巴利语国家国情等。

修业年限：四年

授予学位：文学学士

就业方向：可从事翻译、研究、教学、管理工作。

开设学校：北京大学（教育部直属、985大学、211大学）

◆专业名称：印度尼西亚语
◆专业代码：050212

培养目标：培养具有扎实的印度尼西亚语语言基础、比较广泛的科学文化知识，能在外事、经贸、文化、新闻出版、教育、科研、旅游等部门从事翻译、研究、教学、管理工作的印度尼西亚语语言高级专门人才。

培养要求：该专业学生主要学习印度尼西亚语语言、文学、历史、政治、经济、外交、社会文化等方面的基本理论和基本知识，受到印度尼西亚语听、说、读、写、译等方面良好的熟巧训练，掌握一定的科研方法，具有从事翻译、研究、教学、管理工作的业务水平及较好的素质和较强的能力。

毕业生应获得以下几方面的知识和能力：

1.了解我国有关的方针、政策和法规；

2.掌握语言学、文学及相关人文和科技方面的基础知识；

3.具有扎实的印度尼西亚语语言基础和较熟练的听、说、读、写、译能力；

4.了解我国国情和印度尼西亚语国的社会和文化；

5.具有较好的汉语表达能力和基本调研能力；

6.具有一定的第二外国语的实际应用能力；

7.掌握文献检索、资料查询的基本方法，具有初步的科学研究和实际工作能力。

主干学科：印度尼西亚语言文学

主要课程：基础印度尼西亚语、高级印度尼西亚语、报刊选读、视听、口语、相应语写作、翻译理论与实践、语言理论、语言学概论、主要印度尼西亚语国家文学史及文学作品选读、主要印度尼西亚语国家国情等。

主要实践环节：包括教学实习、论文写作等，一般安排8周左右。

修业年限：四年

授予学位：文学学士

就业方向：可从事从事翻译、研究、教学、管理工作。

开设学校：北京外国语大学（教育部直属、211大学）、广东外语外贸大学、云南民族大学、广西民族大学、北京大学（教育部直属、985大学、211大学）、天津外国语大学、上海外国语大学（教育部直属、211大学）、广西民族大学相思湖学院

◆学科名称：印地语
◆专业代码：050213

培养目标：培养具有扎实的印地语语言基础、比较广泛的科学文化知识，能在外事、经贸、文化、新闻出版、教育、科研、旅游等部门从事翻译、研究、教学、管理工作的印地语语言高级专门人才。

培养要求：该专业学生主要学习印地语语言、文学、历史、政治、经济、外交、社会文化等方面的基本理论和基本知识，受到印地语听、说、读、写、译等方面的良好的训练，掌握一定的科研方法，具有从事翻译、研究、教学、管理工作的业务水平及较好的素质和较强的能力。

1.了解我国有关的方针、政策、法规；

2.掌握语言学、文学及相关人文和科技方面的基础知识；

3.具有扎实的印地语语言基础和较熟练的听、说、读、写、译能力；

4.了解我国国情和印地语国家的社会和文化；

5.具有较好的汉语表达能力和基本调研能力；

6.具有一定的第二外国语的实际应用能力；

7.掌握文献检索、资料查询的基本方法，具有初步的科学研究和实际工作能力。

主要课程：基础印地语、高级印地语、报刊选读、视听、口语、印地语写作、翻译理论与实践、语言理论、语言学概论、主要印地语国家文学史及文学作品选读、主要印地语国家国情等。

就业方向：可从事翻译、研究、教学、管理、外贸工作。

开设学校：云南民族大学、北京外国语大学（教育部直属、211大学）、北京大学（教育部直属、985大学、211大学）、西安外国语大学、广东外语外贸大学、中国传媒大学（教育部直属、211大学）

◆学科名称：柬埔寨语
◆专业代码：050214

培养目标：培养具有扎实的柬埔寨语语言基础和比较广泛的科学文化知识，能在外事、经贸、文化、新闻出版、教育、科研、旅游等部门从事翻译、研究、教学、管理工作的柬埔寨语语言高级专门人才。

培养要求：本专业学生主要学习柬埔寨语语言、文学、历史、政治、经济、外交、社会文化等方面的基本理论和基本知识，受到柬埔寨语听、说、读、写、译等方面的良好的熟巧训练，掌握一定的科研方法，具有从事翻译、研究、教学、管理工作的业务水平及较好的素质和较强的能力。

毕业生应获得以下几方面的知识和能力：

1.了解我国有关的方针、政策和法规；

2.掌握语言学、文学及相关人文和科技方面的基础知识；

3.具有扎实的柬埔寨语语言基础和较熟练的听、说、读、写、译能力；

4.了解我国国情和柬埔寨社会和文化；

5.具有较好的汉语表达能力和基本调研能力；

6.具有一定的第二外国语的实际应用能力；

7.掌握文献检索、资料查询的基本方法，具有初步的科学研究和实际工作能力。

主干学科：柬埔寨语言文学

主要课程：基础柬埔寨语、高级柬埔寨语、报刊选读、视听、口语、柬埔寨语写作、翻译理论与实践、语言理论、语言学概论、柬埔寨文学史及文学作品选读、柬埔寨国情等。

修业年限：四年

授予学位：文学学士

就业方向：外事、经贸、文化、新闻出版、教育、科研、旅游等部门。

开设学校：广东外语外贸大学、云南民族大学、云南师范大学、红河学院、广西民族大学

◆学科名称:老挝语

◆专业代码:050215

培养目标:培养具有扎实的老挝语语言基础、比较广泛的科学文化知识,能在外事、经贸、文化、新闻出版、教育、科研、旅游等部门从事翻译、研究、教学、管理工作的老挝语语言高级专门人才。

培养要求:该专业学生主要学习老挝语语言、老挝语文学、文化、历史、政治、经济、国情、东南亚历史与文化等方面的基本理论和基本知识,受到老挝语听、说、读、写、译等技能的良好训练,掌握一定的科研方法,具有较强的从事翻译、研究、教学、管理工作的能力。

毕业生应获得以下几方面的知识和能力:

1.掌握马克思主义基本原理,树立辩证唯物主义和历史唯物主义观点,坚持四项基本原则,遵纪守法,热爱劳动,具有良好的职业道德,自觉地为社会主义现代化建设服务;

2.通过对老挝语语言、文学、文化、历史、政治、经济、国情、历史与文化等方面的学习,系统地掌握该专业的基本理论、基本知识和较熟练的听、说、读、写、译的基本技能,了解该专业有关的发展趋势和新成就;

3.熟悉外交礼仪,掌握人文、科技、旅游、国际贸易等方面的基础知识;

4.具有较强的分析、综合和解决问题的能力,掌握基本的科研方法,具有较强的从事翻译、研究、教学、管理工作的能力;

5.熟悉我国国情、老挝国国情、历史与文化;

6.较熟练地掌握英语,具有较强的英语应用能力,能阅读一般的英文资料;

7.具有良好的心理素质、健全的身体素质以及较高的综合素质。

主干学科:老挝语言文学

主要课程:基础老挝语、高级老挝语、语音、语法、视听说、写作、翻译理论与实践、文选、文学史、中国与老挝关系的历史与现状。

主要实践环节:教学实践、论文写作

修业年限:四年

授予学位:文学学士

就业方向:毕业生能在外事、经贸、文化、新闻出版、教育、科研、旅游等部门从事翻译工作或在教育机构从事教育教学工作。

开设学校:红河学院、北京外国语大学(教育部直属、211大学)、广西民族大学相思湖学院、广东外语外贸大学、云南民族大学、云南师范大学、广西民族大学

◆专业名称:缅甸语

◆专业代码:050216

培养目标:培养具有扎实的缅甸语语言基础和比较广泛的科学文化知识,能在外事、经贸、文化、新闻出版、教育、科研、旅游等部门从事翻译、研究、教学、管理工作的缅甸语语言高级专门人才。

培养要求:该专业学生主要学习缅甸语语言、缅甸语文学、文化、历史、政治、经济、国情、东南亚历史与文化等方面的基本理论和基本知识,受到缅甸语听、说、读、写、译等技能的良好训练,掌握一定的科研方法,具有较强的从事翻译、研究、教学、管理工作的能力。

毕业生应获得以下几方面的知识和能力:

1.掌握马克思主义基本原理,树立辩证唯物主义和历史唯物主义观点,坚持四项基本原则,遵纪守法,热爱劳动,具有良好的职业道德,自觉地为社会主义现代化建设服务;

2.通过对缅甸语语言、文学、文化、历史、政治、经济、国情、历史与文化等方面的学习,系统地掌握该专业的基本理论、基本知识和较熟练的听、说、读、写、译的基本技能,了解该专业有关的发展趋势和新成就;

3.熟悉外交礼仪,掌握人文、科技、旅游、国际贸易等方面的基础知识;

4.具有较强的分析、综合和解决问题的能力,掌握基本的科研方法,具有较强的从事翻译、研究、教学、管理工作的能力;

5.熟悉我国国情、缅甸国国情、历史与文化;

6.较熟练地掌握英语,具有较强的英语应用能力,能阅读一般的英文资料;

7.具有良好的心理素质、健全的身体素质以及较高的综合素质。

主干学科:缅甸语言文学

主要课程:基础缅甸语、高级缅甸语、报刊选读、视听、口语、缅甸语写作、翻译理论与实践、语言理论、语言学概论、缅甸语国家文学史及文学作品选读、缅甸国家国情等。

实践环节：教学实践、论文写作

修业年限：四年

授予学位：文学学士

就业方向：外事部门的翻译工作、各研究单位有关语言、文学、历史、文化等方面的研究工作以及有关学校缅甸语言、文化或其他有关课程的教学工作。

开设学校：北京大学（教育部直属、985大学、211大学）、红河学院、北京外国语大学（教育部直属、211大学）、天津外国语大学、广西民族大学相思湖学院、广东外语外贸大学、云南民族大学、云南师范大学、广西民族大学、云南大学（211大学）、云南财经大学

◆学科名称：马来语
◆专业代码：050217

培养目标：培养具有扎实的马来语语言基础和比较广泛的科学文化知识，能在外事、经贸、文化、新闻出版、教育、科研、旅游等部门从事翻译、研究、教学、管理工作的马来语语言高级专门人才。

培养要求：该专业学生主要学习马来语国家语言、马来语文学、文化、历史、政治、经济、国情、东南亚历史与文化等方面的基本理论和基本知识，受到马来语听、说、读、写、译等技能的良好训练，掌握一定的科研方法，具有较强的从事翻译、研究、教学、管理工作的能力。

毕业生应获得以下几方面的知识和能力：

1.了解我国有关的方针、政策、法规；

2.掌握语言学、文学及相关人文和科技方面的基础知识；

3.具有扎实的马来语语言基础和较熟练的听、说、读、写、译能力；

4.了解我国国情和马来语国家的社会和文化；

5.具有较好的汉语表达能力和基本调研能力；

6.具有一定的第二外国语的实际应用能力；

7.掌握文献检索、资料查询的基本方法，具有初步的科学研究和实际工作能力。

主干学科：马来语言文学

主要课程：基础马来语、高级马来语、报刊选读、视听、口语、相应语写作、翻译理论与实践、语言理论、语言学概论、马来语国家文学史及文学作品选读、主要马来语国家国情等。

实践环节：教学实践、论文写作

修业年限：四年

授予学位：文学学士

就业方向：外事部门的翻译工作、各研究单位有关语言、文学、历史、文化等方面的研究工作以及有关学校马来语言、文化或其他有关课程的教学工作。

开设学校：广西民族大学、天津外国语大学、北京外国语大学（教育部直属、211大学）

◆专业名称：蒙古语
◆专业代码：050218

培养目标：培养具有扎实的蒙古语语言基础和比较广泛的科学文化知识，能在外事、经贸、文化、新闻出版、教育、科研、旅游等部门从事翻译、研究、教学、管理工作的蒙古语语言高级专门人才。

培养要求：该专业学生主要学习蒙古语国家语言、文学、历史、政治、经济、外交、社会文化等方面的基本理论和基本知识，受到蒙古语听、说、读、写、译等方面的良好训练，掌握一定的科研方法，具有从事翻译、研究、教学、管理工作的业务水平及较好的素质和较强的能力。

毕业生应获得以下几方面的知识和能力：

1.掌握马克思主义的基本原理和有关民族语言文学的基本理论；

2.掌握蒙古语专业的基本理论、基本知识以及相关学科的知识，具有从事少数民族语言文学教学和研究的基本能力；

3.具有较强的语言、文学修养和鉴赏能力，能阅读该专业及相关专业古典文献；

4.了解本学科的前沿成就和发展；

5.有较强的实际工作能力和发展潜力。

主干学科：蒙古语言文学

主要课程：基础蒙古语言、高级蒙古语语言、报刊选读、视听、口语、蒙古语写作、翻译与实践、蒙古语语言理论、语言学概论、蒙古文学史及文学作品选读、蒙古语国家国情等。

实践环节：教学实践、论文写作

修业年限：四年

授予学位：文学学士

就业方向：在外事、经贸、文化、新闻出版、教育、科研、旅游等部门从事翻译、研究、教学、管理工作。

开设学校:内蒙古大学(211大学)

◆专业名称:僧伽罗语
◆专业代码:050219

培养目标:培养具有扎实的僧伽罗语国家语言基础和比较广泛的科学文化知识,能在外事、经贸、文化、新闻出版、教育、科研、旅游等部门从事翻译、研究、教学、管理工作的僧伽罗语语言高级专门人才。

培养要求:本专业学生主要学习僧伽罗语国家语言、文学、历史、政治、经济、外交、社会文化等方面的基本理论和基本知识,受到僧伽罗语听、说、读、写、译等方面良好的熟巧训练,掌握一定的科研方法,具有从事翻译、研究、教学、管理工作的业务水平及较好的素质和较强的能力。

主要课程:基础僧伽罗语、高级僧伽罗语、报刊选读、视听、口语、僧伽罗语写作、翻译理论与实践、语言理论、语言学概论、主要僧伽罗语国家文学史及文学作品选读、主要僧伽罗语国家国情等。

实践环节:教学实践、论文写作

修业年限:四年

授予学位:文学学士

就业方向:可从事从事翻译、研究、教学、管理工作。

开设学校:北京外国语大学、中国传媒大学

◆专业名称:泰语
◆专业代码:050220

培养目标:培养具有扎实的泰语语言基础和比较广泛的科学文化知识,能在外事、经贸、文化、新闻出版、教育、科研、旅游等部门从事翻译、研究、教学、管理工作的泰语语言高级专门人才。

培养要求:该专业学生主要学习泰语国家语言、文学、历史、政治、经济、外交、社会文化等方面的基本理论和基本知识,受到泰语听、说、读、写、译等方面的良好训练,掌握一定的科研方法,具有从事翻译、研究、教学、管理工作的业务水平及较好的素质和较强的能力。

毕业生应获得以下几方面的知识和能力:

1.了解我国有关的方针、政策、法规;

2.掌握语言学、文学及相关人文和科技方面的基础知识;

3.具有扎实的泰语语言基础和较熟练的听、说、读、写、译能力;

4.了解我国国情和泰语国家的社会和文化;

5.具有较好的汉语表达能力和基本调研能力;

6.具有一定的第二外国语的实际应用能力;

7.掌握文献检索、资料查询的基本方法,具有初步的科学研究和实际工作能力。

主干学科:泰语

主要课程:基础泰语、高级泰语、泰语听力、泰语口语、泰语写作、泰语翻译理论与实践、泰语报刊选读、泰语文学、基础英语、英语视听说、英语写作、英语翻译理论与实践。

实践环节:教学实践、论文写作

修业年限:四年

授予学位:文学学士

就业方向:在外交部、商务部、文化部、新华社、国际广播电台、旅行社、外国公司和受聘到泰国工作等。

开设学校:成都学院、文山学院、大理学院、云南民族大学、云南师范大学、楚雄师范学院、红河学院、玉溪师范学院、广西师范学院、广西民族大学、广西大学(211大学)、北京大学(教育部直属、985大学、211大学)、云南大学(211大学)、百色学院、曲靖师范学院、上海外国语大学(教育部直属、211大学)、北京外国语大学(教育部直属、211大学)、四川外国语大学成都学院、昆明理工大学津桥学院、云南大学滇池学院、广西外国语学院、云南师范大学文理学院、广西民族大学相思湖学院、广西师范大学漓江学院、西安外国语大学、广东外语外贸大学、西南林业大学、云南农业大学、云南师范大学商学院、云南财经大学

◆专业名称:乌尔都语
◆专业代码:050221

培养目标:培养具有扎实的乌尔都语语言基础、比较广泛的科学文化知识,能在外事、经贸、文化、新闻出版、教育、科研、旅游等部门从事翻译、研究、教学、管理工作的乌尔都语语言高级专门人才。

培养要求:该专业学生主要学习乌尔都语国家语言、文学、历史、政治、经济、外交、社会文化等方面的基本理论和基本知识,受到乌尔都语听、说、读、写、译等方面的良好的熟巧训练,掌握一定的科研方法,具有从事翻译、研究、教学、管理工作的业务水平

及较好的素质和较强的能力。

毕业生应获得以下几方面的知识和能力：

1.了解我国有关的方针、政策、法规；

2.掌握语言学、文学及相关人文和科技方面的基础知识；

3.具有扎实的乌尔都语语言基础和较熟练的听、说、读、写、译能力；

4.了解我国国情和乌尔都语国家的社会和文化；

5.具有较好的汉语表达能力和基本调研能力；

6.具有一定的第二外国语的实际应用能力；

7.掌握文献检索、资料查询的基本方法，具有初步的科学研究和实际工作能力。

主干学科：乌尔都语

主要课程：基础乌尔都语、高级乌尔都语、报刊选读、视听、口语、乌尔都语写作、翻译理论与实践、语言理论、语言学概论、主要乌尔都语国家文学史及文学作品选读、主要乌尔都语国家国情等。

实践环节：教学实践、论文写作

修业年限：四年

授予学位：文学学士

就业方向：从事外事、经贸、文化、新闻出版、教育、科研、旅游等部门的管理工作和翻译工作。

开设学校：北京大学（教育部直属、985大学、211大学）

◆专业名称：希伯来语
◆专业代码：050222

培养目标：本专业培养具备扎实的希伯来语听、说、读、写、译的基本技能，掌握希伯来语国家和地区语言、文学、历史、政治、经济、文化、宗教、社会等相关知识，能从事外交、外经贸、文化交流、新闻出版、教育、科研等工作的德才兼备、具有国际视野的复合型人才。

培养要求：本专业要求学生扎实掌握希伯来语语言和文学知识，了解希伯来语国家和地区的历史、社会、文化、宗教知识，以及政治、经济、外交状况，熟练掌握希伯来语听、说、读、写、译的基本技能，有较强的语言运用能力，了解文献检索和资料查询的基本方法，具有较强的实际工作能力和初步的科学研究能力。

1.了解我国有关的方针、政策、法规；

2.掌握语言学、文学及相关人文和科技方面的基础知识；

3.具有扎实的希伯莱语语言基础和较熟练的听、说、读、写、译能力；

4.了解我国国情和希伯来语国家和地区的社会和文化；

5.具有较好的汉语表达能力和基本调研能力；

6.具有一定的第二外国语的实际应用能力；

7.掌握文献检索、资料查询的基本方法，具有初步的科学研究和实际工作能力。

主干学科：外国语言文学、中国语言文学

主要课程：基础希伯来语、高级希伯来语、希伯来语视听说、希伯来语口语、圣经希伯来语、希伯来语汉语互译、犹太历史、以色列当代史等。

实践环节：赴希伯来语国家和地区学习或在国内相关单位实习。

修业年限：四年

授予学位：文学学士

就业方向：外事、经贸、文化、新闻出版、教育、科研、旅游等部门。

开设学校：北京外国语大学（教育部直属、211大学）、北京大学（教育部直属、985大学、211大学）

◆专业名称：越南语
◆专业代码：050223

培养目标：培养具有扎实的越南语语言基础、比较广泛的科学文化知识，能在外事、经贸、文化、新闻出版、教育、科研、旅游等部门从事翻译、研究、教学、管理工作的越南语语言高级专门人才。

培养要求：该专业学生主要学习越南语国家语言、文学、历史、政治、经济、外交、社会文化等方面的基本理论和基本知识，受到越南语听、说、读、写、译等方面的良好的熟巧训练，掌握一定的科研方法，具有从事翻译、研究、教学、管理工作的业务水平及较好的素质和较强的能力。

毕业生应获得以下几方面的知识和能力：

1.了解我国有关的方针、政策、法规；

2.掌握语言学、文学及相关人文和科技方面的基础知识；

3.具有扎实的越南语语言基础和较熟练的听、说、读、写、译能力；

4.了解我国国情和相应国家的社会和文化；

5.具有较好的汉语表达能力和基本调研能力；

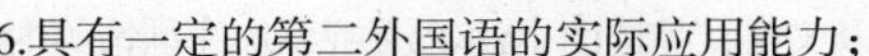

6.具有一定的第二外国语的实际应用能力；

7.掌握文献检索、资料查询的基本方法，具有初步的科学研究和实际工作能力。

主干学科：越南语言文学

主要课程：基础、高级越南语、语音、语法、视听说、写作、翻译理论与实践、文选、文学史、中国与越南关系的历史与现状等课程。

实践环节：教学实践、论文写作。

修业年限：四年

授予学位：文学学士

就业方向：在行政管理部门、外事、边防部队、海关、学校、与越南有经济贸易的外贸公司、国际对外广播电台、涉及东南亚语言电视节目的电视台、外文出版社等部门、企事业单位、旅行社、大中型旅游饭店从事翻译、经贸或行政管理、教学、研究等工作。

开设学校：北京大学（教育部直属、985大学、211大学）、文山学院、红河学院、广西大学（211大学）、云南大学滇池学院、四川外国语大学成都学院、广西外国语学院、广西民族大学相思湖学院、广西师范大学漓江学院、广西民族师范学院、云南财经大学、广东外语外贸大学、云南师范大学、西南林业大学、云南民族大学、云南农业大学、广西师范学院、对外经济贸易大学（教育部直属、211大学）、云南大学（211大学）、四川外国语大学、云南师范大学商学院、广西民族大学

◆专业名称：豪萨语
◆专业代码：050224

培养目标：培养具有扎实的豪萨语语言基础和比较广泛的科学文化知识，能在外事、经贸、文化、新闻出版、教育、科研、旅游等部门从事翻译、研究、教学、管理工作的豪萨语语言高级专门人才。

培养要求：该专业学生主要学习豪萨语国家语言、文学、历史、政治、经济、外交、社会文化等方面的基本理论和基本知识，受到豪萨语听、说、读、写、译等方面的良好的训练，掌握一定的科研方法，具有从事翻译、研究、教学、管理工作的业务水平及较好的素质和较强的能力。

毕业生应获得以下几方面的知识和能力：

1.了解我国有关的方针、政策、法规；

2.掌握语言学、文学及相关人文和科技方面的基础知识；

3.具有扎实的豪萨语语言基础和较熟练的听、说、读、写、译能力；

4.了解我国国情和豪萨语国家的社会和文化；

5.具有较好的汉语表达能力和基本调研能力；

6.具有一定的第二外国语的实际应用能力；

7.掌握文献检索、资料查询的基本方法，具有初步的科学研究和实际工作能力。

主干学科：豪萨语

主要课程：基础豪萨语、高级豪萨语、报刊选读、视听、口语、豪萨语写作、翻译理论与实践、语言理论、语言学概论、主要豪萨语国家文学史及文学作品选读、主要豪萨语国家国情等。

实践环节：教学实践、论文写作。

修业年限：四年

授予学位：文学学士

就业方向：可从事翻译、研究、教学、管理工作。

开设学校：中国传媒大学（教育部直属、211大学）

◆专业名称：斯瓦西里语
◆专业代码：050225

培养目标：培养具有扎实的斯瓦西里语语言基础和比较广泛的科学文化知识，能在外事、经贸、文化、新闻出版、教育、科研、旅游等部门从事翻译、研究、教学、管理工作的斯瓦西里语语言高级专门人才。

培养要求：该专业学生主要学习斯瓦西里语国家语言、文学、历史、政治、经济、外交、社会文化等方面的基本理论和基本知识，受到斯瓦西里语听、说、读、写、译等方面良好的熟巧训练，掌握一定的科研方法，具有从事翻译、研究、教学、管理工作的较好素质和较强的能力。

毕业生应获得以下几方面的知识和能力：

1.了解我国有关的方针、政策、法规；

2.掌握语言学、文学及相关人文和科技方面的基础知识；

3.具有扎实的斯瓦西里语语言基础和较熟练的听、说、读、写、译能力；

4.了解我国国情和斯瓦西里语国家的社会和文化；

5.具有较好的汉语表达能力和基本调研能力；

6.具有一定的第二外国语的实际应用能力；

7.掌握文献检索、资料查询的基本方法，具有初

步的科学研究和实际工作能力。

主干学科:斯瓦西里语

主要课程:基础斯瓦西里语、高级斯瓦西里语、报刊选读、视听、口语、斯瓦西里语写作、翻译理论与实践、语言理论、语言学概论、主要斯瓦西里语国家文学史及文学作品选读、主要斯瓦西里语国家国情等。

实践环节:教学实践、论文写作。

修业年限:四年

授予学位:文学学士

就业方向:可从事翻译、研究、教学、管理工作。

开设学校:天津外国语大学

◆专业名称:阿尔巴尼亚语
◆专业代码:050226

培养目标:培养具有扎实的阿尔巴尼亚语语言基础、比较广泛的科学文化知识,能在外事、经贸、文化、新闻出版、教育、科研、旅游等部门从事翻译、研究、教学、管理工作的阿尔巴尼亚语语言高级专门人才。

培养要求:该专业学生主要学习阿尔巴尼亚语国家语言、文学、历史、政治、经济、外交、社会文化等方面的基本理论和基本知识,受到阿尔巴尼亚语听、说、读、写、译等方面的良好的训练,掌握一定的科研方法,具有从事翻译、研究、教学、管理工作的业务水平及较好的素质和较强的能力。

毕业生应获得以下几方面的知识和能力:

1.了解我国有关的方针、政策、法规;

2.掌握语言学、文学及相关人文和科技方面的基础知识;

3.具有扎实的阿尔巴尼亚语语言基础和较熟练的听、说、读、写、译能力;

4.了解我国国情和阿尔巴尼亚语国家的社会和文化;

5.具有较好的汉语表达能力和基本调研能力;

6.具有一定的第二外国语的实际应用能力;

7.掌握文献检索、资料查询的基本方法,具有初步的科学研究和实际工作能力。

主干学科:阿尔巴尼亚语

主要课程:基础阿尔巴尼亚语、高级阿尔巴尼亚语、报刊选读、视听、口语、阿尔巴尼亚语语言写作、翻译与实践、语言理论、语言学概论、阿尔巴尼亚语国家文学史及文学作品选读、阿尔巴尼亚语国家国情等内容。

实践环节:教学实践、论文写作

修业年限:四年

授予学位:文学学士

就业方向:可从事翻译、研究、教学、管理工作。

开设学校:北京外国语大学

◆专业名称:保加利亚语
◆专业代码:050227

培养目标:培养具有扎实的保加利亚语语言基础、比较广泛的科学文化知识,能在外事、经贸、文化、新闻出版、教育、科研、旅游等部门从事翻译、研究、教学、管理工作的保加利亚语语言高级专门人才。

培养要求:该专业学生主要学习保加利亚语国家语言、文学、历史、政治、经济、外交、社会文化等方面的基本理论和基本知识,受到保加利亚语听、说、读、写、译等方面的良好的训练,掌握一定的科研方法,具有从事翻译、研究、教学、管理工作的业务水平及较好的素质和较强的能力。

毕业生应获得以下几方面的知识和能力:

1.了解我国有关的方针、政策、法规;

2.掌握语言学、文学及相关人文和科技方面的基础知识;

3.具有扎实的保加利亚语语言基础和较熟练的听、说、读、写、译能力;

4.了解我国国情和保加利亚语国家的社会和文化;

5.具有较好的汉语表达能力和基本调研能力;

6.具有一定的第二外国语的实际应用能力;

7.掌握文献检索、资料查询的基本方法,具有的初步科学研究和实际工作能力。

主干学科:保加利亚语言文学

主要课程:基础保加利亚语、高级保加利亚语、报刊选读、视听、口语、保加利亚语写作、翻译理论与实践、语言理论、语言学概论、保加利亚语国家文学史及文学作品选读、保加利亚语国家国情等。

实践环节:教学实践、论文写作

修业年限:四年

授予学位:文学学士

就业方向:在外事、经贸、文化、新闻出版、教育、科研、旅游等部门从事翻译、研究、教学、管理工作。

开设学校:北京外国语大学(教育部直属、211大学)

◆学科名称:波兰语
◆专业代码:050228

培养目标:本专业学生主要学习波兰语语言、文学、历史、政治、经济、外交、社会文化等方面的基本理论和基本知识,受到波兰语听、说、读、写、译等方面的良好的训练,掌握一定的科研方法,具有从事翻译、研究、教学、管理工作的业务水平及较好的素质和较强的能力。

培养要求:培养具有扎实的芬兰语语言基础和比较广泛的科学文化知识,能在外事、经贸、文化、新闻出版、教育、科研、旅游等部门从事翻译、研究、教学、管理工作的芬兰语语言高级专门人才。

毕业生应获得以下几方面的知识和能力:

1.了解我国有关的方针、政策、法规;

2.掌握语言学、文学及相关人文和科技方面的基础知识;

3.具有扎实的波兰语言基础和较熟练的听、说、读、写、译能力;

4.了解我国国情和波兰语国家的社会和文化;

5.具有较好的汉语表达能力和基本调研能力;

6.具有一定的第二外国语的实际应用能力;

7.掌握文献检索、资料查询的基本方法,具有初步的科学研究和实际工作能力。

主干学科:波兰语言文学

主要课程:基础波兰语、高级波兰语、报刊选读、视听、口语、波兰语写作、翻译理论与实践、语言理论、语言学概论、波兰语国家文学史及文学作品选读、波兰语国家国情等。

实践环节:教学实践、论文写作

修业年限:四年

授予学位:文学学士

就业方向:可从事翻译、研究、教学、管理工作。

开设学校:广东外语外贸大学、北京外国语大学(教育部直属、211大学)、哈尔滨师范大学

◆专业名称:捷克语
◆专业代码:050229

培养目标:培养具有扎实的捷克语语言基础和比较广泛的科学文化知识,能在外事、经贸、文化、新闻出版、教育、科研、旅游等部门从事翻译、研究、教学、管理工作的捷克语语言高级专门人才。

培养要求:该专业学生主要学习捷克语语言、文学、历史、政治、经济、外交、社会文化等方面的基本理论和基本知识,受到捷克语听、说、读、写、译等方面的良好的训练,掌握一定的科研方法,具有从事翻译、研究、教学、管理工作的业务水平及较好的素质和较强的能力。

毕业生应获得以下几方面的知识和能力:

1.了解我国有关的方针、政策、法规;

2.掌握语言学、文学及相关人文和科技方面的基础知识;

3.具有扎实的捷克语语言基础和较熟练的听、说、读、写、译能力;

4.了解我国国情和捷克语国家的社会和文化;

5.具有较好的汉语表达能力和基本调研能力;

6.具有一定的第二外国语的实际应用能力;

7.掌握文献检索、资料查询的基本方法,具有初步的科学研究和实际工作能力。

主干学科:捷克语言文学

主要课程:基础捷克语、高级捷克语语、报刊选读、视听、口语、捷克语写作、翻译与实践、语言理论、语言学概论、捷克语国家文学史及文学作品选读、捷克语国家国情等。

实践环节:教学实践、论文写作。

修业年限:四年

授予学位:文学学士

就业方向:在外事、经贸、文化、新闻出版、教育、科研、旅游等部门从事翻译、研究、教学、管理工作。

开设学校:北京外国语大学(教育部直属、211大学)

◆专业名称:斯洛伐克语
◆专业代码:050230

培养目标:斯洛伐克语专业培养具有扎实的斯洛伐克语语言基础,比较广泛的科学文化知识,能在外事、经贸、文化、新闻出版、教育、科研、旅游等部门从事翻译、研究、教学、管理工作的斯洛伐克语语言高级专门人才。

培养要求:该专业学生主要学习斯洛伐克语国家语言、文学、历史、政治、经济、外交、社会文化等方

面的基本理论和基本知识，受到斯洛伐克语听、说、读、写、译等方面的良好训练，掌握一定的科研方法，具有从事翻译、研究、教学、管理工作的业务水平及较好的素质和较强的能力。

毕业生应获得以下几方面的知识和能力：

1.了解我国有关的方针、政策、法规；

2.掌握语言学、文学及相关人文和科技方面的基础知识；

3.具有扎实的斯洛伐克语语言基础和较熟练的听、说、读、写、译能力；

4.了解我国国情和斯洛伐克语国家的社会和文化；

5.具有较好的汉语表达能力和基本调研能力；

6.具有一定的第二外国语的实际应用能力；

7.掌握文献检索、资料查询的基本方法，具有初步的科学研究和实际工作能力。

主干学科：斯洛伐克语言文学

主要课程：基础斯洛伐克语、高级斯洛伐克语、报刊选读、视听、口语、斯洛伐克语写作、翻译理论与实践、语言理论、语言学概论、斯洛伐克语国家文学史及文学作品选读、斯洛伐克语国家国情等。

实践环节：教学实践、论文写作。

修业年限：四年

授予学位：文学学士

就业方向：在外交、外贸、旅游、对外文化交流机构、研究和教育等部门从事口译、笔译或科研、教学工作。

开设学校：北京外国语大学（教育部直属、211大学）、对外经济贸易大学、广州中医药大学

◆专业名称：罗马尼亚语
◆专业代码：050231

培养目标：培养具有扎实的罗马尼亚语语言基础、比较广泛的科学文化知识，能在外事、经贸、文化、新闻出版、教育、科研、旅游等部门从事翻译、研究、教学、管理工作的罗马尼亚语语言高级专门人才。

培养要求：该专业学生主要学习罗马尼亚语国家语言、文学、历史、政治、经济、外交、社会文化等方面的基本理论和基本知识，受到罗马尼亚语听、说、读、写、译等方面的良好的熟巧训练，掌握一定的科研方法，具有从事翻译、研究、教学、管理工作的业务水平及较好的素质和较强的能力。

毕业生应获得以下几方面的知识和能力：

1.了解我国有关的方针、政策、法规；

2.掌握语言学、文学及相关人文和科技方面的基础知识；

3.具有扎实的罗马尼亚语语言基础和较熟练的听、说、读、写、译能力；

4.了解我国国情和罗马尼亚国家的社会和文化；

5.具有较好的汉语表达能力和基本调研能力；

6.具有一定的第二外国语的实际应用能力；

7.掌握文献检索、资料查询的基本方法，具有初步的科学研究和实际工作能力。

主干课程：罗马尼亚语言文学

主要课程：基础罗马尼亚语、高级罗马尼亚语、报刊选读、视听、口语、罗马尼亚语写作、翻译理论与实践、罗马尼亚语语言理论、罗马尼亚语语言学概论、罗马尼亚语国家文学史及文学作品选读、罗马尼亚语国家国情等。

实践环节：教学实践、论文写作。

修业年限：四年

授予学位：文学学士

就业方向：在外交、外贸、旅游、对外文化交流机构、研究和教育等部门从事口译、笔译或科研、教学工作。

开设学校：北京外国语大学（教育部直属、211大学）

◆专业名称：葡萄牙语
◆专业代码：050232

培养目标：培养具有扎实的葡萄牙语语言基础和比较广泛的科学文化知识，能在外事、经贸、文化、新闻出版、教育、科研、旅游等部门从事翻译、研究、教学、管理工作的葡萄牙语语言高级专门人才。

培养要求：该专业学生主要学习葡萄牙语国家语言、文学、历史、政治、经济、外交、社会文化等方面的基本理论和基本知识，受到葡萄牙语听、说、读、写、译等方面的良好训练，掌握一定的科研方法，具有从事翻译、研究、教学、管理工作的业务水平及较好的素质和较强的能力。

毕业生应获得以下几方面的知识和能力：

1.了解我国有关的方针、政策、法规；

2.掌握语言学、文学及相关人文和科技方面的

基础知识；

3.具有扎实的葡萄牙语语言基础和较熟练的听、说、读、写、译能力；

4.了解我国国情和葡萄牙国家的社会和文化；

5.具有较好的汉语表达能力和基本调研能力；

6.具有一定的第二外国语的实际应用能力；

7.掌握文献检索、资料查询的基本方法，具有初步的科学研究和实际工作能力。

主干学科：葡萄牙语言文学

主要课程：葡萄牙语视听说、演讲、精读、泛读、文学选读、报刊阅读、写作、笔译、口译、英语精读、泛读、视听说、写作、对外传播概论、国际贸易与金融、西方文化与社会等。

实践环节：教学实践、论文写作。

修业年限：四年

授予学位：文学学士

就业方向：国家部委（外交部、中联部、商务部等）、事业单位（新华社、中国国际广播电台、外文局等）、外资企业、国有企业、中外合资企业、旅行社、银行等。

开设学校：北京第二外国语学院、浙江外国语学院、西安外国语大学、广东外语外贸大学、兰州交通大学、上海外国语大学（教育部直属、211大学）、对外经济贸易大学（教育部直属、211大学）、北京外国语大学（教育部直属、211大学）、天津外国语大学、大连外国语大学、四川外国语大学、哈尔滨师范大学、河北传媒学院、河北外国语学院、北京语言大学、中国传媒大学（教育部直属、211大学）、吉林华桥外国语学院

◆专业名称：瑞典语
◆专业代码：050233

培养目标：培养具有扎实的瑞典语语言基础、比较广泛的科学文化知识，能在外事、经贸、文化、新闻出版、教育、科研、旅游等部门从事翻译、研究、教学、管理工作的瑞典语语言高级专门人才。

培养要求：该专业学生主要学习瑞典语国家语言、文学、历史、政治、经济、外交、社会文化等方面的基本理论和基本知识，受到瑞典语听、说、读、写、译等方面的良好训练，掌握一定的科研方法，具有从事翻译、研究、教学、管理工作的业务水平及较好的素质和较强的能力。

毕业生应获得以下几方面的知识和能力：

1.了解我国有关的方针、政策、法规；

2.掌握语言学、文学及相关人文和科技方面的基础知识；

3.具有扎实的瑞典语语言基础和较熟练的听、说、读、写、译能力；

4.了解我国国情和瑞典国家的社会和文化；

5.具有较好的汉语表达能力和基本调研能力；

6.具有一定的第二外国语的实际应用能力；

7.掌握文献检索、资料查询的基本方法，具有初步的科学研究和实际工作能力。

主干学科：瑞典语言文学

主要课程：基础瑞典语、高级瑞典语、视听、口语、基础语法、外刊选读、瑞典语国家概况、翻译理论与实践、写作、瑞典语国家文学史及文学作品选读等。

实践环节：教学实践、论文写作。

修业年限：四年

授予学位：文学学士

就业方向：可从事翻译、研究、教学、管理工作。

开设学校：北京外国语大学（教育部直属、211大学）、解放军外国语学院

◆专业名称：塞尔维亚语
◆专业代码：050234

培养目标：塞尔维亚语专业培养具有扎实的塞尔维亚语言基础、比较广泛的科学文化知识，能在外事、经贸、文化、新闻出版、教育、科研、旅游等部门从事翻译、研究、教学、管理工作的塞尔维亚语语言高级专门人才。

培养要求：该专业学生主要学习塞尔维亚语国家语言、文学、历史、政治、经济、外交、社会文化等方面的基本理论和基本知识，受到塞尔维亚语听、说、读、写、译等方面的良好的训练，掌握一定的科研方法，具有从事翻译、研究、教学、管理工作的业务水平及较好的素质和较强的能力。

毕业生应获得以下几方面的知识和能力：

1.了解我国有关的方针、政策、法规；

2.掌握语言学、文学及相关人文和科技方面的基础知识；

3.具有扎实的塞尔维亚语语言基础和较熟练的听、说、读、写、译能力；

4.了解我国国情和塞尔维亚语国家的社会

和文化；

5.具有较好的汉语表达能力和基本调研能力；

6.具有一定的第二外国语的实际应用能力；

7.掌握文献检索、资料查询的基本方法，具有初步的科学研究和实际工作能力。

主干学科：塞尔维亚语言文学

主要课程：基础塞尔维亚语、高级塞尔维亚语、报刊选读、视听、口语、塞尔维亚语写作、翻译理论与实践、语言理论、语言学概论、塞尔维亚语文学史及文学作品选读、塞尔维亚语国家国情等。

实践环节：教学实践、论文写作。

修业年限：四年

授予学位：文学学士

就业方向：外事、经贸、文化、新闻出版、教育、科研、旅游等部门。

开设学校：北京外国语大学

◆专业名称：土耳其语
◆专业代码：050235

培养目标：培养具有扎实的土耳其语语言基础和比较广泛的科学文化知识，能在外事、经贸、文化、新闻出版、教育、科研、旅游等部门从事翻译、研究、教学、管理工作的土耳其语语言高级专门人才。

培养要求：该专业学生主要学习土耳其语国家语言、文学、历史、政治、经济、外交、社会文化等方面的基本理论和基本知识，受到土耳其语听、说、读、写、译等方面的良好的熟巧训练，掌握一定的科研方法，具有从事翻译、研究、教学、管理工作的业务水平及较好的素质和较强的能力。

毕业生应获得以下几方面的知识和能力：

1.了解我国有关的方针、政策、法规；

2.掌握语言学、文学及相关人文和科技方面的基础知识；

3.具有扎实的土耳其语言基础和较熟练的听、说、读、写、译能力；

4.了解我国国情和土耳其语国家的社会和文化；

5.具有较好的汉语表达能力和基本调研能力；

6.具有一定的第二外国语的实际应用能力；

7.掌握文献检索、资料查询的基本方法，具有初步的科学研究和实际工作能力。

主干学科：土耳其语言文学

主要课程：基础土耳其语、高级土耳其语、报刊选读、视听、口语、土耳其语写作、翻译与实践、语言理论、语言学概论、土耳其语国家文学史及文学作品选读、土耳其语国家国情等。

实践环节：教学实践、论文写作

修业年限：四年

授予学位：文学学士

就业方向：可从事翻译、研究、教学、管理工作。

开设学校：西安外国语大学、北京外国语大学（教育部直属、211大学）、中国传媒大学（教育部直属、211大学）

◆专业名称：希腊语
◆专业代码：050236

培养目标：本专业培养具备扎实的希腊语听、说、读、写、译的基本技能，掌握希腊语国家和地区语言、文学、历史、政治、经济、文化、宗教、社会等相关知识，能从事外交、外经贸、文化交流、新闻出版、教育、科研等工作的德才兼备、具有国际视野的复合型人才。

培养要求：本专业要求学生扎实掌握希腊语国家语言和文学知识，了解希腊历史、社会、文化、宗教知识，以及政治、经济、外交状况，熟练掌握希腊语听、说、读、写、译的基本技能，具有较强的语言运用能力，了解文献检索和资料查询的基本方法，具有较强的实际工作能力和初步的科学研究能力。

毕业生应获得以下几方面的知识和能力：

1.了解我国有关的方针、政策、法规；

2.掌握语言学、文学及相关人文和科技方面的基础知识；

3.具有扎实的希腊语语言基础和较熟练的听、说、读、写、译能力；

4.了解我国国情和希腊语国家的社会和文化；

5.具有较好的汉语表达能力和基本调研能力；

6.具有一定的第二外国语的实际应用能力；

7.掌握文献检索、资料查询的基本方法，具有初步的科学研究和实际工作能力。

主干学科：希腊语言文学、中国语言文学

主要课程：基础希腊语、高级希腊语、希腊语视听说、希腊语语法、希腊语写作、希腊语汉语互译、希腊现代文学史、希腊现代文学作品选读、希腊神

话等。

主要实践环节：赴希腊语国家和地区学习或在国内相关单位实习。

修业年限：四年

授予学位：文学学士

就业方向：在国家部委、企事业单位从事外交、外贸、翻译、对外文化交流等工作。

开设学校：上海外国语大学（教育部直属、211大学）

◆专业名称：匈牙利语
◆专业代码：050237

培养目标：培养具有扎实的匈牙利语语言基础，比较广泛的科学文化知识，能在外事、经贸、文化、新闻出版、教育、科研、旅游等部门从事翻译、研究、教学、管理工作的匈牙利语语言高级专门人才。

培养要求：该专业学生主要学习匈牙利语国家语言、文学、历史、政治、经济、外交、社会文化等方面的基本理论和基本知识，受到匈牙利语听、说、读、写、译等方面的良好的熟巧训练，掌握一定的科研方法，具有从事翻译、研究、教学、管理工作的业务水平及较好的素质和较强的能力。

1.了解我国有关的方针、政策、法规；

2.掌握语言学、文学及相关人文和科技方面的基础知识；

3.具有扎实的匈牙利语语言基础和较熟练的听、说、读、写、译能力；

4.了解我国国情和匈牙利语国家的社会和文化；

5.具有较好的汉语表达能力和基本调研能力；

6.具有一定的第二外国语的实际应用能力；

7.掌握文献检索、资料查询的基本方法，具有初步的科学研究和实际工作能力。

主干学科：匈牙利语言文学

主要课程：包括基础匈牙利语、高级匈牙利语语、报刊选读、视听、口语、匈牙利语写作、翻译与实践、语言理论、语言学概论、匈牙利语国家文学史及文学作品选读、匈牙利国家国情等。

实践环节：教学实践、论文写作

修业年限：四年

授予学位：文学学士

就业方向：可从事翻译、研究、教学、管理工作。

开设学校：北京外国语大学（教育部直属、211大学）、中国传媒大学

◆专业名称：意大利语
◆专业代码：050238

培养目标：意大利语专业培养具有扎实的意大利语语言基础和比较广泛的科学文化知识，能在外事、经贸、文化、新闻出版、教育、科研、旅游等部门从事翻译、研究、教学、管理工作的意大利语语言高级专门人才。

培养要求：本专业学生主要学习意大利语国家语言、文学、历史、政治、经济、外交、社会文化等方面的基本理论和基本知识，受到意大利语听、说、读、写、译等方面的良好训练，掌握一定的科研方法，具有从事翻译、研究、教学、管理工作的业务水平及较好的素质和较强的能力。

毕业生应获得以下几方面的知识和能力：

1.了解我国有关的方针、政策、法规；

2.掌握语言学、文学及相关人文和科技方面的基础知识；

3.具有扎实的意大利语语言基础和较熟练的听、说、读、写、译能力；

4.了解我国国情和意大利语国家的社会和文化；

5.具有较好的汉语表达能力和基本调研能力；

6.具有一定的第二外国语的实际应用能力；

7.掌握文献检索、资料查询的基本方法，具有初步的科学研究和实际工作能力。

主干学科：意大利语言文学

主要课程：高级意大利语、视听、口语、基础语法、外刊选读、意大利语国家概况、翻译理论与实践、写作、意大利语国家文学史及文学作品选读、高级文选等。

实践环节：教学实践、论文写作。

修业年限：四年

授予学位：文学学士

就业方向：各级政府机关、对外传播部门（电视台、广播电台、通讯社等）、大型国企、外企、国外媒体在华机构等。

开设学校：中国传媒大学（教育部直属、985大学）、南京师范大学、北京第二外国语学院、浙江外国语学院、浙江越秀外国语学院、西安外国语大学、广东外语外贸大学、上海外国语大学（教育部直属、985大学）、对外经济贸易大学（教育部直属、985大学）、

北京外国语大学(教育部直属、985大学)、天津外国语大学、大连外国语大学、四川外国语大学、河北科技师范学院、河北外国语学院、北京语言大学(教育部直属)、四川外国语大学成都学院、吉林华桥外国语学院

◆专业名称:泰米尔语
◆专业代码:050239

培养目标:培养具有扎实的泰米尔语语言基础和比较广泛的科学文化知识,能在外事、经贸、文化、新闻出版、教育、科研、旅游等部门从事翻译、研究、教学、管理工作的泰米尔语语言高级专门人才。

培养要求:泰米尔语专业学生主要学习泰米尔语国家语言、文学、历史、政治、经济、外交、社会文化等方面的基本理论和基本知识,受到泰米尔语听、说、读、写、译等方面的良好的训练,掌握一定的科研方法,具有从事翻译、研究、教学、管理工作的业务水平及较好的素质和较强的能力。

毕业生应获得以下几方面的知识和能力:

1.了解我国有关的方针、政策、法规;

2.掌握语言学、文学及相关人文和科技方面的基础知识;

3.具有扎实的泰米尔语语言基础和较熟练的听、说、读、写、译能力;

4.了解我国国情和泰米尔语国家的社会和文化;

5.具有较好的汉语表达能力和基本调研能力;

6.具有一定的第二外国语的实际应用能力;

7.掌握文献检索、资料查询的基本方法,具有初步的科学研究和实际工作能力。

主干课程:泰米尔语言文学

主要课程:基础泰米尔语、高级泰米尔语、报刊选读、视听、口语、泰米尔语写作、翻译理论与实践、语言理论、语言学概论、泰米尔语国家文学史及文学作品选读、泰米尔语国家国情等。

实践环节:教学实践、论文写作。

修业年限:四年

授予学位:文学学士

就业方向:可从事翻译、研究、教学、管理工作。

开设学校:中国传媒大学

◆专业名称:普什图语
◆专业代码:050240

培养目标:培养具有扎实的普什图语语言基础和比较广泛的科学文化知识,能在外事、经贸、文化、新闻出版、教育、科研、旅游等部门从事翻译、研究、教学、管理工作的普什图语言高级专门人才。

培养要求:该专业学生主要学习普什图语国家语言、文学、历史、政治、经济、外交、社会文化等方面的基本理论和基本知识,受到普什图语听、说、读、写、译等方面的良好的训练,掌握一定的科研方法,具有从事翻译、研究、教学、管理工作的业务水平及较好的素质和较强的能力。

毕业生应获得以下几方面的知识和能力:

1.了解我国有关的方针、政策、法规;

2.掌握语言学、文学及相关人文和科技方面的基础知识;

3.具有扎实的普什图语语言基础和较熟练的听、说、读、写、译能力;

4.了解我国国情和普什图语国家的社会和文化;

5.具有较好的汉语表达能力和基本调研能力;

6.具有一定的第二外国语的实际应用能力;

7.掌握文献检索、资料查询的基本方法,具有初步的科学研究和实际工作能力。

主干学科:普什图语言文学

主要课程:基础普什图语、高级普什图语、报刊选读、视听、口语、普什图语写作、翻译理论与实践、语言理论、语言学概论、普什图语国家文学史及文学作品选读、普什图语国家国情等。

就业方向:可从事翻译、研究、教学、管理工作。

开设学校:中国传媒大学(教育部直属、211大学)

◆专业名称:世界语
◆专业代码:050241

培养目标:培养具有扎实的世界语语言基础和比较广泛的科学文化知识,能在外事、经贸、文化、新闻出版、教育、科研、旅游等部门从事翻译、研究、教学、管理工作的世界语语言高级专门人才。

培养要求:世界语专业学生主要学习世界语国家语言、文学、历史、政治、经济、外交、社会文化等方

面的基本理论和基本知识，受到世界语听、说、读、写、译等方面的良好的训练，掌握一定的科研方法，具有从事翻译、研究、教学、管理工作的业务水平及较好的素质和较强的能力。

毕业生应获得以下几方面的知识和能力：

1.了解我国有关的方针、政策、法规；

2.掌握语言学、文学及相关人文和科技方面的基础知识；

3.具有扎实的世界语语言基础和较熟练的听、说、读、写、译能力；

4.了解我国国情和世界语国家的社会和文化；

5.具有较好的汉语表达能力和基本调研能力；

6.具有一定的第二外国语的实际应用能力；

7.掌握文献检索、资料查询的基本方法，具有初步的科学研究和实际工作能力。

主干学科：世界语

主要课程：基础世界语、高级世界语、报刊选读、视听、口语、世界语写作、翻译理论与实践、语言理论、语言学概论、主要世界语国家文学史及文学作品选读、主要世界语国家国情等。

实践环节：教学实践、论文写作

修业年限：四年

授予学位：文学学士

就业方向：可从事翻译、研究、教学、管理工作。

开设学校：中国传媒大学

◆专业名称：孟加拉语
◆专业代码：050242

培养目标：培养具有扎实的孟加拉语语言基础和比较广泛的科学文化知识，能在外事、经贸、文化、新闻出版、教育、科研、旅游等部门从事翻译、研究、教学、管理工作的孟加拉语语言高级专门人才。

培养要求：该专业学生主要学习孟加拉语语言、文学、历史、政治、经济、外交、社会文化等方面的基本理论和基本知识，受到孟加拉语听、说、读、写、译等方面的良好训练，掌握一定的科研方法，具有从事翻译、研究、教学、管理工作的业务水平及较好的素质和较强的能力。

毕业生应获得以下几方面的知识和能力：

1.了解我国有关的方针、政策、法规；

2.掌握语言学、文学及相关人文和科技方面的基础知识；

3.具有扎实的孟加拉语语言基础和较熟练的听、说、读、写、译能力；

4.了解我国国情和孟加拉语国家的社会和文化；

5.具有较好的汉语表达能力和基本调研能力；

6.具有一定的第二外国语的实际应用能力；

7.掌握文献检索、资料查询的基本方法，具有初步的科学研究和实际工作能力。

主干课程：孟加拉语言文学

主要课程：孟加拉语视听说、演讲、精读、泛读、文学选读、报刊阅读、写作、笔译、口译、英语精读、泛读、视听说、写作、对外传播概论、国际贸易与金融、孟加拉语国家文化与社会等。

实践环节：教学实践、论文写作。

修业年限：四年

授予学位：文学学士

就业方向：毕业生可在外事、经贸、文化、新闻出版、教育、科研、旅游等部门工作。

开设学校：中国传媒大学

◆学科名称：尼泊尔语
◆专业代码：050243

培养目标：培养具有扎实的尼泊尔语语言基础和比较广泛的科学文化知识，能在外事、经贸、文化、新闻出版、教育、科研、旅游等部门从事翻译、研究、教学、管理工作的尼泊尔语语言高级专门人才。

培养要求：该专业学生主要学习尼泊尔语国家语言、文学、历史、政治、经济、外交、社会文化等方面的基本理论和基本知识，受到尼泊尔语听、说、读、写、译等方面的良好的训练，掌握一定的科研方法，具有从事翻译、研究、教学、管理工作的业务水平及较好的素质和较强的能力。

毕业生应获得以下几方面的知识和能力：

1.了解我国有关的方针、政策、法规；

2.掌握语言学、文学及相关人文和科技方面的基础知识；

3.具有扎实的尼泊尔语语言基础和较熟练的听、说、读、写、译能力；

4.了解我国国情和尼泊尔语国家的社会和文化；

5.具有较好的汉语表达能力和基本调研能力；

6.具有一定的第二外国语的实际应用能力；

7.掌握文献检索、资料查询的基本方法，具有初步的科学研究和实际工作能力。

主干学科:尼泊尔语言文学

主要课程:基础尼泊尔语、高级尼泊尔语、报刊选读、视听、口语、相应语写作、翻译理论与实践、语言理论、语言学概论、主要尼泊尔语国家文学史及文学作品选读、主要尼泊尔语国家国情等。

实践环节:教学实践、论文写作

修业年限:四年

授予学位:文学学士

就业方向:担任外贸业务员、外贸专员、文案策划、销售代表、外贸助理等。

开设学校:中国传媒大学

◆专业名称:克罗地亚语
◆专业代码:050244

培养目标:克罗地亚语专业培养具有扎实的克罗地亚语语言基础和比较广泛的科学文化知识,能在外事、经贸、文化、新闻出版、教育、科研、旅游等部门从事翻译、研究、教学、管理工作的克罗地亚语语言高级专门人才。

培养要求:该专业学生主要学习克罗地亚语国家语言、文学、历史、政治、经济、外交、社会文化等方面的基本理论和基本知识,受到克罗地亚语听、说、读、写、译等方面的良好的熟巧训练,掌握一定的科研方法,具有从事翻译、研究、教学、管理工作的业务水平及较好的素质和较强的能力。

毕业生应获得以下几方面的知识和能力:

1.了解我国有关的方针、政策、法规;

2.掌握语言学、文学及相关人文和科技方面的基础知识;

3.具有扎实的克罗地亚语语言基础和较熟练的听、说、读、写、译能力;

4.了解我国国情和克罗地亚语国家的社会和文化;

5.具有较好的汉语表达能力和基本调研能力;

6.具有一定的第二外国语的实际应用能力;

7.掌握文献检索、资料查询的基本方法,具有初步的科学研究和实际工作能力。

主干学科:克罗地亚语言文学

主要课程:基础克罗地亚语、高级克罗地亚语、报刊选读、视听、口语、克罗地亚语写作、翻译理论与实践、语言理论、语言学概论、主要克罗地亚语国家文学史及文学作品选读、克罗地亚语国家国情等。

实践环节:教学实践、论文写作。

修业年限:四年

授予学位:文学学士

就业方向:从事外事部门的翻译工作、各研究单位有关语言、文学、历史、文化等方面的研究工作以及有关学校语言、文化或其他有关课程的教学工作。

开设学校:北京外国语大学

◆专业名称:荷兰语
◆专业代码:050245

培养目标:培养具有扎实的荷兰语语言基础和比较广泛的科学文化知识,能在外事、经贸、文化、新闻出版、教育、科研、旅游等部门从事翻译、研究、教学、管理工作的荷兰语言高级专门人才。

培养要求:该专业学生主要学习荷兰语国家语言、文学、历史、政治、经济、外交、社会文化等方面的基本理论和基本知识,受到荷兰语听、说、读、写、译等方面的良好的训练,掌握一定的科研方法,具有从事翻译、研究、教学、管理工作的业务水平及较好的素质和较强的能力。

毕业生应获得以下几方面的知识和能力:

1.了解我国有关的方针、政策、法规;

2.掌握语言学、文学及相关人文和科技方面的基础知识;

3.具有扎实的荷兰语语言基础和较熟练的听、说、读、写、译能力;

4.了解我国国情和荷兰语国家的社会和文化;

5.具有较好的汉语表达能力和基本调研能力;

6.具有一定的第二外国语的实际应用能力;

7.掌握文献检索、资料查询的基本方法,具有初步的科学研究和实际工作能力。

主干学科:荷兰语言文学

主要课程:基础荷兰语、高级荷兰语、报刊选读、视听、口语、荷兰语写作、翻译理论与实践、语言理论、语言学概论、荷兰语国家文学史及文学作品选读、荷兰语国家国情等。

实践环节:教学实践、论文写作。

修业年限:四年

授予学位:文学学士

就业方向:可从事翻译、研究、教学、管理工作。

开设学校:北京外国语大学(教育部直属、211大学)

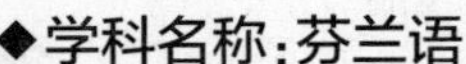

◆学科名称:芬兰语

◆专业代码:050246

培养目标:培养具有扎实的芬兰语语言基础和比较广泛的科学文化知识,能在外事、经贸、文化、新闻出版、教育、科研、旅游等部门从事翻译、研究、教学、管理工作的芬兰语语言高级专门人才。

培养要求:该专业学生主要学习芬兰语国家语言、文学、历史、政治、经济、外交、社会文化等方面的基本理论和基本知识,受到芬兰语听、说、读、写、译等方面的良好的训练,掌握一定的科研方法,具有从事翻译、研究、教学、管理工作的业务水平及较好的素质和较强的能力。

毕业生应获得以下几方面的知识和能力:

1.了解我国有关的方针、政策、法规;

2.掌握语言学、文学及相关人文和科技方面的基础知识;

3.具有扎实的芬兰语语言基础和较熟练的听、说、读、写、译能力;

4.了解我国国情和芬兰语国家的社会和文化;

5.具有较好的汉语表达能力和基本调研能力;

6.具有一定的第二外国语的实际应用能力;

7.掌握文献检索、资料查询的基本方法,具有初步的科学研究和实际工作能力。

主干学科:芬兰语言文学

主要课程:芬兰语视听说、演讲、精读、泛读、文学选读、报刊阅读、写作、笔译、口译、英语精读、泛读、视听说、写作、对外传播概论、国际贸易与金融、芬兰语国家文化与社会等。

实践环节:教学实践、论文写作。

修业年限:四年

授予学位:文学学士

就业方向:可从事翻译、研究、教学、管理工作。

开设学校:北京外国语大学(教育部直属、211大学)

◆专业名称:乌克兰语

◆专业代码:050247

培养目标:培养具有扎实的乌克兰语语言基础和比较广泛的科学文化知识,能在外事、经贸、文化、新闻出版、教育、科研、旅游等部门从事翻译、研究、教学、管理工作的乌克兰语语言高级专门人才。

培养要求:乌克兰语专业学生主要学习乌克兰语国家语言、文学、历史、政治、经济、外交、社会文化等方面的基本理论和基本知识,受到乌克兰语听、说、读、写、译等方面的良好训练,掌握一定的科研方法,具有从事翻译、研究、教学、管理工作的业务水平及较好的素质和较强的能力。

毕业生应获得以下几方面的知识和能力:

1.了解我国有关的方针、政策、法规;

2.掌握语言学、文学及相关人文和科技方面的基础知识;

3.具有扎实的乌克兰语语言基础和较熟练的听、说、读、写、译能力;

4.了解我国国情和乌克兰语国家的社会和文化;

5.具有较好的汉语表达能力和基本调研能力;

6.具有一定的第二外国语的实际应用能力;

7.掌握文献检索、资料查询的基本方法,具有初步的科学研究和实际工作能力。

主干学科:乌克兰语言文学

主要课程:基础乌克兰语、高级乌克兰语、报刊选读、视听、口语、乌克兰语写作、翻译理论与实践、语言理论、语言学概论、乌克兰语国家文学史及文学作品选读、乌克兰语国家国情等。

实践环节:教学实践、论文写作。

修业年限:四年

授予学位:文学学士

就业方向:可从事翻译、研究、教学、管理工作。

开设学校:上海外国语大学(教育部直属、211大学)

◆专业名称:挪威语

◆专业代码:050248

培养目标:培养具有扎实的挪威语语言基础和比较广泛的科学文化知识,能在外事、经贸、文化、新闻出版、教育、科研、旅游等部门从事翻译、研究、教学、管理工作的挪威语语言高级专门人才。

培养要求:该专业学生主要学习挪威语国家语言、文学、历史、政治、经济、外交、社会文化等方面的基本理论和基本知识,受到挪威语听、说、读、写、译等方面的良好的训练,掌握一定的科研方法,具有从事翻译、研究、教学、管理工作的业务水平及较好的素质和较强的能力。

毕业生应获得以下几方面的知识和能力:

1.了解我国有关的方针、政策、法规;

2.掌握语言学、文学及相关人文和科技方面的基础知识；

3.具有扎实的挪威语语言基础和较熟练的听、说、读、写、译能力；

4.了解我国国情和挪威语国家的社会和文化；

5.具有较好的汉语表达能力和基本调研能力；

6.具有一定的第二外国语的实际应用能力；

7.掌握文献检索、资料查询的基本方法，具有初步的科学研究和实际工作能力。

主干学科：挪威语言文学

主要课程：基础挪威语、高级挪威语、报刊选读、视听、口语、挪威语写作、翻译理论与实践、语言理论、语言学概论、挪威语国家文学史及文学作品选读、挪威语国家国情等。

实践环节：教学实践、论文写作。

修业年限：四年

授予学位：文学学士

就业方向：在外事、经贸、文化、新闻出版、教育、科研、旅游等部门从事翻译、研究、教学、管理工作。

开设学校：北京外国语大学

◆专业名称：丹麦语
◆专业代码：050249

培养目标：培养具有扎实的丹麦语语言基础和比较广泛的科学文化知识，能在外事、经贸、文化、新闻出版、教育、科研、旅游等部门从事翻译、研究、教学、管理工作的丹麦语语言高级专门人才。

培养要求：丹麦语专业学生主要学习丹麦语国家语言、文学、历史、政治、经济、外交、社会文化等方面的基本理论和基本知识，受到丹麦语听、说、读、写、译等方面的良好的训练，掌握一定的科研方法，具有从事翻译、研究、教学、管理工作的业务水平及较好的素质和较强的能力。

毕业生应获得以下几方面的知识和能力：

1.了解我国有关的方针、政策、法规；

2.掌握语言学、文学及相关人文和科技方面的基础知识；

3.具有扎实的丹麦语语言基础和较熟练的听、说、读、写、译能力；

4.了解我国国情和丹麦语国家的社会和文化；

5.具有较好的汉语表达能力和基本调研能力；

6.具有一定的第二外国语的实际应用能力；

7.掌握文献检索、资料查询的基本方法，具有初步的科学研究和实际工作能力。

主干学科：丹麦语言文学

主要课程：基础丹麦语、高级丹麦语、丹麦语视听说、丹汉互译、丹麦语语法、丹麦语国家文学史与文学选读、丹麦语国家社会与文化等。

实践环节：教学实践、论文写作。

修业年限：四年

授予学位：文学学士

就业方向：可从事翻译、研究、教学、管理工作。

开设学校：北京外国语大学、大连外国语大学、北京大学、中国人民大学

◆专业名称：冰岛语
◆专业代码：050250

培养目标：培养具有扎实的冰岛语语言基础、比较广泛的科学文化知识，能在外事、经贸、文化、新闻出版、教育、科研、旅游等部门从事翻译、研究、教学、管理工作的冰岛语语言高级专门人才。

培养要求：该专业学生主要学习冰岛语国家语言、文学、历史、政治、经济、外交、社会文化等方面的基本理论和基本知识，受到冰岛语听、说、读、写、译等方面的良好的训练，掌握一定的科研方法，具有从事翻译、研究、教学、管理工作的业务水平及较好的素质和较强的能力。

毕业生应获得以下几方面的知识和能力：

1.了解我国有关的方针、政策、法规；

2.掌握语言学、文学及相关人文和科技方面的基础知识；

3.具有扎实的冰岛语语言基础和较熟练的听、说、读、写、译能力；

4.了解我国国情和冰岛语国家的社会和文化；

5.具有较好的汉语表达能力和基本调研能力；

6.具有一定的第二外国语的实际应用能力；

7.掌握文献检索、资料查询的基本方法，具有初步的科学研究和实际工作能力。

主干学科：冰岛语言文学

主要课程：基础冰岛语、高级冰岛语、报刊选读、视听、口语、冰岛语写作、翻译理论与实践、语言理论、语言学概论、冰岛语国家文学史及文学作品选读、冰岛语国家国情。

实践环节：教学实践、论文写作。

修业年限:四年

授予学位:文学学士

就业方向:担任专业翻译、商务翻译、同声传译、外贸业务人员、外语教师、对外汉语教师、涉外导游、涉外护理、记者、编辑等。

开设学校:北京外国语大学

◆专业名称:爱尔兰语
◆专业代码:050251

培养目标:爱尔兰语专业培养具有扎实的爱尔兰语语言基础和比较广泛的科学文化知识,能在外事、经贸、文化、新闻出版、教育、科研、旅游等部门从事翻译、研究、教学、管理工作的爱尔兰语语言高级专门人才。

培养要求:爱尔兰语专业学生主要学习爱尔兰语国家语言、文学、历史、政治、经济、外交、社会文化等方面的基本理论和基本知识,受到爱尔兰语听、说、读、写、译等方面的良好的训练,掌握一定的科研方法,具有从事翻译、研究、教学、管理工作的业务水平及较好的素质和较强的能力。

毕业生应获得以下几方面的知识和能力:

1.了解我国有关的方针、政策、法规;

2.掌握语言学、文学及相关人文和科技方面的基础知识;

3.具有扎实的爱尔兰语语言基础和较熟练的听、说、读、写、译能力;

4.了解我国国情和爱尔兰语国家的社会和文化;

5.具有较好的汉语表达能力和基本调研能力;

6.具有一定的第二外国语的实际应用能力;

7.掌握文献检索、资料查询的基本方法,具有初步的科学研究和实际工作能力。

主干学科:爱尔兰语言文学

主要课程:基础爱尔兰语、高级爱尔兰语、报刊选读、视听、口语、爱尔兰语写作、翻译理论与实践、语言理论、语言学概论、爱尔兰语国家文学史及文学作品选读、爱尔兰语国家国情等。

实践环节:教学实践、论文写作。

修业年限:四年

授予学位:文学学士

就业方向:在外事、经贸、文化、新闻出版、教育、科研、旅游等部门从事翻译、研究、教学、管理工作。

开设学校:北京外国语大学

◆专业名称:拉脱维亚语
◆专业代码:050252

培养目标:拉脱维亚语专业培养具有扎实的拉脱维亚语语言基础、比较广泛的科学文化知识,能在外事、经贸、文化、新闻出版、教育、科研、旅游等部门从事翻译、研究、教学、管理工作的拉脱维亚语语言高级专门人才。

培养要求:拉脱维亚语专业学生主要学习拉脱维亚语国家语言、文学、历史、政治、经济、外交、社会文化等方面的基本理论和基本知识,受到拉脱维亚语听、说、读、写、译等方面的良好的训练,掌握一定的科研方法,具有从事翻译、研究、教学、管理工作的业务水平及较好的素质和较强的能力。

毕业生应获得以下几方面的知识和能力:

1.了解我国有关的方针、政策、法规;

2.掌握语言学、文学及相关人文和科技方面的基础知识;

3.具有扎实的拉脱维亚语语言基础和较熟练的听、说、读、写、译能力;

4.了解我国国情和拉脱维亚语国家的社会和文化;

5.具有较好的汉语表达能力和基本调研能力;

6.具有一定的第二外国语的实际应用能力;

7.掌握文献检索、资料查询的基本方法,具有初步的科学研究和实际工作能力。

主干学科:拉脱维亚语言文学

主要课程:基础拉脱维亚语、高级拉脱维亚语、报刊选读、视听、口语、拉脱维亚语写作、翻译理论与实践、语言理论、语言学概论、拉脱维亚语国家文学史及文学作品选读、拉脱维亚语国家国情等。

实践环节:社会调查、业务实习等。

修业年限:四年

授予学位:文学学士

就业方向:担任专业翻译、商务翻译、同声传译、外贸业务人员、外语教师、对外汉语教师、涉外导游、记者、编辑等。

开设学校:北京外国语大学

◆专业名称:立陶宛语
◆专业代码:050253

培养目标:本专业培养具有扎实的立陶宛语语

言基础，比较广泛的科学文化知识，能在外事、经贸、文化、新闻出版、教育、科研、旅游等部门从事翻译、研究、教学、管理工作的立陶宛语语言高级专门人才。

培养要求：立陶宛语专业学生主要学习立陶宛语国家语言、文学、历史、政治、经济、外交、社会文化等方面的基本理论和基本知识，受到立陶宛语听、说、读、写、译等方面的良好的训练，掌握一定的科研方法，具有从事翻译、研究、教学、管理工作的业务水平及较好的素质和较强的能力。

毕业生应获得以下几方面的知识和能力：

1.了解我国有关的方针、政策、法规；

2.掌握语言学、文学及相关人文和科技方面的基础知识；

3.具有扎实的立陶宛语语言基础和较熟练的听、说、读、写、译能力；

4.了解我国国情和立陶宛语国家的社会和文化；

5.具有较好的汉语表达能力和基本调研能力；

6.具有一定的第二外国语的实际应用能力；

7.掌握文献检索、资料查询的基本方法，具有初步的科学研究和实际工作能力。

主干学科：立陶宛语言文学

主干课程：基础立陶宛语、高级立陶宛语、报刊选读、视听、口语、立陶宛语写作、翻译理论与实践、语言理论、语言学概论、立陶宛语国家文学史及文学作品选读、立陶宛语国家国情等。

实践环节：教学实践、论文写作。

修业年限：四年

授予学位：文学学士

就业方向：担任专业翻译、商务翻译、同声传译、外贸业务人员、外语教师、对外汉语教师、涉外导游、记者、编辑等。

开设学校：北京外国语大学

◆专业名称：斯洛文尼亚语
◆专业代码：050254

培养目标：本专业培养具有扎实的斯洛文尼亚语言基础、比较广泛的科学文化知识，能在外事、经贸、文化、新闻出版、教育、科研、旅游等部门从事翻译、研究、教学、管理工作的斯洛文尼亚语语言高级专门人才。

培养要求：本专业学生主要学习斯洛文尼亚语国家语言、文学、历史、政治、经济、外交、社会文化等方面的基本理论和基本知识，受到斯洛文尼亚语听、说、读、写、译等方面的良好的训练，掌握一定的科研方法，具有从事翻译、研究、教学、管理工作的业务水平及较好的素质和较强的能力。

毕业生应获得以下几方面的知识和能力：

1.了解我国有关的方针、政策、法规；

2.掌握语言学、文学及相关人文和科技方面的基础知识；

3.具有扎实的斯洛文尼亚语语言基础和较熟练的听、说、读、写、译能力；

4.了解我国国情和斯洛文尼亚语国家的社会和文化；

5.具有较好的汉语表达能力和基本调研能力；

6.具有一定的第二外国语的实际应用能力；

7.掌握文献检索、资料查询的基本方法，具有初步的科学研究和实际工作能力。

主干学科：斯洛文尼亚语言文学

主要课程：基础斯洛文尼亚语、高级斯洛文尼亚语、报刊选读、视听、口语、斯洛文尼亚语写作、翻译理论与实践、语言理论、语言学概论、斯洛文尼亚语国家文学史及文学作品选读、斯洛文尼亚语国家国情等。

实践环节：教学实践、论文写作。

修业年限：四年

授予学位：文学学士

就业方向：担任专业翻译、商务翻译、同声传译、外贸业务人员、外语教师、对外汉语教师、涉外导游、记者、编辑等。

开设学校：北京外国语大学

◆专业名称：爱沙尼亚语
◆专业代码：050255

培养目标：本专业培养具有扎实的爱沙尼亚语言基础、比较广泛的科学文化知识，能在外事、经贸、文化、新闻出版、教育、科研、旅游等部门从事翻译、研究、教学、管理工作的爱沙尼亚语语言高级专门人才。

培养要求：爱沙尼亚语专业学生主要学习爱沙尼亚语国家语言、文学、历史、政治、经济、外交、社会文化等方面的基本理论和基本知识，受到爱沙尼亚语听、说、读、写、译等方面的良好训练，掌握一定的科研方法，具有从事翻译、研究、教学、管理工作的业务水平及较好的素质和较强的能力。

毕业生应获得以下几方面的知识和能力：

1.了解我国有关的方针、政策、法规；

2.掌握语言学、文学及相关人文和科技方面的基础知识；

3.具有扎实的爱沙尼亚语语言基础和较熟练的听、说、读、写、译能力；

4.了解我国国情和爱沙尼亚语国家的社会和文化；

5.具有较好的汉语表达能力和基本调研能力；

6.具有一定的第二外国语的实际应用能力；

7.掌握文献检索、资料查询的基本方法，具有初步的科学研究和实际工作能力。

主干学科：爱沙尼亚语言文学

主要课程：基础爱沙尼亚语、高级爱沙尼亚语、报刊选读、视听、口语、爱沙尼亚语写作、翻译理论与实践、语言理论、语言学概论、爱沙尼亚语国家文学史及文学作品选读、爱沙尼亚语国家国情等。

实践环节：教学实践、论文写作。

修业年限：四年

授予学位：文学学士

就业方向：担任专业翻译、商务翻译、同声传译、外贸业务人员、外语教师、对外汉语教师、涉外导游、记者、编辑等。

开设院校：北京外国语大学、外交学院

◆专业名称：马耳他语
◆专业代码：050256

培养目标：培养具有扎实的马耳他语语言基础、比较广泛的科学文化知识，能在外事、经贸、文化、新闻出版、教育、科研、旅游等部门从事翻译、研究、教学、管理工作的马耳他语语言高级专门人才。

培养要求：本专业学生主要学习马耳他语国家语言、文学、历史、政治、经济、外交、社会文化等方面的基本理论和基本知识，受到马耳他语听、说、读、写、译等方面的良好训练，掌握一定的科研方法，具有从事翻译、研究、教学、管理工作的业务水平及较好的素质和较强的能力。

毕业生应获得以下几个方面的知识和能力：

1.了解我国有关的方针、政策、法规；

2.掌握语言学、文学及相关人文和科技方面的基础知识；

3.具有扎实的马耳他语语言基础和较熟练的听、说、读、写、译能力；

4.了解我国国情和马耳他语国家的社会和文化；

5.具有较好的汉语表达能力和基本调研能力；

6.具有一定的第二外国语的实际应用能力；

7.掌握文献检索、资料查询的基本方法，具有初步的科学研究和实际工作能力。

主干学科：马耳他语言文学

主要课程：基础马耳他语、高级马耳他语、报刊选读、视听、口语、马耳他语写作、翻译理论与实践、语言理论、语言学概论、马耳他语国家文学史及文学作品选读、马耳他语国家国情等。

实践环节：教学实践、论文写作。

修业年限：四年

授予学位：文学学士

就业方向：可从事翻译、研究、教学、管理工作。

开设学校：北京外国语大学

◆专业名称：哈萨克语
◆专业代码：050257

培养目标：本专业培养具有扎实的哈萨克语语言基础和比较广泛的科学文化知识，能在外事、经贸、文化、新闻出版、教育、科研、旅游等部门从事翻译、研究、教学、管理工作的哈萨克语语言高级专门人才。

培养要求：了解哈萨克语语言文化历史，掌握本专业必需的哈萨克语语言、文学的基础理论和基本知识；具备阅读一般哈萨克文的能力；能读会写哈萨克语文，并具有一定的写作能力。

毕业生应获得以下几方面的知识和能力：

1.了解我国有关的方针、政策、法规；

2.掌握语言学、文学及相关人文和科技方面的基础知识；

3.具有扎实的哈萨克语语言基础和较熟练的听、说、读、写、译能力；

4.了解我国国情和哈萨克语国家的社会和文化；

5.具有较好的汉语表达能力和基本调研能力；

6.具有一定的第二外国语的实际应用能力；

7.掌握文献检索、资料查询的基本方法，具有初步的科学研究和实际工作能力。

主要课程：基础哈萨克语、高级哈萨克语、报刊

选读、视听、口语、哈萨克语写作、翻译理论与实践、语言理论、语言学概论、哈萨克语国家国情等。

实践环节:结合教学,组织学生参加社会调查、业务实习等实践活动。

修业年限:四年

授予学位:文学学士

就业方向:毕业生适宜担任专业翻译、商务翻译、同声传译、外贸业务人员、外语教师、对外汉语教师、涉外导游、记者、编辑等。

开设学校:北京外国语大学(教育部直属、985大学、211大学)、中央民族大学(985大学、211大学)

◆专业名称:乌兹别克语
◆专业代码:050258

培养目标:培养能从事乌兹别克语言、文学实际工作的应用型专门人才。

培养要求:了解乌兹别克语语言文化历史;掌握本专业必需的乌兹别克语语言、文学的基础理论和基本知识;具备阅读乌兹别克文的能力;能读会写乌兹别克语文,并具有一定的写作能力。

毕业生应具备以下的知识和能力:

1.了解我国有关的方针、政策、法规;

2.掌握语言学、文学及相关人文和科技方面的基础知识;

3.具有扎实的乌兹别克语语言基础和较熟练的听、说、读、写、译能力;

4.了解我国国情和乌兹别克语国家的社会和文化;

5.具有较好的汉语表达能力和基本调研能力;

6.具有一定的第二外国语的实际应用能力;

7.掌握文献检索、资料查询的基本方法,具有初步的科学研究和实际工作能力。

主要课程:基础乌兹别克语、高级乌兹别克语、报刊选读、视听、口语、乌兹别克语写作、翻译理论与实践、语言理论、语言学概论、乌兹别克语国家国情等。

实践环节:结合教学,组织学生参加社会调查、业务实习等实践活动。

修业年限:四年

授予学位:文学学士

就业方向:毕业生适宜担任专业翻译、商务翻译、同声传译、外贸业务人员、外语教师、对外汉语教师、涉外导游、记者、编辑等。

开设学校:北京外国语大学(教育部直属、985大学、211大学)、中央民族大学(985大学、211大学)、上海外国语大学(教育部直属、211大学)

◆专业名称:祖鲁语
◆专业代码:050259

培养目标:祖鲁语专业培养具备扎实的祖鲁语听、说、读、写、译基本技能,掌握祖鲁语国家语言、文学、历史、政治、经济、文化、宗教、社会等相关知识,能从事外交、外经贸、文化交流、新闻出版、教育、科研等工作的德才兼备、具有国际视野的复合型人才。

培养要求:祖鲁语专业要求学生扎实掌握祖鲁语语言和文学知识,了解祖鲁语国家历史、社会、文化、宗教知识,以及政治、经济、外交状况,熟练掌握祖鲁语听、说、读、写、译的基本技能,具有较强的语言运用能力,了解文献检索和资料查询的基本方法,具有较强的实际工作能力和初步的科学研究能力。

毕业生应获得以下几方面的知识和能力:

1.了解我国有关的方针、政策、法规;

2.掌握语言学、文学及相关人文和科技方面的基础知识;

3.具有扎实的祖鲁语语言基础和较熟练的听、说、读、写、译能力;

4.了解我国国情和祖鲁语国家的社会和文化;

5.具有较好的汉语表达能力和基本调研能力;

6.具有一定的第二外国语的实际应用能力;

7.掌握文献检索、资料查询的基本方法,具有初步的科学研究和实际工作能力。

主干学科:祖鲁语言文学

主要课程:基础祖鲁语、高级祖鲁语、报刊选读、视听、口语、祖鲁语写作、翻译理论与实践、语言理论、语言学概论、祖鲁语国家国情等。

实践环节:教学实践、论文写作。

修业年限:四年

授予学位:文学学士

就业方向:毕业生适宜担任专业翻译、商务翻译、同声传译、外贸业务人员、外语教师、对外汉语教师、涉外导游、记者、编辑等。

开设院校:北京外国语大学

◆专业名称:拉丁语

◆专业代码:050260

培养目标:本专业培养具有扎实的拉丁语语言基础,比较广泛的科学文化知识,能在外事、经贸、文化、新闻出版、教育、科研、旅游等部门从事翻译、研究、教学、管理工作的拉丁语语言高级专门人才。

培养要求:本专业学生主要学习拉丁语国家语言、文学、历史、政治、经济、外交、社会文化等方面的基本理论和基本知识,受到拉丁语听、说、读、写、译等方面的良好训练,掌握一定的科研方法,具有从事翻译、研究、教学、管理工作的业务水平及较好的素质和较强的能力。

毕业生应获得以下几方面的知识和能力:

1.了解我国有关的方针、政策、法规;

2.掌握语言学、文学及相关人文和科技方面的基础知识;

3.具有扎实的拉丁语语言基础和较熟练的听、说、读、写、译能力;

4.了解我国国情和拉丁语国家的社会和文化;

5.具有较好的汉语表达能力和基本调研能力;

6.具有一定的第二外语的实际应用能力;

7.掌握文献检索、资料查询的基本方法,具有初步的科学研究和实际工作能力。

主干学科:拉丁语言文学

主要课程:基础拉丁语、高级拉丁语、报刊选读、视听、口语、拉丁语写作、翻译理论与实践、语言理论、语言学概论、拉丁语国家国情等。

实践环节:教学实践、论文写作。

修业年限:四年

授予学位:文学学士

就业方向:从事翻译、研究、教学、管理工作。

开设学校:北京外国语大学

◆专业名称:翻译

◆专业代码:050261

培养目标:培养具有扎实的语言基础,广博的文化知识,娴熟的口笔译技能,能够胜任外事、商贸、科技、文化、教育等部门翻译工作的应用型人才。

培养要求:毕业生应获得以下几方面的知识和能力:

1.了解我国有关的方针、政策、法规;

2.掌握语言学、文学及相关人文和科技方面的基础知识;

3.具有扎实的相应语言基础和较熟练的听、说、读、写、译能力;

4.了解我国国情和相应国家的社会和文化;

5.具有较好的汉语表达能力和基本调研能力;

6.具有一定的第二外国语的实际应用能力;

7.掌握文献检索、资料查询的基本方法,具有初步的科学研究和实际工作能力。

主要课程:笔译板块课程主要有英汉翻译技巧、汉英翻译技巧、文学翻译、商务笔译、科技翻译、法律翻译、旅游翻译、新闻翻译、计算机辅助翻译等,口译板块课程主要有视听译、随同口译、政务口译、商务口译、同声传译入门等,以及跟翻译能力紧密相关的其他专业选修课。

实践环节:教学实践、论文写作。

修业年限:四年

授予学位:文学学士

就业方向:可从事政府部门和企事业单位的外事接待、商务、旅游等口笔译工作,在科研院所等事业单位从事外语翻译教学及与翻译有关的科研、管理等工作。

开设学校:西安翻译学院、四川外语学院重庆南方翻译中心、河北师范大学、中山大学(教育部直属、985大学、211大学)、复旦大学(教育部直属、985大学、211大学)、武昌工学院、北华大学、吉首大学、湖南科技大学、湘潭大学、长沙理工大学、湘南学院、云南民族大学、安徽科技学院、衡阳师范学院、黑龙江大学、南华大学、岭南师范学院、昆明理工大学、淮北师范大学、湖北民族学院、湖北经济学院、湖北大学、中南民族大学、江汉大学、福建师范大学、黄河科技学院、闽南师范大学、河南大学、湖北科技学院、南昌大学(211大学)、暨南大学(211大学)、苏州大学(211大学)、天津城建大学、广西大学(211大学)、山东大学(教育部直属、985大学、211大学)、华东师范大学(教育部直属、985大学、211大学)、华中科技大学(教育部直属、985大学、211大学)、西南交通大学(教育部直属、211大学)、中央民族大学(985大学、211大学)、河北科技大学、天津科技大学、南开大学(教育部直属、985大学、211大学)、浙江师范大学、辽宁师范大学、沈阳师范大学、成都理工大学、太原师范学院、山西大学、西华师范大学、西南科技大学、扬州大学、重庆师范大学、江西师范大学、华东交通大学、大连大学、上饶师范学院、宜春学院、武汉东湖学院、长沙学院、武汉科技大学、阜阳师范学院、安庆师范学院、重庆交通大学、榆林学院、内江师范学院、乐山师范学院、淮阴师范学院、贵州师范学院、河南城建学院、电子科技大学(教育部直属、985大学、211大学)、外交学院、北京语言大学(教育部直属)、泰山医学院、衡水学院、贵州大学(211大学)、黄淮学院、南通大学、西安外事学院、南昌工程学院、信阳师范学院、河南师范大学、武汉轻工大学、皖西学院、甘肃农业大学、西北民族大学、天津外国语大学、山西大学商务学院、重庆第二师范学院、重庆师范大学涉外商贸学院、广东科技学院、南方医科大学、辽宁理工学院、郑州师范学院、肇庆学院、天水师范学院、湖北文理学院理工学院、湖南财政经济学院、广东外语外贸大学南国商学院、吉林建筑大学城建学院、南京师范大学中北学院、北京第二外国语学院、浙江外国语学院、四川外国语大学成都学院、西南科技大学城市学院、天津外国语大学滨海外事学院、福州外语外贸学院、宁波大学科学技术学院、浙江越秀外国语学院、郑州成功财经学院、湖南第一师范学院、江汉大学文理学院、广西师范大学漓江学院、西北师范大学知行学院、西安外国语大学、吉林华桥外国语学院、华中师范大学(教育部直属、211大学)、湖南工业大学、广东外语外贸大学、山东工商学院、郑州航空工业管理学院、华南师范大学(211大学)、上海外国语大学(教育部直属、211大学)、对外经济贸易大学(教育部直属、211大学)、北京外国语大学(教育部直属、211大学)、南京邮电大学、南京信息工程大学、大连外国语大学、江西科技师范大学、四川外国语大学、中国地质大学长城学院、电子科技大学成都学院、辽宁对外经贸学院、山东大学威海分校、湖北经济学院法商学院、信阳师范学院华锐学院、黑龙江外国语学院、河北民族师范学院、四川文理学院、湖南理工学院、上海第二工业大学、华东政法大学、广东工业大学、上海理工大学、廊坊师范学院、西南民族大学、燕山大学里仁学院、内蒙古师范大学鸿德学院、广东工业大学华立学院、广东技术师范学院天河学院、华南农业大学珠江学院、南开大学滨海学院、苏州科技学院天平学院、广东海洋大学寸金学院、武汉工程科技学院、汕头大学

◆专业名称:商务英语
◆专业代码:050262

培养目标:培养具有较强的运用英语进行商务贸易、商务谈判和企业管理的综合能力,适应现代各类经贸活动要求的高级技术应用性专门人才。

培养要求:在商贸领域较熟练地运用英语听、说、读、译的能力,具有商务、财务与管理等方面的实际工作能力。

核心课程:外贸英语(精读、听力、口语、泛读)、剑桥商务英语、外贸应用文与函电、英美概况、国际商法、国际贸易实务、经贸英语翻译、经贸英语写作、外刊经贸知识选读、社会调查、商务英语实习等。

可设置的专业方向:商贸英语、经贸英语、外贸英语。

实践环节:教学实践、论文写作。

修业年限:四年

授予学位:文学学士

就业方向:可在各企事业单位从事外经、外贸、旅游、外事等口译、笔译工作以及管理、文秘、经济贸易、公共英语教学等工作。

开设学校:广州华立科技职业学院、晋中学院、衢州学院、成都学院、保山学院、泰州学院、吉首大学、怀化学院、邵阳学院、红河学院、铜陵学院、巢湖学院、海南大学(211大学)、长江大学、莆田学院、昌吉学院、台州学院、扬州大学、滁州学院、梧州学院、滨州学院、河池学院、黑河学院、三明学院、贵州大学(211大学)、黄淮学院、南通大学、防灾科技学院、甘肃农业大学、中国地质大学(教育部直属、211大学)、江西师范大学、石河子大学(211大学)、重庆理工大学、河北工业大学(211大学)、常州大学怀德学院、三亚学院、辽宁财贸学院、南方医科大学、江西应用科技学院、北京科技经营管理学院、辽宁理工学院、天水师范学院、金陵科技学院、长江大学文理学院、武汉大学珞珈学院、长江大学工程技术学院、湖南女子学院、湖南工学院、武汉生物工程学院、福州大学至诚学院、闽南理工学院、广州商学院、华南农业大学珠江学院、桂林航天工业学院、天津大学仁爱学院、山西大学商务学院、安徽三联学院、安徽新华学院、安徽文达信息工程学院、浙江树人学院、合肥师范学院、浙江外国语学院、北京第二外国语学院、西安科技大学高新学院、四川外国语大学成都学院、湖南商学院北津学院、仲恺农业工程学院、电子科技大学中山学院、衡阳师范学院南岳学院、山东管理学院、大连理工大学盘锦校区、河北联合大学轻工学院、广东科技学院、安徽外国语学院、无锡太湖学院、银川能源学院、阜阳师范学院信息工程学院、宁波大

学科学技术学院、浙江越秀外国语学院、浙江工商大学杭州商学院、郑州成功财经学院、江汉大学文理学院、河南科技学院新科学院、长春光华学院、广西师范大学漓江学院、浙江大学宁波理工学院、西北政法大学、西安邮电大学、西安外国语大学、吉林华桥外国语学院、白城师范学院、中南财经政法大学(教育部直属、211大学)、衡阳师范学院、湖南商学院、黑龙江大学、湖南文理学院、华中农业大学(教育部直属、211大学)、吉林师范大学、湖南工程学院、广东财经大学、上海对外经贸大学、上海立信会计学院、华南农业大学、广东外语外贸大学、岭南师范学院、云南财经大学、淮南师范学院、安徽财经大学、兰州商学院、曲阜师范大学、山东财经大学、山东农业大学、广西师范学院、遵义医学院、黔南民族师范学院、山东工商学院、哈尔滨商业大学、湖北经济学院、哈尔滨学院、哈尔滨理工大学、中南民族大学、湖北工业大学、黄河科技学院、黑龙江东方学院、暨南大学(211大学)、华南理工大学(教育部直属、985大学、211大学)、西南财经大学(教育部直属、211大学)、东北师范大学(教育部直属、211大学)、上海外国语大学(教育部直属、211大学)、淮阴工学院、江苏理工学院、南京晓庄学院、南京工程学院、常州工学院、上海财经大学(教育部直属、211大学)、河北经贸大学、对外经济贸易大学(教育部直属、211大学)、北京林业大学(教育部直属、211大学)、天津外国语大学、天津财经大学、浙江海洋学院、东北财经大学、山西财经大学、山西师范大学、五邑大学、广东工业大学、西南科技大学、浙江财经大学、浙江工商大学、西华师范大学、江西农业大学、大连外国语大学、井冈山大学、四川外国语大学、中国地质大学长城学院、中南财经政法大学武汉学院、武汉工程科技学院、辽宁对外经贸学院、湖南涉外经济学院、宁波工程学院、西安翻译学院、沈阳工程学院、重庆文理学院、广东金融学院、湖北经济学院法商学院、广西财经学院、大庆师范学院、安庆师范学院、曲靖师范学院、乐山师范学院、中原工学院信息商务学院、重庆工商大学、湖南人文科技学院、荆楚理工学院、重庆师范大学涉外商贸学院、重庆工商大学派斯学院、华中农业大学楚天学院、河南师范大学新联学院、信阳师范学院华锐学院、大连财经学院、兰州商学院长青学院、北京理工大学珠海学院、吉林师范大学博达学院、燕京理工学院、湖北第二师范学院、河北金融学院、成都东软学院、北京服装学院、北京工商大学、北方民族大学、石家庄学院、廊坊师范学院、河北北方学院、广东培正学院、广东技术师范学院、四川旅游学院、河南科技学院、首都经济贸易大学、安阳工学院、湖南理工学院、上海第二工业大学、上海金融学院、北京联合大学、燕山大学里仁学院、湖北师范学院文理学院、黑龙江外国语学院、重庆第二师范学院、广东海洋大学寸金学院、对外经济贸易大学远程教育学院、大连东软信息学院、广西科技大学鹿山学院、南京理工大学泰州科技学院、中山大学南方学院、北京联合大学应用文理学院、武汉交通职业学院、广东外语外贸大学南国商学院、东北师范大学人文学院、南京师范大学中北学院、成都信息工程学院银杏酒店管理学院、天津外国语大学滨海外事学院、华中师范大学武汉传媒学院、山西师范大学现代文理学院、桂林电子科技大学信息科技学院、长春工业大学人文信息学院

0503 新闻传播学类

◆专业名称:新闻学
◆专业代码:050301

培养目标:本专业培养具备系统的新闻理论知识与技能、宽广的文化与科学知识,熟悉我国新闻、宣传政策法规,能在新闻、出版与宣传部门从事编辑、记者与管理等工作的新闻学高级专门人才。

培养要求:本专业学生主要学习马克思主义基本原理、新闻学基本理论和基础知识,受到新闻业务的基本训练,具有进行社会活动和科研的基本能力。

毕业生应获得以下几方面的知识和能力:

1.掌握新闻学基本理论与基本知识;

2.掌握新闻采访、写作、编辑、评论、摄影等业务知识与技能;

3.具有调查研究和社会活动能力;

4.了解新闻工作的方针、政策和法规;

5.了解中国新闻工作现状与发展趋势,了解外国新闻工作发展动态。

主干学科:新闻传播学

主要课程:新闻学概论、中国新闻事业史、外国新闻事业、新闻采访与写作、新闻编辑与评论、马列新闻论著选读、中国历代文学作品选读、大众传播学、新闻法规与新闻职业道德、新闻摄影、广播电视学、新闻事业管理、广告学与公共关系学等。

实践环节：包括初级实习、毕业实习等，一般安排30周。

修业年限：四年

授予学位：文学学士

就业方向：在报社、杂志社、广播电台、电视台、出版社从事编辑、采访、写作、摄影等业务工作和新闻方面的教学、研究工作以及从事国家各级宣传部门、企业公共关系部门的专业工作。

开设学校：华中师范大学（教育部直属、211大学）、青岛大学、闽江学院、苏州大学（211大学）、四川大学（教育部直属、985大学、211大学）、厦门大学（教育部直属、985大学、211大学）、南京大学（教育部直属、985大学、211大学）、浙江大学（教育部直属、985大学、211大学）、北京大学（教育部直属、985大学、211大学）、昌吉学院、上海大学（211大学）、兰州大学（教育部直属、985大学、211大学）、香港大学、新乡学院、河套学院、吕梁学院、文山学院、商丘学院、湘潭大学、吉首大学、大理学院、西藏大学（211大学）、邵阳学院、湘南学院、韶关学院、嘉应学院、合肥学院、黄山学院、延安大学、临沂大学、莆田学院、重庆大学（教育部直属、985大学、211大学）、广西大学（211大学）、吉林大学（教育部直属、985大学、211大学）、复旦大学（教育部直属、985大学、211大学）、延边大学（211大学）、辽宁大学（211大学）、长安大学（教育部直属、211大学）、新疆大学（211大学）、郑州大学（211大学）、德州学院、深圳大学、山西大学、渤海大学、宿州学院、三江学院、钦州学院、琼州学院、滁州学院、梧州学院、西京学院、长沙学院、河池学院、榆林学院、文华学院、宁夏大学（211大学）、烟台大学、晋中学院、贵州大学（211大学）、南通大学、渭南师范学院、青海民族大学、青海师范大学、陕西理工学院、西安财经学院、巢湖学院、红河学院、云南民族大学、河北师范大学、北京工商大学、首都师范大学、唐山师范学院、衡水学院、内蒙古科技大学、河西学院、贵州民族大学、泉州师范学院、闽南师范大学、黄河科技学院、仰恩大学、河南财经政法大学、商丘师范学院、潍坊学院、黔南民族师范学院、广西师范大学、中国地质大学（教育部直属、211大学）、河海大学（教育部直属、211大学）、上海交通大学（教育部直属、985大学、211大学）、中南大学（教育部直属、985大学、211大学）、中山大学（教育部直属、985大学、211大学）、华南师范大学（211大学）、南京理工大学（211大学）、中国矿业大学（教育部直属、211大学）、扬州大学、南京林业大学、江西财经大学、江苏师范大学、石河子大学（211大学）、宜春学院、长江师范学院、江西科技师范大学、南京晓庄学院、大连理工大学（教育部直属、985大学、211大学）、成都理工大学、沈阳大学、西北大学（211大学）、四川师范大学、浙江工商大学、中北大学、汕头大学、山西师范大学、喀什师范学院、湖州师范学院、安徽大学（211大学）、同济大学（教育部直属、985大学、211大学）、天津财经大学、河北经贸大学、湖南师范大学（211大学）、南开大学（教育部直属、985大学、211大学）、吉林动画学院、河北传媒学院、河北师范大学汇华学院、贵州民族大学人文科技学院、扬州大学广陵学院、成都学院、吉首大学张家界学院、山东师范大学历山学院、玉林师范学院、长沙理工大学城南学院、湖南工业大学科技学院、湖南师范大学树达学院、湘潭大学兴湘学院、辽宁财贸学院、南昌理工学院、南昌工程学院、江西应用科技学院、西昌学院、西南大学（教育部直属、211大学）、河南师范大学、辽宁工程技术大学、南京财经大学红山学院、解放军南京政治学院、三峡大学科技学院、菏泽学院、龙岩学院、长治学院、重庆文理学院、伊犁师范学院、内江师范学院、绵阳师范学院、塔里木大学、黑河学院、淮阴师范学院、湖北大学知行学院、武汉工商学院、武汉大学珞珈学院、广东财经大学华商学院、兰州文理学院、山西大学商务学院、安徽新华学院、浙江树人学院、苏州大学文正学院、南京大学金陵学院、北京第二外国语学院、宁夏大学新华学院、新疆财经大学商务学院、四川外国语大学成都学院、四川传媒学院、湖南科技大学潇湘学院、电子科技大学中山学院、齐鲁理工学院、云南大学滇池学院、四川大学锦江学院、四川大学锦城学院、贵州大学科技学院、西安欧亚学院、哈尔滨体育学院、阜阳师范学院信息工程学院、安徽大学江淮学院、南昌大学科学技术学院、浙江越秀外国语学院、浙江工商大学杭州商学院、郑州成功财经学院、南昌航空大学科技学院、内蒙古大学创业学院、长春光华学院、呼和浩特民族学院、天津师范大学津沽学院、广西师范学院师园学院、广西师范大学漓江学院、浙江大学城市学院、浙江大学宁波理工学院、辽宁师范大学海华学院、西北师范大学知行学院、西安体育学院、西安培华学院、西北政法大学、湖南科技大学、云南财经大学、西安外国语大学、咸阳师范学院、宝鸡文理学院、吉林财经大学、衡阳师范学院、湖南商学院、黑龙江大学、湖南文理学院、吉林师范大学、长沙理工大学、湖南理工学院、湖南工业大学、广东财经大学、广州体育学院、上海对外经贸大学、华东政法大学、安徽师范大学、广东海洋大学、广东外语外贸大学、西安石油大学、玉溪师范学院、陕西师范大学(教育部直属、211大学)、淮南师范学院、淮北师范大学、上海体育学院、上海杉达学院、安徽财经大学、皖西学院、兰州商学院、甘肃政法学院、内蒙古民族大学、洛阳师范学院、南阳师范学院、周口师范学院、西北师范大学、山东财经大学、广西师范学院、内蒙古师范大学、海南师范大学、哈尔滨商业大学、湖北经济学院、武汉体育学院、齐齐哈尔大学、福建工程学院、西藏民族学院、西北民族大学、黑龙江东方学院、暨南大学(211大学)、南京师范大学(211大学)、天津体育学院、西南财经大学(教育部直属、211大学)、清华大学(教育部直属、985大学、211大学)、东北师范大学(教育部直属、211大学)、上海外国语大学(教育部直属、211大学)、华东师范大学(教育部直属、985大学、211大学)、东北大学(教育部直属、985大学、211大学)、华中科技大学(教育部直属、985大学、211大学)、上海财经大学(教育部直属、211大学)、湖南大学(教育部直属、985大学、211大学)、中国人民大学(教育部直属、985大学、211大学)、中央民族大学(985大学、211大学)、河北科技大学、云南大学(211大学)、内蒙古大学(211大学)、北京外国语大学(教育部直属、211大学)、天津师范大学、天津外国语大学、新疆财经大学、辽宁师范大学、沈阳师范大学、东北财经大学、西南民族大学、山西财经大学、山西大同大学、浙江万里学院、西华师范大学、江西农业大学、重庆师范大学、西南政法大学、南京体育学院、江西师范大学、南昌航空大学、淮海工学院、南京财经大学、大连民族学院、沈阳体育学院、鞍山师范学院、大连外国语大学、赣南师范学院、上饶师范学院、井冈山大学、四川外国语大学、武汉东湖学院、洛阳理工学院、中南财经政法大学武汉学院、呼伦贝尔学院、重庆人文科技学院、山东大学威海分校、上海政法学院、阜阳师范学院、安庆师范学院、成都体育学院、乐山师范学院、中山大学南方学院、浙江传媒学院、重庆工商大学、烟台大学文经学院、重庆师范大学涉外商贸学院、重庆工商大学派斯学院、河北科技大学理工学院、山东财经大学东方学院、河南大学民生学院、兰州城市学院、武汉体育学院体育科技学院、广州大学松田学院、山东政法学院、海口经济学院、湖北第二师范学院、河北民族师范学院、上海建桥学院、中国青年政治学院、北京联合大学、中国劳动关系学院、中央财经大学(教育部直属、211大学)、中国政法大学(教育部直属、211大学)、首都体育学院、北京语言大学(教育部直属)、北京印刷学院、北方民族大学、中国传媒大学(教育部直属、211大学)、廊坊师范学院、华北科技学院、广东技术师范学院、江西科技学院、西安外事学院、北京体育大学(211大学)、中南民族大学、武汉纺织大学、湖北大学、中南财经政法大学(教育部直属、211大学)、湖南科技学院、怀化学院、湖北文理学院、河南科技大学、河南大学、华侨大学、河南工业大学、湖北民族学院、湖北师范学院、黄冈师范学院、广州大学、韩山师范学院、岭南师范学院、东莞理工学院、惠州学院、南京航空航天大学(211大学)、河北大学工商学院、燕山大学里仁学院、河北经贸大学经济管理学院、长江大学文理学院、湖北师范学院文理学院、厦门大学嘉庚学院、四川外语学院重庆南方翻译学院、北京理工大学房山分校培训中心、中国传媒大学南广学院、东北农业大学成栋学院、天津外国语学院滨海外事学院、西北大学现代学院、淮北师范大学信息学院、安徽师范大学皖江学院、江西科技师范大学理工学院、华中师范大学武汉传媒学院、湖北民族学院科技学院、广西大学行健文理学院、北京航空航天大学北海学院、辽宁理工学院、北京师范大学-香港浸会大学联合国际学院、上海外国语大学贤达经济人文学院、大连理工大学城市学院、华中科技大学武昌分校、中原工学院信息商务学院、北京联合大学应用文理学院、哈尔滨师范大学、广东工业大学华立学院、南京师范大学中北学院、内蒙古科技大学包头师范学院、云南大学旅游文化学院、天津外国语大学滨海外事学院、郑州升达经贸管理学院、江西农业大学南昌商学院、江西财经大学现代经济管理学院、天津体育学院运动与文化艺术学院、内蒙古师范大学鸿德学院

◆专业名称：广播电视学
◆专业代码：050302

培养目标：广播电视学专业培养具有广播电视新闻学基本理论和宽广的文化科学知识，能在广播电视新闻宣传部门，从事编辑、采访、节目主持与管理等工作的新闻传播学高级专门人才。

培养要求：该专业学生主要学习马克思主义基

本原理和新闻学、广播电视学以及与广播电视有关学科的基本理论和基础知识，受到广播电视新闻采访、写作、编导、播音、节日主持等方面的基本训练，具有广播电视节日策划、编辑、采访、管理等方面的基本能力。

毕业生应获得以下几方面的知识和能力：

1.掌握新闻学、广播电视学、传播学的基本理论、基本知识；

2.具有新闻采访写作、编导、摄录、制作、播音、主持节目的基本能力；

3.具有口头与文字表达能力，现场及镜头前采访报道能力，社会调查和社会活动能力及广播电视节目策划、制作、评论和分析的能力；

4.了解广播电视新闻工作的方针政策与法规；

5.了解人文社会科学知识与科技常识，了解中国广播电视事业现状与发展趋势，了解外国广播电视事业的动态。

主干学科：新闻传播学

主要课程：广播电视概论、广播电视技术基础、广播电视新闻采访与写作、广播电视节目策划、广播电视编辑、广播电视节目制作、电视专题与电视栏目、电视摄像技术、广播电视史、广播电视法规与广电职业道德、视听语言、影视艺术概论、新闻学概论、传播学概论、现代汉语基础、中国历代文学作品选、基础写作、播音主持艺术、公共关系学、普通话等。

实践环节：初级实习、毕业实习等，一般安排20周。

修业年限：四年

授予学位：文学学士

就业方向：在各级广播电视新闻传播机构从事新闻采访、现场报道、策划编排、节目主持等工作。

开设学校：北京大学、中国人民大学、中国传媒大学、北京工商大学、中国青年政治学院、首都师范大学科德学院、南开大学、天津师范大学、天津工业大学、天津财经大学、复旦大学、上海交通大学、同济大学、上海大学、上海外国语大学、上海师范大学、四川外语学院、重庆大学、西南政法大学、重庆交通大学、重庆工商大学、重庆邮电大学、重庆文理学院、长江师范学院、重庆三峡学院、河北师范大学、燕山大学、河北大学、河北经贸大学、衡水学院、河北传媒学院、唐山师范学院、郑州大学、河南大学、河南师范大学、河南工业大学、中原工学院、南阳师范学院、商丘师范学院、黄河科技学院、山东师范大学、聊城大学、济南大学、中北大学、山西师范大学、山西大同大学、山西传媒学院、安徽大学、安庆师范学院、淮北师范大学信息学院、江西师范大学、南昌大学、江西财经大学、宜春学院、江西科技师范大学、井冈山大学、南京大学、中国矿业大学、南京航空航天大学、南京理工大学、南京师范大学、南京林业大学、扬州大学、河海大学、南通大学、淮阴师范学院、徐州师范大学、南京邮电大学、盐城师范学院、南京晓庄学院、中国传媒大学南广学院、浙江大学、浙江工业大学、浙江传媒学院、中国地质大学(武汉)、华中科技大学、武汉大学、华中师范大学、中南财经政法大学、中南民族大学、长江大学、三峡大学、武汉纺织大学、湖北师范学院、黄冈师范学院、湖北工程学院(原孝感学院)、湖北民族学院、湖北文理学院(原襄樊学院)、华中师范大学、武汉传媒学院、湖南大学、中南大学、湖南师范大学、湘潭大学、吉首大学、怀化学院、湖南科技学院、衡阳师范学院、暨南大学、华南理工大学、汕头大学、广州大学、肇庆学院、湛江师范学院、韩山师范学院　惠州学院、广西大学、广西师范学院、玉林师范学院、昆明学院、云南师范大学、云南民族大学、云南大学、贵州师范大学、贵州民族学院、贵阳学院、贵州师范学院、黔南民族师范学院、兴义民族师范学院、四川大学、成都大学、西南科技大学、西南民族大学、成都理工大学、四川师范大学　四川理工学院、内江师范学院、绵阳师范学院、宜宾学院、四川传媒学院、陕西师范大学、陕西理工学院、西安财经学院、西北政法学院、西安外国语大学、延安大学、渭南师范学院、齐齐哈尔大学、哈尔滨师范大学、东北师范大学、吉林艺术学院、白城师范学院、吉林动画学院、大连理工大学、辽宁大学、辽宁工程技术大学、沈阳大学、大连外国语大学、渤海大学、新疆大学、塔里木大学、伊犁师范学院、石河子大学、内蒙古师范大学、福建师范大学、华侨大学、仰恩大学、闽南师范大学、泉州师范学院、厦门大学、厦门大学嘉庚学院、龙岩学院、海南师范大学、兰州大学、西北民族大学、香港浸会大学、西藏民族学院

◆专业名称：广告学
◆专业代码：050303

培养目标：本专业培养具备广告学理论与技能、宽广的文化与科学知识，能在新闻媒介广告部门、广

告公司、市场调查及信息咨询行业以及企事业单位从事广告经营管理、广告策划创意和设计制作、市场营销策划及市场调查分析工作的广告学高级专门人才。

培养要求：本专业学生主要学习马克思主义基本原理、广告学的基本理论与基本知识，受到广告策划、市场营销和实施能力等基本训练，掌握广告实施与经营管理的基本知识和技能。

毕业生应获得以下几方面的知识和能力：

1.掌握广告学基本理论、基本知识；

2.具有现代广告的策划、创意、制作、发布的基本能力，以及市场调查与营销的基本知识和市场分析、数据处理的基本能力；

3.熟悉有关广告的政策法规；

4.具有公共关系的基本知识与活动能力；

5.了解中国广告事业的现状与发展趋势，了解外国广告事业的发展动态。

主干学科：新闻传播学

主要课程：传播学概论、广告学概论、广告策划与创意、广告史、广告文案写作、广告经营与管理学、广告媒体研究、广告摄像与摄影、实用美术与广告设计、电脑图文设计等。

实践环节：包括初级实习、毕业实习等，一般安排30周。

修业年限：四年

授予学位：文学学士

就业方向：在广告公司、广播电台、电视台、报纸、期刊等媒体从事广告业务；在社会服务部门如车站、商场、医疗机构、工商行政管理部门等企业、事业、行政单位从事广告业务；在学校、科研院所从事广告理论研究与教学等工作。

开设学校：青岛大学、泰山学院、浙江大学（教育部直属、985大学、211大学）、苏州大学（211大学）、四川大学（教育部直属、985大学、211大学）、厦门大学（教育部直属、985大学、211大学）、南京大学（教育部直属、985大学、211大学）、复旦大学（教育部直属、985大学、211大学）、渤海大学、北京大学（教育部直属、985大学、211大学）、宁波大学、上海大学（211大学）、同济大学（教育部直属、985大学、211大学）、济南大学、江南大学（教育部直属、211大学）、武汉大学（教育部直属、985大学、211大学）、宿迁学院、蚌埠学院、池州学院、商丘学院、湘潭大学、吉首大学、广州大学、红河学院、巢湖学院、铜陵学院、海南大学（211大学）、临沂大学、江汉大学、闽江学院、莆田学院、华侨大学、南昌大学（211大学）、兰州大学（教育部直属、985大学、211大学）、广西大学（211大学）、吉林大学（教育部直属、985大学、211大学）、辽宁大学（211大学）、长安大学（教育部直属、211大学）、新疆大学（211大学）、郑州大学（211大学）、安徽大学（211大学）、深圳大学、山西大学、温州大学、宜春学院、九江学院、三江学院、滁州学院、文华学院、三亚学院、宁夏大学（211大学）、衡水学院、唐山学院、青海民族大学、昆明理工大学、西安石油大学、云南师范大学、河北师范大学、中国政法大学（教育部直属、211大学）、北京工商大学、河北美术学院、贵州民族大学、仰恩大学、河南财经政法大学、兰州交通大学、山东财经大学、贵州财经大学、江西财经大学、江苏师范大学、武汉理工大学（教育部直属、211大学）、江苏理工学院、西北大学（211大学）、哈尔滨工业大学、985大学、211大学、云南大学（211大学）、浙江工商大学、汕头大学、新疆艺术学院、湖州师范学院、天津理工大学、中国人民大学（教育部直属、985大学、211大学）、河北经贸大学、河北大学工商学院、燕京理工学院、河北师范大学汇华学院、武汉纺织大学外经贸学院、南京师范大学泰州学院、中国传媒大学南广学院、湖南工程学院应用技术学院、吉首大学张家界学院、湖南工业大学科技学院、湖南商学院北津学院、湘潭大学兴湘学院、大连艺术学院、浙江师范大学行知学院、江西应用科技学院、晋中学院、北京联合大学广告学院、华北电力大学（教育部直属、211大学）、南京财经大学红山学院、武昌工学院、福建师范大学闽南科技学院、福建农林大学金山学院、福州大学阳光学院、厦门大学嘉庚学院、福建农林大学东方学院、福建师范大学协和学院、辽宁传媒学院、吉林工商学院、山西大学商务学院、安徽新华学院、南京邮电大学通达学院、江苏师范大学科文学院、苏州大学应用技术学院、苏州大学文正学院、黑龙江财经学院、南京大学金陵学院、四川传媒学院、湖南理工学院南湖学院、衡阳师范学院南岳学院、云南大学滇池学院、四川大学锦城学院、山西传媒学院、江西服装学院、山西工商学院、无锡太湖学院、西北大学现代学院、安徽财经大学商学院、安徽师范大学皖江学院、浙江农林大学暨阳学院、宁波大学科学技术学院、宁波大红鹰学院、中国计量学院现代科技学院、浙江工商大学杭州商学院、温州大学城市学院东方学院、郑州成功财经学院、江汉大学文理学院、湖北工程学院新技术学院、江西师范大学科学技术学院、天津财经大学珠江学院、天津师范大学津沽学院、长春光华学院、广西师范学院师园学院、浙江大学城市学院、浙江大学宁波理工学院、浙江工业大学之江学院、辽宁何氏医学院、辽宁师范大学海华学院、西北师范大学知行学院、长春理工大学、西安培华学院、长春工业大学、西安财经学院、长春师范大学、湖南科技大学、吉林农业大学、西安工业大学、云南财经大学、西安工程大学、西安外国语大学、咸阳师范学院、宝鸡文理学院、湖南科技学院、吉林财经大学、衡阳师范学院、湖南商学院、东北林业大学(教育部直属、211大学)、黑龙江大学、华中农业大学(教育部直属、211大学)、湖南城市学院、湖南理工学院、湖南工业大学、湖南工程学院、上海工程技术大学、上海师范大学、广东财经大学、安徽师范大学、安徽工程大学、广东外语外贸大学、云南民族大学、淮南师范学院、淮北师范大学、安徽财经大学、皖西学院、兰州商学院、甘肃政法学院、青岛理工大学、内蒙古科技大学、青岛科技大学、青岛农业大学、山东科技大学、桂林理工大学、广西师范学院、玉林师范学院、山东理工大学、山东建筑大学、山东工艺美术学院、山东工商学院、湖北工程学院、武汉轻工大学、湖北师范学院、湖北经济学院、武汉工程大学、福建师范大学、泉州师范学院、福建工程学院、西藏民族学院、西北民族大学、闽南师范大学、郑州航空工业管理学院、福建农林大学、河南理工大学、暨南大学(211大学)、南京师范大学(211大学)、华南理工大学(教育部直属、985大学、211大学)、四川农业大学(211大学)、东北师范大学(教育部直属、211大学)、上海外国语大学(教育部直属、211大学)、南京艺术学院、华东师范大学(教育部直属、985大学、211大学)、华东理工大学(教育部直属、211大学)、华中科技大学(教育部直属、985大学、211大学)、西南交通大学(教育部直属、211大学)、湖南大学(教育部直属、985大学、211大学)、中央民族大学(985大学、211大学)、湖南师范大学(211大学)、河北大学、北京工业大学(211大学)、天津师范大学(211大学)、天津外国语大学、天津财经大学、合肥工业大学(教育部直属、211大学)、浙江理工大学、浙江师范大学、浙江农林大学、中国计量学院、辽宁师范大学、沈阳工业大学、东北财经大学、成都理工大学、山西财经大学、浙江万里学院、浙江财经大学、淮海工学院、南京林业大学、南京财经大学、沈阳航空航天大学、四川师范大学、江西师范大学、东华理工大学、南京邮电大学、江西理工大学、西安文理学院、徐州工程学院、广西财经学院、上海商学院、重庆交通大学、曲靖师范学院、中原工学院信息商务学院、武汉理工大学华夏学院、淮阴师范学院、浙江传媒学院、重庆工商大学、辽宁科技学院、济南大学泉城学院、南开大学滨海学院、重庆大学城市科技学院、重庆工商大学派斯学院、吉林大学珠海学院、兰州交通大学博文学院、华中农业大学楚天学院、河南大学民生学院、长春理工大学光电信息学院、兰州商学院长青学院、长春科技学院、云南师范大学商学院、四川师范大学成都学院、长春建筑学院、湖北第二师范学院、河北传媒学院、广西艺术学院、吉林动画学院、防灾科技学院、上海建桥学院、北京联合大学、中央财经大学(教育部直属、211大学)、北京服装学院、北京印刷学院、山东艺术学院、齐鲁工业大学、北方民族大学、北方工业大学、中国传媒大学(教育部直属、211大学)、石家庄学院、石家庄经济学院、广东培正学院、西安思源学院、南昌理工学院、北京体育大学(211大学)、平顶山学院、首都经济贸易大学、中南民族大学、武汉纺织大学、湖北大学、吉林建筑大学、中南林业科技大学、湖北工业大学、河南大学、河南工业大学、上海理工大学、廊坊师范学院、北京师范大学珠海分校、武汉工商学院、湖北工业大学工程技术学院、四川外语学院重庆南方翻译学院、青岛农业大学海都学院、广东财经大学华商学院、江西科技师范大学理工学院、河南农业大学华豫学院、辽宁理工学院、北京师范大学-香港浸会大学联合国际学院、上海外国语大学贤达经济人文学院、北京工业大学耿丹学院、东北师范大学人文学院、西安工业大学北方信息工程学院、南京师范大学中北学院、桂林理工大学博文管理学院、郑州升达经贸管理学院、江西农业大学南昌商学院、华中师范大学武汉传媒学院、广西大学行健文理学院、石家庄经济学院华信学院、西安财经学院行知学院

◆专业名称:传播学

◆专业代码:050304

培养目标:培养具备现代媒体传播的基础理论、基础知识和基本技能,适应信息化社会与知识经济时代的要求,掌握现代电子媒体特别是电视媒体与网络多媒体传播的基本技能,能从事影视传播、新闻传播、网络传播、广告及媒介经营管理的高级专门人才。

培养要求:本专业在完成传播学基本培养规定和基本训练的同时,在高年级设置了影视传播(侧重纪录片、科教片创作)和传播理论与实务(侧重新闻与网络新媒体)两个专业方向。

1.掌握传播学基本理论与基本知识;

2.掌握广播电视节目策划、广告企划制作、公关活动策划与执行、媒体运营、新闻采访、写作、编辑、摄影等业务知识与技能;

3.有调查研究和社会活动能力;

4.了解中外传播媒体的工作现状与发展趋势。

主干学科:新闻学、传播学

主要课程:中外新闻传播史、传播学概论、新闻学概论、新闻采访与写作、舆论学、文艺美学、基础摄影、影视导论、影视脚本创作、电视节目制作、摄像技术与艺术、电视新闻与纪录片、科教片编导创作、电视节目编辑、媒体动画与制作、网络传播与文化、多媒体应用技术、网络媒体设计、网页设计与制作、广告学通论、广告视觉设计、媒介组织学、传播学研究方法等。

实践环节:教学实践、论文写作

修业年限:四年

授予学位:文学学士

就业方向:可在新闻媒体机构、出版机构、中央和地方政府及企事业单位的宣传部门、广告公司、教育部门、农业技术推广等部门从事编导、记者、主持、制作、广告与文化经济活动策划、计算机网络课件开发制作等工作。

开设学校:厦门大学(教育部直属、985大学、211大学)、复旦大学(教育部直属、985大学、211大学)、武汉大学(教育部直属、985大学、211大学)、东华大学(教育部直属、211大学)、深圳大学、三明学院、上海理工大学、西藏大学(211大学)、西安交通大学(教育部直属、985大学、211大学)、云南民族大学、北京印刷学院、河北师范大学、浙江大学(教育部直属、985大学、211大学)、南京大学(教育部直属、985大学、211大学)、南昌大学(211大学)、井冈山大学、江西科技师范大学、东北师范大学(教育部直属、211大学)、大连理工大学(教育部直属、985大学、211大学)、辽宁师范大学、浙江农林大学、同济大学(教育部直属、985大学、211大学)、安徽大学(211大学)、华南师范大学(211大学)、广西大学(211大学)、中国人民大学(教育部直属、985大学、211大学)、湖南大学(教育部直属、985大学、211大学)、中国科学技术大学(985大学、211大学)、中国海洋大学(教育部直属、985大学、211大学)、郑州大学(211大学)、河北经贸大学、北京师范大学(教育部直属、985大学、211大学)、中国传媒大学南广学院、四川传媒学院、浙江大学城市学院、香港理工大学、香港城市大学、香港大学、北京师范大学珠海分校、西安交通大学城市学院、聊城大学东昌学院、华侨大学厦门工学院、绍兴文理学院元培学院、浙江越秀外国语学院、江汉大学文理学院、江西师范大学科学技术学院、天津财经大学珠江学院、沈阳城市学院、吉林农业大学、华中师范大学(教育部直属、211大学)、黑龙江大学、昆明理工大学、云南师范大学、曲阜师范大学、河南财经政法大学、青岛农业大学、广西民族大学、中南民族大学、福建师范大学、仰恩大学、河南大学、河南工业大学、苏州大学(211大学)、兰州大学(教育部直属、985大学、211大学)、四川大学(教育部直属、985大学、211大学)、中山大学(教育部直属、985大学、211大学)、华南理工大学(教育部直属、985大学、211大学)、上海交通大学(教育部直属、985大学、211大学)、华中科技大学(教育部直属、985大学、211大学)、山东大学(教育部直属、985大学、211大学)、武汉理工大学(教育部直属、211大学)、西南交通大学(教育部直属、211大学)、北京大学(教育部直属、985大学、211大学)、北京交通大学(教育部直属、985大学、211大学)、西北大学(211大学)、济南大学、浙江工业大学、浙江理工大学、长治医学院、汕头大学、浙江万里学院、浙江工商大学、江西师范大学、西南政法大学、江西财经大学、杭州电子科技大学、江苏师范大学、辽宁工业大学、北京邮电大学世纪学院、浙江传媒学院、河北传媒学院、上海建桥学院、北京服装学院、北京工商大学、国际关系学院(教育部直属)、北方民族大学、中国农业大学(教育部直属、985大学、211大学)、中国传媒大学(教育部直属、211大学)、北京城市学院、山东师范大学、首都经济贸易大学、北京信息科技大学、武汉纺织大学、湖北大学、湖南商学院、华侨大学、上海师范大学、内蒙古民族大学、南京晓庄学院、天津外国语大学、武汉纺织大学外经贸学院、中国传媒大学南广学院、浙江工业大学之江学院、北京师范大学-香港浸会大学联合国际学院、温州大学城市学院、华中师范大学武汉传媒学院、中南财经政法大学(教育部直属、211大学)、安徽师范大学、河北大学、宁波诺丁汉大学、河北经贸大学经济管理学院、河北大学工商学院、河北师范大学汇华学院

◆专业名称：编辑出版学
◆专业代码：050305

培养目标：本专业培养具备系统的编辑出版理论知识与技能、宽广的文化与科学知识，能在书刊出版、新闻宣传和文化教育部门从事编辑、出版、发行的业务与管理工作以及教学科研的编辑出版学高级专门人才。

培养要求：本专业学生主要学习编辑学、出版与发行学的基本知识，受到编辑与出版的基本技能训练，具有社会活动和科研的基本能力。

毕业生应获得以下几方面的知识和能力：

1.掌握编辑与出版的基本理论与基本知识；

2.掌握市场分析、选题策划、文字加工、宣传促销的知识与方法；

3.具有较强的口头表达和文字表达能力和初步从事科学研究的能力；

4.了解我国有关编辑与出版市场营销的方针、政策、法规；

5.了解有关社会科学、人文科学、管理科学、自然科学与技术科学的基本知识。

主干学科：新闻传播学

主要课程：编辑学概论、古代汉语、现代汉语、出版发行学基础、中国编辑出版史、图书学、出版美学（含装帧设计）、书业法律基础、报刊编辑学、出版现代技术等。

实践环节：包括编辑业务实习、出版实习等，一般安排20周。

修业年限：四年

授予学位：文学学士

就业方向：毕业生可到出版部门从事编辑出版、书刊发行工作，也可在文化宣传部门从事文化传播与创作工作，或是到党政机关从事文秘、宣传等工作，也可从事各类文化产业的经营管理工作。

开设学校：昆明理工大学、内蒙古民族大学、山东财经大学、中国传媒大学（教育部直属、211大学）、广西师范大学、浙江大学（教育部直属、985大学、211大学）、华南理工大学（教育部直属、985大学、211大学）、四川大学（教育部直属、985大学、211大学）、南京大学（教育部直属、985大学、211大学）、南京医科大学、武汉理工大学（教育部直属、211大学）、北京大学（教育部直属、985大学、211大学）、浙江工商大学、汕头大学、中国人民大学（教育部直属、985大学、211大学）、河北经贸大学、北京师范大学（教育部直属、985大学、211大学）、南开大学（教育部直属、985大学、211大学）、武汉理工大学华夏学院、合肥师范学院、西安欧亚学院、浙江越秀外国语学院、宁波大红鹰学院、湖北民族学院科技学院、西北政法大学、衡阳师范学院、吉林工程技术师范学院、湖南商学院、黑龙江大学、吉林师范大学、上海师范大学、广东海洋大学、云南民族大学、安徽科技学院、陕西师范大学（教育部直属、211大学）、临沂大学、青岛科技大学、广西民族大学、安徽大学（211大学）、山西师范大学、浙江万里学院、杭州电子科技大学、浙江传媒学院、云南师范大学商学院、山东政法学院、湖北第二师范学院、河北传媒学院、山东工商学院、湖北民族学院、湖北大学、闽南师范大学、华南师范大学（211大学）、华东师范大学（教育部直属、985大学、211大学）、辽宁大学（211大学）、湖南师范大学（211大学）、内蒙古大学（211大学）、济南大学、北京印刷学院、南昌工程学院、河南大学、上海理工大学、河北大学工商学院、北京师范大学珠海分校、湖南商学院北津学院、北京师范大学-香港浸会大学联合国际学院、云南师范大学文理学院、广西民族大学相思湖学院、吉林华桥外国语学院。

◆专业名称：网络与新媒体
◆专业代码：050306T

培养目标：本专业培养学生系统掌握新闻传播学基本理论，具有较高的网络与新媒体专业素养，扎实的网络与新媒体传播技能，善于综合多种媒介手段进行整合传播，能够胜任报纸、广播、电视、网络媒体等基本工作及整合传播工作，具有强烈的媒介融合特色的应用型复合型传媒人才。

培养要求：本专业具有文科、工科相交融和实践能力强的特点，要求学生掌握网络传播的基本理论、基本知识和技能，掌握新闻传播理论，受到新闻业务的基本训练，具有深厚的文字和文化功底，以及一定的科研和交往能力。

毕业生应获得以下几方面的知识和能力：

1.具有深厚的传播学学科背景和网络与新媒体的知识结构；

2.既懂得传播规律，也懂得市场规律，在开阔的国际化视野中，形成对当今互联网业和数字传媒业运营的整体性、综合性把握，将知识转化为创意、策划和执行能力；

3.具有良好的自学能力、书面与口头表达能力和社交能力；

4.具有较强的综合运用专业知识发现问题、分析问题和解决问题的实践能力；

5.在专业领域内具有较强的创新意识和一定的创新与整合能力；

6.掌握借助科技手段完成文献检索、资料查询的基本方法，具有初步的科研能力；

7.具有在IT、传媒领域和相关的文化传播行业进行经营管理的能力；

主干学科：新闻传播学、汉语言文学

主要课程：新闻学概论、新媒体概论、传播学概论、网络与传播、多媒体技术与应用、电视摄像与节目制作、网站设计制作、网络新闻实务、新媒体受众行为、新媒体数据分析和应用、新媒体内容产品策划、网站运营与管理、新媒体前沿等。

实践环节：数据库基础实验、网络数据库技术试验、web应用开发试验、面向对象程序设计实验、流媒体采编实验、摄影技术实验、网页设计实验等。

修业年限：四年

授予学位：文学学士

就业方向：学生毕业后可在网络公司、广告公司、电视台、报社、音像电子出版社、杂志社、新闻单位、教育推广公司、教学软件开发公司、学校（网校）、远程教育机构、科研单位、各级企事业的信息化管理部门、咨询策划公司、展示展览公司、文化传播公司、各企业的市场部工作。

开设学校：中国传媒大学（教育部直属、211大学）、绥化学院、湖南师范大学、韩山师范学院、四川师范大学、兰州商学院、北京信息科技大学、浙江传媒学院、汉口学院、武昌首义学院、河北传媒学院、湖北工业大学工程技术学院、武汉体育学院体育科技学院、淮北师范大学信息学院、南京大学金陵学院、四川传媒学院、合肥师范学院、佳木斯大学、河南工业大学、湖南理工学院、广西师范大学、贵州民族大学、浙江万里学院、北京联合大学、四川民族学院、黑龙江工程学院、重庆大学城市科技学院、浙江大学宁波理工学院、武汉工商学院、吉林动画学院、武汉学院、武汉理工大学华夏学院、四川大学锦城学院

◆专业名称：数字出版
◆专业代码：050307T

培养目标：本专业培养具有系统的现代编辑出版理论知识与技能、较为宽厚的人文与社会知识及科学知识，熟悉我国编辑出版的法规与政策，熟练掌握新媒体技术，能在网络传播、出版、宣传以及企事业单位、军队等行业与部门，从事书刊策划、编辑、发行、管理等工作的高级专门人才。

培养要求：本专业学生主要学习有关数字出版和计算机的基本技术，受到数字出版方面的基本训练，具有从事相关工作的实际能力。

毕业生应获得以下几方面的知识和能力：

1.掌握数字出版的基本知识和理论；

2.了解数字出版专业发展动态；

3.了解网络与数字出版方面的方针、政策和法规；

4.了解本学科的前沿成就和发展前景；

5.能阅读古典文献，掌握文献检索、资料查询的基本方法，具有一定的科学研究和实际工作。

主要课程：图书出版史、网络传播、数字书刊编辑学、数字出版技术、编辑出版概论、网页编辑、多媒体编辑、出版法规与版权贸易、媒介经营与管理、社会学概论等。

修业年限：四年

授予学位：文学学士

就业方向：毕业生可在政府机关、高等院校、广播电视、出版社、报纸杂志社、网络公司、印务公司、广告公司、多媒体制作公司等企事业单位从事图文信息处理等开发、研究和教学工作。

开设学校：北京印刷学院、曲阜师范大学、金陵科技学院、浙江传媒学院、武汉大学（教育部直属、985大学、211大学）、中南大学（教育部直属、985大学、211大学）、湘潭大学、四川传媒大学、电子科技大学成都学院

06 学科门类：历史学

0601历史学类

◆专业名称：历史学
◆专业代码：060101

培养目标：本专业培养具有一定的马克思主义基本理论素养和系统的专业基本知识，有进一步培

养潜能的史学专门人才，以及能在国家机关、文教事业、新闻出版、文博档案及各类企事业单位从事实际工作的应用型、复合型高级专门人才。

培养要求：本专业学生主要学习历史科学的基本理论和基本知识，受到中国历史和世界历史发展的基本史实及史学研究的基本训练，具有从事专业工作所需的基本能力。

毕业生应获得以下几方面的知识和能力：

1.掌握历史学科的基本理论和基础知识，对社会科学、人文科学与自然科学有一定的了解；

2.掌握历史学的基本研究方法与分析方法；

3.具有从事历史研究的初步能力和较强的口头表达与文字表达能力；

4.熟悉古文字学、版本目录学、音韵学、史料学、历史地理学及考古学等方面的基础知识；

5.了解国内外史学界重要的理论前沿和发展动态；

6.掌握文献检索，资料查询的基本方法。

主干学科：历史学

主要课程：中国通史、世界通史，史学导论、中国史、西方史学史、考古学通论、历史地理学、古代汉语、中外历史文化原典导读与选读、中国断代史等。

实践环节：包括参观访问、社会调查和社会公益活动等，一般安排10周左右。

修业年限：四年

授予学位：历史学学士

就业方向：毕业生多在国家机关、文化教育、新闻出版、文博档案等各类企事业单位从事实际工作。

开设学校：巢湖学院、山东大学（教育部直属、985大学、211大学）、厦门大学（教育部直属、985大学、211大学）、浙江大学（教育部直属、985大学、211大学）、江苏大学、北京大学（教育部直属、985大学、211大学）、西华大学、上海大学（211大学）、新乡学院、绥化学院、济宁学院、吕梁学院、池州学院、保山学院、文山学院、昭通学院、普洱学院、湘潭大学、吉首大学、西藏大学（211大学）、邵阳学院、广州大学、嘉应学院、惠州学院、韶关学院、红河学院、延安大学、河西学院、青岛大学、聊城大学、临沂大学、许昌学院、长江大学、江汉大学、南京大学（985大学、211大学）、苏州大学（211大学）、兰州大学（教育部直属、985大学、211大学）、四川大学（教育部直属、985大学、211大学）、延边大学（211大学）、辽宁大学（211大学）、新疆大学（211大学）、郑州大学（211大学）、德州学院、济南大学、安徽大学（211大学）、宁波大学、台州学院、沈阳大学、深圳大学、山西大学、温州大学、扬州大学、大连大学、渤海大学、枣庄学院、长治学院、琼州学院、滨州学院、赤峰学院、河池学院、黑河学院、昆明学院、榆林学院、铜仁学院、安顺学院、凯里学院、贺州学院、菏泽学院、商洛学院、保定学院、泰山学院、宁夏大学（211大学）、潍坊学院、邯郸学院、邢台学院、晋中学院、运城学院、贵州大学（211大学）、肇庆学院、南通大学、首都师范大学、内蒙古科技大学、贵州民族大学、闽江学院、山东理工大学、江西师范大学、华中科技大学（教育部直属、985大学、211大学）、云南大学（211大学）、华南师范大学（211大学）、中国人民大学（教育部直属、985大学、211大学）、武汉大学（教育部直属、985大学、211大学）、中央民族大学（985大学、211大学）、河北大学、武汉工商学院、平顶山学院、安阳师范学院、信阳师范学院、西南大学（教育部直属、985大学、211大学）、天水师范学院、湖北师范学院文理学院、六盘水师范学院、广东第二师范学院、贵州师范大学求是学院、兴义民族师范学院、湖南师范大学树达学院、陕西学前师范学院、成都师范学院、赣南师范学院科技学院、甘肃民族师范学院、北华大学、长春师范大学、湖南科技大学、陕西理工学院、青海师范大学、咸阳师范学院、宝鸡文理学院、渭南师范学院、白城师范学院、衡阳师范学院、通化师范学院、华中师范大学（教育部直属、211大学）、黑龙江大学、湖南文理学院、吉林师范大学、上海师范大学、安徽师范大学、广东石油化工学院、华南农业大学、岭南师范学院、韩山师范学院、云南民族大学、云南师范大学、陕西师范大学（教育部直属、211大学）、淮北师范大学、曲阜师范大学、内蒙古民族大学、商丘师范学院、洛阳师范学院、南阳师范学院、周口师范学院、西北师范大学、广西师范学院、广西民族大学、玉林师范学院、内蒙古师范大学、海南师范大学、贵州师范大学、广西师范大学、遵义师范学院、黔南民族师范学院、牡丹江师范学院、湖北师范学院、哈尔滨学院、湖北大学、中南民族大学、佳木斯大学、齐齐哈尔大学、福建师范大学、泉州师范学院、西藏民族学院、西北民族大学、闽南师范大学、河南大学、河南科技大学、湖北科技学院、暨南大学（211大学）、南昌大学（教育部直属、211大学）、南京师范大学（211大学）、中山大学（教育部直属、985大学、211大学）、东北师范大学（教育部直属、211大学）、盐城师范学院、南京晓庄学院、复旦大学(教育部直属、985大学、211大学)、华东师范大学(教育部直属、985大学、211大学)、湖南大学(教育部直属、985大学、211大学)、湖南师范大学(211大学)、北京师范大学(教育部直属、985大学、211大学)、内蒙古大学(211大学)、西北大学(211大学)、天津师范大学、南开大学(教育部直属、985大学、211大学)、浙江师范大学、杭州师范大学、湖州师范学院、浙江海洋学院、辽宁师范大学、新疆师范大学、西南民族大学、山西师范大学、四川理工学院、山西大同大学、忻州师范学院、太原师范学院、浙江工商大学、四川师范大学、西华师范大学、重庆师范大学、江苏师范大学、苏州科技学院、鞍山师范学院、江西科技师范大学、长江师范学院、上饶师范学院、赣南师范学院、井冈山大学、石河子大学(211大学)、郑州师范学院、呼伦贝尔学院、宁夏师范学院、常熟理工学院、西安文理学院、伊犁师范学院、阜阳师范学院、安庆师范学院、曲靖师范学院、内江师范学院、淮阴师范学院、哈尔滨师范大学、绵阳师范学院、南京师范大学泰州学院、贵州师范学院、信阳师范学院华锐学院、兰州城市学院、河北师范大学汇华学院、河北民族师范学院、沧州师范学院、北京联合大学、河北师范大学、北方民族大学、鲁东大学、廊坊师范学院、唐山师范学院、河北北方学院、山东师范大学、四川文理学院、四川民族学院、河南师范大学、湖南农业大学、吉林大学(教育部直属、985大学、211大学)、中央民族大学(985大学、211大学)、首都师范大学继续教育学院、陇东学院、北京联合大学应用文理学院、内蒙古科技大学包头师范学院、山西师范大学现代文理学院

◆专业名称:世界史
◆专业代码:060102

培养目标:本专业培养具备世界历史的全面系统知识,能在学术研究、文化教育、外交外贸、国际文化交流和新闻出版部门以及各类企业、事业单位从事教学、科研和实际工作的历史学高级专门人才。

培养要求:本专业学生主要学习关于世界历史的基本知识,了解整体人类文明的一般发展历程和世界历史研究的基本方法,受到史学理论、外国语、史料学、历史地理学、国际政治学、国际经济学、国际关系学及文化人类学等方面的基本训练。

毕业生应获得以下几方面的知识和能力:

1.掌握马克思主义的基本原理和世界历史的基本理论和基础知识;

2.了解相关的社会科学、人文科学和自然科学知识;

3.掌握世界历史的基本研究方法与分析方法;

4.掌握文献检索、资料查询的基本方法;

5.了解国内外世界历史学界最重要的理论前沿和发展动向;

6.具有从事世界历史研究的初步能力。

主干学科:历史学

主要课程:世界通史、西方史学史、中国史学史、历史地理学、中外历史文献以及史学名著选读等。

授予学位:历史学学士

修业年限:四年

实践环节:包括参观访问、社会调查和社会公益活动等,一般安排10周左右。

就业方向:世界史专业毕业后能够在高等院校和科研机构中从事教学和科研工作;在科技政策部门、企事业单位从事科技管理工作以及有关咨询、宣传、编辑和出版工作;在国家各类文化、宣传、出版、文博、涉外等部门从事相关工作。

开设学校:北京大学、首都师范大学、中央民族大学、南开大学、河南大学、河南师范大学、山东大学、南通大学、武汉大学、中南大学、兰州大学、香港浸会大学

◆专业名称:考古学
◆专业代码:060103

培养目标:本专业培养具备考古学基础知识与基本技能,有进一步培养潜能的高层次专门人才和能在考古、文物、博物馆等事业单位及国家机关从事研究、教学、管理等实际工作的考古学高级专门人才。

培养要求:本专业学生主要学习考古学的基本理论、方法与技能,了解考古学的多学科交叉发展趋势和世界考古学发展概况,熟悉中国考古学的发展历史、研究现状;在中国历史、世界历史、博物馆学、文物学理论、文化人类学、民族学、古代汉语、史料学、地理学、第四纪环境学、古人类学等方面受到基本训练。

毕业生应获得以下几方面的知识和能力:

1.掌握马克思主义的基本原理和考古学的基本理论、知识、方法与技能;

2.能够从事田野考古发掘、整理及编写考古报告;

3.掌握博物馆管理技能;

4.掌握文献检索、资料查询的基本方法和手段；

5.了解国内外考古学界最重要的理论前沿和发展动向；

6.具有从事考古学及历史学研究的初步能力。

主干学科：历史学

主要课程：中国通史、世界上古史、中国考古学、考古学导论、旧石器时代考古、新石器时代考古、夏商周考古、战国秦汉考古、三国两晋南北朝考古、隋唐考古等。

实践环节：教学实习一般安排3~5个月。

修业年限：四年

授予学位：历史学学士

就业方向：中央及各省市考古机构的科研工作，高等院校的考古教学与科研工作，以及中央及各省市文物局、博物馆、出版社的有关文物管理、文物研究和考古、历史方面的编辑工作等。

开设学校：四川大学（教育部直属、985大学、211大学）、厦门大学（教育部直属、985大学、211大学）、南京大学（教育部直属、985大学、211大学）、武汉大学（教育部直属、985大学、211大学）、山东大学（教育部直属、985大学、211大学）、吉林大学（教育部直属、985大学、211大学）、辽宁大学（211大学）、北京大学（教育部直属、985大学、211大学）、郑州大学（211大学）、安徽大学（211大学）、山西大学、赤峰学院、中山大学（教育部直属、985大学、211大学）、安阳师范学院、黑龙江大学、内蒙古师范大学、西北大学（211大学）、景德镇陶瓷学院、河北师范大学、首都师范大学

◆专业名称：文物与博物馆学
◆专业代码：060104

培养目标：本专业培养具备文物学、博物馆学的系统知识，能在政府文物管理和研究机构、各类博物馆和陈列展览单位、考古部门、文物与艺术品专营单位、海关、新闻出版、教育等单位从事文物与博物馆管理、研究工作的博物馆学高级专门人才。

培养要求：本专业学生主要学习文物学、博物馆学的基本理论和基础知识，受到历史、艺术、文化和科技等综合知识的基本训练，具有文物、鉴赏、研究和文博事业管理的基本能力。

毕业生应获得以下几方面的知识和能力：

1.掌握文物学和博物馆学的基本理论和基本知识；

2.掌握我国主要文物种类和重要文物实例；

3.具有对人类文化遗存进行评价、分析、鉴赏的基本能力；

4.了解我国文物工作的方针、政策和法规，了解文物与博物馆管理的国际规章；

5.了解博物馆对人类文化遗存、自然遗存管理的作用，熟知博物馆的基本职能和全面的操作管理要求；了解文物修缮、保管的传统方法和现代科技知识；

6.掌握文献检索、资料查询的基本方法和手段。

主干学科：历史学、艺术学

主要课程：博物馆学概论、博物馆陈列设计、博物馆藏品管理、博物馆经营管理、物质文化史、文化人类学、文物学概论、文物管理与法规、中国历史地理、古代工艺美术等。

实践性环节：包括社会调查、业务实习等，一般安排1~2个月。

修业年限：四年

授予学位：历史学学士

就业方向：国家文物管理部门、社科研究院所、博物馆、考古队、高等院校、文化旅游管理部门、出版社、新闻媒体等。

开设学校：天水师范学院、广州美术学院、陕西师范大学（教育部直属、211大学）、内蒙古师范大学、南京师范大学（211大学）、吉林大学（教育部直属、985大学、211大学）、四川大学（教育部直属、985大学、211大学）、重庆师范大学、复旦大学（教育部直属、985大学、211大学）、北京大学（教育部直属、985大学、211大学）、辽宁师范大学、兰州大学（教育部直属、985大学、211大学）、天津师范大学、中央民族大学（985大学、211大学）、南开大学（教育部直属、985大学、211大学）、中南民族大学、西藏民族学院、西北民族大学、河南大学、吉林大学（教育部直属、985大学、211大学）、内蒙古大学（211大学）、西北大学（211大学）、新疆师范大学、西南民族大学、太原师范学院、江西师范大学、渤海大学、井冈山大学、北京联合大学、泰山学院、潍坊学院、四川文化艺术学院、江西科技师范大学

◆专业名称：文物保护技术
◆专业代码：060105T

培养目标：既掌握数理化和历史、文物考古的一

般知识,又掌握文物保护材料的合成、分析、文物修复等实际技能,能在考古、博物馆、文物管理机构从事文物保护与研究工作的高级专门人才。

培养要求:文物保护的目的是防止文物古迹因自然力作用所造成的破坏,文物的构成材料包罗万象,保护文物需要采用多种自然科学的方法,文物修复人员又必须具备一定的历史知识和艺术修养,所以,文物保护科学不仅是交叉学科,也是综合学科。

毕业生应获得以下几方面的知识和能力:

1.掌握数理化等学科的基本知识和历史、文物考古的一般知识;

2.掌握文物保护材料应用、文物材质分析和文物保护修复等实际操作技能;

3.对社会科学、人文科学、自然科学都有一定的了解;

4.具有较强的创新意识、创新能力和实践能力;

5.具有从事历史文物研究的初步能力和较强的口头表达和文字表达能力。

主要课程:文物保护导论、无机化学及实验、有机化学及实验、分析化学及实验、普通物理学、中国考古学通论、中国古代史、文物学概论、博物馆学概论、科技考古学、无机质文物保护、有机质文物保护、土遗址保护、文物保护材料学、文物修复与保护实验、古建保护与维修、文物分析技术、文物与环境等。

修业年限:四年

授予学位:历史学学士

就业方向:可到文化、文物、博物、环保、建设、公安、海关、旅游及科研、高校等部门,从事教育、科研、设计、开发、管理等工作。

开设学校:北京大学(教育部直属、985大学、211大学)、西北大学(211大学)、西安交通大学(教育部直属、985大学、211大学)、首都师范大学

◆专业名称:外国语言与外国历史
◆专业代码:060106T

培养目标:本专业旨在培养素质高、学识宽阔、基础扎实、适应力强的国际文化交流人才,并为相关学科输送高质量的研究人才。

培养要求:本专业学生主要通过世界历史的学习,了解人类文明的一般发展历程和世界历史研究的基本方法、学术史和最新动态,同时对主修国家和地区的历史、文化、政治、社会、军事、经济的概貌与特点有比较深入的认识,有较强的独立研究或实际工作能力。

毕业生应获得以下几方面的知识和能力:

1.掌握世界历史的一般知识;

2.了解人类文明的一般发展历程和世界历史研究的基本方法;

3.了解本学科的学术史和最新动态;

4.具有较强的创新意识、创新能力和实践能力;

5.具有从事相关学科实际工作的能力。

主要课程:毛泽东思想概论、军事理论、马克思主义哲学原理、马克思主义政治经济学原理、高级英语、高级写作、英国文学、美国文学、翻译等。

实践环节:教学实习、毕业设计等。

修业年限:四年

授予学位:历史学学士

就业方向:毕业生可以到大型企业或者教育机构从事销售、教学等方面的工作。

开设学校:北京外国语大学(教育部直属、985大学、211大学)、北京大学(教育部直属、985大学、211大学)、清华大学(教育部直属、985大学、211大学)、复旦大学(教育部直属、985大学、211大学)

07 学科门类:理学

0701 数学类

◆专业名称:数学与应用数学
◆专业代码:070101

培养目标:本专业培养掌握数学科学的基本理论与基本方法,具备运用数学知识、使用计算机解决实际问题的能力,受到科学研究的初步训练,能在科技、教育和经济部门从事研究、教学工作或在生产经营及管理部门从事实际应用、开发研究和管理工作的高级专门人才。

培养要求:本专业学生主要学习数学和应用数学的基础理论、基本方法,受到数学模型、计算机和数学软件方面的基本训练,具有较好的科学素养,初步具备从事科学研究、教学、解决实际问题及开发软件等方面的基本能力。

毕业生应获得以下几方面的知识和能力:

1.具有扎实的数学基础,受到比较严格的科学思维训练,初步掌握数学科学的思想方法;

2.具有应用数学知识解决实际问题,特别是建立数学模型的初步能力,了解某应用领域的基本知识;

3.能熟练使用计算机(包括常用语言、工具及一些数学软件),具有编写简单应用程序的能力;

4.了解国家科学技术等有关政策和法规;

5.了解数学科学的某些新发展和应用前景;

6.有较强的语言表达能力,掌握资料查询、文献检索及运用现代信息技术获取相关信息的基本方法,具有一定的科学研究和教学能力。

主干学科:数学

主要课程:分析学、代数学、几何学、概率论、物理学、数学模型、数学实验、计算机基础、数值法、数学史,以及根据应用方向选择的基本课程等。

实践环节:包括计算机实习、生产实习、科研训练或毕业论文等,一般安排10~20周。

修业年限:四年

授予学位:理学学士

就业方向:学生毕业后在大专院校和科研单位从事数学教学与科研工作,或在企业、政府管理机构、国防部门等从事数学应用和计算机软件开发工作。

开设学校:西安工程大学、西安石油大学、河北农业大学、河北联合大学、石家庄经济学院、首都师范大学、电子科技大学(教育部直属、985大学、211大学)、山东师范大学、唐山师范学院、贵州民族大学、福建师范大学、仰恩大学、河南财经政法大学、聊城大学、中国传媒大学(教育部直属、211大学)、鲁东大学、贵州财经大学、苏州大学(211大学)、重庆大学(教育部直属、985大学、211大学)、中国地质大学(教育部直属、211大学)、中国石油大学(教育部直属、211大学)、河海大学(教育部直属、211大学)、山东大学(教育部直属、985大学、211大学)、中山大学(教育部直属、985大学、211大学)、福州大学(211大学)、厦门大学(教育部直属、985大学、211大学)、南京大学(教育部直属、985大学、211大学)、浙江大学(教育部直属、985大学、211大学)、东南大学(教育部直属、985大学、211大学)、中国矿业大学(教育部直属、211大学)、大连民族学院、重庆邮电大学、复旦大学(教育部直属、985大学、211大学)、上海财经大学(教育部直属、211大学)、大连理工大学(教育部直属、985大学、211大学)、大连大学、浙江工商大学、山西财经大学、浙江理工大学、嘉兴学院(师范)、浙江海洋学院、上海大学(211大学)、安徽大学(211大学)、同济大学(教育部直属、985大学、211大学)、济南大学、天津农学院、天津商业大学、江南大学(教育部直属、211大学)、中国人民大学(教育部直属、985大学、211大学)、武汉大学(教育部直属、985大学、211大学)、河北经贸大学、南开大学(教育部直属、985大学、211大学)、山西大学商务学院、新乡学院、武汉工商学院、宁夏大学新华学院、聊城大学东昌学院、山东广播电视大学、西昌学院、贵州大学(211大学)、西南大学(教育部直属、211大学)、中国石油大学(北京)(教育部直属、211大学)、宿迁学院(师范)、西京学院、菏泽学院、长治学院、肇庆学院、新乡学院、济宁学院、兰州文理学院、河套学院、吕梁学院、武夷学院、宁德师范学院、蚌埠学院、合肥师范学院、池州学院、广东第二师范学院、浙江外国语学院、兴义民族师范学院、齐鲁师范学院、福建江夏学院、衢州学院、保山学院、齐鲁理工学院、文山学院、泰州学院、中国科学院大学、江苏第二师范学院、陕西学前师范学院、成都师范学院、昭通学院、普洱学院、湖南第一师范学院、广西民族师范学院、甘肃民族师范学院、长春理工大学、北华大学、长春大学、西安财经学院、长春师范大学、湖南科技大学、湘潭大学、吉首大学、大理学院、西安工业大学、西藏大学(211大学)、陕西科技大学、云南财经大学、陕西理工学院、青海师范大学、青海民族大学、咸阳师范学院、宝鸡文理学院、渭南师范学院、白城师范学院、湖南科技学院、吉林财经大学、衡阳师范学院、通化师范学院、湖南商学院、华中师范大学(教育部直属、211大学)、东北林业大学(教育部直属、211大学)、黑龙江大学、怀化学院、湖南文理学院、邵阳学院、东北电力大学、吉林师范大学、长沙理工大学、吉林化工学院、湘南学院、湖南城市学院、湖南理工学院、湖南工业大学、上海师范大学、广东财经大学、上海理工大学、佛山科学技术学院、安徽师范大学、上海应用技术学院、广东石油化工学院、广州大学、华南农业大学、广东外语外贸大学、岭南师范学院、嘉应学院、惠州学院、韶关学院、韩山师范学院、云南民族大学、云南农业大学、楚雄师范学院、西安科技大学、红河学院、玉溪师范学院、西安建筑科技大学、陕西师范大学(教育部直属、211大学)、淮南师范学院、淮北师范大学、西安交通大学(教育部直属、985大学、211大学)、巢湖学院、合肥学院、黄山学院、铜陵学院、安徽财经大学、皖西学院、延安大学、河西学院、海南大学（211大学）、青岛大学、曲阜师范大学、青岛理工大学、内蒙古民族大学、内蒙古科技大学、青岛科技大学、商丘师范学院、洛阳师范学院、南阳师范学院、周口师范学院、临沂大学、西北师范大学、许昌学院、山东财经大学、山东科技大学、桂林电子科技大学、山东农业大学、广西师范学院、广西民族大学、玉林师范学院、山东理工大学、内蒙古师范大学、海南师范大学、贵州师范大学、广西师范大学、黔南民族师范学院、遵义师范学院、山东工商学院、湖北工程学院、黄冈师范学院、湖北师范学院、黑龙江科技大学、湖北民族学院、东北石油大学、哈尔滨学院、湖北大学、中南民族大学、齐齐哈尔大学、三峡大学、长江大学、江汉大学、泉州师范学院、集美大学、西北民族大学、闽江学院、闽南师范大学、莆田学院、河南大学、河南科技大学、湖北科技学院、郑州轻工业学院、华侨大学、福建农林大学、湖北文理学院、南京理工大学（211大学）、暨南大学（211大学）、南昌大学（211大学）、西北工业大学（985大学、211大学）、南京师范大学（211大学）、华南师范大学（211大学）、兰州大学（教育部直属、985大学、211大学）、四川大学（教育部直属、985大学、211大学）、广西大学（211大学）、华南理工大学（教育部直属、985大学、211大学）、西南财经大学（教育部直属、211大学）、清华大学（教育部直属、985大学、211大学）、太原理工大学（211大学）、北京科技大学（教育部直属、211大学）、东北师范大学（教育部直属、211大学）、东华大学（教育部直属、211大学）、南京审计学院、江苏理工学院、盐城师范学院、南京晓庄学院、常州工学院、上海交通大学（教育部直属、985大学、211大学）、吉林大学（教育部直属、985大学、211大学）、中南大学（教育部直属、985大学、211大学）、华东师范大学（教育部直属、985大学、211大学）、东北大学（教育部直属、985大学、211大学）、华东理工大学（教育部直属、211大学）、华中科技大学（教育部直属、985大学、211大学）、延边大学（211大学）、辽宁大学（211大学）、北京邮电大学（教育部直属、211大学）、西南交通大学（教育部直属、211大学）、北京林业大学（教育部直属、211大学）、西安电子科技大学（教育部直属、211大学）、湖南师范大学（211大学）、北京师范大学（教育部直属、985大学、211大学）、河北科技大学、大连海事大学（211大学）、云南大学（211大学）、内蒙古大学（211大学）、北京大学（教育部直属、985大学、211大学）、河北工业大学（211大学）、长安大学（教育部直属、211大学）、西北大学（211大学）、天津工业大学、天津师范大学、新疆大学（211大学）、天津理工大学、天津财经大学、郑州大学（211大学）、合肥工业大学（教育部直属、211大学）、天津大学（教育部直属、985大学、211大学）、中国海洋大学（教育部直属、985大学、211大学）、安徽工业大学、安徽理工大学、德州学院、嘉兴学院、昌吉学院、新疆财经大学、浙江师范大学、宁波大学、湖州师范学院、杭州师范大学、西华大学、中国计量学院、辽宁师范大学、沈阳工业大学、沈阳师范大学、沈阳大学、辽宁石油化工大学、新疆农业大学、成都理工大学、喀什师范学院、新疆师范大学、东北财经大学、西南民族大学、中北大学、山西师范大学、四川理工学院、五邑大学、深圳大学、山西大同大学、忻州师范学院、汕头大学、太原师范学院、山西大学、西南科技大学、温州大学、台州学院、绍兴文理学院、浙江财经大学、西南石油大学、成都信息工程学院、四川师范大学、西华师范大学、扬州大学、江西师范大学、江苏大学、南京工业大学、重庆师范大学、东华理工大学、杭州电子科技大学、淮海工学院、常州大学、南京信息工程大学、江苏师范大学、苏州科技学院、江西理工大学、南京财经大学、石河子大学（211大学）、鞍山师范学院、大连交通大学、渤海大学、江西科技师范大学、赣南师范学院、长江师范学院、重庆理工大学、上饶师范学院、辽东学院、井冈山大学、重庆三峡学院、宜春学院、九江学院、宿州学院、太原工业学院、郑州师范学院、宁夏师范学院、呼伦贝尔学院、枣庄学院、重庆人文科技学院、山东大学威海分校、丽水学院、百色学院、钦州学院、琼州学院、滁州学院、梧州学院、龙岩学院、常熟理工学院、滨州学院、重庆文理学院、伊犁师范学院、赤峰学院、西安文理学院、广东金融学院、长沙学院、河池学院、黑河学院、昆明学院、重庆科技学院、大庆师范学院、中国矿业大学（北京）（教育部直属、211大学）、阜阳师范学院、安庆师范学院、重庆交通大学、榆林学院、曲靖师范学院、内江师范学院、宜宾学院、乐山师范学院、陇东学院、厦门理工学院、重庆工商大学、绵阳师范学院、贵阳学院、湖南人文科技学院、重庆第二师范学院、荆楚理工学院、贵州师范学院、河南城建学院、商洛学院、湖北第二师范学院、河北民族师范学院、沧州师范学院、保定学院、中央财经大学（教育部直属、211大学）、河北师范大学、泰山学院、宁夏大学（211大学）、北方民族大学、中国农业大学(教育部直属、985大学、211大学)、潍坊学院、烟台大学、邯郸学院、石家庄学院、廊坊师范学院、衡水学院、河北北方学院、邢台学院、石家庄铁道大学、运城学院、晋中学院、新余学院、黄淮学院、萍乡学院、肇庆学院、广东技术师范学院、四川文理学院、四川民族学院、辽宁工程技术大学、南通大学、平顶山学院、河南科技学院、信阳师范学院、首都经济贸易大学、安阳师范学院、中国地质大学(北京)(教育部直属、211大学)、河南师范大学、南阳理工学院、佳木斯大学、武汉纺织大学、牡丹江医学院、河南大学、河南工业大学、武汉工程大学、牡丹江师范学院、上海海事大学、安徽工程大学、云南师范大学、哈尔滨工业大学(985大学、211大学)、天津职业技术师范大学、北京航空航天大学(985大学、211大学)、中国科学技术大学(985大学、211大学)、信阳师范学院华锐学院、南京师范大学泰州学院、重庆师范大学涉外商贸学院、哈尔滨工业大学(威海)、山东师范大学历山学院、西北大学现代学院、北京师范大学-香港浸会大学联合国际学院、天水师范学院、湖北师范学院文理学院、北京师范大学珠海分校、六盘水师范学院、东北师范大学人文学院、内蒙古科技大学包头师范学院、贵州师范大学求是学院、湖南文理学院芙蓉学院、衡阳师范学院南岳学院、云南大学滇池学院、云南师范大学文理学院、淮北师范大学信息学院、阜阳师范学院信息工程学院、杭州师范大学钱江学院、赣南师范学院科技学院、江西师范大学科学技术学院、安阳师范学院人文管理学院、呼和浩特民族学院、山西师范大学现代文理学院、天津师范大学津沽学院、广西师范学院师园学院、广西师范大学漓江学院、西北师范大学知行学院、吉林工程技术师范学院、上海立信会计学院、哈尔滨商业大学、郑州航空工业管理学院、哈尔滨工程大学(211大学)、贵州工程应用技术学院、东北大学秦皇岛分校、集美大学诚毅学院、哈尔滨师范大学、延安大学西安创新学院、河北科技大学理工学院、河南师范大学新联学院、吉林师范大学博达学院、河北师范大学汇华学院、华北水利水电大学

◆专业名称:信息与计算科学

◆专业代码:070102

培养目标:本专业培养具有良好的数学知识,掌握信息科学和计算科学的基本理论和方法,受到科学研究的初步训练,能运用所学知识和熟练的计算机技能解决实际问题,能在科技、教育和经济部门从事研究、教学和应用开发和管理工作的高级专门人才。

培养要求:本专业学生主要学习信息科学和计算科学的基本理论、基本知识和基本方法,打好数学基础,受到较扎实的计算机训练,初步具备在信息科学与计算科学领域从事科学研究、解决实际问题及设计开发有关软件的能力。

毕业生应获得以下几方面的知识和能力:

1.具有扎实的数学基础,掌握信息科学和计算科学的基本理论和基本知识;

2.能熟练使用计算机(包括常用语言、工具及一些专用软件),具有基本的算法分析、设计能力和较强的编程能力;

3.了解某个应用领域,能运用所学的理论、方法和技能解决某些科研或生产中的实际课题;

4.对信息科学与计算科学理论、技术及应用的新发展有所了解;

5.掌握文献检索、资料查询的基本方法,具有一定的科学研究和软件开发能力。

主干学科:数学、计算机科学与技术。

主要课程:数学基础课(分析、代数、几何)、概率统计、数学模型、物理学、计算机基础(计算概论、算法与数据结构、软件系统基础)、信息科学基础、理论计算机科学基础、数值计算方法、计算机图形学、运筹与优化等。

实践环节:包括生产实习,科研训练,毕业论文(毕业设计)等,一般安排10~20周。

修业年限:四年

授予学位:理学学士

就业方向:学生毕业后适合在企事业单位、高科技部门、高等院校、行政管理和经济管理部门,从事科研、教学和计算机应用软件的开发和管理工作。

开设学校:青海民族大学、青海师范大学、大理学院、西安建筑科技大学、云南民族大学、河北联合大学、河北师范大学、石家庄经济学院、中国政法大学(教育部直属、211大学)、北京工商大学、首都师范大学、北京联合大学、电子科技大学(教育部直属、985大学、211大学)、唐山师范学院、内蒙古科技大学、青岛大学、贵州师范大学、黄河科技学院、仰恩大学、聊城大学、南阳师范学院、山东财经大学、北京化工大学(教育部直属、211大学)、鲁东大学、贵州民

族大学、内蒙古财经大学、重庆大学(教育部直属、985大学、211大学)、中国地质大学(教育部直属、211大学)、中国石油大学(教育部直属、211大学)、河海大学(教育部直属、211大学)、山东大学(教育部直属、985大学、211大学)、中山大学(教育部直属、985大学、211大学)、福州大学(211大学)、南京大学(教育部直属、985大学、211大学)、浙江大学(教育部直属、985大学、211大学)、东南大学(教育部直属、985大学、211大学)、中国矿业大学(教育部直属、211大学)、宜春学院、重庆邮电大学、江西科技师范大学、复旦大学(教育部直属、985大学、211大学)、上海财经大学(教育部直属、211大学)、华东师范大学(教育部直属、985大学、211大学)、武汉理工大学(教育部直属、211大学)、延边大学(211大学)、清华大学(教育部直属、985大学、211大学)、大连理工大学(教育部直属、985大学、211大学)、大连海洋大学、大连工业大学、辽宁石油化工大学、沈阳师范大学、西北大学(211大学)、北京交通大学(教育部直属、211大学)、浙江工商大学、浙江理工大学、喀什师范学院、宁波大学、杭州师范大学、浙江海洋学院、上海大学(211大学)、安徽大学(211大学)、济南大学、华南师范大学(211大学)、广西大学(211大学)、兰州大学(教育部直属、985大学、211大学)、天津商业大学、武汉大学(教育部直属、985大学、211大学)、河北经贸大学、山西大学商务学院、武汉工商学院、济南大学泉城学院、聊城大学东昌学院、四川大学锦江学院、浙江大学城市学院、安阳师范学院、贵州大学(211大学)、华北电力大学(教育部直属、211大学)、中国石油大学(北京)(教育部直属、211大学)、滨州学院、太原工业学院、菏泽学院、滁州学院、长治学院、肇庆学院、内江师范学院、乐山师范学院、重庆工商大学、绥化学院、湖南工学院、新乡学院、闽南理工学院、河套学院、吕梁学院、武夷学院、广东第二师范学院、兴义民族师范学院、齐鲁师范学院、成都学院、保山学院、齐鲁理工学院、无锡太湖学院、湖南第一师范学院、广西民族师范学院、长春工业大学、长春理工大学、北华大学、长春大学、西安财经学院、长春师范大学、长沙理工大学、湖南科技大学、湘潭大学、吉林农业大学、吉首大学、西安邮电大学、西安工程大学、陕西科技大学、西安工业大学、陕西理工学院、咸阳师范学院、宝鸡文理学院、渭南师范学院、中南财经政法大学(教育部直属、211大学)、衡阳师范学院、湖南科技学院、湖南商学院、东北林业大学(教育部直属、211大学)、黑龙江大学、怀化学院、湖南文理学院、邵阳学院、华中农业大学(教育部直属、211大学)、东北电力大学、湖南理工学院、湖南农业大学、南华大学、中南林业科技大学、湘南学院、湖南工业大学、湖南城市学院、吉林化工学院、湖南工程学院、广东财经大学、佛山科学技术学院、上海电力学院、安徽建筑大学、广东石油化工学院、东莞理工学院、广州大学、广东海洋大学、岭南师范学院、嘉应学院、韶关学院、韩山师范学院、西南林业大学、西安石油大学、楚雄师范学院、云南财经大学、红河学院、玉溪师范学院、西安理工大学、西安科技大学、西北农林科技大学(教育部直属、985大学、211大学)、安徽科技学院、陕西师范大学(教育部直属、211大学)、西安交通大学(教育部直属、985大学、211大学)、巢湖学院、昆明理工大学、延安大学、安徽财经大学、合肥学院、海南大学(211大学)、兰州商学院、青岛理工大学、内蒙古民族大学、青岛科技大学、兰州交通大学、河南财经政法大学、商丘师范学院、洛阳师范学院、周口师范学院、西北师范大学、临沂大学、青岛农业大学、广西科技大学、山东科技大学、桂林理工大学、山东交通学院、山东农业大学、广西民族大学、玉林师范学院、广西师范学院、山东理工大学、遵义医学院、内蒙古师范大学、海南师范大学、山东建筑大学、桂林电子科技大学、广西师范大学、黔南民族师范学院、山东工商学院、湖北师范学院、武汉轻工大学、黄冈师范学院、黑龙江工程学院、黑龙江科技大学、湖北民族学院、东北石油大学、湖北大学、中南民族大学、齐齐哈尔大学、武汉纺织大学、湖北工业大学、长江大学、三峡大学、福建师范大学、泉州师范学院、福建工程学院、集美大学、西北民族大学、兰州理工大学、闽江学院、闽南师范大学、莆田学院、河南大学、湖北文理学院、河南科技大学、郑州轻工业学院、福建农林大学、河南农业大学、华侨大学、南京理工大学(211大学)、南京农业大学(教育部直属、211大学)、西北工业大学(985大学、211大学)、暨南大学(211大学)、南昌大学(211大学)、苏州大学(211大学)、南京师范大学(211大学)、华南理工大学(教育部直属、985大学、211大学)、四川农业大学(211大学)、北京科技大学(教育部直属、211大学)、东北农业大学(211大学)、太原理工大学(211大学)、淮阴工学院、盐城师范学院、南京晓庄学院、华中科技大学(教育部直属、985大学、211大学)、吉林大学(教育部直属、985大学、

211大学）、中南大学（教育部直属、985大学、211大学）、华东理工大学（教育部直属、211大学）、东北大学（教育部直属、985大学、211大学）、辽宁大学（211大学）、北京邮电大学（教育部直属、211大学）、中央民族大学（985大学、211大学）、西安电子科技大学（教育部直属、211大学）、湖南师范大学（211大学）、河北科技大学、云南大学（211大学）、北京工业大学（211大学）、内蒙古大学（211大学）、河北工业大学（211大学）、长安大学（教育部直属、211大学）、天津师范大学、天津工业大学、新疆大学（211大学）、中国民航大学、江南大学（教育部直属、211大学）、天津科技大学、天津理工大学、天津财经大学、合肥工业大学（教育部直属、211大学）、德州学院、郑州大学（211大学）、中国海洋大学（教育部直属、985大学、211大学）、安徽工业大学、安徽农业大学、安徽理工大学、西华大学、嘉兴学院、浙江师范大学、湖州师范学院、浙江科技学院、浙江农林大学、中国计量学院、辽宁师范大学、沈阳农业大学、沈阳工业大学、辽宁科技大学、新疆师范大学、西南民族大学、成都理工大学、中北大学、山西财经大学、太原科技大学、山西师范大学、四川理工学院、五邑大学、深圳大学、华南农业大学、广东工业大学、太原师范学院、山西大学、浙江万里学院、西南科技大学、温州大学、绍兴文理学院、浙江财经大学、成都信息工程学院、山西农业大学、四川师范大学、西华师范大学、扬州大学、江西师范大学、江苏大学、江西农业大学、南京工业大学、重庆师范大学、东华理工大学、杭州电子科技大学、江苏科技大学、南京邮电大学、淮海工学院、华东交通大学、常州大学、江苏师范大学、南京信息工程大学、南京林业大学、苏州科技学院、江西理工大学、大连民族学院、鞍山师范学院、大连大学、沈阳理工大学、大连交通大学、渤海大学、沈阳建筑大学、辽宁工业大学、沈阳化工大学、重庆理工大学、上饶师范学院、赣南师范学院、井冈山大学、石河子大学（211大学）、重庆三峡学院、九江学院、山东大学威海分校、宁夏师范学院、丽水学院、梧州学院、龙岩学院、宁波工程学院、常熟理工学院、重庆文理学院、西安文理学院、赤峰学院、广东金融学院、长沙学院、河池学院、徐州工程学院、中国矿业大学（北京）（教育部直属、211大学）、武汉科技大学、安庆师范学院、阜阳师范学院、湖北理工学院、重庆交通大学、曲靖师范学院、宜宾学院、淮阴师范学院、厦门理工学院、绵阳师范学院、贵阳学院、湖南人文科技学院、集宁师范学院、河南工程学院、湖北第二师范学院、河北金融学院、中央财经大学（教育部直属、211大学）、北京电子科技学院、北京建筑大学、北京物资学院、泰山学院、北方民族大学、宁夏大学（211大学）、齐鲁工业大学、中国传媒大学（教育部直属、211大学）、北方工业大学、潍坊学院、烟台大学、廊坊师范学院、石家庄学院、河北建筑工程学院、河北工程大学、华北科技学院、燕山大学、河北北方学院、晋中学院、运城学院、攀枝花学院、广东技术师范学院、辽宁工程技术大学、南通大学、南昌工程学院、黄淮学院、河南科技学院、信阳师范学院、北京信息科技大学、河南师范大学、安阳工学院、华中师范大学（教育部直属、211大学）、白城师范学院、通化师范学院、牡丹江医学院、河南工业大学、武汉工程大学、牡丹江师范学院、安徽工程大学、上海海事大学、上海师范大学、淮北师范大学、上海海洋大学、华北电力大学保定校区（教育部直属、211大学）、内蒙古工业大学、四川大学（教育部直属、985大学、211大学）、江西财经大学、天津职业技术师范大学、北京航空航天大学（985大学、211大学）、南开大学（教育部直属、985大学、211大学）、对外经济贸易大学（教育部直属、211大学）、河北大学工商学院、河北经贸大学经济管理学院、解放军军械工程学院、西交利物浦大学、哈尔滨工业大学（威海）、西安电子科技大学长安学院、南京航空航天大学金城学院、贵州民族大学人文科技学院、解放军海军工程大学、北京科技大学天津学院、华南理工大学广州学院、华东交通大学理工学院、绍兴文理学院元培学院、湖南农业大学东方科技学院、湖南商学院北津学院、河南农业大学华豫学院、沈阳化工大学科亚学院、浙江海洋学院东海科学技术学院、中南财经政法大学武汉学院、电子科技大学成都学院、中国人民解放军装甲兵工程学院、集美大学诚毅学院、湖北大学知行学院、厦门大学嘉庚学院、中国石油大学胜利学院、北京师范大学珠海分校、东北师范大学人文学院、苏州大学文正学院、西北工业大学明德学院、内蒙古科技大学包头师范学院、仲恺农业工程学院、河北联合大学轻工学院、阜阳师范学院信息工程学院、湖北民族学院科技学院、内蒙古大学创业学院、浙江大学宁波理工学院、浙江工业大学之江学院、上海第二工业大学、哈尔滨理工大学、黑龙江八一农垦大学、哈尔滨工业大学（985大学、211大学）、南京航空航天大学（211大学）、中国民用航空飞行学院、沈阳航空航天大学、武汉科技

大学城市学院、东北大学秦皇岛分校、哈尔滨师范大学、南京信息工程大学滨江学院、北京石油化工学院、华北水利水电大学

◆专业名称:数理基础科学
◆专业代码:070103T

培养目标:本专业主要培养能从事数学、物理等基础科学教学和科研的有发展潜力的优秀人才,尤其是在数学、物理上具有创新能力的人才,同时也为对数理基础要求高的其他学科培养有良好的数理基础的新型人才。

培养要求:本专业学生主要学习数学和物理学的基本知识和理论,培养学生对数学的高度抽象思维能力,同时具有现代物理学的形象思维和实验技能。

毕业生应获得以下几方面的知识和能力:

1.具有扎实的数学、物理基础,受到比较严格的科学思维训练,初步掌握数学科学的思想方法;

2.具有应用数学、物理知识去解决实际问题,特别是建立数理模型的初步能力,了解某一应用领域的基本知识;

3.能熟练使用计算机(包括常用语言、工具及一些数学软件),具有编写简单应用程序的能力;

4.了解国家科学技术等有关政策和法规;

5.了解数理基础科学的某些新发展和应用前景;

6.有较强的语言表达能力,掌握资料查询、文献检索及运用现代信息技术获取相关信息的基本方法,具有一定的科学研究和教学能力。

主要课程:数学分析、高等代数、解析几何、力学、热学、常微分方程、电磁学、理论力学、光学、实变函数、普通物理实验、数理统计、量子力学、数学物理方法、概率论、原子物理学等。

修业年限:四年

授予学位:理学学士

就业方向:在物理学、数学领域、信息与计算科学、计算机信息处理、经济、金融等部门从事研究、教学、应用软件开发或者在管理部门从事一些实际应用、技术开发、研究或者管理工作。

开设学校:上海大学(211大学)、云南大学(211大学)、内蒙古大学(211大学)、清华大学(教育部直属、985大学、211大学)、电子科技大学(教育部直属、985大学、211大学)、广西大学(211大学)、香港中文大学

0702物理学类

◆专业名称:物理学
◆专业代码:070201

培养目标:本专业培养掌握物理学的基本理论与方法,具有良好的数学基础和实验技能,能在物理学或相关的科学技术领域中从事科研、教学、技术和相关的管理工作的高级专门人才。

培养要求:本专业学生主要学习物质运动的基本规律,接受运用物理知识和方法进行科学研究和技术开发训练,获得基础研究或应用基础研究的初步训练,具备良好的科学素养和一定的科学研究与应用开发能力。

毕业生应获得以下几方面的知识和能力:

1.掌握数学的基本理论和基本方法,具有较高的数学修养;

2.掌握坚实的、系统的物理学基础理论及较广泛的物理学基本知识和基本实验方法,具有一定的基础科学研究能力和应用开发能力;

3.了解相近专业的一般原理和知识;

4.了解物理学发展的前沿和科学发展的总体趋势;

5.了解国家科学技术、知识产权等有关政策和法规;

6.掌握资料查询、文献检索及运用现代信息技术获取相关信息的基本方法;具有一定的实验设计,创造实验条件,归纳、整理、分析实验结果,撰写论文,参与学术交流的能力。

主干学科:物理学

主要课程:高等数学、普通物理学、数学物理方法、理论力学、热力学与统计物理、电动力学、量子力学、固体物理学、结构和物性、计算物理学入门等。

实践环节:包括生产实习,科研训练,毕业论文等,一般安排10~20周。

修业年限:四年

授予学位:理学学士

就业方向:毕业生可以在机械电子、航空航天、冶金、铁道、计量部门等中央部门和地方的科研单

位、工厂的中心实验室、研究室及各类学校参加有关物理方面的研究或者教学工作，或者从事科、工、贸方面的开发工作。

开设学校：大理学院、黄山学院、巢湖学院、衡水学院、许昌学院、重庆大学(教育部直属、985大学、211大学)、中南大学(教育部直属、985大学、211大学)、厦门大学(教育部直属、985大学、211大学)、南京大学(教育部直属、985大学、211大学)、浙江大学(教育部直属、985大学、211大学)、九江学院、复旦大学(教育部直属、985大学、211大学)、山东大学(教育部直属、985大学、211大学)、大连大学、上海大学(211大学)、同济大学(教育部直属、985大学、211大学)、武汉大学(教育部直属、985大学、211大学、物理学类、地球物理学)、天津大学(教育部直属、985大学、211大学)、西昌学院、贺州学院、枣庄学院、钦州学院、黑河学院、绥化学院、新乡学院、济宁学院、吕梁学院、保山学院、文山学院、昭通学院、普洱学院、吉首大学、湘潭大学、西藏大学(211大学)、怀化学院、邵阳学院、广州大学、韶关学院、嘉应学院、惠州学院、红河学院、延安大学、河西学院、临沂大学、青岛大学、聊城大学、三峡大学、长江大学、江汉大学、闽江学院、南昌大学(211大学)、苏州大学(211大学)、兰州大学(教育部直属、985大学、211大学)、广西大学(211大学)、吉林大学(教育部直属、985大学、211大学)、延边大学(211大学)、辽宁大学(211大学)、北京大学(教育部直属、985大学、211大学)、济南大学、新疆大学(211大学)、郑州大学(211大学)、德州学院、宁波大学、昌吉学院、沈阳大学、深圳大学、山西大学、台州学院、温州大学、扬州大学、江苏大学、渤海大学、宜春学院、丽水学院、百色学院、长治学院、琼州学院、龙岩学院、赤峰学院、河池学院、昆明学院、榆林学院、宜宾学院、铜仁学院、菏泽学院、凯里学院、安顺学院、三明学院、商洛学院、保定学院、泰山学院、宁夏大学(211大学)、潍坊学院、邯郸学院、邢台学院、运城学院、晋中学院、贵州大学(211大学)、西南大学(教育部直属、211大学)、肇庆学院、南通大学、湖南科技大学、长春师范大学、云南师范大学、河北师范大学、华北电力大学保定校区(教育部直属、211大学)、石家庄铁道大学、首都师范大学、山东师范大学、唐山师范学院、内蒙古科技大学、贵州师范大学、兰州交通大学、贵州民族大学、鲁东大学、桂林理工大学、中国石油大学((教育部直属、211大学)、南京师范大学(211大学)、上海交通大学(教育部直属、985大学、211大学)、中国地质大学((教育部直属、211大学)、四川大学(教育部直属、985大学、211大学)、东南大学(教育部直属、985大学、211大学)、中国矿业大学(教育部直属、211大学)、东华理工大学、常州大学、重庆邮电大学、华东理工大学(教育部直属、211大学)、清华大学(教育部直属、985大学、211大学)、大连理工大学(教育部直属、985大学、211大学)、大连海洋大学、西北大学(211大学)、北京交通大学(教育部直属、211大学)、太原科技大学、绍兴文理学院、浙江海洋学院、中国科学技术大学(985大学、211大学)、江南大学(教育部直属、211大学)、南京航空航天大学(211大学)、北京航空航天大学(985大学、211大学)、中央民族大学(985大学、211大学)、河北大学、南开大学(教育部直属、985大学、211大学)(物理科学学院)、合肥师范学院、武汉工商学院、河北师范大学汇华学院、南京师范大学泰州学院、解放军海军工程大学、景德镇学院、中国石油大学(北京)(教育部直属、211大学)、山东大学威海分校、滁州学院、中国矿业大学(北京)(教育部直属、211大学)、长沙学院、重庆文理学院、天水师范学院、重庆工商大学、六盘水师范学院、宁德师范学院、广东第二师范学院、贵州师范大学求是学院、兴义民族师范学院、齐鲁师范学院、衡阳师范学院南岳学院、南方科技大学、南昌师范学院、中国科学院大学、江西师范大学科学技术学院、广西民族师范学院、甘肃民族师范学院、长春理工大学、北华大学、长春大学、西安邮电大学、西安工业大学、陕西科技大学、西安工程大学、宝鸡文理学院、青海师范大学、青海民族大学、陕西理工学院、咸阳师范学院、渭南师范学院、白城师范学院、湖南科技学院、衡阳师范学院、通化师范学院、东北林业大学(教育部直属、211大学)、黑龙江大学、华中师范大学(教育部直属、211大学)、湖南文理学院、吉林师范大学、长沙理工大学、中南林业科技大学、吉林化工学院、湖南城市学院、湖南理工学院、湖南工程学院、湖南工业大学、上海师范大学、上海理工大学、佛山科学技术学院、上海电力学院、安徽建筑大学、安徽师范大学、广东石油化工学院、岭南师范学院、韩山师范学院、云南民族大学、楚雄师范学院、西安石油大学、西安理工大学、玉溪师范学院、西安建筑科技大学、淮南师范学院、淮北师范大学、西安交通大学(教育部直属、985大学、211大学)、陕西师范大学(教育部直属、211大学)、青岛理工大学、内蒙古民族大学、青岛科技大学、南阳师范学院、商丘师范学院、洛阳师范学院、周口师范学院、西北师范大学、山东科技大学、桂林电子科技大学、山东交通学院、广西师范学院、广西民族大学、玉林师范学院、山东理工大学、内蒙古师范大学、海南师范大学、曲阜师范大学、山东建筑大学、广西师范大学、黔南民族师范学院、遵义师范学院、牡丹江师范学院、湖北工程学院、黄冈师范学院、湖北师范学院、黑龙江科技大学、湖北民族学院、东北石油大学、哈尔滨学院、湖北大学、哈尔滨理工大学、佳木斯大学、齐齐哈尔大学、福建师范大学、泉州师范学院、集美大学、西北民族大学、兰州理工大学、中原工学院、闽南师范大学、河南大学、河南科技大学、湖北科技学院、河南工业大学、华侨大学、湖北文理学院、河南理工大学、南京理工大学(211大学)、西北工业大学(985大学、211大学)、暨南大学(211大学)、河海大学(教育部直属、211大学)、华南师范大学(211大学)、天津城建大学、福州大学(211大学)、中山大学(教育部直属、985大学、211大学)、华南理工大学(教育部直属、985大学、211大学)、四川农业大学(211大学)、北京科技大学(教育部直属、211大学)、东北师范大学(教育部直属、211大学)、东华大学(教育部直属、211大学)、太原理工大学(211大学)、盐城师范学院、淮阴工学院、南京晓庄学院、华中科技大学(教育部直属、985大学、211大学)、辽宁大学(211大学)、北京邮电大学(教育部直属、211大学)、西南交通大学(教育部直属、211大学)、湖南大学(教育部直属、985大学、211大学)、中国人民大学(教育部直属、985大学、211大学)、西安电子科技大学(教育部直属、211大学)、湖南师范大学(211大学)、北京师范大学(教育部直属、985大学、211大学)、河北科技大学、大连海事大学(211大学)、云南大学(211大学)、北京工业大学(211大学)、内蒙古大学(211大学)、河北工业大学(211大学)、长安大学、天津工业大学、天津师范大学、天津职业技术师范大学、天津理工大学、天津商业大学、合肥工业大学(教育部直属、211大学)、中国海洋大学(教育部直属、985大学、211大学)、安徽理工大学、安徽大学(211大学)、浙江工业大学、浙江理工大学、浙江师范大学、喀什师范学院、湖州师范学院、杭州师范大学、浙江科技学院、中国计量学院、辽宁师范大学、沈阳工业大学、辽宁科技大学、沈阳师范大学、辽宁石油化工大学、新疆师范大学、成都理工大学、西南民族大学、中北大学、山西师范大学、四川理工学院、忻州师范学院、太原师范学院、山西大同大学、西南科技大学、成都信息工程学院、西华师范大学、四川师范大学、南京工业大学、重庆师范大学、景德镇陶瓷学院、江西师范大学、杭州电子科技大学、江苏科技大学、南京邮电大学、南京信息工程大学、江苏师范大学、苏州科技学院、石河子大学(211大学)、鞍山师范学院、沈阳化工大学、江西科技师范大学、赣南师范学院、长江师范学院、重庆理工大学、上饶师范学院、井冈山大学、重庆三峡学院、郑州师范学院、呼伦贝尔学院、宁夏师范学院、贵州工程应用技术学院、梧州学院、常熟理工学院、伊犁师范学院、西安文理学院、徐州工程学院、阜阳师范学院、湖北理工学院、安庆师范学院、曲靖师范学院、内江师范学院、乐山师范学院、陇东学院、淮阴师范学院、哈尔滨师范大学、绵阳师范学院、湖南人文科技学院、荆楚理工学院、贵州师范学院、信阳师范学院华锐学院、河南师范大学新联学院、河南城建学院、集宁师范学院、河南工程学院、河北科技师范学院、安康学院、北京理工大学珠海学院、兰州城市学院、湖北第二师范学院、河北民族师范学院、电子科技大学(教育部直属、985大学、211大学)、沧州师范学院、防灾科技学院、河北师范大学、河北农业大学、泰山医学院、烟台大学、石家庄学院、廊坊师范学院、河北工程大学、燕山大学、河北北方学院、四川文理学院、辽宁工程技术大学、平顶山学院、信阳师范学院、安阳师范学院、中国地质大学(北京)(教育部直属、211大学)、安阳工学院、河南师范大学、湖南农业大学、湘南学院、牡丹江医学院、华北水利水电大学、牡丹江师范学院、哈尔滨工业大学(985大学、211大学)、安徽医科大学、南京信息工程大学滨江学院、中国人民解放军国防科学院、内蒙古科技大学包头师范学院、成都理工大学工程技术学院、山西师范大学现代文理学院、郑州航空工业管理学院、沈阳航空航天大学

◆专业名称:应用物理学

◆专业代码:070202

培养目标:本专业培养掌握物理学的基本理论与方法,能在物理学或相关的科学技术领域中从事科研、教学、技术开发和相关管理工作的高级专门

人才。

培养要求:本专业学生主要学习物理学的基本理论与方法,具有良好的数学基础和实验技能,受到应用基础研究、应用研究和技术开发以及工程技术的初步训练,具备良好的科学素养,适应用新技术发展的需要,具有较强的知识更新能力和较广泛的科学适应能力。

毕业生应获得以下几方面的知识和能力:

1.掌握系统的数学、计算机等方面的基本原理、基本知识;

2.掌握较坚实的物理学基础理论、较广泛的应用物理知识、基本实验方法和技能;具备运用物理学种某一专门方向的知识和技能进行技术开发、应用研究、教学和相关管理工作的能力;

3.了解相近专业以及应用领域的一般原理和知识;

4.了解我国科学技术、知识产权等方面的方针、政策和法规;

5.了解应用物理学的理论前沿、应用前景和最新发展动态以及相关高新技术产业的发展状况;

6.掌握资料查询、文献检索及运用现代信息技术获取最新参考文献的基本方法;具有一定的实验设计,创造实验条件,归纳、整理、分析实验结果,撰写论文,参与学术交流的能力。

主干学科:物理学

主要课程:高等数学、普通物理学、电子线路、理论物理、结构与物性、材料物理、固体物理学、机械制图等。

实践环节:根据课程要求,安排与应用物理学领域有关的教学实习,包括生产实习,科研训练或毕业论文等,一般安排10~20周。

修业年限:四年

授予学位:理学或工学学士

就业方向:毕业生主要在科研院所、高等院校、企事业单位从事科研、教学、技术开发和管理工作。

开设学校:长春师范大学、云南师范大学、河北师范大学、华北电力大学保定校区(教育部直属、211大学)、石家庄铁道大学、山东师范大学、邯郸学院、贵州民族大学、中国石油大学(教育部直属、211大学)、重庆大学(教育部直属、985大学、211大学)、南京师范大学(211大学)、上海交通大学(教育部直属、985大学、211大学)、中国地质大学(教育部直属、211大学)、四川大学(教育部直属、985大学、211大学)、东南大学(教育部直属、985大学、211大学)、中国矿业大学(教育部直属、211大学)、东华理工大学、常州大学、重庆邮电大学、山东大学(教育部直属、985大学、211大学)、延边大学(211大学)、清华大学(教育部直属、985大学、211大学)、渤海大学、大连海洋大学、西北大学(211大学)、北京交通大学(教育部直属、211大学)、太原科技大学、宁波大学、上海大学(211大学)、同济大学(教育部直属、985大学、211大学)、江南大学(教育部直属、211大学)、北京航空航天大学(985大学、211大学)、郑州大学(211大学)、南开大学(教育部直属、985大学、211大学)、解放军海军工程大学、中国石油大学(北京)(教育部直属、211大学)、滁州学院、中国矿业大学(北京)(教育部直属、211大学)、长沙学院、六盘水师范学院、长春理工大学、长春大学、西安邮电大学、西安工业大学、西藏大学(211大学)、陕西科技大学、西安工程大学、黑龙江大学、吉林师范大学、中南林业科技大学、吉林化工学院、湖南工程学院、湖南工业大学、上海师范大学、上海理工大学、上海电力学院、安徽建筑大学、楚雄师范学院、西安石油大学、西安理工大学、西安建筑科技大学、西安交通大学(教育部直属、985大学、211大学)、青岛大学、青岛理工大学、内蒙古民族大学、内蒙古科技大学、青岛科技大学、兰州交通大学、商丘师范学院、山东科技大学、桂林电子科技大学、山东交通学院、桂林理工大学、玉林师范学院、山东建筑大学、黑龙江科技大学、东北石油大学、哈尔滨理工大学、长江大学、集美大学、兰州理工大学、中原工学院、河南科技大学、河南工业大学、华侨大学、河南理工大学、南京理工大学(211大学)、西北工业大学(985大学、211大学)、暨南大学(211大学)、南昌大学(211大学)、河海大学(教育部直属、211大学)、兰州大学(教育部直属、985大学、211大学)、天津城建大学、福州大学(211大学)、华南理工大学(教育部直属、985大学、211大学)、四川农业大学(211大学)、北京科技大学(教育部直属、211大学)、东华大学(教育部直属、211大学、新能源和微电子)、太原理工大学(211大学)、大连理工大学(教育部直属、985大学、211大学)、淮阴工学院、吉林大学(教育部直属、985大学、211大学)、中南大学(教育部直属、985大学、211大学)、东北大学(教育部直属、985大学、211大学)、华东理工大学(教育部直属、211大学)、华中科技大学(教育部直属、985大学、211大学)、辽宁大学(211大学)、北京邮电大学(教育部直属、211大学)、西南交通大学(教育部直属、211大学)、湖南大学(教育部直属、985大学、211大学)、中央民族大学(985大学、211大学)、西安电子科技大学(教育部直属、211大学)、河北科技大学、大连海事大学(211大学)、云南大学(211大学)、北京工业大学(211大学)、内蒙古大学(211大学)、河北工业大学(211大学)、南京航空航天大学(211大学)、天津工业大学、天津师范大学、新疆大学(211大学)、天津职业技术师范大学、天津理工大学、天津商业大学、合肥工业大学(教育部直属、211大学)、天津大学(教育部直属、985大学、211大学)、安徽理工大学、德州学院、安徽大学(211大学)、浙江理工大学、西华大学、昌吉学院、杭州师范大学、浙江科技学院、中国计量学院、沈阳工业大学、辽宁科技大学、沈阳师范大学、辽宁石油化工大学、成都理工大学、中北大学、四川理工学院、深圳大学、太原师范学院、西南科技大学、成都信息工程学院、南京工业大学、景德镇陶瓷学院、杭州电子科技大学、江苏科技大学、南京邮电大学、南京信息工程大学、苏州科技学院、大连大学、沈阳化工大学、重庆理工大学、井冈山大学、石河子大学(211大学)、九江学院、山东大学威海分校、贵州工程应用技术学院、梧州学院、伊犁师范学院、西安文理学院、赤峰学院、徐州工程学院、阜阳师范学院、湖北理工学院、淮阴师范学院、重庆工商大学、荆楚理工学院、河南城建学院、河南工程学院、铜仁学院、安康学院、北京理工大学珠海学院、湖北第二师范学院、电子科技大学(教育部直属、985大学、211大学)、河北农业大学、泰山医学院、烟台大学、河北工程大学、燕山大学、辽宁工程技术大学、南通大学、信阳师范学院、安阳工学院、湘南学院、华北水利水电大学、哈尔滨工业大学(985大学、211大学)、南京信息工程大学滨江学院、中国人民解放军国防科学院(985大学、211大学)、内蒙古科技大学包头师范学院、郑州航空工业管理学院、沈阳航空航天大学

◆专业名称:核物理

◆专业代码:070203

培养目标:培养在核物理与核科学技术领域内具有扎实、宽厚的理论基础、熟练的实验技能并获得科学研究的系统训练,具有较强的工作适应能力和后劲,能在工业、农业、国防、医学、环保及其相关领域从事核物理专业基础研究、应用研究、教学、管理等的高级专门人才。

培养要求:主要学习物理学的基本理论与方法,具有良好的数学基础和实验技能,受到应用基础研究、应用研究和技术开发以及工程技术的初步训练,具备良好的科学素养,适用新技术发展的需要,具有较强的知识更新能力和较广泛的科学适应能力。

毕业生应获得以下几方面的知识和能力:

1.具有较扎实的自然科学基础,较好的人文、艺术和社会科学基础及正确运用本国语言、文字的能力;

2.掌握数学的基本理论方法,具有比较坚实的数学基础;

3.掌握物理的基本理论和基本实验方法,具有一定的基础科学研究能力和应用开发能力;

4.掌握核物理专业的基本科学知识和体系,获得核物理专业的实践训练,了解核物理学发展的前沿和趋势;

5.掌握一门外语,掌握计算机及信息技术应用知识,能够进行中外文献检索,掌握科技写作知识,具有一定的科技论文写作能力和科技学术交流能力;

6.了解国家科学技术、知识产权等有关政策和法规;

7.具有较强的自学能力、创新意识和较高的综合素质。

主干学科:物理学

主要课程:普通物理、电子技术基础、数学物理方法、理论力学、热力学与统计物理、电动力学、量子力学、固体物理、原子核物理学、核电子学、核物理实验方法、辐射剂量与防护、核技术基础。

实践环节:独立设置的实验课程、课程设计、教学实习、科研训练、社会实践、生产实习、综合论文等。

修业年限:四年

授予学位:理学学士

就业方向:可在相关科研部门、高等学校从事科学研究和教学工作;到原子核物理及核技术相关的厂矿、企事业技术和行政管理部门从事应用研究、科技开发、生产技术管理工作。

开设学校:南华大学、吉林大学(教育部直属、

985大学、211大学)、哈尔滨工业大学(985大学、211大学)、兰州大学(教育部直属、985大学、211大学)、北京航空航天大学(985大学、211大学)、四川大学(教育部直属、985大学、211大学)

◆**专业名称:声学**

◆**专业代码:070204T**

培养目标:本专业主要培养具有坚实系统的应用声学与信息科学基础,并掌握相应的电子技术、计算机技术及声学测量技术,能够适应高科技发展以及经济、教育等多方面的需要,从事科研、开发和教学的高层次人才。

培养要求:本专业学生主要学习物理学的基本知识和理论,受到物理学专业方面的基本训练,具有较强的分析问题和解决问题的能力及综合实践能力。

毕业生应获得以下几方面的知识和能力:

1.具备扎实的数理基础,宽阔的科学视野和一定的科研能力、创新能力;

2.掌握计算机软、硬件基础知识,较系统地掌握本学科的基本理论、基本知识、基本技能和基本方法;

3.具有较强的分析问题和解决问题的能力和综合实践能力;

4.了解国内外声学发展的动态和趋势。

主要课程:高等数学、普通物理及实验、数学物理方法、理论物理、近代物理实验、电子线路及实验、计算机原理及实验、算法语言及程序设计、信号与系统理论、声学基础、近代声学、传感器等。

修业年限:四年

授予学位:理学学士

就业方向:主要从事音频工程、建筑声学、噪声控制、超声电子器件、超声医疗仪器,以及IT行业等领域相关的各类工作。

开设学校:南京大学(教育部直属、985大学、211大学)、安徽建筑大学

0703化学类

◆**专业名称:化学**

◆**专业代码:070301**

培养目标:本专业培养具备化学的基础知识、基本理论和基本技能,能在化学及与化学相关的科学技术和其他领域从事科研、教学及相关管理工作的高级专门人才。

培养要求:本专业学生主要学习化学方面的基本知识、基本理论和基本技能与方法,受到科学思维和科学实验的训练,具有一定的科学研究、应用研究及科技管理的能力。

毕业生应获得以下几方面的知识和能力:

1.掌握数学、物理等方面的基本理论和基本知识;

2.掌握无机化学、分析化学(含仪器分析)、有机化学、物理化学(含结构化学)及化学工程的基础知识、基本原理和基本实验技能;

3.了解相近专业的一般原理和知识;

4.了解国家关于科学研究、化学相关产业的政策以及国内外知识产权等方面的法律法规;

5.了解化学某些领域的理论前沿、应用前景和最新发展动态以及化学相关产业发展状况;

6.掌握中外文资料查询、文献检索及运用现代信息技术获取相关信息的基本方法;有一定的实验设计,创造实验条件,归纳、推理、分析实验结果,撰写论文,参与学术交流的能力。

主干学科:化学

主要课程:无机化学、分析化学(含仪器分析)、有机化学、物理化学(含结构化学)、化学工程基础等。

实践环节:包括生产实习、毕业论文等,一般安排10~20周。

修业年限:四年

授予学位:理学学士

就业方向:毕业生可从事化工工艺、化学合成等化工企业的生产技术管理和科研工作,还可从事化工、精细材料化学和环境化学等领域的生产、管理、科研及教学工作。

开设学校:四川大学(教育部直属、985大学、211大学)、南开大学(教育部直属、985大学、211大学)、岭南师范学院、北京服装学院、汕头大学、首都师范大学继续教育学院、大理学院、吉首大学、青海民族大学、黄山学院、西安石油大学、邢台学院、山东师范大学、河西学院、聊城大学、山东科技大学、北京化工大学(教育部直属、211大学)、泰山学院、贵州民族大学、苏州大学(211大学)、中南大学(教育部直属、985大学、211大学)、上海交通大学(教育部直

属、985大学、211大学)、中国地质大学(教育部直属、211大学)、福州大学(211大学)、厦门大学(教育部直属、985大学、211大学)、南京大学(教育部直属、985大学、211大学)、浙江大学(教育部直属、985大学、211大学)、南京理工大学(211大学)、中国矿业大学(教育部直属、211大学)、江苏大学、东华理工大学、常州大学、宜春学院、九江学院、复旦大学(教育部直属、985大学、211大学)、延边大学(211大学)、东北大学(教育部直属、985大学、211大学)、辽宁科技大学、沈阳师范大学、内蒙古大学(211大学)、北京大学(教育部直属、985大学、211大学)、太原科技大学、中北大学、宁波大学、嘉兴学院、湖州师范学院、上海大学(211大学)、同济大学(教育部直属、985大学、211大学)、济南大学、江南大学(教育部直属、211大学)、兰州大学(教育部直属、985大学、211大学)、天津科技大学、辽宁大学(211大学)、武汉大学(教育部直属、985大学、211大学)、天津大学(教育部直属、985大学、211大学)、西昌学院、晋中学院、西南大学(教育部直属、211大学)、滨州学院、贺州学院、龙岩学院、长治学院、丽水学院、大庆师范学院、内江师范学院、黑河学院、绥化学院、新乡学院、济宁学院、河套学院、吕梁学院、宁德师范学院、蚌埠学院、合肥师范学院、池州学院、齐鲁师范学院、保山学院、文山学院、南方科技大学、上海科技大学、成都师范学院、昭通学院、普洱学院、北华大学、长春师范大学、湖南科技大学、湘潭大学、西藏大学(211大学)、陕西科技大学、青海师范大学、青海大学(211大学)、咸阳师范学院、渭南师范学院、湖南科技学院、白城师范学院、衡阳师范学院、通化师范学院、黑龙江大学、怀化学院、邵阳学院、吉林师范大学、湘南学院、上海师范大学、安徽师范大学、广州大学、嘉应学院、惠州学院、韶关学院、云南民族大学、楚雄师范学院、红河学院、玉溪师范学院、陕西师范大学(教育部直属、211大学)、淮南师范学院、淮北师范大学、巢湖学院、延安大学、海南大学(211大学)、青岛大学、青岛科技大学、商丘师范学院、洛阳师范学院、南阳师范学院、周口师范学院、西北师范大学、临沂大学、许昌学院、广西民族大学、玉林师范学院、广西师范学院、山东理工大学、海南师范大学、贵州师范大学、广西师范大学、遵义师范学院、湖北工程学院、湖北师范学院、黄冈师范学院、湖北民族学院、东北石油大学、长江大学、三峡大学、江汉大学、福建师范大学、泉州师范学院、闽江学院、莆田学院、河南大学、湖北科技学院、华侨大学、南昌大学(211大学)、重庆大学(教育部直属、985大学、211大学)、广西大学(211大学)、中山大学(教育部直属、985大学、211大学)、清华大学(教育部直属、985大学、211大学)、东华大学(教育部直属、211大学)、盐城师范学院、华中科技大学(教育部直属、985大学、211大学)、山东大学(教育部直属、985大学、211大学)、吉林大学(教育部直属、985大学、211大学)、华东理工大学(教育部直属、211大学)、华东师范大学(教育部直属、985大学、211大学)、湖南大学(教育部直属、985大学、211大学)、中央民族大学(985大学、211大学)、湖南师范大学(211大学)、河北大学、云南大学(211大学)、西北大学(211大学)、天津师范大学、新疆大学(211大学)、郑州大学(211大学)、德州学院、中国海洋大学(教育部直属、985大学、211大学)、安徽大学(211大学)、西华大学、昌吉学院、浙江师范大学、杭州师范大学、台州学院、辽宁师范大学、沈阳大学、喀什师范学院、新疆师范大学、西南民族大学、成都理工大学、山西师范大学、深圳大学、山西大同大学、忻州师范学院、太原师范学院、山西大学、温州大学、西南石油大学、四川师范大学、西华师范大学、扬州大学、江西师范大学、重庆师范大学、江苏师范大学、苏州科技学院、鞍山师范学院、大连大学、沈阳理工大学、渤海大学、沈阳化工大学、长江师范学院、上饶师范学院、井冈山大学、重庆三峡学院、宿州学院、郑州师范学院、枣庄学院、宁夏师范学院、百色学院、琼州学院、滁州学院、西京学院、赤峰学院、长沙学院、河池学院、伊犁师范学院、昆明学院、重庆科技学院、阜阳师范学院、安庆师范学院、榆林学院、曲靖师范学院、陇东学院、宜宾学院、乐山师范学院、淮阴师范学院、绵阳师范学院、贵阳学院、贵州师范学院、集宁师范学院、铜仁学院、凯里学院、兰州城市学院、安顺学院、三明学院、安康学院、菏泽学院、商洛学院、沧州师范学院、保定学院、河北联合大学、首都师范大学、河北师范大学、宁夏大学(211大学)、潍坊学院、鲁东大学、烟台大学、邯郸学院、石家庄学院、廊坊师范学院、唐山师范学院、衡水学院、燕山大学、河北北方学院、运城学院、贵州大学(211大学)、黄淮学院、肇庆学院、南通大学、平顶山学院、信阳师范学院、安阳师范学院、河南师范大学、武汉纺织大学、湖北大学、长沙理工大学、河南科技大学、云南师范大学、华北电力大学保定校区(教育部直属、211大学)、北京工商大学、北京联合大学、内蒙古科技大学、桂林理工大学、内蒙古医科大学、中国石油大学(教育部直属、211大学)、南京师范大学(211大学)、哈尔滨工程大学(211大学)、华南理工大学(教育部直属、985大学、211大学)、东南大学(教育部直属、985大学、211大学)、南京工业大学、武汉理工大学(教育部直属、211大学)、北京科技大学(教育部直属、211大学)、北京理工大学(985大学、211大学)、东北师范大学(教育部直属、211大学)、大连理工大学(教育部直属、985大学、211大学)、辽宁工业大学、河北工业大学、哈尔滨工业大学(985大学、211大学)、浙江理工大学、绍兴文理学院、浙江科技学院、中国科学技术大学(985大学、211大学)、天津理工大学、北京航空航天大学(985大学、211大学)、北京师范大学(教育部直属、985大学、211大学)、合肥工业大学(教育部直属、211大学)、武汉生物工程学院、武汉工商学院、燕京理工学院、河北师范大学汇华学院、南京工业大学浦江学院、扬州大学广陵学院、衡阳师范学院南岳学院、湖南工程学院应用技术学院、聊城大学东昌学院、南昌航空大学科技学院、河南科技学院新科学院、兰州理工大学技术工程学院、沈阳工业大学工程学院、杭州师范大学钱江学院、广西师范学院师园学院、萍乡学院、南方医科大学、江西电力职业技术学院、华北电力大学(教育部直属、211大学)、中国石油大学(北京)(教育部直属、211大学)、解放军后勤工程学院、贵州工程应用技术学院、中国矿业大学(北京)(教育部直属、211大学)、重庆文理学院、天水师范学院、江苏警官学院、重庆工商大学、辽宁科技学院、武昌工学院、湖北大学知行学院、长江大学工程技术学院、湖北师范学院文理学院、湖南工学院、福州大学至诚学院、福建师范大学闽南科技学院、潍坊科技学院、中国石油大学胜利学院、新疆工程学院、兰州文理学院、六盘水师范学院、武夷学院、浙江树人学院、苏州科技学院天平学院、江苏师范大学科文学院、苏州大学文正学院、南京大学金陵学院、内蒙古科技大学包头师范学院、广东第二师范学院、中国矿业大学银川学院、浙江外国语学院、贵州师范大学求是学院、兴义民族师范学院、衢州学院、湖南文理学院芙蓉学院、仲恺农业工程学院、电子科技大学中山学院、湖南理工学院南湖学院、齐鲁理工学院、云南大学旅游文化学院、大连理工大学盘锦校区、中国科学院大学、营口理工学院、陕西学前师范学院、河北联合大学轻工学院、银川能源学院、宁夏理工学院、西北大学现代学院、淮北师范大学信息学院、安徽师范大学皖江学院、南昌大学科学技术学院、湖州师范学院求真学院、宁波大学科学技术学院、浙江师范大学行知学院、温州大学瓯江学院、湖北工程学院新技术学院、山西师范大学现代文理学院、广西师范大学漓江学院、沈阳化工大学科亚学院、广西民族师范学院、甘肃民族师范学院、长春理工大学、长春工业大学、吉林农业大学、西安工业大学、西安工程大学、陕西理工学院、宝鸡文理学院、华中师范大学(教育部直属、211大学)、东北林业大学(教育部直属、211大学)、湖南文理学院、华中农业大学(教育部直属、211大学)、东北电力大学、湖南农业大学、吉林建筑大学、湖南理工学院、长春工程学院、南华大学、中南林业科技大学、吉林化工学院、湖南城市学院、湖南工程学院、湖南工业大学、上海工程技术大学、上海理工大学、佛山科学技术学院、上海电力学院、安徽建筑大学、上海第二工业大学、安徽工程大学、广东石油化工学院、东莞理工学院、华南农业大学、广东药学院、韩山师范学院、西南林业大学、昆明理工大学、云南农业大学、西安科技大学、西安理工大学、西安建筑科技大学、西北农林科技大学(教育部直属、985大学、211大学)、安徽科技学院、西安交通大学(教育部直属、985大学、211大学)、合肥学院、皖西学院、内蒙古工业大学、曲阜师范大学、内蒙古民族大学、兰州交通大学、青岛农业大学、甘肃农业大学、广西科技大学、内蒙古农业大学、内蒙古师范大学、贵阳医学院、山东农业大学、黔南民族师范学院、牡丹江师范学院、武汉轻工大学、黑龙江科技大学、黑龙江工程学院、哈尔滨学院、齐齐哈尔大学、哈尔滨理工大学、中南民族大学、佳木斯大学、武汉工程大学、福建工程学院、西北民族大学、兰州理工大学、中原工学院、闽南师范大学、黑龙江东方学院、郑州轻工业学院、河南工业大学、福建农林大学、河南农业大学、河南理工大学、暨南大学(211大学)、中国药科大学(教育部直属、211大学)、南京农业大学(教育部直属、211大学)、华南师范大学(211大学)、天津农学院、天津城建大学、四川农业大学(211大学)、太原理工大学、东北农业大学(211大学)、淮阴工学院、江苏理工学院、南京晓庄学院、常州工学院、中国人民大学(教育部直属、985大学、211大学)、西安电子科技大学(教育部直属、211大学)、河北科技大学、北京工业大学(211大学)、北京交通大学(教育部直属、211大学)、长安大学(教育部直属、211大学)、南京航空航天大学(211大学)、天津工业大学、中国民航大学、天津商业大学、安徽工业大学、安徽理工大学、安徽农业大学、浙江农林大学、浙江海洋学院、中国计量学院、沈阳药科大学、沈阳工业大学、辽宁石油化工大学、新疆农业大学、沈阳农业大学、四川理工学院、五邑大学、广东工业大学、西南科技大学、浙江工商大学、山西农业大学、江西农业大学、江西中医药大学、景德镇陶瓷学院、南昌航空大学、华东交通大学、江苏科技大学、南京邮电大学、淮海工学院、盐城工学院、南京信息工程大学、南京林业大学、江西理工大学、南京财经大学、大连民族学院、大连工业大学、大连交通大学、沈阳建筑大学、江西科技师范大学、赣南师范学院、重庆理工大学、辽东学院、石河子大学(211大学)、武汉东湖学院、洛阳理工学院、武汉科技大学城市学院、太原工业学院、呼伦贝尔学院、山东大学威海分校、河北科技师范学院、钦州学院、宁波工程学院、常熟理工学院、沈阳工程学院、西安文理学院、徐州工程学院、武汉科技大学、湖北理工学院、吉林农业科技学院、重庆交通大学、塔里木大学、哈尔滨师范大学、湖南人文科技学院、重庆第二师范学院、南京师范大学泰州学院、吉林大学珠海学院、华北电力大学科技学院、燕山大学里仁学院、河北大学工商学院、河北科技大学理工学院、河南师范大学新联学院、信阳师范学院华锐学院、河南城建学院、河南工程学院、河南大学民生学院、北京理工大学珠海学院、长春科技学院、南京信息工程大学滨江学院、湖北第二师范学院、电子科技大学(教育部直属、985大学、211大学)、河北民族师范学院、北京石油化工学院、河北农业大学、河北工程大学、华北科技学院、唐山学院、攀枝花学院、四川文理学院、南昌理工学院、河南科技学院、中国地质大学(北京)(教育部直属、211大学)、安阳工学院、南阳理工学院、湖北文理学院、牡丹江医学院、华北水利水电大学、湖北工业大学、上海应用技术学院、齐鲁工业大学、海南科技职业学院、哈尔滨工业大学(威海)、吉首大学张家界学院、东莞理工学院城市学院、青岛农业大学海都学院、辽宁石油化工大学顺华能源学院、嘉兴学院南湖学院、湖南农业大学东方科技学院、湘潭大学兴湘学院、杭州电子科技大学信息工程学院、浙江大学宁波理工学院、中国人民解放军国防科学院、宁波诺丁汉大学、武汉工程大学邮电与信息工程学院、福建农林大学金山学院、河北工程大学科信学院、天津大学仁爱学院、南通大学杏林学院、哈尔滨石油学院、宁夏大学新华学院、湖南师范大学树达学院、山东师范大学历山学院、贵州理工学院、西安建筑科技大学华清学院、湖北民族学院科技学院、东华理工大学长江学院、太原理工大学现代科技学院、广西民族大学相思湖学院、广西科技大学鹿山学院、三峡大学科技学院、南京理工大学泰州科技学院、东南大学成贤学院、武汉理工大学华夏学院、荆楚理工学院、江苏大学京江学院、北京交通大学海滨学院、青海大学昆仑学院、常州大学怀德学院、延安大学西安创新学院

◆专业名称:应用化学
◆专业代码:070302

培养目标:本专业培养具备化学的基本理论、基本知识和较强的实验技能,能在科研机构、高等学校及企事业单位等从事科学研究、教学工作及管理工作的高级专门人才。

培养要求:本专业学生主要学习化学方面的基础知识、基本理论、基本技能以及相关的工程技术知识,受到基础研究和应用基础研究方面的科学思维和科学实验训练,具有较好的科学素养,具备运用所学知识和实验技能进行应用研究、技术开发和科技管理的基本技能。

毕业生应获得以下几方面的知识和能力:

1.掌握数学、物理等方面的基本理论和基本知识;

2.掌握无机化学、分析化学(含仪器分析)、有机化学、物理化学(含结构化学)、化学工程及化工制图的基础知识、基本原理和基本实验技能;

3.了解相近专业的一般原理和知识;

4.了解国家关于科学技术、化学相关产品、知识产权等方面的政策、法规;

5.了解化学的理论前沿、应用前景、最新发展动态,以及化学相关产业发展状况;

6.掌握中外文资料查询、文献检索及运用现代信息技术获取相关信息的基本方法;具有一定的实验设计,创造实验条件,归纳、整理、分析实验结果,撰写论文,参与学术交流的能力。

主干学科:化学

主要课程:无机化学、分析化学(含仪器分析)、有机化学、物理化学(含结构化学)、化学工程基础及化工制图。

实践环节:包括生产实习、毕业论文等,一般安排10~20周。

修业年限:四年

授予学位：理学或工学学士

就业方向：毕业后可从事与应用化学及生命科学、食品管理等相关的科学研究、应用开发及生产技术和管理工作。可以到农产品卫生监督机构、农产品企业、农产品检验等部门工作。

开设学校：吉首大学、邢台学院、河西学院、泰山学院、苏州大学（211大学）、复旦大学（教育部直属、985大学、211大学）、延边大学（211大学）、宁波大学、嘉兴学院、上海大学（211大学）、同济大学（教育部直属、985大学、211大学）、辽宁大学（211大学）、武汉大学（教育部直属、985大学、211大学）、绥化学院、济宁学院、河套学院、吕梁学院、蚌埠学院、池州学院、昭通学院、湘潭大学、西藏大学（211大学）、青海大学（211大学）、湘南学院、嘉应学院、惠州学院、韶关学院、巢湖学院、黄山学院、延安大学、海南大学（211大学）、青岛大学、聊城大学、临沂大学、许昌学院、长江大学、闽江学院、莆田学院、华侨大学、南昌大学（211大学）、重庆大学（教育部直属、985大学、211大学）、兰州大学（教育部直属、985大学、211大学）、广西大学（211大学）、东华大学（教育部直属、211大学）、吉林大学（教育部直属、985大学、211大学）、中南大学（教育部直属、985大学、211大学）、北京大学（教育部直属、985大学、211大学）、新疆大学（211大学）、江南大学（教育部直属、211大学）、天津大学（教育部直属、985大学、211大学）、济南大学、安徽大学（211大学）、昌吉学院、深圳大学、山西大学、温州大学、扬州大学、江苏大学、常州大学、渤海大学、宜春学院、九江学院、宿州学院、枣庄学院、丽水学院、滁州学院、龙岩学院、西京学院、滨州学院、赤峰学院、长沙学院、河池学院、黑河学院、宜宾学院、贺州学院、安康学院、商洛学院、宁夏大学（211大学）、潍坊学院、烟台大学、华北电力大学保定校区（教育部直属、211大学）、河北师范大学、北京工商大学、山东师范大学、唐山师范学院、青岛科技大学、福建师范大学、贵州民族大学、中国石油大学（教育部直属、211大学）、中国地质大学（教育部直属、211大学）、南京师范大学（211大学）、上海交通大学（教育部直属、985大学、211大学）、哈尔滨工程大学（211大学）、中山大学（教育部直属、985大学、211大学）、四川大学（教育部直属、985大学、211大学）、中国矿业大学（教育部直属、211大学）、华东师范大学（教育部直属、985大学、211大学）、东北师范大学（985大学、211大学）、沈阳师范大学、西北大学（211大学）、哈尔滨工业大学（985大学、211大学）、浙江理工大学、喀什师范学院、新疆师范大学、绍兴文理学院、天津理工大学、天津师范大学、北京航空航天大学（985大学、211大学）、武汉工商学院、南京工业大学浦江学院、扬州大学广陵学院、衡阳师范学院南岳学院、湖南工程学院应用技术学院、南昌航空大学科技学院、河南科技学院新科学院、兰州理工大学技术工程学院、沈阳工业大学工程学院、中国石油大学（北京）（教育部直属、211大学）、华北电力大学（教育部直属、211大学）、解放军后勤工程学院、贵州工程应用技术学院、中国矿业大学（北京）（教育部直属、211大学）、内江师范学院、重庆工商大学、湖北大学知行学院、长江大学工程技术学院、湖北师范学院文理学院、武汉生物工程学院、福州大学至诚学院、福建师范大学闽南科技学院、潍坊科技学院、中国石油大学胜利学院、兰州文理学院、宁德师范学院、浙江树人学院、苏州科技学院天平学院、江苏师范大学科文学院、苏州大学文正学院、南京大学金陵学院、广东第二师范学院、中国矿业大学银川学院、浙江外国语学院、兴义民族师范学院、湖南文理学院芙蓉学院、仲恺农业工程学院、电子科技大学中山学院、湖南理工学院南湖学院、齐鲁理工学院、大连理工大学盘锦校区、营口理工学院、河北联合大学轻工学院、宁夏理工学院、西北大学现代学院、淮北师范大学信息学院、安徽师范大学皖江学院、南昌大学科学技术学院、杭州师范大学钱江学院、宁波大学科学技术学院、浙江师范大学行知学院、温州大学瓯江学院、湖北工程学院新技术学院、广西师范大学漓江学院、沈阳化工大学科亚学院、长春理工大学、北华大学、湖南科技大学、吉林农业大学、陕西科技大学、西安工程大学、陕西理工学院、青海师范大学、青海民族大学、咸阳师范学院、宝鸡文理学院、渭南师范学院、白城师范学院、衡阳师范学院、通化师范学院、东北林业大学（教育部直属、211大学）、黑龙江大学、湖南文理学院、华中农业大学（教育部直属、211大学）、东北电力大学、长春工程学院、吉林师范大学、长沙理工大学、湖南农业大学、吉林化工学院、湖南理工学院、湖南工程学院、湖南工业大学、上海理工大学、上海电力学院、安徽建筑大学、安徽师范大学、安徽工程大学、广东石油化工学院、东莞理工学院、华南农业大学、岭南师范学院、广东药学院、韩山师范学院、云南民族大学、西南林业大学、昆明理工大学、云南师范大学、云南农业大学、西安科技大学、西安石油大学、玉

溪师范学院、西安理工大学、西安建筑科技大学、西北农林科技大学(教育部直属、985大学、211大学)、安徽科技学院、陕西师范大学(教育部直属、211大学)、淮南师范学院、淮北师范大学、西安交通大学(教育部直属、985大学、211大学)、皖西学院、内蒙古工业大学、内蒙古民族大学、内蒙古科技大学、兰州交通大学、商丘师范学院、洛阳师范学院、南阳师范学院、周口师范学院、青岛农业大学、甘肃农业大学、山东科技大学、广西科技大学、桂林理工大学、山东农业大学、广西师范学院、广西民族大学、玉林师范学院、山东理工大学、内蒙古农业大学、海南师范大学、贵州师范大学、广西师范大学、黔南民族师范学院、遵义师范学院、黄冈师范学院、湖北师范学院、黑龙江科技大学、黑龙江工程学院、湖北民族学院、东北石油大学、齐齐哈尔大学、武汉纺织大学、武汉工程大学、泉州师范学院、西北民族大学、兰州理工大学、中原工学院、闽南师范大学、河南大学、湖北科技学院、黑龙江东方学院、郑州轻工业学院、河南工业大学、福建农林大学、河南农业大学、河南理工大学、暨南大学(211大学)、南京农业大学(教育部直属、211大学)、天津农学院、天津城建大学、华南理工大学(教育部直属、985大学、211大学)、四川农业大学(211大学)、北京科技大学(教育部直属、211大学)、东北农业大学(211大学)、太原理工大学(211大学)、大连理工大学(教育部直属、985大学、211大学)、江苏理工学院、盐城师范学院、南京晓庄学院、常州工学院、东北大学(教育部直属、985大学、211大学)、华东理工大学(教育部直属、211大学)、武汉理工大学(教育部直属、211大学)、华中科技大学(教育部直属、985大学、211大学)、湖南大学(教育部直属、985大学、211大学)、西安电子科技大学(教育部直属、211大学)、湖南师范大学(211大学)、河北科技大学、云南大学(211大学)、北京工业大学(211大学)、内蒙古大学(211大学)、河北工业大学(大学)、南京航空航天大学(211大学)、天津工业大学、天津科技大学、天津商业大学、合肥工业大学(教育部直属、211大学)、安徽工业大学、安徽理工大学、安徽农业大学、浙江师范大学、浙江农林大学、杭州师范大学、辽宁师范大学、沈阳药科大学、沈阳工业大学、辽宁科技大学、辽宁石油化工大学、新疆农业大学、沈阳农业大学、成都理工大学、西南民族大学、中北大学、四川理工学院、广东工业大学、山西大同大学、忻州师范学院、汕头大学、太原师范学院、西南科技大学、浙江工商大学、西南石油大学、山西农业大学、西华师范大学、江西农业大学、江西师范大学、南京工业大学、江西中医药大学、东华理工大学、华东交通大学、江苏科技大学、盐城工学院、江苏师范大学、南京信息工程大学、苏州科技学院、江西理工大学、南京财经大学、大连民族学院、大连工业大学、鞍山师范学院、沈阳理工大学、大连交通大学、辽宁工业大学、沈阳化工大学、江西科技师范大学、赣南师范学院、重庆理工大学、上饶师范学院、井冈山大学、石河子大学(211大学)、武汉东湖学院、洛阳理工学院、武汉科技大学城市学院、太原工业学院、郑州师范学院、呼伦贝尔学院、山东大学威海分校、宁夏师范学院、宁波工程学院、常熟理工学院、沈阳工程学院、伊犁师范学院、西安文理学院、徐州工程学院、重庆科技学院、大庆师范学院、武汉科技大学、阜阳师范学院、湖北理工学院、吉林农业科技学院、重庆交通大学、曲靖师范学院、塔里木大学、乐山师范学院、陇东学院、淮阴师范学院、绵阳师范学院、辽宁科技学院、重庆第二师范学院、南京师范大学泰州学院、吉林大学珠海学院、华北电力大学科技学院、燕山大学里仁学院、贵州师范学院、河北科技大学理工学院、集宁师范学院、河南大学民生学院、河北科技师范学院、北京理工大学珠海学院、长春科技学院、南京信息工程大学滨江学院、燕京理工学院、湖北第二师范学院、电子科技大学(教育部直属、985大学、211大学)、沧州师范学院、北京石油化工学院、北京服装学院、河北联合大学、首都师范大学、泰山医学院、齐鲁工业大学、北京化工大学(教育部直属、211大学)、廊坊师范学院、河北工程大学、河北北方学院、攀枝花学院、四川文理学院、南昌理工学院、河南科技学院、信阳师范学院、安阳工学院、南阳理工学院、中南民族大学、华中师范大学(教育部直属、211大学)、湖北大学、华北水利水电大学、武汉轻工大学、牡丹江师范学院、上海应用技术学院、上海师范大学、东莞理工学院城市学院、青岛农业大学海都学院、首都师范大学继续教育学院、辽宁石油化工大学顺华能源学院、湖南农业大学东方科技学院、杭州电子科技大学信息工程学院、中国人民解放军国防科学院(985大学、211大学)、天水师范学院、内蒙古科技大学包头师范学院、西安建筑科技大学华清学院、太原理工大学现代科技学院

◆专业名称:化学生物学

◆专业代码:070303T

培养目标:本专业主要培养具有坚实的化学与

生物学基础知识和较广泛的化学生物学交叉领域的知识，具有熟练的化学与相关生物学实验技能，创新意识强，综合素质高，能在化学生物学、化学、生命、医药、材料、化工、环保等相关领域从事教学、科研、技术开发及管理工作的复合型应用人才。

培养要求：本专业学生主要学习化学与生物科学的基本理论、基本知识和实验、应用技能，受到基础研究和应用基础研究方面的科学思维和科学实验训练，具备从事应用研究、技术开发和科技管理的基本技能。

毕业生应获得以下几方面的知识和能力：

1.掌握数学、物理、计算机等方面的基本理论与知识；

2.掌握无机化学、分析化学、有机化学、物理化学、普通生物学、遗传学、微生物学、生物化学、细胞生物学等学科知识；

3.了解相近专业如化工与制药、环境科学专业的一般原理和知识；

4.了解国家关于科学技术、化学生物相关产业、知识产权等方面的政策、法规；

5.了解化学生物学的理论前沿、应用前景、最新发展动态，以及化学生物学相关产业发展状态；

6.掌握化学生物学领域中外文资料查询、文献检索以及运用计算机等现代技术获取相关信息的基本能力；

7.具有一定的实验设计及创造实验条件，归纳、整理、分析实验结果，撰写论文，参与学术交流的能力；

8.掌握一门外国语，具备较强的读、写、听、说（“四会”）能力。

主要课程：无机化学、分析化学、有机化学、物理化学、结构化学、生物无机化学、生物有机化学、仪器分析、高分子化学、细胞生物学、生物化学、分子生物学、生物信息学导论、化学生物学、化学工程基础及化工制图等。

实践环节：包括化学基础实验、生物化学实验、化学生物学综合实验等，一般安排10~20周。

修业年限：四年

授予学位：理学学士

就业方向：该专业的就业前景相当广泛，学生毕业后适宜到科研部门、高等学校从事研究工作和教学工作；适宜到化学、药学、医疗、生化制药、生物工程、无机新材料、化工、轻工、能源等行业，以及厂矿企业、事业、技术和行政部门从事应用研究、科技开发和管理工作。

开设学校：北京大学（教育部直属、985大学、211大学）、南开大学（教育部直属、985大学、211大学）、长治医学院、安徽工业大学、安阳师范学院、中南民族大学、中山大学（教育部直属、985大学、211大学）、西南林业大学、三峡大学、清华大学（教育部直属、985大学、211大学）、天津师范大学、长治学院、厦门大学（教育部直属、985大学、211大学）、湖北大学、衡阳师范学院、四川农业大学（211大学）、西北大学（211大学）

◆专业名称：分子科学与工程
◆专业代码：070304T

培养目标：本专业主要培养具有良好人文素质和宽广深厚的化学、化工基础，具有较强的创新意识、基础科学研究能力和功能性化学新产品研发与产业化能力的复合型高素质人才。

培养要求：该专业的学生通过对分子科学与工程专业的基础理论、基本知识的学习和掌握，并受到应用研究方面的科学实验的相关训练，从而具有一定的创新意识和实践操作技能。

毕业生应获得以下几方面的知识和能力：

1.掌握分子合成和改性的方法；

2.掌握分子材料组成、结构和性能的关系；

3.掌握聚合物加工流变学，成型加工工艺和成型模具设计的基本理论和基本技能；

4.具有对分子材料进行改性和加工工艺研究，设计的分析测试，并开发新型分子材料及产品的初步能力；

5.具有对分子材料加工过程进行技术经济分析和管理的初步能力；

6.具有一定的外语和计算机应用能力。

主要课程：化学类课程：无机化学、有机化学、分析化学、物理化学、结构化学、仪器分析与技术、生物化学、高分子化学、高分子物理、高等无机化学、高等有机化学、无机材料化学；化工类课程：化工原理、化工热力学、化学反应工程、绿色化学工艺学、化工设计、生物化工、化工分离工程、环境化工、化工安全与环保、功能材料物理性能、功能高分子材料、药物分析、材料物理性能、材料结构分析等。

实践环节：包括化学基础实验、化学综合实验、毕业实习等，一般安排10~20周。

修业年限:四年

授予学位:理学学士

就业方向:学生毕业后具有广泛的适应性,可到相关行业或部门从事科研、教学、开发、设计、管理等工作。同时,该专业学生将以较高比例进入研究生阶段深造,主要从事科学研究与新技术开发工作。

开设学校:天津大学(教育部直属、985大学、211大学)、南开大学(教育部直属、985大学、211大学)、中北大学、厦门大学(教育部直属、985大学、211大学)、西南石油大学、浙江大学(教育部直属、985大学、211大学)、武汉工业学院

0704天文学类

◆专业名称:天文学
◆专业代码:070401

培养目标:本专业培养具备良好的数学、物理和天文等方面的基本知识和基本能力,能在天文学及相关学科从事科研、教学和技术工作的高级专业人才。

培养要求:本专业学生主要学习天文、物理和数学等方面的基本理论和基本知识,受到天文观测方面的科学思维和基础训练,具有良好的科学素养,掌握理论分析、数据处理和计算机应用的基本技能。

毕业生应获得以下几方面的知识和能力:

1.掌握较系统的数学及物理等方面的基本理论和基本方法;

2.掌握天文学的基本理论和基本知识,以及进行天文观测的技术和基本分析方法,具有理论分析、数据处理和计算机应用能力;

3.了解相近专业的一般原理和知识;

4.了解天文学发展的理论前沿和最新发展动态;

5.了解国家科学技术、知识产权等有关政策和法规;

6.掌握资料查询、文献检索及运用现代信息技术获取相关信息的基本方法;具有一定的实验设计,创造实验条件,归纳、整理、分析实验结果,撰写论文,参与学术交流的能力。

主干学科:天文学

主要课程:大学数学、大学物理、理论力学、数学物理方法、电动力学、普通天文学、实体天体物理、恒星物理基础、计算天文学入门等。

实践环节:包括天文观测实习、毕业论文等,一般安排10~20周。

修业年限:四年

授予学位:理学学士

就业方向:天文学是和航天、测地、国防等应用学科有交叉的学科,学生毕业后可在这些领域一展才华。

开设学校:南京大学(教育部直属、985大学、211大学)、北京大学(教育部直属、985大学、211大学)、中国科学技术大学(985大学、211大学)、厦门大学(教育部直属、985大学、211大学)、北京师范大学(教育部直属、985大学、211大学)、华中师范大学(教育部直属、211大学)、四川师范大学、天津师范大学、安阳师范大学、河北师范大学、广州大学、云南大学、云南师范大学

0705地理科学类

◆专业名称:地理科学
◆专业代码:070501

培养目标:本专业培养具有地理科学的基本理论、基本知识和基本技能,能在科研机构、学校、企业从事科研、教学、管理、规划与开发工作及在行政部门从事管理工作的高级专门人才。

培养要求:本专业学生主要学习地理科学的基本理论和基本知识,受到基础研究、应用基础研究方面的科学思维和科学实验的训练,具有较好的科学素养,掌握运用地图遥感及地理信息系统与资源环境实验进行分析的基本技能并具备初步的教学、研究、开发和管理能力。

毕业生应获得以下几方面的知识和能力:

1.掌握数学、物理、化学等方面的基本理论和基本知识;

2.掌握地理科学的基本理论、基本知识和基本实验技能;

3.了解相近专业如自然地理与资源环境、地理信息系统的一般原理和方法;

4.熟悉国家科技政策、知识产权等有关法规;

5.了解地理科学的理论前沿、应用前景和最新发展动态;

6.掌握资料查询、文献检索及运用现代信息技术获取相关信息的基本方法;具有一定的实验设计,创造实验条件,归纳、整理、分析实验结果,撰写论文,参与学术交流的能力。

主干学科:地理学

主要课程:自然地理学、现代地貌学、环境演变、经济地理学、人文地理学、计量地理学、测量地图学、地理信息系统、区域地理等。

实践环节:包括室内与野外实习、生产实习和毕业论文,一般安排10~12周。

修业年限:四年

授予学位:理学学士

就业方向:毕业生可在相关科研院所和国土、资源、环境、经济等相关行政管理部门从事研究、规划和管理工作;或在地图出版社从事地图的绘制、编辑工作。

开设学校:中南大学(教育部直属、985大学、211大学)、北京大学(教育部直属、985大学、211大学)、济南大学、兰州大学(教育部直属、985大学、211大学)、武汉大学(教育部直属、985大学、211大学)、滨州学院、绥化学院、池州学院、保山学院、文山学院、西藏大学(211大学)、邵阳学院、广州大学、嘉应学院、惠州学院、韶关学院、青岛大学、临沂大学、许昌学院、闽江学院、吉林大学(教育部直属、985大学、211大学)、延边大学(211大学)、新疆大学(211大学)、德州学院、宁波大学、沈阳大学、宜春学院、九江学院、宿州学院、枣庄学院、钦州学院、滁州学院、赤峰学院、铜仁学院、安顺学院、凯里学院、安康学院、商洛学院、保定学院、泰山学院、宁夏大学(211大学)、邯郸学院、邢台学院、西南大学(教育部直属、211大学)、南通大学、宝鸡文理学院、首都师范大学、山东师范大学、唐山师范学院、内蒙古科技大学、天水师范学院、广西财经学院、六盘水师范学院、贵州师范大学求是学院、湖南师范大学树达学院、衡阳师范学院南岳学院、张家口学院、江西师范大学科学技术学院、广西师范学院师园学院、甘肃民族师范学院、长春师范大学、湖南科技大学、陕西理工学院、青海师范大学、咸阳师范学院、渭南师范学院、白城师范学院、衡阳师范学院、通化师范学院、华中师范大学(教育部直属、211大学)、湖南文理学院、吉林师范大学、上海师范大学、安徽师范大学、广东石油化工学院、岭南师范学院、韩山师范学院、西南林业大学、云南师范大学、楚雄师范学院、玉溪师范学院、陕西师范大学(教育部直属、211大学)、皖西学院、曲阜师范大学、河南财经政法大学、商丘师范学院、南阳师范学院、聊城大学、西北师范大学、广西师范学院、内蒙古师范大学、海南师范大学、贵州师范大学、广西师范大学、黔南民族师范学院、牡丹江师范学院、湖北师范学院、黄冈师范学院、哈尔滨学院、湖北大学、佳木斯大学、齐齐哈尔大学、福建师范大学、泉州师范学院、河南大学、湖北文理学院、湖北科技学院、南京大学(教育部直属、985大学、211大学)、南京师范大学(211大学)、华南师范大学(211大学)、中山大学(教育部直属、985大学、211大学)、东北师范大学(教育部直属、211大学)、盐城师范学院、南京晓庄学院、华东师范大学(教育部直属、985大学、211大学)、武汉理工大学(教育部直属、211大学)、湖南师范大学(211大学)、北京师范大学(教育部直属、985大学、211大学)、天津师范大学、浙江师范大学、辽宁师范大学、喀什师范学院、新疆师范大学、山西师范大学、忻州师范学院、太原师范学院、四川师范大学、西华师范大学、江西师范大学、重庆师范大学、东华理工大学、江苏师范大学、上饶师范学院、赣南师范学院、郑州师范学院、呼伦贝尔学院、贵州工程应用技术学院、伊犁师范学院、阜阳师范学院、安庆师范学院、曲靖师范学院、内江师范学院、淮阴师范学院、哈尔滨师范大学、绵阳师范学院、贵州师范学院、信阳师范学院华锐学院、集宁师范学院、兰州城市学院、吉林师范大学博达学院、河北民族师范学院、河北师范大学、鲁东大学、石家庄学院、平顶山学院、信阳师范学院、安阳师范学院、牡丹江医学院、内蒙古科技大学包头师范学院、山西师范大学现代文理学院、河北师范大学汇华学院

◆专业名称:自然地理与资源环境
◆专业代码:070502

培养目标:本专业通过对学生进行严格的科学思维、创新能力和专业技能等训练,培养具备自然地理与资源环境知识和实践技能,且具有土地利用管理、生态环境监测与管理等知识的高素质复合型专门人才,让学生能够适应土地利用管理、自然资源管

理、环境保护、生态建设等领域的教育、企事业单位、相关政府部门的教学、科研与管理工作。

培养要求：毕业生能够适应土地利用管理、自然资源管理、环境保护等领域的教育、企事业单位、相关政府部门的教学、科研与管理工作，也可考研，进一步拓展发展空间，具有开展科学研究的能力。

毕业生应获得以下几方面的知识和能力：

1.掌握扎实的自然地理与资源环境基本原理、基础知识和基本方法，了解自然地理与资源环境专业的理论前沿、发展现状、应用前景和最新发展，具有与本专业相关的多学科知识，了解国家环境保护、可持续发展战略等有关政策和法规。

2.掌握自然地理、资源环境管理等方面的观测、分析和应用技术，具有较熟练的遥感、遥测和GIS技术的应用能力，掌握资料查询、文献检索及运用现代信息技术获得相关信息的基本方法，具有实验设计、操作、分析、归纳、整理能力与学术交流的能力。

3.接受良好的科学思维和科学方法的基本训练，具有创新意识、协同攻关能力及科学研究的初步能力。

4.掌握一门外语和计算机应用技能，达到规定的等级。

5.具备健全的人格和健康的身心，具有较强的调查研究与决策、组织管理能力和口头与文字表达能力，具有较好的组织管理、环境适应和团队合作能力。

主要课程：自然资源学、环境科学概论、水土保持学、土地评价与土地管理、土地利用规划、土地科学导论、地籍管理、土地管理、房地产投资分析与估价、ArcGIS原理及应用、计算机辅助制图、地质学基础、气象学与气候学、地图学、植物地理学、土壤地理学、人文地理学、经济地理学等。

实践环节：自然地理综合实习、地质地貌实习、水土保持方案编制、土地利用规划实习、测量学实习、环境调查与评价实习、毕业论文（设计）和毕业实习。

修业年限：四年

授予学位：理学或管理学学士

就业方向：到各级政府规划管理部门、国土管理部门、环境保护部门、建设部门，规划设计、国土资源评价及资源信息化管理、环境评价及管理等方面的公司及研究机构从事相关工作。

开设学校：西藏大学（211大学）、吉首大学、合肥学院、邢台学院、海南大学（211大学）、临沂大学、闽江学院、莆田学院、福州大学（211大学）、南京大学（教育部直属、985大学、211大学）、浙江大学（教育部直属、985大学、211大学）、宜春学院、九江学院、山西大学、宁波大学、同济大学（教育部直属、985大学、211大学）、武汉大学（教育部直属、985大学、211大学）、池州学院、西昌学院、西南大学（教育部直属、211大学）、宿迁学院、菏泽学院、商洛学院、赤峰学院、华侨大学、广州大学、佛山科学技术学院、宝鸡文理学院、吉林农业大学、湖南科技大学、西安外国语大学、昆明理工大学、云南农业大学、西北农林科技大学（教育部直属、985大学、211大学）、西南林业大学、河北师范大学、河北农业大学、河北工程大学、北京城市学院、北京联合大学、石家庄学院、西北师范大学、兰州商学院、海南师范大学、青岛理工大学、泉州师范学院、福建农林大学、河南财经政法大学、桂林理工大学、山东科技大学、贵州财经大学、内蒙古师范大学、内蒙古财经大学、河海大学（教育部直属、211大学）、中国地质大学（教育部直属、211大学）、中山大学、华南师范大学（211大学）、四川农业大学（211大学）、南京农业大学（教育部直属、211大学）、中国矿业大学（教育部直属、211大学）、南京工业大学、南京信息工程大学、江苏师范大学、石河子大学（211大学）、东华理工大学、赣南师范学院、华东师范大学（教育部直属、985大学、211大学）、华东理工大学（教育部直属、211大学）、武汉理工大学（教育部直属、211大学）、东北师范大学（教育部直属、211大学）、南京晓庄学院、东北大学（教育部直属、985大学、211大学）、成都理工大学、辽宁师范大学、西北大学（211大学）、云南大学（211大学）、西华师范大学、四川师范大学、浙江工商大学、浙江财经大学、太原师范学院、山西财经大学、山西师范大学、新疆师范大学、浙江农林大学、天津城建大学、天津理工大学、天津师范大学、北京林业大学（教育部直属、211大学）、北京师范大学（教育部直属、985大学、211大学）、湖南师范大学（211大学）、河北农业大学现代科技学院、北京师范大学珠海分校、福州大学至诚学院、河北师范大学汇华学院、南京大学金陵学院、南通大学杏林学院、衡阳师范学院南岳学院、吉首大学张家界学院、东莞理工学院城市学院、南京人口管理干部学院、内蒙古科技大学包头师范学院、湖南农业大学东方科技学院、湖南师范大学树达学院、湖北民族学院科技学院、浙江农林大学暨阳学院、平顶山学院、河南师范大学、中国石油大学（北京）（教育部直属、211大学）、辽宁工程技术大学、中国矿业大学（北京）（教育部直属、211大学）、重庆工商大学、哈尔滨师范大学、淮阴师范学院、齐齐哈尔大学、华中师范大学（教育部直属、211大学）、湖北大学、长沙理工大学、中南林业科技大学、河南农业大学、牡丹江医学院、华北水利水电大学、湖北民族学院、东北石油大学、上海师范大学、安徽建筑大学、广东财经大学

◆**专业名称：人文地理与城乡规划**

◆**专业代码：070503**

培养目标：人文地理与城乡规划专业培养掌握地理学、经济学、管理学、城乡规划等基本理论、基本知识和基本技能，掌握城乡规划设计、土地资源利用和规划、旅游资源规划等专业基本技能，熟悉资源与环境、城乡规划有关政策和法规，了解资源环境与城乡规划管理领域发展动态，能够从事城乡规划设计、城建管理、土地规划和管理、旅游规划和开发及相关领域工作的高级应用型人才。

培养要求：掌握地理学、经济学、管理学、城乡规划等基本理论、基本知识和基本技能，掌握城乡规划设计、土地资源利用和规划、旅游资源规划等专业基本技能。

主干学科：地理科学、规划学

主要课程：城乡规划原理、区域规划、城市设计、居住区规划、小城镇规划、村庄规划、控制性详细规划、城市道路与交通、规划设计CAD、城市地理学、地理信息系统、地图学、城市园林绿地系统规划、人文地理学、经济地理学、城乡规划管理与法规、建筑制图、自然地理学等。

实践环节：包括天文观测实习、毕业论文等，一般安排10~20周。

修业年限：四年

授予学位：理学或管理学学士

就业方向：各级政府规划管理部门、国土管理部门、环境保护部门、建设部门，规划设计、国土资源评价及资源信息化管理、环境评价及管理等方面的公司及研究机构。

开设学校：合肥学院、湖北大学、安徽大学、北京第二外国语学院、河北师范大学、西北农林科技大学、 齐齐哈尔大学、华中师范大学、西藏大学、西安外国语大学、东北农业大学、福州大学、吉林大学、东北师范大学、吉林农业大学、哈尔滨师范大学、东北石油大学、内蒙古农业大学、内蒙古师范大学、华东师范大学、南京大学、南京邮电大学、南京农业大学、江苏师范大学、南京信息工程大学、南京建筑工程学院、苏州科技学院、浙江大学、浙江农林大学、浙江财经大学、福建师范大学、山东师范大学、山东科技大学、聊城大学、青岛理工大学、黑龙江科技大学、河南大学、河南财经政法大学、河南理工大学、河南农业大学、武汉大学、武汉理工大学、湖北大学、武汉科技大学、长沙理工大学、湖南农业大学、吉首大学、湖南师范大学、湖南科技大学、中南林业科技大学、中山大学、西南大学、重庆交通大学、重庆工商大学、四川农业大学、成都理工大学、西华师范大学、西南石油大学、四川师范大学、西南林业大学、云南大学、云南财贸学院、昆明理工大学、西北大学、长安大学、兰州大学、西北师范大学、宁夏大学、新疆大学、石河子大学、华南师范大学、海南师范大学、安徽理工大学、济南大学、曲阜师范大学、福建农林大学、华侨大学、闽江学院、内蒙古财经大学、贵州财经学院、河北工程大学、南通大学、北京大学、北京师范大学、河北农业大学、山东师范大学、北京林业大学、中国地质大学（武汉）、北京联合大学、北京城市学院、天津理工大学、天津师范大学、天津城建大学、山西大学、山西师范大学、山西财经大学、太原师范学院、忻州师范学院、辽宁师范大学、辽宁工程技术大学、辽东学院、西北大学广州大学、集美大学、绵阳师范学院、衡阳师范学院

◆**专业名称：地理信息科学**

◆**专业代码：070504**

培养目标：本专业培养具备地理信息系统与地图学的基本知识、基本知识、基本技能，能在科研机构或高等学校从事科学研究或教学工作，能在城市、区域、资源、环境、交通、人口、住房、土地、基础设施和规划管理等领域从事与地理信息系统有关的应用研究、技术开发、生产管理和行政管理等工作的地理信息系统高级专门人才。

培养要求：本专业学生主要学习地理信息系统和地图学、遥感技术方面的基本理论和基本知识，受到应用基础研究和技术开发方面的科学思维和科学实验训练，具有较好的科学素养，具备地理信息系统研究、设计与开发的基本技能及初步的教学、研究、开发和管理能力。

毕业生应获得以下几方面的知识和能力：

1.掌握数学、物理、计算机科学等方面的基本理论和基本知识；

2.掌握地理信息系统和地图学的基本理论、基本知识和基本实验技能，以及地理信息系统技术开发的基本原理和基本力法；

3.了解相邻专业如地理学、人文地理与城乡规划、测绘工程等的一般原理和方法；

4.了解国家科学技术政策、知识产权、可持续发展战略等有关政策和法规；

5.了解地理信息系统的理论前沿、应用前景和最新发展动态，以及地理信息系统产业发展状况；

6.掌握资料查询、文献检索及运用现代信息技术获取相关信息的基本方法；具有一定的实验设计、创造实验条件，归纳、整理、分析实验结果，撰写论文，参与学术交流的能力。

主干学科：地理学、地图学、计算机科学与技术

主要课程：自然地理学、人文地理学、经济地理学、地图学、遥感技术、数据库技术、地理信息系统原理、地理信息系统设计与应用等。

实践环节：根据课程要求，最好从一年级时便安排教学实习，也可到高年级时安排，包括室内与野外实习、生产实习和毕业论文等，一般安排10~20周。

修业年限：四年

授予学位：理学或工学学士

就业方向：可到科研机构或高等学校从事科学研究或教学工作，到城市、区域、资源、环境、交通、人口、住房、土地基础设施和规划管理等部门从事与地理信息系统有关的应用研究。

开设学校：佛山科学技术学院、青海师范大学、西藏大学(211大学)、咸阳师范学院、湖南科技大学、长春师范大学、昆明理工大学、陕西师范大学(教育部直属、211大学)、西北农林科技大学(教育部直属、985大学、211大学)、西南林业大学、河北联合大学、河北师范大学、河北工程大学、首都师范大学、北京建筑大学、北京联合大学、内蒙古科技大学、西北师范大学、泉州师范学院、集美大学、河南财经政法大学、许昌学院、闽江学院、兰州交通大学、南阳师范学院、宁夏大学(211大学)、广西师范学院、山东科技大学、山东交通学院、鲁东大学、内蒙古师范大学、广西师范大学、桂林理工大学、中国石油大学(教育部直属、211大学)、中国地质大学(教育部直属、211大学)、南京师范大学(211大学)、河海大学(教育部直属、211大学)、中南大学(教育部直属、985大学、211大学)、中山大学(教育部直属、985大学、211大学)、四川农业大学(211大学)、南京大学(教育部直属、985大学、211大学)、浙江大学(教育部直属、985大学、211大学)、东南大学(教育部直属、985大学、211大学)、中国矿业大学(教育部直属、211大学)、南京工业大学、东华理工大学、淮海工学院、南京信息工程大学、江苏师范大学、南京邮电大学、石河子大学(211大学)、重庆邮电大学、重庆师范大学、华东师范大学(教育部直属、985大学、211大学)、华东理工大学(教育部直属、211大学)、武汉理工大学(教育部直属、211大学)、延边大学(211大学)、东北师范大学(教育部直属、211大学)、南京晓庄学院、东北大学(教育部直属、985大学、211大学)、成都理工大学、辽宁师范大学、西北大学(211大学)、北京大学(教育部直属、985大学、211大学)、云南大学(211大学)、新疆农业大学、西华师范大学、四川师范大学、太原师范学院、山西农业大学、山西师范大学、新疆师范大学、浙江农林大学、新疆大学(211大学)、同济大学(教育部直属、985大学、211大学)、天津城建大学、华南师范大学(211大学)、兰州大学(教育部直属、985大学、211大学)、天津师范大学、武汉大学(教育部直属、985大学、211大学)、北京林业大学(教育部直属、211大学)、郑州大学(211大学)、中国海洋大学(教育部直属、985大学、211大学)、合肥工业大学(教育部直属、211大学)、北京师范大学(教育部直属、985大学、211大学)、湖南师范大学(211大学)、河南城建学院、南京大学金陵学院、贵州大学(211大学)、西南大学(教育部直属、211大学)、中国地质大学(北京)(教育部直属、211大学)、中国石油大学(北京)(教育部直属、211大学)、辽宁工程技术大学、宿迁学院、武汉工程科技学院、滨州学院、滁州学院、枣庄学院、中国矿业大学(北京)(教育部直属、211大学)、哈尔滨师范大学、淮阴师范学院、湖北大学、吉林建筑大学、湖南城市学院、吉林师范大学、东北林业大学(教育部直属、211大学)、中南林业科技大学、华北水利水电大学、黑龙江工程学院、安徽师范大学、上海师范大学、安徽建筑大学、广州大学、华南农业大学、

嘉应学院、南京信息工程大学滨江学院、南京师范大学泰州学院、成都理工大学工程技术学院、内蒙古科技大学包头师范学院、中国人民解放军信息工程学院

0706 大气科学类

◆专业名称:大气科学
◆专业代码:070601

培养目标:本专业培养具有扎实的大气科学基本理论、基本知识和基本技能,能够在大气物理、大气环境、大气探测、气象学、气候学、应用气象及相关学科从事科研、教学、科技开发及相关管理工作的高级专门人才。

培养要求:本专业学生主要学习大气科学等方面的基本理论和基本知识,受到科学思维与科学实验(包括野外实习和室内实验)方面的基本训练,具备良好的科学素养,具有进行人文科学基础研究或应用研究,进行理论分析、数据处理和计算机应用的基本技能,具有较强的知识更新能力和较广泛的科学适应能力。

毕业生应获得以下几方面的知识和能力:

1.掌握系统的数学、物理、化学、计算机等方面的基本理论和基本知识;

2.具有扎实的大气科学的基础理论、基础知识和基本技能,掌握进行大气探测的技术和分析的基本方法;

3.了解相近专业的一般原理和知识;

4.了解国家科技发展、环境保护、知识产权等有关政策和法规;

5.了解大气科学及相关学科发展的理论前沿和最新发展动态;

6.掌握资料查询、文献检索及运用现代信息技术获取相关信息的基本方法;具有一定的实验设计,创造实验条件,归纳、整理、分析实验结果,撰写论文,参与学术交流的能力。

主干学科:大气科学、环境科学

主要课程:大气科学概论(地球科学概论)、大气物理学、大气探测学、天气学、大气动力学基础、近代气候学基础等。

实践环节:包括天气学实习、大气探测实习和毕业论文等,一般安排10~20周。

修业年限:四年

授予学位:理学学士

就业方向:学生毕业后适宜到气象、环保、民航、核电、三防、海洋、资源开发利用、国防军事、高等院校、科研院所以及政府机构等部门从事相关的科研、教学及业务工作。

开设学校:浙江大学(教育部直属、985大学、211大学)、扬州大学、北京大学(教育部直属、985大学、211大学)、南京大学(教育部直属、985大学、211大学)、兰州大学(教育部直属、985大学、211大学)、中国地质大学(教育部直属、211大学)、中山大学(教育部直属、985大学、211大学)、广大海洋大学、云南大学(211大学)、中国海洋大学(教育部直属、985大学、211大学)、沈阳农业大学、成都信息工程学院、南京信息工程大学、南京信息工程大学滨江学院

◆专业名称:应用气象学
◆专业代码:070602

培养目标:本专业培养掌握应用气象学专业的基础知识、基本理论和基本技能,能够在农业气象及生态环境监测调控、信息分析处理、资源开发利用和防灾减灾等科研、教学和业务部门工作的应用型高级专门人才。

培养要求:本专业学生主要学习应用气象学基本理论和基础知识,受到科学思维、科学实验、信息处理技术等方面的技术和基础训练。具有良好的科学素养和坚实的大气科学、生物科学和环境科学等方面的基础,掌握气象信息服务系统研制与运用、气候资源开发与利用、产业工程的适用气象技术研究、气象防灾减灾对策与技术研究,生态环境调控以及解决气象学在有关领域中应用问题等方面的基本能力,具有较强的知识更新能力和较广泛的科学适应能力。

毕业生应获得以下几方面的知识和能力:

1.掌握系统的数学、物理、化学、计算机等方面的基本原理、基本知识;

2.具有扎实的应用气象学和相关学科的基本知识和基本技能;掌握遥感数据处理与应用技术、资源环境评价方法,具有理论联系实际、综合分析问题、解决问题的能力,能熟练地运用计算机开发应用气

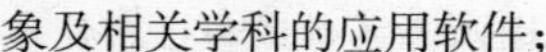

象及相关学科的应用软件；

3.了解相近专业如大气科学、生态学、环境科学的一般原理和知识；

4.熟悉我国气象业务、环境保护、资源利用等方面的方针、政策和法规，以及气象现代化与国民经济可持续发展战略的关系；

5.了解应用气象专业与经济可持续发展等方面的理论前沿、应用前景和最新发展动态；

6.掌握资料查询、文献检索及运用现代信息技术获取最新参考文献的基本方法；具有一定的实验设计，创造实验条件，归纳、整理、分析实验结果，撰写论文，参与学术交流的能力。

主干学科：大气科学、生物学、环境科学。

主要课程：大气物理学、天气气候学、农业气象学、遥感原理及应用、地理信息系统、生态学、环境科学概论。

实践环节：包括气象观测和天气预报实习、生物气象观测、GIS与遥感数据处理、毕业论文等，一般安排10~20周。

修业年限：四年

授予学位：理学学士

就业方向：毕业后可在气象、农业部门和大学从事天气及应用气象领域的业务、管理、科研或教学工作；也可在水利、高新技术企业、民航、军队、其他政府部门和事业单位从事气象业务、农业区划与资源利用、生态环境建设、信息技术应用、军事气象等工作。

开设学校：中国农业大学（教育部直属、985大学、211大学）、中山大学（教育部直属、985大学、211大学）、兰州大学（教育部直属、985大学、211大学）、沈阳农业大学、成都信息工程学院、南京信息工程大学

0707 海洋科学类

◆专业名称：海洋科学
◆专业代码：070701

培养目标：本专业培养具备海洋科学的基本理论、基础知识和基本技能，能在海洋科学及相关领域从事科研、教学、管理及技术工作的高级专门人才。

培养要求：本专业学生具有坚实的数学、物理学及海洋科学方面的基本理论和基本知识，受到海洋科学研究方面的基本训练，掌握海洋科学基本调查方法和实验技能，具有从事海洋调查和海洋科学研究的基本能力。

毕业生应获得以下几方面的知识和能力：

1.掌握数学、物理、化学等方面的基本理论和基本知识；

2.掌握海洋科学的基本理论和基本知识，具有从事海洋调查研究的基本能力；

3.了解相近专业的一般原理和知识；

4.熟悉国家海洋科学技术政策、知识产权、安全条例等有关政策和法规；

5.了解海洋科学的发展动向，能跟踪国际海洋科学研究的方向；

6.掌握资料查询、文献检索及运用现代信息技术获取相关信息的基本方法；具有一定的实验设计，创造实验条件，归纳、整理、分析实验结果，撰写论文，参与学术交流的能力。

主干学科：海洋学、化学、生物学、地质学

主要课程：高等数学、大学物理及实验、大学化学及实验、海洋科学导论、生物海洋学、海洋地质学、海洋调查与观测技术（含出海实习）等。

实践环节：包括海洋学实习、毕业论文等，一般安排10~20周。

修业年限：四年

授予学位：理学学士

就业方向：海洋资源调查和开发利用、环境保护工作；海洋沉积、海洋构造和矿产、海岸动力地貌、河口、海岸带及海洋地质等方面的调查研究工作；含油盆地地质勘查资料综合解释；河口、海岸带及海洋环境工程地质勘查，气象局、海洋局系统以及交通、军事等部门的海洋调查预报工作、环保部门的环境评价工作；为石油部门海上石油平台设计安装提供有关海洋水文资料的分析研究工作；港湾、河口、近海、前海及深海区的生物本质调查、资源及开发利用工作；普通生物学、普通海洋学和海洋生物学有关的科技情报工作；海洋农牧化和水产增养殖有关的生物学研究工作。

开设学校：泰山学院、厦门大学（教育部直属、985大学、211大学）、南京大学（教育部直属、985大学、211大学）、宁波大学、同济大学（教育部直属、985大学、211大学）、海南大学（211大学）、浙江大学

（教育部直属、985大学、211大学）、深圳大学、钦州学院、河北农业大学、中国地质大学（教育部直属、211大学）、中国药科大学（教育部直属、211大学）、淮海工学院、大连海洋大学、四川师范大学、浙江海洋学院、上海海洋大学、广东海洋大学、青岛科技大学、广西民族大学、河海大学（教育部直属、211大学）、中山大学（教育部直属、985大学、211大学）、大连海事大学、天津科技大学、中国海洋大学（教育部直属、985大学、211大学）、盐城工学院、南京信息工程大学、中国地质大学（北京）（教育部直属、211大学）

◆专业名称：海洋技术
◆专业代码：070702

培养目标：本专业培养具备海洋科学的基本知识及海洋高新技术开发研究的能力，能从事海洋高科技、海洋资源开发及海洋工程工作的高级专门人才。

培养要求：本专业学生主要学习海洋高科技和海洋工程方面的基本理论和基本知识，受到海洋新技术的基本训练，具有从事海洋调查和海洋科学研究方面的基本能力。

毕业生应获得以下几方面的知识和能力：

1.掌握数学、物理的基本理论和基本知识；

2.掌握海洋高新技术的基本理论和基本知识，掌握海洋工程评价方法，具有从事海洋开发的基本能力；

3.了解相近专业的一般原理和知识；

4.熟悉我国海洋科技、环境保护、资源利用等方面的方针、政策和法规以及海洋科技与国民经济可持续发展战略的关系；

5.了解海洋技术的发展动向，能跟踪国际海洋技术的发展方向；

6.掌握资料查询、文献检索以及运用现代信息技术获取相关信息的基本方法；具有一定的实验设计，创造实验条件、归纳、整理、分析实验结果，撰写论文，参与学术交流的能力。

主干学科：海洋科学、电子科学与技术、环境科学

主要课程：海洋科学导论、生物海洋学、海洋地质学、海洋调查与观测技术（含出海实习）等。

实践环节：包括海上实习、毕业论文等，一般安排10~12周。

修业年限：四年

授予学位：理学或工学学士

就业方向：毕业后可进入海洋领域和信息技术领域的科研院所、高等院校、企事业单位和国家机关等部门，从事或参与海洋科学研究、海洋资源调查与开发、海洋环境监测与保护、海洋资源管理、海洋探测与监测仪器研发以及教学等方面的工作，也可以在相关领域继续深造。

开设学校：泰山学院、厦门大学（教育部直属、985大学、211大学）、南通大学、河北农业大学、河海大学（教育部直属、211大学）、中国地质大学（教育部直属、211大学）、大连海洋大学、四川师范大学、浙江海洋学院

◆专业名称：海洋资源与环境
◆专业代码：070703T

培养目标：本专业主要培养具备海洋生物资源管理、经营、政策制定、水域环境监测，以及解决海洋资源可持续利用和海洋生态环境保护中的实际问题的能力的复合型专业人才。

培养要求：本专业要求学生掌握现代海洋生物资源管理技术和深厚的生态学理论知识，具备扎实的自然科学知识和良好的人文社会科学知识，掌握一门外国语，能够熟练应用现代信息技术的能力。

毕业生应获得以下几方面的知识和能力：

1.掌握现代海洋生物资源管理技术和深厚的生态学理论知识；

2.备扎实的自然科学知识；

3.具有良好的人文社会科学知识；

4.掌握一门外国语，具有交流和沟通的能力；

5.能够熟练应用现代信息技术的能力；

6.掌握搜索信息和文献的方法和技能。

主要课程：植物学、动物学、水生生物学、鱼类学、微生物学、渔业资源与渔场学、海洋生物资源与环境调查，海洋生物资源评估、海洋生物资源增养殖学、海洋法与渔业法规、渔政管理学等。

实践环节：基础实验、综合实验、实践调查等。

修业年限：四年

授予学位：理学学士

就业方向：毕业生可在海洋生物行业、环保等单位或部门从事海洋生物资源与环境监测、调查、评价、增殖放流、受损海洋生态系统修复或重建，以及相关领域的教学、科研、经营和管理方面的工作。

开设学校：河北工业大学、大连海洋大学、山东大学（教育部直属、985大学、211大学）、扬州大学、宁波大学、大连海事大学（211大学）、浙江海洋学院、中国海洋大学（教育部直属、985大学、211大学）、淮海工学院、山东大学威海分校

◆专业名称：军事海洋学

◆专业代码：070704T

培养目标：军事海洋学专业培养具有良好科学素养和海洋科学技术理论知识，忠诚为部队建设服务，能从事海洋战场环境建设与研究，德、智、军、体全面发展的高级专业技术人才。

培养要求：军事海洋学专业学生通过海洋科学、军事科学等方面的基本理论和基本知识的学习，并受到海洋科学、军事科学研究方面的基本训练，从而系统掌握海洋学调查研究、海洋工程技术、海洋环境保障的基本方法和技能，具有进行深海研究以及反潜战环境预报等的基本能力。

毕业生应获得以下几方面的知识和能力：

1.掌握军事海洋学的基本理论和基本知识；

2.了解相近专业的一般原理和知识；

3.具有坚实的数学、物理学及海洋科学、军事科学方面的基本理论和基本知识；

4.了解军事海洋学的发展动向，能跟踪国际军事海洋学的发展方向；

5.掌握资料查询、文献检索以及运用现代信息技术获取相关信息的基本方法；

6.具有一定的实验设计，创造实验条件、归纳、整理、分析实验结果、撰写论文，参与学术交流的能力。

主要课程：流体力学、海洋学、海洋物理学、军事海洋学、海浪预报理论及方法、海洋声学、海洋动力学、海洋天气学、海战战场海洋环境评估与预测、卫星遥感及海洋遥测、军事思想、军事运筹学、军事基层管理。

修业年限：四年

授予学位：理学学士

就业方向：主要到海军及相关单位、高等学校、国家海洋局及其下属各单位、各地方海洋局等从事相关工作。

开设学校：中国海洋大学（教育部直属、985大学、211大学）

0708地球物理学类

◆专业名称：地球物理学

◆专业代码：070801

培养目标：本专业培养具备坚实的数理基础和较系统的地球物理学基本理论、基本知识和基本技能，受到基础研究和应用基础研究的基本训练，具有较好的科学素养及初步的教学、研究能力，能在科研机构、高等学校或相关的技术和行政部门从事科研、教学、技术开发和管理工作的高级专门人才。

培养要求：本专业学生主要学习地球物理学方面的基本理论和基本知识，受到基础研究和应用基础研究方面的科学思维和科学实验训练，掌握地球深部构造、地震预测、地球物理工程、能源及矿产资源勘察等研究与开发的基本技能。

毕业生应获得以下几方面的知识和能力：

1.掌握数学、物理、地质学等方面的基本理论和基本知识；

2.掌握地球物理学的基本理论、基本知识和基本实验技能，以及地球深部构造、地震预测、地球物理工程、能源及矿产资源勘察等研究与开发的基本技能；

3.了解相近专业的一般原理和知识；

4.了解国家科技、产业政策、知识产权等有关政策和法规；

5.了解地球物理学的理论前沿、应用前景和最新发展动态；

6.掌握资料查询、文献检索及运用现代信息技术获取相关信息的基本方法；具有一定的实验设计，创造实验条件，归纳、整理、分析实验结果，撰写论文，参与学术交流的能力。

主干学科：地质学、物理学

主要课程：地球物理学（地震学、重力学、地磁学、地电学）、地球物理观测、地质学、连续介质力学、计算机及信息处理等。

实践环节：包括主要课程的实验和实习，野外地质实习、毕业实习等，一般安排6~12周。

修业年限：四年

授予学位：理学学士

就业方向：学生毕业后能在地球物理、国土资

源、地震、能源、环境等部门的科研机构、高等院校、国家机关及生产单位从事科学研究、教学、管理、技术开发与工程设计方面的工作。

开设学校：湖南科技大学、宁夏大学(211大学)、桂林理工大学、中国石油大学(教育部直属、211大学)、中南大学(教育部直属、985大学、211大学)、中国地质大学(教育部直属、211大学)、中国矿业大学(教育部直属、211大学)、同济大学(教育部直属、985大学、211大学)、中国科学技术大学(985大学、211大学)、武汉工商学院、中国石油大学(北京)(教育部直属、211大学)、山东科技大学、东北石油大学、长江大学、吉林大学(教育部直属、985大学、211大学)、云南大学(211大学)、北京大学(教育部直属、985大学、211大学)、武汉大学(教育部直属、985大学、211大学)、长安大学(211大学)、成都理工大学、东华理工大学、中国矿业大学(北京)(教育部直属、211大学)、防灾科技学院、中国地质大学(北京)(教育部直属、211大学)

◆专业名称：空间科学与技术

◆专业代码：070802

培养目标：空间科学与技术专业注重培养具有坚实的数学、物理基础，深厚的外语与计算机知识，了解并掌握现代空间科学与技术的基础知识，具有很强的从事空间科学与技术研究的能力，能适应现代社会多方面工作需要的新型科技与管理人才。

培养要求：主要学习自然科学基础知识、技术科学基础知识和本专业领域及相关专业的基本理论和基础知识，了解并掌握现代空间科学与技术的基础知识，受到现代工程师和科研技术人员的基本训练，具有分析和解决实际问题的能力。

毕业生应获得以下几方面的知识和能力：

1.掌握数学、物理等方面的基本理论和基本知识；

2.掌握空间科学与技术的基本理论、基本知识和基本实验技能，以及日地空间、行星际空间、恒星空间环境的物理、化学特性等知识；

3.了解相近专业的一般原理和知识；

4.了解国家科技、产业政策、知识产权等有关政策和法规；

5.了解空间科学与技术的理论前沿、应用前景和最新发展动态；

6.掌握资料查询、文献检索及运用现代信息技术获取相关信息的基本方法；

7.具有一定的实验设计，创造实验条件，归纳、整理、分析实验结果，撰写论文，参与学术交流的能力。

主干学科：地质学、物理学、数学、计算机

主要课程：太空探索、地球科学概论、遥感概论、测量与地图学、城市与区域科学、操作系统原理、数据结构、结晶学与矿物学、普通地质学、X射线粉末衍射分析、近代地层学、石油地质学、构造地质学、脊椎动物进化史、古海洋学与全球变化、空间探测与空间环境模拟、地震学与地球内部物理学、智能交通系统概论、空间探测信息处理技术等。

修业年限：四年

授予学位：理学或工学学士

就业方向：毕业生除大部分考取国内外研究生外，其余的主要到科研机构、高等院校、能源与资源、航天与通信和国家机关等部门从事科研、教学和高级管理工作。

开设学校：空间科学与技术

延边大学(211大学)、西安电子科技大学(教育部直属、211大学)、成都理工大学、黑龙江工程学院、哈尔滨工业大学(985大学、211大学)、南京航空航天大学(211大学)

0709 地质学类

◆专业名称：地质学

◆专业代码：070901

培养目标：本专业培养具备地质学基本理论、基本知识、基本技能和相关学科基础知识，具有较好的科学素养及初步的研究、教学和管理能力，能在科研机构、学校从事地质科学研究或教学工作，在地矿、冶金、建材、石油、煤炭、材料、环境、基础工程、旅游开发部门从事技术开发与技术管理工作以及在行政部门从事管理工作的高级专门人才。

培养要求：本专业学生主要学习地质学方面的基本理论和基本知识，受到基础研究和应用基础研究方面的科学思维和科学实践训练，掌握地质调查、科学研究、资源开发和管理的基本技能。

毕业生应获得以下几方面的知识和能力：

1.掌握数学、物理、化学等方面的基本理论和基本知识;

2.掌握地质学的基本理论、基本知识和基本技能(包括野外地质工作方法);

3.了解相近专业的一般原理和知识;

4.了解国家科学技术政策、知识产权及可持续发展战略等有关政策和法规;

5.了解地质学的理论前沿、应用前景和最新发展动态,以及资源开发状况;

6.掌握资料查询、文献检索及运用现代信息技术获取有关信息的基本方法;具有一定的设计实验,创造实验条件,归纳、整理、分析实验结果,撰写论文,参与学术交流的能力。

主干学科:地质学

主要课程:地质学、结晶矿物学、古生物学、地史学、岩石学、构造地质学、矿床学、地球物理及勘探方法、地球化学、遥感技术等。

实践环节:主要课程的实验和实习、野外地质的认识实习、区域地质测量实习和毕业实习等,一般安排6~12周。

修业年限:四年

授予学位:理学学士

就业方向:学生毕业后可以在科研机构、学校从事地质学研究或教学工作,或在相关行业从事技术开发、技术管理以及在行政部门从事管理工作。

开设学校:西藏大学(211大学)、南京大学(教育部直属、985大学、211大学)、北京大学(教育部直属、985大学、211大学)、同济大学(教育部直属、985大学、211大学)、长江大学、兰州大学(教育部直属、985大学、211大学)、吉林大学(教育部直属、985大学、211大学)、长安大学(教育部直属、211大学)、安徽大学(211大学)、山东科技大学、桂林理工大学、中国石油大学(教育部直属、211大学)、中国地质大学(教育部直属、211大学)、中山大学(教育部直属、985大学、211大学)、西北大学(211大学)、中国地质大学(北京)(教育部直属、211大学)、中国石油大学(北京)(教育部直属、211大学)、成都理工大学工程技术学院、西安石油大学、东北石油大学、云南大学(211大学)、合肥工业大学(教育部直属、211大学)、中国海洋大学(教育部直属、985大学、211大学)、成都理工大学、西南石油大学、中国地质大学长城学院、武汉工程科技学院、重庆科技学院、防灾科技学院、石家庄经济学院

◆专业名称:地球化学

◆专业代码:070902

培养目标:本专业培养具备地球化学和地质学的基本理论、基本知识和基本技能,受到基础研究、应用基础研究和技术开发的基本训练,具有较好的科学素养及初步的教学、研究、开发和管理能力,能在科研机构、学校从事地球化学研究或教学工作,在资源、能源、材料、环境、基础工程等方面从事生产、测试、技术管理等工作以及在行政部门从事管理工作的高级专门人才。

业务培养要求:本专业学生主要学习地球化学方面的基本理论和基本知识,受到基础研究、应用基础研究和技术开发方面科学思维和科学实践的训练,掌握野外和室内地质及地球化学的基本技能。

毕业生应获得以下几方面的知识和能力:

1.掌握数学、物理、化学等方面的基本理论和基本知识;

2.掌握矿物学、岩石学、矿床学、地球化学和地质学等方面的基本理论、基本知识和基本实验技能以及野外和室内地质及地球化学的研究工作方法、有关测试手段的基本原理和基本方法;

3.了解相近专业的一般原理和知识;

4.了解国家科学技术政策、知识产权及可持续发展战略等有关政策和法规;

5.了解地球化学的理论前沿、应用前景和最新发展动态;

6.掌握资料查询、文献检索及运用现代信息技术获取相关信息的基本方法;具有一定的设计实验,创造实验条件,归纳、整理、分析实验结果,撰写论文,参与学术交流的能力。

主干学科:地质学、化学

主要课程:地球科学概论、构造地质学、结晶学与矿物学、岩石学、矿床学、地球化学、同位素地球化学、环境地球化学、地球物理学等。

实践环节:主要课程的实验和实习、野外地质实习、毕业实习等,一般安排6~12周。

修业年限:四年

授予学位:理学学士

就业方向:在大专院校、科研机构从事相关的教学与科研工作,在资源、能源、国土及基础工程等部门从事生产、测试、技术管理等工作,以及在行政、计

划部门从事评价与管理等方面的工作。

开设学校：南京大学(教育部直属、985大学、211大学)、北京大学(教育部直属、985大学、211大学)、长江大学、兰州大学(教育部直属、985大学、211大学)、中国地质大学(教育部直属、211大学)、华东理工大学(教育部直属、211大学)、西北大学、中国科学技术大学(985大学、211大学)、东北石油大学、成都理工大学、中国地质大学(北京)(教育部直属、211大学)

◆专业名称：地球信息科学与技术

◆专业代码：070903T

培养目标：地球信息科学与技术专业面向21国民经济建设和发展的需要，培养基础理论扎实，系统掌握现代信息科学与技术的理论和方法，能从事地球空间信息工程、3S集成(GPS、GIS、RS)、空间数据无线网络传输、数据信息可视化等领域科学研究、应用研究、教学和运行管理等方面工作，有较强的独立工作能力和创新精神、德智体全面发展的高级科技人才。

培养要求：该专业学生要求在学习数学、物理学、地球动力学与空间测地学基础知识和系统掌握现代信息科学与技术的理论和方法的基础上，对学生进行基础和应用基础研究方法的科学思维和科学实验训练，要求学生具备空间信息的分类与采集、传输与分析、成像与图像处理、空间信息系统的设计与应用等领域的研究与开发的基本技能。

毕业生应获得以下几方面的知识和能力：

1.具有扎实的自然科学基础，较好的人文素养、良好的文字表达能力；

2.掌握数学、物理学、地学、测地学、地球物理学、信息科学、电子学、计算机科学、数字制图学等方面的基本理论、基本知识和基本技能，具有坚实而宽广的专业基础知识；

3.掌握地球空间信息科学的基本理论、基本知识和基本实验技能，了解相近领域的基本概念和方法；

4.了解地球空间信息科学与技术的理论前沿、应用前景和最新发展动态；

5.熟练掌握一门外国语；

6.具有一定的归纳、整理、分析、设计、撰写论文的基本能力、进行学术交流的能力、较强的创新意识和创新精神。

主干学科：地球动力学与空间测地学、信息科学、电子计量学

主要课程：数学、物理学、地球动力学、空间测地学、地球物理学、工程设计学、信息工程学、遥感学、全球定位系统、数字地形模拟、卫星摄像与空间摄影测量学、地理信息系统、计算机与信息传输与处理、系统工程管理学。

实践环节：包括主要课程的实验和实习、专业课程的教学实习、初步科研训练和毕业设计(毕业论文)等，一般安排30周。

修业年限：四年

授予学位：理学学士

就业方向：该专业属交叉学科，学生"数理外"基础扎实，基础理论厚实，专业知识面宽，适应能力强，就业面广，适合到政府机关、城市建设、国土资源、国防、信息产业、财政金融、公共事业管理、交通、电力、能源、环境保护、气象等部门和领域从事科研、教学、生产及管理工作。

开设学校：石家庄经济学院、中国地质大学(北京)(教育部直属、211大学)、河南理工大学、中国海洋大学(教育部直属、985大学、211大学)、中南大学(教育部直属、985大学、211大学)、中山大学(教育部直属、985大学、211大学)、同济大学(教育部直属、985大学、211大学)、西南石油大学、浙江大学(教育部直属、985大学、211大学)

◆专业名称：古生物学

◆专业代码：070904T

培养目标：本专业培养具有良好科学素养和古生物学理论知识，能从事科研、教学、生产及管理等工作，德、智、体全面发展的高级专业技术人才。

培养要求：本专业学生主要学习生物学、地质学及相关学科的基本知识、基础理论和研究方法；了解当代生物学、地质学和环境科学的研究现状和发展方向；具有从事科学研究、高等教育、科技开发和行政管理的能力；为有志于进一步学习、研究的学生提供良好的专业基础知识教育、基本技能训练。

毕业生应具备以下的知识和能力：

1.掌握生物学、地质学及相关学科的基本知识；

2.了解当代生物学、地质学和环境科学的研究现状和发展方向；

3.掌握古生物学基础理论和研究方法；

4.具有从事科学研究、高等教育、科技开发和行政管理的能力；

5.熟练掌握一门外国语，具有交流沟通的能力；

6.具有一定的归纳、整理、分析、设计、撰写论文的基本能力、进行学术交流的能力、较强的创新意识和创新精神。

主要课程：普通化学、植物生物学、动物生物学、生物化学、生物进化论、普通地质学、构造地质学、古生物学、地史学、普通岩石学等。

实践环节：包括主要课程实习、设计(毕业论文)等。

修业年限：四年

授予学位：理学学士

就业方向：古生物学专业毕业生主要担任科研院所、高等学校的研究与教学或教辅人员；古生物及其他自然类博物馆、国家及省市自然保护区及地质公园的科研或管理人员；国土资源行政部门化石管理人员；石油、煤炭及地质调查等部门的研究、实验人员等。

开设学校：北京大学(教育部直属、985大学、211大学)、南京大学(教育部直属、985大学、211大学)、沈阳师范大学

0710 生物科学类

◆专业名称：生物科学
◆专业代码：071001

培养目标：本专业培养具备生物科学的基本理论、基本知识和较强的实验技能，能在科研机构、高等学校及企事业单位等从事科学研究、教学工作及管理工作的生物科学高级专门人才。

培养要求：本专业学生主要学习生物科学方面的基本理论、基本知识，受到基础研究和应用基础研究方面的科学思维和科学实验训练，具有较好的科学素养及一定的教学、科研能力。

毕业生应获得以下几方面的知识和能力：

1.掌握数学、物理、化学等方面的基本理论和基本知识；

2.掌握动物生物学、植物生物学、微生物学、生物化学、细胞生物学、遗传学、发育生物学、神经生物学、分子生物学、生态学等方面的基本理论、基本知识和基本实验技能；

3.了解相近专业的一般原理和知识；

4.了解国家科技政策、知识产权等有关政策和法规；

5.了解生物科学的理论前沿、应用前景和最新发展动态；

6.掌握资料查询、文献检索及运用现代信息技术获取相关信息的基本方法；具有一定的实验设计，创造实验条件，归纳、整理、分析实验结果，撰写论文，参与学术交流的能力。

主干学科：生物学

主要课程：动物生物学、植物生物学、微生物学、生物化学、细胞生物学、遗传学、发育生物学、神经生物学、分子生物学、生态学等。

实践环节：包括野外实习、毕业论文等，一般安排10~20周。

修业年限：四年

授予学位：理学学士

就业方向：毕业后可到科研机构或高等学校从事科学研究或教学工作，也可以到工业、医药、食品、农、林、牧、渔、环保、园林等行业的企业、事业和行政管理部门从事与生物技术有关的应用研究、技术开发、生产管理和行政管理等工作。

开设学校：石河子大学(211大学)、青海大学(211大学)、衡水学院、苏州大学(211大学)、浙江大学(教育部直属、985大学、211大学)、厦门大学(教育部直属、985大学、211大学)、四川大学(教育部直属、985大学、211大学)、南京大学(教育部直属、985大学、211大学)、宜春学院、复旦大学(教育部直属、985大学、211大学)、宁波大学、同济大学(教育部直属、985大学、211大学)、广西大学(211大学)、西昌学院、滨州学院、菏泽学院、吕梁学院、保山学院、文山学院、昭通学院、普洱学院、吉首大学、大理学院、西藏大学(211大学)、怀化学院、嘉应学院、广州大学、韶关学院、惠州学院、红河学院、黄山学院、延安大学、河西学院、海南大学(211大学)、临沂大学、聊城大学、三峡大学、南昌大学(211大学)、重庆大学(教育部直属、985大学、211大学)、兰州大学(教育部直属、985大学、211大学)、中南大学(教育部直属、985大学、211大学)、吉林大学(教育部直属、985大学、211大学)、辽宁大学(211大学)、北京大学(教育部直属、985大学、211大学)、武汉大学(教育部直属、985大学、211大学)、新疆大学(211大学)、天津

大学(教育部直属、985大学、211大学)、德州学院、安徽大学(211大学)、沈阳大学、深圳大学、山西大学、台州学院、温州大学、扬州大学、九江学院、宿州学院、长治学院、滁州学院、枣庄学院、琼州学院、龙岩学院、赤峰学院、河池学院、昆明学院、榆林学院、宜宾学院、铜仁学院、凯里学院、安顺学院、安康学院、保定学院、泰山学院、宁夏大学(211大学)、潍坊学院、烟台大学、邯郸学院、运城学院、晋中学院、贵州大学(211大学)、西南大学(教育部直属、211大学)、肇庆学院、南通大学、南华大学、岭南师范学院、长春师范大学、青海民族大学、长春理工大学、西北农林科技大学(教育部直属、985大学、211大学)、首都师范大学、山东师范大学、廊坊师范学院、唐山师范学院、内蒙古科技大学、鲁东大学、中国农业大学(教育部直属、985大学、211大学)、内蒙古师范大学、中国药科大学(教育部直属、211大学)、南京师范大学(211大学)、山东大学(教育部直属、985大学、211大学)、上海交通大学(教育部直属、985大学、211大学)、中国地质大学(教育部直属、211大学)、中山大学(教育部直属、985大学、211大学)、南京工业大学、大连海洋大学、东华理工大学、南京晓庄学院、中国医科大学、沈阳师范大学、西北大学(211大学)、内蒙古大学(211大学)、山西农业大学、浙江农林大学、浙江海洋学院、安徽农业大学、中国科学技术大学(985大学、211大学)、武汉大学(教育部直属、985大学、211大学)、中央民族大学(985大学、211大学)、北京林业大学(教育部直属、211大学)、南开大学(教育部直属、985大学、211大学)、河北大学、西交利物浦大学、贵州师范大学求是学院、山东师范大学历山学院、绍兴文理学院元培学院、安徽大学江淮学院、香港理工大学、山东大学威海分校、重庆文理学院、天水师范学院、六盘水师范学院、宁德师范学院、合肥师范学院、南京大学金陵学院、广东第二师范学院、兴义民族师范学院、齐鲁师范学院、湖南师范大学树达学院、仲恺农业工程学院、湖南文理学院芙蓉学院、南方科技大学、南昌师范学院、大连理工大学盘锦校区、中国科学院大学、上海科技大学、江苏第二师范学院、陕西学前师范学院、成都师范学院、湖州师范学院求真学院、广西民族师范学院、甘肃民族师范学院、北华大学、湖南科技大学、吉林农业大学、青海师范大学、陕西理工学院、咸阳师范学院、渭南师范学院、白城师范学院、衡阳师范学院、通化师范学院、东北林业大学(教育部直属、211大学)、华中师范大学(教育部直属、211大学)、湖南文理学院、华中农业大学(教育部直属、211大学)、湖南农业大学、吉林师范大学、上海海洋大学、上海师范大学、安徽师范大学、华南农业大学、广东药学院、韩山师范学院、云南师范大学、西南林业大学、玉溪师范学院、安徽科技学院、淮南师范学院、淮北师范大学、西安交通大学(教育部直属、985大学、211大学)、陕西师范大学(教育部直属、211大学)、内蒙古民族大学、南阳师范学院、商丘师范学院、洛阳师范学院、周口师范学院、西北师范大学、青岛农业大学、广西师范学院、山东农业大学、玉林师范学院、山东理工大学、内蒙古农业大学、内蒙古师范大学、海南师范大学、曲阜师范大学、贵州师范大学、广西师范大学、黔南民族师范学院、遵义师范学院、牡丹江师范学院、湖北工程学院、湖北医药学院、武汉轻工大学、黄冈师范学院、湖北师范学院、湖北民族学院、哈尔滨学院、湖北大学、黑龙江八一农垦大学、佳木斯大学、齐齐哈尔大学、武汉工程大学、福建师范大学、泉州师范学院、闽南师范大学、河南大学、河南科技大学、湖北科技学院、福建农林大学、河南农业大学、暨南大学(211大学)、南京农业大学(教育部直属、211大学)、华东师范大学(教育部直属、985大学、211大学)、华东理工大学(教育部直属、 211大学)、华中科技大学(教育部直属、985大学、211大学)、湖南师范大学(211大学)、北京师范大学(教育部直属、985大学、211大学)、河北科技大学、云南大学(211大学)、天津师范大学、安徽医科大学、济南大学、中国海洋大学(教育部直属、985大学、211大学)、浙江师范大学、喀什师范学院、浙江中医药大学、温州医科大学、湖州师范学院、杭州师范大学、辽宁师范大学、新疆师范大学、沈阳农业大学、山西师范大学、忻州师范学院、太原师范学院、山西大同大学、绍兴文理学院、成都中医药大学、西华师范大学、四川师范大学、江西农业大学、南京林业大学、重庆师范大学、重庆邮电大学、江西师范大学、徐州医学院、江苏师范大学、鞍山师范学院、赣南师范学院、长江师范学院、江西科技师范大学、上饶师范学院、井冈山大学、重庆三峡学院、郑州师范学院、呼伦贝尔学院、贵州工程应用技术学院、常熟理工学院、伊犁师范学院、西安文理学院、阜阳师范学院、蚌埠医学院、安庆师范学院、吉林农业科技学院、曲靖师范学院、塔里木大学、内江师范学院、绵阳师范学院、乐山师范学院、陇东学院、哈尔滨师范大学、淮阴师范学院、贵州师范学院、信阳师范学院华锐学院、集宁师范学院、河北科技师范学院、湖北第二师范学院、河北民族师范学院、沧州师范学院、河北师范大学、北方民族大学、河北农业大学、邢台学院、河南科技学院、信阳师范学院、河南师范大学、黑龙江大学、武汉纺织大学、长春中医药大学、湖北文理学院、牡丹江医学院、河南工业大学、湖北工业大学、东北农业大学(211大学)、河北农业大学现代科技学院、东北农业大学成栋学院、新疆农业大学科学技术学院、山西农业大学信息学院、温州医科大学仁济学院、内蒙古科技大学包头师范学院、山西师范大学现代文理学院、哈尔滨工业大学(985大学、211大学)、河北科技大学理工学院、河北师范大学汇华学院

◆专业名称:生物技术
◆专业代码:071002

培养目标:本专业培养具备生命科学的基本理论和较系统的生物技术的基本理论、基本知识、基本技能,能在科研机构或高等学校从事科学研究或教学工作,能在工业、医药、食品、农、林、牧、渔、环保、园林等行业的企业、事业和行政管理部门从事与生物技术有关的应用研究、技术开发、生产管理和行政管理等工作的高级专门人才。

培养要求:本专业学生主要学习生物技术方面的基本理论、基本知识,受到应用基础研究和技术开发方面的科学思维和科学实验训练,具有较好的科学素养及初步的教学、研究、开发与管理的基本能力。

毕业生应获得以下几方面的知识和能力:

1.掌握数学、物理、化学等方面的基本理论和基本知识;

2.掌握基础生物学、生物化学、分子生物学、微生物学、基因工程、发酵工程及细胞工程等方面的基本理论、基本知识和基本实验技能,以及生物技术及其产品开发的基本原理和基本方法;

3.了解相近专业的一般原理和知识;

4.熟悉国家生物技术产业政策、知识产权及生物工程安全条例等有关政策和法规;

5.了解生物技术的理论前沿、应用前景和最新发展动态,以及生物技术产业发展状况;

6.掌握资料查询、文献检索及运用现代信息技术获取相关信息的基本方法;具有一定的实验设计,创造实验条件,归纳、整理、分析实验结果,撰写论文,参与学术交流的能力。

主干学科:生物学

主要课程:微生物学、细胞生物学、遗传学、生物化学、分子生物学、基因工程、细胞工程、微生物工程、生化工程、生物工程下游技术、发酵工程设备等。

实践环节:包括教学实习、生产实习和毕业论文设计等,一般安排10~20周。

修业年限:四年

授予学位:理学学士

就业方向:毕业后可到科研机构或高等学校从事科学研究或教学工作,也可以到工业、医药、食品、农、林、牧、渔、环保、园林等行业的企业、事业和行政管理部门从事与生物技术有关的应用研究、技术开发、生产管理和行政管理等工作。

开设学校:合肥学院、邢台学院、浙江大学(教育部直属、985大学、211大学)、苏州大学(211大学)、中南大学(教育部直属、985大学、211大学)、厦门大学(教育部直属、985大学、211大学)、四川大学(教育部直属、985大学、211大学)、南京大学(教育部直属、985大学、211大学)、宜春学院、复旦大学(教育部直属、985大学、211大学)、同济大学(教育部直属、985大学、211大学)、新乡学院、大理学院、西藏大学(211大学)、青海大学(211大学)、湘南学院、广州大学、韶关学院、惠州学院、红河学院、黄山学院、延安大学、海南大学(211大学)、临沂大学、青岛大学、长江大学、江汉大学、莆田学院、华侨大学、南昌大学(211大学)、兰州大学(教育部直属、985大学、211大学)、广西大学(211大学)、福州大学(211大学)、吉林大学(教育部直属、985大学、211大学)、延边大学(211大学)、辽宁大学(211大学)、武汉大学(教育部直属、985大学、211大学)、济南大学、新疆大学(211大学)、江南大学(教育部直属、211大学)、郑州大学(211大学)、德州学院、宁波大学、沈阳大学、深圳大学、温州大学、扬州大学、江苏大学、大连大学、辽东学院、九江学院、宿州学院、百色学院、长治学院、枣庄学院、龙岩学院、滨州学院、赤峰学院、河池学院、昆明学院、黑河学院、三明学院、商洛学院、泰山学院、宁夏大学(211大学)、

潍坊学院、烟台大学、邯郸学院、晋中学院、贵州大学(211大学)、西南大学(教育部直属、211大学)、肇庆学院、南通大学、南华大学、汕头大学、岭南师范学院、长春师范大学、河北师范大学、首都师范大学、北京联合大学、山东师范大学、廊坊师范学院、唐山师范学院、贵州师范大学、甘肃农业大学、宁夏医科

大学、桂林理工大学、鲁东大学、中国农业大学(教育部直属、985大学、211大学)、内蒙古医科大学、中国药科大学(教育部直属、211大学)、上海交通大学(教育部直属、985大学、211大学)、中山大学(教育部直属、985大学、211大学)、华南师范大学(211大学)、南京医科大学、南京工业大学、淮海工学院、大连海洋大学、重庆邮电大学、华东师范大学(教育部直属、985大学、211大学)、山东大学(教育部直属、985大学、211大学)、清华大学(教育部直属、985大学、211大学)、东北大学(教育部直属、985大学、211大学)、大连理工大学(教育部直属、985大学、211大学)、沈阳师范大学、哈尔滨工业大学(985大学、211大学)、山西师范大学、新疆师范大学、浙江中医药大学、浙江海洋学院、安徽农业大学、中央民族大学(985大学、211大学)、北京林业大学(教育部直属、211大学)、南开大学(教育部直属、985大学、211大学)、河北大学、河北科技大学理工学院、武汉工商学院、沈阳城市学院、南昌大学科学技术学院、浙江农林大学暨阳学院、浙江大学城市学院、浙江大学宁波理工学院、南方医科大学、解放军第二军医大学(211大学)、南阳理工学院、辽宁工程技术大学、河北科技师范学院、吉林农业科技学院、天水师范学院、湖北师范学院文理学院、武汉生物工程学院、福州大学至诚学院、新乡医学院三全学院、潍坊科技学院、北京师范大学珠海分校、宁德师范学院、合肥师范学院、江苏师范大学科文学院、宁夏大学新华学院、湖南师范大学树达学院、仲恺农业工程学院、电子科技大学中山学院、山东师范大学历山学院、南方科技大学、河北联合大学轻工学院、浙江中医药大学滨江学院、浙江师范大学行知学院、河南科技学院新科学院、江汉大学文理学院、广西师范大学漓江学院、长春理工大学、长春工业大学、湖南科技大学、吉林农业大学、青海师范大学、陕西中医学院、白城师范学院、湖南科技学院、通化师范学院、东北林业大学、黑龙江大学、华中农业大学(教育部直属、211大学)、湖南农业大学、吉林师范大学、中南林业科技大学、吉林化工学院、湖南工业大学、上海海洋大学、佛山科学技术学院、安徽师范大学、广东石油化工学院、华南农业大学、广州中医药大学、广东海洋大学、广州医科大学、广东药学院、韩山师范学院、云南民族大学、云南师范大学、西南林业大学、云南农业大学、楚雄师范学院、西北农林科技大学(教育部直属、985大学、211大学)、安徽科技学院、淮南师范学院、陕西师范大学(教育部直属、211大学)、内蒙古科技大学、内蒙古民族大学、商丘师范学院、洛阳师范学院、周口师范学院、西北师范大学、青岛农业大学、广西民族大学、山东农业大学、玉林师范学院、桂林医学院、山东理工大学、内蒙古师范大学、海南师范大学、贵阳医学院、海南医学院、广西师范大学、黔南民族师范学院、黑龙江中医药大学、湖北中医药大学、湖北师范学院、黑龙江八一农垦大学、齐齐哈尔大学、中南民族大学、哈尔滨医科大学、福建师范大学、泉州师范学院、西北民族大学、新乡医学院、郑州轻工业学院、福建农林大学、河南工业大学、河南农业大学、河南理工大学、暨南大学(211大学)、西北工业大学(985大学、211大学)、南京农业大学(教育部直属、211大学)、南京师范大学(211大学)、天津农学院、华南理工大学(教育部直属、985大学、211大学)、四川农业大学(211大学)、北京科技大学(教育部直属、211大学)、东北师范大学(教育部直属、211大学)、东北农业大学(211大学)、盐城师范学院、华东理工大学(教育部直属、985大学、211大学、华中科技大学(教育部直属、985大学、211大学)、武汉理工大学(教育部直属、211大学)、湖南大学(教育部直属、985大学、211大学)、河北经贸大学、西安电子科技大学(教育部直属、211大学)、湖南师范大学(211大学)、河北科技大学、北京工业大学(211大学)、内蒙古大学(211大学)、云南大学(211大学)、西北大学(211大学)、天津师范大学、安徽医科大学、天津商业大学、天津科技大学、滨州医学院、合肥工业大学(教育部直属、211大学)、中国海洋大学(教育部直属、985大学、211大学)、浙江理工大学、浙江师范大学、喀什师范学院、浙江农林大学、杭州师范大学、中国计量学院、辽宁师范大学、新疆农业大学、西南民族大学、四川理工学院、太原师范学院、浙江万里学院、西南科技大学、山西农业大学、成都中医药大学、西华师范大学、四川师范大学、江西农业大学、南京林业大学、重庆师范大学、重庆医科大学、江西师范大学、东华理工大学、江苏科技大学、江苏师范大学、苏州科技学院、大连民族学院、大连工业大学、石河子大学(211大学)、鞍山师范学院、大连医科大学、上饶师范学院、井冈山大学、赣南医学院、重庆三峡学院、武汉东湖学院、洛阳理工学院、长沙医学院、济宁医学院、重庆文理学院、吉林医药学院、大庆师范学院、蚌埠医学院、安庆师范学院、曲靖师范学院、塔里木大学、内江师范学院、绵阳师范学院、乐山师范学院、陇东学院、哈尔滨师范大学、淮阴师范学院、沧州师范学院、北京农学院、河北联合大学、齐鲁工业大学、泰山医学院、北方民族大学、北京城市学院、潍坊医学院、河北农业大学、成都医学院、辽宁科技学院、湖南人文科技学院、济南大学泉城学院、青海大学昆仑学院、信阳师范学院华锐学院、河南师范大学新联学院、河南城建学院、集宁师范学院、电子科技大学(教育部直属、985大学、211大学)、山西中医学院、河南科技学院、信阳师范学院、安阳工学院、河南师范大学、佳木斯大学、华中师范大学(教育部直属、211大学)、武汉纺织大学、长春中医药大学、河南科技大学、牡丹江医学院、武汉轻工大学、哈尔滨学院、牡丹江师范学院、上海应用技术学院、安徽工程大学、上海师范大学、遵义医学院、内蒙古农业大学、中国医科大学、北京师范大学(教育部直属、985大学、211大学)、河北农业大学现代科技学院、哈尔滨工业大学(威海)、东北农业大学成栋学院、首都师范大学继续教育学院、山西农业大学信息学院、山西师范大学现代文理学院、安徽农业大学经济技术学院、温州医科大学仁济学院、北京科技经营管理学院、北京师范大学-香港浸会大学联合国际学院、东北师范大学人文学院、南京师范大学中北学院、内蒙古科技大学包头师范学院、新疆农业大学科学技术学院、湖南农业大学东方科技学院、广东工业大学

◆专业名称:生物信息学
◆专业代码:071003

培养目标:本专业培养德、智、体、美全面发展,具有较好的分子生物学、计算机科学与技术、数学和统计学素养,掌握生物信息学基本理论和方法,具备生物信息收集、分析、挖掘、利用等方面的基本能力,能在科研机构、高等学校、医疗医药、环境保护等相关部门与行业从事教学、科研、管理、疾病分子诊断、药物设计、生物软件开发、环境微生物监测等工作的高级科学技术人才。

培养要求:本专业学生主要学习生物信息学的基本理论和方法,受到相关科学实验和科学思维的基本训练,具有较好的分子生物学、计算机科学与技术、数学和统计学素养,具备生物信息的收集、分析、挖掘、利用等方面的基本能力,具有较好的业务素质。

毕业生应获得以下几方面的知识和能力:

1.掌握普通生物学、生物化学、分子生物学、遗传学等基本知识和实验技能;

2.掌握计算机科学与技术基本知识和编程技能(包括计算机应用基础、Linux基础及应用、数据库系统原理、模式识别与预测、生物软件及数据库、Perl编程基础等),具备较强的数学和统计学素养(高等数学、生物统计学等);

3.掌握生物信息学、基因组学、计算生物学、蛋白质组学、生物芯片原理与技术的基本理论和方法,初步具备综合运用分子生物学、计算机科学与技术、数学、统计学等知识和技能,解决生物信息学基本问题的能力;

4.掌握生物信息学资料的查询、文献检索及运用现代信息技术获得相关信息的基本方法,具有一定的实验设计、结果分析、撰写论文、参与学术交流的能力;

5.熟悉国家生物信息产业政策、知识产权及生物安全条例等有关政策和法规;

6.了解生物信息学的理论前沿、应用前景和最新发展动态;

7.具有较好的科学人文素养和较强的英语应用能力,具备较强的自学能力、创新能力和独立解决问题的能力;

8.具有良好的思想道德素质和文化素养,身心健康;

9.具有较好的科学素质、竞争意识、创新意识和合作精神。

主干学科:生物学、数学、计算机科学

主要课程:普通生物学、生物化学、分子生物学、遗传学、生物信息学、计算生物学、基因组学、生物芯片原理与技术、蛋白质组学、模式识别与预测、数据库系统原理、Linux基础及应用、生物软件及数据库、Perl编程基础等。

修学年限:四年

授予学位:理学或工学学士

就业方向:可在科研机构、高等学校、医疗医药、环境保护等相关部门与行业从事教学、科研、管理、疾病分子诊断、药物设计、生物软件开发、环境微生物监测等工作。

开设学校:承德医学院、浙江大学(教育部直属、985大学、211大学)、重庆邮电大学、同济大学(教育部直属、985大学、211大学)、武汉大学(教育部直

属、985大学、211大学)、河北大学、南方医科大学、南方科技大学、华中农业大学(教育部直属、211大学)、湖南农业大学、福建农林大学、苏州大学(211大学)、中南大学(教育部直属、985大学、211大学)、华中科技大学(教育部直属、985大学、211大学)、天津医科大学(211大学)、郑州大学(211大学)、山西农业大学、重庆医科大学、徐州医学院、南京医科大学、福建医科大学、河北农业大学、南通大学、大连理工大学盘锦校区、哈尔滨医科大学、哈尔滨工业大学(985大学、211大学)

◆专业名称:生态学
◆专业代码:071004

培养目标:本专业培养具备生态学的基本理论、基本知识和基本技能,能在科研机构、高等学校、企事业单位及行政部门等从事科研、教学和管理等工作的高级专门人才。

培养要求:本专业学生主要学习生态学方面的基本理论、基本知识,受到基础研究和应用基础研究的科学思维和科学实验训练,具有较好的科学素养,掌握现代生态学理论和计算机模拟等实验技能,初步具备教学、研究、开发和管理能力。

毕业生应获得以下几方面的知识和能力:

1.掌握数学、物理、化学等方面的基本理论和基本知识;

2.掌握现代生态学的基本理论、基本知识、基本实验技能和生态工程设计的基本方法;

3.了解相近专业的一般原理和知识;

4.熟悉国家环境保护、自然资源合理利用、可持续发展、知识产权等有关政策和法规;

5.了解生态学的理论前沿、应用前景和最新发展动态;

6.掌握资料查询、文献检索及运用现代信息技术获取相关信息的基本方法;具有一定的实验设计,创造实验条件,归纳、整理、分析实验结果,撰写论文,参与学术交流的能力。

主干学科:生态学、生物学、环境科学

主要课程:普通生物学、生物化学、生态学、环境微生物学、环境学、地学基础、环境生态工程、环境人文社会科学等。

实践环节:包括教学实习、生产实践、毕业论文等,一般安排8~14周。

修业年限:四年

授予学位:理学学士

就业方向:毕业后主要进入高等院校、科研单位从事基础研究;进入公司和企业从事应用研究、高新技术开发及企业管理等工作。

开设学校:四川大学(教育部直属、985大学、211大学)、厦门大学(教育部直属、985大学、211大学)、北京大学(教育部直属、985大学、211大学)、武汉大学(教育部直属、985大学、211大学)、天津大学(教育部直属、985大学、211大学)、滨州学院、昆明学院、武夷学院、西藏大学(211大学)、三峡大学、南昌大学(211大学)、兰州大学(教育部直属、985大学、211大学)、广西大学(211大学)、辽宁大学(211大学)、新疆大学(211大学)、安徽大学(211大学)、扬州大学、丽水学院、琼州学院、贵州大学(211大学)、吉林农业大学、长春师范大学、青岛农业大学、中国农业大学(教育部直属、985大学、211大学)、广西师范大学、山东大学(教育部直属、985大学、211大学)、中山大学(教育部直属、985大学、211大学)、南京工业大学、北京科技大学(教育部直属、211大学)、西北大学(211大学)、天津城建大学、中央民族大学(985大学、211大学)、湖南农业大学、中南林业科技大学、上海应用技术学院、安徽师范大学、华南农业大学、云南农业大学、山东农业大学、内蒙古师范大学、福建师范大学、福建农林大学、暨南大学(211大学)、南京农业大学(教育部直属、211大学)、四川农业大学(211大学)、东北师范大学(教育部直属、211大学)、东北农业大学(211大学)、华东师范大学(教育部直属、985大学、211大学)、内蒙古大学(211大学)、云南大学(211大学)、中国海洋大学(教育部直属、985大学、211大学)、安徽农业大学、浙江农林大学、新疆农业大学、沈阳农业大学、太原师范学院、山西农业大学、南京林业大学、南京信息工程大学、哈尔滨师范大学、河北农业大学、河南师范大学、北京航空航天大学北海学院

0711心理学类

◆专业名称:心理学
◆专业代码:071101

培养目标:本专业培养具备心理学的基本理论、

基本知识、基本技能，能在科研部门、高等和中等学校、企事业单位等从事心理学科学研究、教学工作和管理工作的高级专门人才。

培养要求：本专业学生主要学习心理学方面的基本理论和基本知识，受到心理学科学思维和科学实验的基本训练，具有良好的科学素养，具备进行心理学实验和心理测量的基本能力。

毕业生应获得以下几方面的知识和能力：

1.掌握数学、物理、化学、生物学等方面的基本理论和基本知识；

2.掌握心理学的基本理论、基本知识和实证研究方法，掌握相关的统计、测量方法，具有综合分析、数据处理和计算机应用的能力；

3.了解相近专业的一般原理和知识；

4.了解国家科学技术、知识产权等有关政策和法规；

5.了解心理学的理论前沿、应用前景和最新发展动态；

6.掌握资料查询、文件检索及运用现代信息技术获取相关信息的基本方法；具有一定的实验设计，创造实验条件，归纳、整理、分析实验结果，撰写论文，参与学术交流的能力。

主干学科：心理学、生物学、计算机科学与技术

主要课程：普通心理学、实验心理学、心理统计、生理心理学、认知心理学、发展心理学、认知科学等。

实践环节：包括精神病院实习、企业管理实习、心理咨询实习、毕业论文等，一般安排10~20周。

修业年限：四年

授予学位：理学或教育学学士

就业方向：毕业生主要适合于从事大众传播、组织管理、人力资源评估与开发、广告宣传、公共关系、民意调查、心理卫生等部门的实际工作；各级学校和各类工作的心理测量、心理咨询和心理辅导工作；在高等院校和科研单位从事心理学，以及社会学、管理学、教育学、精神医学等领域中相关心理学内容的教学与科研工作。

开设学校：浙江大学（教育部直属、985大学、211大学）、复旦大学（教育部直属、985大学、211大学）、新乡学院、济宁学院、广州大学、嘉应学院、韶关学院、延边大学（211大学）、北京大学（教育部直属、985大学、211大学）、武汉大学（教育部直属、985大学、211大学）、枣庄学院、龙岩学院、菏泽学院、西南大学（教育部直属、211大学）、渭南师范学院、青海民族大学、青海师范大学、承德医学院、北京联合大学、山东师范大学、内蒙古科技大学、西北师范大学、福建师范大学（福清校区）、集美大学、鲁东大学、泰山学院、重庆大学（教育部直属、985大学、211大学）、吉林大学（教育部直属、985大学、211大学）、中国地质大学（教育部直属、211大学）、中山大学（教育部直属、985大学、211大学）、南京大学（教育部直属、985大学、211大学）、徐州医学院（、井冈山大学、长江师范学院、华中科技大学（教育部直属、985大学、211大学）、温州大学、太原科技大学、宁波大学、绍兴文理学院、天津医科大学（211大学）、北京林业大学（教育部直属、211大学）、北京师范大学（教育部直属、985大学、211大学）、湖南师范大学（211大学）、武汉工商学院、荆楚理工学院、南京师范大学泰州学院、郑州大学国际学院、晋中学院、西南大学（教育部直属、211大学）、沈阳工程学院、福建中医药大学、肇庆学院、福州大学阳光学院、吕梁学院、合肥师范学院、南通大学杏林学院、广东第二师范学院、兴义民族师范学院、齐鲁师范学院、山东女子学院、宁夏大学新华学院、成都学院、成都文理学院、陕西学前师范学院、成都师范学院、湖南第一师范学院、长春光华学院、沈阳城市学院、西北师范大学知行学院、西安体育学院、北华大学、长春师范大学、湖南科技大学、吉林农业大学、大理学院、陕西理工学院、陕西中医学院、宝鸡文理学院、衡阳师范学院、通化师范学院、华中师范大学（教育部直属、985大学）、黑龙江大学、吉林师范大学、湖南农业大学、湖南中医药大学、上海师范大学、广东财经大学、佛山科学技术学院、安徽师范大学、广东外语外贸大学、广州中医药大学、岭南师范学院、广州医科大学、广东医学院、韩山师范学院、云南民族大学、云南师范大学、楚雄师范学院、红河学院、陕西师范大学（教育部直属、985大学）、淮南师范学院、淮北师范大学、上海体育学院、皖南医学院、巢湖学院、合肥学院、黄山学院、延安大学、河西学院、甘肃中医学院、青岛大学、曲阜师范大学、内蒙古民族大学、商丘师范学院、洛阳师范学院、南阳师范学院、周口师范学院、聊城大学、临沂大学、许昌学院、广西师范学院、广西民族大学、玉林师范学院、内蒙古师范大学、海南师范大学、海南医学院、贵阳医学院、贵州师范大学、广西师范大学、遵义师范学院、贵阳中医学院、牡丹江师范学院、湖北工程学院、湖北中医药大学、湖北师范学院、牡丹

江医学院、哈尔滨学院、武汉体育学院、湖北大学、中南民族大学、佳木斯大学、齐齐哈尔大学、长江大学、江汉大学、泉州师范学院、西藏民族学院、西北民族大学、新乡医学院、闽南师范大学、河南大学、湖北科技学院、南昌大学(211大学)、苏州大学(211大学)、南京师范大学(211大学)、华南师范大学(211大学)、兰州大学(教育部直属、985大学、211大学)、天津体育学院、广西大学(211大学)、福州大学、东北师范大学(教育部直属、211大学)、江苏理工学院、盐城师范学院、南京晓庄学院、华东师范大学(教育部直属、985大学、211大学)、西南交通大学(教育部直属、211大学)、中国人民大学(教育部直属、985大学、211大学)、河北大学、天津师范大学、天津中医药大学、天津商业大学、郑州大学(211大学)、滨州医学院、南开大学(教育部直属、985大学、211大学)、济南大学、安徽农业大学、安徽大学(211大学)、浙江理工大学、浙江工业大学、浙江师范大学、温州医科大学、湖州师范学院、杭州师范大学、辽宁师范大学、沈阳师范大学、沈阳大学、喀什师范学院、新疆师范大学、西南民族大学、山西师范大学、泸州医学院、四川理工学院、深圳大学、山西大同大学、长治医学院、忻州师范学院、太原师范学院、山西大学、西南科技大学、四川师范大学、成都中医药大学、西华师范大学、江西师范大学、重庆师范大学、重庆医科大学、江西中医药大学、江苏师范大学、苏州科技学院、南京中医药大学、沈阳体育学院、鞍山师范学院、大连医科大学、赣南师范学院、上饶师范学院、赣南医学院、石河子大学(211大学)、山东中医药大学、郑州师范学院、呼伦贝尔学院、济宁医学院、钦州学院、琼州学院、安徽中医药大学、重庆文理学院、西安文理学院、赤峰学院、广东金融学院、广西中医药大学、吉林医药学院、上海政法学院、阜阳师范学院、安庆师范学院、福建医科大学、宜宾学院、内江师范学院、乐山师范学院、淮阴师范学院、哈尔滨师范大学、绵阳师范学院、成都医学院、贵阳学院、湖南人文科技学院、贵州师范学院、河南师范大学新联学院、信阳师范学院华锐学院、三亚学院、兰州城市学院、安顺学院、贺州学院、河北科技师范学院、商洛学院、河北师范大学汇华学院、湖北第二师范学院、四川警察学院、沧州师范学院、保定学院、中央财经大学(教育部直属、211大学)、中华女子学院、中国政法大学(教育部直属、211大学)、河北联合大学、首都师范大学、河北师范大学、山东体育学院、宁夏大学(211大学)、潍坊医学院、潍坊学院、邯郸学院、石家庄学院、廊坊师范学院、唐山师范学院、衡水学院、河北北方学院、西昌学院、山西中医学院、广东培正学院、南方医科大学、广东技术师范学院、四川文理学院、南通大学、北京体育大学(211大学)、平顶山学院、信阳师范学院、安阳师范学院、河南师范大学、、武汉纺织大学、齐齐哈尔医学院、内蒙古医科大学、河南大学民生学院、山东师范大学历山学院、江西中医药大学科技学院、浙江师范大学行知学院、解放军南京政治学院、天水师范学院、长江大学文理学院、湖北师范学院文理学院、福建师范大学闽南科技学院、北京师范大学珠海分校、南京中医药大学翰林学院、苏州大学应用技术学院、苏州大学文正学院、哈尔滨广厦学院、内蒙古科技大学包头师范学院、内蒙古科技大学包头医学院、贵州师范大学求是学院、湖南师范大学树达学院、湖南农业大学东方科技学院、衡阳师范学院南岳学院、湖南中医药大学湘杏学院、西南交通大学希望学院、淮北师范大学信息学院、温州医科大学仁济学院、湖州师范学院求真学院、江汉大学文理学院、山西师范大学现代文理学院、广西师范学院师园学院、广西大学行健文理学院、辽宁何氏医学院、黑龙江中医药大学、哈尔滨工程大学、天津职业技术师范大学、上海师范大学天华学院、南开大学滨海学院、云南师范大学商学院、昆明医科大学海源学院、河南中医学院、北京师范大学、香港浸会大学联合国际学院

◆专业名称:应用心理学
◆专业代码:071102

培养目标:本专业培养具备心理学的基本理论、基本知识、基本技能,能在教育、工程设计部门、工商企业、医疗、司法、行政管理等部门从事教学、管理、咨询与治疗、技术开发等工作的高级专门人才。

培养要求:本专业学生主要学习心理学方面的基本理论和基本知识,受到心理学科学思维和科学实验的基本训练,具有良好的科学素养,具备进行心理学实验和心理测量的基本能力和将心理学理论、技术应用于某一相关领域,解决实际问题的能力。

毕业生应获得以下几方面的知识和能力:

1.掌握数学、物理、化学、生物学等方面的基本理论和基本知识;

2.掌握应用心理学的基本理论、基本知识和实

证研究方法，掌握相关的统计、测量方法，具有综合分析、数据处理和计算机应用的能力；

3.了解相近专业的一般原理和知识；

4.了解国家科学技术、知识产权等有关政策和法规；

5.了解应用心理学的最新发展动态和应用前景；

6.掌握资料查询、文件检索及运用现代信息技术获取相关信息的能力；具有一定的实验设计，创造实验条件，归纳、整理、分析实验结果，撰写论文，参与学术交流的能力。

主干学科：心理学

主要课程：普通心理学、实验心理学、心理统计、学习心理学、社会心理学、心理测量、工业心理学、教育心理学、临床心理学。

实践环节：根据课程要求，最好从一年级时便安排教学实习，也可到高年级时安排，包括精神病院实习、企业管理实习等，一般安排10~20周。

修业年限：四年

授予学位：理学或教育学学士

就业方向：毕业生主要适合从事大众传播、组织管理、人力资源评估与开发、广告宣传、公共关系、民意调查、心理卫生等部门的实际工作；各级学校和各类公众的心理测量、心理咨询和心理辅导工作；在高等院校和科研单位从事心理学，以及社会学、管理学、教育学、精神医学等领域中相关心理学内容的教学与科研工作。

开设学校：青海民族大学、青海师范大学、承德医学院、北京联合大学、山东师范大学、内蒙古科技大学、西北师范大学、集美大学、泰山学院、鲁东大学、重庆大学（教育部直属、985大学、211大学）、吉林大学（教育部直属、985大学、211大学）、中国地质大学（教育部直属、211大学）、中山大学（教育部直属、985大学、211大学）、南京大学（教育部直属、985大学、211大学）、浙江大学（教育部直属、985大学、211大学）、长江师范学院、温州大学、太原科技大学、宁波大学、绍兴文理学院、天津医科大学（211大学）、北京师范大学（教育部直属、985大学、211大学）、武汉工商学院、荆楚理工学院、郑州大学国际学院、晋中学院、沈阳工程学院、肇庆学院、福州大学阳光学院、吕梁学院、合肥师范学院、南通大学杏林学院、广东第二师范学院、兴义民族师范学院、山东女子学院、宁夏大学新华学院、成都学院、成都文理学院、长春光华学院、沈阳城市学院、西安体育学院、长春师范大学、湖南科技大学、吉林农业大学、大理学院、陕西理工学院、陕西中医学院、宝鸡文理学院、衡阳师范学院、黑龙江大学、湖南农业大学、湖南中医药大学、上海师范大学、广东财经大学、佛山科学技术学院、安徽师范大学、广州大学、广东外语外贸大学、广州中医药大学、广州医科大学、广东医学院、云南民族大学、云南师范大学、楚雄师范学院、红河学院、陕西师范大学（教育部直属、211大学）、淮南师范学院、淮北师范大学、上海体育学院、皖南医学院、巢湖学院、合肥学院、黄山学院、延安大学、河西学院、甘肃中医学院、青岛大学、商丘师范学院、洛阳师范学院、南阳师范学院、聊城大学、临沂大学、许昌学院、广西师范学院、广西民族大学、玉林师范学院、海南师范大学、海南医学院、贵阳医学院、贵州师范大学、广西师范大学、遵义师范学院、贵阳中医学院、湖北工程学院、湖北中医药大学、湖北师范学院、牡丹江医学院、武汉体育学院、中南民族大学、齐齐哈尔大学、长江大学、江汉大学、泉州师范学院、西藏民族学院、西北民族大学、新乡医学院、河南大学、湖北科技学院、南昌大学（211大学）、苏州大学（211大学）、南京师范大学（211大学）、华南师范大学（211大学）、兰州大学（教育部直属、985大学、211大学）、天津体育学院、广西大学（211大学）、福州大学（211大学）、江苏理工学院、盐城师范学院、南京晓庄学院、华东师范大学（教育部直属、985大学、211大学）、西南交通大学（教育部直属、211大学）、北京林业大学（教育部直属、211大学）、中国人民大学（教育部直属、985大学、211大学）、湖南师范大学（211大学）、河北大学、天津师范大学、天津中医药大学、天津商业大学、郑州大学（211大学）、滨州医学院、南开大学（教育部直属、985大学、211大学）、济南大学、安徽农业大学、安徽大学（211大学）、浙江理工大学、浙江工业大学、浙江师范大学、温州医科大学、湖州师范学院、杭州师范大学、辽宁师范大学、沈阳师范大学、沈阳大学、西南民族大学、泸州医学院、四川理工学院、深圳大学、长治医学院、太原师范学院、山西大学、西南科技大学、成都中医药大学、江西师范大学、重庆师范大学、重庆医科大学、江西中医药大学、江苏师范大学、苏州科技学院、南京中医药大学、沈阳体育学院、鞍山师范学院、大连医科大学、赣南师范学院、井冈山大学、赣南医学院、石河子大学(211大学)、山东中医药大学、郑州师范学院、济宁医学院、钦州学院、琼州学院、安徽中医药大学、重庆文理学院、西安文理学院、赤峰学院、广东金融学院、广西中医药大学、吉林医药学院、上海政法学院、阜阳师范学院、安庆师范学院、福建医科大学、宜宾学院、内江师范学院、淮阴师范学院、绵阳师范学院、成都医学院、贵阳学院、湖南人文科技学院、贵州师范学院、三亚学院、兰州城市学院、安顺学院、贺州学院、河北科技师范学院、商洛学院、湖北第二师范学院、四川警察学院、沧州师范学院、保定学院、中央财经大学(教育部直属、211大学)、中华女子学院、中国政法大学(教育部直属、211大学)、河北联合大学、山东体育学院、宁夏大学(211大学)、潍坊医学院、潍坊学院、邯郸学院、石家庄学院、唐山师范学院、衡水学院、河北北方学院、西昌学院、山西中医学院、西南大学(教育部直属、211大学)、广东培正学院、南方医科大学、广东技术师范学院、四川文理学院、南通大学、北京体育大学(211大学)、平顶山学院、信阳师范学院、安阳师范学院、华中师范大学(教育部直属、211大学)、武汉纺织大学、韩山师范学院、河南大学民生学院、南京师范大学泰州学院、山东师范大学历山学院、江西中医药大学科技学院、浙江师范大学行知学院、天水师范学院、长江大学文理学院、湖北师范学院文理学院、福建师范大学闽南科技学院、北京师范大学珠海分校、南京中医药大学翰林学院、苏州大学应用技术学院、苏州大学文正学院、哈尔滨广厦学院、内蒙古科技大学包头师范学院、内蒙古科技大学包头医学院、贵州师范大学求是学院、湖南师范大学树达学院、湖南农业大学东方科技学院、衡阳师范学院南岳学院、湖南中医药大学湘杏学院、西南交通大学希望学院、淮北师范大学信息学院、温州医科大学仁济学院、湖州师范学院求真学院、江汉大学文理学院、广西师范学院师园学院、广西大学行健文理学院、辽宁何氏医学院、内蒙古医科大学、黑龙江中医药大学、齐齐哈尔医学院、哈尔滨工程大学(211大学)、天津职业技术师范大学、上海师范大学天华学院、南开大学滨海学院、云南师范大学商学院、昆明医科大学海源学院、河南中医学院

0712统计学类

◆专业名称:统计学
◆专业代码:071201

培养目标:本专业包括一般统计和经济统计两类专业方向,培养具有良好的数学或数学与经济学素养,掌握统计学的基本理论和方法,能熟练地运用计算机分析数据,能在企业、事业单位和经济、管理部门从事统计调查、统计信息管理、数量分析等开发、应用和管理工作,或在科研、教育部门从事研究和教学工作的高级专门人才。

培养要求:本专业学生主要学习统计学的基本理论和方法,打好数学基础,具有较好的科学素养,受到理论研究、应用技能和使用计算机的基本训练,具有数据处理和统计分析的基本能力。

毕业生应获得以下几方面的知识和能力:

1.具有扎实的数学基础,受到比较严格的科学思维训练;

2.掌握统计学的基本理论、基本知识、基本方法和计算机操作技能;具有采集数据、设计调查问卷和处理调查数据的基本能力;

3.了解与社会经济统计、医药卫生统计、生物统计或工业统计等有关的自然科学、社会科学、工程技术的基本知识,具有应用统计学理论分析、解决该领域实际问题的初步能力;

4.了解统计学理论与方法的发展动态及其应用前景;

5.对于理学学士,应能熟练使用各种统计软件包,有较强的统计计算能力;对于经济学学士,应具有扎实的经济学基础,具有利用信息资料进行综合分析和管理的能力;

6.掌握资料查询、文献检索及运用现代信息技术获取相关信息的基本方法;具有一定的科学研究和实际工作能力。

主干学科:数学、统计学、经济学、管理学

主要课程:数学基础课(分析、代数、几何)、概率论、数理统计、运筹学、计算机基础、应用随机过程等。

实践环节:包括学年论文、社会调查、生产实习和毕业论文等,一般安排10~20周。

修业年限:四年

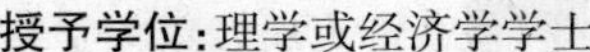

授予学位：理学或经济学学士

就业方向：毕业生主要进入高等院校、市场调研机构、咨询及信息产业部门、金融保险机构、证券投资和社会保障机构、政府各专业管理部门、各级统计机构、以及各类大型国企、外企，其中半数以上的本科毕业生进入国内和国外相关院校继续深造。

开设学校：长春大学、青岛大学、潍坊学院、重庆大学（教育部直属、985大学、211大学）、山东大学（教育部直属、985大学、211大学）、福州大学（211大学）、厦门大学（教育部直属、985大学、211大学）、南京大学（教育部直属、985大学、211大学）、浙江大学（教育部直属、985大学、211大学）、辽东学院、复旦大学（教育部直属、985大学、211大学）、延边大学（211大学）、沈阳大学、北京大学（教育部直属、985大学、211大学）、同济大学（教育部直属、985大学、211大学）、兰州大学（教育部直属、985大学、211大学）、辽宁大学（211大学）、武汉大学（教育部直属、985大学、211大学）、贵州大学（211大学）、滨州学院、枣庄学院、河池学院、池州学院、吉首大学、湘潭大学、大理学院、广州大学、韶关学院、红河学院、巢湖学院、许昌学院、苏州大学（211大学）、东华大学（教育部直属、211大学）、中南大学（教育部直属、985大学、211大学）、吉林大学（教育部直属、985大学、211大学）、新疆大学（211大学）、郑州大学（211大学）、安徽大学（211大学）、山西大学、扬州大学、江苏大学、黑河学院、榆林学院、铜仁学院、安康学院、烟台大学、邯郸学院、燕山大学、西南大学（教育部直属、211大学）、黄淮学院、肇庆学院、云南民族大学、河北农业大学、河北联合大学、北京工商大学、中国传媒大学（教育部直属、211大学）、首都师范大学、北京物资学院、河北金融学院、山东师范大学、西北师范大学、闽南师范大学、仰恩大学、河南财经政法大学、郑州航空工业管理学院、洛阳师范学院、广西科技大学、泰山医学院、贵州财经大学、贵州民族大学、杭州电子科技大学、南京信息工程大学、江苏师范大学、江苏科技大学、南京邮电大学、南京财经大学、长江师范学院、石河子大学（211大学）、华东师范大学（教育部直属、985大学、211大学）、武汉理工大学（教育部直属、211大学）、桂林理工大学、内蒙古财经大学、山东工商学院、中国地质大学（教育部直属、211大学）、中山大学（教育部直属、985大学、211大学）、四川大学（教育部直属、985大学、211大学）、南京农业大学（教育部直属、211大学）、南京工业大学、江西财经大学、上海财经大学（教育部直属、211大学）、南京审计学院、辽宁工业大学、沈阳师范大学、河北工业大学（211大学）、浙江工商大学、浙江财经大学、太原科技大学、浙江理工大学、浙江农林大学、安徽农业大学、华南师范大学（211大学）、天津工业大学、天津财经大学、中国人民大学（教育部直属、985大学、211大学）、河北大学、南开大学（教育部直属、985大学、211大学）、合肥师范学院、山东财经大学东方学院、河北大学工商学院、武汉工商学院、湖北第二师范学院、贵州财经大学商务学院、南通大学杏林学院、南京人口管理干部学院、郑州大学国际学院、西安欧亚学院、沈阳城市学院、广东财经大学华商学院、淮北师范大学信息学院、东华理工大学长江学院、浙江财经大学东方学院、北京信息科技大学、平顶山学院、首都经济贸易大学、肇庆学院、常熟理工学院、东北大学秦皇岛分校、广东金融学院、重庆文理学院、吉林农业科技学院、天水师范学院、福建农林大学东方学院、西安交通大学城市学院、兴义民族师范学院、福建江夏学院、湖南师范大学树达学院、仲恺农业工程学院、福州外语外贸学院、青岛黄海学院、上海财经大学浙江学院、长春财经学院、天津财经大学珠江学院、广西师范大学漓江学院、浙江大学城市学院、长春工业大学、北华大学、西安财经学院、湖南科技大学、云南财经大学、西安工程大学、青海师范大学、陕西理工学院、宝鸡文理学院、青海民族大学、咸阳师范学院、渭南师范学院、白城师范学院、湖南科技学院、中南财经政法大学（教育部直属、211大学）、吉林财经大学、衡阳师范学院、湖南商学院、东北林业大学（教育部直属、211大学）、黑龙江大学、华中师范大学（教育部直属、211大学）、湖南农业大学、吉林师范大学、长沙理工大学、湘南学院、湖南工程学院、上海第二工业大学、广东财经大学、上海对外经贸大学、安徽工程大学、上海立信会计学院、安徽建筑大学、上海金融学院、安徽师范大学、华南农业大学、广东外语外贸大学、岭南师范学院、嘉应学院、惠州学院、广东医学院、广州医科大学、韩山师范学院、云南民族大学、楚雄师范学院、西安理工大学、淮南师范学院、淮北师范大学、西安交通大学（教育部直属、985大学、211大学）、黄山学院、铜陵学院、安徽财经大学、陕西师范大学（教育部直属、211大学）、兰州商学院、海南大学(211大学)、曲阜师范大学、青岛理工大学、兰州交通大学、南阳师范学院、商丘师范学院、周口师范学院、内蒙古农业大学、海南师范大学、海南医学院、山东建筑大学、广西师范大学、遵义师范学院、哈尔滨商业大学、湖北工程学院、湖北师范学院、黑龙江科技大学、湖北民族学院、东北石油大学、湖北经济学院、哈尔滨理工大学、中南民族大学、湖北工业大学、西藏民族学院、河南科技大学、湖北科技学院、福建农林大学、南京理工大学(211大学)、暨南大学(211大学)、西北工业大学(985大学、211大学)、南京师范大学(211大学)、西南财经大学(教育部直属、211大学)、太原理工大学、东北师范大学(教育部直属、211大学)、江苏理工学院、盐城师范学院、华中科技大学(教育部直属、985大学、211大学)、西南交通大学(教育部直属、211大学)、湖南大学(教育部直属、985大学、211大学)、北京林业大学(教育部直属、211大学)、中央民族大学(985大学、211大学)、河北经贸大学、湖南师范大学(211大学)、西安电子科技大学(教育部直属、211大学)、对外经济贸易大学(教育部直属、211大学)、大连海事大学(211大学)、内蒙古大学(211大学)、哈尔滨工业大学(985大学、211大学)、云南大学(211大学)、长安大学(教育部直属、211大学)、天津商业大学、中国民航大学、滨州医学院、安徽理工大学、安徽工业大学、德州学院、嘉兴学院、喀什师范学院、新疆财经大学、杭州师范大学、东北财经大学、中北大学、山西财经大学、成都信息工程学院、四川理工学院、广东工业大学、山西大同大学、浙江万里学院、温州大学、浙江工商大学(应用统计学、经济统计学)、浙江财经大学(经济统计学、应用统计学)、四川师范大学、重庆师范大学、重庆医科大学、西南政法大学、江西财经大学、东华理工大学、淮海工学院、南京医科大学、大连民族学院、鞍山师范学院、沈阳理工大学、上饶师范学院、重庆理工大学、井冈山大学、重庆三峡学院、宿州学院、郑州师范学院、呼伦贝尔学院、山东大学威海分校、宁波工程学院、西京学院、伊犁师范学院、赤峰学院、徐州工程学院、昆明学院、广西财经学院、阜阳师范学院、安庆师范学院、重庆交通大学、塔里木大学、哈尔滨师范大学、淮阴师范学院、重庆工商大学、江苏大学京江学院、河北经贸大学经济管理学院、贵州师范学院、大连财经学院、商洛学院、中山大学新华学院、北京理工大学珠海学院、沧州师范学院、中央财经大学(教育部直属、211大学)、北方工业大学、泰山学院、齐鲁工业大学、北方民族大学、鲁东大学、潍坊医学院、唐山师范学院、河北工程大学、石家庄经济学院、华北科技学院、广东白云学院、广东培正学院、南方医科大学、南通大学、安阳师范学院、信阳师范学院、南阳理工学院、武汉纺织大学、吉林化工学院、华北水利水电大学、上海师范大学、河北农业大学现代科技学院、北京师范大学、香港浸会大学联合国际学院、湖北工业大学商贸学院、北京师范大学珠海分校、江苏师范大学科文学院、云南师范大学文理学院经、浙江工商大学杭州商学院、江西师范大学科学技术学院、重庆工商大学融智学院、西安财经学院行知学院

◆专业名称:应用统计学
◆专业代码:071202

培养目标:应用统计学专业主要包括一般统计和经济统计两类专业方向,培养具有良好的数学或数学与经济学素养,掌握统计学的基本理论和方法,能熟练地运用计算机分析数据,能在企业、事业单位和经济、管理部门从事统计调查、统计信息管理、数量分析等开发、应用和管理工作,或在科研、教育部门从事研究和教学工作的高级专门人才。

培养要求:该专业学生主要学习统计学的基本理论和方法,打好数学基础,具有较好的科学素养,受到理论研究、应用技能和使用计算机的基本训练,具有数据处理和统计分析的基本能力。

毕业生应获得以下几方面的知识和能力:

1.具有扎实的数学基础,受到比较严格的科学思维训练;

2.掌握统计学的基本理论、基本知识、基本方法和计算机操作技能;具有采集数据、设计调查问卷和处理调查数据的基本能力;

3.了解与社会经济统计、医药卫生统计、生物统计或工业统计等有关的自然科学、社会科学、工程技术的基本知识,具有应用统计学理论分析、解决该领域实际问题的初步能力;

4.了解统计学理论与方法的发展动态及其应用前景;

5.对于理学学士,应能熟练使用各种统计软件包,有较强的统计计算能力;对于经济学学士,应具有扎实的经济学基础,具有利用信息资料进行综合

分析和管理的能力；

6.掌握资料查询、文献检索及运用现代信息技术获取相关信息的基本方法；具有一定的科学研究和实际工作能力。

主要课程：数学基础课、概率论、数理统计、运筹学、描述统计、抽样调查原理、多元统计分析、计算机基础、应用随机过程等。

修学年限：四年

授予学位：理学学士

就业方向：应用统计学专业的毕业生主要到企业、事业单位和经济、管理部门从事统计调查、统计信息管理、数量分析等开发、应用和管理工作，或在科研、教育部门从事研究和教学工作。

开设学校：中国人民大学、安徽大学、上海财经大学、上海对外经贸大学、南京邮电大学、中央财经大学、中国传媒大学、中山大学、滨州学院、广州医科大学、南京医科大学、南方医科大学、华北水利水电大学、西安财经学院

08 学科门类：工学

0801 力学类

◆专业名称：理论与应用力学
◆专业代码：080101

培养目标：本专业培养掌握力学的基本理论、基本知识和基本技能，能在力学及相关科学领域从事科研、教学、技术和管理工作的高级专门人才。

培养要求：本专业学生主要学习必需的数学、物理的基础知识，学习力学基础理论及某一专业方向的专门知识，加强实验能力和计算机应用能力的训练，注意培养理论分析能力和力学应用能力。受到科学研究和工程技术应用的初步训练，具有良好的科学素养。

毕业生应获得以下几方面的知识和能力：

1.掌握数学、物理的基础知识，具有较强的分析和演算能力；

2.掌握系统的力学基本理论知识，初步掌握力学的基本实验技能和实验分析方法；掌握一定的工程背景知识，初步学会建立简单力学模型的方法；

3.了解相近专业的一般原理和知识；

4.对本专业范围内科学技术的新发展有所了解；

5.了解国家科技、产业政策、知识产权等有关政策和法规；

6.掌握资料查询、文献检索以及运用现代信息技术获取相关信息的基本方法；具有一定的实验设计，创造实验条件、归纳、整理、分析实验结果，撰写论文，参与学术交流的能力。

主干学科：力学

主要课程：数学分析、高等代数、数学物理方法、计算方法、程序设计、普通物理学、理论力学、材料力学、弹性力学、流体力学等。

实践环节：包括生产实习、科研训练或毕业论文（设计）等，一般安排10~20周。

修业年限：四年

授予学位：理学或工学学士

就业方向：可在大专院校和科研单位从事教学和科研工作，或在航空、航天、汽车、土建、机械、化工、传播、电厂、核技术、生物医学工程等领域从事结构静力分析、震动、流畅与传热质等方面的理论分析、数值计算、试验和大型工程软件的应用与开发。

开设学校：西安理工大学、复旦大学（教育部直属、985大学、211大学）、东北大学（教育部直属、985大学、211大学）、北京大学（教育部直属、985大学、211大学）、四川师范大学、上海大学（211大学）、上东科技大学、兰州大学（教育部直属、985大学、211大学）、中山大学（教育部直属、985大学、211大学）、沈阳建筑大学、沈阳化工学院、重庆科技学院、重庆交通大学、湖北大学、武汉工程大学、哈尔滨工业大学（985大学、211大学）、中国科学技术大学（985大学、211大学）、西北工业大学（985大学、211大学）、辽宁工程技术大学。

◆专业名称：工程力学
◆专业代码：080102

培养目标：本专业培养具备力学基础理论知识、计算和试验能力，能在各种工程（如机械、土建、材料、能源、交通、航空、船舶、水利、化工等）中从事与力学有关的科研、技术开发、工程设计和力学教学工作的高级工程科学技术人才。

培养要求：本专业学生主要学习力学、数学基本理论和知识，受到必要的工程技能训练，具有应用计算机和现代实验技术手段解决与力学有关的工程问题的基本能力。

毕业生应获得以下几方面的知识与能力：

1.具有较扎实的自然科学基础，较好的人文、艺术和社会科学基础及正确运用本国语言、文字的表达能力；

2.较系统地掌握本专业领域宽广的技术理论基础知识，主要包括固体力学、流体力学、电工与电子技术、市场经济及企业管理等基础知识；

3.具有较强的解决与力学有关的工程技术问题的理论分析能力与实验技能；

4.具有较强的计算机和外语应用能力；

5.具有较强的自学能力、创新意识和较高的综合素质。

主干学科：力学

主要课程：理论力学、材料力学、弹性力学、流体力学、振动力学、计算力学、实验力学、结构力学、电工与电子技术、计算机基础知识及程序设计。

实践环节：包括军训，金工、电工、电子实习、认识实习、生产实习、社会实践、课程设计、毕业设计（论文）等，一般应安排40周以上。

修业年限：四年

授予学位：工学学士

就业方向：该专业本科毕业生可到土木水利、机械控制、微电子技术、能源交通、航空航天等部门从事科学研究、技术开发和工程计算机软件的开发应用等工作。

开设学校：浙江大学（教育部直属、985大学、211大学）、北京大学（教育部直属、985大学、211大学）、湘潭大学、重庆大学（教育部直属、985大学、211大学）、四川大学（教育部直属、985大学、211大学）、山东大学（教育部直属、985大学、211大学）、吉林大学（教育部直属、985大学、211大学）、中南大学（教育部直属、985大学、211大学）、武汉大学（教育部直属、985大学、211大学）、长安大学（教育部直属、211大学）、同济大学（教育部直属、985大学、211大学）、郑州大学（211大学）、天津大学（教育部直属、985大学、211大学）、宁波大学、燕山大学、石家庄铁道大学、中国石油大学（教育部直属、211大学）、上海交通大学（教育部直属、985大学、211大学）、华南理工大学（教育部直属、985大学、211大学）、中国矿业大学（教育部直属、211大学）、天津农学院、北京航空航天大学（985大学、211大学）、中国科学技术大学（985大学、211大学）、西安电子科技大学（教育部直属、211大学）、中国石油大学（北京）（教育部直属、211大学）、香港城市大学、香港中文大学、长沙理工大学、湖南科技大学、吉林建筑大学、中南林业科技大学、昆明理工大学、西安理工大学、西安科技大学、西安建筑科技大学、西安交通大学（教育部直属、985大学、211大学）、内蒙古工业大学、内蒙古科技大学、兰州交通大学、山东科技大学、广西科技大学、黑龙江科技大学、东北石油大学、哈尔滨理工大学、兰州理工大学、河南科技大学、河南工业大学、河南理工大学、东南大学（教育部直属、985大学、211大学）、南京理工大学（211大学）、西北工业大学（985大学、211大学）、暨南大学（211大学）、河海大学（教育部直属、211大学）、清华大学（教育部直属、985大学、211大学）、北京理工大学（985大学、211大学）、太原理工大学（211大学）、大连理工大学（教育部直属、985大学、211大学）、哈尔滨工程大学（211大学）、华中科技大学（教育部直属、985大学、211大学）、东北大学（教育部直属、985大学、211大学）、武汉理工大学（教育部直属、211大学）、西南交通大学（教育部直属、211大学）、湖南大学（教育部直属、985大学、211大学）、河北大学、哈尔滨工业大学（985大学、211大学）、河北工业大学（211大学）、南京航空航天大学（211大学）、合肥工业大学（教育部直属、211大学）、安徽理工大学、中国计量学院、成都理工大学、中北大学、西南科技大学、江苏科技大学、苏州科技学院、沈阳航空航天大学、大连交通大学、中国矿业大学（北京）（教育部直属、211大学）、武汉科技大学、重庆交通大学、厦门理工学院、中国农业大学（教育部直属、985大学、211大学）、河北工程大学、辽宁工程技术大学、湖北大学、华北水利水电大学、中国地质大学（教育部直属、211大学）、太原科技大学、宁波诺丁汉大学、西安建筑科技大学华清学院。

注：国内各学校对此专业的定位有所区别，会根据学校的优势而定位，比方说：河海大学的工程力学会偏向水利方向，同济大学、武汉大学的工程力学会偏向建筑方向，上海交通大学的工程力学会偏向机械方向，西安交通大学、哈尔滨工业大学的工程力学会倾向航空航天方向，中国计量学院的工程力学会

偏向计量方向。

0802机械类

◆专业名称:机械工程
◆专业代码:080201

培养目标:本专业培养具备机械设计、制造、自动化基础知识与应用能力,能在工业生产第一线从事机械工程及自动化领域内的设计制造、科技开发、应用研究、运行管理和经营销售等方面工作的高级技术人才。

培养要求:本专业学生主要学习机械设计、制造的基础理论,受到现代机械工程师的基本训练,具有从事机械设计、制造及生产管理、控制的基本能力。

毕业生应获得以下几方面的知识与能力:

1.具有较扎实的自然科学基础,较好的人文、艺术和社会科学基础及正确运用本国语言、文字的表达能力;

2.较系统地掌握本专业领域宽广的技术理论基础知识,主要包括力学、机械学、电工与电子学、流体力学、工程热力学、市场经济及企业管理等基础知识;

3.具有本专业必需的制图、计算、测试、文献检索和基本工艺操作等基本技能及较强的计算机和外语应用能力;

4.具有本专业领域内某个专业方向所必要的专业知识,了解学科前沿及发展趋势;

5.具有较强的自学能力、创新意识和较高的综合素质。

主干学科:机械设计、制造、电工电子技术、计算机技术、信息处理技术及自动化

主要课程:机械工程制图、电工与电子技术应用、机电设备自动检测、机械结构分析、液压系统应用与维护、机械制造技术、数控设备操作与维护、机械系统安装与调试、设备电气控制与修理、现代设备管理、机电设备故障诊断与维修。

实践环节:金工实训、维修电工实训、机修钳工综合实训、机床排故与检修实训、高级职业资格技能实训及鉴定、顶岗实习、毕业设计等。

修学年限:四年

授予学位:理学或工学学士

就业方向:在国家有关部门、科研院所、高等院校、企业、高新技术公司应用CAD及分析软件从事各种机电产品及机电自动控制系统及设备的研究、设计、制造,如:进行工业机器人、微机电系统、智能装置等高新技术产品与系统的设计、制造、开发、试验与研究工作。

开设学校:长春大学、红河学院、青岛大学、集美大学、许昌学院、宁夏大学(211大学)、厦门大学(教育部直属、985大学、211大学)、浙江大学(教育部直属、985大学、211大学)、东华大学(教育部直属、211大学)、宁波大学、新疆大学(211大学)、上海大学(211大学)、江南大学(教育部直属、211大学)、广西大学(211大学)、郑州大学(211大学)、华侨大学、佛山科学技术学院、昆明理工大学、北京印刷学院、北京建筑大学、北京工商大学、北京联合大学、广西科技大学、南京师范大学(211大学)、河海大学(教育部直属、211大学)、上海交通大学(教育部直属、985大学、211大学)、华南理工大学(教育部直属、985大学、211大学)、南京理工大学(211大学)、东南大学(教育部直属、985大学、211大学)、中国矿业大学(教育部直属、211大学)、南京工业大学、东华理工大学、盐城工学院、淮海工学院、江苏师范大学、东北大学(教育部直属、985大学、211大学)、武汉理工大学(教育部直属、211大学)、北京科技大学(教育部直属、211大学)、清华大学(教育部直属、985大学、211大学)、大连工业大学、辽宁工业大学、成都理工大学、北京交通大学(教育部直属、211大学)、天津理工大学、南京航空航天大学(211大学)、天津科技大学、北京航空航天大学(985大学、211大学)、华北电力大学科技学院、解放军军械工程学院、北京交通大学海滨学院、南京工业大学浦江学院、南京理工大学紫金学院、南京航空航天大学金城学院、苏州大学文正学院、南通大学杏林学院、成都理工大学工程技术学院、宁夏大学新华学院、解放军海军工程大学、中国矿业大学银川学院、长春光华学院、无锡太湖学院、宁夏理工学院、辽宁石油化工大学顺华能源学院、华侨大学厦门工学院、江西理工大学应用科学学院、东华理工大学长江学院、大连装备制造职业技术学院、浙江工业大学之江学院、广西科技大学鹿山学院、江西科技学院、中国人民解放军国防科学院(985大学、211大学)、中国石油大学(北京)(教育部直属、211大学)、华北电力大学(教育部直属、211大学)、辽宁工程技术大学、常熟理工学院、南京理工大学泰州科技学院、大连工业大学艺术与信息工程学

院、北京理工大学珠海学院、中国人民解放军装甲兵工程学院、解放军陆军军官学院、集美大学诚毅学院、东北大学秦皇岛分校、解放军第二炮兵工程大学、解放军空军工程大学、中国矿业大学(北京)、(教育部直属、211大学)、湖北大学、吉林建筑大学、湖南工业大学、华北水利水电大学、湖北工业大学、上海师范大学、西安交通大学(教育部直属、985大学、211大学)

◆专业名称:机械设计制造及自动化
◆专业代码:080202

培养目标:培养具备较强的数学、物理基础,熟练掌握外语和计算机两种工具,具有系统的专业知识和较强的实践能力,进行精密工程与制造,应用电子技术,计算机与控制技术,测试与信号处理技术,工程光学,激光应用与光电技术等系列课程的学习与实践训练的高级工程人才。

培养要求:本学科是以机械设计与制造为基础,融入计算机科学、信息技术、自动控制技术的交叉学科,主要任务是运用先进设计制造技术的理论与方法,解决现代工程领域中的复杂技术问题,以实现产品智能化的设计与制造。

毕业生应获得以下几方面的知识和能力:

1.具有较扎实的自然科学基础、较好的人文、艺术和社会科学基础及正确运用本国语言、文字的表达能力;

2.较系统地掌握本专业领域宽广的技术理论基础知识,主要包括力学、机械学、电工与电子技术、机械工程材料、机械设计工程学、机械制造基础、自动化基础、市场经济及企业管理等基础知识。

3.具有本专业必需的制图、计算、实验、测试、文献检索和基本工艺操作等基本技能;

4.具有本专业领域内某个专业方向内所必需的专业知识,了解学科前沿和发展趋势;

5.具有初步的科学研究、科技开发及组织管理能力;

6.具有较强的自学能力和创新意识。

主干学科:机械制造工艺学、机械系统设计、机电控制系统分析与设计、机械制造装备设计、数控技术及应用。

主要课程:工程力学、机械设计基础、热工基础、电工电子技术基础、计算机系列课程、现代控制理论、材料加工工艺与设备、测试与检测技术等。

实践环节:金工、电工、电子实习、认识实习、生产实习、社会实践、课程设计、毕业设计(论文)等,一般应安排40周以上。

修业年限:四年

授予学位:工学学士

就业方向:机械设计与制造加工工艺规程的编制与实施;机械、电气、液压、气压等控制设备的维护维修;工艺工装的设计、制造;数控机床、加工中心等高智能设备的编程及操作;机械CAD/CAM技术的应用;机械设计与制造的现场技术管理;机电产品的销售和服务工作;高等学校、科研机构和国家机关的教学、科研和行政管理;机械模具设计生产及制造。

开设学校:华中科技大学、东南大学、辽宁工程技术大学、西安交通大学、哈尔滨工程大学、广东工业大学、上海交通大学、北京理工大学、长安大学、清华大学、东华大学、西南石油大学、哈尔滨工业大学、太原理工大学、哈尔滨理工大学、西北工业大学、湖南大学、北京化工大学、重庆大学、南京理工大学、北京工业大学、东北大学、武汉理工大学、安徽理工大学、吉林大学、四川大学、天津工业大学、浙江大学、同济大学、河南科技大学、大连理工大学、华东理工大学、中国农业大学、山东大学、上海大学、山东理工大学、西南交通大学、青岛科技大学、湘潭大学、中南大学、西安电子科技大学、中国石油大学、燕山大学、兰州理工大学、华侨大学、中国矿业大学、河北工业大学、福州大学、天津大学、江南大学、昆明理工大学、合肥工业大学、大连交通大学、天津科技大学、北京科技大学、江苏大学、武汉大学、华南理工大学、西安理工大学、贵州大学、北京航空航天大学、长春理工大学、南京工程学院、南京航空航天大学、沈阳理工大学

注:全国开设此专业的高校约500所。以上仅教育部学科评估中获A级以上的高校。

◆专业名称:材料成型及控制工程
◆专业代码:080203

培养目标:本专业培养具备机械热加工基础知识与应用能力,能在工业生产第一线从事热加工领域内的设计制造、试验研究、运行管理和经营销售等方面工作的高级工程技术人才。

培养要求：本专业学生主要学习材料科学及各类热加工工艺的基础理论与技术和有关设备的设计方法，受到现代机械工程师的基本训练，具有从事各类热加工工艺及设备设计、生产组织管理的基本能力。

毕业生应获得以下几方面的知识和能力：

1.具有较扎实的自然科学基础，较好的人文、艺术和社会科学基础及正确运用本国语言、文字的表达能力；

2.较系统地掌握本专业领域宽广的技术理论基础知识，主要包括力学、机械学、电工与电子技术、热加工工艺基础、自动化基础、市场经济及企业管理等基础知识；

3.具有本专业必需的制图、计算、测试、文献检索和基本工艺操作等基本技能及较强的计算机和外语应用能力；

4.具有本专业领域内某个专业方向所必需的专业知识，了解学科前沿及发展趋势；

5.具有较强的自学能力、创新意识和较高的综合素质。

主干学科：机械工程、材料科学与工程

主要课程：工程力学、机械原理及机械零件、电工与电子技术、微型计算机原理及应用、热加工工艺基础、热加工工艺设备及设计、检测技术及控制工程、CAD／CAM基础。

实践环节：金工、电工、电子实习、认识实习、生产实习、社会实践、课程设计、毕业设计(论文)等，一般应安排40周以上。

修业年限：四年

授予学位：工学学士

就业方向：该专业学生毕业后可在工业生产第一线从事热加工领域内的设计制造、试验研究、运行管理和经营销售等方面工作。从事岗位有机械设计/制造、材料类、机械制图、模具设计/制造与维修等。

开设学校：上海理工大学、北华大学、贵州师范大学、广西科技大学、苏州大学(211大学)、中国石油大学(教育部直属、211大学)、东南大学(教育部直属、985大学、211大学)、中国矿业大学(教育部直属、211大学)、重庆理工大学、东北大学(教育部直属、985大学、211大学)、西北大学(211大学)、浙江理工大学、浙江科技学院、天津农学院、武汉大学(教育部直属、985大学、211大学)、郑州大学(211大学)、沈阳城市学院、江西科技学院、武昌工学院、湖南工学院、新乡学院、烟台南山学院、山东英才学院、兰州工业学院、蚌埠学院、衢州学院、成都学院、青岛工学院、广东科技学院、郑州科技学院、湖南科技大学、湘潭大学、陕西科技大学、西安工程大学、青海大学(211大学)、邵阳学院、东北电力大学、长春工程学院、长沙理工大学、南华大学、湖南工程学院、安徽工程大学、昆明理工大学、西安石油大学、西安理工大学、合肥学院、铜陵学院、皖西学院、青岛理工大学、青岛科技大学、兰州交通大学、兰州理工大学、山东科技大学、山东理工大学、山东建筑大学、三峡大学、长江大学、福建工程学院、黄河科技学院、中原工学院、河南科技大学、华侨大学、南昌大学(211大学)、南京理工大学(211大学)、重庆大学(教育部直属、985大学、211大学)、四川大学(教育部直属、985大学、211大学)、广西大学(211大学)、福州大学(211大学)、华南理工大学(教育部直属、985大学、211大学)、淮阴工学院、南京工程学院、常州工学院、吉林大学(教育部直属、985大学、211大学)、华东理工大学(教育部直属、211大学)、武汉理工大学(教育部直属、211大学)、华中科技大学(教育部直属、985大学、211大学)、西南交通大学(教育部直属、211大学)、湖南大学(教育部直属、985大学、211大学)、河北科技大学、长安大学(教育部直属、211大学)、新疆大学(211大学)、天津科技大学、天津理工大学、天津大学(教育部直属、985大学、211大学)、嘉兴学院、西华大学、沈阳大学、辽宁科技大学、太原科技大学、中北大学、山西大同大学、西南科技大学、台州学院、西南石油大学、扬州大学、江苏大学、南昌航空大学、华东交通大学、江苏科技大学、常州大学、江西理工大学、沈阳理工大学、大连交通大学、大连大学、长江师范学院、井冈山大学、九江学院、商丘工学院、三江学院、太原工业学院、丽水学院、百色学院、宁波工程学院、长沙学院、徐州工程学院、重庆科技学院、武汉科技大学、重庆交通大学、上海电机学院、陇东学院、西安航空学院、文华学院、辽宁科技学院、河南工程学院、菏泽学院、长春科技学院、成都工业学院、北方工业大学、河北联合大学、北方民族大学、河北工程大学、华北科技学院、燕山大学、唐山学院、贵州大学(211大学)、攀枝花学院、新余学院、广东白云学院、西安思源学院、南昌工程学院、安阳工学院、江汉大学、湖北大学、武汉工程大学、山东大学(教育部直属、985大学、211大学)、沈阳航空航天大学、大连理工大学(教育部直属、985

大学、211大学)、沈阳工业大学、北京航空航天大学(985大学、211大学)、河北科技大学理工学院、湖北汽车工业学院科技学院、广东技术师范学院天河学院、武汉工程大学邮电与信息工程学院、青岛理工大学琴岛学院、哈尔滨工业大学(威海)、湖南工程学院应用技术学院、辽宁石油化工大学顺华能源学院、中国石油大学胜利学院、东华理工大学长江学院、湘潭大学兴湘学院、桂林电子科技大学信息科技学院、沈阳工业大学工程学院、中国石油大学(北京)(教育部直属、211大学)、齐齐哈尔工程学院、宿迁学院、三峡大学科技学院、宁波诺丁汉大学、天水师范学院、湖北工业大学商贸学院、长江大学工程技术学院武汉工程大学邮电与信息工程学院、福州大学至诚学院、闽南理工学院、广东工业大学华立学院、河北工程大学科信学院、江苏科技大学苏州理工学院、哈尔滨石油学院、哈尔滨华德学院、成都理工大学工程技术学院、四川大学锦城学院、营口理工学院、西安建筑科技大学华清学院、安徽工程大学机电学院、安徽工业大学工商学院、南昌大学科学技术学院、杭州师范大学钱江学院、江汉大学文理学院、南昌航空大学科技学院、南昌大学共青学院、华东交通大学理工学院、江西理工大学应用科学学院、太原科技大学华科学院、太原理工大学现代科技学院、中北大学信息商务学院、天津理工大学中环信息学院、广西大学行健文理学院、兰州理工大学技术工程学院、长春工业大学、宝鸡文理学院、陕西理工学院、吉林工程技术师范学院、中南林业科技大学、吉林化工学院、湖南理工学院、上海工程技术大学、上海第二工业大学、广东石油化工学院、西安建筑科技大学、内蒙古工业大学、内蒙古民族大学、内蒙古科技大学、桂林电子科技大学、山东交通学院、黑龙江科技大学、哈尔滨理工大学、佳木斯大学、湖北汽车工业学院、郑州航空工业管理学院、西北工业大学(985大学、211大学)、南京农业大学(教育部直属、211大学)、太原理工大学(211大学)、江苏理工学院、哈尔滨工业大学(985大学、211大学)、河北工业大学(211大学)、天津职业技术师范大学、合肥工业大学(教育部直属、211大学)、安徽工业大学、沈阳工业大学、辽宁石油化工大学、四川理工学院、广东工业大学、景德镇陶瓷学院、大连工业大学、辽宁工业大学、洛阳理工学院、武汉科技大学城市学院、青岛滨海学院、湖南涉外经济学院、常熟理工学院、东北大学秦皇岛分校、重庆文理学院、湖北理工学院、武汉理工大学华夏学院、厦门理工学院、湖南人文科技学院、荆楚理工学院、郑州工业应用技术学院、江苏大学京江学院、常州大学怀德学院、兰州交通大学博文学院、燕山大学里仁学院、河南师范大学新联学院、长春理工大学光电信息学院、大连工业大学艺术与信息工程学院、北华航天工业学院、齐鲁工业大学、广东技术师范学院、辽宁工程技术大学、南昌理工学院、南阳理工学院、湖南工业大学、河南工业大学、华北水利水电大学、湖北工业大学、黑龙江工程学院、上海应用技术学院、武汉轻工大学

◆专业名称:机械电子工程
◆专业代码:080204

培养目标:本专业以培养能适应社会需求的计算机测控与仪器领域的高级工程技术人才为目标。毕业生具备仪器设计制造以及测量与控制方面的基础知识与应用能力,能在测控技术、电子信息技术、自动化仪表、智能设备、计算机应用等方面从事设计制造、科技开发、应用研究、运行管理等方面的工作,也可担任高等院校、研究机构的教学和研究工作。

培养要求:本专业学生主要学习机械电子工程的基础理论和专业技能,使学生能综合运用所学知识设计、开发各行业所需的测控系统及测试仪器,兼顾工程科学教育与工程实践训练。

毕业生应具备的专业知识与能力:

1.具有较扎实的自然科学基础,较好的沟通交流能力和文字表达能力;

2.较系统地掌握本专业领域宽广的技术理论基础知识;

3.具有本专业必需的制图、测试、文献检索等基本技能及较强的计算机和外语应用能力;

4.具有本专业领域内某个专业方向所必需的专业知识,了解科学前沿及发展趋势;

5.具有较强的自学能力、创新意识和较高的综合素质。

主要课程:电工与电子技术、机械制图、工程力学、机械设计基础、机械制造基础、液压与气动技术、机械制造技术基础、电气控制与PLC、单片机原理与接口技术、数控原理与维修、机电一体化系统设计、先进制造技术导论、C语言程序设计。

实践环节:包括社会实践,课程设计,毕业设计(论文)等。

授予学位：工学学士

修学年限：四年

就业方向：本专业毕业生可到公司企业或科研院所等从事机电一体化产品和系统的设计、制造、使用维护和开发工作；也能从事技术经济分析、质量管理和生产组织管理工作。

开设学校：浙江大学、上海交通大学、西安交通大学、同济大学、重庆大学、华南理工大学、北京理工大学、西南交通大学、河南科技大学、东北林业大学、太原科技大学、浙江理工大学、长安大学、长春工业大学、南京理工大学、苏州大学、江苏大学、中北大学、上海大学、上海理工大学、上海海事大学、辽宁工程技术大学、桂林电子科技大学、长春理工大学、中国民航大学、上海第二工业大学、上海电机学院、华中农业大学、西南石油大学、华东交通大学、西华大学、集美大学、武汉科技大学、山东科技大学、齐齐哈尔大学、内蒙古工业大学、南京工程学院、湖南工程学院、武汉工程大学、北京石油化工学院、江苏技术师范学院、黄石理工学院、成都理工大学、河北农业大学、哈尔滨理工大学、西北农林科技大学、山东农业大学、中原工学院、辽宁工业大学、沈阳航空工业学院、安阳工学院、大连工业大学、绍兴文理学院、太原工业学院、仲恺农业工程学院、攀枝花学院、江苏科技大学、黑龙江科技学院、中国计量学院、湖南理工学院、淮海工学院、广东技术师范学院、黑龙江工程学院、长春工程学院、河北建筑工程学院、浙江大学宁波理工学院、安徽科技学院、南昌工程学院、湖北民族学院、湖南文理学院、菏泽学院、北京理工大学珠海学院、长春理工大学光电信息学院、苏州大学文正学院、江苏大学京江学院、浙江大学城市学院、中国计量学院现代科技学院、厦门大学嘉庚学院、华东交通大学理工学院、武昌首义学院、大连交通大学信息工程学院、上海师范大学天华学院、河北农业大学现代科技学院、苏州大学应用技术学院、东华理工大学长江学院

◆专业名称：工业设计
◆专业代码：080205

培养目标：本专业培养具备工业设计的基础理论、知识与应用能力，能在企事业单位、专业设计部门、科研单位从事工业产品造型设计、视觉传达设计、环境设计和教学、科研工作的应用型高级专门人才。

培养要求：本专业学生主要学习工业设计的基础理论与知识，具有应用造型设计原理和法则处理各种产品的造型与色彩、形式与外观、结构与功能、结构与材料、外形与工艺、产品与人、产品与环境、市场的关系，并将这些关系统一表现在产品的造型设计上的基本能力。

毕业生应获得以下几方面的知识和能力：

1.具有较扎实的自然科学基础，较好的人文、艺术和社会科学基础及正确运用本国语言、文字的表达能力；

2.较系统地掌握本专业领域宽广的技术理论基础知识，主要包括工业设计工程基础、设计表现基础、设计基础、设计理论、人机工程、设计材料及加工、计算机辅助设计、市场经济及企业管理等基础知识；

3.具有新产品的研究与开发的初步能力，有较强的实验技能、动手能力和美的鉴赏与创造能力以及较强的计算机和外语应用能力；

4.具有较强的自学能力和较高的综合素质。

主干学科：机械工程、艺术学

主要课程：力学、电工学、机械设计基础、工业美术、造型设计基础、工程材料、人机工程学、心理学、计算机辅助设计、视觉传达设计、环境设计。

实践环节：金工、电工、电子实习、认识实习、生产实习、社会实践、课程设计、毕业设计(论文)等，一般应安排40周以上。

修业年限：四年

授予学位：工学或文学学士

就业方向：在制造业、IT产业、科研单位从事工业产品设计、人—计算机交互设计、视觉传达设计、环境设计等方面工作，也可自主创业。

开设学校：长春大学、重庆大学(教育部直属、985大学、211大学)、中南大学(教育部直属、985大学、211大学)、山东大学(教育部直属、985大学、211大学)、福州大学(211大学)、浙江大学(教育部直属、985大学、211大学)、延边大学(211大学)、沈阳大学、宁波大学、上海大学(211大学)、济南大学、广西大学(211大学)、武汉大学(教育部直属、985大学、211大学)、蚌埠学院、湘潭大学、怀化学院、南华大学、广州大学、合肥学院、青岛大学、长江大学、江汉大学、华侨大学、南昌大学(211大学)、四川大学(教育部直属、985大学、211大学)、东华大学(教育部直属、211大学)、吉林大学(教育部直属、985大学、211大学)、长安大学(教育部直属、211大学)、同

济大学（教育部直属、985大学、211大学）、新疆大学（211大学）、江南大学（教育部直属、211大学）、郑州大学（211大学）、天津大学（教育部直属、985大学、211大学）、安徽大学（211大学）、西华大学、嘉兴学院、扬州大学、江苏大学、大连大学、滁州学院、梧州学院、西京学院、泰山学院、潍坊学院、燕山大学、贵州大学（211大学）、南通大学、韶关学院、河北工程大学、兰州交通大学、北京化工大学（教育部直属、211大学）、中国地质大学（教育部直属、211大学）、中国石油大学（教育部直属、211大学）、东南大学（教育部直属、985大学、211大学）、中国矿业大学（教育部直属、211大学）、淮海工学院、江苏师范大学、东华理工大学、鲁迅美术学院、江西科技师范大学、华中科技大学（教育部直属、985大学、211大学）、江苏理工学院、常州工学院、大连交通大学、大连工业大学、辽宁工业大学、辽宁石油化工大学、中国美术学院、华南师范大学（211大学）、天津理工大学、北京林业大学（教育部直属、211大学）、沈阳工学院、常州大学怀德学院、燕山大学里仁学院、南京工业大学浦江学院、广东海洋大学寸金学院、四川大学锦江学院、无锡太湖学院、沈阳城市学院、南昌大学科学技术学院、嘉兴学院南湖学院、湖南工业大学科技学院、南华大学船山学院、南昌大学共青学院、沈阳化工大学科亚学院、中国石油大学（北京）（教育部直属、211大学）、宿迁学院、太原工业学院、中南林业科技大学涉外学院、北京理工大学珠海学院、中国矿业大学（北京）（教育部直属、211大学）、广东白云学院、武汉理工大学华夏学院、重庆工商大学、武昌工学院、湖南工学院、长沙师范学院、福州大学至诚学院、烟台南山学院、华南理工大学广州学院、广东技术师范学院天河学院、北京师范大学珠海分校、安徽新华学院、安徽文达信息工程学院、浙江树人学院、江苏师范大学科文学院、西北工业大学明德学院、哈尔滨石油学院、哈尔滨华德学院、成都理工大学工程技术学院、电子科技大学中山学院、青岛工学院、西南交通大学希望学院、河北联合大学轻工学院、河北科技学院、杭州师范大学钱江学院、宁波大学科学技术学院、宁波大红鹰学院、中国计量学院现代科技学院、东华理工大学长江学院、广西科技大学鹿山学院、浙江大学宁波理工学院、浙江大学城市学院、浙江工业大学之江学院、大连科技学院、长春工业大学、北华大学、湖南科技大学、西安工业大学、陕西科技大学、西安工程大学、陕西理工学院、宝鸡文理学院、吉林工程技术师范学院、东北林业大学（教育部直属、211大学）、中南林业科技大学、吉林化工学院、湖南工业大学、上海工程技术大学、上海第二工业大学、广州美术学院、上海理工大学、佛山科学技术学院、安徽建筑大学、上海海事大学、安徽工程大学、广东石油化工学院、东莞理工学院、广东海洋大学、华南农业大学、岭南师范学院、西南林业大学、昆明理工大学、西安石油大学、西安理工大学、西安建筑科技大学、西安交通大学（教育部直属、985大学、211大学）、内蒙古工业大学、青岛理工大学、内蒙古科技大学、青岛科技大学、山东科技大学、广西科技大学、山东交通学院、山东理工大学、内蒙古农业大学、山东建筑大学、山东工艺美术学院、广西师范大学、湖北师范学院、黑龙江科技大学、湖北美术学院、东北石油大学、黑龙江八一农垦大学、哈尔滨理工大学、湖北汽车工业学院、湖北工业大学、福建工程学院、中原工学院、兰州理工大学、郑州航空工业管理学院、河南科技大学、郑州轻工业学院、河南理工大学、南京理工大学（211大学）、西北工业大学（985大学、211大学）、南京农业大学（教育部直属、211大学）、河海大学（教育部直属、211大学）、天津城建大学、华南理工大学（教育部直属、985大学、211大学）、北京科技大学（教育部直属、211大学）、北京理工大学（985大学、211大学）、太原理工大学（211大学）、大连理工大学（教育部直属、985大学、211大学）、淮阴工学院、南京工程学院、上海交通大学（教育部直属、985大学、211大学）、哈尔滨工程大学（211大学）、华东理工大学（教育部直属、211大学）、东北大学（教育部直属、985大学、211大学）、武汉理工大学（教育部直属、211大学）、北京邮电大学（教育部直属、211大学）、湖南大学（教育部直属、985大学、211大学）、北京航空航天大学（985大学、211大学）、西安电子科技大学（教育部直属、211大学）、哈尔滨工业大学（985大学、211大学）、北京工业大学（211大学）、河北工业大学（211大学）、南京航空航天大学（211大学）、天津工业大学、天津职业技术师范大学、天津科技大学、天津商业大学、合肥工业大学（教育部直属、211大学）、中国海洋大学（教育部直属、985大学、211大学）、安徽工业大学、安徽理工大学、浙江理工大学、浙江工业大学、浙江师范大学、浙江农林大学、浙江科技学院、中国计量学院、沈阳工业大学、辽宁科技大学、成都理工大学、中北大学、太原科技大学、四川理工学院、五邑大学、广东工业大学、西南科技大学、西南石油大学、四川师范大学、南京工业大学、重庆师范大学、南昌航空大学、杭州电子科技大学、江苏科技大学、盐城工学院、南京林业大学、江西理工大学、沈阳航空航天大学、大连民族学院、沈阳理工大学、沈阳化工大学、长江师范学院、重庆理工大学、中国矿业大学徐海学院、河南理工大学万方科技学院、青岛滨海学院、宁波工程学院、徐州工程学院、金陵科技学院、武汉科技大学、重庆交通大学、上海电机学院、中原工学院信息商务学院、郑州工业应用技术学院、荆楚理工学院、河南师范大学新联学院、四川音乐学院、北华航天工业学院、成都东软学院、北京联合大学、北京服装学院、北京建筑大学、河北联合大学、河北农业大学、北京印刷学院、齐鲁工业大学、中国农业大学(教育部直属、985大学、211大学)、北方工业大学、北京城市学院、河北建筑工程学院、石家庄铁道大学、攀枝花学院、广东技术师范学院、辽宁工程技术大学、南昌理工学院、北京信息科技大学、安阳工学院、佳木斯大学、武汉纺织大学、湖北大学、长春工程学院、长沙理工大学、东北电力大学、武汉工程大学、黑龙江工程学院、天津大学仁爱学院、华中农业大学楚天学院、河北农业大学现代科技学院、湖北汽车工业学院科技学院、武汉工程大学邮电与信息工程学院、西安工业大学北方信息工程学院、东莞理工学院城市学院、江西财经大学现代经济管理学院、景德镇陶瓷学院科技艺术学院、武汉工程科技学院、武汉工程科技学院、南京航空航天大学金城学院、杭州电子科技大学信息工程学院、山西农业大学信息学院、太原理工大学现代科技学院、广西大学行健文理学院、桂林电子科技大学信息科技学院、北京工业大学耿丹学院、大连工业大学艺术与信息工程学院

◆专业名称:过程装备与控制工程
◆专业代码:080206

培养目标:过程装备与控制工程专业培养掌握控制科学与工程、化工原理及化工工艺等基础理论和知识,掌握工业生产过程检测与控制的专业知识,掌握仪器仪表开发与微型计算机应用的专业知识,能从事工业生产过程检测与控制系统设计、智能仪器仪表设计、微计算机应用及其软件开发工作的高级工程技术人才。

培养要求:本专业学生主要学习过程装备及控制工程专业的基础理论与技术和有关设备的设计方法,受到现代机械工程师的基本训练,具有从事各类机械设备设计、生产组织管理的基本能力。

毕业生应获得以下几方面的知识和能力:

1.具有较扎实的自然科学基础,较好的人文、艺术和社会科学基础及正确运用本国语言、文字的表达能力;

2.较系统地掌握本专业领域宽广的技术理论基础知识,主要包括力学、机械学、电工与电子技术、热加工工艺基础、自动化基础、市场经济及企业管理等基础知识;

3.具有本专业必需的制图、计算、测试、文献检索和基本工艺操作等基本技能及较强的计算机和外语应用能力;

4.具有本专业领域内某个专业方向所必需的专业知识,了解学科前沿及发展趋势;

5.具有较强的自学能力、创新意识和较高的综合素质。

实践环节:包括军训、社会实践,课程设计,毕业设计(论文)等。

就业方向:毕业生具备化学工程、机械工程、控制工程和管理工程等方面的基本知识和技能,可直接从事化工、炼油、医药、轻工、环保等过程设备与过程计算机自动控制的设计、研究、开发、制造、技术管理和教学等工作。

开设学校:山东大学(211、985)、中国石油大学(华东)(211)、山东科技大学、青岛科技大学、齐鲁工业大学、枣庄学院、清华大学(211、985)、北京理工大学(211、985)、北京化工大学(211)、中国石油大学(北京)(211)、北京联合大学、北京石油化工学院、北京工业大学(211)、天津大学(211、985)、天津科技大学、天津理工大学、东北大学秦皇岛分校(211)、华北电力大学(保定校区)(211)、河北工程大学、河北联合大学、河北工业大学(211)、河北科技大学、燕山大学、太原理工大学(211)、中北大学、太原科技大学、内蒙古工业大学、内蒙古科技大学、大连理工大学(211、985)、辽宁工业大学、沈阳化工大学、沈阳理工大学、辽宁石油化工大学、东北大学(211、985)、沈阳工业大学、大连大学、吉林化工学院、长春理工大学、齐齐哈尔大学、东北石油大学、合肥工业大学(211)、安徽工业大学、安徽理工大学、安徽工程大学、安徽建筑大学、华东理工大学(211)、上海应用技术学院,上海理工大学、南京林业大学、江苏科技大学、南京

工业大学、江南大学、常州大学、淮海工学院、盐城工学院、中国矿业大学(211)、东南大学(211、985)、浙江大学(211、985)、浙江工业大学、浙江理工大学、福州大学(211)、南昌大学(211)、郑州大学(211)、郑州轻工业学院、河南工业大学、黄河科技学院、洛阳理工学院、华中科技大学(985、211)、武汉大学(985、211)、武汉理工大学(211)、长江大学(小211)、武汉工业学院、武汉工程大学、荆楚理工学院、江汉大学、湘潭大学、南华大学、湖南工业大学、华南理工大学(985、211)、广东石油化工学院、广西大学、四川大学(985、211)、四川理工学院、西南石油大学、西南科技大学、重庆理工大学、贵州大学(211)、昆明理工大学、西北大学、西安交通大学(985、211)、陕西科技大学、西安工程大学、西安石油大学、延安大学、榆林学院、兰州理工大学、兰州交通大学、陇东学院、青海大学(211)、宁夏大学、北方民族大学、新疆大学(211)、新疆石油学院

◆专业名称:车辆工程
◆专业代码:080207

培养目标:车辆工程专业培养掌握机械、电子、计算机等全面的工程技术基础理论和必要的专业知识与技能,了解并重视与汽车技术发展有关的人文社会知识,能在企业、科研院(所)等部门,从事与车辆工程有关的产品设计开发、生产制造、试验检测、应用研究、技术服务、经营销售、管理等方面工作,具有较强实践能力和创新精神的高级专门人才。

培养要求:本专业主要要求学生系统学习和掌握机械设计与制造的基础理论,学习微电子技术、计算机应用技术和信息处理技术的基本知识,受到现代机械工程的基本训练,具有进行机械和车辆产品设计、制造及设备控制、生产组织管理的基本能力。

毕业生应获得以下几个方面的知识和能力:

1.有较扎实的自然科学基础、较好的人文、艺术和社会科学基础及正确地运用本国语言、文字的表达能力;

2.较系统地掌握本专业领域宽广的技术理论基础知识,主要包括工程力学、电工电子技术、计算机应用技术、机械工程材料、机械设计、机械制造工艺、自动化、测试技术、市场经济及企业管理等基础知识;

3.具有本专业必需的制图、计算、试验、测试、计算机应用、文献检索和基本工艺操作等基本技能;

4.具有车辆工程领域必需的专业知识,了解学科前沿及发展趋势;

5.具有初步的科学研究、科技开发及组织管理能力;

6.具有较强的自学能力和创新意识。

主干学科:力学、车辆工程、计算机技术

主要课程:车辆系统动力学、车辆系统分析与现代设计方法、车辆振动噪声分析与控制、车辆测试技术与分析、车辆电子技术、车辆电液控制系统及计算机控制技术、车体结构分析及计算机辅助车身设计、车辆自动变速理论、车辆动力传动系统控制与优化、车辆故障诊断技术、车辆安全性、车辆行业发展概论、汽车动力总成、车辆技术经济分析与环境保护等。

修业年限:四年

授予学位:工学学士

就业方向:可从事汽车整车及零部件的设计开发、车身及造型设计、车辆电子技术应用、车辆的性能测试与试验研究、汽车制造工艺、工装以及生产管理等技术工作;可在交通运输及管理等部门从事车辆维修管理工作;也可从事相关的教学及科研工作。

开设学校:海工程技术大学、集美大学、济南大学、运城学院、西南大学(教育部直属、211大学)、蚌埠学院、成都学院、长春大学、邵阳学院、南华大学、海南大学(211大学)、临沂大学、华侨大学、南昌大学(211大学)、重庆大学(教育部直属、985大学、211大学)、苏州大学(211大学)、广西大学(211大学)、福州大学(211大学)、中南大学(教育部直属、985大学、211大学)、吉林大学(教育部直属、985大学、211大学)、长安大学(教育部直属、211大学)、同济大学(教育部直属、985大学、211大学)、西华大学、沈阳大学、扬州大学、江苏大学、常州大学、大连大学、九江学院、钦州学院、沈阳大学、常州大学、重庆理工大学、武汉理工大学(教育部直属、211大学)、北京科技大学(教育部直属、211大学)、东北大学(教育部直属、985大学、211大学)、沈阳工业大学、西北大学(211大学)、哈尔滨工业大学(985大学、211大学)、浙江科技学院、北京航空航天大学(985大学、211大学)、沈阳工学院、云南工商学院、邢台职业技术学院、中国石油大学(北京)(教育部直属、211大学)、齐齐哈尔工程学院、长江大学工程技术学院、福州大学至诚学院、潍坊科技学院、广东技术师范学院天河学院、华南理工大学广州学院、桂林航天工业学院、兰州工业学院、河北工程大学科信学院、苏州大学应

用技术学院、苏州大学文正学院、哈尔滨华德学院、南京理工大学紫金学院、西安科技大学高新学院、齐鲁理工学院、安徽工程大学机电学院、南昌大学科学技术学院、河海大学文天学院、同济大学浙江学院、郑州科技学院、华东交通大学理工学院、中北大学信息商务学院、广西科技大学鹿山学院、浙江工业大学之江学院、长春工业大学、北华大学、长春师范大学、湖南科技大学、陕西理工学院、东北林业大学(教育部直属、211大学)、湖南农业大学、长沙理工大学、佛山科学技术学院、安徽工程大学、西南林业大学、昆明理工大学、云南农业大学、西安科技大学、西安理工大学、安徽科技学院、西北农林科技大学(教育部直属、985大学、211大学)、西安交通大学(教育部直属、985大学、211大学)、内蒙古工业大学、青岛理工大学、内蒙古科技大学、兰州交通大学、山东交通学院、广西科技大学、山东农业大学、山东科技大学、山东理工大学、内蒙古农业大学、山东建筑大学、湖北汽车工业学院、黑龙江工程学院、东北石油大学、哈尔滨理工大学、福建工程学院、黄河科技学院、福建农林大学、中原工学院、河南科技大学、南京农业大学(教育部直属、211大学)、华南理工大学(教育部直属、985大学、211大学)、清华大学(教育部直属、985大学、211大学)、太原理工大学(211大学)、北京理工大学(985大学、211大学)、大连理工大学(教育部直属、985大学、211大学)、江苏理工学院、淮阴工学院、南京工程学院、常州工学院、西南交通大学(教育部直属、211大学)、湖南大学(教育部直属、985大学、211大学)、北京林业大学(教育部直属、211大学)、河北科技大学、河北工业大学(211大学)、南京航空航天大学(211大学)、天津职业技术师范大学、天津科技大学、合肥工业大学(教育部直属、211大学)、安徽理工大学、安徽农业大学、安徽工业大学、中北大学、四川理工学院、广东工业大学、太原科技大学、南京林业大学、南京工业大学、华东交通大学、杭州电子科技大学、盐城工学院、大连民族学院、沈阳航空航天大学、沈阳理工大学、大连交通大学、辽宁工业大学、洛阳理工学院、湖南涉外经济学院、宁波工程学院、常熟理工学院、集美大学诚毅学院、湖北理工学院、金陵科技学院、武汉科技大学、重庆交通大学、上海电机学院、武汉理工大学华夏学院、厦门理工学院、郑州工业应用技术学院、烟台大学文经学院、江苏大学京江学院、吉林大学珠海学院、兰州交通大学博文学院、燕山大学里仁学院、河南工程学院、北京理工大学珠海学院、黄河交通学院、燕京理工学院、北京建筑大学、中国农业大学(教育部直属、985大学、211大学)、河北工程大学、河北农业大学、石家庄铁道大学、攀枝花学院、广东白云学院、广东技术师范学院、四川工业科技学院、辽宁工程技术大学、江西科技学院、南昌工程学院、北京信息科技大学、北京吉利学院、佳木斯大学、湖北大学、湖北文理学院、河南工业大学、华南农业大学、上海理工大学、哈尔滨工业大学(威海)、沈阳城市学院、沈阳航空航天大学北方科技学院、湖北汽车工业学院科技学院、南京航空航天大学金城学院、安徽农业大学经济技术学院、太原理工大学现代科技学院、上海第二工业大学

◆专业名称:汽车服务工程
◆专业代码:080208

培养目标:本专业培养具有扎实的汽车技术和汽车服务理论基础,掌握一定的现代信息技术和经营管理的知识,熟悉相关法律法规,具备“懂技术、擅经营、会服务”的综合素质,能够适应汽车技术服务、贸易服务、金融服务等汽车服务领域工作的高级工程人才。

培养要求:该专业学生主要学习汽车技术、汽车运用、汽车服务等领域的基本理论知识,接受现代汽车诊断、检测与维修技术、汽车营销和其他汽车服务的系统训练,具有从事汽车技术服务及经营管理等工作的基本能力。

毕业生应获得以下几方面的知识和能力:

1.有较扎实的自然科学基础、较好的沟通和文字表达能力;

2.较系统地掌握该专业领域宽广的技术理论基础知识,主要包括工程力学、计算机应用技术、机械设计、汽车构造、测试技术等基础知识;

3.具有该专业必需的制图、测试、计算机应用、文献检索和基本工艺操作等基本技能;

4.具有车辆工程领域必需的专业知识,了解学科前沿及发展趋势;

5.具有初步的科学研究、科技开发及组织管理能力;

6.具有较强的自学能力和创新意识。

主干学科:计算机、电子学、电工学、机械制图、汽车构造、汽车电气设备、汽车故障诊断和检测

主要课程:工程力学、机械设计基础、机械原理、

机械设计、机械制图、液压与气压传动、模拟化数字技术、电工与电子技术基础、汽车构造、汽车运用工程、汽车服务系统规划、汽车营销与策划、汽车服务工程、汽车电器设备、汽车理论、汽车工程专业英语、汽车营销、汽车评估、汽车电子控制系统、交通运输学、汽车维修工程、汽车检测与故障诊断等。

修学年限:四年

授予学位:工学学士

就业方向:可从事汽车销售、汽车零部件销售、汽车售后服务、汽车运输、汽车营销企业管理等。

开设学校:长春大学、河北师范大学、同济大学(教育部直属、985大学、211大学)、沈阳工学院、武汉生物工程学院、青岛恒星科技学院、山东英才学院、湖南交通工程学院、华南理工大学广州学院、桂林航天工业学院、安徽三联学院、哈尔滨华德学院、哈尔滨剑桥学院、长沙理工大学城南学院、成都师范学院、南昌工学院、河北科技学院、宁夏理工学院、山东华宇工学院、河南科技学院新科学院、银川能源学院、大连科技学院、北华大学、吉林工程技术师范学院、东北林业大学(教育部直属、211大学)、湖南农业大学、长沙理工大学、中南林业科技大学、湖南理工学院、湖南工程学院、上海工程技术大学、岭南师范学院、西南林业大学、昆明理工大学、安徽科技学院、皖西学院、临沂大学、青岛理工大学、聊城大学、广西科技大学、山东交通学院、黑龙江工程学院、泉州师范学院、黄河科技学院、河南农业大学、江苏理工学院、淮阴工学院、常州工学院、吉林大学(教育部直属、985大学、211大学)、武汉理工大学(教育部直属、211大学)、内蒙古大学(211大学)、长安大学(教育部直属、211大学)、天津职业技术师范大学、天津科技大学、德州学院、西华大学、中北大学、深圳大学、温州大学、盐城工学院、大连交通大学、辽宁工业大学、重庆理工大学、重庆三峡学院、九江学院、三江学院、重庆人文科技学院、滁州学院、湖南涉外经济学院、宁波工程学院、常熟理工学院、西京学院、长沙学院、重庆科技学院、武汉科技大学、重庆交通大学、上海电机学院、西安航空学院、武汉理工大学华夏学院、厦门理工学院、重庆工商大学、绵阳师范学院、辽宁科技学院、贵阳学院、吉林大学珠海学院、延安大学西安创新学院、南通理工学院、广州大学松田学院、燕京理工学院、四川师范大学成都学院、上海建桥学院、成都工业学院、齐齐哈尔工程学院、北京联合大学、齐鲁工业大学、河北工程大学、西昌学院、攀枝花学院、黄淮学院、景德镇学院、广东理工学院、广东白云学院、广东技术师范学院、四川工业科技学院、江西科技学院、南昌理工学院、河南科技学院、安阳工学院、南阳理工学院、江汉大学、湖北文理学院、湖北汽车工业学院、上海师范大学、广东科技学院、沈阳化工大学科亚学院、天水师范学院、湖北文理学院理工学院、湖北汽车工业学院科技学院、广东技术师范学院天河学院、东北师范大学人文学院、安徽文达信息工程学院、南京航空航天大学金城学院、成都理工大学工程技术学院、湖南农业大学东方科技学院、昆明理工大学津桥学院、华东交通大学理工学院、广西科技大学鹿山学院、兰州理工大学技术工程学院、武汉科技大学城市学院、上海师范大学天华学院、信阳师范学院华锐学院、长春工业大学人文信息学院

◆专业名称:机械工艺技术
◆专业代码:080209T

培养目标:培养德、智、体全面发展的,掌握现代机械制造技术领域的基础理论和专业知识,具备较强的机械制造工艺设计、机械加工和设备操作、维护能力的职教“双师型”师资,以及面向企业生产一线具有机械制造领域的产品工艺设计与制造、设备操作与维护能力,掌握数控加工技术、具备机械加工技术服务、生产组织管理和机电产品营销能力的高级技术型人才。

培养要求:毕业生应获得以下几方面的知识和能力:

1.掌握机械学的基本知识和基本理论;

2.了解当代机械学的研究现状和发展方向;

3.掌握机械工艺技术基础理论和研究方法;

4.具有从事科学研究、高等教育、科技开发的能力;

5.熟练掌握一门外国语,具有交流沟通的能力;

6.具有一定的归纳、整理、分析、设计、撰写论文的基本能力、进行学术交流的能力、较强的创新意识和创新精神。

主要课程:画法几何与机械制图、机械原理、机械设计、工程力学、机械工程材料、电工技术与电子技术、机电传动控制、机械制造技术、液压与气压传动、机械工程测试技术、数控原理与编程、、机械CAD\CAM技术等课程。

实践环节:包括军训、金工、电工、电子实习、认识实习、生产实习、社会实践、课程设计、毕业设计(论文)等,一般应安排40周以上。

修业年限:四年

授予学位:工学学士

就业方向:该专业毕业生从业的主要岗位(群)有:中、高等职业学校从事机械专业的理论教学和实践教学的教师(主要以中职学校为主);机械行业、企业从事产品设计、新产品开发和技术改造与创新的设计工程师;生产现场从事机械制造加工工艺规程的编制与实践、工艺装备的设计和制造的工艺工程师;数控机床编程与操作的工艺编程人员;机械加工和数控设备的维护、维修人员;机械CAD\CAM技术的应用人员;企业生产组织和管理、机电产品的销售和技术服务人员。

开设学校:湖南师范大学(211大学)、鞍山师范学院、天津职业技术师范大学

◆专业名称:微机电系统工程
◆专业代码:080210T

培养目标:本专业是以机、电技术,尤其是微机械为基础的,综合多种学科领域技术的新型交叉学科,主要培养从事微机电系统工程方面的设计制造、生产运行、科技开发和技术经济管理方面的人才。

培养要求:本专业学生主要学习微机电系统工程的基本知识、基础理论和研究方法;应了解微机电系统工程发展方向,具有从事实际工作的基本能力。

毕业生应具备的专业知识与能力:

1.掌握微机电系统工程的基本知识和基本理论;

2.了解微机电系统工程的发展方向;

3.掌握微机电系统工程基础理论和研究方法;

4.具有从事实际工作的基本能力;

5.熟练掌握一门外国语,具有交流沟通的能力;

6.具有一定的归纳、整理、分析、设计、撰写论文的基本能力、进行学术交流的能力、较强的创新意识和创新精神。

主要课程:微机电工程材料、微机电器件与系统、微机械学、微纳米测量与测试技术、微细加工技术、现代传感技术、精密工程制造基础和光存储技术等。

实践环节:主要课程实习、设计(毕业论文)等。

修业年限:四年

授予学位:工学学士

就业方向:毕业生可在集成电路制造、航空、航天、机械工程、精密仪器、微电子、医疗器械等行业和领域的研究院所、大中型企业、合资企业及高等院校从事科研、设计、生产等方面的工作。毕业生可在北京、长三角、西安等地的三星电子、台积电、中芯国际、中航集团公司、航天科技集团公司、航天科工集团公司以及中电集团公司等国际知名企业就业。

开设学校:西北工业大学(985大学、211大学)、湖南师范大学、鞍山师范学院

◆专业名称:机电技术教育
◆专业代码:080211T

培养目标:本专业培养具有机械设计、制造与电学等机电技术基本理论、基本知识和基本技能,掌握科学教育理论和教学方法,具有创新精神、实践能力和良好教师素质,毕业后能在中等职业技术院校从事机电技术专业教学工作的教师,以及能从事机电技术领域内的设计制造、产品开发与推广、生产经营管理方面的应用型高级专门人才。

培养要求:本专业学生应具有坚定正确的政治方向,遵纪守法;树立服务社会、服务国家的理想和信念;具有良好的社会责任感和高尚的职业道德。具有本专业必需的机械、电子、自动控制、计算机科学与技术、机械加工技术以及教育学与心理学等方面的基础理论和基本技能。

毕业生应获得以下几方面的知识和能力:

1.具有较扎实的机电技术基础理论、基本知识和基本技能;

2.掌握机电技术教育的基本规律和教育教学的基本理论、方法和技能,能够胜任中等职业技术学校机电类专业的基础课、专业课的教学工作;

3.具有一定的设计与研究能力,了解机电学科的发展前沿,具有一定的外文阅读能力,具有较宽的知识面和较强的适应能力;

4.具有一定的体育和军事基本知识,具有健全的心理和健康的体魄。

主要课程:力学、机械工程、控制工程、计算机科学与技术、画法几何与机械制图、工程力学、电工技术基础、电子技术基础、机械制造基础、机械设计基础、机械工程控制基础、数控机床与编程、微机原理和接口技术、计算机辅助设计基础、机械学科教学论。

实践环节:基础性工艺技能训练、专业各模块实习技能训练及强化训练、教育实习、专业考察、毕业设计。

修业年限:四年

授予学位:工学学士

就业方向:可从事职业高中、技校、中专、大专院校机电专业课程教学工作,也可以到机械制造、机电产品生产等行业,从事机电产品的设计与制造,机电设备维修和生产管理等方面的技术工作。

开设学校:安徽科技学院、广东湛江师范学院、湖北第二师范学院、河南科技学院、保山学院、衡水学院、天津职业技术师范大学

◆专业名称:汽车维修工程教育
◆专业代码:080212T

培养目标:本专业培养掌握汽车构造和制造的基本工艺、理论,熟知现代汽车维修工程教育理论和实践,从事汽车维修与营销管理、技术开发与推广方面的应用型高级工程技术人才。

培养要求:本专业学生应具有坚定正确的政治方向,遵纪守法;树立服务社会、服务国家的理想和信念;具有良好的社会责任感和高尚的职业道德。具有本专业必需的汽车制造、检测与维修、生产与管理、保险与服务等方面的基础理论和基本技能。

毕业生应获得以下几方面的知识和能力:

1.掌握现代汽车技术及电气电子系统的结构和原理,能利用先进的设备检测和诊断汽车的性能及故障;

2.掌握汽车驾驶技术及维修技能,熟练掌握汽车营销、售后服务、车辆评估与鉴定及汽车保险等技能;

3.具有一定的机械零部件设计与研究能力,了解车辆工程的发展前沿,具有一定的外文阅读能力,具有较宽的知识面和较强的适应能力;

4.具有一定的体育和军事基本知识,具有健全的心理和健康的体魄。

主要课程:力学、机械工程、控制科学与工程、计算机科学与技术、车辆工程、画法几何与机械制图、工程力学、电工技术、电子技术、机械设计基础、汽车制造工艺学、计算机辅助设计基础、汽车理论、汽车构造、汽车发动机原理、汽车电器及电子设备、汽车检测技术、汽车故障诊断与维修。

实践环节:基础性工艺技能训练、专业各模块实习技能训练及强化训练、生产实习、毕业实习、毕业设计。

修业年限:四年

授予学位:工学学士

就业方向:毕业后能在从事汽车制造、汽车检测与维修、汽车生产与管理、汽车保险、汽车贸易等的企事业单位工作。

开设学校:广西师范大学、天津职业技术师范大学、河北师范大学

0803仪器类

◆专业名称:测控技术与仪器
◆专业代码:080301

培养目标:测控技术与仪器专业以光、机、电、计算机一体化为特色,培养具有现代科学创新意识、知识面宽、基础理论扎实、计算机和外语能力强,可从事计算机应用、电子信息、智能仪器、虚拟仪器、测量与控制等多领域的产品设计制造、科技开发、应用研究、企业管理等多方面的高级工程技术及经营管理人才。

培养要求:本专业学生主要学习精密仪器的光学、机械与电子学基础理论,测量与控制理论和有关测控仪器的设计方法,受到现代测控技术和仪器应用的训练,具有本专业测控技术及仪器系统的应用及设计开发能力。

毕业生应获得以下几方面的知识和能力:

1.具有较扎实的自然科学基础,较好的人文、艺术和社会科学基础及正确运用本国语言、文字的表达能力;

2.较系统地掌握本专业领域宽广的技术理论基础知识,主要包括机械学、电子学、光学、测量与控制、市场经济及企业管理等基础知识;

3.掌握光、机、电、计算机相结合的当代测控技术和实验研究能力,具有本专业测控技术、仪器与系统的设计、开发能力;

4.具有较强的外语应用能力;

5.具有较强的自学能力、创新意识和较高的综合素质。

主干学科:光学工程、仪器科学与技术

主要课程:精密机械与仪器设计、精密机械制造工程、模拟电子技术基础、数字电子技术基础,微型计算机原理与应用、控制工程基础、信号分析与处理、精密测控与系统等。

实践环节:包括军训、金工、电工、电子实习、认识实习、生产实习、社会实践、课程设计、毕业设计(论文)等,一般应安排40周以上。

修业年限:四年

授予学位:工学学士

就业方向:智能仪器仪表方向:仪器仪表,电子产品的软件、硬件研发、测试,也可以从事仪表自动控制等方面的工作。

测试计量技术与仪器方向:主要从事计量、测试检测、品质检验等工作,这个方向学术研究的成分比较重一点,一般本科生比较难找到较合适的工作。

计算机测控技术方向:是一个比较偏向于计算机的方向,与第二个有相类似的地方,都是从事检测测量,只是计算机测控技术方向比较偏向于计算机操作平台的运用。

开设学校:上海理工大学、中国政法大学(教育部直属、211大学)、电子科技大学(教育部直属、985大学、211大学)、中国农业大学(教育部直属、985大学、211大学)、中国地质大学(教育部直属、211大学)、中国石油大学(教育部直属、211大学)、上海交通大学(教育部直属、985大学、211大学)、厦门大学(教育部直属、985大学、211大学)、浙江大学(教育部直属、985大学、211大学)、中国矿业大学(教育部直属、211大学)、重庆邮电大学、重庆理工大学、东北大学(教育部直属、985大学、211大学)、武汉理工大学(教育部直属、211大学)、大连理工大学(教育部直属、985大学、211大学)、沈阳大学、西北大学(211大学)、北京交通大学(教育部直属、211大学)、浙江理工大学、浙江科技学院、济南大学、天津理工大学、武汉大学(教育部直属、985大学、211大学)、沈阳工学院、扬州大学广陵学院、西安欧亚学院、运城学院、华北电力大学(教育部直属、211大学)、中国石油大学(北京)(教育部直属、211大学)、闽南理工学院、烟台南山学院、新疆工程学院、安徽新华学院、成都学院、长春理工大学、长春工业大学、北华大学、长春大学、湖南科技大学、湘潭大学、西安工业大学、西安邮电大学、陕西科技大学、西安工程大学、宝鸡文理学院、陕西理工学院、邵阳学院、东北电力大学、长沙理工大学、南华大学、吉林化工学院、湖南工程学院、安徽工程大学、上海电力学院、安徽建筑大学、广东石油化工学院、昆明理工大学、西安科技大学、西安石油大学、西安理工大学、西安建筑科技大学、西安交通大学(教育部直属、985大学、211大学)、青岛大学、青岛理工大学、内蒙古科技大学、青岛科技大学、兰州交通大学、兰州理工大学、青岛农业大学、山东科技大学、广西科技大学、桂林电子科技大学、玉林师范学院、山东理工大学、曲阜师范大学、广西师范大学、黑龙江科技大学、黑龙江工程学院、东北石油大学、武汉纺织大学、长江大学、江汉大学、黄河科技学院、中原工学院、莆田学院、河南大学、河南科技大学、郑州轻工业学院、河南工业大学、华侨大学、东南大学(教育部直属、985大学、211大学)、南昌大学(211大学)、南京理工大学(211大学)、西北工业大学(985大学、211大学)、苏州大学(211大学)、重庆大学(教育部直属、985大学、211大学)、南京师范大学(211大学)、四川大学(教育部直属、985大学、211大学)、天津农学院、清华大学(教育部直属、985大学、211大学)、太原理工大学(211大学)、北京科技大学(教育部直属、211大学)、江苏理工学院、淮阴工学院、南京工程学院、常州工学院、吉林大学(教育部直属、985大学、211大学)、中南大学(教育部直属、985大学、211大学)、华东理工大学(教育部直属、211大学)、华中科技大学(教育部直属、985大学、211大学)、辽宁大学(211大学)、北京邮电大学(教育部直属、211大学)、西南交通大学(教育部直属、211大学)、湖南大学(教育部直属、985大学、211大学)、西安电子科技大学(教育部直属、211大学)、河北科技大学、河北大学、大连海事大学(211大学)、北京工业大学(211大学)、河北工业大学(211大学)、长安大学(教育部直属、211大学)、天津工业大学、天津科技大学、郑州大学(211大学)、合肥工业大学(教育部直属、211大学)、天津大学(教育部直属、985大学、211大学)、安徽工业大学、安徽理工大学、安徽大学(211大学)、嘉兴学院、西华大学、中国计量学院、沈阳工业大学、辽宁科技大学、辽宁石油化工大学、成都理工大学、太原科技大学、中北大学、四川理工学院、深圳大学、广东工业大学、山西大学、浙江工商大学、西南石油大学、成都信息工程学院、扬州大学、江苏大学、南京林业大学、南京工业大学、南昌航空大学、东华理工大学、杭州电子科技大学、华东交通大学、江苏科技大学、南京邮电大学、淮海工学院、南京信息工程大学、江苏师范大学、江西理工大学、大连民族学院、沈阳理工大学、大连交通大学、辽宁工业大学、沈阳化工大学、长江师范学院、辽东学院、九江学院、太原工业学院、山东大学威海分校、常熟理工学院、西京学院、沈阳工程学院、西安文理学院、重庆科技学院、中国矿业大学(北京)(教育部直属、211大学)、榆林学院、上海电机学院、陇东学院、西安航空学院、重庆工商大学、辽宁科技学院、吉林大学珠海学院三亚学院、长春科技学院、防灾科技学院、成都工业学院、河北农业大学、河北联合大学、齐鲁工业大学、北方民族大学、北京化工大学(教育部直属、211大学)、潍坊学院、烟台大学、河北工程大学、燕山大学、唐山学院、石家庄铁道大学、贵州大学(211大学)、攀枝花学院、广东技术师范学院、辽宁工程技术大学、南通大学、南昌工程学院、平顶山学院、北京信息科技大学、中国地质大学(北京)(教育部直属、211大学)、南阳理工学院、湖南工业大学、武汉工程大学、上海海事大学、华北电力大学保定校区(教育部直属、211大学)、哈尔滨工程大学(211大学)、沈阳工业大学、北京航空航天大学(985大学、211大学)、河北工程大学科信学院、厦门大学嘉庚学院、湖北工业大学工程技术学院、长春工业大学人文信息学院、解放军军械工程学院、西安电子科技大学长安学院、哈尔滨工业大学(威海)、西安科技大学高新学院、南京工业大学浦江学院、湖南工程学院应用技术学院、辽宁石油化工大学顺华能源学院、沈阳航空航天大学北方科技学院、兰州理工大学技术工程学院、沈阳工业大学工程学院、中国人民解放军国防科学院(985大学、211大学)、北京理工大学珠海学院、解放军空军工程大学、长江大学工程技术学院、武汉工程大学邮电与信息工程学院、北京师范大学珠海分校、桂林航天工业学院、吉林建筑大学城建学院、苏州大学应用技术学院、苏州大学文正学院、西安交通大学城市学院、西北工业大学明德学院、西安工业大学北方信息工程学院、哈尔滨石油学院、南京航空航天大学金城学院、南京理工大学紫金学院、成都理工大学工程技术学院、河北联合大学轻工学院、安徽工程大学机电学院、安徽工业大学工商学院、华侨大学厦门工学院、中国计量学院现代科技学院、江汉大学文理学院、南昌航空大学科技学院、东华理工大学长江学院、太原理工大学现代科技学院、中北大学信息商务学院、桂林电子科技大学信息科技学院、吉林工程技术师范学院、上海第二工业大学、内蒙古工业大学、哈尔滨理工大学、哈尔滨工业大学(985大学、211大学)、南京航空航天大学(211大学)、天津职业技术师范大学、沈阳航空航天大学、东北大学秦皇岛分校、中原工学院信息商务学院、武汉理工大学华夏学院、重庆邮电大学移通学院、华北电力大学科技学院、燕山大学里仁学院、河北大学工商学院、河北科技大学理工学院、河南大学民生学院、长春理工大学光电信息学院、南京信息工程大学滨江学院、北华航天工业学院、北京石油化工学院、华北水利水电大学、湖北工业大学

0804材料类

◆专业名称:材料科学与工程
◆专业代码:080401

培养目标:本专业培养具备金属材料、无机非金属材料、高分子材料等材料领域的科学与工程方面较宽的基础知识,能在各种材料的制备、加工成型、材料结构与性能等领域从事科学研究与教学、技术开发、工艺和设备设计、技术改造及经营管理等方面工作,适应社会主义市场经济发展的高层次、高素质、全面发展的科学研究与工程技术人才。

培养要求:材料科学与工程专业学生主要学习材料科学与工程的基础理论,学习与掌握材料的制备、组成、组织结构与性能之间关系的基本规律,受到金属材料、无机非金属材料、高分子材料、复合材料以及各种先进材料的制备、性能分析与检测技能的基本训练,掌握材料设计和制备工艺设计、提高材料的性能和产品的质量、开发研究新材料和新工艺方面的基本能力。

毕业生应获得以下几方面的知识和能力:

1.掌握金属材料、无机非金属材料、高分子材料、防腐专业以及其他高新技术材料科学的基础理论和材料合成与制备、材料复合、材料设计等专业基础知识;

2.掌握材料性能检测和产品质量控制的基本知识,具有研究和开发新材料、新工艺的初步能力;

3.掌握材料加工的基本知识,具有正确选择设备进行材料研究、材料设计、材料研制的初步能力;

4.具有该专业必需的机械设计、电工与电子技术、计算机应用的基本知识和技能;

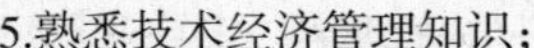

5.熟悉技术经济管理知识；

6.掌握文献检索、资料查询的基本方法，具有初步的科学研究和实际工作能力。

7.熟练掌握材料测试仪器的使用方法。

主干学科：材料科学与工程、化学、物理学

主要课程：物理化学、量子与统计力学、固体物理、材料学概论、材料科学基础、材料物理、材料化学、材料力学、材料科学研究方法、材料工艺与设备、计算机在材料科学中的应用等。

实践环节：包括专业实验、金工实习、电工电子实习、认识实习、生产实习、课程设计、毕业设计(论文)。

修学年限：四年

授予学位：工学学士

就业方向：在陶瓷、水泥、家用电器、电子电气、汽车、钢铁、石油化工、航天航空等企业从事设计、新产品开发、生产管理、市场经营及贸易工作，也可以到高等学校、科研单位从事科学研究与教学工作，还可以到政府部门从事行政管理、质量监督等。

开设学校：西南林业大学、中国政法大学(教育部直属、211大学)、北京联合大学、聊城大学、山东科技大学、泰山学院、中国石油大学(教育部直属、211大学)、中国地质大学(教育部直属、211大学)、苏州大学(211大学)、浙江大学(教育部直属、985大学、211大学)、南京理工大学(211大学)、中国矿业大学(教育部直属、211大学)、重庆理工大学、华东理工大学(教育部直属、211大学)、东北大学(教育部直属、985大学、211大学)、武汉理工大学(教育部直属、211大学)、大连工业大学、西北大学(211大学)、河北工业大学(211大学)、四川师范大学、浙江理工大学、浙江科技学院、上海大学(211大学)、济南大学、天津理工大学、武汉大学(教育部直属、985大学、211大学)、中国科学技术大学(985大学、211大学)、南昌理工学院、华北电力大学(教育部直属、211大学)、中国石油大学(北京)(教育部直属、211大学)、福州大学至诚学院、济宁学院、蚌埠学院、中国科学院大学、同济大学浙江学院、吉首大学、湘潭大学、陕西理工学院、青海大学(211大学)、渭南师范学院、怀化学院、湖南文理学院、中南林业科技大学、吉林化工学院、上海工程技术大学、上海理工大学、上海电力学院、上海海事大学、安徽工程大学、华南农业大学、昆明理工大学、西安科技大学、西安理工大学、西安建筑科技大学、西安交通大学(教育部直属、985大学、211大学)、合肥学院、黄山学院、皖西学院、海南大学(211大学)、青岛理工大学、兰州交通大学、西北师范大学、许昌学院、桂林电子科技大学、山东交通学院、桂林理工大学、山东理工大学、贵州师范大学、山东建筑大学、湖北工程学院、福建工程学院、中原工学院、河南工业大学、华侨大学、福建农林大学、东南大学(教育部直属、985大学、211大学)、南昌大学(211大学)、暨南大学(211大学)、西北工业大学(985大学、211大学)、重庆大学(教育部直属、985大学、211大学)、河海大学(教育部直属、211大学)、天津城建大学、广西大学(211大学)、福州大学(211大学)、华南理工大学(教育部直属、985大学、211大学)、清华大学(教育部直属、985大学、211大学)、北京理工大学(985大学、211大学)、北京科技大学(教育部直属、211大学)、南京工程学院、上海交通大学(教育部直属、985大学、211大学)、中南大学(教育部直属、985大学、211大学)、吉林大学(教育部直属、985大学、211大学)、华中科技大学(教育部直属、985大学、211大学)、西南交通大学(教育部直属、211大学)、湖南大学(教育部直属、985大学、211大学)、西安电子科技大学(教育部直属、211大学)、大连海事大学(211大学)、北京工业大学(211大学)、长安大学(教育部直属、211大学)、天津工业大学、同济大学(教育部直属、985大学、211大学)、新疆大学(211大学)、郑州大学(211大学)、天津大学(教育部直属、985大学、211大学)、安徽工业大学、安徽农业大学、浙江工业大学、西华大学、中国计量学院、辽宁科技大学、成都理工大学、太原科技大学、四川理工学院、深圳大学、西南科技大学、温州大学、台州学院、西南石油大学、南京工业大学、东华理工大学、杭州电子科技大学、盐城工学院、常州大学、南京林业大学、石河子大学(211大学)、大连交通大学、辽宁工业大学、龙岩学院、宁波工程学院、常熟理工学院、金陵科技学院、中国矿业大学(北京)(教育部直属、211大学)、重庆交通大学、乐山师范学院、西安航空学院、贵阳学院、北方工业大学、北方民族大学、北京化工大学(教育部直属、211大学)、烟台大学、河北建筑工程学院、华北科技学院、西昌学院、贵州大学(211大学)、攀枝花学院、新余学院、辽宁工程技术大学、江西科技学院、中国地质大学(北京)(教育部直属、211大学)、河南科技大学、武汉工程大学、湖北工业大学、黑龙江工程学院、上海应用技术学院、哈尔

滨工程大学(211大学)、山东大学(教育部直属、985大学、211大学)、北京航空航天大学(985大学、211大学)、哈尔滨工业大学(威海)、南京工业大学浦江学院、湖南文理学院芙蓉学院、北京理工大学珠海学院、湖北汽车工业学院科技学院、西安建筑科技大学华清学院、华侨大学厦门工学院、北京科技大学天津学院、上海第二工业大学、内蒙古农业大学、湖北汽车工业学院、哈尔滨工业大学(985大学、211大学)、南京航空航天大学(211大学)、合肥工业大学(教育部直属、211大学)、景德镇陶瓷学院、沈阳理工大学、中国矿业大学徐海学院、河南理工大学万方科技学院、东北大学秦皇岛分校、河南大学民生学院、北京石油化工学院

◆专业名称:材料物理
◆专业代码:080402

培养目标:本专业培养较系统地掌握材料科学的基本理论与技术,具备材料物理相关的基本知识和基本技能,能在材料科学与工程及与其相关的领域从事研究、教学、科技开发及相关管理工作的材料物理高级专门人才。

培养要求:该专业学生主要学习材料科学方面的基本理论、基本知识和基本技能,受到科学思维与科学实验方面的基本训练,具有运用物理学和材料物理的基础理论、基本知识和实验技能进行材料研究和技术开发的基本能力。

毕业生应获得以下几方面的知识和能力:

1.掌握数学、物理、化学等方面的基本理论和基本知识;

2.掌握材料制备(或合成)、材料加工、材料结构与性能测定及材料应用等方面的基础知识、基本原理和基本实验技能;

3.了解相近专业的一般原理和知识;

4.熟悉国家关于材料科学与工程研究、科技开发及相关产业的政策,国内外知识产权等方面的法律法规;

5.了解材料物理的理论前沿、应用前景和最新发展动态,以及材料科学与工程产业的发展状况;

6.掌握中外文资料查询、文献检索以及运用现代信息技术获取相关信息的基本方法;具有一定的实验设计,创造实验条件,归纳、整理、分析实验结果,撰写论文,参与学术交流的能力。

主干学科:材料科学、物理学

主要课程:材料科学基础、工程材料科学、材料的力学性能、功能材料、微电子材料、材料的相与相变基础物理、近代物理、固体物理等。

实践环节:包括生产实习、毕业论文等,一般安排10~20周。

修业年限:四年

授予学位:理学或工学学士

就业方向:毕业生适宜到材料相关的企业、事业、技术和行政管理部门从事应用研究、科技开发、生产技术和管理工作,适宜到科研机构、高等学校从事科学研究和教学工作,可以继续攻读材料相关的工程学科、交叉学科的硕士学位。

开设学校:重庆大学(教育部直属、985大学、211大学)、四川大学(教育部直属、985大学、211大学)、南京大学(教育部直属、985大学、211大学)、九江学院、复旦大学(教育部直属、985大学、211大学)、上海大学(211大学)、济南大学、武汉大学(教育部直属、985大学、211大学)、蚌埠学院、湘潭大学、青岛大学、南昌大学(211大学)、兰州大学(教育部直属、985大学、211大学)、吉林大学(教育部直属、985大学、211大学)、安徽大学(211大学)、昌吉学院、台州学院、铜仁学院、燕山大学、邢台学院、贵州大学(211大学)、西南大学(教育部直属、211大学)、新余学院、西安建筑科技大学、齐鲁工业大学、山东科技大学、中国石油大学(教育部直属、211大学)、南京工业大学、华东理工大学(教育部直属、211大学)、武汉理工大学(教育部直属、211大学)、北京科技大学(教育部直属、211大学)、东北师范大学(教育部直属、211大学)、大连理工大学(教育部直属、985大学、211大学)、西北大学(211大学)、天津理工大学、北京师范大学(教育部直属、985大学、211大学)、南开大学(教育部直属、985大学、211大学)、中国石油大学(北京)(教育部直属、211大学)、长春理工大学、长春工业大学、北华大学、西安工业大学、陕西科技大学、吉林化工学院、西安石油大学、西安理工大学、西安交通大学(教育部直属、985大学、211大学)、内蒙古工业大学、青岛科技大学、西北师范大学、内蒙古师范大学、哈尔滨理工大学、湖北汽车工业学院、福建师范大学、河南科技大学、郑州轻工业学院、暨南大学(211大学)、西北工业大学(985大学、211大学)、华南师范大学(211大学)、中山大学(教育部直属、985大学、211大学)、太原理工

大学(211大学)、哈尔滨工程大学(211大学)、东北大学(教育部直属、985大学、211大学)、云南大学(211大学)、哈尔滨工业大学(985大学、211大学)、河北工业大学(211大学)、中国民航大学、合肥工业大学(教育部直属、211大学)、浙江师范大学、太原科技大学、西南科技大学、成都信息工程学院、景德镇陶瓷学院、南京邮电大学、盐城工学院、南京信息工程大学、江西理工大学、辽宁工业大学、沈阳化工大学、江西科技师范大学、洛阳理工学院、宁波工程学院、武汉科技大学、重庆交通大学、河北科技师范学院、湖北第二师范学院、湖北大学、武汉工程大学、淮北师范大学、山东大学(教育部直属、985大学、211大学)、武汉工程大学邮电与信息工程学院

◆专业名称:材料化学
◆专业代码:080403

培养目标:材料化学专业主要培养系统掌握材料化学的基本理论与技术,具备材料化学相关的基本知识和基本技能,能运用化学和材料科学的基础理论、基本知识和实验技能在材料科学与化学及其相关的领域从事研究、教学、科技开发及相关管理工作的具有开拓型、前瞻性、复合型的高级人才。

培养要求:本专业学生主要学习材料科学方面的基本理论、基本知识和基本技能,受到科学思维与科学实验方面的基本训练,具有运用化学和材料化学的基础理论、基本知识和实验技能进行材料研究和技术开发的基本能力。

毕业生应获得以下几方面的知识和能力:

1.掌握数学、物理、化学等方面的基本理论和基本知识;

2.掌握材料制备(或合成)、材料加工、材料结构与性能测定等方面的基础知识、基本原理和基本实验技能;

3.了解相近专业的一般原理和知识;

4.熟悉国家关于材料科学与工程研究、科技开发及相关产业的政策,国内外知识产权等方面的法律法规;

5.了解材料化学的理论前沿、应用前景和最新发展动态,以及材料科学与工程产业的发展状况;

6.掌握中外文资料查询、文献检索以及运用现代信息技术获取相关信息的基本方法;具有一定的实验设计,创造实验条件,归纳、整理、分析实验结果,撰写论文,参与学术交流的能力。

主干学科:材料科学与工程、化学

主要课程:有机化学、无机化学、分析化学、物理化学、结构化学、材料化学、材料物理等。

实践环节:军事训练、金工实习、化工原理课程实习、化学综合实验、材料化学综合实验、生产实习、毕业设计(论文)等。

修业年限:四年

授予学位:理学或工学学士

就业方向:科研院所、高等院校的科研和教学工作;光电信息、石油化工、轻工、工程塑料、特种复合材料、新能源材料、环保、市政、建筑、消防等领域内企业的质量检验、产品开发、生产、技术管理等工作。

开设学校:聊城大学、泰山学院、苏州大学(211大学)、四川大学(教育部直属、985大学、211大学)、南京大学(教育部直属、985大学、211大学)、宜春学院、复旦大学(教育部直属、985大学、211大学)、北京大学(教育部直属、985大学、211大学)、济南大学、辽宁大学(211大学)、天津大学(教育部直属、985大学、211大学)、西南大学(教育部直属、211大学)、滨州学院、吕梁学院、池州学院、湘潭大学、怀化学院、华侨大学、重庆大学(教育部直属、985大学、211大学)、兰州大学(教育部直属、985大学、211大学)、吉林大学(教育部直属、985大学、211大学)、中南大学(教育部直属、985大学、211大学)、新疆大学(211大学)、郑州大学(211大学)、德州学院、安徽大学(211大学)山西大学、台州学院、常州大学、九江学院、百色学院、凯里学院、宁夏大学(211大学)、贵州大学(211大学)、唐山师范学院、贵州师范大学、桂林理工大学、中国石油大学(教育部直属、211大学)、中国地质大学(教育部直属、211大学)、哈尔滨工程大学(211大学)、中山大学(教育部直属、985大学、211大学)、南京理工大学(211大学)、南京工业大学、东华理工大学、武汉理工大学(教育部直属、211大学)、北京科技大学(教育部直属、211大学)、西北大学(211大学)、哈尔滨工业大学(985大学、211大学)、山西师范大学、浙江理工大学、中国科学技术大学(985大学、211大学)、天津理工大学、南开大学(教育部直属、985大学、211大学)、河北大学、武汉生物工程学院、武汉工商学院、燕京理工学院、中国石油大学(北京)(教育部直属、211大学)、辽宁科技学院、福州大学至诚学院、仲恺农业工程学院、电子科技大学中山学院、湖州师范学院求真学院、长春理工大学、湖南科技大学、西安工业大

学、陕西科技大学、咸阳师范学院、宝鸡文理学院、渭南师范学院、东北林业大学(教育部直属、211大学)、黑龙江大学、湖南农业大学、吉林建筑大学、中南林业科技大学、吉林化工学院、湖南工程学院、佛山科学技术学院、上海电力学院、上海第二工业大学、安徽师范大学、华南农业大学、西安理工大学、陕西师范大学(教育部直属、211大学)、淮南师范学院、淮北师范大学、西安交通大学(教育部直属、985大学、211大学)、内蒙古民族大学、内蒙古科技大学、青岛科技大学、南阳师范学院、周口师范学院、青岛农业大学、甘肃农业大学、山东科技大学、山东农业大学、玉林师范学院、山东理工大学、内蒙古师范大学、曲阜师范大学、遵义师范学院、湖北工程学院、黑龙江工程学院、哈尔滨理工大学、泉州师范学院、河南科技大学、河南理工大学、华南师范大学(211大学)、天津城建大学、太原理工大学(211大学)、盐城师范学院、华东理工大学(教育部直属、211大学)、云南大学(211大学)、内蒙古大学(211大学)、河北工业大学(211大学)、北京交通大学(教育部直属、985大学、211大学)、中国民航大学、天津科技大学、中国海洋大学(教育部直属、985大学、211大学)、湖州师范学院、中国计量学院、辽宁科技大学、辽宁石油化工大学、西南民族大学、四川理工学院、四川师范大学、重庆师范大学、景德镇陶瓷学院、江西师范大学、南京邮电大学、淮海工学院、南京林业大学、苏州科技学院、江西理工大学、大连工业大学、沈阳建筑大学、沈阳化工大学、江西科技师范大学、赣南师范学院、长江师范学院、上饶师范学院、武汉科技大学、阜阳师范学院、安庆师范学院、哈尔滨师范大学、湖南人文科技学院、河北大学工商学院、河南城建学院、河北联合大学、齐鲁工业大学、鲁东大学、廊坊师范学院、河南科技学院、安阳师范学院、中国地质大学(北京)(教育部直属、211大学)、中南民族大学、湖北大学、齐齐哈尔大学、河南大学、武汉轻工大学、武汉工程大学、汕头大学、太原理工大学现代科技学院

◆专业名称:冶金工程

◆专业代码:080404

培养目标:本专业培养具备冶金物理化学、钢铁冶金和有色金属冶金等方面的知识,能在冶金领域从事生产、设计、科研和管理工作的高级工程技术人才。

培养要求:本专业学生主要学习黑色和有色金属(包括重、轻、稀有和贵金属)冶金的基本理论、生产工艺和设备、实验研究、设计方法、环境保护及资源综合利用的基本理论和基本知识,受到冶炼工艺制定、工程设计、测试技能和科学研究的基本训练,具有开发新技术、新工艺和新材料及工业设计和生产组织、管理的能力。

毕业生应获得以下几方面的知识和能力:

1.掌握本专业所需的制图、机械、电工与电子技术和计算机应用的基本知识和技能;

2.掌握黑色和有色金属冶金过程的基础理论和生产工艺知识;

3.具有黑色和有色金属冶金生产组织、技术经济、科学管理、环境安全的基础知识和工业设计的初步能力;

4.具有分析解决本专业生产中的实际问题以及进行科学研究,开发新技术、新工艺、新材料的初步能力;

5.了解本专业和相关学科的科技发展动态。

主干学科:冶金工程

主要课程:物理化学、金属学、冶金传输原理、冶金原理、钢铁冶金学、有色金属冶金学。

实践环节:包括金工实习、认识实习、生产实习、专业实验、计算机操作实验、课程设计、毕业实习、毕业设计(论文)。

修业年限:四年

授予学位:工学学士

就业方向:毕业生适合到大中型冶金企业、冶金相关设备制造、冶金原辅材料生产销售等行业从事产品设计、生产、技术开发、生产组织和管理、产品销售、科学研究等方面的工作。

开设学校:四川大学(教育部直属、985大学、211大学)、上海大学(211大学)、吕梁学院、青海大学(211大学)、红河学院、苏州大学(211大学)、重庆大学(教育部直属、985大学、211大学)、广西大学(211大学)、中南大学(教育部直属、985大学、211大学)、江苏大学、贵州大学(211大学)、天津农学院、南京工业大学浦江学院、六盘水师范学院、河北联合大学轻工学院、江西理工大学应用科学学院、兰州理工大学技术工程学院、长春师范大学、湖南工业大学、西安建筑科技大学、昆明理工大学、内蒙古科技大学、内蒙古工业大学、山东理工大学、贵州师范大学、兰州理工大学、河南科技大学、北京科技大学(教育部直属、211大学)、太原理工大学(211大学)、东北大学(教育部直属、985大学、211大学)、河北科技

大学、安徽工业大学、辽宁科技大学、太原科技大学、南京工业大学、江苏科技大学、江西理工大学、东北大学秦皇岛分校、重庆科技学院、武汉科技大学、辽宁科技学院、河北联合大学、河北工程大学、攀枝花学院、湖北大学、西安交通大学(教育部直属、985大学、211大学)、西安建筑科技大学华清学院、太原理工大学现代科技学院

◆专业名称:金属材料工程
◆专业代码:080405

培养目标:本专业培养具备金属材料科学与工程等方面的知识,能在冶金、材料结构研究与分析、金属材料及复合材料制备、金属材料成型等领域从事科学研究、技术开发、工艺和设备设计、生产及经营管理等方面工作的高级工程技术人才。

培养要求:本专业学生主要学习材料科学的基础理论,掌握金属材料及其复合材料的成分、组织结构、生产工艺、环境与性能之间关系的基本规律,具备通过综合合金设计和工艺设计,提高材料的性质、质量和寿命,并开发新的材料及工艺的基本能力。

毕业生应获得以下几方面的知识和能力:

1.掌握金属材料的专业基础理论知识;

2.掌握金属材料的成型和加工工程的专业知识和技术经济管理知识;

3.掌握金属材料制品的检测、产品质量控制和防护的基本知识和技能;

4.具有金属材料的设计、选用和正确选择生产工艺及设备的初步能力;

5.具有本专业必需的机械、电工与电子技术、计算机应用的基本知识和技能;

6.具有研究开发新材料、新工艺和设备的初步能力。

主干学科:材料科学与工程

主要课程:材料热力学、金属学、材料力学性能、材料分析技术、金属材料学、材料成型加工工艺与设备、计算机在材料工程中的应用。

实践环节:包括金工实习、生产实习、课程设计、专业实验、计算机应用及上机实践、毕业设计。

修业年限:四年

授予学位:工学学士

就业方向:学生毕业后可从事金属材料的设计制造、材料表面改性以及金属材料、无机非金属材料、高分子材料、复合材料、功能材料等在机械与化工、能源与环境、电子与信息、冶金与矿山、电力与动力和国防建设等领域,以及汽车、石油化工、半导体等行业中的应用,也能从事材料生产组织、技术管理和材料的检测、失效分析等技术监督工作。

开设学校:昆明理工大学、聊城大学、闽江学院、泰山学院、重庆大学(教育部直属、985大学、211大学)、苏州大学(211大学)、河海大学(教育部直属、211大学)、中国地质大学(教育部直属、211大学)、南昌大学(211大学)、南昌大学(211大学)、盐城工学院、华东理工大学(教育部直属、211大学)、武汉理工大学(教育部直属、211大学)、北京科技大学(教育部直属、211大学)、东华大学(教育部直属、211大学)、沈阳工业大学、上海大学(211大学)、同济大学(教育部直属、985大学、211大学)、武汉大学(教育部直属、985大学、211大学)、武汉工商学院、西安科技大学高新学院、沈阳城市学院、南昌理工学院、贵州大学(211大学)、西昌学院、宿迁学院、湖南工学院、湖南工学院、烟台南山学院、蚌埠学院、河北联合大学轻工学院、南昌航空大学科技学院、长春理工大学、长春工业大学、湖南科技大学、湖南科技大学、湘潭大学、西安工业大学、陕西科技大学、陕西理工学院、吉林建筑大学、长沙理工大学、南华大学、湖南工业大学、安徽工程大学、韶关学院、西安科技大学、西安石油大学、西安建筑科技大学、安徽科技学院、巢湖学院、合肥学院、铜陵学院、内蒙古工业大学、青岛科技大学、内蒙古科技大学、兰州理工大学、兰州理工大学、山东科技大学、桂林理工大学、桂林理工大学、东北石油大学、哈尔滨理工大学、三峡大学、西北民族大学、河南科技大学、河南科技大学、河海大学(教育部直属、211大学)、四川大学(教育部直属、985大学、211大学)、天津城建大学、广西大学(211大学)、广西大学(211大学)、太原理工大学(211大学)、大连理工大学(教育部直属、985大学、211大学)、淮阴工学院、南京工程学院、吉林大学(教育部直属、985大学、211大学)、中南大学(教育部直属、985大学、211大学)、华东理工大学(教育部直属、211大学)、辽宁大学(211大学)、河北科技大学、河北科技大学、云南大学(211大学)、河北工业大学(211大学)、长安大学(教育部直属、211大学)、合肥工业大学(教育部直属、211大学)、安徽理工大学、安徽工业大学、沈阳大学、辽宁科技大学、辽宁石

油化工大学、辽宁科技大学、太原科技大学、中北大学、广东工业大学、江苏大学、南京工业大学、江苏大学、南昌航空大学、常州大学、江西理工大学、苏州科技学院、江苏科技大学、江西理工大学、沈阳理工大学、沈阳建筑大学、沈阳化工大学、江西科技师范大学、九江学院、洛阳理工学院、太原工业学院、青岛滨海学院、百色学院、滁州学院、重庆文理学院、重庆科技学院、武汉科技大学、厦门理工学院、辽宁科技学院、烟台大学文经学院、江苏大学京江学院、常州大学怀德学院、河南城建学院、商洛学院、北京建筑大学、河北联合大学、广西民族大学、烟台大学、河北工程大学、燕山大学、唐山学院、贵州大学(211大学)、攀枝花学院、西南大学(教育部直属、211大学)、萍乡学院、辽宁工程技术大学、佳木斯大学、湖北大学、湖南工程学院、东北林业大学(教育部直属、211大学)、武汉工程大学、黑龙江科技大学、安徽建筑大学、北京建筑大学、合肥工业大学(教育部直属、211大学)、长春理工大学光电信息学院、南京工业大学浦江学院、沈阳城市建设学院、西安工业大学北方信息工程学院、营口理工学院、西安建筑科技大学华清学院、安徽建筑大学城市建设学院、景德镇陶瓷学院科技艺术学院、江西理工大学应用科学学院、中北大学信息商务学院、太原理工大学现代科技学院、兰州理工大学技术工程学院、湖南工业大学、韩山师范学院、内蒙古工业大学、内蒙古科技大学、山东交通学院、哈尔滨理工大学、大连理工大学(教育部直属、985大学、211大学)、河北工业大学(211大学)、天津工业大学、安徽工业大学、辽宁石油化工大学、四川理工学院、南京工业大学、景德镇陶瓷学院、大连工业大学、沈阳航空航天大学、洛阳理工学院、湖北理工学院、兰州交通大学博文学院、石家庄铁道大学四方学院、河北科技大学理工学院、北华航天工业学院、齐鲁工业大学、佳木斯大学、齐齐哈尔大学、华北水利水电大学、黑龙江科技大学、广东工业大学

◆专业名称:无机非金属材料工程
◆专业代码:080406

培养目标:无机非金属材料工程专业培养具备无机非金属材料及其复合材料科学与工程方面的知识,能在无机非金属材料结构与分析、材料的制备、材料成形与加工等领域从事科学研究、技术开发、工艺和设备设计,生产及经营管理等方面的高级工程技术人才。

培养要求:本专业学生主要学习无机非金属材料及复合材料的生产过程、工艺及设备的基础理论、组成、结构、性能及生产条件间的关系,具有材料测试、生产过程设计、材料改性及研究开发新产品、新技术和设备和技术管理的能力。

毕业生应获得以下几方面的知识和能力:

1.掌握无机非金属材料的工业生产过程和设备、生产工艺的专业基础知识;

2.掌握材料制备的原理及工艺基础,材料的结构与性能;

3.掌握本专业必需的机、电、微型计算机应用的基本知识和技能;

4.具有制品的工业生产、质量控制和技术管理的初步能力;

5.具有正确选用材料、设备并进行工艺设计的能力;

6.具有研究改进材料性能、开发新材料、制品、工艺的初步能力。

主干学科:无机材料

主要课程:物理化学、无机材料科学基础、热工基础、热工设备、粉体工程、无机材料性能、无机非金属材料测试及研究方法、无机材料工艺学、水泥工艺设计、陶瓷工艺设计、陶瓷基复合材料等。

实践环节:包括金工实习、认识实习、生产实习、专业实验、计算机操作实验、课程设计、毕业实习、毕业设计(论文)。

修业年限:四年

授予学位:工学学士

就业方向:在无机非金属材料结构研究与分析、材料的制备、材料成型与加工等领域从事技术开发、工艺和设备设计、生产及经营管理、科学研究等方面的工作。

开设学校:昆明理工大学、闽江学院、重庆大学(教育部直属、985大学、211大学)、苏州大学(211大学)、河海大学(教育部直属、211大学)、中国地质大学(教育部直属、211大学)、南昌大学(211大学)、盐城工学院、武汉理工大学(教育部直属、211大学)、北京科技大学(教育部直属、211大学)、东华大学(教育部直属、211大学)、上海大学(211大学)、同济大学(教育部直属、985大学、211大学)、宿迁学院、湖南工学院、蚌埠学院、长春理工大学、湖南科技大学、陕西科技大学、吉林建筑大学、长沙理工大学、南

华大学、韶关学院、西安科技大学、安徽科技学院、巢湖学院、合肥学院、青岛科技大学、兰州理工大学、山东科技大学、桂林理工大学、西北民族大学、河南科技大学、四川大学(教育部直属、985大学、211大学)、天津城建大学、广西大学(211大学)、吉林大学(教育部直属、985大学、211大学)、中南大学(教育部直属、985大学、211大学)、华东理工大学(教育部直属、211大学)、辽宁大学(211大学)、河北科技大学、云南大学(211大学)、长安大学(教育部直属、211大学)、安徽理工大学、辽宁科技大学、太原科技大学、中北大学、江苏大学、南昌航空大学、常州大学、苏州科技学院、江西理工大学、沈阳理工大学、沈阳建筑大学、沈阳化工大学、太原工业学院、滁州学院、重庆科技学院、武汉科技大学、河南城建学院、北京建筑大学、河北联合大学、河北工程大学、燕山大学、唐山学院、贵州大学(211大学)、萍乡学院、湖北大学、武汉工程大学、安徽建筑大学、西安建筑科技大学、沈阳工业大学、合肥工业大学(教育部直属、211大学)、南京工业大学浦江学院、沈阳城市建设学院、营口理工学院、安徽建筑大学城市建设学院、景德镇陶瓷学院科技艺术学院、太原理工大学现代科技学院、湖南工业大学、韩山师范学院、内蒙古工业大学、内蒙古科技大学、山东交通学院、哈尔滨理工大学、太原理工大学(211大学)、大连理工大学(教育部直属、985大学、211大学)、河北工业大学(211大学)、天津工业大学、安徽工业大学、辽宁石油化工大学、四川理工学院、南京工业大学、景德镇陶瓷学院、大连工业大学、洛阳理工学院、湖北理工学院、石家庄铁道大学四方学院、齐鲁工业大学、佳木斯大学、齐齐哈尔大学、华北水利水电大学、黑龙江科技大学

◆专业名称:高分子材料与工程
◆专业代码:080407

培养目标:高分子材料与工程专业培养具备高分子材料与工程等方面的知识,能在高分子材料的合成、改性、分析测试和加工成型等领域从事科学研究、技术开发、工艺和设备设计、生产及经营管理等方面工作的高级工程技术人才。

培养要求:该专业学生主要学习高聚物化学与物理的基本理论和高分子材料的组成、结构与性能知识及高分子成型加工技术知识,从而具备高分子材料的研究和加工的基本技能。

毕业生应获得以下几方面的知识和能力:

1.掌握高分子材料的合成、改性的方法;

2.掌握高分子材料的组成、结构和性能的关系;

3.掌握聚合物加工流变学、成型加工工艺和成型模具设计的基本理论和基本技能;

4.具有对高分子材料进行改性及加工工艺研究、设计和分析测试,并开发新型高分子材料及产品的初步能力;

5.具有应用计算机的能力;

6.具有对高分子材料改性及加工过程进行技术经济分析和管理的初步能力。

主干学科:材料科学与工程

主要课程:有机化学、物理化学、高分子化学、高分子物理、聚合物流变学、聚合物成型工艺、聚合物加工原理、高分子材料研究方法。

实践环节:包括专业实验、金工实习、生产实习(含毕业实习)、课程设计、计算机应用与上机实践、毕业设计(论文)。

修业年限:四年

授予学位:工学学士

就业方向:该专业学生毕业后可在各种材料的制备、加工成型、材料结构与性能等领域从事科学研究与教学、技术开发、工艺和设备设计、技术改造及经营管理等方面的工作。

开设学校:渭南师范学院、福建师范大学、聊城大学、广西师范大学、苏州大学(211大学)、中国地质大学(教育部直属、211大学)、中山大学(教育部直属、985大学、211大学)、南京理工大学(211大学)、浙江大学(教育部直属、985大学、211大学)、重庆理工大学、复旦大学(教育部直属、985大学、211大学)、武汉理工大学(教育部直属、211大学)、东华大学(教育部直属、211大学)、上海大学(211大学)、同济大学(教育部直属、985大学、211大学)、济南大学、郑州大学(211大学)、河北大学、湖南工学院、武夷学院、池州学院、衢州学院、湘潭大学、陕西科技大学、西安工程大学、衡阳师范学院、吉林建筑大学、南华大学、湖南城市学院、湖南工程学院、安徽工程大学、广东药学院、西安科技大学、皖西学院、海南大学(211大学)、青岛大学、青岛科技大学、兰州理工大学、桂林理工大学、广西师范学院、山东科技大学、山东理工大学、湖北工程学院、东北石油大学、黑龙江大学、中南民族大学、江汉大学、长江大学、西北民族

大学、中原工学院、闽江学院、华侨大学、南昌大学(211大学)、暨南大学(211大学)、华南理工大学(教育部直属、985大学、211大学)、四川大学(教育部直属、985大学、211大学)、清华大学(教育部直属、985大学、211大学)、南京工程学院、中南大学(教育部直属、985大学、211大学)、吉林大学(教育部直属、985大学、211大学)、华东理工大学(教育部直属、211大学)、河北科技大学、长安大学(教育部直属、211大学)、新疆大学(211大学)、江南大学(教育部直属、211大学)、天津科技大学、中国海洋大学(教育部直属、985大学、211大学)、安徽理工大学、安徽大学(211大学)、嘉兴学院、浙江农林大学、杭州师范大学、中北大学、深圳大学、台州学院、西南石油大学、扬州大学、江苏大学、重庆师范大学、南昌航空大学、华东交通大学、盐城工学院、常州大学、淮海工学院、江苏科技大学、沈阳理工大学、大连大学、沈阳建筑大学、沈阳化工大学、太原工业学院、徐州工程学院、河南城建学院、河南工程学院、北京工商大学、北京服装学院、河北联合大学、北京印刷学院、泰山医学院、泰山学院、广西民族大学、北方民族大学、北京化工大学(教育部直属、211大学)、鲁东大学、烟台大学、衡水学院、燕山大学、贵州大学(211大学)、南通大学、安阳工学院、武汉纺织大学、湖北大学、武汉工程大学、安徽建筑大学、沈阳工业大学、武汉纺织大学外经贸学院、江苏大学京江学院、南京工业大学浦江学院、扬州大学广陵学院、沈阳工业大学工程学院、安徽建筑大学城市建设学院、湘潭大学兴湘学院、湖北工业大学工程技术学院、长江大学工程技术学院、武汉工程大学邮电与信息工程学院、苏州大学应用技术学院、西安工业大学北方信息工程学院、仲恺农业工程学院、衡阳师范学院南岳学院、河北联合大学轻工学院、南昌大学科学技术学院、杭州师范大学钱江学院、湖北工程学院新技术学院、南昌航空大学科技学院、中北大学信息商务学院、太原理工大学现代科技学院、浙江大学宁波理工学院、沈阳化工大学科亚学院、长春工业大学、西安工业大学、陕西理工学院、东北林业大学(教育部直属、211大学)、吉林化工学院、中南林业科技大学、湖南工业大学、上海工程技术大学、东莞理工学院、广东石油化工学院、桂林电子科技大学、齐齐哈尔大学、哈尔滨理工大学、郑州轻工业学院、黑龙江东方学院、西北工业大学(985大学、211大学)、太原理工大学(211大学)、大连理工大学(教育部直属、985大学、211大学)、哈尔滨工业大学(985大学、211大学)、河北工业大学(211大学)、合肥工业大学(教育部直属、211大学)、安徽工业大学、辽宁石油化工大学、四川理工学院、广东工业大学、南京林业大学、南京工业大学、南京邮电大学、沈阳航空航天大学、大连工业大学、江西科技师范大学、洛阳理工学院、重庆文理学院、湖南人文科技学院、常州大学怀德学院、河北科技大学理工学院、燕京理工学院、北京石油化工学院、齐鲁工业大学、、河南工业大学、湖北工业大学

◆专业名称:复合材料与工程

◆专业代码:080408

培养目标:本专业培养具有良好的思想素质,强烈的社会责任感,健康的体魄和健全的心理素质、德、智、体全面发展,掌握新型复合材料的生产原理和生产工艺、能胜任无机材料、高分子材料、新型复合材料等生产企业基层管理工作和实际岗位操作工作,具有较高综合素质,"用得上、留得住"的应用型人才。

培养要求:本专业学生主要学习材料学、化学、物理学的基础知识和理论,应具备复合材料与工程领域的基础理论、专业知识和实验技能。

毕业生应具备以下知识和能力:

1.掌握复合材料结构、组成、工艺过程及设备、性能与应用之间关系的基本规律;

2.掌握复合材料制备与工程研究、开发设计与应用的理论基础和实验技能,具有对复合材料进行材料设计、结构设计、工艺设计并开发先进复合材料及制品的能力;

3.掌握材料微观结构、性能的现代测试方法和宏观生产过程的工程测试技术;

4.掌握复合材料的成型加工技术和设备原理;

5.了解复合材料学科前沿发展信息;

6.具有较高的外国语(一门)水平,较强的计算机应用能力,较强的自学能力、工程实践能力和一定的创新能力。

主干学科:复合材料与工程

主要课程:材料复合原理、复合材料学、复合材料工艺设备、复合材料工厂设计概论、材料学概论、复合材料的实验技术、高分子化学及物理、高分子物理、机械制图、热工基础及设备、复合材料工艺学、复

合材料聚合物基础、有机化学、物理化学、大学物理、无机化学。

实践环节:工程设计制图课程设计、工程训练、下厂实习、毕业实习、毕业设计和毕业论文等实践环节。

修业年限:四年

授予学位:工学学士

就业方向:该专业学生毕业后可以就业于与复合材料相关的汽车、建筑、电机、电子、航空航天、国防军工、信息通信、轻工、化工等有关的企业和公司,担任工程研究人员、工程师和营销管理人员,从事设计、研发、分析、生产、测试、评价、营销、管理等工作;也可以在高等院校、研究设计院所从事科研教学工作。

开设学校:福建师范大学、中国地质大学(教育部直属、211大学)、武汉理工大学(教育部直属、211大学)、东华大学(教育部直属、211大学)、济南大学、中国科学技术大学(985大学、211大学)、内蒙古科技大学、青岛科技大学、西北工业大学(985大学、211大学)、南京工程学院、华东理工大学(教育部直属、211大学)、天津工业大学、安徽理工大学、辽宁石油化工大学、中北大学、江苏大学、南京工业大学、南昌航空大学、盐城工学院、常州大学、沈阳化工大学、金陵科技学院、河北工程大学、北华航天工业学院、南京工业大学浦江学院、哈尔滨工业大学(985大学、211大学)

◆专业名称:粉体材料科学与工程
◆专业代码:080409T

培养目标:本专业培养基础扎实、知识面宽,具有创新、创业意识,具有竞争和团队精神,系统掌握粉体材料科学与工程的基础理论、基本实验技能和科学创新的研究方法,能在材料科学与工程领域,特别是在粉体材料加工制备、粉末冶金、陶瓷材料等领域从事科学研究、技术与产品开发、生产工艺工程设计、质量控制和生产经营管理等工作的高级专门人才。

培养要求:粉体材料科学与工程专业学生主要学习材料科学与工程等方面的基础理论和基本技能,具有从事实际工作的基本能力。

毕业生应获得以下几个方面的知识和能力:

1.掌握材料科学与工程等方面的基础理论;

2.掌握材料科学与工程领域的基本技能;

3.具有竞争和团队精神;

4.了解本学科的发展前景和动态。

主要课程:无机化学、物理化学、材料科学基础、材料工程基础、机械设计基础、粉体工程、粉末冶金原理、成形模具设计制造技术、材料分析测试方法、材料物理力学等。

实践环节:包括课程实习、毕业设计等。

修业年限:四年

授予学位:工学学士

就业方向:学生毕业后,可在高等院校、科研院所和高新技术企业等部门从事粉体材料加工制备、粉末冶金、硬质合金与超硬材料、陶瓷材料、新型电工电子材料、纳米材料和复合材料等方面的科研、生产及新产品、新技术开发、教学及相关管理方面的工作。

开设学校:景德镇陶瓷学院、合肥工业大学、合肥学院、沈阳理工大学、中南大学

◆专业名称:宝石及材料工艺学
◆专业代码:080410T

培养目标:本专业培养具有良好的思想品德、社会公德和职业道德、严谨的科学作风、健康的体魄,能运用现代科学知识、现代宝石学理论和技能以及先进的科技手段,为社会主义现代化建设服务,从事宝石鉴定和商贸经营管理、首饰设计和首饰加工制作及其管理,具有开拓创新精神和实践能力的高级技术人才。

培养要求:本专业学生应系本统地掌握宝石学科的基本理论和基本知识,掌握宝石学、首饰工艺学必需的基本技能、方法和相关知识,具有独立获取知识、提出问题、分析问题和解决问题的基本能力,具备从事宝石鉴定和宝石学科学研究、首饰设计和首饰加工制作及经营管理的初步能力。

毕业生应获得以下几方面的知识和能力:

1.具有扎实的外语和计算机基础,掌握一定的人文社科与自然科学基本理论与基本知识;

2.系统掌握宝石学的基本理论和基本知识,掌握与宝石学相关的知识;

3.掌握宝石学的基本研究方法,初步具有独立进行宝石学科学研究的能力;

4.掌握宝石鉴定的基本技能,具有宝石鉴定和检测的初步能力;

5.掌握美术设计基本原理和方法，具有从事首饰设计的初步能力；

6.掌握宝石加工、首饰制作的基本原理和技能，具有珠宝生产加工的初步能力；

7.掌握一定的商贸管理知识，了解珠宝商贸或珠宝生产经营管理的方法。

主干学科：宝石学、艺术设计学、材料科学

主要课程：地质学基础、结晶学与矿物学、晶体光学、宝石学、美术基础、美术设计原理、宝石仪器及宝石鉴定、首饰设计及效果图、首饰制作工艺学、宝石切磨加工工艺学。

实践环节：计算机课程设计、珠宝商贸见习、首饰设计课程采风、生产实习、毕业设计。

修业年限：四年

授予学位：工学学士

就业方向：本专业毕业的学生适合于到珠宝公司、宝石加工厂、执法机关、银行、拍卖公司、典当行、报社、杂志社等单位和部门从事与珠宝和材料工艺有关的商贸、鉴定、加工制作、质量监督和检验、生产管理、科技开发等工作，也可以到高等院校、科研部门从事珠宝首饰和材料工艺方面的教学和科研工作。

开设学校：中国地质大学(武汉)(教育部直属、985大学、211大学)、桂林理工大学、昆明理工大学、金陵科技学院、天津商业大学、石家庄经济学院、长春工程学院、上海建桥学院、同济大学同科学院

◆专业名称：焊接技术与工程
◆专业代码：080411T

培养目标：本专业培养具备材料科学理论知识，掌握先进的连接及其自动化技术，能从事焊接工艺设计及设备制造、焊接过程的自动控制、焊接生产管理及质量控制的应用型高级工程技术人才。

培养要求：本专业学生应具备机械设计、电子电力学科以及计算机等相关的基础理论知识与应用能力，能够从事焊接工程领域的科学研究、技术开发、设计制造、试验研究、企业管理和经营工作，基础扎实、知识面宽、能力强、素质高，具有适应市场经济发展的创新精神和实践能力，掌握材料成型工艺的研究、开发，计算机控制和计算机辅助设计的相关知识，具有研究、开发材料成型工艺、新设备及从事工装模具设计的能力。

毕业生应具备以下几方面的知识和能力：

1.具有较扎实的自然科学基础，较好的人文和社会科学基础,较好的语言和文字表达能力；

2.系统地掌握本专业领域宽广的技术理论基础知识，主要包括力学、机械学、电工电子学、热加工工艺、自动化基础、焊接电弧及弧焊方法、焊接结构力学和材料熔接基础及焊接性；

3.了解本学科的最新动态和发展趋势；

4.具有本专业必需的工程制图、计算、实验、测试、文献检索和基本工艺操作等基本技能和较强的计算机应用能力；

5.掌握一门外语，能熟练地阅读本专业的外文资料，并具有一定的听说能力；

6.具有从事科学研究、技术开发和生产组织管理的初步能力；

7.具有较强的自学能力，分析问题和解决问题的能力，具有较强的创新意识。

主要课程：焊接冶金及金属焊接性、连接方法与工艺、焊接电源及控制、焊接结构工程和现代连接技术等。

修业年限：四年

授予学位：工学学士

就业方向：学生毕业后能在船舶、机械、电子、化工及国防工业等领域从事焊接技术与工程方面的试验研究、开发设计、运行管理和经营销售等工作。

开设学校：哈尔滨工业大学(985大学、211大学)、江苏科技大学、兰州理工大学、天津大学(教育部直属、985大学、211大学)、重庆理工大学、湘潭大学、大连交通大学、南昌航空大学、南京工业大学、河北建筑工程学院、湖南工程学院、南京工程学院、安徽工业大学、辽宁工程技术大学、内蒙古工业大学、佳木斯大学、沈阳大学、兰州城市学院、太原科技大学、西华大学、西安石油大学、重庆科技学院、哈尔滨华德学院、新疆工程学院

◆专业名称：功能材料
◆专业代码：080412T

培养目标：功能材料专业是根据社会发展的需要，特别是生物医学工程、组织工程和药物释放等交叉学科技术的迅速发展对专业人才的迫切需求而设立的新专业。功能材料专业培养具有材料科学与工程、生物学和医学等领域的相关知识，掌握生物材料的基础和专业知识，能在生物材料的制备、改性、加

工成型及应用等领域从事基础研究、应用研究和技术开发等的综合型高级技术人才。

培养要求:本专业学生应掌握材料学、生物学和医学等学科的基础知识和基本理论,特别是有关高分子材料科学与工程、生物医学工程的知识,具有从事生物材料和生物医学工程方面的教学与科研工作的能力,具有功能材料专业领域内某个专业方向所必需的专业知识,注重与当前科学研究的前沿热点相结合,了解其科学前沿及发展趋势。

毕业生应具备以下几方面的知识和能力:

1.掌握材料科学的基础理论和各种功能材料的专业基础理论知识;

2.掌握材料设计、制备、性能检测等专业基础知识,具有进行材料设计和材料研制的基本能力;

3.掌握功能材料的基本知识,熟悉常见器件包括太阳能电池、锂电池、燃料电池等的工作原理和组装过程;

4.了解功能材料国际前沿领域的相关内容及发展趋势;

5.熟悉本专业必需的交叉学科相关知识和技能,具有运用英语进行交流的基本能力以及计算机应用的基本知识与技能。

主干学科:高分子材料科学与工程、生物医学工程

主要课程:生物化学、分子生物学、生物医学工程、高分子化学、高分子物理、生物医学材料学、生物材料制备与加工、生物材料综合实验等专业基础及专业课程。

修业年限:四年

授予学位:工学学士

就业方向:本专业学生就业前景广阔,毕业生可在各类工业部门的相关公司、研究设计院所、高等院校的技术和管理部门从事新型功能材料方面的研究与设计、产品开发、制造、科研、教学、技术开发、管理、营销等工作。

开设学校:天津大学(教育部直属、985大学、211大学)、华中科技大学(教育部直属、985大学、211大学)、东华大学(教育部直属、211大学)、北京化工大学(教育部直属、211大学)、大连理工大学(教育部直属、985大学、211大学)、兰州大学(教育部直属、985大学、211大学)、西安建筑科技大学、东北大学(教育部直属、985大学、211大学)、昆明理工大学、华侨大学、长春理工大学、大连民族学院、青岛农业大学、河南师范大学、沈阳工业大学

◆专业名称:纳米材料与技术
◆专业代码:080413T

培养目标:本专业培养适应高科技发展需要,具有系统的物理学、化学、材料科学基本理论和熟练的实验基本技能,掌握纳米材料的基础理论、基本技能及相关研究方法,拥有从事高科技研究和与高新技术应用相关的材料制备、设计的研究、科技开发和管理等方面的知识和综合能力,能在材料科学领域从事材料研究与开发、材料结构与性能检测及相关的应用研究,适应发展新材料和改善材料性能、开拓材料新应用的、具有创新精神和实践能力的高素质应用型高级专门人才。

培养要求:本专业学生主要学习纳米材料与技术的基础理论和基本技能,具备纳米材料与技术专业的科学理论、基本知识和较强的实践技能。

毕业生应获得以下方面的知识和能力:

1.掌握数学、物理、化学等方面的基本理论和基本知识;

2.掌握环境纳米材料的绿色制备及其规模化、面向环境检测的纳米结构与器件的构筑原理、方法;

3.了解纳米材料与纳米结构性能与机理;

4.研究纳米材料在污染治理中的应用原理、技术与装置研发、纳米材料的环境效应与安全性评估、纳米材料在节能和清洁能源中的应用等;

5.熟悉国家关于纳米材料与技术方面的政策,国内外相关技术知识产权等方面的法律法规;

6.了解纳米材料与技术的最新学科发展动向、理论前沿、应用前景;

7.掌握材料学的工艺装备、测试手段与评价技术,具备相应的科研能力;

8.具有从事科学研究和解决工程中局部问题的能力。

主要课程:除材料科学与工程基础课之外,本专业还开设了纳米材料制备、纳米材料结构表征、纳米科学基础等纳米材料相关课程,部分学校还根据学院特点开设了化学方面的课程,如基础化学、化工原理等系列课程。

修业年限:四年

授予学位:工学学士

就业方向:毕业生可以进入国内外著名高校、科研院所深造学习,还可以在相关的科研机构、高等院

校从事科学研究，或者在电子信息、新能源、航空航天、仪器仪表、生物医药等高科技企业从事新材料研制、新产品开发及新技术工艺研究等高科技含量的工作。

开设学校：北京航空航天大学（985大学、211大学）、北京科技大学（教育部直属、211大学）、大连理工大学（教育部直属、985大学、211大学）、南京理工大学（211大学）、苏州大学（211大学）、北京交通大学（教育部直属、211大学）、许昌学院、中央民族大学（985大学、211大学）、黄河科技学院

◆专业名称：新能源材料与器件
◆专业代码：080414T

培养目标：本专业培养能掌握新能源材料与器件专业基本理论、基本知识和工程技术技能，掌握新能源材料组成、结构、性能的测试技术与分析方法，了解新能源材料与器件学科的发展方向，具备开发新能源材料、研究新工艺、提高和改善材料性能的基本能力的新能源材料与器件学科专门人才。

培养要求：本专业学生应适应国家战略性新兴产业需要，德智体美全面发展，具备坚实的材料、物理、化学、电子、机械等学科基础，系统掌握新能源材料、新能源器件设计与制造工艺、测试技术与质量评价、新能源系统与工程等方面的专业基本理论与基本技能。

毕业生应获得以下几方面的知识和能力：

1.具有较扎实的数学、物理、化学、机械、电子等学科基础知识；较好的人文社会科学基础和管理科学基础知识；

2.较系统地握新能源材料、器件设计与制造的基础知识、基本理论，具有研究和开发新材料、新工艺的初步能力；

3.掌握新能源材料、新能源器件设计与制备、加工与改性、性能检测和产品质量控制的基本知识，具有正确选择和设计新能源材料与新能源器件加工工艺、新能源系统与工程的初步能力；

4.受到较好的工程实践训练，具有本专业必需的制图、设计、计算、测试、调研、文献查阅、实验和基本工艺操作等基本技能，具有综合分析和解决工程实际问题的基本能力；

5.能比较熟练地阅读本专业的外文资料，具有听、说、读、写的初步能力，通过国家、学校规定的英语水平考试；

6.具有本专业必需的计算机应用基本知识和技能；

7.具有较强的自学能力、创新意识和较高的综合素质，勇于进行新材料、新工艺、新技术的探索、开发和应用；

8.掌握文献检索、资料查询的基本方法，具有初步的科学研究和实际工作能力；

9.达到国家规定的体育和军事训练合格标准。

主要课程：新能源材料与器件概论、近代物理概论（量子物理、统计物理）、固体物理、半导体物理与器件、应用电化学、薄膜物理与技术、材料科学与工程基础、无机材料物理化学、材料物理性能、材料研究方法与现代测试技术、新能源材料设计与制备、新能源转换与控制技术、储能材料与技术、半导体硅材料基础、硅材料检测技术、化学电源设计、化学电源工艺学、半导体照明原理与技术、薄膜技术与材料、太阳能电池原理与工艺太阳能发电技术与系统设计、应用光伏学、电池组件生产工艺、光伏逆变器原理与应用等。

修学年限：四年

授予学位：工学学士

就业方向：毕业生可在化学能源、太阳能及储能材料等新能源材料领域从事科学研究与教学、技术开发、工艺设计等方面工作，也可以在通信、汽车、医疗领域从事新能源材料和器件的开发、生产和管理等方面工作，还可继续攻读新能源材料与器件专业及相关学科高层次专业学位。

开设学校：沈阳工程学院、北方民族大学、三峡大学、华北电力大学、华东理工大学、东南大学、合肥工业大学、中南大学、电子科技大学、四川大学、长春理工大学、江苏科技大学、苏州大学、安徽大学、南昌大学、湘潭大学、宁夏大学、华南师范大学、西南石油大学、成都理工大学、青岛科技大学、河北大学。

0805能源动力类

◆专业名称：能源与动力工程
◆专业代码：080501

培养目标：能源与动力工程专业致力于传统能源的利用及新能源的开发和如何更高效地利用能

源。能源既包括水、煤、石油等传统能源,也包括核能、风能、生物能等新能源,以及未来将广泛应用的氢能。动力方面则包括内燃机、锅炉、航空发动机、制冷及相关测试技术。该专业主要培养能源转换与利用和热力环境保护领域具有扎实的理论基础,较强的实践、适应和创新能力,较高的道德素质和文化素质的高级人才,以满足社会对该学科领域的科研、设计、教学、工程技术、经营管理等各方面的人才需求。

培养要求:该专业学生主要学习动力工程及工程热物理的基础理论,学习各种能量转换及有效利用的理论和技术,受到现代动力工程师的基本训练,具有进行动力机械与热工设备设计、运行、实验研究的基本能力。

毕业生应获得以下几方面的知识和能力:

1.具有较扎实的自然科学基础,较好的人文、艺术和社会科学基础及正确运用本国语言、文字的表达能力;

2.较系统地掌握该专业领域宽广的技术理论基础知识,主要包括工程力学、机械学、工程热物理、流体力学、电工与电子学、控制理论、市场经济及企业管理等基础知识;

3.获得该专业领域的工程实践训练,具有较强的计算机和外语应用能力;

4.具有该专业领域内某个专业方向所必需的专业知识,了解其学科前沿及发展趋势;

5.具有较强的自学能力、创新意识和较高的综合素质。

主干学科:动力工程与工程热物理、机械工程、流体力学

主要课程:工程力学、机械设计基础、机械制图、电工与电子技术、工程热力学、流体力学、传热学、控制理论、测试技术、燃烧学等。

实践环节:包括军训、金工、电工、电子实习、认识实习、生产实习、社会实践、课程设计、毕业设计(论文)等,一般应安排40周以上。

修业年限:四年

授予学位:工学学士

就业方向:根据专业方向不同,毕业生可在大型企业、相关公司以及相关的研究所、设计院、高等院校和管理部门从事热能工程、动力工程、制冷工程方面的研究与设计、产品开发、制造、试验、管理、教学等工作。主要就业方向为发电厂、内燃机厂、汽车制造厂、锅炉厂、大型机械厂、造船厂、空调厂、制冷设备厂等。

开设学校:中原工学院、郑州轻工业学院、河南科技大学、河南农业大学、河南理工大学、华北水利水电大学、郑州大学、北京工业大学、哈尔滨工业大学、河北工业大学、西北工业大学、长安大学、西北大学、北京交通大学、武汉大学、湖南大学、中南大学、湘潭大学、北京航空航天大学、西南交通大学、天津大学、合肥工业大学、中国科学技术大学、安徽工业大学、同济大学、新疆大学、南京航空航天大学、天津理工大学、天津商业大学、德州学院、大连海事大学、四川大学、西南财经大学、中山大学、华南理工大学、重庆大学、南昌大学、东南大学、中国矿业大学、天津城市建设学院、广西大学、南京师范大学、南京理工大学、河海大学、苏州大学、中国石油大学(华东)、吉林大学、哈尔滨工程大学、上海交通大学、山东大学、华中科技大学、武汉理工大学、华东理工大学、东北大学、大连理工大学、大连海洋大学、江苏大学、南京工业大学、太原理工大学、北京理工大学、北京科技大学、吉林建筑工程学院、吉林化工学院、中南林业科技大学、邵阳学院、佳木斯大学、南京工程学院、江苏工业学院、江苏科技大学、南京林业大学、扬州大学、景德镇陶瓷学院、重庆理工大学、沈阳航空工业学院、哈尔滨理工大学、长江大学武汉工程大学、湖北汽车工业学院、哈尔滨商业大学、沈阳化工学院、沈阳理工大学、辽宁科技大学、辽宁石油化工大学、沈阳农业大学、西华大学、中国计量学院、山西大学、中国民用航空飞行学院、中北大学、太原科技大学、广东工业大学、广东海洋大学、广东石油化工学院、上海理工大学、上海工程技术大学、上海海洋大学、上海海事大学、上海应用技术学院、上海电力学院、西安交通大学、西北农林科技大学、昆明理工大学、西安理工大学、西藏大学、陕西理工学院、长沙理工大学、南华大学、东北电力大学、长春工程学院、河南城建学院、集美大学、兰州理工大学、兰州交通大学、青岛大学、内蒙古科技大学、青岛科技大学、内蒙古工业大学、青岛理工大学、山东建筑大学、山东科技大学、山东理工大学、山东农业大学、烟台大学、中国农业大学、中国政法大学、北京石油化工学院、华北电力大学(保定)、河北理工大学、河北农业大学、燕山大学、河北工程大学、河北建筑工程学院 辽宁工程技术大学 华北电力大学(北京)、中国石油大学

(北京)、南昌工程学院、江西蓝天学院、平顶山学院、运城学院、贵州大学、仲恺农业技术学院、中国矿业大学(北京)、武汉科技大学、重庆科技学院、重庆交通大学、沈阳工程学院、辽宁科技学院、华中科技大学文华学院、中国矿业大学徐海学院、河南理工大学方科技学院、江苏大学京江学院、南京师范大学泰州学院、南京工业大学浦江学院、中北大学朔州校区

◆专业名称:能源与环境系统工程
◆专业代码:080502T

培养目标:本专业培养具备工程热力学、工程流体力学、传热学、单元机组集控运行、电厂热能动力控制、能源利用与环境工程等方面基础理论和相关专业知识的高级应用型人才。

培养要求:本专业为原热能与动力工程(火电厂集控运行)改造而来,为适应国家能源战略发展要求,把所学专业与能源环境密切联系起来,学生主要学习能源与环境系统工程的基本理论,学习各种能量转换与有效利用及环境保护的理论与技术,受到现代工程师的基本训练,具备进行能源与环境系统工程及设备的设计、优化运行、研究创新的综合能力。

毕业生应具备以下方面的知识与能力:

1.具有较扎实的数学、物理、化学、机械、电子等学科基础知识;

2.较好的人文社会科学基础和管理科学基础知识;

3.掌握能源与环境系统工程的基本知识和基本理论;

4.具有综合分析和解决实际问题的基本能力;

5.能比较熟练地阅读本专业的外文资料;

6.掌握文献检索、资料查询的基本方法,具有初步的科学研究和实际工作能力。

主要课程:能源与环境系统工程概论、工程热力学、工程流体力学、传热学、电工学、工程力学、工程材料、机械制图、机械设计基础、检测技术与仪表、环境化学、电站锅炉原理、汽轮机原理、泵与风机、热力发电厂、热工控制系统、计算机控制系统、单元机组集控运行、能源动力装置基础、能源动力设备控制等。

修业年限:四年

授予学位:工学学士

就业方向:毕业生可在与火力发电、能源利用与转化相关的各类大、中型企业从事与火电厂热力工程、煤化工、新能源开发、环境保护等能源利用相关领域的设备制造、检修与维护、集控运行、生产管理等方面的工作,也可在学校、科研院所等单位进行相关方面的教学、工程设计等工作。

开设学校:浙江大学(教育部直属、985大学、211大学)、西安交通大学(教育部直属、985大学、211大学)、山东大学(教育部直属、985大学、211大学)、浙江科技学院、内蒙古工业大学、上海电力学院、上海工程技术大学、东华大学(教育部直属、211大学)、大连理工大学(教育部直属、985大学、211大学)、南京师范大学(211大学)、华南农业大学

◆专业名称:新能源科学与工程
◆专业代码:080503T

培养目标:新能源科学与工程专业面向新能源产业,根据能源领域的发展趋势和国民经济发展需要,培养在风能、太阳能、地热、生物质能等新能源领域从事相关工程技术领域的开发研究、工程设计、优化运行及生产管理工作的跨学科复合型高级工程技术人才和具有较强工程实践和创新能力的专门人才,以满足国家战略性新兴产业发展对新能源领域教学、科研、技术开发、工程应用、经营管理等方面的专业人才需求。

培养要求:本专业学生主要学习新能源科学与工程的基础理论和基本技能,受到新能源科学与工程方面的基本训练,具有独立思考能力、动手能力和工程实践能力。

毕业生应获得以下几方面的知识和能力:

1.具有扎实的自然科学基础,良好的政治理论基础,较好的人文、艺术、社会科学基础;

2.较系统地掌握本专业领域宽广的理论基础知识,本专业的生物质能方向主要包括工程热力学、工程流体力学、传热学、生物化学、工业微生物学等基础知识;光伏发电方向主要包括物理化学、固体物理、量子力学、无机化学、有机化学、无机非金属材料科学基础、电工技术基础、电子技术基础、控制工程等基础知识;风力发电方向主要包括工程力学、工程图学、空气动力学、机械设计、电工学、控制理论、管理学等基础知识;

3.具有本专业领域所必需的专业知识,生物质能方向包括生物质生物转化技术、生物质热化学转化技术、反应工程、锅炉原理、汽轮机原理等;光伏发

电方向包括太阳电池物理、太阳电池材料与器件、太阳电池材料测试分析、光伏系统的设计、光伏电站设计、运行与控制等；风力发电方向包括风力发电原理、风电机组设计与制造、风电场电气部分、风电场运行与控制、风力发电项目开发等；了解本学科发展趋势；

4.本专业的生物质能方向还应具备理论力学、材料力学、工程图学、机械设计等方面的基础知识；光伏发电方向还应了解太阳能发电科学技术发展，具有较强的分析和解决工程实际问题的能力，有较强的计算机应用能力；风力发电方向还应熟悉国家关于风力发电工程建设和管理的方针、政策和法规，具有较强的计算机应用能力；

5.掌握一门外语，具有听、说、写、译的能力，能顺利阅读本专业外文书刊；

6.掌握文献检索、资料查询的基本方法，具有较强的自学能力、研究开发能力、创新意识、组织管理能力和较高的综合素质。

主要课程：高等数学、概率论与数理统计、线性代数、复变函数与积分变换、大学物理、工程力学、计算机编程语言、机械制图等工程技术基础课群；流体力学、流体机械、传热学、工程热力学、机械设计基础、电工电子学、自动控制理论、能源系统工程、可再生能源及其利用、风力发电原理、太阳能发电与热利用、生物质转化与利用等专业平台课群；光伏材料与太阳能电池、风力发电场、风资源评估等专业选修课群等。

实践环节：包括课程实习、毕业设计等。

修业年限：四年

授予学位：工学学士

就业方向：本专业毕业生就业前景广阔，可在风能、太阳能、生物质能等新能源和节能减排领域的企事业单位、高等院校和政府部门从事技术研发、工程设计、新能源科学教育与研究、新能源管理等相关工作。

开设学校：江西工程学院、南京大学（教育部直属、985大学、211大学）、湖南工程学院、河北工业大学（211大学）、昆明理工大学、福建师范大学、福建农林大学、南京工业大学、青岛大学、吉林农业大学、长春工程学院、沈阳工业大学、济南大学、山东建筑大学、东北大学（教育部直属、985大学、211大学）、东北电力大学、厦门大学 （985大学、211大学）、河海大学（教育部直属、211大学）、华北电力大学（北京）（教育部直属、211大学）、天津理工大学、天津农学院、西安交通大学（教育部直属、985大学、211大学）、新疆大学（211大学）、新疆农业大学、南京理工大学（211大学）、北京信息科技大学、河北建筑工程学院 、 河北工程大学、 沈阳工程学院、上海理工大学、江苏大学、江苏科技大学、盐城工学院、淮海工学院、新余学院、黄淮学院、浙江大学（教育部直属、985大学、211大学）、贵州大学（211大学）、天津农学院、东北农业大学（211大学）、中南大学（教育部直属、985大学、211大学）、广西科技大学、深圳大学、北京工业大学（211大学）、浙江水利水电学院、济南大学、沈阳航空航天大学、内蒙古工业大学、内蒙古农业大学、河南农业大学、兰州理工大学、兰州交通大学、上海交通大学（教育部直属、985大学、211大学）、广西科技大学、兰州城市学院、盐城师范学院、贵州大学（211大学）、常熟理工学院、长沙理工大学、重庆大学（教育部直属、985大学、211大学）、河南城建学院、华中科技大学（教育部直属、985大学、211大学）、青海师范大学、上海电机学院、东华大学（教育部直属、211大学）、北方工业大学、青岛科技大学

0806 电气类

◆专业名称：电气工程及其自动化
◆专业代码：080601

培养目标：本专业培养能够从事与电气工程及其自动化有关的系统运行、自动控制、电力电子技术、信息处理、试验分析、研制开发、经济管理以及电子与计算机技术应用等领域工作的宽口径“复合型”高级工程技术人才。

培养要求：本专业学生主要学习电工技术、电子技术、信息控制、计算机技术等方面较宽广的工程技术基础和一定的专业知识。本专业的主要特点是强弱电结合、电工技术与电子技术相结合、软件与硬件结合、元件与系统结合，学生受到电工电子、信息控制及计算机技术方面的基本训练，具有解决电气工程技术分析与控制技术问题的基本能力。

毕业生应获得以下几方面的知识和能力：

1.掌握较扎实的数学、物理、化学等自然科学的基础知识，具有较好的人文社会科学和管理科学基础和外语综合能力；

2.系统地掌握本专业领域必需的较宽的技术基础理论知识，主要包括电工理论、电子技术、信息处理、控制理论、计算机软硬件基本原理与应用等；

3.获得较好的工程实践训练，具有较熟练的计算机应用能力；

4.具有本专业领域内1~2个专业方向的专业知识与技能，了解本专业学科前沿的发展趋势；

5.具有较强的工作适应能力，具备一定的科学研究、科技开发和组织管理的实际工作能力。

主干学科：电气工程、计算机科学与技术、控制科学与工程

主要课程：电路原理、电子技术基础、电机学、电力电子技术、电力拖动与控制、计算机技术、信号与系统、控制理论等。

实践环节：包括电路与电子技术实验、电子工艺实习、金工实习、计算机软件实践及硬件实践、课程设计、生产实习、毕业设计。

修业年限：四年

授予学位：工学学士

就业方向：可在电力及相关行业从事工程施工项目管理、工程概预算、现场监理等工作。

开设学校：河北师范大学、北京工商大学、中国石油大学（教育部直属、211大学）、中国地质大学（教育部直属、211大学）、厦门大学（教育部直属、985大学、211大学）、浙江大学（教育部直属、985大学、211大学）、中国矿业大学（教育部直属、211大学）、复旦大学（教育部直属、985大学、211大学）、武汉理工大学（教育部直属、211大学）、北京科技大学（教育部直属、211大学）、东北大学（教育部直属、985大学、211大学）、浙江科技学院、浙江海洋学院、同济大学（教育部直属、985大学、211大学）、肇庆学院、运城学院、华北电力大学（教育部直属、211大学）、武昌工学院、湖南工学院、潍坊科技学院、烟台南山学院、山东英才学院、新疆工程学院、兰州工业学院、安徽三联学院、武夷学院、宁德师范学院、南宁学院、合肥师范学院、蚌埠学院、池州学院、衢州学院、成都学院、商丘学院、南昌工学院、河北科技学院、青岛黄海学院、郑州科技学院、长春光华学院、银川能源学院、大连科技学院、长春理工大学、长春大学、北华大学、湖南科技大学、吉首大学、大理学院、西藏大学（211大学）、陕西科技大学、西安工程大学、咸阳师范学院、渭南师范学院、青海大学（211大学）、黑龙江大学、邵阳学院、东北电力大学、吉林建筑大学、长春工程学院、长沙理工大学、南华大学、湘南学院、湖南工程学院、上海海洋大学、上海电力学院、安徽工程大学、安徽建筑大学、广州大学、广东海洋大学、岭南师范学院、惠州学院、云南民族大学、昆明理工大学、西安科技大学、红河学院、西安石油大学、西安理工大学、玉溪师范学院、安徽科技学院、淮南师范学院、西安交通大学（教育部直属、985大学、211大学）、巢湖学院、铜陵学院、皖西学院、河西学院、海南大学（211大学）、临沂大学、青岛大学、青岛理工大学、青岛科技大学、兰州交通大学、商丘师范学院、洛阳师范学院、兰州理工大学、许昌学院、广西科技大学、山东科技大学、山东理工大学、曲阜师范大学、贵州师范大学、山东建筑大学、遵义师范学院、湖北师范学院、湖北民族学院、东北石油大学、武汉纺织大学、三峡大学、长江大学、仰恩大学、福建工程学院、黄河科技学院、集美大学、西北民族大学、中原工学院、闽江学院、闽南师范大学、莆田学院、河南科技大学、湖北科技学院、华侨大学、福建农林大学、河南理工大学、东南大学（教育部直属、985大学、211大学）、南昌大学（211大学）、南京理工大学（211大学）、暨南大学（211大学）、苏州大学（211大学）、重庆大学（教育部直属、985大学、211大学）、河海大学（教育部直属、211大学）、天津农学院、天津城建大学、广西大学（211大学）、福州大学（211大学）、华南理工大学（教育部直属、985大学、211大学）、四川大学（教育部直属、985大学、211大学）、清华大学（教育部直属、985大学、211大学）、北京理工大学（985大学、211大学）、东华大学（教育部直属、211大学）、盐城师范学院、淮阴工学院、南京工程学院、常州工学院、中南大学（教育部直属、985大学、211大学）、山东大学（教育部直属、985大学、211大学）、吉林大学（教育部直属、985大学、211大学）、华东理工大学（教育部直属、211大学）、华中科技大学（教育部直属、985大学、211大学）、西南交通大学（教育部直属、211大学）、辽宁大学（211大学）、湖南大学（教育部直属、985大学、211大学）、河北科技大学、河北大学、大连海事大学（211大学）、北京交通大学（教育部直属、211大学）、武汉大学（教育部直属、985大学、211大学）、长安大学（教育部直属、211大学）、上海大学（211大学）、济南大学、新疆大学（211大学）、江南大学（教育部直属、211大学）、天津理工大学、天津科技大学、郑州大学（211大学）、天津大学（教育部直属、985大学、211大学）、安徽理工大学、安徽

大学(211大学)、嘉兴学院、喀什师范学院、湖州师范学院、西华大学、中国计量学院、辽宁科技大学、成都理工大学、西南民族大学、太原科技大学、中北大学、五邑大学、山西大同大学、浙江万里学院、山西大学、台州学院、温州大学、西南石油大学、西南科技大学、四川师范大学、扬州大学、江苏大学、南昌航空大学、华东交通大学、淮海工学院、盐城工学院、常州大学、江苏师范大学、苏州科技学院、江苏科技大学、江西理工大学、沈阳理工大学、大连交通大学、沈阳建筑大学、沈阳化工大学、渤海大学、井冈山大学、重庆三峡学院、武汉东湖学院、宿州学院、三江学院、太原工业学院、百色学院、龙岩学院、宁波工程学院、滨州学院、伊犁师范学院、沈阳工程学院、长沙学院、河池学院、徐州工程学院、金陵科技学院、昆明学院、重庆科技学院、武汉科技大学、阜阳师范学院、重庆交通大学、榆林学院、上海电机学院、绵阳师范学院、汉口学院、陇东学院、西安航空学院、淮阴师范学院、文华学院、辽宁科技学院、河南城建学院、河南工程学院、贺州学院、商洛学院、海口经济学院、长春建筑学院、电子科技大学(教育部直属、985大学、211大学)、防灾科技学院、沧州师范学院、成都工业学院、北京联合大学、北方工业大学、北京建筑大学、河北联合大学、宁夏大学(211大学)、北方民族大学、鲁东大学、邯郸学院、石家庄学院、廊坊师范学院、河北工程大学、华北科技学院、燕山大学、唐山学院、西昌学院、贵州大学(211大学)、攀枝花学院、西南大学(教育部直属、211大学)、新余学院、广东白云学院、南通大学、西安外事学院、西安思源学院、南昌工程学院、平顶山学院、河南科技学院、安阳师范学院、安阳工学院、河南师范大学、武汉轻工大学、上海海事大学、上海师范大学、上海理工大学、华北电力大学保定校区(教育部直属、211大学)、中国政法大学(教育部直属、211大学)、哈尔滨工程大学(211大学)、重庆理工大学、北京航空航天大学(985大学、211大学)、西南交通大学(教育部直属、211大学)、河北农业大学现代科技学院、燕山大学里仁学院、解放军军械工程学院、西交利物浦大学、无锡职业技术学院、西安电子科技大学长安学院、北京理工大学房山分校培训中心、哈尔滨工业大学(威海)、解放军海军工程大学、解放军空军航空大学、辽宁石油化工大学顺华能源学院、沈阳城市建设学院、华南理工大学广州学院、云南工商学院、嘉兴学院南湖学院、河南农业大学华豫学院、沈阳工业大学工程学院、大连装备制造职业技术学院、浙江海洋学院东海科学科技学院、浙江大学宁波理工学院、邢台职业技术学院、河南理工大学万方科技学院、解放军陆军航空兵学院、宁波诺丁汉大学、解放军空军工程大学、湖北工业大学工程技术学院、湖北工业大学商贸学院、武汉大学珞珈学院、湖北师范学院文理学院、湖北汽车工业学院科技学院、闽南理工学院、福州大学至诚学院、福建农林大学金山学院、厦门大学嘉庚学院、青岛恒星科技学院、中国石油大学胜利学院、湖南交通工程学院、广东技术师范学院天河学院、北京师范大学珠海分校、华南农业大学珠江学院、广东工业大学华立学院、河北工程大学科信学院、天津大学仁爱学院、六盘水师范学院、吉林建筑大学城建学院、苏州科技学院天平学院、江苏师范大学科文学院、扬州大学广陵学院、南京师范大学中北学院、苏州大学应用技术学院、苏州大学文正学院、南京邮电大学通达学院、西安工业大学北方信息工程学院、西安交通大学城市学院、江苏科技大学苏州理工学院、哈尔滨石油学院、哈尔滨广厦学院、哈尔滨远东理工学院、哈尔滨剑桥学院、哈尔滨华德学院、东北农业大学成栋学院、南京航空航天大学金城学院、南京理工大学紫金学院、南京工业大学浦江学院、长安大学兴华学院、中国矿业大学银川学院、贵州师范大学求是学院、西安科技大学高新学院、西安理工大学高科学院、宁夏大学新华学院、新疆大学科学技术学院、广东海洋大学寸金学院、成都理工大学工程技术学院、湖南科技大学潇湘学院、长沙理工大学城南学院、南华大学船山学院、湖南工业大学科技学院、电子科技大学中山学院、湖南工程学院应用技术学院、齐鲁理工学院、山东科技大学泰山科技学院、青岛农业大学海都学院、昆明理工大学津桥学院、西南交通大学希望学院、西南科技大学城市学院、贵州理工学院、营口理工学院、河北联合大学轻工学院、贵州大学明德学院、宁夏理工学院、陕西科技大学镐京学院、西安建筑科技大学华清学院、西安交通工程学院、山东华宇工学院、安徽建筑大学城市建设学院、安徽工程大学机电学院、安徽工业大学工商学院、安徽农业大学经济技术学院、南昌大学科学技术学院、河海大学文天学院、华侨大学厦门工学院、宁波大学科学技术学院、杭州电子科技大学信息工程学院、同济大学浙江学院、温州大学城市学院、宁波大红鹰学院、中国计量学院现代科技学院、郑州成功财经学院、河南科技学院新科学院、湖北民族学院科技学院、南昌大学共青学院、华东交通大学理工学院、江西理工大学应用科学学院、太原科技大学华科学院、太原理工大学现代科技学院、中北大学信息商务学院、山西农业大学信息学院、天津理工大学中环信息学院、广西大学行健文理学院、广西科技大学鹿山学院、桂林电子科技大学信息科技学院、沈阳化工大学科亚学院、兰州理工大学技术工程学院、长春工业大学、西安工业大学、西安邮电大学、宝鸡文理学院、陕西理工学院、吉林工程技术师范学院、东北林业大学(教育部直属、211大学)、吉林化工学院、上海工程技术大学、佛山科学技术学院、广东石油化工学院、东莞理工学院、韩山师范学院、云南农业大学、西安建筑科技大学、西北农林科技大学(教育部直属、985大学、211大学)、内蒙古工业大学、内蒙古科技大学、青岛农业大学、甘肃农业大学、山东交通学院、桂林电子科技大学、山东农业大学、内蒙古农业大学、山东工商学院、牡丹江师范学院、黑龙江科技大学、黑龙江工程学院、湖北汽车工业学院、哈尔滨理工大学、齐齐哈尔大学、郑州航空工业管理学院、黑龙江东方学院、郑州轻工业学院、河南工业大学、西北工业大学(985大学、211大学)、南京师范大学(211大学)、太原理工大学(211大学)、东北师范大学(教育部直属、211大学)、大连理工大学(教育部直属、985大学、211大学)、江苏理工学院、北京林业大学(教育部直属、211大学)、西安电子科技大学(教育部直属、211大学)、哈尔滨工业大学(985大学、211大学)、河北工业大学(211大学)、南京航空航天大学(211大学)、天津职业技术师范大学、中国民航大学、天津工业大学、合肥工业大学(教育部直属、211大学)、安徽工业大学、安徽农业大学、浙江工业大学、沈阳工业大学、辽宁石油化工大学、新疆农业大学、沈阳农业大学、成都信息工程学院、四川理工学院、广东工业大学、中国民用航空飞行学院、山西农业大学、南京林业大学、南京工业大学、杭州电子科技大学、南京邮电大学、南京信息工程大学、石河子大学(211大学)、辽宁工业大学、赣南师范学院、中国地质大学长城学院、武昌理工学院、洛阳理工学院、武汉科技大学城市学院、电子科技大学成都学院、中国矿业大学徐海学院、三峡大学科技学院、南京理工大学泰州科技学院、东南大学成贤学院、呼伦贝尔学院、青岛滨海学院、常熟理工学院、重庆文理学院、湖北理工学院、中国矿业大学(北京)(教育部直属、211大学)、吉林农业科技学院、塔里木大学、中原工学院信息商务学院、中山大学南方学院、华中科技大学武昌分校、厦门理工学院、荆楚理工学院、郑州工业应用技术学院、济南大学泉城学院、江苏大学京江学院、南京师范大学泰州学院、重庆大学城市科技学院、重庆邮电大学移通学院、北京交通大学海滨学院、常州大学怀德学院、兰州交通大学博文学院、青海大学昆仑学院、石家庄铁道大学四方学院、华北电力大学科技学院、河北科技大学理工学院、河北大学工商学院、长春理工大学光电信息学院、武汉纺织大学外经贸学院、北京理工大学珠海学院、大连理工大学城市学院、河北科技师范学院、广州大学松田学院、南京信息工程大学滨江学院、青岛理工大学琴岛学院、长春工业大学人文信息学院、浙江水利水电学院、黑龙江工业学院、齐齐哈尔工程学院、北京石油化工学院、齐鲁工业大学、中国农业大学(教育部直属、985大学、211大学)、河北建筑工程学院、河北农业大学、石家庄铁道大学、广东理工学院、广东技术师范学院、辽宁工程技术大学、南昌理工学院、北京信息科技大学、中国地质大学(北京)(教育部直属、211大学)、南阳理工学院、佳木斯大学、黑龙江八一农垦大学、湖南工业大学、华北水利水电大学、湖北工业大学、上海应用技术学院、华南农业大学

◆专业名称:智能电网信息工程
◆专业代码:080602T

培养目标:本专业培养具有扎实的专业理论和技能,兼具较强的电气工程和信息工程的综合素质和创新精神,掌握电力系统通信技术、信息采集和处理的基本理论与技术,熟悉电力系统生产运行的规律与特点、智能电网发展动态,受到卓越工程师高级训练,在新能源发电与智能接入技术、电网智能调度与控制技术、智能电网信息通信技术等方面学有所长,可以在网络化、信息化、智能化电气系统领域从事生产制造、工程设计、系统运行、系统分析、技术开发、教育科研等方面工作的特色鲜明的复合型高级工程技术人才。

培养要求:该专业学生主要学习智能电网信息工程的基础理论和基本技能,受到智能电网信息工程方面的基本训练,具有实际工作的基本能力。

毕业生应获得以下几方面的知识和能力:

1.掌握智能电网相关的理论知识;

2.具有良好的科学素质和文化修养;

3.具有扎实的专业理论和专业技能；

4.具有综合分析和解决实际问题的基本能力；

5.能比较熟练地阅读该专业的外文资料；

6.掌握文献检索、资料查询的基本方法，具有初步的科学研究和实际工作能力。

主要课程：高等数学、大学物理、电路、电子技术基础、电机学、电力电子技术、软件技术基础、信号与系统、控制理论、电力系统分析基础、智能电网导论、智能电网信息技术、智能变电站、微网及其控制、智能电网先进传感技术、新能源发电技术等。

修业年限：四年

授予学位：工学学士

就业方向：毕业生主要到电力行业、信息技术产业、高等院校及国民经济其他行业的生产、科研及相关部门从事电力产品设计、研发、设计、制造、技术支持、电力信息系统运行维护等工作，或在企事业单位和行政管理部门从事计算机应用以及技术管理等方面的工作，或攻读智能电网、计算机科学与技术、电气工程及自动化等相关专业的研究生。

开设学校：电子科技大学（教育部直属、985大学、211大学）、华北电力大学（教育部直属、211大学）、南京理工大学（211大学）、重庆邮电大学、辽宁工程技术大学、银川能源学院、南京邮电大学、长春工程学院

◆专业名称：光源与照明
◆专业代码：080603T

培养目标：本专业培养掌握电气与电子交叉融合的光源与照明技术领域的基本理论和知识，具备电气、电子、自动化、计算机等方面宽口径的设计与实践能力，能在电气照明、微电子、光电子、智能控制系统以及供配电等领域从事产品和技术的研发、制造、测试、工程应用等方面工作的高级复合型人才。

培养要求：本专业学生主要学习电气、电子、半导体技术、自动化、计算机以及照明方面的基本理论和基本知识，受到机械、电子电工、半导体、计算机编程、智能控制、半导体照明光、电、热和封装等方面的基本训练，掌握可以从事光源及电子产品设计与开发，照明环境及工程设计及应用，半导体及集成电路设计与制造等方面的基本能力。

毕业生应获得以下几方面的知识和能力：

1.具有良好的人文社会科学素养、有社会责任感和工程职业道德；

2.具有从事光源与照明专业所需的数学、自然科学以及经济和管理知识；

3.掌握光源与照明的基础理论和专业知识，具有较系统的工程实践学习经历；了解电气及电子科学技术类专业的前沿发展现状和趋势；

4.具备设计和实施工程实验的能力，并能够对实验结果进行分析处理；

5.具有追求创新的态度和创新意识；具有综合运用理论和技术手段设计系统和过程的能力，设计过程中能够综合考虑经济、环境、法律、安全、健康、伦理等制约因素；

6.掌握文献检索、资料查询和运用现代信息技术获取相关信息的基本方法；

7.了解与光源与照明专业相关行业的生产、设计、研究与开发、环境保护和可持续发展等方面的方针、政策和法律、法规，能正确认识工程对于客观世界和社会的影响；

8.具有一定的组织管理能力、表达能力和人际交往能力以及在团队中发挥作用的能力；

9.对终身学习有正确认识，具有不断学习和适应发展的能力；

10.基本掌握一门外语，具有国际视野和跨文化的交流、竞争与合作能力。

主要课程：大学物理、高等数学、大学外语、电子线路、工程制图、计算机基础及编程、微机应用、光源与照明专业概论、电路理论、模拟电子技术、数字电子技术、信号与系统、高级程序语言设计、单片机原理及应用、半导体照明概论、半导体物理、半导体集成电路、半导体工艺与新光源技术、电气照明技术、非成像光学系统设计、电子设备散热设计与分析、环境照明设计、开关电源的原理与设计、自动控制原理、电力电子技术。

实践环节：电工实践、电子课程设计、程序设计综合实践、半导体器件封装实践、电气照明综合实践、半导体器件与集成电路实验、半导体照明光源光学设计实践、智能照明设计实践、现代电气EDA技术综合实践、金工实习、半导体照明散热与环境照明实践、毕业实践/实习、毕业设计（论文），以及课外学术活动、科技创新活动、社会实践等。

修业年限：四年

授予学位：工学学士

就业方向：本专业毕业生可在国家机关、电信、

国防、科研机构、学校、工厂等企事业单位从事以下工作：半导体光电、LED芯片制造与封装、集成电路设计及制造；驱动电路、开关电源、智能控制(单片机,DSP,ARM,PLC)、电气工程、自动控制；照明与光源、LED光源设计与制造、环境照明、室内照明、道路照明、一次配光、二次配光。

开设学校： 天津工业大学、深圳大学、太原理工大学、安徽工业大学、佛山科学技术学院、大连工业大学

◆专业名称：电气工程与智能控制
◆专业代码：080604T

培养目标：本专业培养能够在工业企业运动控制、过程控制、供电技术、检测与自动化仪表、信息处理等领域从事系统分析、系统设计、系统运行维护、科技开发等方面工作的具有创新精神和良好的英语沟通能力的复合型工程技术人才。

培养要求：该专业学生主要学习电气工程与智能控制专业知识，掌握电气工程与智能控制相关的理论知识与技术，具备智能系统设计、系统运行、研制开发、试验分析与管理的能力。

毕业生应获得以下几方面的知识和能力：

1.系统掌握数学、计算机、工程制图等"工程工具"知识，并具有较强的英语阅读能力和初步的英语交际能力。

2.系统掌握电路原理、电子技术、电力电子技术、自动控制原理、微机控制技术、机械工程基础等专业基础知识。

3.掌握电机、电器、电力、高电压等强电领域的基础理论和专业知识。

4.具有电机、电器等电气装备的设计制造、运行控制、试验分析、研制开发、生产管理的初步能力；或具有电力系统、电气装备、建筑电气领域的系统设计、运行控制、研制开发、试验分析的初步能力；或建筑电气领域电气设计、楼宇自动化、综合布线与智能建筑的系统设计、系统运行、研制开发、试验分析、工程建设与管理的能力。

5.具有较强的自学能力和进一步深造的能力。

主要课程：电路与电子技术、机械设计基础、微机原理及接口、电机与拖动基础、自动控制理论、传感器与检测技术、设备信息管理系统、智能化控制系统、液压与气动等。

修业年限：四年

授予学位：工学学士

就业方向：可从事现代企业特别是外企的生产和管理的自动控制、电气设备的系统控制和运行维护等方面的工作，也可从事科研工作。

开设学校：安徽理工大学、南京工程学院、苏州大学文正学院、南通大学、山东科技大学、中北大学、天津理工大学中环信息学院、辽宁工程技术大学、沈阳工程学院、武汉大学珞珈学院、西安理工大学、黑龙江科技大学

0807电子信息类

◆专业名称：电子信息工程
◆专业代码：080701

培养目标：本专业培养具备电子技术和信息系统的基础知识，能从事各类电子设备和信息系统的研究、设计、制造、应用和开发的高等工程技术人才。

培养要求：本专业是一个电子和信息工程方面的较宽口径专业。本专业学生主要学习信号的获取与处理、电厂设备信息系统等方面的专业知识，受到电子与信息工程实践的基本训练，具备设计、开发、应用和集成电子设备和信息系统的基本能力。

毕业生应获得以下几个方面的知识和能力：

1.较系统地掌握本专业领域宽广的技术基础理论知识，适应电子和信息工程方面广泛的工作范围；

2.掌握电子电路的基本理论和实验技术，具备分析和设计电子设备的基本能力；

3.掌握信息获取、处理的基本理论和应用的一般方法，具有设计、集成、应用及计算机模拟信息系统的基本能力；

4.了解信息产业的基本方针、政策和法规，了解企业管理的基本知识；

5.了解电子设备和信息系统的理论前沿，具有研究、开发新系统、新技术的初步能力；

6.掌握文献检索、资料查询的基本方法，具有一定的科学研究和实际工作能力。

主干学科：电子科学与技术、信息与通信工程、计算机科学与技术

主要课程：电路理论系列课程、计算机技术系列课程、信息理论与编码、信号与系统、数字信号处理、

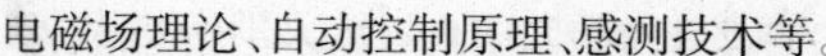

电磁场理论、自动控制原理、感测技术等。

实践环节：包括课程实验、计算机上机训练、课程设计、生产实习、毕业设计等，一般要求实践教学环节不少于30周。

修业年限：四年

授予学位：工学或理学学士

就业方向：在各类应用电子技术企业从事引进、开发、运行、维修等工作，在计算机行业从事各种软件开发工作。

开设学校：上海理工大学、陕西科技大学、西藏大学（211大学）、云南民族大学、河北师范大学、唐山学院、石家庄经济学院、河北北方学院、中国政法大学（教育部直属、211大学）、中国人民公安大学、福建师范大学、南阳师范学院、广西师范学院、北京化工大学（教育部直属、211大学）、鲁东大学、中国农业大学（教育部直属、985大学、211大学）、烟台大学、中国地质大学（教育部直属、211大学）、中国石油大学（教育部直属、211大学）、四川大学（教育部直属、985大学、211大学）、华南师范大学（211大学）、厦门大学（教育部直属、985大学、211大学）、南京理工大学（211大学）、浙江大学（教育部直属、985大学、211大学）、江西财经大学、大连海洋大学、重庆邮电大学、重庆理工大学、复旦大学（教育部直属、985大学、211大学）、华东理工大学（教育部直属、211大学）、武汉理工大学（教育部直属、211大学）、东北师范大学（教育部直属、211大学）、北京科技大学（教育部直属、211大学）、清华大学（教育部直属、985大学、211大学）、东北大学（教育部直属、985大学、211大学）、沈阳化工大学、西北大学（211大学）、北京交通大学（教育部直属、211大学）、浙江工商大学、山西师范大学、浙江理工大学、温州医科大学、杭州师范大学、绍兴文理学院、浙江科技学院、浙江海洋学院、同济大学（教育部直属、985大学、211大学）、安徽农业大学、天津职业技术师范大学、江南大学（教育部直属、211大学）、北京航空航天大学（985大学、211大学）、武汉大学（教育部直属、985大学、211大学）、燕山大学里仁学院、吉首大学张家界学院、仲恺农业工程学院、天津天狮学院、无锡太湖学院、嘉兴学院南湖学院、湘潭大学兴湘学院、河南科技学院、运城学院、贵州大学（211大学）、西南大学（教育部直属、211大学）、华北电力大学（教育部直属、211大学）、中国石油大学（北京）（教育部直属、211大学）、三江学院、香港理工大学、陇东学院、华中科技大学武昌分校、淮阴师范学院、绥化学院、武昌工学院、武汉工商学院、湖北大学知行学院、长江大学文理学院、武汉大学珞珈学院、长江大学工程技术学院、湖南财政经济学院、湖南工学院、长沙师范学院、闽南理工学院、福州大学至诚学院、福建农林大学金山学院、福州大学阳光学院、厦门大学嘉庚学院、福建农林大学东方学院、福建师范大学协和学院、济宁学院、烟台南山学院、山东英才学院、湖南信息学院、华南理工大学广州学院、桂林航天工业学院、兰州工业学院、吉林工商学院、天津大学仁爱学院、吕梁学院、安徽三联学院、武夷学院、宁德师范学院、安徽新华学院、公安海警学院、浙江树人学院、合肥师范学院、蚌埠学院、扬州大学广陵学院、苏州大学应用技术学院、西安交通大学城市学院、南通大学杏林学院、哈尔滨石油学院、黑龙江财经学院、哈尔滨剑桥学院、哈尔滨华德学院、南京理工大学紫金学院、山东青年政治学院、宁夏大学新华学院、福建江夏学院、成都学院、广东海洋大学寸金学院、湖南科技大学潇湘学院、长沙理工大学城南学院、南华大学船山学院、电子科技大学中山学院、衡阳师范学院南岳学院、山东师范大学历山学院、齐鲁理工学院、聊城大学东昌学院、青岛工学院、云南大学滇池学院、四川大学锦江学院、四川大学锦城学院、上海科技大学、江苏第二师范学院、山东协和学院、商丘学院、南昌工学院、贵州大学科技学院、贵州大学明德学院、宁夏理工学院、陕西科技大学镐京学院、西安欧亚学院、青岛黄海学院、安徽工程大学机电学院、安徽大学江淮学院、南昌大学科学技术学院、华侨大学厦门工学院、同济大学浙江学院、温州大学城市学院、温州大学瓯江学院、郑州成功财经学院、河南科技学院新科学院、郑州科技学院、江汉大学文理学院、南昌航空大学科技学院、南昌大学共青学院、东华理工大学长江学院、长春光华学院、广西师范大学漓江学院、浙江大学城市学院、大连东软信息学院、西北师范大学知行学院、广西民族师范学院、长春理工大学、长春大学、西安培华学院、长春工业大学、北华大学、湖南科技大学、吉首大学、湘潭大学、西安工业大学、西安邮电大学、西安工程大学、青海师范大学、宝鸡文理学院、陕西理工学院、咸阳师范学院、白城师范学院、湖南科技学院、衡阳师范学院、湖南商学院、东北林业大学（教育部直属、211大学）、黑龙江大学、邵阳学院、东北电力大学、湖南农业大学、吉林建筑大学、长春工程学院、吉林师范大学、长沙理工大学、南华大学、吉林化工学院、中南林业科技大学、湖南城市学院、湖南理工学院、湖南工程学院、嘉应学院、佛山科学技术学院、安徽工程大学、上海电力学院、上海第二工业大学、安徽师范大学、广东石油化工学院、东莞理工学院、广州大学、广东海洋大学、岭南师范学院、惠州学院、广东药学院、韩山师范学院、西南林业大学、昆明理工大学、云南农业大学、西安科技大学、西安石油大学、西安理工大学、西安建筑科技大学、西北农林科技大学(教育部直属、985大学、211大学)、安徽科技学院、淮南师范学院、巢湖学院、合肥学院、黄山学院、铜陵学院、安徽财经大学、皖西学院、延安大学、兰州商学院、海南大学(211大学)、临沂大学、青岛大学、内蒙古工业大学、青岛理工大学、内蒙古科技大学、内蒙古民族大学、兰州交通大学、商丘师范学院、周口师范学院、聊城大学、西北师范大学、青岛农业大学、许昌学院、甘肃农业大学、山东交通学院、广西科技大学、桂林电子科技大学、桂林理工大学、广西民族大学、山东科技大学、山东理工大学、内蒙古师范大学、曲阜师范大学、贵州师范大学、山东建筑大学、广西师范大学、黔南民族师范学院、山东工商学院、哈尔滨商业大学、湖北工程学院、黄冈师范学院、湖北师范学院、黑龙江工程学院、哈尔滨学院、东北石油大学、哈尔滨理工大学、齐齐哈尔大学、中南民族大学、三峡大学、湖北汽车工业学院、长江大学、仰恩大学、福建工程学院、黄河科技学院、集美大学、西北民族大学、中原工学院、闽江学院、闽南师范大学、莆田学院、黑龙江东方学院、郑州轻工业学院、华侨大学、福建农林大学、河南工业大学、河南农业大学、南昌大学(211大学)、暨南大学(211大学)、西北工业大学(985大学、211大学)、苏州大学(211大学)、重庆大学(教育部直属、985大学、211大学)、河海大学(教育部直属、211大学)、南京师范大学(211大学)、天津城建大学、广西大学(211大学)、福州大学(211大学)、太原理工大学(211大学)、东华大学(教育部直属、211大学)、大连理工大学(教育部直属、985大学、211大学)、江苏理工学院、盐城师范学院、淮阴工学院、南京工程学院、常州工学院、哈尔滨工程大学(211大学)、中南大学(教育部直属、985大学、211大学)、吉林大学(教育部直属、985大学、211大学)、华中科技大学(教育部直属、985大学、211大学)、延边大学(211大学)、北京邮电大学(教育部直属、211大学)、西南交通大学(教育部直属、211大学)、湖南大学(教育部直属、985大学、211大学)、中央民族大学(985大学、211大学)、河北经贸大学、西安电子科技大学(教育部直属、211大学)、湖南师范大学(211大学)、河北科技大学、大连海事大学(211大学)、北京工业大学(211大学)、河北工业大学(211大学)、长安大学(教育部直属、211大学)、云南大学(211大学)、上海大学(211大学)、天津工业大学、新疆大学(211大学)、中国民航大学、天津理工大学、天津科技大学、郑州大学(211大学)、合肥工业大学(教育部直属、211大学)、天津大学(教育部直属、985大学、211大学)、中国海洋大学(教育部直属、985大学、211大学)、安徽工业大学、安徽理工大学、德州学院、安徽大学(211大学)、浙江师范大学、嘉兴学院、浙江农林大学、中国计量学院、辽宁师范大学、沈阳大学、沈阳工业大学、沈阳师范大学、辽宁石油化工大学、辽宁科技大学、成都理工大学、沈阳农业大学、西南民族大学、太原科技大学、中北大学、成都信息工程学院、四川理工学院、五邑大学、深圳大学、汕头大学、浙江万里学院、山西大学、台州学院、温州大学、西南石油大学、中国民用航空飞行学院、西南科技大学、西华师范大学、四川师范大学、江西农业大学、扬州大学、江苏大学、南京林业大学、南京工业大学、景德镇陶瓷学院、江西师范大学、南昌航空大学、东华理工大学、杭州电子科技大学、华东交通大学、江苏科技大学、南京邮电大学、淮海工学院、盐城工学院、常州大学、南京信息工程大学、江苏师范大学、苏州科技学院、江西理工大学、大连民族学院、大连工业大学、石河子大学(211大学)、沈阳理工大学、大连交通大学、大连大学、辽宁工业大学、渤海大学、赣南师范学院、江西科技师范大学、辽东学院、井冈山大学、重庆三峡学院、宜春学院、九江学院、商丘工学院、中国地质大学长城学院、武汉东湖学院、武昌理工学院、宿州学院、电子科技大学成都学院、太原工业学院、三峡大学科技学院、呼伦贝尔学院、重庆人文科技学院、丽水学院、百色学院、钦州学院、滁州学院、枣庄学院、梧州学院、龙岩学院、湖南涉外经济学院、宁波工程学院、常熟理工学院、西京学院、集美大学诚毅学院、伊犁师范学院、赤峰学院、沈阳工程学院、长沙学院、河池学院、金陵科技学院、西安文理学院、上海商学院、大庆师范学院、武汉科技大学、湖北理工学院、重庆交通大学、曲靖师范学院、上海电机学院、内江师范学院、乐山师范学院、宜宾学院、汉口学院、武汉理工大学华夏学院、浙江传媒学院、厦门理工学院、重庆工商大学、文华学院、贵阳学院、湖南人文科技学院、郑州工业应用技术学院、江苏大学京江学院、重庆大学城市科技学院、常州大学怀德学院、延安大学西安创新学院、河南城建学院、三亚学院、安顺学院、贺州学院、河北科技师范学院、安康学院、三明学院、商洛学院、广州大学松田学院、吉林师范大学博达学院、燕京理工学院、海口经济学院、四川师范大学成都学院、长春建筑学院、电子科技大学(教育部直属、985大学、211大学)、成都工业学院、北京联合大学、北方工业大学、北京电子科技学院、北京服装学院、河北联合大学、首都师范大学、北京印刷学院、齐鲁工业大学、宁夏大学(211大学)、北方民族大学、北京城市学院、中国传媒大学(教育部直属、211大学)、潍坊学院、邯郸学院、石家庄学院、广州工商学院、衡水学院、广东东软学院、河北工程大学、河北建筑工程学院、华北科技学院、燕山大学、河北农业大学、山东师范大学、石家庄铁道大学、西昌学院、攀枝花学院、新余学院、黄淮学院、萍乡学院、江西工程学院、广东白云学院、南方医科大学、广东技术师范学院、四川工业科技学院、辽宁工程技术大学、南通大学、南昌理工学院、江西科技学院、西安外事学院、西安思源学院、南昌工程学院、平顶山学院、安阳师范学院、北京信息科技大学、信阳师范学院、安阳工学院、中国地质大学(北京)(教育部直属、211大学)、河南师范大学、南阳理工学院、佳木斯大学、华中师范大学(教育部直属、211大学)、江汉大学、武汉纺织大学、湖北大学、黑龙江八一农垦大学、湖南工业大学、湖北文理学院、河南科技大学、华北水利水电大学、武汉轻工大学、湖北工业大学、武汉工程大学、黑龙江科技大学、上海应用技术学院、上海师范大学、上海海事大学、西安交通大学(教育部直属、985大学、211大学)、淮北师范大学、安徽建筑大学、华南农业大学、北华航天工业学院、内蒙古医科大学、沈阳工学院、河北农业大学现代科技学院、河北科技大学理工学院、广东技术师范学院天河学院、广东工业大学华立学院、青岛理工大学琴岛学院、南开大学滨海学院、南京信息工程大学滨江学院、武汉纺织大学外经贸学院、西安电子科技大学长安学院、哈尔滨工业大学(威海)、东北农业大学成栋学院、苏州科技学院天平学院、南京工业大学浦江学院、首都师范大学继续教育学院、辽宁科技大学信息技术学院、沈阳航空航天大学北方科技学院、绍兴文理学院元培学院、湖南商学院北津学院、江西科技师范大学理工学院、沈阳化工大学科亚学院、浙江海洋学院东海科学技术学院、浙江农林大学暨阳学院、浙江大学宁波理工学院、武汉工程科技学院、中国人民解放军信息工程学院、天水师范学院、北京邮电大学世纪学院、北京工业大学耿丹学院、湖北工业大学工程技术学院、湖北工业大学商贸学院、湖北文理学院理工学院、武汉工程大学邮电与信息工程学院、湖北师范学院文理学院、湖北汽车工业学院科技学院、福建师范大学闽南科技学院、华南农业大学珠江学院、河北工程大学科信学院、吉林建筑大学城建学院、安徽文达信息工程学院、江苏师范大学科文学院、南京师范大学中北学院、西安工业大学北方信息工程学院、哈尔滨远东理工学院、南京航空航天大学金城学院、中国传媒大学南广学院、桂林理工大学博文管理学院、西安理工大学高科学院、西北工业大学明德学院、东莞理工学院城市学院、成都理工大学工程技术学院、湖南工业大学科技学院、湖南理工学院南湖学院、湖南工程学院应用技术学院、云南大学旅游文化学院、西南科技大学城市学院、郑州升达经贸管理学院、云南师范大学文理学院、安徽建筑大学城市建设学院、淮北师范大学信息学院、安徽师范大学皖江学院、安徽农业大学经济技术学院、杭州师范大学钱江学院、浙江师范大学行知学院、浙江理工大学科技与艺术学院、杭州电子科技大学信息工程学院、中国计量学院现代科技学院、华中师范大学武汉传媒学院、湖北工程学院新技术学院、赣南师范学院科技学院、华东交通大学理工学院、江西农业大学南昌商学院、江西师范大学科学技术学院、江西理工大学应用科学学院、安阳师范学院人文管理学院、太原科技大学华科学院、太原理工大学现代科技学院、中北大学信息商务学院、山西农业大学信息学院、天津理工大学中环信息学院、广西师范学院师园学院、广西科技大学鹿山学院、桂林电子科技大学信息科技学院、浙江工业大学之江学院、兰州理工大学技术工程学院、郑州航空工业管理学院、哈尔滨工业大学(985大学、211大学)、沈阳航空航天大学、中南林业科技大学涉外学院、河南理工大学万方科技学院、南京理工大学泰州科技学院、东南大学成贤学院、东北大学秦皇岛分校、上海师范大学天华学院、南京师范大学泰州学院、重庆邮电大学移通学院、兰州交通大学博文学院、石家庄铁道大学四方学院、河北经贸大学经济管理学院、河北大学工商学院、河南师范大学新联学院、长春理工大学光电信息学院、广州大学华软软件学院、大连理工大学城市学院、南京信息工程大学滨江学院、长春工业大学人文信息学院、哈尔滨信息工程学院、中国人民武装警察部队学院、吉林工程技术师范学院、湖北经济学院、广东工业大学、上海工程技术大学

◆专业名称:电子科学技术
◆专业代码:080702

培养目标:电子科学技术专业是一个基础知识面宽、应用领域广泛的综合性专业。在多学科交叉背景下,培养基础深厚、专业面宽,具有自主学习能力、创新意识的综合型人才。

培养要求:本专业学生主要学习数学、物理、物理电子、光电子、微电子学领域的基本理论和基本知识,受到相关的信息电子实验技术、计算机技术等方面的基本训练,掌握各种电子材料、工艺、零件及系统的设计、研究与开发的基本能力。

毕业生应获得以下几方面的知识和能力:

1.具有坚实的自然科学基础,较好的人文社会科学基础,并熟练掌握一门外语;

2.系统地掌握本专业领域必需的较宽的技术基础理论;

3.具有较强的本专业领域的实验能力,计算机辅助设计与测试能力和工程实践能力;

4.了解本专业领域的理论前沿和发展动态;

5.掌握文献检索、资料查询的基本方法,具有一定的科学研究和实际工作能力。

主要课程:现代工程设计制图、数学物理方法、电磁场与波、微波技术基础、电真空材料与工艺、电子光学、微波器件原理、阴极电子学、微波电路CAD、微波测量技术。

实践环节:计算机应用基础训练、电子线路设计、电子工艺实习、生产实习、集成电路版图课程设计、智能电子系统设计实践、可编程逻辑器件应用实践、毕业实习等。

修业年限:四年

授予学位:工学或理学学士

就业方向:在微电子、测控等相关领域的科研院所和高等学校从事研究和科研教学等方面工作,在公司、企业从事专用集成电路设计、电子元器件研制、测控仪器软硬件设计和生产管理等工作。

开设学校:电子科技大学、东南大学、北京大学、西安电子科技大学、清华大学、上海交通大学、复旦大学、南京大学、北京邮电大学、西安交通大学、吉林大学、浙江大学、华中科技大学、国防科学技术大学、北京航空航天大学、北京理工大学、天津大学、南京理工大学、西北工业大学、空军工程大学、华东师范大学、湖南大学、安徽大学、福州大学、武汉大学、南京邮电大学、厦门大学、中北大学、太原理工大学、大连理工大学、长春理工大学、燕山大学、上海大学、山东大学、长沙理工大学、重庆邮电大学、西安理工大学、兰州大学、天津工业大学、湖北大学、西南交通大学、北方工业大学、中国计量学院、山东师范大学、武汉纺织大学、西北大学、郑州大学、河南大学、广西师范大学、北方民族大学

◆专业名称:通信工程
◆专业代码:080703

培养目标:本专业培养具备通信技术、通信系统和通信网等方面的知识,能在通信领域从事研究、设计、制造、运营及在国民经济各部门和国防工业中从事开发、应用通信技术与设备的高级工程技术人才。

培养要求:本专业学生主要学习通信系统和通信网方面的基础理论、组成原理和设计方法,受到通信工程实践的基本训练,具备从事现代通信系统和网络的设计、开发、调测和工程应用的基本能力。

毕业生应获得以下几方面的知识和能力:

1.掌握通信领域内的基本理论和基本知识;

2.掌握光波、无线、多媒体等通信技术;

3.掌握通信系统和通信网的分析与设计方法;

4.具有设计、开发、调测、应用通信系统和通信网的基本能力;

5.了解通信系统和通信网建设的基本方针、政策和法规;

6.掌握文献检索、资料查询的基本方法,具有一定的科学研究和实际工作能力。

主干学科:信息与通信工程、计算机科学与技术

主要课程:电路理论与应用的系列课程、计算机技术系列课程、信号与系统、电磁场理论、数字系统与逻辑设计、数字信号处理、通信原理等。

实践环节:包括计算机上机训练、电子工艺实习、电路综合实验、生产实习、课程设计、毕业设计等,一般要求实践教学环节不少于30周。

修业年限:四年

授予学位:工学学士

就业方向:适合在各邮电管理局及公司从事科研、技术开发、经营及管理工作,也可到军队、铁路、电力等部门从事相应的工作。

开设学校:唐山学院、福州大学(211大学)、浙江大学(教育部直属、985大学、211大学)、复旦大学(教育部直属、985大学、211大学)、宁波大学、同济大学(教育部直属、985大学、211大学)、济南大学、武汉大学(教育部直属、985大学、211大学)、运城学院、贵州大学(211大学)、西昌学院、宿迁学院、三江学院、武夷学院、成都学院、商丘学院、长春大学、吉首大学、湘潭大学、大理学院、西藏大学(211大学)、邵阳学院、怀化学院、南华大学、湘南学院、嘉应学院、韶关学院、红河学院、合肥学院、铜陵学院、延安大学、海南大学(211大学)、临沂大学、青岛大学、聊城大学、许昌学院、三峡大学、长江大学、集美大学、莆田学院、闽江学院、华侨大学、南昌大学(211大学)、重庆大学(教育部直属、985大学、211大学)、兰州大学(教育部直属、985大学、211大学)、广西大学(211大学)、四川大学(教育部直属、985大学、211大学)、厦门大学(教育部直属、985大学、211大学)、东华大学(教育部直属、211大学)、中南大学(教育部直属、985大学、211大学)、吉林大学(教育部直属、985大学、211大学)、延边大学(211大学)、辽宁大学(211大学)、长安大学(教育部直属、211大学)、上海大学(211大学)、新疆大学(211大学)、江南大学(教育部直属、211大学)、郑州大学(211大学)、天津大学(教育部直属、985大学、211大学)、安徽大学(211大学)、沈阳大学、深圳大学、温州大学、扬州大学、江苏大学、常州大学、大连大学、渤海大学、九江学院、宜春学院、宿州学院、百色学院、梧州学院、滁州学院、琼州学院、滨州学院、长沙学院、黑河学院、汉口学院、文华学院、贵阳学院、三亚学院、贺州学院、泰山学院、宁夏大学(211大学)、潍坊学院、烟台大学、燕山大学、黄淮学院、肇庆学院、南通大学、江汉大学、青海民族大学、云南民族大学、河北师范大学、华北电力大学保定校区(教育部直属、211大学)、河北北方学院、石家庄铁道大学、石家庄经济学院、中国政法大学(教育部直属、211大学)、中国人民公安大学、北华航天工业学院、福建师范大学、仰恩大学、北京化工大学(教育部直属、211大学)、中国农业大学(教育部直属、985大学、211大学)、鲁东大学、中国地质大学(教育部直属、211大学)、中国石油大学(教育部直属、211大学)、中山大学(教育部直属、985大学、211大学)、南京理工大学(211大学)、江西财经大学、大连海洋大学、重庆邮电大学、东华理工大学、华东理工大学(教育部直属、211大学)、武汉理工大学(教育部直属、211大学)、东北大学(教育部直属、985大学、211大学)、南京工程学院、大连理工大学(教育部直属、985大学、211大学)、沈阳化工大学、西北大学(211大学)、浙江工商大学、浙江理工大学、浙江科技学院、安徽农业大学、天津职业技术师范大学、北京航空航天大学(985大学、211大学)、南开大学(教育部直属、985大学、211大学)、沈阳工学院、燕山大学里仁学院、河北科技大学理工学院、河北师范大学汇华学院、解放军理工大学、西交利物浦大学、西安电子科技大学长安学院、吉首大学张家界学院、仲恺农业工程学院、解放军海军工程大学、现代管理大学、沈阳城市建设学院、沈阳城市学院、南华大学船山学院、湘潭大学兴湘学院、沈阳化工大学科亚学院、浙江大学宁波理工学院、华北电力大学(教育部直属、211大学)、吉林大学—莱姆顿学院、解放军空军工程大学、解放军第二炮兵工程大学、重庆交通大学、陇东学院、湖北工业大学商贸学院、武汉工商学院、武汉大学珞珈学院、长江大学工程技术学院、武昌工学院、湖北师范学院文理学院、湖南工学院、闽南理工学院、福建师范大学闽南科技学院、福州大学至诚学院、厦门大学嘉庚学院、福建师范大学协和学院、福州大学阳光学院、华南理工大学广州学院、桂林航天工业学院、河北工程大学科信学院、天津大学仁爱学院、安徽三联学院、安徽文达信息工程学院、安徽新华学院、公安海警学院、浙江树人学院、合肥师范学院、苏州大学应用技术学院、江苏师范大学科文学院、扬州大学广陵学院、苏州大学文正学院、南京邮电大学通达学院、哈尔滨石油学院、哈尔滨广厦学院、哈尔滨华德学院、南京理工大学紫金学院、南京工业大学浦江学院、中国传媒大学南广学院、南京大学金陵学院、西北工业大学明德学院、新疆大学科学技术学院、电子科技大学中山学院、成都理工大学工程技术学院、长沙理工大学城南学院、湖南科技大学潇湘学院、湖南师范大学树达学院、湖南文理学院芙蓉学院、湖南工程学院应用技术学院、齐鲁理工学院、青岛工学院、四川大学锦江学院、四川大学锦城学院、南方科技大学、河北联合大学轻工学院、无锡太湖学院、贵州大学明德学院、贵州大学科技学院、西安欧亚学院、西安交通工程学院、淮北师范大学信息学院、安徽工程大学机电学院、安徽大学江淮学院、南昌大学科学技术学院、河海大学文天学院、华侨大学厦门工学院、同济大学浙江学院、中国计量学院现代科技学院、郑州成功财经学院、河南科技学院新科学院、郑州科技学院、湖南第一师范学院、湖北工程学院新技术学院、南昌航空大学科技学院、东华理工大学长江学院、江西理工大学应用科学学院、华东交通大学理工学院、内蒙古大学创业学院、长春光华学院、太原科技大学华科学院、中北大学信息商务学院、北京科技大学天津学院、天津理工大学中环信息学院、广西民族师范学院、浙江大学城市学院、浙江工业大学之江学院、大连科技学院、大连东软信息学院、长春理工大学、西安培华学院、北华大学、湖南科技大学、西安工业大学、西安邮电大学、西安工程大学、宝鸡文理学院、陕西理工学院、湖南科技学院、吉林工程技术师范学院、东北林业大学(教育部直属、211大学)、湖南文理学院、东北电力大学、长沙理工大学、吉林师范大学、中南林业科技大学、湖南城市学院、湖南理工学院、湖南工程学院、湖南工业大学、上海电力学院、安徽工程大学、上海第二工业大学、上海应用技术学院、安徽师范大学、东莞理工学院、广东海洋大学、西南林业大学、昆明理工大学、西安科技大学、西安石油大学、西安理工大学、西安建筑科技大学、玉溪师范学院、淮南师范学院、皖西学院、黑龙江大学、内蒙古工业大学、青岛科技大学、青岛理工大学、内蒙古科技大学、兰州交通大学、南阳师范学院、商丘师范学院、兰州理工大学、青岛农业大学、广西科技大学、桂林电子科技大学、桂林理工大学、广西师范学院、山东农业大学、山东科技大学、山东理工大学、玉林师范学院、曲阜师范大学、山东工商学院、山东建筑大学、广西师范大学、内蒙古师范大学、遵义师范学院、湖北师范学院、东北石油大学、齐齐哈尔大学、哈尔滨理工大学、中南民族大学、福建工程学院、西藏民族学院、黄河科技学院、西北民族大学、郑州航空工业管理学院、中原工学院、泉州师范学院、河南大学、郑州轻工业学院、河南理工大学、暨南大学(211大学)、西北工业大学(985大学、211大学)、河海大学(教育部直属、211大学)、南京师范大学(211大学)、太原理工大学(211大学)、江苏理工学院、淮阴工学院、北京科技大学(教育部直属、211大学)、常州工学院、哈尔滨工程大学(211大学)、华东师范大学(教育部直属、985大学、211大学)、华中科技大学(教育部直属、985大学、211大学)、北京邮电大学(教育部直属、211大学)、西南交通大学(教育部直属、211大学)、湖南大学(教育部直属、985大学、211大学)、中央民族大学(985大学、211大学)、河北科技大学、湖南师范大学(211大学)、西安电子科技大学(教育部直属、211大学)、大连海事大学(211大学)、内蒙古大学(211大学)、哈尔滨工业大学(985大学、211大学)、北京工业大学(211大学)、北京交通大学(教育部直属、211大学)、河北工业大学(211大学)、云南大学(211大学)、天津师范大学、天津商业大学、中国民航大学、天津理工大学、天津工业大学、天津科技大学、合肥工业大学(教育部直属、211大学)、中国海洋大学(教育部直属、985大学、211大学)、安徽理工大学、安徽工业大学、浙江师范大学、中国计量学院、沈阳工业大学、大连交通大学、辽宁石油化工大学、辽宁科技大学、成都理工大学、西南民族大学、中北大学、成都信息工程学院、四川理工学院、广东工业大学、五邑大学、忻州师范学院、太原科技大学、汕头大学、浙江万里学院、西华师范大学、西南石油大学、西南科技大学、四川师范大学、南京工业大学、江西师范大学、南昌航空大学、华东交通大学、南京邮电大学、杭州电子科技大学、淮海工学院、南京信息工程大学、江西理工大学、苏州科技学院、江苏科技大学、大连民族学院、大连工业大学、沈阳航空航天大学、沈阳理工大学、辽宁工业大学、沈阳建筑大学、赣南师范学院、重庆理工大学、井冈山大学、商丘工学院、武汉东湖学院、武昌理工学院、洛阳理工学院、电子科技大学成都学院、太原工业学院、河南理工大学万方科技学院、武汉工程科技学院、山东大学威海分校、东北大学秦皇岛分校、湖南涉外经济学院、上海师范大学天华学院、集美大学诚毅学院、沈阳工程学院、湖北理工学院、金陵科技学院、武汉科技大学、安庆师范学院、塔里木大学、上海电机学院、内江师范学院、华中科技大学武昌分校、北京邮电大学世纪学院、中山大学南方学院、武汉理工大学华夏学院、浙江传媒学院、厦门理工学院、辽宁科技学院、湖南人文科技学院、郑州工业应用技术学院、烟台大学文经学院、江苏大学京江学院、南京师范大学泰州学院、南开大学滨海学院、重庆邮电大学移通学院、吉林大学珠海学院、兰州交通大学博文学院、常州大学怀德学院、华北电力大学科技学院、河北大学工商学院、长春理工大学光电信息学院、河南工程学院、河南大学民生学院、北京理工大学珠海学院、大连理工大学城市学院、燕京理工学院、南京信息工程大学滨江学院、海口经济学院、四川师范大学成都学院、长春建筑学院、电子科技大学(教育部直属、985大学、211大学)、防灾科技学院、沧州师范学院、成都工业学院、河北工程技术学院、北京联合大学、北京石油化工学院、北方工业大学、北京电子科技学院、河北联合大学、齐鲁工业大学、广西民族大学、北方民族大学、北京城市学院、中国传媒大学(教育部直属、211大学)、石家庄学院、河北工程大学、华北科技学院、山东师范大学、广东白云学院、广东技术师范学院、辽宁工程技术大学、南昌理工学院、江西科技学院、南昌工程学院、北京信息科技大学、河南科技学院、安阳工学院、河南师范大学、南阳理工学院、佳木斯大学、华中师范大学(教育部直属、211大学)、湖北大学、黑龙江八一农垦大学、湖南农业大学、华北水利水电大学、武汉轻工大学、湖北工业大学、武汉工程大学、黑龙江科技大学、上海海事大学、上海师范大学、安徽建筑大学、华南农业大学、上海理工大学、苏州大学(211大学)、华南师范大学(211大学)、广东技术师范学院天河学院、广东工业大学华立学院、哈尔滨工业大学(威海)、苏州科技学院天平学院、东莞理工学院城市学院、沈阳航空航天大学北方科技学院、中国人民解放军国防科学院(985大学、211大学)、中国人民解放军信息工程学院、北京工业大学耿丹学院、湖北工业大学工程技术学院、湖北文理学院理工学院、武汉工程大学邮电与信息工程学院、湖北汽车工业学院科技学院、南京师范大学中北学院、西安工业大学北方信息工程学院、江苏科技大学苏州理工学院、东北农业大学成栋学院、桂林理工大学博文管理学院、郑州升达经贸管理学院、西安建筑科技大学华清学院、安徽农业大学经济技术学院、浙江理工大学科技与艺术学院、杭州电子科技大学信息工程学院、太原理工大学现代科技学院、广西大学行健文理学院、桂林电子科技大学信息科技学院、长春工业大学人文信息学院

◆专业名称:微电子科学与工程
◆专业代码:080704

培养目标:微电子科学与工程专业培养德、智、体全面发展,具有扎实的数理基础和电子技术基础理论,掌握新型微电子器件和集成电路分析、设计、制造的基本理论和方法;具备本专业良好的实验技能,能在微电子及相关领域从事科研、教学、科技开发、工程技术、生产管理与行政管理等工作的高级专门人才。

培养要求:微电子科学与工程专业是理工兼容、互补的专业,要求学生具有扎实的数学、物理基础知识和良好的外语应用能力;掌握各种固体电子器件和集成电路的基本原理,掌握新型微电子器件和集成电路分析、设计、制造的基本理论和方法;具备该专业良好的实验技能;了解微电子技术领域的发展动态和前沿理论与技术;具有良好的科学素养和创新能力;善于自学,不断更新知识;具有一定的外语水平,能借助工具书阅读该专业外文资料。

该专业毕业生应具备以下知识和能力:

1.掌握数学、物理等方面的基本理论和基本知识;

2.掌握固体电子学、微电子器件和集成电路设计与制造等方面的基本理论和基本知识,掌握集成电路和其他半导体器件的分析与设计方法,具有独立进行版图设计、器件性能分析的基本能力;

3.了解相近专业的一般原理和知识;

4.熟悉国家电子产业政策、国内外有关的知识产权及其他法律法规;

5.了解VLSI和其他新型半导体器件的理论前沿、应用前景和最新发展动态,以及微电子产业发展状况;

6.掌握资料查询、文献检索及运用现代信息技术获取相关信息的基本方法;具有一定的实验设计,创造实验条件,归纳、整理、分析实验结果,撰写论文,参与学术交流的能力。

主干学科:电子信息科学与技术、物理学

主要课程:高等数学、大学物理及实验、电路分析基础及实验、模拟电路及实验、数学物理方法、C++语言、数字电路及实验、信号与系统及实验、半导体物理及实验、固体电子学、微电子器件、微电子集成电路、集成电路设计与制造、电子设计自动化、集成电路CAD、微电子技术专业实验和集成电路工艺实习等。

就业方向:微电子科学与工程专业毕业生主要去向是报考微电子学、固体电子学、通信、计算机科学等学科的研究生,到集成电路制造厂家、集成电路设计中心以及通信和计算机等信息科学技术领域从事开发和研究工作。

开设学校:北京大学、清华大学、电子科技大学、

西安电子科技大学、复旦大学、西安交通大学、南京大学、上海交通大学、吉林大学、中山大学、厦门大学、南开大学、山东大学、南京理工大学、兰州大学、西北工业大学、长春理工大学、武汉大学、深圳大学、南京邮电大学

◆专业名称:光电信息科学与工程
◆专业代码:080705

培养目标:本专业培养具备光电信息科学与工程的基本理论、基本知识和基本技能,能在应用光学、光电子学及相关的电子信息科学、计算机科学等领域(特别是光机电算一体化产业)从事科学研究、教学、产品设计、生产技术或管理工作的光电信息科学与工程高级专门人才。

培养要求:本专业学生主要学习光电信息科学与工程的基本理论和技术,熟悉光学、电子学技术和计算机技术,受到科学实验与科学思维的训练,具有本学科及跨学科的科学研究与技术开发的基本能力。

毕业生应获得以下几方面的知识和能力:

1.掌握数学、物理等方面的基本理论和基本知识;

2.掌握光信息科学的基本知识和基本实验技能;

3.了解相近专业的一般原理和知识;

4.熟悉国家信息产业政策及国内外有关知识产权的法律法规;

5.了解光电信息科学与工程的理论前沿、应用前景和最新发展动态,以及信息产业发展状况;

6.掌握资料查询、文献检索及运用现代信息技术获取相关信息的基本方法;具有一定的实验设计,创造实验条件,归纳、整理、分析实验结果,撰写论文,参与学术交流的能力。

主干学科:物理学、电子科学与技术、计算机科学与技术

主要课程:电子学、计算机科学、机械设计、波动光学、固体物理、激光原理、光电子学等。

实践环节:包括生产实习、毕业论文等,一般安排10~20周。

修业年限:四年

授予学位:理学或工学学士

就业方向:在广电信息科学与工程相关领域从事研究、设计、开发、应用和管理等工作。

注:光电信息科学与工程专业是根据教育部2012年9月文件,将原属于电子信息科学类的光信息科学与技术、光电子技术科学专业与原属于电气信息类的信息显示与光电技术、光电信息工程、光电子材料与器件五个专业统一修订后的专业名称。

开设学校:湖南科技大学、长春理工大学、西安交通大学(教育部直属、985大学、211大学)、西安石油大学、西安理工大学、中国传媒大学(教育部直属、211大学)、电子科技大学(教育部直属、985大学、211大学)、青岛大学、集美大学、山东理工大学、泰山学院、潍坊学院、贵州民族大学、中国石油大学(教育部直属、211大学)、上海交通大学(教育部直属、985大学、211大学)、华南理工大学(教育部直属、985大学、211大学)、中山大学(教育部直属、985大学、211大学)、四川大学(教育部直属、985大学、211大学)、南京理工大学(211大学)、东南大学(教育部直属、985大学、211大学)、南昌大学(211大学)、中国矿业大学(教育部直属、211大学)、淮海工学院、江苏师范大学、宜春学院、上饶师范学院、复旦大学(教育部直属、985大学、211大学)、华中科技大学(教育部直属、985大学、211大学)、武汉理工大学(教育部直属、211大学)、沈阳理工大学、西北大学(211大学)、北京交通大学(教育部直属、211大学)、山西大学、太原科技大学、山西大同大学、中北大学、浙江师范大学、同济大学(教育部直属、985大学、211大学)、安徽大学(211大学)、天津理工大学、江南大学(教育部直属、211大学)、北京邮电大学(教育部直属、211大学)、中央民族大学(985大学、211大学)、武汉大学(教育部直属、985大学、211大学)、中国海洋大学(教育部直属、985大学、211大学)、贵州大学(211大学)、淮阴师范学院、中南民族大学、江汉大学、武汉工程大学、安徽师范大学、广州大学、嘉应学院、佛山科学技术学院、西安工业大学、西安邮电大学、齐鲁工业大学、桂林电子科技大学、杭州电子科技大学、南京邮电大学、南京信息工程大学、重庆邮电大学、大连理工大学(教育部直属、985大学、211大学)、哈尔滨工业大学(教育部直属、211大学)、华南师范大学(211大学)、南京航空航天大学(211大学)、合肥工业大学(教育部直属、211大学)、西安电子科技大学(教育部直属、211大学)、河北大学工商学院、福建师范大学闽南科技学

院、武汉工商学院、武汉工程大学邮电与信息工程学院、解放军军械工程学院、长春理工大学光电信息学院、哈尔滨工业大学(威海)、苏州大学文正学院、东莞理工学院城市学院、首都师范大学继续教育学院、解放军海军工程大学、浙江师范大学行知学院、北京信息科技大学、中国人民解放军国防科学院(985大学、211大学)、中国矿业大学(北京)(教育部直属、211大学)、广东技术师范学院、华中科技大学武昌分校、厦门理工学院、湖北汽车工业学院、湖北工业大学、华南农业大学、东莞理工学院、湖北汽车工业学院科技学院

◆专业名称:信息工程
◆专业代码:080706

培养目标:培养具有扎实的数学、物理、电子和计算机的基础知识,系统地掌握光学信息处理技术、现代电子学技术和计算机应用技术的基本技能,能在光通信、光学信息处理以及相关的电子信息科学、计算机科学等信息技术领域、特别是光机电算一体化产业从事科学研究、产品设计和开发、生产技术或管理的高级专门人才。

培养要求:本专业学生主要学习信息科学与技术的基本理论和基本知识,受到信息系统分析与设计等方面的基本训练,具有设计、开发、集成及应用信息系统等方面的基本能力。

毕业生应获得以下几方面的知识和能力:

1.掌握通信领域内的基本理论和基本知识;

2.掌握光波、无线、多媒体等通信技术;

3.掌握通信系统和通信网的分析与设计方法;

4.具有设计、开发、调测、应用通信系统和通信网的基本能力;

5.了解通信系统和通信网建设的基本方针、政策和法规;

6.掌握文献检索、资料查询的基本方法,具有一定的科学研究和实际工作能力。

主干学科:信息与通信工程、电子科学与技术,计算机科学与技术

主要课程:高等数学、线性代数、概率论与数理统计、普通物理、普通物理实验、机械制图、机械设计基础、数学物理方法、计算机原理及应用、计算机程序设计、电路理论、模拟电子线路、数字逻辑电路、信号与线性系统、自动控制原理、电子测量技术、数字信号处理、数字图像处理技术、全息技术、光学设计、光信息处理、激光原理等。

实践教学:计算机上机训练、课程设计、信息系统认识实习、生产实习、毕业设计等,一般安排30周以上。

修业年限:四年

授予学位:工学学士

就业方向:可在电子信息、计算机等相关领域和行业从事科学研究、教学、科技开发、生产和管理等工作。就业部门有全国高等院校、科研院所、电子信息、计算机类实业公司等。

开设学校:华北科技学院、石家庄铁道大学、廊坊师范学院、天津财经大学、天津师范大学、哈尔滨华德学院、金陵科技学院、东南大学、苏州大学、南京航空航天大学、南京工程学院、苏州大学文正学院、南京邮电大学通达学院、南京信息工程大学滨江学院、南京航空航天大学金城学院、中国矿业大学徐海学院、南京邮电大学、南京信息工程大学、山东政法学院、山东科技大学、青岛科技大学、泰山医学院、成都东软学院、成都理工大学、成都理工大学工程技术学院、西华大学、贵州师范学院、凯里学院、铜仁学院、福建师范大学、福建师范大学闽南科技学院、东华理工大学、华东交通大学、杭州电子科技大学、浙江万里学院、浙江大学城市学院、杭州电子科技大学信息工程学院、阜阳师范学院、中北大学、北京理工大学、北京邮电大学、首都师范大学、北京物资学院、大连科技学院、湖南农业大学、湖南理工学院、湖北师范学院、中国地质大学(武汉)、河南科技大学、郑州轻工业学院、河南科技学院、河南科技学院新科学院、北方民族大学、西北工业大学、西安交通大学、西安电子科技大学、西安邮电大学、华南理工大学、暨南大学、华南师范大学、广东工业大学、北京理工大学珠海学院、广东工业大学华立学院、广州大学华软软件学院、吉林大学、吉林师范大学博达学院、华东理工大学、昆明理工大学、西南林业大学、西藏大学、重庆文理学院、重庆邮电大学移通学院

◆专业名称:广播电视工程
◆专业代码:080707

培养目标:本专业培养具有扎实的学科基础和专业基础知识,具备数字电视技术、网络视音频技术

及数字影视制作技术等方面的专业知识与技能，具有一定的创新能力和较强的实践能力，能在传媒领域中从事数字电视技术和网络视音频技术的研究、系统设计、开发与应用，并可从事技术与艺术结合的影视制作、动画制作等方面的高级技术人才。

毕业生应获得以下几方面的知识和能力：

1.掌握广播电视技术基本知识；

2.具有广播电视工程实践的基本能力；

3.了解广播电视技术的方针政策与法规；

4.了解中国广播电视事业现状与发展趋势，了解外国广播电视事业的动态。

主要课程：数字信号处理、通信原理、信息论与编码原理、电视原理、计算机网络、数字图像处理、数字电视技术、数字视音频压缩编码技术、数字视频制播技术、数字电视电影摄录编技术、数字视频系统设计、音频播控技术、网络媒体通信技术、网络媒体系统设计、数字电视节目制作技术、数字动画制作技术。

修业年限：四年

授予学位：工学学士

就业方向：毕业后可从事科学研究、系统设计、产品开发应用、系统支持、视音频节目制作、技术与艺术结合的影视制作、动画制作等工作。

开设学校：中国传媒大学（教育部直属、211大学）、南京邮电大学、重庆邮电大学、浙江传媒学院

◆专业名称：水声工程
◆专业代码：080708T

培养目标：培养兼顾声学、振动和信号处理的高层次水声研究人才。学位获得者应具有扎实的声振基础理论知识，掌握水声学科的特点和发展方向，具备从事水声工程应用基础研究的能力。

培养要求：该专业学生主要学习水声工程方面的知识，应具有扎实的声振基础理论知识，掌握水声学科的特点和发展方向，具备从事水声工程应用基础研究的能力。

毕业生应获得以下几方面的知识和能力：

1.掌握水声工程的基本知识；

2.具有水声工程实践的基本能力；

3.了解水声工程的方针政策与法规；

4.了解水声工程发展与动态。

主要课程：矩阵理论、数理统计、声学原理与噪声控制、水声学基础、振动理论及其在工程中的应用、信息处理、数学物理方程、振动和声学问题计算、水下噪声学、近代实验技术、线性系统理论、最优估计理论与系统计算、离散随机信息处理等。

修业年限：四年

授予学位：工学学士

就业方向：学生毕业后可在水声工程及相关领域中从事海洋声场分析、水下噪声及减振降噪、水声信号处理、声呐及水声对抗系统与设计、水声换能器与基阵的研究、设计、开发、制造、运营和管理等工作，或在国防工业领域和国民经济各部门中从事开发、应用水声技术与设备等工作。

开设学校：哈尔滨工程大学（211大学）、西北工业大学（985大学、211大学）、上海交通大学（教育部直属、985大学、211大学）、北京航空航天大学（985大学、211大学）、大连理工大学（教育部直属、985大学、211大学）、武汉理工大学（教育部直属、211大学）、江苏科技大学

◆专业名称：电子封装技术
◆专业代码：080709T

培养目标：电子封装技术专业培养适应科学技术、工业技术发展和人民生活水平提高的需要，具有优良的思想品质、科学素养和人文素质，具有宽厚的基础理论和先进合理的专业知识，具有良好的分析、表达和解决工程技术问题的能力，具有较强的自学能力、创新能力、实践能力、组织协调能力，爱国敬业、诚信务实、身心健康的复合型专业人才。

培养要求：电子封装技术专业学生主要学习自然科学基础、技术科学基础和电子封装技术专业领域及相关专业的基本理论和基本知识，接受现代工程师的基本训练，具有分析和解决实际问题及开发软件等方面的基本能力。

毕业生应获得以下几个方面的知识和能力：

1.具有坚实的自然科学基础，较好的人文、艺术和社会科学基础知识及正确运用本国语言和文字的表达能力；

2.具有较强的计算机和外语应用能力；

3.较系统地掌握电子封装技术专业领域的理论基础知识，掌握封装布线设计、电磁性能分析与设计、传热设计、封装材料和封装结构、封装工艺、互连

技术、封装制造与质量、封装的可靠性理论与工程等方面的基本知识与技能,了解本学科前沿及最新发展动态;

4.获得电子封装技术专业领域的工程实践训练,具有较强的分析解决问题的能力及实践技能,具有初步从事与电子封装技术专业有关的产品研究、设计、开发及组织管理的能力,具有创新意识和独立获取知识的能力。

主要课程:微电子制造科学与工程概论、电子工艺材料、微连接技术与原理、电子封装可靠性理论与工程、电子制造技术基础、电子组装技术、半导体工艺基础、先进基板技术。

修业年限:四年

授予学位:工学学士

就业方向:可在通信、电子、计算机、航空航天、集成电路、半导体器件、微电子与光电子、自动化等领域的企事业单位从事电子产品设计、制造、工艺、测试、研发、管理和经营销售等方面工作。

开设学校:哈尔滨工业大学、华中科技大学、北京理工大学、西安电子科技大学、厦门理工学院

◆专业名称:集成电路设计与集成系统
◆专业代码:080710T

培养目标:本专业培养德、智、体全面发展,能从事集成电路设计、微电子器件、电子元器件与集成系统领域的研究、设计、制造、开发、管理和教学方面工作的专门高级人才。

培养要求:本专业培养的学生不仅对微电子材料及其工艺技术有所了解,而且更具有电路与系统、电磁场与微波技术、电磁兼容技术以及系统封装设计、多芯片组件设计和微电子工艺技术、电子设计等多方面的知识。熟练掌握一门外语,有较强的分析、解决理论及实际问题和计算机应用能力,能在集成电路设计与集成系统及相关领域从事科研、教学、科技开发、生产管理和行政管理等工作。

主要课程:通信原理、计算机应用技术、模拟电路、数字电路、电路分析基础、信号与系统、集成电路应用实验、现代工程设计制图、微机原理与应用、软件技术基础、量子力学与统计物理、固体物理学、半导体物理、微机原理、电磁场与电磁波、现代电子技术综合实验等。

实践环节:电子线路CAD、单片机课程设计、数字系统课程设计、电子技术综合课程设计、精工实习、电装实习等。

修业年限:四年

授予学位:工学学士

就业方向:可在与通信产业相关的高新技术企业、科研设计单位、国防军工企业、政府部门、大专院校、邮电等单位和研究院所从事现代通信系统、通信工程与技术、计算机网络与数据通信、无线通信、遥控遥测、INTERNET、INTRANET、嵌入式计算机技术、嵌入式INTERNET技术等有关工程技术的研究、设计、技术开发、教学、管理以及设备维护等工作。

开设学校:清华大学(教育部直属、985大学、211大学)、北京大学(教育部直属、985大学、211大学)、复旦大学(教育部直属、985大学、211大学)、浙江大学(教育部直属、985大学、211大学)、西安电子科技大学(教育部直属、211大学)、上海交通大学(教育部直属、985大学、211大学)、哈尔滨理工大学、东南大学(教育部直属、985大学、211大学)、电子科技大学(教育部直属、985大学、211大学)、青岛科技大学、华中科技大学(教育部直属、985大学、211大学)、北京航空航天大学(985大学、211大学)、杭州电子科技大学、山东大学(教育部直属、985大学、211大学)、同济大学(教育部直属、985大学、211大学)、华南理工大学(教育部直属、985大学、211大学)、南通大学、重庆邮电大学、西安邮电大学、天津大学(教育部直属、985大学、211大学)、中山大学(教育部直属、985大学、211大学)、大连理工大学(教育部直属、985大学、211大学)、北京工业大学(211大学)、华侨大学、福州大学、深圳大学、合肥工业大学、天津理工大学、大连东软信息学院、电子科技大学成都学院、济南大学、重庆大学(教育部直属、985大学、211大学)、黑龙江大学、大连东软信息学院

◆专业名称:医学信息工程
◆专业代码:080711T

培养目标:医学信息工程是一门以信息科学和生命科学为主的多学科交叉与融合的新兴综合性学科,是电子、计算机、通信、智能仪器、传感检测、医学仪器以及生物学、现代医学等在生命科学中的应用与融合。本专业培养生物医学信息采集、传输、处

理、分析、存储及新型生物医疗电子、信息仪器研制等方面的专业性、实用性且具有宽广的知识面、较强的综合应用能力的专门人才。

培养要求:本专业学生具有医学专业知识、现代管理学理论基础和信息科学基础知识与基本技能,拥有计算机科学与技术知识及应用能力,既能满足医药卫生领域对信息服务、信息研究与咨询人才的独特需求,又能适应其他各类信息机构和企事业单位的信息部门对信息人才的需求。

毕业生应具备的专业知识与能力:

1.掌握计算机科学与技术和医药学的基本知识;

2.掌握现代管理学理论基础和信息科学基础知识与基本技能;

3.具备利用信息技术进行医药科学研究的基础能力;

4.了解本学科的发展动态;

5.具有分析和解决实际问题等方面的基本能力。

主要课程:电路、模拟电子技术、数字电子技术、电磁场与电磁波、信号与系统、数字信号处理、数据结构、操作系统、微机原理及应用、程序设计语言、数据库技术、生理解剖、医学信息、医学传感检测、医学仪器、医学信号及图像、生物系统及建模、计算机网络与通信控制系统、Java语言、多媒体技术、系统分析与设计、数据库编程、计算机算法、人工智能与应用等。

修业年限:四年

授予学位:工学学士

就业方向:本专业毕业生适合到医疗卫生管理部门、医院、医药公司、医疗器械公司、计算机、电信、媒体、金融、保险等部门或企业等单位从事应用软件的维护、分析、设计、开发以及医药信息系统、远程医疗系统、医药管理信息系统的设计、开发和管理等工作。

开设学校:广州中医药大学、中南民族大学、徐州医学院、四川大学(教育部直属、985大学、211大学)、电子科技大学、西安交通大学(教育部直属、985大学、211大学)、清华大学(教育部直属、985大学、211大学)、浙江大学(教育部直属、985大学、211大学)、东南大学(教育部直属、985大学、211大学)、合肥工业大学、成都中医药大学、安徽中医药大学、湖北中医药大学、浙江中医药大学、济宁医学院、湖南中医药大学、泰山医学院、南方医科大学、上海理工大学、黑龙江中医药大学

◆专业名称:电磁场与无线技术
◆专业代码:080712T

培养目标:本专业培养具有坚实的电磁场理论与工程基础,较强的射频、微波电路与系统开发能力和很好的通信技术基础的高级工程技术人才。

培养要求:本专业学生具有较强的知识更新能力、创新能力和综合设计能力、良好的从事电磁场与无线技术科学研究工作的能力。

毕业生应具备的专业知识与能力:

1.掌握电磁场与无线技术的基本知识;

2.掌握现代电磁场与无线技术基础知识与基本技能;

3.具备利用所学知识处理基本问题的能力;

4.了解本学科的发展动态;

5.具有分析和解决实际问题等方面的基本能力。

主要课程:电路分析基础、信号与系统、模拟电子技术基础、数字电路与逻辑设计、射频电路基础、电磁场与电磁波、微机原理与系统设计、软件技术基础、数学物理方法、微波技术基础、天线原理、电磁兼容原理与技术、通信原理、电波工程、微波电子线路、微波网络、天线CAD、射频识别技术、软件无线电技术等。

修业年限:四年

授予学位:工学学士

就业方向:可在科研机构、工业部门等企事业单位从事设计制造、科技开发、应用研究和科研、教学及行政管理等方面的工作。

开设学校:西安电子科技大学(教育部直属、211大学)、清华大学(教育部直属、985大学、211大学)、南京邮电大学、重庆邮电大学,电子科技大学(教育部直属、985大学、211大学)、北京航空航天大学(985大学、211大学)、东南大学(教育部直属、985大学、211大学)、哈尔滨工业大学(985大学、211大学)、西安邮电大学、西北工业大学(985大学、211大学)、华中科技大学(教育部直属、985大学、211大学)、南京航空航天大学(211大学)

◆专业名称:电波传播与天线
◆专业代码:080713T

培养目标:本专业培养具有坚实的数学物理基

础，掌握现代信息科学技术的基本理论、基本知识和实验技能，能运用计算机等现代工具对无线电系统及信息获取进行分析、设计和综合运用的高级专门人才。

培养要求：本专业学生主要学习电波传播与天线领域及相关专业的基本理论和基本知识，受到电波传播与天线技术方面的训练，具备分析和解决实际问题等方面的基本能力。

毕业生应获得以下几方面的知识和能力：

1.系统掌握数学、物理学、电波传播与天线方面的基本知识、基本理论和基本技能；

2.掌握电波传播与天线方面的基本理论及应用技术；

3.具有将电波传播、天线、计算机、单片机等相结合的综合设计和开发应用能力；

4.具有解决电波传播与天线中相关问题的能力；

主要课程：电子线路及实验、信号与系统及实验、电磁场理论、微机原理与接口技术及实验、通信原理及实验、射频电路及实验、数字信号处理及实验、空间天气学导论、电波传播及实验、天线原理及实验、微波原理及实验、集成电路设计及实验、软件技术基础、计算机网络、雷达原理、DSP技术及其应用、嵌入式系统设计等。

实践环节：生产实习、毕业论文等，一般安排12~18周。

修业年限：四年

授予学位：工学学士

就业方向：到信息电子、航空、航天、船舶、电信等工业部门和国防科研院所从事相关科学研究、技术研发、技术应用、技术管理和教学等工作。

开设学校：武汉大学（教育部直属、985大学、211大学）、电子科技大学（教育部直属、985大学、211大学）、西安电子科技大学（教育部直属、211大学）

◆专业名称：电子信息科学与技术
◆专业代码：080714T

培养目标：本专业培养具备电子信息科学与技术的基本理论和基本知识，受到严格的科学实验训练和科学研究初步训练，能在电子信息科学与技术、计算机科学与技术及相关领域和行政部门从事科学研究、教学、科技开发、产品设计、生产技术管理工作的电子信息科学与技术高级专门人才。

培养要求：本专业学生主要学习电子信息科学与技术的基本理论和技术，受到科学实验与科学思维的训练，具有本学科及跨学科的应用研究与技术开发的基本能力。

毕业生应获得以下几方面的知识和能力：

1.掌握数学、物理、计算机等方面的基本理论和基本知识；

2.掌握电子信息科学与技术、计算机科学与技术等方面的基本理论、基本知识和基本技能与方法；

3.了解相近专业的一般原理和知识；

4.熟悉国家电子信息产业政策及国内外有关知识产权的法律法规；

5.了解电子信息科学与技术的理论前沿、应用前景和最新发展动态，以及电子信息产业发展状况；

6.掌握资料查询、文献检索及运用现代信息技术获取相关信息的基本方法；具有一定的技术设计，归纳、整理、分析实验结果，撰写论文，参与学术交流的能力。

主要课程：高等数学、物理学、电路分析原理、电磁理论、天线原理、电子线路、数字电路、算法与数据结构、计算机基础、单片机、信号与系统分析、ARM嵌入式系统、模拟电路、高频电路、通信原理等。

实践环节：包括生产实习、毕业论文等，一般安排10~20周。

修业年限：四年

授予学位：工学或理学学士

就业方向：可以在电子信息类的相关企业中，从事电子产品的生产、经营与技术管理和开发工作。主要面向电子产品与设备的生产企业和经营单位，从事各种电子产品与设备的装配、调试、检测、应用及维修技术工作，还可以到一些企事业单位从事机电设备、通信设备及计算机控制等设备的安全运行及维护管理工作。

开设学校：清华大学（教育部直属、985大学、211大学）、西安电子科技大学（教育部直属、211大学）、北京邮电大学（教育部直属、211大学）、东南大学（教育部直属、985大学、211大学）、电子科技大学（教育部直属、985大学、211大学）、北京交通大学（教育部直属、211大学）、北京大学（教育部直属、985大学、211大学）、浙江大学（教育部直属、985大学、211大学)、华南理工大学(教育部直属、985大学、211大学)、哈尔滨工业大学(985大学、211大学)、北京理工大学(985大学、211大学)、上海交通大学(教育部直属、985大学、211大学)

◆专业名称:电信工程及管理
◆专业代码:080715T

培养目标:电信工程及管理专业学生主要学习通信系统和通信网方面的基础理论、组成原理和设计方法,获得通信工程的基本训练,同时学习网络协议、企业管理等相关领域的专业基础知识,具备从事现代通信系统和网络的设计、运营、管理及市场开拓能力。

培养要求:本专业学生掌握通信领域内的基本理论和基本知识;掌握光波、无线、多媒体等通信技术;具备设计、调测、应用通信系统和通信网的基本能力;了解通信系统和通信网建设的基本方针、政策和法规;掌握企业管理的基本理论和基本知识;了解通信技术和企业运营管理的最新进展与发展动态;熟练掌握英语语言应用能力;掌握文献检索、资料查询的基本方法。

毕业生应获得以下几方面的知识和能力:

1.掌握数理等方面的基本理论和基本知识;

2.掌握电子信息科学与技术、计算机科学与技术等方面的基本理论、基本知识和基本技能与方法;

3.了解相近专业的一般原理和知识;

4.熟悉国家电信工程产业政策及法规;

5.了解电信工程及管理的理论前沿、应用前景和最新发展动态;

6.掌握资料查询、文献检索及运用现代信息技术获取相关信息的基本方法。

主要课程:数理基础课程、英语、电路系列课程、计算机系列课程、信号与系统、数字信号处理、通信原理、电磁场与电磁波、微波技术基础、现代通信技术、企业管理、产品开发等。

修业年限:四年

授予学位:工学学士

就业方向:可在国内及国际信息通信、广播电视媒体、网络媒体及相关领域中从事科学研究、工程设计、产品研发、网络运营、市场营销策划、企业管理等工作。

开设学校:北京邮电大学(教育部直属、211大学)

◆专业名称:应用电子技术教育
◆专业代码:080716T

培养目标:本专业培养德智体全面发展,具备电子与信息系统、通信系统理论与技术以及计算机等方面的基本理论、基本知识和师范技能,受到严格的师范技能训练、科学实验训练和科学研究初步训练,能在高(中)等职业技术院校和普通中学从事电子应用技术、计算机应用和信息技术教育等方面教学和研究的师资,以及能在电子与信息、计算机及相关领域从事科学研究、教学、科技开发的高级工程技术人才。

培养要求:本专业注重基础理论的教学,注重学生全面素质和创新精神的培养,注重学生英语能力、计算机应用能力、创新能力、工程技术能力和社会竞争能力的提高。

毕业生应获得以下几方面的知识和能力:

1.掌握较扎实的自然科学基础知识,具有较好的人文、艺术、社会科学及管理科学知识,具有较强的计算机应用能力和语言文字表达能力;

2.系统掌握电子技术领域的基本理论、基本知识和基本技能,具有本专业领域内某个专业方向所需的专业知识和技能,了解其科学技术前沿及发展趋势,具有较强的自学能力、实践能力和一定的创新精神及创业能力;

3.熟悉教育法规和教学规律,能够运用教育学、心理学理论和现代教育技术,具有从事电子技术教学及研究的基本能力;

4.获得较好的工程实践训练,具有一定的产品开发与生产经营管理能力;

5.能充分利用图书、期刊和网络等资源,掌握资料查询、文献检索与科技写作方法,具有开展科学研究的初步能力;

6.熟练及正确运用本国语言并能较熟练地掌握英语,能熟练阅读专业英语书刊,并有一定的听、说能力。

主要课程:数字电路、模拟电路、微机原理、数据结构、单片机、EDA电路分析、电子技术、微机原理及应用、信号与系统、高频电子线路、自动控制原理、电测技术、电声技术、现代通信技术、职业教育学。

修业年限:四年

授予学位:工学学士

就业方向：应用电子技术教育专业的毕业生可在高等院校、职业技术院校、中等教育学校等教育部门从事应用电子技术、电子信息工程方面的教学、科研、信息处理和管理工作。还可在电子、电气公司或相关企业从事科学研究、科技开发以及集成、制造与推广等方面的工作。

开设学校：(211大学)、湖南信息职业技术学院、云南大学(211大学)、陕西师范大学(教育部直属、211大学)、天津职业技术师范大学、西华师范大学、湛江师范学院、云南师范大学、湖南科技大学、聊城大学、广西师范学院、河北师范大学、河南科技学院、广东技术师范学院、陇东学院、浙江师范大学、福建师范大学、重庆大学城市科技学院

0808 自动化类

◆专业名称：自动化
◆专业代码：080801

培养目标：培养具备电工技术、电子技术、控制理论、自动检测与仪表、信息处理、系统工程、计算机技术与应用和网络技术等较宽广领域的工程技术基础和一定的专业知识，能在运动控制、工业过程控制、电力电子技术、检测与自动化仪表、电子与计算机技术、信息处理、管理与决策等领域从事系统分析、系统设计、系统运行、科技开发及研究等方面工作的高级工程技术人才。

培养要求：本专业学生主要学习电工技术、电子技术、控制理论、信息处理、系统工程、自动检测与仪表、计算机技术与应用和网络技术等方面的基本理论和基本知识，受到较好的工程实践基本训练，具有系统分析、设计、开发与研究的基本能力。

毕业生应获得以下几方面的知识和能力：

1.具有较扎实的自然科学基础，较好的人文社会科学基础和外语综合能力；

2.掌握本专业领域必需的较宽的技术基础理论知识，主要包括电路理论、电子技术、控制理论、信息处理、计算机软硬件基础及应用等；

3.较好地掌握运动控制、工业过程控制及自动化仪表、电力电子技术及信息处理等方面的知识，具有本专业领域1~2个专业方向的专业知识和技能，了解本专业的学科前沿和发展趋势；

4.获得较好的系统分析、系统设计及系统开发方面的工程实践训练；

5.在本专业领域内具备一定的科学研究、科技开发和组织管理能力，具有较强的工作适应能力。

主干学科：控制科学与工程、电气工程、计算机科学与技术

主要课程：电路原理、电子技术基础、计算机原理及应用、计算机软件技术基础、过程工程基础、电机与电力拖动基础、电力电子技术、自动控制理论、信号与系统分析等。

实践环节：包括金工实习、计算机应用基础训练、电子工艺实习、电子技术课程设计、专业课程设计、生产实习等，一般安排在夏季学期。

修业年限：四年

授予学位：工学学士

就业方向：学生毕业后能从事自动控制、自动化、信号与数据处理及计算机应用等方面的技术工作。就业领域包括高科技公司、科研院所、设计单位、大专院校、金融系统、通信系统、税务、外贸、工商、铁路、民航、海关、工矿企业及政府和科技部门等。

开设学校：广东技术师范学院天河学院、西安建筑科技大学华清学院、集美大学、南京大学(教育部直属、985大学、211大学)、宁波大学、运城学院、宿迁学院、衢州学院、成都学院、长春大学、湘潭大学、南华大学、韶关学院、合肥学院、黄山学院、铜陵学院、海南大学(211大学)、临沂大学、三峡大学、长江大学、南昌大学(211大学)、福州大学(211大学)、四川大学(教育部直属、985大学、211大学)、东华大学(教育部直属、211大学)、中南大学(教育部直属、985大学、211大学)、吉林大学(教育部直属、985大学、211大学)、长安大学(教育部直属、211大学)、天津大学(教育部直属、985大学、211大学)、德州学院、安徽大学(211大学)、昌吉学院、西华大学、沈阳大学、扬州大学、江苏大学、常州大学、渤海大学、九江学院、宿州学院、三江学院、丽水学院、钦州学院、梧州学院、西京学院、文华学院、铜仁学院、菏泽学院、潍坊学院、燕山大学、唐山学院、邢台学院、贵州大学(211大学)、江汉大学、广东工业大学华立学院、广东工业大学、上海理工大学、红河学院、河北师范大学、华北电力大学保定校区(教育部直属、211大学)、北京工商大学、北京联合大学、廊坊师范学院、青岛科技大学、福建农林大学、许昌学院、聊城大学、山东理工大学、中国农业大学(教育部直属、985

大学、211大学)、中国地质大学(教育部直属、211大学)、中山大学(教育部直属、985大学、211大学)、浙江大学(教育部直属、985大学、211大学)、东南大学(教育部直属、985大学、211大学)、中国矿业大学(教育部直属、211大学)、复旦大学(教育部直属、985大学、211大学)、台州学院、浙江科技学院、浙江海洋学院、同济大学(教育部直属、985大学、211大学)、北京航空航天大学(985大学、211大学)、华南农业大学珠江学院、武汉工商学院、解放军理工大学、解放军军械工程学院、西安电子科技大学长安学院、湖南工程学院应用技术学院、解放军电子工程学院、解放军海军大连舰艇学院、现代管理大学、沈阳城市建设学院、沈阳工业大学工程学院、浙江大学宁波理工学院、西南大学(教育部直属、211大学)、华北电力大学(教育部直属、211大学)、中国石油大学(北京)(教育部直属、211大学)、三峡大学科技学院、解放军后勤工程学院、枣庄学院、解放军空军工程大学、中国矿业大学(北京)(教育部直属、211大学)、南京工业职业技术学院、新乡学院、济宁学院、潍坊科技学院、中国石油大学胜利学院、山东英才学院、桂林航天工业学院、天津大学仁爱学院、吕梁学院、武夷学院、宁德师范学院、安徽新华学院、南宁学院、合肥师范学院、蚌埠学院、池州学院、南通大学杏林学院、南京邮电大学通达学院、哈尔滨石油学院、南京工业大学浦江学院、长沙理工大学城南学院、仲恺农业工程学院、电子科技大学中山学院、山东师范大学历山学院、齐鲁理工学院、青岛工学院、四川大学锦江学院、西南科技大学城市学院、营口理工学院、山东协和学院、商丘学院、南昌工学院、南昌工学院、无锡太湖学院、宁夏理工学院、安徽师范大学皖江学院、南昌大学科学技术学院、河海大学文天学院、同济大学浙江学院、郑州成功财经学院、湖北工程学院新技术学院、内蒙古大学创业学院、长春光华学院、中北大学信息商务学院、北京科技大学天津学院、天津理工大学中环信息学院、银川能源学院、广西科技大学鹿山学院、吉首大学、大理学院、西安工业大学、西藏大学(211大学)、西安工程大学、陕西理工学院、咸阳师范学院、渭南师范学院、青海大学(211大学)、吉林工程技术师范学院、湖南文理学院、华中农业大学(教育部直属、211大学)、吉林建筑大学、长春工程学院、吉林化工学院、湘南学院、中南林业科技大学、湖南理工学院、湖南工程学院、湖南工业大学、上海工程技术大学、安徽工程大学、上海第二工业大学、安徽师范大学、东莞理工学院、岭南师范学院、云南民族大学、西安科技大学、西安建筑科技大学、玉溪师范学院、淮南师范学院、西安交通大学(教育部直属、985大学、211大学)、巢湖学院、皖西学院、河西学院、青岛大学、内蒙古工业大学、南阳师范学院、商丘师范学院、洛阳师范学院、周口师范学院、广西科技大学、桂林电子科技大学、广西师范学院、山东农业大学、海南师范大学、曲阜师范大学、山东建筑大学、湖北工程学院、黑龙江科技大学、黑龙江工程学院、湖北民族学院、佳木斯大学、中南民族大学、武汉纺织大学、仰恩大学、黄河科技学院、西北民族大学、郑州航空工业管理学院、中原工学院、闽江学院、闽南师范大学、莆田学院、河南大学、湖北科技学院、河南工业大学、河南理工大学、暨南大学(211大学)、西北工业大学(985大学、211大学)、苏州大学(211大学)、重庆大学(教育部直属、985大学、211大学)、河海大学(教育部直属、211大学)、广西大学(211大学)、华南理工大学(教育部直属、985大学、211大学)、中山大学(教育部直属、985大学、211大学)、厦门大学(教育部直属、985大学、211大学)、清华大学(教育部直属、985大学、211大学)、北京理工大学(985大学、211大学)、大连理工大学(教育部直属、985大学、211大学)、江苏理工学院、盐城师范学院、南京工程学院、北京科技大学(教育部直属、211大学)、南京晓庄学院、哈尔滨工程大学(211大学)、华中科技大学(教育部直属、985大学、211大学)、延边大学(211大学)、武汉理工大学(教育部直属、211大学)、北京邮电大学(教育部直属、211大学)、辽宁大学(211大学)、北京林业大学(教育部直属、211大学)、中央民族大学(985大学、211大学)、河北科技大学、西安电子科技大学(教育部直属、211大学)、内蒙古大学(211大学)、哈尔滨工业大学(985大学、211大学)、北京工业大学(211大学)、武汉大学(教育部直属、985大学、211大学)、河北工业大学(211大学)、上海大学(211大学)、南京航空航天大学(211大学)、济南大学、新疆大学(211大学)、江南大学(教育部直属、211大学)、天津理工大学、郑州大学(211大学)、合肥工业大学(教育部直属、211大学)、中国海洋大学(教育部直属、985大学、211大学)、安徽工业大学、嘉兴学院、喀什师范学院、辽宁石油化工大学、成都理工大学、西南民族大学、成都信息工程学院、四川理工学院、五邑大学、深圳大学、浙江万里学院、山西大学、绍兴文理学院、温州大学、四川师范大学、南京工业大学、景德镇陶瓷学院、东华理工大学、杭州电子科技大学、大连民族学院、沈阳航空航天大学、大连工业大学、大连海洋大学、大连交通大学、大连大学、辽宁工业大学、重庆理工大学、辽东学院、重庆三峡学院、宜春学院、武昌理工学院、洛阳理工学院、武汉科技大学城市学院、中国矿业大学徐海学院、河南理工大学万方科技学院、山东大学威海分校、百色学院、滁州学院、龙岩学院、湖南涉外经济学院、宁波工程学院、滨州学院、伊犁师范学院、长沙学院、湖北理工学院、河池学院、昆明学院、大庆师范学院、武汉科技大学、阜阳师范学院、重庆交通大学、榆林学院、绵阳师范学院、汉口学院、华中科技大学武昌分校、绥化学院、淮阴师范学院、厦门理工学院、重庆工商大学、辽宁科技学院、贵阳学院、江苏大学京江学院、吉林大学珠海学院、常州大学怀德学院、石家庄铁道大学四方学院、华北电力大学科技学院、河北大学工商学院、河南城建学院、河南工程学院、武汉纺织大学外经贸学院、河南大学民生学院、北京理工大学珠海学院、广州大学华软软件学院、大连理工大学城市学院、贺州学院、三明学院、商洛学院、燕京理工学院、南京信息工程大学滨江学院、海口经济学院、四川师范大学成都学院、长春建筑学院、防灾科技学院、沧州师范学院、北华航天工业学院、成都工业学院、北京建筑大学、北京服装学院、北京印刷学院、齐鲁工业大学、泰山学院、宁夏大学(211大学)、广西民族大学、鲁东大学、北京化工大学(教育部直属、211大学)、中国传媒大学(教育部直属、211大学)、烟台大学、邯郸学院、石家庄学院、西昌学院、晋中学院、新余学院、萍乡学院、肇庆学院、广东技术师范学院、辽宁工程技术大学、南通大学、西安外事学院、北京信息科技大学、平顶山学院、安阳师范学院河南师范大学、南阳理工学院、湖北大学、湖南农业大学、通化师范学院、邵阳学院、华侨大学、华北水利水电大学、武汉工程大学、东北石油大学、湖北师范学院、上海应用技术学院、上海师范大学、上海电力学院、广州大学、华南农业大学、嘉应学院、惠州学院、北华大学、河北建筑工程学院、石家庄铁道大学、中国政法大学(教育部直属、211大学)、青岛农业大学、内蒙古农业大学、内蒙古医科大学、遵义师范学院、中国地质大学(教育部直属、211大学)、中国石油大学(教育部直属、211大学)、上海交通大学(教育部直属、985大学、211大学)、中国地质大学(教育部直属、211大学)、四川农业大学(211大学)、南京理工大学(211大学)、盐城工学院、淮海工学院、南京信息工程大学、江苏师范大学、南京邮电大学、东北大学(教育部直属、985大学、211大学)、山东大学(教育部直属、985大学、211大学)、东北农业大学(211大学)、太原理工大学(211大学)、西北大学(211大学)、北京交通大学(教育部直属、211大学)、浙江理工大学、浙江农林大学、天津农学院、南开大学(教育部直属、985大学、211大学)、中国科学技术大学(985大学、211大学)、沈阳工学院、上海理工大学中英国际学院、青海大学昆仑学院、燕山大学里仁学院、河北科技大学理工学院、厦门大学嘉庚学院、青岛理工大学琴岛学院、西交利物浦大学、重庆邮电大学移通学院、南京师范大学泰州学院、无锡职业技术学院、北京理工大学房山分校培训中心、哈尔滨工业大学(威海)、云南大学滇池学院、苏州大学文正学院、宁夏大学新华学院、解放军空军航空大学、解放军海军工程大学、辽宁石油化工大学顺华能源学院、辽宁科技大学信息技术学院、太原科技大学华科学院、东华理工大学长江学院、绍兴文理学院元培学院、宁波大红鹰学院、嘉兴学院南湖学院、嘉兴学院南湖学院、湘潭大学兴湘学院、河南农业大学华豫学院、大连装备制造职业技术学院、浙江海洋学院东海科学技术学院、浙江工业大学之江学院、、中国人民解放军国防科学技术大学(985大学、211大学)、邢台职业技术学院、常熟理工学院、解放军陆军航空兵学院、中国人民解放军信息工程学院、中国人民解放军装甲兵工程学院、解放军陆军军官学院、集美大学诚毅学院、宁波诺丁汉大学、东北大学秦皇岛分校、解放军第二炮兵工程大学、重庆文理学院、天水师范学院、塔里木大学、湖北工业大学工程技术学院、武昌工学院、湖北工业大学商贸学院、湖北大学知行学院、长江大学文理学院、湖北文理学院理工学院、武汉大学珞珈学院、长江大学工程技术学院、武汉工程大学邮电与信息工程学院、湖北师范学院文理学院、湖南工学院、武汉生物工程学院、闽南理工学院、福州大学至诚学院、福建农林大学金山学院、烟台南山学院、青岛恒星科技学院、湖南交通工程学院、湖南应用技术学院、华南理工大学广州学院、北京师范大学珠海分校、新疆工程学院、兰州工业学院、吉林工商学院、河北工程大学科信学院、六盘水师范学院、吉林建筑大学城建学院、安徽三联学院、安徽文达信息工程学院、苏州科技学院天平学院、扬州大学广陵学院、江苏师范大学科文学院、南京师范大学中北学院、苏州大学应用技术学院、西安交通大学城市学院、西安工业大学北方信息工程学院、西北工业大学明德学院、江苏科技大学苏州理工学院、哈尔滨广厦学院、哈尔滨远东理工学院、哈尔滨剑桥学院、哈尔滨华德学院、东北农业大学成栋学院、南京航空航天大学金城学院、南京理工大学紫金学院、桂林理工大学博文管理学院、长安大学兴华学院、中国矿业大学银川学院、贵州师范大学求是学院、西安科技大学高新学院、西安理工大学高科学院、新疆农业大学科学技术学院、新疆大学科学技术学院、广东海洋大学寸金学院、东莞理工学院城市学院、成都理工大学工程技术学院、湖南科技大学潇湘学院、湖南文理学院芙蓉学院、南华大学船山学院、湖南工业大学科技学院、湖南农业大学东方科技学院、湖南师范大学树达学院、湖南理工学院南湖学院、聊城大学东昌学院、山东科技大学泰山科技学院、青岛农业大学海都学院、昆明理工大学津桥学院、西南交通大学希望学院、四川大学锦城学院、贵州理工学院、陕西服装工程学院、河北联合大学轻工学院、南昌工学院、河北科技学院、贵州大学明德学院、陕西科技大学镐京学院、西安交通工程学院、青岛黄海学院、山东华宇工学院、云南工商学院、安徽工程大学机电学院、安徽建筑大学城市建设学院、安徽工业大学工商学院、安徽农业大学经济技术学院、南昌大学科学技术学院、华侨大学厦门工学院、浙江农林大学暨阳学院、杭州师范大学钱江学院、宁波大学科学技术学院、浙江师范大学行知学院、浙江理工大学科技与艺术学院、杭州电子科技大学信息工程学院、温州大学城市学院、中国计量学院现代科技学院、湖北民族学院科技学院、江汉大学文理学院、南昌航空大学科技学院、景德镇陶瓷学院科技艺术学院、南昌大学共青学院、华东交通大学理工学院、江西理工大学应用科学学院、河南科技学院新科学院、山西农业大学信息学院、太原理工大学现代科技学院、广西大学行健文理学院、桂林电子科技大学信息科技学院、浙江大学城市学院、沈阳城市学院、大连科技学院、兰州理工大学技术工程学院、长春理工大学、长春工业大学、长春师范大学、湖南科技大学、吉林农业大学、西安邮电大学、陕西科技大学、西安工程大学、宝鸡文理学院、白城师范学院、黑龙江大学、东北电力大学、长沙理工大学、湖南城市学院、上海海洋大学、佛山科学技术学院、安徽建筑大学、广东石油化工学院、广东海洋大学、韩山师范学院、西南林业大学、云南农业大学、西安石油大学、西安理工大学、安徽科技学院、西北农林科技大学(教育部直属、985大学、211大学)、昆明理工大学、青岛理工大学、内蒙古民族大学、内蒙古科技大学、兰州交通大学、兰州理工大学、甘肃农业大学、山东交通学院、山东科技大学、桂林理工大学、山东农业大学、山东农业大学、贵州师范大学、广西师范大学、山东工商学院、牡丹江师范学院、哈尔滨商业大学、武汉体育学院、哈尔滨理工大学、齐齐哈尔大学、湖北汽车工业学院、湖北工业大学、福建工程学院、黄河科技学院、河南科技大学、黑龙江东方学院、南京农业大学(教育部直属、211大学)、南京师范大学(211大学)、天津城建大学、东北师范大学(教育部直属、211大学)、淮阴工学院、常州工学院、华东理工大学(教育部直属、211大学)、西南交通大学(教育部直属、211大学)、湖南大学(教育部直属、985大学、211大学)、湖南师范大学(211大学)、河北大学、大连海事大学(211大学)、天津工业大学、天津职业技术师范大学、中国民航大学、天津科技大学、天津商业大学、安徽工业大学、安徽理工大学、安徽农业大学、浙江工业大学、浙江师范大学、湖州师范学院、中国计量学院、沈阳工业大学、沈阳农业大学、辽宁科技大学、新疆农业大学、太原科技大学、中北大学、山西大同大学、汕头大学、西南科技大学、西南石油大学、中国民用航空飞行学院、山西农业大学、江西农业大学、重庆邮电大学、南昌航空大学、华东交通大学、江苏科技大学、淮海工学院、南京林业大学、苏州科技学院、江西理工大学、沈阳理工大学、沈阳建筑大学、沈阳化工大学、江西科技师范大学、赣南师范学院、长江师范学院、井冈山大学、石河子大学(211大学)、商丘工学院、中国地质大学长城学院、武汉东湖学院、电子科技大学成都学院、太原工业学院、南京理工大学泰州科技学院、武汉工程科技学院、东南大学成贤学院、呼伦贝尔学院、青岛滨海学院、重庆人文科技学院、贵州工程应用技术学院、河北科技师范学院、上海师范大学天华学院、沈阳工程学院、西安文理学院、徐州工程学院、金陵科技学院、重庆科技学院、安庆师范学院、吉林农业科技学院、上海电机学院、北京工业大学耿丹学院、中原工学院信息商务学院、中山大学南方学院、陇东学院、武汉理工大学华夏学院、西安航空学院、湖南人文科技学院、荆楚理工学院、郑州工业应用技术学院、济南大学泉城学院、烟台大学文经学院、重庆大学城市科技学院、北京交通大学海滨学院、兰州交通大学博文学院、河北农业大学现代科技学院、河南师范大学新联学院、南通理工学院、长春理工大学光电信息学院、黄河交通学院、广州大学松田学院、兰州城市学院、长春科技学院、长春工业大学人文信息学院、浙江水利水电学院、电子科技大学(教育部直属、985大学、211大学)、上海建桥学院、黑龙江工业学院、齐齐哈尔工程学院、北京石油化工学院、北方工业大学、河北联合大学、河北农业大学、北京物资学院、北方民族大学、河北工程大学、华北科技学院、江西应用科技学院、攀枝花学院、广东理工学院、江西工程学院、广东白云学院、北京吉利学院、江西科技学院、南昌理工学院、西安思源学院、南昌工程学院、河南科技学院、中国地质大学(北京)(教育部直属、211大学)、安阳工学院、黑龙江八一农垦大学、吉林师范大学、东北林业大学(教育部直属、211大学)、湖北文理学院、河南农业大学、郑州轻工业学院、上海海事大学、湖北汽车工业学院科技学院、沈阳航空航天大学北方科技学院、沈阳化工大学科亚学院、大连工业大学艺术与信息工程学院、北京邮电大学世纪学院、武汉轻工大学

◆专业名称:轨道交通信号与控制
◆专业代码:080802T

培养目标:本专业培养掌握自动控制理论、轨道交通控制技术、计算机原理及应用技术、传感器及检测技术、可编程控制器原理及应用、电力电子技术等方面的基础理论、专门知识与基本技能,能在高速铁路、客运专线、既有铁路、地铁及城市轨道交通领域工作的信息和控制专门人才。

培养要求:本专业学生主要学习轨道交通信号与控制技术的基本知识和理论,受到本学科相关训练,具有城市轨道交通信号设备生产、安装、调试、维修养护、管理及工程设计与施工、技术改造的能力。

毕业生应具备以下几方面的专业知识与能力:

1.具有一定的科学知识和科学精神,科学的逻辑思维方式和创新意识;

2.掌握电路分析基础、电子技术基础知识;

3.掌握工具、仪器、仪表的使用与维护保养知识;

4.了解城市轨道通信系统的组成及各子系统功能的基础知识;

5.掌握信号、联锁、闭塞设备基础知识;

6.能够按照操作规章安装、调试、维修城市轨道交通信号基础设备、控制中心、正线、车辆段、列车自动控制设备、停车场等信号控制设备。

主要课程:电路分析、电子技术、计算机技术(语言、软件基础、硬件基础、单片机等)、微机原理与接口技术、自动控制理论、信号与系统分析、计算机网络、电磁兼容及可靠性理论、铁路信号运营基础、信号基础设备原理、车站信号自动控制、区间信号自动控制、铁路信号远程控制、列车运行控制系统、编组站综合自动化、计算机联锁系统、城市轨道交通控制系统等。

实践环节:课程实验、实践、生产实习、毕业设计等。

修业年限:四年

授予学位:工学学士

就业方向:可在铁路、城市轨道交通、电子、信息、仪表等领域从事系统运行、自动控制、信息处理、试验分析、研制开发与设计、运营维护管理等工作,也可在高校、研究院所从事教学和科学研究工作。

开设学校:北京交通大学(教育部直属、211大学)、西南交通大学(教育部直属、211大学)、兰州交通大学、南京理工大学(211大学)、郑州大学(211大学)、中北大学、西华大学、长沙理工大学、昆明理工大学、河南理工大学、华东交通大学、石家庄铁道大学、上海工程技术大学、大连交通大学、河南工业大学、江汉大学、中南民族大学、湖北师范学院、淮南师范学院、北京联合大学、江苏师范大学、常州大学、华北水利水电学院、临沂大学、黑龙江工程学院、宝鸡文理学院、湖北理工学院、贵州理工学院、山东交通学院、唐山学院、九江学院、邵阳学院、西安交通工程学院、郑州科技学院、长春科技学院、无锡太湖学院、沈阳工学院、大连科技学院、苏州大学文正学院、统计大学浙江学院、石家庄铁道大学四方学院、北京交通大学海滨学院、长春理工大学光电信息学院、长春工业大学人文信息学院、重庆邮电大学移通学院、河南理工大学万方科技学院、中原工学院信息商务学院、南京工业大学浦江学院、同济大学浙江学院

0809计算机类

◆专业名称:计算机科学与技术
◆专业代码:080901

培养目标:本专业培养具有良好的科学素养,系统地、较好地掌握计算机科学与技术包括计算机硬

件、软件与应用的基本理论、基本知识和基本技能与方法，能在科研部门、教育单位、企业、事业、技术和行政管理部门等单位从事计算机教学、科学研究和应用的计算机科学与技术学科的高级专门科学技术人才。

培养要求：本专业学生主要学习计算机科学与技术方面的基本理论和基本知识，受到研究与应用计算机的基本训练，具有研究和开发计算机系统的基本能力。

毕业生应获得以下几方面的知识和能力：

1.掌握计算机科学与技术的基本理论、基本知识；

2.掌握计算机系统分析和设计的基本方法；

3.具有研究开发计算机软、硬件的基本能力；

4.了解与计算机有关的法规；

5.了解计算机科学与技术的发展动态；

6.掌握文献检索、资料查询的基本方法，具有获取信息的能力。

主干学科：电路原理、模拟电子技术、数字逻辑、数值分析、计算机原理

主要课程：电路原理、模拟电子技术、数字逻辑、数字分析、计算机原理、微型计算机技术、计算机系统结构、计算机网络、高级语言、汇编语言、数据结构、操作系统等。

实践环节：包括电子工艺实习、硬件部件设计及调试、计算机基础训练、课程设计、计算机工程实践、生产实习、毕业设计（论文）。

修业年限：四年

授予学位：工学或理学学士

就业方向：在科研部门、教育单位、企业、事业、技术和行政管理部门等单位从事计算机教学、科学研究和应用工作。

开设学校：上海理工大学、邢台学院、北京工商大学、防灾科技学院、唐山师范学院、曲阜师范大学、仰恩大学、聊城大学、南阳师范学院、广西科技大学、贵州财经大学、贵州民族大学、中国地质大学（教育部直属、211大学）、中国石油大学（教育部直属、211大学）、苏州大学（211大学）、上海交通大学（教育部直属、985大学、211大学）、福州大学（211大学）、四川大学（教育部直属、985大学、211大学）、厦门大学（教育部直属、985大学、211大学）、南京理工大学（211大学）、浙江大学（教育部直属、985大学、211大学）、中国矿业大学（教育部直属、211大学）、江西财经大学、东华理工大学、复旦大学（教育部直属、985大学、211大学）、武汉理工大学（教育部直属、211大学）、北京交通大学（教育部直属、211大学）、浙江工商大学、宁波大学、湖州师范学院、上海大学（211大学）、同济大学（教育部直属、985大学、211大学）、武汉大学（教育部直属、985大学、211大学）、河北大学、河北经贸大学、沈阳工学院、四川警察学院、南昌工程学院、贵州大学（211大学）、华北电力大学（教育部直属、211大学）、伊春职业学院、宿迁学院、西安翻译学院、西京学院、长治学院、肇庆学院、绥化学院、武昌工学院、湖南女子学院、湖南工学院、湖南警察学院、新乡学院、济宁学院、潍坊科技学院、烟台南山学院、山东英才学院、广州商学院、吉林警察学院、太原学院、吕梁学院、安徽三联学院、宁德师范学院、武夷学院、安徽新华学院、南宁学院、浙江树人学院、合肥师范学院、蚌埠学院、池州学院、山东女子学院、齐鲁师范学院、成都学院、青岛工学院、文山学院、保山学院、南昌师范学院、成都师范学院、山东协和学院、商丘学院、河北科技学院、无锡太湖学院、昭通学院、青岛黄海学院、郑州科技学院、长春光华学院、沈阳城市学院、大连科技学院、长春理工大学、长春大学、北华大学、长春师范大学、吉首大学、湖南科技大学、湘潭大学、大理学院、西藏大学（211大学）、陕西科技大学、云南财经大学、云南警官学院、西安工程大学、青海师范大学、青海民族大学、咸阳师范学院、渭南师范学院、青海大学（211大学）、白城师范学院、湖南科技学院、吉林财经大学、通化师范学院、湖南商学院、邵阳学院、黑龙江大学、怀化学院、东北电力大学、吉林建筑大学、长春工程学院、吉林师范大学、长沙理工大学、湘南学院、湖南城市学院、湖南工程学院、上海海洋大学、广东财经大学、嘉应学院、上海电力学院、安徽工程大学、安徽师范大学、广东海洋大学、岭南师范学院、韶关学院、惠州学院、广东药学院、云南师范大学、云南民族大学、昆明理工大学、楚雄师范学院、西安科技大学、红河学院、西安石油大学、西安理工大学、玉溪师范学院、安徽科技学院、淮南师范学院、淮北师范大学、华东政法大学、西安交通大学（教育部直属、985大学、211大学）、巢湖学院、合肥学院、黄山学院、铜陵学院、安徽财经大学、陕西师范大学（教育部直属、211大学）、皖西学院、延安大学、兰州商学院、海南大学（211大学）、河西学院、临沂大学、青岛大学、青岛理工大学、兰州交通大学、商丘师范学院、洛阳师范学院、兰州理工大学、周口师范学院、许昌学院、西北师范大学、山东财经

大学、桂林理工大学、广西师范学院、山东科技大学、山东理工大学、玉林师范学院、海南师范大学、贵州师范大学、山东建筑大学、广西师范大学、遵义师范学院、黄冈师范学院、湖北工程学院、湖北师范学院、湖北民族学院、湖北经济学院、东北石油大学、中南民族大学、三峡大学、长江大学、集美大学、福建工程学院、黄河科技学院、西藏民族学院、西北民族大学、中原工学院、闽南师范大学、泉州师范学院、闽江学院、莆田学院、福建农林大学、河南大学、河南科技大学、湖北科技学院、华侨大学、河南理工大学、南昌大学(211大学)、东南大学(教育部直属、985大学、211大学)、南京大学(教育部直属、985大学、211大学)、暨南大学(211大学)、重庆大学(教育部直属、985大学、211大学)、河海大学(教育部直属、211大学)、兰州大学(教育部直属、985大学、211大学)、天津农学院、天津城建大学、广西大学(211大学)、华南理工大学(教育部直属、985大学、211大学)、中山大学(教育部直属、985大学、211大学)、西南财经大学(教育部直属、211大学)、清华大学(教育部直属、985大学、211大学)、北京理工大学(985大学、211大学)、东华大学(教育部直属、211大学)、南京审计学院、盐城师范学院、淮阴工学院、南京工程学院、北京科技大学(教育部直属、211大学)、常州工学院、中南大学(教育部直属、985大学、211大学)、山东大学(教育部直属、985大学、211大学)、吉林大学(教育部直属、985大学、211大学)、华东师范大学(教育部直属、985大学、211大学)、上海财经大学(教育部直属、211大学)、东北大学(教育部直属、985大学、211大学)、华东理工大学(教育部直属、211大学)、华中科技大学(教育部直属、985大学、211大学)、延边大学(211大学)、北京邮电大学(教育部直属、211大学)、西南交通大学(教育部直属、211大学)、辽宁大学(211大学)、湖南大学(教育部直属、985大学、211大学)、中央民族大学(985大学、211大学)、河北科技大学、湖南师范大学(211大学)、大连海事大学(211大学)、内蒙古大学(211大学)、北京大学(教育部直属、985大学、211大学)、云南大学(211大学)、西北大学(211大学)、天津师范大学、济南大学、新疆大学(211大学)、天津商业大学、江南大学(教育部直属、211大学)、天津理工大学、天津财经大学、天津科技大学、郑州大学(211大学)、南开大学(教育部直属、985大学、211大学)、中国海洋大学(教育部直属、985大学、211大学)、天津大学(教育部直属、985大学、211大学)、安徽理工大学、德州学院、安徽大学(211大学)、浙江师范大学、嘉兴学院、浙江理工大学、新疆财经大学、喀什师范学院、昌吉学院、浙江农林大学、杭州师范大学、西华大学、浙江海洋学院、中国计量学院、辽宁师范大学、沈阳大学、沈阳师范大学、辽宁科技大学、成都理工大学、新疆师范大学、东北财经大学、西南民族大学、山西财经大学、中北大学、山西师范大学、深圳大学、五邑大学、忻州师范学院、太原科技大学、太原师范学院、汕头大学、山西大同大学、浙江万里学院、浙江财经大学、山西大学、台州学院、温州大学、西华师范大学、西南石油大学、西南科技大学、四川师范大学、扬州大学、江苏大学、重庆师范大学、南昌航空大学、华东交通大学、盐城工学院、常州大学、淮海工学院、江苏师范大学、苏州科技学院、江苏科技大学、南京财经大学、大连民族学院、大连海洋大学、鞍山师范学院、沈阳理工大学、大连大学、沈阳建筑大学、沈阳化工大学、渤海大学、长江师范学院、上饶师范学院、辽东学院、重庆理工大学、重庆三峡学院、井冈山大学、宜春学院、九江学院、商丘工学院、武汉东湖学院、宿州学院、三江学院、太原工业学院、郑州师范学院、长沙医学院、宁夏师范学院、济宁医学院、百色学院、梧州学院、丽水学院、钦州学院、滁州学院、枣庄学院、龙岩学院、琼州学院、宁波工程学院、滨州学院、伊犁师范学院、赤峰学院、沈阳工程学院、长沙学院、广东金融学院、湖北警官学院、河池学院、徐州工程学院、金陵科技学院、昆明学院、黑河学院、重庆科技学院、上海商学院、大庆师范学院、武汉科技大学、阜阳师范学院、安庆师范学院、重庆交通大学、曲靖师范学院、榆林学院、上海电机学院、内江师范学院、绵阳师范学院、乐山师范学院、宜宾学院、汉口学院、陇东学院、西安航空学院、淮阴师范学院、重庆工商大学、文华学院、辽宁科技学院、贵阳学院、贵州师范学院、河南城建学院、集宁师范学院、河南工程学院、三亚学院、菏泽学院、凯里学院、铜仁学院、安顺学院、贺州学院、商洛学院、安康学院、三明学院、长春科技学院、兰州城市学院、海口经济学院、长春建筑学院、河北传媒学院、河北金融学院、电子科技大学(教育部直属、985大学、211大学)、沧州师范学院、上海建桥学院、成都工业学院、北京联合大学、北京农学院、中央财经大学(教育部直属、211大学)、北方工业大学、北京建筑大学、中华女子学院、河北师范大学、河北联合大学、北京物资学院、北京语言大学(教育部直属)、首都师范大学、北京印刷学院、山东体育学院、泰山医学院、泰山学院、宁夏大学(211大学)、广西民族大学、北方民族大学、北京化工大学(教育部直属、211大学)、鲁东大学、北京城市学院、中国传媒大学(教育部直属、211大学)、潍坊学院、烟台大学、石家庄学院、邯郸学院、衡水学院、廊坊师范学院、河北工程大学、华北科技学院、燕山大学、河北北方学院、山东师范大学、唐山学院、西昌学院、运城学院、晋中学院、攀枝花学院、西南大学(教育部直属、211大学)、新余学院、黄淮学院、景德镇学院、广东白云学院、广州航海学院、广东警官学院、四川民族学院、南通大学、江西科技学院、西安外事学院、西安思源学院、平顶山学院、河南科技学院、安阳师范学院、信阳师范学院、安阳工学院、北京吉利学院、河南师范大学、江汉大学、武汉纺织大学、湖北大学、南华大学、武汉轻工大学、武汉工程大学、上海海事大学、安徽建筑大学、广州大学、华北电力大学保定校区(教育部直属、211大学)、中国政法大学(教育部直属、211大学)、中国人民公安大学、北华航天工业学院、贵州师范大学、青岛科技大学、福建师范大学、河南财经政法大学、齐鲁工业大学、内蒙古农业大学、内蒙古财经大学、江西师范大学、江西理工大学、重庆邮电大学、长安大学(教育部直属、211大学)、绍兴文理学院、浙江科技学院、安徽农业大学、中国人民大学(教育部直属、985大学、211大学)、山西大学商务学院、华中农业大学楚天学院、青海大学昆仑学院、河北大学工商学院、河北农业大学现代科技学院、河北经贸大学经济管理学院、河北科技大学理工学院、长江大学文理学院、湖北师范学院文理学院、武汉工商学院、湖北大学知行学院、青岛理工大学琴岛学院、河北师范大学汇华学院、解放军军械工程学院、西交利物浦大学、西安电子科技大学长安学院、重庆师范大学涉外商贸学院、哈尔滨工业大学(威海)、北京理工大学房山分校培训中心、贵州民族大学人文科技学院、贵州财经大学商务学院、新疆农业大学科学技术学院、新疆财经大学商务学院、广东海洋大学寸金学院、四川传媒学院、仲恺农业工程学院、山东师范大学历山学院、首都师范大学继续教育学院、山东广播电视大学、解放军海军工程大学、中国矿业大学银川学院、南京人口管理干部学院、天津天狮学院、西北大学现代学院、辽宁科技大学信息技术学院、沈阳城市建设学院、沈阳航空航天大学北方科技学院、华南理工大学广州学院、云南工商学院、安徽农业大学经济技术学院、江西科技师范大学理工学院、江西中医药大学科技学院、绍兴文理学院元培学院、嘉兴学院南湖学院、湖南工业大学科技学院、华中师范大学武汉传媒学院、南华大学船山学院、湘潭大学兴湘学院、郑州成功财经学院、河南农业大学华豫学院、大连东软信息学院、沈阳工业大学工程学院、浙江海洋学院东海科学技术学院、杭州电子科技大学信息工程学院、浙江农林大学暨阳学院、广西大学行健文理学院、北京航空航天大学北海学院、浙江大学宁波理工学院、北京信息科技大学、中国人民解放军国防科学院(985大学、211大学)、南阳理工学院、中国石油大学(北京)(教育部直属、211大学)、成都东软学院、齐齐哈尔工程学院、南京理工大学泰州科技学院、电子科技大学成都学院、武汉工程科技学院、北京师范大学-香港浸会大学联合国际学院、大连工业大学艺术与信息工程学院、解放军理工大学、广州大学华软软件学院、解放军陆军航空兵学院、中国人民解放军信息工程学院、中国人民解放军装甲兵工程学院、解放军陆军军官学院、宁波诺丁汉大学、解放军空军工程大学、重庆文理学院、天水师范学院、江苏警官学院、中原工学院信息商务学院、北京邮电大学世纪学院、湖北工业大学工程技术学院、湖北工业大学商贸学院、湖北文理学院理工学院、武汉大学珞珈学院、长江大学工程技术学院、武汉工程大学邮电与信息工程学院、湖北汽车工业学院科技学院、武汉生物工程学院、湖南财政经济学院、福建师范大学闽南科技学院、福建农林大学东方学院、福建农林大学金山学院、福州大学至诚学院、厦门大学嘉庚学院、福建师范大学协和学院、福州大学阳光学院、中国石油大学胜利学院、华南农业大学珠江学院、广东财经大学华商学院、广东外语外贸大学南国商学院、北京师范大学珠海分校、广东工业大学华立学院、山西应用科技学院、吉林工商学院、河北工程大学科信学院、天津大学仁爱学院、六盘水师范学院、东北师范大学人文学院、吉林建筑大学城建学院、安徽文达信息工程学院、苏州科技学院天平学院、江苏师范大学科文学院、扬州大学广陵学院、南京师范大学中北学院、苏州大学应用技术学院、苏州大学文正学院、西安工业大学北方信息工程学院、西安交通大学城市学院、南京邮电大学通达学院、江苏科技大学苏州理工学院、南通大学杏林学院、南京审计学院金审学院、哈尔滨石油学院、黑龙江财经学院、哈尔滨远东理工学院、哈尔滨剑桥学院、东北农业大学成栋学院、哈尔滨华德学院、南京航空航天大学金城学院、南京理工大学紫金学院、南京工业大学浦江学院、中国传媒大学南广学院、南京大学金陵学院、内蒙古科技大学包头师范学院、桂林理工大学博文管理学院、广东第二师范学院、浙江外国语学院、贵州师范大学求是学院、西安科技大学高新学院、西安理工大学高科学院、西北工业大学明德学院、兴义民族师范学院、山东青年政治学院、宁夏大学新华学院、新疆大学科学技术学院、东莞理工学院城市学院、成都文理学院、成都理工大学工程技术学院、长沙理工大学城南学院、湖南农业大学东方科技学院、湖南科技大学潇湘学院、湖南商学院北津学院、湖南师范大学树达学院、电子科技大学中山学院、吉首大学张家界学院、湖南理工学院南湖学院、湖南文理学院芙蓉学院、衡阳师范学院南岳学院、湖南工程学院应用技术学院、齐鲁理工学院、山东科技大学泰山科技学院、昆明理工大学津桥学院、云南大学旅游文化学院、云南大学滇池学院、四川大学锦江学院、西南交通大学希望学院、西南财经大学天府学院、四川大学锦城学院、西南科技大学城市学院、中国科学院大学、陕西服装工程学院、郑州升达经贸管理学院、河北联合大学轻工学院、山西工商学院、贵州大学科技学院、贵州大学明德学院、宁夏理工学院、陕西科技大学镐京学院、西安建筑科技大学华清学院、陕西国际商贸学院、云南师范大学文理学院、阜阳师范学院信息工程学院、安徽工程大学机电学院、安徽大学江淮学院、安徽工业大学工商学院、安徽师范大学皖江学院、南昌大学科学技术学院、河海大学文天学院、浙江中医药大学滨江学院、杭州师范大学钱江学院、浙江师范大学行知学院、浙江理工大学科技与艺术学院、温州大学城市学院、宁波大红鹰学院、浙江工商大学杭州商学院、中国计量学院现代科技学院、温州大学瓯江学院、浙江财经大学东方学院、河南科技学院新科学院、湖北民族学院科技学院、湖南第一师范学院、湖北工程学院新技术学院、江汉大学文理学院、南昌航空大学科技学院、东华理工大学长江学院、景德镇陶瓷学院科技艺术学院、南昌大学共青学院、赣南师范学院科技学院、江西财经大学现代经济管理学院、江西师范大学科学技术学院、江西农业大学南昌商学院、江西理工大学应用科学学院、华东交通大学理工学院、安阳师范学院人文管理学院、内蒙古大学创业学院、长春财经学院、呼和浩特民族学院、太原科技大学华科学院、中北大学信息商务学院、太原理工大学现代科技学院、山西师范大学现代文理学院、山西农业大学信息学院、北京科技大学天津学院、天津商业大学宝德学院、天津理工大学中环信息学院、天津师范大学津沽学院、天津财经大学珠江学院、广西民族大学相思湖学院、广西师范学院师园学院、广西师范大学漓江学院、广西民族师范学院、广西科技大学鹿山学院、桂林电子科技大学信息科技学院、浙江大学城市学院、浙江工业大学之江学院、大连医科大学中山学院、沈阳化工大学科亚学院、辽宁师范大学海华学院、兰州商学院陇桥学院、西北师范大学知行学院、甘肃民族师范学院、兰州理工大学技术工程学院、西安培华学院、长春工业大学、西安财经学院、吉林农业大学、西安工业大学、西安邮电大学、宝鸡文理学院、陕西理工学院、吉林工程技术师范学院、东北林业大学(教育部直属、211大学)、湖南文理学院、中南财经政法大学(教育部直属、211大学)、华中农业大学(教育部直属、211大学)、湖南农业大学、吉林化工学院、中南林业科技大学、湖南中医药大学、湖南理工学院、湖南工业大学、上海工程技术大学、佛山科学技术学院、上海立信会计学院、上海第二工业大学、东莞理工学院、广东石油化工学院、华南农业大学、广州中医药大学、韩山师范学院、西南林业大学、云南农业大学、云南中医学院、西安建筑科技大学、西北农林科技大学(教育部直属、985大学、211大学)、上海杉达学院、甘肃政法学院、内蒙古工业大学、内蒙古科技大学、内蒙古民族大学、青岛农业大学、甘肃农业大学、山东交通学院、桂林电子科技大学、山东农业大学、山东工商学院、黔南民族师范学院、内蒙古师范大学、哈尔滨商业大学、湖北汽车工业学院、黑龙江工程学院、齐齐哈尔大学、黑龙江八一农垦大学、哈尔滨理工大学、湖北工业大学、郑州航空工业管理学院、黑龙江东方学院、郑州轻工业学院、河南工业大学、河南农业大学、西北工业大学(985大学、211大学)、南京农业大学(教育部直属、211大学)、南京师范大学(211大学)、华南师范大学(211大学)、四川农业大学(211大学)、太原理工大学(211大学)、东北师范大学(教育部直属、211大学)、大连理工大学(教育部直属、985大学、211大学)、江苏理工学院、南京晓庄学院、哈尔滨工程大学(211大学)、北京航空航天大学(985大学、211大学)、北京林业大学(教育部直属、211大学)、西安电子科技大学(教育部直属、211大学)、北京师范大学(教育部直属、985大学、211大学）、哈尔滨工业大学（985大学、211大学）、北京工业大学（211大学）、北京外国语大学（教育部直属、211大学）、河北工业大学（211大学）、南京航空航天大学（211大学）、天津职业技术师范大学、中国民航大学、天津工业大学、合肥工业大学（教育部直属、211大学）、安徽工业大学、中国科学技术大学（985大学、211大学）、浙江工业大学、浙江中医药大学、沈阳工业大学、辽宁石油化工大学、新疆农业大学、沈阳农业大学、成都信息工程学院、四川理工学院、广东工业大学、中国民用航空飞行学院、山西农业大学、江西农业大学、南京林业大学、南京工业大学、景德镇陶瓷学院、南京邮电大学、杭州电子科技大学、南京信息工程大学、南京中医药大学、大连工业大学、沈阳航空航天大学、石河子大学（211大学）、大连外国语大学、辽宁工业大学、赣南师范学院、江西科技师范大学、江西中医药大学、辽宁理工学院、武昌理工学院、洛阳理工学院、武汉科技大学城市学院、中国矿业大学徐海学院、中南林业科技大学涉外学院、三峡大学科技学院、河南理工大学万方科技学院、山东中医药大学、东南大学成贤学院、呼伦贝尔学院、青岛滨海学院、重庆人文科技学院、东北大学秦皇岛分校、贵州工程应用技术学院、湖南涉外经济学院、常熟理工学院、上海师范大学天华学院、集美大学诚毅学院、安徽中医药大学、湖北理工学院、湖北经济学院法商学院、西安文理学院、广西财经学院、中国矿业大学（北京）（教育部直属、211大学）、吉林农业科技学院、塔里木大学、北京工业大学耿丹学院、中山大学南方学院、华中科技大学武昌分校、武汉理工大学华夏学院、哈尔滨师范大学、厦门理工学院、湖南人文科技学院、重庆第二师范学院、荆楚理工学院、郑州工业应用技术学院、烟台大学文经学院、江苏大学京江学院、南京师范大学泰州学院、南开大学滨海学院、重庆工商大学派斯学院、重庆邮电大学移通学院、北京交通大学海滨学院、吉林大学珠海学院、兰州交通大学博文学院、常州大学怀德学院、延安大学西安创新学院、石家庄铁道大学四方学院、华北电力大学科技学院、燕山大学里仁学院、信阳师范学院华锐学院、河南师范大学新联学院、长春理工大学光电信息学院、武汉纺织大学外经贸学院、北京理工大学珠海学院、大连理工大学城市学院、黑龙江外国语学院、兰州商学院长青学院、河北科技师范学院、中山大学新华学院、云南师范大学商学院、广州大学松田学院、石家庄经济学院华信学院、燕京理工学院、南京信息工程大学滨江学院、四川师范大学成都学院、长春工业大学人文信息学院、湖北第二师范学院、河北民族师范学院、哈尔滨金融学院、哈尔滨信息工程学院、北京石油化工学院、北京电子科技学院、中国农业大学（教育部直属、985大学、211大学）、石家庄经济学院、河北建筑工程学院、广东培正学院、广东技术师范学院、四川文理学院、辽宁工程技术大学、南昌理工学院、河南中医学院、首都经济贸易大学、中国地质大学（北京）（教育部直属、211大学）、佳木斯大学、华中师范大学（教育部直属、211大学）、衡阳师范学院、湖北文理学院、牡丹江医学院、华北水利水电大学、哈尔滨学院、黑龙江科技大学、牡丹江师范学院、上海应用技术学院、上海师范大学、上海金融学院、广东外语外贸大学、哈尔滨广厦学院

◆专业名称：软件工程
◆专业代码：080902

培养目标：本专业培养适应计算机应用学科的发展，特别是软件产业的发展，具备计算机软件的基础理论、基本知识和基本技能，具有用软件工程的思想、方法和技术来分析、设计和实现计算机软件系统的能力，毕业后能在科研机构、企事业中从事计算机应用软件系统的开发和研制的高级软件工程技术人才。

培养要求：软件工程专业以计算机科学与技术学科为基础，强调软件开发的工程性，使学生在掌握计算机科学与技术方面知识和技能的基础上熟练掌握从事软件需求分析、软件设计、软件测试、软件维护和软件项目管理等工作所必需的基础知识、基本方法和基本技能，突出对学生专业知识和专业技能的培养。

毕业生应具备的专业知识与能力：

1.掌握和计算机科学与技术相关的基本理论知识；

2.掌握计算机系统的分析和设计的基本方法；

3.了解文献检索、资料查询的基本方法，具有一定的科学研究和实际工作能力；

4.了解与计算机有关的法规；

5.能够运用所学知识查阅外文资料。

主干学科：高等数学、操作系统、软件理论与技术

主要课程：马克思主义理论、大学外语、高等数学、大学物理、物理实验、线性代数、概率论与数理统计、程序设计语言、数据结构、离散数学、操作系统、

编译技术、软件工程概论、统一建模语言、软件体系结构、软件需求、软件项目管理。

实践环节:毕业实习、课程设计、计算机工程实践、生产实习、毕业设计(论文)。

修学年限:四年

授予学位:工学或理学学士

就业方向:可从事各级各类企事业单位的办公自动化处理、计算机安装与维护、网页制作、计算机网络和专业服务器的维护管理和开发工作,动态商务网站开发与管理、软件测试与开发及计算机相关设备的商品贸易等方面的有关工作。

开设学校:江西财经大学、太原理工大学(211大学)、浙江大学(教育部直属、985大学、211大学)、吕梁学院、蚌埠学院、成都学院、长春大学、吉首大学、湘潭大学、怀化学院、南华大学、嘉应学院、惠州学院、巢湖学院、合肥学院、黄山学院、延安大学、临沂大学、青岛大学、聊城大学、长江大学、集美大学、闽江学院、华侨大学、南昌大学(211大学)、南京大学(教育部直属、985大学、211大学)、重庆大学(教育部直属、985大学、211大学)、苏州大学(211大学)、福州大学(211大学)、四川大学(教育部直属、985大学、211大学)、厦门大学(教育部直属、985大学、211大学)、东华大学(教育部直属、211大学)、中南大学(教育部直属、985大学、211大学)、山东大学(教育部直属、985大学、211大学)、吉林大学(教育部直属、985大学、211大学)、复旦大学(教育部直属、985大学、211大学)、辽宁大学(211大学)、长安大学(教育部直属、211大学)、同济大学(教育部直属、985大学、211大学)、新疆大学(211大学)、郑州大学(211大学)、天津大学(教育部直属、985大学、211大学)、安徽大学(211大学)、嘉兴学院、西华大学、深圳大学、山西大学、扬州大学、江苏大学、常州大学、大连大学、渤海大学、宜春学院、宿州学院、三江学院、梧州学院、龙岩学院、琼州学院、长沙学院、河池学院、宜宾学院、文华学院、贵阳学院、三亚学院、铜仁学院、贺州学院、保定学院、泰山学院、宁夏大学(211大学)、潍坊学院、烟台大学、燕山大学、贵州大学(211大学)、黄淮学院、肇庆学院、南通大学、韶关学院、广州大学、河北农业大学、华北电力大学保定校区(教育部直属、211大学)、石家庄经济学院、中国政法大学(教育部直属、211大学)、北京工商大学、首都师范大学、电子科技大学(教育部直属、985大学、211大学)、贵州财经大学、内蒙古财经大学、中国石油大学(教育部直属、211大学)、华南理工大学(教育部直属、985大学、211大学)、南京理工大学(211大学)、江西财经大学、华东交通大学、中国地质大学(教育部直属、211大学)、江西财经大学、华东交通大学、大连交通大学、浙江工商大学、浙江科技学院、北京航空航天大学(985大学、211大学)、北京师范大学(教育部直属、985大学、211大学)、沈阳工学院、河北大学工商学院、河北科技大学理工学院、福州大学至诚学院、武汉工商学院、青岛理工大学琴岛学院、无锡职业技术学院、西安电子科技大学长安学、中国信息大学、浙江大学宁波理工学院、北京信息科技大学、西南大学(教育部直属、211大学)、华北电力大学(教育部直属、211大学)、中国石油大学(北京)(教育部直属、211大学)、西安翻译学院、吉林大学—莱姆顿学院、武汉大学珞珈学院、湖南工学院、福建农林大学东方学院、厦门大学嘉庚学院、潍坊科技学院、中国石油大学胜利学院、湖南信息学院、华南理工大学广州学院、北京师范大学珠海分校、桂林航天工业学院、天津大学仁爱学院、吉林建筑大学城建学院、安徽文达信息工程学院、安徽新华学院、合肥师范学院、苏州大学应用技术学院、江苏师范大学科文学院、扬州大学广陵学院、南京邮电大学通达学院、哈尔滨华德学院、南京理工大学紫金学院、南京大学金陵学院、西安理工大学高科学院、西北工业大学明德学院、电子科技大学中山学院、成都理工大学工程技术学院、南华大学船山学院、青岛工学院、云南大学滇池学院、四川大学锦江学院、四川大学锦城学院、江西服装学院、广东科技学院、广西外国语学院、西安欧亚学院、阜阳师范学院信息工程学院、安徽工程大学机电学院、安徽大学江淮学院、南昌大学科学技术学院、华侨大学厦门工学院、宁波大学科学技术学院、宁波大红鹰学院、湖北工程学院新技术学院、东华理工大学长江学院、天津理工大学中环信息学院、浙江大学城市学院、浙江工业大学之江学院、大连东软信息学院、大连科技学院、长春理工大学、长春工业大学、北华大学、西安财经学院、长春师范大学、西安工业大学、西安邮电大学、西安工程大学、青海师范大学、宝鸡文理学院、咸阳师范学院、渭南师范学院、白城师范学院、湖南科技学院、吉林工程技术师范学院、湖南商学院、东北林业大学(教育部直属、211大学)、黑龙江大学、东北电力大学、吉林建筑大学、长春工程学院、长沙理工大学、吉林师范大学、中南林业科技大学、湖南理工学院、湖南工业大学、广东财经大学、上海电力学院、安徽工程大学、上海第二工业大学、安徽师范大学、东莞理工学院、华南农业大学、广东海洋大学、韩山师范学院、云南师范大学、昆明理工大学、西安科技大学、西安石油大学、西安理工大学、西安建筑科技大学、西北农林科技大学(教育部直属、985大学、211大学)、西安交通大学(教育部直属、985大学、211大学)、陕西师范大学(教育部直属、211大学)、内蒙古工业大学、青岛科技大学、青岛理工大学、内蒙古科技大学、兰州交通大学、南阳师范学院、洛阳师范学院、兰州理工大学、周口师范学院、广西科技大学、桂林电子科技大学、桂林理工大学、广西师范学院、山东科技大学、山东理工大学、玉林师范学院、海南师范大学、曲阜师范大学、山东建筑大学、山东工商学院、广西师范大学、黔南民族师范学院、黄冈师范学院、湖北工程学院、湖北汽车工业学院、黑龙江科技大学、湖北经济学院、哈尔滨商业大学、哈尔滨学院、东北石油大学、齐齐哈尔大学、哈尔滨理工大学、中南民族大学、福建师范大学、福建工程学院、福建农林大学、黄河科技学院、西北民族大学、中原工学院、闽南师范大学、泉州师范学院、郑州轻工业学院、河南科技大学、河南理工大学、东南大学(教育部直属、985大学、211大学)、暨南大学(211大学)、西北工业大学(985大学、211大学)、南京师范大学(211大学)、华南师范大学(211大学)、天津农学院、天津城建大学、中山大学(教育部直属、985大学、211大学)、清华大学(教育部直属、985大学、211大学)、北京理工大学(985大学、211大学)、东北师范大学(教育部直属、211大学)、大连理工大学(教育部直属、985大学、211大学)、江苏理工学院、盐城师范学院、淮阴工学院、南京工程学院、常州工学院、南京晓庄学院、哈尔滨工程大学(211大学)、上海交通大学(教育部直属、985大学、211大学)、华东师范大学(教育部直属、985大学、211大学)、东北大学(教育部直属、985大学、211大学)、华中科技大学(教育部直属、985大学、211大学)、北京邮电大学(教育部直属、211大学)、西南交通大学(教育部直属、211大学)、湖南大学(教育部直属、985大学、211大学)、中央民族大学(985大学、211大学)、河北科技大学、湖南师范大学(211大学)、西安电子科技大学(教育部直属、211大学)、河北大学、大连海事大学(211大学)、内蒙古大学(211大学)、哈尔滨工业大学(985大学、211大学)、北京工业大学(211大学)、北京交通大学(教育部直属、211大学)、河北工业大学(211大学)、云南大学(211大学)、西北大学(211大学)、南京航空航天大学(211大学)、天津师范大学、天津商业大学、天津职业技术师范大学、天津理工大学、天津工业大学、天津财经大学、天津科技大学、合肥工业大学(教育部直属、211大学)、安徽工业大学、浙江师范大学、杭州师范大学、沈阳工业大学、辽宁石油化工大学、辽宁科技大学、南开大学(教育部直属、985大学、211大学)、沈阳师范大学、浙江财经大学、西华师范大学、山西农业大学、西南石油大学、西南科技大学、四川师范大学、江西农业大学、南京林业大学、重庆师范大学、重庆邮电大学、南昌航空大学、东华理工大学、南京邮电大学、杭州电子科技大学、盐城工学院、淮海工学院、南京信息工程大学、江西理工大学、江苏师范大学、江苏科技大学、南京中医药大学、南京财经大学、大连民族学院、沈阳航空航天大学、大连外国语大学、辽宁工业大学、沈阳化工大学、赣南师范学院、重庆理工大学、重庆三峡学院、井冈山大学、武汉东湖学院、武昌理工学院、武汉学院、武汉科技大学城市学院、太原工业学院、郑州师范学院、南京理工大学泰州科技学院、东南大学成贤学院、山东大学威海分校、湖南涉外经济学院、常熟理工学院、集美大学诚毅学院、沈阳工程学院、湖北理工学院、金陵科技学院、西安文理学院、武汉科技大学、曲靖师范学院、上海电机学院、内江师范学院、华中科技大学武昌分校、北京邮电大学世纪学院、武汉理工大学华夏学院、哈尔滨师范大学、厦门理工学院、湖南人文科技学院、济南大学泉城学院、重庆工程学院、江苏大学京江学院、重庆大学城市科技学院、重庆邮电大学移通学院、北京交通大学海滨学院、吉林大学珠海学院、华中农业大学楚天学院、华北电力大学科技学院、河南城建学院、南通理工学院、集宁师范学院、长春理工大学光电信息学院、河南工程学院、北京理工大学珠海学院、中山大学新华学院、广州大学松田学院、吉林师范大学博达学院、燕京理工学院、湖北第二师范学院、哈尔滨金融学院、上海建桥学院、哈尔滨信息工程学院、河北外国语学院、成都东软学院、成都工业学院、北京联合大学、河北师范大学、广西民族大学、北方民族大学、鲁东大学、北京城市学院、石家庄学院、广东东软学院、河北工程大学、华北科技学院、攀枝花学院、广东技术师范学院、辽宁工程技术大学、南昌理工学院、平顶山学院、安阳师范学院、信阳师范学院、安阳工学院、中国地质大学(北京)(教育部直属、211大学)、南阳理工学院、华中师范大学（教育部直属、211大学）、武汉纺织大学、湖北大学、河南大学、华北水利水电大学、武汉工程大学、武汉轻工大学、湖北工业大学、黑龙江工程学院、上海应用技术学院、广东外语外贸大学、岭南师范学院、山东师范大学、内蒙古农业大学、西南民族大学、山西大学商务学院、湖北师范学院文理学院、湖北大学知行学院、南京信息工程大学滨江学院、重庆第二师范学院、哈尔滨工业大学（威海）、苏州科技学院天平学院、广东海洋大学寸金学院、首都师范大学继续教育学院、辽宁科技大学信息技术学院、郑州成功财经学院、杭州电子科技大学信息工程学院、广西科技大学鹿山学院、北京航空航天大学北海学院、齐齐哈尔工程学院、电子科技大学成都学院、武汉工程科技学院、大连理工大学城市学院、重庆文理学院、中原工学院信息商务学院、湖北经济学院法商学院、湖北工业大学工程技术学院、武汉工程大学邮电与信息工程学院、湖北汽车工业学院科技学院、西安工业大学北方信息工程学院、哈尔滨远东理工学院、东北农业大学成栋学院、南京航空航天大学金城学院、东莞理工学院城市学院、郑州升达经贸管理学院、安徽工业大学工商学院、华中师范大学武汉传媒学院、山西农业大学信息学院、桂林电子科技大学信息科技学院、长春工业大学人文信息学院、广东工业大学华立学院、华东交通大学、江西财经大学、江西师范大学

◆专业名称：网络工程
◆专业代码：080903

培养目标：本专业培养具有良好的网络技术与工程素养，系统地掌握网络工程的基本理论、基本技能与基本方法，受到严格的网络系统思维训练与工程训练，具有本学科及跨学科的应用系统的基本知识和较强的知识更新能力，能在网络工程及相关领域从事网络系统规划、设计、实施、开发、服务的高素质专门人才。

培养要求：该专业学生主要学习计算机、通信以及网络方面的基础理论、设计原理，掌握计算机通信和网络技术，接受网络工程实践的基本训练，具备从事计算机网络设备、系统的研究、设计、开发、工程应用和管理维护的基本能力。

毕业生应获得以下几方面的知识和能力：

1.具有扎实的自然科学基础、较好的人文社会科学基础和外语综合能力；

2.系统地掌握计算机和网络通信领域内的基本理论和基本知识；

3.掌握计算机、网络与通信系统的分析、设计与开发方法；

4.具有设计、开发、应用和管理计算机网络系统的基本能力；

5.了解计算机及网络通信领域的一些最新进展与发展动态；

6.了解信息产业、计算机网络建设及安全的基本方针、政策和法规；

7.掌握文献检索、资料查询的基本方法，具有一定的科学研究和实际工作能力。

主干学科：计算机科学与技术

主要课程：高等数学、线性代数、概率与统计、离散数学、电路与电子学、数字逻辑电路、数据结构、编译原理、操作系统、数据库系统、汇编语言程序设计、计算机组成原理、微机系统与接口技术、通信原理、通信系统、计算机网络、现代交换原理、TCP/IP原理与技术、计算机网络安全、计算机网络组网原理、网络编程技术、计算机网络管理、网络操作系统、Internet技术及应用、软件工程与方法学、数字信号处理、网格计算技术、计算机系统结构等。

实践环节：军事训练、生产实习、网络综合实验、软件课程设计、硬件课程设计、VISUAL C++课程设计、毕业设计（论文）等。

修业年限：四年制本科

授予学位：工学学士

就业方向：该专业学生毕业后可在国家机关、科研机构、学校、工厂等企事业单位从事计算机应用软件及网络技术的研究、设计、制造、运营、开发及系统维护和教学、科研等工作。

开设学校：邢台学院、青岛大学、苏州大学（211大学）、福州大学（211大学）、四川大学（教育部直属、985大学、211大学）、济南大学、黄淮学院、贵州大学（211大学）、太原学院、蚌埠学院、巢湖学院、合肥学院、海南大学（211大学）、临沂大学、聊城大学、许昌学院、长江大学、集美大学、华侨大学、南昌大学（211大学）、重庆大学（教育部直属、985大学、211大学）、广西大学（211大学）、东华大学（教育部直属、211大学）、长安大学（教育部直属、211大学）、新疆大学（211大学）、德州学院、安徽大学（211大学）、嘉兴学院、深圳大学、温州大学、扬州大学、江苏大学、辽东学院、宜春学院、宿州学院、三江学院、丽水学

院、百色学院、长治学院、滁州学院、枣庄学院、琼州学院、河池学院、黑河学院、菏泽学院、商洛学院、三明学院、宁夏大学(211大学)、潍坊学院、邯郸学院、运城学院、晋中学院、肇庆学院、南通大学、南华大学、广州大学、渭南师范学院、青海民族大学、华北电力大学保定校区(教育部直属、211大学)、河北师范大学、石家庄经济学院、防灾科技学院、北华航天工业学院、曲阜师范大学、福建师范大学、鲁东大学、中国地质大学(教育部直属、211大学)、中山大学(教育部直属、985大学、211大学)、南京理工大学(211大学)、中国矿业大学(教育部直属、211大学)、杭州电子科技大学、重庆邮电大学、华东理工大学(教育部直属、211大学)、大连理工大学(教育部直属、985大学、211大学)、辽宁工业大学、安徽农业大学、华南师范大学(211大学)、河北经贸大学、河北大学工商学院、河北经贸大学经济管理学院、河北科技大学理工学院、武汉工商学院、青岛理工大学琴岛学院、河北师范大学汇华学院、解放军理工大学、西安电子科技大学长安学院、中国信息大学、仲恺农业工程学院、电子科技大学中山学院、山东科技大学泰山科技学院、大连科技学院、湘潭大学兴湘学院、北京信息科技大学、解放军西安通信学院、解放军空军工程大学、天水师范学院、武汉生物工程学院、湖南工学院、福州大学至诚学院、福建师范大学闽南科技学院、福建师范大学协和学院、福建农林大学东方学院、青岛恒星科技学院、湖南信息学院、广东技术师范学院天河学院、华南理工大学广州学院、华南农业大学珠江学院、兰州工业学院、吉林工商学院、山西大学商务学院、安徽三联学院、安徽新华学院、西安交通大学城市学院、南京邮电大学通达学院、南京理工大学紫金学院、宁夏大学新华学院、成都文理学院、四川大学锦城学院、广东科技学院、山东协和学院、广西外国语学院、南昌工学院、贵州大学明德学院、宁夏理工学院、陕西科技大学镐京学院、西安欧亚学院、阜阳师范学院信息工程学院、安徽工程大学机电学院、安徽师范大学皖江学院、宁波大红鹰学院、南昌航空大学科技学院、江西师范大学科学技术学院、江西理工大学应用科学学院、中北大学信息商务学院、天津理工大学中环信息学院、大连东软信息学院、兰州商学院陇桥学院、长春理工大学、长春工业大学、北华大学、西安财经学院、湖南科技大学、西安工业大学、西安邮电大学、陕西科技大学、西安工程大学、青海师范大学、陕西理工学院、衡阳师范学院、黑龙江大学、湖南文理学院、吉林建筑大学、长沙理工大学、湖南城市学院、湖南理工学院、湖南工程学院、湖南工业大学、佛山科学技术学院、上海电力学院、上海海事大学、上海第二工业大学、东莞理工学院、广东石油化工学院、华南农业大学、云南民族大学、云南师范大学、云南农业大学、楚雄师范学院、西安科技大学、西安石油大学、西安理工大学、安徽科技学院、淮南师范学院、淮北师范大学、皖西学院、内蒙古工业大学、青岛理工大学、内蒙古民族大学、洛阳师范学院、周口师范学院、山东财经大学、桂林电子科技大学、桂林理工大学、广西民族大学、山东农业大学、山东科技大学、山东建筑大学、山东工商学院、遵义师范学院、黄冈师范学院、湖北经济学院、哈尔滨理工大学、齐齐哈尔大学、中南民族大学、仰恩大学、福建工程学院、黄河科技学院、西藏民族学院、中原工学院、闽南师范大学、郑州航空工业管理学院、郑州轻工业学院、湖北科技学院、福建农林大学、河南理工大学、暨南大学(211大学)、南京农业大学(教育部直属、211大学)、天津城建大学、华南理工大学(教育部直属、985大学、211大学)、盐城师范学院、淮阴工学院、南京工程学院、南京晓庄学院、北京邮电大学(教育部直属、211大学)、北京林业大学(教育部直属、211大学)、河北科技大学、西安电子科技大学(教育部直属、211大学)、大连海事大学(211大学)、内蒙古大学(211大学)、河北工业大学(211大学)、云南大学(211大学)、天津职业技术师范大学、天津工业大学、天津财经大学、天津科技大学、安徽工业大学、浙江师范大学、喀什师范学院、沈阳师范大学、辽宁科技大学、新疆师范大学、西南民族大学、太原科技大学、中北大学、成都信息工程学院、四川理工学院、广东工业大学、五邑大学、忻州师范学院、山西大同大学、浙江工商大学、西南石油大学、西华师范大学、山西农业大学、四川师范大学、江西农业大学、江西师范大学、南昌航空大学、东华理工大学、南京邮电大学、盐城工学院、淮海工学院、南京信息工程大学、江西理工大学、大连民族学院、沈阳航空航天大学、大连工业大学、沈阳理工大学、大连外国语大学、赣南师范学院、重庆理工大学、井冈山大学、武昌理工学院、武汉学院、电子科技大学成都学院、太原工业学院、河南理工大学万方科技学院、青岛滨海学院、宁波工程学院、常熟理工学院、信阳农林学院、上海师范大学天华学院、重庆文理学院、沈阳工程学院、湖南人文科技学院、济南大学泉城学院、重庆工程学院、重庆邮电大学移通学院、吉林大学珠海学院、兰州交通大学博文学院、华北电力大学科技学院、北京理工大学珠海学院、大连理工大学城市学院、河北科技师范学院、广州大学松田学院、长春科技学院、南京信息工程大学滨江学院、河北传媒学院、电子科技大学(教育部直属、985大学、211大学)、上海建桥学院、成都东软学院、成都工业学院、河北联合大学、北方民族大学、中国传媒大学(教育部直属、211大学)、广东东软学院、华北科技学院、攀枝花学院、江西工程学院、广东培正学院、广东技术师范学院、辽宁工程技术大学、南昌理工学院、安阳工学院、河南师范大学、南阳理工学院、武汉纺织大学、长春工程学院、河南科技大学、河南大学、华北水利水电大学、武汉轻工大学、武汉工程大学、湖北工业大学、上海应用技术学院、安徽建筑大学、广东外语外贸大学、上海理工大学、岭南师范学院、内蒙古农业大学、吉林建筑大学城建学院、天津大学仁爱学院、河北农业大学现代科技学院、湖北师范学院文理学院、广东工业大学华立学院、湖北大学知行学院、长春工业大学人文信息学院、三亚学院、重庆师范大学涉外商贸学院、首都师范大学继续教育学院、现代软件学院、辽宁科技大学信息技术学院、沈阳航空航天大学北方科技学院、河南农业大学华豫学院、杭州电子科技大学信息工程学院、广西大学行健文理学院、江西应用科技学院、中国人民解放军国防科学院(985大学、211大学)、南京理工大学泰州科技学院、广州大学华软软件学院、中国人民解放军信息工程学院、北京邮电大学世纪学院、武汉工程大学邮电与信息工程学院、东北师范大学人文学院、东北农业大学成栋学院、安徽农业大学经济技术学院、山西农业大学信息学院、桂林电子科技大学信息科技学院、

◆**专业名称:信息安全**

◆**专业代码:080904K**

培养目标:本专业是计算机、通信、数学、物理、法律、管理等学科的交叉学科,主要研究确保信息安全的科学与技术,培养能够从事计算机、通信、电子商务、电子金融等领域工作的信息安全高级专门人才。

培养要求:本专业学生主要学习信息安全的基本理论和基本知识,接受信息安全的基本训练,具有与信息安全相关的分析和解决实际问题的能力。

毕业生应获得以下几方面的知识和能力:

1.防火墙,建立企业网络的第一道安全屏障;

2.入侵检测系统,有效抵御外来入侵事件,并监控网络内部非法行为;

3.安全评估分析工具,对用户环境进行基于安全策略的审计分析,及时发现安全隐患;

4.防毒系统,清除病毒危害并预防病毒事件,实现防毒的完全智能化;

5.服务器防护系统,保护企业重要服务器的数据安全性;

6.部署及维护企业信息化管理(OA、Exchange)系统、UNIX系统等;

7.专业的数据备份、还原系统,保护企业用户最关键的数据和资源;

8.能够利用各级别的企业核心路由器、交换机及各种操作系统(Linux、Windows)、数据库产品(SQL SERVER、Oracle)等,根据不同业务需求,制定严格的安全策略及人员安全要求。

主要课程:电子技术、计算机应用、计算机网络基础、防卫心理学、犯罪心理学、目标防卫、要员防卫及个人防卫技术、轻武器、安全防卫概论、涉外安全防卫、计算机犯罪、刑法、经济法、涉外法规、企业安全管理、计算机在防卫中的应用、防卫系统设计等。

修学年限:四年

授予学位:工学或理学或管理学学士

就业方向:可从事大中型企业事业单位的安全保卫工作,企事业运行管理(人事、财务、要害部位、重要文档、重要设施等)的安全防卫工作,现代企事业防卫体系的建立、维护、使用及管理工作。

开设学校:北京航空航天大学、中央财经大学、北京邮电大学、北京科技大学、北京交通大学、华北电力大学(北京)、北京工业大学、中国传媒大学、北方工业大学、北京信息科技大学、南开大学、天津大学、天津科技大学、中国民航大学、天津理工大学、天津师范大学、华北电力大学(保定)、燕山大学、东北大学、中国刑事警察学院、大连民族大学、长春建筑学院、哈尔滨工业大学、哈尔滨工程大学、上海交通大学、复旦大学、同济大学、东华大学、上海电力学院、南京航空航天大学、江苏科技大学、中国矿业大学(徐州)、南京邮电大学、江南大学、江苏大学、杭州电子科技大学、浙江工商大学、中国科学技术大学、合肥工业大学、安徽大学、安徽理工大学、淮北师范大学、福州大学、福建警察学院、华侨大学厦门工学院、南昌大学、江西理工大学、江西警察学院、山东大

学、哈尔滨工业大学(威海)、青岛大学、武汉大学、华中科技大学、中国地质大学(武汉)、湖北大学、湖北工业大学、湖北警官学院、湖南大学、中南大学、湖南科技大学、湖南警察学院、中山大学、华南理工大学、暨南大学、广州大学、广西大学、桂林电子科技大学、广西师范大学、海南大学、重庆大学、重庆邮电大学、四川大学、电子科技大学、西南交通大学、西南科技大学、成都信息工程学院、 电子科技大学成都学院、贵州大学、云南大学、云南师范大学、云南警官学院、西北工业大学、西安电子科技大学、西安邮电大学、兰州大学、兰州交通大学、甘肃政法学院、新疆大学、新疆农业大学、新疆财经大学、新疆警察学院

◆专业名称:物联网工程
◆专业代码:080905

培养目标:本专业培养能够系统地掌握物联网的相关理论、方法和技能,具备通信技术、网络技术、传感技术等信息领域宽广的专业知识的高级工程技术人才。

培养要求:本专业学生要具有较好的数学和物理基础,掌握物联网的相关理论和应用设计方法,具有较强的计算机技术和电子信息技术能力,掌握文献检索、资料查询的基本方法,能顺利地阅读本专业的外文资料,具有听、说、读、写的能力。

毕业生应获得以下几方面的知识和能力:

1.掌握和计算机科学与技术相关的基本理论知识;

2.掌握物联网工程的分析和设计的基本方法;

3.具有一定的科学研究和实际工作能力;

4.了解与物联网工程有关的法规;

5.能够运用所学知识和外文阅读能力查阅外文资料;

6.掌握文献检索、资料查询的基本方法,具有获取信息的能力。

主干学科:信息与通信工程、电子科学与技术、计算机科学与技术

主要课程:物联网导论、电路分析基础、信号与系统、模拟电子技术、数字电路与逻辑设计、微机原理与接口技术、工程电磁场、通信原理、计算机网络、现代通信网、传感器原理、嵌入式系统设计、无线通信原理、无线传感器网络、近距无线传输技术、二维条码技术、数据采集与处理、物联网安全技术、物联网组网技术等。

实践教学:包括实习、毕业论文设计等。

修学年限:四年

授予学位:工学学士

就业方向:面向物联网行业,从事物联网的通信架构、网络协议、信息安全等的设计、开发、管理与维护工作。主要岗位包括物联网系统设计架构、物联网系统管理、网络应用系统管理、物联网应用系统开发以及物联网设备技术支持与营销等。

开设学校:北京理工大学、北京交通大学、北京工业大学、北京科技大学、北京邮电大学、天津工业大学、天津大学、天津理工大学、天津科技大学、上海电机学院、重庆大学、重庆三峡学院、重庆师范大学涉外商贸学院、重庆大学城市科技学院、重庆理工大学、重庆科技学院、重庆邮电大学、河北师范大学、河北农业大学、河北工程大学、河北建筑工程学院、南京航空航天大学、东南大学、河海大学、江南大学、苏州大学、金陵科技学院、淮阴师范学院、苏州大学文正学院、南京信息工程滨江学院、南京师范大学中北学院、常州工学院、淮阴工学院、扬州大学、江苏大学、南京邮电大学、南京信息工程大学、江苏科技大学、江苏技术师范学院、常熟理工学院、浙江科技学院、浙江万里学院、浙江工业大学、杭州电子科技大学、河南科技大学、黄河科技学院、安阳工学院、郑州航空工业管理学院、河南师范大学、安阳师范学院、河南理工大学、郑州轻工业学院、西北工业大学、西安邮电学院、西安科技大学、长安大学、西安电子科技大学、陕西科技大学、宝鸡文理学院、西北大学、西安交通大学、西安理工大学、山东大学、青岛科技大学、山东科技大学、山东农业大学、山东建筑大学、山东交通学院、烟台大学、哈尔滨工业大学、东北石油大学、黑龙江科技大学、哈尔滨师范大学、哈尔滨商业大学、黑河学院、哈尔滨工程大学、齐齐哈尔大学、黑龙江大学、沈阳工程学院、大连东软信息学院、大连理工大学、长春大学、长春理工大学光电信息学院、长春大学光华学院、吉林大学、安徽师范大学、铜陵学院、合肥师范学院、滁州学院、安庆师范学院、安徽大学、合肥工业大学、安徽理工大学、都信息工程学院、成都理工大学、西南科技大学、四川理工学院、内江师范学院、西南石油大学、电子科技大学、四川大学、西南交通大学、华中科技大学、武汉理工大学、武汉大学、湖北科技学院、武汉理工大学华夏学院、湖北工业大学、湖北师范学院、湖南大学、南华大学、衡阳师范学院、中南大学、太原理工大学、西北师范

大学、兰州交通大学、云南财经大学、昆明理工大学、江西财经大学、华东交通大学、南昌航空大学、江西科技师范大学、广东工业大学、广东海洋大学、暨南大学、广东技术师范学院、广州大学华软软件学院、桂林电子科技大学、桂林理工大学、广西大学梧州学院、海南大学、新疆农业大学、华侨大学、福建工程学院、厦门大学嘉庚学院、福州大学、内蒙古科技大学

◆专业名称:数字媒体技术
◆专业代码:080906

培养目标:本专业为各类电视台、电视制作公司、企事业单位的电视制作部门培养电视业方面的复合型、多功能人才。

培养要求:本专业学生应具备良好的数字媒体技术和艺术基础,能够进行数字媒体作品的设计,熟练掌握数字媒体的制作基础,同时具备坚实的数字媒体软件系统开发能力,技术与艺术并重,既有丰富的艺术细胞,又有坚实的技术支持。

毕业生应获得以下几方面的知识和能力:

1.系统掌握数字媒体技术专业的基本理论、基本知识与基本技能,了解该专业及相关领域的前沿,关注数字媒体产业的发展方向;

2.掌握动画设计的基本理论,能够运用相关软件进行二维、三维动画设计和创作;

3.掌握交互式多媒体网站开发的基本技术,具备开发功能丰富的交互式多媒体网站的能力;

4.掌握数字影视技术、数字影视制作技术的基本理论和方法,能熟练运用拍摄、编辑、特效制作等技巧制作数字影视作品;

5.了解数字产品的产权保护及相关法律规定和行业规范,熟悉数字媒体产品项目的开发及管理的相关理论和方法。

主干学科:计算机科学与技术、影视

主干课程:表导演基础、视听语言、影视剪辑、动漫创作、计算机图形学、游戏引擎原理及应用、移动平台游戏开发、游戏创作、摄影摄像技术、艺术设计基础、数字媒体技术概论、程序设计基础、数据库设计、网页设计与制作、交互式多媒体网站开发、数字信号处理、数据结构、算法设计与分析、面向对象程序设计(java)、计算机图形图像处理、人机交互技术、多媒体数据库。

修学年限:四年

授予学位:工学学士

就业方向:毕业生主要就业于与数字媒体技术相关的影视、娱乐游戏、出版、图书、新闻等文化媒体行业,以及国家机关、高等院校、电视台及其他数字媒体软件开发和产品设计制作企业。在广播电视、广告制作等信息传媒领域从事多媒体信息的采集、编辑等方面的技术工作以及多媒体产品的开发与制作工作。在企事业单位、学校从事计算机网络、教学多媒体信息系统的运行、管理与维护工作,音视频设备的操作与维护工作。

开设学校:中国传媒大学、北京服装学院、北京联合大学、北京航空航天大学北海学院、北京邮电大学、北京印刷学院、北方工业大学、北京邮电大学世纪学院、天津外国语大学、南开大学滨海学院、天津工程师范学院、石家庄学院、石家庄铁道大学、衡水学院、山西大同大学、运城学院、中原工学院信息商务学院、呼伦贝尔学院、东北大学、辽宁石油化工大学、大连东软信息学院、大连交通大学、沈阳工程学院、北华大学、长春工业大学、吉林动画学院、吉林工程技术师范学院、长春大学光华学院、延边大学、东北师范大学人文学院、长春工业大学人文信息学院、哈尔滨工业大学、黑龙江外国语学院、哈尔滨师范大学、上海第二工业大学、上海建桥学院、上海大学、南京大学、江南大学、西交利物浦大学、中国传媒大学南广学院、南京邮电大学、常熟理工学院、江苏技术师范学院、南京邮电大学通达学院、盐城师范学院、浙江大学、浙江工业大学、浙江传媒学院、浙江师范大学、杭州电子科技大学、浙江理工大学、浙江科技学院、宁波大学、浙江树人学院、淮北师范大学、淮南师范学院、安徽理工大学、安徽师范大学皖江学院、安庆师范学院、安徽新华学院、安徽三联学院、福建师范大学、泉州师范学院、福建工程学院、福建师范大学协和学院、福州大学、闽南理工学院、南昌大学、东华理工大学、九江学院、南昌大学共青学院、赣南师范学院、上饶师范学院、山东大学、山东工商学院、青岛大学、潍坊学院、山东财经大学、山东科技大学、山东理工大学、中国海洋大学青岛学院、河南城建学院、许昌学院、河南师范大学、华中科技大学、华中师范大学、湖北师范学院、武汉工业学院、华中师范大学武汉传媒学院、湖北民族学院、湖北工业大学、湖北民族学院科技学院、三峡大学、黄冈师范学院、武汉工程职业技术学院、武汉民政职业学院、湖南大学、南华大学、湖南科技学院、中山大学、广东药学

院、广州大学华软软件学院、北京师范大学珠海分校、广东工业大学、广东技术师范学院、广东海洋大学寸金学院、北京理工大学珠海学院、华南理工大学、广州工商学院、桂林电子科技大学、广西科技大学、梧州学院、广西大学行健文理学院、琼州学院、重庆邮电大学、重庆师范大学、重庆邮电大学移通学院、成都理工大学、四川师范大学、成都东软学院、电子科技大学成都学院、西安石油大学、成都信息工程学院、宜宾学院、西南科技大学城市学院、成都学院、四川传媒学院、四川文理学院、贵州大学、贵州师范大学、云南大学、云南师范大学商学院、渭南师范学院、西安工程大学、西安理工大学、安康学院

◆专业名称:智能科学与技术
◆专业代码:080907T

培养目标:培养具备基于计算机技术、自动控制技术、智能系统方法、传感信息处理等科学与技术,进行信息获取、传输、处理、优化、控制、组织等并完成系统集成的,具有相应工程实施能力,具备在相应领域从事智能技术与工程的科研、开发、管理工作的、具有宽口径知识和较强适应能力及现代科学创新意识的高级技术人才。

培养要求:智能科学与技术专业以夯实计算机科学技术为基础,以加强智能科学理论方法和应用技术为核心,以促进学生知识、能力、素质协调发展为目标,注重培养学生良好的科学研究素养和技术应用能力。

毕业生应获得以下知识和能力:

1.掌握智能科学与技术的基本理论和知识;

2.掌握计算机技术方面的基本技能;

3.掌握人工智能仪器、仪表的使用与维护保养知识;

4.了解本学科的发展动态;

5.了解智能科学与技术的前沿技术;

6.具有收集信息的能力。

主要课程:智能科学技术导论(含脑科学、生命科学与认知科学)、人工智能原理、智能机器人、智能游戏、虚拟现实技术、模式识别、数据挖掘、仿真建模与MATLAB、自然语言处理、智能信息获取技术、智能管理等。

修业年限:四年

授予学位:工学学士

就业方向:能够在研发部门、学科交叉研究机构以及高校从事与智能科技相关的科研、开发、管理或教学工作,并可继续攻读智能科学与技术专业以及相关学科的硕士和博士学位。

开设学校:上海第二工业大学、北京大学(教育部直属、985大学、211大学)、北京邮电大学(教育部直属、211大学)、西安邮电大学、重庆邮电大学、中山大学(教育部直属、985大学、211大学)、湖南大学(教育部直属、985大学、211大学)、中南大学(教育部直属、985大学、211大学)、南开大学(教育部直属、985大学、211大学)、西安电子科技大学(教育部直属、211大学)、桂林电子科技大学、北京信息科技大学、北京科技大学(教育部直属、211大学)、中南民族大学,青岛大学,大连东软信息学院、河北工业大学(天津)、沈阳工业大学、上海理工大学、华南理工大学、东北电力大学、大连海事大学(211大学)

◆专业名称:空间信息与数字技术
◆专业代码:080908T

培养目标:空间信息与数字技术专业培养具有深厚的软件工程理论基础和空间信息技术、通信技术以及计算机网络技术,有一定的管理和经济知识基础,能运用数字工程技术对环境、人文、社会、经济等各类信息进行数字化处理,实现网络化传输、可视化表达、智能化决策的复合型空间信息与数字技术高级专门人才。

培养要求:本专业学生应掌握地理空间信息科学、资源与环境科学、现代测绘等学科领域的基本理论和基本知识,具有扎实的复合知识结构以及管理能力,能够综合运用3S技术、计算机技术和网络通信等技术从事国土资源信息、资源与环境信息、行业/区域/城市信息的数字化、网络化、可视化和智能化管理、空间信息处理分析和技术开发等工作。

毕业生应获得以下几方面的知识和能力:

1.掌握地理空间信息科学、资源与环境科学、现代测绘等学科领域的基本理论和基本知识;

2.具有一定的管理和经济知识基础;

3.具有扎实的复合知识结构以及管理能力;

4.了解本学科的发展动态;

5.了解空间信息与数字技术的前沿理论;

6.具有收集信息的能力。

主要课程:电路分析基础、信号与系统、模拟电

子线路、数字电路与系统设计、高频电子线路、计算机语言与程序设计、软件技术基础、微机原理与系统设计、数字信号处理、随机信号分析、信息论基础、编码理论基础、通信原理、电磁场与电磁波、计算机操作系统、数字工程的原理和方法、数据库原理与设计、算法与数据结构、网络管理、离散数学、电子政务与电子商务、网络安全理论与技术、虚拟现实与仿真、工程制图与计算机绘图、网络程序设计、数字图像处理基础、卫星通信、电子测量技术、数字测图、GPS定位技术、多媒体技术等。

修业年限:四年

授予学位:工学学士

就业方向:该专业学生毕业后可以从事信息和通信系统、数字化国土、数字化城市的研究设计和制造工作,也可以在政府管理部门、军事、经济、科学研究部门从事系统管理工作,就业去向是国内IT企业、电信运营商及科研院所,同时可以选择空间信息科学与技术和通信与信息系统为深造学科。

开设学校:上海海事大学、福建农林大学、河南工业大学、电子科技大学、贵州大学、西安电子科技大学、上海海洋大学、山东农业大学、武汉大学、成都理工大学、云南师范大学、厦门理工学院、重庆邮电大学

◆专业名称:电子与计算机工程
◆专业代码:080909T

培养目标:本专业培养掌握现代电子、自动控制、电力工程以及计算机技术的基础理论及技术,能从事现代电子系统的开发设计、工艺控制、智能设备的软硬件开发以及电力电子系统设计的高级应用型技术人才。

培养要求:本专业学生主要学习电学以及计算机技术的基本理论和知识,受到相关的训练,具有解决实际问题及相关工作的能力。

毕业生应获得以下几方面的知识和能力:

1.掌握电学以及计算机技术的基本理论和知识;

2.具有坚实的电子信息理论基础;

3.掌握现代芯片技术,有较强的实践能力;

4.了解本学科的发展动态;

5.了解电子与计算机工程的前沿技术;

6.具有收集信息的能力。

主要课程:计算机屏幕英语、电工基础、办公软件应用、微机安装调试与维修、平面图形设计、网络基础与因特网技能、AUTOCAO、网络建设与网页制作、局域网应用技能、专业综合实训。

修业年限:四年

授予学位:工学学士

就业方向:可以从事电子设备和信息系统的设计、应用开发以及技术管理等。

开设学校:江苏大学

0810土木类

◆专业名称:土木工程
◆专业代码:081001

培养目标:本专业培养掌握工程力学、流体力学、岩土力学和市政工程学科的基本理论和基本知识,具备从事土木工程的项目规划、设计、研究开发、施工及管理的能力,能在房屋建筑、地下建筑、隧道、道路、桥梁、矿井等的设计、研究、施工、教育、管理、投资、开发部门从事技术或管理工作的高级工程技术人才。

培养要求:本专业学生主要学习工程力学、流体力学、岩土力学和市政工程学科的基本理论,受到课程设计、试验仪器操作和现场实习等方面的基本训练,具有从事土木工程的规划、设计、研究、施工、管理的基本能力。

毕业生应获得以下几方面的知识和能力:

1.具有较扎实的自然科学基础,了解当代科学技术的主要方面和应用前景;

2.掌握工程力学、流体力学、岩土力学的基本理论,掌握工程规划与选型、工程材料、结构分析与设计、地基处理方面的基本知识,掌握有关建筑机械、电工、工程测量与试验、施工技术与组织等方面的基本技术;

3.具有工程制图、计算机应用、主要测试和试验仪器使用的基本能力,具有综合应用各种手段(包括外语工具)查询资料、获取信息的初步能力;

4.了解土木工程主要法规;

5.具有进行工程设计、试验、施工、管理和研究的初步能力。

主干学科:力学、土木工程、水利工程

主要课程:材料力学、结构力学、流体力学、土力

学、建筑材料、混凝土结构与钢结构、房屋结构、桥梁结构、地下结构、道路勘测设计与路基路面结构、施工技术与管理。

实践环节：包括认识实习、测量实习、工程地质实习、专业实习或生产实习、结构课程设计、毕业设计或毕业论文等，一般安排40周左右。

修业年限：四年

授予学位：工学学士

就业方向：土木工程专业大体可分为道路、桥梁工程与建筑工程两个不同的方向，在职业生涯中，这两个方向的职位既有大体上的统一性，又有细节上的具体区别。

工程技术方向的代表职位为施工员、建筑工程师、结构工程师、技术经理、项目经理等；代表行业：建筑施工企业、房地产开发企业、路桥施工企业等。

设计、规划及预算方向的代表职位有项目设计师、结构审核、城市规划师、预算员、预算工程师等；代表行业有工程勘察设计单位、房地产开发企业、交通或市政工程类机关职能部门、工程造价咨询机构等。

质量监督及工程监理方向的代表职位有监理工程师；代表行业：建筑、路桥监理公司、工程质量检测监督部门。

开设学校：上海理工大学、西安财经学院、长春工业大学、集美大学、中国农业大学（教育部直属、985大学、211大学）、贵州民族大学、中国石油大学（教育部直属、211大学）、山东大学（教育部直属、985大学、211大学）、上海交通大学（教育部直属、985大学、211大学）、中国地质大学（教育部直属、211大学）、中山大学（教育部直属、985大学、211大学）、四川大学（教育部直属、985大学、211大学）、厦门大学（教育部直属、985大学、211大学）、东南大学（教育部直属、985大学、211大学）、中国矿业大学（教育部直属、211大学）、华东理工大学（教育部直属、211大学）、东北师范大学（教育部直属、211大学）、大连交通大学、西北大学（211大学）、北京交通大学（教育部直属、211大学）、长安大学（教育部直属、211大学）、四川师范大学、山西师范大学、浙江科技学院、浙江海洋学院、上海大学（211大学）、安徽理工大学、同济大学（教育部直属、985大学、211大学）、天津农学院、北京航空航天大学（985大学、211大学）、武汉大学（教育部直属、985大学、211大学）、开封大学、山东广播电视大学、澳门大学、沈阳城市建设学院、嘉兴学院南湖学院、湘潭大学兴湘学院、平顶山学院、中国石油大学（北京）（教育部直属、211大学）、宿迁学院、宁波诺丁汉大学、武警工程大学、厦门大学嘉庚学院、香港大学、武昌工学院、长江大学工程技术学院、湖南工学院、武汉生物工程学院、新乡学院、福州大学至诚学院、闽南理工学院、福建农林大学金山学院、福州大学阳光学院、山东英才学院、潍坊科技学院、华南理工大学广州学院、新疆工程学院、山西应用科技学院、兰州工业学院、天津大学仁爱学院、太原学院、吕梁学院、安徽新华学院、武夷学院、南宁学院、浙江树人学院、蚌埠学院、扬州大学广陵学院、苏州科技学院天平学院、西安交通大学城市学院、南通大学杏林学院、哈尔滨石油学院、哈尔滨华德学院、南京理工大学紫金学院、南京大学金陵学院、长安大学兴华学院、中国矿业大学银川学院、贵州师范大学求是学院、西安科技大学高新学院、衢州学院、宁夏大学新华学院、福建江夏学院、成都学院、广东海洋大学寸金学院、新疆大学科学技术学院、湖南科技大学潇湘学院、长沙理工大学城南学院、南华大学船山学院、仲恺农业工程学院、吉首大学张家界学院、保山学院、青岛工学院、齐鲁理工学院、云南大学滇池学院、四川大学锦江学院、西南交通大学希望学院、四川大学锦城学院、贵州理工学院、山东协和学院、河北联合大学轻工学院、商丘学院、南昌工学院、山西工商学院、河北科技学院、无锡太湖学院、贵州大学明德学院、银川能源学院、宁夏理工学院、西安欧亚学院、青岛黄海学院、南昌大学科学技术学院、华侨大学厦门工学院、温州大学瓯江学院、宁波大学科学技术学院、同济大学浙江学院、郑州科技学院、南昌航空大学科技学院、南昌大学共青学院、东华理工大学长江学院、内蒙古大学创业学院、北京科技大学天津学院、浙江大学城市学院、沈阳城市学院、西安培华学院、北华大学、长沙理工大学、湖南科技大学、湘潭大学、吉首大学、西安工业大学、西藏大学（211大学）、西安工程大学、陕西理工学院、青海民族大学、青海大学（211大学）、湖南科技学院、白城师范学院、东北林业大学（教育部直属、211大学）、黑龙江大学、湖南文理学院、邵阳学院、长春工程学院、东北电力大学、湖南理工学院、吉林建筑大学、湖南农业大学、中南林业科技大学、湖南工业大学、湖南城市学院、湖南工程学院、上海师范大学、佛山科学技术学院、安徽建筑大学、安徽工程大学、上海应用技术学院、广东石油化工学院、东莞理工学院、广州大学、华南农业大学、嘉应学院、惠州学院、云南民族大学、西南林业大学、昆明理工大学、云南农业大学、西安石油大学、西安理工大学、西安科技大学、西安建筑科技大学、西北农林科技大学(教育部直属、985大学、211大学)、西安交通大学(教育部直属、985大学、211大学)、铜陵学院、黄山学院、延安大学、合肥学院、皖西学院、河西学院、内蒙古科技大学、海南大学(211大学)、内蒙古工业大学、青岛理工大学、兰州交通大学、商丘师范学院、南阳师范学院、聊城大学、临沂大学、青岛农业大学、许昌学院、甘肃农业大学、山东科技大学、广西科技大学、桂林理工大学、桂林电子科技大学、山东交通学院、山东农业大学、山东理工大学、内蒙古农业大学、贵州师范大学、山东建筑大学、遵义师范学院、湖北工程学院、哈尔滨商业大学、黑龙江科技大学、黑龙江工程学院、东北石油大学、黑龙江八一农垦大学、哈尔滨理工大学、齐齐哈尔大学、三峡大学、长江大学、福建工程学院、黄河科技学院、西藏民族学院、中原工学院、西北民族大学、兰州理工大学、莆田学院、河南大学、湖北文理学院、河南科技大学、黑龙江东方学院、河南工业大学、福建农林大学、华侨大学、南京理工大学(211大学)、西北工业大学(985大学、211大学)、暨南大学(211大学)、南昌大学(211大学)、重庆大学(教育部直属、985大学、211大学)、浙江大学(教育部直属、985大学、211大学)、河海大学(教育部直属、211大学)、兰州大学(教育部直属、985大学、211大学)、广西大学(211大学)、福州大学(211大学)、华南理工大学(教育部直属、985大学、211大学)、四川农业大学(211大学)、清华大学(教育部直属、985大学、211大学)、北京科技大学(教育部直属、211大学)、东北农业大学(211大学)、太原理工大学(211大学)、大连理工大学(教育部直属、985大学、211大学)、淮阴工学院、南京工程学院、常州工学院、哈尔滨工程大学(211大学)、华中科技大学(教育部直属、985大学、211大学)、吉林大学(教育部直属、985大学、211大学)、中南大学(教育部直属、985大学、211大学)、东北大学(教育部直属、985大学、211大学)、武汉理工大学(教育部直属、211大学)、延边大学(211大学)、西南交通大学(教育部直属、211大学)、湖南大学(教育部直属、985大学、211大学)、河北大学、河北科技大学、大连海事大学(211大学)、云南大学(211大学)、北京工业大学(211大学)、内蒙古大学(211大学)、河北工业大学(211大学)、北京林业大学(教育部直属、211大学)、南京航空航天大学(211大学)、新疆大学(211大学)、中国民航大学、江南大学(教育部直属、211大学)、天津城建大学、郑州大学(211大学)、合肥工业大学(教育部直属、211大学)、天津大学(教育部直属、985大学、211大学)、中国海洋大学(教育部直属、985大学、211大学)、安徽工业大学、济南大学、安徽农业大学、浙江理工大学、西华大学、嘉兴学院、宁波大学、台州学院、浙江农林大学、沈阳工业大学、辽宁科技大学、沈阳大学、辽宁石油化工大学、新疆农业大学、喀什师范学院、沈阳农业大学、成都理工大学、中北大学、太原科技大学、四川理工学院、五邑大学、深圳大学、广东工业大学、山西大同大学、汕头大学、山西大学、西南科技大学、温州大学、绍兴文理学院、西南石油大学、山西农业大学、扬州大学、江西农业大学、江苏大学、南京工业大学、东华理工大学、南昌航空大学、江苏科技大学、淮海工学院、盐城工学院、华东交通大学、常州大学、南京林业大学、苏州科技学院、江西理工大学、大连民族学院、大连海洋大学、大连大学、辽宁工业大学、沈阳建筑大学、江西科技师范大学、宜春学院、长江师范学院、辽东学院、井冈山大学、石河子大学(211大学)、重庆三峡学院、九江学院、商丘工学院、中国地质大学长城学院、武昌理工学院、三江学院、洛阳理工学院、宿州学院、三峡大学科技学院、武汉工程科技学院、呼伦贝尔学院、枣庄学院、青岛滨海学院、贵州工程应用技术学院、丽水学院、河北科技师范学院、滁州学院、龙岩学院、宁波工程学院、西京学院、滨州学院、重庆文理学院、赤峰学院、长沙学院、徐州工程学院、昆明学院、金陵科技学院、重庆科技学院、中国矿业大学(北京)(教育部直属、211大学)、武汉科技大学、湖北理工学院、吉林农业科技学院、重庆交通大学、榆林学院、塔里木大学、内江师范学院、武汉理工大学华夏学院、陇东学院、华中科技大学武昌分校、厦门理工学院、文华学院、辽宁科技学院、贵阳学院、郑州工业应用技术学院、江苏大学京江学院、重庆大学城市科技学院、北京交通大学海滨学院、青海大学昆仑学院、常州大学怀德学院、延安大学西安创新学院、华北电力大学科技学院、燕山大学里仁学院、河南城建学院、南通理工学院、河南工程学院、河南大学民生学院、三亚学院、铜仁学院、菏泽学院、凯里学院、三明学院、商洛学院、长春科技学院、海口经济学院、长春建筑学院、湖北第二师范学院、浙江水利水电学院、防灾科技学院、齐齐哈尔工程学院、河北工程技术学院、北京建筑大学、河北联合大学、河北农业大学、泰山学院、宁夏大学(211大学)、北方民族大学、北方工业大学、北京城市学院、潍坊学院、鲁东大学、烟台大学、廊坊师范学院、河北建筑工程学院、河北工程大学、石家庄经济学院、石家庄铁道大学、华北科技学院、燕山大学、唐山学院、江西应用科技学院、西昌学院、贵州大学(211大学)、攀枝花学院、西南大学(教育部直属、211大学)、新余学院、黄淮学院、广东白云学院、四川文理学院、辽宁工程技术大学、南通大学、江西科技学院、西安思源学院、南昌理工学院、南昌工程学院、信阳师范学院、安阳师范学院、中国地质大学(北京)(教育部直属、211大学)、安阳工学院、南阳理工学院、佳木斯大学、湖北大学、南华大学、华北水利水电大学、武汉轻工大学、武汉工程大学、哈尔滨学院、河北科技大学理工学院、广东工业大学华立学院、厦门大学嘉庚学院、西交利物浦大学、哈尔滨工业大学(威海)、昆明理工大学津桥学院、山东科技大学泰山科技学院、辽宁石油化工大学顺华能源学院、云南工商学院、江西科技师范大学理工学院、中国人民解放军国防科学学院(985大学、211大学)、解放军理工大学、解放军后勤工程学院、解放军空军工程大学、天水师范学院、湖北工业大学商贸学院、湖北工业大学工程技术学院、武汉工程大学邮电与信息工程学院、湖北文理学院理工学院、广东技术师范学院天河学院、吉林建筑大学城建学院、河北工程大学科信学院、安徽文达信息工程学院、西安工业大学北方信息工程学院、江苏科技大学苏州理工学院、哈尔滨远东理工学院、东北农业大学成栋学院、南京航空航天大学金城学院、南京工业大学浦江学院、桂林理工大学博文管理学院、新疆农业大学科学技术学院、东莞理工学院城市学院、成都理工大学工程技术学院、湖南文理学院芙蓉学院、湖南工业大学科技学院、湖南农业大学东方科技学院、湖南工程学院应用技术学院、湖南理工学院南湖学院、青岛农业大学海都学院、西南科技大学城市学院、郑州升达经贸管理学院、西安建筑科技大学华清学院、安徽建筑大学城市建设学院、河海大学文天学院、安徽工业大学工商学院、绍兴文理学院元培学院、浙江农林大学暨阳学院、浙江海洋学院东海科学技术学院、浙江理工大学科技与艺术学院、湖北工程学院新技术学院、华东交通大学理工学院、江西理工大学应用科学学院、太原理工大学现代科技学院、广西大学行健文理学院、广西科技大学鹿山学院、浙江大学宁波理工学院、兰州商学院陇桥学院、兰州理工大学技术工程学院、郑州航空工业管理学院、哈尔滨工业大学(985大学、211大学)、武汉科技大学城市学院、中国矿业大学徐海学院、中南林业科技大学涉外学院、河南理工大学万方科技学院、南京理工大学泰州科技学院、东南大学成贤学院、中原工学院信息商务学院、兰州交通大学博文学院、河北大学工商学院、石家庄铁道大学四方学院、河北农业大学现代科技学院、内蒙古师范大学鸿德学院、河南师范大学新联学院、信阳师范学院华锐学院、大连理工大学城市学院、青岛理工大学琴岛学院、北华航天工业学院、湖北工业大学

◆专业名称:建筑环境与能源应用工程
◆专业代码:081002

培养目标:建筑环境与能源应用工程专业培养从事建筑环境控制、建筑节能和建筑设施智能技术领域工作,具有空调、供热、通风、建筑给排水、燃气供应等公共设施系统、建筑热能供应系统和建筑节能的设计、施工、调试、运行管理能力和建筑自动化系统方案的制订能力的高级工程技术人才和管理人才。

培养要求:该专业学生主要学习建筑物理环境和建筑节能的基础理论和基本知识,受到建筑设施智能技术的调试和运行管理等方面的基本训练,并初步具备这方面的工作能力。

毕业生应获得以下几方面的知识和能力:

1.较系统地掌握该专业领域必需的技术基础理论知识,主要应包括:流体力学、热湿交换理论与设备等;

2.较系统地掌握建筑环境工程、建筑设备工程的专业基本理论知识,并了解该专业领域的现状与发展趋势;

3.具有一定的室内环境及设备系统测试、调试及运行管理的能力;

4.初步掌握室内环境及设备系统的设计方法;

5.具有较好的自然科学基础及人文社会科学基础;

6.具有较强的工作适应能力及协作精神和自学能力。

主干学科:建筑学、环境工程

主要课程:建筑力学、工程热力学、传热学、流体

力学、建筑环境学，建筑环境与能源学、热质交换理论与设备、流体输配管网、建筑环境测量、冷热源、暖通空调、系统自动化、燃气输配、电工学、建筑给排水、建筑电气、建筑节能与可再生能源利用、施工组织与管理等。

实践环节：包括认识实习及生产实习、有关专业基础课的实验、有关专业课的课程设计、毕业设计等，一般安排40周。

修业年限：四年

授予学位：工学学士

就业方向：学生毕业后能够在建筑设计研究和规划管理部门、工程建设公司、设备制造企业、运营公司等单位从事供热、通风、空调、冷热源、净化、燃气等方面的规划设计、研发制造、施工安装、运行管理及系统保障等技术和管理工作。

开设学校：湖南科技大学、昆明理工大学、河北联合大学、唐山学院、河北工程大学、北京联合大学、青岛理工大学、福建工程学院、集美大学、兰州交通大学、山东科技大学、重庆大学(教育部直属、985大学、211大学)、中国石油大学(教育部直属、211大学)、中南大学(教育部直属、985大学、211大学)、中国地质大学(教育部直属、211大学)、南京理工大学(211大学)、东南大学(教育部直属、985大学、211大学)、中国矿业大学(教育部直属、211大学)、扬州大学、江苏大学、常州大学、江苏科技大学、大连海洋大学、华中科技大学(教育部直属、985大学、211大学)、清华大学(教育部直属、985大学、211大学)、北京科技大学(教育部直属、211大学)、大连大学、辽宁科技大学、沈阳大学、西北大学(211大学)、山西大同大学、宁波大学、西华大学、浙江海洋学院、新疆大学(211大学)、同济大学(教育部直属、985大学、211大学)、天津农学院、天津商业大学、天津大学(教育部直属、985大学、211大学)、郑州大学(211大学)、河北科技大学、河南城建学院、沈阳城市学院、南昌工程学院、平顶山学院、贵州大学(211大学)、西昌学院、华北电力大学(教育部直属、211大学)、宿迁学院、宁波工程学院、重庆科技学院、沈阳工程学院、武汉纺织大学、湖北大学、吉林建筑大学、长春工程学院、东北电力大学、湖南城市学院、长沙理工大学、南华大学、湖南工程学院、河南科技大学、东北石油大学、西安交通大学(教育部直属、985大学、211大学)、安徽建筑大学、广州大学、广东海洋大学、上海海洋大学、云南农业大学、西安建筑科技大学、河北建筑工程学院、北京建筑大学、内蒙古科技大学、青岛农业大学、桂林电子科技大学、南京师范大学(211大学)、南京工业大学、大连理工大学(教育部直属、985大学、211大学)、辽宁工业大学、辽宁石油化工大学、沈阳工业大学、河北工业大学(211大学)、哈尔滨工业大学(985大学、211大学)、南京航空航天大学(211大学)、合肥工业大学(教育部直属、211大学)、西安电子科技大学(教育部直属、211大学)、吉林建筑大学城建学院、河北工程大学科信学院、石家庄铁道大学四方学院、华北电力大学科技学院、燕山大学里仁学院、长江大学工程技术学院、武汉纺织大学外经贸学院、哈尔滨石油学院、南京工业大学浦江学院、扬州大学广陵学院、湖南工程学院应用技术学院、青岛农业大学海都学院、西安建筑科技大学华清学院、太原理工大学现代科技学院、安徽建筑大学城市建设学院、安徽工业大学工商学院、嘉兴学院南湖学院、同济大学浙江学院、南华大学船山学院、兰州理工大学技术工程学院、浙江海洋学院东海科学技术学院、中国石油大学(北京)(教育部直属、211大学)、辽宁工程技术大学、解放军理工大学、集美大学诚毅学院、中国矿业大学(北京)(教育部直属、211大学)、中原工学院信息商务学院、黑龙江八一农垦大学、湖南工业大学、东北林业大学(教育部直属、211大学)、郑州轻工业学院、河南工业大学、华北水利水电大学、黑龙江工程学院、哈尔滨商业大学、上海应用技术学院

◆专业名称：给排水科学与工程
◆专业代码：081003

培养目标：本专业培养具备城市给水工程、排水工程、建筑给水排水工程、工业给水排水工程、水污染控制规划和水资源保护等方面的知识，能在规划部门、经济管理部门、环保部门、设计单位、工矿企业、科研单位、大、中专院校等从事规划、设计、施工、管理、教育和研究开发方面工作的给水排水工程学科的高级工程技术人才。

培养要求：本专业学生主要学习普通化学、工程力学、测量学、工程制图、微生物学、水力学、电工学、给水排水工程学科的基本理论和基本知识，受到外语、计算机技术及绘图、污染物监测和分析、工程设计、管理及规划方面的基本训练，具有水科学和环境

科学技术领域的科学研究、工程设计和管理规划方面的基本能力。

毕业生应获得以下几方面的知识和能力：

1.掌握普通化学、工程力学、测量学、工程制图、微生物学、水力学、电工学、给水排水工程学科的基本理论、基本知识；

2.掌握给水工程、排水工程、建筑给水排水工程、工业给水排水工程的基本原理和设计方法；

3.具有污染物监测和分析、环境监测、环境质量评价、环境规划与管理的初步能力；

4.了解水科学与技术、环境科学与技术的理论前沿和发展动态；

5.掌握文献检索、资料查询的基本方法，具有初步的科学研究和实际工作能力。

主干学科：土木工程、水利工程

主要课程：工程力学、测量学、水力学与水泵、水处理、微生物学、普通化学。

实践环节：测量实习、工程制图、计算机应用及上机实习、水力学实验、微生物实验、水质分析实验、水处理实验、课程设计、认识实习、毕业实习、毕业设计（论文）等，一般安排40周左右。

修业年限：四年

授予学位：工学学士

就业方向：给排水科学与工程专业毕业生可以到城市规划设计部门、经济管理部门、环保部门、工矿企业等从事规划设计、施工管理方面的工作，也可以在市政工程设计研究院、建筑和其他专业设计院、城市规划设计研究院、水务局、环境保护和市政公用事业等部门、市政和建筑工程公司、环保设备公司、高校和科研院所等单位工作。

开设学校：武汉大学（教育部直属、985大学、211大学）、太原学院、安徽新华学院、湖南科技大学、西安工程大学、青海大学（211大学）、东北电力大学、吉林建筑大学、长春工程学院、长沙理工大学、湖南城市学院、安徽工程大学、安徽建筑大学、广州大学、昆明理工大学、西安科技大学、西安理工大学、皖西学院、青岛理工大学、兰州交通大学、南阳师范学院、兰州理工大学、桂林理工大学、山东建筑大学、湖北工程学院、武汉轻工大学、东北石油大学、武汉纺织大学、长江大学、福建工程学院、中原工学院、华侨大学、南昌大学（211大学）、重庆大学（教育部直属、985大学、211大学）、河海大学（教育部直属、211大学）、天津城建大学、福州大学（211大学）、华南理工大学（教育部直属、985大学、211大学）、华中科技大学（教育部直属、985大学、211大学）、湖南大学（教育部直属、985大学、211大学）、河北科技大学、长安大学（教育部直属、211大学）、济南大学、新疆大学（211大学）、郑州大学（211大学）、浙江科技学院、西华大学、沈阳大学、台州学院、浙江工商大学、扬州大学、南昌航空大学、东华理工大学、华东交通大学、盐城工学院、常州大学、江西理工大学、苏州科技学院、大连海洋大学、沈阳建筑大学、重庆三峡学院、徐州工程学院、武汉科技大学、重庆交通大学、榆林学院、文华学院、河南城建学院、长春科技学院、长春建筑学院、北京建筑大学、河北联合大学、北京城市学院、烟台大学、河北工程大学、西昌学院、贵州大学（211大学）、南昌工程学院、河北科技大学理工学院、沈阳城市建设学院、广东技术师范学院天河学院、广东工业大学华立学院、吉林建筑大学城建学院、南京工业大学浦江学院、成都理工大学工程技术学院、仲恺农业工程学院、厦门大学嘉庚学院、河北工程大学科信学院、天津大学仁爱学院、苏州科技学院天平学院、昆明理工大学津桥学院、宁夏理工学院、西安建筑科技大学华清学院、安徽工业大学工商学院、南昌大学科学技术学院、河海大学文天学院、同济大学浙江学院、华东交通大学理工学院、沈阳城市建设学院、兰州理工大学技术工程学院、西安工业大学、宝鸡文理学院、吉林化工学院、湖南工业大学、广东石油化工学院、云南农业大学、西安建筑科技大学、内蒙古工业大学、内蒙古科技大学、山东农业大学、内蒙古农业大学、黑龙江东方学院、太原理工大学（211大学）、哈尔滨工程大学（211大学）、北京林业大学（教育部直属、211大学）、哈尔滨工业大学（985大学、211大学）、北京工业大学（211大学）、河北工业大学（211大学）、合肥工业大学（教育部直属、211大学）、安徽工业大学、辽宁石油化工大学、四川理工学院、广东工业大学、南京林业大学、南京工业大学、南京信息工程大学、石河子大学（211大学）、辽宁工业大学、洛阳理工学院、武汉科技大学城市学院、湖北理工学院、塔里木大学、武昌首义学院、重庆大学城市科技学院、兰州交通大学博文学院、常州大学怀德学院、延安大学西安创新学院、华北电力大学科技学院、河北农业大学现代科技学院、信阳师范学院华锐学院、武汉纺织大学外经贸学院、河北建筑工程学院、河北农业大学、辽宁工程技术大学、南阳理工学院、

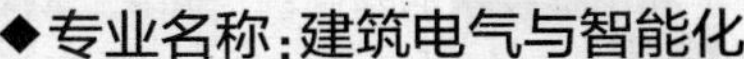

◆专业名称:建筑电气与智能化

◆专业代码:081004

培养目标:建筑电气与智能化专业培养具备智能室内环境设备系统及建筑公共设施系统的设计、安装调试、运行管理及国民经济各部门所需的特殊环境的研究开发的基础理论知识及能力,能在设计研究院、建筑工程公司、物业管理公司及相关的科研、生产、教学等单位从事相关工作的高级工程技术人才。

培养要求:该专业学生主要学习建筑物理环境和环境控制系统的基础理论和基本知识,受到建筑设备系统的设计、调试和运行管理等方面的基本训练,并初步具备这方面的工作能力。

主要课程:电气控制与可编程、建筑制图与识图、电工基础、电子技术基础、应用电机技术、电气CAD、制冷与空调技术、楼宇给排水、楼宇综合自动化、电梯技术等。

实践环节:认识实习、电工实习、生产实习、毕业实习、课程设计、毕业设计等。

修学年限:四年

授予学位:工学学士

就业方向:可到建筑行业工程单位从事建筑电气的设计、安装、调试、运行、维护与管理等,也可在各类企事业单位、科研、设计、施工等部门从事建筑电气与智能化领域的研究、设计、生产和开发、运行、管理、维修等工作。

开设学校:北京联合大学、河北科技学院、郑州科技学院、大连科技学院、湘潭大学、吉林建筑大学、长春工程学院、安徽建筑大学、铜陵学院、皖西学院、青岛理工大学、山东建筑大学、福建工程学院、天津城建大学、南京工程学院、长安大学(教育部直属、211大学)、山西大学、扬州大学、华东交通大学、盐城工学院、苏州科技学院、沈阳建筑大学、商丘工学院、三江学院、金陵科技学院、河南城建学院、长春建筑学院、北京建筑大学、华北科技学院、南通大学、西安思源学院、昆明理工大学津桥学院、广东技术师范学院天河学院、吉林建筑大学城建学院、扬州大学广陵学院、东莞理工学院城市学院、成都理工大学工程技术学院、湖南文理学院芙蓉学院、西南交通大学希望学院、河北联合大学轻工学院、山西工商学院、西安建筑科技大学华清学院、安徽建筑大学城市建设学院、广西大学行健文理学院、湖南文理学院、西安建筑科技大学、内蒙古科技大学、桂林电子科技大学、郑州轻工业学院、哈尔滨工业大学(985大学、211大学)、南京工业大学、河南理工大学万方科技学院、中原工学院信息商务学院、南京师范大学泰州学院、重庆大学城市科技学院、四川师范大学成都学院、河北建筑工程学院、广东技术师范学院

◆专业名称:城市地下空间工程

◆专业代码:081005T

培养目标:本专业培养具有坚实的数学、力学等自然科学基础和人文社会科学基础,掌握城市地下工程勘察、规划、工程材料、结构分析与设计、机械基础及工程机械、电工技术、工程测量、施工组织和工程概预算、工程监理等方面的基本技术和知识,具备从事城市地下空间工程的规划、设计、研究、开发利用、施工和管理能力,具有较强的计算机应用能力和较高的外语水平的高级技术人才。

培养要求:本专业学生通过学习数学、物理、外语、计算机、力学,以及地下空间工程的现代科学技术、城市地下空间规划、岩石地下工程设计与施工、土层地下工程设计与施工等方面的基本理论和专业知识,通过接受实验研究、工程设计方法、生产管理、计算机应用等方面的基本训练,具备行城市地下工程的规划、设计、施工、管理及地下工程概预算和成本控制的基本能力。

毕业生应获得以下几方面的知识和能力:

1.具有扎实的自然科学基础,了解当代城市地下空间工程的发展方向;

2.掌握理论力学、材料力学、结构力学、岩土力学的基本理论,掌握地下工程勘察、规划、工程材料、结构分析与设计等方面的基本知识,掌握工程测量、施工组织和工程概预算、工程监理等方面的基本知识和能力;

3.掌握工程制图、计算机应用、岩土力学试验和测试的基本原理和技能;

4.了解城市地下空间工程的主要法规;

5.具有进行城市地下规划、工程设计、施工组织和现代企业管理的初步能力;

6.具有进行地下工程概预算及成本控制的初步能力。

主要课程:理论力学、材料力学、结构力学、弹性力学及有限元、岩石力学、流体力学、土力学与基础

工程、土木工程材料、房屋建筑学、工程地质、基础工程、工程爆破、砌体结构、钢结构设计原理、城市地下规划与设计、城市地下空间开发利用、地下工程结构、地铁与轻轨、隧道工程、地下混凝土结构、地下工程施工的基本理论和技术、施工组织与概预算、地铁工程、混凝土结构设计原理、基础工程、地下工程通风与空调、岩石地下工程设计与施工、土层地下工程设计与施工、地下工程测试与监测。

实践环节:力学实验、土力学实验、岩石力学实验、地下混凝土结构课程设计、地下建筑结构课程设计、认识实习和生产实习、计算机应用及上机实践、毕业实习和毕业设计等。

修业年限:四年

授予学位:工学学士

就业方向:可在城市地下铁道、地下隧道与管线、基础工程、地下商业与工业空间、地下储库等工程的设计、研究、施工、教育、管理、投资、开发等部门从事技术或管理工作。继续深造可报考岩土工程、结构工程、市政工程、桥梁与隧道工程等专业方向的研究生。

开设学校:中南大学(教育部直属、985大学、211大学)、山东大学(教育部直属、985大学、211大学)、山东科技大学、西安理工大学、南京工业大学、天津城建大学、安徽理工大学、南华大学、东南大学(教育部直属、985大学、211大学)、西南石油大学、河南城建学院、吉林建筑大学、太原理工大学、湖南科技大学、同济大学(教育部直属、985大学、211大学)、南京工程学院、长春工程学院、金陵科技学院、山东交通学院、石家庄铁道大学、昆明理工大学、北方工业大学、河北工程大学、哈尔滨学院、徐州工程学院、山东建筑大学、湖南城市学院、中南林业科技大学、哈尔滨工业大学(985大学、211大学)、河南理工大学、辽宁石油化工大学、盐城工学院、广东工业大学、郑州大学(211大学)

◆专业名称:道路桥梁与渡河工程
◆专业代码:081006T

培养目标:本专业培养道路桥梁与渡河工程领域内具有扎实的基础和专业知识、良好的动手能力,并了解国内外最新专业理论与技术发展,能在相应的领域从事规划、设计、施工、监理、管理、科研与教学等工作的高素质人才。

培养要求:本专业学生应具有扎实的数学、力学、自然科学和工程技术的基础理论知识,掌握系统的专业知识并具有良好的动手能力,还具有一定的人文社会科学、法律法规、经济管理及相关学科的基本理论知识,能够在交通、城建领域从事规划、设计、施工、监理、管理、科研与教学等多方面的工作。

毕业生应获得以下几方面的知识和能力:

1.具有扎实的数学、自然科学、力学和相关学科的基本知识;

2.熟练掌握一门外语,具有综合应用各种手段进行资料查询、获取信息的能力;掌握交通机械、电工、工程测量、施工技术与管理等方面的基本技术;

3.具有团队精神和协作能力、口头及书面交流能力,良好的科学精神和职业道德;

4.掌握道路桥梁与渡河工程专业知识,具有道路桥梁与渡河工程领域内重要测试与试验仪器的使用、材料与结构试验、力学分析与计算、工程制图、报告撰写等能力,了解本专业学科的最新专业理论与技术发展方向。

主要课程:英语、高等数学、线性代数、概率与统计、大学物理、物理实验、计算机科学基础、程序设计与算法语言、画法几何与CAD制图、交通运输导论、工程力学基础、土木工程材料、工程地质、工程测量、水力学、土力学、结构力学、交通工程基础。

实践环节:道路方向专业认识实习、地质工程实习、工程测量实习、道路勘测设计课程设计、结构设计原理课程设计、路基路面工程课程设计、桥梁工程课程设计、基础工程课程设计、桥梁工程实习、路基路面工程实习、交通工程实习、毕业实习与毕业设计等。

桥梁方向专业认识实习、地质工程实习、工程测量实习、道路勘测设计课程设计、结构设计原理课程设计、桥梁工程课程设计、基础工程课程设计、桥梁工程实习、交通工程实习、毕业实习与毕业设计等。

修业年限:四年

授予学位:工学学士

就业方向:学生毕业后,可从事道路桥梁与地下工程的勘测、规划、设计、建造、监理、咨询、管理(检测、评价、维护)等方面的技术工作,主要就业于公路、民航、铁道、运输、市政、建筑等行政主管部门及大中型企事业单位。

开设学校:天津城建大学、河北工业大学、河北工程大学、河北建筑工程学院、河北工业大学城市学院、内蒙古工业大学、内蒙古农业大学、沈阳建筑大学、辽宁工程技术大学、沈阳大学、沈阳城市建设学院、东南大学(教育部直属、985大学、211大学)、吉林建筑大学、长春工程学院、长春建筑学院、哈尔滨工业大学(985大学、211大学)、黑龙江工程学院、台州学院、安徽建筑大学、南昌工程学院、华东交通大学理工学院、山东建筑大学、山东农业大学、郑州大学、河南工业大学、华北水利水电大学、河南城建学院、南阳理工学院、郑州华信学院、武汉理工大学(教育部直属、211大学)、华中科技大学(教育部直属、985大学、211大学)、武汉工程大学、湖北理工学院、湖北工业大学工程技术学院、三峡大学科技学院、武昌首义学院、南华大学船山学院、广东工业大学、广西科技大学鹿山学院、长安大学、兰州理工大学技术工程学院、重庆大学(教育部直属、985大学、211大学)、西南大学(985大学、211大学)、重庆交通大学、重庆科技学院、重庆三峡学院、中国人民解放军后勤工程学院

0811水利类

◆专业名称:水利水电工程
◆专业代码:081101

培养目标:本专业培养具有水利水电工程的勘测、规划、设计、施工、科研和管理等方面的知识,能在水利、水电等部门从事规划、设计、施工、科研和管理等方面工作的高级工程技术人才。

培养要求:本专业学生主要学习水利水电工程建设所必需的数学、力学和建筑结构等方面的基本理论和基本知识,使学生得到必要的工程设计方法、施工管理方法和科学研究方法的基本训练,具有水利水电工程勘测、规划、设计、施工、科研和管理等方面的基本能力。

毕业生应获得以下几方面的知识和能力:

1.具有较扎实的自然科学基础,较好的人文社会科学基础和外语综合能力;

2.掌握工程力学、流体力学、岩土力学、工程地质、工程测量、工程水文学、河流动力学、管理学等基本理论、基本知识;

3.掌握工程结构设计基本理论、知识和技能;

4.掌握大中型水利水电枢纽、河道治理工程的勘测、规划、设计、施工和管理技术;

5.具有较强的计算机应用能力;

6.具有水利水电工程所必需的测绘制图、运算和基本工艺操作技能。

主干学科:土木工程、水利工程

主要课程:工程力学、水力学、河流动力学、岩土力学、工程地质及水文地质学、工程测量、工程水文学、工程经济学、建筑材料、钢筋混凝土结构和钢结构等。

实践环节:包括课程实习、专业实习、课程设计和毕业设计等,其中每门课程设计一般安排1~2周,毕业设计一般安排12~13周。

修业年限:四年

授予学位:工学学士

就业方向:毕业生可从事水利和土木工程领域的研究、规划、设计、施工和管理等方面工作。

开设学校:泰山学院、中国地质大学(教育部直属、211大学)、四川大学(教育部直属、985大学、211大学)、东华理工大学、山东大学(教育部直属、985大学、211大学)、西北大学(211大学)、武汉大学(教育部直属、985大学、211大学)、华北电力大学(教育部直属、211大学)、蚌埠学院、南昌工学院、西藏大学(211大学)、青海民族大学、青海大学(211大学)、黑龙江大学、长春工程学院、湖南城市学院、昆明理工大学、西安理工大学、兰州交通大学、兰州理工大学、山东科技大学、三峡大学、南昌大学(211大学)、河海大学(教育部直属、211大学)、天津农学院、广西大学(211大学)、福州大学(211大学)、华南理工大学(教育部直属、985大学、211大学)、清华大学(教育部直属、985大学、211大学)、华中科技大学(教育部直属、985大学、211大学)、长安大学(教育部直属、211大学)、郑州大学(211大学)、天津大学(教育部直属、985大学、211大学)、西华大学、扬州大学、昆明学院、重庆交通大学、铜仁学院、宁夏大学(211大学)、河北工程大学、西昌学院、贵州大学(211大学)、南昌工程学院、长沙理工大学、中国政法大学(教育部直属、211大学)、中国农业大学(教育部直属、985大学、211大学)、东北师范大学(教育部直属、211大学)、大连理工大学(教育部直属、985大学、211大学)、河北工程大学科信学院、天津大学仁爱学院、扬州大学广陵学院、西安理工大学高科学院、新疆农业大学科学技术学院、成都理工大学工程技术学院、长沙理工大学城南学院、湖南农业大学东方科技学院、昆明理工大学津桥学院、贵州理工学

院、贵州大学明德学院、河海大学文天学院、太原理工大学现代科技学院、兰州理工大学技术工程学院、甘肃民族师范学院、湖南农业大学、华南农业大学、云南农业大学、西北农林科技大学(教育部直属、985大学、211大学)、甘肃农业大学、山东农业大学、内蒙古农业大学、四川农业大学(211大学)、太原理工大学(211大学)、东北农业大学(211大学)、合肥工业大学(教育部直属、211大学)、新疆农业大学、沈阳农业大学、石河子大学(211大学)、三峡大学科技学院、吉林农业科技学院、兰州交通大学博文学院、青海大学昆仑学院、河北农业大学现代科技学院、浙江水利水电学院、河北农业大学、华北水利水电大学

◆专业名称:水文与水资源工程
◆专业代码:081102

培养目标:本专业培养具有较扎实的自然科学知识,较好的人文科学知识,较强的计算机、外语、管理等方面的应用能力和水文与水资源工程专业基础知识,能在水利、能源、交通、城市建设、农林、环境保护等部门从事水文、水资源及环境保护方面勘测、规划设计、预测预报、管理、技术经济分析以及教学和基础理论研究的高级工程技术人才。

培养要求:本专业学生主要学习水文水资源及环境信息的采集及处理、水旱灾害预测及防治、水资源规划、水环境保护、水利工程规划与设计、水利工程运行与管理、水政管理等方面的基本理论和基本知识,受到工程制图、运算、实验、测试等方面基本训练,具有应用所学专业分析解决实际问题、进行科学研究和组织管理的基本能力。

毕业生应获得以下几方面的知识和能力:

1.掌握数学、物理、水力学、气象与气候学及自然地理学等方面的基础理论、基础知识;

2.掌握水文预报方案、水文分析与计算、水文信息采集与处理、水资源评价、规划与管理及水环境监测预报的设计方法;

3.具有从事工程规划、勘测、设计和管理的基本能力;

4.熟悉国家的方针、政策和法规;

5.了解水文学、水资源学及水环境的发展动态;

6.掌握文献检索、资料查询的基本方法,具有初步的科学研究和实际工作能力。

主干学科:土木工程、水利工程、环境科学与技术

主要课程:自然地质学、气象与气候学、水力学、河流动力学、水利工程、水文学原理、水文统计学、水资源学、地下水文学、环境化学、水利法规。

实践环节:包括工程制图、课程实验、课程实习(测量、水文认识、水文信息采集、水利工程、气象与天气)、课程设计、毕业设计等,一般安排40周。

修业年限:四年

授予学位:工学学士

就业方向:毕业后可在国土资源、水利、水资源、城建、环保、交通等部门从事相关领域的科研、教学、管理、设计和生产等方面的工作。

开设学校:中国地质大学(教育部直属、211大学)、四川大学(教育部直属、985大学、211大学)、南京大学(教育部直属、985大学、211大学)、中国矿业大学(教育部直属、211大学)、华东理工大学(教育部直属、211大学)、武汉大学(教育部直属、985大学、211大学)、西南大学(教育部直属、211大学)、华北电力大学(教育部直属、211大学)、中国矿业大学(北京)(教育部直属、211大学)、黑龙江大学、长春工程学院、长沙理工大学、昆明理工大学、云南农业大学、西安理工大学、西北农林科技大学(教育部直属、985大学、211大学)、甘肃农业大学、山东科技大学、桂林理工大学、山东农业大学、中南民族大学、三峡大学、长江大学、河南理工大学、河海大学(教育部直属、211大学)、兰州大学(教育部直属、985大学、211大学)、天津农学院、中山大学(教育部直属、985大学、211大学)、太原理工大学(211大学)、东北农业大学(211大学)、吉林大学(教育部直属、985大学、211大学)、长安大学(教育部直属、211大学)、济南大学、郑州大学(211大学)、安徽理工大学、辽宁师范大学、扬州大学、东华理工大学、大连海洋大学、河南城建学院、河北工程大学、石家庄经济学院、贵州大学(211大学)、南昌工程学院、中国地质大学(北京)(教育部直属、211大学)、河南科技大学、河海大学文天学院、东华理工大学长江学院、太原理工大学现代科技学院、内蒙古农业大学、浙江水利水电学院、华北水利水电大学

◆专业名称:港口航道与海岸工程
◆专业代码:081103

培养目标:本专业培养具备港口工程、航道工程、海岸工程的规划、设计、施工和管理等方面的知识,能在交通、水利、海岸开发等部门从事规划、设计、施工和管理等工作的高级工程技术人才。

培养要求:本专业学生主要学习港口工程、航道工程和海岸工程方面的基本理论和基本知识,受到制图、测量、运算、实验、综合分析和书写报告等方面的基本训练,具有工程规划、设计、施工和管理方面的基本能力。

毕业生应获得以下几方面的知识和能力:

1.掌握工程力学、海岸动力学和建筑结构学科的基本理论、基本知识;

2.掌握港口工程、航道工程和海岸工程的设计方法;

3.具有从事工程规划、勘测、设计、施工和管理的基本能力;

4.熟悉国家有关的方针、政策和法规;

5.了解港口工程、航道工程和海岸工程的发展动态;

6.掌握文献检索、资料查询的基本方法,具有初步的科学研究和实际工作能力。

主干学科:土木工程、水利工程、船舶与海洋工程

主要课程:水力学、水文学、土力学、工程力学、钢筋混凝土、河流动力学、海岸动力学、港口工程学、航道工程学、海岸工程学。

实践环节:包括实验课、课程设计、生产实习、毕业设计等,一般安排40周。

修业年限:四年

授予学位:工学学士

就业方向:学生毕业后具备"治河筑港"和"铺路架桥"的基本能力;能够胜任港口航道与海岸工程项目的勘测、规划、设计、施工、技术开发、管理和应用研究工作,也可以从事相关的投资、开发、金融、保险等工作;通过短期在岗学习或实践后,也能胜任土木工程、其他水利工程、海洋工程、市政工程等相近专业的勘测、设计、施工和技术管理等工作。

开设学校:上海交通大学(教育部直属、985大学、211大学)、东南大学(教育部直属、985大学、211大学)、浙江海洋学院、同济大学(教育部直属、985大学、211大学)、武汉大学(教育部直属、985大学、211大学)、上海海事大学、广东海洋大学、河海大学(教育部直属、211大学)、天津城建大学、天津大学(教育部直属、985大学、211大学)、中国海洋大学(教育部直属、985大学、211大学)、扬州大学、江苏科技大学、淮海工学院、大连海洋大学、重庆交通大学、鲁东大学、广州航海学院、长沙理工大学、大连理工大学(教育部直属、985大学、211大学)、天津大学仁爱学院、长沙理工大学城南学院、河海大学文天学院、山东交通学院、哈尔滨工程大学(211大学)、厦门理工学院、华北水利水电大学

◆专业名称:水务工程
◆专业代码:081104T

培养目标:适应中国21世纪社会与经济发展的需求,本专业培养德、智、体全面发展,具有广泛扎实的自然科学基础、具有良好的计算机、外语、经济、管理等方面的应用基础,掌握水务工程的专业基础知识以及专业技能,具有较强的适应性、创新性及协调能力的复合型人才,能在水务、水利、市政、环境、交通等部门从事与水务有关的规划、设计、施工、管理以及相关的教学和研究工作。

培养要求:本专业学生主要学习水务工程方面基本理论和基本知识,受到应用基础研究和技术开发方面的科学思维和科学实验训练,具有较好的科学素养,掌握水务工程规划、设计、管理的基本技能,具有应用所学基础理论和专业知识独立地解决实际问题、进行科学研究以及从事组织管理的基本能力。

毕业生应获得以下几方面的知识和能力:

1.掌握数学、物理、化学、水文学、水力学、水利学等方面的基础理论和基础知识;

2.掌握水务工程规划、水资源和水环境评价、城市节水与需水管理、水灾害防治及计算机管理系统的应用和开发等方面的方法和技术;

3.具有从事与水务工程有关的规划、设计和管理的基本能力;

4.熟悉与水务相关的国家方针、政策、条例、法规;

5.了解水务工程、水资源与水环境等学科的理论前沿、应用前景和国内外最新发展动态;

6.掌握文献检索、资料查询及运用现代信息技术获取相关信息的基本方法,具有独立从事科学研究的初步能力。

主干学科:水利工程、土木工程

主要课程:工程制图、测量学、水力学、工程力学、结构力学、工程地质及水文地质、钢筋混凝土结构、工程水文、环境概论、城市规划、水工建筑物、给排水工程、水务工程施工与管理、水务工程规划、城市防洪与减灾。

实践环节:包括课程实习(测量学)、专业认识实习、专业综合实习、课程设计及毕业设计等。

修业年限:四年

授予学位:工学学士

就业方向：可在水务、水利、市政、环境、交通、海洋等有关部门从事规划、设计、施工、管理等工作。

开设学校：厦门理工学院、北京工业大学（211大学）、河北工程大学、河海大学（教育部直属、211大学）、河北工程大学科信学院、安徽建筑工业学院城市建设学院

0812测绘类

◆专业名称：测绘工程
◆专业代码：081201

培养目标：本专业培养具备地面测量、海洋测量、空间测量、摄影测量与遥感及地图编制等方面的知识，能在国民经济各部门从事国家基础测绘建设、陆海空运载工具导航与管理、城市和工程建设、矿产资源勘察与开发、国土资源调查与管理等测量工程、地图与地理信息系统的设计、实施和研究等方面工作的工程技术人才。

培养要求：本专业学生主要学习测绘学的基本理论、基本知识和基本技能，空间精密定位与导航的理论，城市与工程建设的基本知识及其测量工程的设计、实施和管理等方面的理论与技术，摄影测量与图像图形信息处理的理论与技术，各类地图设计与编制的理论与技术，受到科学研究的基本训练，具有测绘工程方面的基本能力。

毕业生应获得以下几方面的知识和能力：

1.掌握地面测量、海洋测量、空间测量、地球形状及外部重力场等方面的基本理论和基本知识；

2.掌握大地测量、工程测量、海洋测量、矿山测量、地籍测量技术；

3.掌握摄影测量（解析摄影测量、数字摄影测量）和图像图形信息处理的理论和方法；

4.掌握使用各种信息源设计、编制各类地图的理论与方法；

5.具有从事国家大地控制网的建立，陆地、海洋、空间精密定位与导航，大比例尺数字化测图与地籍图的测绘及其信息系统的建立，各种工程、大型建筑物的各阶段测绘及变形监测，资源（土地、矿产、海洋等）合理开发、利用及环境整治等方面工作的基本能力；

6.了解现代大地测量、现代工业测量、空间测量、地球动力学、海洋测量等领域的理论前沿及发展动态。

主干学科：测绘科学与技术

主要课程：矿山测量学、测量学、误差理论与测量平差、大地控制测量学、摄影测量学、数字图像处理、遥感原理与应用、地图投影、计算机制图、地理信息系统原理等。

实践环节：包括课程设计、毕业设计（论文）以及专业和专业基础课集中实习等，一般安排40周。

修业年限：四年

授予学位：工学学士

就业方向：在国土资源相关部门、海洋、航空航天部门、测绘部门、地震地质部门等单位从事技术与管理工作，也可在城市建设规划与管理、交通（包括公路、铁路与水运）、国土与房产、工业企业、海洋、建筑、水利、电力、石油、冶金、国防、测绘、工程勘察、城市与企业信息管理等部门，从事测绘及相关信息工程的规划、设计、实施与管理工作，也可以在政府部门、教学和科研单位从事相关工作。

开设学校：泰山学院、武汉大学（教育部直属、985大学、211大学）、宿迁学院、吕梁学院、池州学院、成都学院、湘潭大学、青海大学（211大学）、邵阳学院、临沂大学、许昌学院、闽江学院、重庆大学（教育部直属、985大学、211大学）、吉林大学（教育部直属、985大学、211大学）、中南大学（教育部直属、985大学、211大学）、长安大学（教育部直属、211大学）、同济大学（教育部直属、985大学、211大学）、新疆大学（211大学）、安徽大学（211大学）、宿州学院、滁州学院、龙岩学院、贵州大学（211大学）、云南师范大学、石家庄铁道大学、内蒙古师范大学、中国地质大学（教育部直属、211大学）、中国石油大学（教育部直属、211大学）、东南大学（教育部直属、985大学、211大学）、中国矿业大学（教育部直属、211大学）、江苏师范大学、华东理工大学（教育部直属、211大学）、大连理工大学（教育部直属、985大学、211大学）、四川师范大学、太原科技大学、西安电子科技大学（教育部直属、211大学）、南京工业大学浦江学院、山东科技大学泰山科技学院、沈阳城市建设学院、南昌理工学院、安阳师范学院、平顶山学院、中国石油大学（北京）（教育部直属、211大学）、新疆工程学院、吉林建筑大学城建学院、江苏师范大学科文学院、中国矿业大学

银川学院、西安科技大学高新学院、成都理工大学工程技术学院、昆明理工大学津桥学院、西南科技大学城市学院、山东农业工程学院、河北联合大学轻工学院、河海大学文天学院、东华理工大学长江学院、江西理工大学应用科学学院、兰州理工大学技术工程学院、湖南科技大学、宝鸡文理学院、咸阳师范学院、吉林建筑大学、长春工程学院、长沙理工大学、中南林业科技大学、湖南城市学院、安徽建筑大学、华南农业大学、西南林业大学、昆明理工大学、西安科技大学、内蒙古科技大学、兰州交通大学、商丘师范学院、兰州理工大学、南阳师范学院、山东交通学院、山东科技大学、桂林理工大学、山东农业大学、广西师范学院、山东理工大学、内蒙古农业大学、山东建筑大学、黑龙江科技大学、黑龙江工程学院、湖北科技学院、河南理工大学、河海大学(教育部直属、211大学)、南京师范大学(211大学)、天津城建大学、太原理工大学(211大学)、东北大学(教育部直属、985大学、211大学)、西南交通大学(教育部直属、211大学)、合肥工业大学(教育部直属、211大学)、安徽理工大学、安徽农业大学、浙江农林大学、辽宁科技大学、成都理工大学、沈阳农业大学、广东工业大学、山西大同大学、西南科技大学、西南石油大学、成都信息工程学院、南京林业大学、南京工业大学、东华理工大学、华东交通大学、南京邮电大学、淮海工学院、南京信息工程大学、苏州科技学院、江西理工大学、沈阳建筑大学、中国地质大学长城学院、河南理工大学万方科技学院、武汉工程科技学院、中国矿业大学(北京)(教育部直属、211大学)、重庆交通大学、内江师范学院、厦门理工学院、辽宁科技学院、兰州交通大学博文学院、石家庄铁道大学四方学院、信阳师范学院华锐学院、河南城建学院、河南工程学院、大连理工大学城市学院、南京信息工程大学滨江学院、长春建筑学院、浙江水利水电学院、防灾科技学院、北京建筑大学、河北联合大学、河北工程大学、石家庄经济学院、华北科技学院、辽宁工程技术大学、南昌工程学院、中国地质大学(北京)(教育部直属、211大学)、湖南商学院、华北水利水电大学、辽宁石油化工大学顺华能源学院、中国人民解放军信息工程学院、东北农业大学成栋学院、桂林理工大学博文管理学院

◆专业名称:遥感科学与技术
◆专业代码:081202

培养目标:本专业培养具备遥感科学与技术专业基础理论、基本知识和基本技能,能从事遥感科学与技术及相关领域的研究、开发、设计、教学、生产及管理等方面的工作,具有较强实际工程能力和一定研究能力的复合应用型人才。

培养要求:遥感科学与技术专业学生主要学习遥感技术、电子技术和计算机科学与技术等方面的基本理论和基本技能,学习地理信息系统、空间定位系统与遥感信息工程集成理论和方法,并能组织和实施各类应用系统的设计、开发和管理。

毕业生应获得以下几方面的知识和能力:

1.掌握数学、物理、电子技术、计算机应用技术等方面的基本理论和基本知识;

2.掌握遥感机理、遥感数字图像处理、遥感信息工程及应用的基本技能与方法,了解其理论前沿、应用前景及最新发展动态;

3.掌握地理信息系统、空间定位系统、测绘工程等的原理和方法;

4.掌握资料查询、文献检索及运用现代信息技术获取相关信息的基本方法,具有一定的实验设计、创造实验条件,归纳、整理、分析实验结果,撰写论文,参与学术交流的能力。

主要课程:电磁场理论、电子技术应用、航空与航天摄影、数字图像处理、遥感原理与应用、近景摄影测量、摄影测量学、微波遥感、数据结构与数据库、模式识别、遥感图像解译、环境保护与规划、数学规划在测量中的应用、计算机视觉、海洋测绘、计算机网络与应用、虚拟现实技术、人工智能、信息论、地图投影与变换。

实践环节:遥感原理与方法实习、微波遥感实习、地理信息系统实习、数字图像处理实习、数字信号处理实习、电路信号与系统实习、遥感图像解译实习。

修业年限:四年

授予学位:工学学士

就业方向:可在测绘、遥感、地质、水利、交通、农业、林业、石油、矿山、煤炭、国防、军工、城建、环保、文物保护等行业和部门从事与遥感科学与技术相关的科研、教学、设计、生产及管理工作。

开设学校:泰山学院、中国地质大学(教育部直

属、211大学)、江苏师范大学、四川师范大学、南昌理工学院、安阳师范学院、西安科技大学、兰州交通大学、山东交通学院、山东农业大学、山东科技大学、黑龙江工程学院、中南大学(教育部直属、985大学、211大学)、西南交通大学(教育部直属、211大学)、西安电子科技大学(教育部直属、211大学)、武汉大学(教育部直属、985大学、211大学)、长安大学(教育部直属、211大学)、新疆大学、安徽理工大学、成都理工大学、成都信息工程学院、南京信息工程大学、中国矿业大学(北京)(教育部直属、211大学)、北京建筑大学、首都师范大学、辽宁工程技术大学、湖南商学院、北京航空航天大学(985大学、211大学)、解放军空军航空大学、中国人民解放军信息工程学院、哈尔滨工业大学(985大学、211大学)、南京信息工程大学滨江学院

◆专业名称:导航工程
◆专业代码:081203T

培养目标:本专业培养从事导航装备与通信装备使用、维修、监造、管理的高级工程技术人才和导航通信分队作战指挥、组织训练、日常管理的初级指挥军官。

培养要求:本专业学生主要学习导航系统与组合导航技术,导航设备与通信设备的性能、结构、工程原理、维修技术等专业知识及检测、调试、维护保养、故障诊断等专业技能。

毕业生应具备以下知识和能力:

1.掌握数学、物理等方面的基础理论和基础知识;

2.掌握信号与系统、信息处理的应用和开发等方面的方法和技术;

3.具有从事导航装备与通信装备使用、维修、监造、管理的基本能力;

4.了解本学科的相关法律法规;

5.了解导航工程的理论前沿、应用前景和国内外最新发展动态;

6.掌握文献检索、资料查询及运用现代信息技术获取相关信息的基本方法,具有独立从事科学研究的初步能力。

主要课程:电路分析基础、信号与系统、信息处理、空军通信组织与管理、通信网技术与管理、无线电导航原理与系统、仪表与微波着陆设备、塔康地面信标等。

实践环节:包括认识实习和生产实习、毕业实习和毕业设计等。

修业年限:四年

授予学位:工学学士

就业方向:毕业生可从事导航装备与通信装备使用、维修、监造、管理等工作。

开设院校:武汉大学(教育部直属、985大学、211大学)

◆专业名称:地理国情监测
◆专业代码:081204T

培养目标:地理国情监测专业是为了满足国家重大工程、重大战略、突发事件、宏观管理等对地理国情监测紧缺人才的迫切需求,旨在培养具有扎实的基础理论知识、现代测绘技术、人文社会科学调查技术,具有地理国情动态获取、集成处理、综合分析和评估等能力的交叉复合型专门人才的新型专业,属于战略性新兴产业领域。

培养要求:本专业学生主要学习测绘技术专业的相关知识,受到该专业的相关训练,掌握卫星导航定位(GPS)、航空航天遥感等技术。

毕业生应获得以下几方面的知识和能力:

1.掌握数学、物理等方面的基础理论和基础知识;

2.掌握涉及地理国情监测专业的应用和开发等方面的方法和技术;

3.具有从事实际工作的基本能力;

4.了解本学科的相关法律法规;

5.了解地理国情监测的理论前沿、应用前景和国内外最新发展动态;

6.掌握文献检索、资料查询及运用现代信息技术获取相关信息的基本方法,具有独立从事科学研究的初步能力。

主要课程:地理国情概论、地理国情调查技术与方法、地理国情监测原理、地理调查与编码、地理国情数据分析、地理国情监测应用建模、地理国情数据处理(双语课程)、数字传感器网络技术、测量学、遥感原理、摄影测量学、全球卫星导航定位技术、地理国情报告与发布、空间数据库、自然地理学、人文地理学、经济地理与区域规划、概率论与数理统计、运筹学、网络地理信息系统、国情信息技术集成、计算机基础与程序设计(C语言)、数据结构、数字图像处理、空间智能与辅助决策、地理国情可视化与地理模

拟。

实践环节:包括课程实习、毕业实习和毕业设计等。

修学年限:四年

授予学位:工学学士

就业方向:毕业生能在测绘、国土、规划、民政、水利、交通、环境、生态、矿场、农业、林业、人口、气候、国防、军事、安全、公共卫生等政府部门、科研院校、企事业单位从事与地理国情监测相关的科研、教学、技术研发和管理工作。

开设院校:武汉大学(教育部直属、985大学、211大学)

0813化工与制药类

◆专业名称:化学工程与工艺
◆专业代码:081301

培养目标:本专业培养具备化学工程与化学工艺方面的知识,能在化工、炼油、冶金、能源、轻工、医药、环保和军工等部门从事工程设计、技术开发、生产技术管理和科学研究等方面工作的工程技术人才。

培养要求:本专业学生主要学习化学工程学与化学工艺学等方面的基本理论和基本知识,受到化学与化工实验技能、工程实践、计算机应用、科学研究与工程设计方法的基本训练,具有对现有企业的生产过程进行模拟优化、革新改造,对新过程进行开发设计和对新产品进行研制的基本能力。

毕业生应获得以下几方面的知识和能力:

1.掌握化学工程、化学工艺、应用化学等学科的基本理论、基本知识;

2.掌握化工装置工艺与设备的设计方法,掌握化工过程模拟优化方法;

3.具有对新产品、新工艺、新技术和新设备进行研究、开发和设计的初步能力;

4.熟悉国家对于化工生产、设计、研究与开发、环境保护等方面的方针、政策和法规;

5.了解化学工程学的理论前沿,了解新工艺、新技术与新设备的发展动态;

6.掌握文献检索、资料查询的基本方法,具有一定的科学研究和实际工作能力。

主干学科:化学、化学工程与技术

主要课程:物理化学、化工原理、化学反应工程等。

实践环节:包括化学与化工基础实验、认识实习、生产实习、计算机应用及上机实践、课程设计、毕业设计(论文)等,一般安排40周。

修业年限:四年

授予学位:工学学士

就业方向:毕业生能在化工、能源、信息、材料、环保、生物工程、轻工、制药、食品、冶金和军工等部门从事工程设计、技术开发、生产技术管理和科学研究等方面的工作。

开设学校:北京联合大学、山东师范大学、中国石油大学(教育部直属、211大学)、浙江大学(教育部直属、985大学、211大学)、上海交通大学(教育部直属、985大学、211大学)、中国地质大学(教育部直属、211大学)、中山大学(教育部直属、985大学、211大学)、南京理工大学(211大学)、东南大学(教育部直属、985大学、211大学)、中国矿业大学(教育部直属、211大学)、嘉兴学院、浙江科技学院、同济大学(教育部直属、985大学、211大学)、上海大学(211大学)、济南大学、天津理工大学、运城学院、西昌学院、天水师范学院、重庆工商大学、武昌工学院、湖南工学院、新乡学院、济宁学院、潍坊科技学院、新疆工程学院、吕梁学院、武夷学院、浙江树人学院、蚌埠学院、合肥师范学院、衢州学院、银川能源学院、长春理工大学、长沙理工大学、湖南科技大学、湘潭大学、吉首大学、西安工程大学、青海大学(211大学)、黑龙江大学、邵阳学院、南华大学、湖南城市学院、湖南工程学院、上海电力学院、安徽建筑大学、安徽师范大学、安徽工程大学、广州大学、惠州学院、广东药学院、云南民族大学、昆明理工大学、西安石油大学、西安科技大学、淮南师范学院、淮北师范大学、西安交通大学(教育部直属、985大学、211大学)、巢湖学院、黄山学院、延安大学、合肥学院、皖西学院、河西学院、海南大学(211大学)、青岛大学、兰州交通大学、商丘师范学院、洛阳师范学院、周口师范学院、聊城大学、临沂大学、西北师范大学、许昌学院、广西科技大学、山东科技大学、桂林理工大学、广西民族大学、玉林师范学院、山东理工大学、湖北师范学院、黄冈师范学院、湖北民族学院、东北石油大学、湖北大学、武汉纺织大学、三峡大学、长江大学、江汉大学、福建师范大学、泉州师范学院、福建工程学院、西北民族大学、兰州理工大学、河南大学、河南科技大学、福建农林大学、华侨大学、河南理工大学、暨南大学(211大学)、南昌大学(211大学)、苏州大学(211大学)、重庆大学

(教育部直属、985大学、211大学)、兰州大学(教育部直属、985大学、211大学)、四川大学(教育部直属、985大学、211大学)、广西大学(211大学)、华南理工大学(教育部直属、985大学、211大学)、厦门大学(教育部直属、985大学、211大学)、福州大学(211大学)、淮阴工学院、常州工学院、华中科技大学(教育部直属、985大学、211大学)、山东大学(教育部直属、985大学、211大学)、吉林大学(教育部直属、985大学、211大学)、中南大学(教育部直属、985大学、211大学)、华东理工大学(教育部直属、211大学)、武汉理工大学(教育部直属、211大学)、延边大学(211大学)、湖南大学(教育部直属、985大学、211大学)、湖南师范大学(211大学)、河北科技大学、云南大学(211大学)、内蒙古大学(211大学)、长安大学(教育部直属、211大学)、西北大学(211大学)、新疆大学(211大学)、江南大学(教育部直属、211大学)、天津科技大学、德州学院、天津大学(教育部直属、985大学、211大学)、郑州大学(211大学)、中国海洋大学(教育部直属、985大学、211大学)、安徽理工大学、安徽大学(211大学)、昌吉学院、台州学院、浙江海洋学院、辽宁科技大学、新疆师范大学、西南民族大学、成都理工大学、中北大学、太原科技大学、五邑大学、山西大同大学、温州大学、西南石油大学、扬州大学、江苏大学、东华理工大学、淮海工学院、盐城工学院、常州大学、江西理工大学、大连民族学院、大连大学、沈阳理工大学、大连交通大学、沈阳化工大学、长江师范学院、重庆理工大学、辽东学院、井冈山大学、重庆三峡学院、九江学院、宿州学院、太原工业学院、枣庄学院、丽水学院、百色学院、钦州学院、滁州学院、宁波工程学院、滨州学院、赤峰学院、徐州工程学院、昆明学院、重庆科技学院、大庆师范学院、武汉科技大学、安庆师范学院、榆林学院、曲靖师范学院、陇东学院、淮阴师范学院、河南城建学院、河南工程学院、兰州城市学院、安顺学院、三明学院、安康学院、菏泽学院、河北联合大学、泰山学院、泰山医学院、宁夏大学(211大学)、北方民族大学、北京化工大学(教育部直属、211大学)、潍坊学院、烟台大学、石家庄学院、河北工程大学、华北科技学院、燕山大学、邢台学院、唐山学院、攀枝花学院、贵州大学(211大学)、西南大学(教育部直属、211大学)、南通大学、平顶山学院、黄淮学院、河南科技学院、信阳师范学院、安阳工学院、河南师范大学、中南民族大学、武汉轻工大学、武汉工程大学、上海师范大学、陕西科技大学、青岛科技大学、西安电子科技大学(教育部直属、211大学)、河北科技大学理工学院、武汉工商学院、哈尔滨工业大学(威海)、南京工业大学浦江学院、吉首大学张家界学院、辽宁石油化工大学顺华能源学院、嘉兴学院南湖学院、湘潭大学兴湘学院、沈阳工业大学工程学院、沈阳化工大学科亚学院、浙江大学宁波理工学院、中国石油大学(北京)(教育部直属、211大学)、宁波诺丁汉大学、中国矿业大学(北京)(教育部直属、211大学)、湖北大学知行学院、长江大学工程技术学院、武汉工程大学邮电与信息工程学院、福州大学至诚学院、福建农林大学金山学院、中国石油大学胜利学院、河北工程大学科信学院、天津大学仁爱学院、六盘水师范学院、扬州大学广陵学院、南通大学杏林学院、哈尔滨石油学院、中国矿业大学银川学院、宁夏大学新华学院、湖南师范大学树达学院、仲恺农业工程学院、山东师范大学历山学院、齐鲁理工学院、贵州理工学院、大连理工大学盘锦校区、营口理工学院、河北联合大学轻工学院、西北大学现代学院、湖北民族学院科技学院、东华理工大学长江学院、河南科技学院新科学院、太原理工大学现代科技学院、广西民族大学相思湖学院、广西科技大学鹿山学院、广西民族师范学院、兰州理工大学技术工程学院、长春工业大学、陕西理工学院、宝鸡文理学院、东北林业大学(教育部直属、211大学)、湖南理工学院、中南林业科技大学、湖南工业大学、吉林化工学院、上海工程技术大学、佛山科学技术学院、广东石油化工学院、东莞理工学院、西安建筑科技大学、内蒙古科技大学、内蒙古工业大学、内蒙古民族大学、青岛农业大学、内蒙古农业大学、黔南民族师范学院、牡丹江师范学院、黑龙江科技大学、哈尔滨理工大学、佳木斯大学、齐齐哈尔大学、郑州轻工业学院、河南工业大学、西北工业大学(985大学、211大学)、大连理工大学(教育部直属、985大学、211大学)、江苏理工学院、哈尔滨工程大学(211大学)、哈尔滨工业大学(985大学、211大学)、河北工业大学(211大学)、天津工业大学、合肥工业大学(教育部直属、211大学)、赣南师范学院、石河子大学(211大学)、三峡大学科技学院、南京理工大学泰州科技学院、东南大学成贤学院、呼伦贝尔学院、贵州工程应用技术学院、重庆文理学院、西安文理学院、湖北理工学院、塔里木大学、武汉理工大学华夏学院、荆楚理工学院、江苏大学京江学院、北京交通大学海滨学院、吉林大学珠海学院、青海大学昆仑学院、常州大学怀德学院、延安大学西安创新学院、燕山大学里仁学院、北京理工大学珠海学院、燕京理工学院、河北民族师范学院、北京石油化工学院、河北农业大学、齐鲁工业大学、四川文理学院、南阳理工学院、湖北文理学院、湖北工业大学、上海应用技术学院、太原理工大学(211大学)

◆专业名称:制药工程

◆专业代码:081302

培养目标:本专业培养具备制药工程方面的知识,能在医药、农药、精细化工和生物化工等部门从事医药产品的生产、科技开发、应用研究和经营管理等方面的高级工程技术人才。

培养要求:本专业学生主要学习有机化学、物理化学、化工原理、药物化学、生物化学、毒理学、药理学、制药工艺学和制药专业设备等方面的基本理论和基本知识,受到化学与化工实验技能、工程实践、计算机应用、科学研究与工程设计方法的基本训练,具有医药产品的生产、工程设计、新药的研制与开发的基本能力。

毕业生应获得以下几方面的知识和能力:

1.掌握化学制药、生物制药、中药制药、药物制剂技术与工程的基本理论、基本知识;

2.掌握药物生产装置工艺与设备的设计方法;

3.具有对药品新资源、新产品、新工艺进行研究、开发和设计的初步能力;

4.熟悉国家关于化工与制药生产、设计、研究与开发、环境保护等方面的方针、政策和法规;

5.了解制药工程与制剂方面的理论前沿,了解新工艺、新技术与新设备的发展动态;

6.具有创新意识和独立获取新知识的能力。

主干学科:化学、化学工程与技术、生物工程

主要课程:有机化学、生物化学、物理化学、化工原理、制药工程、药物合成反应、药物化学、药理学、药剂学、天然药物化学、应用光谱解析、制药工艺学、药用高分子材料等。

实践环节:制药工程基础实验、认识实习、生产实习、课程设计、毕业论文或设计、计算机应用及上机。

修业年限:四年

授予学位:工学学士

就业方向:制药工程专业学生毕业后可到制药工程(或医药生物技术)领域相关的生产企业、营销企业、科研院所、药品监督管理部门等企事业单位从事药品生产、管理、营销、检验监督和研发等工作,也适于报考生物技术、药学及相关专业的研究生。

开设学校:海南大学(211大学)、浙江大学(教育部直属、985大学、211大学)、延边大学(211大学)、嘉兴学院、绥化学院、新乡学院、蚌埠学院、成都学院、湘潭大学、吉首大学、青海大学(211大学)、怀化学院、南华大学、黄山学院、聊城大学、临沂大学、三峡大学、华侨大学、南昌大学(211大学)、重庆大学(教育部直属、985大学、211大学)、四川大学(教育部直属、985大学、211大学)、广西大学(211大学)、福州大学(211大学)、吉林大学(教育部直属、985大学、211大学)、中南大学(教育部直属、985大学、211大学)、辽宁大学(211大学)、江南大学(教育部直属、211大学)、德州学院、天津大学(教育部直属、985大学、211大学)、郑州大学(211大学)、济南大学、西华大学、台州学院、扬州大学、江苏大学、常州大学、大连大学、宜春学院、枣庄学院、滁州学院、梧州学院、河池学院、宜宾学院、贵阳学院、铜仁学院、凯里学院、菏泽学院、商洛学院、泰山学院、宁夏大学(211大学)、潍坊学院、烟台大学、邯郸学院、贵州大学(211大学)、西南大学(教育部直属、211大学)、山东师范大学、山东农业大学、内蒙古农业大学、中国地质大学(教育部直属、211大学)、四川农业大学(211大学)、南京理工大学(211大学)、重庆邮电大学、温州医科大学、湖州师范学院、浙江科技学院、天津商业大学、北京中医药大学(教育部直属、211大学)、河北科技大学理工学院、江苏大学京江学院、南京工业大学浦江学院、贵州大学明德学院、河南科技学院新科学院、沈阳化工大学科亚学院、浙江大学宁波理工学院、广西中医药大学、福建中医药大学、武汉生物工程学院、安徽新华学院、合肥师范学院、扬州大学广陵学院、江苏师范大学科文学院、南京中医药大学翰林学院、南华大学船山学院、湖南师范大学树达学院、湖南理工学院南湖学院、贵州理工学院、陕西服装工程学院、陕西国际商贸学院、西北大学现代学院、南昌大学科学技术学院、湖北民族学院科技学院、江西中医药大学科技学院、广西师范大学漓江学院、辽宁何氏医学院、辽宁中医药大学杏林学院、广西民族师范学院、长春工业大学、湖南科技大学、吉林农业大学、陕西科技大学、陕西中医学院、宝鸡文理学院、湖南科技学院、黑龙江大学、湖南理工学院、长春中医药大学、湖南中医药大学、吉林

化工学院、上海工程技术大学、广东海洋大学、广州中医药大学、岭南师范学院、广东药学院、云南民族大学、云南师范大学、西安理工大学、云南中医学院、西北农林科技大学(教育部直属、985大学、211大学)、皖南医学院、西安交通大学(教育部直属、985大学、211大学)、昆明理工大学、皖西学院、内蒙古工业大学、青岛科技大学、南阳师范学院、西北师范大学、青岛农业大学、广西科技大学、广西民族大学、玉林师范学院、遵义医学院、海南师范大学、广西师范大学、贵阳中医学院、内蒙古医科大学、牡丹江师范学院、黑龙江中医药大学、哈尔滨商业大学、湖北中医药大学、湖北医药学院、武汉轻工大学、黄冈师范学院、牡丹江医学院、湖北民族学院、哈尔滨理工大学、黑龙江八一农垦大学、佳木斯大学、齐齐哈尔大学、西北民族大学、兰州理工大学、河南科技大学、齐齐哈尔医学院、河南工业大学、福建农林大学、河南农业大学、中国药科大学(教育部直属、211大学)、华南理工大学(教育部直属、985大学、211大学)、东北农业大学(211大学)、太原理工大学(211大学)、大连理工大学(教育部直属、985大学、211大学)、淮阴工学院、盐城师范学院、华东理工大学(教育部直属、211大学)、武汉理工大学(教育部直属、211大学)、西南交通大学(教育部直属、211大学)、中央民族大学(985大学、211大学)、湖南师范大学(211大学)、河北科技大学、云南大学(211大学)、河北工业大学(211大学)、西北大学(211大学)、天津工业大学、天津中医药大学、天津科技大学、天津理工大学、合肥工业大学(教育部直属、211大学)、安徽工业大学、安徽理工大学、盐城工学院、浙江工业大学、杭州师范大学、浙江中医药大学、沈阳药科大学、西南民族大学、成都理工大学、中北大学、太原科技大学、四川理工学院、华南农业大学、广东工业大学、西南科技大学、山西农业大学、成都中医药大学、江西农业大学、南京工业大学、江西中医药大学、淮海工学院、江苏师范大学、南京中医药大学、大连民族学院、辽宁中医药大学、沈阳化工大学、江西科技师范大学、重庆理工大学、赣南医学院、武昌理工学院、太原工业学院、南京理工大学泰州科技学院、山东中医药大学、东南大学成贤学院、济宁医学院、安徽中医药大学、重庆文理学院、重庆科技学院、吉林农业科技学院、蚌埠医学院、武汉理工大学华夏学院、哈尔滨师范大学、辽宁科技学院、荆楚理工学院、南京师范大学泰州学院、吉林大学珠海学院、常州大学怀德学院、延安大学西安创新学院、燕京理工学院、北京联合大学、北京石油化工学院、河北农业大学、泰山医学院、北方民族大学、齐鲁工业大学、北京化工大学(教育部直属、211大学)、石家庄学院、河北北方学院、山西中医学院、四川文理学院、河南中医学院、河南科技学院、安阳师范学院、河南师范大学、湖北工业大学、武汉工程大学、上海应用技术学院、上海理工大学、河北农业大学现代科技学院、肇庆学院、武汉工程大学邮电与信息工程学院、遵义医学院医学与科技学院、湖南中医药大学湘杏学院、长春工业大学人文信息学院

◆专业名称:资源循环科学与工程专业
◆专业代码:081303T

培养目标:资源循环科学与工程专业旨在培养面向国家建设需要,适应未来科技发展,掌握循环经济工程技术方面的基础理论知识,具有扎实的基础理论、宽厚的专业知识和突出的实践能力;具备从事循环经济工程技术基础理论研究与技术开发的基本能力;能在循环经济工程技术领域从事科学研究、工程技术开发、经营管理等方面的工作,德、智、体、美全面发展的高素质人才。

培养要求:资源循环科学与工程专业学生主要学习资源循环科学与工程专业基础理论知识,通过对循环经济工程技术相关理论知识的学习与工程实训锻炼,了解我国资源分布、产业布局、环境保护等方面的基本状况,具备从事资源循环科学与工程基础理论研究与工程技术开发、经营管理等方面的工作的能力。

毕业生应获得以下几方面的知识和能力:

1.掌握新材料、新能源的基础理论和基本知识;

2.鉴别、回收、处理、初加工、深加工材料的工艺设计和设备选型能力,以及组织生产和控制质量的管理能力;

3.具有综合利用四大再生资源,开发研究新型固体废弃物复合材料及其制品的初步能力。

主要课程:传递工程、材料科学基础、循环经济概论、环境科学基础、工业废弃物处置与处理、循环经济理论与生态工业技术、系统工程导论。

修业年限:四年

授予学位:工学学士

就业方向:学生就业行业分布广泛,本专业毕业

的学生可在资源循环以及与资源综合利用相关的建材、冶金、新材料产业、原材料产业等行业从事工业规划、技术开发、工艺及设备设计、清洁生产评估与咨询等工作。

开设院校：南开大学（教育部直属、985大学、211大学）、华东理工大学（教育部直属、211大学）、大连理工大学（教育部直属、985大学、211大学）、福州大学（211大学）、湖南师范大学（211大学）、西安建筑科技大学、天津理工大学、沈阳化工大学、长春工业大学、齐齐哈尔大学

◆专业名称：能源化学工程
◆专业代码：081304T

培养目标：本专业培养掌握化学和能源转化与利用的基本理论、基本知识和基本技能，具有良好科学素养、基础扎实、知识面宽，具有创新精神和国际视野，具备在煤炭、电力、石油石化、生物质转化利用等行业从事低碳能源清洁化、可再生能源利用以及能源高效转化、化工用能评价等工作的能力的高级专门应用型人才。

培养要求：本专业学生主要学习化学工程、化学工艺、化学装置与设备、石油炼制、低碳能源转化与利用及环境保护等方面的基本理论和基本知识，受到化学与化工实验技能、工程实践、计算机应用、科学研究与工程设计方法的基本训练，具有对生产过程进行模拟优化、革新改造、对新过程进行开发设计和对新产品进行研制的基本能力。

通过学习，将具备以下几方面的能力：

1.掌握能源化学学科的基本理论及基础知识，掌握先进的设计方法及工程技术，具有基本的专业素质；

2.掌握清洁能源的制备、存储及其转化的基本技能；

3.掌握能源的清洁利用技术、可再生能源的开发利用等方面的技能；

4.掌握通过现代技术获得最新科技信息的手段，了解能源工程发展的最新动态，具有一定的调查研究与决策能力、组织管理能力，具有较强的语言表达能力；

5.具有熟练使用计算机系统解决实际问题的基本能力。

主要课程：无机化学与分析化学、物理化学、有机化学、化工热力学、化工原理、化学反应工程、石油加工工程及实验、有机化工工艺、石油炼制工程概论、能源工程概论、合成燃料化学、可再生能源工程、化工用能评价、合成燃料化工设计、能源转化催化原理、合成燃料工程、煤化工工艺学、天然气化工工艺学、能源经济学、能源化工设计、专业英语。

实践环节：主要包括专业认识实习、专业生产实习、毕业实习、专业课程设计、毕业设计（论文）等。

修业年限：四年

授予学位：工学学士

就业方向：毕业生工作领域包括：煤化工行业、天然气化工行业、电厂化工综合利用行业、生物能源化工行业、固体废物综合处理行业、石油加工行业、石油化工行业、天然气行业、城市燃气、分析检测、催化剂生产和研发行业，可以在这些行业从事设计、科学研究、技术管理等工作。

开设院校：北京化工大学（教育部直属、211大学）、华南理工大学（教育部直属、985大学、211大学）、中国石油大学（教育部直属、211大学）、合肥学院、东北电力大学、华北电力大学（教育部直属、211大学）、中国矿业大学（教育部直属、211大学）、哈尔滨工业大学（985大学、211大学）、河北科技大学、武汉工程大学

◆专业名称：化学工程与工业生物工程
◆专业代码：081305T

培养目标：化学工程与工业生物工程专业是以生物学、化学、工程学的基本理论为依据，利用酶工程、细胞工程、发酵工程研究生物产品的生产过程，研制开发新的生物工程产品以及对生物产品进行分析测定的技术。该专业培养掌握化学工程和化学工艺方面的基本理论、方法及相关的工程技术知识，具有该专业所需的制图、计算、实验、设计、分析测试和计算机应用等基本技能，具有独立进行化工产品技术及经济分析、测试和研究能力，具有化工新产品及新工艺的研究开发能力的高级专业人才。

培养要求：化学工程与工业生物工程专业学生应掌握数据化学、生物学、化学工程学的基本理论和方法，具备应用化学与生物学知识实现工业规模的分子转化与加工的综合技能与能力。

毕业生应获得以下几方面的知识和能力：

1.掌握化学工程和化学工艺方面的基本理论、方

法及相关的工程技术知识；

2.具有本专业所需的制图、计算、实验、设计、分析测试和计算机应用等基本技能；

3.具有独立进行化工产品的技术及经济分析、测试和研究的能力；

4.具有化工新产品及新工艺的研究开发能力。

主要课程：无机化学、分析化学、有机化学、物理化学、化工原理、化工制图、化工设备及机械设计、化学反应工程、化工热力学、化工工艺学、化工设计、工业催化、生物化学、仪器分析和波谱解析、计算机技术等。

实践环节：包括社会实习、社会调查、社会公益活动等，一般安排10周左右。

修业年限：四年

授予学位：工学学士

就业方向：化学工程与工业生物工程专业的毕业生可在食品、医药、能源、环保等领域从事生物产品的研制、生产，同时可到高等院校、设计和研究单位从事教学、科研、管理等方面的工作。

开设院校：清华大学（教育部直属、985大学、211大学）

0814地质类

◆专业名称：地质工程
◆专业代码：081401

培养目标：本专业培养具备基础地质学、地球物理学、地球化学、水地质学、工程地质学等地质工程方面的基本理论知识，具有从事资源地质勘查的初步能力和解决常见地质工程问题的基本能，能在资源勘查、工程勘察、设计、施工、管理等领域从事资源勘查与评价、管理和各类工程建设等方面的工作的高级工程技术人才。

培养要求：本专业学生主要学习地质工程的专业基础理论知识，掌握基础地质学、地球物理学、地球化学、水文地质学、工程地质学等方面的基本理论知识，具有应用所学基础理论和专业知识分析解决实际问题、开展科学研究和从事组织管理的基本能力。

毕业生应获得以下几个方面的知识和能力：

1.热爱地质事业，职业素养高，艰苦求实，具有勇于探索和开创的精神，爱好广泛；

2.掌握宽广的综合性知识及扎实的计算机基础，具有扎实的专业技术基础知识和基本技能；

3.掌握地质工程专业有关的基本理论，系统学习地质学、力学的基本理论，掌握工程力学、结构力学、岩土力学、地质学、水文地质学、工程地质分析、岩土工程施工技术等方面的基本理论和基本知识；

4.具有进行工程地质综合分析、勘察设计、施工设计、岩土工程施工、岩土改良的专业知识和能力，能对地质现象进行客观的分析和判断；

5.熟悉勘察技术工程的有关规范和国土资源法、环境地质保护法等法规，具有工程管理方面的基本知识和能力；

6.外语基础扎实，具有一定的外语听、说、读、写能力，能较熟练地阅读外文专业文献；

7.熟练掌握计算机应用技能，能运用计算机进行工程制图、岩土体稳定性分析、施工设计、成本概预算；

8.具有利用现代化知识传播手段进行文献检索、资料查询、信息交换的能力，掌握信息分析、信息处理的基本方法，具有一定的科学研究能力和知识更新能力。

主要课程：基础地质学、矿产地质学、水文地质学、工程地质学、地球物理勘探、地貌学及第四纪地质学、构造地质学、地球化学勘探、岩土工程勘察、钻掘工程学、基础工程施工、环境地质学、地质工程学。

实践环节：包括认识实习、生产实习、课程设计、毕业实习和毕业设计等，一般安排34周。

修业年限：四年

授予学位：工学学士

就业方向：可在资源勘查、工程勘察、设计、施工、管理等领域从事资源勘查与评价、管理和各类工程建设等方面的工作。

开设学校：南京大学（教育部直属、985大学、211大学）、同济大学（教育部直属、985大学、211大学）、贵州大学（211大学）、青海大学（211大学）、三峡大学、兰州大学（教育部直属、985大学、211大学）、福州大学（211大学）、吉林大学（教育部直属、985大学、211大学）、中南大学（教育部直属、985大学、211大学）、长安大学（教育部直属、211大学）、宿州学院、龙岩学院、南华大学、中国地质大学（教育部直属、211大学）、中国矿业大学（教育部直属、211大学）、中国石油大学（北京）（教育部直属、211大学）、六盘水师范学院、南京大学金陵学院、中国矿业大学银川学院、成都理工大学工程技术学院、山东科技大学泰山科技学院、河海大学文天学院、安徽建筑大学、西安科技大学、内蒙古工业大学、内蒙古科技大学、山东科技大学、内蒙古农业大学、河南理工大学、河海大学(教育部直属、211大学)、西南交通大学(教育部直属、211大学)、天津城建大学、安徽理工大学、成都理工大学、西南科技大学、江西理工大学、中国地质大学长城学院、河南理工大学万方科技学院、中国矿业大学(北京)(教育部直属、211大学)、重庆交通大学、防灾科技学院、石家庄经济学院、华北科技学院、辽宁工程技术大学、南昌工程学院、中国地质大学(北京)(教育部直属、211大学)、长春工程学院、长沙理工大

◆专业名称:勘查技术与工程
◆专业代码:081402

培养目标:本专业培养具备地质学、应用地球物理学等方面的基本知识,能在资源勘查、工程勘察、管理等单位从事各类资源勘查与评价、管理及工程勘察、设计、施工与监理等方面工作的高级工程技术人才。

培养要求:本专业学生在学习数学、物理、化学、外语、计算机的基础上,主要学习基础地质学、应用地球物理方面的基本理论和基本知识,受到工程师的基本训练,具有资源勘察及工程勘察的设计、施工、管理的基本能力和勘查新技术、新方法研究和开发的初步能力。本专业可以在资源勘查和工程勘察两个方向上有所侧重。

毕业生应获得以下几方面的知识和能力:

1.掌握岩土力学、地质学、水文地质学、工程地质学、应用地球物理学、应用地球化学等基本理论和基本知识;

2.掌握重力、磁法、电法、地震、测井等地球物理勘探技术,掌握钻探、掘进常用技术方法;

3.具有常用地球物理勘探、地球化学勘探的基本知识,具有从事工程勘察设计与施工、管理的基本能力,具有资源勘查与工程勘察新技术研究和开发的初步能力;

4.熟悉国家有关矿产资源、工程勘察、建筑工程方面的方针、政策和法规;

5.了解国内外资源勘查与工程勘察新技术及其发展动态;

6.掌握文献检索、资料查询的基本方法,具有初步的科学研究能力和一定的实际工作能力。

主干学科:地质资源与地质工程

主要课程:地质学、地球物理勘探、钻探工艺与设备、基础工程与施工、地球化学勘探、水文地质学、工程地质学等。

实践环节:包括认识实习、生产实习、课程设计、毕业实习和毕业设计等,一般安排34周。

修业年限:四年

授予学位:工学学士

就业方向:勘查技术与工程专业学生可从事如下科技和工程研究、设计、施工、培训和咨询等方面工作:资源勘探与开发技术、钻进(井)设备及器具、超硬材料与碎岩工具、测试技术与自动化、钻进(井)工艺与工程浆液、水工设施建设、航道治理、桩基工程、地基处理与托换、基坑工程、地质灾害治理、供水与降排水成井、岩土工程勘察、非开挖铺设地下管线、微机软件开发。

开设学校:西安石油大学、桂林理工大学、中国地质大学(教育部直属、211大学)、中国石油大学(教育部直属、211大学)、福州大学(211大学)、东南大学(教育部直属、985大学、211大学)、华东理工大学(教育部直属、211大学)、东北大学(教育部直属、985大学、211大学)、中国石油大学(北京)(教育部直属、211大学)、湖南科技大学、长春工程学院、吉林建筑大学、安徽建筑大学、昆明理工大学、山东科技大学、山东理工大学、东北石油大学、长江大学、福建工程学院、重庆大学(教育部直属、985大学、211大学)、太原理工大学(211大学)、吉林大学(教育部直属、985大学、211大学)、长安大学(教育部直属、211大学)、西北大学(211大学)、新疆大学(211大学)、合肥工业大学(教育部直属、211大学)、中国海洋大学(教育部直属、985大学、211大学)、安徽理工大学、成都理工大学、西南石油大学、南京工业大学、东华理工大学、武汉工程科技学院、河南城建学院、防灾科技学院、河北建筑工程学院、河北工程大学、石家庄铁道大学、石家庄经济学院、贵州大学(211大学)、中国地质大学(北京)(教育部直属、211大学)、南京工业大学浦江学院、长江大学工程技术学院、河北工程大学科信学院、桂林理工大学博文管理学院、成都理工大学工程技术学院、东华理工大学长江学院、中国地质大学长城学院、石家庄经济学院华信学院

◆专业名称:资源勘查工程
◆专业代码:081403

培养目标:本专业培养具备地质学的基础理论知识,掌握地质调查与勘探的室内、外工作方法,具有对矿床地质、矿床分布规律等进行综合分析和研究的初步能力,能在资源勘查、开发(开采)与管理等领域从事固体、液体、气体矿产资源勘查、评价和管理等方面工作的高级工程技术人才。

培养要求:本专业学生在学习数学、物理、化学、外语、计算机等课程的基础上,主要学习基础地质、应用地质和现代资源勘查技术等方面的基本理论和基础知识,受到资源地质调查和找矿勘查室内外工作等方面的基本训练,具有综合分析研究区域地质与矿产地质特征、矿产分布规律及工业价值,进行资源评价与矿产资源管理等方面的基本能力。本专业在培养方向上可以在矿产资源勘查、矿产资源评价与管理等方面有所侧重。

毕业生应获得以下几方面的知识和能力:

1.掌握基础地质的基本理论和基本知识;

2.掌握进行区域地质调查、矿产资源普查勘探的室内外工作方法;

3.具有对区域地质、矿床地质、成矿地质条件、矿产分布规律等进行综合分析和研究的初步能力;

4.熟悉国家有关矿产资源及环境方面的方针、政策和法规;

5.了解现代地质学的理论前沿及现代资源勘查技术的发展动态;

6.掌握文献检索、资料查询的基本方法,具有初步的科学研究能力和一定的实际工作能力。

主干学科:地质资源与地质工程

主要课程:矿物岩石学、古生物地层学、构造地质学、矿床学、能源地质学、资源勘探学、应用地球物理、应用地球化学、资源管理与评价等。

实践环节:包括认识实习、地质填图实习、生产实习、毕业实习、毕业设计(论文)等,一般安排34周。

修业年限:四年

授予学位:工学学士

就业方向:主要有固体矿产勘查、石油与天然气地质勘查两个大领域的就业方向,一方面可以在相关的科研机构或者高等院校进行研究、教育工作,另一方面可以选择一些企事业单位从事相关的资源勘查工作,如:地质工程师、前期报建经理、地质勘探人员、物探人员、能源开采人员、高级地质工程师、地质勘查工程师、技术工程师、销售工程师、水文地质工程师、采矿工程师等岗位。

开设学校:中国石油大学(教育部直属、211大学)、中国地质大学(教育部直属、211大学)、江西理工大学、华东理工大学(教育部直属、211大学)、长安大学(教育部直属、211大学)、中国石油大学(北京)(教育部直属、211大学)、长江大学工程技术学院、中国石油大学胜利学院、新疆工程学院、贵州理工学院、东华理工大学长江学院、湖南科技大学、西藏大学(211大学)、青海大学(211大学)、长春工程学院、南华大学、昆明理工大学、西安科技大学、西安石油大学、桂林理工大学、山东科技大学、东北石油大学、长江大学、福州大学(211大学)、太原理工大学(211大学)、吉林大学(教育部直属、985大学、211大学)、东北大学(教育部直属、985大学、211大学)、西北大学(211大学)、新疆大学(211大学)、合肥工业大学(教育部直属、211大学)、成都理工大学、西南石油大学、东华理工大学、宿州学院、中国地质大学长城学院、武汉工程科技学院、赤峰学院、重庆科技学院、中国矿业大学(北京)(教育部直属、211大学)、哈尔滨师范大学、河南工程学院、防灾科技学院、河北联合大学、河北工程大学、石家庄经济学院、贵州大学(211大学)、辽宁工程技术大学、武汉工程大学、黑龙江科技大学、中国地质大学(北京)(教育部直属、211大学)、东北大学秦皇岛分校、石家庄经济学院华信学院

◆专业名称:地下水科学与工程
◆专业代码:081404T

培养目标:本专业旨在培养德、智、体全面发展,具备较扎实的基础理论知识和较宽的地下水科学基础理论、基本知识和技能的素质高、有创新精神,适合21世纪社会经济发展需要的高级专门人才。

培养要求:本专业学生应掌握地下水科学与工程学的基本理论和方法,具备科学研究的能力。

毕业生应获得以下几方面的知识和能力:

1.毕业生具有扎实的数理基础知识和英语水平;

2.掌握计算机基础理论和基本操作,具备一定的编程能力;接受工程制图、科学运算、实验与测试等方面的基本训练,具有较好的人文社会科学素质;

3.具有良好的体魄和健康的身心及一定的军事基本知识；

4.系统掌握地下水与工程的基本理论和文献检索、资料查询的方法；

5.受到应用基础研究和技术开发方面的科学思维和科学试验训练，具有良好的科学素养；

6.初步具备地下水资源评价、勘探、开发、管理以及工程地质、地质灾害的勘查、规划、设计、施工和治理的能力，了解地下水科学与工程的发展动向，具有独立分析和解决实际问题的基本能力。

主要课程：地下水科学概论、地下水水力学、地下水水化学、地下水工程概论、岩土环境工程、地下水资源评价与开发利用、岩土力学、地质灾害与防治以及数学物理方法、第四纪地质与地貌、综合地质学等。

实践环节：地质测量、水文地质专业实习、毕业(设计)论文。

修业年限：四年

授予学位：工学学士

就业方向：可在国土资源、水利、城建、环保、煤炭、冶金、交通等部门的相关单位(如水利勘察设计研究院、电力设计研究院、煤炭设计研究院、建筑设计研究院、地热开发设计院及各种工程施工单位等)以及中外合资企业、教育部门、部队的相关领域从事与地下水科学与工程相关的科研、教学、管理、设计和生产等方面的工作，也可在地下水科学与工程、水文学及水资源等专业继续深造。

开设院校：中国地质大学(教育部直属、211大学)、吉林大学(教育部直属、985大学、211大学)、长安大学(教育部直属、211大学)、成都理工大学

0815 矿业类

◆专业名称：采矿工程
◆专业代码：081501

培养目标：本专业培养具备固体(煤、金属及非金属)矿床开采的基本理论和方法，具备采矿工程师的基本能力，能在采矿领域等方面从事矿区开发规划、矿山(露天、井下)设计、矿山安全技术及工程设计、监察、生产技术管理科学研究的高等工程技术人才。

培养要求：本专业学生主要学习岩体工程力学、采矿及矿山安全和工程方面的基本理论和基本技术，受到采矿工程师的基本训练，具有矿区规划、矿山开采设计、岩层控制技术、矿山安全技术及工程设计方面的基本能力。

毕业生应获得以下几方面的知识和能力：

1.掌握采矿学科的基本理论和基本知识；

2.掌握矿区开发、矿井开采、巷道开拓的设计方法；

3.掌握矿山压力及岩体工程监测、矿井通风与空调、矿山安全以及矿井灾害预防等技术；

4.具有先进的生产组织和技术管理基本能力以及新工艺、新技术研究和开发的初步能力；

5.熟悉国家有关采矿工业的基本方针、政策和法规；

6.掌握文献检索、资料查询的基本方法，具有一定的科学研究和实际工作能力。

主干学科：力学、矿业工程

主要课程：岩体力学、工程力学、采矿学、矿井通风与安全、电工与电子技术、采矿机械、矿山企业管理与技术经济分析等。

实践环节：包括地质与测量实习、采矿认识、生产及毕业实习、计算机应用及上机操作、课程设计(机械零件、采矿、矿井通风与安全等)、毕业设计。

修业年限：四年

授予学位：工学学士

就业方向：在煤矿、金属矿场、石油和天然气的开采企业、宝石的开采企业、矿务局、矿山管理处、特殊地下工程建设公司(隧道、蓄水坝等)、采矿设备配件供应公司、矿山测量工程所等从事技术工作，在国土规划、环保和河道管理等与城市基础建设有关的政府机关工作。

开设学校：太原理工大学(211大学)、中国地质大学(教育部直属、211大学)、河海大学(教育部直属、211大学)、中国矿业大学(教育部直属、211大学)、新疆工程学院、六盘水师范学院、吕梁学院、中国矿业大学银川学院、西安科技大学高新学院、河北联合大学轻工学院、湖南科技大学、湘潭大学、昆明理工大学、西安科技大学、内蒙古工业大学、内蒙古科技大学、山东科技大学、山东理工大学、黑龙江科技大学、河南理工大学、福州大学(211大学)、北京科技大学(教育部直属、211大学)、中南大学(教育部直属、985大学、211大学)、重庆大学(教育部直属、985大学、211大学)、东北大学(教育部直属、985

大学、211大学)、新疆大学(211大学)、安徽理工大学、辽宁石油化工大学、辽宁科技大学、山西大同大学、西南科技大学、东华理工大学、江西理工大学、呼伦贝尔学院、贵州工程应用技术学院、龙岩学院、武汉科技大学、中国矿业大学(北京)(教育部直属、211大学)、宜宾学院、陇东学院、辽宁科技学院、河南工程学院、河北联合大学、河北工程大学、华北科技学院、贵州大学(211大学)、攀枝花学院、辽宁工程技术大学、武汉工程大学、辽宁石油化工大学顺华能源学院、山东科技大学泰山科技学院、江西理工大学应用科学学院、太原理工大学现代科技学院、河南理工大学万方科技学院

◆专业名称:石油工程
◆专业代码:081502

培养目标:本专业培养具备工程基础理论和石油工程专业知识,能在石油工程领域从事油气钻井工程、采油工程、油藏工程、储层评价等方面的工程设计、工程施工与管理、应用研究与科技开发等方面工作,获得石油工程师基本训练的高级专门技术人才。

培养要求:本专业学生主要学习数学、物理、化学、力学、地质学、工程科学的基础理论和与石油工程有关的基本知识,受到石油工程方面的基本训练,具有进行油气田钻井、采油及油气开发工程的设计、施工、管理以及初步的应用研究和科技开发的基本能力。

毕业生应获得以下几方面的知识和能力:

1.掌握数学、物理、化学、力学、地质学、计算机科学及与石油工程有关的基本理论、基本知识;

2.具有应用数学、地质学方法及系统的力学理论进行油气田开发设计的基本能力;

3.具有应用基础理论和基本知识进行油气钻采工程设计的基本能力;

4.具有一般钻采工具和设备部件机械设计的初步能力;

5.具有运用基础理论分析和解决石油工程实际问题、进行技术革新和科学研究的初步能力;

6.具有应用系统工程方法和现代经济知识进行石油工程生产、经营与管理的初步能力。

主干学科:石油与天然气工程

主要课程:技术经济学、油气田开发地质、工程力学、计算机程序设计、流体力学、渗流力学、钻井工程、采油工程、油藏工程、油田化学、钻采新技术等。

实践环节:包括普通地质实习、金工实习、生产实习、毕业实习、毕业设计等,一般安排30周。

修业年限:四年

授予学位:工学学士

就业方向:主要到石油工程领域从事油气钻井与完井工程、采油工程、油藏工程、储层评价等方面的工程设计、工程施工与管理、应用研究与科技开发等方面的工作。

开设学校:延安大学、长江大学、常州大学、榆林学院、燕山大学、山东科技大学、中国石油大学(教育部直属、211大学)、中国地质大学(教育部直属、211大学)、中国石油大学(北京)(教育部直属、211大学)、长江大学工程技术学院、中国石油大学胜利学院、哈尔滨石油学院、陕西科技大学、广东石油化工学院、西安石油大学、东北石油大学、辽宁石油化工大学、成都理工大学、西南石油大学、重庆科技学院、陇东学院、兰州城市学院、河北联合大学、中国地质大学(北京)(教育部直属、211大学)、武汉工程大学

◆专业名称:矿物加工工程
◆专业代码:081503

培养目标:本专业培养从事矿物(金属、非金属、煤炭)分选加工和矿产资源综合利用领域内的生产、设计、科学研究与开发及技术改造与管理的高等工程技术人才。

培养要求:本专业学生主要学习数学、物理、化学、力学、矿物学、选矿学、机械工程、资源综合利用等方面的基本理论和基础知识,受到实验研究、工程设计方法、生产管理、计算机应用等方面的基本训练,具有矿物加工方面的研究、设计与生产管理方面的基本能力。

毕业生应获得以下几方面的知识和能力:

1.掌握有关化学、有机化学、电磁学、工程流体力学等基本理论、基础知识和基本技能;

2.掌握本专业所必需的矿物学与岩石学、机械、电工与电子技术、计算机应用的基本知识和技能;

3.掌握矿物(金属、非金属、煤炭)材料科学的基本知识及材料性能检测、研究方法及产品质量控制的基本知识和技能;

4.掌握矿物加工厂工程设计方法,并具有进行

工艺设计的能力；

5.具有矿物加工常规机、电设备的事故处理与设备维护的基本知识和初步的科学研究的能力。

主干学科：矿业工程

主要课程：物理化学、工程流体力学、选矿学、矿物加工厂工艺设计、矿物加工试验研究方法、技术经济分析与生产管理等。

实践环节：金工实习、认识实习、生产实习、毕业实习、专业实验、计算机应用及上机实践、课程设计、毕业设计(论文)等，一般安排不少于30周。

修业年限：四年

授予学位：工学学士

就业方向：在矿产资源利用领域的设计研究单位、厂矿企业及政府机关从事矿物(金属、非金属、煤炭)分选加工及金属矿物、非金属矿物资源综合利用领域内的技术改造、生产、设计、决策、科学研究、开发及管理工作，也可从事高等学校的教学与科研工作。

开设学校：中国矿业大学(教育部直属、211大学)、沈阳理工大学、六盘水师范学院、中国矿业大学银川学院、文山学院、河北联合大学轻工学院、昆明理工大学、西安科技大学、内蒙古科技大学、山东科技大学、山东理工大学、黑龙江科技大学、河南理工大学、福州大学(211大学)、太原理工大学(211大学)、北京科技大学(教育部直属、211大学)、中南大学(教育部直属、985大学、211大学)、东北大学(教育部直属、985大学、211大学)、武汉理工大学(教育部直属、211大学)、长安大学(教育部直属、211大学)、安徽工业大学、安徽理工大学、辽宁科技大学、西南科技大学、江西理工大学、枣庄学院、武汉科技大学、中国矿业大学(北京)(教育部直属、211大学)、河北联合大学、石家庄经济学院、华北科技学院、贵州大学(211大学)、攀枝花学院、辽宁工程技术大学、湖北大学、武汉工程大学、辽宁石油化工大学顺华能源学院、江西理工大学应用科学学院

专业名称：油气储运工程
专业代码：081504

培养目标：本专业培养具备工程流体力学、物理化学、油气储运工程等方面知识，能在国家与省、市的交通运输规划与设计部门、油气储运管理部门等从事油气储运工程的规划、勘查设计、施工项目管理和研究、开发等工作的高级工程技术人才。

培养要求：本专业学生主要学习油气储运工艺、设备与设施方面的基本理论和基本知识，受到识图制图、上机操作、工程测量、工程概预算的基本训练，具有进行油气储运系统的规划、设计与运行管理的基本能力。

毕业生应获得以下几方面的知识和能力：

1.掌握工程流体力学、工程热力学、传热学、物理化学和化工过程方面的基本理论和基本知识；

2.掌握油气质量检测、油气储运设备的防腐与安全保障技术；

3.具有油气储运系统的规划、设计与运行管理的初步能力；

4.熟悉油气储运行业的方针、政策和法规；

5.了解油气储运工程的理论前沿和发展动态；

6.掌握文献检索、资料查询的基本方法，具有初步的科学研究和实际工作能力。

主干学科：工程流体力学、油气储运工程学

主要课程：工程力学、工程流体力学、工程热力学、传热学、物理化学、泵与压缩机、电工与电子技术、油气管道设计与管理、油气集输、油库设计与管理等。

实践环节：包括工程制图、测量实习、金工实习、施工实习等，一般安排18周。

修业年限：四年

授予学位：工学学士

就业方向：在输油输气管道公司、管道或油田设计研究院、城市燃气公司、部队等行业与部门从事科研、管理、设计施工等工作。

开设学校：山东科技大学、中国石油大学(教育部直属、211大学)、中国石油大学(北京)(教育部直属、211大学)、中国石油大学胜利学院、吉林化工学院、广东石油化工学院、西安石油大学、青岛科技大学、兰州理工大学、哈尔滨商业大学、东北石油大学、长江大学、华东理工大学(教育部直属、211大学)、武汉理工大学(教育部直属、211大学)、中国民航大学、浙江海洋学院、沈阳工业大学、辽宁石油化工大学、太原科技大学、西南石油大学、常州大学、沈阳化工大学、钦州学院、宁波工程学院、滨州学院、重庆科技学院、榆林学院、常州大学怀德学院、兰州城市学院、北京石油化工学院、辽宁石油化工大学顺华能源学院、浙江海洋学院东海科学技术学院

◆专业名称：矿物资源工程

◆专业代码：080105T

培养目标：矿物资源工程专业是1999年在原采矿工程专业的基础上改造而成的本科专业，不同的院校开设的培养方向有所不一样，主要来说有以下几种：矿物资源开发工程（有些也称采矿工程）、矿物加工工程、安全工程、矿物资源开发工程（采矿工程）方向培养从事矿物资源开发的高级工程技术人才，培养学生在矿物资源开发、现代矿山开采系统的规划设计与开发、工程设计、企业生产与经营、技术与行政管理、安全技术及监督、科学研究与技术革新、矿山生产管理等方面的基本能力和创新意识。

培养要求：矿物资源工程专业学生主要学习自然矿产资源的开发与加工利用方面的基本理论和基本知识，受到规划设计、设备选型与计算、工艺流程确定、试验研究等方面的基本训练，掌握矿业投资、企业生产与经营、技术与行政管理、工艺革新等方面的基本能力。

毕业生应获得以下几方面的知识和能力：

1.掌握本专业必需的自然科学、工程技术的基础知识；

2.掌握岩石力学、地质学、工程地质、凿岩爆破、采矿学的基本原理和基本知识，具有矿山生产管理和工程设计的初步能力，具有较强的工程实践能力；

3.具有工程制图、计算机辅助设计和用计算机进行数据处理及分析的能力；

4.掌握一门外国语，具有听、说、写、熟练阅读本专业外文资料的能力；

5.掌握文献检索、信息查询的基本方法，具有新工艺、新技术研究与开发的初步能力；

6.熟悉国内外矿产资源的基本情况，掌握我国矿产资源开发的基本方针、政策和法规，了解矿物资源工程学科发展的理论前沿和发展动态。

主要课程：工程力学、工程化学、流体力学、地质学与矿物学、矿床地质与油气田地质、岩石力学与爆破工程、矿床开采、油气田钻探与开发、矿物加工与利用、技术经济学等。

修业年限：四年

授予学位：工学学士

就业方向：学生毕业后适合在铁路、公路、爆破、安全、规划设计、生产经营、投资、管理、教育与科研等部门从事教学、科研与管理工作。

开设院校：中国矿业大学（北京）（教育部直属、211大学）、中国矿业大学（徐州）、中南大学（教育部直属、985大学、211大学）、武汉理工大学（教育部直属、211大学）、辽宁工程技术大学、山东科技大学、东北大学（教育部直属、985大学、211大学）、太原理工大学（211大学）、西安科技大学、昆明理工大学、长安大学（教育部直属、211大学）

◆专业名称：海洋油气工程

◆专业代码：081506T

培养目标：本专业培养德、智、体、美全面发展，具有工科基础理论和海洋工程、石油与天然气工程专业知识，能在海洋油气资源开发领域从事海洋油气专用结构物工程设计、海洋油气开发方案设计、海洋钻井工程设计、海洋采油采气工程设计、海洋平台生产与管理、海洋油气集输等方面工作，接受过工程师基本训练的高级应用型人才。

培养要求：海洋油气工程专业以海洋钻井、海洋采油工艺为主要学习内容。除要求具备一般的油气开采理论与技术外，以海洋特殊环境条件、特殊工作平台为背景，培养专业面较宽、外语突出、掌握海洋钻井、海洋采油工艺理论与技术的复合型人才，以适应中国海洋石油工业的发展需要。

毕业学生应获得以下几方面的知识和能力：

1.具有扎实的物理化学基础，熟练掌握一门外语并具有一定的译、听、说和初步的写作能力；

2.掌握油气储运的规划、设计、管理等知识；

3.了解油气储运工程的理论前沿和发展动态；

4.掌握文献检索、资料查询的基本方法，具有一定的科学研究和实际工作能力；

5.具有国际视野和一定的跨文化交流、竞争与合作能力。

主要课程：工程制图、工程力学、工程流体力学、计算机应用、大学外语、海洋平台工程、石油地质学、海洋钻井工程、海洋采油工程等。

修业年限：四年

授予学位：工学学士

就业方向：主要在国家与省、市发展规划部门、交通运输规划部门与设计部门、石油石化企业与城市燃气企业等从事油气储运工程的规划、勘查设计、施工项目管理和研究、油品应用、石油营销及管理等工作。

开设院校：中国石油大学（北京）（教育部直属、211大学）、中国地质大学（北京）（教育部直属、211大学）、东北石油大学、西南石油大学、长江大学、西安石油大学、中国石油大学（华东）（教育部直属、211大学）、浙江海洋学院

0816纺织类

◆专业名称：纺织工程
◆专业代码：081601

培养目标：本专业培养具备纺织工程方面的知识和能力，能在纺织企业、科研、教学等部门从事纺织品设计开发、纺织工艺设计、纺织生产质量控制、生产技术改造以及具有经营管理初步能力的高级工程技术人才。

培养要求：本专业学生主要学习纺织工程方面的基本理论和基本知识，受到纺织品设计、纺织工艺设计等方面的基本训练，具有纺织品生产管理方面的基本能力。

毕业生应获得以下几方面的知识和能力：

1.掌握纺织工程学科的基本理论、基本知识；

2.掌握纺织品生产技术；

3.具有纺织品设计和纺织工艺设计的基本技能；

4.熟悉与纺织工业有关的方针、政策和法规；

5.了解纺织科技的发展动态；

6.掌握文献检索、资料查询的基本方法，具有初步的科学研究和实际工作能力。

主干学科：纺织科学与工程、机械工程

主要课程：机械设计基础、电工与电子技术、微型计算机原理及应用、纺织加工化学、纺织材料学、纺纱学、织造学、纺织品设计学、企业经管与管理。

实践环节：包括金工实习、计算机上机实习、生产实习、纺织工艺与产品设计、毕业设计（论文）。

主要专业实验：纱线试纺、机织物分析与织造、针织物分析与织造。

修业年限：四年

授予学位：工学学士

就业方向：纺织工程专业的毕业生有广阔的发展前途，可在纺织企业、科研机构从事纺织品设计开发、纺织工艺设计、纺织生产质量控制、生产技术改造及经营管理等工作，也能在高校从事教学与科研工作。

开设学校：东华大学（教育部直属、211大学）、西昌学院、青岛大学、闽江学院、四川大学（教育部直属、985大学、211大学）、新疆大学（211大学）、江南大学（教育部直属、211大学）、德州学院、嘉兴学院、辽东学院、西南大学（教育部直属、211大学）、南通大学、长春工业大学、安徽财经大学、浙江理工大学、武汉纺织大学外经贸学院、嘉兴学院南湖学院、烟台南山学院、南通大学杏林学院、陕西服装工程学院、江西服装学院、绍兴文理学院元培学院、西安工程大学、湖南工程学院、上海工程技术大学、安徽工程大学、内蒙古工业大学、兰州理工大学、广西科技大学、山东理工大学、齐齐哈尔大学、武汉纺织大学、中原工学院、太原理工大学（211大学）、河北科技大学、天津工业大学、安徽农业大学、五邑大学、绍兴文理学院、盐城工学院、大连工业大学、河北科技大学理工学院、河南工程学院、河南科技大学、苏州大学（211大学）、浙江理工大学科技与艺术学院

◆专业名称：服装设计与工程
◆专业代码：081602

培养目标：本专业培养具备服装设计、服装结构工艺及服装经营管理理论知识和实践能力，能在服装生产和销售企业、服装研究单位、服装行业管理部门及新闻出版机构等从事服装产品开发、市场营销、经营管理、服装理论研究及宣传评论等方面工作的高级专门人才。

培养要求：本专业学生主要学习服装学科的基本理论和基本知识，受到服装设计方法和成衣结构工艺方面的基本训练，具有从事服装开发、设计、生产管理和营销等方面工作的基本能力。

毕业生应获得以下几方面的知识和能力：

1.掌握服装学科的基本理论、基本知识；

2.具有较扎实的人文学科和工程技术基础知识，较高的文化艺术素养和较强的审美能力；

3.掌握服装款式、结构、工艺设计方法和成衣化生产工艺技术；

4.具有独立完成服装设计构思、效果图、基础纸样和推板及确定加工工艺与成衣制作的基本能力，并能较熟练地运用计算机进行服装辅助设计；

5.掌握主要服装材料的结构性能和特点，具有服装材料的选择、鉴别和初步开发的能力；

6.具有服装生产管理、市场预测和市场营销的基本能力。

主干学科：艺术学、纺织科学与工程

主要课程：服装设计、服装色彩、服装材料、服装结构、成衣纸样与工艺、服装CAD、服装生产与管理、服装工业制板、服装市场营销、服装史、美学、服装工效学。

实践环节：包括素描实习、缝制工艺实习、成衣工艺实习、服装市场调研、创作实践、计算机上机实习、毕业设计及论文等，一般安排不少于30周。

修业年限：四年

授予学位：文学或工学学士

就业方向：在国内外品牌企业从事成衣款式与版型设计、服装数字化技术开发与应用、品牌策划与商品企划、零售管理与国际贸易、市场营销与管理、生产线组织与工艺管理、质量控制与成品检验、功能防护服装研究与开发等工作；在政府管理部门或外资机构从事相关研发工作；在高等院校从事相关教学与研发工作。

开设学校：广州美术学院、湖南科技大学、广西科技大学、苏州大学(211大学)、四川大学(教育部直属、985大学、211大学)、沈阳师范大学、天津科技大学、江西科技学院、金陵科技学院、烟台南山学院、安徽三联学院、江西服装学院、广东科技学院、无锡太湖学院、陕西科技大学、西安工程大学、湖南工程学院、安徽工程大学、惠州学院、青岛大学、南阳师范学院、福建师范大学、泉州师范学院、黄河科技学院、中原工学院、闽江学院、东华大学(教育部直属、211大学)、吉林大学(教育部直属、985大学、211大学)、河北科技大学、济南大学、新疆大学(211大学)、江南大学(教育部直属、211大学)、德州学院、浙江理工大学、嘉兴学院、浙江科技学院、五邑大学、深圳大学、温州大学、四川师范大学、重庆师范大学、盐城工学院、辽东学院、宿州学院、河南工程学院、河北美术学院、北京服装学院、泰山学院、西南大学(教育部直属、211大学)、广东白云学院、南通大学、河南科技学院、武汉纺织大学、长春工程学院、长沙理工大学、河南科技大学、齐鲁工业大学、沈阳航空航天大学、嘉兴学院南湖学院、邢台职业技术学院、大连工业大学艺术与信息工程学院、厦门理工学院、福建师范大学闽南科技学院、闽南理工学院、华南农业大学珠江学院、东北师范大学人文学院、苏州大学应用技术学院、苏州大学文正学院、南通大学杏林学院、哈尔滨华德学院、广东海洋大学寸金学院、陕西服装工程学院、陕西科技大学镐京学院、陕西国际商贸学院、绍兴文理学院元培学院、浙江理工大学科技与艺术学院、南昌大学共青学院、广西科技大学鹿山学院、长春工业大学、吉林工程技术师范学院、上海工程技术大学、华南农业大学、内蒙古工业大学、内蒙古农业大学、山东工艺美术学院、郑州轻工业学院、太原理工大学(211大学)、天津工业大学、安徽农业大学、四川理工学院、广东工业大学、绍兴文理学院、大连工业大学、辽宁工业大学、江西科技师范大学、湖南涉外经济学院、常熟理工学院、重庆文理学院、湖北理工学院、中原工学院信息商务学院、北京理工大学珠海学院、广东技术师范学院、南昌理工学院

◆专业名称：非织造材料与工程
◆专业代码：081603T

培养目标：本专业培养具有扎实的纺织及材料科学方面基础知识和能力，适应现代新材料迅速发展趋势，能在非织造材料与产品制造领域从事科学研究、技术开发、工艺和装备设计、环境保护、国内外贸易、产品设计、新产品研制、工程应用及营销与管理等工作的社会急需的复合型高级专门人才。

培养要求：本专业学生应具有扎实的纺织及材料科学方面的基础知识和能力，能适应现代新材料迅速发展的趋势，能在非织造材料与产品制造领域从事科学研究、技术开发、工艺和装备设计、环境保护、国内外贸易、产品设计、新产品研制、工程应用及营销与管理等工作。

毕业生应具备以下专业知识与能力：

1.具有扎实的纺织及材料科学方面的基础知识和能力；

2.了解现代新材料的发展趋势；

3.了解非织造材料与工程的理论前沿和发展动态；

4.掌握文献检索、资料查询的基本方法，具有一定的科学研究和实际工作能力；

5.熟练掌握一门外语并具有一定的译、听、说和初步的写作能力。

主要课程：非织造材料与工程学、非织造布学、非织造学、非织造布后整理、非织造产品开发、非织造产品与应用、非织造工程设计、非织造产品质量与

检测、高分子物理与化学、功能纤维及其应用、复合材料、纺织材料学等。

实践环节：非织造专业认知实习、工艺上机实习和产品设计实习等现场实践课程。

修业年限：四年

授予学位：工学学士

就业方向：该专业毕业生可从事非织造材料与工程领域内的产品开发、工艺设计、设备设计与生产、生产技术管理、经营与贸易和质量检验等工作，也可就业于国内外纺织贸易、外资企业、政府部门、商检与海关、国有及私营企业、科研院所等。

开设院校：东华大学（教育部直属、211大学）、天津工业大学、南通大学、嘉兴学院、苏州大学（211大学）、武汉纺织大学、浙江理工大学、西安工程大学、河北科技大学、安徽工程大学、中原工学院、河南工程学院、陕西科技大学等

◆专业名称：服装设计与工艺教育
◆专业代码：081604T

培养目标：服装设计与工艺教育专业主动适应职业技术院校服装类专业课师资和对服装产业结构调整的需求，旨在培养掌握服装设计与工艺的基本理论和基本技能与方法，具有能将科学思维方法和实际动手能力相结合，具备服装艺术设计创新思维，熟练掌握服装造型与结构设计原理以及计算机辅助设计技能，能熟练完成服装款式及工艺制作，具有教书育人良好素质，从事中、高等职业技术教育服装设计与工艺课程教学的专业师资和从事服装设计与工艺制作的高级应用型人才。

培养要求：本专业学生应具有服装设计与工艺教育方面的基础知识和能力，能适应现代新材料迅速发展的趋势，能在服装设计领域从事服装设计及营销与管理等工作。

通过学习，将具备以下几方面的能力：

1.掌握服装设计与工艺专业的基本理论、基本知识和基本技能；

2.具有从事服装行业设计与技术研究及生产管理等方面工作的能力；

3.掌握教育理论和教学实践的基本技能，获得从事服装教学和服装研究的基本能力；

4.熟悉教育法规和教育学规律，能够运用教育学、心理学理论和现代教育技术，具有从事服装技术教学及研究的基本能力；

5.了解本专业前沿及发展趋势，掌握服装专业技术理论知识，具备创新实践能力和创业精神；

6.能够充分利用图书、期刊和网络等资源，掌握资料查询、文献检索与科技写作的方法，具有开展科学研究的初步能力。

主要课程：服装结构设计与制作、服装设计、服装CAD、服装生产管理与营销、排料与推板、服装立体裁剪、服装专业英语、时装画技法、时装画基础、服装配色与图案设计等。

实践环节：专业实训以及各校的主要特色课程。

修业年限：四年

授予学位：工学学士

就业方向：在服装行业从事服装设计与开发、服装生产工艺设计、服装打板、服装推板、服装生产工艺单编写、样衣制作、服装生产管理等工作。

开设院校：苏州大学（211大学）、湖南师范大学（211大学）、沈阳师范大学、福建师范大学、河北师范大学、河南科技学院、湖南师范大学树达学院

0817轻工类

◆专业名称：轻化工程
◆专业代码：081701

培养目标：本专业培养在染整工程、皮革工程、制浆造纸等轻纺化工领域从事工业生产、工艺设计、科学研究、技术管理和新产品开发的工程技术人才。

培养要求：本专业学生应掌握以多种天然资源及产品为原材料，通过化学、物理和机械方法加工纺织品、皮革、纸张和卷烟等的基本理论和工艺原理，获得实验操作技能、工艺设计、产品性能检测分析、生产技术管理和新产品开发研究的基本训练。

毕业生应获得以下几方面的知识和能力：

1.具有本专业所需的数学、物理、化学等自然科学基础、较强的计算机应用能力和外语综合能力；

2.系统掌握化工单元操作基础理论、工艺原理、专业理论知识和实验技术的基本技能，具有对产品进行性能分析、检测和质量控制的能力；

3.掌握轻化工程生产机械设备基本原理，具有设备选型、配套、技术改造和生产组织管理的初步能力；

4.具有新产品、新工艺、新材料、新技术研究开

发的初步能力；

5.掌握生产过程技术经济分析、环境保护和综合利用的基础知识；

6.具有创新意识和独立获取新知识的能力，了解本专业学科前沿和发展趋势。

主干学科：化学工程与技术

主要课程：无机及分析化学、有机化学、物理化学、高分子化学及物理、化工原理、生物化学。

实践环节：包括金工实习、生产实习、工艺实验、分析与检测实验、化工原理课程设计、毕业设计(论文)。

修业年限：四年

授予学位：工学学士

就业方向：合成催化剂、洗涤产品和化妆品类的技术员，也可以在制药厂、外资企业从事生产、研发工作。

开设学校：吉林农业大学、昆明理工大学、中国地质大学(教育部直属、211大学)、西昌学院、西南大学(教育部直属、211大学)、南通大学杏林学院、聊城大学东昌学院、东北林业大学(教育部直属、211大学)、东北电力大学、长沙理工大学、吉林化工学院、湖南工程学院、安徽工程大学、上海应用技术学院、青岛大学、内蒙古工业大学、青岛科技大学、内蒙古科技大学、齐齐哈尔大学、武汉纺织大学、福建农林大学、中原工学院、闽江学院、苏州大学(211大学)、广西大学(211大学)、华南理工大学(教育部直属、985大学、211大学)、四川大学(教育部直属、985大学、211大学)、东华大学(教育部直属、211大学)、华东理工大学(教育部直属、211大学)、河北科技大学、江南大学(教育部直属、211大学)、天津工业大学、天津科技大学、嘉兴学院、浙江理工大学、浙江科技学院、四川理工学院、绍兴文理学院、江西农业大学、南京林业大学、南京工业大学、盐城工学院、常州大学、大连工业大学、辽东学院、常州大学怀德学院、河南工程学院、北京服装学院、南通大学、河南科技大学、湖北工业大学、陕西科技大学、西安工程大学、齐鲁工业大学、湖北工业大学工程技术学院、南京工业大学浦江学院、河北科技大学理工学院、武汉纺织大学外经贸学院

◆专业名称：包装工程
◆专业代码：081702

培养目标：本专业培养具备包装系统设计与管理等方面的能力，能在商品生产与流通部门、包装企业、科研机构、外贸、商检等部门从事包装系统设计、质量检测、技术管理和科学研究的高级工程技术人才。

培养要求：本专业学生应掌握保护产品、方便流通、促进销售的包装基础理论，具备包装设计原理和方法、包装材料、包装印刷、包装测试、包装艺术设计、包装设计等基本知识。

毕业生应获得以下几方面的知识和能力：

1.掌握工程力学、材料学、生物学、设计美学等包装工程的基础理论；

2.掌握包装工艺、包装结构设计方法和包装测试、包装管理技术；

3.具有制定包装工艺、合理选择包装材料和包装设备的初步能力；

4.熟悉国家有关包装的方针、政策和法规；

5.了解包装学前沿和发展趋势；

6.掌握文献检索、资料查询的基本方法，具有分析解决包装工程技术问题，研究、开发包装新材料、新结构、新工艺、新设备和技术管理的初步能力。

主干学科：包装学

主要课程：高分子物理与化学、工程力学、机械设计基础、包装材料学、包装工艺学、包装结构设计。

实践环节：包括金工实习、微型计算机应用与操作、包装CAD实践、测试技术实验、课程设计、生产实习、毕业实习、毕业设计(论文)。

修业年限：四年

授予学位：工学学士

就业方向：在商品生产与流通部门、包装企业、科研机构、外贸、商检等部门从事包装系统设计、质量检测、技术管理和科学研究等工作。

开设学校：福州大学(211大学)、南昌大学(211大学)、上海大学(211大学)、武汉大学(教育部直属、985大学、211大学)、广西大学(211大学)、吉林大学(教育部直属、985大学、211大学)、江南大学(教育部直属、211大学)、郑州大学(211大学)、西华大学、西南大学(教育部直属、211大学)、北京联合大学、福建师范大学、兰州交通大学、山东工艺美术学院、中国地质大学(教育部直属、211大学)、武汉理工大学(教育部直属、211大学)、西北大学(211大学)、浙江理工大学、新疆农业大学、西安理工大学高科学院、福州大学至诚学院、湖南工业大学科技学院、仲恺农业工程学院、浙江大学宁波理工学院、北

华大学、西安工业大学、西安工程大学、陕西科技大学、东北林业大学(教育部直属、211大学)、湖南工业大学、上海理工大学、华南农业大学、西南林业大学、西安理工大学、昆明理工大学、曲阜师范大学、青岛科技大学、内蒙古农业大学、哈尔滨商业大学、黑龙江八一农垦大学、齐齐哈尔大学、河南科技大学、河南工业大学、暨南大学(211大学)、四川农业大学(211大学)、南京工程学院、北京林业大学(教育部直属、211大学)、天津科技大学、天津商业大学、安徽农业大学、浙江科技学院、沈阳农业大学、中北大学、广东工业大学、杭州电子科技大学、南京林业大学、大连工业大学、沈阳化工大学、吉林农业科技学院、重庆工商大学、北京农学院、河北联合大学、河北农业大学、北京印刷学院、齐鲁工业大学、佳木斯大学、吉林化工学院、武汉轻工大学、湖北工业大学、上海海洋大学

◆专业名称:印刷工程
◆专业代码:081703

培养目标:本专业培养具备图文信息处理及印刷复制工程知识,能在各类印刷企业和科研单位从事工艺设计、生产实施、组织管理和科学研究的高等工程技术人才。

培养要求:本专业学生主要学习彩色图像与文字处理、制版与印刷工艺的基础理论和基本知识,受到图文处理,制版与印刷工艺设计和实践的基本训练,掌握图文信息处理、制版与印刷工艺及设备、材料的选择和印刷适性测试等方面的基本能力。

毕业生应获得以下几方面的知识和能力:

1.掌握印刷光学、印刷色度学、电子出版技术、印刷工艺学、印刷材料学和印刷设备等学科的基本理论、基本知识;

2.掌握印刷工艺设计及工艺操作的基本技术;

3.具有印刷设备及材料的选择、测试和使用的基本能力;

4.具有印刷产品质量的检测、控制以及印刷生产组织、管理的初步能力;

5.具有制版与印刷新工艺、新技术和新材料的研究和开发的初步能力;

6.掌握文献检索、资料查询的基本方法,具有初步的科学研究和实际工作能力。

主干学科:光学、化学、印刷工程学

主要课程:印刷工程光学、印刷色度学、电子出版技术、高分子物理与化学、印刷工艺学、印刷材料学、印刷设备。

实践环节:包括认识实习、印刷工艺设计、图文信息处理设计、生产实习、毕业实习和社会实践,一般安排40周。

修业年限:四年

授予学位:工学学士

就业方向:在网络、通信、IT、数字媒体、新闻出版领域的出版社、期刊社、报社以及中外大型企业的文化发展部门、图书和出版工作室、网站、排版公司、广告公司以及其他传播单位从事文字技术编辑、图文编排、版面设计、出版物质量监控、出版物成本核算、印制业务管理、网络编辑、校对、出版物生产组织管理的工作,也可在各类企事业和行政机关单位从事文稿编辑出版、宣传策划等工作。

开设学校:江南大学(教育部直属、211大学)、武汉大学(教育部直属、985大学、211大学)、运城学院、山东交通学院、中国地质大学(教育部直属、211大学)、杭州电子科技大学、大连工业大学、浙江科技学院、湖南工业大学科技学院、青岛恒星科技学院、陕西科技大学、湖南工业大学、西安理工大学、内蒙古工业大学、曲阜师范大学、哈尔滨商业大学、天津科技大学、南京林业大学、荆楚理工学院、北京印刷学院、齐鲁工业大学、长沙理工大学、吉林化工学院、武汉工程大学、上海理工大学、中国人民解放军信息工程学院、东莞理工学院城市学院

0818交通运输类

◆专业名称:交通运输
◆专业代码:081801

培养目标:本专业培养具备运筹学、管理学、交通运输组织学等方面知识,能在国家及省、市的交通运输管理部门、交通运输企事业单位等从事交通运输组织、指挥、决策,交通运输企业生产与经营管理的高级技术人才。

培养要求:本专业学生主要学习运筹学、管理学、交通运输组织学方面的基本理论和基本知识,受到交通运输技术管理、商务管理、信息管理的基本训练,具有运用运输技术设备,合理组织运输生产以获

得最佳社会与经济效益的基本能力。

毕业生应获得以下几方面的知识和能力：

1.掌握运筹学、管理学、交通运输组织学等基本理论、基本知识；

2.掌握一般的最优化方法和计算机在交通运输中应用的基本技术；

3.具有交通运输组织指挥、交通运输企业生产与经营的基本能力；

4.熟悉国家关于交通运输方面的方针、政策和法规；

5.了解交通工程设备及交通运输组织管理的发展动态；

6.掌握文献检索、资料查询的基本方法，具有初步的科学研究和实际工作能力。

主干学科：运筹学、管理学、交通运输组织学

主要课程：运筹学、管理学、营销学、财务管理、运输经济学、交通运输设备、交通运输技术管理、交通运输商务管理、交通运输企业管理、交通港站与枢纽、交通运输法规等。

实践环节：包括工程制图、测量实习、港站实习等，一般安排12周。

修业年限：四年

授予学位：工学学士

就业方向：毕业生可到国家与省、市的发展规划部门、交通规划与设计部门、交通管理部门、交通工程公司等单位从事交通运输规划、交通工程设计、交通控制系统开发等方面的工作，也可在高等院校、科研院所从事教学和科学研究工作。

开设学校：长安大学（教育部直属、211大学）、青海民族大学、长春工业大学、中国农业大学（教育部直属、985大学、211大学）、上海交通大学（教育部直属、985大学、211大学）、中国地质大学（教育部直属、211大学）、东南大学（教育部直属、985大学、211大学）、中国矿业大学（教育部直属、211大学）、武汉理工大学（教育部直属、211大学）、西北大学（211大学）、北京交通大学（教育部直属、211大学）、浙江农林大学、同济大学（教育部直属、985大学、211大学）、广西大学（211大学）、天津理工大学、北京航空航天大学（985大学、211大学）、燕山大学里仁学院、现代管理大学、沈阳城市建设学院、江西科技学院、运城学院、西京学院、中国矿业大学（北京）（教育部直属、211大学）、烟台南山学院、沈阳工学院、安徽三联学院、南宁学院、蚌埠学院、哈尔滨华德学院、哈尔滨广厦学院、长安大学兴华学院、西南交通大学希望学院、南昌工学院、河北科技学院、西安交通工程学院、青岛黄海学院、同济大学浙江学院、郑州科技学院、大连科技学院、北华大学、长沙理工大学、吉林农业大学、西藏大学（211大学）、白城师范学院、东北林业大学（教育部直属、211大学）、中南林业科技大学、上海海事大学、广东海洋大学、韶关学院、西南林业大学、西安建筑科技大学、昆明理工大学、海南大学（211大学）、青岛理工大学、内蒙古工业大学、兰州交通大学、聊城大学、甘肃农业大学、广西科技大学、山东科技大学、山东交通学院、山东农业大学、山东理工大学、内蒙古农业大学、黑龙江八一农垦大学、佳木斯大学、福建工程学院、集美大学、河南科技大学、福建农林大学、河南农业大学、南京农业大学（教育部直属、211大学）、苏州大学（211大学）、华南理工大学（教育部直属、985大学、211大学）、福州大学（211大学）、淮阴工学院、华中科技大学（教育部直属、985大学、211大学）、山东大学（教育部直属、985大学、211大学）、吉林大学（教育部直属、985大学、211大学）、中南大学（教育部直属、985大学、211大学）、西南交通大学（教育部直属、211大学）、河北科技大学、大连海事大学（211大学）、内蒙古大学（211大学）、河北工业大学（211大学）、南京航空航天大学（211大学）、中国民航大学、天津职业技术师范大学、合肥工业大学（教育部直属、211大学）、德州学院、西华大学、浙江师范大学、沈阳农业大学、沈阳大学、辽宁石油化工大学、太原科技大学、广东工业大学、深圳大学、中国民用航空飞行学院、山西农业大学、江苏大学、江西农业大学、华东交通大学、南京林业大学、沈阳理工大学、大连交通大学、沈阳建筑大学、辽宁工业大学、宁波工程学院、滨州学院、集美大学诚毅学院、昆明学院、武汉科技大学、湖北理工学院、重庆交通大学、西安航空学院、郑州工业应用技术学院、江苏大学京江学院、北京交通大学海滨学院、黄河交通学院、兰州城市学院、长春科技学院、海口经济学院、齐齐哈尔工程学院、河北联合大学、宁夏大学（211大学）、鲁东大学、石家庄铁道大学、燕山大学、贵州大学（211大学）、广州航海学院、南通大学、西安思源学院、西安外事学院、安阳工学院、湖北大学、华北水利水电大学、武汉工程大学、湖北汽车工业学院、黑龙江工程学院、华南农业大学、哈尔滨工业大学（985大学、211大学）、西南交通大学（教育部直属、211大学）、哈尔滨工业大学（威海）、北京

理工大学房山分校培训中心、沈阳航空航天大学北方科技学院、浙江师范大学行知学院、浙江农林大学暨阳学院、广西大学行健文理学院、南京航空航天大学金城学院、昆明理工大学津桥学院、西安建筑科技大学华清学院、广西科技大学鹿山学院、上海工程技术大学、郑州航空工业管理学院、新疆农业大学、沈阳航空航天大学、东南大学成贤学院、上海师范大学天华学院、兰州交通大学博文学院、河北科技大学理工学院、东北石油大学、上海第二工业大学

◆专业名称:交通工程
◆专业代码:081802

培养目标:本专业培养具备交通工程和系统规划、设计与控制等方面知识,能在国家与省、市的发展规划部门、交通规划与设计部门、交通管理部门等从事交通运输规划、交通工程设计、交通控制系统开发等方面工作的高级工程技术人才。

培养要求:本专业学生主要学习系统工程学、交通工程学方面的基本理论和基本知识,受到识图制图、上机操作、工程测量、工程概预算的基本训练,掌握交通基础设施规划、设计与工程项目评价方面的基本能力。

毕业生应获得以下几方面的知识和能力:

1.掌握交通工程学科的基本理论、基本知识;

2.掌握系统工程的一般分析方法和系统控制的基本技术;

3.具有交通运输规划、交通工程设计和交通控制系统开发的初步能力;

4.熟悉国家关于交通运输规划、建设与管理的方针、政策和法规;

5.了解交通工程,特别是智能交通的发展动态;

6.掌握文献检索、资料查询的基本方法,具有初步的科学研究和实际工作能力。

主干学科:交通工程学、系统工程学

主要课程:交通工程、系统工程、交通工程经济与法规、交通规划、总图运输设计、交通港站设计、交通控制与管理、道路工程、轨道交通、交通项目评价、工程概预算等。

实践环节:包括工程制图、测量实习、汽车驾驶与检测、港站实习等,一般安排12周。

修业年限:四年

授予学位:工学学士

就业方向:从事交通规划、勘测、设计、建造、监理、管理等方面的技术和管理工作,主要面向公路、桥梁、市政、城建、公安、铁道和民航等领域,适合在公路局、交通局、市政局、建设局、设计院、高速公路建设公司、高速公路养护公司、交通管理部门等单位工作,也可到科研、教学单位工作,或继续深造。

开设学校:长安大学(教育部直属、211大学)、合肥学院、福州大学(211大学)、同济大学(教育部直属、985大学、211大学)、运城学院、新乡学院、广州大学、闽江学院、吉林大学(教育部直属、985大学、211大学)、新疆大学(211大学)、郑州大学(211大学)、西华大学、深圳大学、扬州大学、江苏大学、宁夏大学(211大学)、南通大学、青海民族大学、中国人民公安大学、桂林理工大学、中国地质大学(教育部直属、211大学)、南京理工大学(211大学)、东南大学(教育部直属、985大学、211大学)、武汉理工大学(教育部直属、211大学)、辽宁工业大学、大连交通大学、北京工业大学(211大学)、辽宁科技大学、西北大学(211大学)、北京交通大学(教育部直属、211大学)、云南大学(211大学)、浙江科技学院、北京林业大学(教育部直属、211大学)、江苏大学京江学院、哈尔滨剑桥学院、福建农林大学金山学院、湖南交通工程学院、吉林建筑大学城建学院、河北工程大学科信学院、安徽三联学院、南京工业大学浦江学院、南京理工大学紫金学院、长安大学兴华学院、河海大学文天学院、同济大学浙江学院、华东交通大学理工学院、大连科技学院、长春师范大学、长沙理工大学、东北林业大学(教育部直属、211大学)、吉林建筑大学、湖南城市学院、上海工程技术大学、佛山科学技术学院、安徽建筑大学、上海应用技术学院、西安建筑科技大学、昆明理工大学、内蒙古科技大学、青岛理工大学、内蒙古工业大学、兰州交通大学、山东科技大学、山东理工大学、内蒙古农业大学、福建工程学院、河南工业大学、西北工业大学(985大学、211大学)、山东交通学院、山东建筑大学、桂林电子科技大学、福建农林大学、河南理工大学、中国民航大学、天津城建大学、合肥工业大学(教育部直属、211大学)、新疆农业大学、太原科技大学、五邑大学、西南科技大学、中国民用航空飞行学院、南京工业大学、南昌航空大学、华东交通大学、南京林业大学、苏州科技学院、河南理工大学万方科技学院、宁波工程学院、武汉科技大学、重庆交通大学、厦门理工学院、兰州交通大学博文学院、石家庄铁道大学四方学院、河南城建学院、

黄河交通学院、北京理工大学珠海学院、青岛理工大学琴岛学院、长春建筑学院、北京建筑大学、北京联合大学、河北联合大学、北京城市学院、河北工程大学、辽宁工程技术大学、湖北大学、中南林业科技大学、华北水利水电大学、武汉轻工大学、湖北工业大学、黑龙江工程学院、上海海事大学、哈尔滨工业大学(威海)、西安建筑科技大学华清学院、西安交通工程学院、湖南交通工程学院、广东警官学院

◆专业名称:航海技术
◆专业代码:081803K

培养目标:本专业培养具备海洋船舶驾驶、船舶运输管理等方面知识,能在海洋运输各企事业单位从事海洋船舶驾驶和营运管理工作,符合国际和国家海船船员适任标准要求的高级航海技术人才。

培养要求:本专业学生主要学习现代海洋船舶驾驶、船舶运输管理的基本理论和基本知识,受到识别和运用各种航图、导航仪器仪表和GMDSS通信方面的基本训练,具有独立指挥和组织船舶航行的初步能力。

毕业生应获得以下几方面的知识和能力:

1.掌握船舶的货物运输、运营管理、海商法与远洋运输业务等方面的基础知识;

2.掌握船舶及其设备的使用、保养等基本技术;

3.具有设计航线、组织船舶航行和操作GMDSS通信设备的初步能力;

4.熟悉航海和海商法的有关法律法规;

5.了解航海和海商的发展动态;

6.掌握文献检索、资料查询的基本方法,具有初步的科学研究和实际工作能力。

主干学科:交通运输工程

主要课程:航海力学、航海气象学、电路与电机、船舶无线电技术基础、海洋船舶驾驶、海洋货物运输、海商法、船舶原理、船舶自动化基础。

实践环节:包括GMDSS操作训练、船舶教学实习等。

修业年限:四年

授予学位:工学学士

就业方向:在海洋运输各企事业单位从事海洋船舶驾驶和营运管理工作。

开设学校:大连海事大学、宁波大学、上海海事大学、上海海事职业技术学院、大连海洋大学、重庆交通大学、浙江交通职业技术学院、四川交通职业技术学院、武汉交通职业学院、集美大学、泉州师范学院、广东海洋大学、武汉理工大学(教育部直属、211大学)、广州航海学院、天津理工大学、天津海运职业学院、烟台大学、现代管理大学海事学院、浙江海洋学院、江苏海事职业技术学院、大连装备制造职业技术学院、大连航运职业技术学院、东营科技职业学院、山东科技进修学院,青岛远洋船员职业学院、山东交通学院、武汉航海职业技术学院、南通航运职业技术学院、山东海事职业学院等。

◆专业名称:轮机工程
◆专业代码:081804K

培养目标:本专业培养具备机械原理和轮机系统等方面知识,能在海洋运输各企事业单位从事轮机操纵、维修和船舶监造工作,并基本具备同类船舶二管轮任职资格的高级技术人才。

培养要求:本专业学生主要学习电机工程、电力工程方面的基本理论和基本知识,受到识图制图、机械设计、轮机工程检测的基本训练,具有操纵和维修船舶动力装置和对船舶监修、监造的初步能力。

毕业生应获得以下几方面的知识和能力:

1.掌握船舶动力装置、电器、液压、气动和机电一体化等方面的基础知识;

2.掌握轮机工况检测、轮机系统的保养和维修等基本技术;

3.具有操纵船舶动力装置、对船舶监修、监造的初步能力;

4.熟悉有关海船运输安全方面的公约和法律法规;

5.了解海洋运输船舶的发展动态;

6.掌握文献检索、资料查询的基本方法,具有初步的科学研究和实际工作能力。

主干学科:船舶与海洋工程、电气工程、控制科学与工程

主要课程:工程热力学、传热学、流体力学、理论力学、材料力学、机械设计基础、金属材料、电路与电子技术、轮机工程、轮机操作、自动化技术基础。

实践环节:包括机械工艺实习、电器工艺实习、船舶教学实习等。

修业年限:四年

授予学位:工学学士

就业方向:在海洋运输各企事业单位从事轮机操纵、维修和船舶监造工作。

开设学校:集美大学、宁波大学、钦州学院、烟台

大学、公安海警学院、上海海事大学、广东海洋大学、山东交通学院、泉州师范学院、哈尔滨工程大学(211大学)、华中科技大学(教育部直属、985大学、211大学)、武汉理工大学(教育部直属、211大学)、大连海事大学(211大学)、天津理工大学、浙江海洋学院、江苏科技大学、大连海洋大学、集美大学诚毅学院、重庆交通大学、广州航海学院、上海海洋大学、江苏科技大学苏州理工学院、渤海大学

◆专业名称:飞行技术
◆专业代码:081805K

培养目标:本专业培养具备空气动力学、飞行力学、飞行性能与操纵原理等方面知识,能在民用航空公司从事民航航线飞行驾驶,并且符合国际民航航线运输机驾驶员执照标准和营运管理规定的高级飞行技术人才。

培养要求:本专业学生主要学习飞行性能和控制原理、现代运输飞机构造等方面的基本理论和基本知识,受到识别和运用各种航图、运输机通信和空中领航的基本训练,具有民航航线飞行方面的基本能力。

毕业生应获得以下几方面的知识和能力:

1.掌握飞行性能和操作原理、航空发动机、飞机维修的基本理论和基本知识;

2.掌握现代飞行驾驶的基本技术;

3.具有民航航线飞行和空中领航的初步能力;

4.熟悉航空管制和飞行安全的有关法律法规;

5.了解飞行技术的发展动态;

6.掌握文献检索、资料查询的基本方法,具有初步的科学研究和实际工作能力。

主干学科:飞行技术、航空发动机

主要课程:飞行原理、飞机构造、航空发动机、机械设备、飞机自动飞行、空中领航、航空气象、维修工程基础、发动机维修、系统维修、飞行安全、机组资源管理等。

实践环节:包括初教机飞行训练、高教机飞行训练、外场维修机务实习等,一般安排13周。

修业年限:四年

授予学位:工学学士

就业方向:在民用航空公司从事民航航线飞行驾驶等工作。

开设学校:滨州学院、烟台南山学院、上海工程技术大学、黑龙江八一农垦大学、北京航空航天大学(985大学、211大学)、南京航空航天大学(211大学)、中国民航大学、中国民用航空飞行学院、南昌航空大学、沈阳航空航天大学、安阳工学院、云南工商学院

◆专业名称:交通设备与控制工程
◆专业代码:081806T

培养目标:交通设备与控制工程专业培养适应国家交通运输设备现代化建设和未来社会与科学发展需要,具备交通设备与控制工程及机电技术方面专业基础知识与应用能力,富有创新精神、实践能力的高素质复合型人才,能在交通设备及其相关领域从事科学研究、技术开发、设计制造、检修、运用研究、生产及经营管理、教学等方面的工作。

培养要求:本专业学生主要学习数学、外语、计算机等基础知识理论,具备基本的交通工程学科和智能交通运输系统的理论和实用技术,具有较强的分析问题和解决问题的能力。

1.具有较扎实的自然科学基础、较好的人文艺术社会科学基础及良好的语言文字表达能力,熟练掌握一门外语并较熟练地阅读该专业的外文资料;

2.较系统地掌握交通设备和机电系统设计的技术理论、基本知识和基本技能;

3.掌握交通设备整车、机电系统整体和零部件、各装置的结构性能和设计方法,制造检修的工艺方法,故障诊断、检测方法和运用能力;

4.掌握交通设备与控制工程所必需的电工电子技术和计算机基本知识技能,较系统地掌握交通设备机电系统信息与控制技术,具有解决机电一体化问题的能力;

5.具备运用计算机技术、控制技术进行交通设备设计、制造、管理的能力;

6.具有必需的实验、文献检索的能力,了解交通设备与控制工程专业科技发展的新动向和新趋势;

7.具有初步的交通设备与控制工程新技术、新工艺、新设备的研究开发、组织管理能力;

8.具有较强的创新意识和获得新知识的能力,具备从事科学研究的能力;

9.具备良好的工程实践能力、创新能力及较高的综合素质。

主要课程:计算机工程图学、理论力学、材料力学、机械设计基础、数字电子技术、控制工程基础、测试技术与信号处理、流体传动与控制、CAD/CAM技术。

修业年限：四年

授予学位：工学学士

就业方向：毕业生可从事交通设备设计制造、科技开发、检修、应用研究、运行管理等工作。

开设院校：中南大学（教育部直属、985大学、211大学）、西北工业大学（985大学、211大学）、哈尔滨工业大学（985大学、211大学）、重庆交通大学、北方工业大学、南通大学、大连交通大学、太原理工大学、西南交通大学（教育部直属、211大学）、兰州交通大学、山东交通学院、攀枝花学院

◆专业名称：救助与打捞工程
◆专业代码：081807T

培养目标：救助与打捞工程专业招收思想政治素质好，热爱救助与打捞事业，纪律性强，身体健康，吃苦耐劳的学生，培养德、智、体全面发展，了解救助与打捞相关的法律法规，掌握先进的救捞技术及专业技能，熟悉现代化的救捞设备，能在交通运输部所属的救助打捞系统、各类海洋工程公司、救助打捞装备研究、设计及制造的研究所、设计所、企业以及救助打捞技术培训的教育机构从事设计、研究、制造、检验、指挥、管理及实施等工作的高级工程技术人才。

培养要求：本专业学生主要学习救助工程、打捞工程等基础知识理论，具备基本的救助、打捞的理论和实用技术，具有较强的分析问题和解决问题的能力。

毕业生应具备以下专业知识与能力：

1.具有较扎实的学科理论知识；

2.较系统地掌握救助与打捞工程的技术理论、基本知识和基本技能；

3.掌握救助与打捞工程中的问题的分析和解决方法；

4.掌握救助与打捞工程所必需的电气、电子和信息学科的基本知识和技能；

5.具有必需的文献检索的技能，了解交通设备与控制工程专业科技发展的新动向和发展趋势；

6.具有初步的救助与打捞的能力；

7.具有较强的创新意识和获得新知识的能力。

主要课程：船舶设计原理、机械设计基础、机械制造基础、材料力学、船舶与海洋工程结构力学、流体力学、船舶静力学、航海气象学、航海概论、轮机概论、潜水技术基础、海洋工程、救助工程、打捞工程、救助与打捞政策法规、国际标准合同、救捞应急管理、救捞及海洋工程项目管理等。

修业年限：四年

授予学位：工学学士

就业方向：在交通部所属的救助打捞系统、各类海洋工程公司、救助打捞装备研究、设计及制造的研究所、设计所、企业以及救助打捞技术培训的教育机构从事设计、研究、制造、检验、指挥、管理及实施等工作。

开设院校：大连海事大学（211大学）

◆专业名称：船舶电子电气工程
◆专业代码：081808TK

培养目标：船舶电子电气工程专业培养适应船舶自动化要求，熟练掌握电气技术、电子技术（包括电力电子、通信电子）、控制技术、计算机控制及网络技术等先进知识，满足国际海事组织STCW国际公约中规定的“电气、电子和控制工程”、“维护和修理”和“无线电通信”三项高级海员职能要求，能够胜任现代船舶各项自动装置的维护和修理任务的船舶高级电子电气工程技术人才。

培养要求：本专业学生应系统地掌握本专业必需的技术基础理论，主要包括强弱电学基础理论(电路原理、模拟电子技术、数字电子技术、电力电子技术、计算机网络)，控制基础理论(单片机原理及应用、自动控制原理、PLC原理及应用)、电机学、机械基础等；熟悉有关海船运输安全方面的公约和法律法规，了解海洋运输船舶的发展动态；通过学校及国家有关主管机关规定的考试和评估，具备规定的海上资历后，可取得远洋船舶电子电气员适任证书。

毕业生应获得以下知识和能力：

1.具有较扎实的学科理论知识；

2.较系统地掌握船舶电子电气工程的技术理论、基本知识和基本技能；

3.掌握船舶电子电气工程中的问题的分析和解决方法；

4.掌握船舶电子电气工程所必需的电气、电子和信息学科的基本知识和技能；

5.具有必需的文献检索的技能，了解船舶电子电气工程专业科技发展的新动向和发展趋势；

6.具有初步的船舶电子电气工程技术的基本能力；

7.具有较强的创新意识和获得新知识的能力。

主要课程：电路原理、模拟电子技术、数字电子技术、电力电子技术、通信电子线路、自动控制原理、计算机网络应用、微机原理及应用、PLC编程及工程

应用、传感器原理及应用、电机学、交流调速、船舶电站、船舶电力拖动系统、船舶电气设备及系统、船舶机舱自动控制系统、船舶综合驾驶台系统、船舶电子电气工艺、船舶电子电气专业英语等课程。

修业年限:四年

授予学位:工学学士

就业方向:毕业生就业方向为船舶运输业、船舶修造业、船级社、海事管理部门、港口电气部门、同类院校及科研院所等。从事的主要工作有船舶电子电气设备维护、船舶电子电气生产设计、航运企业机电管理、船舶电子电气检验、海事管理、港口电气设备管理和维护、船舶电子电气专业教学及科研等。

开设院校:大连海事大学(211大学)、江苏科技大学、集美大学、上海海事大学、重庆交通大学、天津理工大学、天津海运职业学院、山东青岛黄海学院、浙江海洋学院

0819海洋工程类

◆专业名称:船舶与海洋工程
◆专业代码:081901

培养目标:本专业培养具备现代船舶与海洋工程设计、研究、建造的基本技能和管理基础知识、计算机编程及应用能力,能在船舶与海洋结构物设计、研究、制造、检验、使用和管理等部门从事技术和管理方面工作的船舶与海洋工程学科高级工程技术人员。

培养要求:本专业学生主要学习物理、数学、力学、船舶及海洋工程原理的基本理论和基本知识;掌握船舶与海洋结构物的设计方法;具有船体制图,应用计算机进行科研的初步能力;熟悉船舶与海洋结构物的建造法规和国内外重要船级社的规范;了解造船和海洋开发的理论前沿,新型舰船和海洋结构物的应用前景和发展动态;掌握文献检索、资料查询的基本方法,具有一定的科学研究和实际工作能力。

毕业生应获得以下几方面的知识和能力:

1.掌握船舶动力装置、电器、液压、气动和机电一体化等方面的基础知识;

2.掌握轮机工况检测、轮机系统的保养和维修等基本技术;

3.具有操纵船舶动力装置,履行船舶监修、监造职责的初步能力;

4.熟悉有关海船运输安全方面的公约和法律法规;

5.了解海洋运输船舶的发展动态;

6.掌握文献检索、资料查询的基本方法,具有初步的科学研究和实际工作能力。

主干学科:数学、力学、船舶与海洋工程

主要课程:理论力学、材料力学、流体力学、结构力学、船舶与海洋工程原理。

实践环节:包括金工实习(三周)、船厂实习(三周)、上舰实习(二周)等,一般总共安排8周。

修业年限:四年

授予学位:工学学士

就业方向:在船舶与海洋工程设计研究单位、海事局、国内外船级社、船舶公司、船厂、海洋石油单位、高等院校、船舶运输管理、船舶贸易与经营、海关、海上保险和海事仲裁等部门从事船舶与海洋结构物设计、研究、制造、检验、使用和管理等工作

开设学校:山东科技大学、泰山学院、中国石油大学(教育部直属、211大学)、河海大学(教育部直属、211大学)、上海交通大学(教育部直属、985大学、211大学)、中国地质大学(教育部直属、211大学)、武汉理工大学(教育部直属、211大学)、中国石油大学(北京)(教育部直属、211大学)、天津大学仁爱学院、青岛黄海学院、上海海事大学、广东海洋大学、青岛科技大学、山东交通学院、集美大学、浙江大学(教育部直属、985大学、211大学)、华南理工大学(教育部直属、985大学、211大学)、大连理工大学(教育部直属、985大学、211大学)、华中科技大学(教育部直属、985大学、211大学)、大连海事大学(211大学)、中国海洋大学(教育部直属、985大学、211大学)、天津大学(教育部直属、985大学、211大学)、淮海工学院、江苏科技大学、大连海洋大学、重庆交通大学、文华学院、鲁东大学、南通大学、哈尔滨工业大学(985大学、211大学)、浙江海洋学院、哈尔滨工业大学(威海)、解放军海军工程大学、浙江海洋学院东海科学技术学院、江苏科技大学苏州理工学院、哈尔滨工程大学(211大学)

◆专业名称:海洋工程与技术
◆专业代码:081902T

培养目标:海洋工程与技术专业培养具备海洋

科学的基本知识及海洋高新技术开发研究的能力，能从事海洋高科技、海洋资源开发及海洋工程的高级专门人才。

培养要求：本专业学生主要学习海洋高科技和海洋工程方面的基本理论和基本知识，受到海洋新技术的基本训练，具有从事海洋调查和海洋科学研究的基本能力。

毕业生应获得以下几方面的知识和能力：

1.掌握数学、物理、建筑方面的基本理论和基本知识；

2.掌握海洋工程评价方法，具有从事海洋开发的基本能力；

3.熟悉我国海洋工程、环境保护、资源利用等方面的方针、政策和法规以及海洋科技与国民经济可持续发展战略的关系；

4.了解国际海洋工程技术的发展动向；

5.掌握资料查询、文献检索以及运用现代信息技术获取相关信息的基本方法；

6.具有一定的实验设计，创造实验条件、归纳、整理、分析实验结果，撰写论文，参与学术交流的能力。

主要课程：海洋科学导论、生物海洋学、海洋地质学、海洋调查与观测技术（含出海实习）等。

实践环节：包括海上实习，毕业论文等，一般安排10~12周。主要专业实验：海洋遥感、海洋地质勘探方法、信号与信息处理、海洋工程等。

就业方向：该专业的毕业生可到海洋工程设计、研究、建造、检验等部门从事海洋结构物的研究、设计、制造、检验、贸易工作，也可从事海洋油气开发以及航运管理、海上保险等工作，还可以到海洋开发、航务工程、船舶工程、道路与桥梁工程等相近专业部门工作。

开设学院：江苏科技大学、浙江大学、杭州电子科技大学、杭州电子科技大学

◆专业名称：海洋资源开发技术
◆专业代码：081903T

培养目标：本专业培养具有海洋水产、海洋油气开发、海底采矿、海水淡化、海洋能开发等知识，能从事海洋科技研发、海洋资源开发及海洋工程评价工作的高级专门人才。

培养要求：本专业学生主要学习数学、物理的基本理论和基本知识，掌握海洋工程评价方法，具有从事海洋开发的基本能力。

通过学习，将具备以下几方面的能力：

1.掌握数学、物理的基本理论和基本知识；

2.掌握海洋高技术的基本理论和基本知识，掌握海洋工程评价方法，具有从事海洋开发的基本能力；

3.了解相近专业的一般原理和知识；

4.熟悉我国海洋科技、环境保护、资源利用等方面的方针、政策和法规以及海洋科技与国民经济可持续发展战略的关系；

5.了解海洋技术的发展动向，能跟踪国际海洋技术的发展方向；

6.掌握资料查询、文献检索以及运用现代信息技术获取相关信息的基本方法；

7.具有一定的实验设计，创造实验条件、归纳、整理、分析实验结果，撰写论文，参与学术交流的能力。

主要课程：海洋科学导论、电子科学与技术、环境科学、生物海洋学、海洋地质学、海洋调查与观测技术等。

实践环节：包括海上实习，毕业论文等。

修业年限：四年

授予学位：工学学士

就业方向：毕业生可以从事海洋生物技术、海洋资源综合利用技术的研发和深海资源勘探与开发等工作。

开设院校：中国海洋大学、大连工业大学、南京师范大学、淮海工学院、山东大学、盐城师范学院

0820航空航天类

◆专业名称：航空航天工程
◆专业代码：082001

培养目标：本专业培养具有坚实的理论基础、广博的专业知识、良好的综合能力和富有创新意识的航空航天领域高素质人才。

培养要求：该专业的学生应掌握数学、物理、动力学与控制、空气动力学、材料与结构、工程热力学、控制系统原理、飞行器总体设计、航空电子系统、飞行器制造工艺及设计、实验等方面的基础理论和专业知识，具有飞行器总体、结构与系统设计分析的能力。

毕业生应获得以下几方面的知识和能力：

1.掌握数学、物理、力学、计算机等基本理论和基本知识；

2.掌握飞行器总体、结构设计的分析方法和实验方法；

3.具有飞行器系统设计的工程能力；

4.熟悉航空航天飞行器设计的有关规范和设计手册等；

5.了解飞行器设计的理论前沿、应用前景和发展动态；

6.掌握文献检索、资料查询的基本方法，具有一定的科学研究和实际工作能力。

主干学科：航空宇航科学与技术、力学、航空宇航推进理论与工程

主要课程：空气动力学、飞行器结构力学、航空航天概论、机械设计基础、电路与电子学、自动控制原理、工程热力学、飞行器总体设计、飞行器结构设计、传热学、燃烧学、流体力学、材料力学、结构强度、材料与制造工艺、航空发动机、飞行控制、通信与导航、风洞试验、可靠性与质量控制、安全救生、环境控制、航空仪表、航空宇航制造工程、航空航天动力装置、电子对抗技术、隐身技术、飞机维修等。

实践环节：金工实习、生产实习、课程设计、专业实习、毕业设计（论文）等。

修业年限：四年

授予学位：工学学士

就业方向：可从事与航空学有关的科研、技术开发、工程设计、测试、制造、使用、维修和教学工作。

开设学校：西北工业大学（985大学、211大学）、清华大学（教育部直属、985大学、211大学）、中南大学（教育部直属、985大学、211大学）、上海交通大学（教育部直属、985大学、211大学）、北京大学（教育部直属、985大学、211大学）、沈阳航空航天大学

◆专业名称：飞行器设计与工程
◆专业代码：082002

培养目标：培养具有较好的数学、力学基础知识和飞行器工程基本理论及飞行器总体结构设计与强度分析、试验能力，能从事飞行器（包括航天器与运载端）总体设计、结构设计与研究、结构强度分析与试验，并能从事通用机械设计及制造的高级工程技术人员和研究人员。

培养要求：本专业学生主要学习飞行器设计方面的基本理论和基本知识，受到航空航天飞行器工程方面的基本训练，具有参与飞行器总体和部件设计方面的基本能力。

毕业生应获得以下几方面的知识和能力：

1.掌握飞行器设计的基本理论、基本知识；

2.掌握飞行器结构设计的分析方法；

3.具有飞行器设计的基本能力；

4.熟悉航空航天飞行器设计的方针、政策和法规；

5.了解航空航天飞行器设计的理论前沿、应用前景和发展动态；

6.掌握文献检索、资料查询的基本方法，具有一定的科学研究和实际工作能力。

主干学科：航空宇航科学与技术、力学、机械学

主要课程：材料力学、机械设计、弹性力学、结构力学、流体力学与空气动力学基础、飞行器动力学、飞行力学、力学性能与结构强度、试验技术、自动控制理论等。

实践环节：包括机械制图、金工实习、生产实习、计算机应用与上机实践、课程设计、毕业设计。

修业年限：四年

授予学位：工学学士

就业方向：在航空航天系统的设计、生产与养护部门从事飞行器的设计、结构受力与分析、故障诊断与维修、软件开发等方面的研究、计划、教育和管理工作。

开设学校：中国地质大学（教育部直属、211大学）、厦门大学（教育部直属、985大学、211大学）、复旦大学（教育部直属、985大学、211大学）、四川师范大学、西安交通大学（教育部直属、985大学、211大学）、南京理工大学、中北大学、南昌航空大学、武汉工程大学、郑州航空工业管理学院、西北工业大学（985大学、211大学）、大连理工大学（教育部直属、985大学、211大学）、哈尔滨工程大学（211大学）、北京航空航天大学（985大学、211大学）、哈尔滨工业大学（985大学、211大学）、南京航空航天大学（211大学）、沈阳航空航天大学

◆专业名称：飞行器制造工程
◆专业代码：082003

培养目标：本专业培养从事飞行器制造领域内的设计、制造、研究、开发与管理的高级工程技术和管理人才。

培养要求：本专业学生主要学习自然科学基础

知识、制造工程基本理论和飞行器制造的基本理论和知识，并通过各种实践性教学环节，培养学生运用所学的基本知识和技能，分析和解决飞行器制造工程中实际问题的能力。

毕业生应获得以下几方面的知识和能力：

1.掌握数学、力学、机械学、材料科学、电工与电子技术和计算机技术等方面的基本理论、基本知识；

2.掌握飞行器零件加工与成形工艺规程、飞行器装配工艺规程以及相关工艺装备与设备的设计技术；

3.具有现代飞行器制造过程中的技术经济分析与生产组织管理的基本能力；

4.熟悉飞行器制造的方针、政策和法规；

5.了解现代飞行器制造技术的发展动态和发展趋势；

6.掌握文献检索、资料查询的基本方法，具有一定的从事本专业范围内的新技术研究与开发的能力。

主干学科：机械工程、电子科学与技术、材料科学与工程

主要课程：理论力学、材料力学、机械原理、机械设计、航空工程材料、电工与电子技术、计算机技术、金属塑性成形原理、模具设计与制造、飞机零件加工与成形工艺等。

实践环节：包括金工实习、机械课程设计、计算机应用、专业课程设计、综合实验、电子线路实习、生产实习和毕业设计。

修业年限：四年

授予学位：工学学士

就业方向：飞行器制造领域内的设计、制造、研究、开发与管理工作。

开设学校：临沂大学、山东交通学院、西北工业大学(985大学、211大学)、同济大学(教育部直属、985大学、211大学)、中国民航大学、合肥工业大学(教育部直属、211大学)、中北大学、南昌航空大学、西安航空学院、南昌理工学院、北京航空航天大学(985大学、211大学)、桂林航天工业学院、西北工业大学明德学院、南昌航空大学科技学院、哈尔滨工业大学(985大学、211大学)、南京航空航天大学(211大学)、中国民用航空飞行学院、沈阳航空航天大学、北京理工大学珠海学院、北华航天工业学院、上海第二工业大学

◆专业名称：飞行器动力工程

◆专业代码：082004

培养目标：本专业培养具备飞行器动力装置或飞行器动力装置控制系统等方面的知识，能在航空、航天、交通、能源、环境等部门从事飞行器动力装置及其他热动力机械的设计、研究、生产、实验、运行维护和技术管理等方面工作的高级工程技术人才。

培养要求：本专业学生主要学习有关飞行器动力装置的基础理论和基本知识，受到机械工程设计、实验测试和计算机应用等方面的基本训练，具有飞行器动力装置及控制系统的设计、实验和运行维护等方面的基本能力。

毕业生应获得以下几方面的知识和能力：

1.掌握扎实的数学、力学、机械学及电子学等学科的基本理论、基本知识；

2.掌握飞行器动力装置或飞行器动力装置控制系统的原理和结构的设计和分析方法；

3.具有综合的机械工程设计的基本能力；

4.了解飞行器动力装置的应用前景和发展动态；

5.掌握文献检索、资料查询的基本方法，具有初步的科学研究和实际工作能力；

6.具有较高的人文社会科学知识修养，具有一定的组织管理能力和社会活动能力。

主干学科：机械工程、力学、动力工程与工程热物理

主要课程：机械原理及机械设计、电工与电子技术、工程力学、自动控制原理、工程热力学、传热学、动力装置原理及结构、动力装置制造工艺学等。

实践环节：包括金工实习、工程图测绘、认识实习、计算机应用与上机实践、课程设计(机械原理及机械零件课程设计、动力装置课程设计)、专业综合实验(热工综合实验、自控综合实验)、校外生产实习、毕业设计，一般安排30~35周。

修业年限：四年

授予学位：工学学士

就业方向：飞行器推进系统及热机系统的理论研究、技术开发、总体论证、方案设计、实验技术研究及技术管理等工作。

开设学校：长春大学、中国地质大学(教育部直属、211大学)、烟台南山学院、西北工业大学(985大学、211大学)、中国民航大学、南昌航空大学、西安航空学院、北京航空航天大学(985大学、211大学)、解放军空军航空大学、解放军第二炮兵工程大学、解放军空军工程大学、郑州航空工业管理学院、哈尔滨工程大学(211大学)、哈尔滨工业大学(985大学、211大学)、南京航空航天大学(211大学)、中国民用航空飞行学院、沈阳航空航天大学、电子科技大学成都学院

◆专业名称:飞行器环境与生命保障工程
◆专业代码:082005

培养目标:本专业培养具备航空、航天环境模拟及控制、生命保障系统设计与研究能力,能在航空航天领域从事环境控制与生命保障系统设计,在民用领域从事热能利用、空调、供暖等系统设计的工程技术人才。

培养要求:本专业学生主要学习航空航天生理、空间环境工程、热控系统理论、控制理论、人机系统工程等基础理论,掌握从事航空航天环境模拟、控制与生命保障系统设计与研究所必需的基本知识和技能。

毕业生应获得以下几方面的知识和能力:

1.掌握机械制图、计算机、控制和电工与电子技术的基本理论和基本知识;

2.掌握传热学、工程热力学、流体力学、空间环境工程和人机工程的基本理论;

3.掌握航空航天生理和生命保障系统的基本理论;

4.具有航空航天环境模拟与控制系统设计的基本能力;

5.具有从事民用空调、制冷系统设计的基本能力;

6.掌握文献检索、资料查阅的基本方法,具有一定的科学研究和实际工作能力。

主干学科:动力工程与工程物理、控制科学与工程

主要课程:工程热力学、传热学、空间环境工程、航空航天生理学、控制理论、人机工效学、理论力学、材料力学、空调制冷技术、航空航天环境控制系统等。

实践环节:包括工程制图、金工实习、课程设计、飞行器环境控制、毕业实习和毕业设计。

修业年限:四年

授予学位:工学学士

就业方向:航空类科研单位、飞行器生产公司等。

开设学校:中国地质大学(教育部直属、211大学)、西北工业大学(985大学、211大学)、哈尔滨工业大学(985大学、211大学)、南京航空航天大学(211大学)

◆专业名称:飞行器质量与可靠性
◆专业代码:082006T

培养目标:该专业重点培养能运用系统工程的理论和方法,掌握产品可靠性、维修性、测试性、保障性、安全性设计与试验(验证)技术的高层次、综合性、复合型高级工程技术人才。

培养要求:该专业学生主要学习飞行器设计与工程的基本理论和基本知识,掌握飞行器系统可靠性设计与分析的基本技术,具有从事飞行器质量与可靠性监测的基本能力。

毕业生应具备的专业知识与能力:

1.掌握系统工程的理论和方法;

2.掌握飞行器可靠性、维修性、测试性、保障性、安全性设计的基本技能;

3.了解相近专业的一般原理和知识;

4.了解飞行器质量与可靠性发展的前沿科技;

5.了解飞行器质量与可靠性发展动向,能跟踪飞行器质量与可靠性的发展方向;

6.掌握资料查询、文献检索以及运用现代信息技术获取相关信息的基本方法;

7.具有一定的实验设计,创造实验条件、归纳、整理、分析实验结果,撰写论文,参与学术交流的能力。

主要课程:公共基础课程、机电类专业基础课程、飞行器设计与工程专业平台课、飞行器设计系统工程、系统可靠性设计与分析、飞行器维修性设计与验证、可靠性试验技术等。

修业年限:四年

授予学位:工学学士

就业方向:该专业学生毕业后可以从事可靠性工程设计、管理和研究等工作,也可以胜任质量管理、质量工程、飞行器设计等专业的有关工作,毕业生传统的就业方向是航空、航天飞行器、舰船、兵器等专业领域。

开设院校:北京航空航天大学(985大学、211大学)、哈尔滨工程大学(211大学)、沈阳航空航天大学

◆专业名称:飞行器适航技术
◆专业代码:082007T

培养目标:飞行器适航技术专业主要培养具有扎实的基础理论知识和工程实践能力,掌握航空专业知识、适航法规、适航验证与审定技术以及适航工程管理等理论和工程实践能力的高级技术人才。

培养要求:该专业学生主要学习飞行器适航技术的基本理论和基本知识,受到飞行器适航技术的基本训练,具有从事相关工作的基本能力。

毕业生应获得以下几方面的知识和能力：

1.掌握飞行器适航技术的基本知识；

2.掌握飞行器适航技术的基本理论；

3.了解相近专业的一般原理和知识；

4.了解飞行器适航技术发展的前沿理论；

5.了解飞行器适航技术的发展动向和发展方向；

6.掌握资料查询、文献检索以及运用现代信息技术获取相关信息的基本方法；

7.具有一定的实验设计，创造实验条件、归纳、整理、分析实验结果，撰写论文，参与学术交流的能力。

主要课程：该专业主要课程有飞行器总体设计、飞行器结构设计、飞行器系统设计、航空发动机原、发动机结构与强度、发动机控制、航空电子、航空电器、机载计算机、通信与导航、飞机制造基础、现代飞机装配技术、民用航空法、航空安全工程原理、可靠性原理、飞机安全性设计与分析、适航规章、适航验证与审定技术、适航管理工程等。

修业年限：四年

授予学位：工学学士

就业方向：该专业是为适应我国民用飞机的研制、生产、使用和维护的发展需求所创办的新专业。该专业毕业生主要就业去向是：上海适航审定中心、沈阳适航审定中心等适航审定与管理部门，中国东方航空公司、中国南方航空公司、中国国际航空有限公司、深圳航空公司等民航单位，以及中国商用飞机有限责任公司、上海航空电器有限公司、上海飞机设计研究院等民用航空设计、制造单位，也可去高等学校、生产企业和管理部门从事该领域的科学研究、工程设计和科研管理等方面的工作。

开设院校：南京航空航天大学(211大学)、西北工业大学(985大学、211大学)、中国民用航空飞行学院

0821兵器类

◆专业名称：武器系统与工程

◆专业代码：082101

培养目标：本专业培养掌握火炮设计、火箭弹总体设计与动力装置、火箭炮(发射架)、自动武器、探测制导与控制技术(引信)、弹药与爆炸技术的复合型高级工程技术人才。

培养要求：本专业学生主要学习武器系统及其子系统总体技术，以及机械工程和自动化等相关民用工程技术方面的基本理论和专业知识，接受武器系统设计、技术综合、产品研制、实验测试及工程管理方面的基本训练，具备武器系统分析与综合、工程设计与计算、计算机应用、试验检测、科技管理等方面的基本能力。

毕业生应具备的专业知识与能力：

1.掌握力学、机械学、控制科学和系统工程学学科的基本理论、基本知识；

2.掌握武器系统与发射工程的分析与设计方法及产品研制技术；

3.具有使用计算机和仪器设备解决工程技术问题的基本能力；

4.熟悉国家有关技术经济和国防建设的方针、政策和法规；

5.了解当代武器系统与发射工程领域的理论前沿、应用前景和发展动态；

6.掌握文献检索、资料查询的基本方法，具有一定的科学研究和实际工作能力。

主要课程：武器系统工程、机电系统分析与设计、发射动力学、空气动力学、流体力学、弹道力学、水物理场理论、中近程探测与识别技术、现代控制理论、制导原理及系统、传感与动态检测技术、系统建模与仿真、弹药终点效应、冲击动力学、爆炸技术、安全工程学、物理化学、高分子材料与工程、火(炸)药合成、燃烧与爆炸物理学、火工烟火技术、地面武器机动系统分析与综合、液压与液力传动、车辆电子技术、导航与稳定理论、机械制造工艺学等。

修业年限：4年或5年

授予学位：工学学士

就业方向：在国家有关部门、科研单位、高等学校、部队、企业和管理部门从事武器系统以及机械系统设计、技术开发、产品制造、实验测试和科技管理等方面的工作。

开设学校：南京理工大学(211大学)、北京理工大学(985大学、211大学)、中北大学

◆专业名称：武器发射工程

◆专业代码：082102

培养目标：本专业培养具备武器系统总体和战斗载荷发射技术以及机械工程和自动化等方面的基础理论知识和工程实践能力，能在有关科研单位、高

等学校、生产企业和管理部门从事系统设计、技术开发、产品制造、实验测试和科技管理方面工作的高级工程技术人才。

培养要求:本专业学生主要学习武器系统及其发射、运载以及民用机械工程与自动化方面的基本理论和基本知识,受到系统设计、技术开发、产品研制、实验测试及工程管理方面的基本训练,具备系统分析与综合、工程设计与计算、计算机应用、试验检测方面的基本能力。

毕业生应获得以下几方面的知识和能力:

1.掌握力学、机械学、控制科学和系统工程学学科的基本理论、基本知识;

2.掌握武器系统与发射工程的分析与设计方法及产品研制技术;

3.具有使用计算机和仪器设备解决工程技术问题的基本能力;

4.熟悉国家有关技术经济和国防建设的方针、政策和法规;

5.了解当代武器系统与发射工程领域的理论前沿、应用前景和发展动态;

6.掌握文献检索、资料查询的基本方法,具有一定的科学研究和实际工作能力。

主干学科:力学、机械工程、控制科学与工程

主要课程:武器系统工程、机电控制工程、发射动力学、空气动力学、气体动力学、流体力学、弹道力学、燃气射流理论、发射系统构造与设计、水物理场理论等。

实践环节:包括金工实习、计算机上机操作、专业课程设计、生产实习、陆军靶场或海军基地实习、毕业设计等,一般安排28周。

修业年限:四年或五年

授予学位:工学学士

就业方向:部队或国家航空航天局的有关部门。

开设学校:南京理工大学(211大学)、沈阳理工大学、中北大学、解放军海军工程大学、解放军第二炮兵工程大学、解放军空军工程大学

◆专业名称:探测制导与控制技术
◆专业代码:082103

培养目标:本专业培养具备目标及环境的探测、识别、跟踪、定位、制导与控制、安全控制以及机电控制和传感检测等方面的基础理论知识和工程实践能力,能在有关科研单位、高等学校、生产企业和管理部门从事系统设计、技术开发、产品研制、实验测试和科技管理等方面工作的高级工程技术人才。

培养要求:本专业学生主要学习目标探测与识别技术、制导与控制技术、传感与检测技术、机电控制技术和系统分析与综合等方面的基本理论和基本知识,受到系统设计、技术开发、产品研制、实验测试以及工程管理方面的基本训练,具备系统分析与综合、工程设计与计算、计算机应用与开发、检测与实验等方面的基本能力。

毕业生应获得以下几方面的知识和能力:

1.掌握机械学、电子学和控制科学的基本理论和基本知识;

2.掌握武器探测、制导与控制原理、系统分析与设计方法和产品研制技术;

3.具有利用计算机和仪器设备解决工程技术问题的基本能力;

4.熟悉国家有关技术经济和国防建设的方针、政策和法规;

5.了解武器探测、制导与控制领域的理论前沿、应用前景和发展趋势;

6.掌握文献检索、资料查询的基本方法,具有一定的科学研究和实际工作能力。

主干学科:机械工程、电子科学与技术、控制科学与工程

主要课程:机电系统设计、中近程探测与识别技术、现代控制理论、制导与控制原理及系统、传感与检测技术、模式识别与智能控制、GPS与抗干扰技术、武器探测等。

实践环节:包括金工实习、计算机上机操作、生产实习、专业课程设计、毕业设计等,一般安排28周。

修业年限:四年或五年

授予学位:工学学士

就业方向:在科研单位、高等学校、生产企业和管理部门从事系统设计、技术开发、产品研制、实验测试和科技管理等方面的工作。

开设学校:四川师范大学、长春理工大学、南京理工大学(211大学)、中南大学(教育部直属、985大学、211大学)、中北大学、沈阳理工大学、电子科技大学(教育部直属、985大学、211大学)、哈尔滨工程大学(211大学)、北京航空航天大学(985大学、211大学)、西安工业大学、西北工业大学(985大学、211大学)、西安电子科技大学(教育部直属、211大学)、

哈尔滨工业大学(985大学、211大学)、南京航空航天大学(211大学)、沈阳航空航天大学

◆专业名称:弹药工程与爆炸技术

◆专业代码:082104

培养目标:本专业培养具备弹药工程与爆炸技术以及民用机械工程和工程爆破等方面的基础理论知识和工程实践能力,能在有关科研单位、高等学校、生产企业和管理部门从事系统设计、技术开发,产品制造,实验测试和科技管理方面工作的高级工程技术人才。

培养要求:本专业学生主要学习弹药工程、爆炸与安全技术以及民用机械工程与工程爆破方面的基本理论和基本知识,受到系统设计、技术开发、产品研制、实验测试以及工程管理方面的基本训练,具备系统分析与综合、工程设计与制造、计算机应用、试验检测方面的基本能力。

毕业生应获得以下几方面的知识和能力:

1.掌握机械学、力学、弹药学、爆炸学学科的基本理论和基本知识;

2.掌握弹药工程及爆炸技术的基本分析与设计方法和产品研制技术;

3.具有利用计算机和仪器设备解决工程技术问题的初步能力;

4.熟悉国家有关技术政策、法规及重要的专业技术标准;

5.了解弹药工程与爆炸技术领域的理论前沿、新技术和发展动态;

6.掌握文献检索、资料查询的基本方法,具有一定的科学研究和实际工作能力。

主干学科:机械工程、力学、兵器科学与技术

主要课程:弹药系统分析与设计、爆炸物理、弹道学、终点效应、动态检测技术、冲击动力学、爆炸技术、安全工程学等。

实践环节:包括金工实习、计算机上机操作、专业课程设计、生产实习、毕业设计等,一般安排28周。

修业年限:四年或五年

授予学位:工学学士

就业方向:科研单位、高等学校、生产企业和有关的管理部门。

开设学校:南京理工大学(211大学)、沈阳工学院、安徽理工大学、中北大学、沈阳理工大学

◆专业名称:特种能源技术与工程

◆专业代码:082105

培养目标:本专业培养具备火炸药、火工及烟火技术等方面的基础理论知识和工程实践能力,能在有关科研单位、高等学校、生产企业和管理部门从事系统设计、技术开发、产品制造、实验测试和科技管理方面工作的高级工程技术人才。

培养要求:本专业学生主要学习火炸药、火工及烟火技术等武器和民用特种能源及其能量转换方面的基本理论和基本知识,受到系统设计、技术开发、产品研制、性能测试以及工程管理方面的基本训练,具备系统分析与综合、工程设计与制造、计算机应用、试验检测方面的基本能力。

毕业生应获得以下几方面的知识和能力:

1.掌握化学、化工、含能材料和烟火学学科的基础理论、基本知识;

2.掌握火炸药、火工和烟火技术的分析与设计方法及产品研制技术;

3.具有使用计算机和仪器设备解决工程技术问题的基本能力;

4.熟悉国家有关技术经济和国防建设的方针、政策和法规;

5.了解当代火炸药、火工及烟火技术领域的理论前沿、应用前景和发展动态;

6.掌握文献检索、资料查询的基本方法,具有一定的科学研究和实际工作能力。

主干学科:化学、化学工程与技术、兵器科学与技术

主要课程:无机化学、有机化学、物理化学、化工原理、高分子物理与化学、高分子材料与工程、火药合成和制造技术、燃烧与爆炸物理学、能源材料与火工烟火制造工艺学等。

实践环节:包括化学与化工基础实验、金工实习、计算机操作、课程设计、生产实习、毕业设计等,一般安排24周。

修业年限:四年

授予学位:工学学士

就业方向:在兵工航天科研单位、兵工企业、生产企业和矿山安全管理部门从事系统设计、技术开发、产品制造、实验测试和科技管理工作。

开设学校:南京理工大学(211大学)、沈阳理工

大学、中北大学、沈阳工学院

◆**专业名称：装甲车辆工程**
◆**专业代码：082106**

培养目标：装甲车辆工程专业培养具备工程力学、机械设计、机械振动、电工电子、自动控制以及装甲车辆总体、动力传动、行动装置及行驶控制等方面的知识，基础扎实、素质全面、有工程实践能力和创新意识，能够从事理论研究、工程设计、产品开发、教学和管理等方面工作的高素质工程技术人才。

培养要求：本专业学生主要学习装甲车辆工程的基本理论和基本知识，受到系统设计、技术开发、产品研制、性能测试以及工程管理方面的基本训练，具备系统分析与综合、工程设计与制造、计算机应用、试验检测方面的基本能力。

毕业生应获得以下几方面的知识和能力：

1.具备研究设计装甲车辆及发动机的总体系统的能力；

2.掌握装甲车辆及发动机的制造工艺；

3.具备研究设计装甲车辆三防、自动灭火和自动导航、隐身等特设装置的能力；

4.掌握装甲车辆的装甲防护技术；

5.编制装甲车辆的技术标准，开发推广新技术。

主要课程：计算机系列课程、工程力学、机械设计基础课群、工程材料基础、电工和电子技术、流体力学、机械振动、自动控制理论基础、车用内燃机、坦克学、液压与液力传动、轮式车辆技术、现代车辆试验学等。

实践环节：包括基础实验、实习、计算机操作、课程设计、毕业设计等。

修业年限：四年

授予学位：工学学士

就业方向：学生毕业后，可在国防工业所属的军工企业、科研院所或其他工业部门从事机动武器、装甲车辆的设计、制造、试验等工作，也可从事普通机械、汽车的设计和制造等工作。

开设学校：北京理工大学、中北大学、南京理工大学、重庆理工大学

◆**专业名称：信息对抗技术**
◆**专业代码：082107**

培养目标：本专业培养具备进攻与防御信息战技术系统及其决策支持系统以及民用信息安全防护等方面的基础理论知识和技术综合能力，能在科研单位、高等学校、信息产业及其使用管理部门从事系统设计、技术开发、操作管理和安全防护方面工作的高级工程技术人才。

培养要求：本专业学生主要学习各种信息对抗武器系统及其决策支持系统与安全防护技术的基本理论和基本知识，受到系统设计、技术开发、作战运用、安全防护和操作管理的基本训练，具备系统分析与综合集成、工程设计与军事应用、攻防策略与监控管理方面的基本能力。

毕业生应获得以下几方面的知识和能力：

1.掌握信息科学、电子学和计算机科学的基本理论、基本知识；

2.掌握信息对抗技术系统及其决策支持与安全防护系统的分析与设计方法和研制技术；

3.具有使用计算机和仪器设备解决工程技术问题的基本能力；

4.熟悉有关国家安全和国防建设的方针、政策和法规以及有关国际法律、法规；

5.了解信息战及信息武器系统对抗技术领域的理论前沿、应用前景和发展动态；

6.掌握文献检索、资料查询的基本方法，具有一定的科学研究和实际工作能力。

主干学科：信息与通信工程、电子科学与技术、控制科学与工程

主要课程：信息对抗系统分析与设计、信息对抗策略、电子对抗技术、光电对抗技术、网络对抗技术、微波工程基础、计算机软硬件对抗技术、CI原理及其对抗技术等。

实践环节：包括电子学工艺实习、计算机上机操作、专业课程设计、生产实习、毕业设计等，一般安排28周。

修业年限：四年或五年

授予学位：工学学士

就业方向：在国防、军事领域从事信息对抗工作；在民用行业如金融、保险、税务、企业等部门从事信息安全防护工作；从事信息系统、信息对抗系统的研究、开发、信息系统的维护、管理、咨询等工作。

开设学校：电子科技大学（教育部直属、985大学、211大学）、哈尔滨工程大学（211大学）、长春理工大学、西安邮电大学、西安工业大学、桂林电子科技大学、南京理工大学（211大学）、西北工业大学（985大学、211大学）、西安电子科技大学（教育部直

属、211大学)、中北大学、西南科技大学、成都信息工程学院、杭州电子科技大学、沈阳理工大学、哈尔滨工业大学(985大学、211大学)

0822核工程类

◆专业名称:核工程与核技术
◆专业代码:082201

培养目标:本专业培养具备工程热物理及核工程技术基础知识,能在各相关领域从事核工程及核技术方面的研究、设计、制造、运行、应用和管理的高级工程技术人才。

培养要求:本专业学生主要学习工程热物理、核工程、核技术的基础理论,受到核工程、核技术方面的实践训练,具有从事核工程、核技术的实验研究、设计建造、运行管理的基本能力。

毕业生应获得以下几方面的知识和能力:

1.具有较扎实的自然科学基础,较好的人文、艺术和社会科学基础及正确运用本国语言、文字的表达能力;

2.较系统地掌握本专业领域宽广的技术理论基础知识,主要包括工程力学、电工与电子学、机械学、工程热物理、流体力学、核技术与核工程等基础知识;

3.获得核技术、核工程方面的实践训练,具有较强的计算机和外语应用能力;

4.具有较强的自学能力、创新意识和较高的综合素质。

主干学科:动力工程与工程热物理、核科学与技术

主要课程:工程力学、机械设计基础、电工与电子技术、工程热力学、流体力学、传热学、控制理论、测试技术、核物理、核反应堆、核能与热能动力装置、热工设备。

实践环节:包括军训、金工、电工、电子实习、认识实习、生产实习、社会实践、课程设计、毕业设计(论文)等,一般应安排40周以上。

修业年限:四年

授予学位:工学学士

就业方向:除传统的核科技、核工程部门外,主要集中在与近代物理技术和信息技术(IT)密切相关的领域与部门,包括在环境、医疗、卫生、国防、工业、农业领域的政府规划部门和经济管理部门、核电工程的科研设计单位(站、厂、院、所)、核动力和核供热以及常规火力电站、工矿企业、高等院校等从事研究、规划、设计、施工、核电厂运行管理及设备制造、研发、技术咨询等工作。

开设学校:上海交通大学(教育部直属、985大学、211大学)、中国地质大学(教育部直属、211大学)、中山大学(教育部直属、985大学、211大学)、华东理工大学(教育部直属、211大学)、武汉大学(教育部直属、985大学、211大学)、华北电力大学(教育部直属、211大学)、东北电力大学、南华大学、西安交通大学(教育部直属、985大学、211大学)、三峡大学、湖北科技学院、重庆大学(教育部直属、985大学、211大学)、兰州大学(教育部直属、985大学、211大学)、四川大学(教育部直属、985大学、211大学)、华南理工大学(教育部直属、985大学、211大学)、清华大学(教育部直属、985大学、211大学)、南京工程学院、复旦大学(教育部直属、985大学、211大学)、华中科技大学(教育部直属、985大学、211大学)、成都理工大学、深圳大学、西南科技大学、东华理工大学、沈阳工程学院、烟台大学、中国科学技术大学(985大学、211大学)、成都理工大学工程技术学院、哈尔滨工程大学(211大学)、哈尔滨工业大学(985大学、211大学)

◆专业名称:辐射防护与核安全
◆专业代码:082202

培养目标:本专业培养具有扎实的辐射防护、辐射安全评价、核废料与退役核设施处置、环境保护的基本理论知识和较强的辐射监测和辐射事故应急处理能力的高级应用型技术人才。

培养要求:该专业培养的人才应具有坚实的数理基础、扎实的专业知识和熟练的专业技能,能够适应辐射防护与核安全专业各个方向发展的基本需要;同时应具有较好的人文社会科学和管理知识,较高的道德素质和文化素质,身心健康,全面发展。

毕业生应获得以下几方面的知识和能力:

1.具有扎实的自然科学基础,基本的人文、艺术和社会科学基础及准确运用语言、文字的能力;

2.掌握数学和物理的基本理论和方法,具有坚实的数学和物理基础;

3.掌握辐射防护与核安全的基本理论和实验方法,具有一定的科学研究和应用开发能力;

4.掌握辐射防护与核安全专业的基本科学知识和体系，获得辐射防护与核安全专业的实践训练，了解辐射防护与核安全专业发展的前沿和趋势；

5.掌握计算机及信息技术应用知识，能够进行中外文文献检索与阅读，掌握科技写作知识；

6.了解国家有关的辐射防护与核安全的法律、法规和科学技术、知识产权等政策和法规；

7.具有较强的自学能力、创新意识和较高的综合素质。

主要课程：高等数学、普通物理学、大学化学、现代生物学、数学物理方法、原子核物理学、工程力学、辐射防护与保健物理、辐射剂量学、环境工程概论等。

实践环节：实习、科研训练、毕业论文等。

修学年限：四年

授予学位：工学学士

就业方向：可从事与辐射防护与核安全相关的工作。

开设学校：南京理工大学(211大学)、东华理工大学、华东理工大学(教育部直属、211大学)、成都理工大学、南华大学

◆专业名称：工程物理
◆专业代码：082203

培养目标：本专业培养有坚实而宽广的工程热物理的系统基础理论知识，熟知并能熟练运用相关学科的基础理论和新技术开展本学科的科研与应用开发工作，深入了解学科的进展、动向和最新发展前沿的高级工程技术人才。

培养要求：该专业要求学生具有严谨求实的科学态度和作风，具有独立从事科学研究的能力，并在本学科领域某一方面的理论或实践上取得创造性成果。

毕业生应获得以下几方面的知识和能力：

1.具有坚实而宽广的工程热物理的系统基础理论知识；

2.熟知并能熟练运用相关学科的基础理论和新技术开展本学科的科研与应用开发工作；

3.了解学科的进展、动向和最新发展前沿；

4.具有独立从事科学研究的能力，在本学科领域某一方面的理论或实践上取得创造性研究成果；

5.至少掌握一门外国语，具有一定的外文写作能力和进行国际学术交流的能力，同时能熟练地阅读该专业的外文资料。

主要课程：热力学专论、传热学专论、工程流体力学专论、现代实验技术、现代数学方法概论、非线性动力系统、非定常及不稳定两相流动、高效换热器、计算传热学进展及其应用等。

修学年限：四年

授予学位：工学学士

就业方向：可从事电子、电机、品质控制、市场推广、程序编写及教育等行业的工作。

开设学校：中国地质大学(教育部直属、985大学)、解放军海军工程大学、南昌理工学院、解放军第二炮兵工程大学、清华大学(教育部直属、985大学、211大学)

◆专业名称：核化工与核燃料工程
◆专业代码：082204

培养目标：核化工与核燃料工程专业培养适应我国国民经济和国防核科技工业发展需要，能在核化工与核燃料工程及相近专业领域从事科研、设计、生产、应用和管理等的专门人才。

培养要求：该专业培养的人才具有良好的数理化基础、扎实的专业知识和熟练的专业技能，能够适应该专业各个方向发展的基本需要，同时具有较好的人文社科和管理知识、良好的道德素质，身心健康、全面发展。

毕业生应获得以下几方面的知识和能力：

1.具有扎实的自然科学基础，较好的人文、艺术和社会科学基础；

2.具有坚实的数理化基础，掌握其基本理论和方法；

3.掌握核化工与核燃料工程的基本理论和实践技能，具有一定的科学研究、工程设计和应用开发能力，了解该专业发展的前沿和趋势；

4.掌握一门外语、计算机及信息技术应用知识，能够进行中外文文献检索，掌握科技写作技巧；

5.具有较强的自学能力、创新意识和较高的综合素质。

主干学科：核化学与化工、核燃料循环与材料

主要课程：高等数学、普通物理、大学基础化学、工程制图、检测化学、环境化学、核化学与化工、核燃料循环与材料、化学反应工程、放化基础、核材料科

学基础、核燃料后处理及核废物处置、原子核物理、两相流基础、流体力学、工程热力学、反应堆物理分析、反应堆热工分析、反应堆安全分析、反应堆控制、核辐射探测、核电子学、辐射防护、环境监测与评价、核电站辐射测量技术、核技术应用概论等。

实践环节:军训、金工实习、电工电子实习、生产实习、课程设计、毕业设计(论文)等。

修业年限:四年

授予学位:工学学士

就业方向:核材料开发和性能测试;在相近专业领域从事科研、设计、生产、应用和管理工作。

开设学校:哈尔滨工业大学、东华理工大学、成都理工大学、兰州大学、哈尔滨工程大学、南华大学、西南科技大学

0823 农业工程类

◆专业名称:农业工程
◆专业代码:082301

培养目标:本专业培养具备农业工程学科的基本理论和基本知识,能在农业水利、水电、水保等部门从事水利工程勘测、规划、设计、施工、管理和试验研究以及教学、科研等方面工作的高级工程技术人才。

培养要求:本专业学生主要学习水利、土木工程学科的基本知识、基本理论,受到水利工程设计方法、科学研究方法及施工与管理的基本训练,具有水利工程的勘测、规划、设计、施工、管理等基本能力。

毕业生应获得以下几方面的知识和能力:

1.掌握水利、土木工程学科的基本理论和农业水土工程学科的相关知识;

2.掌握农业水利、水电、水保工程勘测、规划、设计、施工、管理和试验研究的基本技能;

3.具有从事农业水土资源开发利用与保护及乡镇供水工程的规划、设计能力;

4.了解国内外水利工程学科、农业工程学科及相关学科的前沿和发展趋势;

5.熟悉国家在水利水电工程建设、水资源开发与保护、水土保持方面的有关方针、政策和法规;

6.掌握文献检索、资料查询的基本方法,具有初步的科学研究和实际工作的能力;

7.有较强的调查研究与决策、组织与管理、口头与文字表达能力,具有独立获取知识、信息处理和创新的基本能力。

主要课程:机械制图与计算机绘图、工程力学、机械设计基础、电工技术、电子技术、工程测试技术、生物学基础、农牧业生产基础、工程材料基础、工程结构基础、农业工程导论、农业机械与设备、土壤与水资源、农产品加工工程、设施农业工程、机械装备设计、农业工程项目规划与设计、工程项目管理、机电系统驱动与控制等。

实践环节:金工实习、毕业论文等。

修业年限:四年

授予学位:工学学士

就业方向:可在农业水利、水电、水保等部门从事水利工程勘测、规划、设计、施工、管理和试验研究以及教学、科研等方面的工作。

开设学校:吉林农业大学、昆明理工大学、中国农业大学(教育部直属、985大学、211大学)、仲恺农业工程学院、江西农业工程职业学院、山东农业工程学院、黑龙江八一农垦大学、佳木斯大学、沈阳农业大学、河北农业大学、河北农业大学现代科技学院

◆专业名称:农业机械化及其自动化
◆专业代码:082302

培养目标:本专业培养具备农业机械及其自动化装备的构造原理、性能设计研究、使用管理及现代生物学知识,能在农业机械设计、机械化生产管理及服务部门从事农业机械及相关装备性能设计、农业机械化规划与管理、教学与科研、营销与服务等方面工作的高级工程技术人才。

培养要求:本专业学生主要学习农学、机械学、自动化技术及经营管理学方面的基本理论和基本知识,受到农业产前、产中、产后生产过程机械化及其自动化工艺和相关装备性能设计制造、试验鉴定、选型配套、使用维修方面的基本训练,具有农业生产、机械化系统的规划设计、企业经营管理和农业机械化及其自动化装备的研究开发、推广运用等基本能力。

毕业生应获得以下几方面的知识和能力:

1.掌握农学、机械学、自动化控制技术及经营管理方面的基本理论或基本知识;

2.掌握农业机械及其自动化装备的性能设计、试验鉴定、选型配套、使用维修等方面的知识和技术；

3.具有农业生产机械化系统的规划设计和经营管理的能力；

4.具有农业机械化及其自动化新工艺、新装备、新技术的科研、开发、推广的能力；

5.熟悉我国农业机械化的方针、政策和法规；

6.了解国内外农业和农业机械化及其自动化的学科前沿和发展趋势。

主干学科：机械工程、作物学、农林经济与管理

主要课程：画法几何与计算机制图、工程力学、机械设计基础、机械制造基础、电工与电子技术、汽车与拖拉机、农业机械学、现代测试技术、农业生产机械化等。

实践环节：包括金工实习、驾驶实习、农机化生产实习及机械综合设计、课程设计、毕业设计等，一般安排30~35周。

修业年限：四年

授予学位：工学学士

就业方向：在国有企业、各类独资合资企业、行政管理等部门从事机械化及自动化方面的管理工作及产品的设计、制造、运用、鉴定等技术工作，也可以到科学研究单位及高等院校从事科学研究及教育教学工作。

开设学校：延边大学(211大学)、西南大学(教育部直属、211大学)、海南大学(211大学)、广西大学(211大学)、吉林大学(教育部直属、985大学、211大学)、西华大学、扬州大学、江苏大学、宁夏大学(211大学)、贵州大学(211大学)、河北农业大学、中国地质大学(教育部直属、211大学)、东北师范大学(教育部直属、211大学)、浙江农林大学、沈阳工程学院、吉林农业大学、华中农业大学(教育部直属、211大学)、湖南农业大学、云南农业大学、西北农林科技大学(教育部直属、985大学、211大学)、昆明理工大学、内蒙古民族大学、甘肃农业大学、青岛农业大学、山东农业大学、山东理工大学、内蒙古农业大学、黑龙江八一农垦大学、河南科技大学、福建农林大学、河南农业大学、南京农业大学(教育部直属、211大学)、天津农学院、四川农业大学(211大学)、东北农业大学(211大学)、安徽农业大学、沈阳农业大学、新疆农业大学、华南农业大学、山西农业大学、江西农业大学、石河子大学(211大学)、河北科技师范学院、塔里木大学、河北农业大学现代科技学院、佳木斯大学、湖北工业大学

◆专业名称：农业电气化
◆专业代码：082303

培养目标：农业电气化专业培养具备地方电力系统及其自动化、生产过程电气自动化及应用电子信息技术有关的分析计算、工程设计使用维护、生产管理的基本理论和基本知识，能在农业、农村有关的地方电力系统、用电管理部门、电子信息产业和技术发展系统从事有关的技术设计、经营管理、教学科研等方面工作的高级工程技术人才。

培养要求：该专业学生主要学习电力、电子与控制工程方面的基本理论，电子计算机应用技术和企业经营管理方面的基本知识，受到电力与自动化工程规划设计、科研开发及实验调试方面的基本训练，具有农村(地方)电力系统及农用电气工程和自动化技术相关的工程设计、科研开发及实验调试方面的基本能力。

毕业生应获得以下几方面的知识和能力：

1.掌握电气、电子与控制工程方面的基本理论；

2.掌握应用电子技术与计算机技术方面的基本知识；

3.掌握电力及自动化工程的分析计算、工程设计方法和农业电气化与自动化、农业生物工程及其环境设计的检测控制技术；

4.了解电力技术、自动化技术的应用前景和发展动态；

5.掌握文献检索、资料查询的基本方法，具有一定的科学研究和实际工作能力；

6.具有较强的调查研究与决策、组织与管理、口头与文字表达能力，具有独立获取知识、信息处理和创新的基本能力。

主干学科：计算机科学与技术、电气工程、控制科学与工程

主要课程：电路理论、模拟与数字电子电路、电机学、信号与系统、自控理论与系统、电力系统工程、计算机原理及应用、计算机控制技术、计算机网络技术、农业工程导论等。

实践环节：包括金工实习、电气安装工程实习、电子电路课程设计和毕业设计等，一般安排25~30周。

修业年限：四年

授予学位：工学学士

就业方向：农业电气化专业学生毕业后主要在地方电力系统和大型企业供电系统从事有关的科研、设计、建设、运行、供电及用电管理等方面的技术工作。

开设学校：广西大学(211大学)、吉林农业大学、昆明理工大学、河北农业大学、青岛农业大学、内蒙古农业大学、四川农业大学(211大学)、南京农业大学(教育部直属、211大学)、东北师范大学(教育部直属、211大学)、新疆农业大学、华北电力大学科技学院、河北农业大学现代科技学院、新疆农业大学科学技术学院、沈阳工程学院、塔里木大学、佳木斯大学、黑龙江八一农垦大学、东北林业大学(教育部直属、211大学)、河南科技大学、河南农业大学、华北水利水电大学

◆专业名称：农业建筑环境与能源工程
◆专业代码：082304

培养目标：本专业培养具备农业生产性建筑、设施农业工程、农村新能源开发利用等方面的基本理论和基本知识，能在农业建筑与环境、工厂化设施农业系统、农村新能源开发与科学利用等领域从事规划设计、装备开发与集成、经营与管理、教学与科研等方面工作的高级工程技术人才。

培养要求：本专业学生主要学习生物环境工程、建筑工程与农村能源方面的基本理论，具备从事乡镇建设、设施农业与农村能源建设方面的基本知识，受到建筑工程师、农业生物环境与农村能源工程师的基本训练，具有本专业工程项目建设可行性论证、工程规划设计、施工与运行管理等基本能力。

毕业生应获得以下几方面的知识和能力：

1.掌握农业建筑工程、农业生物环境与农村能源工程等学科的基本理论、基本技能与方法及相邻专业的基础知识；

2.掌握农业生产性建筑、设施农业与农村新能源开发利用等工程项目的规划设计、施工及管理的基本知识；

3.掌握建筑工程CAD的设计方法、系统工程的分析方法和各种环境调控、新能源设备的开发、造型、配套、安装调试和运行管理技术；

4.了解本专业领域及相关学科的前沿和发展趋势；

5.熟悉本专业有关的方针、政策和法规；

6.掌握文献检索、资料查询的基本方法，具有初步的科学研究和实际工作能力。

主干学科：土木工程、控制科学与工程、园艺学

主要课程：农业生物环境原理、建筑力学、建筑结构、流体力学、工程热力学与传热学、建筑测量、土力学与基础工程、房屋建筑学、乡镇规划、农业建筑学等。

实践环节：包括测量实习、施工实习、课程设计和毕业设计，一般安排30~35周。

修业年限：四年

授予学位：工学学士

就业方向：在农业建筑与环境、工厂化设施农业系统、农村新能源开发与科学利用等领域从事规化设计、装备开发与集成、经营与管理、教学与科研等工作。

开设学校：西南大学(教育部直属、211大学)、中国农业大学(教育部直属、985大学、211大学)、新疆农业大学、吉林农业科技学院、吉林农业大学、云南农业大学、云南师范大学、河南农业大学、四川农业大学(211大学)、安徽农业大学、沈阳农业大学、山西农业大学、塔里木大学

◆专业名称：农业水利工程
◆专业代码：082305

培养目标：本专业培养具备农业水利工程学科的基本理论和基本知识，能在农业水利、水电、水保等部门从事水利工程勘测、规划、设计、施工、管理和试验研究以及教学、科研等方面工作的高级工程技术人才。

培养要求：本专业学生主要学习水利、土木工程学科的基本知识、基本理论，受到水利工程设计方法、科学研究方法及施工与管理的基本训练，具有水利工程的勘测、规划、设计、施工、管理等基本能力。

毕业生应获得以下几方面的知识和能力：

1.掌握水利、土木工程学科的基本理论和农业水利工程学科的相关知识；

2.掌握农业水利、水电、水保工程勘测、规划、设计、施工、管理和试验研究的基本技能；

3.具有从事农业水土资源开发利用与保护及乡镇供水工程的规划、设计能力；

4.了解国内外水利工程学科、农业工程学科及相关学科的前沿和发展趋势；

5.熟悉国家在水利水电工程建设、水资源开发与保护、水土保持方面的有关方针、政策和法规；

6.掌握文献检索、资料查询的基本方法，具有初步的科学研究和实际工作能力。

主干学科：力学、水利工程、农业资源利用

主要课程：水文学、工程力学、水力学、土力学、结构力学、钢筋混凝土结构、土壤农作学、水利工程施工、灌溉与排水工程学、水资源规划利用与管理、水工建筑物等。

实践环节：包括测量、地质实习、认识实习、毕业实习、毕业设计，一般安排30~35周。

修业年限：四年

授予学位：工学学士

就业方向：该专业毕业生能在水利、建筑、施工、水保等部门从事工程勘测、规划、设计、施工、管理和测试研究及教学、科研等方面工作。

开设学校：中国农业大学(教育部直属、985大学、211大学)、四川大学(教育部直属、985大学、211大学)、东北师范大学(教育部直属、211大学)、安徽农业大学、武汉大学(教育部直属、985大学、211大学)、河套学院、西藏大学(211大学)、黑龙江大学、长春工程学院、云南农业大学、西安理工大学、西北农林科技大学(教育部直属、985大学、211大学)、昆明理工大学、河西学院、甘肃农业大学、内蒙古农业大学、三峡大学、河海大学(教育部直属、211大学)、四川农业大学(211大学)、东北农业大学(211大学)、太原理工大学(211大学)、沈阳农业大学、新疆农业大学、山西农业大学、扬州大学、江西农业大学、石河子大学(211大学)、塔里木大学、浙江水利水电学院、河北农业大学、宁夏大学(211大学)、河北工程大学、南昌工程学院、华北水利水电大学、河北农业大学现代科技学院、太原理工大学现代科技学院

0824林业工程类

◆专业名称：森林工程
◆专业代码：082401

培养目标：本专业培养具备工程力学、机械运用学、土木工程学、系统工程学、环境科学和森林资源可持续经营、开发利用的知识，能在林业、交通、机械等部门的企事业单位、科研院所从事森林工程、道路桥梁的勘测、设计、施工、管理及国际森林工程项目开发管理的高级工程技术人才。

培养要求：本专业学生主要学习森林资源经营管理学、工程力学、机械运用学、土木工程学、系统工程学、环境科学等方面的基本理论和基本知识，受到森林工程勘测、设计、施工、森工产品经营管理等方面的基本训练，具有森林工程规划、设计与施工，木材生产管理及产品开发与营销的基本能力。

毕业生应获得以下几方面的知识和能力：

1.具备扎实的数学、物理、化学等基本理论知识；

2.掌握力学、林学、森林工程学科的基本理论、基本知识；

3.掌握采运生产作业、林道网规划、森林工程产品的设计与施工技术；

4.具有森林利用总体规划与设计、森林工程规划、设计、施工及管理的基本能力；

5.熟悉我国森林工业生产、森林资源保护、森林生态环境建设的方针、政策和法规；

6.了解国内外森林工程作业的科学和技术的理论前沿、应用前景及发展动态；

主干学科：力学、林业工程

主要课程：森林环境学、森林生态经济学、测量学、土力学与工程地质、水力学与水文学、工程机电基础、结构力学、道路工程、机械设计制造基础、人类工效学、运筹学。

实践环节：包括实验、教学实习、生产实习、课程设计、毕业论文(设计)等，一般安排30~35周。

修业年限：四年

授予学位：工学学士

就业方向：森林工程专业的毕业生可在林业部门从事森林工程方面的生产技术、组织管理、规划设计和研究工作，也可以到交通道路部门、机械行业、经济管理部门、教育系统、研究机构、行政机关等部门工作。

开设学校：四川农业大学(211大学)、东北林业大学(教育部直属、211大学)、中南林业科技大学、西南林业大学、内蒙古农业大学、福建农林大学、南京林业大学

◆专业名称：木材科学与工程
◆专业代码：082402

培养目标：本专业培养具备木材物理化学、电工

与电子技术、机械基础、造型艺术和木材科学与加工技术等方面的知识，能在木材工业、家具制造业、室内工程等领域的企业、设计院、科研院所从事木材加工、室内设计、室内装饰的高级工程技术人才。

培养要求：本专业学生主要学习木材物理化学、电工与电子技术、机械基础、造型艺术、设计艺术和木材科学与加工技术等方面的基本理论和基本知识，受到制图、木材及其产品性能测试、木材干燥、制材、人造板、木制品与家具设计制造的基本训练，具有木材加工和室内装饰工程的生产技术、工艺流程和设备选择及经营管理的基本能力。

毕业生应获得以下几方面的知识和能力：

1.具备扎实的数学、物理、化学等基本理论知识；

2.掌握木材科学与工程、设计艺术学的基本理论、基本知识；

3.掌握木材物理性质、化学性质分析方法及应用技术，掌握家具设计、造型艺术设计、室内设计方法；

4.具有木材干燥、制材、木制品及家具生产、人造板生产、木材及其产品性能检测、室内设计的基本能力；

5.熟悉我国林业、木材加工工业、环境保护的方针、政策和法规；

6.了解国内外木材科学与加工技术的理论前沿、应用前景及发展动态。

主干学科：林业工程

主要课程：木材学、胶合材料学、热工学、机械设计制造基础、木材切削原理与刀具、电工与电子技术、投影制图、人体工效学、美学基础、专业绘画、建筑设计基础等。

实践环节：包括实验、教学实习、生产实习、课程设计、毕业论文（设计）等，一般安排30~35周。

修业年限：四年

授予学位：工学学士

就业方向：该专业的毕业生能在木材工业（包括人造板）、生物质复合材料、家具制造、室内装饰工程，经济与贸易等领域的企业、设计院、科研院所从事木材加工、家具设计制造、工程设计、工艺流程和设备管理、新产品开发、经营管理、木业贸易等工作，或在物资、轻工、建工、房地产开发、海关商检以及高等学校、科研院所、设计院（所）等单位承担工程技术、产品开发与生产、科学研究、教学、经营及管理等工作。

开设学校：中国地质大学（教育部直属、211大学）、北华大学、东北林业大学（教育部直属、211大学）、中南林业科技大学、华南农业大学、西南林业大学、西北农林科技大学（教育部直属、985大学、211大学）、山东农业大学、福建农林大学、广西大学（211大学）、四川农业大学（211大学）、北京林业大学（教育部直属、211大学）、天津科技大学、安徽农业大学、浙江农林大学、南京林业大学、河北农业大学、内蒙古农业大学

◆专业名称：林产化工
◆专业代码：082403

培养目标：本专业培养具备树木及林特产品的化学组成、性质、化学转化和化学工程的知识，能在林产化工、精细化工、制浆造纸、化学工业等领域的企事业单位、科研院所从事林产化工的生产、设计、产品研究开发的高级工程技术人才。

培养要求：本专业学生主要学习有机化学、物理化学、生物化学、化学原理、化学工程、高分子化学、天然产物化学、林特产品化学组成性质及转化方面的基本理论和基本知识，受到林产化工生产设计、设备选型和原材料、半成品及成品分析检验等方面的基本训练，具有主要林产品化学加工与生物化学加工工艺流程、设备设计、新产品研究开发、生产过程技术改造等方面的基本能力。

毕业生应获得以下几方面的知识和能力：

1.具备扎实的数学、物理、化学等基本理论知识；

2.掌握化学、化学工程与技术、林业工程学科的基本理论，基本知识；

3.掌握林产品化学性质、组成的分析方法及化学加工和生物化学加工技术；

4.具有主要林产品化学加工及再加工技术、工艺流程、设备选型、产品质量检测、新产品研制的初步能力；

5.熟悉我国林业、林产化工、环境保护的方针、政策和法规；

6.了解国内外生物化学工程、林产化工的理论前沿、应用前景及发展动态。

主干学科：化学、化学工程与技术、林业工程

主要课程：有机化学、物理化学、生物化学、化工原理、微生物学、木材化学、木材胶合原理、高分子合成工艺、天然产物化学、仪器分析、化工自动化及仪表。

实践环节：包括实验、教学实习、生产实习、课程设计、毕业论文（设计）等，一般安排30~35周。

修业年限：四年

授予学位:工学学士

就业方向:该专业的学生毕业后主要在林产工业、化学工业、日用化工、食品、制药、商贸等企业和相关科研机构从事林产品化学加工、精细化学加工及生物化学加工工艺设计、设备选型、生产、技术管理和新产品研发等工作。

开设学校:广西大学(211大学)、梧州学院、中国地质大学(教育部直属、211大学)、南昌理工学院、东北林业大学(教育部直属、211大学)、中南林业科技大学、西南林业大学、西北农林科技大学(教育部直属、985大学、211大学)、北京林业大学(教育部直属、211大学)、江西农业大学、南京林业大学、沈阳化工大学、齐鲁工业大学

0825 环境科学与工程类

◆专业名称:环境科学与工程
◆专业代码:082501

培养目标:本专业培养具备城市和城镇水、气、声、固体废物等污染防治和给排水工程、污染控制规划和水资源保护等方面的知识,能在政府部门、规划部门、经济管理部门、环保部门、设计单位、工矿企业、科研单位、学校等从事规划、设计、施工、管理、教育和研究开发方面工作的环境科学与工程学科高级工程技术人才。

培养要求:环境科学与工程专业学生主要学习普通化学、工程力学、测量学、工程制图、微生物学、水力学、电工学、环境监测、环境工程的基本理论和基本知识,受到外语、计算机技术及绘图、污染物监测和分析、工程设计、管理及规划方面的基本训练,具有环境科学技术和给水排水工程领域的科学研究、工程设计和管理规划方面的基本能力。

毕业生应具备的专业知识与能力:

1.掌握数学、物理、化学等方面的基本理论和基本知识;

2.掌握环境生态工程的基本理论、基本知识和基本技能;

3.了解相近专业的一般原理和知识;

4.熟悉国家环境保护、环境工程等有关政策和法规;

5.了解环境科学的理论前沿、应用前景和最新发展动态,以及环境保护产业的发展状况;

6.掌握资料查询、文献检索及运用现代信息技术获取相关信息的基本方法;具有一定的实验设计,创造实验条件,归纳、整理、分析实验结果,撰写论文,参与学术交流的能力。

主要课程:机械制图、工程力学、环保设备设计、电工学及实验、仪器分析、化工原理、化工原理实验、化工工艺设计、计算机在化学化工中的应用、专业外语、环境科学导论、环境系统工程与优化、环境化学、环境监测、环境质量评价、环境噪声控制、固体废物处理工程、大气污染控制工程、水污染控制工程、环境工程导论、环境质量评价、环境监测、环境监测实验等。

实践环节:测量实习、工程制图、计算机应用及上机实习、水力学实验、微生物实验、环境监测实验、水处理实验、空气污染控制实验等,一般安排40周左右。

修业年限:四年

授予学位:工学学士

就业方向:可在环保、化工、冶金、能源、交通、轻工、医药、农业、军工等行业从事环境科学研究与工程设计、技术开发、环境质量管理等方面的工作。

开设学校:浙江大学(教育部直属、985大学、211大学)、南昌大学(211大学)、苏州科技学院、北京大学(教育部直属、985大学、211大学)、上海大学(211大学)、新疆工程学院、吉林化工学院、西北师范大学、中南民族大学、武汉纺织大学、武汉工程大学、福建师范大学、南京大学(教育部直属、985大学、211大学)、中山大学(教育部直属、985大学、211大学)、山东大学(教育部直属、985大学、211大学)、上海交通大学(教育部直属、985大学、211大学)、华东师范大学(教育部直属、985大学、211大学)、武汉理工大学(教育部直属、211大学)、中央民族大学(985大学、211大学)、河北大学、西北大学、济南大学、天津理工大学、喀什师范学院、浙江海洋学院、浙江工商大学、大连海洋大学、重庆工商大学、菏泽学院、烟台大学、西昌学院、西南大学(教育部直属、211大学)、河南师范大学、湖南商学院、南开大学(教育部直属、985大学、211大学)、厦门大学嘉庚学院、仲恺农业工程学院、浙江农林大学暨阳学院、中南林业科技大学、湖北大学、河南农业大学、河海大学(教育部直属、211大学)、南京师范大学(211大学)、大连理工大学(教育部直属、985大学、211大学)、江苏理

工学院、北京航空航天大学(985大学、211大学)、北京工业大学(211大学)、河北工业大学(211大学)、浙江工业大学、沈阳农业大学、太原科技大学、南昌航空大学、杭州电子科技大学、辽宁工业大学、宁波诺丁汉大学、南京晓庄学院、中国矿业大学(北京)(教育部直属、211大学)、厦门理工学院、河北农业大学现代科技学院、河北科技大学理工学院、中国农业大学(教育部直属、985大学、211大学)、北京师范大学-香港浸会大学联合国际学院

◆专业名称:环境工程
◆专业代码:082502

培养目标:本专业培养具备城市和城镇水、气、声、固体废物等污染防治、环境规划、资源保护、环境影响评价等方面的知识,能在环保部门、工矿企业、科研单位、火力发电厂、学校等从事规划、设计、施工、管理、教育和研究开发方面工作的环境工程学科高级工程技术人才。

培养要求:本专业学生主要学习普通化学、工程力学、测量学、工程制图、微生物学、水力学、电工学、环境监测、环境工程学科的基本理论和基本知识,受到外语、计算机技术及绘图、污染物监测和分析、工程设计、管理及规划方面的基本训练,具有环境工程领域的科学研究、工程设计和管理规划方面的基本能力。

毕业生应获得以下几方面的知识和能力:

1.掌握普通化学、分析化学、物理化学、工程力学、测量学、工程制图、微生物学、水力学、电工学、环境监测与评价、环境工程学科的基本理论、基本知识;

2.掌握水污染控制工程、空气污染控制工程、噪声污染控制工程、固体废物处理处置与资源化工程的基本原理和设计方法;

3.具有污染物监测和分析、环境监测、环境质量评价、环境规划与管理的初步能力;

4.了解环境科学与技术的理论前沿和发展动态;

5.掌握文献检索、资料查询的基本方法,具有初步的科学研究和实际工作能力。

主干学科:环境科学与工程

主要课程:工程力学、测量学、水力学与水泵、水处理微生物学、普通化学、分析化学、物理化学。

实践环节:测量实习、工程制图、计算机应用及上机实习、水力学实验、微生物实验、环境监测实验、水处理实验、空气污染控制实验等,一般安排40周左右。

修业年限:四年

授予学位:工学学士

就业方向:在政府、规划部门、经济管理部门、环保部门、设计单位、工矿企业、科研单位、学校等从事规划、设计、施工、管理、教育和研究开发方面的工作。

开设学校:北京理工大学珠海学院、西藏大学(211大学)、长春大学、烟台大学、泰山学院、重庆大学(教育部直属、985大学、211大学)、浙江大学(教育部直属、985大学、211大学)、山东大学(教育部直属、985大学、211大学)、南京大学(教育部直属、985大学、211大学)、嘉兴学院、宁波大学、同济大学(教育部直属、985大学、211大学)、上海大学(211大学)、济南大学、武汉大学(教育部直属、985大学、211大学)、昆明学院、武夷学院、衢州学院、成都学院、吉首大学、湘潭大学、青海大学(211大学)、南华大学、广州大学、韶关学院、嘉应学院、合肥学院、临沂大学、青岛大学、三峡大学、长江大学、江汉大学、集美大学、莆田学院、华侨大学、南昌大学(211大学)、苏州大学(211大学)、兰州大学(教育部直属、985大学、211大学)、四川大学(教育部直属、985大学、211大学)、广西大学(211大学)、福州大学(211大学)、东华大学(教育部直属、211大学)、中南大学(教育部直属、985大学、211大学)、吉林大学(教育部直属、985大学、211大学)、辽宁大学(211大学)、长安大学(教育部直属、211大学)、新疆大学(211大学)、江南大学(教育部直属、211大学)、郑州大学(211大学)、天津大学(教育部直属、985大学、211大学)、德州学院、西华大学、沈阳大学、深圳大学、山西大学、台州学院、扬州大学、江苏大学、常州大学、大连大学、渤海大学、九江学院、琼州学院、滨州学院、长沙学院、宜宾学院、文华学院、安顺学院、三明学院、燕山大学、唐山学院、贵州大学(211大学)、南通大学、吉林农业大学、华北电力大学保定校区(教育部直属、211大学)、北京工商大学、中国农业大学(教育部直属、985大学、211大学)、中国地质大学(教育部直属、211大学)、中国石油大学(教育部直属、211大学)、南京师范大学(211大学)、上海交通大学(教育部直属、985大学、211大学)、中山大学(教育部直属、985大学、211大学)、中国矿业大学(教育部直属、211大学)、杭州电子科技大学、大连海洋大学、华东理工大学(教育部直属、211大学)、

武汉理工大学(教育部直属、211大学)、南京工程学院、大连理工大学(教育部直属、985大学、211大学)、辽宁工业大学、沈阳工业大学、成都理工大学、西北大学(211大学)、浙江工商大学、浙江海洋学院、天津理工大学、北京航空航天大学(985大学、211大学)、北京师范大学(教育部直属、985大学、211大学)、河北大学、西安电子科技大学(教育部直属、211大学)、河北科技大学理工学院、武汉纺织大学外经贸学院、南京工业大学浦江学院、吉首大学张家界学院、仲恺农业工程学院、沈阳城市学院、嘉兴学院南湖学院、南华大学船山学院、沈阳工业大学工程学院、安阳师范学院、江西建设职业技术学院、西南大学(教育部直属、211大学)、河南师范大学、中国石油大学(北京)(教育部直属、211大学)、解放军后勤工程学院、宁波诺丁汉大学、解放军第二炮兵工程大学、中国矿业大学(北京)(教育部直属、211大学)、重庆工商大学、武昌工学院、武汉工商学院、湖北师范学院文理学院、武汉生物工程学院、湖南工学院、福州大学至诚学院、潍坊科技学院、沈阳工学院、吉林建筑大学城建学院、六盘水师范学院、安徽新华学院、浙江树人学院、苏州科技学院天平学院、扬州大学广陵学院、哈尔滨石油学院、成都理工大学工程技术学院、电子科技大学中山学院、河北联合大学轻工学院、贵州大学明德学院、南昌大学科学技术学院、浙江农林大学暨阳学院、宁波大学科学技术学院、同济大学浙江学院、江汉大学文理学院、太原科技大学华科学院、中北大学信息商务学院、沈阳化工大学科亚学院、长春理工大学、长春工业大学、湖南科技大学、西安工业大学、陕西科技大学、西安工程大学、宝鸡文理学院、陕西理工学院、中南财经政法大学(教育部直属、211大学)、衡阳师范学院、华中农业大学(教育部直属、211大学)、东北电力大学、湖南农业大学、吉林建筑大学、长春工程学院、吉林师范大学、长沙理工大学、中南林业科技大学、吉林化工学院、湖南城市学院、上海工程技术大学、上海师范大学、上海理工大学、佛山科学技术学院、安徽工程大学、上海电力学院、安徽建筑大学、上海第二工业大学、安徽师范大学、广东石油化工学院、东莞理工学院、华南农业大学、云南民族大学、西南林业大学、昆明理工大学、云南农业大学、西安科技大学、西安石油大学、西安理工大学、西安建筑科技大学、西北农林科技大学(教育部直属、985大学、211大学)、安徽科技学院、西安交通大学(教育部直属、985大学、211大学)、内蒙古工业大学、青岛理工大学、内蒙古科技大学、青岛科技大学、兰州交通大学、兰州理工大学、青岛农业大学、甘肃农业大学、山东科技大学、桂林电子科技大学、桂林理工大学、广西民族大学、山东农业大学、山东理工大学、内蒙古农业大学、山东建筑大学、广西师范大学、哈尔滨商业大学、武汉轻工大学、湖北师范学院、黑龙江科技大学、东北石油大学、湖北大学、哈尔滨理工大学、齐齐哈尔大学、武汉工程大学、福建师范大学、福建工程学院、西北民族大学、中原工学院、闽南师范大学、郑州航空工业管理学院、河南科技大学、黑龙江东方学院、郑州轻工业学院、福建农林大学、河南工业大学、河南农业大学、河南理工大学、东南大学(教育部直属、985大学、211大学)、南京理工大学(211大学)、暨南大学(211大学)、西北工业大学(985大学、211大学)、南京农业大学(教育部直属、211大学)、河海大学(教育部直属、211大学)、华南师范大学(211大学)、天津城建大学、华南理工大学(教育部直属、985大学、211大学)、四川农业大学(211大学)、清华大学(教育部直属、985大学、211大学)、太原理工大学(211大学)、北京理工大学(985大学、211大学)、北京科技大学(教育部直属、211大学)、东北师范大学(教育部直属、211大学)、东北农业大学(211大学)、江苏理工学院、淮阴工学院、南京晓庄学院、东北大学(教育部直属、985大学、211大学)、华中科技大学(教育部直属、985大学、211大学)、西南交通大学(教育部直属、211大学)、湖南大学(教育部直属、985大学、211大学)、北京林业大学(教育部直属、211大学)、中国人民大学(教育部直属、985大学、211大学)、河北科技大学、大连海事大学(211大学)、哈尔滨工业大学(985大学、211大学)、内蒙古大学(211大学)、北京交通大学(教育部直属、211大学)、河北工业大学(211大学)、云南大学(211大学)、天津工业大学、天津科技大学、合肥工业大学(教育部直属、211大学)、南开大学(教育部直属、985大学、211大学)、中国海洋大学(教育部直属、985大学、211大学)、安徽工业大学、安徽理工大学、安徽农业大学、浙江农林大学、杭州师范大学、中国计量学院、辽宁科技大学、辽宁石油化工大学、新疆师范大学、太原科技大学、中北大学、四川理工学院、五邑大学、广东工业大学、浙江万里学院、西南科技大学、西南石油大学、成都信息工程学院、西华师范大学、四川师范大学、江西农业大学、南京林业大学、南京工业大学、景德镇陶瓷学院、南昌航空大学、东华理工大学、华东交通大学、江苏科技大学、淮海工学院、盐城工学院、南京信息工程大学、江苏师范大学、江西理工大学、沈阳航空航天大学、大连民族学院、大连工业大学、石河子大学(211大学)、沈阳理工大学、大连交通大学、沈阳建筑大学、沈阳化工大学、井冈山大学、武昌理工学院、洛阳理工学院、武汉科技大学城市学院、太原工业学院、南京理工大学泰州科技学院、东北大学秦皇岛分校、徐州工程学院、武汉科技大学、湖北理工学院、安庆师范学院、华中科技大学武昌分校、厦门理工学院、辽宁科技学院、南开大学滨海学院、常州大学怀德学院、华北电力大学科技学院、燕山大学里仁学院、河南城建学院、河南工程学院、长春科技学院、长春建筑学院、电子科技大学(教育部直属、985大学、211大学)、北京石油化工学院、北京建筑大学、河北联合大学、齐鲁工业大学、泰山医学院、北京化工大学(教育部直属、211大学)、河北建筑工程学院、河北工程大学、石家庄经济学院、华北科技学院、攀枝花学院、辽宁工程技术大学、南昌理工学院、首都经济贸易大学、中国地质大学(北京)(教育部直属、211大学)、安阳工学院、中南民族大学、黑龙江大学、武汉纺织大学、华北水利水电大学、湖北工业大学、上海海事大学、上海应用技术学院、上海海洋大学、天津大学仁爱学院、广东技术师范学院天河学院、哈尔滨工业大学(威海)、西安建筑科技大学华清学院、肇庆学院、湖北工业大学工程技术学院、南京师范大学中北学院、东莞理工学院城市学院、湖南农业大学东方科技学院、安徽工业大学工商学院、太原理工大学现代科技学院、石家庄经济学院华信学院、江西环境工程职业学院

◆专业名称:环境科学

◆专业代码:082503

培养目标:本专业培养具备环境科学的基本理论、基本知识和基本技能,能在科研机构、高等学校、企事业单位及行政部门等从事科研、教学、环境保护和环境管理等工作的高级专门人才。

培养要求:本专业学生主要学习环境科学方面的基本理论、基本知识,受到应用基础研究、应用研究和环境管理的基本训练,具有较好的科学素养及一定的教学、研究、开发和管理能力,掌握环境监测与环境质量评价的方法以及进行环境规划与管理的基本技能。

毕业生应获得以下几方面的知识和能力:

1.掌握数学、物理、化学等方面的基本理论和基本知识;

2.掌握环境科学与管理的基本理论、基本知识和基本技能;

3.了解相近专业的一般原理和知识;

4.熟悉国家环境保护、自然资源合理利用、可持续发展、知识产权等有关政策和法规;

5.了解环境科学的理论前沿、应用前景和最新发展动态,以及环境保护产业的发展状况;

6.掌握资料查询、文献检索及运用现代信息技术获取相关信息的基本方法,具有一定的实验设计,创造实验条件,归纳、整理、分析实验结果,撰写论文,参与学术交流的能力。

主干学科:环境科学

主要课程:生态学、环境学、环境化学、环境生物学、环境监测、环境工程学、环境质量及评价、环境管理与环境法、环境信息系统等。

实践环节:结合自然地理学、生态学、环境工程、环境监测等课程进行教学实习等,一般安排10~20周。

修业年限:四年

授予学位:理学或工学学士

就业方向:毕业生多数进入各级环境理论研究机构和生产部门担当研究或咨询人员,在大气、海洋、交通、工业、农业、医学、军事等领域均有广泛分布。

开设学校:南开大学(教育部直属、985大学、211大学)、闽江学院、宁夏大学(211大学)、泰山学院、烟台大学、中南大学(教育部直属、985大学、211大学)、山东大学(教育部直属、985大学、211大学)、南京大学(教育部直属、985大学、211大学)、浙江大学(教育部直属、985大学、211大学)、常州大学、宜春学院、复旦大学(教育部直属、985大学、211大学)、大连大学、长安大学(教育部直属、211大学)、宁波大学、新疆大学(211大学)、同济大学(教育部直属、985大学、211大学)、济南大学、武汉大学(教育部直属、985大学、211大学)、蚌埠学院、吉首大学、湘潭大学、大理学院、西藏大学(211大学)、青海大学(211大学)、广州大学、嘉应学院、黄山学院、延安大学、海南大学(211大学)、青岛大学、聊城大学、华侨大学、南昌大学(211大学)、重庆大学(教育部直属、985大学、211大学)、兰州大学(教育部直属、

985大学、211大学)、四川大学(教育部直属、985大学、211大学)、厦门大学(教育部直属、985大学、211大学)、东华大学(教育部直属、211大学)、吉林大学(教育部直属、985大学、211大学)、延边大学(211大学)、辽宁大学(211大学)、北京大学(教育部直属、985大学、211大学)、郑州大学(211大学)、天津大学(教育部直属、985大学、211大学)、安徽大学(211大学)、山西大学、温州大学、扬州大学、渤海大学、贵州大学(211大学)、南通大学、吉林农业大学、长春师范大学、长春理工大学、西安交通大学(教育部直属、985大学、211大学)、皖西学院、河北联合大学、华北电力大学保定校区(教育部直属、211大学)、北京联合大学、临沂大学、西北师范大学、福建师范大学、中国农业大学(教育部直属、985大学、211大学)、内蒙古师范大学、贵州民族大学、桂林理工大学、浙江大学(教育部直属、985大学、211大学)、南京师范大学(211大学)、上海交通大学(教育部直属、985大学、211大学)、中国地质大学(教育部直属、211大学)、中山大学(教育部直属、985大学、211大学)、中国矿业大学(教育部直属、211大学)、南京工业大学、杭州电子科技大学、苏州科技学院、长江师范学院、江西中医药大学、华东师范大学(教育部直属、985大学、211大学)、武汉理工大学(教育部直属、211大学)、大连理工大学(教育部直属、985大学、211大学)、大连海洋大学、西北大学(211大学)、浙江工商大学、山西财经大学、新疆师范大学、浙江农林大学、浙江海洋学院、上海大学(211大学)、天津城建大学、天津理工大学、中央民族大学(985大学、211大学)、河北大学、河北科技大学理工学院、武汉工商学院、南京工业大学浦江学院、仲恺农业工程学院、河南科技学院新科学院、浙江师范大学行知学院、西南大学(教育部直属、211大学)、中国石油大学(北京)(教育部直属、211大学)、宁波诺丁汉大学、中国矿业大学(北京)(教育部直属、211大学)、内江师范学院、福建师范大学闽南科技学院、新疆工程学院、南京大学金陵学院、齐鲁理工学院、绍兴文理学院元培学院、杭州师范大学钱江学院、湖北民族学院科技学院、湖北工程学院新技术学院、内蒙古大学创业学院、广西师范学院师园学院、广西师范大学漓江学院、北华大学、西安工程大学、青海师范大学、陕西理工学院、东北林业大学(211大学)、黑龙江大学、华中农业大学(教育部直属、211大学)、湖南农业大学、吉林建筑大学、吉林师范大学、中南林业科技大学、吉林化工学院、安徽师范大学、华南农业大学、广东海洋大学、韩山师范学院、云南民族大学、西南林业大学、昆明理工大学、云南农业大学、西安建筑科技大学、玉溪师范学院、西北农林科技大学(教育部直属、985大学、211大学)、安徽科技学院、淮北师范大学、西安交通大学(教育部直属、985大学、211大学)、陕西师范大学(教育部直属、211大学)、内蒙古工业大学、青岛理工大学、青岛科技大学、兰州交通大学、青岛农业大学、山东科技大学、广西师范学院、山东农业大学、贵州师范大学、海南医学院、山东建筑大学、广西师范大学、湖北工程学院、武汉轻工大学、湖北民族学院、黑龙江八一农垦大学、佳木斯大学、中南民族大学、武汉纺织大学、武汉工程大学、泉州师范学院、闽南师范大学、河南大学、河南科技大学、河南农业大学、暨南大学(211大学)、西北工业大学(985大学、211大学)、中国药科大学(教育部直属、211大学)、南京农业大学(教育部直属、211大学)、河海大学(教育部直属、211大学)、华南师范大学(211大学)、天津农学院、华南理工大学(教育部直属、985大学、211大学)、四川农业大学(211大学)、东北师范大学、东北农业大学(211大学)、盐城师范学院、东北大学(教育部直属、985大学、211大学)、湖南大学(教育部直属、985大学、211大学)、北京林业大学(教育部直属、211大学)、中国人民大学(教育部直属、985大学、211大学)、北京师范大学(教育部直属、985大学、211大学)、河北科技大学、哈尔滨工业大学(985大学、211大学)、内蒙古大学(211大学)、云南大学(211大学)、天津师范大学、天津科技大学、中国海洋大学(教育部直属、985大学、211大学)、安徽农业大学、中国科学技术大学(985大学、211大学)、浙江师范大学、喀什师范学院、温州医科大学、辽宁师范大学、沈阳药科大学、沈阳师范大学、辽宁石油化工大学、新疆农业大学、西南民族大学、太原科技大学、广东工业大学、成都信息工程学院、浙江万里学院、绍兴文理学院、山西农业大学、西华师范大学、江西农业大学、南京林业大学、南京工业大学、盐城工学院、南京信息工程大学、江苏师范大学、大连民族学院、沈阳化工大学、上饶师范学院、井冈山大学、重庆三峡学院、九江学院、呼伦贝尔学院、东北大学秦皇岛分校、重庆文理学院、伊犁师范学院、湖北理工学院、安庆师范学院、重庆交通大学、绵阳师范学院、乐山师范学院、淮阴师范学院、重庆工商大学、南开大学滨海学院、青海大学昆仑学院、河南城建学院、河南工程学院、河南大学民生学院、菏泽学院、凯里学院、三明学院、兰州城市学院、北京建筑大学、齐鲁工业大学、河北农业大学、山东师范大学、西昌学院、辽宁工程技术大学、河南科技学院、河南师范大学、湖南商学院、华北水利水电大学、上海海洋大学、新疆农业大学科学技术学院、温州医科大学仁济学院、北京师范大学-香港浸会大学联合国际学院、昆明医科大学海源学院、厦门大学嘉庚学院、浙江农林大学暨阳学院、山西农业大学信息学院、湖北大学、江苏理工学院、南京晓庄学院、北京航空航天大学(985大学、211大学)、北京工业大学(211大学)、河北工业大学(211大学)、浙江工业大学、沈阳农业大学、南昌航空大学、辽宁工业大学、厦门理工学院、河北农业大学现代科技学院

◆专业名称:环境生态工程
◆专业代码:082504

培养目标:环境生态工程专业培养具有环境科学的理论基础、知识和技能,适合在科研机构、高等学校、企事业单位及行政部门从事科研、教学、环境保护和环境管理等工作的高级专业人才。

培养要求:该专业学生主要学习生态学方面的基础理论、基本知识,受到基础研究和应用基础研究的科学思维和科学实验训练,具有较好的科学素养,掌握现代生态学理论和计算机模拟等实验技能,初步具备教学、研究、开发和管理能力。

毕业生应获得以下几方面的知识和能力:

1.掌握数学、物理、化学等方面的基本理论和基本知识;

2.掌握环境生态工程的基本理论、基本知识和基本技能;

3.了解相近专业的一般原理和知识;

4.熟悉国家环境保护、环境工程等有关政策和法规;

5.了解环境科学的理论前沿、应用前景和最新发展动态,以及环境保护产业的发展状况;

6.掌握资料查询、文献检索及运用现代信息技术获取相关信息的基本方法,具有一定的实验设计,创造实验条件,归纳、整理、分析实验结果,撰写论文,参与学术交流的能力。

主干学科:环境学、生态工程学

主要课程:环境学、生态学导论、湿地生态学、固体废物处理与处置、景观生态学、生态监测与评价、生态工程学、环境工程学、保护生物学、产业生态学、环境生态规划与管理、水污染控制工程、环境生态工程等。

实践环节:测量实习、工程制图、计算机应用及上机实习、水力学实验、微生物实验、环境监测实验、水处理实验、空气污染控制实验等,一般安排40周左右。

修业年限:四年

授予学位:工学学士

就业方向:环境生态工程专业毕业生主要在各级政府环保部门、规划部门、建设管理部门、设计研究院所、环境工程公司、科研单位、高等院校等从事环境规划、环境管理、环境工程设计、环保产品开发以及教学和环境科学研究等方面的工作。

开设学校:华北水利水电大学、山西大学、大连理工大学、重庆大学、贵州民族大学、西安文理学院、衡水学院、辽宁大学、厦门大学、四川农业大学、平顶山学院、淮北师范大学信息学院

◆专业名称:环保设备工程
◆专业代码:082505T

培养目标:本专业培养具有良好的科学素质和系统的环境工程与环保机械设备设计与制造交叉学科相关方面的专业知识和专业技能,在环境工程领域既能够从事环保设备的设计与制造、操纵与维护以及设备功能的改进和完善等方面工作,又能够从事环保设备的科技开发、应用研究和运行管理等方面工作的高级工程技术应用型人才。

培养要求:该专业要求学生通过系统的专业学习,具备环保设备的设计与制造、操纵与维护、设备功能的改进和完善、环保设备的科技开发、应用研究和运行管理等方面的基础理论和基本技能,同时注重学生的动手能力的培养,通过拓展课程学习、课外科技活动以及实习实践等环节培养学生分析问题和解决实际问题的能力。

毕业生应获得以下几个方面的知识和能力:

1.掌握环保设备工程的基本知识;

2.掌握环保设备工程的基本理论;

3.了解相近专业的一般原理和知识;

4.了解环保设备工程的相关信息;

5.掌握资料查询、文献检索以及运用现代信息技术获取相关信息的基本方法;

6.具有一定的实验设计,创造实验条件、归纳、整理、分析实验结果,撰写论文,参与学术交流的能力。

主要课程:环保产业概论、识图与制图、工程材料、机械制造基础、化工原理、电子电工技术、工程CAD技术、环境监测、实用废水处理技术、大气污染

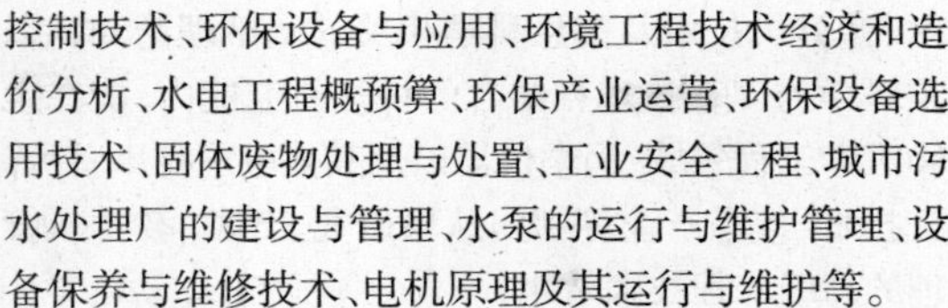

控制技术、环保设备与应用、环境工程技术经济和造价分析、水电工程概预算、环保产业运营、环保设备选用技术、固体废物处理与处置、工业安全工程、城市污水处理厂的建设与管理、水泵的运行与维护管理、设备保养与维修技术、电机原理及其运行与维护等。

修业年限：四年

授予学位：工学学士

就业方向：可在环境工程、设备制造及相关领域科研院所、企业从事产品的设计、制造、研发和环保工程建设与管理工作，也可在大专院校从事教学、科研工作。

开设学校：江苏大学、中国石油大学（北京）（教育部直属、211大学）、湘潭大学、烟台大学、南华大学、安徽工业大学、太原科技大学、上海第二工业大学

◆专业名称：资源环境科学
◆专业代码：082506T

培养目标：资源环境科学专业主要培养具备现代生物学和生态环境学，生态农业资源遥感与信息技术的基本理论知识和为可持续发展提供技术保障的实践能力，能在资源与环境科学领域前沿承担创新研究和管理的高级科学技术人才。

培养要求：本专业学生主要学习资源环境与城乡规划管理方面的基本理论和基本知识，受到应用基础研究、应用研究方面的科学思维和科学实验训练，具有较好的科学素养及初步的教学、研究，高效和可持续利用资源、资源开发、有效保护环境，以及资源环境管理规划的基本技能。

毕业生应获得以下几方面的知识和能力：

1.掌握数学、物理、化学等方面的基本理论和基本知识；

2.掌握资源环境与城乡规划管理的基本理论和基本方法；

3.了解相近专业如地理科学、生态学、环境科学和管理科学的一般原理和方法；

4.了解国家科学技术、知识产权等政策，熟悉环境保护、可持续发展战略等有关政策和法规；

5.了解资源环境与城乡规划管理的理论前沿、应用前景和最新发展；

6.掌握资料查询、文献检索及运用现代信息技术获取相关信息的基本方法；

7.具有一定的实验设计，创造实验条件，归纳、整理、分析实验结果，撰写论文，参与学术交流的能力。

主要课程：生物学基础、生物化学、微生物学、生态学、遗传学、分子生物学、生物统计学、农业资源信息系统、仪器分析、环境监测与评价、环境化学、环境生物学、自然资源学导论、普通地质学、测量与地图学基础、土壤学、土地资源学、水资源开发与利用、环境生态学、环境资源调查与评价、环境资源法规与管理、环境资源区划与规划、遥感概论、环境资源信息系统、植物营养学、环境资源分析与农产品检测、环境监测与修复技术。

实践环节：结合生态学、环境化学、环境工程学、环境监测等课程进行教学实习，并到有关环境保护的生产、科研、监测部门进行野外和现场的生产实习，完成毕业论文等。

修业年限：四年

授予学位：工学学士

就业方向：在资源和环境领域的高等院校和科研院所从事教学、科研工作；在各级农业、环境、资源和生态等行政和事业单位从事管理和技术推广工作；在肥料、灌溉和绿色食品等企业从事技术工作。

开设学校：北京师范大学（教育部直属、985大学、211大学）、中国农业大学（教育部直属、985大学、211大学）、三明学院、华南理工大学、华南农业大学、凯里学院、河南科技大学、河南工程学院、中南民族大学、扬州大学、南京工业大学、九江学院、西北农林科技大学（教育部直属、985大学、211大学）、上海交通大学（教育部直属、985大学、211大学）、浙江大学（教育部直属、985大学、211大学）

◆专业名称：水质科学与技术
◆专业代码：082507T

培养目标：培养具有化学、化工、材料、电子、计算机、仪器仪表和自动控制等学科宽厚的理论基础、实验能力和专业知识，掌握各个工业领域的水质控制技术和水资源可持续利用技术，具备水处理工艺、设备和系统的设计、研究和开发能力，能在相关领域从事水质科学研究、水质工程规划、水处理系统设计、水质监测与控制、材料保护、水处理新技术、新设备、新材料、新工艺的开发，以及在相关企业从事生产运行管理的高级专门人才。

培养要求：本专业学生主要学习水质科学与技术方面的基本理论和基本知识，受到相应的训练，具

有水质调控系统的调试、运行和管理及水质分析监测等方面的基本能力，初步具备进行水质科学研究与技术开发的能力。

通过学习，将具备以下几方面的能力：

1.具有扎实的自然科学、人文科学和社会科学基础，较强的计算机和外语应用能力；

2.较全面地掌握水质科学、化学、化工等方面的基础理论，系统掌握水处理理论与技术、金属腐蚀原理与防腐蚀技术、水质分析监测和水质工艺系统自动控制技术等方面的专业知识和实验技能，了解水质科学与技术领域的理论前沿及其新技术和新工艺的发展趋势；

3.获得水质工程的规划和设计，水处理及水质调控系统的调试、运行和管理及水质分析监测等方面的基本能力，初步具备进行水质科学研究与技术开发的能力。

主要课程：无机化学、有机化学、分析化学、物理化学、水质科学基础、水化学、水生态学、工程数学、工程力学、流体力学、电工电子技术、计算机辅助设计、化工原理、水处理、核电站水质工程、水污染控制、材料保护、水质分析与监测技术、智能仪器仪表、自动控制原理、计算机控制技术、水处理设备自动化、水处理系统设计、计算机网络、水工业法学、水工业经济学等。

修业年限：四年

授予学位：工学学士

就业方向：本专业的就业前景广泛，毕业生可在电力、环境、市政、石油、化工、核工业、冶金、军工、电子、生物、制药、造纸、食品和饮料等行业，高等院校、科研院所、工矿企业、政府机构等部门从事教学、科学研究、规划设计、生产运行、施工监理、经营管理等工作。

开设院校：南京工业大学、武汉大学（教育部直属、985大学、211大学）、南京工程学院、呼和浩特民族学院、沈阳化工学院

0826 生物医学工程类

◆专业名称：生物医学工程

◆专业代码：082601

培养目标：本专业培养具备生命科学、电子技术、计算机技术及信息科学相关的基础理论知识以及医学与工程技术相结合的科学研究能力，能在生物医学工程领域、医学仪器以及其他电子技术、计算机技术、信息产业等部门从事研究、开发、教学及管理的高级工程技术人才。

培养要求：本专业学生主要学习生命科学、电子技术、计算机技术和信息科学的基本理论和基本知识，受到电子技术、信号检测与处理、计算机技术在医学中的应用的基本训练，具有生物医学工程领域中的研究和开发的基本能力。

毕业生应获得以下几方面的知识和能力：

1.掌握电子技术的基本原理及设计方法；

2.掌握信号检测和信号处理及分析的基本理论；

3.具有生物医学的基础知识；

4.具有微处理器和计算机应用能力；

5.具有生物医学工程研究与开发的初步能力；

6.了解生物医学工程的发展动态；

主干学科：生物医学工程

主要课程：基础医学课程、定量生理学、模拟与数字电子技术、生物医学传感器与测量、微型计算机原理及其在医学中的应用、数字信号处理、医学信号处理、医学图像处理等。

实践环节：包括金工实习（3~4周）、电子设计（2~3周）、生产实习（3~4周）、毕业设计（12~16周）。

修业年限：四年或五年

授予学位：工学或理学学士

就业方向：研究机构、医院影像、设备、临床工程、信息中心等相关科室、医疗器械相关企业、事业单位、政府相关管理部门等。

开设学校：上海理工大学、长春工业大学、北京联合大学、桂林医学院、山东科技大学、浙江大学（教育部直属、985大学、211大学）、中国药科大学（教育部直属、211大学）、中国地质大学（教育部直属、211大学）、四川农业大学（211大学）、南京大学（教育部直属、985大学、211大学）、中国矿业大学（教育部直属、211大学）、复旦大学（教育部直属、985大学、211大学）、山东大学（教育部直属、985大学、211大学）、延边大学（211大学）、新疆医科大学、上海交通大学医学院、上海大学（211大学）、天津工业大学、武汉工商学院、中国矿业大学（北京）（教育部直属、211大学）、南方科技大学、辽宁何氏医学院、长春理工大学、大理学院、西安工业大学、南华大学、广州医科大学、广东药学院、广东医学院、昆明理工大学、

皖南医学院、西安交通大学(教育部直属、985大学、211大学)、桂林电子科技大学、贵阳医学院、广西医科大学、牡丹江医学院、佳木斯大学、中南民族大学、新乡医学院、河南科技大学、湖北科技学院、齐齐哈尔医学院、东南大学(教育部直属、985大学、211大学)、南昌大学(211大学)、暨南大学(211大学)、重庆大学(教育部直属、985大学、211大学)、四川大学(教育部直属、985大学、211大学)、华南理工大学(教育部直属、985大学、211大学)、中山大学(教育部直属、985大学、211大学)、清华大学(教育部直属、985大学、211大学)、太原理工大学(211大学)、大连理工大学(教育部直属、985大学、211大学)、中南大学(教育部直属、985大学、211大学)、上海交通大学(教育部直属、985大学、211大学)、吉林大学(教育部直属、985大学、211大学)、华中科技大学(教育部直属、985大学、211大学)、西南交通大学教育部直属211大学、湖南大学(教育部直属、985大学、211大学)、西安电子科技大学(教育部直属、211大学)、河北科技大学、河北大学、北京工业大学(211大学)、北京交通大学(教育部直属、211大学)、河北工业大学(211大学)、天津医科大学(211大学)、南京航空航天大学(211大学)、安徽医科大学、郑州大学(211大学)、合肥工业大学(教育部直属、211大学)、天津大学(教育部直属、985大学、211大学)、温州医科大学、中国计量学院、沈阳工业大学、沈阳药科大学、中国医科大学、川北医学院、泸州医学院、中北大学、成都信息工程学院、四川理工学院、深圳大学、长治医学院、西南科技大学、江苏大学、重庆医科大学、重庆邮电大学、江西中医药大学、南昌航空大学、徐州医学院、杭州电子科技大学、南京邮电大学、南京医科大学、大连医科大学、重庆理工大学、井冈山大学、赣南医学院、山东中医药大学、济宁医学院、安徽中医药大学、吉林医药学院、成都医学院、燕山大学里仁学院、中山大学新华学院、电子科技大学(教育部直属、985大学、211大学)、首都医科大学、泰山医学院、潍坊医学院、燕山大学、南通大学、东北石油大学、西安电子科技大学长安学院、南方医科大学、解放军第四军医大学(211大学)、解放军第三军医大学、新乡医学院三全学院、安徽医科大学临床医学院、温州医科大学仁济学院、江西中医药大学科技学院、东北大学(教育部直属、985大学、211大学)、北京航空航天大学(985大学、211大学)、东北大学秦皇岛分校、河北科技大学理工学院、

◆专业名称:假肢矫形工程
◆专业代码:082602T

培养目标:本专业培养具备康复医学、机电技术与材料科学、假肢矫形器设计与制作相关的基本理论以及康复医学与工程技术相结合的基本技能,能在临床康复、假肢矫形工程领域从事设计与技术服务的高级应用人才。

培养要求:本专业学生主要学习假肢矫形工程方面的基本理论和基本知识,受到相应的训练,具有从事本专业研究和实际工作的基本能力。

毕业生应具备的专业知识与能力:

1.掌握假肢矫形工程的基本知识;

2.掌握假肢矫形工程的基本理论;

3.了解相近专业的一般原理和知识;

4.了解假肢矫形工程的相关信息;

5.掌握资料查询、文献检索以及运用现代信息技术获取相关信息的基本方法;

6.具有一定的实验设计,创造实验条件、归纳、整理、分析实验结果,撰写论文,参与学术交流的能力。

主要课程:高等数学、普通物理学、理论力学、材料力学、电路分析、电子技术基础、运动生物力学、机械原理、金属工艺学、C语言、正常人体形态学、矫形临床学、矫形外科学、矫形材料学、假肢学、矫形器学、康复工程、康复心理学等。

修业年限:四年

授予学位:工学学士

就业方向:学生毕业后适合在国内外康复工程、生物医学工程等领域从事与假肢、矫形相关的科研、教学、医疗技术开发和技术管理等工作。

开设院校:首都医科大学、上海理工大学

0827食品科学与工程类

专业名称:食品科学与工程
专业代码:082701

培养目标:本专业培养具有化学、生物学、食品工程和食品技术知识,能在食品领域内从事食品生产技术管理、品质控制、产品开发、科学研究、工程设

计等方面工作的食品科学与工程学科的高级工程技术人才。

培养要求：本专业学生主要学习化学、生物学和食品工程学的基本理论和基本知识，受到食品生产技术管理、食品工程设计和科学研究等方面的基本训练，具有食品保藏、加工和资源综合利用方面的基本能力。

毕业生应获得以下几方面的知识和能力：

1.掌握生物化学、食品化学、微生物学的基本理论与实验技术；

2.掌握食品分析、检测的方法；

3.具有工艺设计、设备选用、食品生产管理和技术经济分析的能力；

4.熟悉食品工业发展的方针、政策和法规；

5.了解食品储运、加工、保藏及资源综合利用的理论前沿和发展动态；

6.掌握文献检索、资料查询的基本方法，具有初步的科学研究和实际工作能力。

主干学科：化学、生物学、食品科学与工程

主要课程：有机化学、生物化学、食品化学、微生物学、化工过程与设备、食品技术原理。

实践环节：包括工艺实验、课程设计、生产实习、毕业实习、毕业设计(论文)等，一般安排30周。

修业年限：四年

授予学位：工学或农学学士

就业方向：各类食品生产企业的食品工程设计、新产品开发、食品营养研究、质量检测、品质控制、技术管理、技术监督、食品机械设备管理、食品包装设计、食品贮藏管理、食品运输管理、企业经营管理、食品的科学研究和成果推广工作；或食品质量监督、海关、商检、卫生防疫、进出口、工商等部门的产品分析、检测、技术监督、执法、管理工作；或在大专院校、科研院所进行教学科研等工作。

开设学校：北京工商大学、青岛农业大学、浙江大学(教育部直属、985大学、211大学)、上海交通大学(教育部直属、985大学、211大学)、中国地质大学(教育部直属、211大学)、淮海工学院、东北师范大学(教育部直属、211大学)、大连海洋大学、云南大学(211大学)、浙江工商大学、宁波大学、浙江科技学院、浙江海洋学院、天津商业大学、武汉工商学院、肇庆学院、广西中医药大学、绥化学院、武昌工学院、武汉生物工程学院、福州大学至诚学院、济宁学院、烟台南山学院、沈阳工学院、吉林工商学院、吕梁学院、宁德师范学院、武夷学院、浙江树人学院、蚌埠学院、成都学院、青岛工学院、文山学院、河南牧业经济学院、陕西学前师范学院、商丘学院、贵州大学科技学院、郑州科技学院、长春大学、长春工业大学、北华大学、长春师范大学、吉首大学、吉林农业大学、湘潭大学、西藏大学(211大学)、陕西科技大学、青海大学(211大学)、通化师范学院、衡阳师范学院、东北林业大学(教育部直属、211大学)、邵阳学院、湖南文理学院、华中农业大学(教育部直属、211大学)、怀化学院、湖南农业大学、长沙理工大学、吉林化工学院、中南林业科技大学、湖南中医药大学、上海师范大学、嘉应学院、佛山科学技术学院、上海理工大学、安徽工程大学、上海应用技术学院、安徽师范大学、广东石油化工学院、华南农业大学、广东海洋大学、韶关学院、岭南师范学院、广东药学院、广州大学、韩山师范学院、西南林业大学、昆明理工大学、云南农业大学、云南中医学院、安徽科技学院、合肥学院、黄山学院、陕西师范大学(教育部直属、211大学)、海南大学(211大学)、河西学院、临沂大学、青岛大学、内蒙古科技大学、内蒙古民族大学、兰州理工大学、聊城大学、许昌学院、甘肃农业大学、广西科技大学、山东理工大学、黄冈师范学院、湖北工程学院、湖北师范学院、湖北民族学院、哈尔滨学院、黑龙江大学、长江大学、集美大学、福建师范大学、福建农林大学、西北民族大学、闽南师范大学、泉州师范学院、郑州轻工业学院、河南科技大学、黑龙江东方学院、河南工业大学、湖北文理学院、河南农业大学、南昌大学(211大学)、暨南大学(211大学)、南京农业大学(教育部直属、211大学)、广西大学(211大学)、天津农学院、福州大学(211大学)、华南理工大学(教育部直属、985大学、211大学)、四川大学(教育部直属、985大学、211大学)、四川农业大学(211大学)、东北农业大学(211大学)、淮阴工学院、南京晓庄学院、吉林大学(教育部直属、985大学、211大学)、华东理工大学(教育部直属、211大学)、延边大学(211大学)、辽宁大学(211大学)、北京林业大学(教育部直属、211大学)、河北经贸大学、河北科技大学、西北大学(211大学)、新疆大学(211大学)、江南大学(教育部直属、211大学)、天津科技大学、合肥工业大学(教育部直属、211大学)、中国海洋大学(教育部直属、985大学、211大学)、天津大学(教育部直属、985大学、211大学)、安徽农业大学、安徽大学(211大学)、浙江中医药大学、浙江农林大学、西

华大学、沈阳师范大学、新疆农业大学、沈阳农业大学、西南民族大学、四川理工学院、山西师范大学、深圳大学、广东工业大学、浙江万里学院、山西大学、山西农业大学、西南科技大学、江西农业大学、扬州大学、南京林业大学、南京工业大学、江苏大学、盐城工学院、南京财经大学、大连民族学院、辽宁医学院、石河子大学(211大学)、辽宁中医药大学、鞍山师范学院、大连工业大学、沈阳化工大学、渤海大学、长江师范学院、江西科技师范大学、重庆三峡学院、宿州学院、百色学院、钦州学院、滁州学院、枣庄学院、琼州学院、常熟理工学院、信阳农林学院、重庆文理学院、徐州工程学院、金陵科技学院、福建中医药大学、吉林农业科技学院、曲靖师范学院、塔里木大学、宜宾学院、陇东学院、重庆工商大学、贵阳学院、湖南人文科技学院、荆楚理工学院、青海大学昆仑学院、菏泽学院、铜仁学院、河北科技师范学院、贺州学院、商洛学院、安康学院、长春科技学院、北京联合大学、齐鲁工业大学、宁夏大学(211大学)、北方民族大学、中国农业大学(教育部直属、985大学、211大学)、鲁东大学、烟台大学、石家庄学院、廊坊师范学院、河北工程大学、河北农业大学、河北北方学院、西昌学院、运城学院、山西中医学院、贵州大学(211大学)、西南大学(教育部直属、211大学)、四川旅游学院、河南科技学院、安阳工学院、南阳理工学院、吉林财经大学、湖北工业大学、武汉工程大学、上海海洋大学、山东师范大学、上海交通大学医学院、华中农业大学楚天学院、河北科技大学理工学院、湖北大学知行学院、哈尔滨工业大学(威海)、东北农业大学成栋学院、青岛农业大学海都学院、西北大学现代学院、山西师范大学现代文理学院、浙江农林大学暨阳学院、北京师范大学-香港浸会大学国际联合学院、北京联合大学应用文理学院、福建师范大学闽南科技学院、福建农林大学金山学院、河北工程大学科信学院、南京工业大学浦江学院、新疆农业大学科学技术学院、湖南农业大学东方科技学院、仲恺农业工程学院、湖南文理学院芙蓉学院、衡阳师范学院南岳学院、大连理工大学盘锦校区、阜阳师范学院信息工程学院、河南科技学院新科学院、山西农业大学信息学院、广西科技大学鹿山学院、辽宁医学院医疗学院、兰州理工大学技术工程学院、吉林工程技术师范学院、西北农林科技大学(教育部直属、985大学、211大学)、内蒙古工业大学、山东农业大学、内蒙古农业大学、黑龙江中医药大学、武汉轻工大学、哈尔滨商业大学、齐齐哈尔大学、黑龙江八一农垦大学、南京师范大学(211大学)、哈尔滨工业大学(985大学、211大学)、浙江工业大学、南京中医药大学、中南林业科技大学涉外学院、集美大学诚毅学院、烟台大学文经学院、江苏大学京江学院、华中农业大学楚天学院、河北农业大学现代科技学院、北京理工大学珠海学院、北京农学院、北京师范大学-香港浸会大学联合国际学院

◆专业名称:食品质量与安全
◆专业代码:082702

培养目标:本专业培养适应经济、科技、社会发展需要,德智体美全面发展和个性健康、和谐统一的,富有科学创新精神和国际视野的,基础扎实、知识面宽、能力强、素质高的食品质量与安全方面的应用型人才。

培养要求:本专业学生主要学习生物学和食品工程学的基本理论和基本知识,受到食品生产技术管理、食品质量检测和安全等方面的基本训练,具有食品质量检测、食品安全检测等方面的基本能力。

毕业生应获得以下几方面的知识和能力:

1.掌握生物化学、食品化学、微生物学的基本理论与实验技术;

2.掌握食品分析、检测的方法;

3.具有食品生产管理和技术经济分析的能力;

4.熟悉食品工业发展的方针、政策和法规;

5.了解食品储运、加工、保藏及资源综合利用的理论前沿和发展动态;

6.掌握文献检索、资料查询的基本方法,具有初步的科学研究和实际工作能力。

主要课程:普通生物学、食品原料学、食品微生物学、基础生物化学、人体机能学、营养学、食品卫生学、食品化学、食品工艺学、食品安全与质量控制技术、食品保藏学、食品工程原理、食品检验检疫学、食品质量检验技术、食品微生物检验技术、功能食品、食品毒理学、现代食品安全科学、食品免疫学、食品感官评价、有机化学、无机化学、分析化学、物理化学、仪器分析、食品试验设计与统计分析、食品标准与法规等。

实践环节:包括工艺实验、课程设计、生产实习、毕业实习、毕业设计(论文)等。

修业年限:四年

授予学位：工学学士

就业方向：可在全国各级食品卫生监督部门、食品企业、社区的食品营养与安全服务部门、餐饮业及教学、科研等单位从事食品生产、食品营养与安全的管理、公共营养等方面的工作。

开设学校：湖南科技大学、北京联合大学、山东师范大学、浙江工商大学、山西师范大学、浙江海洋学院、西南大学（教育部直属、211大学）、武昌工学院、烟台南山学院、武夷学院、合肥师范学院、蚌埠学院、齐鲁师范学院、成都学院、青岛工学院、郑州科技学院、长春大学、吉首大学、陕西科技大学、西藏大学（211大学）、白城师范学院、湖南科技学院、通化师范学院、邵阳学院、怀化学院、安徽师范大学、广东海洋大学、韶关学院、广东药学院、广东医学院、昆明理工大学、红河学院、安徽科技学院、淮南师范学院、合肥学院、陕西师范大学（教育部直属、211大学）、皖西学院、海南大学（211大学）、青岛科技大学、周口师范学院、许昌学院、遵义医学院、中南民族大学、长江大学、福建农林大学、闽南师范大学、河南科技大学、南昌大学（211大学）、暨南大学（211大学）、中国药科大学（教育部直属、211大学）、苏州大学（211大学）、广西大学（211大学）、天津农学院、华南理工大学（教育部直属、985大学、211大学）、淮阴工学院、吉林大学（教育部直属、985大学、211大学）、华东理工大学（教育部直属、211大学）、河北经贸大学、河北科技大学、内蒙古大学（211大学）、江南大学（教育部直属、211大学）、天津商业大学、天津科技大学、德州学院、浙江农林大学、杭州师范大学、西华大学、中国计量学院、沈阳师范大学、西南民族大学、浙江万里学院、扬州大学、江苏大学、重庆师范大学、常州大学、南京财经大学、大连民族学院、辽宁医学院、大连海洋大学、渤海大学、九江学院、重庆三峡学院、宜春学院、宿州学院、济宁医学院、滁州学院、滨州学院、徐州工程学院、吉林医药学院、上海商学院、贵阳学院、成都医学院、长春科技学院、北京农学院、鲁东大学、北京城市学院、潍坊医学院、烟台大学、西昌学院、运城学院、贵州大学（211大学）、四川旅游学院、河南科技学院、安阳工学院、武汉轻工大学、上海理工大学、上海海洋大学、西北农林科技大学（教育部直属、985大学、211大学）、山东农业大学、南京师范大学（211大学）、南京中医药大学、河北科技大学理工学院、重庆第二师范学院、青岛农业大学海都学院、河南科技学院新科学院、天水师范学院、湖北大学知行学院、武汉生物工程学院、福建农林大学金山学院、吉林工商学院、江苏师范大学科文学院、湖南农业大学东方科技学院、仲恺农业工程学院、聊城大学东昌学院、四川大学锦江学院、山东农业工程学院、河南牧业经济学院、阜阳师范学院信息工程学院、湖北民族学院科技学院、山西农业大学信息学院、广西中医药大学赛恩斯新医药学院、兰州理工大学技术工程学院、吉林农业大学、陕西理工学院、吉林工程技术师范学院、华中农业大学（教育部直属、211大学）、湖南农业大学、中南林业科技大学、佛山科学技术学院、华南农业大学、广州医科大学、云南农业大学、云南中医学院、上海杉达学院、内蒙古民族大学、青岛农业大学、甘肃农业大学、内蒙古农业大学、湖北中医药大学、哈尔滨商业大学、齐齐哈尔大学、黑龙江八一农垦大学、郑州轻工业学院、黑龙江东方学院、河南工业大学、河南农业大学、南京农业大学（教育部直属、211大学）、四川农业大学（211大学）、北京工业大学（211大学）、安徽医科大学、合肥工业大学（教育部直属、211大学）、安徽农业大学、新疆农业大学、沈阳农业大学、四川理工学院、山西农业大学、成都中医药大学、江西农业大学、南京工业大学、石河子大学（211大学）、辽宁中医药大学、大连工业大学、常熟理工学院、安徽中医药大学、广西中医药大学、福建医科大学、吉林农业科技学院、塔里木大学、烟台大学文经学院、华中农业大学楚天学院、河北农业大学现代科技学院、河南大学民生学院、河北科技师范学院、齐鲁工业大学、中国农业大学（教育部直属、985大学、211大学）、河北农业大学、吉林化工学院

◆专业名称：粮食工程

◆专业代码：082703

培养目标：本专业培养能从事粮食生产技术管理、粮油产品加工、粮食工程规划管理等工作的高级技术应用型专门人才。

培养要求：该专业学生主要学习生物学和食品工程学的基本理论和基本知识，受到食品生产技术管理、食品质量检测和安全等方面的基本训练，具有食品研究、食品质量安全检测等方面的基本能力。

毕业生应获得以下几方面的知识和能力：

1.具备粮食和油脂生产和经营管理、新产品开发、加工技术改造、工厂设计、储运物流的基本能力；

2.掌握粮食和油脂品质与安全控制、粮油资源综合利用方面的专业综合能力；

3.具有食品生产管理和技术经济分析的能力；

4.具有一定的从事科研工作的良好素质和能力，具有独立获取知识、计算机应用和信息处理的基本能力；

5.具有熟练地利用专业英语进行沟通、阅读、写作等的能力，具有一定的创新能力和创业意识；

6.具备一定的适应相邻专业工作的能力。

主要课程：粮食工程概论、粮食生产技术、粮食产品加工、粮食贮藏、粮食运输、粮食市场营销、食品工程原理、食品微生物、食品分析、粮油加工工艺、发酵食品工艺、焙烤制品工艺、食品机械与设备、课程设计。

实践环节：粮食储运综合实训、生产实习、毕业实习等，以及各校的主要特色课程和实验环节。

修业年限：四年

授予学位：工学学士

就业方向：粮食生产、储运、加工、销售领域的技术与管理工作。

开设学校：吉林工商学院、吉林农业大学、中南林业科技大学、安徽科技学院、黑龙江八一农垦大学、齐齐哈尔大学、河南工业大学、沈阳师范大学、沈阳农业大学、南京财经大学、吉林农业科技学院、武汉轻工大学

◆专业名称：乳品工程
◆专业代码：082704

培养目标：乳品工程专业培养具有乳品专业技术知识和能力，政治素质好，知识结构合理，具有一定的数据分析处理，基础实验室操作技能，工程与机械知识，微生物基础知识与技能，食品化学与分析检验，企业经营与经济分析等能力，具有较丰富的乳品加工和质量管理知识，具有一定的其他食品领域的知识，能从事乳品科学研究、新产品开发、乳品深加工和乳品品质检测等方面工作的知识、能力、素质协调发展的复合型应用型人才。

培养要求：本专业学生应系统地夯实乳品科学方面的基础知识和专业知识，掌握乳品加工过程中的变化及各种乳制品加工的知识；了解和掌握各种乳制品加工的实践技能，具有一定的新产品开发能力，并掌握乳制品精深加工及新产品开发的理论知识。

毕业生应获得以下几方面的知识和能力：

1.掌握生物化学、乳品化学和乳品微生物、食品营养的基本理论与实验技术；

2.掌握乳品分析与检验的方法；

3.具有乳品工艺设计、设备选用的能力；

4.熟悉乳品工业发展的方针、政策和法规；

5.掌握乳品以及其他畜产品的加工工艺、检验技术；

6.掌握食品营养与安全监测的有关知识和技能；

7.具备乳品企业生产管理和技术经济分析的能力，掌握食品企业对外贸易的有关知识；

8.掌握一门外语，能进行简单的英语交流，具备一定的写作与翻译能力。

主要课程：食品生物化学、食品营养学、食品工程原理、乳品化学、乳品机械设备、乳品微生物学、液态乳品科学与技术、固态乳品科学与技术、原料奶生产技术、乳品工厂设计、乳品安全与质量控制、商业经济学、乳品分析等。

实践环节：工艺试验、课程设计、教学实习、市场调查、实际生产实习、毕业生产实习、毕业设计（论文）、军事训练等。

修业年限：四年

授予学位：工学学士

就业方向：在乳品行业及相关领域（中高等职业院校、技术监督部门、科研院所、海关、商检）从事乳品开发与研究、乳品生产及管理、产品质量控制、工程设计、分析检验、产品销售等方面的工作。

开设学校：东北农业大学、扬州大学、河南科技大学、黑龙江东方学院

◆专业名称：酿酒工程
◆专业代码：082705

培养目标：酿酒工程专业以扎实的科学理论、工程技术和实践训练基础为支撑，旨在培养具有良好的政治文化素质、外语及计算机应用的基本能力，具备生物学，化学、微生物学、工程学和管理学等基础理论与基本知识，系统掌握酿酒工程的基础理论、专业知识和专业技能，能在酿酒的生产、加工、流通及与之相关的教育、研究、进出口贸易、卫生监督、安全管理等部门，从事酿酒或相关产品的科学研究、技术开发、

产品研发、工程设计,生产管理、质量控制、产品销售、文化推广、检验检疫、教育教学等方面工作,具有宽广知识面、多领域适应能力的高级工程技术人才。

培养要求:酿酒工程专业学生应具有酿酒专业技术知识和能力,具有一定的数据分析处理,基础实验室操作技能,工程与机械知识,微生物基础知识与技能,食品化学与分析检验,企业经营与经济分析等基本能力。

主要课程:分析化学、有机化学、动物生理学、生物化学、生物学、分子生物学、微生物学、葡萄品种学和栽培学、葡萄酒酿造学、葡萄酒鉴评学、葡萄酒工程学、食品营养与卫生学、实用企业治理学、市场营销学等。

实践环节:课程实习、生产实习、结业实习、社会实践等。

修业年限:四年

授予学位:工学学士

就业方向:毕业生可在酿酒工程领域从事教学、科学研究与开发、生产管理、检验、产品营销与技术服务等工作。

开设院校:中国农业大学、西北农林科技大学、江南大学、贵州大学、贵州理工学院、山东农业大学、齐鲁工业大学、河北科技师范学院、绍兴文理学院、四川理工学院、济宁学院。其中该专业在中国农业大学、西北农林科技大学、江南大学、贵州大学、四川理工学院属于一本招生

◆专业名称:葡萄与葡萄酒工程
◆专业代码:082706T

培养目标:葡萄与葡萄酒工程专业是以化学、生物学和工程学为基础,研究现代优质葡萄酒酿造工艺、鉴赏艺术和营销理念的科学理论与应用技术的理、工、农交叉性综合学科,旨在培养熟悉葡萄酒的原料生产、酿造工艺、分析检测、设备维护,以及具备市场开发的基本技能的综合人才。

培养要求:本专业学生应具有生物学、化学、发酵工程以及葡萄酒产业化等方面的基本理论、基本知识、实践技能,熟悉葡萄酒的原料生产、酿造工艺、分析检测、设备维护,以及市场开发的基本技能。

毕业生应具备的专业知识与能力:

1.掌握生物学、化学等方面的基本理论、基本知识;

2.掌握发酵工程以及葡萄酒产业化等方面的基本理论、基本知识;

3.了解相近专业的一般原理和知识;

4.了解葡萄与葡萄酒工程的相关信息;

5.掌握资料查询、文献检索以及运用现代信息技术获取相关信息的基本方法;

6.具有一定的实验设计,创造实验条件、归纳、整理、分析实验结果,撰写论文,参与学术交流的能力。

主干学科:园艺学、食品科学与工程

主要课程:普通生物学、普通微生物学、分析化学、有机化学、葡萄酒化学、生物化学、分子生物学、葡萄酒微生物学、植物生理学、葡萄酒分析与质量控制、酶学、发酵科学、葡萄酒酿造学、葡萄酒感官鉴评原理与技术、葡萄酒工程学、食品营养与卫生学、实用企业管理学、市场营销学等。

修业年限:四年

授予学位:工学学士

就业方向:可到国家机关、大专院校、科研院所、质量技术检测监督、知识产权保护、产品策划和设计、商贸公司、文化交流等部门从事酒类企业管理、葡萄酒生产、营销贸易、文化推广、新产品新技术开发、机械和工程生产及设计等工作。

开设学校:西北农林科技大学(教育部直属、985大学、211大学)、青岛农业大学、山东农业大学、滨州医学院鲁东大学、中国农业大学(教育部直属、985大学、211大学)、沈阳药科大学、山西农业大学、大连工业大学、楚雄师范学院、宁夏大学(211大学)、新疆农业大学

◆专业名称:食品营养与检验教育
◆专业代码:082707T

培养目标:该专业旨在培养具有食品分析检测、营养卫生学、环境与生物科学、管理学的基本理论,具备食品科学与工程和食品质量管理基本知识、基本技能;能运用所学知识解决一定的生产实际问题;具有良好教师素质,能够在中、高等职业学校从事食品安全与质量控制教育教学、教学研究的师资或能在食品原辅料生产、流通和消费领域从事分析检验、质量管理、安全评价、企业管理和科学研究等方面工作的高级技术人才。

培养要求:本专业学生主要学习食品科学与工程、食品法规与标准、食品质量管理、食品安全检测的基本知识和技能,受到从事现代教育理论与实践的初步训练,初步获得从事食品营养与检验教育教

学和科研以及指导食品生产的能力。

通过该专业的学习,学生将具备以下几方面的知识和能力:

1.掌握教育学、心理学的基本知识,具备教师的基本素质和基本能力,能够运用教育学知识和技能从事食品行业的教育教学工作。

2.掌握食品营养成分及其加工特性,具有食品营养开发与保健、合理搭配营养、平衡膳食的能力。

3.掌握食品卫生与毒理学的基本理论和实验技术,具有对食品的安全性进行分析与评价的能力。

4.掌握食品分析检验、食品品质控制的方法,具有对原材料、中间产品及成品进行分析检验的能力。

5.掌握资料查询、文献检索及运用现代信息技术获得相关信息的基本方法,具有初步的科学研究和实际工作能力。

主要课程:无机化学、分析化学、食品化学、食品微生物学、食品营养学、食品卫生学、食品标准与法规、食品机械与设备、食品工艺学、食品感官检验、食品病理检验、食品毒理学、食品理化分析、食品检验与分析、食品微生物检验、食品质量管理、食品包装学等。

实践环节:食品化学实习、食品营养学实习、食品毒理学实习、食品工艺学实习、现代仪器分析实习、食品检验技术实习、教育实习、毕业实习。

主要专业实验:生物化学实验、食品微生物学实验、食品原料学实验、食品卫生学实验、功能性食品实验等。

修业年限:四年

授予学位:工学学士

就业方向:该专业学生毕业后,可到全国各级食品卫生监督部门、食品企业、社区的食品营养与安全服务部门、餐饮业及教学、科研等单位从事食品生产、食品营养与安全的管理、公共营养等方面的工作。

开设院校:河南工业大学、河南农业大学、安徽科技学院、山西师范大学、吉林工程技术师范学院、中国海洋大学青岛学院、山东畜牧兽医职业学院

◆专业名称:烹饪与营养教育
◆专业代码:082708T

培养目标:烹饪与营养教育专业培养具有较扎实的专业知识和较强的实践能力、具有创新能力的餐饮企业管理人才;培养药膳、食品营养研究机构科研工作人员;培养具备营养师资格和承担高职高专院校教学能力的应用型师资和高级专业人才。

培养要求:该专业学生应学习烹饪与营养的基本理论、基本知识和基本技能,受到从事科学研究和现代教育理论与实践的初步训练,初步具有烹饪、面点和酒店管理等方面的基本能力和从事教学、科研的能力。

毕业生应获得以下几方面的知识和能力:

1.熟练掌握烹饪与营养的基本知识、基本技能及相近学科的基础知识;

2.了解烹饪学科的发展前沿,具备利用烹饪与营养理论解决实际问题的能力;

3.熟悉教育法规,了解职业教育规律,掌握并能够初步运用教育学、心理学基础理论和现代教育技术,具有良好的教师素养,具备从事烹饪与营养教学和研究的基本技能;

4.具有一定的计算机技能,具备初步进行数据分析的能力;

5.能够利用英语进行资料查询和文献检索,能借助工具书阅读该专业的外文书刊,具有一定的专业英语会话能力;

6.利用现代信息技术获取有效信息的能力;

7.具有撰写科技论文和开展科学研究的初步能力和较强的专业实践操作技能,并获得相应的技能等级证书。

主要课程:饮食文化概论、食品卫生学、营养学基础、烹饪化学、餐饮企业管理、中国饮食保健学、实用营养学、管理学、心理学、教育学等课程。

修业年限:四年

授予学位:工学学士

就业方向:毕业生可从事大、中型饭店及集团餐饮部门的技术及管理工作,也可在中、高等烹饪学校或相关科研部门从事教学、科研工作。

开设院校:哈尔滨商业大学、吉林农业科技学院、吉林工商学院、昆明学院、四川旅游学院、湖北经济学院、济南大学、岭南师范学院、韩山师范学院、扬州大学、黄山学院、河南科技学院、河北师范大学

0828 建筑类

◆专业名称:建筑学
◆专业代码:082801

培养目标:本专业培养具备建筑设计、城市设

计、室内设计等方面的知识，能在设计部门从事设计工作，并具有多种职业适应能力的通用型、复合型高级工程技术人才。

培养要求：本专业学生主要学习建筑设计、城市规划原理、建筑工程技术等方面的基本理论与基本知识，受到建筑设计等方面的基本训练，具有项目策划、建筑设计方案和建筑施工图绘制等方面的基本能力。

毕业生应获得以下几方面的知识和能力：

1.具有较扎实的自然科学基础、较好的人文社会科学基础和外语语言综合能力；

2.掌握建筑设计的基本原理和方法，具有独立进行建筑设计和用多种方式表达设计意图的能力以及具有初步的计算机文字、图形、数据的处理能力；

3.了解中外建筑历史的发展规律，掌握人的生理、心理、行为与建筑环境的关系，与建筑有关的经济知识、社会文化习俗、法律与法规的基本知识，以及建筑边缘学科与交叉学科的相关知识；

4.初步掌握建筑结构及建筑设备体系与建筑的安全、经济、适用、美观的关系的基本知识，建筑构造的原理与方法，常用建筑材料及新材料的性能，具有合理选用和一定的综合应用能力，并具有一定的多工种间组织协调能力；

5.具有项目前期策划、建筑设计方案制订和建筑施工图绘制的能力，具有建筑美学的修养。

主干学科：建筑学

主要课程：建筑设计基础、建筑设计及原理、中外建筑历史、建筑结构与建筑力学、建筑构造。

实践环节：包括美术实习、工地实习、建筑测绘实习、建筑认识实习、设计院生产实习，一般安排40周。

修业年限：四年或五年

授予学位：建筑学学士

就业方向：建筑设计、城市规划设计部门、房地产开发、咨询部门、相关科研和教学部门及政府管理部门，或攻读建筑设计及其理论、城市规划与设计、景观设计、建筑历史与理论、建筑技术等方向的研究生。

开设学校：浙江大学（教育部直属、985大学、211大学）、厦门大学（教育部直属、985大学、211大学）、宁波大学、上海大学（211大学）、江南大学（教育部直属、211大学）、武汉大学（教育部直属、985大学、211大学）、吕梁学院、武夷学院、大理学院、西藏大学（211大学）、南华大学、广州大学、惠州学院、铜陵学院、合肥学院、黄山学院、海南大学（211大学）、聊城大学、临沂大学、三峡大学、长江大学、华侨大学、南京大学（教育部直属、985大学、211大学）、南昌大学（211大学）、苏州大学（211大学）、重庆大学（教育部直属、985大学、211大学）、四川大学（教育部直属、985大学、211大学）、广西大学（211大学）、福州大学（211大学）、山东大学（教育部直属、985大学、211大学）、中南大学（教育部直属、985大学、211大学）、延边大学（211大学）、长安大学（教育部直属、211大学）、同济大学（教育部直属、985大学、211大学）、新疆大学（211大学）、郑州大学（211大学）、天津大学（教育部直属、985大学、211大学）、济南大学、西华大学、嘉兴学院、沈阳大学、深圳大学、山西大学、温州大学、扬州大学、大连大学、三江学院、昆明学院、文华学院、凯里学院、宁夏大学（211大学）、潍坊学院、烟台大学、燕山大学、贵州大学（211大学）、黄淮学院、南通大学、陕西师范大学（教育部直属、211大学）、中央美术学院（教育部直属）、河北美术学院、贵州民族大学、中国石油大学（教育部直属、211大学）、中国地质大学（教育部直属、211大学）、中国矿业大学（教育部直属、211大学）、苏州科技学院、武汉理工大学（教育部直属、211大学）、西北大学、四川师范大学、中国美术学院、武汉工商学院、云南大学滇池学院、扬州大学广陵学院、贵州大学明德学院、南昌理工学院、中国石油大学（北京）（教育部直属、211大学）、解放军理工大学、解放军后勤工程学院、长江大学文理学院、湖南工学院、福州大学至诚学院、厦门大学嘉庚学院、潍坊科技学院、华南理工大学广州学院、吉林建筑大学城建学院、河北工程大学科信学院、天津大学仁爱学院、安徽新华学院、浙江树人学院、哈尔滨华德学院、南京工业大学浦江学院、长安大学兴华学院、西安科技大学高新学院、湖南科技大学潇湘学院、南华大学船山学院、昆明理工大学津桥学院、四川大学锦城学院、河北联合大学轻工学院、云南师范大学文理学院、南昌大学科学技术学院、华侨大学厦门工学院、宁波大学科学技术学院、同济大学浙江学院、湖北工程学院新技术学院、华东交通大学理工学院、长春大学旅游学院、广西科技大学鹿山学院、浙江大学城市学院、浙江工业大学之江学院、浙江大学宁波理工学院、沈阳城市建设学院、沈阳城市学院、西安培华学院、湖南科技大学、云南艺术学院、陕西理工学院、吉林建筑大学、长春工程学院、长沙理工大学、中南林业科技大学、湖南城市学院、湖南理工学院、湖南工程学院、湖南工业大学、广州美术学院、佛山科学技术学院、安徽建筑大学、上海应用技术学院、安徽工程大学、广东石油化工学院、东莞理工学院、华南农业大学、西南林业大学、昆明理工大学、云南农业大学、西安科技大学、西安理工大学、西安建筑科技大学、西安交通大学(教育部直属、985大学、211大学)、皖西学院、内蒙古工业大学、青岛理工大学、内蒙古科技大学、兰州交通大学、商丘师范学院、南阳师范学院、山东科技大学、广西科技大学、桂林理工大学、山东农业大学、内蒙古农业大学、山东建筑大学、山东工艺美术学院、湖北工程学院、武汉轻工大学、黑龙江科技大学、东北石油大学、哈尔滨理工大学、湖北工业大学、福建工程学院、黄河科技学院、兰州理工大学、中原工学院、河南大学、湖北文理学院、黑龙江东方学院、河南工业大学、河南农业大学、河南理工大学、东南大学(教育部直属、985大学、211大学)、西北工业大学(985大学、211大学)、暨南大学(211大学)、天津城建大学、华南理工大学(教育部直属、985大学、211大学)、四川农业大学(211大学)、清华大学(教育部直属、985大学、211大学)、太原理工大学(211大学)、大连理工大学(教育部直属、985大学、211大学)、淮阴工学院、南京工程学院、常州工学院、上海交通大学(教育部直属、985大学、211大学)、东北大学(教育部直属、985大学、211大学)、华中科技大学(教育部直属、985大学、211大学)、西南交通大学(教育部直属、211大学)、湖南大学(教育部直属、985大学、211大学)、河北大学、哈尔滨工业大学(985大学、211大学)、北京工业大学(211大学)、河北工业大学(211大学)、北京交通大学(教育部直属、211大学)、合肥工业大学(教育部直属、211大学)、安徽工业大学、安徽理工大学、浙江理工大学、浙江农林大学、浙江科技学院、沈阳工业大学、辽宁科技大学、成都理工大学、五邑大学、广东工业大学、浙江万里学院、西南科技大学、绍兴文理学院、江西师范大学、南京工业大学、华东交通大学、江苏科技大学、淮海工学院、盐城工学院、江苏师范大学、江西理工大学、大连民族学院、辽宁工业大学、沈阳建筑大学、江西科技师范大学、井冈山大学、石河子大学(211大学)、武昌理工学院、武汉科技大学城市学院、东南大学成贤学院、青岛滨海学院、宁波工程学院、金陵科技学院、中国矿业大学(北京)(教育部直属、211大学)、武汉科技大学、重庆交通大学、中原工学院信息商务学院、厦门理工学院、郑州工业应用技术学院、重庆大学城市科技学院、吉林大学珠海学院、延安大学西安创新学院、河南城建学院、大连理工大学城市学院、长春建筑学院、河北工程技术学院、北京建筑大学、河北联合大学、河北农业大学、北方工业大学、北京城市学院、河北建筑工程学院、河北工程大学、石家庄铁道大学、攀枝花学院、广东白云学院、辽宁工程技术大学、西安思源学院、南昌工程学院、安阳师范学院、安阳工学院、南阳理工学院、佳木斯大学、黑龙江大学、湖北大学、湖南商学院、河南科技大学、华北水利水电大学、武汉工程大学、黑龙江工程学院、西南民族大学、江西科技师范大学理工学院、北京航空航天大学北海学院、广东工业大学华立学院、桂林理工大学博文管理学院、郑州升达经贸管理学院、西安建筑科技大学华清学院、安徽建筑大学城市建设学院、浙江理工大学科技与艺术学院、太原理工大学现代科技学院

◆专业名称:城市规划
◆专业代码:082802

培养目标:本专业培养具备城市规划、城市设计等方面的知识,能在城市规划设计、城市规划管理、决策咨询、房地产开发等部门从事城市规划设计与管理,开展城市道路交通规划、城市市政工程规划、城市生态规划、园林游憩系统规划,并能参与城市社会与经济发展规划、区域规划、城市开发、房地产筹划以及相关政策法规研究等方面工作的城市规划学科高级工程技术人才。

培养要求:本专业学生主要学习城市规划、城市生态与环境保护、城市交通、城市市政工程规划、区域规划等的基础理论和基本知识,受到城市规划设计等基本训练,掌握城市规划、城市设计和城市规划管理的基本能力。

毕业生应获得以下几方面的知识和能力:

1.掌握城市规划学科的基本理论、基本知识;

2.掌握与城市规划学科相关的知识,具有综合分析城市问题、协调解决城市问题的能力;

3.具有城市规划管理的基本能力；

4.熟悉国家有关城市发展和城市规划的方针、政策和法规；

5.了解城市规划学科发展的理论前沿和发展动态；

6.掌握文献检索、资料查询的基本方法，具有一定的科学研究和实际工作能力。

主干学科：建筑学

主要课程：城市规划原理、城市规划设计、城市设计、城市规划理论与城市发展史、城市道路与交通、城市生态与环境保护、城市地理学、城市经济学、区域规划等。

实践环节：综合社会实践、城市认识实习、城市总体规划实践、计算机应用实践、毕业设计等，实践性教学环节的时间安排不少于40周。

修业年限：四年或五年

授予学位：工学学士

就业方向：各级规划管理部门，如在发改委、建设局、规划局、国土局、园林局等从事经济发展规划、区域规划、城市开发及城乡规划管理等工作；各级规划设计院，如在城市规划院、建筑设计院、风景园林设计院等单位从事城市规划设计、乡村规划设计、区域项目规划设计及研究等工作；在建筑规划设计公司、房地产企业、规划开发咨询机构从事项目规划设计、房地产筹划及相关政策法规的咨询和研究工作。

开设学校：青海大学（211大学）、西藏大学（211大学）、吉首大学、宁夏大学（211大学）、重庆大学（教育部直属、985大学、211大学）、浙江大学（教育部直属、985大学、211大学）、中南大学（教育部直属、985大学、211大学）、厦门大学（教育部直属、985大学、211大学）、福州大学（211大学）、四川大学（教育部直属、985大学、211大学）、南京大学（教育部直属、985大学、211大学）、南昌大学（211大学）、九江学院、北京大学（教育部直属、985大学、211大学）、深圳大学、宁波大学、西华大学、新疆大学（211大学）、上海大学（211大学）、同济大学（教育部直属、985大学、211大学）、广西大学（211大学）、武汉大学（教育部直属、985大学、211大学）、天津大学（教育部直属、985大学、211大学）、郑州大学（211大学）、贵州大学（211大学）、西昌学院、江汉大学、邵阳学院、广州大学、西安工业大学、湖南科技大学、昆明理工大学、西北农林科技大学（教育部直属、985大学、211大学）、西安建筑科技大学、西安理工大学、西南林业大学、河北农业大学、河北工程大学、河北建筑工程学院、北京建筑大学、青岛理工大学、福建工程学院、黄河科技学院、福建农林大学、郑州航空工业管理学院、兰州交通大学、商丘师范学院、山东理工大学、山东科技大学、内蒙古师范大学、中国地质大学（教育部直属、211大学）、华南理工大学（教育部直属、985大学、211大学）、中山大学（教育部直属、985大学、211大学）、四川农业大学（211大学）、东南大学（教育部直属、985大学、211大学）、南京工业大学、南京林业大学、重庆师范大学、辽东学院、华中科技大学（教育部直属、985大学、211大学）、淮阴工学院、东北大学（教育部直属、985大学、211大学）、大连理工大学（教育部直属、985大学、211大学）、西北大学（211大学）、河北工业大学（211大学）、哈尔滨工业大学（985大学、211大学）、山西农业大学、浙江师范大学、浙江科技学院、天津城建大学、湖南大学（教育部直属、985大学、211大学）、北京林业大学（教育部直属、211大学）、合肥工业大学（教育部直属、211大学）、吉林建筑大学城建学院、河北工程大学科信学院、青海大学昆仑学院、长江大学工程技术学院、福建农林大学东方学院、西交利物浦大学、河南城建学院、南京工业大学浦江学院、湖南文理学院芙蓉学院、仲恺农业工程学院、贵州大学明德学院、河南科技学院新科学院、浙江师范大学行知学院、南昌工程学院、南阳理工学院、平顶山学院、河南科技学院、安阳工学院、武汉科技大学城市学院、河北科技师范学院、武汉理工大学华夏学院、塔里木大学、吉林建筑大学、湖南城市学院、长沙理工大学、东北林业大学（教育部直属、211大学）、湖南文理学院、中南林业科技大学、河南农业大学、华侨大学、华北水利水电大学、武汉工程大学、黑龙江工程学院、湖北民族学院、安徽建筑大学、华南农业大学、佛山科学技术学院、云南农业大学、内蒙古科技大学、西北师范大学、青岛理工大学、泉州师范学院、鲁东大学、桂林理工大学、东华理工大学、南京信息工程大学、新疆农业大学、云南大学（211大学）、太原师范学院、山西财经大学、浙江农林大学、北京航空航天大学（985大学、211大学）、中国人民大学（教育部直属、985大学、211大学）、昆明理工大学津桥学院、安徽建筑大学城市建设学院、

北京航空航天大学北海学院、东北石油大学

◆**专业名称:风景园林**
◆**专业代码:082803**

培养目标:本专业培养掌握风景园林学科的基本理论、基本知识和基本设计方法,获得景观设计师基本训练,具备基本的设计能力和初步的研究开发能力,有创新精神的复合型高级技术人才,也是进一步深造的基础型人才。

培养要求:该专业学生主要学习风景园林规划、区域规划等的基础理论和基本知识,受到风景园林规划设计等基本训练,掌握风景园林规划、风景园林设计和风景园林规划管理的基本能力。

毕业生应获得以下几方面的知识和能力:

1.掌握风景园林规划设计、城市规划与设计、风景名胜区和各类城市绿地的规划设计等方面的基本知识,并具有较高的图面表现能力、规划设计能力和一定的创新能力;

2.掌握观赏植物学、园林树木、花卉方面的知识,熟练运用园林植物进行植物造景;

3.熟悉我国国土资源管理、城市规划与设计、风景园林规划与设计、环境保护、城市绿化方面的方针、政策和法规;

4.掌握文献检索、资料查询的基本方法,具有一定的科学研究和实际工作.能力;

5.具有较宽广的相关学科和人文社会科学知识,具有较强的综合分析能力、语言表达能力和解决实际问题的能力;

6.有较强的调查研究与决策、组织与管理、口头与文字表达能力,具有独立获取知识、信息处理和创新的能力;

7.掌握一门外语,具有该语言的读、听、写能力,并能够较熟练地阅读该专业外文书刊。

主要课程:美术、画法几何与阴影透视、景观设计初步、建筑学概论、景观生态学、建筑技术概论、城市规划原理、中外建筑史、中外园林史、景观设计初步、景观规划与设计、景观艺术及设计原理、景观规划设计。

实践环节:实践性教学或创作。

修业年限:四年

授予学位:工学或艺术学学位

就业方向:可从事风景园林领域的规划、设计工作,也能通过相关培训,从事监理、科研、教育、开发、咨询等方面的工作。

开设学校:泰山学院、长春大学、邵阳学院、怀化学院、广州大学、海南大学(211大学)、许昌学院、华侨大学、苏州大学(211大学)、福州大学(211大学)、四川大学(教育部直属、985大学、211大学)、重庆大学(教育部直属、985大学、211大学)、同济大学(教育部直属、985大学、211大学)、郑州大学(211大学)、德州学院、西华大学、三江学院、三明学院、西南大学(教育部直属、211大学)、中国地质大学(教育部直属、211大学)、湖北大学知行学院、厦门大学嘉庚学院、华南农业大学珠江学院、沈阳工学院、六盘水师范学院、安徽文达信息工程学院、浙江树人学院、河北联合大学轻工学院、南昌工学院、华侨大学厦门工学院、南昌大学共青学院、浙江工业大学之江学院、长春大学旅游学院、兰州商学院陇桥学院、北华大学、吉林农业大学、东北林业大学(教育部直属、211大学)、华中农业大学(教育部直属、211大学)、湖南农业大学、吉林建筑大学、中南林业科技大学、湖南城市学院、广州美术学院、安徽建筑大学、上海应用技术学院、华南农业大学、昆明理工大学、云南农业大学、西安建筑科技大学、安徽科技学院、西北农林科技大学(教育部直属、985大学、211大学)、内蒙古工业大学、青岛理工大学、内蒙古科技大学、桂林理工大学、山东农业大学、内蒙古农业大学、山东建筑大学、湖北工程学院、黑龙江科技大学、湖北美术学院、湖北工业大学、福建工程学院、福建农林大学、东南大学(教育部直属、985大学、211大学)、南京农业大学(教育部直属、211大学)、天津城建大学、华南理工大学(教育部直属、985大学、211大学)、四川农业大学(211大学)、东北农业大学(211大学)、华东理工大学(教育部直属、211大学)、华中科技大学(教育部直属、985大学、211大学)、西南交通大学(教育部直属、211大学)、北京林业大学(教育部直属、211大学)、哈尔滨工业大学(985大学、211大学)、云南大学(211大学)、合肥工业大学(教育部直属、211大学)、安徽理工大学、浙江理工大学、浙江农林大学、沈阳农业大学、西南民族大学、广东工业大学、浙江万里学院、江西农业大学、南京林业大学、南京工业大学、重庆师范大学、江西理工大学、苏州科技学院、辽宁工业大学、大连工业大学、沈阳建筑大学、东南大学成贤学院、重庆人文科技学院、重庆文理学院、重庆交通大学、绵阳师范学院、华中科技大学武昌分校、重庆大学城市科技学院、华中农业大学楚天学院、河南城建学院、广州大学华软软件学院、大连理工大学城市学院、长春建筑学院、河北美术学院、齐齐哈尔工程学院、北京农学院、北方工业大学、北京建筑大学、河北农业大学、河南科技学院、西安建筑科技大学华清学院、安徽建筑大学城市建设学院、广西大学行健文理学院、河北农业大学现代科技学院

◆专业名称:历史建筑保护工程

◆专业代码:082804T

培养目标:该专业着重培养以建筑学的基本理论及技能为基础,系统掌握历史建筑和历史环境保护与再生的理论、方法与技术,具有较高建筑学素养和特殊保护技能的专家和未来的专业领导者,使学生一方面接受整体的建筑学专业本科教育,另一方面接受一定的保护工程特殊训练,以便在毕业后能够适应教学、科研、设计和城市管理等部门的特殊专业需求。

培养要求:本专业学生主要学习历史建筑保护工程的基本理论、基本知识和基本技能,受到相应的基本训练,具有建筑设计、规划设计和园林设计的基本能力。

毕业生应获得以下几方面的知识和能力:

1.了解建筑学的基本知识和理论,了解建筑历史演变的过程;

2.深入了解历史建筑的形制及工艺特征,掌握历史建筑保护技术的各类知识;

3.掌握建筑设计、规划设计和园林设计的基本理论和方法;

4.深入学习和掌握城乡建筑遗产保护的理论、设计和技术,深入了解和掌握建筑理论、文博理论的基本内容。

主干学科:历史建筑保护工程、建筑历史与理论、建筑设计及其理论、建筑技术科学

主要课程:建筑初步、美术、历史建筑形制与工艺、建筑设计、建筑历史、建筑技术、保护技术、艺术史、文博专题等。

修业年限:四年

授予学位:工学学士

就业方向:本专业毕业生主要从事历史建筑保护方面的设计、管理、研究和教学工作,也可从事建筑、规划、园景等领域的相关工作。毕业生主要从事城市与建筑遗产保护与修复工程设计、历史城市与历史建筑等方面的设计、科研、开发、管理工作。

开设院校:同济大学(教育部直属、985大学、211大学)、北京建筑大学

0829 安全科学与工程类

◆专业名称:安全工程

◆专业代码:082901

培养目标:安全工程专业培养能从事安全技术及工程、安全科学与研究、安全监察与管理、安全健康环境检测与监测、安全设计与生产、安全教育与培训等方面的复合型高级工程技术人才。

培养要求:安全工程专业的学生主要学习矿山与地下建筑、交通、航空航天、工厂、物业、商厦与地面建筑的灾害防治技术及工程和通风、净化与空气调节、安全监测与监控、安全原理、安全系统工程、安全监察和管理等专业知识和实践能力。

毕业生应获得以下几方面的知识和能力:

1.具有较扎实的自然科学基础,较好的人文社会科学基础和外语语言综合能力;

2.掌握流体力学与流体机械、工程热力学与传热学、工程力学、分析化学与物理化学、燃烧学与爆炸学等知识;

3.掌握安全原理、安全人机工程和安全系统工程等基础知识;

4.掌握电子学、电工学及安全检测与监测仪表与技术;

5.掌握安全工程、通风与空气调节工程设计、施工、监察和管理的知识与能力;

6.掌握应用计算机进行安全工程与通风工程设计、模拟、计算机管理等方面的能力;

7.掌握安全评价基础知识,能够运用系统分析法、事故树分析法、事件树分析法及ABC定性法等确定危险控制点及控制等级。

主干学科:矿业工程、力学、系统科学

主要课程:燃烧与爆炸学、安全工程学、通风空调与净化、安全监测与监控、职业卫生学、流体力学与流体机械、工程热力学与传热学、分析化学与物理化学、电工与电子技术、安全评价理论与方法、安全

法学、安全心理学、安全管理基础学和安全系统工程及分析技术等。

实践环节:认识实习、生产实习、计算机应用及上机实践、课程设计、毕业实习与设计,一般安排40周。

修业年限:四年

授予学位:工学学士

就业方向:可在与灾害防治有关的设计单位、评估单位、施工企业、政府部门等从事相关工作,也可到高等学校、科研院所从事教学、科学研究等工作。

开设学校:石家庄铁道大学、中国石油大学(教育部直属、211大学)、中国地质大学(教育部直属、211大学)、四川大学(教育部直属、985大学、211大学)、南京理工大学(211大学)、中国矿业大学(教育部直属、211大学)、大连理工大学(教育部直属、985大学、211大学)、中国科学技术大学(985大学、211大学)、天津理工大学、北京航空航天大学(985大学、211大学)、西安电子科技大学(教育部直属、211大学)、荆楚理工学院、南华大学船山学院、沈阳城市建设学院、南昌理工学院、中国石油大学(北京)(教育部直属、211大学)、湖南工学院、福州大学至诚学院、新疆工程学院、沈阳工学院、六盘水师范学院、吕梁学院、安徽三联学院、安徽新华学院、中国矿业大学银川学院、西安科技大学高新学院、兴义民族师范学院、聊城大学东昌学院、贵州理工学院、山东管理学院、宁夏理工学院、湖南科技大学、湘潭大学、中南财经政法大学(教育部直属、211大学)、长春工程学院、吉林建筑大学、湖南农业大学、南华大学、吉林化工学院、安徽建筑大学、上海应用技术学院、昆明理工大学、西安石油大学、西安科技大学、西安建筑科技大学、内蒙古工业大学、青岛理工大学、内蒙古科技大学、青岛科技大学、聊城大学、山东科技大学、山东交通学院、山东工商学院、黑龙江科技大学、东北石油大学、哈尔滨理工大学、中原工学院、兰州理工大学、河南理工大学、西北工业大学(985大学、211大学)、南昌大学(211大学)、重庆大学(教育部直属、985大学、211大学)、广西大学(211大学)、福州大学(211大学)、华南理工大学(教育部直属、985大学、211大学)、北京科技大学(教育部直属、211大学)、太原理工大学(211大学)、中南大学(教育部直属、985大学、211大学)、华东理工大学(教育部直属、211大学)、东北大学(教育部直属、985大学、211大学)、西南交通大学(教育部直属、211大学)、河北大学、河北科技大学、河北工业大学(211大学)、长安大学(教育部直属、211大学)、中国民航大学、天津城建大学、郑州大学(211大学)、安徽工业大学、安徽理工大学、浙江工业大学、浙江海洋学院、中国计量学院、辽宁石油化工大学、中北大学、太原科技大学、四川理工学院、广东工业大学、山西大同大学、西南科技大学、西南石油大学、中国民用航空飞行学院、四川师范大学、江苏大学、南京工业大学、淮海工学院、常州大学、南京信息工程大学、江西理工大学、沈阳理工大学、大连交通大学、沈阳建筑大学、沈阳化工大学、重庆三峡学院、中国地质大学长城学院、太原工业学院、贵州工程应用技术学院、常熟理工学院、滨州学院、徐州工程学院、重庆科技学院、中国矿业大学(北京)(教育部直属、211大学)、武汉科技大学、湖北理工学院、重庆交通大学、榆林学院、陇东学院、江苏大学京江学院、河南城建学院、河南工程学院、北京理工大学珠海学院、长春建筑学院、北京石油化工学院、中国劳动关系学院、河北联合大学、齐鲁工业大学、北京化工大学(教育部直属、211大学)、河北建筑工程学院、河北工程大学、华北科技学院、贵州大学(211大学)、辽宁工程技术大学、首都经济贸易大学、中国地质大学(北京)(教育部直属、211大学)、湖北大学、东北林业大学(教育部直属、211大学)、河南科技大学、武汉工程大学、上海海事大学、东莞理工学院、沈阳航空航天大学、南京工业大学浦江学院、辽宁石油化工大学顺华能源学院、沈阳化工大学科亚学院、湖北工业大学商贸学院、吉林建筑大学城建学院、东莞理工学院城市学院、成都理工大学工程技术学院、西安建筑科技大学华清学院、中国计量学院现代科技学院、中北大学信息商务学院、广西民族大学相思湖学院、河南理工大学万方科技学院、河北科技大学理工学院、南京信息工程大学滨江学院

0830 生物工程类

◆专业名称:生物工程
◆专业代码:083001

培养目标:本专业培养掌握生物技术及其产业化的科学原理、工艺技术过程和工程设计等基础理论、基本技能,能在生物技术与工程领域从事设计、生产、管理和新技术研究、新产品开发的工程技术人才。

培养要求：本专业学生主要学习微生物学、生物化学、化学工程、发酵工程等方面的基本理论和基本知识，受到生物细胞培养与选育、生物技术与工程等方面的基本训练，具备在生物技术与工程领域从事设计、生产、管理和新技术研究、新产品开发的基本能力。

毕业生应获得以下几方面的知识和能力：

1.掌握微生物学、生物化学、化学工程、发酵工程等学科的基本理论和基本知识；

2.掌握生物细胞培养与选育、生物技术与工程等方面的基本技术；

3.具备在生物技术与工程领域从事设计、生产、管理和新技术研究、新产品开发的基本能力；

4.熟悉与生物工业有关的方针、政策和法规；

5.了解当代生物工业发展动态和应用前景；

6.掌握文献检索、资料查询的基本方法，具有一定的科学研究和实际工作能力。

主干学科：生物学、化学、化学工程与技术

主要课程：有机化学、生物化学、微生物学、化工原理、生化工程、生物工艺学、发酵设备。

实践环节：军训、生产实习、化工原理课程设计、工艺实验、专业课程设计、毕业实习、毕业作业等，共安排35周左右。

修业年限：四年

授予学位：工学学士

就业方向：医药、食品、环保、商检等部门中生物产品的技术开发、工程设计、生产管理及产品性能检测分析等工作及教学部门的研究与教学工作

开设学校：武汉生物工程学院、广东工业大学、西藏大学（211大学）、浙江大学（教育部直属、985大学、211大学）、福州大学（211大学）、厦门大学（教育部直属、985大学、211大学）、长安大学（教育部直属、211大学）、宁波大学、嘉兴学院、上海大学（211大学）、西昌学院、绥化学院、济宁学院、武夷学院、蚌埠学院、成都学院、吉首大学、湘潭大学、青海大学（211大学）、怀化学院、邵阳学院、嘉应学院、广州大学、韶关学院、巢湖学院、合肥学院、河西学院、海南大学（211大学）、聊城大学、三峡大学、长江大学、集美大学、华侨大学、南昌大学（211大学）、重庆大学（教育部直属、985大学、211大学）、四川大学（教育部直属、985大学、211大学）、广西大学（211大学）、东华大学（教育部直属、211大学）、中南大学（教育部直属、985大学、211大学）、吉林大学（教育部直属、985大学、211大学）、延边大学（211大学）、新疆大学（211大学）、江南大学（教育部直属、211大学）、郑州大学（211大学）、天津大学（教育部直属、985大学、211大学）、德州学院、安徽大学（211大学）、西华大学、沈阳大学、山西大学、台州学院、扬州大学、常州大学、大连大学、宜春学院、九江学院、长沙学院、宜宾学院、贵阳学院、菏泽学院、贺州学院、烟台大学、燕山大学、贵州大学（211大学）、西南大学（教育部直属、211大学）、黄淮学院、南通大学、青海民族大学、北京工商大学、贵州师范大学、福建师范大学、青岛农业大学、北京化工大学（教育部直属、211大学）、山东大学（教育部直属、985大学、211大学）、上海交通大学（教育部直属、985大学、211大学）、中国地质大学（教育部直属、211大学）、中国矿业大学（教育部直属、211大学）、南京工业大学、淮海工学院、江西理工大学、东北师范大学（教育部直属、211大学）、东北大学（教育部直属、985大学、211大学）、大连理工大学（教育部直属、985大学、211大学）、哈尔滨工业大学（985大学、211大学）、浙江工商大学、浙江中医药大学、浙江科技学院、华南师范大学（211大学）、天津理工大学、北京航空航天大学（985大学、211大学）、吉林工商学院、武汉纺织大学外经贸学院、南京工业大学浦江学院、湖南工程学院应用技术学院、吉首大学张家界学院、电子科技大学中山学院、沈阳城市学院、嘉兴学院南湖学院、浙江大学宁波理工学院、平顶山学院、中国矿业大学（北京）（教育部直属、211大学）、重庆工商大学、武汉工商学院、湖北大学知行学院、福州大学至诚学院、福建师范大学闽南科技学院、新乡医学院三全学院、浙江树人学院、仲恺农业工程学院、齐鲁理工学院、聊城大学东昌学院、贵州大学明德学院、淮北师范大学信息学院、南昌大学科学技术学院、浙江中医药大学滨江学院、宁波大学科学技术学院、中国计量学院现代科技学院、湖北民族学院科技学院、湖北工程学院新技术学院、河南科技学院新科学院、江西中医药大学科技学院、天津天狮学院、沈阳化工大学科亚学院、长春理工大学、长春工业大学、湖南科技大学、吉林农业大学、陕西科技大学、西安工程大学、青海师范大学、陕西理工学院、湖南科技学院、吉林工程技术师范学院、黑龙江大学、华中农业大学（教育部直属、211大学）、东北电力大学、湖南农业大学、长沙理工大学、中南林业科技大学、吉林化工学院、湖南中医药大学、湖南城市学院、湖南理工学院、湖南工程学

院、安徽工程大学、上海应用技术学院、广东石油化工学院、华南农业大学、广东海洋大学、昆明理工大学、西北农林科技大学(教育部直属、985大学、211大学)、安徽科技学院、淮南师范学院、淮北师范大学、西安交通大学(教育部直属、985大学、211大学)、皖西学院、内蒙古工业大学、内蒙古科技大学、青岛科技大学、兰州交通大学、南阳师范学院、商丘师范学院、兰州理工大学、周口师范学院、甘肃农业大学、广西科技大学、桂林电子科技大学、桂林理工大学、山东农业大学、山东科技大学、山东理工大学、内蒙古农业大学、山东建筑大学、哈尔滨商业大学、湖北工程学院、黄冈师范学院、湖北民族学院、湖北大学、黑龙江八一农垦大学、齐齐哈尔大学、中南民族大学、武汉纺织大学、西北民族大学、新乡医学院、河南大学、河南科技大学、黑龙江东方学院、郑州轻工业学院、福建农林大学、河南农业大学、东南大学(教育部直属、985大学、211大学)、南京理工大学(211大学)、中国药科大学(教育部直属、211大学)、南京农业大学(教育部直属、211大学)、南京师范大学(211大学)、天津农学院、华南理工大学(教育部直属、985大学、211大学)、四川农业大学(211大学)、太原理工大学(211大学)、东北农业大学(211大学)、盐城师范学院、淮阴工学院、华东理工大学(教育部直属、211大学)、西南交通大学(教育部直属、211大学)、河北经贸大学、河北科技大学、河北大学、内蒙古大学(211大学)、河北工业大学(211大学)、西北大学(211大学)、上海大学(211大学)、天津商业大学、合肥工业大学(教育部直属、211大学)、中国海洋大学(教育部直属、985大学、211大学)、浙江工业大学、湖州师范学院、中国计量学院、沈阳药科大学、辽宁科技大学、辽宁石油化工大学、成都理工大学、新疆师范大学、沈阳农业大学、太原科技大学、中北大学、四川理工学院、广东工业大学、山西大同大学、浙江万里学院、西南科技大学、山西农业大学、江西农业大学、南京林业大学、江西中医药大学、江西师范大学、江苏科技大学、盐城工学院、苏州科技学院、南京财经大学、大连民族学院、大连工业大学、沈阳化工大学、长江师范学院、江西科技师范大学、重庆理工大学、武昌理工学院、太原工业学院、三峡大学科技学院、济宁医学院、常熟理工学院、徐州工程学院、武汉科技大学、湖北理工学院、吉林农业科技学院、华中科技大学武昌分校、淮阴师范学院、荆楚理工学院、烟台大学文经学院、常州大学怀德学院、华中农业大学楚天学院、燕山大学里仁学院、河北科技大学理工学院、河南城建学院、河南大学民生学院、北京理工大学珠海学院、长春科技学院、北京联合大学、北京农学院、齐鲁工业大学、泰山医学院、北方民族大学、中国农业大学(教育部直属、985大学、211大学、鲁东大学、石家庄学院、河北农业大学、攀枝花学院、景德镇学院、辽宁工程技术大学、南昌理工学院、河南中医学院、河南科技学院、安阳工学院、河南师范大学、南阳理工学院、东北林业大学(教育部直属、211大学)、河南科技大学、武汉工程大学、武汉轻工大学、湖北工业大学、广东医学院、延安大学、遵义医学院、哈尔滨工业大学(威海)、东北农业大学成栋学院、青岛农业大学海都学院、桂林理工大学博文管理学院、太原理工大学现代科技学院、山西农业大学信息学院、湖南农业大学东方科技学院、湖北工业大学工程技术学院、湖南中医药大学湘杏学院、广西大学行健文理学院、清华大学(教育部直属、985大学、211大学)、天津科技大学、南京中医药大学、河北农业大学现代科技学院、河南工业大学、武汉生物工程学院

◆专业名称:生物制药
◆专业代码:083002T

培养目标:生物制药专业培养具备扎实的生物技术和药学基础理论、基本知识,熟练掌握现代生物技术和制药技术的常用实验流程,初步了解生物技术制药企业生产和销售环节的流程,能够胜任现代生物技术实验室和生物技术制药企业岗位基本要求的德、智、体、美全面发展的技术应用型高级实用人才。同时培养具备较强的实践能力、创新意识及团队协作精神,能在生物制药领域从事设计、生产、管理和新技术研究、新产品开发等工作的高素质技术应用型人才。

培养要求:该专业学生应掌握生物化学、生化分离分析技术、生物技术及工业药剂学等方面的基本理论知识和专业技能,受到生物制药研究和生产技术的基本训练,具有对药品的新资源、新产品、新工艺进行研究、开发和设计的初步能力。

毕业生应获得以下几方面的知识和能力:

1.掌握化学制药、生物制药、药物制剂技术与工程的基本理论和基本知识;

2.掌握药物生产装置工艺与设备的设计方法;

3.具有对药品的新资源、新产品与新工艺进行研究、开发和设计的初步能力;

4.熟悉国家对于化工与制药生产、设计、研究与

开发、环境保护等方面的方针、政策和法规；

5.了解制药工程与制剂方面的理论前沿，了解新工艺、新技术和新设备的发展动态；

6.熟悉掌握一门外语，具备听、说、读、写能力，掌握文献检索、资料查询的基本方法，具有一定的科学研究和实际工作能力。

主要课程：生物化学及生物化学实验、分子生物学及分子生物学实验、药理学及药理学实验、药剂学及药剂学实验、生物技术制药、生物制药工艺学、发酵工程、分离工程、生物反应器工程、药品与生物制品检验。

实践环节：包括相关类课程的见习、实验操作(生物化学及生物化学实验、分子生物学及分子生物学实验、药理学及药理学实验、药剂学及药剂学实验)和实习等。

修业年限：四年

授予学位：工学学士

就业方向：毕业生可从事生物药物的资源开发、产品研制、生产、技术管理、质量控制等工作。

开设院校：天津农学院、大连医科大学、吉林化工学院、大庆师范学院、南京林业大学、中国药科大学(教育部直属、211大学)、浙江理工大学、丽水学院、福建医科大学、滨州医学院、德州学院、武汉大学、武汉轻工大学、广东药学院、河南城建学院、成都医学院、山西医科大学、沈阳药科大学、长春中医药大学、苏州大学(211大学)、南京中医药大学、盐城师范学院、浙江海洋学院、安徽农业大学、泰山医学院、聊城大学、信阳师范学院、华中科技大学(教育部直属、985大学、211大学)、华南理工大学(教育部直属、985大学、211大学)、四川理工学院、武汉理工大学华夏学院

0831公安技术类

◆专业名称：刑事科学技术
◆专业代码：083101K

培养目标：本专业培养具备痕迹检验、文件鉴定，微量物证分析、公安图像技术等方面知识和能力，能在公安、司法等部门从事刑事技术鉴定工作的高级专门人才。

培养要求：本专业学生主要学习刑事科学技术方面的基本理论和基础知识，接受技术鉴定方面的基本训练，具有痕迹检验、文件鉴定、微量物征分析、公安图像技术等方面的基本能力。

毕业生应获得以下几方面的知识和能力：

1.熟悉技术鉴定的方针、政策和法规；

2.掌握刑事科学技术学科的基本理论、基本知识；

3.掌握痕迹、文件、微量物证的检验方法和公安图像技术；

4.具有技术鉴定的基本能力；

5.了解刑事科学技术的理论前沿和发展动态；

6.掌握查缉、擒敌、射击、驾驶等警察技能。

主干学科：公安技术、物理、化学、电子信息科学

主要课程：刑事科学技术概论、心理学、逻辑学、刑事证据学、现场勘察、刑审侦察学、光学仪器检验与分析。

实践环节：包括实验、训练、见习、实习等，一般安排实验和训练50周(约100学时)、见习10周、实习12周。

修业年限：四年

授予学位：工学学士

就业方向：在各级政法机关、军队保卫部门、海关、金融部门、司法鉴定机构等从事现场勘查、分析、重建以及常规物证检验、鉴定侦查等实际工作和教学科研工作。

开设学校：江苏警官学院、湖南警察学院、吉林警察学院、福建警察学院、浙江警察学院、北京警察学院、西北政法大学、云南警官学院、甘肃政法学院、西南政法大学、中国刑事警察学院、南京森林警察学院、山东警察学院、辽宁警察学院、湖北警官学院、重庆警察学院、河南警察学院、四川警察学院、中国人民公安大学、铁道警察学院、广东警官学院、江西警察学院

◆专业名称：消防工程
◆专业代码：083102K

培养目标：本专业培养具备消防工程技术和灭火救援等方面的知识和能力，能在公安消防部队和企事业单位从事消防工程技术与管理和灭火救援指挥方面工作的工科学科高级专门人才。

培养要求：本专业学生主要学习消防工程、土木工程、安全管理和管理学等方面的基本理论和基本知识，受到消防技术标准审核、监督管理和组织指挥

等方面的基本训练，具有消防监督、队伍管理和灭火救援工作的组织指挥的基本能力。

毕业生应获得以下几方面的知识和能力：

1.掌握消防工程、土木工程、安全工程和管理学的基本理论、基本知识；

2.掌握各类消防技术、措施和技术监督的技能；

3.具有对消防工程进行监督、管理和灭火救援、管理部队的基本能力；

4.熟悉消防监督管理、灭火救援的方针、政策和法规；

5.了解本学科国内、国际的应用前景；

6.掌握文件检索、资料查询的基本方法，具有一定的科学研究和实际工作能力。

主干学科：土木工程、化学工程与技术、管理科学与工程

主要课程：工程力学、化学工程、消防燃烧理论、建筑防火设计原理、灭灾对策学、消防技术装备、消防法规、防火工程、消防监督管理、消防队伍管理、灭火救援、火灾调查、消防专业外语。

实践环节：认识实习、实验、模拟演练、教学参观、毕业实习等，一般为35周。

修业年限：四年

授予学位：工学学士

就业方向：主要到公安消防部队和企事业单位从事消防工程技术与管理和灭火救援指挥方面的工作。

开设学校：中南大学（教育部直属、985大学、211大学）、中国矿业大学（教育部直属、211大学）、西南林业大学、西安科技大学、内蒙古农业大学、河南理工大学、西南交通大学（教育部直属、211大学）、南京工业大学、沈阳航空航天大学、南京森林警察学院、重庆科技学院、中国矿业大学（北京）（教育部直属、211大学）、四川警察学院、华北水利水电大学、中国人民武装警察部队学院

专业名称：交通管理工程
专业代码：083103TK

培养目标：交通管理工程专业培养德智体美全面发展的、熟悉道路交通管理法律法规及相关方针政策，具有扎实的公安技术学、公安学、法学、交通运输学基本理论素养、专业基础理论知识和基本技能，能在党政机关特别是政法部门从事交通秩序管理、交通安全宣传、车辆与驾驶人管理、交通事故处理、事故鉴定等工作的应用型专业人才。

培养要求：本专业学生主要是通过公安技术学、公安学、政治学、法学和交通运输学等方面的基本理论和基本知识的学习，以及通过交通调查、交通指挥、交通违法行为处理、交通事故处理、平面交叉口交通组织优化等方面的基本训练与实践活动，掌握公安交通管理的基本技能与基本方法。

毕业生应获得以下几个方面的知识、技能与素养：

1.掌握公安技术学、公安学、政治学、法学和交通运输学等方面的基本理论和基本知识；

2.系统掌握公安交通管理的基础理论、基本知识与专业技术知识。具有交通安全宣传、交通指挥、交通组织优化、交通违法行为和交通事故处理的能力；

3.熟悉公安工作方针政策，掌握警察基本技能，具有较强的口头和书面表达能力、防暴和反暴能力；

4.掌握一门外国语言，能较顺利地阅读本专业的外文书刊，具有初步的听、说、读、写基础，达到国家规定的大学外语水平；

5.具有较强的计算机应用能力，达到国家规定的大学计算机应用水平；

6.掌握文献检索、资料查询的基本方法，具有从事科学研究的能力。

主干学科：公安技术学、公安学、法学

主要课程：公安交通管理概论、机动车构造、机动车原理、交通工程学、交通心理学、道路交通事故学、交通违法行为处理、交通组织与指挥、道路交通控制、道路交通管理规划、交通管理设施、交通肇事逃逸案件侦查、道路与交通管理设施、交通系统工程、道路交通安全法规、道路交通管理学、道路交通安全工程、交通管理信息系统、交通事故现场勘查、交通秩序管理、道路交通事故处理与预防、智能交通系统、交通事故鉴定技术、交通事故再现等。

修业年限：四年

授予学位：工学学士

就业方向：主要从事综合分析和解决道路交通管理问题以及从事本专业教学与科研工作。

开设院校：中国人民公安大学、重庆警察学院、辽宁警察学院、江西警察学院、河南警察学院、四川警察学院、湖南警察学院等

◆专业名称：安全防范工程
◆专业代码：083104TK

培养目标：安全防范工程专业培养具有扎实的电子信息技术功底，全面系统地掌握安全技术防范的基本理论、基本知识和基本技能，能从事入侵报警、视频监控、防爆安检、行动技术、通信保障等领域的科学研究、技术应用和行业管理的高级专门人才。

培养要求：本专业学生主要学习安全防范工程方面的基本理论和知识，受到相应的专业训练，具有良好的科学素质与人文素养、警察基本素质和技术技能。

毕业生应获得以下几方面的知识和能力：

1.掌握安全防范工程方面的基本理论和知识；

2.了解安全防范工程的最新动态；

3.了解相近专业的一般原理和知识；

4.了解安全防范工程的法律法规；

5.掌握资料查询、文献检索以及运用现代信息技术获取相关信息的基本方法；

6.具有一定的实验设计，创造实验条件、归纳、整理、分析实验结果，撰写论文，参与学术交流的能力。

主要课程：电子技术、信号与线性系统、通信原理、微机原理与应用、自动控制原理、视频技术、计算机网络技术、安全防范管理与法规、安全防范技术、安全防范系统与工程、微机原理与接口技术、计算机组织与结构、数据结构、操作系统、计算机网络、数据库原理、公安信息系统分析与设计、信息网络安全技术与监察、计算机犯罪侦查与取证等。

修业年限：四年

授予学位：工学学士

就业方向：各级公安机关。

开设院校：中国人民公安大学、江西警察学院、甘肃政法学院

◆专业名称：公安视听技术
◆专业代码：083105TK

培养目标：公安视听技术专业是综合运用摄影、录像、录音、图像技术、计算机技术等现代科学技术，研究各种犯罪中视听证据的形成与变化规律，运用采集、提取、处理、分析、检验、鉴定等技术方法，记录、显示和检验鉴定与犯罪有关的一切客体形象和声音，进而为侦查、起诉、审判提供线索和证据的专门学科。本专业主要培养在视听技术领域从事技术鉴定及教学科研工作的高级专门人才。

培养要求：本专业学生主要学习视听方面的基本理论、知识和技能，受到相应的专业训练，具有良好的科学素质与人文素养、警察基本素质和技术技能。

毕业生具备的专业知识与能力：

1.掌握公安视听技术方面的基本理论和知识；

2.了解公安视听技术方面最新动态；

3.了解相近专业的一般原理和知识；

4.了解公安视听技术的法律法规；

5.掌握资料查询、文献检索以及运用现代信息技术获取相关信息的基本方法；

6.具有一定的实验设计，创造实验条件、归纳、整理、分析实验结果，撰写论文，参与学术交流的能力。

主要课程：政治理论、法律、高等数学、普通物理、普通化学、大学语文、大学英语、计算机基础与应用、犯罪现场勘察、刑事科学技术、数字图像处理、视听资料检验、视频技术、音频技术、警察体育、擒拿格斗、射击、驾驶等。

修业年限：四年

授予学位：工学学士

开设学校：中国刑事警察学院、中国人民公安大学、南京森林警察学院

◆专业名称：抢险救援指挥与技术
◆专业代码：083106TK

培养目标：抢险救援指挥与技术专业主要培养熟悉我国公安工作的方针政策和相关的法律法规，能在公安消防部队从事灾害事故救援、灭火救援组织指挥等方面工作的高级技术应用型专门人才。

培养要求：该专业学生主要学习抢险救援指挥与技术方面的基本理论和知识，受到相应的专业训练，具有抢险救援指挥与技术方面的基本技能。

毕业生应获得以下几方面的知识和技能：

1.掌握抢险救援指挥与技术方面的基本理论和知识；

2.了解抢险救援指挥与技术的最新动态；

3.了解相近专业的一般原理和知识；

4.了解抢险救援指挥与技术的法律法规；

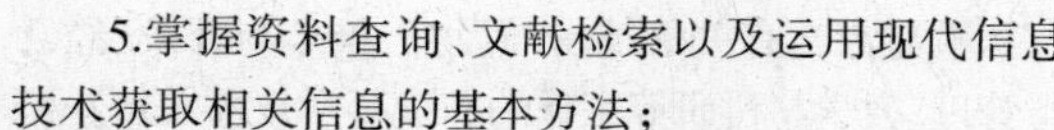

5.掌握资料查询、文献检索以及运用现代信息技术获取相关信息的基本方法；

6.具有一定的实验设计，创造实验条件、归纳、整理、分析实验结果，撰写论文，参与学术交流的能力。

主要课程：灾害抢险救援技术、抢险救援技术训练、救生救助技术训练、灭火救援组织指挥方法、灾害抢险救援行动概论、现场医疗急救技术、部队管理技能训练

实践环节：公安消防部队实习、社会调查等，以及各校的主要特色课程和实践环节。

修业年限：四年

授予学位：工学学士

就业方向：公安消防部队。

开设院校：中国人民武装警察部队学院

◆专业名称：火灾勘查
◆专业代码：083107TK

培养目标：火灾勘查专业为公安消防部队培养基础理论扎实、业务素质高、实践能力强、富有创新精神，从事火灾事故调查和刑事办案等方面工作的高级专门人才。

培养要求：本专业学生应比较系统地掌握该专业的基本理论、基础知识和基本技能，重点掌握火灾现场勘查、火灾刑事案件侦查、火场图像技术、火灾物证技术鉴定等知识和技能，熟悉消防监督的政策、法规和程序，具有独立从事火灾事故调查和办理刑事案件的能力。掌握一门外语，能够比较熟练地阅读本专业的外文书刊和资料，具有一定的外语听、说、写能力。

毕业生应获得以下几方面的知识和能力：

1.掌握火灾调查的基本理论和基础知识；

2.掌握火灾调查的基本理论、基础知识、基本程序和基本方法；

3.熟悉火灾调查的主要法律依据，火灾发生、蔓延的规律，火灾现场形成的基本规律；

4.掌握火灾现场勘查、现场询问、火灾损失核定、火灾原因分析认定、火灾责任分析认定和典型火灾事故调查等的基本理论、基本程序和基本方法；

5.掌握资料查询、文献检索以及运用现代信息技术获取相关信息的基本方法；

6.具有一定的实验设计，创造实验条件、归纳、整理、分析实验结果，撰写论文，参与学术交流的能力。

主要课程：行政法与行政诉讼法、火灾学、防火工程与技术、火灾证据学、火灾专案调查、火场图像技术、火灾物证技术鉴定、火灾现场勘查、火灾刑事案件侦查。

修业年限：四年

授予学位：工学学士

就业方向：在公安、检察、国家安全等部门从事侦查、刑事执法、预防和控制犯罪以及侦查学教学、科研等方面的工作。

开设院校：中国人民武装警察部队学院

◆专业名称：网络安全与执法
◆专业代码：083108TK

培养目标：该专业培养具有良好的科学素质、人文素质和警察基本素质，具备扎实的网络保卫执法的基础知识、基本技术，经过针对软件开发技术、网络情报技术、计算机犯罪侦查取证技术和网络监察技术的专门学习与训练，能在公安机关网络保卫执法部门及相关领域从事与预防网络犯罪、控制网络犯罪和处置网络犯罪相关的执法、教学及研究工作的应用型公安高级专门技术人才。

培养要求：该专业学生主要学习网络安全与执法方面的基本理论和知识，受到相应的专业训练，具有组织实施信息网络安全保卫以及互联网违法信息的监控、信息网络违法犯罪的侦查办案能力。

主要课程：计算机网络、操作系统、计算机犯罪侦查、网络信息监控技术、信息安全体系结构、电子证据分析与鉴定技术、互联网情报信息分析技术、互联网安全管理等。

修业年限：四年

授予学位：工学学士

就业方向：毕业生能在公安、检察、国家安全等部门从事侦查、刑事执法、预防和控制犯罪以及侦查学教学、科研等方面的工作。

开设院校：中国刑事警察学院、中国人民公安大学、南京森林警察学院、湖北警官学院、河南警察学院

◆专业名称：核生化消防
◆专业代码：083109TK

培养目标：本专业为公安消防部队培养德智体美

全面发展,基础理论扎实、业务素质高、实践能力强、富有创新精神,从事灾害管理、核消防应急、生化灾害应急和突发事件抢险救援等工作的高级专门人才。

培养要求:本专业学生主要学习核生化消防方面的基本理论和知识,受到相应的专业训练,具有研究开发计算机软、硬件的基本能力以及从事灾害管理、核消防应急、生化灾害应急和突发事件抢险救援工作的基本能力。

毕业生应具备的专业知识与能力:

1.掌握核生化消防的基本理论、基本知识;

2.掌握核生化事故的分析和消防方案设计的基本方法;

3.具有借助计算机应用技术为防灾和应急救援提供科学决策依据的能力;

4.具有从事灾害管理、核消防应急、生化灾害应急和突发事件抢险救援工作的基本能力;

5.了解核生化消防学科的发展动态;

6.掌握文献检索、资料查询的基本方法,具有获取信息的能力。

主要课程:核物理及中子物理基础、生物及微生物基础、辐射剂量侦检与防护、生化侦检技术、核生化事故应急救援处置、核生化救援技术与装备、生化防护技术、化学估算、灭火技术与战术等。

修业年限:四年

授予学位:工学学士

就业方向:本专业的就业前景面较窄,毕业生主要在核生化研究、公安武警消防部门等从事消防、救援等工作。

开设学校:中国人民武装警察部队学院

09　学科门类:农学

0901 植物生产

◆专业名称:农学
◆专业代码:090101

培养目标:本专业培养具备作物生产、作物遗传育种以及种子生产与经营管理等方面的基本理论、基本知识和基本技能,能在农业及其他相关的部门或单位从事与农学有关的技术与设计、推广与开发、经营与管理、教学与科研等工作的高级科学技术人才。

培养要求:本专业学生主要学习农业生物科学、农业生态科学、作物生长发育和遗传规律等方面的基本理论和基本知识,受到作物生产和作物新品种选育等方面的基本训练,具有作物育种、作物栽培与耕作、种子生产与检验等方面的基本能力。

毕业生应获得以下几方面的知识和能力:

1.具备扎实的数学、物理、化学等基本理论知识;

2.掌握生物学科和农学学科的基本理论、基本知识;

3.具备农业生产,特别是作物生产的技能和方法;

4.具备农业可持续发展的意识和基本知识,了解农业生产和科学技术的科学前沿和发展趋势;

5.熟悉农业生产、农村工作的有关方针、政策和法规;

6.掌握科技文献检索、资料查询的基本方法,具有一定的科学研究和实际工作能力。

主干学科:作物学

主要课程:植物生理与生物化学、应用概率统计、遗传学、田间试验设计、农业生态学、作物栽培与耕作学、育种学、种子学、农业经济管理、农业推广学。

实践环节:包括教学实习、生产实习、课程设计、毕业论文(毕业设计)、科研训练、生产劳动、社会实践等,一般安排不少于30周。

修业年限:四年

授予学位:农学学士

就业方向:在各农业院校、科研院所、农场、种子公司、农业技术推广部门、农业企业、国家机关等单位从事教学、科研、管理等工作。

开设学校:天津农学院、北京农学院、北京农学院、青海大学(211大学)、中国地质大学(教育部直属、211大学、延边大学(211大学)、山西大同大学、山西师范大学、贵州大学(211大学)、菏泽学院、河套学院、西藏大学、广东海洋大学、红河学院、安徽科技学院、河西学院、海南大学(211大学)、商丘师范学院、湖北工程学院、长江大学、福建农林大学、天津农学院、天津农学院、天津农学院、天津农学院、广西大学、淮阴工学院、盐城工学院、吉林大学(教育部直属、985大学、211大学)、浙江农林大学、西南科技大学、扬州大学、宜春学院、陇东学院、宜宾学院、绥化学院、安顺学院、安康学院、北京农学院、北京农学

院、北京农学院、北京农学院、宁夏大学(211大学)、鲁东大学、河北工程大学、河北北方学院、西昌学院、西南大学(教育部直属、211大学)、河南科技学院、河南科技大学、北京农学院、北京农学院、海南大学(211大学)、青岛农业大学、中国农业大学(教育部直属、985大学、211大学)、东北师范大学(教育部直属、211大学)、福建农林大学金山学院、仲恺农业工程学院、吉林农业大学、湖南文理学院、华中农业大学(教育部直属、211大学)、湖南农业大学、西南林业大学、云南农业大学、西北农林科技大学(教育部直属、985大学、211大学)、内蒙古民族大学、甘肃农业大学、山东农业大学、内蒙古农业大学、黑龙江八一农垦大学、河南农业大学、南京农业大学教育部直属、天津农学院、四川农业大学(211大学)、东北农业大学(211大学)、安徽农业大学、沈阳农业大学、新疆农业大学、华南农业大学、山西农业大学、江西农业大学、石河子大学(211大学)、呼伦贝尔学院、塔里木大学、湖南人文科技学院、北京农学院、河北农业大学、长江大学、内蒙古农业大学、东北农业大学(211大学)

◆专业名称:园艺
◆专业代码:090102

培养目标:本专业培养具备生物学和园艺学的基本理论、基本知识和基本技能,能在农业、商贸、园林管理等领域和部门从事与园艺科学有关的技术与设计、推广与开发、经营与管理、教学与科研等工作的高级科学技术人才。

培养要求:本专业学生主要学习生物学和园艺学的基本理论和基本知识,受到园艺植物科研、生产、管理方面的基本训练,具有园艺植物生产、技术开发和推广、园艺企业经营管理方面的基本能力。

毕业生应获得以下几方面的知识和能力:

1.具备扎实的数学、物理、化学等基本理论知识;

2.掌握生物学和园艺学的基本理论、基本知识;

3.掌握园艺场(园)的规划设计、园艺作物栽培、种质资源保护、品种选育和良种繁育、病虫草害防治、园艺产品商品化处理等方面的技能;

4.熟悉农业生产、农村工作和与园艺植物生产相关的方针、政策和法规;

5.具备农业可持续发展的意识和基本知识,了解园艺生产和科学技术的前沿理论和发展趋势;

6.掌握科技文献检索、资料查询的基本方法,具有一定的科学研究和实际工作能力。

主干学科:园艺学

主要课程:植物学、植物生理与生物化学、应用概率统计、遗传学、土壤学、农业生态学、园艺植物育种学、园艺植物栽培学、园艺植物病虫害防治学、园艺产品贮藏加工及营销学。

实践环节:包括教学实习、生产实习、课程设计、毕业论文(毕业设计)、科研训练、生产劳动、社会实践等,一般安排不少于30周。

修业年限:四年

授予学位:农学学士

就业方向:在政府行政管理部门和事业单位、园艺和园林企业、高等院校、科研部门从事观赏园艺相关的行政管理、技术推广、设计与技术研发、经营与管理、教学和科研等工作。

开设学校:内蒙古农业大学、青海大学(211大学)、中国地质大学(教育部直属、211大学)、延边大学(211大学)、贵州大学(211大学)、宿迁学院、潍坊科技学院、商丘学院、大理学院、西藏大学(211大学)、白城师范学院、安徽师范大学、广东海洋大学、韶关学院、安徽科技学院、淮北师范大学、河西学院、海南大学(211大学)、聊城大学、贵州师范大学、湖北工程学院、湖北民族学院、长江大学、江汉大学、闽南师范大学、河南科技大学、福建农林大学、华侨大学、苏州大学(211大学)、天津农学院、广西大学、淮阴工学院、吉林大学(教育部直属、985大学、211大学)、云南大学(211大学)、内蒙古大学(211大学)、德州学院、浙江农林大学、山西师范大学、西南科技大学、四川师范大学、扬州大学、宜春学院、长江师范学院、上饶师范学院、辽东学院、重庆三峡学院、丽水学院、琼州学院、信阳农林学院、昆明学院、金陵科技学院、陇东学院、凯里学院、长春科技学院、北京农学院、宁夏大学(211大学)学、鲁东大学、唐山师范学院、河北工程大学、河北北方学院、西昌学院、攀枝花学院、西南大学(教育部直属、211大学)、四川民族学院、河南科技学院、上海师范大学、内蒙古民族大学、中国农业大学(教育部直属、985大学、211大学)、东北师范大学(教育部直属、211大学)、山西农业大学、山西农业大学信息学院、河南农业大学华豫学院、河南科技学院新科学院、江西农业工程职业学院、武汉生物工程学院、湖南农业大学东方科技学院、仲恺农业工程学院、青岛农业大学海都学院、云南师范大学文理学院、江汉大学文理学院、吉林农业大学、吉林农业大学、华中农业大学(教育部直属、211大学)、湖南农业大学东方科技学院、中南林业科技大学、佛山科技技术学院、上海应用技术学院、华南农业大学、西南林业大学、云南农业大学、西北农林科技大学(教育部直属、985大学、211大学)、青岛农业大学、甘肃农业大学、山东农业大学、内蒙古农业大学、黑龙江八一农垦大学、齐齐哈尔大学、河南农业大学、南京农业大学、四川农业大学(211大学)、东北农业大学(211大学)、北京林业大学(教育部直属、211大学)、安徽农业大学、新疆农业大学、沈阳农业大学、山西农业大学、江西农业大学、南京林业大学、赣南师范学院、石河子大学(211大学)、河北科技师范学院、西安文理学院、吉林农业科技学院、塔里木大学、南京师范大学泰州学院、河北农业大学现代科技学院、河北农业大学、云南农业大学

◆专业名称:植物保护
◆专业代码:090103

培养目标:本专业培养具备植物保护科学的基本理论、基本知识和基本技能,能在农业及其他相关的部门或单位从事植物保护工作的技术与设计、推广与开发、经营与管理、教学与科研等工作的高级科学技术人才。

培养要求:本专业学生主要学习农业生物科学、农业生态科学、农业病虫草鼠生物学及其致害方面的基本理论和基本知识,受到各类病虫草鼠鉴定、识别方面的基本训练,具有植物病虫草鼠监测和防治方面的基本能力。

毕业生应获得以下几方面的知识和能力:

1.具备扎实的数学、物理、化学等基本理论知识;

2.掌握生物科学和农业科学的基本理论、基本知识;

3.掌握植物有害生物鉴定、识别、监测和控制的方法和技能;

4.具备农业可持续发展的意识和基本知识,了解农业生产和植物保护学科的前沿和发展趋势;

5.熟悉与农业生产和植物保护相关的方针、政策和法规;

6.掌握科技文献检索、资料查询的基本方法,具有一定的科学研究和实际工作能力。

主干学科:生物学、作物学、植物保护学

主要课程:普通植物病理学、普通昆虫学、农业植物病理学、农业昆虫学、植物化学保护。

实践环节:包括教学实习、生产实习、课程设计、毕业论文(毕业设计)、科研训练、生产劳动、社会实践等,一般安排不少于30周。

修业年限:四年

授予学位:农学学士

就业方向:从事植物保护、农产品安全与检验、无公害农产品的农药残留安全与检验、农药加工和经营管理工作。

开设学校:青海大学(211大学)、贵州大学(211大学)、西藏大学(211大学)、红河学院、海南大学(211大学)、聊城大学、长江大学、广西大学(211大学)、吉林大学(教育部直属、985大学、211大学)、扬州大学、凯里学院、宁夏大学(211大学)、西南大学(教育部直属、211大学)、北京农学院、海南大学(211大学)、中国农业大学(教育部直属、985大学、211大学)、中国地质大学(教育部直属、211大学)、东北师范大学(教育部直属、211大学)、河南科技学院新科学院、仲恺农业工程学院、吉林农业大学、黑龙江大学、华中农业大学(教育部直属、211大学)、湖南农业大学、广东海洋大学、华南农业大学、西南林业大学、云南农业大学、西北农林科技大学(教育部直属、985大学、211大学)、安徽科技学院、内蒙古民族大学、青岛农业大学、甘肃农业大学、山东农业大学、内蒙古农业大学、黑龙江八一农垦大学、河南科技大学、福建农林大学、河南农业大学、南京农业大学(教育部直属、211大学)、天津农学院、四川农业大学(211大学)、安徽农业大学、浙江农林大学、新疆农业大学、沈阳农业大学、山西农业大学、江西农业大学、石河子大学(211大学)、信阳农林学院、吉林农业科技学院、塔里木大学、河北科技师范学院、北京农学院、河北农业大学、河北工程大学、河北北方学院、河南科技学院、内蒙古农业大学、福建农林大学金山学院、江西生物科技职业学院。

◆专业名称:植物科学与技术
◆专业代码:090104

培养目标:植物科学与技术专业培养具备生物学和园艺学的基本理论和基本知识,受到园艺植物

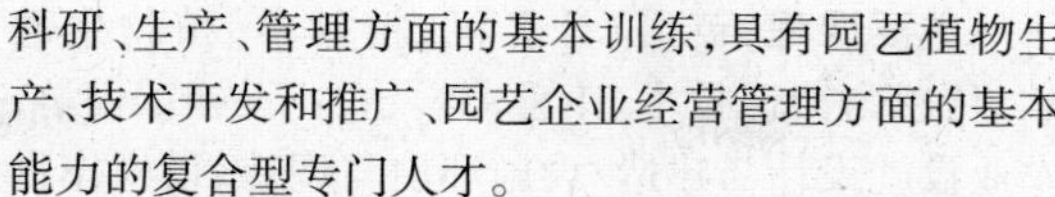

科研、生产、管理方面的基本训练，具有园艺植物生产、技术开发和推广、园艺企业经营管理方面的基本能力的复合型专门人才。

培养要求：植物科学与技术专业学生应具备生物学和园艺学的基本理论和基本知识，受到园艺植物科研、生产、管理方面的基本训练，具有园艺植物生产、技术开发和推广、园艺企业经营管理方面的基本能力。

毕业生应获得以下几方面的知识和能力：

1.有扎实的数学、物理、化学等基本理论知识；

2.掌握生物学科和农业学科的基本理论、基本知识；

3.掌握农业生产、特别是植物生产的技能和知识；

4.掌握现代农业的规划设计、作物栽培、种子资源保护、品种选育和良种繁育、病虫草害防治、植物产品商品化处理等方面的技术与能力；

5.具备可持续发展的意识和基本知识，了解植物生产和科学技术的前沿理论和发展趋势；

6.掌握农业生产、农村工作和与植物生产相关的方针、政策和法规；

7.掌握科技文献检索、资料查询的基本方法，具有一定的科学研究和实际工作能力；

8.具有较强的调查研究和决策、组织与管理、口头与文字表达能力、具有独立获取知识、信息处理和创新的基本能力。

主要课程：高等数学、概率论、线性代数、普通化学、分析化学、有机化学、基础化学实验、程序设计基础、植物学、大学物理学、植物生理学、植物生理实验技术、基础生物化学、基础生物化学实验、细胞生物学、试验设计与统计方法、普通遗传学、土壤肥料学、土壤农化分析、普通微生物学、农业气象学。

实践环节：植物学、土壤与肥料学、植物生态学、植物保护学、植物育种学、植物生产学、耕作学等实习。

修业年限：四年

授予学位：农学学士

就业方向：可在农业、园林、林业、食品、医药、畜牧等行业从事与植物科学相关的教学与科研、推广与开发、经营与管理等工作。

开设学校：西北农林科技大学（教育部直属、985大学、211大学）、青岛农业大学、中国地质大学（教育部直属、211大学）、吉林农业大学、吉首大学、华中农业大学（教育部直属、211大学）、湖南农业大学、山东农业大学、遵义师范学院、河南大学、福建农林大学、河南农业大学、四川农业大学（211大学）、吉林农业科技学院、榆林学院、荆楚理工学院、河北科技师范学院、河北农业大学、河北北方学院、遵义师范学院、内蒙古农业大学

◆专业名称：种子科学与工程
◆专业代码：090105

培养目标：本专业培养具备植物育种、种子加工贮藏、种子质量检测、种子营销及其相关领域的基本理论、基本知识和基本技能，能在种子科学与工程相关行业从事教学与科研、技术推广与开发、生产经营与管理等方面工作的应用型高级人才。

培养要求：种子科学与工程专业学生应在掌握农业生物科学的基本知识和理论的基础上，接受种子生产、贮藏加工、种子检验、经营管理、成本会计、国际商法等专业知识、技能的学习训练，能胜任生产与经营、植物新品种选育与推广，种子市场营销与管理等方面的教学、科研和应用开发工作。

毕业生应获得以下几方面的知识和能力：

1.有扎实的数学、物理、化学等基本理论知识；

2.掌握生物学科和农业学科的基本理论、基本知识；

3.掌握种子科学、特别是种子培养的技能和知识；

4.掌握作物栽培、种子资源保护、品种选育和良种繁育、病虫草害防治等方面的技术与能力；

5.具备可持续发展的意识和基本知识，了解种子科学与工程的前沿理论和发展趋势；

主要课程：植物学、植物分类学、植物生理与生物化学、作物栽培学、种子生物学，种子加工与贮藏、种子检验技术、种子生产技术、种子资源学、种子经营与管理学、应用概率统计（生物统计）、普通遗传学、田间试验设计、植物育种原理、遗传学等。

实践环节：包括教学实习、生产实习、课程设计、毕业论文（毕业设计）、科研训练、生产劳动、社会实践等，一般安排不少于30周。

修业年限：四年

授予学位：农学学士

就业方向：可在农业及种子领域、高等院校、科学研究相关部门或单位从事教学与科研、技术与设计、推广与开发、经营与行政管理等工作。

开设学校：西北农林科技大学（教育部直属、985大学、211大学）、青岛农业大学、中国农业大

学(教育部直属、985大学、211大学)、中国地质大学(教育部直属、211大学)、扬州大学、吉林农业大学、湖南农业大学、华南农业大学、云南农业大学、安徽科技学院、河西学院、聊城大学、甘肃农业大学、山东农业大学、长江大学、福建农林大学、河南农业大学、南京农业大学(教育部直属、211大学)、天津农学院、四川农业大学(211大学)、安徽农业大学、新疆农业大学、沈阳农业大学、山西农业大学、江西农业大学、石河子大学(211大学)、辽东学院、北京农学院、潍坊学院、河北农业大学、河北北方学院、河南科技学院、北京农学院、仲恺农业工程学院、内蒙古农业大学、黑龙江八一农垦大学

◆专业名称:设施农业科学与工程
◆专业代码:090106

培养目标:本专业培养具备较完善的现代设施农业科学与工程的基础知识,掌握较扎实的现代设施农业科学与工程的基本技能,能从事设施农业及相关领域的规划设计、产品制造、产业开发、技术推广、经营管理及教学和科研等工作,有较强适应性和一定专业特长的应用型复合型高级专门人才。

培养要求:本专业学生主要学习农业设施设计、制造和安装、设施环境调控、传感与测试技术和工程、种苗工厂化生产、设施作物栽培和育种、设施农业经营管理等专业知识和技能,参加实验和实习等教学环节,具有农业设施设计、建造、管理和设施作物栽培管理、品种选育、种子生产、种苗繁育、设施农业经营的基本能力。

毕业生应获得以下几方面的知识和能力:

1.具有一定自然科学和人文社会科学的基本知识和基本素质;

2.具备较扎实的数学、物理、化学、生物学等基本理论知识;

3.掌握现代生物科学、设施和环境工程科学的基本知识体系,具备农业可持续发展的意识和基本方法;

4.掌握设施农业科学的基础知识和基本理论,具备较熟练的设施农业与工程技术的应用能力;

5.掌握科技文献检索、资料查询的基本方法,了解设施农业生产和科学技术的前沿理论和发展趋势;

6.具有一定的调查、科研和科技文献写作能力。

主要课程:英语、计算机、植物学、植物生理学、传感与测试技术、工程力学、农业设施工程学、农业设施设计与建造、设施环境与调控、设施作物栽培学、无土栽培学、工厂化育苗、设施农业经营与管理等。

实践环节:课程实验实习、军事技能训练、劳动技能训练、社会实践、专业文献综述训练、教学实习、科学研究基础训练、专业综合能力测试、毕业实习及毕业论文等。

修业年限:四年

授予学位:农学或工学学士

就业方向:在科学研究机构、高等院校、企事业单位及行政部门从事设施农业的生产技术、工程设计、管理、教学和科研方面的工作。

开设学校:河海大学(211大学)、银川能源学院、红河学院、安徽科技学院、海南大学(211大学)、福建农林大学、天津农学院、百色学院、金陵科技学院、菏泽学院、潍坊学院、西昌学院、山东农业工程学院、吉林农业大学、华中农业大学(教育部直属、211大学)、华南农业大学、云南农业大学、西北农林科技大学(教育部直属、985大学、211大学)、青岛农业大学、甘肃农业大学、山东农业大学、内蒙古农业大学、河南农业大学、南京农业大学(教育部直属、211大学)、四川农业大学(211大学)、东北农业大学(211大学)、安徽农业大学、新疆农业大学、沈阳农业大学、山西农业大学、石河子大学(211大学)、塔里木大学、河北科技师范学院、中国农业大学(教育部直属、985大学、211大学)、河北农业大学

◆专业名称:茶学
◆专业代码:090107T

培养目标:本专业培养具备农业生物科学、食品科学和茶学等方面的基本理论、基本知识和基本技能,能在农业、工业、商贸等领域或部门从事与茶学有关的技术与设计、推广与开发、经营与管理、教学与科研等工作的高级科学技术人才。

培养要求:本专业学生主要学习农业生物科学、食品科学、茶学方面的基本理论和基本知识,受到茶树栽培育种和茶叶生产、营销等方面的基本训练,具有茶树栽培育种、茶叶生产、茶的综合利用和营销方面的基本能力。

毕业生应获得以下几方面的知识和能力:

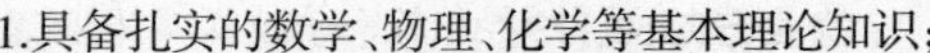

1.具备扎实的数学、物理、化学等基本理论知识;

2.掌握生物科学、茶叶优质高产和食品工程的基本理论;

3.掌握茶叶品质形成及经济贸易的基本知识;

4.具备分析和解决茶叶加工、检验、茶叶审查和营销方面的方法和技能;

5.具备农业可持续发展的意识和基本知识,了解茶学学科前沿和发展趋势;

6.熟悉国家对农业和茶业的有关方针、政策和法规。

主干学科:食品科学、园艺学

主要课程:植物生理与生物化学、应用概率统计、遗传学、土壤学、农业生态学、茶树栽培与育种学、茶叶生物化学、茶叶机械、茶叶加工学、茶叶审评与检验、经济管理与营销。

实践环节:包括教学实习、生产实习、课程设计、毕业论文(毕业设计)、科研训练、生产劳动、社会实践等,一般安排不少于30周。

修业年限:四年

授予学位:农学学士

就业方向:在农业、工业、商贸等领域或部门从事与茶学有关的技术与设计、推广与开发、经营与管理、教学与科研等工作。

开设学校:武夷学院、长江大学、西南大学(教育部直属、211大学)、华中农业大学(教育部直属、211大学)、湖南农业大学、华南农业大学、云南农业大学、青岛农业大学、山东农业大学、黔南民族师范学院、福建农林大学、河南农业大学、四川农业大学(211大学)、安徽农业大学、浙江农林大学、江西农业大学、信阳农林学院、云南农业大学。

◆专业名称:烟草
◆专业代码:090108T

培养目标:本专业培养具备烟草生产、烟草遗传育种以及烟叶质量检测与经营管理等方面的基本理论、基本知识和基本技能,能在烟草及其相关部门或单位从事与烟草有关的技术与设计、推广与开发、经营与管理、教学与科研等工作的高级科学技术人才。

培养要求:本专业学生应掌握农业生物科学及本专业较为系统的基本理论知识和技能,了解该专业的发展趋势和最新成果,知识面较宽,并受到初步的科学研究训练,实际操作能力高,具有较强的创新意识和独立获取知识、进行信息处理的能力。

毕业生应获得以下几方面的知识和能力:

1.具备扎实的数学、生物、物理、化学、计算机等基本理论和能力;

2.掌握生物学科和烟草学科的基本理论、基本知识;

3.掌握农业生产特别是烟草生产的技能和方法;

4.具备烟草可持续发展的意识和基本知识,了解烟草生产和科学技术的前沿和发展趋势;

5.熟悉烟草生产、农村工作的有关方针、政策和法规等。

6.掌握科技文献检索、资料查询的基本方法,具有一定的科学研究和实际工作能力;

7.具有较强的调查研究与决策、组织与管理、口头与文字表达能力,具有独立获取知识、信息处理和创新的基本能力。

主要课程:烟草化学、烟草机械学、烟草艺术设计、烟草育种学、烟草栽培学、烟叶调制、烟叶分级、烟草病理、烟草昆虫、烟叶品质分析、烟草商品学。

修学年限:四年

授予学位:农学或工学学士

就业方向:从事烟草科学研究、技术开发与推广、烟草加工及市场营销、企业管理等方面工作。

开设学校:西昌学院、西昌学院、湖南农业大学东方科技学院、湖南农业大学、云南农业大学、山东农业大学、郑州轻工业学院、河南农业大学、四川农业大学(211大学)

◆专业名称:应用生物科学
◆专业代码:090109T

培养目标:本专业以现代生物技术为核心,培养掌握农产品质量安全、动植物检疫、生物入侵、转基因生物安全的基本理论、法规和技术,能够从事有害生物的管理和研究、生物资源保护、农产品质量安全和相关专业领域工作的高素质专业技术人才。

培养要求:本专业要求学生系统学习应用生物科学的基本知识与方法,掌握农产品质量安全、动植物检疫、有害生物风险评估、生物入侵、转基因生物安全的基本理论和专业技能,熟悉国家关于动植物防疫检疫、农产品质量安全、转基因生物等方面的管理法规,掌握一门外语,并能熟练应用计算机。

授予学位:理学学士

主要课程:动物学、植物学、微生物学、生态学、生物化学、分子生物学、基因工程、植物病理学、昆虫学、农药学、波谱分析、仪器分析、农产品质量安全、动植物检疫、转基因生物安全等。

就业方向:毕业生可以在国家安全、技术监督、动植物检疫、卫生防疫、农产品监督检验等政府机关或企事业单位,从事行政管理、教学、科学研究及技术开发等工作。

开设学校:吉林农业大学、安徽师范大学、西南林业大学、云南师范大学、洛阳师范学院、浙江大学(教育部直属、985大学、211大学)、东北农业大学(211大学)、安徽农业大学、沈阳农业大学、赤峰学院、吉林农林科技学院、塔里木大学、宜宾学院

◆专业名称:农艺教育
◆专业代码:090110T

培养目标:本专业培养德、智、体等方面全面发展,综合素质、业务能力适应市场经济发展需要,具有作物生产、作物遗传育种、种子生产、经营管理等方面的基本理论、基本知识、基本技能的"双师型"师资及高级应用技术人才。

培养要求:该专业学生应掌握农业生物科学的基本知识和理论,掌握大田作物、园艺作物等高产栽培措施,掌握作物良种繁育、病虫害防治等的基本理论和技能;掌握科学的教育理论和教学方法,教师职业基本技能达标;具有从事现代农业教学、生产、技术开发与推广等工作的能力。

毕业生应获得以下几方面的知识和能力:

1.掌握农业生物科学的基本知识和理论,

2.掌握大田作物、园艺作物等高产栽培措施,掌握作物良种繁育、病虫害防治等的基本理论和技能;

3.掌握科学的教育理论和教学方法,教师职业基本技能达标;

4.具有从事现代农业教学、生产、技术开发与推广等工作的能力。

主要课程:生物学、作物栽培学、耕作学、作物育种与良种繁育学、园艺学、生物技术、农业经济与管理、教育学、教育心理学、职业教育、计算机应用基础等。

修学年限:四年

授予学位:农学学士

就业方向:在中学或高等学校从事专业课的教学工作;或在现代农业高新园区、农业企业、政府部门等从事土壤改良、水肥调控、有害生物防治、无公害作物生产和良种繁育等方面的技术开发、科学研究和经营管理工作。

开设院校:山西农业大学、广西大学、吉林农业大学、甘肃农业大学、安徽技术师范学院等

◆专业名称:园艺教育
◆专业代码:090111T

培养目标:该专业培养具备生物学和园艺学的基本理论、基本知识和基本技能,能在农业、商贸、园林管理等领域和部门从事与园艺科学有关的技术与设计、推广与开发、经营与管理、教学和科研等工作的高级科学技术人才。

培养要求:该专业学生主要学习生物学和园艺学的基本理论和基本知识,受到园艺植物科研、生产、管理方面的基本训练,具有园艺植物生产、技术开发和推广、园艺企业经营管理方面的基本能力。

毕业生应获得以下几方面的知识和能力:

1.具备扎实的数学、物理、化学等基本理论知识;

2.掌握生物学和园艺学的基本理论、基本知识;

3.掌握园艺场(园)的规划设计、园艺作物栽培、种子资源保护、品种选育和良种繁育、病虫草害防治、园艺产品商品化处理等方面的技术;

4.熟悉农业生产、农村工作和与园艺植物生产相关的方针、政策和法规;

5.具备农业可持续发展的意识和基本知识,了解园艺生产和科学技术的前沿理论和发展趋势;

6.掌握科技文献检索、资料查询的基本方法,具有一定的科学研究和实际工作能力;

7.具有较强的调查研究与决策、组织与管理、口头与文字表达能力,具有独立获取知识、信息处理和创新的基本能力。

主干学科:园艺学

主要课程:植物学、植物生理与生物化学、应用概率统计、遗传学、土壤学、农业生态学、园艺植物育种学、园艺植物栽培学、园艺植物病虫害防治学、园艺产品贮藏加工及营销学。

实践环节:包括教学实习、生产实习、课程设计、毕业论文(毕业设计)、科研训练、生产劳动、社会实践等,一般安排不少于30周。

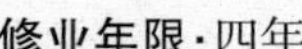

修业年限：四年

授予学位：农学学士

就业方向：毕业生可在城建部门、园林部门、科研机构、大专院校等企事业单位从事城市绿地系统、各类公园、风景区、工矿区、庭院的规划设计、施工、管理以及园林植物的繁育、花卉生产等的教学研究工作。

开设院校：四川农业大学、贵州大学、云南农业大学、甘肃农业大学、宁夏农学院、新疆农业大学、北京农学院、天津农学院、河北职业技术师范学院、河北农业大学、山西农业大学、内蒙古农业大学、延边大学、吉林农业大学、东北农业大学、上海交通大学、扬州大学、安徽农业大学、福建农林大学、江西农业大学、山东农业大学、莱阳农学院、河南农业大学、河南职业技术师范学院、湖北民族学院、长江大学、湖南农业大学、仲恺农业技术学院、广西大学、中国农业大学、沈阳农业大学、南京农业大学、华中农业大学、华南农业大学、华南热带农业大学、西南农业大学、西北农林科技大学、塔里木农垦大学、石河子大学、浙江大学、北京林业大学、山西师范大学、苏州大学、孝感学院、西南科技大学、河北建筑科技学院、德州学院、中南林学院、韶关学院、海南学院、河西学院等

0902 自然保护与环境生态类

◆专业名称：农业资源与环境
◆专业代码：090201

培养目标：本专业培养具备农业资源与环境方面的基本理论、基本知识和基本技能，能在农业、土地、环保、农资等部门或单位从事农业资源管理及利用、农业环境保护、生态农业、资源遥感与信息技术的教学、科研、管理等工作的高级科学技术人才。

培养要求：本专业学生主要学习农业资源的管理及利用、农业环境保护、农业生态、资源信息技术等方面的基本理论和基本知识，受到农业资源调查与规划、土壤肥力和植物营养与施肥技术、环境监测与评价、生态效益分析、气象观测、计算机技术等方面的基本训练，具有农业资源高效和可持续利用、对农业资源和环境进行信息化管理等方面的基本能力。

毕业生应获得以下几方面的知识和能力：

1.具备扎实的数学、物理、化学等基本理论知识；

2.掌握农业资源与环境科学的基本理论；

3.掌握农业资源的管理与利用、农业环境保护、土壤改良、生态农业建设等方面的基本知识；

4.掌握农业资源调查、环境质量评价、化学及现代仪器分析、植物营养的研究方法、科学施肥与科学灌溉、农业再生资源综合利用、土地规划与制图、资源信息管理等方面的方法与技术；

5.具备农业可持续发展的意识和基本知识，了解农业资源与环境的前沿理论及发展趋势；

6.熟悉资源管理与利用、环境保护的有关方针、政策和法规。

主干学科：农业资源利用、环境科学与工程、生物学

主要课程：土壤学、植物营养学、土地资源学、资源遥感与信息技术、农业环境学、农业气象学、生态学、水土保持学。

实践环节：包括教学实习、生产实习、课程设计、毕业论文(毕业设计)、科研训练、生产劳动、社会实践等，一般安排25~30周。

修业年限：四年

授予学位：农学学士

就业方向：在农业、土地、环保、农资等部门或单位从事农业资源管理及利用、农业环境保护、生态农业、资源遥感与信息技术的教学、科研、管理等工作。

开设学校：青海大学(211大学)、中国农业大学(教育部直属、985大学、211大学)、扬州大学、东北师范大学(教育部直属、211大学)、浙江海洋学院、中国人民大学(教育部直属、985大学、211大学)、西南大学(教育部直属、211大学)、吉林农业大学、西藏大学(211大学)、渭南师范学院、黑龙江大学、华中农业大学(教育部直属、211大学)、湖南农业大学、广东海洋大学、西南林业大学、云南农业大学、玉溪师范学院、海南大学(211大学)、内蒙古民族大学、青岛农业大学、甘肃农业大学、山东农业大学、湖北工程学院、长江大学、福建农林大学、河南农业大学、南京农业大学(教育部直属、211大学)、广西大学(211大学)、四川农业大学(211大学)、东北农业大学(211大学)、吉林大学(教育部直属、985大学、211大学)、安徽农业大学、浙江农林大学、沈阳农业大学、新疆农业大学、山西农业大学、江西农业大学、南京信息工程大学、石河子大学(211大学)、河北科技师范学院、陇

东学院、塔里木大学、贵州师范学院、北京农学院、河北农业大学、宁夏大学(211大学)、贵州大学(211大学)、河南科技学院、华南农业大学、上海海洋大学、河南科技学院新科学院、山西农业大学信息学院、内蒙古农业大学、黑龙江八一农垦大学

◆专业名称:野生动物与自然保护区管理
◆专业代码:090202

培养目标:本专业培养具备野生动物繁育、驯养、检疫、疾病防治和自然保护区规划设计、管理等方面的知识,能在野生动物科研院所、国家海关和边境口岸、工商、自然保护区、动物园等部门或单位从事野生动物保护、利用、检疫和自然保护区资源管理工作的高级科学技术人才。

培养要求:本专业学生主要学习保护生物学、野生动植物保护与利用、动物遗传育种与繁殖、预防兽医学、自然保护区资源管理方面的基本理论和基本知识,受到显微制片技术、动物解剖、生物化学分析、饲料营养成分分析、自然保护区规划、动植物检疫方面的基本训练,具有野生动物资源调查与评价、野生动物产品鉴定与开发利用、经营管理的基本能力。

毕业生应获得以下几方面的知识和能力:

1.具备扎实的数学、物理、化学等基本理论知识;

2.掌握林学、生物学、畜牧学学科的基本理论、基本知识;

3.掌握显微制片、生物化学分析、饲料营养成分分析、野生动物无线电遥测技术、野生动物种群数量及自然保护区资源调查方法;

4.具有野生动物繁育、保护、利用、疾病防治、检疫,自然保护区规划设计、动植物资源调查、监测及经营管理的初步能力;

5.熟悉我国野生动物保护利用及森林资源保护的方针、政策和法规;

6.了解国内外野生动物学科、保护生物学学科的理论前沿、应用前景及发展动态。

主干学科:林学、动物科学、自然保护区规划设计

主要课程:森林资源经营管理、森林生态学、森林环境学、生物技术、动物学、野生动物组织解剖学、生物化学、动物遗传育种与繁殖学、野生动物生理学等。

实践环节:包括实验、教学实习、生产实习、毕业论文(设计)等,一般安排30~35周。

修业年限:四年

授予学位:农学学士

就业方向:毕业生能在自然保护区管理、野生动物保护、自然资源可持续利用、驯养繁殖、产业开发以及教学、科研、行政管理、生产管理等部门从事相应工作。

开设学校:中国地质大学(教育部直属、211大学)、四川农业大学(211大学)、吉林农业大学、东北林业大学(教育部直属、211大学)、西南林业大学、北京林业大学(教育部直属、211大学)、西华师范大学、吉林农业科技学院、西昌学院

◆专业名称:水土保持与荒漠化防治
◆专业代码:090203

培养目标:本专业培养具备生物学、生态学、森林及草场培育学、环境科学与工程、水利工程等方面的知识,能在国土资源、水利、农业、林业、环境保护等部门从事水土保持与荒漠化防治的规划、设计、施工及森林生态环境建设的高级工程技术人才。

培养要求:本专业学生主要学习生物学、生态学、森林及草场培育学、环境科学与工程、水利工程等方面的基本理论和基本知识,受到水土保持与荒漠化防治生物措施、工程措施的规划、设计、施工、管理的基本训练,具有水土流失与荒漠化的监测、防治及森林生态环境建设等方面的基本能力。

毕业生应获得以下几方面的知识和能力:

1.具备扎实的数学、物理、化学等基本理论知识;

2.掌握生物学、林学、环境科学与工程、水利工程学科的基本理论、基本知识;

3.掌握水土保持、防沙、治沙的规划设计方法和监测、评价技术;

4.具有应用生物措施与工程措施防治水土流失与荒漠化的基本能力以及森林生态环境建设管理的基本技能;

5.熟悉我国林业、水土保持与荒漠化防治、生态环境保护的方针、政策和法规;

6.了解国内外水土保持与荒漠化监测防治的理论前沿、应用前景和有关国际公约。

主干学科:生物学、环境科学与工程、林学

主要课程:生态学、森林环境学、植物学、保护生物学、测量与遥感、土壤学与地质基础、土壤侵蚀原理、沙漠化原理、水力学、水文学及水资源、环境地理学、环境监测等。

实践环节:包括实验、教学实习、生产实习、课程设计、毕业论文(设计)等,一般安排25~30周。

修业年限:四年

授予学位:农学学士

就业方向:在国土资源、水利、农业、林业、环境保护等部门从事水土保持与荒漠化防治的规划、设计、施工及森林生态环境建设工作。

开设学校:西南大学(教育部直属、211大学)、西藏大学(211大学)、榆林学院、贵州大学(211大学)、中国地质大学(教育部直属、211大学)、东北师范大学(教育部直属、211大学)、大连理工大学(教育部直属、985大学、211大学)、吉林农业大学、西南林业大学、云南农业大学、西北农林科技大学(教育部直属、985大学、211大学)、甘肃农业大学、山东农业大学、内蒙古农业大学、福建农林大学、四川农业大学(211大学)、北京林业大学(教育部直属、211大学)、沈阳农业大学、山西农业大学、辽宁工程技术大学、南昌工程学院、黑龙江大学、黑龙江八一农垦大学

0903动物生产类

◆专业名称:动物科学
◆专业代码:090301

培养目标:本专业培养具备动物科学方面的基本理论,基本知识和基本技能,能在与动物科学相关领域和部门从事技术与设计、推广与开发、经营与管理、教学与科研等工作的高级科学技术人才。

培养要求:本专业学生主要学习动物生产与管理、动物遗传育种、动物繁殖、动物营养与饲料等方面的基本理论和基本知识,受到与动物科学相关的调查、分析、评估、设计等方面的基本训练,具有动物育种、繁殖、生产与管理的基本能力。

毕业生应获得以下几方面的知识和能力:

1.具备扎实的数学、物理、化学等基本理论知识;

2.掌握动物科学的基本理论和动物遗传育种、动物繁殖、动物营养与饲料及土地学方面的基本知识;

3.掌握动物资源调查、种畜评估、繁殖技术、繁育体系、饲养和饲料配合、牧场设计、卫生防疫、畜产品开发利用和草地建设等方法与技术;

4.具备农业可持续发展的意识和基本知识,了解畜牧业生产和动物科学的前沿理论和发展趋势;

5.熟悉动物资源保护、动物生产、畜产品流通、环境保护等有关方针、政策和法规;

6.掌握文件检索、资料查询的基本方法,具有一定科学研究和实际工作能力。

主干学科:动物遗传育种学、动物繁殖学、动物营养与饲料学

主要课程:动物生理与生物化学、动物遗传学、家畜育种学、动物营养学、饲料与饲养学、动物繁殖学、家畜环境卫生学、动物生产学、草地学。

实践环节:包括教学实习、生产实习、课程设计、毕业论文(毕业设计)、科研训练、生产劳动、社会实践等,一般安排23~25周。

修业年限:四年

授予学位:农学学士

就业方向:从事与动物科学相关的企业管理、行政管理、产品研发与经营等工作。

开设学校:浙江大学(教育部直属、985大学、211大学)、江南大学(教育部直属、211大学)、河套学院、西藏大学(211大学)、青海大学(211大学)、韶关学院、海南大学(211大学)、聊城大学、长江大学、集美大学、广西大学(211大学)、吉林大学(教育部直属、985大学、211大学)、延边大学(211大学)、扬州大学、宜春学院、龙岩学院、榆林学院、菏泽学院、宁夏大学(211大学)、西昌学院、贵州大学(211大学)、西南大学(教育部直属、211大学)、黄淮学院、青岛农业大学、中国地质大学(教育部直属、211大学)、东北师范大学(教育部直属、211大学)、山西师范大学、河南科技学院新科学院、吉林工商学院、仲恺农业工程学院、河南牧业经济学院、吉林农业大学、衡阳示范学院、东北林业大学(教育部直属、211大学)、湖南文理学院、华中农业大学(教育部直属、211大学)、湖南农业大学、佛山科学技术学院、广东海洋大学、西南林业大学、云南农业大学、西北农林科技大学(教育部直属、985大学、211大学)、安徽科技学院、皖西学院、内蒙古民族大学、商丘师范学院、甘肃农业大学、山东农业大学、内蒙古农业大学、武汉轻工大学、黑龙江八一农垦大学、西北民族大学、河南科技大学、河南工业大学、福建农林大学、河南农业大学、南京农业大学(教育部直属、211大学)、天津农学院、四川农业大学(211大学)、东北农业大学(211大学)、安徽农业大学、浙江农林大学、沈阳农业大学、新疆农业大学、西南民族大学、华南农业大学、西南科技大学、山西农业大学、江西农业大学、辽宁医

学院、石河子大学(211大学)、河北科技师范学院、金陵科技学院、吉林农业科技学院、阜阳师范学院、塔里木大学、长春科技学院、北京农学院、河北农业大学、中国农业大学(教育部直属、985大学、211大学)、河北工程大学、河北北方学院、河南科技学院、上海海洋大学、云南农业大学、甘肃农业大学、内蒙古农业大学、东北农业大学(211大学)、青岛农业大学海都学院、湖南农业大学东方科技学院、新疆农业大学科学技术学院、河北农业大学现代科技学院

◆专业名称:蚕学
◆专业代码:090302T

培养目标:本专业培养具备蚕学方面的基本理论、基本知识和基本技能,能在蚕业或农业部门从事技术推广与开发、生产管理与经营、教学与科研等工作的高级科学技术人才。

培养要求:本专业学生主要学习生物科学和蚕业科学等方面的基本理论和基本知识,受到栽桑养蚕、茧丝加工、蚕资源及蚕丝副产物综合利用、蚕业经营管理及丝绸贸易等方面的基本训练,具有蚕业及农业应用、科技推广方面的基本能力。

毕业生应获得以下几方面的知识和能力:

1.具备扎实的数学、物理、化学等基本理论知识;

2.掌握动植物科学和蚕学的基本理论、基本知识;

3.具备栽桑养蚕、茧丝加工、蚕业资源调查及蚕丝综合利用方面的技能;

4.具备农业可持续发展的意识和基本知识,了解蚕学的学科前沿和发展趋势;

5.熟悉我国农业、农村和蚕业的有关方针、政策和法规;

6.掌握文献检索、资料查询的基本方法,具有一定的科学研究和实际工作能力;

主干学科:畜牧学、园艺学

主要课程:蚕体解剖生理学、桑树栽培及育种学、桑树病虫害防治学、养蚕学、蚕病学、蚕种学、家蚕育种学、茧丝学、家蚕遗传学、蚕业经济及经营管理、蚕桑副产物综合利用。

实践环节:包括教学实习、生产实习、课程设计、毕业论文(毕业设计)、科研训练、生产劳动、社会实践等,一般安排23~25周。

修业年限:四年

授予学位:农学学士

就业方向:栽桑养蚕、茧丝加工、蚕业资源调查及桑蚕副产物综合利用、蚕业经营管理及丝绸贸易等方面的工作。

开设学校:广西大学(211大学)、西南大学(教育部直属、211大学)、云南农业大学、中国地质大学(教育部直属、211大学)、华南农业大学、山东农业大学、沈阳农业大学

◆专业名称:蜂学
◆专业代码:090303T

培养目标:本专业培养从事蜜蜂饲养、育种、产品开发及授粉服务等方面工作的农业科学人才。

培养要求:本专业学生主要学习养蜂生产与管理、蜜蜂遗传育种、蜂病防治、蜂产品加工、蜂产品贸易的基本理论与知识,接受与蜂学相关的实验、设计、调查、分析、评估等方面的基本训练,要求应具有养蜂、蜂产品加工和蜂产品贸易等方面的基本技能。

毕业生应获得以下几方面的知识和能力:

1.具备扎实的数学、物理、化学等基本理论知识;

2.掌握动植物科学和蜂学的基本理论、基本知识;

3.具备蜂学资源调查及蜂学综合利用方面的技能;

4.具备农业可持续发展的意识和基本知识,了解蜂学的学科前沿和发展趋势;

5.熟悉我国农业、农村和养蜂的有关方针、政策和法规;

6.掌握文献检索、资料查询的基本方法,具有一定的科学研究和实际工作能力。

主要课程:蜜蜂饲养管理学、蜜蜂育种学、蜜蜂保护学、蜜蜂机具学、蜜粉源植物学和蜂产品加工学。

实践环节:包括教学实习、生产实习、课程设计、毕业论文(毕业设计)、科研训练、生产劳动、社会实践等,一般安排35~40周。

修业年限:四年

授予学位:农学学士

就业方向:在各级蜂业管理和技术部门、土畜产品外贸公司、食品加工和制药企业、大专院校和科研机构等从事专业技术和管理工作。

开设学校:云南农业大学、福建农林大学、云南农业大学

0904动物医学类

◆专业名称：动物医学
◆专业代码：090401

培养目标：本专业培养具备动物医学方面的基本理论、基本知识和基本技能，能在兽医业务部门、动物生产单位及有关部门从事兽医、防疫检疫、教学、科学研究等工作的高级科学技术人才。

培养要求：本专业学生主要学习动物基础医学、预防医学和临床医学的基本理论和基本知识，受到动物体正常和异常结构及功能实验、检查、疾病预防、诊断、治疗技术的基本训练，具有动物保健、临床诊疗、动物防疫检疫和兽医卫生管理工作的基本能力。

毕业生应获得以下几方面的知识和能力：

1.具备扎实的数学、物理、化学和生命科学等基本理论知识；

2.掌握动物基础医学、预防医学和临床医学的基本理论，致病因素、疾病发生发展和转移的规律及预防、诊断、治疗、畜牧科学的基本知识；

3.具备致病因素分析、检验、药物正确使用与开发、常规及器械诊断、主要治疗方法、动物检疫的技能；

4.具备农业可持续发展的意识和基本知识，了解生命科学的学科前沿和发展趋势及自然科学中相关技术的应用前景；

5.熟悉国家动物生产、动物医学发展规划、兽医防疫检疫、环境保护、动物进出口检疫等有关方针、政策和法规；

6.掌握文献检索、资料查询的基本方法，具有一定的科学研究和实际工作能力。

主干学科：基础兽医学、预防兽医学和临床兽医学

主要课程：动物解剖与组织胚胎学、动物生理学、动物生物化学、兽医病理学、兽医药理学、兽医微生物学与免疫学、兽医内科学、兽医外科学、动物传染病学等。

实践环节：包括教学实习、生产实习、课程设计、毕业论文（毕业设计）、科研训练、生产劳动、社会实践等，一般安排35~40周。

修业年限：四年或五年

授予学位：农学学士

就业方向：从事畜牧兽医行政管理、进出口动物及其产品的检验、肉品卫生检验、饲料工业、食品安全、环境保护、畜禽疾病的诊断与防治、伴侣动物医疗保健、实验动物、比较医学、公共卫生及生物学领域等方面的工作。

开设学校：西南大学（教育部直属、211大学）、菏泽学院、西藏大学（211大学）、青海大学（211大学）、西藏大学（211大学）、聊城大学、临沂大学、长江大学、广西大学（211大学）、吉林大学（教育部直属、985大学、211大学）、延边大学（211大学）、扬州大学、宜春学院、辽东学院、龙岩学院、宁夏大学（211大学）、西昌学院、贵州大学（211大学）、北华大学、中国地质大学（教育部直属、211大学）、东北农业大学（211大学）、辽宁医学院医疗学院、河南科技学院新科学院、长江大学文理学院、福建农林大学金山学院、河南牧业经济学院、吉林农业大学、东北林业大学（教育部直属、211大学）、华中农业大学（教育部直属、211大学）、湖南农业大学、佛山科学技术学院、广东海洋大学、云南农业大学、西北农林科技大学（教育部直属、985大学、211大学）、安徽科技学院、内蒙古民族大学、青岛农业大学、甘肃农业大学、山东农业大学、内蒙古农业大学、黑龙江八一农垦大学、佳木斯大学、西北民族大学、河南科技大学、福建农林大学、河南农业大学、南京农业大学（教育部直属、211大学）、天津农学院、四川农业大学（211大学）、东北农业大学（211大学）、安徽农业大学、浙江农林大学、沈阳农业大学、新疆农业大学、西南民族大学、华南农业大学、山西农业大学、江西农业大学、大连海洋大学、辽宁医学院、石河子大学（211大学）、河北科技师范学院、信阳农林学院、金陵科技学院、吉林农业科技学院、塔里木大学、长春科技学院、北京农学院、河北农业大学、中国农业大学（教育部直属、985大学、211大学）、河北工程大学、河北北方学院、四川民族学院、河南科技学院新科学院、安阳工学院、河南科技大学、云南农业大学、甘肃农业大学、内蒙古农业大学、内蒙古农业大学、东北农业大学（211大学）、山西农业大学信息学院、新疆农业大学科学技术学院、湖南农业大学东方科技学院、青岛农业大学海都学院、河北农业大学现代科技学院

◆专业名称：动物药学
◆专业代码：090402

培养目标：本专业培养掌握动物药学基本理

论、知识和技能，具备良好的职业道德和敬业精神，能在兽药生产、管理及检验等相关部门从事药物研制、开发、生产、销售、管理、检验、教学、科研等方面工作，为提高我国动物药品质量和竞争能力服务的具有创新精神和实践能力的应用型高级专业技术人才。

培养要求：本专业学生应具有宽厚而系统的动物药学和动物生物制品及相关学科的基础理论和基本知识，具有从事动物药物和生物制品研究、开发及使用的基本技能，接受科学研究思维和实验训练，具备该领域研究、开发、教学和管理的能力；

毕业生应获得以下几方面的知识和能力：

1.药物成分的分析和鉴定；

2.动物药品的检验规程及其检验技术；

3.药物制剂理论、生产技术和质量控制；

4.国内外药政管理的现状及有关政策法规；

5.动物药品及添加剂的应用。

主干学科：动物药理学、药物化学、药物制剂学、药物分析、兽医生物制品学

主要课程：英语、计算机、家畜解剖学及组织胚胎学、有机化学、分析化学、动物生理学、兽医微生物学、动物免疫学、动物毒理学、制药工艺学、药物制剂学、实验动物学、生化制药学和药事管理与法规、生物统计与实验设计、临床诊断学、动物病理学、中兽药学、兽医学基础等。

实践环节：药物分析、兽药生产、动物药理学、专业综合能力测试、兽医生物制品学、药物制剂及中兽药学等实践、毕业实习及毕业论文。

修业年限：四年

授予学位：农学学士

就业方向：可在药品生产、检验、销售、研究开发等制药企业、保健公司、药检局、防疫站、现代养殖场、科研院所、行政管理部门从事与动物药学有关的药品配方与生产、推广与开发、经营与管理、教学与科研等工作。

开设学校：青海大学（211大学）、长江大学、西昌学院、华南农业大学、河南牧业经济学院、吉林农业大学、湖南农业大学、武汉轻工大学、黑龙江八一农垦大学、南京农业大学（教育部直属、211大学）、天津农学院、东北农业大学（211大学）、沈阳农业大学、江西农业大学、吉林农业科技学院、河北农业大学、河北北方学院、河南科技学院、河南科技大学

◆专业名称：动植物检疫
◆专业代码：090403T

培养目标：动植物检疫专业培养具备动植物检验检疫方面的基本理论知识和技能，能在国家各级检验检疫部门、动植物产品卫生安全与监督机构、农畜产品生产销售等企业从事动植物病虫害检验检疫及防治、农畜产品卫生安全检测、动植物保护等方面工作的技术、管理与推广的高级技术人才。

培养要求：本专业学生主要学习有机化学、分析化学、生物化学、病毒学、微生物学、植物病理学、昆虫学、兽医病理学、动物卫生检验学、植物检疫、食品卫生检验技术、动植物检验检疫法规等方面的基本理论和基本知识，受到动植物检疫技术、化学分析实验、仪器分析实验、组织切片技术、计算机应用等方面的基本训练，具有动植物生理病理、化验、检测等方面的基本能力。

毕业生应获得以下几方面的知识和能力：

1.掌握数学、物理、化学、生命科学的基本理论基础知识；

2.掌握有害生物的鉴定、识别、监测和控制等方面的方法和技能；

3.掌握动植物生理病理、化验、检测、病虫害防治的基本能力；

4.掌握文献检索、资料查询的基本方法，具有一定的科学研究和实际工作能力；

5.熟悉国家关于动植物防疫检疫、动植物进出口检疫、农畜产品卫生安全流通等方面的方针、政策和法规；

6.了解动植物检验检疫理论与技术的最新发展动态，了解相近专业的一般原理和知识；

7.掌握一门外国语，熟练运用计算机；

8.有较强的调查研究与决策、组织与管理、口头与文字表达能力，具有创新意识、独立获取新知识和信息处理能力。

主要课程：有机化学、分析化学、化学实验、普通化学、农药学基础、组织切片技术、植物生理学、生物化学、微生物学、植物病理学、昆虫学、动物病理学、动物卫生检验学、植物检验检疫、食品卫生检验技术。

实践环节：

修业年限：四年

授予学位：农学或理学学士

就业方向：毕业生能胜任各级政府部门、高校、研究院所、进出境和国内各级动植物检疫机构、兽医卫生监督检验机构、植物检疫机构、食品卫生监督检验机构、企业集团的行政管理、教学科研、新产品研制、商品监督检验、食品生产的卫生管理监督及产品质量检测、科技推广等工作。

开设学校：扬州大学、淮海工学院、中国计量学院、安庆师范学院、安徽农业大学、安徽科技学院、甘肃民族师范学院、乐山师范学院、四川农业大学、集美大学、江西农业大学、内蒙古农业大学、河北农业大学、河北北方学院、河北农业大学现代科技学院、山西农业大学、山东农业大学、沈阳农业大学、辽宁医学院、湖南农业大学、湖南农业大学东方科技学院、河南农业大学、河南科技大学、河南科技学院、新疆农业大学、吉林农业科技学院、云南农业大学

0905 林学类

◆专业名称：林学
◆专业代码：090501

培养目标：本专业培养具备森林培育、林木遗传育种、森林病虫鼠害防治与检疫、野生植物资源开发利用等方面的知识，能在林业、农业、环境保护等部门从事森林培育、森林资源保护、森林生态环境建设工作的高级科学技术人才。

培养要求：本专业学生主要学习森林培育（包括经济林栽培）、林木遗传育种、森林病虫鼠害防治、野生植物资源开发与利用等方面的基本理论和基本知识，受到林木良种选育、造林、森林资源调查规划、森林病虫鼠害防治与检疫、林火管理及野生植物利用的基本训练，具有森林经营方案编制、森林培育、森林资源保护、森林生态环境建设管理的基本能力。

毕业生应获得以下几方面的知识和能力：

1.具备扎实的数学、物理、化学等基本理论知识；

2.掌握林学、生物学、植物保护学、环境科学的基本理论、基本知识；

3.掌握土壤理化性质分析、林木生理生化分析和森林资源调查、评价的方法，掌握林木良种选育、林木栽培抚育、森林病虫鼠害防治和林特产品加工利用的技术；

4.具有森林经营方案编制、森林培育、野生植物资源开发利用、森林资源监测、森林生态环境建设管理的基本能力；

5.熟悉我国林业可持续发展、森林生态环境建设、森林资源保护和国土绿化的方针、政策和法规；

6.了解国内外林学学科的理论前沿、生物工程技术应用前景、林业科技发展趋势以及林业生产发展动态。

主干学科：林学、生物学、植物保护

主要课程：森林植物学、植物生理学、植物营养学、林木遗传育种、生物技术、土壤肥料学、森林环境学、森林昆虫学、林木病理学、森林生态学、测量与遥感等。

实践环节：包括实验、课程设计、教学综合实习、生产实习、毕业论文（设计）等，一般安排28~30周。

修业年限：四年

授予学位：农学学士

就业方向：在林业、农业、环境保护等部门从事森林培育、森林资源保护、森林生态环境建设工作。

开设学校：中国地质大学（教育部直属、211大学）、西南大学（教育部直属、211大学）、北华大学、西藏大学（211大学）、青海大学（211大学）、黄山学院、湖北民族学院、河南科技大学、福建农林大学、天津农学院、广西大学（211大学）、浙江农林大学、信阳农林学院、北京农学院、宁夏大学（211大学）、贵州大学（211大学）、东北师范大学（教育部直属、211大学）、北京林业大学（教育部直属、211大学）、福建农林大学金山学院、东北林业大学（教育部直属、211大学）、东北林业大学（教育部直属、211大学）、华中农业大学（教育部直属、211大学）、中南林业科技大学、华南农业大学、西南林业大学、西北农林科技大学（教育部直属、985大学、211大学）、青岛农业大学、甘肃农业大学、山东农业大学、内蒙古农业大学、佳木斯大学、河南农业大学、四川农业大学（211大学）、北京林业大学（教育部直属、211大学）、安徽农业大学、浙江农林大学、新疆农业大学、沈阳农业大学、山西农业大学、江西农业大学、南京林业大学、石河子大学（211大学）、河北农业大学、南京林业大学、东北林业大学（教育部直属、211大学）

◆专业名称：园林
◆专业代码：090502

培养目标：本专业培养具备生态学、园林植物与观赏园艺、风景园林规划与设计等方面的知识，

能在城市建设、园林、林业部门和花卉企业从事风景区、森林公园、城镇各类园林绿地的规划、设计、施工、园林植物繁育栽培、养护及管理的高级工程技术人才。

培养要求:本专业学生主要学习生态学、园林植物、观赏园艺、园林设计、园林建筑、园林工程等方面的基本理论和基本知识,受到绘画及表现技法、规划设计、园林植物栽培繁育及插花艺术等方面的基本训练,具有城镇绿化、园林建筑、园林工程、园林植物造景等规划设计及园林植物的栽培、繁育及养护管理等方面的基本能力。

毕业生应获得以下几方面的知识和能力:

1.具备扎实的数学、物理、化学等基本理论知识;

2.掌握生物学、林学、建筑学、设计艺术学学科的基本理论、基本知识;

3.掌握风景名胜区规划、森林公园规划、城市绿地系统规划、各类园林绿地规划设计、园林植物栽培、养护管理的技术;

4.具有一定的绘画技法及风景园林表现技法,能应用艺术理论及设计理论对植物材料、自然景观进行艺术设计的基本能力和园林植物栽培繁育的初步能力;

5.了解国内外园林学科的理论前沿、应用前景及发展动态;

6.熟悉我国国土绿化、风景名胜区及森林公园建设、环境保护、森林资源及国土资源管理保护的方针、政策和法规。

主干学科:生物学、林学、建筑学

主要课程:生态学(包括景观生态、植物生态、城市生态)、观赏植物学、园林植物遗传育种、插花艺术、园林史、绘画、设计初步、环境艺术学、植物造景设计原理等。

实践环节:包括实验、教学综合实习、课程设计、毕业论文(设计)等,一般安排25~30周。

修业年限:四年

授予学位:农学学士

就业方向:在园林、林业、城乡建设、市政交通、教育等相关部门从事园林植物的繁育栽培、养护管理和种植设计以及城乡各类园林绿地、园林建筑等方面的规划设计、施工管理、教育、科学研究等工作。

开设学校:北京农学院、广东海洋大学寸金学院、肇庆学院、江西农业大学、华中农业大学楚天学院、青海大学(211大学)、泰山学院、浙江大学(教育部直属、985大学、211大学)、上海交通大学(教育部直属、985大学、211大学)、同济大学(教育部直属、985大学、211大学)、天津城建大学、天津大学(教育部直属、985大学、211大学)、湖南师范大学(211大学)、成都学院、沈阳城市学院、宿迁学院、山东英才学院、沈阳工学院、商丘学院、普洱学院、长春大学、北华大学、长春大学、湖南科技大学、吉首大学、大理学院、西藏大学(211大学)、邵阳学院、怀化学院、邵阳学院、怀化学院、广东海洋大学寸金学院、岭南师范学院、嘉应学院、惠州学院、广州大学、韶关学院、昆明理工大学、安徽科技学院、淮南师范学院、黄山学院、延安大学、海南大学(211大学)、海南大学(211大学)、商丘学院、南阳师范学院、许昌学院、聊城大学、临沂大学、玉林师范学院、海南师范大学、贵州师范大学、山东建筑大学、湖北工程学院、湖北民族学院、长江大学、闽南师范大学、河南科技大学、湖北科技学院、华侨大学、福建农林大学、苏州大学(211大学)、天津农学院、广西大学(211大学)、福州大学(211大学)、四川大学(教育部直属、985大学、211大学)、淮阴工学院、重庆大学(教育部直属、985大学、211大学)、延边大学(211大学)、同济大学(教育部直属、985大学、211大学)、郑州大学(211大学)、德州学院、西华大学、浙江农林大学、沈阳大学、成都理工大学、山西师范大学、西华师范大学、扬州大学、常州大学、江苏师范大学、沈阳建筑大学、宜春学院、长江师范学院、上饶师范学院、井冈山大学、九江学院、三江学院、丽水学院、滁州学院、徐州工程学院、昆明学院、金陵科技学院、上海商学院、阜阳师范学院、安庆师范学院、榆林学院、绵阳师范学院、贵阳学院、河南城建学院、三亚学院、铜仁学院、菏泽学院、安康学院、三明学院、长春科技学院、长春建筑学院、北京农学院、宁夏大学、潍坊学院、衡水学院、河北工程大学、运城学院、贵州大学、西南大学、西南大学、黄淮学院、肇庆学院、西安外事学院、南昌工程学院、河南科技学院、湖南城市学院、安徽建筑大学、上海海洋大学、岭南师范学院、中国地质大学(教育部直属、211大学)、东北师范大学(教育部直属、211大学)、沈阳建筑大学、长江大学文理学院、三亚学院、河南农业大学华豫学院、广西大学行健文理学院、北京航空航天大学北海学院、江西农业工程职业学院、西南大学(教育部直属、211大学)、武昌理工学院、重庆文理学院、吉林农业科技学院、金陵科技学院、湖北大学知行学院、长江大学文理学院、武汉生物工程学院、福建农林大学金山学院、厦门大学嘉庚学院、福建农林大学东方学院、湖南应用技术学院、华南农业大学珠江学院、沈阳工学院、六盘水师范学院、安徽文达信息工程学院、浙江熟人学院、扬州大学广陵学院、苏州科技学院天平学院、新疆农业大学科学技术学院、广东海洋大学寸金学院、湖南农业大学东方科技学院、仲恺农业工程学院、吉首大学张家界学院、青岛农业大学海都学院、河北联合大学轻工学院、南昌工学院、云南师范大学文理学院、安徽农业大学经济技术学院、江西农业大学南昌商学院、华侨大学厦门工学院、绍兴文理学院元培学院、浙江农林大学暨阳学院、湖北民族学院科技学院、南昌大学共青学院、河南科技学院新科学院、浙江工业大学之江学院、长春大学旅游学院、山西农业大学信息学院、兰州商学院陇桥学院、北华大学、吉林农业大学、吉林农业大学、东北林业大学(教育部直属、211大学)、东北林业大学(教育部直属、211大学)、华中农业大学(教育部直属、211大学)、华中农业大学(教育部直属、211大学)、湖南农业大学、吉林建筑大学、湖南农业大学、中南林业科技大学、中南林业科技大学、湖南城市学院、广州美术学院、佛山科学技术学院、安徽建筑大学、上海应用技术学院、华南农业大学、华南农业大学、西南林业大学、昆明理工大学、云南农业大学、云南农业大学、西安建筑科技大学、西北农林科技大学(教育部直属、985大学、211大学)、安徽科技学院、西北农林科技大学(教育部直属、985大学、211大学)、内蒙古工业大学、青岛理工大学、内蒙古科技大学、内蒙古民族大学、青岛农业大学、甘肃农业大学、桂林理工大学、山东农业大学、山东农业大学、内蒙古农业大学、内蒙古农业大学、山东建筑大学、牡丹江师范学院、湖北工程学院、黑龙江科技大学、湖北美术学院、黑龙江八一农垦大学、齐齐哈尔大学、湖北工业大学、福建工程学院、福建农林大学、河南农业大学、东南大学(教育部直属、985大学、211大学)、南京农业大学(教育部直属、211大学)、南京农业大学(教育部直属、211大学)、天津城建大学、华南理工大学(教育部直属、211大学)、四川农业大学(211大学)、四川农业大学(211大学)、东北农业大学(211大学)、东北农业大学(211大学)、华东理工大学(教育部直属、211大学)、华中科技大学(教育部直属、985大学、211大学)、西南交通大学(教育部直属、211大学)、北京林业大学(教育部直属、211大学)、哈尔滨工业大学(985大学、211大学)、北京林业大学(教育部直属、211大学)、云南大学(211大学)、合肥工业大学(教育部直属、211大学)、安徽理工大学、安徽农业大学、浙江理工大学、浙江农林大学、新疆农业大学、沈阳农业大学、沈阳农业大学、西南民族大学、广东工业大学、浙江万里学院、山西农业大学、江西农业大学、江西农业大学、南京林业大学、南京工业大学、重庆师范大学、江西理工大学、南京林业大学、辽宁工业大学、苏州科技学院、大连工业大学、沈阳建筑大学、石河子大学(211大学)、中南林业科技大学涉外学院、东南大学成贤学院、重庆人文科技学院、重庆人文科技学院、河北科技师范学院、重庆文理学院、重庆文理学院、吉林农业科技学院、重庆交通大学、塔里木大学、绵阳师范学院、华中科技大学武昌分校、哈尔滨师范大学、重庆大学城市科技学院、延安大学西安创新学院、华中农业大学楚天学院、华中农业大学楚天学院、河北农业大学现代科技学院、河南城建学院、广州大学华软软件学院、大连理工大学城市学院、长春建筑学院、河北美术学院、齐齐哈尔工程学院、北京农学院、北方工业大学、北京建筑大学、河北农业大学、中国农业大学(教育部直属、985大学、211大学)、河北农业大学、河南科技学院、佳木斯大学、上海应用技术学院、云南农业大学、内蒙古农业大学、苏州科技学院天平学院、黄淮学院、肇庆学院、华中科技大学武昌分校、西安建筑大学华清学院、安徽建筑大学城市建筑学院、广西大学行健文理学院、河北农业大学现代科技学院。

◆专业名称:森林保护
◆专业代码:090503

培养目标:森林保护大致分为森林资源消耗量控制、森林生物多样性保护、森林景观资源保护及森林灾害防治等,本专业主要培养具备森林资源保护、森林资源调查与管理、林政管理与执法等方面的知识和技能的高级技术应用性专门人才。

培养要求:本专业学生掌握该专业坚实的基础理论和系统知识,具有从事科学研究工作或独立从事森林保护技术工作的能力;具有较宽的知识面和较强的适应性,能熟练地掌握一门外国语;达到各类高等学校、科学研究机构以及高层次的企业等所要求的森林保护专门人才的要求。

毕业生应获得以下几方面的知识和能力:

1.具备扎实的数学、物理、化学等基本理论知识；

2.掌握生物学、地理学、林学、旅游管理学科的基本理论、基本知识；

3.掌握森林资源开发及评价、森林公园总体规划设计方法、森林产业市场动态分析方法；

4.具有森林资源监测、森林资源保护和森林生态公众教育的基本能力；

5.熟悉我国有关森林资源保护、林政管理、旅游的基本方针、政策和法规；

6.了解国内外森林资源保护、旅游管理等学科的理论前沿、应用前景及发展动态。

主干学科:生态学、林学、工商管理

主要课程:植物学、植物生理学、土壤学、微生物学、树木学、森林生态学、森林培育学、普通植物病理学、普通昆虫学、植物病原真菌学、昆虫分类学、树木病理学、树木昆虫学、农药学、植物检疫学、普通动物学、野生动植物资源管理、森林防火。

实践环节:课程实验、实习、课程设计、毕业论文(设计)等,一般安排25~30周

修业年限:四年

授予学位:农学或管理学学士

就业方向:森林保护专业的毕业生能在林业、农业、环境保护等相关行业的政府机构、企事业单位从事森林培育、森林资源保护、管理与利用、林业生态建设及管理等工作,也可在高校从事教学工作。

开设学校:北京林业大学(教育部直属、211大学)、南京林业大学、东北林业大学(教育部直属、211大学)、西北农林科技大学、中南林业科技大学、福建农林大学、四川农业大学(211大学)、安徽农业大学、内蒙古农业大学、河北农业大学、华南农业大学、浙江农林大学、华南师范大学、沈阳农业大学、山西农业大学、山东农业大学、东北电力大学、江西农业大学、西南林业大学、河南农业大学

0906 水产类

◆专业名称:水产养殖学
◆专业代码:090601

培养目标:本专业培养具备水产动、植物增养殖科学等方面的基本理论、基本知识和基本技能,能在水产养殖生产、教育、科研和管理等部门从事科学研究、教学、水产养殖开发、管理等工作的高级科学技术人才。

培养要求:本专业学生主要学习生物学和水域环境学的基本理论以及水产增养殖、渔业经济和管理等方面的基本知识,受到有关生物学和化学实验教学、水产增养殖实践性环节、微型计算机应用等方面的基本训练,具有水产经济动、植物增养殖技术、营养与饲料和病害防治等方面的基本能力。

毕业生应获得以下几方面的知识和能力:

1.具备扎实的数学、物理、化学等基本理论知识;

2.掌握现代生物科学和环境科学的基本理论;

3.掌握水产经济动植物的增养殖技术、营养与饲料和病害防治等方面的基本知识和基本技能;

4.掌握主要养殖鱼类、甲壳类、藻类(可选择其中的2~3类)的人工育苗、育种和成体的集约化养殖等生产环节的关键技术;

5.具备内陆水域、浅海、滩涂的渔业资源和环境调查与规划的基本方法,了解现代化养殖工程、海洋渔业和水产品加工利用的基本知识;

6.具备农业可持续发展的意识和基本知识,了解水产增养殖学、生命科学的学科前沿和发展趋势。

主干学科:生物学、环境科学、水产学

主要课程:鱼类增养殖学、甲壳动物增养殖学、水产动物育种学、水产动物营养与饲料、水产动物疾病防治、海藻与海藻栽培学、水环境化学等。

实践环节:包括教学实习、生产实习、课程设计、毕业论文(毕业设计)、科研训练、生产劳动、社会实践等,一般安排25-30周。

修业年限:四年

授予学位:农学学士

就业方向:大专院校、各级水产研究、生产开发和管理以及水产环保、外贸、海关等部门。

开设学校:洛阳师范学院、淮海工学院、大连海洋大学、新疆农业大学、西南大学(教育部直属、211大学)、湖南应用技术学院、仲恺农业工程学院、吉林农业大学、湖南文理学院、华中农业大学(教育部直属、211大学)、湖南农业大学、佛山科学技术学院、广东海洋大学、华南农业大学、云南农业大学、西北农林科技大学(教育部直属、985大学、211大学)、海南大学(211大学)、内蒙古民族大学、青岛农业大学、甘肃农业大学、山东农业大学、内蒙古农业大学、武汉轻工大学、长江大学、集美大学、福建农林大学、

河南农业大学、南昌大学(211大学)、南京农业大学(教育部直属、211大学)、天津农学院、广西大学(211大学)、四川农业大学(211大学)、东北农业大学(211大学)、中国海洋大学(教育部直属、985大学、211大学)、安徽农业大学、宁波大学、浙江海洋学院、沈阳农业大学、山西农业大学、江西农业大学、扬州大学、大连海洋大学、钦州学院、信阳农林学院、塔里木大学、内江师范学院、铜仁学院、河北科技师范学院、河北农业大学、中国农业大学(教育部直属、985大学、211大学)、鲁东大学、烟台大学、西昌学院、贵州大学(211大学)、河南师范大学、上海海洋大学、西南大学(教育部直属、211大学)、西南大学(教育部直属、211大学)

◆专业名称:海洋渔业科学与技术
◆专业代码:090602

培养目标:本专业培养具备海洋渔业科学与技术方面的基本理论、基本知识和基本技能,能在海洋渔业生产、教育、科研和管理等部门从事科学研究、远洋渔业开发、教学、渔政管理等方面的高级科学技术人才。

培养要求:本专业学生主要学习渔业资源与渔场学、海洋环境学、渔具渔法学、渔业法规与渔政管理等的基本理论和基本知识,受到船舶驾驶技术、网具装配技术、捕捞技术、渔场调查、渔业水域环境监测和渔政管理等方面的基本训练,具有渔业资源与渔业环境的调查和研究、渔具渔法设计和渔业管理的基本能力。

毕业生应获得以下几方面的知识和能力:

1.具备扎实的数学、物理、化学等基本理论知识;

2.掌握海洋环境科学、现代信息技术、资源管理和数学模型的基本理论;

3.掌握渔业生物资源的调查、评估和管理,海洋渔业资源的开发、渔业水域环境监测和保护的基本知识和基本技能;

4.掌握渔具测试和设计、渔业资源预测预报、渔政管理等方法和技能;

5.具备本专业必需的渔具装配、渔业资源调查、渔业水域环境监测和渔船驾驶等基本能力;

6.具备农业可持续发展的意识和基本知识,了解海洋渔业学科的新成就、新技术和国际渔业发展动态;

主干学科:力学、水产学、管理学

主要课程:水生生物学、鱼类学、渔具渔法学、渔具理论与设计、航海技术、渔业资源与渔场学、渔业资源评估、海洋环境调查和监测、渔业法规与渔政管理。

实践环节:包括教学实习、生产实习、课程设计、毕业论文(毕业设计)、科研训练、生产劳动、社会实践等,一般安排25~28周。

修业年限:四年

授予学位:农学或工学学士

就业方向:在海洋渔业科学研究部门、水产部门、学校和企业从事科学研究与教学、新技术推广与新产品开发等工作。

开设学校:天津农学院、河北农业大学、大连海洋大学、大连海洋大学、上海海洋大学、浙江海洋学院、集美大学、中国海洋大学(教育部直属、985大学、211大学)、烟台大学、广东海洋大学、天津农学院、东北农业大学、湖南农业大学、四川大学(教育部直属、211大学)

◆专业名称:水族科学与技术
◆专业代码:090603T

培养目标:本专业培养具备水产科学与技术的基本理论、基本知识和基本技能,能胜任水产科学与技术的研究与开发、教学和管理、推广与应用工作的高级科学技术人才。

培养要求:本专业学生主要学习现代生物科学和环境科学的基本理论以及观赏水族的养殖、水族产业的经营和管理等方面的知识,受到有关生物学和化学实验教学、观赏水族养殖实践性环节、计算机应用等方面的基本训练,掌握观赏水族养殖技术、水域环境控制、营养与饲料、病害防治等方面的基本能力。

毕业生应获得以下几方面的知识和能力:

1.具备扎实的数、理、化、生等基本理论知识;掌握水生生物学、生物工程、现代水产技术的一般原理和知识;了解相关学科的理论前沿和最新发展动态;

2.具有良好的人文社科知识及较高的科学文化素质;具有一定的计算机和外语应用能力;

3.掌握资料查询、文献检索及运用现代信息技术获取相关信息的基本方法;具有一定的实验设计,归纳、整理、分析实验结果,撰写论文,参与学术交流的能力；

4.了解国际进出口贸易、产品质量认证、自然资源保护与合理利用等方面的有关政策、法律和法规；

5.具备产业结构变化分析、国内和国际贸易变化趋势分析、投资风险性分析等综合分析与管理方面的基本技能；

6.掌握水族产业有关规划与管理知识。

主要课程：基础化学、有机化学、生物化学、动物学、鱼类学、水生生物学、观赏水族养殖学、水草栽培学、游钓渔业学、水族馆创意与设计、观赏水族营养与饲料学、观赏水族疾病防治学、水处理技术、景观生态学、管理学、休闲渔业经营学等。

实践环节：包括教学实习、生产实习、课程设计、毕业论文(毕业设计)、科研训练、生产劳动、社会实践等，一般安排25~28周。

修业年限：四年

授予学位：农学学士

就业方向：可在高等院校、科研机构、海关检疫、环境保护、动植检疫、生物制药、现代渔业技术和水产品加工等部门从事水族技术研发与推广、行政管理、市场营销、国内和国际贸易、综合经营管理等工作。

开设学校：中国地质大学(教育部直属、211大学)、华中农业大学(教育部直属、211大学)、湖南农业大学、青岛农业大学、天津农学院、大连海洋大学、河南师范大学、上海海洋大学

0907 草学类

◆专业名称：草业科学
◆专业代码：090701

培养目标：本专业培养具备草业科学方面的基本理论、基本知识和基本技能，能在农业以及其他相关的部门或单位从事草业生产与保护工作的技术与设计、推广与开发、经营与管理、教学与科研等工作的高级科学技术人才。

培养要求：本专业学生主要学习农业作物科学、农业生态学、环境科学和事业资源保护、持续高效利用的基本理论和基本知识，受到草业资源规划、经营与管理、人工草地、草产品加工、草坪绿化、畜牧和环境科学等方面的基本训练，具有草业资源保护开发与经营管理、饲草料生产加工、草坪绿化等方面的基本能力。

毕业生应获得以下方面的知识和能力：

1.具备扎实的数学、物理、化学等基本理论知识；

2.掌握农业生物学、与本专业有关的植物生产和动物生产、环境科学方面的基本理论和基本知识；

3.具有草地保护与利用、草料生产与加工、草业生产规划与经营和草坪绿化的技能；

4.具备农业可持续发展的意识和基本知识，了解草业及草业科学的学科前沿和发展趋势；

5.熟悉我国农业、畜牧业和草业开发的有关方针、政策和法规；

6.掌握科技文献检索、资料查询的基本方法，具有一定的科学研究和实际工作能力。

主干学科：作物学、畜牧学、环境保护学

主要课程：草地资源学、草地环境评价、草地管理、牧草育种学、牧草栽培学、草坪学、草原保护学、牧草与饲料作物加工与贮藏。

实践环节：包括教学实习、生产实习、课程设计、毕业论文(毕业设计)、科研训练、生产劳动、社会实践等，一般安排25~30周。

修业年限：四年

授予学位：农学学士

就业方向：在园林、水土保持、环保、人工草场、体育场等部门从事各种类型草坪的建植与管理工作，各种功能草地的培育以及园林绿地规划设计、园林花卉植物栽培、优良牧草和草坪草的选育、人工牧草培育、人工牧草深加工、优良草种子生产等的技术与管理工作。

开设学校：海南大学(211大学)、仲恺农业工程学院、河南科技学院、西南大学(教育部直属、211大学)、陇东学院、塔里木大学、吉林农业大学、西藏大学(211大学)、青海大学(211大学)、湖南农业大学、华南农业大学、云南农业大学、西北农林科技大学(教育部直属、985大学、211大学)、内蒙古民族大学、甘肃农业大学、山东农业大学、内蒙古农业大学、黑龙江八一农垦大学、南京农业大学(教育部直属、211大学)、兰州大学(教育部直属、985大学、211大学)、四川农业大学(211大学)、东北农业大学(211大学)、北京林业大学(教育部直属、211大学)、安徽农业大学、新疆农业大学、沈阳农业大学、山西农业大学、宁夏大学(211大学)、中国农业大学(教育部直属、985大学、211大学)、河北农业大学、贵州大学

(211大学)、河南农业大学、甘肃农业大学、四川农业大学(211大学)、北京林业大学(教育部直属、211大学)、河北农业大学现代科技学院、内蒙古农业大学

10 学科门类:医学

1001基础医学

◆专业名称:基础医学
◆专业代码:100101K

培养目标:本专业培养具备自然科学、生命科学和医学科学基本理论知识和实验技能,能够在高等医学院校和医学科研机构等部门从事基础医学各学科的教学、科学研究及基础与临床相结合的医学实验研究工作的医学高级专门人才。

培养要求:本专业学生主要学习现代自然科学和生命科学、基础医学各学科的基本理论,一般地掌握临床医学的基本知识,受到基础医学各学科实验技能的基本训练,重点掌握几类基本的生物医学实验技术。

毕业生应获得以下几方面的知识和能力:

1.掌握基础医学的基本理论、基本知识;

2.掌握医学实验的分析、设计方法和操作技术;

3.具有基础医学科学研究的基本能力;

4.熟悉基础医学教学工作的基本原理和方法;

5.熟悉临床医学基本知识并了解临床医学的新进展和新成就;

6.掌握文献检索、资料查询的基本方法,具有一定的科学研究和实际工作能力。

主干学科:生物学、基础医学

主要课程:人体解剖学、组织胚胎学、细胞生物学、生理学、神经生理学、生物化学与分子生物学、医学遗传学、微生物学与免疫学、病理学、药理学、临床医学。

实践环节:包括教学实习、毕业论文(毕业设计)等。

修业年限:五年

授予学位:医学学士

就业方向:在高等医学院校和医学科研机构等部门从事基础医学各学科的教学、科学研究及基础与临床相结合的医学实验研究工作。

开设学校:浙江大学(教育部直属、985大学、211大学)、武汉大学(教育部直属、985大学、211大学)、西安交通大学(教育部直属、985大学、211大学)、中南大学(教育部直属、985大学、211大学)、复旦大学(教育部直属、985大学、211大学)、北京大学(教育部直属、985大学、211大学)、郑州大学(211大学)、南华大学、贵阳医学院、宁夏医科大学、中国地质大学(教育部直属、211大学)、四川大学(教育部直属、985大学、211大学)、东北大学(教育部直属、985大学、211大学)、泸州医学院、新疆医科大学、上海交通大学医学院、滨州医学院、南方医科大学、哈尔滨医科大学、中山大学(教育部直属、985大学、211大学)、天津医科大学(211大学)、重庆医科大学、南京医科大学、北京大学医学部、福建医科大学、上海中医药大学、首都医科大学、上海中医药大学中药学院

1002临床医学

◆专业名称:临床医学
◆专业代码:100201K

培养目标:本专业培养具备基础医学、临床医学的基本理论和医疗预防的基本技能;能在医疗卫生单位、医学科研等部门从事医疗及预防、医学科研等方面工作的医学高级专门人才。

培养要求:本专业学生主要学习医学方面的基础理论和基本知识,受到人类疾病的诊断、治疗、预防方面的基本训练,具有对人类疾病的病因、发病机制作出分类鉴别的能力。

毕业生应获得以下几方面的知识和能力:

1.掌握基础医学中临床医学的基本理论、基本知识;

2.掌握常见病发病诊断处理的临床基本技能;

3.具有对急、难、重症的初步处理能力;

4.熟悉国家卫生工作方针、政策和法规;

5.掌握医学文献检索、资料调查的基本方法,具有一定的科学研究和实际工作能力。

主干学科:基础医学、临床医学

主要课程:人体解剖学、组织胚胎学、生理学、生物化学、药理学、病理学、预防医学、免疫学、诊断学、内科学、外科学、妇产科学、儿科学、中医学。

实践性环节：毕业实习安排一般不少于48周。

修业年限：五年

授予学位：医学学士

就业方向：本专业的毕业生具有较全面的综合素质、较好的学习能力、较强的处理临床实际问题的能力和初步的科研能力。毕业后可以在医疗卫生机构从事临床各科的医疗、预防工作及医学教学和研究工作。

开设学校：安徽医科大学、天津医科大学、复旦大学(教育部直属、985大学、211大学)、北京大学(教育部直属、985大学、211大学)、成都学院、吉首大学、大理学院、西藏大学(211大学)、青海大学(211大学)、南华大学、湘南学院、嘉应学院、韶关学院、延安大学、青岛大学、长江大学、三峡大学、江汉大学、莆田学院、南京大学(教育部直属、985大学、211大学)、南昌大学(211大学)、浙江大学(教育部直属、985大学、211大学)、兰州大学(教育部直属、985大学、211大学)、四川大学(教育部直属、985大学、211大学)、厦门大学(教育部直属、985大学、211大学)、山东大学(教育部直属、985大学、211大学)、吉林大学(教育部直属、985大学、211大学)、扬州大学、江苏大学、大连大学、宜春学院、赤峰学院、南通大学、北京协和医学院、中南大学(教育部直属、985大学、211大学)、延边大学(211大学)、江南大学(教育部直属、211大学)、郑州大学(211大学)、嘉兴学院、宁波大学、台州学院、深圳大学、内蒙古科技大学、洛阳师范学院、中国药科大学(教育部直属、211大学)、苏州大学(211大学)、上海交通大学(教育部直属、985大学、211大学)、中国地质大学(教育部直属、211大学)、暨南大学(211大学)、东南大学(教育部直属、985大学、211大学)、井冈山大学、江西中医药大学、中国医科大学、成都中医药大学、同济大学(教育部直属、985大学、211大学)、武汉大学(教育部直属、985大学、211大学)、南开大学(教育部直属、985大学、211大学)、滨州医学院、南华大学船山学院、南方医科大学、解放军第二军医大学(211大学)、解放军第四军医大学(211大学)、山西医科大学汾阳学院、解放军第三军医大学、武警后勤学院、广西中医药大学、长江大学文理学院、新乡医学院三全学院、山东万杰医学院、南通大学杏林学院、湖南师范大学树达学院、河北中医学院、河北联合大学、河北联合大学冀唐学院、浙江中医药大学滨江学院、杭州师范大学钱江学院、宁波大学科学技术学院、嘉兴学院南湖学院、湖北民族学院科技学院、浙江大学城市学院、辽宁医学院医疗学院、辽宁何氏医学院、大连医科大学中山学院、北华大学、陕西中医学院、长春中医药大学、湖南中医药大学、上海中医药大学、广东药学院、广东医学院、广州医科大学、昆明医科大学、云南中医学院、皖南医学院、西安交通大学(教育部直属、985大学、211大学)、昆明理工大学、甘肃中医学院、内蒙古民族大学、桂林医学院、海南医学院、贵阳医学院、广西医科大学、贵阳中医学院、内蒙古医科大学、湖北中医药大学、湖北医药学院、牡丹江医学院、湖北民族学院、佳木斯大学、黄河科技学院、西藏民族学院、西北民族大学、新乡医学院、河南科技大学、湖北文理学院、湖北科技学院、中山大学(教育部直属、985大学、211大学)、清华大学(教育部直属、985大学、211大学)、华中科技大学(教育部直属、985大学、211大学)、湖南师范大学(211大学)、河北大学、天津医科大学(211大学)、安徽医科大学、上海交通大学医学院、天津中医药大学、安徽理工大学、温州医科大学、杭州师范大学、浙江中医药大学、湖州师范学院、山西医科大学、泸州医学院、山西大同大学、长治医学院、汕头大学、绍兴文理学院、重庆医科大学、徐州医学院、南京医科大学、南京中医药大学、沈阳医学院、辽宁中医药大学、辽宁医学院、赣南医学院、石河子大学(211大学)、湖北医药学院药护学院、三峡大学科技学院、山东中医药大学、长沙医学院、济宁医学院、北京大学医学部、安徽中医药大学、右江民族医学院、吉林医药学院、武汉科技大学、福建中医药大学、蚌埠医学院、湖北理工学院、福建医科大学、成都医学院、河南大学民生学院、西安医学院、河北北方学院、承德医学院、山西中医学院、攀枝花学院、湖北大学、湖南商学院、河南大学、广州中医药大学、河北医科大学、首都医科大学、川北医学院、新疆医科大学、中国人民大学(教育部直属、985大学、211大学)、上海中医药大学中药学院、南京医科大学康达学院、新疆医科大学厚博学院、中国医科大学临床医药学院、辽宁中医药大学杏林学院、内蒙古科技大学包头医学院、遵义医学院医学与科技学院、贵阳医学院神奇民族医药学院、贵阳中医学院时珍学院、湖南中医药大学湘杏学院、温州医科大学仁济学院、江西中医药大学科技学院、山西医科大学晋祠学院、黑龙江中医药大学、齐齐哈尔医学院、河北医科大学临床学院、昆明医科大学海源学院、泰山医学院、河南中医学院、哈尔滨医科大学、湖北工业大学、内蒙古医科大学、安徽医科大学、上海健康医学院、南昌大学(211大学)、广州中医药大学、广西科技大学、甘肃医学院、宁夏医科大学

◆专业名称:麻醉学
◆专业代码:100202TK

培养目标:本专业培养具有扎实的临床医学知识和麻醉学知识及技能,并能熟练掌握麻醉操作技术,胜任麻醉学科各项工作的初级麻醉医师。

培养要求:本专业学生主要学习基础医学、临床医学、麻醉学的基本理论知识及临床医学、麻醉学的基本技术,接受麻醉、急救与生命复苏的基本训练,具有常见手术的麻醉处理、手术期并发症防治以及危重病症的监测、判断与治疗的基本能力。

毕业生应获得以下几方面的知识和能力:

1.掌握基础医学、临床医学和麻醉学的基本理论、基本知识;

2.掌握临床诊疗工作的辩证思维和分析判断方法;

3.具有对常见病、多发病以及疼痛诊治的初步能力,具有对常见手术麻醉处理、围麻醉期并发症防治和危重病症监测、判断和治疗的基本能力;

4.具有急救和生命复苏的基本能力;

5.熟悉国家卫生工作方针、政策和法规;

6.掌握文献检索、资料查询、计算机应用及统计分析的基本方法,具有一定的科学研究和实际工作能力。

主要课程:内科学、外科学、妇产科学、儿科学、麻醉生理学、麻醉药理学、麻醉设备学、临床麻醉学、疼痛诊疗学等。

实践环节:包括临床见习、毕业实习,一般应安排52周。

修业年限:五年

授予学位:医学学士

就业方向:毕业生主要到医疗卫生单位的麻醉科、急诊科、急救中心、重症监测治疗病房、药物依赖戒断及疼痛诊疗等部门从事临床麻醉、急救和复苏、术后监测、生理机能调控等方面的工作。

开设学校:贵州医科大学、遵义医学院、昆明医科大学、天津医科大学、南昌大学、中国医科大学、河北医科大学、辽宁医学院、延边大学、哈尔滨医科大学、大连医科大学、沈阳医学院、牡丹江医学院、徐州医学院、福建医科大学、潍坊医学院、中南大学(教育部直属、985大学、211大学)、华中科技大学(教育部直属、985大学、211大学)、重庆医科大学、皖南医学院、长治医学院、内蒙古医学院、安徽医科大学、蚌埠医学院、皖南医学院、新乡医学院、南华大学、河北北方学院、山西医科大学、南昌大学(211大学)、宜春学院、滨州医学院、兰州大学(教育部直属、985大学、211大学)、九江学院医学院、泸州医学院、广州医学院、广东医学院、赣南医学院、新疆医科大学、温州医科大学、承德医学院、湖北医药学院(原郧阳医学院)、川北医学院、内蒙古科技大学包头医学院

◆专业名称:医学影像学
◆专业代码:100203TK

培养目标:本专业培养具有基础医学、临床医学和现代医学影像学的基本理论知识及能力,能在医疗卫生单位从事医学影像诊断、介入放射学和医学成像技术等方面工作的医学高级专门人才。

培养要求:本专业学生应掌握基础医学、临床医学、医学影像学的基本理论知识,受到常规放射学、CT、核磁共振、超声学、DSA、核医学、影像学等操作技能的基本训练,具有常见病的影像诊断和介入放射学操作基本能力。

毕业生应获得以下几方面的知识和能力:

1.掌握基础医学、临床医学、电子学的基本理论、基本知识;

2.掌握医学影像学范畴内各项技术(包括常规放射学、CT、核磁共振、DSA、超声学、核医学、影像学等)及计算机的基本理论和操作技能;

3.具有运用各种影像诊断技术进行疾病诊断的能力;

4.熟悉有关放射防护的方针、政策和方法,熟悉相关的医学伦理学;

5.了解医学影像学各专业分支的理论前沿和发展动态;

6.掌握文献检索、资料查询、计算机应用的基本方法,具有一定的科学研究和实际工作能力。

主要课程:物理学、电子学基础、计算机原理与接口、影像设备结构与维修、医学成像技术、摄影学、人体解剖学、诊断学、内科学、影像诊断学、影像物理、超声诊断、放射诊断、核素诊断、介入放射学、核医学、医学影像解剖学、肿瘤放疗治疗学、B超诊断学。

实践环节:包括临床见习、毕业实习等。

修业年限：五年

授予学位：医学学士

就业方向：毕业生主要从事临床医学影像诊断或放射治疗工作或医学教育及医学科研工作，也可到医疗卫生单位从事医学影像诊断、介入放射学、核医学成像技术等方面的工作。

开设学校：中山大学（教育部直属、985大学、211大学）、苏州大学（211大学）、中国医科大学、天津医科大学、山东大学（教育部直属、985大学、211大学）、南方医科大学、华中科技大学、徐州医学院、哈尔滨医科大学、吉林大学（教育部直属、985大学、211大学）、西安交通大学（教育部直属、985大学、211大学）、浙江大学（教育部直属、985大学、211大学）、宁夏医学院、南京医科大学、东南大学（教育部直属、985大学、211大学）、昆明医学院、川北医学院、成都医学院、重庆医科大学、广州医学院、泰山医学院、河北医科大学、山西医科大学、郑州大学（211大学）、广东医学院、福建医科大学、潍坊医学院、新疆医科大学、温州医科大学、牡丹江医学院、华北煤炭医学院、遵义医学院、皖南医学院、青岛大学、泸州医学院、内蒙古医学院、兰州大学（教育部直属、985大学、211大学）、南通大学、贵阳医学院、辽宁医学院、北华大学、安徽医科大学、滨州医学院、湖北医药学院、吉林医药学院、三峡大学、长治医学院、上海理工大学、江苏大学、陕西中医学院、湖南中医药大学、南华大学、齐齐哈尔医学院、大理学院、咸宁学院、承德医学院、沈阳医学院、新乡医学院

◆专业名称：眼视光医学
◆专业代码：100204TK

培养目标：本专业培养具有基础医学、临床医学和眼视光医学的基本理论知识及能力，能在医疗卫生单位从事眼科诊断、治疗和医学技术等方面工作的医学高级专门人才。

培养要求：本专业学生主要学习基础医学、临床医学、眼视光医学的基本理论知识，受到专业操作技能的基本训练，具有常见眼病诊断治疗的基本能力。

毕业生应获得以下几方面的知识和能力：

1.掌握基础医学、临床医学、眼视光医学的基本理论、基本知识；

2.掌握眼视光医学及计算机的基本理论和操作技能；

3.具有运用眼视光医学诊断治疗疾病的能力；

4.熟悉有关眼视光医学的方针、政策和方法；

5.了解眼视光医学各专业分支的理论前沿和发展动态；

6.掌握文献检索、资料查询、计算机应用的基本方法，具有一定的科学研究和实际工作能力。

主要课程：人体解剖学（含组织胚胎学）、生理学、诊断学基础、药理学、基础眼科学、视光学基础、眼视光特检技术、内科学、外科学、验光技术、临床眼科学、眼镜技术、配镜学、角膜接触镜验配技术等。

实践环节：包括临床见习、毕业实习等。

修业年限：四年

授予学位：医学学士

就业方向：一般担任眼镜行业验光、配镜人员；医院眼科视光技术人员或者是验光、配镜质量检验人员以及社区眼保健人员等。

开设学校：温州医科大学、天津医科大学

◆专业名称：精神医学
◆专业代码：100205TK

培养目标：本专业培养能在综合医院或专科医院从事临床精神病学、心理咨询、心理治疗工作的高级医学人才。

培养要求：本专业要求学生掌握基础医学、临床医学、临床心理学及精神病的基本理论和诊疗技能，具有一般医疗技能和处理常见的心理障碍、行为障碍、精神疾病及相关疑难急重症的能力。

毕业生应获得以下几方面的知识和能力：

1.掌握基础医学、临床医学、精神医学的基本理论、基本知识；

2.掌握精神医学及计算机的基本理论和操作技能；

3.具有运用精神医学诊断及防治疾病的能力；

4.熟悉有关精神医学的方针、政策和方法；

5.了解精神医学各专业分支的理论前沿和发展动态；

6.掌握文献检索、资料查询、计算机应用的基本方法，具有一定的科学研究和实际工作能力。

主要课程：医学、临床医学、临床心理学、行为医学、儿童精神医学、精神病学等。

实践环节：包括临床见习、毕业实习等。

修业年限：五年

授予学位：医学学士

就业方向：毕业生主要到各级医药院校、综合医院、脑科医院、医学心理中心及精神卫生保健机构从事医疗、教学和科研等工作。

开设学校：哈尔滨医科大学、蚌埠医学院、齐齐哈尔医学院、中南大学（教育部直属、985大学、211大学）

◆专业名称：放射医学
◆专业代码：100206TK

培养目标：本专业培养从事放射医学及防护、放射病诊治、核医学及医学影像等工作的德智体全面发展的、具有创新精神和系统的放射医学理论与实践能力的临床医师。

培养要求：本专业学生主要学习基础医学、临床医学、放射医学的基础知识；掌握应用放射诊断、核素诊断、影像诊断等各种诊断技术进行疾病诊断的基本理论、方法和技能；应用γ射线、深部X射线、放射性核素等各种射线进行诊断及放射治疗的基本理论、方法和技能；放射损伤及放射病的诊治技术；放射防护的基本理论、方法和技能以及进行医学科学研究的初步能力。

毕业生应获得以下几方面的知识和能力：

1.掌握基础医学、临床医学、放射医学的基本理论、基本知识；

2.掌握放射医学及计算机的基本理论和操作技能；

3.具有运用放射医学诊断及防治疾病的能力；

4.熟悉有关放射医学的方针、政策和方法；

5.了解放射医学各专业分支的理论前沿和发展动态；

6.掌握文献检索、资料查询、计算机应用的基本方法，具有一定的科学研究和实际工作能力。

主要课程：解剖学、组织与胚胎学、病原学、免疫学、生物化学、生理学、病理学、药理学、临床医学导论、内科学、外科学、预防医学、放射医学及防护、影像诊断学、肿瘤放射治疗学、核医学。

实践环节：包括临床见习、毕业实习等。

修业年限：四年

授予学位：医学学士

就业方向：毕业生主要到各级医药院校、综合医院、教育机构从事医疗、教学和科研等工作。

开设学校：苏州大学（教育部直属、211大学）、复旦大学（教育部直属、985大学、211大学）、北京大学（教育部直属、985大学、211大学）、南京医科大学、南方医科大学、吉林大学（教育部直属、985大学、211大学）、重庆医科大学、武汉大学（教育部直属、985大学、211大学）、中南大学（教育部直属、985大学、211大学）、青岛大学、郑州大学（211大学）、安徽医科大学、南通大学、河北医科大学、济南大学

1003 口腔医学类

◆专业名称：口腔医学
◆专业代码：100301K

培养目标：本专业培养具备医学基础理论和临床医学知识，掌握口腔医学的基本理论和临床操作技能，能在医疗卫生机构从事口腔常见病、多发病的诊治、修复和预防工作的医学高级专门人才。

培养要求：本专业学生主要学习口腔医学的基本理论和基本知识，受到口腔及颌面部疾病的诊断、治疗、预防方面的训练，具有口腔常见病、多发病的诊疗、修复和预防保健的基本能力。

毕业生应获得以下几方面的知识和能力：

1.掌握基础医学和临床医学的基本理论知识和实验技能；

2.掌握口腔医学各学科的基本理论知识和医疗技能；

3.具有口腔及颌面部常见病、多发病的诊治和急、难、重症的初步处理能力；

4.具有口腔修复工作的基本知识和一般操作技能；

5.熟悉国家卫生工作方针、政策和法规；

6.掌握文献检索、资料查询的基本方法，具有口腔医学科学研究和实际工作的初步能力。

主干学科：基础医学、临床医学、口腔医学

主要课程：物理学、生物学、口腔解剖生理学、口腔组织病理学、口腔材料学、口腔内科学、口腔颌面外科学、口腔修复学、口腔正畸学。

实践环节：包括口腔内科、口腔外科和口腔修复等学科的毕业实习，一般安排36~42周。

修业年限：五年

授予学位：医学学士

就业方向：县乡级医院以及口腔疾病防治机构的临床医疗岗位；与医学教育、科研、临床实践相关

的工作。

开设学校：浙江大学（教育部直属、985大学、211大学）、北京大学（教育部直属、985大学、211大学）、青海大学（211大学）、南华大学、青岛大学、苏州大学（211大学）、兰州大学（教育部直属、985大学、211大学）、四川大学（教育部直属、985大学、211大学）、山东大学（教育部直属、985大学、211大学）、吉林大学（教育部直属、985大学、211大学）、中南大学（教育部直属、985大学、211大学）、延边大学（211大学）、武汉大学（教育部直属、985大学、211大学）、同济大学（教育部直属、985大学、211大学）、郑州大学（211大学）、大连大学、九江学院、丽水学院、赤峰学院、南通大学、内蒙古科技大学、中国药科大学（教育部直属、211大学）、中国地质大学（教育部直属、211大学）、中国医科大学、南开大学（教育部直属、985大学、211大学）、南方医科大学、解放军第四军医大学（211大学）、山西医科大学汾阳学院、山东万杰医学院、河北联合大学冀唐学院、浙江中医药大学滨江学院、辽宁医学院医疗学院、大连医科大学中山学院、北华大学、湖南中医药大学、佛山科学技术学院、广东医学院、广州医科大学、昆明医科大学、皖南医学院、西安交通大学（教育部直属、985大学、211大学）、聊城大学、桂林医学院、遵义医学院、海南医学院、贵阳医学院、广西医科大学、内蒙古医科大学、湖北医药学院、牡丹江医学院、佳木斯大学、哈尔滨医科大学、西北民族大学、新乡医学院、河南大学、湖北科技学院、暨南大学（211大学）、中山大学（教育部直属、985大学、211大学）、华中科技大学（教育部直属、985大学、211大学）、天津医科大学（211大学）、安徽医科大学、上海交通大学医学院、滨州医学院、温州医科大学、杭州师范大学、浙江中医药大学、湖州师范学院、新疆医科大学、川北医学院、山西医科大学、泸州医学院、长治医学院、重庆医科大学、徐州医学院、南京医科大学、沈阳医学院、辽宁医学院、大连医科大学、赣南医学院、井冈山大学、石河子大学（211大学）、长沙医学院、济宁医学院、北京大学医学部、右江民族医学院、广西中医药大学、蚌埠医学院、福建医科大学、荆楚理工学院、河北医科大学临床学院、西安医学院、河北联合大学、河北医科大学、首都医科大学、泰山医学院、宁夏医科大学、潍坊医学院、河北北方学院、山东医学高等专科学校、中国医科大学临床医药学院、新乡医学院三全学院、内蒙古科技大学包头医学院、遵义医学院医学与科技学院、贵阳医学院神奇民族医药学院、新疆医科大学厚博学院、温州医科大学仁济学院、山西医科大学晋祠学院、天津医科大学临床医学院、齐齐哈尔医学院、昆明医科大学海源学院、河北大学

1004 公共卫生与预防医学类

◆专业名称：预防医学
◆专业代码：100401K

培养目标：本专业培养具备预防医学基本理论知识和卫生检测技术，能在卫生防疫、环境卫生或食品卫生监测等机构从事预防医学工作的医学高级专门人才。

培养要求：本专业学生主要学习基础医学、预防医学的基本理论知识，受到卫生检测技术、疾病控制的基本训练，具有卫生防疫、控制传染病与职业病、改进人群环境卫生条件、实施食品卫生监督等工作的基本能力。

毕业生应获得以下几方面的知识和能力：

1.掌握预防医学的基本理论知识和防疫工作的基本能力；

2.掌握对人群劳动、生活、学习、环境和食品进行卫生检测和监督的基本能力；

3.具有分析影响人群健康的各种因素和疾病流行规律，制订预防疾病和增进人群健康的措施与计划的能力；

4.熟悉国家卫生工作方针、政策和法规；

5.熟悉临床医学的基本理论知识和常见病、多发病的防治技术，熟悉健康教育工作；

6.掌握文献检索、资料查询、计算机应用及统计分析的基本方法，具有一定的科学研究和实际工作能力。

主干学科：基础医学、预防医学

主要课程：生物化学、医学微生物学、免疫学、生理学、病理学、诊断学、内科学、卫生统计学、流行病学、环境卫生学、营养与食品卫生学、劳动卫生学、儿少卫生学等。

修业年限：五年

授予学位：医学学士

就业方向：预防医学专业就业领域很广，涉及

医学和非医学领域的各相关专业。医学领域可从事临床工作(进传染病科室)、临床科研工作(进流行病、地方病研究所),或者从事卫生防疫、卫生宣传普及、卫生事业管理、社会医学研究等相关工作。非医领域可从事环境保护与监测、海关疫检等工作。

开设学校:山东大学(教育部直属、985大学、211大学)、浙江大学(教育部直属、985大学、211大学)、复旦大学(教育部直属、985大学、211大学)、北京大学(教育部直属、985大学、211大学)、武汉大学(教育部直属、985大学、211大学)、大理学院、西藏大学(211大学)、青海大学(211大学)、南华大学、湘南学院、青岛大学、南昌大学(211大学)、苏州大学(211大学)、兰州大学(教育部直属、985大学、211大学)、四川大学(教育部直属、985大学、211大学)、厦门大学(教育部直属、985大学、211大学)、中南大学(教育部直属、985大学、211大学)、吉林大学(教育部直属、985大学、211大学)、延边大学(211大学)、郑州大学(211大学)、宜春学院、南通大学、内蒙古科技大学、中国药科大学(教育部直属、211大学)、中国地质大学(教育部直属、211大学)、东北师范大学(教育部直属、211大学)、中国医科大学、中央民族大学(985大学、211大学)、南方医科大学、解放军第三军医大学、武警后勤学院、南华大学船山学院、北华大学、陕西中医学院、广州医科大学、广东药学院、广东医学院、昆明医科大学、西安交通大学(教育部直属、985大学、211大学)、皖南医学院、甘肃中医学院、桂林医学院、遵义医学院、贵阳医学院、海南医学院、广西医科大学、内蒙古医科大学、牡丹江医学院、佳木斯大学、哈尔滨医科大学、新乡医学院、齐齐哈尔医学院、湖北科技学院、东南大学(教育部直属、985大学、211大学)、中山大学(教育部直属、985大学、211大学)、华中科技大学(教育部直属、985大学、211大学)、河北大学、天津医科大学(211大学)、安徽医科大学、上海交通大学医学院、滨州医学院、湖南师范大学(211大学)、安徽理工大学、浙江中医药大学、温州医科大学、杭州师范大学、新疆医科大学、川北医学院、泸州医学院、山西医科大学、长治医学院、成都中医药大学、重庆医科大学、徐州医学院、南京医科大学、辽宁医学院、沈阳医学院、石河子大学(211大学)、大连医科大学、赣南医学院、井冈山大学、长沙医学院、济宁医学院、北京大学医学部、右江民族医学院、吉林医药学院、武汉科技大学、福建医科大学、蚌埠医学院、成都医学院、西安医学院、河北医科大学、河北联合大学、首都医科大学、泰山医学院、宁夏医科大学、潍坊医学院、河南中医学院、湖北大学、湖南商学院、中国医科大学临床医药学院、南京医科大学康达学院、内蒙古科技大学包头医学院、广东中医药大学

◆专业名称:食品卫生与营养学
◆专业代码:100402

培养目标:本专业培养具有现代和中国传统营养学、营养管理及膳食制作的理论与技术,能从事大、中型膳食集团和饭店餐饮部门的营养指导与干预、膳食设计与质量控制等方面工作的应用型营养人才。

培养要求:本专业学生应掌握基础医学、临床医学、营养与食品卫生的基本知识及基本技能,熟练掌握流行病学、卫生统计学的基本理论、方法和卫生防疫技能。

毕业生应获得以下几方面的知识和能力:

1.掌握食品卫生与营养学的基本理论知识;

2.掌握基础医学、临床医学、营养与食品卫生的基本理论知识及食品卫生检测技能;

3.能够从事营养与食品卫生的监督、检测和管理工作,熟悉国家的食品卫生法规;

4.具有一定的社会医学知识、劳动卫生、环境卫生和职业病知识,具有调查、研究的能力和科学的思维方法。

主干学科:营养学、临床医学、预防医学,食品工艺学

主要课程:营养化学基础、营养生理学、生物化学、食品卫生与安全、营养学基础、管理学原理、烹饪工艺学、食品检验、卫生统计学、毒理学、中医饮食营养学、烹饪原料学。

修业年限:四年

授予学位:理学学士

就业方向:营养指导、保健和营养知识的宣传教育、防病治病、医院临床营养治疗等,就业单位如学校、幼儿教育机构、宾馆、医院营养科、高等院校、科研单位、各级疾病预防控制中心、卫生监督所、食品药品管理局、社区卫生服务中心和卫生管理机构等。

开设学校:中南大学(教育部直属、985大学、

211大学)、浙江海洋学院、上海交通大学医学院、上海中医药大学中药学院、山东中医药大学、蚌埠学院、桂林医学院、贵阳医学院、福建农林大学、四川大学(教育部直属、985大学、211大学)、泸州医学院、扬州大学、徐州医学院、吉林医药学院、蚌埠医学院、贵阳医学院神奇民族医药学院、浙江海洋学院东海科学科技学院、上海中医药大学、昆明医科大学、安徽农业大学、成都中医药大学、重庆医科大学、南京中医药大学

◆专业名称:妇幼保健医学
◆专业代码:100403TK

培养目标:本专业培养掌握妇幼保健基础医学知识,具备基础医学、临床医学和预防医学方面的基本技能,能在基层从事妇幼保健和妇产科、儿科常见病的防治,具有初步处理妇产科急诊、产科大出血及计划生育、围产期保健的能力,也能在妇幼保健业务及行政部门从事临床、预防、科研、管理等方面工作的医学高级妇幼保健专门人才。

培养要求:本专业学生主要学习临床医学和预防医学基础理论和基本知识,接受疾病诊断、治疗、预防、保健及管理方面的基本训练。

毕业生应获得以下几方面的知识和能力:

1.掌握基础医学、预防医学和临床医学的基本理论、基本知识;

2.掌握妇女和儿童常见病、多发病诊断处理的临床基本技能;

3.具有对急、难、重症的初步处理能力;

4.具有从事有关妇幼健康的调查研究、临床试验及科学评价的能力;

5.具有妇幼卫生管理和改善妇幼卫生服务的能力;

6.熟悉国家卫生工作方针、政策和法规;

7.掌握医学文献检索、资料调查的基本方法,具有一定科学研究能力;

8.掌握一门外语,具有一定的听说读写能力,能较熟练地阅读专业外语书刊;

9.具有计算机应用的基本能力。

主要课程:人体解剖学、组织胚胎学、生理学、病理学、遗传与优生学、生殖内分泌与免疫、内科学、外科学、儿科学、妇产科学、生殖健康、妇幼与儿少卫生、妇女保健学、儿童保健学、妇幼营养学、妇幼心理学、妇幼卫生管理、流行病学、性医学等。

实践环节:包括临床见习、毕业实习等。

修业年限:五年

授予学位:医学学士

就业方向:主要到妇幼保健业务及行政部门从事临床、预防、科研、管理等方面的工作。

开设学校:四川大学(教育部直属、985大学、211大学)、华西临床医学院、中南大学(教育部直属、985大学、211大学)、新疆医科大学、山东工商学院、华北煤炭医学院

◆专业名称:卫生监督
◆专业代码:100404TK

培养目标:本专业培养掌握医学和卫生监督执法的基本知识与技能,从事卫生执法与卫生监督工作的高级管理人才。

培养要求:本专业学生主要学习卫生监督的基础理论和基本知识,接受卫生监督方面的基本训练,具有实际工作的能力。

毕业生应获得以下几方面的知识和能力:

1.掌握卫生监督的基本理论、基本知识;

2.掌握卫生监督的基本技能;

3.具有对卫生问题的初步处理能力;

4.具有从事有关工作的能力;

5.熟悉国家卫生工作方针、政策和法规;

6.掌握医学文献检索、资料调查的基本方法,具有一定的科学研究能力。

主要课程:正常人体学概论、医学微生物学基础、病理学基础、临床医学概论、卫生统计学、流行病学基础、环境卫生学、劳动卫生与职业病、营养与食品卫生、学校卫生、行政法学基础、卫生法学概论、卫生事业管理等。

实践环节:包括公共卫生监督实习、临床实习、专业实习等。

修业年限:五年

授予学位:医学学士

就业方向:毕业生主要到各级卫生监督部门、疾病控制中心以及企事业单位卫生管理部门的管理岗位工作。

开设学校:哈尔滨医科大学、安徽医科大学、四川大学、南京医科大学、新疆医科大学成都中医药大学、山西医科大学、广东药学院、大理学院南华大学、湖北中医药大学、齐齐哈尔医学院、河北医科大学华北煤炭医学院、内蒙古科技大学包头医学院

◆专业名称：全球健康学
◆专业代码：100405TK

培养目标：本专业培养德智体全面发展，系统掌握全球健康的基本理论、基础方法和基本技能，受过科学研究和实践训练，善于沟通协调的复合型领军人才。

培养要求：本专业学生主要学习全球健康学的基础理论和基本知识，接受全球健康学方面的基本训练，具有良好的国际化合作和交流能力，能胜任全球健康领域的理论研究、政策评估、国际卫生资源整合和全球疾病控制等方面的工作。

毕业生应获得以下几方面的知识和能力：

1.掌握全球健康学的基本理论、基本知识；

2.掌握全球健康学的基本技能；

3.具有对卫生问题的初步处理能力；

4.具有良好的国际化合作和交流能力；

5.熟悉全球健康学的方针、政策和法规；

6.掌握医学文献检索、资料调查的基本方法，具有一定的科学研究能力。

主要课程：全球健康概论、基础医学概论、公共卫生概论、心理学、全球文化概论等。

实践环节：包括课程实习、毕业实习。

修业年限：四年

授予学位：理学学士

就业方向：从事全球健康领域的理论研究、政策评估、国际卫生资源整合和全球疾病控制等方面的工作。

开设学校：武汉大学（教育部直属、985大学、211大学）

1005 中医学类

◆专业名称：中医学
◆专业代码：100501K

培养目标：本专业培养具备中医药理论基础、中医学专业知识和专业实践技能，能在各级中医院、中医科研机构及各级综合性医院等部门从事中医临床医疗工作和科学研究工作的医学高级专门人才。

培养要求：本专业学生主要学习中医药学基本理论知识和中医临床医疗技能，具备一定的自然科学和现代医学知识，受到中医临床技能和现代医学临床基本技能的训练，具有从事中医各科疾病的临床诊疗和科研工作的基本能力。

毕业生应获得以下几方面的知识和能力：

1.掌握中医药基础理论和临床医学理论；

2.掌握中药方剂学基本理论知识；

3.掌握与中医学有关的现代科学技术和现代医学的基本知识；

4.具有较熟练地准确运用四诊八纲、理法方药进行辨证论治的基本能力和对急重病症进行初步处理的能力；

5.熟悉国家卫生工作方针、政策和法规；

6.具有阅读中医古典医籍的能力。

主干学科：中医学

主要课程：中医学基础、现代医学基础、中医古典医籍、中医诊断学、中药学、方剂学、中医内科学、中医外科学、中医妇科学、中医儿科学、中医骨伤科学、针灸学。

实践环节：毕业实习安排一般不少于48周。

修业年限：五年

授予学位：医学学士

就业方向：在各级中医院、综合医院中医科，以及中医教育机构等从事医疗工作或到药厂或医药公司从事中药的研制、开发或药物的销售工作。

开设学校：河北中医学院、河南中医学院、厦门大学（教育部直属、985大学、211大学）、扬州大学、青海大学（211大学）、三峡大学、延边大学（211大学）、陕西中医学院、河北医科大学、中国地质大学（教育部直属、211大学）、华中科技大学（教育部直属、985大学、211大学）、南方医科大学、山西中医学院、解放军第二军医大学（211大学）、南京中医药大学翰林学院、河北联合大学冀唐学院、浙江中医药大学滨江学院、辽宁中医药大学杏林学院、长春中医药大学、湖南中医药大学、上海中医药大学、广州中医药大学、甘肃中医学院、海南医学院、内蒙古医科大学、黑龙江中医药大学、湖北中医药大学、湖北民族学院、暨南大学（211大学）、北京中医药大学（教育部直属、211大学）、河北大学、天津中医药大学、滨州医学院、温州医科大学、浙江中医药大学、新疆医科大学、泸州医学院、山西大同大学、重庆医科大学、江西中医药大学、南京中医药大学、辽宁中医药大学、井冈山大学、山东中医药大学、长沙医学院、安徽中医药大学、广西中医药大学、福建中医药大学、成都体育学院、北京中医药大学东方学院、河北联合大学、首都医科大学、宁夏医科大学、河北北方学院、承德医学院、南阳理工学院、成都中医药大学、上海中医药大学中药学院、江西中医药大学科技学院、内蒙古科技大学包头医学院、贵阳中医学院时珍学院、湖南中医药大学湘杏学院、温州医科大学仁济学院、广西中医药大学赛恩斯新医学学院、云南中医学院、贵阳中医学院、广东药学院

◆专业名称:针灸推拿学
◆专业代码:100502K

培养目标:本专业培养具备中医药理论基础、针灸推拿专业知识和实践技能,能在各级中医院、中医科研机构及综合性医院针灸等部门从事针灸、推拿医疗及科学研究工作的医学高级专门人才。

培养要求:本专业学生主要学习中医学基本理论知识和与本专业有关的现代科学技术、现代医学方面的基本知识,受到中医临床技能、针灸、推拿医疗技术等方面的基本训练,具有运用针灸、推拿诊疗各科疾病的基本能力。

毕业生应获得以下几方面的知识和能力:

1.掌握中医学基础理论、临床医学知识以及主要的现代医学基本知识;

2.掌握针灸、推拿的基本理论和操作技能;

3.具有运用针灸、推拿处理临床各科疾病的初步能力;

4.熟悉国家卫生工作的方针、政策和法规;

5.了解中医学,尤其是针灸、推拿学的理论前沿和应用前景;

6.掌握文献检索、资料查询的基本方法,具有初步的科学研究和实际工作能力。

主干学科:中医学、针灸推拿学

主要课程:中医学基础、人体解剖学、生物力学、中医古典医籍、经络学、刺灸学、手法学、功法学、中医内科学、神经病学、针灸临床治疗学、推拿临床治疗学等。

修业年限:五年

授予学位:医学学士

就业方向:在各级中医院、中医科研机构及综合性医院针灸等部门从事针灸、推拿医疗及科学研究工作,也可在高等院校从事教育教学工作。

开设学校:长春大学、河北医科大学、承德医学院、北京联合大学、中国地质大学(教育部直属、211大学)、大连医科大学、河北中医学院、吉首大学、陕西中医学院、长春中医药大学、湖南中医药大学、上海中医药大学、广州中医药大学、云南中医学院、甘肃中医学院、海南医学院、贵阳中医学院、内蒙古医科大学、黑龙江中医药大学、湖北中医药大学、江汉大学、北京中医药大学(教育部直属、211大学)、天津中医药大学、浙江中医药大学、新疆医科大学、成都中医药大学、重庆医科大学、南京中医药大学、辽宁中医药大学、江西中医药大学、山东中医药大学、长沙医学院、安徽中医药大学、广西中医药大学、福建中医药大学、河北联合大学、宁夏医科大学、河北北方学院、山西中医学院、河南中医学院、上海中医药大学中药学院、大连医科大学中山学院、南京中医药大学翰林学院、贵阳中医学院时珍学院、湖南中医药大学湘杏学院、浙江中医药大学滨江学院、江西中医药大学科技学院、广西中医药大学赛恩斯新医药学院、辽宁中医药大学杏林学院、北京中医药大学东方学院、南方医科大学

◆专业名称:藏医学
◆专业代码:100503K

培养目标:本专业培养具备藏医学基础理论知识和临床操作技能以及认药、制药、用药等方面的知识和能力,能在藏医院、藏药厂及藏医药学的研究领域和有关单位从事藏医医疗、教学、科研及藏药开发工作的藏医学高级专门人才。

培养要求:本专业学生主要学习藏医药基础理论、基本知识和藏医临床医疗技能,并学习必要的现代医学知识,受到藏医临床操作技能、医疗、制药、用药等方面的基本训练,具有运用藏医的理法方药防治常见病、多发病的基本能力。

毕业生应获得以下几方面的知识和能力:

1.掌握藏医药学的基础理论、基本知识和基本技能;

2.掌握藏医临床各种常见病、多发病的诊治技术;

3.具有认药、制药、用药和天文历算的基本技能;

4.具有初步的现代医学知识及相关学科的知识;

5.熟悉国家及民族医药卫生方针、政策及法规;

6.了解本学科在国内外的应用前景和发展动态。

主干学科:藏医基础理论、藏医临床医学

主要课程：藏医概论学、藏医人体学、藏医病机学、藏医三大基因学、藏医保健学、藏药方剂学、藏医外治学、藏医诊断学、藏医内科学、藏医热病疫病学等。

实践环节：包括采药认药、制药实习、临床见习、毕业实习等，一般安排不少于48周。

修业年限：五年

授予学位：医学学士

就业方向：藏医医疗、教学、科研及藏药开发工作。

开设学校：青海大学(211大学)、成都中医药大学、甘肃中医学院、西藏藏医学院

◆专业名称：蒙医学
◆专业代码：100504K

培养目标：本专业培养具备蒙医学基础理论和医疗技能以及一定的现代医学知识，能在本专业和蒙西医结合方面的医疗、教学、科研等领域从事实际工作的蒙医学高级专门人才。

培养要求：本专业学生主要学习蒙医学基本理论和基础知识以及一定的现代医学基本理论知识，受到蒙医临床操作和辩证施治的基本训练，具有运用蒙医理法方药防治常见病、多发病的基本能力。

毕业生应获得以下几方面的知识和能力：

1.掌握蒙医基础理论、基本知识和基本技能；

2.掌握运用蒙医辨证施治的基本能力；

3.掌握必要的现代医学基本理论和基本知识；

4.熟悉国家及民族医药卫生工作方针、政策和法规；

5.了解蒙医学理论与学术发展动态；

6.掌握文献检索、资料查询的基本方法，具有一定的科学研究和实际工作能力。

主干学科：蒙医基础理论、蒙医临床医学

主要课程：蒙医基础理论、蒙医诊断学、蒙药学、蒙医方剂学、(四部医典)导读、蒙医疗学、蒙医温病学、蒙医内科学、人体解剖学、生理学、诊断学、内科学、中医学。

实践环节：包括采药认药、制药实习、临床见习、毕业实习等，一般安排56周。

修业年限：五年

授予学位：医学学士

就业方向：在医疗、教学、科研等领域从事实际工作。

开设学校：内蒙古民族大学

◆专业名称：维医学
◆专业代码：100505K

培养目标：培养掌握维医学基本理论和专业技能，从事维医临床诊疗工作的助理维医师。

培养要求：该专业学生主要学习维医学基本理论和基础知识以及一定的现代医学基本理论知识，受到维医临床操作和辨证施治的基本训练，具有运用维医理法方药防治常见病、多发病的基本能力。

毕业生应获得以下几方面的知识和能力：

1.掌握维医基础理论、基本知识和基本技能；

2.掌握运用维医辨证施治的基本能力；

3.掌握必要的现代医学基本理论和基本知识；

4.熟悉国家及民族医药卫生工作方针、政策和法规；

5.了解维医学理论与学术发展动态；

6.掌握文献检索、资料查询的基本方法，具有一定的科学研究和实际工作能力。

主要课程：维医基础理论、维药学、维药方剂学、维医诊断、维医内科、维医外科、维医妇科、维医儿科、人体解剖生理学、中医学概论、现代医学基础等。

实践环节：维医院见习、综合性医院见习、毕业实习等

修业年限：四年

授予学位：医学学士

就业方向：维吾尔族地区县乡医院的维医科，社区卫生服务中心的维医医疗技术岗位。

开设学校：新疆医科大学

◆专业名称：壮医学
◆专业代码：100506K

培养目标：壮医学专业培养具备较为扎实的壮医基础理论、基本知识和基本技能以及相关的中医学、现代医学等方面的知识，具备较强的实践和创新能力，掌握一定的人文社会科学知识和中国古代文化知识，能够在各级医疗、教学、科研机构从事壮医药临床、教学、科研、管理等方面工作，具有良好职业道德和职业素质，富有创新意识的壮医药应用型人才。

培养要求：该专业学生主要学习壮医学基本理论和基础知识以及一定的现代医学基本理论知识，受到壮医临床操作和辨证施治的基本训练，具有运

用壮医理法方药防治常见病、多发病的基本能力。

毕业生应获得以下几方面的知识和能力：

1.掌握壮医基础理论、基本知识和基本技能；

2.掌握运用壮医辨证施治的基本能力；

3.掌握必要的现代医学基本理论和基本知识；

4.熟悉国家及民族医药卫生工作方针、政策和法规；

5.了解壮医学理论与学术发展动态；

6.掌握文献检索、资料查询的基本方法，具有一定的科学研究和实际工作能力。

主要课程：壮医基础理论、壮医诊断学、壮医方药学、壮医内科学、壮医经筋治疗学、中医基础理论、中医诊断学、中药学、方剂学、现代医学基础类课程、中西医内外科学、中西医结合妇产科学、针灸学等课程。

修业年限：四年

授予学位：医学学士

就业方向：学生毕业后主要在各级医疗机构中从事壮医、中医和中西医结合临床医疗、教学、科研及其他相关行业的工作。

开设学校：广西中医药大学

◆专业名称：哈医学
◆专业代码：100507K

培养目标：哈医学专业培养系统掌握现代医学和哈萨克医学基本理论、基本知识和基本技能，具有对临床常见病、多发病的临床诊疗能力，能从事哈萨克医学临床、教学、预防工作，符合民族区域医疗需求，继承和发扬哈萨克医学传统的实用型医学本科人才。

培养要求：该专业学生主要学习哈医学基本理论和基础知识以及一定的现代医学基本理论知识，受到哈医临床操作和辨证施治的基本训练，具有运用哈医防治常见病、多发病的基本能力。

毕业生应获得以下几方面的知识和能力：

1.掌握哈医基础理论、基本知识和基本技能；

2.掌握运用哈医辨证施治的基本能力；

3.掌握必要的现代医学基本理论和基本知识；

4.熟悉国家及民族医药卫生工作方针、政策和法规；

5.了解哈医学理论与学术的发展动态；

6.掌握文献检索、资料查询的基本方法，具有一定的科学研究和实际工作能力。

主要课程：哈萨克族医学概论、哈医医学史、哈医药物学、哈医方剂学、哈医二十四脏器学、哈医药志、哈医诊断学、哈医骨伤学、哈医药浴疗法学、哈医专业汉语。

实践环节：哈医院见习、综合性医院见习、毕业实习等。

修业年限：五年

授予学位：医学学士

就业方向：哈萨克医学临床、教学、预防工作。

开设学校：新疆医科大学、阿勒泰地区卫生学校

1006 中西医结合类

◆专业名称：中西医临床医学
◆专业代码：100601K

培养目标：培养具备较为扎实的中医基本理论、基本知识和现代医学基本理论、基本知识和基本技能；较强的实践能力、创新能力、中医传承能力和中西医思维能力；较强的沟通和社会适应能力以及良好的职业道德，能在各级中西医院、社区医疗服务机构及各级综合性医院等部门从事中西医临床医疗、预防、保健、康复和科学研究工作的医学高级全科人才。

培养要求：能够掌握中西医学基本理论和基本技能，并有良好的人文素质和社会适应能力，具备以下知识和能力：

1.掌握现代医学的基本理论、基本知识和基本技能；

2.掌握中医药基础理论、方药理论及中医药学的现代应用技术；具备熟练、准确运用四诊八纲、理法方药对中医常见病、多发病进行辨证论治的能力；掌握中医治未病的预防医学知识和中医康复知识；了解中医药学理论前沿和应用前景；

3.具有运用中医、西医、中西医结合处理临床各科疾病的初步能力；具备对急危重病症进行初步处理的能力；

4.具有较广泛的社会科学知识和良好的文化素养；具备与他人交流沟通与团结协作的能力；具备自主获取知识、正确运用知识的能力，具有终生学习的观念，并有分析批判精神和创新意识；

5.熟悉国家卫生工作的方针、政策和法规；熟悉

医学伦理、循证医学的有关知识与方法；

6.具备熟练阅读古典医籍的能力；掌握文献检索、资料查询的基本方法；掌握一门外语，借助词典能阅读本专业外文书刊。

主干学科：中医学、临床医学

主要课程：中医基础学、中医诊断学、中药学、方剂学、现代医学基础、西医诊断学、中西医结合内科学、中西医结合外科学、中西医结合妇科学、中西医结合儿科学。

修业年限：四或五年

授予学位：医学学士

就业方向：可从事医药卫生行业的医疗、科研、教学、社区保健、卫生防疫、卫生行政事业管理等工作。

开设学校：青海大学(211大学)、浙江中医药大学、滨州医学院、广西中医药大学、河北中医学院、陕西中医学院、长春中医药大学、湖南中医药大学、上海中医药大学、广州中医药大学、广州医科大学、云南中医学院、甘肃中医学院、海南医学院、贵阳中医学院、湖北中医药大学、长江大学、华中科技大学(教育部直属、985大学、211大学)、天津中医药大学、新疆医科大学、川北医学院、泸州医学院、扬州大学、江西中医药大学、南京中医药大学、辽宁中医药大学、大连医科大学、山东中医药大学、济宁医学院、安徽中医药大学、福建中医药大学、河北医科大学、河北联合大学、宁夏医科大学、河北北方学院、承德医学院、山西中医学院、南方医科大学、成都中医药大学、上海中医药大学中药学院、新疆医科大学厚博学院、贵阳中医学院时珍学院、湖南中医药大学湘杏学院、湖北民族学院科技学院、江西中医药大学科技学院、辽宁中医药大学杏林学院、黑龙江中医药大学、河北医科大学临床学院、河南中医学院

1007 药学类

◆专业名称：药学
◆专业代码：100701

培养目标：本专业培养具备药学学科基本理论、基本知识和实验技能，能在药品生产、检验、流通、使用和研究与开发领域从事鉴定、药物设计、一般药物制剂及临床合理用药等方面工作的高级科学技术人才。

培养要求：本专业学生主要学习药学各主要分支学科的基本理论和基本知识，受到药学实验方法和技能的基本训练，具有药物制备、质量控制评价及指导合理用药的基本能力。

毕业生应获得以下几方面的知识和能力：

1.掌握药剂学、药理学、药物化学和药物分析等学科的基本理论、基本知识；

2.掌握主要药物制备、质量控制、药物与生物体相互作用、药效学和药物安全性评价等基本方法和技术；

3.具有药物制剂的初步设计能力、选择药物分析方法的能力、新药药理实验与评价的能力、参与临床合理用药的能力；

4.熟悉药事管理的法规、政策与营销的基本知识；

5.了解现代药学的发展动态；

6.掌握文献检索、资料查询的基本方法，具有一定的科学研究和实际工作能力。

主干学科：药学、化学、生物学

主要课程：有机化学、物理化学、生物化学、微生物学、药物化学、药剂学、药理学、药物分析学、药事管理学、临床医学概论。

实践环节：包括生产实习、毕业论文设计等，一般安排22周左右。

修业年限：四年

授予学位：理学学士

就业方向：从事药物合成、药物制剂、药物检验、药品生产与营销、新药研制开发与质量控制等工作以及与药学研究、管理和教学有关的工作。

开设学校：徐州医学院、西南民族大学、沈阳药科大学、南开大学(教育部直属、985大学、211大学)、南方医科大学、广东药学院、长春中医药大学、中国医科大学临床医药学院、青海大学(211大学)、青海民族大学、贵州民族大学、浙江大学(教育部直属、985大学、211大学)、中国地质大学(教育部直属、211大学)、复旦大学(教育部直属、985大学、211大学)、延边大学(211大学)、北京大学(教育部直属、985大学、211大学)、青海大学(211大学)、青海民族大学、贵州民族大学、浙江大学(教育部直属、985大学、211大学)、中国地质大学(教育部直属、211大学)、复旦大学(教育部直属、985大学、211大学)、延边大学(211大学)、北京大学(教育部直属、985大学、211大学)、湘潭大学、大理学院、西藏大学(211大学)、青海大学(211大学)、南华大学、湘

南学院、广东药学院、广东医学院、皖南医学院、西安交通大学(教育部直属、985大学、211大学)、海南大学(211大学)、青岛大学、广西科技大学、桂林医学院、遵义医学院、贵阳医学院、海南医学院、湖北工程学院、湖北医药学院、湖北大学、中南民族大学、三峡大学、长江大学、江汉大学、黄河科技学院、新乡医学院、莆田学院、河南大学、河南科技大学、湖北科技学院、华侨大学、河南理工大学、南昌大学(211大学)、暨南大学(211大学)、中国药科大学(教育部直属、211大学)、苏州大学(211大学)、重庆大学(教育部直属、985大学、211大学)、苏州大学(211大学)、浙江大学(教育部直属、985大学、211大学)、兰州大学(教育部直属、985大学、211大学)、四川大学(教育部直属、985大学、211大学)、中山大学(教育部直属、985大学、211大学)、四川大学(教育部直属、985大学、211大学)、厦门大学(教育部直属、985大学、211大学)、中南大学(教育部直属、985大学、211大学)、山东大学(教育部直属、985大学、211大学)、上海交通大学(教育部直属、985大学、211大学)、吉林大学(教育部直属、985大学、211大学)、华东理工大学(教育部直属、211大学)、华中科技大学(教育部直属、985大学、211大学)、延边大学(211大学)、河北科技大学、湖南师范大学(211大学)、武汉大学(教育部直属、985大学、211大学)、济南大学、郑州大学(211大学)、滨州医学院、南开大学(教育部直属、985大学、211大学)、中国海洋大学(教育部直属、985大学、211大学)、天津大学(教育部直属、985大学、211大学)、安徽理工大学、嘉兴学院、杭州师范大学、中国计量学院、辽宁师范大学、沈阳药科大学、西南民族大学、川北医学院、泸州医学院、宜春学院、九江学院、长沙医学院、济宁医学院、赤峰学院、吉林医药学院、武汉科技大学、蚌埠医学院、成都医学院、西安医学院、泰山医学院、北京城市学院、潍坊医学院、烟台大学、河北北方学院、西昌学院、西南大学(教育部直属、211大学)、南通大学、平顶山学院、河北医科大学、承德医学院、内蒙古科技大学、泰山医学院、中国药科大学(教育部直属、211大学)、中国地质大学(教育部直属、211大学)、暨南大学(211大学)、徐州医学院、重庆邮电大学、华中科技大学(教育部直属、985大学、211大学)、山东大学(教育部直属、985大学、211大学)、中国医科大学、沈阳药科大学、西北大学(211大学)、成都中医药大学、温州医科大学、上海交通大学医学院、武汉工商学院、上海中医药大学中药学院、南京工业大学浦江学院、内蒙古科技大学包头师范学院、浙江海洋学院东海科学技术学院、浙江农林大学暨阳学院、南方医科大学、解放军第四军医大学(211大学)、解放军第二军医大学(211大学)、解放军第三军医大学、香港中文大学、北京大学医学部、广西中医药大学、武汉生物工程学院、新乡医学院三全学院、山东万杰医学院、南京中医药大学翰林学院、南京医科大学康达学院、内蒙古科技大学包头医学院、遵义医学院医学与科技学院、贵阳医学院神奇民族医药学院、新疆农业大学科学技术学院、新疆医科大学厚博学院、南华大学船山学院、湖南师范大学树达学院、湖南中医药大学湘杏学院、华南农业大学、河北中医学院、河南牧业经济学院、河北联合大学冀唐学院、陕西国际商贸学院、安徽医科大学临床医学院、浙江中医药大学滨江学院、绍兴文理学院元培学院、湖北民族学院科技学院、江西中医药大学科技学院、天津医科大学临床医学院、浙江大学城市学院、辽宁何氏医学院、辽宁医学院医疗学院、辽宁中医药大学杏林学院、西安培华学院、吉林农业大学、陕西中医学院、长春中医药大学、通化师范学院、湖南农业大学、长春中医药大学、湖南中医药大学、上海中医药大学、佛山科学技术学院、广州中医药大学、广州医科大学、广东药学院、广东医学院、昆明医科大学、云南中医学院、安徽科技学院、甘肃中医学院、青岛农业大学、内蒙古农业大学、遵义医学院、海南医学院、贵阳医学院、广西医科大学、贵阳中医学院、内蒙古医科大学、黑龙江中医药大学、哈尔滨商业大学、湖北中医药大学、武汉轻工大学、牡丹江医学院、湖北民族学院、黑龙江八一农垦大学、佳木斯大学、武汉工程大学、哈尔滨医科大学、河南大学、齐齐哈尔医学院、河南农业大学、南京农业大学(教育部直属、211大学)、中国药科大学(教育部直属、211大学)、天津农学院、暨南大学(211大学)、四川农业大学(211大学)、东北农业大学(211大学)、北京中医药大学(教育部直属、211大学)、河北大学、天津医科大学(211大学)、安徽医科大学、天津中医药大学、浙江工业大学、温州医科大学、浙江中医药大学、浙江农林大学、沈阳农业大学、沈阳药科大学、新疆农业大学、新疆医科大学、中国医科大学、西南民族大学、山西医科大学、泸州医学院、泸州医学院、绍兴文理学院、成都中医药大学、江西农业大学、南京工业大学、重庆医科大学、江西中医药大学、徐州医学院、南京医科大学、南京中医药大学、石河子大学(211大学)、辽宁中医药大学、大连医科大学、江西科技师范大学、江西中医药大学、赣南医学院、石河子大学(211大学)、湖北医药学院药护学院、山东中医药大学、山东大学威海分校、济宁医学院、北京大学医学部、安徽中医药大学、湖北理工学院、右江民族医学院、广西中医药大学、吉林农业科技学院、福建中医药大学、福建医科大学、郑州工业应用技术学院、吉林大学珠海学院、河北科技大学理工学院、河南大学民生学院、西安医学院、中山大学新华学院、长春科技学院、昆明医科大学海源学院、北京中医药大学东方学院、河北医科大学、河北联合大学、河北农业大学、首都医科大学、泰山医学院、宁夏医科大学、北京城市学院、河北北方学院、承德医学院、河北北方学院、山西中医学院、南方医科大学、河南中医学院、南阳理工学院、吉林化工学院、齐齐哈尔医学院、河南科技大学、上海中医药大学、广东药学院、上海中医药大学、首都医科大学、南京中医药大学、上海中医药大学中药学院、贵阳医学院神奇民族医药学院、中国医科大学临床医药学院、江西中医药大学科技学院、温州医科大学仁济学院、贵阳中医学院时珍学院、湖南中医药大学湘杏学院、温州医科大学仁济学院、广西中医药大学赛恩斯新医药学院、上海中医药大学、中国医科大学、河南大学

◆专业名称:药物制剂
◆专业代码:100702

培养目标:药物制剂专业培养德、智、体、美全面发展,具备药学、药剂学和药物制剂工程等方面的基本理论知识和基本实验技能,能在药物制剂和与制剂技术相关联的领域从事研究、开发、工艺设计、生产技术改进和质量控制等方面工作的高级科学技术人才。

培养要求:该专业学生主要学习药学、生物药剂学、工业药剂学、药物制剂工程等方面的基础理论和基本知识,受到药物制剂研究和生产技术的基本训练,具有药物制剂研究、开发、生产技术改造及质量控制的基本能力。

毕业生应获得以下几方面的知识和能力:

1.掌握物理化学、药物化学、药用高分子材料学、工业药剂学、制剂设备与车间工艺设计等方面的基本理论、基本知识;

2.掌握制剂的研究、剂型设计与改进以及药物制剂生产的工艺设计等技术;

3.具有药物制剂的研究与开发、剂型的设计与改进和药物制剂生产工艺设计的基本能力;

4.熟悉药事管理的法规、政策;

5.了解现代药物制剂的发展动态;

6.掌握文献检索、资料查询的基本方法,具有初步的科学研究和实际工作能力。

主干学科:药学、化学工程学

主要课程:物理化学、化工原理、药物化学、药物分析学、药理学、物理药学、药用高分子材料学、生物药剂学、工业药剂学、制剂设备与车间工艺设计。

实践环节:包括生产实习、毕业论文设计、综合性实验设计等,一般安排22周左右。

修业年限:四年

授予学位:理学学士

就业方向:能够在制药企业、医院药剂科、研究所及药政管理部门从事药物制剂研究、开发、生产工作,在各类医药经营、生产单位和医疗卫生单位,从事药品制剂、质检、管理、购销、问病给药等工作。

开设学校:天津医科大学、华北水利水电大学、河北科技大学、河北北方学院、太原理工大学、内蒙古医科大学、中国医科大学、沈阳药科大学、延边大学、长春中医药大学、哈尔滨医科大学、牡丹江医学院、上海理工大学、江苏大学、南京中医药大学、浙江大学、浙江中医药大学、安徽中医药大学、福建中医药大学、青岛科技大学、济宁医学院、河南农业大学、新乡医学院、武汉工程大学、湖北中医药大学、中南民族大学、南华大学、广东药学院、桂林医学院、重庆医科大学、西南民族大学、贵州医科大学、贵阳中医学院、大理大学、陕西科技大学、甘肃中医药大学、青海民族大学、齐鲁医药学院、湖北科技学院、齐齐哈尔医学院、淮海工学院、九江学院、安徽新华学院、郑州工业应用技术学院、武汉科技大学城市学院、浙江中医药大学滨江学院、江西中医药大学科技学院、新乡医学院三全学院、遵义医学院医学与科技学院、吉林大学珠海学院、吉林医药学院、南京中医药大学翰林学院、天津中医药大学、华北理工大学、河北医科大学、石家庄学院、山西医科大学、内蒙古民族大学、辽宁中医药大学、吉林大学、吉林化工学院、通化师范学院、黑龙江中医药大学、华东理工大

学、南京工业大学、徐州医学院、中国药科大学、浙江工业大学、皖南医学院、福建医科大学、江西中医药大学、齐鲁工业大学、郑州大学、河南中医学院、河南大学、武汉轻工大学、湖北大学、湖南中医药大学、广州中医药大学、广西中医药大学、四川农业大学、成都中医药大学、贵州大学、遵义医学院、昆明医科大学、云南中医学院、陕西中医药大学、青海大学、长沙医学院、安徽科技学院、江汉大学、吉林农业科技学院、黄河科技学院、南方医科大学、湖南中医药大学湘杏学院、陕西国际商贸学院、武汉工程大学邮电与信息工程学院、北科技大学理工学院、河南大学民生学院、广西中医药大学赛恩斯新医药学院、陕西科技大学镐京学院、成都医学院、南京工业大学浦江学院、江苏大学京江学院

◆专业名称:临床药学
◆专业代码:100703TK

培养目标:本专业培养从事临床药学教育、临床药学研究以及药物开发工作的高级科学技术人才。

培养要求:本专业学生主要学习药学及临床医学的基础知识及实践技能,接受临床药学实践、临床药学研究方法和技能的基本培训,掌握承担临床药学技术工作、药物评价(新药评价及药品再评价)、药学信息与咨询服务、参与临床药物治疗方案的设计与实践、实施合理用药的基础知识及技能。

毕业生应获得以下几方面的知识和能力:

1.基础医学、临床医学和药学的基本理论知识;

2.临床合理用药与安全用药的基本理论知识;

3.体液中药物浓度测定的原理、方法与实验技能;

4.新药及药物新剂型、新制剂的临床药理观察与评价的初步能力。

主要课程:大学英语、高等数学、数理统计、医用物理学、基础化学、分析化学、有机化学、生物化学与分子生物学、寄生虫与微生物学、天然药物化学、药物化学、药物分析、人体系统解剖学、药理学、药剂学、临床药物代谢动力学、细胞生物学、药物毒理学、病理学、生理学、病理生理学、诊断学、内科学、外科学、妇产科学、儿科学、临床见习、临床药理学、临床药物治疗学、药物不良反应与药物警戒、药物经济学、医院药事法规与GCP、医学伦理学、药学信息检索等。

实践环节:包括课程实习、毕业实习。

修业年限:四年

授予学位:理学学士

就业方向:主要在各级医疗单位、医学院校等从事临床药学教育、药品流通、药品不良反应监测、药品鉴定与研发、药品服务与管理等工作。

开设学校:中国药科大学(教育部直属、211大学)、大连医科大学、沈阳药科大学、哈尔滨医科大学、重庆医科大学、首都医科大学、广东药学院、北京大学药学院、南方医科大学、南京医科大学、山东大学药学院、四川大学(教育部直属、985大学、211大学)、中国医科大学、徐州医学院、昆明医科大学、福建医科大学、北京大学药学院

◆专业名称:药事管理
◆专业代码:100704T

培养目标:本专业主要培养具有药学、管理学、经济学、法学等相关的知识和技能,能在各类医药工商企业、药品监督管理及相关机构从事医药社会问题分析、评估和研究,药事与企业管理、分析、策划以及教学、科研等方面的工作,探索药学事业科学发展规律的复合型高级人才。

培养要求:通过讲授药事法规和管理学、法学、经济学的基本知识,使学生了解药事活动的基本规律,掌握我国药品管理的法律法规,具备药品研制、生产、流通、使用等环节管理和监督的能力,培养学生运用药事管理的理论和知识指导实践,分析解决实际工作中的问题的能力。

毕业生应获得以下几方面的知识和能力:

1.具有坚实的医药学理论知识基础,熟悉药学基础理论、基本知识和基本操作技能;

2.掌握经济学、管理学和药事管理与卫生行政管理的基础理论、基本知识和分析方法;

3.掌握国内外药事管理的法律法规和相关行业的法规,熟悉医药商品销售等相关工作;

4.掌握现代管理理念和方法以及经济法、行政法等知识,具备在国家药事相关管理部门任职和在药品生产、研发企业和事业单位从事管理工作的能力;

5.熟练运用药学、管理学、药事法规等知识从事医药领域内的组织管理、审批事项申报、认证事务及法律纠纷等工作。

主要课程:临床医学概论、基础医学概论、药事管理学、药学概论,会计学、财务管理、药事企业管理、中医方药学、中药商品学、中药药剂学、中药炮制

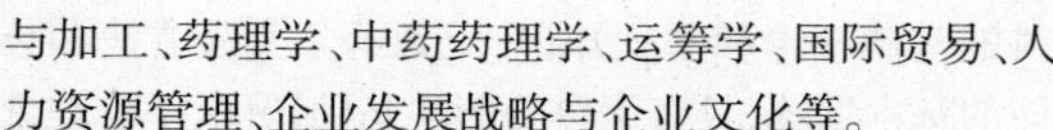

与加工、药理学、中药药理学、运筹学、国际贸易、人力资源管理、企业发展战略与企业文化等。

实践环节:包括课程实习、毕业实习。

修业年限:四年

授予学位:理学学士

就业方向:可在药品监督管理、卫生行政管理、药品价格管理、医疗保险、医药卫生监察、医药经济调控等部门和药品生产经营企业、医药科研院所、医疗卫生机构等单位从事卫生和药政活动的监督管理、医药资源调查研究、医药市场行为和特征分析、策划及经营的高级药事管理工作。

开设学校:中国药科大学(教育部直属、211大学)、沈阳药科大学、天津商业大学、中山大学药学院、暨南大学药学院、广州中医药大学中药学院、广东药学院、贵州医科大学

◆专业名称:药物分析
◆专业代码:100705T

培养目标:本专业主要培养具有药学、管理学、经济学、法学等相关的知识和技能,能在药品部门及相关机构从事药物分析、药事与企业管理、分析、策划以及教学、科研等方面的工作,探索药物分析事业科学发展规律的复合型高级人才。

培养要求:本专业通过讲授药物分析学、法学、经济学的基本知识,使学生了解药物分析的基本理论和知识,掌握我国药品管理的法律法规,具备药物分析的基本能力以及分析解决实际工作中的问题的能力。

毕业生应获得以下几方面的知识和能力:

1.掌握坚实、宽广的药物分析学基础知识、理论和技能;

2.掌握系统的中药分析与药品质量标准专门知识、理论与研究方法;

3.具有明确的全面控制药物质量的观念,掌握常用药物鉴别,杂质检查与含量测定的基本原理与方法,能够按照有关规定进行药物分析的测定;

4.了解中药制剂分析、生化药物分析和体内药物分析的特点,具有良好的科学素养和独立开展科学研究的能力;

5.有适应交叉学科领域专业的能力,有一定的继承和创新能力;

6.可熟练地运用一门外语、计算机与其他现代信息工具。

主要课程:无机化学、有机化学、分析化学、生物化学、微生物学、天然药物化学、药理学、药用物理、化学原理与化学分析、药物化学、药物分析、药剂学、药品质量管理技术、药品生产过程验证、现代药剂应用技术、现代药物分析检验技术、药品生物检定技术、药物分析质量管理规范、药事概论、药学微生物基础技术、仪器分析、药学英语等。

实践环节:包括课程实习、毕业实习。

修业年限:四年

授予学位:理学学士

就业方向:一般在高等院校、科研机构、医药企业和其他相应的产业部门承担和组织教学、研究、科技开发以及管理工作,主要到药品生产、检验、流通、使用和研究与开发领域从事鉴定、药物设计、一般药物制剂及临床合理用药等方面的工作。

开设学校:中国药科大学(教育部直属、211大学)、沈阳药科大学、中南大学(教育部直属、985大学、211大学)、西南大学(985大学、211大学)、天津大学(教育部直属、985大学、211大学)、西安交通大学、复旦大学(教育部直属、985大学、211大学)、中山大学(教育部直属、985大学、211大学)、天津医科大学、武汉大学(教育部直属、985大学、211大学)、安徽医科大学、华中科技大学(教育部直属、985大学、211大学)、首都医科大学、南京农业大学、中国人民解放军军事医学科学院、兰州大学(教育部直属、985大学、211大学)、上海医药工业研究院、陕西师范大学、重庆医科大学、四川大学(教育部直属、985大学、211大学)、第三军医大学、、南京林业大学、山西大学、第二军医大学(211大学)、南京林业大学、南昌大学(211大学)、山东大学(教育部直属、985大学、211大学)、福州大学、广东药学院、河北大学、新疆医科大学、苏州科技大学、佳木斯大学、吉林大学(教育部直属、985大学、211大学)、山西师范大学、中国医科大学、郑州大学(211大学)、浙江工业大学、湖南师范大学、苏州大学(211大学)、江西中医学院、第四军医大学、河南大学、南京艺术学院、长春中医药大学、南京林业大学、延边大学(211大学)

◆专业名称:药物化学
◆专业代码:100706T

培养目标:本专业主要培养具有药学、管理学、经济学、法学等相关的知识和技能,能在药品部门及

相关机构从事药物化学分析、药事与企业管理、策划以及教学、科研等方面的工作，探索药物化学事业科学发展规律的复合型高级人才。

培养要求：通过本专业的学习，使学生能够熟悉化学药物的结构、理化性质、体内代谢及临床应用，为有效、合理地使用化学药物提供理论依据，为从事新药研究奠定理论基础。

毕业生应获得以下几方面的知识和能力：

1.熟悉常用药物的结构，中英文通用名及化学名称；

2.掌握典型药物的理化性质，特别是影响药效、毒性、质量控制及分析和剂型选择的理化性质；

3.懂得新药设计和创制的基本原理和方法；

4.掌握常用药物的作用机制、体内代谢、毒副反应(临床应用)，熟悉药物的结构特征与药效之间的关系(含各类重要药物的发现和发展过程、构效关系)；

5.熟悉化学药物的制备及结构修饰的原理和方法，懂得杂质与制备关系及如何控制杂质，保证药物质量的方法；

6.熟悉各类药物发展及结构类型，了解其最新进展，能够对常用化学药物的合成原理和合成路线进行设计及评价；

7.了解新药研究的基本方法和近代新药发展方向。

主要课程：有机化学、生物化学、生理学、药理学、高等药物化学、药物合成设计、药物合成反应、近代有机合成、甾体、抗肿瘤、抗病毒前沿研究跟踪、药物设计进展、天然产物化学、有机光谱鉴定、有机结构测定的物理方法、现代生物技术与新药研究开发等。

实践环节：包括课程实习、毕业实习。

修业年限：四年

授予学位：理学学士

就业方向：一是可以进入日用化工行业，二是可以进入生化药品行业，三是可以进入石油化工行业，四是可以直接从事制药和药物制剂开发、研究、质检以及销售代理工作。

开设学校：中国药科大学(教育部直属、211大学)、沈阳药科大学、北京大学药学院

◆专业名称：海洋药学
◆专业代码：100707T

培养目标：本专业培养掌握药学各主要分支学科的基础理论和基础知识，受到药学实验方法和技能的基本训练，具有深厚的药学基础知识、基本理论和基本技能，能够从事药物研究、开发、生产、管理，监督，具有创新能力的高级药学专门人才。

培养要求：本专业学生应系统掌握药学基本理论和专业技能以及现代生物技术原理和生物技术药物研制的基本专业技能。毕业后能从事海洋药物研制、生产、质量控制和工艺设计以及从事生物工程的研究，同时还可以从事海洋药物学专业及相关专业的教学工作。

毕业生应获得以下几方面的知识和能力：

1.熟悉海洋药学的基本理论和基础知识；

2.掌握海洋药学的有关理化性质；

3.了解海洋药学的基本原理和方法；

4.掌握海洋药学的发展前景和发展动态；

5.熟悉海洋药学的有关制备原理和方法；

6.掌握一门外语，具有沟通交流的基本能力。

主干学科：海洋生物学、无机化学、有机化学、分析化学、海洋药物化学、药剂学、药理学

主要课程：大学英语、高等数学、线性代数、数理统计、物理学、无机化学、分析化学、有机化学、物理化学、海洋生物学、海洋药物化学、海洋药用生物资源学、海洋药物生物技术、生物化学、微生物学、遗传学、药理学、人体解剖生理学、生物制药工艺学等。

实践环节：包括课程实习、毕业实习等，一般安排25周。

修业年限：四年

授予学位：理学学士

就业方向：可到科研部门、高等院校、制药企业、医院和政府管理部门从事科学研究、教学、应用开发研究、药物生产、技术管理、药物检验、药物营销、质量控制、药物管理和监督合理用药等工作。

开设学校：中国药科大学(教育部直属、211大学)

1008 中药学类

◆专业名称：中药学
◆专业代码：100801

培养目标：本专业培养具备中药学基础理论、基本知识、基本技能以及与其相关的中医学、药学等方面的知识和能力，能在中药生产、检验、流通、使用和

研究与开发领域从事中药鉴定、设计、制剂及临床合理用药等方面工作的高级科学技术人才。

培养要求:本专业学生主要学习中医药的基本理论和基本知识,受到系统的中药学专业的基本训练,具有中药鉴定、中药炮制、中药制备、质量控制评价的基本能力。

毕业生应获得以下几方面的知识和能力:

1.掌握中医药基本理论和熟悉临床用药的基本知识;

2.掌握中药化学成分的提取、分离和检测的基本原理和技能,掌握中药质量鉴定分析的基本理论与技能;

3.掌握中药药理学与毒理学的基本理论与实验技能;

4.具有中药炮制加工、制剂制备和制剂分析的基本理论与技能;

5.熟悉药事管理的法规、政策与营销的基本知识;

6.了解中药学科的学术发展动态。

主干学科:中药学、药学、中医学

主要课程:中医学基础、中药学、方剂学、药用植物学、中药鉴定学、中药资源学、中药化学、药理学、中药药理学、中药炮制学、中药药剂学、中药分析、药事管理学。

实践环节:包括生产实习、毕业论文设计等,一般安排22周左右。

修业年限:四年

授予学位:理学学士

就业方向:在各级医院及医疗机构、制药及药品经营企业、药品检验部门、药品管理部门、科研单位及医药院校等从事研究开发、中药检验、质量控制、生产管理、药品营销等方面的工作。

开设学校:青海大学(211大学)、苏州大学(211大学)、大连大学、河北医科大学、承德医学院、中国地质大学(教育部直属、211大学)、重庆邮电大学、华中科技大学(教育部直属、985大学、211大学)、西南民族大学、西北大学(211大学)、成都中医药大学、温州医科大学、上海中医药大学中药学院、浙江农林大学暨阳学院、南方医科大学、广西中医药大学、武汉生物工程学院、南京中医药大学翰林学院、河北中医学院、陕西国际商贸学院、浙江中医药大学滨江学院、湖北民族学院科技学院、江西中医药大学科技学院、辽宁中医药大学杏林学院、吉林农业大学、陕西中医学院、通化师范学院、长春中医药大学、湖南中医药大学、上海中医药大学、广州中医药大学、广东药学院、广东医学院、云南中医学院、安徽科技学院、甘肃中医学院、海南医学院、贵阳医学院、贵阳中医学院、内蒙古医科大学、黑龙江中医药大学、哈尔滨商业大学、湖北中医药大学、湖北民族学院、哈尔滨医科大学、河南大学、河南农业大学、南京农业大学(教育部直属、211大学)、中国药科大学(教育部直属、211大学)、暨南大学(211大学)、北京中医药大学(教育部直属、211大学)、河北大学、安徽医科大学、天津中医药大学、浙江中医药大学、浙江农林大学、沈阳药科大学、新疆医科大学、山西医科大学、泸州医学院、重庆医科大学、江西中医药大学、辽宁中医药大学、赣南医学院、石河子大学(211大学)、山东中医药大学、济宁医学院、安徽中医药大学、右江民族医学院、吉林农业科技学院、福建中医药大学、吉林大学珠海学院、西安医学院、长春科技学院、北京中医药大学东方学院、河北联合大学、河北农业大学、首都医科大学、泰山医学院、宁夏医科大学、北京城市学院、河北北方学院、山西中医学院、河南中医学院、南阳理工学院、齐齐哈尔医学院、南京中医药大学、温州医科大学仁济学院、贵阳中医学院时珍学院、湖南中医药大学湘杏学院、广西中医药大学赛恩斯新医药学院

◆专业名称:中药资源与开发
◆专业代码:100802

培养目标:培养掌握中药学与中药资源学的基本理论、基本知识和基本技能,能够在各类中药和中药资源研究开发机构、高等院校、制药企业、流通领域及行政管理部门等单位从事中药资源调查、开发、科学研究、综合利用、生产加工、质量监控、营销与管理的高级中药资源学专门人才。

培养要求:中药资源与开发专业学生主要学习中药的基本理论和基本知识,获得调查分析中药资源和中药材培养生产、中药资源的综合开发和利用以及保护更新方面的知识和技能,受到系统的中药资源与开发的专业基本训练,具有中药资源调查,中药原料的生产、加工,中药新药开发和中药资源的综合开发的基本能力。

毕业生应获得以下几方面的知识和能力:

1.具备中医药学的基本理论知识;

2.掌握中药资源的调查规划、开发利用、保护更新和经营管理的知识与技能;

3.掌握药用动植物的引种驯化、种子保存、栽培饲养的知识与技能;

4.掌握寻找与开发中药新资源的初步能力和与本学科专业相关的现代科学知识和技能；

5.具有较强的自学和科研能力，并具有一定的外语水平和计算机应用能力。

主干学科：中药学、生物学

主要课程：中医药基础理论、药用植物学、药用动物学、植物生理和生态学、生药学（中药鉴定学）、药用植物栽培学、中药资源学、天然药物化学、植物化学分类学、中药分析化学、中药生物技术、中药药理学、中药材加工和炮制学、中药制剂学、中药新药开发概论、药事法规。

实践环节：中药开发有关见习。

修业年限：四年

授予学位：理学学士

就业方向：可从事中药资源调查、中药材栽培、中药材鉴定、中药原料采购、中药新药研究开发、中药资源的综合开发和合理利用等方面的工作。

开设学校：新疆医科大学、广西中医药大学、河北中医学院、吉林农业大学、陕西中医学院、湖南农业大学、湖南中医药大学、广州中医药大学、广东药学院、云南中医学院、甘肃中医学院、山东农业大学、广西医科大学、湖北中医药大学、福建农林大学、中国药科大学（教育部直属、211大学）、天津中医药大学、沈阳药科大学、山西农业大学、成都中医药大学、江西中医药大学、安徽中医药大学、吉林农业科技学院、南京中医药大学、东北师范大学人文学院、南京中医药大学翰林学院、内蒙古医科大学、黑龙江中医药大学、河南中医学院

◆专业名称：藏药学
◆专业代码：100803T

培养目标：本专业培养具备藏医学基础理论知识和临床操作技能以及认药、制药、用药等方面的知识和能力，能在藏医院、藏药厂及藏医药学的研究领域和有关单位从事藏医医疗、教学、科研及藏药开发工作的藏医学高级专门人才。

培养要求：本专业学生主要学习藏医药基础理论、基本知识和藏医临床医疗技能，并学习必要的现代医学知识，受到藏医临床操作技能、医疗、制药、用药等方面的基本训练，具有运用藏医的理法方药防治常见病、多发病的基本能力。

毕业生应获得以下几方面的知识和能力：

1.掌握藏医药学的基础理论、基本知识和基本技能；

2.掌握藏医临床各种常见病、多发病的诊治技术；

3.具有认药、制药、用药和天文历算的基本技能；

4.具有初步的现代医学知识及相关学科的知识；

5.熟悉国家及民族医药卫生方针、政策及法规；

6.了解本学科在国内外的应用前景和发展动态。

主要课程：藏医概论学、藏医人体学、藏医病机学、藏药学、藏医三大基因学、藏医保健学、藏医伦理学、藏药植物学、藏药动物学、藏药矿物学、藏医药物学、水银洗练法、藏医常用配方学、藏药冶炼学、藏药炮制学、藏药方剂学、藏药泻治学、药理学、药剂学、天然药物化学、药物制剂分析、生药学、民族药物学、药事管理学等。

实践环节：包括采药认药、制药实习、临床见习、毕业实习等，一般安排不少于48周。

修业年限：四年

授予学位：理学学士

就业方向：毕业生一般从事藏医医疗、教学、科研及藏药开发工作。

开设学校：成都中医药大学、西藏藏医学院、青海大学（211大学）

◆专业名称：蒙药学
◆专业代码：100804T

培养目标：蒙药学专业培养具备蒙药学基本理论、基本知识和基本实验技能以及与其相关的蒙医学、药学等方面的知识与能力，能在蒙药生产、检验、流通、使用和研究与开发领域从事蒙药鉴定、设计、制剂及临床合理用药等方面工作的高级科学技术人才。

培养要求：蒙药学专业的学生主要学习蒙药学各主要分支学科的基本理论和知识，受到蒙药学实验方法和技能的系统训练，具有蒙药鉴定、蒙药炮制、蒙药制备、质量控制评价的基本能力。

毕业生应获得以下几方面的知识和能力：

1.掌握蒙医药学的基本理论；熟悉临床用药的基本知识；

2.掌握蒙药化学成分的提取、分离和检测的基本原理和技能；

3.掌握蒙药药理学与毒理学的基本理论与实验技能；

4.熟悉药事管理的法规、政策与营销的基本知识，熟悉药事管理的基本知识；

5.具有蒙药炮制加工、制剂制备和制剂分析的基本理论与技能；

6.掌握蒙药及其制剂质量的控制和鉴定分析的基本能力；

7.了解现代蒙药学发展的动态，掌握文献检索，资料查询的基本方法，具备一定的科研和实际工作能力。

主干学科：蒙药学、药学、蒙药药理学

主要课程：蒙医学基础、蒙药学、蒙医方剂学、药用植物学、蒙药鉴定学、蒙药资源学、蒙药化学、蒙药药理学、蒙药炮制学、蒙药药剂学、蒙药分析、药事管理学。

实践环节：包括生产实习、毕业论文设计等，一般安排22周。

修业年限：四年

授予学位：理学学士

就业方向：在蒙药制药企业、蒙药研究部门、食品卫生监督管理部门、药品检验部门、医院药剂科、食品生产企业、医院、疗养院、康复中心（从事食谱，药膳、工艺设计、质量评价等研究工作）等部门工作。

开设学校：内蒙古医科大学、内蒙古民族大学

◆专业名称：中药制药
◆专业代码：100805T

培养目标：本专业培养学生掌握药理学、药剂学、中药分析和制药工程等中药新药研发相关学科的基本理论、基本知识和基本操作技能，具备中药药物制备、药品质量评价、药物有效性与安全性评价的能力；掌握现代中药新药研究与开发的基本思路、方法和实验技能，具备中药新药研究与开发、药品质量研究、新药药理作用评价的能力，能胜任现代中药创制和生产等方面工作的专门人才。

培养要求：本专业学生主要学习中药制药基本理论、基本知识和中药制药生产、检测技能，掌握一定的现代自然科学方面的知识，接受中药制药技能的基本训练，具备常用中药制剂生产制备的职业能力以及分析、解决生产中出现的问题的能力。

毕业生应获得以下几方面的知识和能力：

1.掌握中药饮片、中药制剂生产的基本理论、生产技术和质量控制；

2.熟悉中药饮片、中药制剂生产工艺流程以及关键因素；

3.了解常用生产设备的结构、使用和日常维护方法；

4.具备常用中药制剂生产制备的职业能力以及分析、解决生产中出现的问题的能力；

5.具备一定的计算机及英语的实际应用能力。

主要课程：中医学基础、中药学、方剂学、物理化学、中药化学、生物化学、分析化学、中药炮制学、中药药理学、中药药剂学、中药制剂设备和车间设计、GMP管理工程，方剂与中成药、药用植物识别技术、中药鉴定技术、中药调剂技术、中药贮存与养护、中药制剂技术、中药制剂检验技术等。

实践环节：包括制药工程基础实验、认识实习、生产实习、课程设计、毕业论文或设计、计算机应用及上机等。

修业年限：四年

授予学位：理学或工学学士

就业方向：主要在中药经营企业、医院中药房、中药饮片加工企业和中药养护等相关部门，中药生产企业、医院、药检部门的中药检验及其他与中药有关的单位部门，从事中药材栽培、中药商品购销和管理、中药加工炮制、中药养护、中药检测、制剂生产、调剂、质量监管等工作。

开设学校：南京中医药大学、北京中医药大学、天津中医药大学、江西中医药大学、广州中医药大学、南阳职业学院、广东药学院

◆专业名称：中草药栽培与鉴定
◆专业代码：100806T

培养目标：本专业旨在培养具备中草药基础理论、基本知识、基本技能及其相关知识和能力，能在实现中药现代化的领域中从事中药材栽培、中药制药、检验、经营管理、教学科研、资源开发和利用等工作的高级技术人才与生产管理人才。

培养要求：本专业学生系统学习中草药资源分布、栽培、采收加工及鉴定领域的基本理论、知识、技能，受到系统的中草药专业的基本训练，具有中药加工与炮制、中药制剂和制剂分析的基本理论与技能。

毕业生应获得以下几方面的知识和能力：

1.掌握中药化学成分的提取、分离与检测的基本原理和技能，能够从事中药药理的试验研究；

2.掌握中药鉴定方法，掌握中药质量评价分析的基本理论与技能，能够利用生物技术进行中草药及活性成分分析；

3.具有中药加工与炮制、中药制剂和制剂分析

的基本理论与技能；

4.掌握中药制剂的规划设计、管理和中药厂GMP知识，中药的基本研究方法与实验设计方法；

5.熟悉药事管理规则，掌握药政法规及药品营销政策，了解中药学的学术发展动态；

6.掌握文献检索、资料查询的基本方法，具有一定科研、教学与制药生产技能。

主要课程：中药学、药用植物学、植物生理生化、中草药资源学、植物保护学、药用植物组织培养学、药用植物病虫防治学、中药化学、中药炮制学、中草药遗传育种学、中药鉴定学、药用植物栽培学、中药贮藏与加工等。专业实验包括：中药成分分析和提取、中药加工、中药炮制、药用植物栽培、中药鉴定等。

实践环节：包括教学实习、科研训练、毕业实习、入学教育、公益劳动、军事训练、毕业教育、社会实践，一般安排31周。

修业年限：四年

授予学位：理学学士

就业方向：该专业的就业前景较广，毕业生可在实现中药现代化领域中从事中药材栽培、中药制药、检验、经营管理、教学科研、资源开发和利用等方面的工作。

开设学校：四川农业大学、沈阳农业大学、广东药学院、云南农业大学、云南中医学院、甘肃农业大学、甘肃中医学院、贵州大学(211大学)、吉林农业科技学院、山东中医药大学、浙江中医药大学

1009法医学类

◆专业名称：法医学
◆专业代码：100901K

培养目标：本专业培养具备医学的基本理论知识和系统的法医学理论知识及基本技能，能在公安、政法机关从事法医学检案鉴定工作的高级科学技术人才和具有一定中医学和现代医学专业理论、临床诊断、预防、治疗技能的高级医学人才。

培养要求：本专业学生主要学习基础医学、临床医学、法学及法医学的基本理论及基本知识，受到医学及法医学的基本技能训练，具有法医学检案鉴定的基本能力。

毕业生应获得以下几方面的知识和能力：

1.掌握基础医学、临床医学、法学以及法医学的基本理论、基本知识；

2.掌握法医学的基本技术和案例分析的思维方法；

3.具有法医学检案和鉴定的初步能力；

4.熟悉我国与法医学有关各项法律以及法医工作的政策和规程；

5.了解法医学的应用前景及发展动态；

6.掌握文献检索、资料查询的基本方法，具有初步的科学研究和实际工作能力。

主干学科：基础医学、临床医学、法医学、法学

主要课程：法学理论、人体解剖学、病理学、内科学、外科学、刑事侦察技术、法医病理学、法医毒理学、法医临床学、法医物证、法医精神病学、法医毒物分析。

实践环节：临床实习(一般安排12周左右)、专业实习(包括法医病理、法医物证及法医临床等)、校外基地实习(一般安排12周左右)。

修业年限：五年

授予学位：医学学士

就业方向：可从事医药卫生行业的医疗、科研、教学、社区保健、卫生防疫、卫生行政事业管理等工作；也可在各级公安部门、检察院、司法机关、鉴定机构、医院、高等院校及保险公司等从事法医学鉴定、医疗服务、法医学及医学科研、教学、保险服务等工作。

开设学校：复旦大学(教育部直属、985大学、211大学)、苏州大学(211大学)、四川大学(教育部直属、985大学、211大学)、中南大学(教育部直属、985大学、211大学)、内蒙古科技大学、贵阳中医学院、中国药科大学(教育部直属、211大学)、中国地质大学(教育部直属、211大学)、中国刑事警察学院、新疆医科大学、南方医科大学、广东医学院、昆明医科大学、皖南医学院、西安交通大学(教育部直属、985大学、211大学)、遵义医学院、贵阳医学院、内蒙古医科大学、新乡医学院、河南科技大学、中山大学(教育部直属、985大学、211大学)、华中科技大学(教育部直属、985大学、211大学)、中国医科大学、川北医学院、山西医科大学、重庆医科大学、南京医科大学、赣南医学院、济宁医学院、河北医科大学、河北北方学院、内蒙古科技大学包头医学院、温州医科大学仁济学院、广西医科大学

1010 医学技术类

◆专业名称:医学检验技术
◆专业代码:101001

培养目标:培养具有基础医学、临床医学、医学检验等方面的基本理论知识和基本能力,能在各级医院、血站及防疫等部门从事医学检验及医学类实验室工作的医学高级专门人才。

培养要求:本专业学生主要学习基础医学、临床医学、医学检验方面的基本理论知识,受到医学检验操作技能系统训练,具有临床医学检验及卫生检验的基本能力。

毕业生应获得以下几方面的知识和能力:

1.掌握基础医学和临床医学的基本理论知识;

2.掌握医用化学、分子生物学、免疫学、病原诊断学、血细胞形态学的基本理论和技术,了解常用检验仪器的基本构件和性能;

3.具有数理统计及计算机应用的基本能力;

4.熟悉国家卫生工作及临床实验室管理有关的方针、政策和法规;

5.了解医学检验前沿学科的理论和技术的发展动态;

6.掌握文献检索、资料调查的基本方法,具有一定的科学研究和实际工作能力。

主干学科:临床医学、基础医学、检验技术

主要课程:生物化学、医学统计学、分析化学、检验仪器学、生理学、病理学、寄生虫学及检验、微生物学及检验、免疫学及检验、血液学检验、临床生物化学及检验等。

实践环节:包括临床实习、毕业实习,一般安排48周。

修业年限:五年

授予学位:理学学士

就业方向:在各级医院、血站及防疫等部门从事医学检验及医学类实验室工作

开设学校:青海大学(211大学)、大理学院、延安大学、青岛大学、中南大学(教育部直属、985大学、211大学)、江苏大学、九江学院、大连大学、台州学院、兰州大学(教育部直属、985大学、211大学)、武汉大学(教育部直属、985大学、211大学)、郑州大学(211大学)、赤峰学院、南华大学、湘南学院、韶关学院、佛山科学技术学院、陕西中医学院、北华大学、昆明医科大学、河北医科大学、河北工程大学、河北北方学院、内蒙古民族大学、内蒙古科技大学、海南医学院、贵阳医学院、黄河科技学院、新乡医学院、宁夏医科大学、桂林医学院、泰山医学院、潍坊医学院、广西医科大学、内蒙古医科大学、中国药科大学(教育部直属、211大学)、中山大学(教育部直属、985大学、211大学)、东南大学(教育部直属、985大学、211大学)、南京医科大学、华中科技大学(教育部直属、985大学、211大学)、大连医科大学、长治医学院、山西医科大学、泸州医学院、新疆医科大学、浙江中医药大学、绍兴文理学院、上海交通大学医学院、天津医科大学(211大学)、湖南师范大学(211大学)、河北医科大学临床学院、江苏大学京江学院、南通大学杏林学院、南华大学船山学院、南方医科大学、湖北医药学院药护学院、西安医学院、北京大学医学部、长沙医学院、济宁医学院、右江民族医学院、福建医科大学、成都医学院、吉林医药学院、武汉生物工程学院、湖南医药学院、山东万杰医学院、湖南中医药大学、嘉应学院、广东医学院、广州医科大学、甘肃中医学院、遵义医学院、湖北医药学院、西北民族大学、莆田学院、河南科技大学、齐齐哈尔医学院、南昌大学(211大学)、苏州大学(211大学)、安徽医科大学、滨州医学院、安徽理工大学、温州医科大学、中国医科大学、川北医学院、山西大同大学、成都中医药大学/重庆医科大学、徐州医学院、沈阳医学院、辽宁中医药大学、辽宁医学院、赣南医学院、石河子大学(211大学)、广西中医药大学、蚌埠医学院、河北联合大学、南通大学、河南中医学院、佳木斯大学、湖北中医药大学、牡丹江医学院、皖南医学院、广州中医药大学、首都医科大学、内蒙古科技大学包头医学院、天津医科大学临床医学院、山西医科大学汾阳学院、昆明医科大学海源学院、新乡医学院三全学院、南京医科大学康达学院、遵义医学院医学与科技学院、贵阳医学院神奇民族医药学院、新疆医科大学厚博学院、温州医科大学仁济学院、广西中医药大学赛恩斯新医药学院、哈尔滨医科大学、北京中医药大学东方学院、河南大学

◆专业名称:医学实验技术
◆专业代号:101002

培养目标:医学实验技术专业培养热爱祖国、拥

护党的基本路线，德、智、体、美等全面发展，具有扎实的医学检验专业知识及相关自然科学知识，具有较强的医学检验实践技能和人际交流能力，具有良好的职业道德和人文素养，具有创新、创业精神，能从事医学检验和实验室诊断工作的高等技术应用型医学检验专门人才。

培养要求：该专业学生主要学习基础医学、临床医学及医学实验技术的基础理论、基本知识和基本技能，接受医学实验操作技能基本训练，掌握医学实验学技术、医学技术、医学美容技术及听力学检查技术等基本技能。

毕业生应获得以下几方面的知识和能力：

1.掌握临床医学、基础医学、临床生物化学、分子生物学、临床免疫学、细胞生物学及病原生物学等基本理论知识和基本技能；

2.掌握常用医学实验仪器的基本原理、性能、操作技术与维护；

3.掌握文献检索、资料调查、数量统计等基本方法，具有良好的医学统计及计算机应用的基本知识和技能；

4.掌握一门外语，初步达到阅读专业外文书刊的能力；

5.熟悉国家卫生工作、临床实验室管理及质量控制的有关方针、政策和法规；

6.了解医学实验技术学科的前沿理论和技术发展动态；

7.具有一定的临床医学实验和科学研究的能力。

主干学科：临床医学、医学实验技术、基础医学

主要课程：英语、无机化学、有机化学、分析化学、人体解剖学、组织胚胎学、生理学、生物化学、分子生物学、病理学、医学统计学、临床医学概论、临床检验基础、临床生物化学及检验、微生物学及检验、免疫学及检验、血液学检验、寄生虫学及检验、卫生理化检验、检验仪器学和实验室管理。

实践环节：临床实验室见习和实习

修业年限：四年

授予学位：理学学士

就业方向：在各级医院、血站、卫生防疫站从事医学检验技术工作；在疾病预防控制中心、海关、医学院校、制药厂、生物制品研究所、药检所、试剂及医疗仪器公司从事相关工作。

开设学校：北京大学、华北理工大学、哈尔滨医科大学、福建医科大学、云南中医学院、大连医科大学中山学院、南通大学杏林学院、首都医科大学、长治医学院、黑龙江中医药大学、福建中医药大学、南方医科大学、昆明医科大学海源学院

◆专业名称：医学影像技术

◆专业代码：101003

培养目标：本专业培养具有基础医学、临床医学和现代医学影像学的基本理论知识及能力，能在医疗卫生单位从事医学影像诊断、介入放射学和医学成像技术等方面工作的医学高级专门人才。

培养要求：本专业学生主要学习基础医学、临床医学、医学影像学的基本理论知识，受到常规放射学、CT、核磁共振、超声学、DSA、核医学、影像学等操作技能的基本训练，具有常见病的影像诊断和介入放射学操作的基本能力。

毕业生应获得以下几方面的知识和能力：

1.掌握基础医学、临床医学、电子学的基本理论、基本知识；

2.掌握医学影像学范畴内各项技术（包括常规放射学、CT、核磁共振、DSA、超声学、核医学、影像学等）及计算机的基本理论和操作技能；

3.具有运用各种影像诊断技术进行疾病诊断的能力；

4.熟悉有关放射防护的方针、政策和方法，熟悉相关的医学伦理学；

5.了解医学影像学各专业分支的理论前沿和发展动态；

6.掌握文献检索、资料查询、计算机应用的基本方法，具有一定的科学研究和实际工作能力。

主干学科：基础医学、临床医学、医学影像学

主要课程：物理学、电子学基础、计算机原理与接口、影像设备结构与维修、医学成像技术、摄影学、人体解剖学、诊断学、内科学、影像诊断学、介入放射学。

修业年限：五年

授予学位：理学学士

就业方向：医学影像学专业毕业生可在各类医疗机构、防疫机构、医学科研部门、血站等单位从事临床影像技术、功能检查等技术工作，也可到医疗设备公司工作。

开设学校：大理学院、承德医学院、河北工程大

学、内蒙古科技大学、内蒙古民族大学、广西医科大学、中国药科大学(教育部直属、211大学)、中山大学(教育部直属、985大学、211大学)、东南大学(教育部直属、985大学、211大学)、徐州医学院、石河子大学(211大学)、河北大学、辽宁医学院医疗学院、辽宁何氏医学院、山东万杰医学院、南华大学船山学院、南方医科大学、西安医学院、武警后勤学院、长沙医学院、济宁医学院、福建中医药大学、三峡大学科技学院、北华大学、青海大学(211大学)、陕西中医学院、南华大学、湖南中医药大学、广东医学院、广州医科大学、昆明医科大学、皖南医学院、延安大学、甘肃中医学院、青岛大学、遵义医学院、海南医学院、贵阳医学院、内蒙古医科大学、湖北医药学院、牡丹江医学院、三峡大学、新乡医学院、湖北科技学院、齐齐哈尔医学院、南昌大学(211大学)、苏州大学(211大学)、兰州大学(教育部直属、985大学、211大学)、华中科技大学(教育部直属、985大学、211大学)、天津医科大学(211大学)、安徽医科大学、滨州医学院、郑州大学(211大学)、温州医科大学、新疆医科大学、中国医科大学、川北医学院、山西医科大学、泸州医学院、长治医学院、江苏大学、重庆医科大学、南京医科大学、沈阳医学院、辽宁医学院、大连医科大学、右江民族医学院、吉林医药学院、蚌埠医学院、福建医科大学、成都医学院、河北联合大学、河北医科大学、泰山医学院、宁夏医科大学、潍坊医学院、河北北方学院、南通大学、湘南学院、湖北民族学院、河北医科大学临床学院、南京医科大学康达学院、新疆医科大学厚博学院、湖南中医药大学湘杏学院、天津医科大学临床医学院、湖北医药学院药护学院、山西医科大学汾阳学院、昆明医科大学海源学院、解放军第三军医大学、内蒙古科技大学包头医学院、哈尔滨医科大学、河南大学

◆专业名称:眼视光学
◆专业代码:101004

培养目标:本专业培养具有扎实的医学专业知识及相关自然科学知识,有较强的医学实践和人际交流能力,有良好的职业道德和人文素养,具有创新、创业精神,融医疗、预防、保健、康复为一体的应用型眼视光学人才。

培养要求:本专业学生通过学习眼视光学的基础理论、基本知识,掌握眼科学、眼视光学的基础理论知识和诊断、预防与治疗眼病的基本技能。

主要课程:政治经济学、哲学、英语、计算机基础、细胞生物学、基础化学、有机化学、物理学、系统解剖学、组织胚胎学、生理学、生物化学与分子生物学、药理学、病理生理学、病理学、微生物与免疫学、卫生学、统计学、流行病学、诊断学、外科学基础、内科学、外科学、医学心理学、生命伦理学、眼科学、隐形眼镜学、眼科光学基础、眼科学基础、临床视光学基础、验光学、眼镜光学

实践环节:包括普通门诊、斜视弱视门诊、验光室、配镜部和各个眼科检查室实习,以学习验光配镜、眼部检查、常见眼病的诊治、斜视弱视的诊治、各种常规和现代化的眼科检查等技能。

修业年限:四年或五年

授予学位:理学学士

就业方向:可在各级综合性医院、专科医院、医学院校、眼镜公司、眼视光学器械研究部门担任眼科医师、视光医师和承担眼视光学的教学、科研等工作。

开设学校:昆明医科大学、徐州医学院、辽宁何氏医学院、湖北科技学院、南昌大学(211大学)、天津医科大学(211大学)、滨州医学院、川北医学院、山西医科大学、南京医科大学、南京中医药大学、山东中医药大学、潍坊医学院、山西医科大学汾阳学院、新乡医学院三全学院、天津医科大学临床医学院、福建医科大学

◆专业名称:康复治疗学
◆专业代码:101005

培养目标:本专业培养适应国家和社会发展需要的,德、智、体、美全面发展,具有较扎实的康复治疗学基础理论、医学基本知识及相关自然科学知识,具有较强的人际交流能力和良好的职业道德,具有创新、创业精神,掌握较扎实的康复治疗学技术,融康复、医疗、预防、保健为一体的康复治疗师。

培养要求:本专业学生通过学习康复治疗学以及中国传统康复治疗学的基本理论和基本知识,熟练地掌握康复治疗学的基本技能。

毕业生应获得以下几方面的知识与能力

1.掌握康复治疗学的基本理论、基本知识;

2.掌握康复治疗学的基本理论和操作技能;

3.具有运用康复治疗学进行各种疾病的康复治疗能力；

4.熟悉有关的方针，政策和方法；

5.了解康复治疗学各专业分支的理论前沿和发展动态；

6.掌握文献检索、资料查询、计算机应用的基本方法，具有一定的科学研究和实际工作能力。

主要课程：英语、生物学、解剖学、生物化学、生理学、组织学与胚胎学、免疫学、药理学、病理学、病理生理学、诊断学、计算机学、医学统计学、文献检索学、内科学、外科学、妇产科学、儿科学、表面解剖学、康复医学总论、康复评定学、康复工程学、物理治疗学、作业治疗学、语言治疗学、康复护理学、康复心理学、儿童康复学、骨科康复学、内科疾病康复学、神经伤病康复学、社区康复学、传统康复学等。

修业年限：四年

授予学位：理学学士

就业方向：可在综合医院康复医学科、康复中心(康复医院)从事康复治疗技术工作，也可到疗养院、保健中心、体育医院或运动队医务室、社区卫生服务机构等单位从事康复治疗工作。

开设学校：承德医学院、中国地质大学(教育部直属、211大学)、四川大学(教育部直属、985大学、211大学)、浙江中医药大学、南方医科大学、山东万杰医学院、山东英才学院、河北中医学院、辽宁医学院医疗学院、陕西中医学院、湘南学院、长春中医药大学、湖南中医药大学、上海中医药大学、佛山科学技术学院、广州中医药大学、广州医科大学、广东药学院、昆明医科大学、云南中医学院、上海杉达学院、甘肃中医学院、桂林医学院、海南医学院、贵阳中医学院、内蒙古医科大学、黑龙江中医药大学、湖北医药学院、武汉轻工大学、牡丹江医学院、湖北民族学院、武汉体育学院、新乡医学院、齐齐哈尔医学院、中山大学(教育部直属、985大学、211大学)、同济大学(教育部直属、985大学、211大学)、天津中医药大学、滨州医学院、温州医科大学、泸州医学院、山西医科大学、长治医学院、成都中医药大学、重庆医科大学、南京体育学院、徐州医学院、南京医科大学、南京中医药大学、沈阳医学院、辽宁中医药大学、辽宁医学院、井冈山大学、赣南医学院、山东中医药大学、济宁医学院、安徽中医药大学、右江民族医学院、广西中医药大学、福建中医药大学、福建医科大学、成都体育学院、成都医学院、郑州工业应用技术学院、中山大学新华学院、河北联合大学、河北医科大学、泰山医学院、潍坊医学院、山西中医学院、新余学院、南通大学、河南中医学院、佳木斯大学、首都医科大学、中国医科大学、上海中医药大学中药学院、山西医科大学汾阳学院、新乡医学院三全学院、东北师范大学人文学院、南京医科大学康达学院、湖南中医药大学湘杏学院、浙江中医药大学滨江学院、温州医科大学仁济学院、江西中医药大学科技学院、广西中医药大学赛恩斯新医药学院、大连医科大学中山学院、哈尔滨医科大学、湖北医药学院药护学院、上海师范大学天华学院、昆明医科大学海源学院

◆专业名称：口腔医学技术
◆专业代码：101006

培养目标：本专业培养具备医学基础理论和临床医学知识，掌握口腔医学的基本理论和临床操作技能，能在医疗卫生机构从事口腔常见病、多发病的诊治、修复和预防工作的医学高级专门人才。

培养要求：本专业学生主要学习口腔医学的基本理论和基本知识，受到口腔及颌面部疾病的诊断、治疗、预防方面的训练，具有口腔常见病、多发病的诊疗、修复和预防保健的基本能力。

毕业生应获得以下几方面的知识和能力：

1.掌握基础医学和临床医学的基本理论知识和实验技能；

2.掌握口腔医学各学科的基本理论知识和医疗技能；

3.具有口腔及颌面部常见病、多发病的诊治和急、难、重症的初步处理能力；

4.具有口腔修复工作的基本知识和一般操作技能；

5.熟悉国家卫生工作方针、政策和法规；

6.掌握文献检索、资料查询的基本方法，具有口腔医学科学研究和实际工作的初步能力。

主要课程：物理学、生物学、口腔解剖生理学、口腔组织病理学、口腔材料学、口腔内科学、口腔颌面外科学、口腔修复学、口腔正畸学等。

实践环节：包括口腔内科、口腔外科和口腔修复等学科的毕业实习，一般安排36~42周。

修业年限：五年

授予学位：理学学士

就业方向：既可在大医院从事口腔科工作，也可

开设私人诊所,并且能在美容院从事相关的面部整容、美容工作。

开设学校:四川大学(教育部直属、985大学、211大学)、泰山医学院、北京大学医学部、大连医科大学中山学院、齐鲁医药学院

◆专业名称:卫生检验与检疫
◆专业代码:101007

培养目标:本专业培养具有从事卫生检验、检疫、环境监测、临床医学检验的基本理论、知识和技能,能在医疗机构、卫生防疫、海关检疫、卫生监督、环境检测、技术监督局、卫生管理部门、大专院校、科研机构从事医学检验、检疫、卫生监督工作或科学研究的高级科学技术人才。

培养要求:卫生检验与检疫专业学生主要学习卫生检验与检疫学的基本理论和基本知识,受到卫生检验与检疫方面的基本训练,具有基本的卫生检验与检疫能力。

毕业生应获得以下几方面的知识和能力:

1.掌握基础卫生检验与检疫的基本理论知识和实验技能;

2.掌握卫生检验与检疫的基本技能;

3.具有卫生检验与检疫的初步能力;

4.具有卫生检验与检疫工作的基本知识和一般操作技能;

5.熟悉国家卫生工作方针、政策和法规;

6.掌握文献检索、资料查询的基本方法。

主要课程:分析化学、分子生物学检验、临床基础检验学、生物化学与临床生化检验、免疫学与临床免疫检验、临床血液与检验技术、卫生微生物及检验、寄生虫学、仪器分析与卫生化学、卫生学、卫生统计学、卫生法规、空气卫生理化检验、水质卫生理化检验、食品卫生理化检验、生物材料检验等。

实践环节:包括卫生防疫站见习、检疫部门见习、毕业实习等

修业年限:四年

授予学位:理学学士

就业方向:可在省、市、自治区各级疾病预防控制中心、卫生监督所从事卫生理化检验、微生物检验和毒理学评价工作。

开设学校:大理学院、四川大学(教育部直属、985大学、211大学)、南华大学、河北医科大学、内蒙古医科大学、山东大学(教育部直属、985大学、211大学)、中国地质大学(教育部直属、211大学)、南京医科大学、山西医科大学、新疆医科大学、广东药学院、广东医学院、昆明医科大学、皖南医学院、桂林医学院、贵阳医学院、湖北中医药大学、牡丹江医学院、新乡医学院、南昌大学(211大学)、河北大学、安徽医科大学、浙江中医药大学、成都中医药大学、江苏大学、重庆医科大学、大连医科大学、长沙医学院、济宁医学院、武汉科技大学、福建医科大学、成都医学院、泰山医学院、潍坊医学院、河北北方学院、齐齐哈尔医学院、内蒙古科技大学包头医学院、右江民族医学院

◆专业名称:听力与言语康复学
◆专业代码:101008T

培养目标:本专业旨在培养具备听力与言语康复学基础理论、基本知识、基本技能及相关知识和能力,能在听力与言语康复学领域中从事听觉康复治疗等工作的高级技术人才。

培养要求:本专业学生系统学习听力与言语康复学的基本理论、知识、技能,受到系统的听力与言语康复学的基本训练,具有听力与言语康复学治疗的基本技能。

毕业生应获得以下几方面的知识和能力:

1.掌握听力与言语康复学的基本理论和知识;

2.掌握听力与言语康复学的一般治疗方法;

3.具有听力与言语康复学的基本理论与技能;

4.掌握听力与言语康复学的前沿技术;

5.了解听力与言语康复学的发展动态;

6.掌握文献检索、资料查询的基本方法,具有一定科研、教学与制药生产技能。

主干学科:听觉理论、康复理论与实践

主要课程:系统解剖学、听觉生理学、康复医学概论、临床康复学、人体发育学、语言学导论、听力与言语康复学统计、运动学、康复评定学、基础听力学(含应用声学)、诊断听力学、康复听力学理论与实践、言语病理学、言语障碍评估与矫治、言语障碍评估与矫治实践、嗓音障碍的测量与矫治、嗓音障碍的测量与矫治实践、口部运动治疗学、临床语音学、听力与言语康复学研究方法等。

实践环节:包括教学实习、毕业实习、社会实践等。

修业年限:四年

授予学位:医学学士

就业方向:主要在听觉康复中心或者医学机构、教育机构从事听觉治疗、测试、教学等工作。

开设学校:浙江中医药大学、浙江中医药大学滨江学院、滨州医学院、中山大学新华学院、上海中医药大学

1011 护理学类

◆专业名称:护理学
◆专业代码:101101

培养目标:本专业培养具备人文社会科学、医学、预防保健的基本知识及护理学的基本理论知识和技能,能在护理领域内从事临床护理、预防保健、护理管理、护理教学和护理科研的高级专门人才。

培养要求:本专业学生主要学习相关的人文社会科学知识和医学基础、预防保健的基本理论知识,受到护理学的基本理论、基本知识和临床护理技能的基本训练,具有对服务对象实施整体护理及社区健康服务的基本能力。

毕业生应获得以下几方面的知识和能力:

1.掌握相关的人文社会科学、基础医学、预防保健的基本理论知识;

2.掌握护理学的基本理论、基本知识、基本技能;

3.掌握护理急、慢性和重症病人的护理原则、操作技术,专科护理和监护技能,并能够应用护理程序对服务对象实施整体护理;

4.具有社区健康服务、护理管理和护理教育的基本能力;

5.熟悉国家卫生工作方针、政策及法规;

6.了解护理学的学科发展动态。

主干学科:伦理学、心理学、护理学

主要课程:人体解剖学、生理学、医学伦理学、心理学、病因学、药物治疗学、诊断学基础、护理学基础、急重症护理、内外科护理学、妇儿科护理学、精神护理学等。

实践环节:包括临床综合实习、社区实习、论文撰写等,一般安排不少于36周。

修业年限:四年

授予学位:理学学士

就业方向:在护理领域内从事临床护理、预防保健、护理管理、护理教学和护理科研工作。

开设学校:浙江大学(教育部直属、985大学、211大学)、复旦大学(教育部直属、985大学、211大学)、北京大学(教育部直属、985大学、211大学)、同济大学(教育部直属、985大学、211大学)、河套学院、成都学院、吉首大学、大理学院、西藏大学(211大学)、青海大学(211大学)、南华大学、湘南学院、嘉应学院、韶关学院、延安大学、青岛大学、三峡大学、长江大学、江汉大学、莆田学院、南昌大学(211大学)、苏州大学(211大学)、兰州大学(教育部直属、985大学、211大学)、四川大学(教育部直属、985大学、211大学)、厦门大学(教育部直属、985大学、211大学)、山东大学(教育部直属、985大学、211大学)、吉林大学(教育部直属、985大学、211大学)、中南大学(教育部直属、985大学、211大学)、延边大学(211大学)、武汉大学(教育部直属、985大学、211大学)、江南大学(教育部直属、211大学)、郑州大学(211大学)、德州学院、嘉兴学院、台州学院、扬州大学、江苏大学、常州大学、大连大学、辽东学院、宜春学院、九江学院、丽水学院、赤峰学院、昆明学院、新余学院、南通大学、北京协和医学院、内蒙古科技大学、中国药科大学(教育部直属、211大学)、中国地质大学(教育部直属、211大学)、徐州医学院、中国医科大学、上海中医药大学中药学院、张家口学院、解放军第二军医大学(211大学)、山西医科大学汾阳学院、解放军第三军医大学、武警后勤学院、陇东学院、长江大学文理学院、湖南医药学院、新乡医学院三全学院、山东万杰医学院、山东英才学院、中国石油大学胜利学院、扬州大学广陵学院、南京中医药大学翰林学院、西安交通大学城市学院、南通大学杏林学院、南京大学金陵学院、南华大学船山学院、湖南师范大学树达学院、吉首大学张家界学院、河北中医学院、河北联合大学冀唐学院、山东协和学院、无锡太湖学院、浙江中医药大学滨江学院、杭州师范大学钱江学院、绍兴文理学院元培学院、湖州师范学院求真学院、嘉兴学院南湖学院、湖北民族学院科技学院、江西中医药大学科技学院、天津天狮学院、浙江大学城市学院、辽宁何氏医学院、辽宁医学院医疗学院、辽宁中医药大学杏林学院、大连医科大学中山学院、西安培华学院、陕西中医学院、湖南中医药大学、上海中医药大学、佛山科学技术学院、广州中医药大学、广州医科大学、广东药学院、广东

医学院、昆明医科大学、云南中医学院、皖南医学院、西安交通大学(教育部直属、985大学、211大学)、上海杉达学院、甘肃中医学院、内蒙古民族大学、广西科技大学、桂林医学院、遵义医学院、贵阳医学院、海南医学院、广西医科大学、贵阳中医学院、内蒙古医科大学、黑龙江中医药大学、湖北中医药大学、湖北医药学院、武汉轻工大学、湖北民族学院、佳木斯大学、黄河科技学院、西藏民族学院、西北民族大学、新乡医学院、河南大学、湖北文理学院、河南科技大学、湖北科技学院、齐齐哈尔医学院、河南理工大学、东南大学(教育部直属、985大学、211大学)、暨南大学(211大学)、中山大学(教育部直属、985大学、211大学)、华中科技大学(教育部直属、985大学、211大学)、北京中医药大学(教育部直属、211大学)、湖南师范大学(211大学)、河北大学、天津医科大学(211大学)、安徽医科大学、上海交通大学医学院、天津中医药大学、安徽理工大学、滨州医学院、浙江中医药大学、温州医科大学、杭州师范大学、重庆医科大学、南京医科大学、南京中医药大学、辽宁医学院、沈阳医学院、辽宁中医药大学、大连医科大学、井冈山大学、赣南医学院、石河子大学(211大学)、商丘工学院、武昌理工学院、湖北医药学院药护学院、武汉科技大学城市学院、三峡大学科技学院、山东中医药大学、长沙医学院、青岛滨海学院、北京大学医学部、安徽中医药大学、右江民族医学院、广西中医药大学、吉林医药学院、武汉科技大学、福建中医药大学、蚌埠医学院、湖北理工学院、福建医科大学、中山大学南方学院、成都医学院、郑州工业应用技术学院、荆楚理工学院、江苏大学京江学院、延安大学西安创新学院、河北医科大学临床学院、河南大学民生学院、西安医学院、中山大学新华学院、北京中医药大学东方学院、河北外国语学院、齐齐哈尔工程学院、河北联合大学、河北医科大学、首都医科大学、泰山医学院、宁夏医科大学、北京城市学院、潍坊医学院、河北工程大学、河北北方学院、承德医学院、山西中医学院、攀枝花学院、南方医科大学、江西科技学院、河南中医学院、西安外事学院、平顶山学院、南阳理工学院、湖北大学、长春中医药大学、牡丹江医学院、江西中医药大学、汕头大学、中国医科大学临床医药学院、东北师范大学人文学院、南京医科大学康达学院、内蒙古科技大学包头医学院、遵义医学院医学与科技学院、贵阳中医学院时珍学院、贵阳医学院神奇民族医药学院、新疆医科大学厚博学院、湖南中医药大学湘杏学院、安徽医科大学临床医学院、温州医科大学仁济学院、浙江海洋学院东海科学技术学院、山西医科大学晋祠学院、天津医科大学临床医学院、广西中医药大学赛恩斯新医药学院、北华大学、哈尔滨医科大学、济宁医学院、昆明医科大学海源学院、湖南中医药大学

12　学科门类:管理学

1201管理科学与工程类

◆专业名称:管理科学
◆专业代码:120101

培养目标:本专业培养熟悉我国经济管理方针、政策和法规,掌握数量经济学、管理学、计算机科学与技术等基础知识,具有运用管理科学的定量分析方法和理论,解决管理决策和技术管理等方面相关问题的能力的高级专门人才。

培养要求:管理科学专业采用先进的教学理念和方法,借助领先的管理软件实验室,培养能够从事产业分析、市场研究、管理运作、决策分析和信息管理的数据分析高级人才;使学生掌握扎实的管理科学与工程理论,熟练运用数量分析方法与信息管理技术,分析和处理复杂的管理问题,胜任企业管理数量化、国际化和信息化的要求。

毕业生应获得以下几方面的知识和能力:

1.掌握管理学科的基本理论、基本知识和方法;

2.具有定量分析和计算机应用的基本能力;

3.具有基本的管理沟通、协同合作和组织实施的工作能力;

4.熟悉有关管理的方针政策和法规;

5.了解管理科学的应用前景;

6.掌握文献检索、资料查询的基本方法,具有初步的科学研究和实际工作能力。

7.具备一定的调研能力和分析综合能力;

8.具有扎实的数学基础,能够应用运筹学方法建模和进行决策分析。

主干学科:管理学、运筹学、经济学、计算机科学

与技术

主要课程:统计学、运筹学、经济学、会计学、财务学、管理信息系统、国际贸易和国际金融、组织行为学、管理决策模型和方法、运营计划和控制、预测方法与技术、决策支持系统、信息系统分析与设计等。

实践环节:参观、社会调查和毕业论文。

修业年限:四年

授予学位:管理学或理学学士

就业方向:本专业学生毕业后可在各级政府部门、金融机构和科研机构从事数据分析、流程设计、项目管理等工作。

开设院校:北京工商大学、中央财经大学、北京师范大学、中国人民大学、北京信息科技大学、北京交通大学、天津财经大学、上海海事大学、上海大学、复旦大学、上海工程技术大学、河南财经政法大学、河南农业大学、河南理工大学、山东工商学院、山东财经大学、山东大学、山西财经大学、安徽大学、安徽财经大学、中国科学技术大学、江西财经大学、江西农业大学、南昌大学、苏州大学、南京财经大学、中国矿业大学、公安海警学院、中南财经政法大学、湖北经济学院、邵阳学院、广东工业大学、华南师范大学、广西大学、云南财经大学、贵州财经大学、四川大学、西南财经大学、西北大学、西安建筑科技大学、东北财经大学、辽宁大学、内蒙古大学、厦门大学、兰州大学、兰州商学院

◆专业名称:信息管理与信息系统
◆专业代码:120102

培养目标:信息管理与信息系统专业培养适应国家经济建设、科技进步和社会发展的需要,德、智、体等方面全面发展,具有高尚健全的人格、一定的国际视野、强烈的民族使命感和社会责任感、宽厚的专业基础和综合人文素养,具有一定的创新能力和领导潜质,具备良好的数理基础、管理学和经济学理论知识、信息技术知识及应用能力,掌握信息系统的规划、分析、设计、实施和管理等方面的方法与技术,具有一定的信息系统和信息资源开发利用实践和研究能力,能够在国家政府部门、企事业单位、科研机构等组织从事信息系统建设与信息管理的复合型高级专门人才。

培养要求:本专业学生主要学习经济、管理、数量分析方法、信息资源管理、计算机及信息系统方面的基本理论和基本知识,受到管理信息系统分析和设计方法以及信息管理方法的基本训练,具备综合运用所学知识分析和解决问题的基本能力。

毕业生应获得以下几方面的知识和能力:

1.掌握信息管理和信息系统的基本理论和基本知识;

2.掌握管理信息系统的分析方法、设计方法和实现技术;

3.具有信息收集、组织、分析研究、传播与综合利用的基本能力;

4.具有综合运用所学知识分析和解决问题的基本能力;

5.了解本专业相关领域的发展动态;

6.掌握文献检索、资料查询、收集的基本方法,具有一定的科研和实际工作能力;

7.掌握软件设计流程,熟悉互联网产品开发流程;

8.掌握HTML语言,CSS,JavaScript以及WEB标准思想;

9.具备信息资源管理的综合能力,能胜任“IT+管理”类深具发展潜力的工作。

主要课程:微观经济学、宏观经济学、会计学、市场营销学、管理学、统计学、运筹学、组织战略与行为学、生产与运作管理、数据结构、数据库原理及应用、电子商务、计算机网络、软件工程、信息系统分析与设计、信息管理学、文献检索。

实践环节:程序设计实习、管理实习、管理软件实习、毕业设计等。一般安排18周,其中毕业设计不少于12周。

修业年限:四年

授予学位:管理学学士或工学学士

就业方向:主要从事管理信息领域和计算机信息系统的开发、维护、使用和管理工作;在信息管理领域内负责大型数据库的系统管理、安全管理和性能管理工作;在工程师的指导下,负责网站的日常维护工作。

开设学校:北京大学、清华大学、中国人民大学、北京信息科技大学、中国石油大学、北京语言大学、中国传媒大学、北京石油化工学院、北京师范大学、北京交通大学、中国农业大学、首都经济贸易大学、北京理工大学、北京科技大学、中国地质大学北京航空航天大学、北京联合大学、北京外国语大学、北京

邮电大学、对外经济贸易大学、北京印刷学院、北京物资学院、中央财经大学、华北电力大学(北京)、北京服装学院、北京林业大学、北京化工大学、北京工商大学、首都师范大学、北京城市学院、北京工业大学、中央财经大学、北京农学院、北京信息科技大学、北京中医药大学、南开大学、天津大学、天津工业大学、天津外国语大学、天津理工大学、天津师范大学、天津财经大学、天津城建大学、天津商业大学、河北大学、河北科技大学、石家庄铁道大学、河北建筑科技学院、华北理工大学、河北经贸大学、河北工业大学、河北科技师范学院、唐山学院、衡水学院、河北北方学院、中国地质大学长城学院、河北工程大学、防灾科技学院、华北电力大学、唐山师范学院、山西大学、中北大学、太原科技大学、山西大学商务学院、运城学院、山西农业大学、山西财经大学、山西农业大学信息学院、山西医科大学、长治医学院、太原科技大学华科学院、山西中医学院、内蒙古大学、内蒙古财经大学、内蒙古工业大学、内蒙古师范大学、内蒙古农业大学、内蒙古科技大学、东北大学、大连理工大学、东北财经大学、辽宁工程技术大学、辽宁工业大学、辽宁大学、中国医科大学、沈阳航空航天大学、锦州师范学院、沈阳理工大学、大连东软信息学院、辽宁石油化工大学、沈阳师范大学、大连外国语大学、大连工业大学、辽宁对外经贸学院、大连海事大学、大连交通大学、沈阳建筑大学、沈阳化工大学、辽东学院、辽宁师范大学、鞍山师范学院、吉林大学、吉林财经大学、延边大学、吉林农业大学、东北电力学院、东北林业大学、长春工业大学、通化师范学院、长春理工大学、吉林化工学院、吉林师范大学、长春工业大学人文信息学院、哈尔滨工业大学、东北林业大学、东北农业大学、黑龙江大学、哈尔滨理工大学哈尔滨商业大学、东北石油大学、齐齐哈尔大学、黑龙江工程学院、黑龙江科技学院、哈尔滨医科大学、复旦大学、同济大学、上海财经大学、上海工程技术大学、上海海洋大学、上海大学、华东理工大学、上海应用技术学院、上海外国语大学、东华大学、华东师范大学、上海对外经贸大学、上海海运学院、上海商学院、上海杉达学院、上海第二工业大学、上海理工大学、上海电力学院、南京大学、东南大学、南京师范大学、南京航空航天大学、江苏大学、河海大学、江苏科技大学、南京林业大学、扬州大学、南京农业大学、常州大学、南京工业大学、南京理工大学、南京工程学院、南通大学、中国药科大学、南京财经大学、淮阴工学院、盐城工学院、南京审计学院、徐州工程学院、南京信息工程大学、南京邮电大学、南京中医药大学、浙江大学、台州学院、浙江万里学院、杭州电子科技大学、浙江工商大学、浙江理工大学、宁波理工学院、浙江大学城市学院、浙江科技学院、浙江财经大学、嘉兴学院、宁波大红鹰学院、温州医科大学、温州大学、浙江传媒学院、中国计量学院、温州大学城市学院、浙江工业大学、安徽大学、安徽理工大学、安徽财经大学、中国科学技术大学、皖南医学院、安徽农业大学、合肥工业大学、安徽师范大学皖江学院、阜阳师范学院、安徽工程大学、安庆师范学院、安徽医科大学、合肥学院、安徽新华学院、蚌埠医学院、厦门大学、福建师范大学、厦门理工学院、泉州师范学院、仰恩大学、华侨大学、闽南理工学院、福建工程学院、福建江夏学院、福州大学、福建中医药大学、闽南师范大学、华东交通大学、江西农业大学、南昌大学、南昌航空工业学院、江西财经大学、江西师范大学、赣南师范学院、江西科技师范大学、南昌航空大学、景德镇陶瓷学院、九江学院、东华理工大学、南昌工程学院、山东大学、青岛大学、济南大学、山东中医药大学、曲阜师范大学、山东科技大学、山东财经大学、山东工商学院、鲁东大学、青岛理工大学、山东工商学院、山东政法学院、山东建筑大学、山东理工大学、齐鲁工业大学、济宁医学院、泰山科技学院、山东英才学院、德州学院、山东师范大学、青岛滨海学院、山东交通学院、泰山医学院、山东财经大学东方学院、中国石油大学(华东)、滨州医学院、烟台南山学院、河南大学、郑州大学、华北水利水电大学、河南财经政法大学、河南城建学院、新乡医学院、信阳师范学院、郑州航空工业管理学院、河南师范大学、安阳工学院、河南理工大学、郑州大学西亚斯国际学院、郑州轻工业学院、商丘工学院、中原工学院、安阳师范学院人文管理学院、商丘学院、安阳师范学院、河南科技学院新科学院、河南中医学院信息技术学院、武汉大学、武汉理工大学、华中师范大学、中南财经政法大学、武汉科技大学、湖北大学、长江大学、武汉长江工商学院、武汉纺织大学、华中科技大学、武汉工业大学、武汉生物工程学院、中南民族大学、三峡大学、湖北医药学院、湖北汽车工业学院、江汉大学、湖北经济学院、湖北工业大学、湖北工业大学工程技术学院、武汉体育学院、湖北第二师范学院　、华中农业大学、武汉轻工大学、湖南大学、湘潭大学、湖南城市学院、衡阳师范学院、吉首大学、中南大学、湖南商学院、湖南文理学院、南华大学、湖南工业大学、湖南中医药大学、长沙理工大学、中山大学、华南理工大学、广东财经大学、广东外语外贸大学、华南农业大学、广东金融学院、广东工业大学、广东技术师范学院、深圳大学、华南师范大学、惠州学院、仲恺农业工程学院、五邑大学、广东药学院、湛江师范学院、吉林大学珠海学院、暨南大学、广东海洋大学、广东医学院、广东海洋大学寸金学院、北京理工大学珠海学院、北京师范大学珠海分校、广州商学院、广西大学、广西科技大学、桂林理工大学、桂林电子科技大学、玉林师范学院、广西财经学院、广西民族大学、海南大学、三亚学院、重庆大学、西南大学、重庆工商大学、重庆师范大学涉外商贸学院、重庆邮电大学、重庆师范大学、重庆理工大学、重庆邮电大学移通学院、重庆交通大学、重庆三峡学院、重庆工商大学融智学院、四川大学、电子科技大学、西南民族大学、成都信息工程学院、四川农业大学、西南交通大学、西华师范大学、西南财经大学天府学院、成都理工大学、西南财经大学、成都东软学院、四川理工学院、西南科技大学、西南石油大学、成都医学院、四川师范大学成都学院、贵州大学、贵州师范大学、黔南民族师范学院、贵州民族学院人文科技学院、贵州民族学院、贵州财经大学、云南大学、昆明理工大学、楚雄师范学院、云南农业大学、云南财经大学、 西藏民族学院、西安交通大学、长安大学、西安理工大学、西安电子科技大学、陕西师范大学、西北大学、西安石油大学、西北农林科技大学、西安邮电大学、西北工业大学、西安财经学院、西安理工大学高科学院、陕西理工学院、西安工业大学、西北政法大学、西安建筑科技大学、咸阳师范学院、兰州大学、兰州交通大学、兰州商学院、兰州交通大学博文学院、西北师范大学知行学院、宁夏大学、青海大学、青海民族大学、新疆大学、石河子大学、新疆农业大学、新疆财经学院、伊犁师范学院

◆专业名称:工程管理
◆专业代码:120103

培养目标:工程管理专业培养具备管理学、经济学和土木工程技术的基本知识,受到工程师和经济师的基本素质训练,具有工程技术、管理、经济、法律、外语及计算机应用方面的坚实基础的高素质专门人才。

培养要求:该专业学生主要学习工程管理方面的基本理论、方法和土木工程技术知识;受到工程项目管理方面的基本训练;具备从事工程项目管理的基本能力。

毕业生应获得以下几方面的知识和能力:

1.掌握工程管理的基本理论和方法;

2.掌握投资经济的基本理论和基本知识;

3.熟悉土木工程技术知识;

4.熟悉工程项目建设的方针、政策和法规;

5.了解国内外工程管理的发展动态;

6.具有运用计算机辅助解决管理问题的能力。

主要课程:管理学、经济学、应用统计学、运筹学、会计学、财务管理、工程经济学、组织行为学、市场学、计算机应用、经济法、工程项目管理、工程估价、合同管理等。

实践性环节:包括认识实习、生产实习、课程设计、计算机应用及上机实践、毕业实习、毕业论文(设计)等,一般安排30周。

修学年限:四年

授予学位:管理学或工学学士

就业方向:从事建筑工程、工程施工和控制管理、房地产经营以及金融、宾馆、贸易等行业部门的管理工作。

开设学院:清华大学、北京科技大学、北京工商大学、北京建筑大学、首都经济贸易大学、天津大学、天津商业大学、河北工程大学、华北水利水电大学、华北理工大学、河北建筑工程学院、廊坊师范学院、山西大学、山西财经大学、内蒙古工业大学、内蒙古师范大学、辽宁大学、沈阳工业大学、辽宁石油化工大学、沈阳建筑大学、大连海洋大学、吉林大学、吉林建筑大学、北华大学、黑龙江科技大学、东北农业大学、哈尔滨商业大学、华东理工大学、上海海事大学、上海电力学院、上海师范大学、苏州大学、江苏科技大学、南京工业大学、河海大学、南京林业大学、南通大学、南京农业大学、常熟理工学院、浙江工业大学、绍兴文理学院、浙江工商大学、安徽工业大学、安徽工程大学、宿州学院、华侨大学、福建工程学院、集美大学、华东交通大学、南昌航空大学、江西农业大学、宜春学院、江西财经大学、中国海洋大学、中国石油大学(华东)、青岛理工大学、山东理工大学、青岛农业大学、聊城大学、山东财经大学、河南理工大学、河南科技大学、信阳师范学院、南阳师范学院、郑州航空工业管理学院、华中科技大学、长江大学、中国地质大学(武汉)、武汉理工大学、华中农业大学、湖北文理学院、湖南大学、湖南科技大学、湖南农业大学、湖南理工学院、湖南商学院、广东海洋大学、嘉应学

院、深圳大学、桂林理工大学、四川大学、西南交通大学、成都理工大学、重庆交通大学、成都信息工程大学、西华大学、西昌学院、重庆文理学院、贵州师范大学、贵州财经大学、云南大学、云南农业大学、西藏大学、西安理工大学、西安科技大学、长安大学、陕西理工学院、兰州交通大学、天水师范学院、新疆大学、天津城建大学、吕梁学院、广东白云学院、上海工程技术大学、安徽建筑大学、湖北理工学院、唐山学院、淮阴工学院、常州工学院、合肥学院、烟台大学、洛阳理工学院、长沙学院、成都学院、扬州大学、大连大学、南京工程学院、蚌埠学院、安阳工学院、五邑大学、商洛学院、中国石油大学(北京)、长春工程学院、衢州学院、山东交通学院、湖南城市学院、湖南财政经济学院、广西财经学院、西安财经学院、沈阳工程学院、宁波大学、重庆理工大学、山东工商学院、防灾科技学院、重庆工商大学、东莞理工学院、上海杉达学院、贺州学院、大连民族学院、海口经济学院、武昌理工学院、宁夏理工学院、广东海洋大学寸金学院、中南林业科技大学涉外学院、湖南工程学院应用技术学院、东南大学成贤学院、西安欧亚学院、西京学院、郑州工业应用技术学院、潍坊科技学院、厦门工学院、沈阳城市建设学院、湖北大学知行学院、三峡大学科技学院、武汉工程大学邮电与信息工程学院、长江大学工程技术学院、湖北经济学院法商学院、文华学院、宁波大学科学技术学院、绍兴文理学院元培学院、浙江工商大学杭州商学院、浙江财经大学东方学院、黑龙江工商学院、哈尔滨华德学院、宁夏大学新华学院、烟台大学文经学院河北科技学院、河北科技大学理工学院、华北电力大学科技学院、南昌大学科学技术学院、东华理工大学长江学院、江西理工大学应用科学学院、阳光学院、福州大学至诚学院、商丘工学院、信阳师范学院华锐学院、新乡医学院三全学院、兰州交通大学博文学院、重庆人文科技学院、无锡太湖学院、中国矿业大学徐海学院、河北工业大学城市学院、石家庄铁道大学四方学院、河北农业大学现代科技学院、长春建筑学院、安徽建筑大学城市建设学院、大连东软信息学院、广西科技大学鹿山学院、贵州财经大学商务学院、贵州民族大学人文科技学院、武汉工程科技学院、成都理工大学工程技术学院、西北大学现代学院、西安财经学院行知学院、西工商学院、福建江夏学院、三亚学院、四川大学锦城学院、南京工业大学浦江学院、扬州大学广陵学院、南通大学杏林学院、聊城大学东昌学院、天津大学仁爱学院、郑州成功财经学院、西安科技大学高新学院、福建农林大学金山学院、中国矿业大学银川学院、河海大学文天学院、西南交通大学希望学院、北京交通大学、北方工业大学、北京邮电大学、中央财经大学、华北电力大学(北京)、天津理工大学、天津财经大学、石家庄经济学院、河北工业大学、河北科技大学、河北农业大学、石家庄铁道大学、太原理工大学、内蒙古科技大学、内蒙古农业大学、内蒙古财经大学、大连理工大学、辽宁工程技术大学、沈阳化工大学、辽宁工业大学、东北财经大学、东北电力大学、吉林化工学院、哈尔滨工业大学、东北石油大学、东北林业大学、同济大学、上海理工大学、东华大学、上海应用技术学院、上海大学、东南大学、中国矿业大学(徐州)、常州大学、江南大学、江苏大学、盐城工学院、苏州科技学院、杭州电子科技大学、浙江理工大学、温州大学、嘉兴学院、安徽理工大学、安徽财经大学、铜陵学院、福州大学、福建农林大学、南昌大学、东华理工大学、江西理工大学、江西师范大学、井冈山大学、山东大学、山东科技大学、济南大学、山东建筑大学、山东农业大学、山东师范大学、鲁东大学、郑州大学、河南工业大学、中原工学院、安阳师范学院、河南财经政法大学、武汉大学、武汉科技大学、武汉工程大学、武汉轻工大学、湖北工业大学、湖北大学、中南财经政法大学、中南大学、长沙理工大学、中南林业科技大学、湖南科技学院、华南理工大学、惠州学院、海南大学、广西科技大学、百色学院、重庆大学、西南石油大学、重庆邮电大学、西南科技大学、四川理工学院、四川农业大学、宜宾学院、贵州大学、贵州工程应用技术学院、贵州民族大学、昆明理工大学、云南财经大学、西北工业大学、西安建筑科技大学、西安石油大学、延安大学、兰州理工大学、陇东学院、宁夏大学、新疆农业大学、河北科技师范学院、呼伦贝尔学院、江西科技学院、青岛滨海学院、黄淮学院、湖北科技学院、金陵科技学院、徐州工程学院、宁波工程学院、厦门理工学院、潍坊学院、三峡大学、广州大学、华北科技学院、三江学院、吉林工商学院、南京审计学院、南昌工程学院、湖南工程学院、攀枝花学院、安康学院、北京联合大学、浙江财经大学、莆田学院、河南工程学院、湖南工学院、湖南工业大学、重庆科技学院、湖北经济学院、淮海工学院、南阳理工学院、西安邮电大学、河南城建学院、辽东学院、黑龙江工程学院、河北经贸大学、黄河科技学院、广东工业大学、安徽新华学院、武昌首义学院、烟台南山学院、重庆大学城市科技学院、湖南农业大学东方科技学院、湖南理工学院南湖学院、广东技术师范学院天河学院、闽南理工学院、西安翻译学院、齐齐哈尔工程学院、上海建桥学院、浙江大学宁波理工学院、大连理工大学城市学院、大连财经学院、武汉科技大学城市学院、湖北工业大学工程技术学院、武昌工学院、湖北商贸学院、湖北文理学院理工学院、浙江工业大学之江学院、浙江理工大学科技与艺术学院、温州大学瓯江学院、嘉兴学院南湖学院、哈尔滨石油学院、哈尔滨远东理工学院、青岛黄海学院、云南大学滇池学院、青岛理工大学琴岛学院、华北理工大学轻工学院、河北经贸大学经济管理学院、南昌工学院、华东交通大学理工学院、南昌航空大学科技学院、江西农业大学南昌商学院、厦门大学嘉庚学院、集美大学诚毅学院、河南大学民生学院、安阳师范学院人文管理学院、兰州商学院陇桥学院、兰州理工大学技术工程学院、新疆农业大学科学技术学院、河北工程大学科信学院、辽宁石油化工大学顺华能源学院、重庆工商大学融智学院、石家庄经济学院华信学院、吉林建筑大学城建学院、安徽工程大学机电学院、重庆邮电大学移通学院、长沙理工大学城南学院、桂林理工大学博文管理学院、贵州大学明德学院、广东工业大学华立学院、武汉理工大学华夏学院、北京理工大学珠海学院、西安建筑科技大学华清学院、延安大学西安创新学院、福州外语外贸学院、中国地质大学长城学院、天津理工大学中环信息学院、北京工业大学耿丹学院、苏州科技学院天平学院、江苏科技大学苏州理工学院、青岛工学院、西南财经大学天府学院、四川大学锦江学院、西安理工大学高科学院、西南科技大学城市学院、湖北第二师范学院、北京交通大学海滨学院、内蒙古师范大学鸿德学院、郑州升达经贸管理学院

◆专业名称：房地产开发与管理
◆专业代码：120104

培养目标：地产开发与管理专业培养德、智、体、美全面发展，掌握必需的建筑工程知识，熟悉房地产基本法规和政策，能系统地掌握房地产经营与管理的基本知识，能从事房地产估价、房地产经纪、房地产经营与开发及房地产管理等工作，受过良好专业技术综合训练的高素质技能型专门人才。

培养要求：该专业学生主要学习房地产开发与管理方面的基本理论和方法；受到房地产开发与管理方面的基本训练；具备房地产开发与管理的基本能力。

毕业生应获得以下几方面的知识和能力：

1.掌握房地产开发与管理的基本理论和方法；

2.掌握房地产开发与管理的基本技能；

3.熟悉土木工程技术知识；

4.熟悉房地产开发与管理的方针、政策和法规；

5.了解国内外房地产的发展动态；

6.具有运用计算机辅助解决管理问题的能力。

主干学科：地理学、经济学、管理学

主要课程：资源与环境、宏观经济学、微观经济学、城市经济学、地理信息系统、测量与地图、管理学、房地产市场、房地产投资、房地产项目策划、房地产营销、城市规划原理、工程概预算、房地产项目管理、招投标管理、房地产法律、房地产评估、物业管理。

实践环节：包括认识实习、生产实习、课程设计、计算机应用及上机实践、毕业实习、毕业论文（设计）等，一般安排30周。

修学年限：四年或五年

授予学位：管理学学士

就业方向：房地产经营管理专业学生毕业后可在房地产经营与开发公司、房地产估价事务所、房地产投资咨询公司、房地产经纪公司、物业管理公司等从事房地产投资与经济分析、房地产管理、房地产估价、房地产营销、房地产经营与开发项目管理等工作。

开设学院：中央财经大学、山西财经大学、辽宁工业大学、吉林建筑大学、上海财经大学、南京财经大学、江西财经大学、临沂大学、河南财经政法大学、中南财经政法大学、桂林理工大学、西华大学、黔南民族师范学院、兰州财经大学、新疆农业大学、上海立信会计学院、湖南城市学院、广西财经学院、河南城建学院、重庆大学城市科技学院、宁夏大学新华学院、重庆工商大学融智学院、贵州财经大学商务学院、河北建筑工程学院、沈阳建筑大学、东北财经大学、华东师范大学、淮阴师范学院、福建工程学院、山东建筑大学、山东财经大学、华中师范大学、广东财经大学、重庆大学、安顺学院、贵州财经大学、宁夏大学、安徽建筑大学、长春工程学院、湖南财政经济学院、沈阳工程学院、武汉东湖学院、北京师范大学珠海分校、信阳师范学院华锐学院、长春建筑学院、西安科技大学高新学院

◆专业名称：工程造价
◆专业代码：120105

培养目标：工程造价专业培养德、智、体、美全面

发展，具备扎实的高等教育文化理论基础，适应我国和地方区域经济建设发展需要，具备管理学、经济学和土木工程技术的基本知识，掌握现代工程造价管理科学的理论、方法和手段，获得造价工程师、咨询(投资)工程师的基本训练，具有工程建设项目投资决策和全过程各阶段工程造价管理能力，有实践能力和创新精神的应用型高级工程造价管理人才。

培养要求：工程造价专业学生主要学习工程造价的基本理论和方法；受到工程造价方面的基本训练；具备从事建设工程招标投标，编写各类工程估价(概预算)经济文件，进行建设项目投资分析、造价确定与控制等工作的基本技能。

毕业生应获得以下几方面的知识和能力：

1.掌握工程造价管理的基本理论和技能；

2.具有较高的外语和计算机应用能力；

3.能够编制有关工程定额；

4.具有编制建设工程设备和材料采购、物资供应计划的能力；

5.熟悉有关产业的经济政策和法规；

6.具有建设工程成本核算、分析和管理的能力。

主要课程：西方经济学、土木工程概论、材料力学、结构力学、工程经济学、经济法、工程项目管理、工程招投标与合同管理、会计学、财务管理、建筑定额与预算、工程设备与预算、安装工程预算、建筑电气施工预算等课程。

实践环节：课程设计、工程施工实习和毕业实习与毕业论文写作。

修业年限：四年

授予学位：工学或管理学学士

就业方向：学生毕业后能够在工程(造价通)咨询公司、建筑施工企业(乙方)、建筑装潢装饰工程公司、工程建设监理公司、房地产开发企业、设计院、会计审计事务所、政府部门、企事业单位基建部门(甲方)等企事业单位，从事工程造价招标代理、建设项目投融资和投资控制、工程造价确定与控制、投标报价决策、合同管理、工程预(结)决算、工程成本分析、工程咨询、工程监理以及工程造价管理相关软件的开发应用和技术支持等工作。

开设学校：浙江水利水电学院、重庆文理学院、石家庄经济学院、昆明理工大学、华北水利水电大学、云南农业大学、华北电力大学(保定)、长安大学、河北建筑工程学院、天津城建大学、内蒙古科技大学、广东白云学院、沈阳建筑大学、长春工程学院、吉林建筑大学、黑龙江工程学院、莆田学院、四川师范大学、中原工学院、四川农业大学、铜陵学院、西安财经学院、福建工程学院、河南城建学院、武夷学院、九江学院、青岛理工大学、武昌理工学院、山东建筑大学、重庆大学城市科技学院、河南财经政法大学、广东技术师范学院天河学院、郑州航空工业管理学院、大连理工大学城市学院、武汉科技大学、华北电力大学科技学院、武汉纺织大学、吉林建筑大学城建学院、湖北工程学院、长春建筑学院、重庆大学、电子科技大学成都学院、西南交通大学、四川大学锦城学院、重庆交通大学、西南财经大学天府学院、西华大学、西南交通大学希望学院、河海大学文天学院 江西理工大学、三峡大学、湖南工业大学、贵州财经大学、武汉科技大学城市学院、南京工程学院、沈阳城市学院、广西财经学院、安徽建筑大学、广东工业大学华立学院、辽东学院、福建江夏学院、安徽建筑工业学院、天津理工大学

◆专业名称：保密管理
◆专业代码：120106TK

培养目标：本专业培养具有宽厚的理工基础，掌握信息科学、管理科学、法律科学专业基础知识，系统掌握信息安全与保密专业知识，政治思想过硬，具有良好的保密业务素质、突出的创新意识、机智的适应能力，懂法律、有技术、善管理的复合型保密人才。

培养要求：本专业学生应系统掌握信息安全学科的基础知识；系统掌握保密法律法规、保密防护和检查技术、保密工作管理专业知识；具有良好的政治思想素质、道德品质、法律意识、诚信意识和团体意识；具有使用和管理信息安全与保密系统的能力；具有初步的政治、政策、法规、制度的研究分析能力和实际工作能力；具备对安全保密领域进行深入研究以及求实创新的科学素养。

主要课程：离散数学、数据结构、计算机组织与结构、操作系统、数据库原理、计算机网络、现代密码学、信息系统安全、网络安全、信息管理学、公共经济学、档案管理学、行政法与行政诉讼学、知识产权法、保密法学、保密概论、保密技术等。

修学年限：四年

授予学位：管理学学士

就业方向：毕业生可在国家保密行政管理部门、国家行政机关、军工企事业单位、国防科技工业和信

息产业等部门从事保密理论研究、保密技术开发、保密组织管理、保密法规制定、保密教学培训等工作。

开设学校:复旦大学、南京大学、哈尔滨工程大学、中山大学、北京交通大学、西北工业大学、中国海洋大学、四川大学、湖南大学、天津大学

1202 工商管理类

◆专业名称:工商管理
◆专业代码:120201K

培养目标:本专业培养具备管理、经济、法律及企业管理方面的知识和能力,能在企、事业单位及政府部门从事管理以及教学、科研方面工作的工商管理学科高级专门人才。

培养要求:本专业学生主要学习管理学、经济学和企业管理的基本理论和基本知识,受到企业管理方法与技巧方面的基本训练,具有分析和解决企业管理问题的基本能力。

毕业生应获得以下几方面的知识和能力:

1.掌握管理学、经济学的基本原理和现代企业管理的基本理论、基本知识;

2.掌握企业管理的定性、定量分析方法;

3.具有较强的语言与文字表达、人际沟通以及分析和解决企业管理工作问题的基本能力;

4.熟悉我国企业管理的有关方针、政策和法规以及国际企业管理的惯例与规则;

5.了解本学科的理论前沿和发展动态;

6.掌握文献检索、资料查询的基本方法,具有初步的科学研究和实际工作能力。

主干学科:经济学、工商管理

主要课程:管理学、微观经济学、宏观经济学、管理信息系统、统计学、会计学、财务管理、市场营销、经济法、经营管理、人力资源管理、企业战略管理。

实践环节:包括课程实习、毕业实习,一般安排10~12周。

修业年限:四年

授予学位:管理学学士

就业方向:毕业生适宜在企业的企划部门、企业战略制定及实施、企业运营等相关部门工作,也可到事业单位、政府职能部门从事战略规划与实施等相关领域的工作。

开设学校:江西师范大学、浙江大学(教育部直属、985大学、211大学)、温州大学、同济大学(教育部直属、985大学、211大学)、运城学院、宿迁学院、香港大学、南宁学院、成都学院、长春大学、湘潭大学、吉首大学、西藏大学(211大学)、青海大学(211大学)、南华大学、广州大学、嘉应学院、韶关学院、延安大学、合肥学院、河西学院、海南大学(211大学)、聊城大学、临沂大学、三峡大学、长江大学、闽江学院、苏州大学(211大学)、重庆大学(教育部直属、985大学、211大学)、四川大学(教育部直属、985大学、211大学)、广西大学(211大学)、福州大学(211大学)、吉林大学(教育部直属、985大学、211大学)、中南大学(教育部直属、985大学、211大学)、延边大学(211大学)、长安大学(教育部直属、211大学)、上海大学(211大学)、新疆大学(211大学)、郑州大学(211大学)、天津大学(教育部直属、985大学、211大学)、德州学院、安徽大学、西华大学、嘉兴学院、昌吉学院、台州学院、沈阳大学、深圳大学、扬州大学、江苏大学、渤海大学、滁州学院、梧州学院、昆明学院、宜宾学院、汉口学院、文华学院、凯里学院、烟台大学、燕山大学、邢台学院、西昌学院、贵州大学(211大学)、陕西师范大学(教育部直属、211大学)、华北电力大学保定校区(教育部直属、211大学)、北京印刷学院、石家庄经济学院、中国传媒大学(教育部直属、211大学)、上海海关学院、电子科技大学(教育部直属、211大学)、西北师范大学、黄河科技学院、贵州财经大学、贵州民族大学、广西师范大学、桂林理工大学、桂林电子科技大学、中国石油大学(教育部直属、211大学)、中国地质大学(教育部直属、211大学)、上海交通大学(教育部直属、985大学、211大学)、中山大学(教育部直属、985大学、211大学)、中国矿业大学(教育部直属、211大学)、井冈山大学、重庆邮电大学、江西科技师范大学、华东师范大学(教育部直属、985大学、211大学)、东北师范大学(教育部直属、211大学)、东北大学(教育部直属、985大学、211大学)、沈阳师范大学、辽宁师范大学、北京外国语大学(教育部直属、211大学)、北京交通大学(教育部直属、211大学)、浙江工商大学、山西财经大学、浙江师范大学、浙江理工大学、浙江农林大学、北京航空航天大学(985大学、211大学)、河北科技大学、河北大学(211大学)、浙江树人学院、沈阳工学院、上海理工大学中英国际学院、三亚学院、贵州财经大学商务学院、苏州大学应用技术学院、山

东科技大学泰山科技学院、山东广播电视大学、中南大学继续教育学院、北京第二外国语学院、北京民族大学、南京人口管理干部学院、澳门大学、郑州大学国际学院、西北大学现代学院、陕西科技大镐京学院、云南工商学院、安徽财经大学商学院、绍兴文理学院元培学院、安徽大学江淮学院、嘉兴学院南湖学院、湘潭大学兴湘学院、宁波大学科学技术学院、杭州师范大学钱江学院、华北电力大学(教育部直属、211大学)、安阳工学院、中国石油大学(北京)(教育部直属、211大学)、吉林大学—莱姆顿学院、河北科技师范学院、解放军陆军航空兵学院、香港城市大学、香港中文大学、山东大学威海分校、香港科技大学、金陵科技学院、重庆工商大学、武昌工学院、湖北大学知行学院、长江大学文理学院、长江大学工程技术学院、湖南工学院、福建师范大学闽南科技学院、福建农林大学金山学院、福州大学阳光学院、福建师范大学协和学院、烟台南山学院、山东英才学院、华南理工大学广州学院、吉林工商学院、吉林建筑大学城建学院、河北工程大学科信学院、扬州大学广陵学院、苏州科技学院天平学院、苏州大学文正学院、西安交通大学城市学院、南京审计学院金审学院、哈尔滨广厦学院、黑龙江财经学院、哈尔滨华德学院、南京工业大学浦江学院、中国矿业大学银川学院、山东女子学院、宁夏大学新华学院、新疆大学科学技术学院、成都文理学院、成都理工大学工程技术学院、湖南科技大学潇湘学院、南华大学船山学院、湖南工业大学科技学院、湖南商学院北津学院、仲恺农业工程学院、电子科技大学中山学院、湖南工程学院应用技术学院、吉首大学张家界学院、青岛工学院、明理工大学津桥学院、云南大学滇池学院、西南科技大学城市学院、山东财经大学燕山学院、河北联合大学轻工学院、山西工商学院、无锡太湖学院、贵州大学科技学院、贵州大学明德学院、西安欧亚学院、云南师范大学文理学院、安徽工程大学机电学院、南昌大学科学技术学院、浙江农林大学暨阳学院、浙江师范大学行知学院、温州大学瓯江学院、上海财经大学浙江学院、同济大学浙江学院、浙江越秀外国语学院、宁波大红鹰学院、中国计量学院现代科技学院、浙江工商大学杭州商学院、温州大学城市学院、浙江财经大学东方学院、郑州成功财经学院、南昌航空大学科技学院、南昌大学共青学院、江西师范大学科学技术学院、江西理工大学应用科学学院、长春财经学院、山西财经大学华商学院、中北大学信息商务学院、天津商业大学宝德学院、天津财经大学珠江学院、天津理工大学中环信息学院、天津师范大学津沽学院、长春光华学院、天津天狮学院、广西师范大学漓江学院、广西科技大学鹿山学院、浙江大学城市学院、浙江工业大学之江学院、沈阳城市学院、沈阳城市建设学院、大连科技学院、兰州商学院陇桥学院、西北师范大学知行学院、长春理工大学、长春工业大学、北华大学、西安财经学院、湖南科技大学、吉林农业大学、西安邮电大学、陕西科技大学、西安工程大学、陕西理工学院、西安外国语大学、青海民族大学、宝鸡文理学院、中南财经政法大学(教育部直属、211大学)、湖南商学院、华中师范大学(教育部直属、211大学)、东北林业大学(教育部直属、211大学)、黑龙江大学、东北电力大学、长春工程学院、吉林建筑大学、湖南农业大学、湖南工业大学、湖南理工学院、湖南城市学院、湖南工程学院、广东财经大学、佛山科学技术学院、上海电力学院、安徽建筑大学、华东政法大学、上海金融学院、安徽工程大学、上海应用技术学院、东莞理工学院、广东海洋大学、广东外语外贸大学、岭南师范学院、广东药学院、云南民族大学、西南林业大学、昆明理工大学、楚雄师范学院、西安石油大学、玉溪师范学院、西安理工大学、西安科技大学、西安建筑科技大、西北农林科技大学(教育部直属、211大学)、安徽科技学院、西安交通大学(教育部直属、985大学、211大学)、安徽财经大学、甘肃政法学院、兰州商学院、青岛大学、曲阜师范大学、内蒙古科技大学、青岛科技大学、兰州交通大学、河南财经政法大学、南阳师范学院、许昌学院、山东科技大学、广西科技大学、广西民族大学、山东理工大学、内蒙古农业大学、内蒙古师范大学、山东建筑大学、哈尔滨商业大学、黄冈师范学院、东北石油大学、湖北大学、哈尔滨理工大学、中南民族大学、武汉纺织大学、江汉大学、仰恩大学、福建师范大学、福建工程学院、集美大学、西藏民族学院、西北民族大学、兰州理工大学、湖北科技学院、河南工业大学、福建农林大学、华侨大学、河南理工大学、东南大学(教育部直属、985大学、211大学)、南京理工大学(211大学)、南京大学(教育部直属、985大学、211大学)、西北工业大学(985大学、211大学)、暨南大学(211大学)、南昌大学(11大学)、中国药科大学(教育部直属、211大学)、南京师范大学(211大学)、南京农业大学(教育部直属、211大学)、河海大学(教育部直属、211大学)、华南师范大学(211大学)、兰州大学(教育部直属、985大学、211大学）、天津城建大学、华南理工大学、四川农业大学（211大学）、西南财经大学（教育部直属、211大学）、清华大学（教育部直属、985大学、211大学）、北京科技大学（教育部直属、211大学）、东北农业大学（211大学）、上海外国语大学、大连理工大学（教育部直属、985大学、211大学）、淮阴工学院、常州工学院、哈尔滨工程大学、华中科技大学（教育部直属、985大学、211大学）、山东大学（教育部直属、985大学、211大学）、复旦大学（教育部直属、985大学、211大学）、华东理工大学（教育部直属、211大学）、武汉理工大学（教育部直属、211大学）、上海财经大学（教育部直属、211大学）、北京中医药大学（教育部直属、211大学）、辽宁大学（211大学）、北京邮电大学（教育部直属、211大学）、湖南大学（教育部直属、985大学、211大学）、中国人民大学（教育部直属、985大学、211大学）、中央民族大学（985大学、211大学）、西安电子科技大学（教育部直属、211大学）、湖南师范大学（211大学）、北京师范大学（教育部直属、985大学、211大学）、北京林业大学（教育部直属、211大学）、哈尔滨工业大学（985大学、211大学）、大连海事大学（211大学）、云南大学（211大学）、北京工业大学（211大学）、内蒙古大学（211大学）、北京大学（教育部直属、985大学、211大学）、河北工业大学（211大学）、西北大学（211大学）、天津师范大学、南京航空航天大学（211大学）、天津工业大学、江南大学（教育部直属、211大学）、中国民航大学、天津理工大学、天津财经大学、合肥工业大学（教育部直属、211大学）、南开大学（教育部直属、985大学、211大学）、中国海洋大学（教育部直属、985大学、211大学）、安徽工业大学、济南大学、安徽农业大学、浙江工业大学、新疆财经大学、宁波大学、浙江海洋学院、中国计量学院、沈阳药科大学、沈阳工业大学、辽宁科技大学、辽宁石油化工大学、沈阳农业大学、西南民族大学、中北大学、四川理工学院、五邑大学、广东工业大、山西大同大学、忻州师范学院、汕头大学、山西大学、浙江万里学院、西南科技大学、绍兴文理学院、西南石油大学、中国民用航空飞行学院、四川师范大学、成都中医药大学、西华师范大学、江西农业大学、南京工业大学、重庆师范大学、西南政法大学、景德镇陶瓷学院、江西财经大学、南京邮电大学、淮海工学院、盐城工学院、华东交通大学、常州大学、南京林业大学、苏州科技学院、大连民族学院、大连工业大学、大连大学、沈阳理工大学、辽宁工业大学、沈阳建筑大学、沈阳化工大学、长江师范学院、重庆理工大学、上饶师范学院、石河子大学（211大学）、重庆三峡学院、九江学院、中国地质大学长城学院、洛阳理工学院、武汉科技大学城市学院、太原工业学院、河南理工大学万方科技学院、长沙医学院、呼伦贝尔学院、辽宁对外经贸学院、湖南涉外经济学院、南京财经大学红山学院、滨州学院、东北大学秦皇岛分校、广东金融学院、湖北经济学院法商学院、上海商学院、上海政法学院、中国矿业大学（北京）（教育部直属、11大学）、武汉科技大学、阜阳师范学院、湖北理工学院、吉林农业科技学院、重庆交通大学、曲靖师范学院、塔里木大学、内江师范学院、中原工学院信息商务学院、武汉理工大学华夏学院、中山大学南方学院、绥化学院、厦门理工学院、烟台大学文经学院、南京师范大学泰州学院、重庆大学城市科技学院、重庆邮电大学移通学院、重庆工商大学派斯学院、北京交通大学海滨学院、吉林大学珠海学院、青海大学昆仑学院、延安大学西安创新学院、华北电力大学科技学院、河北大学工商学院、河北经贸大学经济管理学院、燕山大学里仁学院、河南师范大学新联学院、山东财经大学东方学院、武汉纺织大学外经贸学院、河南大学民生学院、大连理工大学城市学院、广州大学华软软件学院、兰州商学院长青学院、中山大学新华学院、长春科技学院、云南师范大学商学院、北京中医药大学东方学院、燕京理工学院、长春建筑学院、大学防灾科技学院、上海建桥学院、黑龙江工业学院、北京联合大学、北京农学院、中国劳动关系学院、中央财经大学（教育部直属、211大学）、北京服装学院、北京建筑大学、北京工商大学、中国政法大学（教育部直属、211大学）、河北联合大学、河北农业大学、北京物资学院、宁夏大学（211大学）、北方民族大学、中国农业大学（教育部直属、985大学、211大学）、北京化工大学（教育部直属、211大学）、北京城市学院、北方工业大学、鲁东大学、河北工程大学、石家庄铁道大学、华北科技学院、山东师范大学（教育部直属、211大学）、攀枝花学院、西南大学（教育部直属、211大学）、黄淮学院、广东培正学院、广东白云学院、广东技术师范学院、辽宁工程技术大学、南通大学、江西科技学院、西安外事学院、南昌理工学院、平顶山学院、信阳师范学院、北京信息科技大学、安阳师范学院、中国地质大学（北京）（教育部直属、211大学）、河南师范大学、南阳理工学院、长沙理工大学、中南林业科技大学、郑州轻工业学院、华北水利水电大学、湖北汽车工业学院、武汉轻工大学、湖北工业大学、武汉工程大学、黑龙江科技大学、牡丹江师范学院、上海海事大学、上海师范大学、华南农业大学、长春师范大学、云南财经大学、内蒙古工业大学、山东农业大学、内蒙古财经大学、东北财经大学、西南交通大学(教育部直属、211大学)、山西大学商务学院、广东工业大学华立学院、北京师范大学珠海分校、福建农林大学东方学院、厦门大学嘉庚学院、武汉工商学院、南开大学滨海学院、四川外语学院重庆南方翻译学院、北京理工大学房山分校培训中心、昆明理工大学津桥学院、广东海洋大学寸金学院、首都经济贸易大学华侨学院、对外经济贸易大学远程教育学院、大连艺术学院、北京航空航天大学北海学院、武汉学院、辽宁理工学院、武汉工程科技学院、武昌理工学院、北京师范大学-香港浸会大学联合国际学院、大连工业大学艺术与信息工程学院、上海外国语大学贤达经济学院、重庆文理学院、湖北经济学院法商学院、湖北汽车工业学院科技学院、武汉工程大学邮电与信息工程学院、桂林航天工业学院、东北师范大学人文学院、江苏科技大学苏州理工学院、东北农业大学成栋学院、南京航空航天大学金城学院、南京师范大学中北学院、桂林理工大学博文管理学院、东莞理工学院城市学院、湖南农业大学东方科技学院、青岛农业大学海都学院、云南大学旅游文化学院、郑州升达经贸管理学院、阜阳师范学院信息工程学院、安徽工业大学工商学院、江西农业大学南昌商学院、杭州电子科技大学信息工程学院、浙江海洋学院东海科学技术学院、浙江理工大学科技与艺术学院、广西大学行健文理学院、吉林华桥外国语学院、华中农业大学(教育部直属、211大学)、上海海洋大学、上海理工大学、上海对外经贸大学、安徽师范大学、云南师范大学、青岛理工大学、洛阳师范学院、山东财经大学、山东工商学院、黑龙江工程学院、黑龙江八一农垦大学、佳木斯大学、齐齐哈尔大学、中原工学院、郑州航空工业管理学院、河南科技大学、河南农业大学、北京理工大学、南京审计学院、河北经贸大学、对外经济贸易大学、天津科技大学、天津商业大学、沈阳师范大学、新疆农业大学、成都理工大学、浙江财经大学、南昌航空大学、江苏科技大学、江西理工大学、南京财经大学、大连交通大学、宁波工程学院宁波诺丁汉大学、集美大学诚毅学院、广西财经学院、河北农业大学现代科技学院、河北科技大学理工学院、西交利物浦大学、石家庄经济学院华信学院、青岛理工大学琴岛学院、长春工业大学人文信息学院、西安财经学院行知学院、河北金融学院、北华航天工业学院、吉林财经大学、河南大学、上海立信会计学院、上海工程技术大学、沈阳化工大学科亚学院、广东东软学院、广东科技学院

◆专业名称:市场营销
◆专业代码:120202

培养目标:本专业培养具备管理、经济、法律、市场营销等方面的知识和能力,能在企、事业单位及政府部门从事市场营销与管理以及教学、科研方面工作的市场营销学科高级专门人才。

培养要求:本专业学生主要学习市场营销及工商管理方面的基本理论和基本知识,受到营销方法与技巧方面的基本训练,具有分析和解决营销问题的基本能力。

毕业生应获得以下几方面的知识和能力:

1.掌握管理学、经济学和现代市场营销学的基本理论、基本知识;

2.掌握市场营销的定性、定量分析方法;

3.具有较强的语言与文字表达、人际沟通以及分析和解决营销实际问题的基本能力;

4.熟悉我国有关市场营销的方针、政策与法规及了解国际市场营销的惯例和规则;

5.了解本学科的理论前沿及发展动态;

6.掌握文献检索、资料查询的基本方法,具有一定的科学研究和实际工作能力。

主干学科:经济学、工商管理

主要课程:管理学、微观经济学、宏观经济学、管理信息系统、统计学、会计学、财务管理、市场营销、经济法、消费者行为学、国际市场营销、市场调查。

实践环节:包括课程实习和毕业实习,一般安排10~12周。

修业年限:四年

授予学位:管理学学士

就业方向:毕业生可以从事市场调研、营销策划、广告策划、市场开发、营销管理、推销服务和教学科研等工作。

开设学校:江西财经大学、江西师范大学、青海大学(211大学)、西藏大学(211大学)、集美大学、浙江大学(教育部直属、985大学、211大学))、四川大

学(教育部直属、985大学、211大学)、厦门大学(教育部直属、985大学)、(211大学))、南京大学(教育部直属、985大学、211大学)、复旦大学(教育部直属、985大学、211大学)、北京大学(教育部直属、985大学、211大学)、同济大学(教育部直属、985大学、211大学)、上海大学(211大学)、济南大学、兰州大学(教育部直属、985大学、211大学)、武汉大学(教育部直属、985大学、211大学)、运城学院、晋中学院、南通大学、宿迁学院、绥化学院、南宁学院、蚌埠学院、池州学院、商丘学院、长春大学、湘潭大学、吉首大学、邵阳学院、南华大学、广州大学、嘉应学院、惠州学院、铜陵学院、巢湖学院、黄山学院、延安大学、海南大学(211大学)、青岛大学、许昌学院、三峡大学、长江大学、闽江学院、莆田学院、华侨大学、苏州大学(211大学)、重庆大学(教育部直属、985大学、211大学)、广西大学(211大学)、福州大学(211大学)、东华大学(教育部直属、211大学)、吉林大学(教育部直属、985大学、211大学)、中南大学(教育部直属、985大学、211大学)、延边大学(211大学)、辽宁大学(211大学)、长安大学(教育部直属、211大学)、新疆大学(211大学)、郑州大学(211大学)、德州学院、安徽大学(211大学)、西华大学、嘉兴学院、台州学院、深圳大学、温州大学、扬州大学、江苏大学、常州大学、大连大学、渤海大学、辽东学院、宜春学院、九江学院、三江学院、宿州学院、枣庄学院、百色学院、钦州学院、琼州学院、滁州学院、梧州学院、龙岩学院、西京学院、滨州学院、长沙学院、河池学院、榆林学院、三亚学院、三明学院、泰山学院、宁夏大学(211大学)、潍坊学院、烟台大学、邢台学院、唐山学院、西昌学院、贵州大学(211大学)、黄淮学院、肇庆学院、佛山科学技术学院、西安石油大学、石家庄铁道大学、石家庄经济学院、中国政法大学(教育部直属、211大学)、北京工商大学、首都师范大学、北京联合大学、北京建筑大学、西北师范大学、河南财经政法大学、中原工学院、宁夏医科大学、山东科技大学、北京化工大学(教育部直属、211大学)、中国传媒大学(教育部直属、211大学)、贵州财经大学、贵州民族大学、广西师范大学、内蒙古财经大学、中国地质大学(教育部直属、211大学)、中国石油大学(教育部直属、211大学)、南京师范大学(211大学)、中山大学(教育部直属、985大学、211大学)、南京理工大学(211大学)、中国矿业大学(教育部直属、211大学)、杭州电子科技大学、重庆邮电大学、重庆师范大学、重庆理工大学、上海财经大学(教育部直属、211大学)、华东理工大学(教育部直属、211大学)、武汉理工大学(教育部直属、211大学)、东北师范大学(教育部直属、211大学)、东北大学(教育部直属、985大学、211大学)、大连理工大学(教育部直属、985大学、211大学)、东北财经大学、沈阳工业大学、沈阳师范大学、河北工业大学(211大学)、浙江工商大学、汕头大学、浙江理工大学、温州医科大学、浙江海洋学院、上海交通大学医学院、南京航空航天大学(211大学)、天津商业大学、中央民族大学(985大学、211大学)、南开大学(教育部直属、985大学、211大学)、合肥工业大学(教育部直属、211大学)、河北科技大学、北京师范大学(教育部直属、985大学、211大学)、吉林建筑大学城建学院、沈阳工学院、河北科技大学理工学院、武汉工商学院、青岛理工大学琴岛学院、西交利物浦大学、无锡职业技术学院、贵州民族大学人文科技学院、贵州财经大学商务学院、西南科技大学城市学院、山东广播电视大学、南京人口管理干部学院、现代管理大学、西北大学现代学院、沈阳工业大学工程学院、山西财经大学华商学院、云南工商学院、湘潭大学兴湘学院、沈阳化工大学科亚学院、大连艺术学院、浙江农林大学暨阳学院、安阳师范学院、赣西科技职业学院、江西电力职业技术学院、北京吉利学院、河南师范大学、华北电力大学(教育部直属、211大学)、中国石油大学(北京)(教育部直属、211大学)、吉林大学—莱姆顿学院、中国矿业大学(北京)(教育部直属、211大学)、天水师范学院、西安航空学院、湖北工业大学商贸学院、武昌工学院、湖北大学知行学院、长江大学文理学院、武汉大学珞珈学院、长江大学工程技术学院、湖南女子学院、武汉生物工程学院、湖南财政经济学院、福建师范大学闽南科技学院、福州大学阳光学院、厦门大学嘉庚学院、福建师范大学协和学院、新乡医学院三全学院、山东万杰医学院、山东英才学院、潍坊科技学院、中国石油大学胜利学院、华南理工大学广州学院、广东技术师范学院天河学院、北京师范大学珠海分校、华南农业大学珠江学院、桂林航天工业学院、吉林工商学院、山西大学商务学院、安徽三联学院、安徽新华学院、宁德师范学院、合肥师范学院、扬州大学广陵学院、南京邮电大学通达学院、江苏师范大学科文学院、南京中医药大学翰林学院、苏州大学应用技术学院、苏州大学文正学院、西安交通大学城市学院、西北工业大学明德学院、南通大学杏林学院、哈尔滨石油学院、黑龙江财经学院、哈尔滨华德学院、南京理工大学紫金学院、南京工业大学浦江学院、南京大学金陵学院、北京第二外国语学院、中国矿业大学银川学院、贵州师范大学求是学院、齐鲁师范学院、山东女子学院、山东青年政治学院、新疆财经大学商务学院、新疆大学科学技术学院、成都文理学院、四川传媒学院、长沙理工大学城南学院、南华大学船山学院、湖南文理学院芙蓉学院、湖南工业大学科技学院、湖南商学院北津学院、仲恺农业工程学院、吉首大学张家界学院、湖南工程学院应用技术学院、青岛工学院、云南大学滇池学院、四川大学锦江学院、西南交通大学希望学院、西南财经大学天府学院、四川大学锦城学院、山东管理学院、山东财经大学燕山学院、福州外语外贸学院、广东科技学院、广西外国语学院、南昌工学院、安徽外国语学院、山西工商学院、无锡太湖学院、贵州大学明德学院、宁夏理工学院、陕西国际商贸学院、陕西科技大学镐京学院、西安欧亚学院、青岛黄海学院、安徽工程大学机电学院、安徽财经大学商学院、淮北师范大学信息学院、阜阳师范学院信息工程学院、安徽师范大学皖江学院、安徽大学江淮学院、南昌大学科学技术学院、华侨大学厦门工学院、浙江中医药大学滨江学院、杭州师范大学钱江学院、浙江师范大学行知学院、上海财经大学浙江学院、宁波大红鹰学院、中国计量学院现代科技学院、浙江工商大学杭州商学院、温州大学城市学院、浙江财经大学东方学院、郑州成功财经学院、郑州科技学院、湖北民族学院科技学院、湖南第一师范学院、江汉大学文理学院、湖北工程学院新技术学院、南昌航空大学科技学院、华东交通大学理工学院、江西师范大学科学技术学院、东华理工大学长江学院、江西理工大学应用科学学院、河南科技学院新科学院、长春财经学院、长春大学旅游学院、太原科技大学华科学院、中北大学信息商务学院、天津商业大学宝德学院、天津财经大学珠江学院、长春光华学院、广西民族大学相思湖学院、广西师范学院师园学院、广西师范大学漓江学院、浙江大学宁波理工学院、浙江工业大学之江学院、大连东软信息学院、大连科技学院、兰州商学院陇桥学院、广西民族师范学院、兰州理工大学技术工程学院、长春理工大学、西安体育学院、长春工业大学、北华大学、西北政法大学、西安财经学院、长春师范大学、湖南科技大学、吉林农业大学、西安邮电大学、西安工业大学、陕西科技大学、云南财经大学、西安工程大学、陕西理工学院、西安外国语大学、陕西中医学院、宝鸡文理学院、渭南师范学院、白城师范学院、湖南科技学院、中南财经政法大学(教育部直属、211大学)、吉林财经大学、吉林工程技术师范学院、通化师范学院、湖南商学院、东北林业大学(教育部直属、211大学)、黑龙江大学、湖南文理学院、东北电力大学、长春工程学院、吉林师范大学、长沙理工大学、湖南农业大学、中南林业科技大学、吉林化工学院、长春中医药大学、湖南中医药大学、湖南工程学院、上海海洋大学、广东财经大学、安徽工程大学、广东石油化工学院、广州中医药大学、岭南师范学院、广州医科大学、云南民族大学、昆明医科大学、昆明理工大学、楚雄师范学院、玉溪师范学院、云南中医学院、西安理工大学、西北农林科技大学(教育部直属、985大学、211大学)、安徽科技学院、陕西师范大学(教育部直属、211大学)、淮南师范学院、淮北师范大学、上海体育学院、上海杉达学院、安徽财经大学、皖西学院、甘肃政法学院、兰州商学院、内蒙古工业大学、曲阜师范大学、青岛理工大学、内蒙古民族大学、内蒙古科技大学、兰州交通大学、商丘师范学院、洛阳师范学院、周口师范学院、青岛农业大学、甘肃农业大学、山东财经大学、广西科技大学、山东交通学院、山东农业大学、广西师范学院、广西民族大学、玉林师范学院、桂林医学院、山东理工大学、内蒙古农业大学、海南医学院、贵州师范大学、山东建筑大学、山东工商学院、内蒙古医科大学、湖北工程学院、黑龙江中医药大学、哈尔滨商业大学、湖北中医药大学、黄冈师范学院、黑龙江工程学院、牡丹江医学院、湖北民族学院、湖北大学、黑龙江八一农垦大学、哈尔滨理工大学、齐齐哈尔大学、湖北汽车工业学院、哈尔滨医科大学、仰恩大学、福建师范大学、泉州师范学院、福建工程学院、黄河科技学院、新乡医学院、闽南师范大学、郑州航空工业管理学院、河南大学、湖北文理学院、河南科技大学、黑龙江东方学院、郑州轻工业学院、河南农业大学、河南理工大学、西北工业大学(985大学、211大学)、暨南大学(211大学)、中国药科大学(教育部直属、211大学)、南京农业大学(教育部直属、211大学)、河海大学(教育部直属、211大学)、天津农学院、天津城建大学、天津体育学院、四川农业大学(211大学)、西南财经大学(教育部直属、211大学)、太原理工大学(211大学)、南京审计学院、江苏理工学院、盐城师范学院、南京工程学院、常州工学院、华中科技大学

（教育部直属、985大学、211大学）、北京邮电大学（教育部直属、211大学）、湖南大学（教育部直属、985大学、211大学）、北京林业大学（教育部直属、211大学）、中国人民大学（教育部直属、985大学、211大学）、西安电子科技大学（教育部直属、211大学）、河北经贸大学、湖南师范大学（211大学）、对外经济贸易大学（教育部直属、211大学）、哈尔滨工业大学（985大学、211大学）、云南大学（211大学）、内蒙古大学（211大学）、天津师范大学、天津外国语大学、天津中医药大学、天津财经大学、滨州医学院、中国海洋大学（教育部直属、985大学、211大学）、安徽工业大学、安徽理工大学、新疆财经大学、浙江农林大学、浙江中医药大学、湖州师范学院、杭州师范大学、浙江科技学院、中国计量学院、沈阳药科大学、辽宁科技大学、辽宁石油化工大学、新疆农业大学、成都理工大学、西南民族大学、中北大学、山西财经大学、太原科技大学、泸州医学院、四川理工学院、五邑大学、广东工业大学、忻州师范学院、浙江万里学院、西南科技大学、浙江财经大学、西南石油大学、中国民用航空飞行学院、成都信息工程学院、山西农业大学、四川师范大学、成都中医药大学、西华师范大学、江西农业大学、南京工业大学、江西中医药大学、西南政法大学、景德镇陶瓷学院、南昌航空大学、东华理工大学、南京邮电大学、淮海工学院、盐城工学院、华东交通大学、江苏师范大学、南京信息工程大学、南京林业大学、苏州科技学院、南京中医药大学、江西理工大学、南京财经大学、沈阳航空航天大学、大连民族学院、大连海洋大学、沈阳体育学院、辽宁中医药大学、鞍山师范学院、沈阳理工大学、大连交通大学、辽宁工业大学、沈阳化工大学、大连外国语大学、赣南师范学院、长江师范学院、上饶师范学院、井冈山大学、石河子大学（211大学）、重庆三峡学院、商丘工学院、辽宁理工学院、中国地质大学长城学院、武昌理工学院、武汉科技大学城市学院、中国矿业大学徐海学院、太原工业学院、中南林业科技大学涉外学院、三峡大学科技学院、河南理工大学万方科技学院、武汉工程科技学院、山东中医药大学、东南大学成贤学院、长沙医学院、呼伦贝尔学院、辽宁对外经贸学院、山东大学威海分校、济宁医学院、湖南涉外经济学院、宁波工程学院、南京财经大学红山学院、常熟理工学院、西安翻译学院、东北大学秦皇岛分校、西安文理学院、广东金融学院、广西中医药大学、徐州工程学院、湖北经济学院法商学院、吉林医药学院、金陵科技学院、广西财经学院、上海商学院、重庆科技学院、大庆师范学院、武汉科技大学、福建中医药大学、湖北理工学院、安庆师范学院、吉林农业科技学院、重庆交通大学、曲靖师范学院、上海电机学院、内江师范学院、乐山师范学院、中原工学院信息商务学院、中山大学南方学院、武汉理工大学华夏学院、武昌首义学院、淮阴师范学院、哈尔滨师范大学、重庆工商大学、湖南人文科技学院、济南大学泉城学院、郑州工业应用技术学院、荆楚理工学院、重庆工程学院、江苏大学京江学院、烟台大学文经学院、南开大学滨海学院、重庆大学城市科技学院、重庆师范大学涉外商贸学院、重庆邮电大学移通学院、吉林大学珠海学院、常州大学怀德学院、延安大学西安创新学院、华中农业大学楚天学院、河北大学工商学院、河北经贸大学经济管理学院、石家庄铁道大学四方学院、河南师范大学新联学院、河南城建学院、大连财经学院、山东财经大学东方学院、河南工程学院、武汉纺织大学外经贸学院、长春理工大学光电信息学院、大连理工大学城市学院、兰州商学院长青学院、西安医学院、河北科技师范学院、中山大学新华学院、广州大学松田学院、北京理工大学珠海学院、吉林师范大学博达学院、长春科技学院、云南师范大学商学院、北京中医药大学东方学院、南京信息工程大学滨江学院、海口经济学院、燕京理工学院、四川师范大学成都学院、湖北第二师范学院、吉林动画学院、河北金融学院、哈尔滨金融学院、沧州师范学院、北华航天工业学院、齐齐哈尔工程学院、北京石油化工学院、北京农学院、中央财经大学（教育部直属、211大学）、中华女子学院、河北农业大学、北京物资学院、北京印刷学院、泰山医学院、齐鲁工业大学、中国农业大学（教育部直属、985大学、211大学）、潍坊医学院、石家庄学院、廊坊师范学院、华北科技学院、河北北方学院、山西中医学院、攀枝花学院、广东培正学院、广东白云学院、南方医科大学、广东技术师范学院、辽宁工程技术大学、河南中医学院、西安外事学院、南昌理工学院、南昌工程学院、平顶山学院、河南科技学院、信阳师范学院、北京信息科技大学、安阳工学院、南阳理工学院、佳木斯大学、中南民族大学、湖南工业大学、吉林华桥外国语学院、华北水利水电大学、河南工业大学、武汉轻工大学、武汉工程大学、牡丹江师范学院、湖北经济学院、安徽师范大学、上海应用技术学院、上海立信会计学院、上海对外经贸大学、安徽建筑大学、上海金融学院、广东药学院、华南农业大学、广东外语外贸大学、上海工程技术大学、北京服装学院、青岛科技大学、兰州理工大学、西南交通大学(教育部直属、211大学)、河北农业大学现代科技学院、武汉工程大学邮电与信息学院、上海应用技术学院泰尔弗国际商学院、黑龙江外国语学院、哈尔滨工业大学(威海)、北京理工大学房山分校培训中心、哈尔滨广厦学院、昆明理工大学津桥学院、苏州科技学院天平学院、广东海洋大学寸金学院、上海大学ACCA国际项目、对外经济贸易大学远程教育学院、西安建筑科技大学华清学院、辽宁石油化工大学顺华能源学院、辽宁科技大学信息技术学院、沈阳航空航天大学北方科技学院、广东财经大学华商学院、安徽农业大学经济技术学院、广西科技大学鹿山学院、温州医科大学仁济学院、北京航空航天大学北海学院、首都经济贸易大学、武汉学院、南京理工大学泰州科技学院、广东女子职业技术学院、北京邮电大学世纪学院、湖北工业大学工程技术学院、武汉工程大学邮电与信息工程学院、广东外语外贸大学南国商学院、广东工业大学华立学院、东北师范大学人文学院、西安工业大学北方信息工程学院、黑龙江工程学院昆仑旅游学院、哈尔滨远东理工学院、东北农业大学成栋学院、南京航空航天大学金城学院、桂林理工大学博文管理学院、内蒙古科技大学包头医学院、贵阳医学院神奇民族医药学院、东莞理工学院城市学院、成都信息工程学院银杏酒店管理学院、湖南农业大学东方科技学院、湖南中医药大学湘杏学院、云南大学旅游文化学院、郑州升达经贸管理学院、安徽建筑大学城市建设学院、安徽工业大学工商学院、江西农业大学南昌商学院、杭州电子科技大学信息工程学院、浙江理工大学科技与艺术学院、江西财经大学现代经济管理学院、景德镇陶瓷学院科技艺术学院、安阳师范学院人文管理学院、山西农业大学信息学院、太原理工大学现代科技学院、天津医科大学临床医学院、广西中医药大学赛恩斯新医药学院、广西大学行健文理学院、桂林电子科技大学信息科技学院、北京工业大学耿丹学院、长春工业大学人文信息学院、西安财经学院行知学院、华中农业大学(教育部直属、211大学)、信阳师范学院华锐学院

◆专业名称:会计学
◆专业代码:120203K

培养目标:本专业培养具备管理、经济、法律和会计学等方面的知识和能力,能在企、事业单位及政府部门从事会计实务以及教学、科研方面工作的会计学科高级专门人才。

培养要求:本专业学生主要学习会计、审计和工商管理方面的基本理论和基本知识,受到会计方法与技巧方面的基本训练,具有分析和解决会计问题的基本能力。

毕业生应获得以下几方面的知识和能力:

1.掌握管理学、经济学和会计学的基本理论、基本知识;

2.掌握会计学的定性、定量分析方法;

3.具有较强的语言与文字表达、人际沟通、信息获取能力及分析和解决会计问题的基本能力;

4.熟悉国内外与会计相关的方针、政策和法规和国际会计惯例;

5.了解本学科的理论前沿和发展动态;

6.掌握文献检索、资料查询的基本方法,具有一定的科学研究和实际工作能力。

主干学科:工商管理、经济学、法学

主要课程:管理学、微观经济学、宏观经济学、管理信息系统、统计学、会计学、财务管理、市场营销、经济法、财务会计、成本会计、管理会计、审计学。

实践环节:包括课程实习、毕业实习,一般安排10~12周。

修业年限:四年

授予学位:管理学学士

就业方向:毕业后可到各级政府机关、事业单位和包括商业银行、投资银行、证券公司、投资公司、基金公司、会计师事务所、咨询公司在内的各类企业单位从事与会计相关的实务、管理、教学和研究工作。

开设学校:集美大学、浙江大学(教育部直属、985大学、211大学)、四川大学(教育部直属、985大学、211大学)、厦门大学(教育部直属、985大学、211大学)、南京大学(教育部直属、985大学、211大学)、复旦大学(教育部直属、985大学、211大学)、延边大学(211大学)、北京大学(教育部直属、985大学、211大学)、同济大学(教育部直属、985大学、211大学)、上海大学(211大学)、兰州大学(教育部直属、985大学、211大学)、武汉大学(教育部直属、985大学、211大学)、宿迁学院、新乡学院、吕梁学院、南宁学院、成都学院、商丘学院、长春大学、湘潭大学、吉首大学、西藏大学(211大学)、青海大学(211大学)、邵阳学

院、南华大学、广州大学、韶关学院、铜陵学院、黄山学院、延安大学、合肥学院、海南大学(211大学)、青岛大学、聊城大学、临沂大学、长江大学、闽江学院、莆田学院、华侨大学、南昌大学(211大学)、苏州大学(211大学)、重庆大学(教育部直属、985大学、211大学)、广西大学(211大学)、福州大学(211大学)、山东大学(教育部直属、985大学、211大学)、吉林大学(教育部直属、985大学、211大学)、中南大学(教育部直属、985大学、211大学)、东华大学(教育部直属、211大学)、辽宁大学(211大学)、长安大学(教育部直属、211大学)、江南大学(教育部直属、211大学)、德州学院、郑州大学(211大学)、济南大学、安徽大学(211大学)、西华大学、嘉兴学院、宁波大学、沈阳大学、深圳大学、山西大学、扬州大学、江苏大学、常州大学、大连大学、渤海大学、辽东学院、九江学院、宿州学院、西京学院、赤峰学院、黑河学院、榆林学院、文华学院、三亚学院、安康学院、商洛学院、宁夏大学(211大学)、潍坊学院、烟台大学、燕山大学、邢台学院、唐山学院、西南大学(教育部直属、211大学)、贵州大学(211大学)、肇庆学院、南通大学、江汉大学、上海理工大学、佛山科学技术学院、青海民族大学、西安石油大学、华北电力大学保定校区(教育部直属、211大学)、河北师范大学、石家庄经济学院、中国政法大学(教育部直属、211大学)、北华航天工业学院、中原工学院、山东农业大学、齐鲁工业大学、北京化工大学(教育部直属、211大学)、中国传媒大学(教育部直属、211大学)、中国农业大学(教育部直属、985大学、211大学)、贵州财经大学、内蒙古财经大学、中国地质大学(教育部直属、211大学)、中国石油大学(教育部直属、211大学)、上海交通大学(教育部直属、985大学、211大学)、中山大学(教育部直属、985大学、211大学)、东南大学(教育部直属、985大学、211大学)、中国矿业大学(教育部直属、211大学)、重庆邮电大学、重庆理工大学、武汉理工大学(教育部直属、211大学)、清华大学(教育部直属、985大学、211大学)、东北师范大学(教育部直属、211大学)、东北大学(教育部直属、985大学、211大学)、大连理工大学(教育部直属、985大学、211大学)、沈阳建筑大学、西北大学(211大学)、北京外国语大学教育部直属(211大学)、汕头大学、浙江理工大学、安徽农业大学、安徽工业大学、华南师范大学(211大学)、南京航空航天大学(211大学)、天津商业大学、中国人民大学(教育部直属、985大学、211大学)、北京航空航天大学(985大学、211大学)、中央民族大学(985大学、211大学)、南开大学(教育部直属、985大学、211大学)、西安电子科技大学(教育部直属、211大学)、沈阳工学院、河北师范大学汇华学院、西交利物浦大学、贵州财经大学商务学院、现代管理大学、郑州大学国际学院、沈阳工业大学工程学院、云南工商学院、嘉兴学院南湖学院、湘潭大学兴湘学院、大连艺术学院、南阳理工学院、安阳师范学院、华北电力大学(教育部直属、211大学)、中国石油大学(北京)(教育部直属、211大学)、伊春职业学院、香港理工大学、中国矿业大学(北京)(教育部直属、211大学)、天水师范学院、湖北大学知行学院、武汉工商学院、长江大学文理学院、武汉大学珞珈学院、湖南女子学院、湖南工学院、湖南财政经济学院、厦门大学嘉庚学院、福州大学阳光学院、北京师范大学珠海分校、广东技术师范学院天河学院、广东财经大学华商学院、广州商学院、华南农业大学珠江学院、河北工程大学科信学院、吉林工商学院、山西大学商务学院、安徽三联学院、扬州大学广陵学院、苏州大学文正学院、苏州大学应用技术学院、西安交通大学城市学院、西北工业大学明德学院、南通大学杏林学院、南京审计学院金审学院、黑龙江财经学院、哈尔滨剑桥学院、南京理工大学紫金学院、南京大学金陵学院、长安大学兴华学院、山东女子学院、福建江夏学院、新疆财经大学商务学院、广东海洋大学寸金学院、成都文理学院、成都理工大学工程技术学院、湖南科技大学潇湘学院、长沙理工大学城南学院、湖南工业大学科技学院、南华大学船山学院、湖南商学院北津学院、吉首大学张家界学院、湖南工程学院应用技术学院、湖南理工学院南湖学院、仲恺农业工程学院、聊城大学东昌学院、山东科技大学泰山科技学院、昆明理工大学津桥学院、云南大学滇池学院、西南财经大学天府学院、四川大学锦江学院、西南交通大学希望学院、山东财经大学燕山学院、河南牧业经济学院、陕西服装工程学院、山东协和学院、福州外语外贸学院、南昌工学院、山西工商学院、安徽外国语学院、河北科技学院、贵州大学明德学院、宁夏理工学院、陕西科技大学镐京学院、西安欧亚学院、安徽财经大学商学院、河海大学文天学院、安徽大学江淮学院、南昌大学科学技术学院、杭州师范大学钱江学院、绍兴文理学院元培学院、浙江师范大学行知学院、宁波大学科学技术学院、浙江农林大学暨阳学院、上海财经大学浙江学院、同济大学浙江学院、浙江工商大学杭州商学院、温州大学城市学院、浙江财经大学东方学院、郑州成功财经学院、湖南第一师范学院、南昌航空大学科技学院、南昌大学共青学院、华东交通大学理工学院、江西师范大学科学技术学院、东华理工大学长江学院、江西理工大学应用科学学院、内蒙古大学创业学院、长春大学旅游学院、长春财经学院、山西财经大学华商学院、太原科技大学华科学院、北京科技大学天津学院、天津商业大学宝德学院、天津财经大学珠江学院、长春光华学院、沈阳城市学院、辽宁师范大学海华学院、沈阳城市建设学院、大连科技学院、兰州商学院陇桥学院、西北师范大学知行学院、辽宁财贸学院、长春工业大学、长春理工大学、西安培华学院、北华大学、西安财经学院、湖南科技大学、长春师范大学、长沙理工大学、西安邮电大学、西安工程大学、陕西科技大学、西安工业大学、陕西理工学院、西安外国语大学、宝鸡文理学院、渭南师范学院、吉林华桥外国语学院、中南财经政法大学(教育部直属、211大学)、吉林财经大学、湖南商学院、东北林业大学(教育部直属、211大学)、黑龙江大学、湖南文理学院、华中农业大学(教育部直属、211大学)、东北电力大学、湖南理工学院、湖南农业大学、中南林业科技大学、湖南工业大学、吉林化工学院、湖南工程学院、上海海洋大学、广东财经大学、上海对外经贸大学、上海立信会计学院、华东政法大学、安徽师范大学、广东石油化工学院、东莞理工学院、广东海洋大学、广东外语外贸大学、云南民族大学、西南林业大学、玉溪师范学院、西安理工大学、西安科技大学、西安建筑科技大学、西北农林科技大学(教育部直属、985大学、211大学)、淮南师范学院、淮北师范大学、上海杉达学院、西安交通大学(教育部直属、985大学、211大学)、昆明理工大学、安徽财经大学、甘肃政法学院、内蒙古科技大学、兰州商学院、青岛理工大学、内蒙古工业大学、兰州交通大学、河南财经政法大学、洛阳师范学院、西北师范大学、青岛农业大学、广西科技大学、山东财经大学、山东科技大学、桂林理工大学、广西民族大学、山东理工大学、内蒙古农业大学、内蒙古师范大学、海南师范大学、山东建筑大学、桂林电子科技大学、广西师范大学、山东工商学院、哈尔滨商业大学、黄冈师范学院、黑龙江工程学院、黑龙江科技大学、湖北民族学院、东北石油大学、湖北经济学院、哈尔滨学院、哈尔滨理工大学、湖北大学、黑龙江八一农垦大学、中南民族大学、武汉纺织大学、仰恩大学、福建工程学院、黄河科技学院、西藏民族学院、西北民族大学、兰州理工大学、郑州航空工业管理学院、河南科技大学、郑州轻工业学院、福建农林大学、河南理工大学、南京农业大学(教育部直属、211大学)、南京理工大学(211大学)、西北工业大学(985大学、211大学)、暨南大学(211大学)、南京师范大学(211大学)、河海大学(教育部直属、211大学)、天津农学院、华南理工大学(教育部直属、985大学、211大学)、西南财经大学(教育部直属、211大学)、北京科技大学(教育部直属、211大学)、北京理工大学(985大学、211大学)、上海外国语大学(教育部直属、211大学)、太原理工大学(211大学)、南京审计学院、淮阴工学院、江苏理工学院、盐城工学院、盐城师范学院、南京工程学院、华中科技大学(教育部直属、985大学、211大学)、华东理工大学(教育部直属、211大学)、上海财经大学(教育部直属、211大学)、北京邮电大学(教育部直属、211大学)、西南交通大学(教育部直属、211大学)、湖南大学(教育部直属、985大学、211大学)、河北经贸大学、湖南师范大学(211大学)、北京师范大学(教育部直属、985大学、211大学)、对外经济贸易大学(教育部直属、211大学)、哈尔滨工业大学(985大学、211大学)、云南大学(211大学)、北京工业大学(211大学)、内蒙古大学(211大学)、北京林业大学教育部直属(211大学)、天津师范大学、天津工业大学、天津外国语大学、中国民航大学、天津财经大学、合肥工业大学(教育部直属、211大学)、中国海洋大学(教育部直属、985大学、211大学)、新疆财经大学、浙江农林大学、辽宁师范大学、辽宁科技大学、辽宁石油化工大学、新疆农业大学、西南民族大学、东北财经大学、成都理工大学、山西财经大学、太原科技大学、四川理工学院、五邑大学、广东工业大学、山西大同大学、忻州师范学院、浙江万里学院、西南科技大学、绍兴文理学院、浙江财经大学、浙江工商大学、西南石油大学、成都信息工程学院、四川师范大学、西华师范大学、江西师范大学、江西农业大学、南京工业大学、西南政法大学、景德镇陶瓷学院、江西财经大学、东华理工大学、南昌航空大学、杭州电子科技大学、江苏科技大学、淮海工学院、华东交通大学、江苏师范大学、南京信息工程大学、南京林业大学、江西理工大学、南京财经大学、大连民族学院、大连海洋大学、鞍山师范学院、沈阳理工大学、大连交通大学、辽宁工业大学、沈阳化工大学、江西科技师范大学、上饶师范学院、赣南师范学院、井冈山大学、石河子大学(211大学)、重庆三峡学院、辽宁理工学院、中国地质大学长城学院、武昌理工学院、商丘工学院、洛阳理工学院、中南财经政法大学武汉学院、武汉科技大学城市学院、中国矿业大学徐海学院、中南林业科技大学涉外学院、河南理工大学万方科技学院、南京理工大学泰州科技学院、武汉工程科技学院、东南大学成贤学院、辽宁对外经贸学院、呼伦贝尔学院、重庆人文科技学院、山东大学威海分校、湖南涉外经济学院、宁波工程学院、南京财经大学红山学院、东北大学秦皇岛分校、集美大学诚毅学院、西安文理学院、广东金融学院、徐州工程学院、金陵科技学院、广西财经学院、上海商学院、重庆科技学院、武汉科技大学、重庆交通大学、曲靖师范学院、乐山师范学院、北京工商大学嘉华学院、中原工学院信息商务学院、武汉理工大学华夏学院、中山大学南方学院、武昌首义学院、辽宁科技学院、哈尔滨师范大学、重庆工商大学、江苏大学京江学院、烟台大学文经学院、重庆大学城市科技学院、重庆工商大学融智学院、重庆工商大学派斯学院、吉林大学珠海学院、青海大学昆仑学院、常州大学怀德学院、延安大学西安创新学院、兰州交通大学博文学院、华北电力大学科技学院、河北大学工商学院、河北经贸大学经济管理学院、石家庄铁道大学四方学院、燕山大学里仁学院、大连财经学院、山东财经大学东方学院、武汉纺织大学外经贸学院、河南工程学院、河南大学民生学院、长春理工大学光电信息学院、兰州商学院长青学院、中山大学新华学院、广州大学松田学院、北京理工大学珠海学院、云南师范大学商学院、南京信息工程大学滨江学院、青岛理工大学琴岛学院、燕京理工学院、四川师范大学成都学院、河北金融学院、哈尔滨金融学院、防灾科技学院、上海建桥学院、北京农学院、北京联合大学、北京石油化工学院、中央财经大学(教育部直属、211大学)、中华女子学院、北京工商大学、河北联合大学、河北农业大学、北京物资学院、北京语言大学(教育部直属)、北方民族大学、北方工业大学、北京城市学院、廊坊师范学院、河北工程大学、华北科技学院、山东师范大学、攀枝花学院、广东培正学院、广东白云学院、广东技术师范学院、辽宁工程技术大学、江西科技学院、西安外事学院、南昌理工学院、平顶山学院、河南科技学院、信阳师范学院、首都经济贸易大学、北京信息科技大学、安阳工学院、佳木斯大学、长春工程学院、华北水利水电大学、河南工业大学、武汉工程大学、武汉轻工大学、湖北工业大学、上海应用技术学院、上海海事大学、安徽建筑大学、上海金融学院、华南农业大学、云南财经大学、北京服装学院、沈阳工业大学、福建农林大学东方学院、武昌工学院、哈尔滨工业大学(威海)、哈尔滨广厦学院、四川大学锦城学院、首都师范大学继续教育学院、北京理工大学国际教育学院、对外经济贸易大学远程教育学院、无锡太湖学院、辽宁石油化工大学顺华能源学院、华南理工大学、广州学院、华南理工大学广州学院、沈阳化工大学科亚学院、北京航空航天大学北海学院、黄淮学院、北京师范大学-香港浸会大学联合国际学院、湖北经济学院法商学院、武汉工程大学邮电与信息工程学院、广东外语外贸大学南国商学院、广东工业大学华立学院、东北师范大学人文学院、西安工业大学北方信息工程学院、哈尔滨远东理工学院、东北农业大学成栋学院、南京航空航天大学金城学院、南京师范大学中北学院、内蒙古科技大学包头师范学院、东莞理工学院城市学院、成都信息工程学院银杏酒店管理学院、湖南农业大学东方科技学院、云南大学旅游文化学院、郑州升达经贸管理学院、西安建筑科技大学华清学院、江西农业大学南昌商学院、杭州电子科技大学信息工程学院、浙江理工大学科技与艺术学院、江西财经大学现代经济管理学院、安阳师范学院人文管理学院、太原理工大学现代科技学院、广西大学行健文理学院、河北农业大学现代科技学院、内蒙古师范大学鸿德学院、上海外国语大学贤达经济学院、长春工业大学人文信息学院、西安财经学院行知学院、河南大学、宁波大红鹰学院、温州肯恩大学、铜陵学院、郑州财经学院、广东科技学院、香港中文大学(深圳)、海口经济学院、四川旅游学院

◆专业名称:财务管理

◆专业代码:120204

培养目标:本专业培养具备管理、经济、法律和理财、金融等方面的知识和能力,能在工商、金融企业、事业单位及政府部门从事财务、金融管理以及教学、科研方面工作的财务管理学科高级专门人才。

培养要求:本专业学生主要学习财务、金融管理方面的基本理论和基本知识,受到财务、金融管理方法和技巧方面的基本训练,具有分析和解决财务、金融问题的基本能力。

毕业生应获得以下几方面的知识和能力：

1.掌握管理学、经济学和财务与金融的基本理论和基本知识；

2.掌握财务、金融管理的定性和定量的分析方法；

3.具有较强的语言与文字表达、人际沟通、信息获取以及分析和解决财务、金融管理实际问题的基本能力；

4.熟悉我国有关财务、金融管理的方针、政策和法规；

5.了解本学科的理论前沿和发展动态；

6.掌握文献检索、资料查询的基本方法，具有一定的科学研究和实际工作能力。

主干学科：经济学、工商管理

主要课程：管理学、微观经济学、宏观经济学、管理信息系统、统计学、会计学、财务管理、市场营销、经济法、中级财务管理、高级财务管理、商业银行经营管理等。

实践环节：包括计算机模拟、教学实习等，一般安排10~12周。

修业年限：四年

授予学位：管理学学士

就业方向：毕业生适合在政府各级财务、税务、审计等经济管理部门从事相关业务工作；也适合在大中型企业、银行、保险及信托等各类企事业单位从事财务管理、会计、审计等工作；适合在会计师事务所、资产评估事务所从事审计、资产评估、投资分析、咨询和策划工作；适合在各级院校、科研机构从事相应的教学与科研工作。

开设学校：浙江大学（教育部直属、985大学、211大学）、四川大学（教育部直属、985大学、211大学）、厦门大学（教育部直属、985大学、211大学）、复旦大学（教育部直属、985大学、211大学）、渤海大学、上海大学（211大学）、武汉大学（教育部直属、985大学、211大学）、宿迁学院、太原学院、河套学院、南宁学院、池州学院、成都学院、文山学院、保山学院、商丘学院、长春大学、湘潭大学、西藏大学（211大学）、青海大学（211大学）、怀化学院、湘南学院、嘉应学院、惠州学院、红河学院、巢湖学院、合肥学院、黄山学院、铜陵学院、海南大学（211大学）、青岛大学、许昌学院、三峡大学、长江大学、莆田学院、闽江学院、华侨大学、重庆大学（教育部直属、985大学、211大学）、苏州大学（211大学）、广西大学（211大学）、福州大学（211大学）、东华大学（教育部直属、211大学）、中南大学（教育部直属、985大学、211大学）、吉林大学（教育部直属、985大学、211大学）、长安大学（教育部直属、211大学）、济南大学、郑州大学（211大学）、天津大学（教育部直属、985大学、211大学）、安徽大学（211大学）、嘉兴学院、昌吉学院、西华大学、沈阳大学、台州学院、温州大学、扬州大学、江苏大学、常州大学、辽东学院、宜春学院、九江学院、宿州学院、三江学院、百色学院、梧州学院、丽水学院、钦州学院、滁州学院、枣庄学院、龙岩学院、西京学院、滨州学院、长沙学院、昆明学院、榆林学院、宜宾学院、文华学院、三亚学院、菏泽学院、安康学院、三明学院、泰山学院、唐山学院、邢台学院、西昌学院、运城学院、晋中学院、贵州大学（211大学）、新余学院、江汉大学、青海民族大学、云南财经大学、石家庄经济学院、中国政法大学（教育部直属、211大学）、首都师范大学、山东科技大学、贵州财经大学、内蒙古财经大学、中国地质大学（教育部直属、211大学）、中国石油大学（教育部直属、211大学）、中山大学（教育部直属、985大学、211大学）、南京理工大学（211大学）、江西财经大学、杭州电子科技大学、华东理工大学（教育部直属、211大学）、武汉理工大学（教育部直属、211大学）、西北大学（211大学）、浙江工商大学、浙江海洋学院、安徽农业大学、天津商业大学、天津理工大学、中国人民大学（教育部直属、985大学、211大学）、南开大学（教育部直属、985大学、211大学）、河北科技大学、河北经贸大学、湖南师范大学（211大学）、河北科技大学理工学院、青岛理工大学琴岛学院、中国信息大学、贵州财经大学商务学院、上海大学ACCA国际项目、山东广播电视大学、南京人口管理干部学院、天津天狮学院、云南工商学院、嘉兴学院南湖学院、湘潭大学兴湘学院、安阳师范学院、华北电力大学（教育部直属、211大学）、中国石油大学（北京）（教育部直属、211大学）、齐齐哈尔工程学院、宁波诺丁汉大学、天水师范学院、湖北工业大学商贸学院、武汉工商学院、武汉大学珞珈学院、武昌工学院、湖北师范学院文理学院、湖南女子学院、武汉生物工程学院、湖南财政经济学院、闽南理工学院、福建农林大学东方学院、福建农林大学金山学院、福州大学至诚学院、厦门大学嘉庚学院、福建师范大学协和学院、福州大学阳光学院、山东万杰医学院、潍坊科技学院、中国石油大学胜利学院、山东英才学院、广东技术师范学院天河学院、华南农业大学珠江学院、广东财经大学华商学院、北京师范大学珠海分校、广州商学院、山西大学商务学院、兰州工业学院、吉林工商学院、吉林警察学院、天津大学仁爱学院、吉林建筑大学城建学院、安徽三联学院、安徽文达信息工程学院、安徽新华学院、合肥师范学院、苏州大学应用技术学院、江苏师范大学科文学院、扬州大学广陵学院、西安交通大学城市学院、南京审计学院金审学院、哈尔滨石油学院、黑龙江财经学院、哈尔滨剑桥学院、哈尔滨华德学院、南京工业大学浦江学院、南京大学金陵学院、山东女子学院、北京第二外国语学院、西安科技大学高新学院、西安理工大学高科学院、兴义民族师范学院、齐鲁师范学院、山东青年政治学院、宁夏大学新华学院、福建江夏学院、新疆财经大学商务学院、广东海洋大学寸金学院、成都理工大学工程技术学院、电子科技大学中山学院、长沙理工大学城南学院、湖南科技大学潇湘学院、湖南工业大学科技学院、湖南商学院北津学院、仲恺农业工程学院、云南大学滇池学院、四川大学锦江学院、西南交通大学希望学院、西南财经大学天府学院、四川大学锦城学院、西南科技大学城市学院、山东管理学院、山东财经大学燕山学院、张家口学院、河南牧业经济学院、广东科技学院、河北联合大学轻工学院、广西外国语学院、安徽外国语学院、福州外语外贸学院、河北科技学院、山西工商学院、无锡太湖学院、贵州大学科技学院、贵州大学明德学院、宁夏理工学院、陕西科技大学镐京学院、西安欧亚学院、陕西国际商贸学院、西北大学现代学院、云南师范大学文理学院、青岛黄海学院、安徽财经大学商学院、阜阳师范学院信息工程学院、安徽大学江淮学院、安徽师范大学皖江学院、南昌大学科学技术学院、河海大学文天学院、华侨大学厦门工学院、浙江农林大学暨阳学院、绍兴文理学院元培学院、浙江师范大学行知学院、同济大学浙江学院、上海财经大学浙江学院、温州大学城市学院、宁波大红鹰学院、浙江工商大学杭州商学院、中国计量学院现代科技学院、浙江财经大学东方学院、郑州成功财经学院、郑州科技学院、湖北民族学院科技学院、江汉大学文理学院、东华理工大学长江学院、赣南师范学院科技学院、内蒙古大学创业学院、长春财经学院、长春光华学院、长春大学旅游学院、山西财经大学华商学院、中北大学信息商务学院、北京科技大学天津学院、天津商业大学宝德学院、天津理工大学中环信息学院、天津财经大学珠江学院、广西师范大学漓江学院、广西民族师范学院、浙江大学城市学院、浙江工业大学之江学院、浙江大学宁波理工学院、大连东软信息学院、沈阳城市学院、兰州商学院陇桥学院、甘肃民族师范学院、兰州理工大学技术工程学院、辽宁财贸学院、长春理工大学、长春工业大学、西安财经学院、长春师范大学、湖南科技大学、吉林农业大学、西安邮电大学、陕西理工学院、渭南师范学院、白城师范学院、吉林财经大学、吉林工程技术师范学院、通化师范学院、衡阳师范学院、湖南商学院、湖南文理学院、中南财经政法大学(教育部直属、211大学)、吉林建筑大学、长春工程学院、长沙理工大学、吉林师范大学、湖南工业大学、上海工程技术大学、广东财经大学、上海对外经贸大学、上海立信会计学院、上海第二工业大学、安徽师范大学、广东外语外贸大学、广东海洋大学、西南林业大学、云南民族大学、昆明理工大学、楚雄师范学院、玉溪师范学院、安徽科技学院、淮南师范学院、淮北师范大学、上海杉达学院、安徽财经大学、陕西师范大学(教育部直属、211大学)、皖西学院、甘肃政法学院、兰州商学院、内蒙古工业大学、青岛科技大学、青岛理工大学、兰州交通大学、南阳师范学院、兰州理工大学、周口师范学院、青岛农业大学、河南财经政法大学、甘肃农业大学、山东财经大学、山东交通学院、广西科技大学、桂林电子科技大学、山东农业大学、山东理工大学、玉林师范学院、内蒙古农业大学、曲阜师范大学、贵州师范大学、山东建筑大学、山东工商学院、哈尔滨商业大学、湖北汽车工业学院、湖北师范学院、黑龙江工程学院、湖北民族学院、湖北经济学院、哈尔滨学院、东北石油大学、齐齐哈尔大学、黑龙江八一农垦大学、哈尔滨理工大学、中南民族大学、武汉纺织大学、福建师范大学、仰恩大学、黄河科技学院、西藏民族学院、西北民族大学、郑州航空工业管理学院、闽南师范大学、河南大学、郑州轻工业学院、黑龙江东方学院、湖北科技学院、河南农业大学、河南理工大学、暨南大学(211大学)、河海大学(211大学)、南京师范大学(211大学)、华南师范大学(211大学)、四川农业大学(211大学)、西南财经大学(211大学)、南京审计学院、江苏理工学院、淮阴工学院、南京工程学院、常州工学院、南京晓庄学院、上海财经大学(211大学)、华中科技大学(教育部直属、985大学、211大学)、湖南大学(教育部直属、985大学、211大学)、对外经济贸易大学(教育部直属、211大学)、大连海事大学(211大学)、内蒙古大学(211大学)、哈尔滨工业大学985大学(211大学)、云南大学(211大学)、天津外国语大学、中国民航大学、天津工业大学、天津财经大学、天津科技大学、中国海洋大学(教育部直属、985大学、211大学)、安徽工业大学、新疆财经大学、浙江农林大学、湖州师范学院、浙江科技学院、中国计量学院、辽宁科技大学、成都理工大学、东北财经大学、西南民族大学、山西财经大学、中北大学、山西师范大学、成都信息工程学院、广东工业大学、忻州师范学院、浙江万里学院、浙江财经大学、四川师范大学、江西农业大学、景德镇陶瓷学院、江西师范大学、东华理工大学、华东交通大学、南京邮电大学、盐城工学院、淮海工学院、南京信息工程大学、江西理工大学、江苏师范大学、江苏科技大学、南京财经大学、大连民族学院、石河子大学(211大学)、大连外国语大学、赣南师范学院、长江师范学院、江西科技师范大学、上饶师范学院、井冈山大学、四川外国语大学、辽宁理工学院、武汉东湖学院、洛阳理工学院、中南财经政法大学武汉学院、中国地质大学长城学院、武汉科技大学城市学院、电子科技大学成都学院、太原工业学院、三峡大学科技学院、武汉工程科技学院、东南大学成贤学院、青岛滨海学院、辽宁对外经贸学院、湖南涉外经济学院、南京财经大学红山学院、常熟理工学院、西安翻译学院、上海师范大学天华学院、重庆文理学院、沈阳工程学院、广东金融学院、湖北理工学院、徐州工程学院、金陵科技学院、湖北经济学院法商学院、广西财经学院、上海商学院、大庆师范学院、上海政法学院、武汉科技大学、阜阳师范学院、安庆师范学院、吉林农业科技学院、上海电机学院、塔里木大学、武昌首义学院、北京邮电大学世纪学院、中原工学院信息商务学院、中山大学南方学院、陇东学院、武汉理工大学华夏学院、淮阴师范学院、厦门理工学院、重庆工商大学、湖南人文科技学院、荆楚理工学院、郑州工业应用技术学院、济南大学泉城学院、烟台大学文经学院、南京师范大学泰州学院、重庆师范大学涉外商贸学院、重庆工商大学派斯学院、重庆工商大学融智学院、重庆邮电大学移通学院、北京交通大学海滨学院、兰州交通大学博文学院、常州大学怀德学院、青海大学昆仑学院、石家庄铁道大学四方学院、华北电力大学科技学院、河北经贸大学经济管理学院、河北大学工商学院、信阳师范学院华锐学院、河南师范大学新联学院、河南城建学院、大连财经学院、山东财经大学东方学院、河南工程学院、北京理工大学珠海学院、广州大学华软软件学院、黑龙江外国语学院、兰州商学院长青学院、河北科技师范学院、中山大学新华学院、云南师范大学商学院、广州大学松田学院、长春科技学院、山东政法学院、吉林师范大学博达学院、燕京理工学院、南京信息工程大学滨江学院、海口经济学院、四川师范大学成都学院、长春建筑学院、湖北第二师范学院、河北金融学院、哈尔滨金融学院、沧州师范学院、河北外国语学院、成都东软学院、黑龙江工业学院、北京联合大学、中国青年政治学院、中国劳动关系学院、中央财经大学(教育部直属、211大学)、北京工商大学、中华女子学院、北京物资学院、北京印刷学院、齐鲁工业大学、北方民族大学、廊坊师范学院、河北建筑工程学院、河北北方学院、山东师范大学、攀枝花学院、广东白云学院、广东培正学院、广东技术师范学院、四川文理学院、四川民族学院、辽宁工程技术大学、江西科技学院、西安外事学院、西安思源学院、南昌工程学院、北京信息科技大学、首都经济贸易大学、安阳工学院、南阳理工学院、湖北大学、湖北工业大学、黑龙江科技大学、上海应用技术学院、上海海事大学、上海师范大学、西安交通大学(教育部直属、985大学、211大学)、安徽建筑大学、上海金融学院、北京化工大学(教育部直属、211大学)、重庆理工大学、北京华夏管理学院、江苏大学京江学院、哈尔滨工业大学(威海)、北京理工大学房山分校培训中心、哈尔滨广厦学院、苏州科技学院天平学院、辽宁科技大学信息技术学院、华南理工大学广州学院、广西科技大学鹿山学院、北京航空航天大学北海学院、湖北工业大学工程技术学院、湖北汽车工业学院科技学院、广东外语外贸大学南国商学院、广东工业大学华立学院、西安工业大学北方信息工程学院、哈尔滨远东理工学院、东北农业大学成栋学院、桂林理工大学博文管理学院、东莞理工学院城市学院、成都信息工程学院银杏酒店管理学院、云南大学旅游文化学院、郑州升达经贸管理学院、安徽建筑大学城市建设学院、安徽工业大学工商学院、安徽农业大学经济技术学院、杭州电子科技大学信息工程学院、景德镇陶瓷学院科技艺术学院、江西财经大学现代经济管理学院、江西农业大学南昌商学院、安阳师范学院人文管理学院、山西师范大学现代文理学院、山西农业大学信息学院、广西大学行健文理学院、桂林电子科技大学信息科技学院、北京工业大学耿丹学院、河北农业大学现代科技学院、内蒙古师范大学鸿德学院、长春工业大学人文信息学院、西安财经学院行知学院、南开大学

滨海学院、北京第二外国语学院中瑞酒店管理学院

◆专业名称:国际商务
◆专业代码:120205

培养目标:本专业培养具备国际贸易基础知识与基本技能,能从事对外经济贸易活动及其他系统的涉外经济活动的高级技术应用型专门人才。

培养要求:国际商务专业学生应掌握马克思主义经济学的基本理论和方法;西方经济学、国际经济学的理论和方法;国际商事活动的基本知识和基本技能;国际市场营销的本领;能运用计量、统计、分析方法进行分析和研究;了解国际经济学、国际贸易理论发展的动态;了解主要国家和地区的经济发展情况及贸易政策和发展动态;了解中国的经济政策和法规的发展动态;能够熟练地掌握商务英语,具有听、说、读、写、译的基本能力;能利用计算机和其他经济分析工具从事涉外经济工作。

毕业生应获得以下几方面的知识和能力:

1.掌握马克思主义经济学的基本理论和方法;

2.掌握西方经济学、国际经济学的理论和方法;

3.掌握国际商事活动的基本知识和基本技能;

4.掌握国际市场营销的本领;

5.能运用计量、统计、分析方法进行分析和研究;

6.了解国际经济学、国际贸易理论发展的动态;

7.了解主要国家和地区的经济发展情况及贸易政策和发展动态;

8.了解中国的经济政策和法规的发展动态;

9.能够熟练地掌握商务英语,具有听、说、读、写、译的基本能力;

10.能利用计算机和其他经济分析工具从事涉外经济工作。

主干学科:工商管理、经济贸易

主要课程:西方经济学、国际贸易理论与政策、国际贸易实务、国际商法、国际结算、海关业务、外贸函电、国际市场营销、电子商务概论、外贸制单、外贸谈判技巧、外贸企业认识实习、课程实训、外贸企业管理。

实践环节:岗位顶岗实习、毕业实习、毕业论文等,以及各校的主要特色课程和实践环节。

修业年限:四年

授予学位:管理学士

就业方向:在外贸企业从事与国际贸易有关的业务工作或经营管理工作,可从事进出口贸易、报关、结算、跟单函电处理等商务工作。

开设学校:临沂大学、南京大学(教育部直属、985大学、211大学)、青岛大学、华侨大学、扬州大学、辽东学院、云南财经大学、江西师范大学、上海财经大学(教育部直属、211大学)、上海外国语大学(教育部直属、211大学)、南开大学(教育部直属、985大学、211大学)、吉林大学—莱姆顿学院、宁波诺丁汉大学、金陵科技学院、武昌工学院、武汉工商学院、湖南财政经济学院、厦门大学嘉庚学院、福建师范大学协和学院、烟台南山学院、山东英才学院、广东财经大学华商学院、黑龙江财经学院、浙江外国语学院、成都文理学院、青岛工学院、四川大学锦城学院、山东财经大学燕山学院、安徽外国语学院、安徽财经大学商学院、阜阳师范学院信息工程学院、浙江越秀外国语学院、长春财经学院、浙江大学城市学院、辽宁财贸学院、中南财经政法大学(教育部直属、211大学)、吉林财经大学、中南林业科技大学、上海第二工业大学、广东财经大学、上海金融学院、广东外语外贸大学、、安徽财经大学、兰州商学院、青岛理工大学、河南财经政法大学、学山东财经大学、广西科技大学、山东工商学院、湖北经济学院、暨南大学(211大学)、西南财经大学(教育部直属、211大学)、华中科技大学(教育部直属、985大学、211大学)、云南大学(211大学)、天津财经大学、安徽工业大学、新疆财经大学、杭州师范大学、辽宁师范大学、新疆农业大学、浙江万里学院、浙江工商大学、大连民族学院、湖南涉外经济学院、宁波工程学院、上海师范大学天华学院、湖北经济学院法商学院、广西财经学院、北京工商大学嘉华学院、中山大学南方学院、厦门理工学院、重庆工商大学、重庆工商大学融智学院、重庆工商大学派斯学院、山东财经大学东方学院、兰州商学院长青学院、上海海关学院、成都工业学院、中央财经大学(教育部直属、211大学)、中国政法大学(教育部直属、211大学)、齐鲁工业大学、江西应用科技学院、广东技术师范学院、上海对外经贸大学、北京联合大学、江西财经大学、天津外国语大学、广东工业大学华立学院、华南农业大学珠江学院、武汉工程大学邮电与信息工程学院、南京信息工程大学滨江学院、广东海洋大学寸金学院、中南大学继续教育学院、中国人民大学HND项目、华南理工大学广州学院、广州华立科技职业学院、中原工学院信息商务学院、北京联合大学应用文理学院、广东外

语外贸大学南国商学院、西安工业大学北方信息工程学院、上海立信会计学院

◆专业名称：人力资源管理
◆专业代码：120206

培养目标：培养具备管理、经济、法律及人力资源管理等方面的知识和能力，能在事业单位及政府部门从事人力资源管理以及教学、科研方面工作的人力资源管理学科高级专门人才。

培养要求：学习管理学、经济学及人力资源管理方面的基本理论和基本知识，受到人力资源管理方法与技巧方面的基本训练，具有分析和解决人力资源管理问题的基本能力。

毕业生应获得以下几方面的知识和能力：

1.掌握管理学、经济学及人力资源管理的基本理论、基本知识；

2.掌握人力资源管理的定性、定量分析方法；

3.具有较强的语言与文字表达、人际沟通、组织协调及领导能力；

4.熟悉与人力资源管理有关的方针、政策及法规；

5.了解本学科的理论前沿与发展动态；

6.掌握文献检索、资料查询的基本方法，具有一定的科学研究和实际工作能力。

主干学科：经济学、工商管理

主要课程：管理学、微观经济学、宏观经济学、管理信息系统，统计学、会计学、财务管理、市场营销、经济法、人力资源管理、组织行为学、劳动经济学。

实践环节：包括课程实习与毕业实习，一般安排10~12周。

修业年限：四年

授予学位：管理学学士

就业方向：毕业生除在国内著名高校攻读硕士学位或出国留学以外，主要在跨国公司、民营企业、国有企业、咨询公司等，从事人力资源管理工作，如人力资源规划、工作分析、招聘与甄选、培训管理、职业生涯管理、薪酬与福利管理。

开设学校：海南大学（211大学）、武汉工商学院、广东工业大学华立学院、佛山科学技术学院、渭南师范学院、青海大学（211大学）、青海民族大学、西安石油大学、河北师范大学、石家庄经济学院、中国政法大学（教育部直属、211大学）、北京工商大学、西北师范大学、仰恩大学、贵州财经大学、贵州民族大学、桂林理工大学、内蒙古财经大学、重庆大学（教育部直属、985大学、211大学）、浙江大学（教育部直属、985大学、211大学）、上海交通大学（教育部直属、985大学、211大学）、中山大学（教育部直属、985大学、211大学）、四川大学（教育部直属、985大学、211大学）、厦门大学（教育部直属、985大学、211大学）、南京理工大学（211大学）、中国矿业大学（教育部直属、211大学）、江西财经大学、杭州电子科技大学、重庆师范大学、长江师范学院、上海财经大学（教育部直属、211大学）、华东理工大学（教育部直属、211大学）、华中科技大学（教育部直属、985大学、211大学）、武汉理工大学（教育部直属、211大学）、东北师范大学（教育部直属、211大学）、大连理工大学（教育部直属、985大学、211大学）、沈阳建筑大学（211大学）、大连海洋大学、东北财经大学、西北大学（211大学）、北京大学（教育部直属、985大学、211大学）、云南大学（211大学）、浙江工商大学、浙江理工大学、华南师范大学（211大学）、兰州大学（教育部直属、985大学、211大学）、天津商业大学、江南大学（教育部直属、211大学）、武汉大学（教育部直属、985大学、211大学）、南开大学（教育部直属、985大学、211大学）、青海大学昆仑学院、贵州财经大学商务学院、山东师范大学历山学院、南京人口管理干部学院、嘉兴学院南湖学院、湘潭大学兴湘学院、安阳师范学院、西南大学（教育部直属、211大学）、华北电力大学（教育部直属、211大学）、南通大学、金陵科技学院、武昌工学院、湖北大学知行学院、长江大学文理学院、湖南女子学院、湖南财政经济学院、新乡学院、闽南理工学院、福建农林大学金山学院、福建农林大学东方学院、福建师范大学协和学院、潍坊科技学院、华南理工大学广州学院、广东财经大学华商学院、桂林航天工业学院、吉林工商学院、山西大学商务学院、安徽新华学院、池州学院、合肥师范学院、扬州大学广陵学院、苏州科技学院天平学院、苏州大学文正学院、西安交通大学城市学院、黑龙江财经学院、哈尔滨华德学院、哈尔滨剑桥学院、哈尔滨广厦学院、南京理工大学紫金学院、中国矿业大学银川学院、山东青年政治学院、山东女子学院、衢州学院、福建江夏学院、新疆财经大学商务学院、湖南科技大学潇湘学院、电子科技大学中山学院、吉首大学张家界学院、仲恺农业工程学院、云南大学滇池学院、西南财经大学天府学院、四川大学锦江学院、西南交通大学希望学院、四川大学锦城学

院、山东财经大学燕山学院、广西外国语学院、南昌工学院、商丘学院、山西工商学院、无锡太湖学院、陕西国际商贸学院、陕西科技大学镐京学院、西安欧亚学院、西北大学现代学院、安徽财经大学商学院、上海财经大学浙江学院、河南科技学院新科学院、内蒙古大学创业学院、长春财经学院、山西财经大学华商学院、天津财经大学珠江学院、大连东软信息学院、沈阳城市学院、沈阳城市建设学院、西北师范大学知行学院、广西民族师范学院、西安培华学院、西安财经学院、西北政法大学、湖南科技大学、长沙理工大学、湘潭大学、吉首大学、西安邮电大学、西安工程大学、陕西科技大学、西安工业大学、陕西理工学院、青海师范大学、宝鸡文理学院、中南财经政法大学(教育部直属、211大学)、吉林财经大学、吉林工程技术师范学院、湖南商学院、黑龙江大学、邵阳学院、华中农业大学(教育部直属、211大学)、湖南理工学院、吉林师范大学、中南林业科技大学、湘南学院、湖南城市学院、湖南工程学院、上海工程技术大学、上海师范大学、广东财经大学、安徽建筑大学、安徽师范大学、安徽工程大学、东莞理工学院、广州大学、岭南师范学院、韩山师范学院、韶关学院、云南民族大学、云南财经大学、西安理工大学、陕西师范大学(教育部直属、211大学)、淮北师范大学、铜陵学院、黄山学院、延安大学、安徽财经大学、甘肃政法学院、内蒙古科技大学、青岛大学、兰州商学院、内蒙古工业大学、曲阜师范大学、河南财经政法大学、周口师范学院、聊城大学、许昌学院、广西科技大学、山东财经大学、山东科技大学、广西民族大学、广西师范学院、内蒙古师范大学、海南师范大学、桂林电子科技大学、广西师范大学、黔南民族师范学院、山东工商学院、哈尔滨商业大学、东北石油大学、哈尔滨理工大学、湖北大学、黑龙江八一农垦大学、长江大学、三峡大学、黄河科技学院、西藏民族学院、新乡医学院、闽南师范大学、莆田学院、河南大学、福建农林大学、华侨大学、河南理工大学、南京农业大学(教育部直属、211大学)、南昌大学(211大学)、苏州大学(211大学)、南京师范大学(211大学)、河海大学(教育部直属、211大学)、暨南大学(211大学)、四川农业大学(211大学)、西南财经大学(教育部直属、211大学)、东北农业大学(211大学)、南京审计学院、江苏理工学院、南京工程学院、吉林大学(教育部直属、985大学、211大学)、华东师范大学(教育部直属、985大学、211大学)、辽宁大学(211大学)、中国人民大学(教育部直属、985大学、211大学)、西安电子科技大学(教育部直属、211大学)、河北经贸大学、湖南师范大学(211大学)、北京师范大学(教育部直属、985大学、211大学)、对外经济贸易大学(教育部直属、211大学)、内蒙古大学(211大学)、北京林业大学(教育部直属、211大学)、天津工业大学、天津外国语大学、天津职业技术师范大学、天津科技大学、天津财经大学、郑州大学(211大学)、安徽工业大学、安徽大学(211大学)、安徽理工大学、西华大学、嘉兴学院、新疆财经大学、沈阳师范大学、沈阳大学、新疆农业大学、新疆师范大学、西南民族大学、成都理工大学、山西财经大学、四川理工学院、深圳大学、广东工业大学、浙江财经大学、成都信息工程学院、西华师范大学、扬州大学、江西师范大学、江苏大学、南京工业大学、江苏科技大学、南京邮电大学、华东交通大学、常州大学、南京信息工程大学、苏州科技学院、江西理工大学、南京财经大学、大连民族学院、大连工业大学、大连大学、宜春学院、重庆理工大学、赣南师范学院、辽东学院、石河子大学(211大学)、四川外国语大学、武昌理工学院、武汉东湖学院、宿州学院、电子科技大学成都学院、三峡大学科技学院、辽宁对外经贸学院、重庆人文科技学院、贵州工程应用技术学院、山东大学威海分校、济宁医学院、河北科技师范学院、湖南涉外经济学院、西安翻译学院、安徽中医药大学、广东金融学院、河池学院、昆明学院、广西财经学院、重庆科技学院、武汉科技大学、阜阳师范学院、塔里木大学、中山大学南方学院、淮阴师范学院、哈尔滨师范大学、重庆工商大学、湖南人文科技学院、郑州工业应用技术学院、重庆大学城市科技学院、吉林大学珠海学院、常州大学怀德学院、大连财经学院、河南工程学院、河南大学民生学院、黑龙江外国语学院、三亚学院、兰州商学院长青学院、广州大学松田学院、吉林师范大学博达学院、长春科技学院、海口经济学院、燕京理工学院、四川师范大学成都学院、浙江水利水电学院、河北金融学院、哈尔滨金融学院、保定学院、中国劳动关系学院、中央财经大学(教育部直属、211大学)、北京联合大学、中华女子学院、北京物资学院、北京语言大学教育部直属、泰山学院、泰山医学院、北方民族大学、齐鲁工业大学、北京城市学院、廊坊师范学院、衡水学院、河北北方学院、山东师范大学、晋中学院、贵州大学(211大学)、肇庆学院、广东培正学院、广东技术师范学院、四川文理学院、四川民族学院、西安思源学院、西安外事学院、南昌理工学院、河南科技学院、首都经济贸易大学、北京信息科技大学、河南师范大学、中南民族大学、华中师范大学(教育部直属、211大学)、武汉纺织大学、湖南工业大学、河南工业大学、湖北工业大学、湖北经济学院、上海对外经贸大学、上海金融学院、广东药学院、广东外语外贸大学、华南农业大学、北京第二外国语学院HND项目、北华航天工业学院、汕头大学、河北师范大学汇华学院、北京华夏管理学院、重庆师范大学涉外商贸学院、北京理工大学房山分校培训中心、贵州民族大学人文科技学院、新疆农业大学科学技术学院、广东海洋大学寸金学院、首都师范大学继续教育学院、对外经济贸易大学远程教育学院、北京航空航天大学北海学院、武汉学院、武汉工程科技学院、北京师范大学-香港浸会大学联合国际学院、湖北文理学院理工学院、新乡医学院三全学院、北京师范大学珠海分校、广东技术师范学院天河学院、东北师范大学人文学院、西安工业大学北方信息工程学院、江苏科技大学苏州理工学院、南京工业大学浦江学院、内蒙古科技大学包头师范学院、东莞理工学院城市学院、成都信息工程学院银杏酒店管理学院、湖南师范大学树达学院、湖南商学院北津学院、湖南工程学院应用技术学院、湖南理工学院南湖学院、大连理工大学盘锦校区、郑州升达经贸管理学院、安徽建筑大学城市建设学院、淮北师范大学信息学院、河海大学文天学院、江西农业大学南昌商学院、杭州电子科技大学信息工程学院、浙江理工大学科技与艺术学院、浙江工商大学杭州商学院、浙江财经大学东方学院、江西财经大学现代经济管理学院、华东交通大学理工学院、安阳师范学院人文管理学院、天津师范大学津沽学院、天津商业大学宝德学院、桂林电子科技大学信息科技学院、兰州商学院陇桥学院、郑州航空工业管理学院、沈阳航空航天大学、武汉科技大学城市学院、中南林业科技大学涉外学院、河南理工大学万方科技学院、南京理工大学泰州科技学院、南京财经大学红山学院、湖北经济学院法商学院、南京师范大学泰州学院、华中农业大学楚天学院、河北大学工商学院、河北经贸大学经济管理学院、河南师范大学新联学院、山东财经大学东方学院、南京信息工程大学滨江学院、长春工业大学人文信息学院、西安财经学院行知学院、吉林华桥外国语学院

◆专业名称:审计学
◆专业代码:120207

培养目标:本专业培养面向基层、面向管理一线、牢固掌握相应的专业知识和专业技能,具有扎实的财会、审计专业知识,熟练掌握企业会计手工和微机操作的基本技能、审计技能,既有一定的财会、审计理论水平,又有较强的动手能力的高级审计专业技术人才。

培养要求:审计学专业培养具备管理、经济、法律、会计和审计等方面的知识和能力,能在国家审计机关、部门及各单位内部的审计机构和社会审计组织从事审计工作以及在学校、研究单位从事教学和研究工作的德才兼备的高级专门人才。该专业学生主要学习会计、审计等方面的基本理论和基本知识,受到会计、审计方法和技巧方面的基本训练,具有分析和解决会计、审计问题的基本能力。

毕业生应获得以下几方面的知识和能力:

1.系统地掌握审计基本理论、专业知识和操作技能;

2.掌握审计的定性和定量的分析方法;

3.熟悉国家有关法规和政策,了解国内外审计学科的现状和发展趋势;

4.能运用计算机处理有关会计和审计业务,尤其是具有较强的调查研究、综合分析和解决实际问题的能力,并有较强的外语和语言文字能力;

5.了解本学科的理论前沿和发展动态;

6.掌握文献检索、资料查询的基本方法,具有一定的科学研究和实际工作能力。

主要课程:微观经济学、宏观经济学、管理学原理、管理信息系统、经济法、税法、财务会计、成本会计、财务管理、内部控制审计、财务审计、管理审计、建设项目审计、计算机审计、法务会计等。

实践环节:军事训练、劳动教育、学年论文、专业综合模拟实验、毕业实习、毕业论文。

修业年限:四年

授予学位:管理学士

就业方向:可到大中型企业和跨国公司从事内部审计工作,可在政府审计机关和司法机关从事审计检查与鉴定工作,也可在会计师事务所、律师事

务所、资产评估公司等中介机构从事审计服务与咨询工作,还可以在学校和科研部门从事教学和科研工作。

开设学校:浙江大学(教育部直属、985大学、211大学)、湘潭大学、惠州学院、铜陵学院、西华大学、九江学院、石家庄经济学院、仰恩大学、贵州财经大学、内蒙古财经大学、杭州电子科技大学、浙江工商大学、河北经贸大学、贵州财经大学商务学院、云南工商学院、湖南财政经济学院、广州商学院、吉林工商学院、安徽文达信息工程学院、南京审计学院金审学院、哈尔滨广厦学院、黑龙江财经学院、山东青年政治学院、福建江夏学院、成都文理学院、成都理工大学工程技术学院、西南财经大学天府学院、四川大学锦江学院、四川大学锦城学院、山东管理学院、山东财经大学燕山学院、福州外语外贸学院、广西外国语学院、西安欧亚学院、安徽财经大学商学院、同济大学浙江学院、温州大学城市学院、浙江财经大学东方学院、郑州成功财经学院、天津财经大学珠江学院、兰州商学院陇桥学院、辽宁财贸学院、西安培华学院、西安财经学院、西安邮电大学、西安外国语大学、吉林财经大学、湖南商学院、广东财经大学、上海对外经贸大学、上海立信会计学院、广东外语外贸大学、云南财经大学、安徽财经大学、兰州商学院、河南财经政法大学、山东财经大学、山东交通学院、山东工商学院、哈尔滨商业大学、湖北经济学院、福建工程学院、郑州航空工业管理学院、西南财经大学(教育部直属、211大学)、南京审计学院、天津财经大学、安徽工业大学、新疆财经大学、山西财经大学、浙江财经大学、四川师范大学、西南政法大学、南京财经大学、重庆理工大学、石河子大学(部团共建、211大学)、四川外国语大学、电子科技大学成都学院、南京财经大学红山学院、广东金融学院、广西财经学院、上海政法学院、北京工商大学嘉华学院、中山大学南方学院、淮阴师范学院、重庆工商大学、重庆工商大学融智学院、重庆工商大学派斯学院、河北经贸大学经济管理学院、大连财经学院、河南工程学院、兰州商学院长青学院、中山大学新华学院、青岛理工大学琴岛学院、海口经济学院、河北金融学院、哈尔滨金融学院、上海海关学院、中华女子学院、广东培正学院、广东白云学院、南昌工程学院、北京信息科技大学、郑州升达经贸管理学院、江西农业大学南昌商学院、广西大学行健文理学院、上海金融学院

◆专业名称:资产评估
◆专业代码:120208

培养目标:资产评估专业培养既具有必要理论知识,又具有较强实践能力,能够"下得去、用得上、留得住、上手快",具备资产评估与管理的实践能力,具有较强综合素质和职业岗位能力,并初步具备创新精神和创业能力,能将科技成果或宏伟蓝图转化为生产力,具有健全的心理品质和健康体魄,爱岗敬业的高素质高技能的专门人才。

培养要求:资产评估专业学生主要学习会计、审计等方面的基本理论和基本知识,受到会计、审计方法和技巧方面的基本训练,具有分析和解决资产评估问题的基本能力。

毕业生应获得以下几方面的知识和能力:

1.系统地掌握审计、会计的基本理论、专业知识和操作技能;

2.掌握审计的定性和定量的分析方法;

3.熟悉国家有关法规和政策,了解国内外资产评估学科的现状和发展趋势;

4.具有较强的调查研究、综合分析和解决实际问题的能力,并有较强的外语和语言文字能力;

5.了解本学科的理论前沿和发展动态;

6.掌握文献检索、资料查询的基本方法,具有一定的科学研究和实际工作能力。

主要课程:经济法、财务会计、财务管理、统计学、金融学、保险学、投资学、财政学、税法、资产评估原理、建筑工程概论、机电设备评估、建筑工程评估、企业资产评估、审计学、国有资产管理、企业价值评估、房地产评估、无形资产评估、国际评估准则等。

修业年限:四年

授予学位:管理学学士

就业方向:在政府资产管理部门、土地管理部门、财政局、国税局、地税局等从事资产管理及财务税收工作;在各类资产评估事务所、会计师事务所、税务事务所以及咨询机构就业;在企事业单位、金融证券投资公司、房地产开发机构、典当拍卖机构从事资产评估与管理及财务税收、企业管理工作。

开设学校:中央财经大学、北京物资学院、首都经济贸易大学、北京电子科技职业学院、北京城市学

院、北京交通大学、中国人民大学、河北工业大学、河北金融学院、河北经贸大学、河北建材职业技术学院、秦皇岛职业技术学院、河北工程技术高等专科学校、山西财经大学、山西大学商务学院、山西财贸职业技术学院、山西职业技术学院、山西财政税务高等专科学校、山西经贸职业学院、内蒙古财经大学、辽宁工程技术大学、东北财经大学、沈阳工程学院、辽宁金融职业学院、哈尔滨学院、黑龙江工程学院、黑龙江农业经济职业学院、黑龙江工商职业技术学院、上海师范大学、上海对外贸易学院、上海金融学院、上海立信会计学院、上海电机学院、南京财经大学、苏州职业大学、徐州建筑职业技术学院、无锡商业职业技术学院、徐州工程学院、东南大学、浙江财经学院、浙江大学城市学院、安徽商贸职业技术学院、巢湖职业技术学院、安徽审计职业学院、安徽电子信息职业技术学院、厦门大学、福建交通职业技术学院、江西环境工程职业学院、江西财经职业学院、江西现代职业技术学院、江西经济管理职业学院、山东财经大学、山东工商学院、山东管理学院、山东水利职业学院、山东经贸职业学院、河南财经政法大学、河南商业高等专科学校、濮阳职业技术学院、河南财政税务高等专科学校、湖北经济学院、湖北财税职业学院、十堰职业技术学院、湖南财政经济学院、湖南水利水电职业技术学院、广东财经大学、广州大学、广州航海学院、民办南华工商学院、广东培正学院、广州大学松田学院、广东财经职业学院、广东金融学院、广西财经学院、广西工学院鹿山学院、桂林山水职业学院、广西东方外语职业学院、重庆工商大学融智学院、重庆电子工程职业学院、重庆大学城市科技学院、四川师范大学文理学院、四川航天职业技术学院、四川管理职业学院、宜宾职业技术学院、西华大学、贵州商业高等专科学校、云南财经大学、昆明冶金高等专科学校、西安外事学院、西安海棠职业学院、陕西航空职业技术学院、兰州商学院长青学院、宁夏财经职业技术学院、新疆建设职业技术学院、乌鲁木齐职业大学

◆专业名称：物业管理
◆专业代码：120209

培养目标：本专业培养掌握现代物业管理的基本理论和基础知识，具有一定的物业管理能力和熟练的服务技能的高级管理专门人才。

培养要求：本专业学生应掌握从事物业管理职业所必需的专业基础理论和基本职业技能；具有较强的分析问题、解决问题的能力，有相当的组织管理能力、协调能力，具有承担物业管理岗位工作的技能。

毕业生应获得以下方面的知识和能力：

1.具有处理公共关系事务的基本素质；

2.具有熟悉和运用有关物业管理法律、法规的能力；

3.具备在物业管理企业从事管理工作的能力；

4.具备房屋养护及物业设备设施维修及管理的能力；

5.具备物业管理业务处理的能力；

6.具备物业策划和销售的能力。

主要课程：物业管理法规、物业设备维护与管理、房屋维修与预算、物业统计、物业会计与财务管理、物业管理实务、客户心理学、房地产市场营销、职能建筑管理、合同管理。

实践环节：物业设备维护管理实训、物业智能化管理技术实训、毕业论文、毕业实习等，以及各校的主要特色课程和实践环节。

修业年限：四年

授予学位：管理学士

就业方向：毕业生可在国家机关和各省市建设部门、房地产开发与经营部门、物业服务管理企业、企事业单位从事物业项目的各类投资、开发、经营与管理工作。

开设学校：重庆师范大学、宿州学院、长沙学院、郑州航空工业管理学院、内蒙古财经大学、长江师范学院、北京林业大学、信阳师范学院华锐学院、成都文理学院、江西科技学院、南京工业大学浦江学院、通化师范学院、上海师范大学、河南财经政法大学、山东工商学院、沈阳工程学院、重庆工商大学融智学院、重庆师范大学涉外商贸学院、石家庄学院、河北体育学院、四川文理学院、山西大学商务学院、广西大学行健文理学院、郑州财经学院

◆专业名称：文化产业管理
◆专业代码：120210

培养目标：本专业培养掌握经济学、管理学及文化学基本理论与方法，具有宽阔的文化视野和现代管理意识，熟悉文化法规及政策，具备较强规划、决策、组织、策划、创意以及沟通表达能力，具备较强社会调研和信息处理能力，能够在文化产业及相关产业、政府文化管理部门及文化事业单位从事文化经

营管理、市场营销与策划、文化贸易与交流工作的应用型、复合型高级人才。

培养要求：本专业学生主要学习文化产业管理专业基础理论和基本职业技能，受到文化产业管理方面的基本训练，具有在文化产业管理岗位工作的技能。

毕业生应获得以下几方面的知识和能力：

1.系统地掌文化产业管理专业知识；

2.具有宽阔的文化视野和现代管理意识；

3.具备较强的社会调研和信息处理能力；

4.具备较强的规划、决策、组织、策划、创意以及沟通表达能力；

5.具备文化产业管理业务处理的能力；

6.熟悉文化产业管理相关的法律、法规。

主要课程：文化学、中国文化史、中国文化交流史、产业经济学、管理心理学、文化市场营销学、管理信息系统、文化管理学、会计学、应用统计、公共事业管理学、文化产业概论、文化资源概论、公共部门公共关系学、文化政策与法规、文化管理理论与实践、艺术基础、美学概论、世界文化简史、民俗学、宗教文化概论、广告学、文化项目策划实务、文化地理学、出版管理学、文博基础、影视产业概论、文化旅游概论、动漫与数字产业概论、管理文秘等。

实践环节：毕业论文、毕业实习等。

修业年限：四年

授予学位：管理学或艺术学学士

就业方向：毕业生可以从事文化资源与文化创意产业管理方面的理论研究，又能在文化宣传系统、文化管理部门和文化创意产业各个行业就业，也可到政府文化管理机构、文化传媒机构、新闻出版（广播、影视业、报业、出版业、音像制品等）、文化创意产业园、主题公园、旅游景区、房地产公司、大型社区、大型商场、影视文化公司、广告公司、设计制作公司、节目制作公司、文化策划咨询公司、会展公司、演出公司、动漫制作公司、网络与游戏设计制作公司等企事业单位从事文化经营管理、文化艺术管理、文化经营、文化市场营销、企业文化建设、文化市场运作、文化项目策划、文化创意经济、文化贸易、文化产业资讯、国际文化交流与传播等文化创意工作。

开设学校：云南师范大学、内蒙古财经大学、浙江大学（教育部直属、985大学、211大学）、太原理工大学（211大学）、云南大学（211大学）、浙江工商大学、同济大学（教育部直属、985大学、211大学）、天水师范学院、武汉工商学院、福州大学阳光学院、厦门大学嘉庚学院、济宁学院、辽宁传媒学院、武夷学院、池州学院、山东女子学院、成都学院、四川传媒学院、四川文化艺术学院、山东管理学院、山西传媒学院、宁波大红鹰学院、呼和浩特民族学院、大连艺术学院、长春大学、湘潭大学、吉首大学、云南艺术学院、咸阳师范学院、宝鸡文理学院、白城师范学院、湖南商学院、上海师范大学、广东财经大学、华东政法大学、西安建筑科技大学、淮南师范学院、巢湖学院、黄山学院、曲阜师范大学、临沂大学、商丘师范学院、洛阳师范学院、南阳师范学院、山东财经大学、广西师范学院、内蒙古师范大学、贵州师范大学、山东工艺美术学院、广西师范大学、牡丹江师范学院、武汉轻工大学、江汉大学、福建师范大学、泉州师范学院、闽南师范大学、河南大学、福建农林大学、暨南大学（211大学）、华南师范大学（211大学）、天津农学院、四川农业大学（211大学）、南京艺术学院、山东大学（教育部直属、985大学、211大学）、河北经贸大学、湖南师范大学（211大学）、内蒙古大学（211大学）、济南大学、中国海洋大学（教育部直属、985大学、211大学）、新疆艺术学院、浙江师范大学、浙江农林大学、西华大学、山西财经大学、江西师范大学、江苏师范大学、赣南师范学院、重庆三峡学院、宿州学院、三江学院、电子科技大学成都学院、湖南涉外经济学院、宁波工程学院、常熟理工学院、广西财经学院、北京工商大学嘉华学院、陇东学院、浙江传媒学院、厦门理工学院、济南大学泉城学院、贵州师范学院、兰州商学院长青学院、安顺学院、商洛学院、吉林艺术学院、长春建筑学院、河北传媒学院、吉林动画学院、四川音乐学院、中央财经大学（教育部直属、211大学）、北京电影学院、首都师范大学、北京印刷学院、山东艺术学院、北京城市学院、中国传媒大学（教育部直属、211大学）、邯郸学院、石家庄学院、唐山师范学院、贵州大学（211大学）、西南大学（教育部直属、211大学）、四川文理学院、南昌理工学院、河南中医学院、西安外事学院、平顶山学院、信阳师范学院、河南师范大学、安徽师范大学、上海应用技术学院、中华女子学院、西南民族大学、山西大学商务学院、北京师范大学珠海分校、中国传媒大学南广学院、成都信息工程学院银杏酒店管理学院、湖南师范大学树达学院、昆明理工大学津桥学院、云南大学旅游文化学院、北京电影学院现代创意媒体学院、华中师范大学武汉传媒学院、安阳师范学院人文管理学院、广西民族大学相思湖学院、信阳师范学院华锐学院、上海外国语大学贤达经济学院、大连工业大学艺术与信息工程学院、武汉体育学院体育科技学院

◆专业名称:劳动关系

◆专业代码:120211T

培养目标:本专业培养具备劳动关系方面的理论、知识和能力,掌握协调处理劳动事务的现代组织手段和科学技术方法,能够在企事业单位、政府部门、各级工会组织、研究机构以及非政府组织中从事劳动关系处理实务以及理论政策研究,并富有创新精神的应用型、复合型专门人才。

培养要求:通过学习,本专业学生应具备以下几方面的能力:

1.掌握劳动关系学、管理学、经济学、法学的基本理论和基本知识;

2.掌握劳动关系方面的研究和分析方法,了解国内外劳动关系的发展动态,具备进一步深入研究劳动关系的基本能力;

3.了解有关劳动关系的方针、政策和法律法规;

4.具有较强的语言、文字、表达、人际沟通、组织协调的基本能力;

5.具有独立协调处理劳动关系的能力,兼备理论基础与实务能力;

6.了解本学科理论的前沿和动态,具有在科研部门、政策研究部门从事劳动关系研究工作的基本能力。

主要课程:劳动关系学、中外工人概况、工人运动史、集体谈判制度、职工民主管理与社会参与、劳动争议处理制度、劳动政策、劳动心理学、社会保障概论、职业安全卫生、管理学原理、劳动经济学、统计学原理、社会学概论、劳动社会学、劳动法学、组织行为学、经济法概论等。

修学年限:四年

授予学位:管理学学士

就业方向:政府机构、工会组织工作人员;企事业单位的公共关系、人力资源管理、劳动关系岗位的工作人员;就业服务机构的咨询、辅导、培训人员;劳动执法监察员、劳动争议仲裁员及劳动司法机构的其他工作人员;企业管理顾问公司、咨询公司、民办非企业机构研究、认证、监察、培训、咨询人员;街道及社区劳动与社会保障机构工作人员。

开设学校:中国劳动关系学院、首都经济贸易大学、中国人民大学、中南财经政法大学、山东工商学院、山东管理学院、广东金融学院、西南政法大学

◆专业名称:体育经济与管理

◆专业代码:120212T

培养目标:本专业培养熟悉现代经济学的基本理论与体育理论,掌握现代经济分析的基本方法,能在经济、体育、文教等部门从事体育市场经济分析、体育事业规划、体育经济管理和从事体育俱乐部经营以及体育经济学教学与科研的高级专门人才。

培养要求:本专业学生主要学习体育经济与管理的基础知识,受到相应学科的技能训练,具有从事竞技体育活动和群众性体育活动的经营开发、组织管理、咨询指导等方面的综合能力。

1.掌握体育经济与管理的基本理论和基本知识;

2.掌握体育经济与管理的研究和分析方法;

3.了解有关体育经济与管理的方针、政策和法律法规;

4.具有较强的语言、文字、表达、人际沟通、组织协调的基本能力;

5.了解体育经济与管理的发展动态;

6.了解本学科的理论前沿和动态,具有在科研部门、政策研究部门工作的基本能力。

主要课程:体育产业概论、体育企业战略管理、体育产业经济学、管理学原理、微观经济学、宏观经济学、运营管理、会计学原理、公司财务管理、营销学、管理信息系统、体育场馆管理、体育赛事的经营与管理、俱乐部管理、体育经纪人、体育赞助、体育风险管理等。

修业年限:四年

授予学位:管理学学士

就业方向:各级国家体育行政部门、各项商业体育赛事组织部门、各类体育咨询公司、各大型体育产品公司、各类健身俱乐部、各类体育经纪人公司、各类体育企业、职业体育俱乐部、健身俱乐部、体育中介公司、运动项目管理中心、体育事业单位、高等院校等。

开设学校：北京体育大学、河南财经政法大学、中央财经大学、浙江大学、北京师范大学、湖北经济学院、首都体育学院、上海体育学院、南京体育学院、哈尔滨商业大学、武汉商学院等

◆专业名称：财务会计教育

◆专业代码：120213T

培养目标：本专业培养具备管理、经济、法律和会计学等方面的知识和能力，能在大中专院校、中等职业技术学校从事教学、科研及财务管理工作的财务会计教育学科专业人才。

培养要求：本专业学生主要学习财务会计教育的基础知识，受到相应学科的技能训练，具有较强的语言与文字表达、人际沟通、信息获取能力及分析和解决会计问题的基本能力。

毕业生应获得以下几方面的知识和能力：

1.掌握管理学、经济学和会计学的基本理论、基本知识，掌握会计学的定性、定量分析方法，具有较强的语言与文字表达、人际沟通、信息获取能力及分析和解决会计问题的基本能力；

2.熟悉国内外与会计相关的方针、政策和法规及国际会计惯例，了解本学科的理论前沿和发展动态；

3.掌握文献检索、资料查询的基本方法，具有一定的科学研究和实际工作能力，具备财务会计、经济管理教育和与财务会计相关专业的专长和能力。

主干学科：工商管理、经济学、法学

主要课程：管理学、微观经济学、宏观经济学、管理信息系统、统计学、初级会计学、财务管理、市场营销、经济法、财务会计、成本会计学、管理会计学、审计学、会计电算化。

实践环节：包括课程实验、会计模拟、教育实习和毕业实习等。

修业年限：4年。

授予学位：管理学学士

就业方向：本专业毕业生可在大专院校、中等职业技术学校从事会计教学及科研工作，也可在政府、各类型企业、事业单位从事财务管理工作。

开设院校：华中师范大学、云南大学、天津职业技术师范大学、河北师范大学、河北科技师范学院、岭南师范学院、云南曲靖师范学院、广东技术师范学院、浙江师范大学、云南民族大学、内蒙古农业大学、聊城大学、华中师范大学汉口分校安徽科技学院、广西财经学院等

◆专业名称：市场营销教育

◆专业代码：120214T

培养目标：本专业培养具备管理、经济、法律、市场营销等方面的知识和能力，能担任中等职业教育市场营销类课程教学、科研方面的工作以及能在企业单位从事市场营销工作的高级应用型人才。

培养要求：本专业学生主要学习市场营销及工商管理方面的基本理论和基本知识，受到营销方法与技巧方面的基本训练，具有分析和解决营销问题的基本能力。

毕业生应获得以下几方面的知识和能力：

1.掌握管理学、经济学和现代市场营销学的基本理论、基本知识；

2.掌握市场营销的定性、定量分析方法；

3.具有较强的语言与文字表达、人际沟通、分析解决营销实际问题的基本能力；

4.熟悉我国市场营销的方针、政策与法规，了解国际市场营销的惯例和规则；

5.了解本学科的理论前沿及发展动态；

6.掌握文献检索、资料查询的基本方法，具有一定的科学研究和实际工作能力；

主要课程：高等数学、微观经济学、宏观经济学、管理学、市场营销学、经济法、财务管理、公共关系学、推销与谈判、市场调查与预测、消费者行为学、广告学、国际市场营销等。

修业年限：四年

授予学位：管理学学士

就业方向：市场营销教育专业毕业生能在中高等职业学校及企事业单位、政府部门等从事教学、营销管理等方面工作。

开设学校：复旦大学、南开大学、西安交通大学、北京大学、中国人民大学、南京大学、中山大学、四川大学、浙江大学、武汉大学、上海财经大学、厦门大学、长沙理工大学、苏州大学、华中科技大学、南京财经大学、广东商学院、电子科技大学、陕西师范大学、对外经济贸易大学、重庆大学、首都经济贸易大学、辽宁大学、浙江师范大学、暨南大学、云南财贸学院、云南师范大学、华南理工大

学、湖南师范大学、山西财经大学、同济大学、河海大学、湖南大学、北京交通大学、浙江财经学院、中国海洋大学、安徽财经大学、福州大学、吉林大学、中南财经政法大学、中南民族大学、东北财经大学、北京工商大学、山东大学、黑龙江大学、西南财经大学、哈尔滨工业大学、浙江工商大学、东北大学、山西大学、西安交通大学等

1203农业经济管理类

◆专业名称:农林经济管理
◆专业代码:120301

培养目标:本专业培养具备系统的管理科学和经济科学的基础理论和相关的农(林)业科学基础知识,掌握农(林)业经济管理的基本方法和技能,能在各类农(林)业企业、教育科研单位和各级政府部门从事经营管理、市场营销、金融财会、政策研究等方面工作的高级专门人才。

培养要求:本专业学生主要学习管理科学和经济科学的基本理论和相关的农(林)业科学基本知识,受到调查、策划、技术经济分析、计算机应用等方面的基本训练,掌握企业经营管理、市场营销、政策研究等方面的基本能力。

毕业生应获得以下几方面的知识和能力:

1.掌握管理科学和经济科学的基本理论、基本知识,具有相关的农(林)业科学知识和较宽广的人文、社会科学知识;

2.掌握企业经营管理、技术经济分析、经济核算、社会调查等基本方法;

3.具有独立获取知识、计算机应用和信息处理、较好的语言和文字表达、组织协调、分析和解决实际问题等方面的基本能力;

4.熟悉国家有关方针、政策和法规;

5.了解农(林)业经济科学的理论前沿和农(林)业企业经营管理的发展动态;

6.掌握文献检索、资料查询的基本方法,具有一定的科学研究和实际工作能力。

主干学科:农林经济管理、经济学

主要课程:经济学、农(林)业经济学、管理学原理、农(林)企业经营管理学、农(林)业技术经济学、农(林)产品营销学、农(林)业政策学、农(林)业概论。

实践环节:包括教学实习、生产实习、生产劳动、社会实践等,一般安排20周左右。

修业年限:四年

授予学位:管理学或农学学士

就业方向:毕业生可在国家各级农林管理机关、相关的政府部门、事业单位、农林企业从事综合经济管理、经济活动分析、生产经营决策、农林政策管理等工作,或在科研和教学单位从事相关领域的教学和科研工作。

开设学校:中国农业大学(教育部直属、985大学、211大学)、浙江大学(教育部直属、985大学、211大学)、东北师范大学(教育部直属、211大学)、浙江财经大学、中国人民大学(教育部直属、985大学、211大学)、仲恺农业工程学院、河南牧业经济学院、河南科技学院新科学院、西安财经学院、吉林农业大学、西藏大学(211大学)、中南财经政法大学(教育部直属、211大学)、东北林业大学(教育部直属、211大学)、华中农业大学(教育部直属、211大学)、湖南农业大学、中南林业科技大学、上海海洋大学、西南林业大学、云南农业大学、西北农林科技大学(教育部直属、985大学、211大学)、海南大学(211大学)、兰州商学院、河南财经政法大学、青岛农业大学、甘肃农业大学、山东农业大学、内蒙古农业大学、黔南民族师范学院、黑龙江八一农垦大学、长江大学、福建农林大学、河南农业大学、南京农业大学(教育部直属、211大学)、兰州大学(教育部直属、985大学、211大学)、天津农学院、广西大学(211大学)、四川农业大学(211大学)、东北农业大学(211大学)、吉林大学(教育部直属、985大学、211大学)、延边大学(211大学)、北京林业大学(教育部直属、211大学)、安徽农业大学、浙江农林大学、沈阳农业大学、新疆农业大学、山西财经大学、华南农业大学、山西农业大学、扬州大学、江西农业大学、南京林业大学、大连海洋大学、石河子大学(211大学)、广西财经学院、塔里木大学、凯里学院、长春科技学院、北京农学院、河北农业大学、宁夏大学(211大学)、河北北方学院、贵州大学(211大学)、山西农业大学信息学院

◆专业名称:农村区域发展
◆专业代码:110302

培养目标:本专业培养具备农村区域发展方面

的基本理论、基本知识和基本技能，能在农业企业、农业推广管理部门、政府及事业单位从事计划、规划与设计、推广与发展、经营与管理、教学与科研等工作的高级专门人才。

培养要求：本专业学生主要学习农村区域发展和当代农村发展方面的基本理论和基本知识，受到农村发展调查分析、规划设计、实施、调控与评价等方面的基本训练，具备从事农村区域、社区发展工作的基本能力。

毕业生应获得以下几方面的知识和能力：

1.掌握当代发展学科的基本理论、基本知识；

2.掌握包括发展经济学、发展社会学、发展人类学及发展管理等范畴在内的综合分析方法；

3.具备以解决问题为导向的农村区域、社区分析、规划、计划实施、监测和评价等方面的技能；

4.具备农业可持续发展的意识和基本知识，了解当代发展学的学科前沿和发展趋势；

5.熟悉国家关于农业、农村和农民的有关方针、政策和法规；

6.掌握文献检索、资料查询的基本方法，具有一定的科学研究和实际工作能力。

主干学科：普通发展学、农村发展学、农业经济管理

主要课程：农业概论、政治经济学、农业经济学、发展人类学、发展社会学、发展经济学、农村发展研究方法、农村发展设计。

实践环节：包括教学实习、课程设计、毕业论文、科研训练、生产劳动、社会实践等，一般安排25~28周。

修业年限：四年

授予学位：管理学或农学学士

就业方向：毕业生可在国家各级农林管理机关、相关的政府部门、事业单位、农林企业、农民专业合作社、供销合作社、信用合作社等从事综合经济管理、经济活动分析、生产经营决策、农业政策管理等工作，以及乡村管理等工作，或在科研和教学单位从事相关领域的教学和科研工作。

开设学校：河南财经政法大学、贵州财经大学、内蒙古财经大学、扬州大学、东北师范大学（教育部直属、211大学）、中国民用航空飞行学院、中国人民大学（教育部直属、985大学、211大学）、河北经贸大学、安庆师范学院、福建农林大学金山学院、福建农林大学东方学院、西南财经大学天府学院、西藏大学（211大学）、湖南农业大学、西南林业大学、云南农业大学、青岛农业大学、甘肃农业大学、山东财经大学、山东农业大学、内蒙古师范大学、福建农林大学、南京农业大学（教育部直属、211大学）、四川农业大学（211大学）、新疆财经大学、沈阳农业大学、四川理工学院、山西农业大学、重庆人文科技学院、丽水学院、广西财经学院、绵阳师范学院、铜仁学院、北京农学院、河北农业大学、中国农业大学（教育部直属、985大学、211大学）、西昌学院、西南大学（教育部直属、211大学）、山西农业大学信息学院

1204公共管理类

◆专业名称：公共事业管理
◆专业代码：120401

培养目标：本专业培养具备现代管理理论、技术与方法等方面的知识以及应用这些知识的能力，能在文教、体育、卫生、环保、社会保险等公共事业单位、行政管理部门从事管理工作的高级专门人才。

培养要求：本专业学生主要学习现代管理科学等方面的基本理论和基本知识，受到一般管理方法、管理人员基本素质和基本能力的培养和训练，掌握现代管理理论、技术与方法，能从事公共事业单位的管理工作，具有规划、协调、组织和决策方面的基本能力。

毕业生应获得以下几方面的知识和能力：

1.掌握管理科学、经济学、社会科学等现代科学的基本理论和基本知识；

2.具有适应办公自动化，应用管理信息系统所必需的定量分析和应用计算机的技能；

3.具有进行质量管理、数据的收集和处理，进行统计分析的基本知识和能力；

4.熟悉我国有关的法律法规、方针政策以及制度；

5.具有较强的社会调查和写作能力；

6.掌握文献检索、资料查询的基本方法，具有初步的科学研究和实际工作能力。

主干学科：公共管理

主要课程：管理学原理、管理心理学、人力资源开发与管理、管理经济学、公共关系、公共财务、管理定量分析、应用统计、管理信息系统、管理文秘。

实践环节:社会调查、企事业单位实习等,一般安排6~8周。

修业年限:四年

授予学位:管理学、教育学、文学或医学学士

就业方向:毕业后可在政府部门和非政府公共机构,从事文教、卫生、体育、环保、社会保障等公共事业单位、各级行政管理部门的管理工作和社区管理等工作,也可在大专院校、科研机构从事教学或研究工作。

开设学校:上海理工大学、渭南师范学院、青海大学(211大学)、青海民族大学、青海师范大学、西安工业大学、合肥学院、昆明医科大学、河北师范大学、河北工程大学、中国政法大学(教育部直属、211大学)、中央戏剧学院(教育部直属)、北京电影学院、北京舞蹈学院、北京联合大学、山东师范大学、临沂大学、西北师范大学、仰恩大学、河南财经政法大学、聊城大学、南阳师范学院、广西科技大学、山东科技大学、中国传媒大学(教育部直属、211大学)、鲁东大学、泰山学院、贵州财经大学、贵州民族大学、内蒙古财经大学、重庆大学(教育部直属、985大学、211大学)、中国石油大学(教育部直属、211大学)、浙江大学(教育部直属、985大学、211大学)、南京师范大学(211大学)、中国地质大学(教育部直属、211大学)、福州大学(211大学)、中山大学(教育部直属、985大学、211大学)、四川大学(教育部直属、985大学、211大学)、西南财经大学(教育部直属、211大学)、江西财经大学、常州大学、江苏师范大学、石河子大学(211大学)、重庆师范大学、江西科技师范大学、复旦大学(教育部直属、985大学、211大学)、大连理工大学(教育部直属、985大学、211大学)、华南师范大学(211大学)、渤海大学、东北财经大学、西北大学(211大学)、浙江工商大学、山西师范大学、宁波大学、浙江理工大学、新疆艺术学院、温州医科大学、浙江农林大学、绍兴文理学院、安徽农业大学、天津商业大学、辽宁大学(211大学)、武汉大学(教育部直属、985大学、211大学)、河北经贸大学、河北大学、北京师范大学(教育部直属、985大学、211大学)、湖南师范大学(211大学)、青海大学昆仑学院、安阳师范学院、首都经济贸易大学、贵州大学(211大学)、西南大学(教育部直属、211大学)、华北电力大学(教育部直属、211大学)、武汉工程科技学院、龙岩学院、阜阳师范学院、成都体育学院、浙江传媒学院、武汉生物工程学院、浙江树人学院、扬州大学广陵学院、广东第二师范学院、福建江夏学院、四川传媒学院、四川文化艺术学院、广西外国语学院、贵州大学科技学院、湖南第一师范学院、长春工业大学、西安体育学院、长春大学、西安财经学院、西北政法大学、湖南科技大学、湘潭大学、吉首大学、西安邮电大学、大理学院、西藏大学(211大学)、云南警官学院、陕西中医学院、咸阳师范学院、宝鸡文理学院、白城师范学院、吉林体育学院、中南财经政法大学(教育部直属、211大学)、吉林财经大学、东北林业大学(教育部直属、211大学)、怀化学院、湖南理工学院、吉林建筑大学、吉林师范大学、湖南农业大学、长春中医药大学、湖南中医药大学、湖南工业大学、上海中医药大学、上海工程技术大学、上海师范大学、广州体育学院、广东财经大学、佛山科学技术学院、上海电力学院、华东政法大学、安徽师范大学、广州大学、广东海洋大学、广东外语外贸大学、广州中医药大学、岭南师范学院、嘉应学院、广东医学院、广州医科大学、韶关学院、云南民族大学、西南林业大学、云南农业大学、云南师范大学、楚雄师范学院、云南财经大学、云南中医学院、西安理工大学、西安建筑科技大学、西北农林科技大学(教育部直属、985大学、211大学)、安徽科技学院、陕西师范大学(教育部直属、211大学)、淮北师范大学、上海音乐学院、皖南医学院、铜陵学院、巢湖学院、黄山学院、延安大学、安徽财经大学、甘肃政法学院、内蒙古科技大学、甘肃中医学院、青岛大学、兰州商学院、曲阜师范大学、商丘师范学院、洛阳师范学院、甘肃农业大学、青岛农业大学、山东财经大学、山东交通学院、广西民族大学、桂林医学院、广西师范学院、桂林电子科技大学、遵义医学院、内蒙古师范大学、海南医学院、海南师范大学、贵阳医学院、贵州师范大学、广西医科大学、广西师范大学、湖北中医药大学、湖北医药学院、黑龙江科技大学、牡丹江医学院、湖北民族学院、东北石油大学、武汉体育学院、湖北大学、长江大学、三峡大学、泉州师范学院、福建工程学院、西藏民族学院、西北民族大学、新乡医学院、莆田学院、河南大学、湖北科技学院、郑州轻工业学院、福建农林大学、华侨大学、河南理工大学、南京理工大学(211大学)、南京农业大学(教育部直属、211大学)、暨南大学(211大学)、南昌大学(211大学)、苏州大学(教育部直属、211大学)、兰州大学(教育部直属、985大学、211大学)、天津农学院、天津体育学院、广西大学(211大学)、东北师范大学(教育部直属、211大

学)、淮阴工学院、盐城师范学院、南京艺术学院、常州工学院、上海交通大学(教育部直属、985大学、211大学)、华中科技大学(教育部直属、985大学、211大学)、华东理工大学(教育部直属、211大学)、华东师范大学(教育部直属、985大学、211大学)、东北大学(教育部直属、985大学、211大学)、武汉理工大学(教育部直属、211大学)、北京中医药大学(教育部直属、211大学)、北京邮电大学(教育部直属、211大学)、西南交通大学(教育部直属、211大学)、中国人民大学(教育部直属、985大学、211大学)、大连海事大学(211大学)、云南大学(211大学)、内蒙古大学(211大学)、河北工业大学(211大学)、长安大学(教育部直属、211大学)、天津医科大学(211大学)、天津工业大学、安徽医科大学、中国民航大学、天津中医药大学、天津科技大学、天津财经大学、滨州医学院、德州学院、郑州大学(211大学)、中国海洋大学(教育部直属、985大学、211大学)、安徽工业大学、济南大学、嘉兴学院、昌吉学院、杭州师范大学、浙江中医药大学、中国计量学院、辽宁师范大学、新疆农业大学、新疆医科大学、新疆师范大学、西南民族大学、成都理工大学、川北医学院、山西财经大学、山西医科大学、泸州医学院、广东工业大学、汕头大学、浙江万里学院、西南科技大学、浙江财经大学、西南石油大学、山西农业大学、四川师范大学、成都中医药大学、西华师范大学、扬州大学、江西师范大学、江苏大学、江西农业大学、南京工业大学、重庆医科大学、江西中医药大学、西南政法大学、景德镇陶瓷学院、南昌航空大学、徐州医学院、江苏科技大学、南京邮电大学、华东交通大学、南京信息工程大学、南京医科大学、南京中医药大学、南京财经大学、沈阳体育学院、辽宁中医药大学、辽宁医学院、大连医科大学、沈阳化工大学、宜春学院、长江师范学院、上饶师范学院、赣南师范学院、赣南医学院、井冈山大学、九江学院、山东中医药大学、重庆人文科技学院、宁夏师范学院、济宁医学院、长治学院、滁州学院、梧州学院、常熟理工学院、安徽中医药大学、西安文理学院、广东金融学院、长沙学院、湖北警官学院、广西中医药大学、吉林医药学院、广西财经学院、福建中医药大学、福建医科大学、陇东学院、宜宾学院、淮阴师范学院、重庆工商大学、文华学院、成都医学院、湖南人文科技学院、济南大学泉城学院、西安医学院、安顺学院、贺州学院、湖北第二师范学院、河北传媒学院、四川音乐学院、防灾科技学院、中央财经大学(教育部直属、211大学)、北京建筑大学、河北联合大学、河北农业大学、首都体育学院、首都师范大学、首都医科大学、山东艺术学院、山东体育学院、泰山医学院、北方民族大学、宁夏医科大学、齐鲁工业大学、中国农业大学(教育部直属、985大学、211大学)、北京城市学院、潍坊医学院、潍坊学院、烟台大学、邯郸学院、石家庄铁道大学、燕山大学、运城学院、广东技术师范学院、南通大学、北京体育大学(211大学)、黄淮学院、河南师范大学、中南民族大学、华中师范大学(教育部直属、211大学)、黑龙江大学、江汉大学、长沙理工大学、通化师范学院、湖南商学院、湖北文理学院、武汉工程大学、湖北经济学院、上海戏剧学院、上海体育学院、广东药学院、华南农业大学、华北电力大学保定校区(教育部直属、211大学)、上海交通大学医学院、河北经贸大学经济管理学院、福建农林大学东方学院、武汉工商学院、解放军沈阳炮兵学院、上海中医药大学中药学院、遵义医学院医学与科技学院、新疆农业大学科学技术学院、新疆医科大学厚博学院、吉首大学张家界学院、内蒙古科技大学包头医学院、南京人口管理干部学院、山西医科大学晋祠学院、沈阳航空航天大学北方科技学院、江西中医药大学科技学院、中国计量学院现代科技学院、绍兴文理学院元培学院、湖南农业大学东方科技学院、湖南师范大学树达学院、华中师范大学武汉传媒学院、温州医科大学仁济学院、浙江农林大学暨阳学院、广西大学行健文理学院、南方医科大学、解放军第四军医大学(211大学)、解放军第二军医大学(211大学)、辽宁理工学院、武昌首义学院、北京工业大学耿丹学院、北京邮电大学世纪学院、福建农林大学金山学院、新乡医学院三全学院、北京师范大学珠海分校、广东财经大学华商学院、南京中医药大学翰林学院、南京医科大学康达学院、西北工业大学明德学院、中国传媒大学南广学院、南京工业大学浦江学院、南京理工大学紫金学院、内蒙古科技大学包头师范学院、贵阳医学院神奇民族医药学院、山东青年政治学院、广东海洋大学寸金学院、青岛农业大学海都学院、云南大学滇池学院、云南艺术学院文华学院、云南师范大学文理学院、安徽医科大学临床医学院、江西农业大学南昌商学院、浙江中医药大学滨江学院、浙江理工大学科技与艺术学院、浙江工商大学杭州商学院、江汉大学文理学院、华东交通大学理工学院、山西农业大学信息学院、天津医科大学临床医学院、天津体育学院运动与文化学院、广西科技大学鹿山学院、浙江工业大学之江学院、辽宁医学院医疗学院、辽宁何氏医学院、大连医科大学中山学院、西北师范大学知行学院、内蒙古工业大学、内蒙古医科大学、黑龙江中医药大学、黑龙江八一农垦大学、哈尔滨医科大学、郑州航空工业管理学院、齐齐哈尔医学院、哈尔滨工程大学(211大学)、对外经济贸易大学(教育部直属、211大学)、南京航空航天大学(211大学)、中国医科大学、沈阳航空航天大学、湖北医药学院药护学院、右江民族医学院、哈尔滨师范大学、江苏大学京江学院、烟台大学文经学院、南京师范大学泰州学院、南开大学滨海学院、燕山大学里仁学院、河北农业大学现代科技学院、内蒙古师范大学鸿德学院、大连理工大学城市学院、北京理工大学珠海学院、云南师范大学商学院、昆明医科大学海源学院、北京中医药大学东方学院、西安财经学院行知学院、哈尔滨金融学院、北京石油化工学院、河南中医学院、华北水利水电大学

◆专业名称:行政管理
◆专业代码:120402

培养目标:本专业培养具备行政学、管理学、政治学、法学等方面知识,能在党政机关、企事业单位、社会团体从事管理工作以及科研工作的专门人才。

培养要求:本专业学生主要学习行政学、政治学、管理学、法学等方面的基本理论和基本知识,受到行政学理论研究、公共政策分析、社会调查与统计、外语、公文写作和办公自动化等方面的基本训练,具备行政管理的基本能力及科研的初步能力。

毕业生应获得以下几个方面的知识和能力:

1.掌握政治学、行政学、管理学、法学的基本理论和基本知识;

2.掌握辩证唯物主义和历史唯物主义的基本观点和分析方法以及系统分析、统计分析、调查分析、政策分析等科学方法;

3.具有从事党政机关、企事业单位行政管理的基本能力;

4.熟悉党和国家特别是行政管理方面的方针、政策和法规;

5.了解行政学的理论前沿以及政治学、管理学、法学等相关学科的发展动态;

6.掌握文献检索、资料查询的基本方法,具有一定的科学研究和策划、组织、执行的实际工作能力。

主干学科:政治学、管理学、法学

主要课程:管理学原理、行政学原理、政治学原理、当代中国政治制度、比较政治制度、法学导论、社会学概论、政府经济学、行政组织学、地方政府学、市政学、公共政策等。

实践环节:包括学年论文、实习、毕业论文等,一般安排不少于10周。

修业年限:四年

授予学位:管理学或法学学士

就业方向:各级各类党政军机关、人民团体、企业、事业单位、社会中介组织、人事与教育培训部门、行政监察部门、综合办公部门、事务管理部门、机构编制部门、宣传与公共关系部门、咨询服务部门、社会有关管理咨询机构、有关高等教育单位与科研机构等。

开设学校:重庆大学(教育部直属、985大学、211大学)、浙江大学(教育部直属、985大学、211大学)、福州大学(211大学)、厦门大学(教育部直属、985大学、211大学)、四川大学(教育部直属、985大学、211大学)、南京大学(教育部直属、985大学、211大学)、复旦大学(教育部直属、985大学、211大学)、宁波大学、同济大学(教育部直属、985大学、211大学)、新疆大学(211大学)、上海大学(211大学)、安徽大学(211大学)、济南大学、兰州大学(教育部直属、985大学、211大学)、江南大学(教育部直属、211大学)、武汉大学(教育部直属、985大学、211大学)、西南大学(教育部直属、211大学)、宿迁学院、济宁学院、湘潭大学、西藏大学(211大学)、青海大学(211大学)、韶关学院、惠州学院、广州大学、延安大学、海南大学(211大学)、许昌学院、三峡大学、江汉大学、华侨大学、南昌大学(211大学)、苏州大学(211大学)、东华大学(教育部直属、211大学)、中南大学(教育部直属、985大学、211大学)、吉林大学(教育部直属、985大学、211大学)、辽宁大学(211大学)、长安大学(教育部直属、211大学)、郑州大学(211大学)、德州学院、深圳大学、山西大学、温州大学、扬州大学、梧州学院、枣庄学院、河池学院、榆林学院、宜宾学院、三亚学院、泰山学院、宁夏大学(211大学)、潍坊学院、燕山大学、西昌学院、晋中学院、贵州大学(211大学)、肇庆学院、南通大学、西安工业大学、云南师范大学、西南林业大学、石家庄经济学

院、中国政法大学(教育部直属、211大学)、中国人民公安大学、上海海关学院、山东师范大学、内蒙古科技大学、河南财经政法大学、广西民族大学、北京化工大学(教育部直属、211大学)、贵州财经大学、贵州民族大学、内蒙古财经大学、中国石油大学(教育部直属、211大学)、南京师范大学(211大学)、上海交通大学(教育部直属、985大学、211大学)、中国地质大学(教育部直属、211大学)、华南理工大学(教育部直属、985大学、211大学)、中山大学(教育部直属、985大学、211大学)、华南师范大学(211大学)、东南大学(教育部直属、985大学、211大学)、中国矿业大学(教育部直属、211大学)、江西财经大学、江苏师范大学、东华理工大学、上海财经大学(教育部直属、211大学)、东北财经大学、西北大学(211大学)、浙江理工大学、绍兴文理学院、天津商业大学、中国人民大学(教育部直属、985大学、211大学)、北京航空航天大学(985大学、211大学)、中央民族大学(985大学、211大学)、河北经贸大学、北京师范大学(教育部直属、985大学、211大学)、青海大学昆仑学院、河北经贸大学经济管理学院、武汉工商学院、武昌工学院、四川警察学院、贵州民族大学人文科技学院、山东广播电视大学、南京人口管理干部学院、西北大学现代学院、安徽大学江淮学院、浙江师范大学行知学院、江西科技学院、首都经济贸易大学、信阳师范学院、河南师范大学、华北电力大学(教育部直属、211大学)、三峡大学科技学院、武汉工程科技学院、湖北工业大学商贸学院、湖南财政经济学院、湖南警察学院、福建农林大学金山学院、福州大学至诚学院、厦门大学嘉庚学院、福州大学阳光学院、广东财经大学华商学院、北京师范大学珠海分校、山西大学商务学院、福建警察学院、西安交通大学城市学院、南通大学杏林学院、南京审计学院金审学院、南京工业大学浦江学院、福建江夏学院、湖南商学院北津学院、湖南师范大学树达学院、仲恺农业工程学院、电子科技大学中山学院、山东科技大学泰山科技学院、云南大学滇池学院、四川大学锦江学院、四川大学锦城学院、广西外国语学院、贵州大学科技学院、贵州大学明德学院、陕西科技大学镐京学院、同济大学浙江学院、浙江工商大学杭州商学院、浙江财经大学东方学院、江汉大学文理学院、呼和浩特民族学院、山西财经大学华商学院、广西民族师范学院、浙江大学城市学院、辽宁财贸学院、西安培华学院、北华大学、西北政法大学、西安财经学院、长春师范大学、西安邮电大学、陕西科技大学、云南财经大学、西安工程大学、宝鸡文理学院、青海民族大学、吉林财经大学、吉林工程技术师范学院、通化师范学院、湖南商学院、黑龙江大学、华中师范大学(教育部直属、211大学)、中南财经政法大学(教育部直属、211大学)、湖南农业大学、中南林业科技大学、上海海洋大学、广东财经大学、上海对外经贸大学、安徽工程大学、上海金融学院、上海海事大学、安徽师范大学、广东外语外贸大学、东莞理工学院、广东海洋大学、云南民族大学、云南农业大学、华东政法大学、上海杉达学院、安徽财经大学、陕西师范大学(教育部直属、211大学)、甘肃政法学院、内蒙古民族大学、南阳师范学院、商丘师范学院、洛阳师范学院、西北师范大学、山东财经大学、山东交通学院、桂林电子科技大学、桂林理工大学、山东农业大学、山东科技大学、山东理工大学、玉林师范学院、曲阜师范大学、山东工商学院、广西师范大学、黔南民族师范学院、内蒙古师范大学、哈尔滨商业大学、武汉轻工大学、湖北师范学院、东北石油大学、湖北大学、湖北工业大学、仰恩大学、西藏民族学院、郑州航空工业管理学院、河南大学、福建农林大学、河南农业大学、暨南大学(211大学)、南京农业大学(教育部直属、211大学)、西南财经大学(教育部直属、211大学)、太原理工大学(211大学)、东北师范大学(教育部直属、211大学)、东北农业大学(211大学)、南京审计学院、盐城师范学院、北京科技大学(教育部直属、211大学)、南京晓庄学院、华东师范大学(教育部直属、985大学、211大学)、东北大学(教育部直属、985大学、211大学)、华东理工大学(教育部直属、211大学)、湖南大学(教育部直属、985大学、211大学)、湖南师范大学(211大学)、西安电子科技大学(教育部直属、211大学)、对外经济贸易大学(教育部直属、211大学)、大连海事大学(211大学)、内蒙古大学(211大学)、云南大学(211大学)、天津师范大学、天津外国语大学、天津财经大学、天津科技大学、南开大学(教育部直属、985大学、211大学)、中国海洋大学(教育部直属、985大学、211大学)、安徽工业大学、浙江师范大学、新疆财经大学、浙江海洋学院、辽宁师范大学、沈阳师范大学、辽宁石油化工大学、西南民族大学、山西财经大学、山西师范大学、四川理工学院、五邑大学、忻州师范学院、汕头大学、浙江财经大学、浙江工商大学、西华师范大学、山西农业大学、南京工业大学、西南政法大学、江西师范大学、南京邮电大学、淮海工学院、南京信息工程大学、江西理工大学、大连民族学院、大连海洋大学、鞍山师范学院、重庆理工大学、中国地质大学长城学院、中国矿业大学徐海学院、江苏警官学院、山东大学威海分校、东北大学秦皇岛分校、湖南涉外经济学院、重庆文理学院、广东金融学院、金陵科技学院、上海政法学院、武汉科技大学、中国矿业大学(北京)(教育部直属、211大学)、阜阳师范学院、内江师范学院、乐山师范学院、中山大学南方学院、淮阴师范学院、南京师范大学泰州学院、河南警察学院、吉林大学珠海学院、燕山大学里仁学院、河南师范大学新联学院、河南工程学院、河南大学民生学院、广州大学华软软件学院、中山大学新华学院、广州大学松田学院、山东政法学院、电子科技大学(教育部直属、985大学、211大学)、中央财经大学(教育部直属、211大学)、北京电子科技学院、国际关系学院教育部直属、齐鲁工业大学、北方民族大学、中国传媒大学(教育部直属、211大学)、中央司法警官学院、攀枝花学院、广东培正学院、广东技术师范学院、广东警官学院、四川文理学院、四川民族学院、辽宁工程技术大学、平顶山学院、北京信息科技大学、江西警察学院、安阳师范学院、中南民族大学、武汉纺织大学、华北水利水电大学、武汉工程大学、湖北经济学院、上海师范大学、西安交通大学(教育部直属、985大学、211大学)、华南农业大学、中国劳动关系学院、内蒙古农业大学、南开大学滨海学院、北京理工大学房山分校培训中心、广东海洋大学寸金学院、对外经济贸易大学远程教育学院、天津外国语学院滨海外事学院、北京科技经营管理学院、北京师范大学-香港浸会大学联合国际学院、南京师范大学中北学院、东莞理工学院城市学院、天津外国语大学滨海外事学院、浙江海洋学院东海科学技术学院、安阳师范学院人文管理学院、山西师范大学现代文理学院、山西农业大学信息学院、西安财经学院行知学院、南京医科大学康达学院

◆专业名称:劳动与社会保障
◆专业代码:120403

培养目标:本专业培养具备比较扎实的管理学与经济学专业知识,掌握现代管理技术与方法,能在政府部门、政策研究部门、大中型企事业单位从事劳动与社会保障工作的高级专门人才。

培养要求:本专业要求学生系统掌握管理学、经济学、社会学等相关专业的基础知识,了解国内外劳动与社会保障理论及实践的历史和现状,具备运用现代技术手段进行调查分析和实际操作的能力,具备较强的书面和口头表达能力,熟练掌握一门外语。

毕业生应获得以下几方面的知识和能力:

1.掌握管理学、经济学的基本理论和方法;

2.掌握现代管理和计算机应用技能;

3.了解中外劳动与社会保障领域的理论与实践进展;

4.熟悉党和国家有关的方针政策和法规;

5.掌握中外经济学文献检索、资料查询的基本方法,具有一定的经济研究和实际工作能力。

主干学科:管理学、经济学、社会学

主要课程:管理学原理、西方经济学、人口学、社会学、财政学、保险学、统计学、计量经济学、社会调查研究方法、行政学和行政法、货币银行学、人力资源管理等。

修业年限:四年

授予学位:管理学学士

就业方向:毕业生适合在政府机关从事劳动社会保障、民政、公共事业管理、政策研究等方面的工作;适合在高等院校和科研单位从事劳动社会保障、社会学、管理学等方面的教学和研究工作;适合在金融保险机构从事保险经营、基金管理方面的管理和研究工作;适合在大中型企业从事劳动保障和人事管理工作。

开设学校:长春理工大学、云南师范大学、西安理工大学、石家庄经济学院、中国政法大学(教育部直属、211大学)、山东师范大学、福建师范大学、河南财经政法大学、鲁东大学、贵州财经大学、贵州民族大学、内蒙古财经大学、浙江大学(教育部直属、985大学、211大学)、四川大学(教育部直属、985大学、211大学)、江西财经大学、赣南师范学院、上海财经大学(教育部直属、211大学)、武汉理工大学(教育部直属、211大学)、东北财经大学、西北大学(211大学)、云南大学(211大学)、温州医科大学、安徽大学、济南大学、武汉大学(教育部直属、985大学、211大学)、合工业大学(211大学)、河北经贸大学、河北大学、湖南师范大学(211大学)、武汉工商学院、大连科技学院、华北电力大学(教育部直属、211大

学）、宿迁学院、重庆文理学院、长春工业大学、西北政法大学、中南财经政法大学（教育部直属、211大学）、吉林财经大学、湖南农业大学、上海工程技术大学、广东财经大学、华东政法大学、上海金融学院、安徽建筑大学、广东医学院、云南民族大学、昆明医科大学、云南财经大学、淮北师范大学、上海杉达学院、铜陵学院、安徽财经大学、甘肃政法学院、兰州商学院、西北师范大学、聊城大学、甘肃农业大学、山东财经大学、海南医学院、贵阳中医学院、山东工商学院、湖北经济学院、西藏民族学院、闽南师范大学、河南大学、郑州轻工业学院、福建农林大学、东南大学（教育部直属、985大学、211大学）、苏州大学（211大学）、南京师范大学（211大学）、南京农业大学（教育部直属、211大学）、河海大学（教育部直属、211大学）、西南财经大学（教育部直属、211大学）、南京审计学院、南京工程学院、吉林大学（教育部直属、985大学、211大学）、中南大学（教育部直属、985大学、211大学）、华东理工大学、辽宁大学（211大学）、中国人民大学（教育部直属、985大学、211大学）、西安电子科技大学（教育部直属、211大学）、内蒙古大学（211大学）、河北工业大学（211大学）、新疆大学（211大学）、天津中医药大学、天津财经大学、滨州医学院、安徽工业大学、辽宁师范大学、沈阳师范大学、山西财经大学、山西医科大学、泸州医学院、四川理工学院、山西大学、浙江财经大学、浙江工商大学、山西农业大学、江西农业大学、江西师范大学、苏州科技学院、南京财经大学、辽宁医学院、重庆理工大学、辽东学院、重庆三峡学院、济宁医学院、广东金融学院、广西财经学院、上海政法学院、武汉科技大学、宜宾学院、乐山师范学院、重庆工商大学、吉林大学珠海学院、河南城建学院、大连财经学院、菏泽学院、中央财经大学（教育部直属、211大学）、河北联合大学、首都师范大学、北京物资学院、泰山医学院、潍坊医学院、贵州大学（211大学）、广东技术师范学院、辽宁工程技术大学、黄淮学院、首都经济贸易大学、河南师范大学、中南民族大学、上海应用技术学院、上海师范大学、西安交通大学、华南农业大学（教育部直属、985大学、211大学）、安徽医科大学、山东财经大学东方学院、河北经贸大学经济管理学院、贵州民族大学人文科技学院、贵州财经大学商务学院、新乡医学院三全学院、北京师范大学珠海分校、苏州大学文正学院、浙江财经大学东方学院、天津商业大学宝德学院、内蒙古医科大学、哈尔滨商业大学、对外经济贸易大学（教育部直属、211大学）、天津职业技术师范大学、哈尔滨师范大学、河北大学工商学院、河南大学民生学院、昆明医科大学海源学院、哈尔滨金融学院、中国青年政治学院、中国劳动关系学院、华北水利水电大学

◆专业名称：土地资源管理
◆专业代码：120404

培养目标：本专业培养具备现代管理学、经济学及资源学的基本理论，掌握土地管理方面的基础知识，具有测量、制图、计算机等基本技能，能在国土、城建、农业、房地产以及相关领域从事土地调查、土地利用规划、地籍管理及土地管理政策法规工作的高级专门人才。

培养要求：本专业学生主要学习土地管理方面的基本理论和基本知识，受到土地规划、测量、计算机、地籍管理的基本训练，具有土地利用与管理的基本能力。

毕业生应获得以下几方面的知识和能力：

1.掌握管理学、经济学及资源学的基本理论；

2.掌握土地调查、土地评估、土地整理、土地利用规划、地籍管理、土地信息系统应用及土地开发经营的技术；

3.具有土地利用与管理方面的基本能力；

4.熟悉国家有关土地利用与管理及可持续发展方面的有关方针、政策和法规；

5.了解社会经济发展过程中土地利用与管理的发展动态；

6.掌握文献检索、资料查询的基本方法，具有初步的科学研究和实际工作能力。

主干学科：公共管理、环境科学技术、应用经济学

主要课程：土地资源学、土地规划学、土地管理学、土地经济学、地籍管理学、测量学、土地信息系统。

修业年限：四年

授予学位：管理学或工学学士

就业方向：毕业后可去各级国土资源管理部门、建设和规划行政管理部门、房地产开发企业、各类地价评估、土地开发整理、土地规划、信息咨询、土地登记代理等机构和有关科研教学机构等部门工作。

开设学校：中国农业大学（教育部直属、985大学、211大学）、南京师范大学（211大学）、浙江大学

(教育部直属、985大学、211大学)、中国地质大学(教育部直属、211大学)、四川大学(教育部直属、985大学、211大学)、中国矿业大学(教育部直属、211大学)、华东理工大学(教育部直属、211大学)、东北师范大学(教育部直属、211大学)、浙江工商大学、同济大学(教育部直属、985大学、211大学)、上海大学(211大学)、安徽农业大学、天津工业大学、天津商业大学、中国人民大学(教育部直属、985大学、211大学)、武汉大学(教育部直属、985大学、211大学)、首都经济贸易大学、武汉工程科技学院、中国矿业大学(北京)(教育部直属、211大学)、湖南财政经济学院、池州学院、山东农业工程学院、吉林农业大学、青海民族大学、咸阳师范学院、黑龙江大学、怀化学院、华中农业大学(教育部直属、211大学)、湖南农业大学、中南林业科技大学、广东财经大学、安徽建筑大学、安徽师范大学、广东海洋大学、韶关学院、西南林业大学、云南农业大学、昆明理工大学、玉溪师范学院、西北农林科技大学(教育部直属、985大学、211大学)、安徽财经大学、海南大学(211大学)、兰州商学院、青岛理工大学、曲阜师范大学、青岛农业大学、甘肃农业大学、山东农业大学、广西师范学院、内蒙古农业大学、内蒙古师范大学、贵州师范大学、山东建筑大学、黄冈师范学院、湖北科技学院、福建农林大学、河南农业大学、华侨大学、河南理工大学、南京农业大学(教育部直属、211大学)、、四川农业大学(211大学)、东北农业大学(211大学)、吉林大学(教育部直属、985大学、211大学)、湖南师范大学(211大学)、内蒙古大学(211大学)、长安大学(教育部直属、211大学)、天津城建大学、新疆农业大学、沈阳农业大学、成都理工大学、太原师范学院、山西农业大学、江西农业大学、东华理工大学、淮海工学院、江苏师范大学、沈阳建筑大学、重庆理工大学、石河子大学(211大学)、中国地质大学长城学院、广西财经学院、重庆工商大学、贵州师范学院、河南城建学院、河北农业大学、石家庄经济学院、西昌学院、贵州大学(211大学)、中国地质大学(北京)(教育部直属、211大学)、华南农业大学、北京师范大学珠海分校、广东工业大学华立学院、新疆农业大学科学技术学院、湖南师范大学树达学院、湖南农业大学东方科技学院、安徽农业大学经济技术学院、山西农业大学信息学、重庆工商大学融智学院、学河北农业大学现代科技学院、广东工业大学

◆专业名称:城市管理
◆专业代码:120405

培养目标:本专业着力培养我国社会主义现代化建设必需的德、智、体、美全面发展的,具有较高科学素质,能够较好地掌握城市管理基础理论知识和专业技能,并能熟练从事城市管理工作和利用所学知识为我国社会主义现代化建设服务的城市管理学科实用型、应用型人才。

培养要求:该专业学生主要学习现代管理科学各学科的基本理论和知识,接受一般管理方法、基本能力的培养和训练,熟练掌握现代城市管理理论、技巧和方法,能从事城市管理工作,具有对城市公共事务的规划、协调、组织、决策方面的基本能力。

毕业生应具备的专业知识与能力:

1.掌握城市建设的基本原理、技术和方法;

2.具有土木工程技术、市政工程技术和管理的基本知识;

3.能够绘制和运用城市建设的工程图纸;

4.掌握城市综合管理的基本技术和方法;

5.熟悉城市以及市政工程建设的建筑材料与使用方法;

6.掌握文献检索、资料查询的基本方法,具有初步的科学研究和实际工作能力。

主干学科:城市管理

主要课程:城市管理学、城市地理学、区域分析与规划、城市发展与规划经济学、市政学、公共关系学、城市管理法律法规、中国城市管理史、行政管理学、现代管理学、公共政策、城市环境管理学、城市规划与开发。

实践环节:社会调查、课程设计、毕业实习、毕业论文等,以及各校的主要特色课程。

修业年限:四年

授予学位:管理学学士

就业方向:毕业生可从事行政管理、市政工程和基础设施建设、社会保障、土地资源管理、社会医学与卫生事业管理、教育经济与管理、文化事业管理、人事与人力资源管理、科技政策与管理、企业与服务业管理等工作。

开设学校:浙江大学(教育部直属、985大学、211大学)、南京大学(教育部直属、985大学、211大

学)、北京大学(教育部直属、985大学、211大学)、华侨大学、苏州大学(211大学)、钦州学院、昆明学院、西昌学院、贵州大学(211大学)、黄淮学院、福建师范大学、华东理工大学(教育部直属、211大学)、浙江工商大学、浙江农林大学暨阳学院、首都经济贸易大学、金陵科技学院、福建师范大学闽南科技学院、苏州大学文正学院、南通大学杏林学院、西安财经学院、咸阳师范学院、中南财经政法大学(教育部直属、11大学)、吉林建筑大学、湖南城市学院、青岛科技大学、山东财经大学、山东农业大学、山东工商学院、云南大学(211大学)、天津城建大学、南开大学(教育部直属、985大学、211大学)、浙江农林大学、沈阳建筑大学、宁波工程学院、兰州城市学院、云南师范大学商学院、中央财经大学(教育部直属、211大学)、北京城市学院、山东师范大学、西南政法大学、汕头大学、东北师范大学人文学院

◆专业名称:海关管理
◆专业代码:120406TK

培养目标:本专业培养具备从事涉外经济活动所需的专业知识和基本技能,了解我国对外贸易方针、政策,能从事海关、外贸业务工作的高级管理人才。

培养要求:本专业学生主要学习现代市场经济管理、现代管理的基本理论和知识,掌握我国管理政策及法律制度;熟悉国际经济、贸易的一般运作规律,具备相关法律、商品、会计和海关信息管理的基础知识;了解海关国际公约和惯例;具有综合运用所学知识分析和处理海关业务实际问题的技能和技巧;具备运用英语和计算机从事海关工作的基本能力。

毕业生应具备的专业知识与能力:

1.掌握现代市场经济管理、现代管理的基本理论和知识;

2.掌握我国管理政策及法律制度;

3.熟悉国际经济、贸易的一般运作规律;

4.具备相关法律、商品、会计和海关信息管理的基础知识;

5.了解海关国际公约和惯例;

6.具有综合运用所学知识分析和处理海关业务实际问题的技能和技巧。

主要课程:海关管理学、比较海关管理学、管理学原理、经济学、行政管理学、海关监管、海关管理信息处理系统、海关统计、世界海关组织、海关估价、关税制度、协调制度与归类、国际经济法、行政法学、海关法学、海关稽查、世界贸易组织等。

实践环节:社会调查、咨询服务、海关实际监管现场认识实习、海关管理实践与专业实习、海关信息处理模拟操作及国际物流与报关模拟实训、商品知识认识实习等。

修业年限:四年

授予学位:管理学学士

就业方向:海关、外贸企业的管理岗位与技术岗位。

开设学校:上海海关学院、对外经济贸易大学

◆专业名称:交通管理
◆专业代码:120407T

培养目标:本专业培养适应经济与社会发展需要,德智体全面发展,掌握经济学、管理学理论、知识、技能,具备交通管理能力、素养,能在交通管理行业或部门,从事交通管理工作的高级应用型管理人才。

培养要求:本专业学生主要学习交通管理等的基本理论和基本知识,受到交通管理等方面的基本训练,具有交通管理的基本能力。

毕业生应获得以下几方面的知识和能力:

1.能够运用专业知识分析和处理相关公安业务,解决实际问题,胜任道路交通管理方面的实际业务工作,具备道路交通组织、指挥、交通事故处理、交通安全防范、道路交通安全违法行为处理等方面的业务能力;

2.具有较强的写作能力、口头表达能力、调查研究能力和分析、解决实际问题的能力;

3.具有运用英语进行日常交流和处理日常公安交通业务的能力;

4.熟练运用计算机,具有网上办公、办案的能力;

5.掌握警务基本技能、驾驶技能,具有较强的技战术能力;

6.具备较强的沟通协调和群众工作能力;

7.掌握文献检索与信息处理的基本方法,具有初步的科学研究能力。

主要课程:交通管理工程总论、道路工程与交通管理设施、交通工程学、道路交通控制学、道路交通警卫、道路交通事故处理与预防、车辆与驾驶人管理、智能交通系统、大学英语、高等数学、心理学、计算机基础与应用、警务实战战术等。

修业年限:四年

授予学位:管理学或工学学士

就业方向:主要从事综合分析和解决道路交通管理问题以及从事本专业教学与科研工作,也能在公安交通部门从事道路交通管理实际工作。对口的职业应该是警察(交警),当然还有交通管理的其他相关职业。

开设学校:中国人民公安大学、浙江警察学院、北京警察学院、云南警官学院、四川警察学院、大连海事大学、上海海事大学、中国民用航空飞行学院等。

◆专业名称:海事管理
◆专业代码:120408T

培养目标:本专业培养具备海洋及内河船舶驾驶、船舶运输管理等方面的知识和技能,能在海洋及内河运输企事业单位从事船舶驾驶、营运管理、港口引航、海事管理工作及在高等学校、科研院所从事教学和科学工作,符合国际海员培训、发证和值班标准公约(STCW78/95)和我国船员适任标准要求并取得高级船员适任证书的高级航海技术及管理人才。

培养要求:海事管理专业培养具有较坚实的航海技术和行政管理基础,系统掌握我国及国际有关海上交通安全法规、英语水平较高的从事海事管理的高级专门人才。

主要课程:航海力学、船舶原理、电工与电子技术基础、航海学、航海英语、现代导航信息系统、船舶操纵与海上搜救、船舶值班与避碰、航海仪器、航海气象与海洋学、海上货物运输、远洋运输业务与海商法、船舶结构与设备、GMDSS设备和业务

修业年限:四年

授予学位:管理学学士

就业方向:学生毕业后主要在海事管理机构、对外贸易企业、海事法律、航运企事业、货运代理与船舶代理、船舶运输、海事院校等单位就业。

开设学校:大连海事大学、广州航海学院、武汉理工大学

◆专业名称:公共关系学
◆专业代码:120409T

培养目标:本专业培养懂管理、善策划、会传播,具有系统的行政管理和经营管理知识,熟悉现代传播沟通理论和方法,具备调研、策划和创意能力,掌握各种宣传技巧和外交艺术的公共关系专门人才。

培养要求:该专业学生主要学习公共关系学的基本知识和基本理论,受到专业技能的训练,具有从事政府部门、企事业单位或社会团体的信息咨询传播管理工作,以及教学科研工作的能力。

毕业生应获得以下几方面的知识和能力:

1.掌握公共关系学的基本知识和基本理论;

2.具备扎实的公共关系专业知识;

3.熟悉公共关系学的一般技能;

4.具有较好的人文社会科学基础;

5.具有综合运用所学知识分析和处理公共关系的实际问题的技能和技巧。

主要课程:传播学、管理学、市场营销学、政治学、社会学、社会心理学、公共关系学原理、公共关系实务与案例、广告学原理、广告策划与策略、广告设计、CI战略、企业文化、领导科学与艺术、组织行为学、人际沟通与礼仪、公共关系写作、口才与演讲、谈判技巧、社会调查方法、计算机应用、大众媒体研究、影视制作、摄影、传播法规教程、传播伦理、美学、国际关系等。

修业年限:四年

授予学位:管理学学士

就业方向:可从事政府公共关系、工商企业公共关系和国际公共关系方面的工作。

开设学校:中山大学、北京师范大学-香港浸会大学联合国际学院、华东师范大学、上海外国语大学、海南大学、上海第二工业大学、西南大学等

1205图书情报与档案管理类

◆专业名称:图书馆学
◆专业代码:120501

培养目标:本专业培养具备系统的图书馆学基础理论知识,有熟练地运用现代化技术手段收集、整理和开发利用文献信息的能力,能在图书情报机构和各类企事业单位的信息部门从事信息服务及管理工作的应用型、复合型图书馆高级专门人才。

培养要求:本专业学生主要学习图书馆学与信息管理的基本理论和基础知识,受到文献学、目录

学、信息学、传播学、管理学、经济学等方面的基本训练，掌握文献信息搜集、处理、研究、开发与传递的技能。

毕业生应获得以下几方面的知识和能力：

1.掌握马克思主义的基本原理和关于文化、教育、科学的基本理论；

2.熟悉我国关于经济建设、文化、教育、科学和图书馆事业的方针、政策和法规；

3.掌握图书馆学与信息管理的基本知识，了解本学科的理论前沿和发展动向；

4.掌握图书馆学的基本研究方法和从事科学研究的初步能力；

5.掌握运用现代化技术手段进行文献信息的搜索、处理、研究、开发与传递的实际工作能力；

6.具有较强的中外文献检索、阅读能力，以及人际交流能力。

主干学科:图书馆、情报与档案管理

主要课程:图书馆学基础、图书馆管理、信息管理概论、信息用户研究、文献资源建设、文献分类法、文献编目、人文社会科学文献检索、科技文献检索、咨询与决策等。

实践环节:包括课堂实习、毕业实习、参观访问和社会调查等，一般安排10周。

修业年限:四年

授予学位:管理学学士

就业方向:毕业生可在国家图书馆、大学图书馆，各省(市、自治区)公共图书馆、国家和地方的信息化管理与规划部门、政府机关和事业单位信息中心、大型企业信息部门从事信息资源的处理、开发、利用和服务的业务与管理工作，也可在高等院校和科研院所从事教学与科研工作。

开设学校:长春大学、内蒙古科技大学、中山大学(教育部直属、985大学、211大学)、南京大学(教育部直属、985大学、211大学)、西北大学(211大学)、北京大学(教育部直属、985大学、211大学)、云南大学(211大学)、新疆大学(211大学)、安徽大学(211大学)、天津中医药大学、武汉大学(教育部直属、985大学、211大学)、南开大学(教育部直属、985大学、211大学)、贵州大学(211大学)、长春师范大学、湘潭大学、陕西理工学院、黑龙江大学、福建师范大学、东北师范大学(教育部直属、211大学)、河北经贸大学、郑州大学(211大学)、辽宁师范大学、鞍山师范学院、内蒙古科技大学包头师范学院、辽宁师范大学海华学院、郑州航空工业管理学院、河北大学工商学院

◆专业名称:档案学
◆专业代码:120502

培养目标:本专业培养具备系统的档案学基础知识与文化知识，掌握现代信息技术的基本技能，能在国家机关、企事业单位的档案机构、信息部门从事信息服务、信息管理工作及研究工作的应用型、复合型档案学高级专门人才。

培养要求:本专业学生主要学习档案管理与信息管理的基本知识，受到有关理论、方法与技能等方面的系统教育和训练。

毕业生应获得以下几方面的知识和能力：

1.掌握马克思主义的基本原理和有关档案学的基本理论；

2.掌握档案管理和信息管理的基本理论、基础知识与业务技能，以及与信息管理相关学科的知识；

3.具有办公自动化管理的基本能力；

4.熟悉我国档案管理的方针、政策和法规；

5.了解国内外档案管理与信息管理的前沿成就与发展动向，具有一定的科学研究能力。

主干学科:图书馆、情报与档案管理

主要课程:档案学概论、档案管理学、科技档案管理学、电子档案管理学、档案文献编研学、档案法规学、文书学、科技文件管理学、秘书学、档案管理自动化、档案保护学等。

实践环节:包括教学实习、论文写作等，一般安排8周左右。

修业年限:四年

授予学位:管理学学士

就业方向:毕业后可以在国家及各省市档案管理部门、政府相关部门、大型企业特别是合资类与外向型企业等的档案管理部门从事管理工作。

开设学校:苏州大学(211大学)、南昌大学(211大学)、上海大学(211大学)、安徽大学(211大学)、武汉大学(教育部直属、985大学、211大学)、湘潭大学、四川大学(教育部直属、985大学、211大学)、吉林大学(教育部直属、985大学、211大学)、辽宁大学(211大学)、郑州大学(211大学)、扬州大学、北京联合大学、中山大学(教育部直属、985大学、211大学)、南京大学(教育部直属、985大学、211大

学）、西北大学（211大学）、云南大学（211大学）、河北大学、南开大学（教育部直属、985大学、211大学）、苏州大学文正学院、呼和浩特民族学院、黑龙江大学、上海师范大学、韩山师范学院、广西民族大学、湖北大学、福建师范大学、西藏民族学院、郑州航空工业管理学院、中国人民大学（教育部直属、985大学、211大学）、天津师范大学、辽宁科技学院、河北大学工商学院、贵州师范学院、北京联合大学应用文理学院

◆专业名称：信息资源管理
◆专业代码：120503

培养目标：培养通晓内外贸理论与实务，根据数字时代信息资源管理所需专业知识与基本技能的要求，具备信息资源集成管理和电子政务系统知识与技能，在国家机关、企业、事业单位及其他社会组织从事信息组织、信息资源的开发、利用、管理与咨询服务等工作的高级复合型人才。

培养要求：信息资源管理专业学生主要学习信息资源管理科学的基本理论和基本知识，接受管理学、信息科学与技术方面的基本训练，能胜任数据管理、网络系统资源管理、信息系统规划建设与维的工作，具备基本的政策分析、制度建设、信息系统建设与维护、技术应用、质量管理、管理体系设计的能力。

毕业生应获得以下几方面的知识和能力：

1.掌握信息资源管理科学的基本理论、基本知识、基本技能；

2.熟悉党和国家在信息资源管理方面的方针、政策和法律法规；

3.了解国内外信息资源管理的理论前沿和应用前景，了解相关行业、产业、事业发展动态和需求；

4.具有培养目标所需的和与专业发展相适应的较强的观察力、记忆力、注意力、理解力、分析力、想象力、自我认知能力和逻辑思维能力，一定的批判性思维能力、科学研究和社会实践能力、技术应用能力，以及很强的调查研究能力、综合分析能力、口头与书面表达能力、自控与应变能力等；

5.掌握现代管理的基本方法、信息资源管理专业技能和相应的信息技术应用方法。

主要课程：微观经济学、宏观经济学、计量经济学、现代商业技术、电子商务概论、信息管理基础、信息资源建设、信息资源服务、信息描述与组织、信息检索与利用、信息分析与预测、管理信息系统、数据库技术与应用、网络技术与应用等。

实践环节：信息资源体系的组织、数据库系统管理实务、信息检索技术应用、数据分析与数据挖掘技术应用实务、海量数据存储技术应用、数据维护实务、恢复迁移技术应用实务、电子取证实务、计算机网站资源系统设计、计算机网站资源系统的运行维护实务等。

修业年限：四年

授予学位：管理学学士

就业方向：在政府机关和担任企事业单位信息处理部门工作，也可担任传统传媒采编、大型网站内容编辑、电子政务信息架构师等，以及从事其他与信息资源管理相关。

开设学校：苏州大学（211大学）、浙江大学（教育部直属、985大学、211大学）、北京大学（教育部直属、985大学、211大学）、苏州大学文正学院、广东医学院、湖北汽车工业学院、四川大学（教育部直属、985大学、211大学）、中国人民大学（教育部直属、985大学、211大学）、徐州医学院、中山大学新华学院、河北建筑工程学院

1206物流管理与工程类

◆专业名称：物流管理
◆专业代码：120601

培养目标：该专业学生主要学习经济、会计、贸易、管理、法律、信息资源管理、计算机等方面的基本理论和专门知识，培养具有一定的物流规划与设计、物流管理、物流业运作等能力，能在经济管理部门、贸易公司、物流企业从事政策制定，物流业运作管理的应用型、复合型、国际化的物流管理人才。

培养要求：本专业学生主要学习经济、会计、贸易、管理、法律、信息资源管理、计算机等方面的基本理论和专门知识，受到物流管理方面的基本训练，具有物流管理方面的能力。

毕业生应获得以下几方面的知识和能力：

1.掌握物流管理的基本理论；

2.具备物流管理的应用程序操作能力；

3.具备物流信息组织、分析研究、传播与开发利

用的基本能力；

4.能进行物流系统分析、设计和规划，具有物流管理的基本能力；

5.了解物流管理发展的最新动态；

6.具有较强的外语综合应用能力。

主要课程：物流概论、物流规划与设计、采购与供应管理、采购项目管理、运输管理、仓储管理、配送管理、国际物流学、国际贸易理论与实务、采购过程演练、运输实务、仓储管理实务、物流配送中心设计、国际物流实务、成功学、创新学、素质拓展训练等。

实践环节：社会调查、课程设计、毕业实习、毕业论文等，以及各校的主要特色课程。

修业年限：四年

授予学位：管理学学士

就业方向：毕业生就业的主要去向是物流业、运输业、制造业、零售业等行业的各类企业、管理咨询公司以及政府管理部门等，可以从事采购管理、仓储管理、物流系统规划、物流运作等相关工作。

开设学校：苏州大学(211大学)、西南交通大学(教育部直属、211大学)、广东工业大学华立学院、浙江大学(教育部直属、985大学、211大学)、东华大学(教育部直属、211大学)、大连大学、宁波大学、同济大学(教育部直属、985大学、211大学)、江南大学(教育部直属、211大学)、武汉大学(教育部直属、985大学、211大学)、天津大学(教育部直属、985大学、211大学)、西南大学(教育部直属、211大学)、新乡学院、武夷学院、文山学院、商丘学院、长春大学、怀化学院、湘南学院、广州大学、惠州学院、红河学院、合肥学院、铜陵学院、海南大学(211大学)、临沂大学、青岛大学、聊城大学、三峡大学、长江大学、江汉大学、集美大学、华侨大学、南昌大学(211大学)、重庆大学(教育部直属、985大学、211大学)、福州大学(211大学)、吉林大学(教育部直属、985大学、211大学)、长安大学(教育部直属、211大学)、新疆大学(211大学)、郑州大学(211大学)、安徽大学(211大学)、嘉兴学院、西华大学、深圳大学、江苏大学、常州大学、渤海大学、九江学院、钦州学院、琼州学院、西京学院、赤峰学院、长沙学院、黑河学院、宜宾学院、贵阳学院、三亚学院、菏泽学院、三明学院、泰山学院、宁夏大学(211大学)、邢台学院、运城学院、贵州大学(211大学)、南通大学、河北师范大学、石家庄铁道大学、福建农林大学、贵州财经大学、内蒙古医科大学、内蒙古财经大学、中山大学(教育部直属、985大学、211大学)、东南大学(教育部直属、985大学、211大学)、江西财经大学、井冈山大学、华东理工大学(教育部直属、211大学)、大连理工大学(教育部直属、985大学、211大学)、东北财经大学、西北大学(211大学)、北京交通大学(教育部直属、211大学)、中国民用航空飞行学院、浙江工商大学、华南师范大学(211大学)、天津理工大学、北京邮电大学(教育部直属、211大学)、南开大学(教育部直属、985大学、211大学)、北京师范大学(教育部直属、985大学、211大学)、青岛理工大学琴岛学院、重庆第二师范学院、中国信息大学、贵州财经大学商务学院、西南交通大学希望学院、山东广播电视大学、安徽财经大学商学院、东华理工大学长江学院、大连艺术学院、北京信息科技大学、北京科技经营管理学院、西安航空学院、湖北工业大学商贸学院、武汉工商学院、武汉大学珞珈学院、湖北师范学院文理学院、湖南女子学院、湖南工学院、武汉生物工程学院、福州大学至诚学院、闽南理工学院、厦门大学嘉庚学院、福建农林大学东方学院、福建师范大学协和学院、烟台南山学院、山东英才学院、广东技术师范学院天河学院、广东财经大学华商学院、广州商学院、北京师范大学珠海分校、沈阳工学院、吉林工商学院、山西大学商务学院、安徽三联学院、安徽新华学院、安徽文达信息工程学院、南京邮电大学通达学院、苏州大学应用技术学院、西安交通大学城市学院、南京审计学院金审学院、哈尔滨广厦学院、黑龙江财经学院、宁夏大学新华学院、福建江夏学院、成都理工大学工程技术学院、湖南商学院北津学院、电子科技大学中山学院、衡阳师范学院南岳学院、湖南工程学院应用技术学院、青岛工学院、昆明理工大学津桥学院、西南财经大学天府学院、四川大学锦城学院、营口理工学院、广东科技学院、安徽外国语学院、福州外语外贸学院、河北科技学院、西安欧亚学院、云南师范大学文理学院、青岛黄海学院、安徽大学江淮学院、安徽师范大学皖江学院、南昌大学科学技术学院、宁波大学科学技术学院、上海财经大学浙江学院、宁波大红鹰学院、浙江工商大学杭州商学院、浙江财经大学东方学院、华东交通大学理工学院、河南科技学院新科学院、长春财经学院、长春大学旅游学院、山西财经大学华商学院、天津商业大学宝德学院、天津理工大学中环信息学院、广西民族大学相思湖学院、浙江大学宁波理工学院、大连科技学院、兰州商学院陇桥学院、广西民族师范学院、北华大学、西安财经学院、湖南科技大学、云南财经大学、陕西理工学院、中南财经政法大学(教育部直属、211大学)、吉林财经大学、衡阳师范学院、湖南商学院、吉林建筑大学、中南林业科技大学、湖南工程学院、上海海洋大学、上海工程技术大学、广东财经大学、安徽工程大学、上海电力学院、上海第二工业大学、上海海事大学、安徽师范大学、广东外语外贸大学、西安科技大学、云南中医学院、安徽科技学院、淮北师范大学、安徽财经大学、皖西学院、兰州商学院、甘肃政法学院、内蒙古工业大学、青岛理工大学、青岛科技大学、兰州交通大学、南阳师范学院、商丘师范学院、洛阳师范学院、西北师范大学、青岛农业大学、河南财经政法大学、山东财经大学、山东科技大学、广西科技大学、桂林电子科技大学、桂林理工大学、广西师范学院、广西民族大学、内蒙古农业大学、曲阜师范大学、广西师范大学、黔南民族师范学院、山东工商学院、哈尔滨商业大学、湖北中医药大学、武汉轻工大学、牡丹江医学院、黑龙江八一农垦大学、齐齐哈尔大学、武汉纺织大学、湖北汽车工业学院、仰恩大学、泉州师范学院、福建工程学院、黄河科技学院、郑州航空工业管理学院、黑龙江东方学院、郑州轻工业学院、河南工业大学、湖北文理学院、暨南大学(211大学)、天津农学院、西南财经大学(教育部直属、211大学)、太原理工大学(211大学)、南京审计学院、盐城师范学院、南京晓庄学院、南京工程学院、常州工学院、华中科技大学(教育部直属、985大学、211大学)、武汉理工大学(教育部直属、211大学)、河北经贸大学、对外经济贸易大学(教育部直属、211大学)、大连海事大学(211大学)、云南大学(211大学)、天津师范大学、天津职业技术师范大学、中国民航大学、天津科技大学、天津财经大学、天津商业大学、中国海洋大学(教育部直属、985大学、211大学)、新疆财经大学、杭州师范大学、浙江海洋学院、沈阳工业大学、沈阳师范大学、辽宁石油化工大学、成都理工大学、西南民族大学、山西财经大学、广东工业大学、浙江万里学院、西南科技大学、浙江财经大学、成都信息工程学院、山西农业大学、景德镇陶瓷学院、重庆邮电大学、东华理工大学、杭州电子科技大学、华东交通大学、江苏科技大学、南京邮电大学、淮海工学院、盐城工学院、南京信息工程大学、江苏师范大学、江西理工大学、南京财经大学、沈阳航空航天大学、大连工业大学、石河子大学(211大学)、辽宁中医药大学、沈阳理工大学、大连交通大学、赣南师范学院、四川外国语大学、辽宁理工学院、武汉东湖学院、武昌理工学院、武汉学院、武汉科技大学城市学院、三峡大学科技学院、郑州财经学院、河南理工大学万方科技学院、武汉工程科技学院、东南大学成贤学院、青岛滨海学院、辽宁对外经贸学院、重庆人文科技学院、山东大学威海分校、湖南涉外经济学院、南京财经大学红山学院、宁波工程学院、西安翻译学院、上海师范大学天华学院、集美大学诚毅学院、沈阳工程学院、广东金融学院、金陵科技学院、广西财经学院、上海商学院、重庆科技学院、武汉科技大学、阜阳师范学院、湖北理工学院、安庆师范学院、重庆交通大学、上海电机学院、塔里木大学、中原工学院信息商务学院、中山大学南方学院、武汉理工大学华夏学院、哈尔滨师范大学、绥化学院、厦门理工学院、重庆工商大学、绵阳师范学院、江苏大学京江学院、南开大学滨海学院、重庆工商大学融智学院、北京交通大学海滨学院、吉林大学珠海学院、常州大学怀德学院、延安大学西安创新学院、华中农业大学楚天学院、河北经贸大学经济管理学院、大连财经学院、南通理工学院、武汉纺织大学外经贸学院、北京理工大学珠海学院、黄河交通学院、广州大学华软软件学院、大连理工大学城市学院、兰州商学院长青学院、河北科技师范学院、中山大学新华学院、云南师范大学商学院、南京信息工程大学滨江学院、燕京理工学院、海口经济学院、湖北第二师范学院、河北金融学院、上海海关学院、北华航天工业学院、上海建桥学院、成都东软学院、成都工业学院、北京石油化工学院、中央财经大学(教育部直属、211大学)、北京工商大学、北京物资学院、北方民族大学、北京化工大学(教育部直属、211大学)、广州工商学院、唐山师范学院、廊坊师范学院、石家庄经济学院、河北农业大学、山东师范大学、江西应用科技学院、攀枝花学院、景德镇学院、广东培正学院、广东白云学院、广东技术师范学院、首都经济贸易大学、安阳师范学院、佳木斯大学、长沙理工大学、华北水利水电大学、湖北经济学院、上海对外经贸大学、广东药学院、华南农业大学、河北农业大学现代科技学院、湖北工业大学工程技术学院、黑龙江外国语学院、重庆师范大学涉外商贸学院、北京理工大学房山分校培训中心、苏州科技学院天平学院、广东海洋大学寸金学院、对外经济贸易大学远程教育学院、广西科技大学鹿山学院、北京吉利学院、南京理工大学泰州科技学院、大连工业大学艺术与信息工程学院、北京师范大学-香港浸会大学联合国际学院、重庆文理学院、湖北经济学院法商学院、湖北汽车工业学院科技学院、广东外语外贸大学南国商学院、江苏科技大学苏州理工学院、新疆农业大学科学技术学院、东莞理工学院城市学院、郑州升达经贸管理学院、江西农业大学南昌商学院、杭州电子科技大学信息工程学院、江西财经大学现代经济管理学院、安阳师范学院人文管理学院、山西农业大学信息学院、苏州科技学院、长春工业大学人文信息学院、上海金融学院

◆专业名称:物流工程
◆专业代码:120602

培养目标:本专业培养具备物流学、运筹学、管理学、交通运输组织学、运输经济学、运输商务管理等基本理论和基本知识,适合于物流企业、交通运输企业及机械或电子制造企业、科研院所、政府机构等部门,从事物流系统规划与设计、物流技术设备和物流自动化系统的设计与集成、物流系统运行与维护的复合型、应用型的高级工程技术与管理人才。

培养要求:本专业学生主要学习物流信息系统、物流工程等方面的基本理论和专门知识,受到物流工程方面的基本训练,具有处理物流工程方面问题的能力。

毕业生应获得以下几方面的知识和能力:

1.掌握物流工程的基本理论;

2.具备物流工程的应用程序操作能力;

3.具备物流工程规划、管理、组织的基本能力;

4.具备进行物流工程指挥、决策的基本能力;

5.了解物流工程发展的最新动态;

6.具有较强的外语综合应用能力。

主要课程:管理学、运筹学、工程图学、机械设计基础、生产与库存控制、物流基础、物流信息系统、物流学导论、供应链管理、物流工程、物流机械技术、国际物流学、电子商务概论、物流仓储技术、物流系统工程、运输会计学、专业英语(物流)等。

实践环节:社会调查、课程设计、毕业实习、毕业论文等,以及各校的主要特色课程。

修业年限:四年

授予学位:管理学或工学学士

就业方向:各类物流企业、工商企业的物流管理部门、各级物流行政管理部门、交通运输企事业单位、物流系统规划与设计部门、商业、流通业管理部门、物流设备研发、销售企业、科研院所、大专院校等。

开设学校:福州大学、闽江学院、河北科技大学理工学院、河北科技大学、华北理工大学、石家庄学院、邯郸学院、华北理工大学轻工学院、太原学院、太原科技大学、宁波工程学院、浙江科技学院、蚌埠学院、安徽新华学院、阜阳师范学院信息工程学院、安徽农业大学、安徽工业大学、安徽工程大学、淮南师范学院、安徽农业大学经济技术学院、辽宁理工学院、大连海事大学、沈阳工业大学、沈阳建筑大学、大连大学、辽宁工业大学、沈阳城市建设学院、大连东软信息学院、南京林业大学、南京农业大学、淮阴工学院、徐州工程学院、青岛恒星科技学院、鲁东大学、山东交通学院、山东农业工程学院、长江师范学院、重庆大学、湖南、长沙理工大学、南华大学、湖南交通工程学院、中南林业科技大学、湖南工学院、长沙理工大学城南学院、中南林业科技大学涉外学院、新疆工程学院、新疆大学科学技术学院、长安大学、陕西科技大学、陕西科技大学镐京学院、桂林航天工业学院、广西大学、广西科技大学、广州航海学院、华南理工大学、华南理工大学广州学院、北京师范大学珠海分校、南昌工学院、北京科技大学、北京邮电大学、北京联合大学、北京物资学院、北京邮电大学世纪学院、天津大学、天津科技大学、天津大学仁爱学院、武汉科技大学、湖北经济学院、湖北经济学院法商学院、武汉工商学院、郑州航空工业管理学院、吉林大学、吉林化工学院、东北林业大学、哈尔滨商业大学、黑龙江工程学院、上海海洋大学、上海海事大学、西南交通大学、西南交通大学希望学院、成都信息工程大学银杏酒店管理学院、成都信息工程大学、中国民用航空飞行学院、昆明理工大学、云南财经大学

◆专业名称:采购管理
◆专业代码:120603T

培养目标:本专业培养具有坚定正确的政治方向,系统掌握采购与供应链管理的理论和方法,能够从事企业采购与供应链管理以及政府采购管理工作,具有国际化运作能力的、高素质复合型专业人才。

培养要求:本专业学生主要学习工商管理及采购管理的基本知识和基本理论,受到专业技能的训

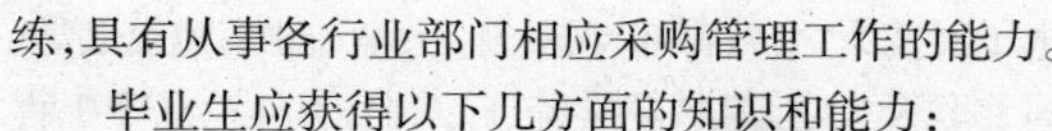

练,具有从事各行业部门相应采购管理工作的能力。

毕业生应获得以下几方面的知识和能力:

1.掌握管理学以及采购管理的基本知识和基本理论;

2.具备扎实的采购管理专业知识;

3.熟悉采购管理的一般流程;

4.了解采购管理学科的发展方向和前沿动态;

5.具有综合运用所学知识分析和处理采购管理工作中的问题的技能和技巧。

主要课程:采购供应管理导论、供应战略、供应商管理、报价与谈判、采购合同管理、企业物流管理、采购绩效管理、供应链管理、国际贸易理论与实务、库存管理、国际商法、电子商务、政府采购理论与实务等。

实践环节:课程实习、教育实习和毕业实习等。

修业年限:四年

授予学位:管理学学士

就业方向:毕业生适宜在各种类型的工商企业、政府采购管理部门以及行业管理部门从事相应的采购供应管理工作。

开设学院:北京物资学院、西南财经大学天府学院

1207 工业工程类

◆专业名称:工业工程
◆专业代码:120701

培养目标:本专业培养具备现代工业工程和系统管理等方面的知识、素质和能力,能在工商企业从事生产、经营、服务等管理系统的规划、设计、评价和创新工作的高级专门人才。

培养要求:本专业学生主要学习工业工程方面的基本理论和基本知识,受到应用工业工程理论与方法分析和解决实际问题方面的基本训练,具有实际管理系统开发与设计的初步能力。

毕业生应获得以下几方面的知识和能力:

1.掌握工业工程学科的基本理论、基本知识;

2.掌握系统管理的分析方法和管理技术;

3.具有某一工程学科(如机械工程)的基本技术;

4.熟悉经济建设和企业管理的有关方针、政策和法规;

5.了解现代工业工程的理论前沿、应用前景和发展动态;

6.掌握文献检索、资料查询的基本方法,具有科学研究和实际工作的初步能力。

主干学科:管理学、机械工程(或电子科学与技术等)

主要课程:电工技术基础、机械设计(或电子、冶金等某一类工程设计)基础、运筹学、系统工程导论、管理学、市场营销学、会计学与财务管理、管理信息系统等。

实践环节:包括金工实习、电子工艺实习、生产实习、毕业实习等,一般安排32周。

修业年限:四年

授予学位:管理学或工学学士

就业方向:主要面向合资企业、国有、民营企业及其他行业从事规划、设计、分析等工作。

开设学校:浙江大学(教育部直属、985大学、211大学)、南京大学(教育部直属、985大学、211大学)、宁波大学、同济大学(教育部直属、985大学、211大学)、暨南大学、宿迁学院、长春大学、青岛大学、三峡大学、南昌大学(211大学)、苏州大学(211大学)、重庆大学(教育部直属、985大学、211大学)、四川大学(教育部直属、985大学、211大学)、福州大学(211大学)、吉林大学(教育部直属、985大学、211大学)学、新疆大学(211大学)、江南大学(教育部直属211大学)、郑州大学(211大学)、天津大学(教育部直属、985大学、211大学)、西华大学、嘉兴学院、台州学院、沈阳大学、温州大学、江苏大学、燕山大学、西昌学院、贵州大学(211大学)、上海理工大学、北华大学、北京联合大学、中原工学院、上海交通大学(教育部直属、985大学、211大学)、南京理工大学(211大学)、东南大学(教育部直属、985大学、211大学)、中国矿业大学(教育部直属、211大学)、武汉理工大学(教育部直属、211大学)、北京科技大学(教育部直属、211大学)、大连理工大学(教育部直属、211大学)、西北大学(211大学)、北京交通大学(教育部直属、211大学)、浙江理工大学、天津理工大学、南京航空航天大学(211大学)、南开大学(教育部直属、985大学、211大学)、湖南工程学院应用技术学院学、西南科技大学城市学院、中国矿业大学银川学院、北京科技大学天津学院、大连科技学院、沈阳城市学院、华东交通大学理工学院、武昌理工学院、沈阳工学院、黑龙江财经学院、南京理工大学紫金学院、南京工业大学浦江学院、福建江夏学院、湖

南工学院、西南财经大学天府学院、四川大学锦城学院、安徽工程大学机电学院、中国计量学院现代科技学院、广西科技大学鹿山学院、浙江工业大学之江学院、长春工业大学、西安财经学院、湖南科技大学、西安邮电大学、西安工业大学、陕西科技大学、西安工程大学、陕西理工学院、东北林业大学(教育部直属、211大学)、吉林化工学院、湖南工程学院、上海海洋大学、上海工程技术大学、上海第二工业大学、上海海事大学、安徽工程大学、广东石油化工学院、东莞理工学院、广东海洋大学、华南农业大学、昆明理工大学、云南农业大学、西安理工大学、西安科技大学、内蒙古工业大学、青岛理工大学、青岛科技大学、兰州交通大学、山东科技大学、广西科技大学、桂林电子科技大学、山东理工大学、山东建筑大学、山东工商学院、哈尔滨商业大学、黄冈师范学院、黑龙江科技大学、武汉纺织大学、湖北汽车工业学院、福建工程学院、兰州理工大学、河南科技大学、福建农林大学、河南理工大学、西北工业大学(985大学、211大学)、南京农业大学(教育部直属、211大学)、清华大学(教育部直属、985大学、211大学)、淮阴工学院、南京工程学院、常州工学院、华中科技大学(教育部直属、985大学、211大学)、东北大学(教育部直属、985大学、211大学)、西南交通大学(教育部直属、211大学)、湖南大学(教育部直属、985大学、211大学)、西安电子科技大学(教育部直属、211大学)、河北科技大学、哈尔滨工业大学(985大学、211大学)、河北工业大学(211大学)、天津工业大学、中国民航大学、天津科技大学、合肥工业大学(教育部直属、211大学)、安徽工业大学、浙江工业大学、浙江科技学院、中国计量学院、沈阳工业大学、成都理工大学、中北大学、太原科技大学、四川理工学院、广东工业大学、西南科技大学、四川师范大学、南京工业大学、南昌航空大学、杭州电子科技大学、江苏科技大学、淮海工学院、盐城工学院、华东交通大学、江西理工大学、南京财经大学、沈阳航空航天大学、大连民族学院、大连工业大学、大连海洋大学、沈阳理工大学、大连交通大学、辽宁工业大学、沈阳化工大学、重庆理工大学、石河子大学(211大学)、中国矿业大学徐海学院、南京理工大学泰州科技学院、青岛滨海学院、东北大学秦皇岛分校、沈阳工程学院、中国矿业大学(北京)(教育部直属、211大学)、武汉科技大学、上海电机学院、中原工学院信息商务学院、厦门理工学院、江苏大学京江学院、南开大学滨海学院、吉林大学珠海学院、燕山大学里仁学院、河北科技大学理工学院、河南工程学院、电子科技大学(教育部直属、211大学)、北京建筑大学、河北联合大学、攀枝花学院、广东白云学院、辽宁工程技术大学、西安思源学院、首都经济贸易大学、北京信息科技大学、湖北大学、湖北文理学院、华北水利水电大学、湖北工业大学、东北农业大学(211大学)、西安工业大学北方信息工程学院、东莞理工学院城市学院、湖北工业大学工程技术学院、哈尔滨远东理工学院、南京航空航天大学金城学院、桂林电子科技大学信息科技学院、郑州航空工业管理学院、河北农业大学现代科技学院

◆专业名称:标准化工程
◆专业代码:120702T

培养目标:标准化工程专业致力于培养适应社会主义现代化建设需要、德智体全面发展,掌握管理学科基本理论、基本方法以及标准化基础知识和基本技能的,具备一定的管理沟通、协同合作和组织实施能力,能够从事有关标准化工程项目的决策和全过程管理的标准化高级专门人才。

培养要求:该专业学生通过四年学习应具备以下能力:面向产品、工程和服务等的标准化体系建设能力;常规标准制定及标准文件起草能力;标准实施监控和质量管理体系认证能力;质量测试数据的处理、分析、评价能力。

毕业生应具备的专业知识与能力:

1.掌握标准化工程方面的基本知识和基本理论;

2.具有面向产品、工程和服务等的标准化体系建设能力;

3.具有常规标准制定及标准文件起草能力;

4.具有标准实施监控和质量管理体系认证能力;

5.具有质量测试数据的处理、分析、评价能力。

主要课程:管理学、标准化基础、应用统计学、误差理论与数据处理、质量管理与质量认证、现代质量工程方法、标准化技术、标准化与知识产权、企业标准化管理与实务、标准化工程实践。

授予学位:管理学学士

修业年限:四年

就业方向:毕业生能胜任国家和各省地市县的各级业务部门、标准化管理与监督机构、各企事业单位的相关标准化管理、咨询服务、项目研发、系统建设等工作。

开设院校:中国计量学院

◆专业名称:质量管理工程
◆专业代码:120703T

培养目标:本专业培养具有扎实的管理学、经济学基础理论,掌握现代质量管理工程领域的技术和方法,能对产品质量、工程质量和服务质量领域内的技术经济问题进行检测分析、评价、优化与创新,充分发挥标准的社会学和经济学效应,保护消费者权益,培养促进社会经济和谐高效发展的质量管理高级专门人才。

培养要求:本专业学生主要学习质量管理工程方面的基本知识和基本理论,受到专业技能的训练,具有从事有关质量管理工程项目的决策和管理的基本能力。

毕业生应获得以下方面的知识和能力:

1.掌握质量管理工程方面的基本知识和基本理论;

2.具有质量管理工程和服务等的标准化体系建设能力;

3.具有常规标准制定及标准文件起草能力;

4.了解质量管理工程的前沿动态;

5.学习一门外语,具有一定的沟通交流能力。

主要课程:质量管理学、质量工程学、质量统计学、质量经济学、计量与标准化基础、质量管理体系认证、质量规划理论与方法、产品质量快速检测理论与方法、电器设备质量检测理论与技术等。

授予学位:管理学学士

修学年限:四年

就业方向:学生毕业后可到各级政府质监单位、质量相关的事业单位及科研院所、企业质量管理部门从事质量策划、质量设计、质量改进、质量检测、质量数据统计分析、质量监督和管理等工作。

开设院校:中国计量学院、西华大学、昆明理工大学、哈尔滨商业大学、西南财经大学天府学院、南京财经大学、河北大学工商学院、北京物资学院、郑州航空工业管理学院

1208 电子商务类

◆专业名称:电子商务
◆专业代码:120801

培养目标:电子商务专业是融计算机科学、市场营销学、管理学、经济学、法学和现代物流于一体的新型交叉学科,培养掌握计算机信息技术、市场营销、国际贸易、管理、法律和现代物流的基本理论及基础知识,具有利用网络开展商务活动的能力和利用计算机信息技术、现代物流方法改善企业管理方法,提高企业管理水平的能力的创新型复合型电子商务高级专门人才。

培养要求:本专业学生应具有互联网的思维,精通电子商务知识和技能,精通电子商务技术,掌握电子商务技术的最新应用,同时具备足够的现代商务知识,根据商务需求,以最有效、最可靠的技术手段予以实施,具有企业家的特质,通晓电子商务全局,能从战略上分析和把握其发展趋势。

毕业生应获得以下几方面的知识和能力:

1.基础知识、经济数学、英语、经济法、经济写作等知识;

2.商业企业经营与管理理论知识;

3.计算机基础知识;

4.电子商务概论;

5.计算机网络与网络营销知识;

6.市场营销知识;

7.Photoshop图像处理;

8.Flash制作;

9.企业战略管理;

10.仓储与物流学;

11.电子商务安全与支付;

12.文案编辑能力;

13.网络推广知识。

主要课程:西方经济学、企业管理、经济法、市场调研与预测、电子商务概论、网络营销、计算机网络技术、数据库系统、网站规划与建设、管理信息系统、电子商务物流、商务软件应用。

实践环节:电子商务模拟公司实训、毕业实习、毕业论文等,以及各校的主要特色课程。

修业年限:四年

授予学位:管理学或经济学或工学学士

就业方向:毕业生可在IT企业从事电子商务系统的分析、设计、开发与实施等工作;在各类企业从事电子商务系统的规划、实施、管理与维护工作或电子商务业务策划、客服、网络营销、物流管理等工作;也可在政府机关职能部门负责电子政务的规划、推广、实施、业务培训和信息咨询工作;电子商务的研究和咨询服务等工作。

开设学校：山西大学商务学院、重庆大学（教育部直属、985大学、211大学）、山东大学（教育部直属、985大学、211大学）、厦门大学（教育部直属、985大学、211大学）、南京大学（教育部直属、985大学、211大学）、浙江大学（教育部直属、985大学、211大学）、常州大学、东华大学（教育部直属、211大学）、渤海大学、武汉大学（教育部直属、985大学、211大学）、西昌学院、南通大学、新乡学院、吉首大学、湘潭大学、青海大学（211大学）、南华大学、广州大学、巢湖学院、铜陵学院、临沂大学、青岛大学、聊城大学、许昌学院、集美大学、闽江学院、华侨大学、苏州大学（211大学）、兰州大学（教育部直属、985大学、211大学）、广西大学（211大学）、福州大学（211大学）、四川大学（教育部直属、985大学、211大学）、中南大学（教育部直属、985大学、211大学）、长安大学（教育部直属、211大学）、济南大学、郑州大学（211大学）、天津大学（教育部直属、985大学、211大学）、安徽大学（211大学）、昌吉学院、西华大学、深圳大学、山西大学、扬州大学、江苏大学、宿州学院、丽水学院、梧州学院、西京学院、文华学院、贵阳学院、泰山学院、宁夏大学（211大学）、燕山大学、贵州大学（211大学）、西南大学（教育部直属、211大学）、黄淮学院、云南财经大学、河北师范大学、北京印刷学院、中国政法大学（教育部直属、211大学）、北京工商大学、贵州财经大学、贵州民族大学、内蒙古医科大学、内蒙古财经大学、中国石油大学（教育部直属、211大学）、河海大学（教育部直属、211大学）、中山大学（教育部直属、985大学、211大学）、南京理工大学（211大学）、东南大学（教育部直属、985大学、211大学）、中国矿业大学（教育部直属、211大学）、南京工业大学、江西财经大学、上海财经大学（教育部直属、211大学）、华中科技大学（教育部直属、985大学、211大学）、东北大学（教育部直属、985大学、211大学）、辽宁工业大学（211大学）、大连工业大学、河北工业大学（211大学）、北京外国语大学（教育部直属、211大学）、浙江工商大学、新疆财经大学、华南师范大学（211大学）、南京航空航天大学（211大学）、北京邮电大学（教育部直属、211大学）、北京师范大学（教育部直属、985大学、211大学）、南开大学（教育部直属、985大学、211大学）、湖南女子学院、武汉工商学院、武汉纺织大学外经贸学院、解放军沈阳炮兵学院、重庆第二师范学院、贵州财经大学商务学院、山东科技大学泰山科技学院、现代软件学院、中南大学继续教育学院、沈阳工业大学工程学院、湘潭大学兴湘学院、大连艺术学院、浙江农林大学暨阳学院、江西应用科技学院、北京联合大学广告学院、华北电力大学（教育部直属、211大学）、中国石油大学（北京）（教育部直属、211大学）、中国矿业大学（北京）（教育部直属、211大学）、华中科技大学武昌分校、金陵科技学院、湖北工业大学商贸学院、武汉大学珞珈学院、湖南财政经济学院、福州大学阳光学院、厦门大学嘉庚学院、福建师范大学协和学院、山东万杰医学院、华南理工大学广州学院、广东财经大学华商学院、北京师范大学珠海分校、广州商学院、吉林工商学院、安徽新华学院、安徽文达信息工程学院、浙江树人学院、南京邮电大学通达学院、哈尔滨广厦学院、黑龙江财经学院、贵州师范大学求是学院、西北工业大学明德学院、宁夏大学新华学院、新疆财经大学商务学院、成都文理学院、四川传媒学院、湖南商学院北津学院、湖南师范大学树达学院、电子科技大学中山学院、吉首大学张家界学院、青岛工学院、四川大学锦城学院、大连理工大学盘锦校区、安徽外国语学院、贵州大学明德学院、宁夏理工学院、西安欧亚学院、青岛黄海学院、淮北师范大学信息学院、安徽大学江淮学院、南昌大学科学技术学院、杭州师范大学钱江学院、浙江师范大学行知学院、上海财经大学浙江学院、温州大学瓯江学院、浙江工商大学杭州商学院、浙江财经大学东方学院、南昌航空大学科技学院、华东交通大学理工学院、江西理工大学应用科学学院、内蒙古大学创业学院、长春财经学院、太原科技大学华科学院、天津商业大学宝德学院、浙江大学宁波理工学院、大连东软信息学院、大连科技学院、兰州商学院陇桥学院、西安培华学院、长春工业大学、西安财经学院、湖南科技大学、西安邮电大学、青海民族大学、陕西理工学院、渭南师范学院、中南财经政法大学（教育部直属、211大学）、吉林华桥外国语学院、衡阳师范学院、湖南商学院、黑龙江大学、湖南农业大学、湖南理工学院、广东财经大学、上海对外经贸大学、上海海事大学、上海第二工业大学、广东外语外贸大学、岭南师范学院、云南农业大学、西安科技大学、西安石油大学、西北农林科技大学（教育部直属、985大学、211大学）、淮南师范学院、淮北师范大学、西安交通大学（教育部直属、985大学、211大学）、上海杉达学院、安徽财经大学、陕西师范大学（教育部直属、211大学）、兰州商学院、内蒙古工业大学、青岛理工大学、商丘师范学院、洛阳师范学院、青岛农业大学、河南财经政法大学、山东财经大学、山东交通学院、桂林电子科技大学、桂林理工大学、广西民族大学、玉林师范学院、山东科技大学、内蒙古农业大学、内蒙古师范大学、海南师范大学、贵州师范大学、山东建筑大学、山东工商学院、哈尔滨商业大学、湖北工程学院、湖北经济学院、湖北大学、中南民族大学、武汉纺织大学、湖北工业大学、泉州师范学院、河南科技大学、黑龙江东方学院、河南工业大学、暨南大学(211大学)、西北工业大学985大学(211大学)、南京农业大学(教育部直属、211大学)、天津城建大学、华南理工大学(教育部直属、985大学、211大学)、四川农业大学(211大学)、西南财经大学(教育部直属、211大学)、太原理工大学(211大学)、南京审计学院、常州工学院、哈尔滨工程大学(211大学)、武汉理工大学(教育部直属、211大学)、西南交通大学(教育部直属、211大学)、湖南大学(教育部直属、985大学、211大学)、北京林业大学(教育部直属、211大学)、河北经贸大学、湖南师范大学(211大学)、西安电子科技大学(教育部直属、211大学)、对外经济贸易大学(教育部直属、211大学)、河北科技大学、河北大学、大连海事大学(211大学)、哈尔滨工业大学(985大学、211大学)、内蒙古大学(211大学)、北京交通大学(教育部直属、211大学)、云南大学(211大学)、天津职业技术师范大学、天津财经大学、天津商业大学、合肥工业大学(教育部直属、211大学)、中国海洋大学(教育部直属、985大学、211大学)、安徽理工大学、浙江理工大学、浙江农林大学、杭州师范大学、辽宁师范大学、沈阳工业大学、辽宁科技大学、成都理工大学、东北财经大学、山西财经大学、太原科技大学、成都信息工程学院、四川理工学院、五邑大学、广东工业大学、浙江万里学院、浙江财经大学、西南石油大学、西南科技大学、四川师范大学、江西农业大学、南京林业大学、重庆师范大学、景德镇陶瓷学院、重庆邮电大学、江西师范大学、南昌航空大学、杭州电子科技大学、华东交通大学、南京邮电大学、盐城工学院、南京中医药大学、江西理工大学、南京财经大学、石河子大学(211大学)、沈阳理工大学、江西科技师范大学、重庆理工大学、四川外国语大学、辽宁理工学院、武汉东湖学院、武昌理工学院、中南财经政法大学武汉学院、武汉科技大学城市学院、电子科技大学成都学院、郑州财经学院、东南大学成贤学院、青岛滨海学院、辽宁对外经贸学院、东北大学秦皇岛分校、山东大学威海分校、湖南涉外经济学院、南京财经大学红山学院、集美大学诚毅学院、广东金融学院、徐州工程学院、湖北经济学院法商学院、广西财经学院、上海商学院、武汉科技大学、阜阳师范学院、北京邮电大学世纪学院、中山大学南方学院、武汉理工大学华夏学院、厦门理工学院、重庆工商大学、湖南人文科技学院、重庆师范大学涉外商贸学院、重庆工商大学融智学院、吉林大学珠海学院、兰州交通大学博文学院、河北经贸大学经济管理学院、燕山大学里仁学院、河北大学工商学院、河北科技大学理工学院、山东财经大学东方学院、广州大学华软软件学院、兰州商学院长青学院、中山大学新华学院、云南师范大学商学院、燕京理工学院、海口经济学院、四川师范大学成都学院、长春建筑学院、河北金融学院、河北民族师范学院、哈尔滨金融学院、沧州师范学院、上海建桥学院、成都东软学院、齐齐哈尔工程学院、中央财经大学(教育部直属、211大学)、北京物资学院、首都师范大学、北方民族大学、广东东软学院、石家庄经济学院、华北科技学院、山东师范大学、石家庄铁道大学、江西工程学院、广东培正学院、广东技术师范学院、辽宁工程技术大学、南昌理工学院、西安外事学院、南昌工程学院、首都经济贸易大学、北京信息科技大学、安阳工学院、佳木斯大学、华中师范大学(教育部直属、211大学)、河南大学、武汉工程大学、上海师范大学、上海金融学院、广东药学院、华南农业大学、沈阳航空航天大学、广东工业大学华立学院、福建农林大学东方学院、湖北工业大学工程技术学院、江苏大学京江学院、四川外语学院重庆南方翻译学院、苏州科技学院天平学院、广东海洋大学寸金学院、对外经济贸易大学远程教育学院、辽宁科技大学信息技术学院、沈阳航空航天大学北方科技学院、广西大学行健文理学院、江西农业工程职业学院、北京科技经营管理学院、大连工业大学艺术与信息工程学院、中国人民解放军信息工程学院、中原工学院信息商务学院、广东外语外贸大学南国商学院、桂林理工大学博文管理学院、湖南农业大学东方科技学院、郑州升达经贸管理学院、杭州电子科技大学信息工程学院、华中师范大学武汉传媒学院、江西财经大学现代经济管理学院、景德镇陶瓷学院科技艺术学院、江西农业大学南昌商学院、桂林电子科技大学信息科技学院、吉林财经大学、郑州轻工业学院、石家庄经济学院华信学院、长春工业大学人文信息学院、吉林建筑大学城建学院

◆**专业名称:电子商务及法律**

◆**专业代码:120802T**

培养目标:电子商务及法律专业旨在培养既掌握现代信息科学技术的方法与手段,又具有扎实的法律与管理理论基础,能在较宽的领域从事电子商务运作与管理、开展商务活动的复合型人才。

培养要求:本专业要求学生系统学习和掌握法学的基本理论和基本知识,受到法学思维和法律实务的基本训练,具有运用法学理论和方法分析问题和运用法律管理事务与解决问题的基本能力,具有较强的网站建设管理及在商务中应用的能力,以及特许经营体系设计、构建和运营管理实际操作能力。

毕业生应获得以下几方面的知识和能力:

1.掌握信息科学与技术的基本知识;

2.掌握管理学的基本理论和工商管理的基本知识;

3.掌握电子商务相关的基本法律知识;

4.掌握电子商务的实际技术与技能;

5.了解电子商务的运作过程;

6.了解电子商务和企业运营管理的最新进展与发展动态;

7.熟练掌握英语应用能力;

8.掌握文献检索、资料查询的基本方法。

主要课程:数理基础课程、英语、电路系列课程、计算机系列课程、电子商务法、企业管理理论、金融运营管理、物流与供应链管理、西方法律概论、隐私与数据保护法、信息安全的技术与法律等。

修学年限:四年

授予学位:管理学学士

就业方向:电子商务及法律专业学生毕业后可在政府行业管理部门、特许经营企事业单位、特许经营国际组织、学术机构、相关媒体、相关专业中介机构从事电子商务技术、运作与管理等工作。

开设学院:北京邮电大学、西北政法大学、湖北大学、重庆理工大学

1209旅游管理类

◆**专业名称:旅游管理**

◆**专业代码:120901K**

培养目标:本专业培养具有旅游管理专业知识,能在各级旅游行政管理部门、旅游企事业单位从事旅游管理工作的高级专门人才。

培养要求:本专业学生学习旅游管理方面的基本理论和基本知识,受到旅游经营管理方面的基本训练,具有分析和解决问题的基本能力。

毕业生应获得以下几方面的知识和能力:

1.掌握旅游管理学科的基本理论、基本知识;

2.掌握有关旅游管理问题研究的定性和定量分析方法;

3.具有运用旅游管理理论分析和解决问题的基本能力;

4.熟悉我国关于旅游业发展的方针、政策和法规;

5.了解旅游业的发展动态;

6.掌握文献检索、资料查询的基本方法,具有一定的科学研究和实际工作能力。

主干学科:经济学、工商管理

主要课程:管理学、微观经济学、宏观经济学、管理信息系统、统计学、会计学、财务管理、市场营销、经济法、旅游学概论、旅游经济学、饭店管理原理、旅游资源与开发。

实践环节:包括旅游行业调查和旅游企业业务实习,一般安排10~12周。

修业年限:四年

授予学位:管理学学士

就业方向:在各级旅游和城市建设管理规划部门、旅游企业以及涉外旅游企业、国际旅游企业从事业务经营及管理工作,也可在旅游研究、园林风景规划设计、项目管理及投融资部门等从事旅游资源开发策划论证与规划工作。

开设学校:三亚学院、云南财经大学、青岛大学、重庆大学(教育部直属、985大学、211大学)、浙江大学(教育部直属、985大学、211大学)、厦门大学(教育部直属、985大学、211大学)、四川大学(教育部直属、985大学、211大学)、南京大学(教育部直属、985大学、211大学)、常州大学、复旦大学(教育部直属、985大学、211大学)、延边大学(211大学)、宁波大学、同济大学(教育部直属、985大学、211大学)、济南大学、江南大学(教育部直属、211大学)、兰州大学(教育部直属、985大学、211大学)、武汉大学(教育部直属、985大学、211大学)、绥化学院、武夷学院、池州学院、成都学院、长春大学、湘潭大学、吉首大学、大理学院、西藏大学(211大学)、青海大学

(211大学)、怀化学院、邵阳学院、湘南学院、广州大学、韶关学院、嘉应学院、惠州学院、合肥学院、黄山学院、延安大学、河西学院、海南大学(211大学)、临沂大学、聊城大学、许昌学院、三峡大学、江汉大学、集美大学、闽江学院、莆田学院、华侨大学、南昌大学(211大学)、苏州大学(211大学)、广西大学(211大学)、东华大学(教育部直属、211大学)、辽宁大学(211大学)、长安大学(教育部直属、211大学)、新疆大学(211大学)、郑州大学(211大学)、安徽大学(211大学)、沈阳大学、山西大学、台州学院、扬州大学、渤海大学、辽东学院、宜春学院、宿州学院、三江学院、丽水学院、百色学院、长治学院、钦州学院、琼州学院、滁州学院、梧州学院、龙岩学院、西京学院、赤峰学院、长沙学院、河池学院、黑河学院、昆明学院、榆林学院、宜宾学院、汉口学院、贵阳学院、铜仁学院、凯里学院、安顺学院、贺州学院、安康学院、泰山学院、宁夏大学(211大学)、潍坊学院、邯郸学院、燕山大学、西昌学院、运城学院、晋中学院、贵州大学(211大学)、西南大学(教育部直属、211大学)、黄淮学院、肇庆学院、南通大学、青海民族大学、北京工商大学、廊坊师范学院、内蒙古科技大学、兰州商学院、福建师范大学、贵州财经大学、遵义师范学院、贵州民族大学、内蒙古医科大学、中国地质大学(教育部直属、211大学)、上海交通大学(教育部直属、985大学、211大学)、华南理工大学(教育部直属、985大学、211大学)、东南大学(教育部直属、985大学、211大学)、中国矿业大学(教育部直属、211大学)、江西财经大学、江西师范大学、重庆邮电大学、华东师范大学(教育部直属、985大学、211大学)、华东理工大学(教育部直属、211大学)、华中科技大学(教育部直属、985大学、211大学)、东北财经大学、西南民族大学、辽宁石油化工大学985大学、北京交通大学(教育部直属、211大学)、哈尔滨工业大学(985大学、211大学)、太原师范学院、山西师范大学、天津体育学院、华南师范大学(211大学)、中央民族大学(985大学、211大学)、合肥工业大学(教育部直属、211大学)、武汉大学珞珈学院、贵州民族大学人文科技学院、现代管理大学、湘潭大学兴湘学院、辽宁财贸学院、浙江农林大学暨阳学院、江西应用科技学院、武汉商学院、华中科技大学武昌分校、湖北大学知行学院、湖南女子学院、福建农林大学金山学院、厦门大学嘉庚学院、福建农林大学东方学院、烟台南山学院、广东财经大学华商学院、广州商学院、吉林工商学院、山西大学商务学院、扬州大学广陵学院、江苏师范大学科文学院、苏州大学应用技术学院、黑龙江财经学院、北京第二外国语学院、浙江外国语学院、山东女子学院、贵州师范大学求是学院、西安科技大学高新学院、新疆财经大学商务学院、广东海洋大学寸金学院、新疆大学科学技术学院、成都文理学院、湖南科技大学潇湘学院、湖南文理学院芙蓉学院、湖南师范大学树达学院、湖南商学院北津学院、吉首大学张家界学院、衡阳师范学院南岳学院、湖南工程学院应用技术学院、山东师范大学历山学院、齐鲁理工学院、云南大学滇池学院、西南财经大学天府学院、四川大学锦城学院、山东财经大学燕山学院、南昌师范学院、山东协和学院、山西工商学院、无锡太湖学院、贵州大学科技学院、西安欧亚学院、云南师范大学文理学院、安徽师范大学皖江学院、南昌大学科学技术学院、杭州师范大学钱江学院、浙江师范大学行知学院、浙江工商大学杭州商学院、郑州科技学院、湖北民族学院科技学院、湖南第一师范学院、江汉大学文理学院、河南科技学院新科学院、长春大学旅游学院、长春财经学院、长春光华学院、天津商业大学宝德学院、天津财经大学珠江学院、天津师范大学津沽学院、广西民族大学相思湖学院、广西师范大学漓江学院、浙江大学城市学院、浙江工业大学之江学院、浙江大学宁波理工学院、沈阳城市学院、辽宁师范大学海华学院、兰州商学院陇桥学院、广西民族师范学院、西安培华学院、北华大学、西安财经学院、湖南科技大学、吉林农业大学、陕西理工学院、青海师范大学、西安外国语大学、咸阳师范学院、宝鸡文理学院、渭南师范学院、白城师范学院、吉林华桥外国语学院、湖南科技学院、中南财经政法大学(教育部直属、211大学)、吉林财经大学、衡阳师范学院、吉林工程技术师范学院、通化师范学院、湖南商学院、华中师范大学(教育部直属、211大学)、东北林业大学(教育部直属、211大学)、黑龙江大学、湖南文理学院、吉林师范大学、中南林业科技大学、湖南城市学院、湖南理工学院、湖南工程学院、上海师范大学、广东财经大学、佛山科学技术学院、广东海洋大学、华南农业大学、云南民族大学、西南林业大学、云南师范大学、云南农业大学、楚雄师范学院、西安科技大学、玉溪师范学院、陕西师范大学(教育部直属、211大学)、淮北师范大学、上海杉达学院、巢湖学院、安徽财经大学、皖西学院、曲阜师范大学、内蒙古民族大学、河南财经政法大学、洛阳师范学院、南阳师范学院、西北师范大学、山东财经大学、山东农业大学、广西师范学院、广西民族大学、玉林师范学院、内蒙古师范大学、海南师范大学、广西师范大学、黔南民族师范学院、山东工商学院、哈尔滨商业大学、武汉轻工大学、黄冈师范学院、湖北师范学院、黑龙江工程学院、湖北民族学院、东北石油大学、湖北经济学院、哈尔滨学院、湖北大学、哈尔滨理工大学、中南民族大学、佳木斯大学、湖北汽车工业学院、西藏民族学院、西北民族大学、闽南师范大学、郑州航空工业管理学院、河南大学、河南科技大学、黑龙江东方学院、河南工业大学、福建农林大学、河南农业大学、湖北文理学院、河南理工大学、暨南大学(211大学)、南京农业大学(教育部直属、211大学)、南京师范大学(211大学)、天津农学院、中山大学(教育部直属、985大学、211大学)、四川农业大学(211大学)、西南财经大学(教育部直属、211大学)、东北师范大学(教育部直属、211大学)、东北农业大学(211大学)、盐城师范学院、南京晓庄学院、山东大学(教育部直属、985大学、211大学)、北京林业大学(教育部直属、211大学)、河北经贸大学、湖南师范大学(211大学)、河北大学、大连海事大学(211大学)、云南大学(211大学)、内蒙古大学(211大学)、西北大学(211大学)、天津师范大学、天津外国语大学、天津财经大学、南开大学(教育部直属、985大学、211大学)、中国海洋大学(教育部直属、985大学、211大学)、安徽农业大学、新疆财经大学、浙江师范大学、浙江农林大学、湖州师范学院、杭州师范大学、浙江海洋学院、辽宁师范大学、辽宁科技大学、沈阳师范大学、新疆农业大学、成都理工大学、喀什师范学院、新疆师范大学、沈阳农业大学、山西财经大学、山西师范大学、四川理工学院、五邑大学、广东工业大学、山西大同大学、忻州师范学院、浙江工商大学、成都信息工程学院、山西农业大学、四川师范大学、西华师范大学、江西农业大学、重庆师范大学、江苏科技大学、盐城工学院、南京林业大学、江苏师范大学、苏州科技学院、南京财经大学、沈阳航空航天大学、大连民族学院、沈阳体育学院、石河子大学(211大学)、鞍山师范学院、大连外国语大学、大连大学、江西科技师范大学、赣南师范学院、长江师范学院、重庆理工大学、上饶师范学院、井冈山大学、重庆三峡学院、四川外国语大学、辽宁理工学院、武汉东湖学院、武昌理工学院、中南林业科技大学涉外学...、三峡大学科技学院、河南理工大学万方科技学院、武汉工程科技学院、呼伦贝尔学院、辽宁对外经贸学院、重庆人文科技学院、山东大学威海分校、湖南涉外经济学院、常熟理工学院、上海师范大学天华学院、伊犁师范学院、西安文理学院、徐州工程学院、金陵科技学院、广西财经学院、上海商学院、大庆师范学院、阜阳师范学院、安庆师范学院、重庆交通大学、成都体育学院、塔里木大学、乐山师范学院、淮阴师范学院、哈尔滨师范大学、重庆工商大学、绵阳师范学院、辽宁科技学院、湖南人文科技学院、郑州工业应用技术学院、重庆师范大学涉外商贸学院、重庆工商大学派斯学院、北京交通大学海滨学院、吉林大学珠海学院、河北经贸大学经济管理学院、燕山大学里仁学院、河北大学工商学院、贵州师范学院、河南师范大学新联学院、信阳师范学院华锐学院、河南城建学院、集宁师范学院、大连财经学院、河南大学民生学院、兰州商学院长青学院、兰州城市学院、河北科技师范学院、三明学院、中山大学新华学院、吉林师范大学博达学院、长春科技学院、云南师范大学商学院、海口经济学院、燕京理工学院、河北民族师范学院、上海建桥学院、北京联合大学、北京石油化工学院、北京农学院、中华女子学院、河北农业大学、首都师范大学、河北师范大学、泰山医学院、北方民族大学、北京城市学院、石家庄学院、唐山师范学院、石家庄经济学院、山东师范大学、攀枝花学院、四川民族学院、南昌工程学院、河南科技学院、信阳师范学院、首都经济贸易大学、安阳师范学院、河南师范大学、吉林化工学院、牡丹江师范学院、上海海事大学、上海工程技术大学、贵州师范大学、内蒙古财经大学、、内蒙古师范大学鸿德学院、上海应用技术学院泰尔弗国际商学院、河北师范大学汇华学院、重庆第二师范学院、四川外语学院重庆南方翻译学院、北京理工大学房山分校培训中心、首都师范大学继续教育学院、江西科技师范大学理工学院、北京航空航天大学北海学院、天津滨海职业学院、吉林大学—莱姆顿学院、大连工业大学艺术与信息工程学院、广东女子职业技术学院、中山大学南方学院、武汉工商学院、湖北文理学院理工学院、湖北汽车工业学院科技学院、湖北师范学院文理学院、广东外语外贸大学南国商学院、六盘水师范学院、东北师范大学人文学院、南京师范大学中北学院、江苏科技大学苏州理工学院、黑龙江工程学院昆仑旅游学院、桂林理工大学博文管理学院、新疆农业大学科学技术学院、成都信息工程学院银杏酒店管理学院、云南大学旅游文化学院、郑州升达经贸管理学院、江西农业大学南昌商学院、江西财经大学现代经济管理学院、安阳师范学院人文管理学院、广西大学行健文理学院、长春师范大学、上海理工大学、上海对外经贸大学、安徽师范大学、韩山师范学院、内蒙古农业大学、天津商业大学、重庆文理学院、延安大学西安创新学院、河北农业大学现代科技学院、上海外国语大学贤达经济人文学院、西安财经学院行知学院、广东技术师范学院

◆专业名称:酒店管理
◆专业代码:120902

培养目标:酒店管理专业培养拥护党的基本路线,适应生产、建设、管理、服务第一线的,德智体美等全面发展的技术应用型专门人才。

培养要求:该专业注重学生综合素质的培养,学生主要学习经济管理基础知识、酒店基本理论。该专业突出技能培训,学生在学习期间,将接受酒店、宾馆的餐饮、客房顶岗实习实训等多方面的技能训练。

毕业生应获得以下几方面的知识和能力:

1.具有诚信、坚毅的品格和敬业、负责的职业道德与团队协作精神;

2.具有较好的专业基础知识和自学能力、进取创新意识;

3.掌握现代服务理念,了解现代服务业发展趋势;

4.熟悉酒店前厅、客房、餐饮、康乐等部门的业务知识;

5.熟悉我国酒店业发展的方针、政策和法规;

6.具有酒店的前厅、客房、餐饮、康乐、会展等管理与基本服务能力;

7.具有较强的计算机操作、文字表达、人际沟通能力以及一定的职业外语表达能力。

主要课程:饭店管理概论、现代饭店营销、现代饭店财务管理、现代饭店餐饮管理、现代饭店前厅与客房管理、饭店服务技能、中西餐知识、食品营养卫生、饭店英语、公共关系等。

实践环节:项目教学实践、礼仪训练、一线部门核心环节训练、酒店英语口语训练、会展模拟实践。

修业年限:四年

授予学位:管理学学士

就业方向:学生毕业后可担任各类酒店、饭店、宾馆的门迎、前厅接待人员和客房服务人员以及各类旅游公司,旅游管理部门工作人员;从事各类酒店、饭店、宾馆楼层管理、大堂管理、咨询、会展等工作;在各类酒店、饭店、宾馆的商务部门从事业务洽谈、对外联络服务工作;在各类酒店、饭店、宾馆的商务部门从事市场调查、情报、信息服务等工作。

开设学校:青岛酒店管理职业技术学院、重庆旅游职业学院、北京第二外国语学院、北京联合大学、北京第二外国语学院中瑞酒店管理学院、天津商业大学、天津财经大学、河北经贸大学、河北联合大学轻工学院、沈阳师范大学、上海师范大学、上海杉达学院、上海第二工业大学、上海商学院、黄山学院、华侨大学 、福建师范大学、济南大学、山东工商学院、湖北经济学院、湖南师范大学、湖南商学院、湖南文理学院、湖南女子学院、广东商学院、桂林理工大学、北京航空航天大学北海学院、海南大学、海南大学三亚学院、重庆三峡学院、重庆科技学院、成都信息工程学院银杏酒店管理学院、太原大学、西北师范大学、新疆财经大学、江苏师范大学、江苏建筑职业技术学院等

◆专业名称:会展与经济管理
◆专业代码:120903

培养目标:培养具备管理、经济、法律及工商管理(会展管理)方面的知识和能力,熟悉会展策划、营销、管理和服务等全过程实务运作流程,具备会展组织与管理等基本能力,具有较强的外语和计算机运用能力,能在企、事业单位等相关部门从事会展营销、会展招展、会展项目开发与管理、会议组织与管理、展位设计以及教学、科研方面工作的工商管理类会展与经济管理高级应用型专门人才。

培养要求:该专业学生主要学习会展经济与管理方面的基本理论和基本知识,接受会展经营、策划与管理方面的基本训练,具有分析和解决问题的基本能力。

毕业生应获得以下几方面的知识和能力:

1.掌握会展经济与管理的基本理论、基本知识;

2.掌握有关会展经济与管理问题研究的定性和定量分析方法;

3.熟悉会展相关业务,具有独立发现、分析、解决问题的基本能力;

4.熟悉国际会展状况、趋势和我国有关会展业发展的方针、政策和法规;

5.掌握会展策划和操作的基本流程,具有一定的会展经营与管理创新能力;

6.掌握文献检索、资料查询的基本方法,具有一

定的科学研究和实际工作能力。

主要课程:微观经济学、宏观经济学、管理学、统计学、市场营销、市场调查与预测、财务管理、人力资源管理、会展概论、传播学、会展策划、会展组织与管理、展示设计与制图、会议运营管理、会展项目管理、会展管理信息系统、会展政策与法规、商务谈判等。

修业年限:四年

授予学位:管理学学士

就业方向:学生可到各类会展企业、会展机构、大中型企业的会议和参展部门、政府会展管理部门和旅游企业的会展节事部门等从事会展与节事策划和管理工作,也可到会展服务与管理公司、政府及各类文化与公共管理部门、休闲与运动组织机构或企业从事管理工作。

开设学校:河南财经政法大学、内蒙古财经大学、宜春学院、华东师范大学(教育部直属、985大学、211大学)、成都理工大学、上海大学(211大学)、三亚学院、山东女子学院、成都学院、长春大学旅游学院、浙江大学城市学院、西安外国语大学、湖南商学院、中南林业科技大学、广东财经大学、广州大学、巢湖学院、海南大学(211大学)、山东财经大学、山东交通学院、湖北经济学院、中原工学院、华侨大学、中山大学(教育部直属、985大学、211大学)、华南理工大学(教育部直属、985大学、211大学)、四川农业大学(211大学)、东华大学(教育部直属、211大学)、河北经贸大学、天津工业大学、天津财经大学、济南大学、新疆财经大学、杭州师范大学、沈阳师范大学、广东工业大学、浙江万里学院、成都信息工程学院、琼州学院、重庆文理学院、广西财经学院、浙江传媒学院、厦门理工学院、重庆工商大学、重庆第二师范学院、海口经济学院、北京农学院、北京联合大学、廊坊师范学院、四川旅游学院、武汉纺织大学、上海应用技术学院、上海师范大学、云南财经大学、南开大学(教育部直属、985大学、211大学)、上海理工大学中英国际学院、武汉工商学院、首都师范大学继续教育学院、湖南商学院北津学院、北京师范大学珠海分校、广东外语外贸大学南国商学院、黑龙江财经学院、哈尔滨广厦学院、北京第二外国语学院、电子科技大学中山学院、仲恺农业工程学院、华中师范大学武汉传媒学院、江汉大学文理学院、上海第二工业大学、哈尔滨商业大学、辽宁对外经贸学院、重庆工商大学融智学院、上海外国语大学贤达经济学院、首都师范大学科德学院、上海对外经贸大学、上海理工大学

◆专业名称:旅游管理与服务教育
◆专业代码:120904T

培养目标:该专业培养掌握旅游管理的相关基础理论知识,掌握旅游服务行业的基本操作技能及管理服务技能,熟悉旅游发展概况,具备一定的外语会话能力和一定的旅游专业教学能力,能在旅游行业从事相关教学、管理与服务工作的复合应用型人才。

培养要求:该专业学生应具有扎实的旅游管理与服务专业理论基础,掌握旅行社、星级酒店等旅游企业实际操作能力,掌握教育理论和教育方法,实践能力强,综合素质高,能在旅行社、星级酒店、旅游行政管理部门及相关旅游企业从事服务与经营管理并能够在中、高等职业技术学校从事教学工作的高级应用型专门人才。

毕业生应具备的专业知识与能力:

1.掌握旅游管理学科的基本理论、基本知识;

2.掌握有关旅游管理问题研究的定性和定量分析方法;

3.具有运用旅游管理理论分析和解决问题的基本能力;

4.熟悉我国关于旅游业发展的方针、政策和法规;

5.了解旅游业的发展动态;

6.掌握文献检索、资料查询的基本方法,具有一定的科学研究和实际工作能力。

主要课程:经济学、管理学、旅游学概论、区域旅游规划、酒店管理、旅游教学论、教育实习等旅游教育方向类课程;市场营销学、消费心理学、电子商务、项目策划、企业营销训练等旅游营销策划方向类课程;设计素描、色彩构成、建筑学基础、工程制图、城市规划原理、绿地系统规划、景区规划、景观设计等旅游景观规划设计与管理方向类课程。

修业年限:四年

授予学位:管理学学士

就业方向:旅游管理行政管理部门、旅行社、旅游管理咨询企业。

开设学校:浙江师范大学、重庆理工大学、山西大学、山西师范大学、山西财经大学、太原师范学院、云南师范大学、云南民族大学、楚雄师范学院、内蒙古财经学院、河北师范大学、广东技术师范学院、兰州城市学院、河北师范大学汇华学院、延安大学西安创新学院。

13　学科门类：艺术类

1301艺术学理论类

◆专业名称：艺术史论
◆专业代码：130101

培养目标：本专业培养具有系统的中外美术史和中外艺术设计史（含中外工艺美术史）及理论知识，能够从事艺术研究等的高级应用型专门人才。

培养要求：该专业学生主要学习中外艺术学理论和中外艺术史方面的基本理论和基本知识，较为全面地熟悉各个艺术门类的基本知识，掌握艺术鉴赏与艺术批评方面的基本能力。

毕业生应获得以下几方面的知识和能力：

1.掌握艺术学学科的基本理论和基本知识；

2.熟悉各个艺术门类的基本知识，掌握艺术学综合的分析方法和分析能力；

3.具有艺术鉴赏和艺术批评的基本能力；

4.熟悉党和国家关于文化艺术和文化产业的各项方针、政策和法规；

5.了解艺术学科的理论前沿、应用前景、发展动态和行业需求；

6.具有一定的科学研究和实际工作能力，具有一定的批判性思维能力。

主干学科：艺术学理论、中国艺术史、外国艺术史

主要课程：艺术学原理、艺术文化学、艺术心理学、艺术教育学、艺术传播学、中国艺术学、西方艺术学、中国艺术史、亚洲艺术史、西方艺术史。

实践环节：在文化单位进行毕业实习等。

修业年限：四年

授予学位：艺术学学士

就业方向：毕业生可以在文博系统、高考、美术研究院所、出版社等行业从事具有专业知识的鉴定、研究、教学和编辑等工作。

开设学校：上海大学（211大学）、宜宾学院、齐鲁工业大学、大连工业大学、北京大学（教育部直属、985大学、211大学）、山东艺术学院、郑州工业应用技术学院

1302音乐与舞蹈学类

◆专业名称：音乐表演
◆专业代码：130201

培养目标：本专业培养具有一定的马克思主义基本理论素养，并具备音乐表演方面的能力，能在专业文艺团体、艺术院校等相关部门、机构从事表演、教学及研究工作的高级专门人才。

培养要求：本专业学生主要学习音乐表演的基本理论和基本知识，接受本专业严格的技能训练，具有较高的指挥或演唱（奏）能力。

毕业生应获得以下几方面的知识和能力：

1.掌握本专业的基本理论、基本知识；

2.掌握音乐作品的分析方法；

3.具有演绎不同风格及体裁的音乐作品的能力；

4.了解党和国家的文艺方针、政策和法规；

5.了解本专业及相关学科的发展动态；

6.掌握文献、资料查询的基本方法，具有初步的科学研究能力。

主干学科：艺术学

主要课程：表演、音乐技术理论、音乐史、民族民间音乐、重奏（唱）合奏（唱）等。

实践环节：包括社会实践和艺术实践等，一般每学期安排1~2周。

修业年限：四年或五年

授予学位：艺术学学士

就业方向：毕业生可到电视台、舞蹈剧院（团）、电视剧制作中心、宣传部门、文教事业单位从事演唱、创作和音乐制作等工作，以及在高等院校从事教学科研工作。

开设学校：重庆大学（教育部直属、985大学、211大学）、成都学院、长春大学、大理学院、西藏大学（211大学）、邵阳学院、湘南学院、惠州学院、红河学院、铜陵学院、海南大学（211大学）、河西学院、青岛大学、聊城大学、许昌学院、三峡大学、长江大学、江汉大学、集美大学、华侨大学、苏州大学（211大学）、兰州大学（教育部直属、985大学、211大学）、中南大学（教育部直属、985大学、211大学）、延边大学（211大学）、郑州大学（211大学）、德州学院、安徽大

学(211大学)、昌吉学院、沈阳大学、深圳大学、山西大学、温州大学、扬州大学、大连大学、渤海大学、百色学院、钦州学院、琼州学院、赤峰学院、河池学院、黑河学院、宜宾学院、绥化学院、贵阳学院、三亚学院、菏泽学院、凯里学院、泰山学院、潍坊学院、烟台大学、衡水学院、燕山大学、运城学院、晋中学院、贵州大学(211大学)、西南大学(教育部直属、211大学)、黄淮学院、南通大学、云南师范大学、河北师范大学、贵州民族大学、齐鲁工业大学、遵义师范学院、华中科技大学(教育部直属、985大学、211大学)、南京航空航天大学(211大学)、中国人民大学(教育部直属、985大学、211大学)、中央民族大学(985大学、211大学)、兰州文理学院、衡阳师范学院南岳学院、浙江师范大学行知学院、萍乡学院、伊春职业学院、肇庆学院、天水师范学院、绵阳师范学院、厦门大学嘉庚学院、福建师范大学协和学院、广东技术师范学院天河学院、山西大学商务学院、合肥师范学院、江苏师范大学科文学院、哈尔滨石油学院、四川传媒学院、湖南师范大学树达学院、聊城大学东昌学院、云南艺术学院文华学院、四川文化艺术学院、无锡太湖学院、贵州大学科技学院、华侨大学厦门工学院、杭州师范大学钱江学院、长春光华学院、北京科技大学天津学院、天津师范大学津沽学院、大连艺术学院、北华大学、长春师范大学、云南艺术学院、青海师范大学、渭南师范学院、白城师范学院、通化师范学院、衡阳师范学院、吉林师范大学、中南林业科技大学、湖南城市学院、上海师范大学、星海音乐学院、安徽师范大学、广东外语外贸大学、广东石油化工学院、岭南师范学院、韩山师范学院、云南民族大学、楚雄师范学院、淮南师范学院、淮北师范大学、陕西师范大学(教育部直属、211大学)、兰州商学院、青岛科技大学、青岛理工大学、内蒙古科技大学、内蒙古民族大学、南阳师范学院、商丘师范学院、周口师范学院、洛阳师范学院、西北师范大学、山东理工大学、曲阜师范大学、贵州师范大学、广西师范大学、内蒙古师范大学、牡丹江师范学院、黄冈师范学院、哈尔滨学院、东北石油大学、齐齐哈尔大学、佳木斯大学、黑龙江大学、福建师范大学、黄河科技学院、西北民族大学、河南大学、武汉音乐学院、湖北文理学院、河南理工大学、南京师范大学(211大学)、华南师范大学(211大学)、天津音乐学院、东北农业大学(211大学)、南京艺术学院、盐城师范学院、南京晓庄学院、东北大学(教育部直属、985大学、211大学)、西南交通大学(教育部直属、211大学)、河北经贸大学、湖南师范大学(211大学)、内蒙古大学(211大学)、天津师范大学、浙江师范大学、新疆艺术学院、杭州师范大学、辽宁师范大学、沈阳师范大学、辽宁科技大学、新疆师范大学、西南民族大学、中北大学、四川理工学院、太原师范学院、西华师范大学、西南科技大学、四川师范大学、江西农业大学、重庆师范大学、江西师范大学、江苏师范大学、鞍山师范学院、沈阳音乐学院、长江师范学院、江西科技师范大学、武昌理工学院、洛阳理工学院、呼伦贝尔学院、重庆人文科技学院、伊犁师范学院、西安文理学院、大庆师范学院、阜阳师范学院、内江师范学院、乐山师范学院、陇东学院、哈尔滨师范大学、浙江传媒学院、辽宁科技学院、荆楚理工学院、南京师范大学泰州学院、吉林大学珠海学院、集宁师范学院、吉林艺术学院、海口经济学院、湖北第二师范学院、四川音乐学院、河北传媒学院、山东艺术学院、广西民族大学、北方民族大学、鲁东大学、石家庄学院、山东师范大学、廊坊师范学院、西安外事学院、平顶山学院、安阳师范学院、信阳师范学院、河南师范大学、南阳理工学院、湖南女子学院、郑州工业应用技术学院、重庆师范大学涉外商贸学院、辽宁师范大学海华学院、广州涉外经济职业技术学院、中山大学南方学院、内蒙古科技大学包头师范学院、郑州升达经贸管理学院、华中师范大学武汉传媒学院、安阳师范学院人文管理学院、天津体育学院运动与文化学院、华中师范大学(教育部直属、211大学)

◆专业名称:音乐学

◆专业代码:130202

培养目标:本专业培养具有一定的马克思主义基本理论素养和系统的专业基本知识,具备一定音乐实践技能和教学能力,能在高、中等专业或普通院校、社会文艺团体、艺术研究单位和文化机关、出版及广播、影视部门从事教学、研究、编辑、评论、管理等方面工作的高级专门人才。

培养要求:本专业学生主要学习音乐史论、音乐教育等方面的基本理论和基础知识,接受音乐理论与实践方面的基本训练,具有音乐研究、教学等方面的基本能力。

毕业生应获得以下几方面的知识和能力:

1.掌握音乐学的基本理论;

2.掌握音乐的分析方法；

3.具有从事本专业工作的基本能力；

4.了解党和国家的文艺方针、政策和法规；

5.了解本专业及相关学科的发展动态；

6.掌握文献检索、资料查询的基本方法，具有一定的科学研究和实际工作能力。

主干学科：艺术学、教育学

主要课程：音乐史、音乐学理论、中外民族民间音乐、教育学、美学、作曲技术理论、钢琴或其他乐器演奏等。

实践环节：包括社会实践、艺术实践及教学实践等，一般每学期安排1~2周。

修业年限：四年或五年

授予学位：艺术学学士

就业方向：毕业生可以选择继续深造或者到艺术研究单位、文化机关等部门从事研究、编辑和管理等方面的工作，也可以到专业院校从事教学研究工作，或者到社会文艺团体、出版广播、影视部门进行有关的作曲、编辑等实践指导工作。

开设学校：渤海大学、新乡学院、济宁学院、吕梁学院、蚌埠学院、池州学院、衢州学院、文山学院、保山学院、泰州学院、昭通学院、长春大学、吉首大学、大理学院、西藏大学(211大学)、邵阳学院、怀化学院、湘南学院、嘉应学院、韶关学院、惠州学院、广州大学、红河学院、黄山学院、延安大学、河西学院、临沂大学、青岛大学、聊城大学、许昌学院、三峡大学、江汉大学、集美大学、莆田学院、闽江学院、华侨大学、南昌大学(211大学)、苏州大学(211大学)、广西大学(211大学)、福州大学(211大学)、四川大学(教育部直属、985大学、211大学)、厦门大学(教育部直属、985大学、211大学)、延边大学(211大学)、上海大学(211大学)、济南大学、江南大学(教育部直属、211大学)、郑州大学、德州学院、宁波大学、昌吉学院、西华大学、沈阳大学、深圳大学、山西大学、台州学院、温州大学、扬州大学、大连大学、辽东学院、九江学院、宜春学院、宿州学院、梧州学院、丽水学院、钦州学院、滁州学院、枣庄学院、龙岩学院、琼州学院、滨州学院、赤峰学院、长沙学院、河池学院、昆明学院、黑河学院、榆林学院、宜宾学院、汉口学院、绥化学院、贵阳学院、菏泽学院、凯里学院、铜仁学院、安顺学院、贺州学院、商洛学院、安康学院、三明学院、保定学院、泰山学院、宁夏大学(211大学)、潍坊学院、烟台大学、邯郸学院、衡水学院、邢台学院、西昌学院、运城学院、晋中学院、贵州大学(211大学)、新余学院、黄淮学院、肇庆学院、南通大学、云南师范大学、北京联合大学、内蒙古科技大学、贵州民族大学、中国地质大学(教育部直属、211大学)、山东大学(教育部直属、985大学、211大学)、东华理工大学、华中科技大学(教育部直属、985大学、211大学)、绍兴文理学院、北京师范大学(教育部直属、985大学、211大学)、中央民族大学(985大学、211大学)、绍兴文理学院元培学院、西南大学(教育部直属、211大学)、宿迁学院、辽宁理工学院、长治学院、天水师范学院、湖北师范学院文理学院、长沙师范学院、福州大学至诚学院、厦门大学嘉庚学院、福州大学阳光学院、中国石油大学胜利学院、六盘水师范学院、宁德师范学院、合肥师范学院、苏州科技学院天平学院、中国传媒大学南广学院、广东第二师范学院、山东女子学院、浙江外国语学院、贵州师范大学求是学院、兴义民族师范学院、齐鲁师范学院、宁夏大学新华学院、广东海洋大学寸金学院、四川传媒学院、吉首大学张家界学院、湖南文理学院芙蓉学院、衡阳师范学院南岳学院、四川文化艺术学院、南昌师范学院、江苏第二师范学院、陕西学前师范学院、成都师范学院、安徽师范大学皖江学院、南昌大学科学技术学院、湖州师范学院求真学院、郑州科技学院、湖北民族学院科技学院、湖南第一师范学院、赣南师范学院科技学院、江西师范大学科学技术学院、长春光华学院、呼和浩特民族学院、中北大学信息商务学院、天津财经大学珠江学院、广西师范学院师园学院、广西民族师范学院、广西师范大学漓江学院、甘肃民族师范学院、大连艺术学院、西安体育学院、北华大学、长春师范大学、湖南科技大学、云南艺术学院、青海师范大学、宝鸡文理学院、青海民族大学、陕西理工学院、咸阳师范学院、渭南师范学院、白城师范学院、湖南科技学院、通化师范学院、衡阳师范学院、湖南文理学院、吉林师范大学、湖南城市学院、湖南理工学院、湖南工业大学、上海师范大学、佛山科学技术学院、星海音乐学院、安徽师范大学、东莞理工学院、广东外语外贸大学、广东石油化工学院、华南农业大学、广东海洋大学、岭南师范学院、韩山师范学院、云南民族大学、楚雄师范学院、西安石油大学、玉溪师范学院、淮南师范学院、淮北师范大学、陕西师范大学(教育部直属、211大学)、皖西学院、内蒙古民族大学、南阳师范学院、商丘师范学院、周口师范学院、洛阳师范学院、西北师范大学、山东财经大学、广西科技大学、广西师范学院、山东农业大学、山东科技大学、山东理工大学、玉林师范学院、海南师范大学、曲阜师范大学、贵州师范大学、广西师范大学、黔南民族师范学院、内蒙古师范大学、遵义师范学院、牡丹江师范学院、黄冈师范学院、湖北工程学院、湖北师范学院、湖北民族学院、哈尔滨学院、齐齐哈尔大学、佳木斯大学、中南民族大学、福建师范大学、黄河科技学院、西北民族大学、闽南师范大学、泉州师范学院、河南大学、河南科技大学、武汉音乐学院、湖北科技学院、湖北文理学院、暨南大学(211大学)、南京师范大学(211大学)、华南师范大学(211大学)、天津音乐学院、东北师范大学(教育部直属、211大学)、南京艺术学院、盐城师范学院、常州工学院、南京晓庄学院、华东师范大学(教育部直属、985大学、211大学)、湖南师范大学(211大学)、河北大学、内蒙古大学(211大学)、云南大学(211大学)、天津师范大学、浙江师范大学、新疆艺术学院、喀什师范学院、湖州师范学院、杭州师范大学、辽宁师范大学、沈阳师范大学、新疆师范大学、西南民族大学、中北大学、山西师范大学、四川理工学院、忻州师范学院、长治医学院、太原师范学院、山西大同大学、西华师范大学、西南科技大学、四川师范大学、重庆师范大学、南昌航空大学、江西师范大学、江西财经大学、华东交通大学、江苏师范大学、苏州科技学院、石河子大学(211大学)、鞍山师范学院、沈阳音乐学院、大连外国语大学、赣南师范学院、长江师范学院、江西科技师范大学、上饶师范学院、江西中医药大学、井冈山大学、武昌理工学院、三峡大学科技学院、郑州师范学院、呼伦贝尔学院、宁夏师范学院、山东大学威海分校、重庆人文科技学院、贵州工程应用技术学院、湖南涉外经济学院、常熟理工学院、集美大学诚毅学院、重庆文理学院、伊犁师范学院、湖北理工学院、徐州工程学院、西安文理学院、阜阳师范学院、安庆师范学院、曲靖师范学院、内江师范学院、绵阳师范学院、乐山师范学院、中山大学南方学院、陇东学院、哈尔滨师范大学、南京师范大学泰州学院、贵州师范学院、集宁师范学院、河北科技师范学院、淮阴师范学院、湖南人文科技学院、北京交通大学海滨学院、河南师范大学新联学院、河北师范大学、首都师范大学、山东艺术学院、北方民族大学、鲁东大学、石家庄学院、唐山师范学院、廊坊师范学院、山东师范大学、河北农业大学、河北北方学院、广东技术师范学院、四川文理学院、四川民族学院、南昌理工学院、江西科技学院、南昌工程学院、平顶山学院、河南科技学院、安阳师范学院、信阳师范学院、河南师范大学、南阳理工学院、华中师范大学(教育部直属、211大学)、长江大学、湖南农业大学、上海音乐学院、信阳师范学院华锐学院、湖南女子学院、云南艺术学院文华学院、东莞理工学院城市学院、首都师范大学继续教育学院、江西科技师范大学理工学院、东北师范大学人文学院、南京师范大学中北学院、内蒙古科技大学包头师范学院、华中师范大学武汉传媒学院、安阳师范学院人文管理学院、山西师范大学现代文理学院、河北农业大学现代科技学院、上海外国语大学贤达经济人文学院

◆专业名称:作曲与作曲技术理论
◆专业代码:130203

培养目标:本专业培养具有一定的马克思主义基本理论素养,并具备较全面的音乐创作知识、能力和专业化水平,能在有关文艺单位、艺术院校、科研机构以及出版、广播影视部门从事作曲与作曲技术理论的创作、教学、研究、编辑等方面工作的高级专门人才。

培养要求:本专业学生主要学习作曲技术与作曲技术理论方面的基本理论和基础知识,掌握音乐创作、教学、研究的作曲技巧;侧重学习作曲者,应全面掌握并熟练地运用各种曲式和体裁的作曲技巧;侧重学习作曲技术理论者,应深入系统地掌握和声、复调、曲式、配器的专业知识和技能;侧重学习视唱练耳者,应深入系统地掌握音乐院校视唱练耳教师所具备的专业知识和技能;侧重学习戏曲音乐作曲者,应系统地掌握戏曲音乐艺术的基础知识、戏曲作曲的基本技能和创作规律,具备从事戏曲作曲创作的专业水平和能力;侧重学习电子、电子计算机音乐者,应系统地掌握电子技术的有关知识,能较熟练地通过电子计算机进行音乐分析、研究和创作。

毕业生应获得以下几方面的知识和能力:

1.掌握本专业的基本理论、基本知识;

2.掌握不同风格及体裁作品的分析方法;

3.具有应用所学知识进行音乐创作和教学工作的基本能力;

4.了解党和国家的文艺方针、政策和法规;

5.了解本专业及相关学科的发展动态；

6.掌握文献检索、资料查询的基本方法，具有初步的科学研究能力。

主干学科：艺术学

主要课程：作曲、作曲技术理论、视唱练耳、音乐史、戏曲史、中外民族民间音乐、钢琴或其他乐器演奏、中国传统音乐分析、现代音乐分析等。

实践环节：包括社会实践、艺术实践、教学实践等，一般每学期安排1~2周。

修业年限：四年或五年

授予学位：艺术学学士

就业方向：在文艺单位、艺术院校、科研机构以及出版、广播影视部门从事作曲与作曲技术理论的创作、教学、研究、编辑工作。

开设学校：中央民族大学(985大学、211大学)、西藏大学(211大学)、云南艺术学院、云南师范大学、青岛大学、西北民族大学、河南大学、武汉音乐学院、南京艺术学院、延边大学(211大学)、内蒙古大学(211大学)、新疆艺术学院、杭州师范大学、太原师范学院、山西大学、沈阳音乐学院、吉林艺术学院、四川音乐学院、山东艺术学院、北方民族大学、山东师范大学、贵州大学(211大学)、星海音乐学院、内蒙古师范大学、哈尔滨师范大学

◆专业名称：舞蹈表演
◆专业代码：130204

培养目标：本专业培养具备良好的职业道德素养以及健全的人格；具有创业能力和创新精神；具有较扎实的舞蹈学、表演学理论知识，能够在舞蹈表演、创编方面达到较高的专业水准，善于把握本专业各种体裁作品的表演风格；具有对各类舞蹈作品的鉴赏、分析和批评能力，具备策划、组织、主持和管理各种舞蹈表演活动的能力；具备从事与本专业相关的教学、表演、创作、研究等方面工作的专业素质的应用型高级专门人才。

培养要求：本专业学生主要学习舞蹈基本知识和基本理论，受到舞蹈表演方面的训练，具有从事舞蹈表演的能力。

毕业生应获得以下几个方面的知识和能力：

1.掌握舞蹈学科的基本理论知识和技能；

2.具有对不同民族舞蹈的鉴赏能力；

3.掌握主要舞种的分析方法和一般技术；

4.具有舞蹈写作、评论以及表演的基本能力；

5.了解舞蹈艺术前沿动态、应用情景和发展动态；

6.掌握舞蹈文献检索、资料查询的基本方法，具有一定的实际工作能力。

主要课程：艺术概论、舞蹈艺术概论、中外舞蹈史、舞蹈名作赏析、舞蹈美学、舞蹈解剖学、运动生理学、运动训练学、运动生物力学、芭蕾舞基础训练、中国古典舞身韵、中国民族民间舞、现代舞、舞蹈编创、中国古典舞技巧等。

修业年限：四年

授予学位：艺术学学士

就业方向：可在文艺团体、专业及普通学校、艺术馆(站)、青少年宫等企事业单位从事舞蹈演员、舞蹈教学、辅导组织工作；从事青少年业余舞蹈教学排练、企业文化、社区文化和大型文化活动的策划、编导、排练等工作。

开设学校：西北民族大学、内蒙古大学、广西艺术学院、云南艺术学院、云南师范大学、贵州民族大学、渭南师范学院、安徽师范大学、宝鸡文理学院、伊犁师范学院、毕节学院、红河学院、湖南第一师范学院、牡丹江师范学院、郑州师范学院、中央民族大学、西北师范大学、中国人民解放军艺术学院、四川师范大学成都学院、井冈山大学、华东交通大学、辽宁科技大学、呼伦贝尔学院、南京体育学院、长治学院、忻州师范学院、衡水学院、山东青年政治学院、河北北方学院、河北民族师范学院、洛阳理工学院、湖北师范学院、云南师范大学商学院、中国人民大学、湖北文理学院、咸阳师范学院、天津音乐学院、重庆师范大学、重庆大学、杭州师范大学钱江学院、太原师范学院、延边大学、临沂大学、潍坊学院、山东工艺美术学院、沈阳音乐学院、大连艺术学院、九江学院、赣南师范学院、南昌理工学院、四川音乐学院、西南民族大学、南昌大学、西华师范大学、南京艺术学院、山东艺术学院、四川大学、四川文化艺术学院

◆专业名称：舞蹈学
◆专业代码：130205

培养目标：本专业培养具备能从事中外舞蹈史、舞蹈理论的研究、舞蹈教学以及编辑等工作的高等专门人才。

培养要求：本专业学生主要学习马克思主义理

论的基本知识，熟悉我国的文艺方针政策；系统地掌握舞蹈历史文化知识和舞蹈基本理论，了解相关学科的知识，有较强的审美感觉和创造性思维能力，有从事本专业教学和初步科研的能力；掌握分析和研究舞蹈作品的方法，具有较强的理论写作能力。

毕业生应获得以下几方面的知识和能力：

1.掌握舞蹈学科的基本理论知识和技能；

2.掌握主要舞种的分析方法和一般技术；

3.具有舞蹈写作、评论以及表演的基本能力；

4.了解舞蹈艺术前沿动态、应用情景和发展动态；

5.掌握舞蹈文献检索、资料查询的基本方法，具有一定的实际工作能力。

主干学科：艺术学、教育学

主要课程：舞蹈写作教程、舞蹈形态学、中国舞蹈史、中国民间舞蹈文化、世界芭蕾史纲、欧美现代舞史、舞蹈专业英语、舞蹈文献检索与利用、中国舞蹈意象论、中外舞蹈思想教程，舞蹈解剖学等。

实践环节：包括社会实践与舞蹈现状考察，一般安排4周。

修业年限：四年

授予学位：艺术学学士

就业方向：该专业毕业生可在大中小学从事舞蹈艺术教育工作，也可在地市各级文化馆从事群艺工作。

开设学校：西藏大学（211大学）、巢湖学院、重庆大学（教育部直属、985大学、211大学）、四川大学（教育部直属、985大学、211大学）、延边大学（211大学）、济宁学院、吉首大学、邵阳学院、怀化学院、嘉应学院、韶关学院、红河学院、延安大学、临沂大学、青岛大学、聊城大学、许昌学院、三峡大学、长江大学、华侨大学、南昌大学（211大学）、广西大学（211大学）、济南大学、西华大学、宜春学院、九江学院、长治学院、枣庄学院、滨州学院、河池学院、昆明学院、榆林学院、凯里学院、贺州学院、保定学院、泰山学院、潍坊学院、衡水学院、邢台学院、运城学院、贵州大学（211大学）、西南大学（教育部直属、211大学）、肇庆学院、云南师范大学、北京舞蹈学院、山东师范大学、廊坊师范学院、山东体育学院、华中科技大学（教育部直属、985大学、211大学）、四川师范大学、华南师范大学（211大学）、北京师范大学（教育部直属、985大学、211大学）、中央民族大学（985大学、211大学）、四川大学锦江学院、山东青年政治学院、重庆文理学院、天水师范学院、福州大学阳光学院、北京师范大学珠海分校、苏州科技学院天平学院、齐鲁师范学院、吉首大学张家界学院、山东师范大学历山学院、云南艺术学院文华学院、贵州大学科技学院、湖北民族学院科技学院、湖南第一师范学院、赣南师范学院科技学院、江西师范大学科学技术学院、天津师范大学津沽学院、广西师范大学漓江学院、甘肃民族师范学院、西安体育学院、北华大学、云南艺术学院、宝鸡文理学院、咸阳师范学院、渭南师范学院、湖南科技学院、华中师范大学（教育部直属、211大学）、湖南理工学院、上海师范大学、广州体育学院、星海音乐学院、岭南师范学院、云南民族大学、玉溪师范学院、陕西师范大学（教育部直属、211大学）、南阳师范学院、洛阳师范学院、西北师范大学、广西师范学院、玉林师范学院、海南师范大学、曲阜师范大学、贵州师范大学、广西师范大学、黔南民族师范学院、内蒙古师范大学、湖北工程学院、湖北师范学院、湖北民族学院、武汉体育学院、福建师范大学、泉州师范学院、西北民族大学、南京师范大学（211大学）、天津体育学院、盐城师范学院、南京艺术学院、湖南师范大学（211大学）、河北大学、新疆艺术学院、杭州师范大学、辽宁师范大学、沈阳师范大学、新疆师范大学、山西师范大学、山西大同大学、西华师范大学、重庆师范大学、江西师范大学、东华理工大学、沈阳音乐学院、赣南师范学院、长江师范学院、上饶师范学院、宁夏师范学院、重庆人文科技学院、湖南涉外经济学院、集美大学诚毅学院、成都体育学院、曲靖师范学院、内江师范学院、陇东学院、淮阴师范学院、湖南人文科技学院、贵州师范学院、武汉体育学院体育科技学院、云南师范大学商学院、吉林艺术学院、海口经济学院、四川音乐学院、河北民族师范学院、首都师范大学、山东艺术学院、广西民族大学、北方民族大学、鲁东大学、石家庄学院、唐山师范学院、河北体育学院、河北北方学院、江西科技学院、安阳师范学院、信阳师范学院、西安建筑科技大学华清学院、东北师范大学人文学院、内蒙古科技大学包头师范学院、四川文化艺术学院、天津体育学院运动与文化学院、长春师范大学、白城师范学院、齐齐哈尔大学、南京晓庄学院、天津师范大学、绍兴文理学院、黑河学院、四川师范大学成都学院

◆专业名称：舞蹈编导
◆专业代码：130206

培养目标：本专业培养能在专业表演团体、学

校、科研单位、演艺机构等从事中国舞、芭蕾舞、现代舞等舞蹈、舞剧编导以及教学与研究工作的高级专门人才。

培养要求：本专业学生主要学习马克思主义理论的基本知识，熟悉我国的文艺方针和政策；系统地掌握舞蹈的基本理论和专业技能，了解相关学科的知识，有较高的文化艺术修养，有较强的审美感觉和创造性思维能力，有观察、理解、概括生活的能力，能独立运用编舞手段完成舞蹈作品的创作与排练，以及具有从事本专业教学和初步科研的能力。

毕业生应获得以下几方面的知识和能力：

1.掌握舞蹈编导学科的基本理论、基本知识；

2.掌握舞蹈编导的分析方法和技术；

3.具有舞蹈编导的基本能力；

4.了解党和国家的各项文艺方针、政策和法规；

5.了解舞蹈编导的理论前沿、应用前景和发展动态；

6.掌握舞蹈文献检索、资料查询的基本方法，具有初步的科学研究和实际工作能力。

主干学科：艺术学

主要课程：舞蹈编导、舞蹈基本功训练、现代舞技术、舞蹈组合训练、舞蹈剧目分析、舞蹈创作实习、音乐（钢琴、曲式分析）、舞蹈编导理论、现代舞专业基础课程、现代舞课程等。

实践环节：包括社会实践与艺术实践等，一般安排15周。

修业年限：四年

授予学位：文学学士

就业方向：该专业毕业生可以加盟专业表演团体、艺术团、学科、科研单位、演艺机构等。

开设学校：巢湖学院、江南大学（教育部直属、211大学）、广州大学、海南大学（211大学）、深圳大学、山西大学、大连大学、琼州学院、绥化学院、烟台大学、北京舞蹈学院、中央民族大学（985大学、211大学）、山东青年政治学院、湖南女子学院、山西大学商务学院、广东海洋大学寸金学院、四川传媒学院、湖南文理学院芙蓉学院、云南艺术学院文华学院、山西工商学院、大连艺术学院、云南艺术学院、陕西理工学院、湖南文理学院、广东海洋大学、上海体育学院、南阳师范学院、商丘师范学院、周口师范学院、遵义师范学院、东北石油大学、齐齐哈尔大学、佳木斯大学、黄河科技学院、西北民族大学、河南大学、东北师范大学（教育部直属、211大学）、南京艺术学院、内蒙古大学（211大学）、新疆艺术学院、西南民族大学、忻州师范学院、太原师范学院、江苏师范大学、沈阳体育学院、沈阳音乐学院、江西科技师范大学、山东大学威海分校、哈尔滨师范大学、浙江传媒学院、淮阴师范学院、湖南人文科技学院、南京师范大学泰州学院、吉林大学珠海学院、吉林艺术学院、河北传媒学院、山东艺术学院、山东体育学院、河南师范大学、牡丹江师范学院、上海戏剧学院、东北师范大学人文学院

1303戏剧与影视学类

◆专业名称：表演
◆专业代码：130301

培养目标：本专业培养具有一定的马克思主义基本理论素养，并具备和掌握表演艺术的基本理论和基本技巧，能够在戏剧、戏曲、电影、电视和舞蹈等表演中独立完成不同人物形象创作的高级专门人才。

培养要求：本专业学生主要学习戏剧、戏曲、影视、舞蹈、音乐等方面表演艺术的基本知识、基本理论和基本技能，受到有关理论、发展历史、研究现状等系统教育和从事专业工作所需业务能力的基本训练。

毕业生应获得以下几方面的知识和能力：

1.掌握表演艺术学科的基础理论和基本知识；

2.具有塑造艺术形象的基本能力；

3.了解我国的文艺方针、政策和法规；

4.了解艺术创作理论的现状与发展动态；

5.掌握文献检索、资料查询的基本方法．具有一定的理论研究和写作能力。

主干学科：艺术学

主要课程：表演基础理论、表演基本技能、表演剧目、艺术理论、文学修养课程。

实践环节：结合教学组织学生参加社会实践和艺术实践、业务学习等活动。

修业年限：四年

授予学位：艺术学学士

就业方向：毕业生可在全国各电视台、电视剧制作中心、各影视制作公司、剧组、文艺表演团体、教研单位、各单位党政共团、文化传播公司等从事表演、

管理、策划、组织等工作。

开设学校：四川大学(教育部直属、985大学、211大学)、内蒙古大学(211大学)、四川师范大学、北京服装学院、东北师范大学人文学院、重庆师范大学涉外商贸学院、辽宁师范大学海华学院、广州涉外经济职业技术学院、岭南师范学院、陕西师范大学(教育部直属、211大学)、中央戏剧学院(教育部直属)、北京舞蹈学院、重庆大学(教育部直属、985大学、211大学)、沈阳体育学院、东华大学(教育部直属、211大学)、湖南大学(教育部直属、985大学、211大学)、天津大学(教育部直属、985大学、211大学)、北京体育大学(211大学)、沈阳工学院、成都学院、四川传媒学院、江西服装学院、大连艺术学院、辽宁财贸学院、长春大学、西安体育学院、吉首大学、大理学院、西藏大学(211大学)、云南艺术学院、西安工程大学、吉林体育学院、邵阳学院、湘南学院、上海师范大学、安徽工程大学、广东海洋大学、惠州学院、红河学院、上海体育学院、铜陵学院、河西学院、临沂大学、青岛大学、商丘师范学院、聊城大学、许昌学院、武汉体育学院、三峡大学、长江大学、江汉大学、集美大学、中原工学院、河南大学、华侨大学、南昌大学(211大学)、苏州大学(211大学)、兰州大学(教育部直属、985大学、211大学)、天津音乐学院、南京艺术学院、中南大学(教育部直属、985大学、211大学)、延边大学(211大学)、天津师范大学、天津科技大学、郑州大学(211大学)、德州学院、安徽大学(211大学)、新疆艺术学院、昌吉学院、西华大学、沈阳大学、沈阳师范大学、辽宁科技大学、成都理工大学、新疆师范大学、西南民族大学、山西师范大学、深圳大学、山西大学、温州大学、西南石油大学、扬州大学、江西师范大学、南昌航空大学、沈阳音乐学院、大连大学、渤海大学、上饶师范学院、宜春学院、九江学院、宿州学院、三江学院、百色学院、钦州学院、枣庄学院、琼州学院、赤峰学院、河池学院、黑河学院、安庆师范学院、宜宾学院、绥化学院、浙江传媒学院、贵阳学院、河南工程学院、三亚学院、菏泽学院、凯里学院、吉林动画学院、北京联合大学、泰山学院、宁夏大学(211大学)、北京城市学院、潍坊学院、烟台大学、衡水学院、燕山大学、邢台学院、运城学院、晋中学院、贵州大学(211大学)、西南大学(教育部直属、211大学)、黄淮学院、肇庆学院、南通大学、上海戏剧学院、云南师范大学、河北师范大学、中国戏曲学院、廊坊师范学院、贵州民族大学、青岛科技大学、齐鲁工业大学、遵义师范学院、华中科技大学(教育部直属、985大学、211大学)、浙江理工大学、天津工业大学、南京航空航天大学(211大学)、中国人民大学(教育部直属、985大学、211大学)、中央民族大学(985大学、211大学)、湖南女子学院、衡阳师范学院南岳学院、浙江师范大学行知学院、萍乡学院、赣西科技职业学院、伊春职业学院、长治学院、天水师范学院、绵阳师范学院、厦门大学嘉庚学院、福建师范大学协和学院、广东技术师范学院天河学院、北京师范大学珠海分校、山西大学商务学院、兰州文理学院、安徽文达信息工程学院、合肥师范学院、江苏师范大学科文学院、哈尔滨石油学院、中国传媒大学南广学院、东莞理工学院城市学院、成都文理学院、湖南师范大学树达学院、聊城大学东昌学院、云南艺术学院文华学院、四川大学锦城学院、北京电影学院现代创意媒体学院、无锡太湖学院、贵州大学科技学院、西北大学现代学院、哈尔滨体育学院、华侨大学厦门工学院、杭州师范大学钱江学院、湖南第一师范学院、华中师范大学武汉传媒学院、南昌航空大学科技学院、长春光华学院、北京科技大学天津学院、天津师范大学津沽学院、北华大学、西安外国语大学、长春师范大学、湖南科技大学、青海师范大学、宝鸡文理学院、咸阳师范学院、渭南师范学院、白城师范学院、通化师范学院、衡阳师范学院、华中师范大学(教育部直属、211大学)、湖南农业大学、吉林师范大学、中南林业科技大学、湖南城市学院、湖南理工学院、广州体育学院、星海音乐学院、安徽师范大学、广东外语外贸大学、广东石油化工学院、华南农业大学、韩山师范学院、云南民族大学、楚雄师范学院、玉溪师范学院、淮南师范学院、淮北师范大学、兰州商学院、青岛理工大学、内蒙古科技大学、内蒙古民族大学、南阳师范学院、周口师范学院、洛阳师范学院、西北师范大学、山东理工大学、海南师范大学、曲阜师范大学、贵州师范大学、山东工艺美术学院、广西师范大学、内蒙古师范大学、牡丹江师范学院、黄冈师范学院、湖北师范学院、哈尔滨学院、东北石油大学、齐齐哈尔大学、佳木斯大学、黑龙江大学、福建师范大学、黄河科技学院、西北民族大学、武汉音乐学院、河南农业大学、湖北文理学院、河南理工大学、南京师范大学(211大学)、华南师范大学(211大学)、东北农业大学(211大学)、盐城师范学院、南京晓庄学院、东北大学(教育部直属、985大学、211大学)、西南交通大学(教育部直属、211大学)、河北经贸大学、湖南师范大学（211大学）、浙江师范大学、喀什师范学院、杭州师范大学、辽宁师范大学、中北大学、四川理工学院、太原师范学院、西华师范大学、西南科技大学、江西农业大学、重庆师范大学、南京体育学院、华东交通大学、江苏师范大学、大连工业大学、沈阳航空航天大学、鞍山师范学院、赣南师范学院、长江师范学院、江西科技师范大学、井冈山大学、武昌理工学院、洛阳理工学院、呼伦贝尔学院、重庆人文科技学院、贵州工程应用技术学院、湖南涉外经济学院、伊犁师范学院、西安文理学院、大庆师范学院、阜阳师范学院、成都体育学院、内江师范学院、乐山师范学院、陇东学院、哈尔滨师范大学、辽宁科技学院、荆楚理工学院、郑州工业应用技术学院、南京师范大学泰州学院、吉林大学珠海学院、华中农业大学楚天学院、集宁师范学院、云南师范大学商学院、吉林艺术学院、海口经济学院、四川师范大学成都学院、湖北第二师范学院、河北传媒学院、四川音乐学院、首都体育学院、山东艺术学院、山东体育学院、广西民族大学、北方民族大学、鲁东大学、石家庄学院、唐山师范学院、山东师范大学、河北体育学院、河北北方学院、首都师范大学科德学院、南昌理工学院、西安外事学院、平顶山学院、安阳师范学院、信阳师范学院、河南师范大学、南阳理工学院、海南大学（211大学）、太原理工大学（211大学）、济南大学、华南师范大学凤凰国际学院、西安建筑科技大学华清学院、江西科技职业学院、北京科技经营管理学院、北京联合大学广告学院、武汉体育学院体育科技学院、中山大学南方学院、内蒙古科技大学包头师范学院、郑州升达经贸管理学院、安阳师范学院人文管理学院、天津体育学院运动与文化艺术学院、大连工业大学艺术与信息工程学院、中南民族大学、上海工程技术大学

◆专业名称：戏剧学
◆专业代码：130302

培养目标：本专业培养具备戏剧和影视的理论、评论、编辑和艺术管理等方面的知识，能在剧院（团）或电视台、电影厂、编辑部以及文化管理机关等部门从事理论研究、编审与文化管理等方面工作以及能在国家机关、文教事业单位从事实际工作的高级专门人才。

培养要求：本专业学生应具有扎实的马克思主义的基本理论，熟悉我国的文艺方针、政策，系统地掌握戏剧、影视文学的基本理论和创作技能，了解相关学科的知识，有较好的文化艺术修养，较强的审美感觉和创造性思维能力；具有较系统和广博的戏剧影视理论和历史知识，掌握分析和研究戏剧影视作品的方法，有较强的理论写作能力。

毕业生应获得以下几方面的知识和能力：

1.掌握戏剧、影视艺术学科的基础理论、基本知识；

2.具有理论写作的基本能力；

3.了解我国的文艺方针、政策和法规；

4.了解文献检索、资料查询的基本方法，具有一定的理论研究和实践创作能力。

主干学科：艺术学

主要课程：导演学、表演艺术、舞台美术设计基础、中外戏剧史、艺术概论等。

实践环节：包括社会实践和艺术实践，一般每学期安排3周。

修业年限：四年

授予学位：艺术学学士

就业方向：主要到剧院（团）或电视台、电影厂、编辑部以及文化管理机关等部门从事理论研究、编审与文化管理等方面的工作，或到国家机关、文教事业单位从事实际工作。

开设学校：中央戏剧学院（教育部直属）、云南艺术学院

◆专业名称：电影学
◆专业代码：130303

培养目标：电影学专业培养能在全国广播电影电视系统和文化部门从事广播、电视节目编导、艺术摄影、音响设计、音响导演、撰稿、编剧、制作、社教及文艺类节目主持人等方面工作的广播电视艺术学科的高级专门人才。

培养要求：该专业学生应具备广播电视节目策划、创作、制作等方面的专业知识，具备较高的政治水平、理论修养和艺术鉴赏等方面的能力。

毕业生应获得以下几方面的知识和能力：

1.掌握广播电视艺术学科的基本理论、基本知识；

2.具有敏锐的观察生活和捕捉社会发展走向的能力，以及用广播电视手段表达思想感情的能力；

3.熟悉党和国家新闻及文艺宣传的方针政策和

法规；

4.了解广播电视的理论前沿和技术发展的动态；

5.掌握文献检索、资料查询的基本方法，具有一定的科学研究和实际工作能力；

6.具备较高的艺术修养和艺术创造能力。

主要课程：世界电影史、中国电影史、电影美学、电影造型、电影声音、摄影艺术

修业年限：四年

授予学位：艺术学学士

就业方向：报社、杂志社和出版社等单位；相关国家机关和行政单位（主要是指国家广电总局、中影公司、地方广电集团（局）以及文联等单位）；影视传媒行业（主要是指中央电视台、地方电视台以及各种影视传媒公司等）；企业、公司宣传部门。

开设学校：北京电影学院、中国传媒大学、北京师范大学、上海大学、南京师范大学、重庆大学、北京大学、西南大学、山东师范大学、武汉大学、复旦大学

相近专业：艺术教育、艺术类、艺术设计、导演、艺术学、影视学、广播影视编导、照明艺术、艺术与科技、影视摄影与制作、音乐表演、音乐学、作曲与作叫技术理论、舞蹈学、舞蹈编导、表演、戏剧学、戏剧影视文学、广播电视编导、戏剧影视美术设计、录音艺术、播音与主持艺术、动画、美术学、绘画、雕塑、摄影、书法学、中国画、艺术设计学、公共艺术、数字媒体艺术。

◆专业名称：戏剧影视文学

◆专业代码：130304

培养目标：本专业培养具备戏剧、戏曲舞台和影视创作基本理论以及剧本创作和编导技巧的能力，能在文化馆站、中小学、戏剧戏曲和影视相关学科领域从事创意策划、创作、研究、教学等方面工作的复合型、创新型人才。

培养要求：本专业学生主要学习中文剧本写作，掌握文学与影视和戏剧及影视学的基本理论、知识和从事编剧、剧目编导的基本应用能力，接受影视、话剧与戏曲艺术创意和剧本写作方面的系统训练，了解不同剧本的文本特征，具有话剧剧本、戏曲剧本或电影、电视剧剧本的写作能力。

毕业生应获得以下几方面的知识和能力：

1.了解和熟悉党和国家在影视、话剧、戏曲及文化艺术领域方面的方针、政策和法规；

2.掌握中文专业的知识与应用，了解国内外戏剧、影视的研究发展动态和行业需求；

3.掌握戏剧、影视文学与相关交叉领域方面的基础知识、应用理论、创作现状和发展走势；

4.掌握戏剧、影视剧本创作的基本理论、基本知识和基本方法与技巧，熟悉舞台和影视拍摄，具有较强的创新意识；

5.掌握文献检索、资料查询的基本方法，具有一定的理论研究能力和鉴赏、批评能力；

主干学科：戏剧影视学、中国语言文学

主要课程：中国戏剧史、外国戏剧史、电影发展史、戏剧学概论、戏曲概论、中国文学、外国文学、中国古代汉语、基础写作、编剧概论、中外经典剧作导读、话剧影视剧本写作、戏曲文学剧本写作等。

实践环节：观摩影视剧和舞台剧演出活动、各个学习阶段的创作实习、在校内创编影视、话剧与戏曲剧本并排练演出、参与社会艺术机构艺术创作实践、体验生活、毕业联合创作实践等。

修业年限：四年

授予学位：艺术学学士

就业方向：该专业毕业生能在剧院（团）或电视台、电影厂、编辑部等部门从事文学创作、编辑和理论研究工作，以及在国家机关、文教事业单位从事相关工作。

开设学校：中央戏剧学院（教育部直属）、重庆大学（教育部直属、985大学、211大学）、南京师范大学（211大学）、四川大学（教育部直属、985大学、211大学）、厦门大学（教育部直属、985大学、211大学）、暨南大学（211大学）、江西师范大学、华中科技大学（教育部直属、985大学、211大学）、西北大学（211大学）、太原师范学院、新疆艺术学院、兰州大学（教育部直属、985大学、211大学）、江南大学（教育部直属、211大学）、武汉大学（教育部直属、985大学、211大学）、四川文化艺术学院、四川传媒学院、云南艺术学院文华学院、西北大学现代学院、西安培华学院、西北政法大学、西安财经学院、长春师范大学、云南艺术学院、西安外国语大学、渭南师范学院、衡阳师范学院、上海师范大学、安徽师范大学、西安建筑科技大学、黄山学院、海南大学（211大学）、曲阜师范大学、洛阳师范学院、南阳师范学院、周口师范学院、许昌学院、广西师范学院、齐齐哈尔大学、河南大学、南昌大学（211大学）、广西大学（211大学）、南京艺术学院、辽宁大学（211大

学）、湖南师范大学（211大学）、内蒙古大学（211大学）、长安大学（教育部直属、211大学）、天津师范大学、新疆大学（211大学）、浙江师范大学、成都理工大学、山西师范大学、山西大学、四川师范大学、重庆师范大学、沈阳音乐学院、九江学院、西安文理学院、浙江传媒学院、河南大学民生学院、河北传媒学院、四川音乐学院、吉林动画学院、中国劳动关系学院、北京电影学院、首都师范大学、山东艺术学院、廊坊师范学院、河北北方学院、山东师范大学、邢台学院、西南大学（教育部直属、211大学）、平顶山学院、信阳师范学院、河南师范大学、华中师范大学（教育部直属、211大学）、辽宁师范大学海华学院、天水师范学院、中国传媒大学南广学院、北京电影学院现代创意媒体学院、天津体育学院运动与文化艺术学院、天津师范大学津沽学院

◆专业名称：广播电视编导
◆专业代码：130305

培养目标：本专业培养具备广播电视节目策划、创作、制作等方面的专业知识，具备较高的理论修养和艺术鉴赏等方面的能力，良好的广播影视编导素质和广播影视作品的制作能力，掌握影视编导的经营特点和运行规律，善于分析国内外影视产业的发展趋势，具备现代影视的创新思维和策划能力，以及现代管理、经济和法律的基础知识，能在全国广播电影电视系统和文化部门从事广播、电视节目编导、艺术摄影、音响设计、音响导演、撰稿、编剧制作、策划、创意、创作、社教及文艺类节目主持人等方面工作的高素质人才。

培养要求：广播电视编导专业学生主要学习艺术、文学、美学、广播电视艺术学等方面的基本理论和基本知识，受到广播电视节目编导、策划、制作、主持等方面的基本训练，掌握创作、管理广播、电视节目、栏目、频道等方面的基本能力。

毕业生应具备的专业知识与能力：

1.掌握广播电视艺术学科的基本理论、基本知识；

2.具有敏锐的观察生活和捕捉社会发展走向的能力，以及用广播电视手段表达思想感情的能力；

3.熟悉党和国家新闻及文艺宣传的方针政策和法规；

4.了解广播电视的理论前沿的技术发展的动态；

5.掌握文献检索、资料查询的基本方法，具有一定的科学研究和实际工作能力；

6.具备较高的艺术修养和艺术创造能力。

主要课程：影视艺术概论、中外电影史、编剧学、影视脚本创作、导演基础、影视心理学、摄像、新闻写作、影评学、影视心理学、灯光照明、古代文学、近现代文学、中外文学、非线性编辑、3D、AE、影视作品分析、视听语言、广播电视节目主持等。

修业年限：四年

授予学位：艺术学学士

就业方向：可在广播电影电视系统和文化部门从事广播、电视节目编导、艺术摄影、音响设计、音响导演、撰稿、编剧制作、策划、创意、创作、社教及文艺类节目主持人等方面工作。

开设学校：云南师范大学、贵州民族大学、内蒙古师范大学、北京大学（教育部直属、985大学、211大学）、湖南大学（教育部直属、985大学、211大学）、湖北大学知行学院、长江大学文理学院、武汉大学珞珈学院、新乡学院、武夷学院、蚌埠学院、池州学院、哈尔滨石油学院、哈尔滨华德学院、南京大学金陵学院、成都学院、成都文理学院、四川传媒学院、聊城大学东昌学院、山东师范大学历山学院、云南艺术学院文华学院、四川大学锦江学院、四川大学锦城学院、江西服装学院、山西传媒学院、福州外语外贸学院、商丘学院、山西工商学院、西北大学现代学院、湖北民族学院科技学院、长春光华学院、沈阳城市学院、西北师范大学知行学院、大连艺术学院、西安培华学院、长春工业大学、西北政法大学、西安财经学院、长春师范大学、西安邮电大学、陕西科技大学、云南艺术学院、西安工程大学、西安外国语大学、宝鸡文理学院、渭南师范学院、白城师范学院、湖南科技学院、通化师范学院、黑龙江大学、东北电力大学、吉林师范大学、上海师范大学、广东财经大学、广州大学、华南农业大学、西安建筑科技大学、陕西师范大学（教育部直属、211大学）、黄山学院、青岛大学、内蒙古民族大学、商丘师范学院、洛阳师范学院、南阳师范学院、周口师范学院、聊城大学、临沂大学、西北师范大学、青岛农业大学、广西民族大学、黄冈师范学院、湖北民族学院、武汉体育学院、长江大学、福建师范大学、黄河科技学院、西北民族大学、中原工学院、闽南师范大学、河南大学、湖北文理学院、湖北科技学院、南京师范大学（211大学）、四川大学（教育部直属、985大学、211

大学）、东北师范大学（教育部直属、211大学）、东北农业大学、南京晓庄学院、南京艺术学院、常州工学院、上海交通大学（教育部直属、985大学、211大学）、华东师范大学（教育部直属、985大学、211大学）、辽宁大学、（211大学）、湖南师范大学（211大学）、长安大学（教育部直属、211大学）、西北大学（211大学）、天津工业大学、天津师范大学、同济大学（教育部直属、985大学、211大学）、上海大学（211大学）、新疆艺术学院、辽宁师范大学、沈阳师范大学、沈阳大学、成都理工大学、山西师范大学、西南石油大学、四川师范大学、江西师范大学、重庆师范大学、重庆邮电大学、江苏师范大学、沈阳音乐学院、渤海大学、赣南师范学院、上饶师范学院、井冈山大学、四川外国语大学、宜春学院、九江学院、三江学院、枣庄学院、重庆人文科技学院、重庆文理学院、赤峰学院、长沙学院、黑河学院、成都体育学院、宜宾学院、汉口学院、淮阴师范学院、哈尔滨师范大学、重庆工商大学、荆楚理工学院、贵州师范学院、大连财经学院、河南大学民生学院、兰州城市学院、贺州学院、吉林艺术学院、吉林师范大学博达学院、河北传媒学院、四川音乐学院、吉林动画学院、河北美术学院、河北师范大学、山东艺术学院、泰山学院、鲁东大学、山东师范大学、西南大学（教育部直属、211大学）、黄淮学院、广东技术师范学院、四川文理学院、江西科技学院、西安外事学院、南昌理工学院、平顶山学院、信阳师范学院、安阳师范学院、安阳工学院、南阳理工学院、上海戏剧学院、吉林大学（教育部直属、985大学、211大学）、重庆师范大学涉外商贸学院、东北农业大学成栋学院、中国传媒大学南广学院、南京师范大学中北学院、湖南师范大学树达学院、青岛农业大学海都学院、北京电影学院现代创意媒体学院、杭州师范大学钱江学院、华中师范大学武汉传媒学院、安阳师范学院人文管理学院、山西师范大学现代文理学院、华南师范大学凤凰国际学院、湖北文理学院理工学院、华南农业大学珠江学院、广东工业大学华立学院、东北师范大学人文学院、江苏师范大学科文学院、天津师范大学津沽学院、天津体育学院运动与文化艺术学院、广西民族大学相思湖学院、哈尔滨工业大学（985大学、211大学）、中原工学院信息商务学院、南京师范大学泰州学院、重庆邮电大学移通学院、河北大学工商学院、内蒙古师范大学鸿德学院、河南师范大学新联学院、首都师范大学科德学院

◆专业名称：戏剧影视导演
◆专业代码：130306

培养目标：本专业培养具有一定的马克思主义基本理论素养，并具备戏剧、戏曲导演、电影、电视剧导演和表演、戏剧理论研究等方面的知识，能在剧院（团）、电影制片厂、电视台、电视剧制作中心等部门从事戏剧、戏曲艺术、电影、电视剧制作等方面导演工作和理论研究工作的高级专门人才。

培养要求：本专业学生主要学习戏剧、戏曲、电影、电视、美术、音乐、戏剧文学等方面的基本理论和基本知识，受到导演艺术方面的基本训练，具有进行导演创作的基本能力。

毕业生应获得以下几方面的知识和能力：

1.掌握戏剧、戏曲、电影、电视表演学科的基础理论和基本技巧；

2.具有艺术创造的基本能力；

3.具有一定的导演艺术创作的实践能力；

4.了解文艺、新闻、出版的方针、政策和法规；

5.了解导演理论研究成果及发展动态；

6.掌握文献检索、资料查询的基本方法，具有一定的理论研究和实践创作能力。

主干学科：艺术学、新闻传播学

主要课程：导演基础、电视节目制作、戏剧、戏曲及电影表演学、导演艺术、电影电视画面、视听语言、中外戏剧史、艺术概论等。

实践环节：包括实践与艺术实践，一般每学期安排3周。

修业年限：四年

授予学位：艺术学学士

就业方向：在剧院（团）、电影制片厂、电视台、电视剧制作中心等部门从事戏剧、戏曲艺术、电影、电视剧制作等方面的导演工作和理论研究工作

开设学校：中央戏剧学院（教育部直属）、中国戏曲学院、山东艺术学院、重庆大学（教育部直属、985大学、211大学）、上海戏剧学院、中国传媒大学南广学院、四川传媒学院、云南艺术学院、暨南大学（211大学）、南京艺术学院、辽宁大学（211大学）、安徽大学（211大学）、四川师范大学、北京电影学院、贵州大学（211大学）、北京电影学院现代创意媒体学院

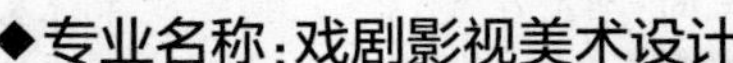

◆**专业名称：戏剧影视美术设计**

◆**专业代码：130307**

培养目标：戏剧影视美术设计专业旨在培养具有一定的马克思主义基本理论素养，并具备戏剧、戏曲、影视和其他舞台演出的美术设计（含灯光设计、服装与化妆设计、布景绘制）等方面的能力，能在剧院、电影厂、电视台、电视剧制作中心从事美术设计的高级专门人才。

培养要求：本专业学生应具有创造性思维能力和现代动态设计观念，能够熟练运用绘画、摄影、装置、计算机虚拟及数字影像技术等各种造型介质和表现手段，具有从事电视演播室场景、电视频道包装、电视广告等的设计与创作工作的基本能力。

毕业生应获得以下几方面的知识和能力：

1.掌握戏剧、影视及舞台美学科的基础理论、基本知识；

2.掌握剧本的分析方法；

3.具有戏剧、戏曲、电影、电视美术设计的初步能力；

4.了解党和国家的新闻、艺术方针、政策和法规；

5.了解舞台及影视美术设计的发展动态；

6.掌握文献检索、资料查询的基本方法，具有一定的理论研究和实践创作能力。

主干学科：艺术学、新闻学

主要课程：舞台影视美术设计、灯光设计、服装道具设计、化妆设计、绘画、绘景、计算机辅助设计、特技美术等。

实践环节：包括社会实践和艺术实践，一般每学期安排3周：

修业年限：四年

授予学位：艺术学学士

就业方向：戏剧影视美术设计毕业生主要到剧院团、电影厂、电视台、电视剧制作中心从事美术设计的工作。

开设学校：北京电影学院、中央戏剧学院、中国戏曲学院、中国传媒大学、吉林动画学院、南京艺术学院、广西艺术学院影视与传媒学院、上海戏剧学院、浙江传媒学院、吉林艺术学院、新疆艺术学院、山东艺术学院、山东工艺美术学院、北京舞蹈学院、南京航空航天大学、天津体育学院运动与文化艺术学院、长春大学旅游学院、重庆师范大学涉外商贸学院、四川师范大学电影电视学院、四川音乐学院等

相近专业：音乐学、作曲与作曲技术理论、音乐表演、绘画、雕塑、美术学、艺术设计学、艺术设计、舞蹈学、舞蹈编导、戏剧学、表演、导演、戏剧影视文学、戏剧影视美术设计、摄影、录音艺术、动画、播音与主持艺术、艺术学、影视学、会展艺术与技术、景观建筑设计、数字媒体艺术

◆**专业名称：录音艺术**

◆**专业代码：130308**

培养目标：本专业培养具有较高的艺术素质和修养，具备深厚的音乐功底，熟知各种录音设备，同时又掌握一定的录音理论及技巧，能在广播、电视、电影系统和文化艺术部门从事声音（音响）设计、录制的高级专门人才。

培养要求：本专业的学生主要学习音乐、广播、电影、电视录音等方面的基本理论和基本知识，受到声音录制、艺术处理等方面的基本训练，应掌握声音（音响）设计、音频节目制作、艺术处理的基本能力。

毕业生应获得以下几方面的知识和能力：

1.掌握声音设计的方法、声学、数字音频及音乐方面的基本理论和基本知识；

2.掌握电路分析方法及录音技术，具有音频节目录制，后期制作及电子音乐制作的基本能力；

3.掌握录音工艺、录音艺术创作等方面的技术与技巧；

4.了解音频节目录制的前沿理论及发展动态，具有初步的科学研究和实际工作能力；

5.了解党和国家关于艺术、新闻、出版的政策和法规；

6.掌握文献检索、资料查询的基本方法。

主干学科：艺术学

主要课程：乐理、视唱练耳、钢琴、和声、声学基础、演播室声学与电声学基础、视听语言、电影声音分析、录音制作、声音节目主观评价、声频测量、数字声频原理及应用。

实践环节：认识实习2周、毕业实习22周。

修业年限：四年

授予学位：文学或工学学士

就业方向：电影、电视、唱歌等艺术形式都离不开录音。随着影视音乐的日渐繁荣，对专业录音人才的需求量也很大。录音工作有很强的技术性，该

专业毕业生除了可以在娱乐行业工作外，留在高校任教和搞研发工作也是不错的就业门路。

开设学校：中国传媒大学南广学院、四川传媒学院、云南艺术学院文华学院、四川文化艺术学院、云南艺术学院、上海师范大学、星海音乐学院、山东农业大学、武汉音乐学院、南京艺术学院、西安电子科技大学（教育部直属、211大学）、河北科技大学、新疆艺术学院、辽宁师范大学、沈阳音乐学院、河北传媒学院、四川音乐学院、北京电影学院、首都师范大学、北京电影学院现代创意媒体学院、天津体育学院运动与文化艺术学院

◆专业名称：播音与主持艺术
◆专业代码：130309

培养目标：本专业培养具备广播电视新闻传播、语言文学、播音学以及艺术、美学等多学科知识与能力，能在广播电台、电视台及其他单位从事广播电视播音与节目主持工作的复合型应用语言学高级专门人才。

培养要求：本专业学生主要学习中国语言文学、广播电视新闻传播学、中国播音学的基本理论和基本知识，受到普通话语音、播音发声、播音表达的基本训练，掌握广播电视播音与节目主持的基本能力。

毕业生应获得以下几方面的知识和能力：

1.掌握中国语言文学、广播电视新闻传播学、中国播音学的基本理论、基本知识；

2.具有与本专业相关的哲学、政治、经济、社会、法律、心理、艺术、美学等多学科知识；

3.具有广播电视播音与节目主持的基本能力；

4.了解并掌握党和国家的新闻宣传、文艺工作的方针政策；

5.具有广播电视新闻采访写作、节目编辑制作的初步能力；

6.掌握文献检索、资料查询的基本方法，具有初步的科学研究和实际工作能力。

主干学科：中国语言文学、新闻传播学、艺术学

主要课程：播音发声、播音创作基础、广播播音主持、电视播音主持、文艺作品演播学概论、新闻学概论、新闻采编、广播电视节目制作。

实践环节：包括生产劳动、军事训练、专业实习、毕业论文写作等，一般安排21周。

修业年限：四年

授予学位：艺术学学士

就业方向：毕业生可以在广播电视系统及其他影视部门从事普通话新闻播音、专题播音、节目主持工作，还可以去电影制片厂、电视台、影视剧制作机构从事电影、电视剧的配音工作。该专业的毕业生也是播音教学与研究工作的高级专门人才的主要来源。

开设学校：云南艺术学院、云南师范大学、中央戏剧学院（教育部直属）、遵义师范学院、上海交通大学（教育部直属、985大学、211大学）、湖南大学（教育部直属、985大学、211大学）、湖南女子学院、安徽新华学院、四川传媒学院、四川大学锦江学院、四川文化艺术学院、山西传媒学院、广西外国语学院、商丘学院、山西工商学院、长春光华学院、大连艺术学院、西安体育学院、西安培华学院、北华大学、长春师范大学、陕西科技大学、西安工程大学、西安外国语大学、咸阳师范学院、宝鸡文理学院、湘南学院、上海师范大学、广州体育学院、广东财经大学、安徽师范大学、广州大学、广东外语外贸大学、昆明理工大学、陕西师范大学（教育部直属、211大学）、上海体育学院、皖西学院、商丘师范学院、洛阳师范学院、南阳师范学院、周口师范学院、临沂大学、西北师范大学、许昌学院、广西师范学院、广西民族大学、贵州师范大学、湖北工程学院、黄冈师范学院、湖北师范学院、武汉体育学院、湖北大学、齐齐哈尔大学、三峡大学、江汉大学、福建师范大学、黄河科技学院、西藏民族学院、中原工学院、河南大学、河南工业大学、暨南大学（211大学）、南昌大学（211大学）、苏州大学（211大学）、南京师范大学（211大学）、广西大学（211大学）、东北师范大学（教育部直属、211大学）、南京艺术学院、辽宁大学（211大学）、湖南师范大学（211大学）、河北大学、内蒙古大学（211大学）、西北大学（211大学）、天津师范大学、新疆大学（211大学）、浙江工业大学、新疆艺术学院、辽宁师范大学、辽宁科技大学、沈阳师范大学、沈阳大学、成都理工大学、山西师范大学、深圳大学、西南石油大学、四川师范大学、西华师范大学、江西师范大学、南昌航空大学、沈阳音乐学院、渤海大学、赣南师范学院、长江师范学院、上饶师范学院、四川外国语大学、宜春学院、九江学院、武汉东湖学院、武昌理工学院、三峡大学科技学院、重庆人文科技学院、西安翻译学院、长沙学院、曲靖师范学院、内江师范学院、乐山师范学院、汉口学院、厦门理工学院、绵阳师范学院、三亚学院、兰州城市学院、吉林艺术学院、海口经济学院、河北传媒

学院、吉林动画学院、四川音乐学院、河北民族师范学院、中华女子学院、河北师范大学、山东艺术学院、泰山学院、潍坊学院、邯郸学院、廊坊师范学院、衡水学院、河北体育学院、山东师范大学、西昌学院、运城学院、贵州大学(211大学)、西南大学(教育部直属、211大学)、新余学院、黄淮学院、四川文理学院、南昌理工学院、平顶山学院、信阳师范学院、安阳师范学院、安阳工学院、南阳理工学院、上海戏剧学院、吉林大学(教育部直属、985大学、211大学)、东北师范大学人文学院、南京师范大学泰州学院、重庆师范大学涉外商贸学院、河南农业大学华豫学院、武汉大学珞珈学院、北京师范大学珠海分校、安徽文达信息工程学院、江苏师范大学科文学院、西北工业大学明德学院、东北农业大学成栋学院、南京航空航天大学金城学院、中国传媒大学南广学院、内蒙古科技大学包头师范学院、贵州师范大学求是学院、山东青年政治学院、湖南师范大学树达学院、云南艺术学院文华学院、四川大学锦城学院、西北大学现代学院、云南师范大学文理学院、阜阳师范学院信息工程学院、杭州师范大学钱江学院、华中师范大学武汉传媒学院、湖北工程学院新技术学院、江西师范大学科学技术学院、内蒙古大学创业学院、呼和浩特民族学院、山西师范大学现代文理学院、天津体育学院运动与文化学院、天津师范大学津沽学院、广西民族大学相思湖学院、广西师范大学漓江学院、郑州航空工业管理学院、湖北经济学院法商学院、哈尔滨师范大学、河北大学工商学院、河南大学民生学院、黑龙江外国语学院、武汉体育学院体育科技学院、首都师范大学科德学院

◆专业名称:动画

◆专业代码:130310

培养目标:本专业培养具备电影、电视动画创作所需要的基础知识及理论,能在电影、电视等媒体的制作岗位上,从事动画原画、动画创意设计和编导及三维电脑动画创作理论研究方面的专业人才。

培养要求:本专业学生主要学习电影、电视动画创作的基础知识与基本理论,受到影视动画设计、影视动画技法、影视动画制作的基本训练,掌握动画设计、动画编导、动画创作及理论研究的基本能力。

毕业生应获得以下几方面的知识和能力:

1.掌握影视动画创作的基本理论、基本知识;

2.掌握影视动画设计及制作的技能;

3.具有影视动画片的编导能力和初步的科研能力,并具有较高的审美能力和中外优秀文化艺术知识与修养;

4.了解党和国家文艺、宣传、新闻、出版的方针政策及电影、电视政策法规;

5.了解影视动画创作的发展与理论研究;

6.掌握文献检索、资料查询的基本方法,具有一定的创作、研究和实际工作能力。

主干学科:艺术学、新闻传播学

主要课程:影视剧作、影视声音、动画技法、影视动画创作、多媒体技术及应用、动画设计。

实践环节:包括素描、速写、人物设计、色彩、短片拍摄、毕业作业。

修业年限:四年

授予学位:艺术学学士

就业方向:广播电视部门、营私制作公司、动画公司、企事业宣传策划部门、广告公司、音像出版机构、学校、网络公司、游戏软件公司、多媒体公司等单位。

开设学校:吉林动画学院、黄淮学院、吉林建筑大学城建学院、华中农业大学楚天学院、厦门大学嘉庚学院、黑龙江外国语学院、广州大学华软软件学院、西安工程大学、西安美术学院、北京印刷学院、河北师范大学、北京服装学院、中央美术学院(教育部直属)、曲阜师范大学、福建师范大学、上海大学(211大学)、肇庆学院、长沙师范学院、新乡学院、烟台南山学院、潍坊科技学院、辽宁传媒学院、沈阳工学院、安徽三联学院、安徽新华学院、武夷学院、池州学院、合肥师范学院、福建江夏学院、成都学院、四川传媒学院、山西传媒学院、江西服装学院、商丘学院、郑州科技学院、大连科技学院、大连艺术学院、长春大学、长春师范大学、湘潭大学、陕西科技大学、云南艺术学院、渭南师范学院、衡阳师范学院、通化师范学院、湖南商学院、东北电力大学、吉林师范大学、上海师范大学、广州美术学院、广东财经大学、上海理工大学、安徽建筑大学、安徽师范大学、安徽工程大学、广州大学、云南民族大学、云南师范大学、西安科技大学、淮南师范学院、巢湖学院、昆明理工大学、黄山学院、安徽财经大学、合肥学院、青岛大学、青岛科技大学、兰州交通大学、商丘师范学院、洛阳师范学院、南阳师范学院、周口师范学院、西北师范大学、聊城大学、临沂大学、桂林理工大学、贵州师范大学、广西师范大学、

黄冈师范学院、湖北美术学院、湖北经济学院、中南民族大学、武汉纺织大学、武汉工程大学、泉州师范学院、黄河科技学院、集美大学、中原工学院、河南大学、河南科技大学、福建农林大学、暨南大学(211大学)、南昌大学(211大学)、重庆大学(教育部直属、985大学、211大学)、四川大学(教育部直属、985大学、211大学)、南京工程学院、南京艺术学院、常州工学院、武汉理工大学(教育部直属、211大学)、河北经贸大学、河北大学、河北科技大学、内蒙古大学(211大学)、西北大学(211大学)、同济大学(教育部直属、985大学、211大学)、天津科技大学、天津理工大学、天津商业大学、天津大学(教育部直属、985大学、211大学)、安徽理工大学、浙江理工大学、西华大学、新疆艺术学院、浙江师范大学、杭州师范大学、浙江科技学院、辽宁师范大学、辽宁科技大学、沈阳师范大学、西南民族大学、深圳大学、太原师范学院、浙江万里学院、浙江工商大学、四川师范大学、江西师范大学、江苏大学、南昌航空大学、苏州科技学院、南京财经大学、大连民族学院、大连海洋大学、鲁迅美术学院、沈阳理工大学、大连交通大学、沈阳建筑大学、宜春学院、上饶师范学院、辽东学院、井冈山大学、重庆三峡学院、三江学院、梧州学院、西京学院、长沙学院、徐州工程学院、金陵科技学院、大庆师范学院、安庆师范学院、内江师范学院、淮阴师范学院、浙江传媒学院、重庆工商大学、河南城建学院、三亚学院、三明学院、菏泽学院、吉林艺术学院、长春建筑学院、河北传媒学院、四川音乐学院、河北美术学院、北京电影学院、河北联合大学、山东艺术学院、北方民族大学、北方工业大学、北京城市学院、潍坊学院、衡水学院、石家庄学院、贵州大学(211大学)、广东白云学院、南通大学、江西科技学院、南昌工程学院、河南科技学院、信阳师范学院、安阳师范学院、安阳工学院、武汉轻工大学、云南财经大学、南京林业大学、重庆邮电大学、天津工业大学、北京林业大学(教育部直属、211大学)、武汉工商学院、无锡太湖学院、湘潭大学兴湘学院、成都东软学院、武昌理工学院、北京建设大学、北京工业大学耿丹学院、湖北工业大学商贸学院、湖北工业大学工程技术学院、武汉生物工程学院、福建师范大学协和学院、北京师范大学珠海分校、广东技术师范学院天河学院、广东财经大学华商学院、华南农业大学珠江学院、广东工业大学华立学院、天津大学仁爱学院、吉林工商学院、东北师范大学人文学院、安徽文达信息工程学院、西安交通大学城市学院、南通大学杏林学院、哈尔滨石油学院、黑龙江财经学院、哈尔滨华德学院、东北农业大学成栋学院、中国传媒大学南广学院、南京师范大学中北学院、南京大学金陵学院、广东海洋大学寸金学院、湖南工业大学科技学院、湖南商学院北津学院、电子科技大学中山学院、聊城大学东昌学院、山东师范大学历山学院、云南艺术学院文华学院、云南大学滇池学院、云南大学旅游文化学院、四川文化艺术学院、福州外语外贸学院、河北联合大学轻工学院、北京电影学院现代创意媒、陕西国际商贸学院、西北大学现代学院、安徽工程大学机电学院、阜阳师范学院信息工程学院、安徽师范大学皖江学院、南昌大学科学技术学院、华侨大学厦门工学院、杭州师范大学钱江学院、浙江理工大学科技与艺术学院、宁波大红鹰学院、郑州成功财经学院、华中师范大学武汉传媒学院、江汉大学文理学院、景德镇陶瓷学院科技艺术文化学院、江西师范大学科学技术学院、内蒙古大学创业学院、长春大学旅游学院、山西农业大学信息学院、天津商业大学宝德学院、广西民族大学相思湖学院、广西科技大学鹿山学院、桂林电子科技大学信息科技学院、浙江工业大学之江学院、辽宁何氏医学院、大连东软信息学院、西北师范大学知行学院、西安培华学院、长春工业大学、西安工业大学、西安外国语大学、吉林工程技术师范学院、湖南工业大学、华南农业大学、西南林业大学、青岛农业大学、桂林电子科技大学、内蒙古师范大学、山东工艺美术学院、牡丹江师范学院、黑龙江工程学院、哈尔滨学院、哈尔滨理工大学、郑州航空工业管理学院、湖北文理学院、黑龙江东方学院、郑州轻工业学院、河南工业大学、南京师范大学(211大学)、太原理工大学(211大学)、江苏理工学院、南京晓庄学院、北京工业大学(211大学)、天津外国语大学、天津职业技术师范大学、浙江工业大学、辽宁石油化工大学、广东工业大学、南京邮电大学、南京信息工程大学、江西科技师范大学、赣南师范学院、辽宁理工学院、武汉学院、武汉科技大学城市学院、电子科技大学成都学院、东南大学成贤学院、青岛滨海学院、湖南涉外经济学院、重庆文理学院、湖北经济学院法商学院、湖北理工学院、华中科技大学武昌分校、哈尔滨师范大学、郑州工业应用技术学院、南京师范大学泰州学院、重庆邮电大学移通学院、上海视觉艺术学院、吉林大学珠海学院、河北科技大学理工学院、内蒙古师范大学鸿德学院、武汉纺织大学外经贸学院、广州大学松田学院、湖北第二师范学院、广东技术师范学院、辽宁工程技术大学、南阳理工学院、华中师范大学(教育部直属、211大学)、湖南文理学院、东北农业大学(211大学)、汕头大学、石家庄铁道大学四方学院、南开大学滨海学院、南京信息工程大学滨江学院、重庆第二师范学院、辽宁师范大学海华学院、江西旅游商贸职业学院、齐齐哈尔工程学院、武汉工程科技学院、武昌首义学院、武汉工程大学邮电与信息工程学院、桂林理工大学博文管理学院、天津体育学院运动与文化艺术学院、大连工业大学艺术与信息工程学院

◆专业名称:影视摄影与制作
◆专业代码:130311T

培养目标:本专业旨在培养具备较高艺术素质,有较强摄影和影视实践能力和应用能力,适应摄影与影视制作发展需要的专门人才。

培养要求:本专业学生主要学习影视摄影与制作的相关基础理论知识,受到相应学科技能的基本训练,具有从事摄影、影视编导、广告设计等的基本能力。

毕业生应获得以下几方面的知识和能力:

1.掌握影视摄影与制作的基本知识;

2.具备广泛的科学文化和艺术理论知识;

3.适应我国影视行业发展需要;

4.熟练掌握英语语言应用能力;

5.掌握文献检索、资料查询的基本方法。

主要课程:图形图像基础、数字暗房、摄影基础、创意摄影、广告摄影、广告设计、婚纱化妆与造型、婚纱套版与设计、影视前期拍摄基础、影视后期编辑、影视片制作、影视后期包装、婚庆活动策划等。

修业年限:四年

授予学位:艺术学学士

就业方向:事业单位摄影技术人员、媒体摄影记者、商业摄影师、高校摄影教师、网络摄影师、图片编辑、视频编辑等。

开设学校:山西传媒学院、中央戏剧学院、北京电影学院、太原理工大学、中国传媒大学、长春光华学院、大连东软信息学院、安阳师范学院、上海戏剧学院、云南艺术学院、浙江传媒学院、重庆师范大学、四川传媒学院、湖北美术学院

1304美术学类

◆专业名称:美术学
◆专业代码:130401

培养目标:本专业为美术史论、美术教育领域培养教学和科研,美术评论和编辑、艺术管理和博物馆等方面的高级专门人才,学生毕业后能从事美术教育、美术研究、文博艺术管理、新闻出版等方面的工作。

培养要求:本专业教学以马克思主义史学与文艺学原理作为指导思想,学生主要学习美术史论、美术教育等方面的基本理论、基础知识和专业技能,以及与之相关的文史哲知识,培养学生史与论相结合,理论与实践相结合的良好学风。

毕业生应获得以下几方面的知识和能力:

1.全面理解和掌握美术学的专业基本理论和基本知识;

2.能运用辩证唯物主义和历史唯物主义的基本方法去阐述美术发展的规律;

3.具有较好的艺术鉴赏能力、逻辑思辨能力、综合分析研究能力、理论表达能力;

4.了解和关注美术学的理论动向及前沿课题;

5.掌握文献检索、资料查询的基本方法,具有一定的科学研究能力和实际工作能力。

主干学科:艺术学、教育学

主要课程:中外美术史、美术概论、中外画论概要、古文字学与古代汉语、美术考古学基础、书画鉴定概论、美术与摄影基础。

实践环节:包括绘画写生、摄影与暗房操作、古代美术遗迹考察及博物馆专业实习。

修业年限:四年

授予学位:艺术学学士

就业方向:学生毕业后可到高校、博物馆、出版社、报社、电视台、拍卖行、文物收藏机构、文化与教育等事业单位以及各种文化艺术传媒策划公司工作。

开设学校:浙江大学(教育部直属、985大学、211大学)、沈阳大学、新乡学院、济宁学院、河套学

院、吕梁学院、武夷学院、池州学院、保山学院、文山学院、普洱学院、吉首大学、西藏大学(211大学)、怀化学院、邵阳学院、湘南学院、嘉应学院、广州大学、惠州学院、巢湖学院、黄山学院、铜陵学院、延安大学、河西学院、临沂大学、聊城大学、许昌学院、三峡大学、长江大学、集美大学、莆田学院、华侨大学、苏州大学(211大学)、广西大学(211大学)、四川大学(教育部直属、985大学、211大学)、厦门大学(教育部直属、985大学、211大学)、山东大学(教育部直属、985大学、211大学)、延边大学(211大学)、上海大学(211大学)、济南大学、德州学院、昌吉学院、西华大学、深圳大学、山西大学、台州学院、温州大学、扬州大学、江苏大学、常州大学、大连大学、宜春学院、九江学院、宿州学院、丽水学院、长治学院、钦州学院、滁州学院、龙岩学院、西京学院、滨州学院、赤峰学院、河池学院、昆明学院、榆林学院、宜宾学院、绥化学院、贵阳学院、铜仁学院、菏泽学院、凯里学院、安顺学院、贺州学院、商洛学院、安康学院、三明学院、保定学院、泰山学院、宁夏大学(211大学)、潍坊学院、邯郸学院、衡水学院、邢台学院、西昌学院、运城学院、晋中学院、西南大学(教育部直属、211大学)、南通大学、江汉大学、韶关学院、西安工业大学、西安工程大学、西安美术学院、云南师范大学、贵州民族大学、曲阜师范大学、华中科技大学(教育部直属、985大学、211大学)、中国美术学院、浙江万里学院、浙江理工大学、华南师范大学(211大学)、北京师范大学(教育部直属、985大学、211大学)、中央民族大学(985大学、211大学)、武汉工商学院、山东师范大学历山学院、沈阳城市学院、江西科技职业学院、宿迁学院、辽宁理工学院、天水师范学院、湖北大学知行学院、湖南女子学院、长沙师范学院、福州大学阳光学院、福建师范大学协和学院、六盘水师范学院、合肥师范学院、中国传媒大学南广学院、广东第二师范学院、浙江外国语学院、贵州师范大学求是学院、兴义民族师范学院、齐鲁师范学院、宁夏大学新华学院、湖南科技大学潇湘学院、衡阳师范学院南岳学院、齐鲁理工学院、四川文化艺术学院、陕西学前师范学院、江西服装学院、成都师范学院、福州外语外贸学院、安徽师范大学皖江学院、湖北民族学院科技学院、湖南第一师范学院、赣南师范学院科技学院、江西师范大学科学技术学院、呼和浩特民族学院、广西师范学院师园学院、广西民族师范学院、西北师范大学知行学院、大连艺术学院、甘肃民族师范学院、北华大学、长春师范大学、湖南科技大学、云南艺术学院、青海师范大学、宝鸡文理学院、陕西理工学院、咸阳师范学院、渭南师范学院、白城师范学院、湖南科技学院、衡阳师范学院、吉林工程技术师范学院、通化师范学院、华中师范大学(教育部直属、211大学)、湖南文理学院、吉林建筑大学、吉林师范大学、湖南城市学院、湖南理工学院、上海师范大学、广州美术学院、广东海洋大学、岭南师范学院、韩山师范学院、云南民族大学、楚雄师范学院、玉溪师范学院、淮南师范学院、淮北师范大学、陕西师范大学(教育部直属、211大学)、皖西学院、内蒙古科技大学、南阳师范学院、商丘师范学院、洛阳师范学院、周口师范学院、山东财经大学、广西师范学院、玉林师范学院、山东理工大学、海南师范大学、贵州师范大学、山东建筑大学、山东工艺美术学院、广西师范大学、黔南民族师范学院、内蒙古师范大学、遵义师范学院、黄冈师范学院、湖北工程学院、湖北师范学院、湖北民族学院、湖北美术学院、哈尔滨学院、湖北大学、齐齐哈尔大学、佳木斯大学、中南民族大学、福建师范大学、泉州师范学院、闽南师范大学、河南大学、河南科技大学、湖北科技学院、暨南大学(211大学)、南京师范大学(211大学)、天津美术学院、福州大学(211大学)、东北师范大学(教育部直属、211大学)、江苏理工学院、盐城师范学院、南京艺术学院、南京晓庄学院、华东师范大学(教育部直属、985大学、211大学)、中国人民大学(教育部直属、985大学、211大学)、河北科技大学、湖南师范大学(211大学)、内蒙古大学(211大学)、云南大学(211大学)、西北大学(211大学)、天津师范大学、天津财经大学、浙江师范大学、新疆艺术学院、喀什师范学院、湖州师范学院、杭州师范大学、辽宁师范大学、沈阳师范大学、新疆师范大学、西南民族大学、山西师范大学、四川理工学院、广东工业大学、忻州师范学院、太原师范学院、山西大同大学、绍兴文理学院、浙江工商大学、浙江财经大学、西华师范大学、四川师范大学、江西师范大学、江苏师范大学、苏州科技学院、大连工业大学、石河子大学(211大学)、鲁迅美术学院、鞍山师范学院、大连外国语大学、赣南师范学院、长江师范学院、江西科技师范大学、上饶师范学院、井冈山大学、重庆三峡学院、洛阳理工学院、郑州师范学院、呼伦贝尔学院、宁夏师范学院、重庆人文科技学院、山东大学威海分校、贵州工程应用技术学院、枣庄学院、常熟理工学院、重庆文理学院、伊犁师范学院、西安文理学院、黑河学院、阜阳师范学院、安庆师范学院、曲靖师范学院、内江师范学院、绵阳师范学院、乐山师范学院、陇东学院、哈尔滨师范大学、淮阴师范学院、湖南人文科技学院、南京师范大学泰州学院、延安大学西安创新学院、贵州师范学院、信阳师范学院华锐学院、河南师范大学新联学院、集宁师范学院、长春理工大学光电信息学院、河北科技师范学院、云南师范大学商学院、广州大学松田学院、吉林艺术学院、长春科技学院、吉林师范大学博达学院、湖北第二师范学院、河北民族师范学院、河北美术学院、沧州师范学院、中央美术学院(教育部直属)、河北师范大学、首都师范大学、山东艺术学院、广西民族大学、鲁东大学、石家庄学院、唐山师范学院、廊坊师范学院、河北北方学院、山东师范大学、黄淮学院、广东技术师范学院、四川文理学院、四川民族学院、平顶山学院、河南科技学院、安阳师范学院、信阳师范学院、河南师范大学、湖北文理学院、牡丹江师范学院、安徽师范大学、山西大学商务学院、湖北师范学院文理学院、重庆第二师范学院、四川外语学院重庆南方翻译学院、云南艺术学院文华学院、首都师范大学继续教育学院、肇庆学院、东北师范大学人文学院、南京师范大学中北学院、内蒙古科技大学包头师范学院、安阳师范学院人文管理学院、山西师范大学现代文理学院、广西大学行健文理学院、内蒙古师范大学鸿德学院、河北师范大学汇华学院

◆专业名称:绘画
◆专业代码:130402

培养目标:本专业培养具有一定的马克思主义基本理论素养,并具备绘画艺术创作、教学、研究等方面的能力,能在文化艺术领域、教育、设计、研究、出版、管理单位从事教学、创作、研究、出版、管理等方面工作的高级专门人才。

培养要求:本专业学生主要学习绘画艺术方面的基本理论和基本知识,受到艺术思维与绘画造型的基本训练,具有绘画创作的基本能力。

毕业生应获得以下几方面的知识和能力:

1.掌握绘画的、学科的基本理论、基本知识;

2.掌握绘画创作的专业技术;

3.具有专业艺术创作的基本能力;

4.了解文化艺术事业的方针、政策和法规;

5.了解国内外美术发展的动态;

6.掌握文献检索、资料查询的基本方法,具有一定的科学研究和实际工作能力。

主干学科:艺术学

主要课程:素描、色彩、专业技法、创作、中外美术史

实践环节:社会实践、艺术考察,每年1~2次,一般安排4~6周。

修业年限:四年

授予学位:艺术学学士

就业方向:绘画专业就业领域包括画廊、个人创作及执教等。画廊业是随我国改革开放由海外引进的一种艺术经营方式,目前在大中城市已比较普及,对绘画人才有较大的需求,根据近年来就业情况,画廊业已成为许多绘画专业学生就业的重要领域。画廊与画家的合作,不仅使本行业得到了发展,而且同时还能为画家提供创作资金支持,使其能够创作出更多更好的艺术作品。

开设学校:武汉工商学院、西藏大学(211大学)、北京印刷学院、曲阜师范大学、江苏师范大学、清华大学(教育部直属、985大学、211大学)、太原科技大学、天津美术学院、中央民族大学(985大学、211大学)、天水师范学院、成都学院、泰州学院、大连艺术学院、长春大学、北华大学、长春师范大学、湖南科技大学、大理学院、云南艺术学院、咸阳师范学院、衡阳师范学院、通化师范学院、黑龙江大学、吉林师范大学、上海师范大学、广州美术学院、广州大学、韶关学院、昆明理工大学、红河学院、玉溪师范学院、淮北师范大学、安徽财经大学、陕西师范大学(教育部直属、211大学)、兰州商学院、河西学院、海南大学(211大学)、青岛大学、青岛理工大学、青岛科技大学、兰州交通大学、商丘师范学院、洛阳师范学院、周口师范学院、许昌学院、玉林师范学院、海南师范大学、贵州师范大学、广西师范大学、湖北民族学院、湖北美术学院、西北民族大学、闽江学院、河南大学、南昌大学(211大学)、重庆大学(教育部直属、985大学、211大学)、四川大学(教育部直属、985大学、211大学)、厦门大学(教育部直属、985大学、211大学)、南京艺术学院、吉林大学(教育部直属、985大学、211大学)、延边大学(211大学)、西南交通大学(教育部直属、985大学、211大学)、河北经贸大学、湖南师范大学(211大学)、河北大学、内蒙古大学(211大学)、云南大学(211大学)、上海大学(211大学)、天

津师范大学、天津商业大学、郑州大学(211大学)、南开大学(教育部直属、985大学、211大学)、安徽大学(211大学)、新疆艺术学院、杭州师范大学、沈阳大学、沈阳师范大学、新疆师范大学、西南民族大学、太原师范学院、山西大学、西华师范大学、四川师范大学、重庆师范大学、鲁迅美术学院、渤海大学、四川美术学院、九江学院、三江学院、黑河学院、大庆师范学院、武汉科技大学、阜阳师范学院、陇东学院、辽宁科技学院、吉林艺术学院、吉林动画学院、四川音乐学院、河北美术学院、保定学院、北京联合大学、河北联合大学、北京语言大学(教育部直属)、山东艺术学院、北方民族大学、邢台学院、贵州大学(211大学)、西南大学(教育部直属、211大学)、安阳师范学院、安阳工学院、河南师范大学、北京服装学院、中国人民大学(教育部直属、985大学、211大学)、武汉工商学院、四川文化艺术学院、贵州大学科技学院、北京航空航天大学北海学院、江西科技职业学院、北京联合大学广告学院、郑州师范学院、东北师范大学人文学院、成都文理学院、云南艺术学院文华学院、北京电影学院现代创意媒体学院、西安建筑科技大学华清学院、内蒙古大学创业学院、西安建筑科技大学、甘肃政法学院、青岛农业大学、河南财经政法大学、山东工艺美术学院、内蒙古师范大学、哈尔滨理工大学、佳木斯大学、齐齐哈尔大学、郑州轻工业学院、湖北文理学院、南京师范大学(211大学)、太原理工大学(211大学)、南京晓庄学院、哈尔滨师范大学、上海视觉艺术学院、河北农业大学、广东培正学院、华中师范大学(教育部直属、211大学)、上海应用技术学院、山西大学商务学院

◆专业名称:雕塑
◆专业代码:130403

培养目标:本专业培养具有一定的马克思主义基本理论素养,并具备基础素描以及运用泥塑、木、石、陶、金属等专门材料进行具象及抽象造型的能力,能在户外城市公共环境雕塑及室内架上雕塑等专业领域从事专业创作设计、放大制作,并能从事本专业教学和研究工作的高级专门人才。

培养要求:本专业学生主要学习古今中外的立体造型基本理论知识,受到平面以及立体造型的基本训练,掌握以泥塑及硬质材料手段面对自然对象进行立体写生,以及造型创作设计的基本能力。

毕业生应获得以下几方面的知识和能力:

1.理解掌握立体造型的基本理论知识;

2.掌握并运用在三维空间中进行造型设计创作的技术与基本方法;

3.具有运用泥塑及硬质材料进行浮雕甚至动态的人物及抽象造型写生与创作设计的基本能力;

4.了解并掌握有关国家文艺创作的方针政策及城市公共环境设计制作法规;

5.了解国内外造型领域的理论前沿及发展动态;

6.掌握专业文献检索、资料查询及文字表述的基本方法,具备初步的文本研究和写作能力。

主干学科:艺术学

主要课程:泥塑人物写生与创作、硬质材料基础与创作实践、中外美术史

实践环节:古代景点雕塑临摹(7周);人像、人体的浮雕、圆雕写生(70周);浮雕、圆雕创作构图(35周);古代雕塑艺术考察(16周)。

修业年限:五年

授予学位:艺术学学士

就业方向:毕业生适合在各级市政规划局、建筑公司、装饰公司、设计公司、雕塑设计院及其他企业、事业单位从事雕塑设计、壁画设计、装饰品设计及相关的教育、管理等干工作。

开设学校:廊坊师范学院、西安美术学院、河北师范大学、中央美术学院、福州大学(211大学)、清华大学(教育部直属、985大学、211大学)、中国美术学院、天津美术学院、四川传媒学院、大连艺术学院、北华大学、湖南科技大学、云南艺术学院、通化师范学院、上海师范大学、广州美术学院、楚雄师范学院、西安交通大学(教育部直属、985大学、211大学)、南阳师范学院、商丘师范学院、湖北美术学院、闽江学院、南京艺术学院、内蒙古大学(211大学)、上海大学(211大学)、郑州大学(211大学)、新疆艺术学院、沈阳大学、沈阳师范大学、西南民族大学、山西大同大学、山西大学、鲁迅美术学院、长江师范学院、三亚学院、吉林艺术学院、四川音乐学院、河北美术学院、山东艺术学院、北方民族大学、燕山大学、西南大学(教育部直属、211大学)、北京服装学院、东北师范大学(教育部直属、211大学)、四川理工学院、四川文化艺术学院、云南艺术学院文华学院、景德镇陶瓷学院科技艺术学院、西安建筑科技大学、山东工艺美术学院、内蒙古师范大学、郑州轻工业学院、大连理工大学(教育部直属、985大学、211大学)、大连工业

大学、南开大学滨海学院、上海视觉艺术学院

◆专业名称:摄影
◆专业代码:130404

培养目标:本专业培养具备广泛的科学文化和艺术理论知识,具备电影、电视、广告、图片摄影摄像能力,能在电影厂、电视制作部门、广告宣传部门、音像出版部门从事摄影艺术创作、教学和研究工作的高级专门人才。

培养要求:本专业学生主要学习艺术学、文学、美学、电影、电视、广告艺术与技术等方面的基础理论和基本知识,受到电影摄影、电视拍摄、广告制作等方面的基本训练,掌握电影摄影、电视摄像、广告摄影和图片摄影创作的基本能力。

毕业生应获得以下几方面的知识和能力:

1.掌握摄影专业所需的基本理论、基本知识;

2.掌握电影、电视、广告、图片的摄影创作和制作方法;

3.了解党和国家的艺术、新闻方针、政策和法规;

4.了解电影、电视、广告艺术的理论前沿、应用前景和发展动态;

5.掌握文献检索、资料查询的基本方法,具有一定的科学研究和实际工作能力;

6.具备较高的理论修养,创造能力和动手能力。

主干学科:艺术学、文学

主要课程:美术基础、美术欣赏、照明技术、摄影技术与技巧、摄影构图、特技摄影、非线性编辑、摄影造型、广告摄影等。

实践环节:包括认识实习、毕业实习等。认识实习在寒、暑假中完成,毕业实习一般安排20周。

修业年限:四年

授予学位:艺术学学士

就业方向:在广告业、出版业、报刊业、电视台、时尚业、影楼、企事业宣传机构和科研档案机构从事专业摄影摄像、图片设计等工作,也可以自主创业。

开设学校:西安工程大学、西安美术学院、西安理工大学、北京服装学院、重庆大学(教育部直属、985大学、211大学)、武昌工学院、四川传媒学院、长春光华学院、沈阳城市学院、上海师范大学、安徽师范大学、红河学院、淮南师范学院、商丘师范学院、贵州师范大学、湖北美术学院、武汉纺织大学、黄河科技学院、中原工学院、河南大学、南京艺术学院、辽宁大学(211大学)、天津师范大学、济南大学、天津理工大学、新疆艺术学院、西南民族大学、浙江财经大学、扬州大学、重庆师范大学、鲁迅美术学院、鞍山师范学院、三江学院、丽水学院、重庆工商大学、吉林艺术学院、吉林动画学院、四川音乐学院、北京电影学院、山东艺术学院、北京城市学院、山东师范大学、晋中学院、河北美术学院、江苏理工学院、华南师范大学(211大学)、郑州师范学院、湖北工业大学商贸学院、南京师范大学中北学院、东北农业大学成栋学院、中国传媒大学南广学院、四川文化艺术学院、山西传媒学院、西北大学现代学院、西安建筑科技大学华清学院、华中师范大学武汉传媒学院、呼和浩特民族学院、天津师范大学津沽学院、云南艺术学院、上海工程技术大学、广州美术学院、西安建筑科技大学、山东工艺美术学院、哈尔滨学院、南京师范大学(211大学)、太原理工大学(211大学)、南京林业大学、大连工业大学、鲁迅美术学院、大连医科大学、呼伦贝尔学院、哈尔滨师范大学、济南大学泉城学院、南京师范大学泰州学院、内蒙古师范大学鸿德学院、河北传媒学院、齐鲁工业大学、首都师范大学科德学院、安阳师范学院、云南财经大学、云南艺术学院文华学院、河北联合大学轻工学院、北京电影学院现代创意媒体学院、安徽师范大学皖江学院、大连东软信息学院

◆专业名称:书法学
◆专业代码:130405T

培养目标:本专业旨在培养具有宽厚的书法学科专业知识、较强的书法专业技能、较为宽阔的文化视野,以及良好的综合素质和创新能力,能够胜任书法创作、书法理论研究、书法教学以及书法艺术的综合应用等工作的实用型高级专门人才。

培养要求:本专业要求学生系统掌握书法基本理论、基本知识和基本技能,具有书法创作和研究的基本能力和书法欣赏及评价的能力。

毕业生应获得以下几方面的知识和能力:

1.掌握科学的书法教育理论、教学方法,具有开展书法教学的能力,能胜任各类学校的书法教学工作;

2.具备较高的文化素养,掌握一定的信息技术应用能力,审美趣味高雅,文化视野开阔;

3.初步懂得一门外语,同时具备较强的古汉语阅读能力;

4.掌握文献检索、资料查询的基本方法,具有较强的学习能力;

5.了解本专业的理论动态和发展趋向。

主要课程:篆书、隶书、楷书、篆刻、行草、古代汉语、中国书法史、创作实践和毕业论文、书画鉴定概论等。

修业年限:四年

授予学位:艺术学学士

就业方向:毕业生可以到书法艺术专业团体或研究机构从事书法创作和理论研究,在出版社、报刊社、电视台、设计单位从事美术编辑、设计、刊物创办、书刊出版和相关的书法艺术节目主持工作,也可以在大中专院校、中小学从事书法教学等工作。

开设学校:北京大学、中国人民大学、浙江大学、南开大学、四川大学、山东大学、东南大学、苏州大学、河南大学、暨南大学、南京航空航天大学、西安交通大学、西安工业大学、山东大学、聊城大学、三峡大学、佳木斯大学、北京师范大学、华东师范大学、首都师范大学、南京师范大学、上海师范大学、天津师范大学、辽宁师范大学、浙江师范大学、河北师范大学、山西师范大学、哈尔滨师范大学、海南师范大学、曲阜师范大学、杭州师范大学、徐州师范大学、淮北煤炭师范学院、湛江师范学院、大庆师范学院、沈阳师范学院、太原师范学院、曲阜师范大学杏坛学院、广东技术师范学院、临沂师范学院、鞍山师范学院、广西师范学院、淮阴师范学院、泉州师范学院、大庆师范学院、中国美术学院、天津美术学院、四川美术学院、湖北美术学院、广西艺术学院、南京艺术学院、鲁迅美术学院、山东艺术学院、吉林艺术学院、山东工艺美术学院、江西美术学院、郑州美术学院

◆专业名称:中国画
◆专业代码:130406T

培养目标:本专业培养德、智、体、美全面发展,具有高度的美学鉴赏能力及传承传统文化能力,既有传统文化基础、传统艺术的修养,具有很高品格的审美精神和造型能力,能在文化艺术部门、学校及有关单位从事中国画人物、山水、花鸟、书法篆刻的创作、教学、研究和其他美术工作的、具有较强适应能力的德才兼备的高级专门人才。

培养要求:本专业要求学生系统掌握中国画的基本理论、基本知识和基本技能,具有中国画人物、山水、花鸟、书法篆刻的传统技法以及实际工作能力和初步的科研能力。

毕业生应获得以下几方面的知识和能力:

1.熟悉我国的文艺方针、政策;

2.具有本专业的基础理论、基础知识,能较熟练地掌握中国画人物、山水、花鸟、书法篆刻的传统技法;

3.了解中国画的历史传统和造型规律、艺术手法;

4.具有较高的艺术修养、独立完成创作和教学的能力;

5.有一定的实际工作能力和初步的科研能力;

6.在掌握外语工具方面,应具有较强的阅读本专业书刊的能力,一定的听的能力,初步的写和说的能力。

主要课程:中外美术史、艺术概论、美学概论、素描、色彩、速写、中国古典诗词、中国画论、透视、解剖、人物画、山水画、花鸟画、书法篆刻、篆书、隶书、楷书、篆刻、行草、古代汉语、中国书法史等。

修业年限:四年

授予学位:艺术学学士

就业方向:毕业生适宜在美术创作部门从事国画创作工作,在各级美术院校从事教学工作,在各级艺术馆、文化馆(站)从事美术创作或美术普及工作,在出版社和报纸、杂志社从事美术编辑工作,也可在有关部门、厂矿企业从事宣传工作。

开设院校:中央美术学院、天津美术学院、鲁迅美术学院、南京艺术学院、湖北美术学院、西安美术学院、大连艺术学院、中央民族大学、沈阳师范大学、哈尔滨师范大学、中国美术学院、广西艺术学院、沈阳大学、中国美术学院

1305设计学类

◆专业名称:艺术设计学
◆专业代码:130501

培养目标:本专业培养具备艺术设计学教学和研究等方面的知识和能力,能在艺术设计教育、研究、设计、出版和文博等单位从事艺术设计学教学、研究、编辑等方面工作的专门人才。

培养要求:本专业学生主要学习艺术设计学方

面的基本理论和基本知识，使学生通过艺术设计理论思维能力、造型艺术基础及设计原理与方法的基本训练，具备了解艺术设计的历史、现状和进行理论研究的基本素质。

毕业生应获得以下几方面的知识和能力：

1.掌握艺术设计学的基本理论和基本状况；

2.掌握艺术设计的历史与发展规律；

3.掌握艺术设计作品的分析方法和评价原则；

4.具有进行艺术设计学研究与教学的基本能力；

5.了解国家相关经济、文化、艺术事业的方针、政策和法规；

6.了解国内外艺术设计学及艺术设计研究的发展动态。

主干学科：艺术学、历史学、哲学

主要课程：艺术设计概论、艺术设计学、中国艺术设计史、外国艺术设计史、中国工艺美术史、外国工艺美术史、艺术考古学、艺术设计基础等。

实践环节：社会调研、艺术设计实践、文化史迹考察等

修业年限：四年

授予学位：艺术学学士

就业方向：在艺术设计教育、研究、设计、出版和文博等单位从事艺术设计教学、研究、编辑等方面工作。

开设学校：山东师范大学、唐山师范学院、厦门大学（教育部直属、985大学、211大学）、上饶师范学院、武汉理工大学（教育部直属、211大学）、宁波大学、上海大学（211大学）、华南师范大学（211大学）、北京航空航天大学（985大学、211大学）、武汉大学（教育部直属、985大学、211大学）、吉林警察学院、福建江夏学院、四川文化艺术学院、南昌师范学院、广西外国语学院、大连艺术学院、辽宁财贸学院、甘肃民族师范学院、吉林农业大学、湘潭大学、云南艺术学院、湖南工业大学、河西学院、山东工艺美术学院、湖北美术学院、湖北经济学院、南昌大学（211大学）、苏州大学（211大学）、南京艺术学院、辽宁大学（211大学）、湖南师范大学（211大学）、内蒙古大学（211大学）、喀什师范学院、深圳大学、石河子大学（211大学）、四川美术学院、宁夏师范学院、塔里木大学、中山大学南方学院、安顺学院、中山大学新华学院、吉林艺术学院、河北美术学院、山东艺术学院、广州大学、韩山师范学院、韶关学院、汕头大学、湖南师范大学树达学院、首都师范大学科德学院

◆专业名称：视觉传达设计
◆专业代码：130502

培养目标：视觉传达设计专业培养具有国际设计文化视野、中国设计文化特色、适应于创新时代需求，具备视觉传达设计方面的基本知识、基本理论和基本技能，能在专业设计领域、企事业单位、大中专院校、传播机构从事视觉传播方面的设计、策划、教学、研究和管理工作，能适应区域性文化事业与文化产业发展需求，一专多能应用型的视觉传达设计人才。

培养要求：本专业学生应具有为国学习的思想和为社会服务的理念，了解专业相关的法律法规，具有较为系统的视觉传播专业基本理论和专业知识，学生应在设计创新，语言、文字表达能力，社会交流沟通能力等方面得到全面锻炼，并符合国家要求达到的外语水平，具备从事广告、展示、媒体、出版等平面设计的专业技术能力。

毕业生应获得以下几方面的知识和能力：

1.掌握平面设计的基本理论和基本知识；

2.掌握视觉传达设计专业技能和方法；

3.具有独立进行视觉传达设计实践的基本能力；

4.了解有关经济、文化、艺术事业的方针、政策和法规；

5.了解国内外平面设计的发展动态；

6.掌握文献检索、资料查询的基本方法。

主要课程：设计基础、品牌设计、广告设计、包装设计、编排设计等。各校的课程设置根据培养方向和教学特点有所不同。

修业年限：四年

授予学位：艺术学学士

就业方向：学生毕业后可以在广告公司、设计公司的平面设计部门担任平面设计师；在电视台、报社、杂志社、大型网站等媒体单位的平面设计部门担任美术编辑；在企事业单位的策划部门担任平面设计师等。

开设学校：天津财经大学珠江学院、中央美术学院、中国美术学院、四川美术学院、广州美术学院、西安美术学院、鲁迅美术学院、天津美术学院、湖北美术学院、南京艺术学院、吉林动画学院、山东艺术学院、吉林艺术学院、新疆艺术学院、广西艺术学院、云南艺术学院、山东工艺美术学院、四

川音乐学院、景德镇陶瓷学院、清华大学、中国传媒大学、中央民族大学、北京服装学院、北京印刷学院、天津工业大学、内蒙古大学、内蒙古师范大学、东华大学、江南大学、苏州大学、浙江理工大学、浙江传媒学院、复旦上海视觉艺术学院、中国人民大学、北京工业大学、北京理工大学、北京林业大学、首都师范大学、北京交通大学、北京航空航天大学、中国地质大学(北京)、北京科技大学、北京化工大学、中央财经大学、北京邮电大学、北京工商大学、北方工业大学、北京联合大学、河北工业大学、华北电力大学(保定)、燕山大学、石家庄铁道大学(原石家庄铁道学院)、河北科技大学、南开大学、天津科技大学、太原理工大学、山西大学、中北大学、同济大学、上海大学、上海交通大学、华东理工大学、浙江大学、浙江工业大学、浙江工商大学、温州大学、东南大学、河海大学、南京理工大学、南京航空航天大学、中国矿业大学、南京林业大学、南京工业大学、山东大学、青岛大学、青岛科技大学、青岛理工大学、山东理工大学、山东财经大学、山东建筑大学、山东科技大学、福州大学、福建农林大学、厦门大学、四川大学、西南交通大学、西华大学、成都理工大学、重庆大学、西南大学、重庆交通大学、云南大学、曲靖师范学院、贵州大学、西藏大学、西安交通大学、西北大学、西北农林科技大学、西北工业大学、长安大学、陕西科技大学、西安工程大学、西安理工大学、兰州大学、新疆大学、石河子大学、宁夏大学、青海大学、湖南大学、湖南工业大学、中南大学、湘潭大学、华中科技大学、武汉理工大学、华中农业大学、中国地质大学(武汉)、湖北大学、湖北工业大学、武汉纺织大学(原武汉科技学院)、郑州大学、河南财经政法大学、河南师范大学,河南大学、郑州轻工业学院、中原工学院、安徽大学、合肥工业大学、南昌大学、华东交通大学、江西理工大学、哈尔滨工业大学、哈尔滨工程大学、东北林业大学、东北农业大学、哈尔滨商业大学、黑龙江大学、佳木斯大学、吉林大学、延边大学、长春大学、长春工业大学、东北电力学大学、东北大学、大连理工大学、辽宁大学、大连工业大学(原大连轻工学院)、沈阳工程学院、华南理工大学、华南农业大学、暨南大学、汕头大学、广州大学、广东工业大学、深圳大学、广西大学、海南大学、仲恺农业工程学院、苏州大学文正学院、广东轻工职业技术学院、广东科技学院等

◆专业名称:环境设计
◆专业代码:130503

培养目标:本专业培养适应我国社会主义经济建设的发展需要,掌握专业基础理论、相关学科领域理论知识与专业技能,并具有创新能力和设计实践能力,能在高等艺术学校从事环境设计教学、研究工作,在艺术环境设计机构从事公共建筑室内设计、居住空间设计、城市环境景观与社区环境景观设计、园林设计,并具备项目策划与经营管理、教学与科研工作能力的高素质环境艺术应用型和研究型人才。

培养要求:本专业在能力结构方面要求学生应具有一定的设计创新思维意识,初步具备综合运用所学知识分析和解决室内外环境设计工程中遇到的科研、教学、设计等方面问题的能力,能清晰地表达设计思想,熟悉室内外环境设计的程序与方法,能在综合把握环境的功能、空间、材料、结构、外观、尺度、施工工艺和市场需求诸要素的基础上对环境进行合理的改进性设计和创新性设计。

本专业还要求学生具备较强的空间表现能力,能用草图、图纸、模型、效果图和计算机图形技术生动、准确地表达设计意图,掌握基本的摄影技能,熟练掌握多种设计软件,熟悉材料及加工工艺,具备综合运用CAD/CAM/CAE/3DS手段进行室内外环境设计的基本能力。

毕业生应获得以下几方面的知识和能力:

1.掌握建筑、环境设计的基础理论知识,具有专业设计与实践的基本能力;

2.掌握建筑与环境设计的相关技术以及各类材料的施工工艺;

3.掌握环境设计的相关技能与方法,包括徒手艺术表现、计算机应用技术、创意能力与工作方法;

4.具有文化艺术与跨学科知识素养,了解我国环境设计领域的方针、政策、法规以及国内外发展动态;

5.掌握文献检索、资料查询方法,掌握一门外语,具有一定的设计实施与科研能力;

主干学科:建筑及环境设计方法学、人机工程学、材料学

主要课程:建筑设计史、建筑设计方法学、室内空间设计、室内外设计效果图表现技法、人机工程学、制图、建筑模型制作与工艺、建筑及环境设计调

研方法、数字化环境设计及建筑环境设计相关软件等基础、中外工艺美术史、设计学(美学、心理学、公关关系学)、造型基础、构成(平面、色彩、立体构成)、世界建筑及环境设计发展史等相关课程等。

实践环节:按环境设计专业方向,进行项目策划、设计、施工图纸设计、材料和施工工艺设计、设计报告书撰写等实战课题。

修业年限:四年。

授予学位:艺术学学士。

就业方向:学生毕业后可在建筑设计研究院、室内装饰设计或工程公司、景观设计工程公司等各类相关行业企业从事环境艺术设计和建筑设计工作,可在大专院校等教育单位从事该专业的教学工作,也可在房地产开发公司或政府部门从事城市规划和建筑设计管理以及相关领域的研发应用工作。

开设学校:清华大学美术学院(原中央工艺美院)、中央美术学院、中国美术学院、江南大学(无锡轻工业学院)、同济大学、广州美术学院、鲁迅美术学院、四川美术学院、天津美术学院、北方工业大学、南京艺术学院、山东工艺美术学院、西安美术学院、北京服装学院、湖北美术学院、中国人民大学(徐悲鸿美术学院)、中国传媒大学、北京印刷学院、中央民族大学、大连轻工业学院

◆专业名称:产品设计
◆专业代码:130504

培养目标:本专业培养具有独立的设计人格和专业创作能力,运用产品设计基础理论知识和造型能力,创造用户能用的、可用的、想拥有的产品和服务,并能从文化、社会和环境的角度,结合美学、工学和商学的角度进行产品策划、开发与设计的整合的能力,能在企事业单位、专业设计部门、教学科研单位从事以产品创新为重点的设计、管理、科研或教学工作以及与之相关的视觉传达设计、交互界面设计、环境设施设计或展示设计工作的应用型研究人才。

培养要求:本专业学生应能在综合把握产品的功能、材料、结构、外观、加工工艺和市场需求的基础上对产品进行合理的改进性和开发性设计;具有较强的设计创造力,拥有广阔的知识面,有好奇心和积极的生活态度;具有卓越的设计表现力,拥有优秀的造型能力和娴熟的设计表现技能;具有较强的设计实现力,拥有良好的文化艺术修养和对社会、用户和市场敏锐的感知和分析能力;具有较强的产品策划能力,拥有项目推动能力以及团队精神和沟通技巧,具有较强的学习技能和环境适应力,拥有产品造型、用户研究、创意策划、市场调查等方面的综合设计的能力。

毕业生应具备的专业知识与能力:

1.掌握本专业所需的基础文化知识和专业理论知识;

2.掌握一定的英语词汇量和语法知识;

3.掌握工业设计理论知识,了解行业的发展动态;

4.掌握Photoshop、计算机三维造型设计软件的应用;

5.掌握产品造型设计流程与方法;

6.熟悉造型材料的特性和工艺流程。

主要课程:设计素描、设计色彩、平面构成、立体构成、计算机辅助设计、思维与创意、设计概论、表现技法等。

修业年限:四年

授予学位:艺术学学士

就业方向:毕业生可在互联网、手机、电子、纺织、机械、仪器仪表、交通、家居、家用电器、奢侈品、装饰品、手工艺品、生活用品、食品、旅游产品等行业从事产品开发设计、展示设计、交互设计、设施设计等工作;也可从事产品开发相关的媒体、印刷、包装、广告、营销等研究与管理工作;还可在高校从事教学、科研、产品研究以及顾问等工作。

开设学校:湖南大学、东南大学、大连工业大学、浙江理工大学、湖北工业大学、华南理工大学、鲁迅美术学院、广州美术学院、清华大学、中央美术学院、天津理工大学、江南大学、四川农业大学、山东工艺美术学院、西安美术学院、北京工业大学、湖南工业大学、西安工程大学、郑州轻工业学院、中国美术学院

◆专业名称:服装与服饰设计
◆专业代码:130505

培养目标:本专业培养能从事服装与服饰设计策划和时装研究,具有较强的设计创造能力和动手制作能力,具有较强的市场设计意识和市场竞争能力,掌握服装企业、服装市场的基本运作知识,以及把握时尚潮流并进行流行预测的基本方法,能在服装艺术设计领域与应用研究领域及艺术设计机构从事设计、研究、教学、管理等方面工作的高级专门人才。

培养要求：本专业学生应能够掌握服装与服饰设计的基本理论、专业知识和专业技能，能够理解服装与服饰设计的概念和掌握设计方法。

毕业生应获得以下几方面的知识和能力：

1.掌握艺术设计创造的专业技能和方法，具有各类服装款式设计、服装结构设计、服饰配件设计以及成衣制作的能力，掌握服装美术知识、服装画、服装色彩、图案设计、手工印染、摄影等一些与服装设计相关的基础知识及操作能力；

2.具有独立进行艺术设计实践的基本能力，具有服装广告设计、商品展示设计的能力；

3.了解有关经济、文化、艺术事业的政策和法规，具有服装生产、经营管理以及市场预测的初步能力；

4.了解国内外艺术设计的发展动态，掌握服装历史、服装美学及社会心理学知识，具有较强的审美能力。

主干学科：艺术学、设计学、美学、人体工程学、心理学

主要课程：中国工艺美术史、专业核心课程模块、服装设计方法、服装画技法、面料纹样设计、面料塑型、服饰配件设计、服装结构设计、服装工艺与制作、立体裁剪、中西方服装史等。

实践环节：在传统车间培养学生的动手能力，如在服装加工车间、模型加工车间和金属加工车间等进行相关设计制作和材料实验。

修业年限：四年。

授予学位：艺术学学士。

就业方向：在服装品牌公司、服装设计公司、服装院校、制服公司、服装外贸公司、形象设计公司、服装营销公司、时尚媒体及与时装相关的公司和厂家从事设计、教育、时尚编辑、时装管理及销售等工作。

开设学校：北京服装学院、中央民族大学、天津工业大学、天津师范大学、河北科技大学、太原理工大学、内蒙古工业大学、沈阳航空航天大学、大连工业大学、鞍山师范学院、鲁迅美术学院、东北电力大学、东北师范大学、吉林艺术学院、哈尔滨师范大学、哈尔滨学院、苏州大学、南通大学、南京师范大学、常熟理工学院、绍兴文理学院、嘉兴学院、安徽工程大学、皖西学院、闽江学院、南昌大学、江西师范大学、青岛科技大学、齐鲁工业大学、临沂大学、中原工学院、武汉纺织大学、湖北美术学院、长沙理工大学、华南理工大学、广东海洋大学、惠州学院、广州美术学院、海南大学、桂林电子科技大学、广西师范大学、玉林师范学院、四川大学、四川师范大学、绵阳师范学院、乐山师范学院、贵州大学、云南大学、云南艺术学院、陕西科技大学、宝鸡文理学院、西安美术学院、兰州财经大学、上海工程技术大学、湖北理工学院、沈阳大学、徐州工程学院、厦门理工学院、江汉大学、广州大学、大连大学、江西科技师范大学、攀枝花学院、北京联合大学、长春工程学院、江苏理工学院、湖南工业大学、文山学院、海南师范大学、辽东学院、上海杉达学院、贺州学院、广东工业大学、广东培正学院、烟台南山学院、华南理工大学广州学院、闽南理工学院、郑州工业应用技术学院、山东英才学院、陕西服装工程学院、大连工业大学艺术与信息工程学院、武汉纺织大学外经贸学院、浙江理工大学科技与艺术学院、哈尔滨华德学院、河北科技大学理工学院、南昌工学院、河南科技学院新科学院、中原工学院信息商务学院、重庆人文科技学院、大连艺术学院、长春大学旅游学院、长沙理工大学城南学院、广西民族大学相思湖学院、南开大学滨海学院、成都信息工程学院银杏酒店管理学院、三亚学院、四川大学锦城学院、苏州大学应用技术学院、南通大学杏林学院、四川文化艺术学院、郑州升达经贸管理学院、中国戏曲学院、天津科技大学、天津理工大学、天津美术学院、河北师范大学、内蒙古大学、内蒙古师范大学、沈阳化工大学、大连医科大学、大连外国语大学、延边大学、长春工业大学、吉林工程技术师范学院、黑龙江大学、齐齐哈尔大学、东华大学、江南大学、盐城工学院、南京艺术学院、浙江理工大学、温州大学、中国美术学院、安徽农业大学、福州大学、泉州师范学院、南昌航空大学、赣南师范学院、济南大学、德州学院、郑州轻工业学院、河南科技学院、湖北师范学院、中南民族大学、湖南理工学院、华南农业大学、韶关学院、岭南师范学院、广东技术师范学院、广西科技大学、桂林理工大学、广西师范学院、广西艺术学院、成都理工大学、西华师范大学、长江师范学院、四川美术学院、贵州民族大学、昆明理工大学、云南民族大学、西安工程大学、咸阳师范学院、兰州城市学院、江西科技学院、山东工艺美术学院、贵阳学院、金陵科技学院、浙江科技学院、青岛大学、长沙学院、成都学院、三明学院、梧州学院、西安培华学院、北京城市学院、南京晓庄学院、河南工程学院、湖南女子学院、浙江传媒学院、呼和浩特民族学院、重庆工商大学、黄河科技学院、九江学院、上海商学院、山东女子学院、

湖南工业大学科技学院、华南农业大学珠江学院、西安外事学院、南昌理工学院、河北美术学院、北京师范大学珠海分校武汉科技大学城市学院、湖北文理学院理工学院、浙江财经大学东方学院、云南艺术学院文华学院、江西服装学院、江西师范大学科学技术学院、河南理工大学万方科技学院、山西农业大学信息学院、无锡太湖学院、吉林动画学院、上海视觉艺术学院广西科技大学鹿山学院、天津商业大学宝德学院、四川传媒学院、延安大学西安创新学院、燕京理工学院、苏州大学文正学院、扬州大学广陵学院、商丘学院、内蒙古大学创业学院

◆专业名称:公共艺术
◆专业代码:130506

培养目标:公共艺术专业是国内新兴的艺术类专业方向,培养在开放性公共空间中进行艺术创造与相应的城市环境设计的专门人才。

培养要求:本专业注重培养学生的创新能力和实践能力,学生通过艺术造型能力的训练,掌握现代城市的公共景观、公共建筑、公共园林等空间造型规律和工程设计及施工能力。

毕业生应具备以下的知识和能力:

1.掌握公共艺术学科的基本理论、基本知识;

2.具有较扎实的人文学科和工程技术基础知识,较高的文化艺术素养和较强的审美能力;

3.掌握公共艺术设计方法技术;

4.具有独立完成公共艺术设计的基本能力;

5.了解公共艺术的发展动态;

6.掌握文献检索、资料查询的基本方法,具有初步的科学研究和实际工作能力。

主要课程:装饰基础、雕塑基础、材料与工艺、建筑与环境设计、空间形态设计、展示设计、公共景观设计、园林建筑设计、公共设施设计、环境雕塑造型、壁画与浮雕、数码图形处理等。

实践环节:按不同的公共艺术品创作手段,进行公共艺术的创作与设计制作。

修业年限:四年

授予学位:艺术学学士

就业方向:毕业生可到各级市政规划局、交通部门、建筑和规划部门、各类设计院所等政府部门和企事业单位从事设计、研究、教学及管理等工作。

开设学校:北京服装学院、华北水利水电大学、南京林业大学、南京艺术学院、杭州师范大学、武汉科技大学、汕头大学、西安美术学院、山东工艺美术学院、长春工程学院、吉林建筑大学城建学院、天津体育学院运动与文化艺术学院、天津科技大学、沈阳师范大学、江苏大学、浙江工业大学、中国美术学院、湖北美术学院、广西艺术学院、兰州财经大学、常州工学院、中山大学南方学院、上海视觉艺术学院

◆专业名称:工艺美术
◆专业代码:130507

培养目标:本专业培养在生产、服务第一线从事工艺品设计和制作、广告宣传、产品销售、活动策划、室内效果图、室内平面布置图设计、装饰工程场地管理、平面广告制作与设计、首饰设计、珠宝广告设计、珠宝企事业形象设计的专门人才。

培养要求:本专业要求学生系统掌握工艺美术的基本理论、基本知识和基本技能,具有工艺品设计和制作、工艺品色彩搭配的基本能力。

毕业生应获得以下几方面的知识和能力:

1.熟悉我国的文艺方针、政策;

2.具有本专业的基础理论、基础知识;

3.了解工艺美术的前沿技术;

4.具有较高的艺术修养、独立完成创作和教学的能力;

5.有一定的实际工作能力和初步的科研能力;

6.在掌握外语工具方面,应具有较强的阅读本专业书刊的能力,一定的听的能力,初步的写和说的能力。

主要课程:中外美术通史、中外工艺美术通史,工艺美术概论、绘画基础、美学、专业写作、古汉语、中国文学史、考古学、博物馆学、中国工艺美术史、中国文化史、民俗学、民族学、管理学等。

实践环节:社会调查、业务实习等。

修业年限:四年

授予学位:艺术学学士

就业方向:从事广告业、商场、印刷业、影楼、房地产行业中楼盘的整体设计策划、设计和制作、营销、工艺品设计和制作、工艺品色彩搭配等工作。

开设学校:安徽师范大学、安徽工程大学、北京城市学院、北京理工大学珠海学院、莆田学院、兰州城市学院、兰州交通大学博文学院、兰州商学院长青

学院、广州美术学院、广东技术师范学院、肇庆学院、桂林理工大学、广西艺术学院、南宁学院、河北美术学院、郑州轻工业学院、南阳师范学院、河南科技学院、湖北美术学院、武昌理工学院、湖北工业大学商贸学院、湖南师范大学、吉林工程技术师范学院、南京艺术学院、南京工程学院、江西科技师范大学、鲁迅美术学院、大连艺术学院、山东艺术学院、山东工艺美术学院、太原理工大学、太原科技大学、上海视觉艺术学院、云南民族大学、红河学院、保山学院、温州大学城市学院、四川美术学院

◆专业名称:数字媒体艺术
◆专业代码:130508

培养目标:数字媒体艺术专业旨在培养具有良好的科学素养以及美术修养,既懂技术又懂艺术,能利用计算机新的媒体设计工具进行艺术作品的设计和创作的复合型应用设计人才。

培养要求:本专业学生应能较好地掌握计算机科学与技术的基本理论、知识和技能,熟悉图形图像处理的基本算法,熟练掌握各种数字媒体制作软件,具有较好的美术素养和扎实的编程能力,能应用新的数字媒体创作工具从事平面设计、网络媒体制作、游戏、动画制作、数码视频编辑以及动画、游戏、虚拟现实等领域的应用研发工作。

毕业生应获得以下几方面的知识和能力:

1.掌握计算机科学与技术的基本理论、基本知识;

2.具有较扎实的数字媒体艺术操作能力;

3.掌握数字媒体艺术设计方法技术;

4.具有独立完成数字媒体艺术设计的基本能力;

5.了解数字媒体艺术的发展动态;

6.掌握文献检索、资料查询的基本方法,具有初步的科学研究和实际工作能力。

主干学科:计算机技术、通信技术、数字信号

主要课程:数字信号处理、微机原理与接口技术、计算机网络、数字图像处理、网页设计、多媒体信息处理与传输、流媒体技术、动画原理与网络游戏设计、影视技术基础、摄影与摄像、视频特技与非线性编辑、虚拟现实、影视艺术导论、艺术设计概论、设计美学、画面构图、数字媒体新技术与艺术欣赏等。

实践环节:多媒体网页设计、摄影与摄像、Flash动画设计、数字音视频制作、数字媒体网络传输、毕业设计。

修业年限:四年

授予学位:艺术学学士

就业方向:毕业生适合于在广告公司、影视剧制作公司、报社、杂志社、出版社、婚纱影楼、文化宣传部门和其他有关事业单位,从事摄影摄像、影视制作、计算机平面设计、广告策划与制作、文化宣传、社会教育、商业摄影等工作。

开设学校:中国传媒大学、上海东华大学、浙江传媒学院、河北传媒学院、西北师范大学、南京艺术学院、南京信息工程大学、北京工商大学、华中师范大学武汉传媒学院、江西理工大学、湖南工业大学、长沙理工大学、淮海工学院、北京工业大学、云南艺术学院、福建师范大学闽南科技学院、武汉大学、北京师范大学、北京邮电大学世纪学院艺术与传媒学院、苏州科技学院、浙江大学、浙江农林大学、浙江财经学院、厦门大学、厦门理工学院、广东工业大学、中山大学、华南师范大学、北京林业大学、北京邮电大学、南京邮电大学、北京交通大学、北方工业大学、西安邮电大学、福州大学、四川音乐学院绵阳艺术学院、哈尔滨理工大学、淮海工学院、中国传媒大学南广学院、天津美术学院、西北民族大学、电子科技大学、四川师范大学、吉林动画学院、聊城大学、徐州师范大学、山东大学、山东师范大学、曲阜师范大学、山东经济学院、青岛大学、哈尔滨师范大学、绵阳师范学院、湖北师范学院等

◆专业名称:艺术与科技
◆专业代码:130509T

培养目标:艺术与科技专业培养德、智、体、美全面发展的、适应现代会展经济产业发展需要的、具有现代会展设计知识与创新能力的优秀人才。

培养要求:本专业要求学生系统掌握艺术与科技的基本理论、基本知识和基本技能,具有进行会展设计、组织策划等的基本能力。

毕业生应获得以下几方面的知识和能力:

1.熟悉我国的文艺方针、政策;

2.具有本专业的基础理论、基础知识;

3.了解艺术与科技的发展动态;

4.具有较高的艺术修养、独立完成创作和教学的能力;

5.有一定的实际工作能力和初步的科研能力;

6.在掌握外语工具方面，应具有较强的阅读本专业书刊的能力，一定的听的能力，初步的写和说的能力。

主干学科：艺术学、工学、文学

主要课程：素描、色彩、三大构成、装饰基础、透视学、工程与制图、展示设计、环境设施设计、展示空间表现技法、电脑设计软件应用、广告设计、印刷制稿与工艺、展示模型设计与制作、展示道具设计与制作、人体工程学、材料与预算、国画、书法、会展概论、会展广告及传媒、会展法规、大型活动组织与管理。

实践环节：写生、采风、市场调研、专业考察、会展企业实习、毕业实习、毕业设计(毕业论文)。

修业年限：四年

授予学位：艺术学学士

就业方向：文化与创意产业的相关教育、科研机构，或相关企业，包括空间及环境设计公司、IT公司的用户体验与产品开发部门、影视动画公司、数字娱乐相关公司、传媒及媒体艺术机构等。

开设学校：清华大学、南京信息工程大学、吉林动画学院、上海工程技术大学、南京工业大学、西安建筑科技大学、南京艺术学院、河北传媒学院、大连工业大学、天津职业技术师范大学、西安美术学院、厦门理工学院、南京信息工程大学、长春科技学院、天津城建大学、合肥学院

五、2012年教育部学科评估得分前十的学科高校排名

项目介绍

教育部学位与研究生教育发展中心于2012年组织的学科评估，是按照国务院学位委员会和教育部颁布的《学位授予和人才培养学科目录》的学科划分，对具有研究生培养和学位授予资格的一级学科进行的整体水平评估。

此次学科评估历时一年，按照自愿申请参评的原则，采用客观评价与主观评价相结合的方式，所需数据由相关政府部门、社会组织公布的公共数据和参评单位报送的材料构成。通过对相关数据的公示、核查，同时还邀请了学科专家、政府部门及企业界人士进行主观评价，在此基础上形成最终评价结果。

此次评估全面改革排名性评估的一般做法，采用多项代表性指标代替总量指标，同时对规模指标设置数量上限，克服单纯追求规模的倾向，在"比总量"和"比人均"之间找到"比质量"这个平衡点。

此次评估共有391个单位的4235个学科自愿申请参评，学科参评率比第二次增长79%。

一、人文社会科学

0101哲学

哲学一级学科中，全国具有"博士一级"授权的高校共38所，本次有32所参评；还有部分具有"博士二级"授权和硕士授权的高校参加了评估；参评高校共计57所。

学校代码及名称		学科整体水平得分
10001	北京大学	95
10002	中国人民大学	92
10246	复旦大学	87
10558	中山大学	
10284	南京大学	85
10486	武汉大学	
10027	北京师范大学	83
10055	南开大学	79
10183	吉林大学	
10003	清华大学	78
10212	黑龙江大学	
10335	浙江大学	

0201理论经济学

理论经济学一级学科中，全国具有"博士一级"授权的高校共32所，本次有27所参评；还有部分具有"博士二级"授权和硕士授权的高校参加了评估；参评高校共计55所。

学校代码及名称		整体水平得分
10002	中国人民大学	91
10001	北京大学	87
10486	武汉大学	86
10055	南开大学	84
10246	复旦大学	
10284	南京大学	
10335	浙江大学	81
10384	厦门大学	
10558	中山大学	79

0202应用经济学

应用经济学一级学科中，全国具有"博士一级"授权的高校共50所，本次有36所参评；还有部分具有"博士二级"授权和硕士授权的高校参加了评估；参评高校共计88所。

学校代码及名称　学科整体水平得分

10002　中国人民大学　92
10001　北京大学　85
10034　中央财经大学
10246　复旦大学　83
10384　厦门大学
10003　清华大学　82
10055　南开大学
10272　上海财经大学
10651　西南财经大学
10173　东北财经大学　80
10559　暨南大学

0302法学

法学一级学科中，全国具有“博士一级”授权的高校共39所，本次有34所参评；还有部分具有“博士二级”授权和硕士授权的高校参加了评估；参评高校共计86所。

学校代码及名称　学科整体水平得分

10002　中国人民大学　95
10053　中国政法大学　92
10001　北京大学　90
10486　武汉大学　86
10276　华东政法大学　84
10652　西南政法大学
10003　清华大学　82
10183　吉林大学　80
10520　中南财经政法大学
10384　厦门大学　79

0302政治学

政治学一级学科中，全国具有“博士一级”授权的高校共21所，本次有16所参评；还有部分具有“博士二级”授权和硕士授权的高校参加了评估；参评高校共计34所。

学校代码及名称　学科整体水平得分

10001　北京大学　89
10002　中国人民大学
10246　复旦大学
10511　华中师范大学　85
10055　南开大学　83
10284　南京大学
10183　吉林大学　81
10422　山东大学　79
10053　中国政法大学　78
10673　云南大学

0303社会学

社会学一级学科中，全国具有“博士一级”授权的高校共14所，本次有13所参评；还有部分具有“博士二级”授权和硕士授权的高校参加了评估；参评高校共计39所。

学校代码及名称　学科整体水平得分

10002　中国人民大学　97
10001　北京大学　89
10284　南京大学　83
10558　中山大学　82
10003　清华大学　80
10246　复旦大学
10055　南开大学　79
10280　上海大学　77
10269　华东师范大学　75
10052　中央民族大学　73
10183　吉林大学
10487　华中科技大学

0304民族学

民族学一级学科中，全国具有“博士一级”授权的高校共9所，本次有6所参评；还有部分具有“博士二级”授权和硕士授权的高校参加了评估；参评高校共计16所。

学校代码及名称　学科整体水平得分

10052　中央民族大学　95
10673　云南大学　84
10730　兰州大学　82
10524　中南民族大学　77
10384　厦门大学　76
10126　内蒙古大学　73

10718　陕西师范大学
10742　西北民族大学
10184　延边大学　　68
10517　湖北民族学院
10635　西南大学
10694　西藏大学
11407　北方民族大学

0305马克思主义理论

马克思主义理论一级学科中，全国具有“博士一级”授权的高校共35所，本次有28所参评；还有部分具有“博士二级”授权和硕士授权的高校参加了评估；参评高校共计121所。

学校代码及名称　学科整体水平得分
10486　武汉大学　　93
10002　中国人民大学　　87
10003　清华大学
10001　北京大学　　84
10200　东北师范大学
10027　北京师范大学　　81
10319　南京师范大学
10055　南开大学　　79
10183　吉林大学
10558　中山大学

0401教育学

教育学一级学科中，全国具有“博士一级”授权的高校共24所，本次有22所参评；还有部分具有“博士二级”授权和硕士授权的高校参加了评估；参评高校共计59所。

学校代码及名称　学科整体水平得分
10027　北京师范大学　　95
10269　华东师范大学　　89
10319　南京师范大学　　81
10200　东北师范大学　　80
10511　华中师范大学　　78
10001　北京大学　　77
10028　首都师范大学
10335　浙江大学
10384　厦门大学
10574　华南师范大学
10635　西南大学

0402心理学

心理学一级学科中，全国具有“博士一级”授权的高校共16所，本次有14所参评；还有部分具有“博士二级”授权和硕士授权的高校参加了评估；参评高校共计32所。

学校代码及名称　学科整体水平得分
10027　北京师范大学　　97
10001　北京大学　　83
10269　华东师范大学　　82
10574　华南师范大学
10635　西南大学
10335　浙江大学　　77
10065　天津师范大学　　75
10511　华中师范大学
10319　南京师范大学　　73
10533　中南大学
10718　陕西师范大学

0403体育学

体育学一级学科中，全国具有“博士一级”授权的高校共15所，本次有14所参评；还有部分具有“博士二级”授权和硕士授权的高校参加了评估；参评高校共计53所。

学校代码及名称　学科整体水平得分
10043　北京体育大学　　93
10277　上海体育学院　　89
10269　华东师范大学　　81
10522　武汉体育学院
10071　天津体育学院　　77
10176　沈阳体育学院
10574　华南师范大学
10653　成都体育学院
10285　苏州大学　　75
10394　福建师范大学

0501中国语言文学

中国语言文学一级学科中,全国具有"博士一级"授权的高校共54所,本次有44所参评;还有部分具有"博士二级"授权和硕士授权的高校参加了评估;参评高校共计85所。

学校代码及名称　学科整体水平得分
10001　北京大学　94
10027　北京师范大学　91
10246　复旦大学
10284　南京大学　88
10422　山东大学　86
10511　华中师范大学
10269　华东师范大学　84
10335　浙江大学
10558　中山大学
10055　南开大学　83
10486　武汉大学

0502　外国语言文学

外国语言文学一级学科中,全国具有"博士一级"授权的高校共34所,本次有30所参评;还有部分具有"博士二级"授权和硕士授权的高校参加了评估;参评高校共计92所。

学校代码及名称　学科整体水平得分
10001　北京大学　93
10030　北京外国语大学　88
10271　上海外国语大学
10284　南京大学
11846　广东外语外贸大学　84
10212　黑龙江大学　82
10319　南京师范大学　79
10335　浙江大学
90008　解放军外国语学院
10003　清华大学　76
10027　北京师范大学
10036　对外经济贸易大学
10246　复旦大学
10248　上海交通大学
10384　厦门大学
10650　四川外语学院

0503新闻传播学

新闻传播学一级学科中,全国具有"博士一级"授权的高校共15所,本次有14所参评;还有部分具有"博士二级"授权和硕士授权的高校参加了评估;参评高校共计48所。

学校代码及名称　学科整体水平得分
10002　中国人民大学　92
10033　中国传媒大学
10246　复旦大学　90
10486　武汉大学　84
10003　清华大学　81
10487　华中科技大学
10610　四川大学
10001　北京大学　79
10559　暨南大学
10248　上海交通大学　77
10280　上海大学
10335　浙江大学

0601考古学

考古学一级学科中,全国具有"博士一级"授权的高校共21所,本次有21所参评;还有部分具有"博士二级"授权和硕士授权的高校参加了评估;参评高校共计35所。

学校代码及名称　学科整体水平得分
10001　北京大学　95
10183　吉林大学　85
10422　山东大学　82
10697　西北大学
10610　四川大学　79
10284　南京大学　78
10055　南开大学　76
10459　郑州大学
10558　中山大学
10246　复旦大学　74
10384　厦门大学

10486　武汉大学

0602中国史

中国史一级学科中，全国具有“博士一级”授权的高校共46所，本次有40所参评；还有部分具有“博士二级”授权和硕士授权的高校参加了评估；参评高校共计58所。

学校代码及名称		学科整体水平得分
10001	北京大学	89
10027	北京师范大学	
10246	复旦大学	87
10002	中国人民大学	85
10055	南开大学	84
10284	南京大学	
10511	华中师范大学	
10558	中山大学	
10003	清华大学	81
10384	厦门大学	
10486	武汉大学	
10610	四川大学	

0603世界史

世界史一级学科中，全国具有“博士一级”授权的高校共30所，本次有29所参评；还有部分具有“博士二级”授权和硕士授权的高校参加了评估；参评高校共计48所。

学校代码及名称		学科整体水平得分
10001	北京大学	91
10055	南开大学	84
10200	东北师范大学	
10028	首都师范大学	82
10284	南京大学	
10486	武汉大学	
10027	北京师范大学	80
10269	华东师范大学	
10246	复旦大学	76
10384	厦门大学	
10697	西北大学	

二、理学

0701数学

数学一级学科中，全国具有“博士一级”授权的高校共67所，本次有47所参评；还有部分具有“博士二级”授权和硕士授权的高校参加了评估；参评高校共计102所。

学校代码及名称		学科整体水平得分
10001	北京大学	92
10246	复旦大学	87
10422	山东大学	85
10358	中国科学技术大学	83
10003	清华大学	81
10027	北京师范大学	
10055	南开大学	
10486	武汉大学	80
10284	南京大学	79
10335	浙江大学	

0702物理学

物理学一级学科中，全国具有“博士一级”授权的高校共55所，本次有42所参评；还有部分具有“博士二级”授权和硕士授权的高校参加了评估；参评高校共计87所。

学校代码及名称		学科整体水平得分
10001	北京大学	90
10284	南京大学	
10358	中国科学技术大学	
10003	清华大学	87
10246	复旦大学	82
10248	上海交通大学	79
10335	浙江大学	
10558	中山大学	
10055	南开大学	78
10422	山东大学	

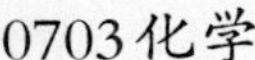

0703化学

化学一级学科中,全国具有“博士一级”授权的高校共64所,本次有51所参评;还有部分具有“博士二级”授权和硕士授权的高校参加了评估;参评高校共计82所。

学校代码及名称		学科整体水平得分
10001	北京大学	94
10055	南开大学	90
10284	南京大学	
10183	吉林大学	88
10246	复旦大学	
10003	清华大学	87
10358	中国科学技术大学	
10384	厦门大学	
10335	浙江大学	84
10486	武汉大学	82

0704天文学

天文学一级学科中,全国具有“博士一级”授权的高校共3所,本次有3所参评;还有部分具有“博士二级”授权和硕士授权的高校参加了评估;参评高校共计5所。

学校代码及名称		学科整体水平得分
10284	南京大学	95
10358	中国科学技术大学	82
10001	北京大学	80
10027	北京师范大学	75
11078	广州大学	66

0705地理学

地理学一级学科中,全国具有“博士一级”授权的高校共21所,本次有18所参评;还有部分具有“博士二级”授权和硕士授权的高校参加了评估; 参评高校共计33所。

学校代码及名称		学科整体水平得分
10027	北京师范大学	91
10001	北京大学	88
10269	华东师范大学	85
10486	武汉大学	83
10730	兰州大学	
10284	南京大学	82
10319	南京师范大学	
10558	中山大学	79
10028	首都师范大学	75
10394	福建师范大学	

0706大气科学

大气科学一级学科中,全国具有“博士一级”授权的高校共7所,本次有6所参评;还有部分具有“博士二级”授权和硕士授权的高校参加了评估;参评高校共计8所。

学校代码及名称		学科整体水平得分
10300	南京信息工程大学	89
10284	南京大学	83
10001	北京大学	81
90006	解放军理工大学	79
10730	兰州大学	77
10558	中山大学	69
10621	成都信息工程学院	67
10157	沈阳农业大学	61

0707海洋科学

海洋科学一级学科中,全国具有“博士一级”授权的高校共5所,本次有5所参评;还有部分具有“博士二级”授权和硕士授权的高校参加了评估;参评高校共计11所。

学校代码及名称		学科整体水平得分
10423	中国海洋大学	96
10384	厦门大学	84
10247	同济大学	77
10558	中山大学	74
10340	浙江海洋学院	70
10491	中国地质大学	
10294	河海大学	69
10264	上海海洋大学	67

10057　天津科技大学　64
10158　大连海洋大学

0708地球物理

地球物理一级学科中，全国具有“博士一级”授权的高校共7所，本次有6所参评；还有部分具有“博士二级”授权和硕士授权的高校参加了评估；参评高校共计7所。

学校代码及名称		学科整体水平得分
10001	北京大学	85
10358	中国科学技术大学	
10486	武汉大学	
10491	中国地质大学	80
10247	同济大学	72
10183	吉林大学	69
10489	长江大学	65

0709地质学

地质学一级学科中，全国具有“博士一级”授权的高校共15所，本次有14所参评；还有部分具有“博士二级”授权和硕士授权的高校参加了评估；参评高校共计16所。

学校代码及名称		学科整体水平得分
10284	南京大学	90
10491	中国地质大学	
10001	北京大学	82
10697	西北大学	80
10358	中国科学技术大学	77
10616	成都理工大学	
10183	吉林大学	75
10335	浙江大学	73
10359	合肥工业大学	
11414	中国石油大学	

0710生物学

生物学一级学科中，全国具有“博士一级”授权的高校共77所，本次有53所参评；还有部分具有“博士二级”授权和硕士授权的高校参加了评估；参评高校共计100所。

学校代码及名称		学科整体水平得分
10003	清华大学-北京协和医学院（清华大学医学部）	96
10001	北京大学	90
10246	复旦大学	86
10248	上海交通大学	
10284	南京大学	84
10358	中国科学技术大学	
10486	武汉大学	
10019	中国农业大学	82
10055	南开大学	
10504	华中农业大学	

0711系统科学

系统科学一级学科中，全国具有“博士一级”授权的高校共3所，本次有2所参评；还有部分具有“博士二级”授权和硕士授权的高校参加了评估；参评高校共计7所。

学校代码及名称		学科整体水平得分
10004	北京交通大学	92
10027	北京师范大学	81
90002	国防科学技术大学	78
10252	上海理工大学	77
11065	青岛大学	
10280	上海大学	65
10217	哈尔滨工程大学	64

0712科学技术史

科学技术史一级学科中，全国具有“博士一级”授权的高校共7所，本次有5所参评；还有部分具有“博士二级”授权和硕士授权的高校参加了评估；参评高校共计10所。

学校代码及名称		学科整体水平得分
10008	北京科技大学	93
10358	中国科学技术大学	90
10248	上海交通大学	85
10307	南京农业大学	80

10697　西北大学
90002　国防科学技术大学　　75
10108　山西大学　　73
10255　东华大学　　72
10028　首都师范大学　　69
10165　辽宁师范大学　　67

0713生态学

生态学一级学科中，全国具有“博士一级”授权的高校共58所，本次有44所参评；还有部分具有“博士二级”授权和硕士授权的高校参加了评估；参评高校共计78所。

学校代码及名称　学科整体水平得分
10027　北京师范大学　　86
10558　中山大学
10246　复旦大学　　84
10269　华东师范大学
10335　浙江大学
10673　云南大学
10730　兰州大学
10001　北京大学　　83
10284　南京大学
10019　中国农业大学　　79

0714统计学

统计学一级学科中，全国具有“博士一级”授权的高校共56所，本次有46所参评；还有部分具有“博士二级”授权和硕士授权的高校参加了评估；参评高校共计87所。

学校代码及名称　学科整体水平得分
10002　中国人民大学　　90
10001　北京大学　　88
10384　厦门大学　　85
10055　南开大学　　83
10200　东北师范大学
10269　华东师范大学
10272　上海财经大学
10353　浙江工商大学　　78
10358　中国科学技术大学
10422　山东大学

三、工学

0801力学

力学一级学科中，全国具有“博士一级”授权的高校共38所，本次有28所参评；还有部分具有“博士二级”授权和硕士授权的高校参加了评估；参评高校共计39所。

学校代码及名称　学科整体水平得分
10001　北京大学　　90
10003　清华大学
10213　哈尔滨工业大学
10006　北京航空航天大学　　85
10141　大连理工大学　　83
10287　南京航空航天大学　　81
10698　西安交通大学　　80
10699　西北工业大学
10007　北京理工大学　　78
10056　天津大学

0802机械工程学

机械工程学一级学科中，全国具有“博士一级”授权的高校共73所，本次有57所参评；还有部分具有“博士二级”授权和硕士授权的高校参加了评估；参评高校共计102所。

学校代码及名称　学科整体水平得分
10248　上海交通大学　　94
10487　华中科技大学
10003　清华大学　　91
10698　西安交通大学　　90
10213　哈尔滨工业大学　　88
10335　浙江大学　　84
10532　湖南大学
10007　北京理工大学　　83
10611　重庆大学
10006　北京航空航天大学

0803光学工程

光学工程一级学科中，全国具有“博士一级”授权的高校共38所，本次有25所参评；还有部分具有“博士二级”授权和硕士授权的高校参加了评估；参评高校共计38所。

学校代码及名称		学科整体水平得分
10335	浙江大学	89
10487	华中科技大学	
10056	天津大学	87
90002	国防科学技术大学	84
10055	南开大学	83
10213	哈尔滨工业大学	
10614	电子科技大学	81
10007	北京理工大学	80
10288	南京理工大学	
10004	北京交通大学	

0804仪器科学与技术

仪器科学与技术一级学科中，全国具有“博士一级”授权的高校共27所，本次有19所参评；还有部分具有“博士二级”授权和硕士授权的高校参加了评估；参评高校共计33所。

学校代码及名称		学科整体水平得分
10006	北京航空航天大学	91
10003	清华大学	89
10056	天津大学	87
10213	哈尔滨工业大学	85
10286	东南大学	80
10611	重庆大学	
10614	电子科技大学	78
10110	中北大学	75
90002	国防科学技术大学	
10007	北京理工大学	

0805材料科学与工程

材料科学与工程一级学科中，全国具有“博士一级”授权的高校共38所，本次有25所参评；还有部分具有“博士二级”授权和硕士授权的高校参加了评估；参评高校共计38所。

学校代码及名称		学科整体水平得分
10003	清华大学	94
10008	北京科技大学	92
10213	哈尔滨工业大学	87
10699	西北工业大学	
10248	上海交通大学	85
10497	武汉理工大学	
10561	华南理工大学	
10006	北京航空航天大学	84
10335	浙江大学	
10533	中南大学	

0806冶金工程

冶金工程一级学科中，全国具有“博士一级”授权的高校共7所，本次有7所参评；还有部分具有“博士二级”授权和硕士授权的高校参加了评估；参评高校共计12所。

学校代码及名称		学科整体水平得分
10533	中南大学	92
10008	北京科技大学	90
10145	东北大学	86
10674	昆明理工大学	83
10280	上海大学	78
10488	武汉科技大学	72
10611	重庆大学	
10127	内蒙古科技大学	69
10703	西安建筑科技大学	
10146	辽宁科技大学	67

0807动力工程及工程热物理

动力工程及工程热物理一级学科中，全国具有“博士一级”授权的高校共32所，本次有25所参评；还有部分具有“博士二级”授权和硕士授权的高校参加了评估；参评高校共计45所。

学校代码及名称		学科整体水平得分
10003	清华大学	97

10698 西安交通大学 92
10248 上海交通大学 88
10335 浙江大学
10487 华中科技大学 85
10056 天津大学 81
10213 哈尔滨工业大学
10286 东南大学
10006 北京航空航天大学 78
10251 华东理工大学

0808电气工程

电气工程一级学科中,全国具有“博士一级”授权的高校共30所,本次有26所参评;还有部分具有“博士二级”授权和硕士授权的高校参加了评估;参评高校共计41所。

学校代码及名称 学科整体水平得分
10003 清华大学 91
10487 华中科技大学 90
10698 西安交通大学
10335 浙江大学 87
10611 重庆大学 85
10079 华北电力大学 80
10213 哈尔滨工业大学
10056 天津大学 78
10613 西南交通大学
10248 上海交通大学 76
90038 海军工程大学

0809电子科学与技术

电子科学与技术一级学科中,全国具有“博士一级”授权的高校共40所,本次有32所参评;还有部分具有“博士二级”授权和硕士授权的高校参加了评估;参评高校共计50所。

学校代码及名称 学科整体水平得分
10614 电子科技大学 92
10286 东南大学 89
10001 北京大学 87
10003 清华大学 85
10701 西安电子科技大学
10248 上海交通大学 83
10246 复旦大学 81
10284 南京大学
10013 北京邮电大学 80

0810信息与通信工程

信息与通信工程一级学科中,全国具有“博士一级”授权的高校共52所,本次有42所参评;还有部分具有“博士二级”授权和硕士授权的高校参加了评估;参评高校共计74所。

学校代码及名称 学科整体水平得分
10013 北京邮电大学 89
10614 电子科技大学 87
10701 西安电子科技大学
10003 清华大学 85
10248 上海交通大学
10286 东南大学
90002 国防科学技术大学
10004 北京交通大学 82
10007 北京理工大学
10006 北京航空航天大学 80
10213 哈尔滨工业大学

0811控制科学与技术

控制科学与技术一级学科中,全国具有“博士一级”授权的高校共51所,本次有43所参评;还有部分具有“博士二级”授权和硕士授权的高校参加了评估;参评高校共计83所。

学校代码及名称 学科整体水平得分
10003 清华大学 94
10145 东北大学 90
10213 哈尔滨工业大学 88
10006 北京航空航天大学 86
10248 上海交通大学
10335 浙江大学
10487 华中科技大学 83
10698 西安交通大学
10007 北京理工大学 82
90002 国防科学技术大学

0812计算机科学与技术

计算机科学与技术一级学科中，全国具有“博士一级”授权的高校共60所，本次有50所参评；还有部分具有“博士二级”授权和硕士授权的高校参加了评估；参评高校共计120所。

学校代码及名称		学科整体水平得分
10003	清华大学	95
90002	国防科学技术大学	88
10001	北京大学	87
10006	北京航空航天大学	82
10213	哈尔滨工业大学	
10248	上海交通大学	
10335	浙江大学	
10284	南京大学	80
10358	中国科学技术大学	79
10145	东北大学	77
10487	华中科技大学	

0813建筑学

建筑学一级学科中，全国具有“博士一级”授权的高校共14所，本次有14所参评；还有部分具有“博士二级”授权和硕士授权的高校参加了评估；参评高校共计30所。

学校代码及名称		学科整体水平得分
10003	清华大学	95
10286	东南大学	89
10056	天津大学	84
10247	同济大学	
10561	华南理工大学	83
10213	哈尔滨工业大学	80
10703	西安建筑科技大学	
10611	重庆大学	79
10016	北京建筑工程学院	73
10141	大连理工大学	

0814土木工程

土木工程一级学科中，全国具有“博士一级”授权的高校共44所，本次有35所参评；还有部分具有“博士二级”授权和硕士授权的高校参加了评估；参评高校共计69所。

学校代码及名称		学科整体水平得分
10247	同济大学	95
10213	哈尔滨工业大学	88
10003	清华大学	86
10286	东南大学	
10335	浙江大学	84
10532	湖南大学	82
10533	中南大学	80
10005	北京工业大学	77
10056	天津大学	
10141	大连理工大学	

0815水利工程

水利工程一级学科中，全国具有“博士一级”授权的高校共20所，本次有16所参评；还有部分具有“博士二级”授权和硕士授权的高校参加了评估；参评高校共计27所。

学校代码及名称		学科整体水平得分
10294	河海大学	95
10003	清华大学	90
10486	武汉大学	86
10141	大连理工大学	85
10056	天津大学	82
10610	四川大学	81
10019	中国农业大学	76
10700	西安理工大学	
10487	华中科技大学	74
10423	中国海洋大学	72
10459	郑州大学	

0816测绘科学与技术

测绘科学与技术一级学科中，全国具有“博士一级”授权的高校共12所，本次有9所参评；还有部分具有“博士二级”授权和硕士授权的高校参加了评估；参评高校共计18所。

学校代码及名称		学科整体水平得分
10486	武汉大学	94
90005	解放军信息工程大学	87
10290	中国矿业大学	84
10247	同济大学	74
10533	中南大学	72
10491	中国地质大学	70
10613	西南交通大学	
10147	辽宁工程技术大学	69
10016	北京建筑工程学院	68
10294	河海大学	

0817化学工程与技术

化学工程与技术一级学科中,全国具有“博士一级”授权的高校共41所,本次有29所参评;还有部分具有“博士二级”授权和硕士授权的高校参加了评估;参评高校共计68所。

学校代码及名称		学科整体水平得分
10056	天津大学	96
10251	华东理工大学	91
10141	大连理工大学	88
10003	清华大学	86
10010	北京化工大学	82
10291	南京工业大学	
10335	浙江大学	
10213	哈尔滨工业大学	79
10561	华南理工大学	
10288	南京理工大学	77
10533	中南大学	

0818地质资源与地质工程

地质资源与地质工程一级学科中,全国具有“博士一级”授权的高校共19所,本次有15所参评;还有部分具有“博士二级”授权和硕士授权的高校参加了评估;参评高校共计20所。

学校代码及名称		学科整体水平得分
10491	中国地质大学	92
11414	中国石油大学	87
10616	成都理工大学	86
10183	吉林大学	84
10290	中国矿业大学	
10284	南京大学	78
10533	中南大学	
10697	西北大学	77
10710	长安大学	
10247	同济大学	74

0819矿业工程

矿业工程一级学科中,全国具有“博士一级”授权的高校共15所,本次有11所参评;还有部分具有“博士二级”授权和硕士授权的高校参加了评估;参评高校共计16所。

学校代码及名称		学科整体水平得分
10290	中国矿业大学	95
10533	中南大学	90
10008	北京科技大学	86
10145	东北大学	80
10611	重庆大学	
10112	太原理工大学	73
10488	武汉科技大学	72
10674	昆明理工大学	
10147	辽宁工程技术大学	71
10460	河南理工大学	

0820石油与天然气工程

石油与天然气工程一级学科中,全国具有“博士一级”授权的高校共6所,本次有5所参评;还有部分具有“博士二级”授权和硕士授权的高校参加了评估;参评高校共计8所。

学校代码及名称		学科整体水平得分
11414	中国石油大学	95
10615	西南石油大学	85
10220	东北石油大学	76
10491	中国地质大学	
10489	长江大学	70
10705	西安石油大学	68
10148	辽宁石油化工大学	65
10292	常州大学	63

0821纺织材料与工程

纺织材料与工程一级学科中,全国具有"博士一级"授权的高校共5所,本次有5所参评;还有部分具有"博士二级"授权和硕士授权的高校参加了评估;参评高校共计12所。

学校代码及名称		学科整体水平得分
10255	东华大学	96
10058	天津工业大学	86
10285	苏州大学	82
10338	浙江理工大学	78
10295	江南大学	76
10495	武汉纺织大学	71
10709	西安工程大学	
10152	大连工业大学	67
10610	四川大学	
11065	青岛大学	

0822轻工技术与工程

轻工技术与工程一级学科中,全国具有"博士一级"授权的高校共8所,本次有6所参评;还有部分具有"博士二级"授权和硕士授权的高校参加了评估;参评高校共计11所。

学校代码及名称		学科整体水平得分
10561	华南理工大学	96
10295	江南大学	94
10057	天津科技大学	78
10291	南京工业大学	
10610	四川大学	
10708	陕西科技大学	77
10010	北京化工大学	70
10152	大连工业大学	
10486	武汉大学	
10500	湖北工业大学	68

0823交通运输工程

交通运输工程一级学科中,全国具有"博士一级"授权的高校共21所,本次有17所参评;还有部分具有"博士二级"授权和硕士授权的高校参加了评估;参评高校共计25所。

学校代码及名称		学科整体水平得分
10286	东南大学	91
10613	西南交通大学	
10004	北京交通大学	88
10247	同济大学	
10533	中南大学	83
10710	长安大学	
10006	北京航空航天大学	81
10151	大连海事大学	78
10732	兰州交通大学	
10213	哈尔滨工业大学	77

0824船舶与海洋工程

船舶与海洋工程一级学科中,全国具有"博士一级"授权的高校共10所,本次有9所参评;还有部分具有"博士二级"授权和硕士授权的高校参加了评估;参评高校共计13所。

学校代码及名称		学科整体水平得分
10248	上海交通大学	91
10217	哈尔滨工程大学	90
90038	海军工程大学	80
10056	天津大学	77
10699	西北工业大学	75
10141	大连理工大学	73
10151	大连海事大学	
10497	武汉理工大学	
10487	华中科技大学	70
10289	江苏科技大学	68
10335	浙江大学	

0825航空宇航科学与技术

航空宇航科学与技术一级学科中,全国具有"博士一级"授权的高校共11所,本次有7所参评;还有部分具有"博士二级"授权和硕士授权的高校参加了评估;参评高校共计11所。

学校代码及名称　学科整体水平得分

10006 北京航空航天大学 92
90002 国防科学技术大学 88
10699 西北工业大学 87
10213 哈尔滨工业大学 83
10287 南京航空航天大学 81
10007 北京理工大学 71
90045 空军工程大学
10248 上海交通大学 69
10335 浙江大学
10143 沈阳航空航天大学 64
10610 四川大学

0826兵器科学与技术

兵器科学与技术一级学科中，全国具有“博士一级”授权的高校共13所，本次有10所参评；还有部分具有“博士二级”授权和硕士授权的高校参加了评估；参评高校共计11所。

学校代码及名称　学科整体水平得分
10007 北京理工大学 90
10288 南京理工大学
10699 西北工业大学 82
90006 解放军理工大学 74
90045 空军工程大学
10110 中北大学 72
90034 装甲兵工程学院
90038 海军工程大学
90018 解放军防化学院 70
90033 解放军装备学院

0827核科学与技术

核科学与技术一级学科中，全国具有“博士一级”授权的高校共8所，本次有7所参评；还有部分具有“博士二级”授权和硕士授权的高校参加了评估；参评高校共计10所。

学校代码及名称　学科整体水平得分
10003 清华大学 94
10358 中国科学技术大学 80
10001 北京大学 76
10698 西安交通大学 73
10217 哈尔滨工程大学 70
10248 上海交通大学
10610 四川大学
10730 兰州大学 68
10079 华北电力大学 63
10280 上海大学

0828农业工程

农业工程一级学科中，全国具有“博士一级”授权的高校共18所，本次有17所参评；还有部分具有“博士二级”授权和硕士授权的高校参加了评估；参评高校共计25所。

学校代码及名称　学科整体水平得分
10019 中国农业大学 96
10335 浙江大学 85
10183 吉林大学 83
10712 西北农林科技大学
10299 江苏大学 79
10564 华南农业大学
10224 东北农业大学 75
10129 内蒙古农业大学 73
10466 河南农业大学
10157 沈阳农业大学 72
10294 河海大学

0829林业工程

林业工程一级学科中，全国具有“博士一级”授权的高校共6所，本次有6所参评；还有部分具有“博士二级”授权和硕士授权的高校参加了评估；参评高校共计10所。

学校代码及名称　学科整体水平得分
10225 东北林业大学 92
10298 南京林业大学 89
10022 北京林业大学 84
10538 中南林业科技大学 76
10677 西南林业大学 70
10341 浙江农林大学 68
10389 福建农林大学
10129 内蒙古农业大学 65

10364　安徽农业大学
10593　广西大学　　63

0830环境科学与工程学

环境科学与工程学一级学科中，全国具有"博士一级"授权的高校共50所，本次有37所参评；还有部分具有"博士二级"授权和硕士授权的高校参加了评估；参评高校共计82所。

学校代码及名称　学科整体水平得分
10003　清华大学　　97
10213　哈尔滨工业大学　　90
10247　同济大学　　86
10284　南京大学
10001　北京大学　　84
10141　大连理工大学　　81
10335　浙江大学
10027　北京师范大学　　80
10055　南开大学
10056　天津大学

0831生物医学工程

生物医学工程一级学科中，全国具有"博士一级"授权的高校共36所，本次有25所参评；还有部分具有"博士二级"授权和硕士授权的高校参加了评估；参评高校共计36所。

学校代码及名称　学科整体水平得分
10286　东南大学　　93
10003　清华大学-北京协和医学院
　　（清华大学医学部）　　87
10248　上海交通大学　　85
10487　华中科技大学
10610　四川大学　　82
10006　北京航空航天大学　　81
10335　浙江大学
10611　重庆大学
10698　西安交通大学
10001　北京大学　　77
10614　电子科技大学

0832食品科学与工程学

食品科学与工程学一级学科中，全国具有"博士一级"授权的高校共21所，本次有18所参评；还有部分具有"博士二级"授权和硕士授权的高校参加了评估；参评高校共计51所。

学校代码及名称　学科整体水平得分
10295　江南大学　　95
10019　中国农业大学　　86
10561　华南理工大学　　83
10403　南昌大学　　81
10307　南京农业大学　　79
10335　浙江大学　　78
10423　中国海洋大学
10224　东北农业大学　　77
10299　江苏大学
10057　天津科技大学　　76
10504　华中农业大学

0833城乡规划学

城乡规划学一级学科中，全国具有"博士一级"授权的高校共13所，本次有13所参评；还有部分具有"博士二级"授权和硕士授权的高校参加了评估；参评高校共计32所。

学校代码及名称　学科整体水平得分
10003　清华大学　　91
10247　同济大学　　86
10286　东南大学　　83
10561　华南理工大学　　79
10611　重庆大学
10056　天津大学　　76
10703　西安建筑科技大学
10213　哈尔滨工业大学　　74
10284　南京大学
10153　沈阳建筑大学　　73
10487　华中科技大学

0834风景园林学

风景园林学一级学科中，全国具有"博士一级"授权的高校共19所，本次有17所参评；还有部分具有"博士二级"授权和硕士授权的高校参加了评估；参评高校共计38所。

学校代码及名称　学科整体水平得分
10022　北京林业大学　87
10003　清华大学　80
10247　同济大学
10286　东南大学
10056　天津大学　78
10298　南京林业大学
10538　中南林业科技大学　75
10611　重庆大学
10626　四川农业大学
10225　东北林业大学　73
10389　福建农林大学

0835软件工程

软件工程一级学科中，全国具有"博士一级"授权的高校共52所，本次有47所参评；还有部分具有"博士二级"授权和硕士授权的高校参加了评估；参评高校共计106所。

学校代码及名称　学科整体水平得分
10003　清华大学　88
90002　国防科学技术大学
10001　北京大学　87
10006　北京航空航天大学　86
10335　浙江大学
10269　华东师范大学　80
10213　哈尔滨工业大学　78
10248　上海交通大学
10284　南京大学
10486　武汉大学

0837安全科学与工程

安全科学与工程一级学科中，全国具有"博士一级"授权的高校共20所，本次有15所参评；还有部分具有"博士二级"授权和硕士授权的高校参加了评估；参评高校共计21所。

学校代码及名称　学科整体水平得分
10290　中国矿业大学　91
10358　中国科学技术大学　88
10533　中南大学　85
10008　北京科技大学　82
10460　河南理工大学　81
10704　西安科技大学　78
11414　中国石油大学　76
10004　北京交通大学　75
10010　北京化工大学　73
10291　南京工业大学

四、农学

0901作物学

作物学一级学科中，全国具有"博士一级"授权的高校共29所，本次有26所参评；还有部分具有"博士二级"授权和硕士授权的高校参加了评估；参评高校共计35所。

学校代码及名称　学科整体水平得分
10019　中国农业大学　91
10307　南京农业大学　88
10504　华中农业大学　85
10626　四川农业大学　81
10335　浙江大学　79
10434　山东农业大学　77
10466　河南农业大学
10537　湖南农业大学
10564　华南农业大学
10712　西北农林科技大学

0902园艺学

园艺学一级学科中，全国具有"博士一级"授权的高校共29所，本次有26所参评；还有部分具有"博士二级"授权和硕士授权的高校参加了评估；参评高校共计35所。

学校代码及名称　学科整体水平得分

10504　华中农业大学　90
10335　浙江大学　88
10019　中国农业大学　85
10307　南京农业大学　82
10712　西北农林科技大学　81
10157　沈阳农业大学　78
10248　上海交通大学
10434　山东农业大学
10537　湖南农业大学　76
10086　河北农业大学　73
10224　东北农业大学
10364　安徽农业大学
10564　华南农业大学

0903农业资源与环境

农业资源与环境一级学科中，全国具有"博士一级"授权的高校共13所，本次有9所参评；还有部分具有"博士二级"授权和硕士授权的高校参加了评估；参评高校共计17所。

学校代码及名称　学科整体水平得分

10019　中国农业大学　90
10307　南京农业大学
10335　浙江大学　87
10712　西北农林科技大学　83
10504　华中农业大学　81
10635　西南大学　75
10157　沈阳农业大学　73
10537　湖南农业大学
10086　河北农业大学　70

0904植物保护

植物保护一级学科中，全国具有"博士一级"授权的高校共18所，本次有15所参评；还有部分具有"博士二级"授权和硕士授权的高校参加了评估；参评高校共计22所。

学校代码及名称　学科整体水平得分

10019　中国农业大学　92
10335　浙江大学　90
10307　南京农业大学　84
10712　西北农林科技大学
10389　福建农林大学　80
10564　华南农业大学
10055　南开大学　78
10504　华中农业大学
10676　云南农业大学
10434　山东农业大学　73
10635　西南大学

0905畜牧学

畜牧学一级学科中，全国具有"博士一级"授权的高校共22所，本次有17所参评；还有部分具有"博士二级"授权和硕士授权的高校参加了评估；参评高校共计26所。

学校代码及名称　学科整体水平得分

10019　中国农业大学　95
10504　华中农业大学　85
10335　浙江大学　84
10626　四川农业大学　81
10712　西北农林科技大学　80
10224　东北农业大学　78
10307　南京农业大学
10537　湖南农业大学　75
10635　西南大学
10564　华南农业大学　74
11117　扬州大学

0906兽医学

兽医学一级学科中，全国具有"博士一级"授权的高校共17所，本次有14所参评；还有部分具有"博士二级"授权和硕士授权的高校参加了评估；参评高校共计23所。

学校代码及名称　学科整体水平得分

10019　中国农业大学　88
10504　华中农业大学　86
10307　南京农业大学　82
10183　吉林大学　81
11117　扬州大学

10224　东北农业大学　79
10564　华南农业大学
10712　西北农林科技大学　77
10626　四川农业大学　75
10434　山东农业大学　72
10733　甘肃农业大学

0907林学

林学一级学科中，全国具有“博士一级”授权的高校共12所，本次有9所参评；还有部分具有“博士二级”授权和硕士授权的高校参加了评估；参评高校共计22所。

学校代码及名称		学科整体水平得分
10022	北京林业大学	96
10225	东北林业大学	84
10298	南京林业大学	82
10712	西北农林科技大学	
10538	中南林业科技大学	74
10389	福建农林大学	71
10434	山东农业大学	
10626	四川农业大学	
10677	西南林业大学	
10086	河北农业大学	69
10341	浙江农林大学	
10364	安徽农业大学	

0908水产

水产一级学科中，全国具有“博士一级”授权的高校共5所，本次有5所参评；还有部分具有“博士二级”授权和硕士授权的高校参加了评估；参评高校共计12所。

学校代码及名称		学科整体水平得分
10423	中国海洋大学	93
10264	上海海洋大学	85
10158	大连海洋大学	77
10504	华中农业大学	
10307	南京农业大学	72
10635	西南大学	
11646	宁波大学	
10340	浙江海洋学院	70
10566	广东海洋大学	
10589	海南大学	

0909草学

草学一级学科中，全国具有“博士一级”授权的高校共16所，本次有12所参评；还有部分具有“博士二级”授权和硕士授权的高校参加了评估；参评高校共计20所。

学校代码及名称		学科整体水平得分
10730	兰州大学	94
10019	中国农业大学	82
10733	甘肃农业大学	80
10758	新疆农业大学	
10129	内蒙古农业大学	78
10626	四川农业大学	76
10712	西北农林科技大学	
10224	东北农业大学	71
10307	南京农业大学	70
10564	华南农业大学	
11117	扬州大学	

五、医学

1001基础医学

基础医学一级学科中，全国具有“博士一级”授权的高校共34所，本次有27所参评；还有部分具有“博士二级”授权和硕士授权的高校参加了评估；参评高校共计44所。

学校代码及名称		学科整体水平得分
10001	北京大学	91
10246	复旦大学	88
10023	北京协和医学院	85
10248	上海交通大学	

10533　中南大学　82
10558　中山大学
10312　南京医科大学　80
10487　华中科技大学
90030　第二军医大学
10335　浙江大学　79

1002临床医学

临床医学一级学科中，全国具有“博士一级”授权的高校共46所，本次有35所参评；还有部分具有“博士二级”授权和硕士授权的高校参加了评估；参评高校共计50所。

学校代码及名称　学科整体水平得分

10248　上海交通大学　90
10001　北京大学　87
10246　复旦大学
10023　北京协和医学院　85
10558　中山大学
10610　四川大学　84
10025　首都医科大学　83
10335　浙江大学
10487　华中科技大学　81
90030　第二军医大学

1003口腔医学

口腔医学一级学科中，全国具有“博士一级”授权的高校共15所，本次有14所参评；还有部分具有“博士二级”授权和硕士授权的高校参加了评估；参评高校共计25所。

学校代码及名称　学科整体水平得分

10610　四川大学　96
10248　上海交通大学　85
10001　北京大学　82
10486　武汉大学
10558　中山大学　75
10025　首都医科大学　74
10312　南京医科大学
10159　中国医科大学　71

10335　浙江大学
10062　天津医科大学　69
10183　吉林大学
10247　同济大学
10422　山东大学

1004公共卫生与预防医学

公共卫生与预防医学一级学科中，全国具有“博士一级”授权的高校共25所，本次有20所参评；还有部分具有“博士二级”授权和硕士授权的高校参加了评估；参评高校共计33所。

学校代码及名称　学科整体水平得分

10487　华中科技大学　91
10001　北京大学　87
10246　复旦大学　85
10312　南京医科大学
10558　中山大学　83
10226　哈尔滨医科大学　81
10286　东南大学　80
10422　山东大学　77
10610　四川大学
10023　北京协和医学院　76
10159　中国医科大学
10248　上海交通大学

1005中医学

中医学一级学科中，全国具有“博士一级”授权的高校共14所，本次有12所参评；还有部分具有“博士二级”授权和硕士授权的高校参加了评估；参评高校共计20所。

学校代码及名称　学科整体水平得分

10026　北京中医药大学　93
10268　上海中医药大学　90
10572　广州中医药大学
10063　天津中医药大学　81
10315　南京中医药大学
10633　成都中医药大学　79
10228　黑龙江中医药大学　77

10441　山东中医药大学
10344　浙江中医药大学　73
10162　辽宁中医药大学　72
10541　湖南中医药大学

1006中西医结合

中西医结合一级学科中，全国具有"博士一级"授权的高校共24所，本次有16所参评；还有部分具有"博士二级"授权和硕士授权的高校参加了评估；参评高校共计26所。

学校代码及名称　学科整体水平得分
10026　北京中医药大学　89
10246　复旦大学　82
10268　上海中医药大学　80
10572　广州中医药大学　77
10610　四川大学
10633　成都中医药大学　76
90030　第二军医大学
90115　解放军总医院(军医进修学院)
10162　辽宁中医药大学　75
10541　湖南中医药大学

1007药学

药学一级学科中，全国具有"博士一级"授权的高校共24所，本次有16所参评；还有部分具有"博士二级"授权和硕士授权的高校参加了评估；参评高校共计26所。

学校代码及名称　学科整体水平得分
10026　北京中医药大学　89
10246　复旦大学　82
10268　上海中医药大学　80
10572　广州中医药大学　77
10610　四川大学
10633　成都中医药大学　76
90030　第二军医大学
90115　解放军总医院(军医进修学院)
10162　辽宁中医药大学　75
10541　湖南中医药大学

1008中药学

中药学一级学科中，全国具有"博士一级"授权的高校共20所，本次有16所参评；还有部分具有"博士二级"授权和硕士授权的高校参加了评估；参评高校共计28所。

学校代码及名称　学科整体水平得分
10268　上海中医药大学　91
10026　北京中医药大学　84
10063　天津中医药大学
10315　南京中医药大学
10316　中国药科大学
10633　成都中医药大学
10228　黑龙江中医药大学　79
10572　广州中医药大学
10163　沈阳药科大学　77
10023　北京协和医学院　76
10559　暨南大学

1009护理学

护理学一级学科中，全国具有"博士一级"授权的高校共25所，本次有23所参评；还有部分具有"博士二级"授权和硕士授权的高校参加了评估；参评高校共计39所。

学校代码及名称　学科整体水平得分
10001　北京大学　85
10610　四川大学　83
90030　第二军医大学　81
10533　中南大学　80
10023　北京协和医学院　78
10248　上海交通大学
90115　解放军总医院(军医进修学院)
10025　首都医科大学　76
10183　吉林大学
10246　复旦大学
10312　南京医科大学
10422　山东大学
10558　中山大学
10631　重庆医科大学

六、管理学

1201管理科学与工程

管理科学与工程一级学科中，全国具有“博士一级”授权的高校共87所，本次有58所参评；还有部分具有“博士二级”授权和硕士授权的高校参加了评估；参评高校共计102所。

学校代码及名称　学科整体水平得分

10003　清华大学　92
10056　天津大学　84
10335　浙江大学
10698　西安交通大学
90002　国防科学技术大学
10006　北京航空航天大学　83
10248　上海交通大学
10359　合肥工业大学
10213　哈尔滨工业大学　81
10247　同济大学

1202工商管理学

工商管理学一级学科中，全国具有“博士一级”授权的高校共54所，本次有41所参评；还有部分具有“博士二级”授权和硕士授权的高校参加了评估；参评高校共计115所。

学校代码及名称　学科整体水平得分

10002　中国人民大学　88
10698　西安交通大学
10003　清华大学　87
10558　中山大学
10384　厦门大学　86
10001　北京大学　83
10055　南开大学
10141　大连理工大学　81
10248　上海交通大学
10272　上海财经大学

1203农林经济管理

农林经济与管理一级学科中，全国具有“博士一级”授权的高校共20所，本次有18所参评；还有部分具有“博士二级”授权和硕士授权的高校参加了评估；参评高校共计29所。

学校代码及名称　学科整体水平得分

10335　浙江大学　89
10002　中国人民大学　87
10504　华中农业大学　86
10019　中国农业大学　83
10564　华南农业大学
10307　南京农业大学　82
10712　西北农林科技大学　80
10022　北京林业大学　77
10224　东北农业大学　75
10635　西南大学

1204公共管理

公共管理一级学科中，全国具有“博士一级”授权的高校共35所，本次有21所参评；还有部分具有“博士二级”授权和硕士授权的高校参加了评估；参评高校共计60所。

学校代码及名称　学科整体水平得分

10002　中国人民大学　90
10003　清华大学　88
10001　北京大学　85
10486　武汉大学
10487　华中科技大学　83
10558　中山大学
10027　北京师范大学　80
10246　复旦大学
10248　上海交通大学
10307　南京农业大学　78

1205图书情报与档案管理

图书情报与档案管理一级学科中，全国具有“博士一级”授权的高校共6所，本次有5所参评；还有部分具有“博士二级”授权和硕士授权的高校参加了评估；参评高校共计28所。

学校代码及名称		学科整体水平得分
10486	武汉大学	96
10284	南京大学	86
10002	中国人民大学	85
10001	北京大学	79
10511	华中师范大学	76
10558	中山大学	
10055	南开大学	74
10183	吉林大学	
10269	华东师范大学	70
10280	上海大学	

七、艺术学

1301艺术学理论

艺术学理论一级学科中，全国具有“博士一级”授权的高校共19所，本次有14所参评；还有部分具有“博士二级”授权和硕士授权的高校参加了评估；参评高校共计34所。

学校代码及名称		学科整体水平得分
10001	北京大学	86
10286	东南大学	
10003	清华大学	85
10047	中央美术学院	
10610	四川大学	80
10027	北京师范大学	77
10033	中国传媒大学	
10278	上海音乐学院	
10355	中国美术学院	
10331	南京艺术学院	74

1302音乐与舞蹈学

音乐与舞蹈学一级学科中，全国具有“博士一级”授权的高校共11所，本次有8所参评；还有部分具有“博士二级”授权和硕士授权的高校参加了评估；参评高校共计38所。

学校代码及名称		学科整体水平得分
10045	中央音乐学院	94
10278	上海音乐学院	89
10046	中国音乐学院	82
10051	北京舞蹈学院	78
10394	福建师范大学	
10331	南京艺术学院	76
10028	首都师范大学	75
10072	天津音乐学院	
11524	武汉音乐学院	
10049	中国戏曲学院	73

1303戏剧与影视学

戏剧与影视学一级学科中，全国具有“博士一级”授权的高校共14所，本次有9所参评；还有部分具有“博士二级”授权和硕士授权的高校参加了评估；参评高校共计22所。

学校代码及名称		学科整体水平得分
10033	中国传媒大学	92
10027	北京师范大学	86
10048	中央戏剧学院	
10280	上海大学	77
10355	中国美术学院	76
10049	中国戏曲学院	74
10384	厦门大学	
10001	北京大学	72
10118	山西师范大学	
10319	南京师范大学	

1304美术学

美术学一级学科中，全国具有“博士一级”授权的高校共15所，本次有12所参评；还有部分具有“博士二级”授权和硕士授权的高校参加了评估；参评高校共计48所。

学校代码及名称		学科整体水平得分
10047	中央美术学院	91
10355	中国美术学院	88

10331 南京艺术学院 84
10003 清华大学 81
10028 首都师范大学 77
10178 鲁迅美术学院
10073 天津美术学院 76
10523 湖北美术学院
10280 上海大学 74
10319 南京师范大学

1305设计学

设计学一级学科中，全国具有“博士一级”授权的高校共12所，本次有10所参评；还有部分具有“博士二级”授权和硕士授权的高校参加了评估；参评高校共计54所。

学校代码及名称 学科整体水平得分

10003 清华大学 92
10047 中央美术学院 85
10355 中国美术学院 83
10295 江南大学 80
10331 南京艺术学院
10247 同济大学 78
10255 东华大学
10335 浙江大学
10033 中国传媒大学 77
10178 鲁迅美术学院

注：相同得分按学校代码顺序排列，部分学科参评学校不足10所。

六、深度:部分大学专业详解

哲学(0101):让人变得更聪明的专业

一、专业解析

哲学专业学什么

哲学是人文科学领域内的基础学科,是一门非常古老的学问,它的本质是认识和思考我们所处的世界。在希腊文中,哲学是爱智慧的意思。学哲学,就是学习智慧。对此,有专家提出见解:“学习哲学,最重要的就是锻炼和培养一种善于发现问题和提出问题并进行‘前提批判’的理论思维能力。哲学的爱智,无论是对自然的惊讶,还是认识人自己,都不仅仅是一种对知识的追求,更重要的是一种对生活意义的关切,对生活境界的陶冶。哲学,是使人崇高起来的学问。为学与做人,其道一也。哲学的爱智,还是一种反思的、批判的思想活动,它要追究各种知识的根据,思考历史进步的尺度,询问真善美的标准,探索生活信念的前提。”

自20世纪90年代以来,国内高校哲学专业在课程建设上致力于强化基础、注重经典、拓宽领域、不断创新,已形成一个内容丰富、层次分明的课程体系。哲学专业开设的课程主要有哲学概论、马克思主义哲学原理、中国哲学史、西方哲学史、科学技术哲学、伦理学、宗教学、美学、逻辑学、心理学、中外哲学原著导读等,实践性教学环节包括社会实习、社会调查、社会公益活动等。本科哲学专业的修业年限一般是四年,毕业后授予哲学学士学位。

学哲学需要什么条件

学习哲学必先了解历史、地理、文学、管理、自然科学等知识,只有以以上学科作为基础,才能在学哲学的过程中有深刻的体会。

了解历史、地理,才会了解人类社会的过去,并以此认识现在,推断未来,形成关于社会的时间、空间发展概念,这样才能形成一个全面的整体的动态的真正的哲学体系;了解文学,才能将所学的哲学思想和相关领悟用文字表达出来,同时,学哲学的人的文学素养也会随着研究的深入而精进;了解管理学,才能领悟到哲学在微观社会、个体社会环境中的体现与运用,才能知道哲学是研究组织变化和发展的必需条件;了解自然科学知识是研究哲学的依据,也是研究社会发展运动的参照工具。

总而言之,学习哲学需要广泛的阅读,特别是对经典著作的研读、思考、批判。

一个优秀的哲学专业毕业生应该系统地掌握马克思主义哲学、中国哲学和西方哲学的理论和历史;掌握哲学学科的基本研究方法、治学方法和相应的社会调查能力;了解国内外哲学界最重要的理论前沿和发展动态;了解国内外最重大的实践问题和发展动态;具有分析和解决社会现实问题的初步能力。另外,比较重要的一点,是应该具备出色的外语应用能力。

二、专业与就业

根据教育部统计数据,哲学专业2013年全国普通高校毕业生规模为1500至2000人,毕业生高考时的文理科比例是85%:15%,男女生比例为39%:61%。哲学专业本科就业率连续三年在80%~85%区间,处于中等偏上的状态。与那些热门专业相比,哲学专业虽然没有那么受宠,却保持着较高的稳定性。

对口就业方向

很多人认为哲学专业本科毕业生就业面很窄,不得不考研读博进高校当老师,搞科研,其实不然,哲学专业的毕业生中除少数去了高校外,相当一部分去了国企、事业单位做行政工作,还有人去了报社。

无论从地域方面,还是领域方面来看,哲学系毕业生分布都比较广泛,其主要就业方向有:

1.公务员。毕业生可在国家、省、市等行政管理部门从事管理或文字性工作,哲学专业的毕业生分析问题的能力较强,从事这方面的工作具有很大的优势。

2.文教事业或新闻出版部门。除公务员外,该专业毕业生还可到学校、科研单位或新闻出版等部门从事研究性、采编类工作,但这些单位对毕业生的学历等条件要求较高。

3.各类企业等。还有一部分毕业生可到企业的党办、文秘、人事管理、财务管理等部门从事各类实际工作。

三、报考指南

目前全国开设哲学专业的院校有76所。从全国来看，北京、浙江、陕西等地开设哲学专业的院校数量较多，另外，上海、湖北、东北地区也有许多特色院校。各校招生形式和培养方式则依学校不同而有差别。除了以哲学专业招生外，不少院校，如北大、复旦等，以哲学类名称进行招生；清华等高校则以人文科学试验班的名义招生，考生一定要注意查看该试验班包含的专业(方向)。后两类高校一般入学后先按学科大类进行培养，经过几年学习后，再分流到相应的专业(方向)。

各学校的培养方式不同

北京大学哲学系被誉为“思想家的摇篮”，是中国最早的哲学系，具有世界声誉的哲学家如梁漱溟、冯友兰、熊十力等曾在这里求学或执教。该系本科哲学专业从2003年开始实施“加强基础、淡化专业”的新教学计划，要求学生能够系统掌握哲学基本理论和中外哲学的历史、现状，具有广博的人文、社会科学和自然科学知识。学生在前三个学期进行基础训练，第四学期开始分成不同学科方向进行学习。

北京师范大学哲学学科是“985工程”、“价值观与民族精神”哲学社会科学国家重点创新基地。哲学专业实现了本科生自主学习的新模式，并与国外大学与学术研究机构建立了较为稳定的学生联合培养机制，与美国加州克莱蒙特研究大学联合办“过程哲学研究中心”。

清华大学哲学系是我国大学最早建立的哲学系之一，曾在该系任教的著名学者有金岳霖、冯友兰、张申府等。哲学系完成了从哲学本科到哲学一级学科博士点、哲学博士后流动站的完备体系建设，并在教学和科研两个方面实现了跨越式发展。

南京大学哲学系的前身是中央大学哲学系，创立于1920年，该系另一源头为民国时期另一哲学重镇——金陵大学哲学系。牟宗三、苗力田、孙叔平、孙伯鍨等哲学大师和著名学者曾先后在此任教。1978年，以哲学系教师胡福明为主要作者的《实践是检验真理的唯一标准》一文，在当时的思想解放运动中产生了历史性重大影响，并直接成为改革开放的理论先声。

同济大学哲学系创建于1946年，为上海最早的哲学系。目前，哲学系的外国哲学学科成为国内哲学界最具影响力的学术团队之一。同济大学哲学专业实行双外语制，英语、德语并重，这是该专业的特色之一。

保险学(020303)：名声不太响　发展空间大

一、专业解析

什么是保险学

在2012年修订的《普通高等学校本科专业目录》中，保险学属于经济学门类中金融学类下设的一个专业，标准学制4年，毕业后授予经济学学士学位。保险学在报考热门的金融类专业里，但考生们的报考热情却远不及金融学类的其他几个专业(金融学、金融工程、投资学)。其主要原因是，人们对保险专业的就业还存有误解。

保险作为一种经济补偿手段和社会产品再分配的保证，在完善社会保障体系，稳定国民经济等现代生活中占据着特殊而重要的地位。保险专业主要培养能从事保险及相关行业的应用型人才。

本科毕业生应掌握经济学科的基础知识；系统地掌握保险学的基本理论、业务知识与技能；熟悉我国保险领域的法律法规和方针政策；了解国内外保险理论和实践的历史、现状及发展趋势；具有较强的分析、解决实际问题的能力和初步的科研能力。

保险学专业学什么

我国高校的保险学专业是为适应我国保险业的需求而开设的，大多数学校要求学习金融、经济、会计、投资等经济课程，有的学校还补充了市场营销、法律等相关知识。另外，如果学生熟练掌握一门外语，有较强的外语阅读和翻译能力，可以更方便地获取专业信息，将来去外企工作也有优势。

保险学专业需要学习的主要课程包括以下三类：学科基础课：政治经济学、微观经济学、宏观经济学、国际经济学、会计学、统计学、外语、高等数学等。专业基础课：保险学原理、风险管理、保险精算、财产保险学、人身保险学等。专业选修课：精算学原理、非寿险精算、寿险精算、保险企业经营管理、保险基金管理与运行、财务管理、经济法、民法、保险法、市场营销等。各校根据自己的人才培养方向在课程设置上会略有差异。

二、专业与就业

在我国，保险业被誉为21世纪的朝阳产业。我国巨大的人口基数及人口的老龄化有利于保险业市场的扩张,另外现有的保险深度及保险密度较低,有很大的市场潜力,加之人均收入水平不断提高,也为保险业市场扩大规模提供了良好的经济基础。

保险行业被“妖魔化”

不少高三考生报考保险专业是看中它在经济学门类里,还有同学是报考金融类其他专业而被调剂的。保险专业的学生也常抱怨自己的专业被人误解。一个大一新生说:“有一次,我对一个亲戚说,我在学保险专业,他马上就问,保险也用学啊。”一位家长也曾对孩子说:“邻居们一听说你是学保险的,都躲得远远的,怕向他们推销保险……”在生活中,我们常常会接到各类保险推销的电话,久而久之保险行业也被“妖魔化”了。

大学毕业生在求职中也常遇到这种情况:即使你不是保险学专业的,根本没往保险公司投过简历,也会有很多保险公司打电话叫你去面试,且大多是做保险销售工作。这也很容易让人觉得保险行业门槛低。

实际上,保险业不光需要营销人员,更需要具有深厚理论素养的专业人才。保险专业的学生在校期间可通过各种职业资格证考试来增加就业砝码。比如考取保险代理人、保险公估人、保险经纪人、注册会计师、精算师等相关资格证。

中国保险监督管理委员会副主席陈文辉认为,保险专业学生应当是综合素质较强的复合型人才。他们不仅要懂得保险专业知识,还必须具备相应的金融、证券、社会保障专业知识及技能,并兼备宏观经济、法律、财会等相关知识。这样的学生才能有较大的发展后劲儿。此外,保险专业的学生还要具有市场和营销方面的经历,因为要成长为一个合格的高管,必须有一定的营销管理经验。

行业发展空间大

教育部2012年统计数据显示,保险学专业全国普通高校毕业生规模在4500人至5000人,就业率区间在85%至90%。

学生毕业后,主要在各大保险公司、保险中介机构、保险监管机构、银行、证券公司、信托投资公司等各种金融机构工作,也可在大中型企业风险管理部门、社会保障机构、政府部门等就业,还可在教育、科研部门从事教学和科研工作。

保险业在中国起步较晚,与发达国家70%至80%的投保率相比,中国目前20%左右的投保率意味着巨大的发展潜力。近年来,随着我国城镇居民对保险行业的逐步认识,各种商业保险被越来越多的人接受,成为人们生活中必不可少的一部分。保险学专业的毕业生就业前景和发展空间都很广阔。

各大保险公司的人员构成主要包括:保险内勤、保险理赔、保险精算师、保险代理人、保险经纪人、培训师、客户服务、保险产品开发,等等。这些保险从业人员又可以分为营销人员、专业技术人员和经营管理人员三类。不同层次的人员需要不同的学历和专业背景。保险营销人员,需要有一定的保险专业知识,他们的学历不一定要求很高,但要具备营销技能。而设计优质的保险产品,就需要具有较高学历背景的专业技术人员。保险经营管理人员则需要学历较高并具备战略眼光、商业才能。

据对外经济贸易大学保险学院对中外大型保险公司所做的发函征询调查,我国的主导保险企业都对高级保险专业人才具有极大需求。就目前来看,保险精算更有前景。精算对数学要求会很高,而且国内精算师极为稀少,一般要求通过北美或国内的精算考试,取得相关资格。

三、报考指南

保险学专业是一个文理兼收的专业,但有部分高校在招生时只招理科生。该专业2012年全国高考招生文理科比例为:44%:56%,2012年全国普通高校毕业生性别比例为:男42%,女58%。

1.财经类院校多设保险学

目前,开设保险学专业的本科院校有100所左右,其中包括部分独立学院。另外还有100余所专科院校开设保险相关专业:如保险实务、金融保险、机动车保险实务、医疗保险实务。

开设保险学专业的院校中,大部分为财经类院校,另外还有一些综合性大学。其中中央财经大学、对外经济贸易大学、西南财经大学等设置了专门的保险学院。其他财经类院校的保险学专业一般在金融学院,综合性大学一般将保险专业设置在经济学院或经济管理学院。

部分高校的保险学专业还有特定的培养方向,如按保险精算、健康保险、风险管理等方向培养。

2.部分强势院校推荐

由于各高校保险学专业培养方向、招生计划、录取分数都有差异,考生在选择报考时,一定要结合自己的实际情况,选择和自己分数、批次相符合的院校。另外,虽然很多高校的保险学专业招收文科考生，但该专业本身会涉及经济学、数学、统计学的知识，比如说保险学中的精算方向，对学生的数学能力要求非常高，因此不建议数学基础比较差的同学报考。

在我国，有几所高校保险学专业很强势。如：中央财经大学、中国人民大学、厦门大学、南开大学、对外经济贸易大学。

这些学校不仅本身名声响，保险专业也是各自的优势专业，对考生的高考成绩要求也很高。尤其是中央财经大学的保险学专业是教育部批准的国家级重点学科。2013年该校保险学在北京理科招生的最低分为658分，保险学(精算)最低分为669分。

此外，西南财经大学、复旦大学、中南财经政法大学、武汉大学、东北财经大学等高校的保险学专业也非常不错。

西南财经大学是1983年首批设置保险专业的四所高校之一，1997年成立保险学院，下设保险学专业(含风险管理方向)、保险(精算方向)、保险双语实验班、保险(财务与会计方向)、劳动与社会保障专业(含企业年金方向)。该校保险学专业在2008年获批为国家特色专业建设点。

国际经济与贸易(020401)：能力重外语　就业看地域

一、专业解析

什么是国际经济与贸易

国际经济与贸易(简称“国贸”)是研究国际贸易发生的原因、国际贸易政策、国际贸易实务、跨国投资以及国际贸易与经济发展关系的一门学科。国贸是属于经济学门类中经济与贸易专业类的一个专业。有专家说，国际经济与贸易就是国家之间的商品和劳务等方面的交换活动。

尽管各高校对国贸专业的培养目标不尽相同，但总体而言，该专业培养目标可概括为培养能较系统地掌握经济学基本原理和国际经济、国际贸易的基本理论，掌握国际贸易的基本知识和基本技能，了解中国对外贸易和当代国际经济贸易的发展现状，熟悉通行的国际贸易惯例和规则以及中国对外贸易的政策法规，了解主要国家与地区的对外贸易状况，能在涉外经济贸易部门、外资企业及政府机构和科研院所从事国际经济与贸易业务、管理、调研与教学科研等工作的高级专门人才。

国际经济与贸易学习什么

国贸专业到底学什么，我们能从它的专业基础课和骨干课程中了解一二。国贸专业的理论和方法的基础是经济学的原理和基本方法。因此，学生首先要学习宏观经济学、微观经济学、国际经济学、计量经济学、统计学等学科基础课程。这些经济类课程中涉及不少数学知识。比如，对外经济贸易大学国贸专业的小付说，大学前两年他们要修完高等数学、线性代数、概率论等课程，之后又学了应用统计、计量经济学等。如果学生具备一定的数学知识储备，在学习中将占有一定优势，特别是对那些致力于从事国贸理论研究的学生而言。

该专业的骨干专业课还包括国际贸易、国际贸易实务、国际金融、中国对外贸易、外贸运输与保险、国际商法、国际市场营销，等等。

国贸专业学生还要关注世界经济运行规律，熟悉世界贸易组织及不同国家经贸法则和业务流程，掌握国际管理规则等内容。因此，该专业学生除了学习经济学专业课程外，还要学习管理类、法学类等课程。

二、专业与就业

对外贸易及相关领域是主要就业方向

随着全球经济一体化进程的加快和一些自由贸易区的建设，国内市场与国际市场进一步接轨，迫切需要一大批具有坚实的国际经济与贸易理论基础、掌握国际经济合作理论与政策、熟悉国际贸易实务、熟练掌握外语的专门人才。该专业具有非常广阔的发展前景。

教育部公布的2012年本专科专业就业状况显示，国际经济与贸易专业的毕业生规模为8.5万至9万人，近几年全国就业率区间为85%至90%，属于就业率较高的专业。

国贸专业毕业生的就业方向主要包括对外贸易及相关领域的行政管理、教学和科研部门，还有外贸企业、外资企业、跨国公司、拥有外贸经营权的企业和其他涉外经贸部门等。以中国农业大学为例，该校国贸专业毕业生近几年的就业单位有中国对外贸易促进委员会、国家统计局、恒远经贸公司、金锣集团、北京出入境检验检疫局等。

另外，国贸专业毕业生还能在国内外银行与非银行金融机构从事经营管理工作；在驻外商务机构以及海外驻华商务机构的国际贸易与金融部门从事相关经营管理工作；在工商企业从事国际贸易、金融投资、市场营销、电子商务、国际物流等工作。

用人单位看重外语水平

由于大多外贸企业要与海外客户沟通联络,因此国贸专业毕业生必须具备一定外语水平。各类型企业对外语能力的要求略有不同,大型企业特别是国有企业通常要求毕业生具备大学英语六级水平,而一些中小型企业则更看重商务英语听说能力,要求应聘者能直接与外商进行简单的贸易磋商并签订合同。对于外贸业务员、跟单员等要直接与国外客户打交道的岗位,企业更要求应聘者能够熟练运用外语进行听说读写。

用人单位要求的外语并不仅限于英语,很多企业都招聘小语种的国贸人才。一项以义乌地区外贸公司和出口生产企业为对象的调查显示,该地区外贸企业对小语种的人才需求量较大,60%的企业对外业务中需要用到阿拉伯语,40%需要用到西班牙语,其他应用频率较高的语种还包括韩语、日语、俄语等。

在重庆江北的一次招聘会中,用人单位为法语、阿拉伯语、西班牙语等小语种海外拓展专员岗位开出底薪7000元外加提成的诱人待遇。

国贸竞争力强的城市机会多

国贸专业毕业生可选择国际贸易竞争力强的城市求职,它们的就业机会更多。上海财经大学现代服务经济研究院最新发布的第二期中国城市国际贸易竞争力指数显示,香港、上海、深圳、广州、北京、苏州、澳门、宁波、天津和杭州排在前十位。这些城市的经济增长较为快速,为国际贸易发展提供了市场基础,外向型经济体与国际市场紧密相连,贸易规模巨大。

另外,排名前列的城市主要分布在我国沿海三大经济圈:环渤海、珠三角、长三角。这些城市位于沿海,拥有上海港、深圳港、广州港、天津港等众多港口。国际贸易市场繁荣势必拉动人才需求,因此,这些城市可以成为国贸专业毕业生的就业首选。例如,上海自贸区设立后需要引进大量人才,其中部分贸易类企业对国贸专业毕业生的需求较大。

三、报考指南

700余所院校　招生各有特色

目前,全国共有700多所高校开设国际经济与贸易专业,分布于不同层次,主要包括综合类院校、财经类院校、理工类院校、语言类院校、师范类院校以及农林等其他院校。考生在考虑院校时,要对该专业的特色和方向有所了解,选择符合自身情况的高校。

北京大学、中国人民大学、复旦大学等综合类院校在专业课程设置上侧重大基础教育,针对于学科基础必修课和专业基础课给予较多的课时比重,凸显“厚基础,宽口径”的特色。

财经类院校在注重学科基础教育的同时,加强专业选修课的比重,突出财经类高校学生的专业特殊性。如对外经济贸易大学的国贸专业有着悠久的历史,是最具竞争力的专业之一,也是国家重点二级学科。再如中央财经大学,其国贸专业充分利用了该校金融、经济方面的学科优势。该校的国贸学院除了普通的国贸专业外,还设立了国贸专业(国际贸易与金融风险管理方向)的双学位本科教育项目。

理工类院校的实践环节课程略多,另外从开设的课程名称上可以看出,理工类大学国贸专业实践性课程比较注重计算机和数理工具的应用,凸显高科技在国际贸易决策中的应用特性。如天津工业大学的高仿真、互动式教学实验、实训平台、创造性模拟公司、自主开发性案例教学场所、常态化竞赛机制等为学生能力多样化发展提供了环境和条件。

语言类院校对国贸专业的学生一般都有着极高的外语水平要求。北京外国语大学强调学生要外贸、英语两手抓。该校的国贸专业不仅使用国内领先水平的国际贸易实务教学软件,还注重学生英语能力的培养,毕业生英语可达到专业八级水平。

看清录取要求

在报考国贸专业时,考生和家长还要看清各高校招生章程中对报考该专业的具体要求。该专业文理兼收,但各高校对该专业的录取要求也不尽相同,很多高校对考生的英语单科成绩有一定要求,如四川大学的招生章程明确规定,国贸专业原则上要求学生外语成绩达到满分的75%。另外,部分高校的国贸专业还要求考生参加外语口试并取得合格成绩(详见各高校招生章程等,如生源地省级招办不组织外语口试,则不必参加)。

特殊教育(040108):为折翼天使插上翅膀

一、专业解析

什么是特殊教育专业

顾名思义,特殊教育是对特殊人群(包括视力、听力、语言残疾、肢体、智力、精神和综合残疾等人群)开展的教育。特殊教育是利用特殊的方法和手段,为特殊少年儿童的学习、行为矫正和训练创设特殊条件和特殊设备,以达到使他们掌握知识、弥补缺陷、培养能力、健康身心等目的。

开展特殊教育,教师是必需的,特殊教育专业也就随之产生。北京联合大学特殊教育学院特殊教育系刘全礼教授介绍,所谓特殊教育专业是指高等学校为了培养特殊教育教师而设置的一个教育学专业下的二级专业。目前,我国的特殊教育专业包括专科、本科和研究生三个层次。

特殊教育学什么

特殊教育专业属于教育类专业,是教育学下设的一个二级学科。该专业本科阶段的课程因各个学校的侧重点不同而有所不同,但一般包括三类课程。一是教育学类课程(如教育学、心理学、课程论类课程),二是特殊教育的理论课程(如特殊教育导论、各类特殊儿童的特点与教育等),三是特殊教育的方法课程(如教学法课程、手语、盲文等)。

主要课程:特殊教育学、特殊儿童评估、特殊儿童病理学、教育听力学、特殊儿童早期干预、特殊学校教材教法、残疾儿童康复教育、心理测量及特殊学校实践等。

特殊教育学在本科阶段并不区分具体的研究方向。学生可根据后续的学习和教学实践发展研究方向,比如按照研究对象的不同,特殊教育可以分为盲(聋)童教育、智力落后儿童教育、特殊儿童心理教育等。

不只需要耐心和爱心

特殊教育专业和其他教育专业一样,都需要考生有为教育辛苦工作的准备。而这个专业更需要从业人员具有爱心、耐心和信心,并具有广泛的知识背景和相应的技能。

要问从事特殊教育的最大感受是什么?很多从事过残疾人教育的老师都会回答:要有耐性,而且是极大的耐性。“一个正常孩子几分钟就学会了,而特殊的孩子可能得学一两个月。老师必须日复一日年复一年重复那几个动作、几个数字、几个汉字……”所以选择这个专业不能光凭着一腔热情,还要有为教育辛苦付出的耐心和信心。

特殊教育有着一套科学的知识、技能和方法。从课程也能看出,一些课程会涉及心理学和医学的知识,比如量表、统计、数据分析。对此不感兴趣的文科生在选择这个专业时要有一定的思想准备。

二、专业与就业

特教专业就业状况

特殊教育专业毕业生可以在特殊教育学校、教育康复与服务机构、社区康复机构、儿童福利机构、老年人安养机构以及残疾人事业管理机构从事特殊教育、心理疏导、康复训练、咨询管理等工作,如培智学校、聋哑人学校、特殊教育学校等;也可以到企业从事特殊人群的用品开发,助听设备代理或销售,残疾人教育或其他用品代理、销售等。

刘全礼说,特殊教育专业的毕业生就业还是比较对口的,大多在特殊教育领域就业,目前主要从业领域是特殊教育学校和普通教育机构,一部分去了民办机构和残联的相关机构。一般来说,特殊教育毕业生就业主要集中在大中型城市,如北京、上海、南京等城市,因为这些城市的残疾人事业发展较快,特殊教育类的学校也很多。

教育部公布的2013年本专科专业就业状况显示,特殊教育学专业毕业生规模在500~600人。就业率持续稳定,连续三年保持在85%~90%。

据统计,我国目前有246万6~14岁的残疾学龄儿童,而《2013年全国教育事业发展统计公报》显示特教学校专任教师仅4.57万人。这两个数字相差悬殊,特教师资队伍明显不足。但随着国家对特殊人群的关怀越来越多,无论是教育规划纲要、特殊教育提升计划,还是《关于加强特殊教育教师队伍建设的意见》,对特教师资的支持和投入力度都极大,很多地方也在出台特教教师队伍建设的改进方案。财政部、教育部下达的特殊教育补助经费也在逐年提高。这项经费重点支持特殊教育学校和招收较多残疾学生随班就读的义务教育阶段学校。具体包括三个方面内容:一是建设资源教室和资源中心,二是配备特殊教育学校设备设施,三是 “医教结合”区域实验。

特殊教育是一个非常广阔的领域,也是一个大有可为的学科。

社会需要什么样的人才

除了研究型人才外,在这一领域实际工作中,具有深厚的理论素养和具体的操作技能的学生更为抢手。

随着特殊教育的发展,一方面随班就读成为残疾少年儿童入学就读的主要方式,轻中度残疾人有相当部分被分流到普校,未来,普通教育的从业者在职前培训阶段也要接受基本的特殊教育的训练。另一方面，从培养特殊人群的需要来讲，特殊教育也需要增加专业的多样性，除了一些必要知识的学习外，还要增加如绘画、电脑等专业技能课程，让残疾人有更多的专业可选择。

那些受过系统理论教育，具有较深厚的理论素养，同时懂盲文，会手语，又具备一定专业技能的特殊教育从业人员，必将受到市场的青睐。

我国的特殊教育专业处于上升趋势。各地的许多学校开设了这个专业。目前，特殊教育专业的研究生毕业生尤其是博士供不应求，专科和本科毕业生各地的供需差异很大。当然，这和一些学校将特殊教育培养重点向研究型人才倾斜不无关系，使得人才出口处于"易往上难往下"的状态。

三、报考指南

各校特教专业特色一览

目前，我国本科阶段开设特殊教育专业的高校有40余所，其中主要代表院校有北京师范大学、华东师范大学、西南大学、长春大学、北京联合大学等。这些院校中，一些办学较早的特殊教育专业开始逐渐形成自己的特点。还有一些部属院校把特殊教育专业重点放在了研究生的培养上。

1986年我国高等院校第一个特殊教育专业在北京师范大学诞生并开始招收本科生。作为我国最早开展特殊教育的高校，其专业办学体系成熟，设有硕士点、博士点，2008年被教育部定为首批建设的国家特色专业，迄今为止，全系共有8个专业教师，涉及盲、聋、智力落后、自闭症等多个特殊教育领域。

长春大学是中国第一所招收聋人的高校，开创了我国视障、听障和肢体残障人接受高等教育的先河。目前已经成为一所特色鲜明、"残健融合"的高等特殊教育学院。学院现有针灸推拿学、音乐表演、绘画、艺术设计、动画5个残疾学生本科专业和1个健全学生特殊教育本科专业。

华东师范大学特殊教育(本科类)师范专业成立于1987年，主要培养在特殊教育学校及相关机构从事教学、研究、管理的人才。2000年设立了我国第一个特殊教育学博士点。华东师大学学前教育与特殊教育学院相关特殊教育设有三个本科专业，特殊教育学、心理学(特殊教育方向)、言语听觉科学。

重庆师范大学的特殊教育专业包括三个方向：特殊教育(特殊儿童心理与教育)专业(师范)、特殊教育(动作与语言康复)专业和特殊教育(信息与资源)专业。其中特殊教育(信息与资源)主要招收听力残疾的学生，培养具有使用、设计和创造特殊教育辅助技术理论基础和实践创新能力的聋人师资专业人才。

北京联合大学特殊教育学院是全国第一所相对独立的综合性特殊教育学院，也是全国范围招生的高等特教学院。学院办学的指导思想是建立教学、应用科研、残疾人康复三位一体的教学模式，充分体现理论教学与为残疾人服务相结合的办学特色。北京联合大学特殊教育专业主要培养随班就读(就是在普通学校招收特殊学生)和特教学校(盲、聋、培智)九年制义务教育一线师资。

身体条件和特殊要求

有人问，学习特教专业有没有什么特殊的要求呢？首先在报考时，要看清每个学校的具体招生要求。很多院校的特殊教育都是师范类专业，大多要求五官端正并且对身高有一定要求。

例如，重庆师范大学招生章程中规定，报考师范专业、秘书学专业的考生要求"五官端正、身材匀称，男生身高不低于160厘米，女生身高不低于150厘米"。华东师范大学2014年招生章程中也规定，"化学、应用化学、心理学、应用心理学、生物科学、生态学类、学前教育、特殊教育专业要求无色弱、色盲以及其他色觉异常症状"并建议身材过于矮小、残疾、身体或头脸部有明显缺陷的学生，慎重考虑是否报考师范专业。

另外，还有一些其他的要求，例如有些院校的特殊教育和学前教育等专业需要提前面试，高校只录取面试合格的考生，或在录取中只录取有专业志愿的考生，不进行调剂录取等。考生在报考时要认真阅读所报院校的招生章程。

中文类专业(0501)：开设院校多　就业对口难

一、专业解析

在2012年教育部新版《普通高等学校本科专业目录》中，中国语言文学类包含汉语言文学(050101)、汉语言(050102)、汉语国际教育(050103，原对外汉语专业)、中国少数民族语言文学(050104)、古典文献学(050105)、应用语言学(050106T)、秘书学(050107T)等专业。

汉语言文学

汉语言文学是我们一般意义上对中文的理解。我们从小就学习语文，但大学里的汉语言文学专业则要学习更为深入的内容。简单来说，它包含语言和文学两个领域。该专业学生不仅要掌握中外文学各种流派、理论、作家、作品，还要广泛涉猎语言、哲学、历史、政治、社会等多方面知识，掌握扎实宽厚的中国语言文学专业知识，毕业后可以从事中国语言文学科研、教学及相关工作。

主要课程：文学概论、语言学概论、现代汉语、古代汉语、中国古代文学史、中国现代文学史、中国当代文学史、外国文学史、比较文学等。

汉语言

汉语言主要研究语言的本质、特点、结构、功能、起源和发展规律。一方面要探讨和总结汉民族几千年的文明史，另一方面也能为未来的汉语言发展开辟道路。由于对外汉语和中文信息处理的发展，特别是语言研究成果在信息处理技术领域的运用，汉语言专业近年来发展迅速。本专业学生主要学习汉语及语言学、中国文学的基本理论和基本知识，受到有关理论思维和专业技能的基本训练，掌握调查研究、语言教学的基本能力。

主要课程：语言学名著精读、语言学概论、古代汉语、现代汉语、中国古代文学史、中国现当代文学史、文学概论、写作、汉语史、文字学、训诂学、音韵学、中国通史、世界历史、中国哲学、计算语言学基础、自然语言计算机处理等。

汉语国际教育（对外汉语）

汉语国际教育原来的专业名称是大名鼎鼎的对外汉语。该专业出现在20世纪80年代后，专门培养具有较深汉语言文化功底、熟练掌握英语，日后能在国内外从事对外汉语教学的师资，或从事对外文化交流工作的实用型专门人才。这个专业在中国语言文学类中属于比较热门的专业，发展空间较为广阔。

主要课程：英语系列课程、对外汉语教学概论、语言学概论、现代汉语、古代汉语、中国古代文学、中国现代文学、中国当代文学、文学概论、中国文化概论、外国文学、比较文学、中外文化交流史等。

中国少数民族语言文学

中国少数民族语言文学主要培养具备有关少数民族语言文学的全面系统知识，能从事有关少数民族语言、文字、文学、文献的教学研究、编辑翻译、新闻文学等方面工作的人才。

应用语言学

应用语言学是研究语言及语言教学的一门边缘学科。产生于19世纪末。应用语言学以语言学为基础，但不仅限于语言理论和语言描写的知识。本学科培养具有扎实的语言学和应用语言学的基础理论和系统的专门知识，能够从事本专业或与本专业相关、相近学科的科研工作的专门人才。学生毕业后可从事语言教学和研究工作。

古典文献学

古典文献学以中国古代留存下来的古代文献为研究对象，培养具备中国古籍整理与古典文献学全面系统的知识，能从事古籍整理方面的实际工作、古典文献教学与研究工作的文献学专门人才。

二、专业与就业

就业范围多元化

教育部公布的2012年本专科专业就业状况显示，汉语言文学专业毕业生规模为7.5万~8万人，近几年全国就业率区间为80%~85%，报考硕士较集中的专业有中国古代文学、中国现当代文学、学科教学(语文)、汉语言文字学等。汉语言专业毕业生规模为2000~2500人，就业率区间在65%~80%波动，报考硕士较集中的专业有汉语言文字学、语言学及应用语言学、汉语国际教育、中国少数民族语言文学。汉语国际教育专业毕业生规模为14000~16000人，就业率区间在80%~90%波动，报考硕士较集中的专业有汉语国际教育、语言学及应用语言学、汉语言文字学、中国语言文学等。中国少数民族语言文学专业毕业生规模为2000~2500人，就业率区间在70%~80%波动，报考硕士较集中的专业有中国少数民族语言文学、语言学及应用语言学、民族学类、中国语言文学等。应用语言学专业毕业生规模为50人以下，2011、2012年就业率区间在95%~100%。古典文献学专业毕业生规模为150-200人，就业率区间在85%~100%波动，报考硕士较集中的专业有中国古典文献学、汉语言文字学、法律（非法学）、历史文献学等。

中文类专业毕业生去向有党政机关、各类企业事业单位、新闻媒体单位、出版单位、广告公司、各级教学和科研机构单位等，从事的职业有记者、编辑、教师、秘书、文案、策划、宣传人员和管理人员等，就业范围比较多元化。

随着就业形势日益严峻，文科毕业生的职业选择与专业相关性较低，毕业后，从事与专业对口职业的学生不多。中文类专业本科毕业后是继续深造还是步入工作岗位主要看个人意愿。

如果对中文专业有浓厚的兴趣，希望日后从事这一领域及与之相关的教学、科研工作，例如，去初、高中学担任语文教师；或者在大学中文系、新闻系任教，那么，选择读硕士乃至博士是必要的。如北京大学中国语言文学系90%以上的本科毕业生都继续攻读本校或清华、复旦、南京大学等名校研究生。北京语言大学各专业就业率高达96.54%，其中5.4%的学生选择出国继续深造，16%的学生继续攻读研究生。

如果打算本科毕业后直接就业，可以考虑选修一些实务课程，如应用写作、秘书学、公共关系等，还可以跨专业选修新闻、经济、法学等课程，成为复合型人才。

三、报考指南

招生院校多　看清培养特点

中文是最传统的专业之一，北京大学、中国人民大学、北京师范大学、首都师范大学等综合性和师范类高校都设有中文系或是文学院。近年来，不少理工科院校也相继设立了中文系。

据统计，目前全国开设汉语言文学专业的院校多达600所。这些招生院校中，既有知名学府，也有师范类院校，还有语言类院校。本科一批、本科二批、本科三批都有招收院校。

不同学校中文系本科学习的专业方向不尽相同。例如，首都师范大学汉语言文学专业有三个专业方向，分别为师范类方向、非师范类方向及高级涉外文秘方向。这三个专业方向培养侧重点不同，师范类主要培养具有汉语言文学基本理论、基础知识和基本技能，能够在中等学校进行汉语言文学教学和研究的教师、教学研究人员及其他教育工作者；非师范类专业主要培养具有专业知识和文字表达能力的汉语言文学高级专门人才；而高级涉外文秘专业方向主要培养高级文秘专业人才，而该专业对外语的要求高于其他两专业方向。中央财经大学开设的汉语言文学（财经文秘）专业，侧重培养财经领域的文秘人才。

按大类招生　弄清专业方向

除了单独的专业招生形式以外，很多院校都以"中国语言文学类"的大类形式招生。如北京大学、中国人民大学、复旦大学、南京大学、厦门大学、山东大学、华中师范大学、中南大学、陕西师范大学等30余所大学往年都是按照"中国语言文学类"大类的形式招生。考生家长在报考时，最好看一下大致包含的专业方向。

例如，中国人民大学中国语言文学类（本科类）包括汉语言文学专业和汉语言专业两个专业方向。

北京大学中文系（中国语言文学类）目前设有中国文学、汉语语言学、古典文献学与应用语言学（中文信息处理）4个本科专业，其中应用语言学文理科兼收，其他3个专业只招文科生。招生时按照中国语言文学类招生。本科教学注重基础，低年级基础课程全面打通，到高年级可自由选择专业。

清华大学中文系2013年按人文科学实验班招生，本科生入学1年半后可以根据兴趣选择中国语言文学、历史学或哲学专业。清华学生小莫说："我热爱文史哲，它们让我站在了诸多思想巨擘的肩膀上，让我逐步认识个人、社会、世界、宇宙，不断探索真理与智慧。"

考生在选择时，一定要根据自己的爱好和需求，看清各高校的招生章程要求和专业设置情况。

小语种专业（0502）：语种"小"　世界"大"

一、专业解析

什么是小语种

小语种的正式名称应该叫做"非通用语种"。目前有6种语言是"通用语种"，它们是联合国通用工作语，即英语、汉语、法语、俄语、西班牙语和阿拉伯语，联合国的所有会议都有这些语言的口译以及所有的官方文件，都打印或在网上出版这些语言的翻译版本。但在我国高校招生领域内，大家习惯地把除英语外的外语类专业统称为"小语种"，其中也包括上述6种语言中的4种。

小语种包括哪些语言

我国高校招收的小语种实际上属于外国语言文学专业类下设的专业，主要涉及两大语系：一类是欧洲语系，主要包括俄语、德语、法语、西班牙语、葡萄牙语、捷克语、荷兰语、瑞典语、波兰语、匈牙利语、意大利语、罗马尼亚语、保加利亚语、阿尔巴尼亚语、塞尔维亚语等；另一类是亚非语系，主要包括日语、朝鲜语、蒙古语、越南语、缅甸语、泰国语、老挝语、马来语、菲律宾语、柬埔寨语、阿拉伯语、印度尼西亚语、乌尔都语、豪萨语、波斯语、普什图语、斯瓦希里语、僧伽罗语等。在这些小语种里，常年招生的有十多个，其他语种则是隔年或数年才招一次。目前，我国开设小语种专业的高校很多，语言类别有30余种（2012年公布的大学专业目录中，外语从050201~050260，其中英语为050201，从050202到050260对应的都是小语种语言）。

二、专业与就业

就业不难，薪酬不低

2005年以来，全国就业市场对精通日语、法语、德语、西班牙语等专业人才的需求量开始成倍增长，一向不怎么起眼的小语种专业，近几年在就业市场上一下子成了“香饽饽”。

据教育部就业指导中心2012的统计数据显示，俄语、德语、法语、西班牙语、阿拉伯语等多个小语种专业的就业率大于85%。

小语种的就业渠道主要集中在以下几个领域：政府公务员、高校教师、外企和中外合资企业、外贸公司、新闻传媒机构、旅游公司、留学培训机构、文化传播公司等。

小语种涵盖面广，包含专业多，就业情况、发展趋势也不大相同，人们在选择报考时也是有偏向和侧重的。在有1526名受访者被问及“你认为学什么小语种最有利”的一项调查中，选择欧洲语系的法语、德语和西班牙语的占到了大多数；其次是亚非语系的日语、韩语；然后是阿拉伯语，占受访者的16.3%，充分反映了人们在选择小语种专业时的一些倾向。

另有数据显示，日语人才在各行业的就业比例为：日资企业占50%~60%；国家机关（包括外交部、各级政府、海关、外经贸办公室和贸易促进协会等）占20%左右；大学老师和日语导游各占10%左右。

如何考查小语种的就业前景？

一般来说，小语种就业形势的差异，主要受三个方面的影响：首先是全球范围内使用该语言的人数；其次是讲该语言的国家数量及经济情况；最后是中国与这些国家的关系，包括地缘上的和政治经济方面的。

因此，希望报考小语种的考生可重点从以下三方面入手了解就业前景。第一，了解选择所学语言的使用范围。如果该语言国过去拥有殖民地，那么这些殖民地独立建国之后的官方语言一般依然使用过去隶属国家的语言。例如，目前很多非洲国家官方依然使用法语等。要知道自己所学的语言国家的官方语是本国语言，还是其他语言。如果该国官方使用的既有本国语言又有英语，则就意味着你至少需要同时学好该国语言和英语这两门外语。第二，要了解学习的语言所涉及国家的历史、经济、文化、人口等情况，规划出自己今后的发展方向。第三，要了解该语言国家与我国的交往情况。如果我国与该国的交往与合作范围广泛，那么就需要大量懂得该国语言的人才，就业前景就好。

三、报考指南

小语种的三种招生方式

在2010年以前，很多高校的小语种实行提前单独招生，自行组织命题和考试，在全国统考前录取。考生录取后，一般不再参加普通高考，也不能转专业。自2010年起，19所高校不再实行小语种单招，改为提前批次或本科批次录取。截至2013年，所有原来单独命题和招生的小语种招生方式全部改为在全国统考生源内进行录取。2014年，北京外国语大学、北京语言大学和北京第二外国语学院小语种在京招生也发生了变化，取消以往在提前批之前的单独录取，改在提前批或一批次录取。

目前，小语种的招生方式大致有两种，一是在本科提前批次录取；二是在除本科提前批次外的本科其他批次录取。

本科提前批次录取。其报考方式与其他提前批次录取的专业没有区别。如北京大学、中国人民大学、对外经济贸易大学、中国传媒大学、外交学院的小语种专业，在北京招生时一般放在提前批次录取。考生只需填报提前批次的相应志愿即可。

除本科提前批次外的本科其他批次录取，如北京语言大学、中央民族大学、中国政法大学、首都师范大学、上海外国语大学、南京大学、四川大学、中南财经政法大学等高校在本科一批招收小语种专业；天津外国语大学、天津师范大学、大连外国语学院、济南大学等院校小语种专业在本科二批招生；天津师范大学津沽学院、河北外国语学院等在本科三批招生。

生源好，分数高

虽然小语种专业几乎在每个批次都有招生，但很多高校的小语种专业的录取分数相对较高。小语种专业虽然火爆，但考生报考时，最重要的是看自己有没有学习语言的兴趣。考生要结合相关院校小语种专业近几年的录取分数和自己的学习成绩，慎重报考。如2013年,北京外国语大学法语专业在北京单独招生的录取分数线为:文科644分、理科665分。北京大学法语专业在北京提前批次的录取分数线更高达文科672分,理科699分。

新闻学(050301):既非“无冕之王”,也非“新闻民工”

一、专业解析

什么是新闻学

一般认为,新闻学是研究新闻事业和新闻工作规律的一门学科。一般来说,新闻学专业培养的是具备系统的新闻理论知识与技能、宽广的文化与科学知识,熟悉我国新闻、宣传政策法规,能在新闻、出版与宣传部门从事编辑、记者与管理等工作的新闻学高级专门人才。

新闻专业的重要性是无需论证的,因为每个人的生活都需要接收和了解信息,只有通过专业的学习和训练,才能够写出最好的报道,写出符合新闻专业理念、符合每个人需求的好报道。否则你的写作可能变成“流言家的乐园”,也可能变成“小说家的故事”,而不是真实、全面、准确的信息。这就是为什么经常有人说新闻学专业的学生比起其他专业的学生在写新闻的把握度上要更准确些,上手快些。

实践性强,需要交往能力和沟通能力

新闻学专业是一门实践性非常强的专业。很多高校要求新闻专业的毕业生有一定量的实践作品,才能修满学分毕业。所以,实习是新闻专业学生必修的,也是必须学好的一门课。

此外,媒体的行业特殊性,也对学生的人际交往能力和沟通能力提出了较高的要求。因此,在学习过程中,本专业学生也须着意培养这方面的能力和技巧。

以往,新闻学专业学生的主要课程涵盖了新闻学相关的各个方面,包括新闻学概论、新闻采访与写作、新闻史、传播学概论、新闻摄影等专业课程。根据高校不同,开设的课程还可能包括广告学、心理学、公共关系学等相关课程,以帮助学生更好地理解新闻传播规律,掌握新闻传播技巧。

而现在,随着互联网技术的跃进式发展,市场对新闻专业人才的需求也发生了相应的变化。如果毕业生在学习期间,多学习一些设计、网页制作、新媒体应用等相关课程,会对就业大有裨益。

二、专业与就业

教育部公布的本专科专业就业状况显示,新闻学专业2013年全国普通高校毕业生规模在20000~22000人,近三年全国就业率区间在80%~85%。毕业的男女生分别占26%和74%,女生几乎是男生的三倍之多,这在各专业中也算是首屈一指了。

就业领域受专业局限小

以往,新闻记者被很多人称为“无冕之王”,这也造成在填报志愿时考生和家长对新闻学专业的盲目追逐,但事实上呢?新闻记者仅仅是千万种职业之一而已,过度神化不但有害无利,还会造成毕业入行后巨大的落差感,引发对职场的不适。

其实,本专业毕业生涉猎知识广泛,能力发展全面,被很多人称为“杂家”,在就业方面受到的专业局限很小。

总体而言,新闻专业的学生毕业后对口的方向有三个:新闻业(包括专业媒体及一些单位的新闻宣传部门)、公关业和广告业,就业领域很宽。

需要注意的是,本专业毕业生的就业率不低,但是就业质量根据个人情况不同,会有很大差别。比如有人可能去4A广告公司做策划,但有的人只能去Alex排名5万以下的网站做“网络搬运工”,这就是差距。想要找到“好工作”,除了毕业学校这一硬件,毕业生需要准备的软件还有很多,比如人脉、实习经历、作品集等等。

全媒体化人才大受欢迎

以往,传统新闻工作者大都毕业于相关专业。可是到了20世纪90年代,随着新闻制作数码化及互联网的普及程度日益上升,传统、专业的新闻文化正在受到挑战。现在,互联网的普及使得任何人都可以通过网络完成一篇突发事件的报道,乃至一篇深度报道。所以,一个新词出现了——“新闻民工”。一些新闻从业者认为:“这虽是互联网大潮冲击下的媒体从业人员对自己的戏谑之称,却也反映了一个不争的事实——新闻学专业毕业生以往擅长的领域正在逐渐受到蚕食。”

那么,新闻学专业的毕业生真的无用武之地了吗?非也。

事实上,人才市场不是不需要新闻专业人才,而是需要适应国际化潮流,掌握信息化手段并能灵活应用的全媒体化人才。

从记者的信息获取渠道来说，能够熟练阅读国外媒体信息，掌握一门甚至多门外语的人，更容易获得大媒体的青睐；从交流工具上来说，现在的采访渠道已经不局限于面访、电话和邮件了，在线采访、微博采访、微信采访成了新的更迅速的沟通方式，这也是媒体人必须适应和掌握的；从发布平台上来说，即便是新华社、人民日报这种中央级媒体，也是纸媒网媒同时发布的，甚至网媒会第一时间发布快讯，由此可见做一个全媒体化人才的重要性。

三、报考指南

内向考生谨慎报考

综合上述对新闻学专业的介绍，本专业学生最好具备一定的人际交往能力和沟通能力，如果考生偏内向，须谨慎报考新闻学专业，以免出现学习不适应和工作不好找的情况。

也就是说，外向的考生更适合从事新闻媒体、公关、广告等行业，考生和家长填报志愿时也需要提前了解。

不同高校培养各有特色

由于高校专业设立背景以及特色不同，各高校新闻学专业的培养内容也有不同的侧重。高校新闻专业素有“北人大，南复旦”之称，人大和复旦的校友资源也十分丰富，各地重要媒体都广有分布。一般来说人大比较重理论，人文功底深厚，在北方名气响亮;而复旦重实践，综合实力强劲，在南方名声卓越。

其他高校也各有特色，比如中国传媒大学的新闻学专业必修课就包括广播新闻与节目制作、电视新闻与节目制作、广播电视节目主持等广播电视新闻学的课程，这是其他高校一般没有开设的;又如中国政法大学的新闻学专业的目标是培养专业的法制新闻记者、编辑和宣传、文化管理工作者。在报考新闻学专业时，考生和家长需要提前了解各校的具体方向、专业特色和就业去向等信息。

历史学(060101):以史为镜，可以知兴替

与众多“热门”专业相比，历史学似乎总给人一种清冷、陈旧的印象。然而，近年来“历史热”却在升温，从《万历十五年》到《明朝那些事儿》《新宋》，从严格的史料考证到“细说”“穿越”，有关历史的书籍屡屡登上畅销书排行榜。《百家讲坛》里，三国、明清等历史话题也持续受到观众的青睐。人们忽然发现，除了枯燥、乏味，历史也有生动、活泼的一面。

历史学作为一门学科，它是清冷陈旧还是生动活泼，历史学专业的毕业生的就业是“冷”还是“热”呢?

一、专业解析

什么是历史学

历史之于人类，犹如个人之有记忆，在人类一切学科体系中具有奠基意义。历史学则是人类文明的自我反思，人类由此为自身的处境找到历史根源，并因而形成文化传统，迎接未来的挑战。

历史学是一门相当古老的学问。作为一门学科，它主要以人类历史及其规律为研究对象，主要学习和掌握中国历史和世界历史发生、发展的过程，理解和弄清历史上重要人物、重大事件以及相关史实的原委、作用和影响，并力图发现和总结其中的经验和教训，为今天的社会生活提供借鉴。

历史学专业的学生需要具备特别素质。一般而言进入历史学专业的学生，应该逐渐改变中学应试教育背景下被动式学习、等待式学习和死记硬背历史知识的状况；学生要善于独立思考，增强问题意识，积极利用各类图书资源和数据库资源，接受系统的历史学专业训练，重新梳理历史知识体系。

学好历史学必须有博学之思、敬畏之心。博学之思是指学生必须了解天文、地理、文学、经济、管理、自然科学等知识，只有以以上学科作为基础，才能在学历史学的过程中有深刻的体会;敬畏之心是指对历史上人物与故事必须“理解之同情”，切不可以今日之标准来随意臧否古人的得失，因为彼时与今日形势不同，必须用发展的眼光看问题，如此才能真正看清历史。

本科阶段主要课程

本科阶段的历史学侧重于基础知识的普及和基本能力的培养。以南京师范大学为例，基础课有中国通史和世界通史，专业课有史学概论、历史文选、中国史学史、西方史学史、中国历史地理、考古学通论、史学论文写作、毕业论文等，以及断代史、专门史和地区国别史等选修课。

二、专业与就业

社会需求有限，期望值适中就业不难

多数人把历史学看成是冷门专业，认为该学科

就业前景冷淡。其实也不尽然,该专业学生凭着大学所学到的广博的知识,就业时只要不期望过高,就业并不比其他专业差。阳光高考平台统计数据显示:历史学毕业生规模为14000~16000人,连续三年就业率都在80%~85%。

从专业对口方面来说,历史学职业需求相对较少,最为人所熟知的就是从事教师工作,或者向历史学研究方向发展。而现在毕业生就业是双向选择或多向选择,不必将职业局限在狭窄的领域,这样来看,历史学专业就业范围还是比较宽泛的。

比如2014年,《文化部关于贯彻落实〈国务院关于推进文化创意和设计服务与相关产业融合发展的若干意见〉的实施意见》中指出,要提升文化产业的创意水平和整体实力,对于历史专业学生来说是一个利好的消息。如影视、动漫、游戏业,需要内容健康向上、富有创意的优秀原创影视、动漫产品的创作、生产、传播和消费,与之匹配的策划、编剧类职位就是历史学专业毕业生可以尝试的选择;在当前"互联网+"的环境下,在精通本专业的基础上再学习一些计算机方面的知识,会进一步拓宽自己的就业渠道。

总的来看,当前历史学专业毕业生主要就业方向:在科研机构、大中专院校、博物馆、档案馆从事研究工作;在高校、中小学从事教育工作;在出版社、杂志社、网站等媒体从事编辑、记者等工作;报考政府部门公务员;报考研究生,继续深造;有的毕业生则彻底转行,最终从事了与本专业毫无关联的工作。

三、报考指南

249所院校开设历史学专业

目前全国本科阶段开设历史学专业的院校有249所,既有"985工程"大学、"211工程"大学,也有一般大学。

"985工程"大学、"211工程"大学有北京大学、北京师范大学、中国人民大学、南开大学、复旦大学、华东师范大学、南京大学、南京师范大学、浙江大学、厦门大学、山东大学、中山大学、暨南大学、四川大学、兰州大学等,此类重点高校录取分数线比较高,如北京师范大学、南开大学等校近年在江西的录取平均分超过了580分。一般大学有首都师范大学、天津师范大学、河北大学、河北师范大学、上海师范大学、江苏师范大学、福建师范大学、江西师范大学、河南大学、河南师范大学、广西师范大学、四川师范大学、西华师范大学、云南师范大学、西北师范大学、湖南师范大学树达学院、南京师范大学泰州学院、河北师范大学汇华学院等。一般情况下,各省一般大学的该专业录取分数相对较低。

全国开设历史学专业的院校较多,可选择范围较大,填报志愿时,考生可以根据实际情况,确定自己的位置,选择和自己分数、批次相符合的院校。

各学校专业方向有所不同

经济发达,高校云集,北上广历来都是考生报考的热门地区,历史学专业也不例外。

北京大学历史学系是全国各大学历史学科中历史最为悠久、总体实力最强的院系。中国古代史、中国近现代史和世界史皆为国家级重点学科,中国史、世界史在2004年、2008年和2012年全国一级学科评估中均名列榜首,在全球大学历史学科排名中也位居前列。现有历史学(中国史)、世界史、外国语言与外国历史三个本科专业。

中国人民大学历史学院以清史研究为突出特色,秦汉、唐宋和民国史的研究力量也较为雄厚。专门史、历史文献学、历史地理、史学理论和史学史等二级学科,都具有各自的优势。世界史学科则以西方中世纪和近现代史方面的研究力量较强;考古学科侧重北方民族考古。

北京师范大学的历史学科是我国最早设立的历史学系科之一,现有中国史、世界史、考古学3个一级学科,中国古代史、史学理论及史学史2个二级学科国家重点学科。历史学专业实行宽口径招生,学生前两年统一修读基础课程,自三年级起根据兴趣选择中国史、世界史、考古学三个专业方向。

复旦大学历史学系创建于1925年,是国家人文基础学科人才培养和学术研究基地之一。其教学实习工作别具特色,到历史现场感受历史,获得对"过去"的体验,是历史学科培养人才的重要方式。

中山大学历史学系成立于1924年,是中山大学最早设立的学系之一。多位中国现代史学的奠基人,如陈寅恪、傅斯年、顾颉刚、岑仲勉、梁方仲等,曾在该系任教,奠定了该系深厚的学术根基。历史学专业是广东省名牌专业,"中国古代史"、"中国近现代史"是国家级重点学科。每年招收历史学专业本科生约70人,与海内外近二十所著名大学或科研机构,包括美国耶鲁大学、哈佛大学、英国牛津大学、曼彻斯特大学、日本京都大学、澳大利亚悉尼大学、新加坡国立大学等,建立了广泛的学术交流与合作关系。

历史学不仅是谋生的技能,而且是立身的学

问。报考历史学专业，需要对它感兴趣。用心学习，同样可以成长为高质量、多层面的专业人才，为将来的职业发展奠定非常坚实的基础。考生在报考历史学专业时，一定要对照专业目录，看准学校的特色和培养方向，选择自己感兴趣的专业方向报考。当然要在符合自己分数的学校范围内进行充分的考虑。

生物科学(071001):未来的热门专业

总有人说，21世纪是生物的世纪，生物学的前景相当广阔。然而近几年，生物科学屡次成为红牌专业，因为国内的生物行业还未成熟，医药行业仍是化学专业主导，所以本科生毕业基本找不到好工作，想做科研的话就要做好考研考博的准备。此外，转行率极高，毕业后做什么的都有。在这条路上，有太多中途放弃的人。

那么，什么样的学生，才适合这个专业呢?

一、学习内容

生物科学专业包括生物科学和生物技术两个专业方向，这些专业学科主要培养学生学习生物科学技术方面的基本理论、基本知识，学生将受到应用基础研究和技术开发方面的科学思维和科学实验训练，进而具有较好的科学素养及初步的教学、研究、开发与管理的基本能力。

其核心课程主要包括动物生物学、植物生物学、微生物学、生物化学、遗传学、细胞生物学、分子生物学、普通生态学等学科；必修课程则包括无机及分析化学、有机化学、大学数学、大学物理学、生物统计学、发育生物学、生物技术概论、进化生物学等。

生物科学专业学生主要学习生物科学方面的基本理论、基本知识，受到基础研究和应用基础研究方面的科学思维和科学实验训练，具有较好的科学素养及一定的教学、科研能力。

1.掌握数学、物理、化学等方面的基本理论和基本知识；

2.掌握动物生物学、植物生物学、微生物学、生物化学、细胞生物学、遗传学、发育生物学、神经生物学、分子生物学、生态学等方面的基本理论、基本知识和基本实验技能；

3.了解相近专业的一般原理和知识；

4.了解国家科技政策、知识产权等有关政策和法规；

5.了解生物科学的理论前沿、应用前景和最新发展动态；

6.掌握资料查询、文献检索及运用现代信息技术获取相关信息的基本方法；具有一定的实验设计，创造实验条件，归纳、整理、分析实验结果，撰写论文，参与学术交流的能力。

二、就业前景

生物科学专业本科生直接从事科研方面工作的可能性不大，部分毕业生转向其他行业，部分毕业生从事相关专业的下游技术工作。

生物学是一门广泛的学科，它与很多学科紧密相交，结合生成了生物医学、生物制药、生物信息学、食品科学与工程、海洋生物科学、生物工程、分子生物学、基因工程等很多边缘性专业。因此，很多院校的生物院系下面，在生物科学和生物技术之外，还设有其他专业，比如制药工程、医学工程等。接收生物科学类专业毕业生的主要单位是各类生物制品公司，其中大部分是生物制药、酒水饮料食品、保健品企业；其次是环保生态部门，但吸收量不是很大。同学们在报考生物科学类专业时，可尽量选择牌子好一些的院校，在就业形势没有显著扭转的情况下，好牌子的优势显而易见。不过，一旦进入牌子一般的院校，也可以做好辅修双学位的准备。

毕业后去向：

1.做老师，目前的高校都向综合性大学的方向发展，因此对生物学教师的需求也有所增加。但高校对学历的要求较高，硕士毕业要想进一线城市的院校或重点大学有一定的困难。除高校外，毕业生可把目光投向初中和高中学校。因为高考改革，生物课在“3+X”模式中占有比较重的分量，这样中学对生物教师就有了较大需求。作为研究生，只要表达能力和专业功底不错，应聘中学教师的岗位还是具有一定优势的。

2.技术支持，跨国公司或较大的生物技术外企的技术支持，如宝洁、玛氏、联合利华、伯乐公司等。这类公司主要招收名牌大学的硕士生、博士生。待遇不错，福利优厚，培训机制也很完善，而且大公司的从业经历也能为个人今后的发展提供较高的平台。此类单位可以说是生物专业的最佳出路，竞争相当激烈，对英语水平有很高的要求，尤其是口语。

3.公务员或事业单位，在国家公务员报考专业中尚未发现专门招收生物学专业的,但相关事业单位也有疾控中心(CDC)、物证中心、食品检验处等。这一类岗位需要很长的时间准备考试,并且考后还要经过较长时间的面试、审核等,且招收人数较少,竞争激烈。

4.技术顾问,专业的生物技术外企,如伯乐(美)、基因(美)、takala(日)等。这种公司一般招销售人员为主,偶尔会招技术支持,销售一般要本科以上,技术支持一般要硕士以上,3年工作经验是起码。此外,一些仪器公司,如millipore,waters,agilent,PE,常常会需要蛋白质组学的研究人员,因此微生物方向的生物学硕士也可以考虑。

5.生物技术服务公司或科研单位,生物技术服务公司如上海生工、北京奥科、申能博彩、北京博奥、三博远志等,这些公司一般以引物合成、测序等业务为主,其技术人员主要是操作测序仪、合成仪。在这样的工作环境下能学到一些技术,培养良好的科研能力。

6.技术人员,酒厂,酱油厂,醋厂、生物制药厂等企业的技术人员。一般只要发酵工程的硕士,岗位大部分是技术员,工作比较辛苦。但现在好多酒厂的效益不错,这些岗位待遇并不低,工作两年后基本上可以成为技术中坚。

7.出国留学,国外的生物科学水平比国内高,出国学习前景较好,优秀的同学可以拿到全额奖学金。

8.考研,硕士学位是很多职位的基本要求,如果毕业后想要找到本专业的好职业,考研是必须走的路。

三、开设院校

目前国内设置生物科学专业的高校中重点本科接近50所,普通本科超过150所,三本院校约11所。其中北京大学、清华大学和中国农业大学、武汉大学的生物科学在全国居领先地位。不同学校的生物科学或称生物系,或为生命科学学院。开设生物科学类专业的院校,各具特色,有的以生化、植物为主,有的以微生物学为主,有的侧重于制糖、发酵,有的侧重于病原理、人体学,有的涉及上述诸方面。师范院校一般以培养生物学教师为主要目的,但随着大学生就业市场的开放,一些实力较强的师范院校如西北师范大学等,也开始培养科研技术人才。在师范院校中,生物科学大多为师范类专业,生物技术则为非师范专业。师范类的生物科学专业要辅修师范类的课程,如心理学、教育学等,而生物技术范围内的专业则更注重实践和实验。

北京大学生命科学学院的前身是创办于1925年的北京大学生物学系,是我国高等学校中最早建立的生物学系之一。数十年来,北京大学生命科学学院为国家培养了5000多名生物科学工作者,其中有27人成为中国科学院院士或中国工程院院士。学院有生物化学、细胞生物学、植物学、动物学、生理学等5个国家重点学科;蛋白质工程及植物基因工程、生物膜及膜生物工程2个国家重点实验室。教授及研究生主要从事细胞分化与细胞工程、非细胞体系核重建、模式生物发育机制、蛋白质结构与功能、蛋白质工程及蛋白质组学、核酸和基因工程及基因组学、基因表达控制、结构生物学、生物信息学、神经生理、生态学等多方面的研究。学院是教育部的“国家理科生物学人才培养基地”和“国家生命科学与技术人才培养基地”,是目前国内综合实力最强的生命科学学院。

心理学(071101):被神秘化的专业

在人们印象中,心理学从里到外都透着神秘。简单几句话能让人痛哭失声,一块怀表能让人昏昏入睡,只是画一幅画,就能知道你内心的秘密……在他们看来,神秘的心理学就是白大褂、催眠、沙盘游戏等等,学心理学就跟学医一样,将来都是要当医生的,只不过一个是医治身体,一个医治“心病”。

心理学专业是不是如人们想象中的那么神秘呢?

一、专业解析:心理学是兼有自然科学性质和社会科学性质的中间专业

在心理学领域中,咨询和治疗也仅是很小的一部分,它研究心理学基本原理和心理现象的一般规律,涉及广泛的领域,包括心理的实质和结构,心理学的体系和方法论问题,以及感知觉与注意,学习与记忆,思维与言语,情绪情感与动机意识,个性倾向性与能力、性格、气质等一些基本的心理现象及其有关的生物学基础。

心理学渗透于社会生活的方方面面,以及人类情感世界的每个角落,心理学研究心理现象,就是要揭示心理现象发生、发展的客观规律,为在实践中更充分地发挥人的因素,提高劳动、学习效率,适应现代生活的需要。像汶川、玉树地震时的心理干预,让灾民能够迅速从灾后心理阴影中走出;富士康跳楼事件，促使企业开始注重对员工的心理培训；大中小学建立并逐渐完善的心理辅导室，希望能够及时发现并解决学生的心理问题，训练其良好的心理素质。另外，我们每天乘电梯，为什么喜欢往上看；打开电脑为什么要先登录聊天工具；吃饭时，会比较菜价；为什么要把工作拖到最后一秒钟完成等，都是它研究的范围，也是它能够应用的地方。

二、专业与就业：就业领域与薪酬

根据国家教育部公布的全国普通高校规模以上专业的毕业生就业状况来看，心理学专业的就业率基本保持在75%以上，而211院校的就业率则在85%。麦可思《2011年中国大学生就业报告》中，2007届女生三年后薪资较低的主要本科专业里，心理学排在第七位。

通过以上数据不难看出，心理学专业的毕业生就业不难，尤其是211院校。但是，毕竟我国能够进行心理消费的人群还没有达到普及的地步，国外那种高级心理诊所在我国还没有大规模发展起来。

在国外，心理学行业具有完备的体系。以咨询顾问为例，作为帮助客户做出决定，适应变化，以及解决在日常生活中日益突出的如个人的、社会的、教育的、职业等问题的咨询顾问，国外将其细化，分职业顾问、企业人力资源管理、市场研究、学校顾问和健康顾问等。而在我国，心理学专业的实际应用正处于起步阶段。

首先，心理学专业毕业生的从业范围一直比较狭窄，主要还是到科研部门、高等和中等学校、企事业单位等从事心理学科学研究、教学工作和管理工作。其次，高端的心理需求市场还未完善，本科毕业生求职时，用人单位除需要国家、国际心理咨询认证证书之外，还非常看中相当年头的社会工作经验，这两样导致了心理学专业的毕业生薪资水平较低。

虽然心理学专业的毕业生就业不难，但是想要谋得更好的发展，获得较高的薪资待遇，需继续深造，文凭、证书、经验一个不能少，更需要时间等待心理学行业的逐步完善。

未来，我国的心理学行业也将如同国外一样，分门别类细化职业，成为一个高层次、高薪资、高发展空间的行业。

中小学：一般招收本科生。现在很多中小学设有心理咨询部门，配备心理教师，但在学生家长中的认可度很低，学校方面重视度也不够，并且收入较低。虽然最近几年，家长开始重视孩子的心理问题，但心理教师的薪资也只在3000元左右。

企业：一般是本科生从事市场调研的工作稍多。若去企业主要从事猎头（人才中介）、企业咨询和人力资源管理，学历上还是要硕士。但是由于人们对心理学这个专业还不是很了解，心理系的学生不如人力资源管理的学生具有竞争力。市场调研的薪资较低，而人力资源管理，私营企业3000元起薪，外资企业在8000元左右。

心理咨询工作者：从目前我国的现状来看，单纯从事心理咨询工作未必能够维持一定的生活水准，要想有外国同行的薪水有待去开拓。

医院和诊所：学习临床心理学和医学心理学的学生，可以去医院或心理诊所从事心理咨询和治疗的工作，但是以中国现今对心理医生的需求，再加上去医院需要有行医执照，难度比较大。

机械设计制造及其自动化（080202）：国民经济的“装备部”

一、专业解析

学科内涵是什么

机械设计制造及其自动化是工学中机械大类的一员，从它的名称不难看出，这个专业包括三部分内容：机械设计、机械制造、机械自动化，行业内部分别称为机设、机制、机电。也就是说，它是一个以机械结构的设计、加工、制造为基础，融入自动控制技术、信息技术、计算机科学技术的交叉学科。

如今的机械设计制造及其自动化已经渗透到了社会生活的方方面面。大到航天、造船、采矿、钻井，小到冰箱、洗衣机、手机、曲别针，它的身影无处不在。可以说，机械设计制造及其自动化是研究和解决在开发、设计、制造、安装、运用和修理各种机械中遇到的理论和实际问题的应用学科。

和机械工程专业有什么区别

机械类是个大家族，在本科专业目录中，机械大类包含：机械工程、机械设计制造及其自动化、材料成型及控制工程、过程装备与控制工程等8个一级专业。但不少考生会有这样的问题：机械工程和机械设计制造及其自动化有什么区别呢？

从文字的理解来说，机械工程的外延要大一些，包含机械设计、机械制造等很多内容。可以说机械设计制造及其自动化是机械工程的一部分,机械工程则更宽泛一些,但两者之间差别不大。业内人士也表示,其实这两个专业没有什么本质的区别,叫机械工程只是因为有些院校设立该专业的年份较早,行业背景深厚,包含的专业方向比较广,会根据自身的优势培养人才。

另外,就是以前在招生过程中很多院校使用的名称不太统一,有叫机械工程及其自动化的,也有用机械制造及其自动化的,2012年新版专业目录修改后,统一改为机械工程和机械设计制造及其自动化两个专业以示区分。目前,一些实力雄厚的工科类院校如清华大学、北京交通大学、北京邮电大学、北京航空航天大学、北京理工大学等都是按照机械工程专业来招生。

培养哪些能力　学习哪些课程

虽然各校的培养目标和培养方向不尽相同,但大都提到了宽口径、厚基础、重实践和创新意识。

“宽口径”是指立足机械学科的知识体系,将电子信息、自动化技术和管理技术等相关专业知识纳入课程体系中,使学生适应宽广的工作领域;“厚基础”体现在加重数学、力学等学科基础类课程;“重实践”体现在注重学生的基础技能训练和工程训练。创新意识就是要根据行业发展的需要不断激励和发挥自己的创新思维和创新能力。

本专业除了学习高等数学、大学物理、外语等基础课外,主要学习的专业基础课和专业课有:理论力学、材料力学、工程制图、工程材料与成型技术基础、机械原理、机械设计、电工电子学、机电控制工程基础、机电一体化系统设计、数控技术及数控机床等。

二、专业与就业

就业率高　就业面广

机械行业是我们国家的一个基础行业,很多行业的发展,离不开机械类行业的技术支撑,如航空航天、船舶制造、建筑机械、农业机械等等,都需要机械行业来帮助制造基础设备。它可以说是国民经济的“装备部”。

根据教育部最新公布的2012年本专科专业就业状况,机械设计制造及其自动化专业本科毕业生规模在8万~8.5万人,连续三年就业率区间在90%~95%,属于就业率较高的专业。

机械专业的就业呈现跨学科、多行业就业的形式。因为并非只有机械行业才需要机械专业人才,任何行业,无论是生产型企业还是研发型单位,只要使用设备、生产线,就会给机械专业人才用武之地,例如印刷、物流、制药、食品、橡胶等行业都需要他们来安装和维护生产设备。只要整个社会经济正常发展,该专业毕业生就不乏就业岗位。

该专业毕业生的就业领域有很多,就业岗位归纳起来主要有三大方向:

1.机械工程技术人员。可在工业生产一线担任从事机械的维修、保养和管理的现场技术支持人员。这类工作需要一定的技术含量和实践经验。

2.设计研发人员。负责参与新产品的设计、开发、生产,可从事新产品(零件)的机械部分的安装、调试、改进、图纸的绘制等工作。这类工作对毕业生的要求比较高,一般起点都是名牌大学毕业或硕士学历。

3.机械产品的销售人员。可以从事相关行业机械类产品的销售和客服工作。机械专业毕业生具备相关机械专业方面的技术知识,从事销售工作会更有优势。

高待遇要有“一招鲜”

业内人士都认为,机械专业的学生只要不是特别差,一般找工作都不成问题。虽然就业容易,但待遇高低要看个人能力了,这跟机械专业的特点有关。机械行业实践性强,看重经验技术,当经验和技术都积累到一定阶段,可以做一些技术含量高的工作时,各方面待遇会比较好。

一位在一线从业多年的老师表示,机械行业人才培养要求学生有较强的动手能力、实践能力和专业创新能力。这些能力是很重要,但对于就业来说,普通的学生还是应该把基础知识学好,把基本能力掌握扎实。不需要能力很全面,但要有“一招鲜”的本领。

比如,人家说出一个产品,你就能绘出三维设计图,设计出虚拟的产品,这就需要绘图能力。工厂需要一个零件,给你一个东西你得会加工,能把它制作出来,这就是制造能力。再比如,拿出一个机械你能通过数字实验,把它的内在品质呈现出来,这就是分析能力。有了这样的能力,有了“一招鲜”,就不愁找不到工作,不愁待遇上不去。

但需要提醒考生的是,从该专业学生毕业后从事的工作内容和工作环境来讲,比较适合男生,目前就读该专业的女生较少,2012年全国普通高校毕业生性别比例为男89%,女11%。

三、报考指南

目前该专业全国招生院校480余所,分别在本科各批次中招生。各高校培养方向也会根据自身背景有所侧重。例如,按功能或工作原理分,有的侧重机械设计、机械制造,有的侧重机电一体化,有的专攻液压;按服务的产业分,有的偏重农业机械,有的偏重纺织机械,有的侧重于印刷,还有的侧重冶金。

如沈阳航空航天大学的机械设计制造及其自动化本科类专业就分为机械制造、机械设计、数控等三个方向。而北京物资学院机械设计制造及其自动化专业则主要偏重于物流设备工程方向,培养从多方面对物流设备进行规划、设计、管理的高级工程技术人才。考生在报考时可以参考院校背景、各校的招生章程及专业设置等情况,根据院校侧重,选择未来的发展方向。

另外,工科的课业负担比较重,机械类专业更是如此,将来从事的工作也比较辛苦,想要报考此专业的考生要有一定的思想准备。

车辆工程(080207):工科中的就业“排头兵”

一、专业解析

车辆是一个集多学科于一体的工业产品。车辆工程是研究汽车、机车车辆、军用车辆及其他工程车辆等陆上移动机械的理论、设计及制造技术的工程技术学科。它不但涉及力学、机械、材料、化工,而且已经延伸到计算机、电子技术、测试计量技术、交通运输等相关专业。现代汽车技术正在逐步实现电子化、网络化,利用如车轮防抱死系统、电子稳定系统等电子系统,使驾驶变得越来越安全、智能。

以北京理工大学的车辆工程专业为例,其专业内容即以汽车底盘、车身、电气设备的设计、制造、试验研究为主要内容,包括:汽车总体论证、设计、分析与试验;汽车车身结构和车身造型的设计与研究;汽车电器电子与信息技术;汽车制造工艺;电动车辆技术等。

该专业的主要课程(群)包括计算机系列课程、工程力学、机械设计基础课群、工程材料基础、电工和电子技术、自动控制理论基础、车用内燃机、汽车学、现代汽车实验学等。

二、专业与就业

据相关数据统计,2009年至2011年三年车辆工程专业的本科毕业生规模从8000人增长至20000人。教育部就业指导中心公布的数据显示,2012年车辆工程专业本科就业率≥90%,2010年至2012年三年平均就业率≥90%。从以上两组数据可以看出,该专业毕业生人数一直处在不断增长的状态,而市场仍蕴藏着很大潜力。

发展空间巨大

在我国,车辆行业占有举足轻重的地位,公共汽车、电车、地铁、轻轨、汽车承担了大量的客运和货运量,并对交通运输、经济发展、国防现代化的进程有重大影响。近年来,汽车产业已经成为国民经济重要的支柱产业,产业链长、关联度高、就业面广、消费拉动大。

中国汽车工业协会公布的数据显示,2013年中国汽车销量达到2198.41万辆,同比增长13.87%。目前,中国汽车行业直接从业人员220万,相关从业人员达3500多万。到2020年,新能源汽车产业化和市场规模将达到世界第一,并带动一个年汽车销售额超过8000亿元的巨大市场。

除了汽车市场以外,轨道交通的发展也十分迅猛。如上海2010年轨道交通网络已达到400公里;北京轨道交通的新线建设力度不减。这些都为车辆工程专业及相关产业链的发展提供了巨大的空间。

企业抢人,工作不愁

北京理工大学机械与车辆学院有关负责人表示,车辆工程是一门讲究细节、追求精确、要求学生有极强动手能力的专业。所以,该专业在人才培养上有两大要求,一是工程实践能力,二是专业创新能力。现在的状况是企业抢着到学校来要人,而学校没有人。从北理工往年毕业生的去向来看,考研或出国的占到40%,剩下的60%毕业生基本上都去了国内制造行业中的一流企业。其他院校的车辆工程专业毕业生的就业形势也很好。

车辆工程专业毕业生的就业方向有很多,从汽车生产流程中的调研、设计、试验到销售环节,都可以选择。比较理想的,可以到各种车辆研究所,汽车、机车车辆、地铁及轻轨车辆的设计制造企业,参与城市交通系统的规划、设计、建设、运营和管理等工作。

由于地域不同,毕业生所从事的工种不同,车辆工程专业的薪酬待遇也有一定的差异。据不完全统计,车辆工程专业毕业半年后平均月收入在3500至4000元,而后期薪酬还有很大的上升空间。

三、报考指南

三大主要专业方向

车辆工程本科专业大体上分为车身设计、发动机设计、底盘设计三个大的方向,还包括维修、汽车检测、仪表、营销、物流与信息、交通管理等一些交叉学科。考生选择这个专业时,具体要看院校侧重、专业设置、培养目标。

如吉林大学车辆工程专业主要培养从事车辆设计、制造、实验研究以及经营管理等工作的复合型高级专门人才。华南理工大学主要培养从事汽车设计和制造、运用管理、保养维修,工程车辆的研究、设计、制造与运用管理等方面的高级工程技术人才。北京理工大学对人才培养的要求是掌握汽车总体、主要零部件、电控及信息等现代汽车技术,为汽车工业培养汽车产品设计、制造、研究和检测及试验等方向的高级专业技术人才。

看清门道再选择

一般来说,国内院校的车辆工程设置在"汽车学院"或者"机械工程学院",所指"车辆工程"就是"汽车工程"。也有一些院校,其主要研究方向是轨道交通车辆。

如西南交通大学,其主要研究方向是铁路、公路交通及城市轨道交通车辆(火车或者其他有轨车辆)的设计制造。本专业毕业生可在机车车辆、城市地铁及轻轨车辆、汽车的设计制造部门从事工作,或在城市交通系统从事规划、设计、建设、运营、管理等工作。

同济大学有两个车辆工程专业在本科招生,一个是车辆工程(五年制汽车)专业,一个是车辆工程(轨道交通)专业,两个车辆工程专业隶属的学院不同,录取分数线略有差别。前者录取分数稍高一些。汽车学院的车辆工程专业研究的对象是作为运动载体的汽车,偏重于车身设计;而车辆工程(轨道交通)研究领域主要是车辆选择、车辆控制以及交通路线的规划等。由此可见,同样是车辆工程,有的院校偏重于研究汽车领域,有的院校则侧重于轨道交通,两个学科的研究方向有所不同。

目前我国开设车辆工程专业的院校有100多所。该专业在北京招生的院校基本集中在本科一批、二批,录取分数的跨度较大。如学科优势较强的清华大学、吉林大学、北京理工大学等院校的录取分数相对较高,清华大学、北京理工大学的录取分数都要达到640分至650分;在京录取的二批院校,如河南科技大学、湖北汽车工业学院等院校的车辆工程专业,其录取分数在450分以上。

所以,对车辆工程专业有兴趣的考生在填报志愿时,一定要根据自己的喜好和实际分数情况,看清招生专业目录、院校专业设置等信息,选择与自己分数、批次相符合的院校。

材料科学与工程(080401):基础学科,就业稳定

一、专业解析

材料无处不在

大千世界中的材料无所不包、无处不在。吃、穿、住、行,每个人每天会碰到诸如金属、橡胶、磁性、光电等众多材料,小到一根针、一张纸、一个塑料袋、一件衣服,大到交通工具、医疗器械、工程建筑、信息通讯、航天航空,处处都有材料科学的身影。

材料科学与工程是一个涉及材料学、工程学和化学等方面的较宽口径专业。该专业以材料学、化学、物理学为基础,主要研究的是材料成分、结构、加工工艺与其性能和应用。事实上,人类文明发展史,就是一部如何更好地利用材料和创造材料的历史,材料的不断创新和发展,也极大地推动了社会经济的发展。

材料科学与工程学什么

在《普通高等学校本科专业目录》中,材料科学与工程属于工学里材料类的一个一级学科,下设的二级学科包括材料学、材料物理与化学、材料加工工程等几个主要的专业方向。材料类包含很多专业,主要还有:金属材料工程、无机非金属材料工程、复合材料与工程、高分子材料与工程等。

材料科学与工程专业在大学一、二年级一般会安排基础科目的学习,如高等数学、线性代数、普通物理、计算机基础、C语言、英语等。高年级以后会开设专业课程,如无机化学、有机化学、物理化学、分析化学、材料科学与工程概论、材料物理性能、材料力学、材料工程基础、材料专业基础实验、工程材料力学性能、现代材料研究技术,等等(专业课程因各校侧重不同会有一定差异)。

二、专业与就业

就业率比较稳定

教育部公布的2012年本专科专业就业状况显示,材料科学与工程专业普通高校毕业生规模在1.2万~1.4万人。就业保持稳定,连续三年就业率区间一直处于90%~95%。业内人士表示,材料科学与工程是一个基础性学科,应用广泛,在工科专业中就业

率不算最高，但是还是比较稳定的。

以北京化工大学为例，该校材料科学与工程学院2012届毕业生总就业率为100%，就业地区主要分布在京、津、沪及各省会和沿海发达城市，就业分布最多的五省市：广东、山东、上海、天津、北京。就业方向：国有企业比例为50.15%，三资企业为22.12%，机关事业单位为7.3%。其中去往中石油、中石化等石油和化工行业的人数较多，比例为25.3%。

北京航空航天大学材料科学与工程专业毕业生就业率可以达100%。

上海交通大学该专业近年来在传统学科中脱颖而出，本科生就业率一直处于99%左右。

专业覆盖面广

随着人类进入21世纪和科学的发展，无论是工业领域、建筑领域、医用领域还是航空领域，材料学都面临着技术突破和重大产业发展机遇。同时以高分子材料、纳米材料、光电子材料、生物医用材料及新能源材料等为代表的新材料技术创新也显得异常活跃。很多日用化工类、机械加工类、石油化工、钢铁制造类企业需要材料及相关工程方面的人才。

学生毕业后可以到材料及高分子复合材料成型加工、高分子合成、化学纤维、新型建筑装饰材料、现代喷涂与包装材料、陶瓷、水泥、家用电器、电子电气、汽车厂、钢铁企业、石油化工、制造企业、航天航空等企业从事设计、新产品开发、生产管理、市场经营及贸易工作，也可以到高等学校、科研单位从事科学研究与教学工作，还可以到政府部门从事行政管理、质量监督等工作。

本科生除了就业以外，另一个主要去向就是读研或深造。可以说读研率高是材料类专业的一大特点。学生在本科阶段学习的知识也是全面的、基础性的，以便为将来的学习打好基础。如果想要在某一领域有深入的研究和发展，还需要进一步学习深造。从很多企业招聘的学历要求和给予的待遇就能看得出，高学历毕业生在就业环境和工资待遇等方面明显优于本科毕业生。因此，毕业生考研和继续深造的比例很大。

如北京航空航天大学材料科学与工程专业毕业生读研和出国的比例就达到了67%；北京化工大学近三年来该专业毕业生的平均考研率为41%左右，2012年出国人数占总毕业生数的13.56%；天津大学该专业本科毕业生读研深造率在50%左右，5%的同学选择出国深造，随着国际合作的加强，这一数据也在逐年递增；上海交通大学近年来该专业优秀本科生选择继续接受研究生教育的比例也增长明显，本科毕业后继续深造的比例超过50%。

三、报考指南

看准方向选学校

材料科学与工程专业蓬勃发展，很多工科和综合院校开设了这个专业。目前，全国有150余所高校开设材料科学与工程专业，各大学的专业方向和培养侧重点各有不同。专业方向的选择可能直接影响未来的就业，考生在考虑院校时，最好对学校特色和专业方向有所了解，看准目标比较清楚后，再选择符合自身情况的学校和专业。

国内一些著名的高校的材料科学与工程专业都有自己的特色方向，如清华大学、北京科技大学、哈尔滨工业大学、西北工业大学、上海交通大学、北京航空航天大学、浙江大学、天津大学、中南大学、东华大学、北京化工大学等。这些大学的材料科学与工程专业都在2012年教育部全国学科评估中排名前20名。

如北京航空航天大学的材料科学与工程为全国最早进行“材料科学大类人才培养”改革试点的专业，按一级学科宽口径培养人才。该专业拥有与国际接轨的最先进的教学理念和与之相适应的“公共基础+学科大类平台课+专业方向课”的课程体系，高年级后按金属与陶瓷材料、特种功能材料与器件、高分子及复合材料、材料加工工程与自动化、腐蚀与保护等五个培养方向。

北京科技大学的材料科学与工程是首批国家重点学科，设有三个本科专业，其中，材料科学与工程专业按一级学科统一招生，两年后由学生自主选择材料科学与工程、材料成形与控制工程、材料物理、材料化学、无机非金属材料工程、功能高分子材料、表面科学与工程七个专业方向之一进行学习。材料科学与工程专业（卓越计划）的培养重点在材料加工工程，该学科在全国金属压力加工行业中有重要的影响。

中南大学该专业在京按材料类招生，该大类涵盖材料科学与工程、材料化学、粉体材料科学与工程。其中，材料科学与工程本科类专业复合材料方向，主要培养学生航空航天领域轻质高强耐高温新型复合材料的应用和研究能力。

什么样的学生不适合

材料专业研究的主要是材料的成分、结构、加工工艺与其性能等方面，而构成材料性能结构的因素主要就是其化学结构。从该专业所学的课程就能看出——无机化学、有机化学、物理化学、分析化学……其专业课程很多是与化学相关的。可以说,化学是研究材料性能的基础,材料的进一步加工、改性、塑性等都离不开化学和物理学的基础。所以,考生在报考该专业时,一定要根据自己的兴趣爱好、实际情况来选择,喜欢化学、物理的学生学习起来应该会“如鱼得水”。

另外,材料类专业对考生的身体条件也有一定的要求,根据《普通高等学校招生体检工作指导意见》任何一眼矫正到4.8,镜片度数大于800度的考生不宜就读材料类专业。患有轻度色觉异常(俗称色弱)不能录取的专业中就包括材料类中的高分子材料与工程专业。另外,患有色觉异常Ⅱ度(俗称色盲)不能录取的专业中除了高分子材料与工程外,还包括材料类中的材料物理、冶金工程、无机非金属材料工程等专业。

这里所说的只是总体情况,各校的要求不同,考生在报考时一定要注意查看各院校招生章程或咨询该校招办,以免发生误选、错漏的情况。

新能源科学与工程专业(080503T):新能源,新动力

一、专业解析

什么是新能源科学与工程

除了不受供电线路影响的太阳能灯,新能源的重大应用还有很多,比如,嫦娥三号月球探测器,神州十号与天宫一号对接,太阳能动力飞机首次尝试环球飞行……甚至废旧的人民币也可以作为生物质发电材料,焚烧转化为电能。这些都是新能源技术带给我们的惊喜。

那什么是新能源呢?新能源是相对于常规能源而言的,从名称看,一个“新”字将它与传统能源区别开来。新能源是采用新技术和新材料而获得的,在新技术基础上系统地开发利用的能源,如太阳能、风能、生物质能、地热能、海洋能等。传统的化石能源在地球上的储量是有限的,并且在燃烧过程中会产生大量污染或有害气体。与传统的化石能源相比,新能源的利用过程往往是可循环的,对环境没有污染或者污染很小。

这里简单说一下风能、光伏、生物质能。风电比较好理解,就是如何将风能转化为电能。太阳能主要就是光热和光伏,以光伏为主,其发电的基本原理是 “光生伏特效应”。生物质能主要是利用生物转化技术和热化学转换技术,将生物质转换成燃料物质。华北电力大学可再生能源学院胡老师说:“比如小麦收获了以后的麦秆,稻子加工后产生的稻壳,木材加工后的木屑、树枝、树皮等,这些农林废弃物都可以成为生物质发电的主要材料。利用这种技术,我们可以将生物质资源转化为各种清洁的能源,如沼气、燃料乙醇等。”

课程设置和人才培养各校有差别

根据《普通高等学校本科专业目录(2012年)》,新能源科学与工程属于工学中的能源动力类。由于它是面向新能源产业的,其学科交叉性强、专业跨度大,学科基础来自于多个理科和工科,与物理、化学、材料、机械、电子、信息、软件、经济等诸多专业密切相关。各高校根据社会需求和自身已有专业积累,设立了各具特色的新能源科学与工程专业,培养目标、课程设置、专业方向等都有较大差别。

比如,华中科技大学的新能源科学与工程专业的培养目标是集清洁与可再生能源科学及工程知识与现代信息技术为一体的跨学科复合型高级技术人才和管理人才。

厦门大学新能源科学与工程专业是面向核能、太阳能、风能、生物质能、化学储能、能效等国家急需的新能源产业方向,培养具有创新精神和实践能力的科学研究、技术开发、工程应用、经营管理人才的新兴专业。

河海大学新能源科学与工程专业以风能为主要方向。研究的是新能源发展所涉及的基本气动力学理论、控制理论和发电运行理论。学习空气动力学、电路、控制理论等专业基础课。学习风力机、风力发电机组控制、风力机塔架与基础、海上风电场、风电场规划与选址等专业课。

胡老师介绍,现在很多高校开设了新能源科学与工程专业,但大家的专业方向、课程设置有很大不同。2013年由华北电力大学牵头联合40多所高校建立了“高校新能源科学与工程专业联盟”,希望能推进专业核心课程体系建设,加快统编教材建设。

二、专业与就业

人类的生存和发展离不开能源。化石能源是工业革命的基础,现在世界能源消耗的主力还是煤炭、

石油、天然气三大传统能源，但使用年限只有百年量级。各种新能源只占能源消耗不到20%的比重，还处在起步阶段，但它的发展空间是巨大的。新能源必将成为未来保证全球可持续发展的重要支撑产业。试想哪一天这个比例倒过来，新能源占到80%，传统能源不到20%，这对人类生活的影响会有多么巨大！

看行业大环境

我国高度重视和关注新能源产业的发展，新能源产业已列为我国可持续发展战略中的重要组成部分。国务院的《"十二五"国家战略性新兴产业发展规划》提出了七大新兴战略产业，其中四项与新能源产业密切相关。"十二五"期间的重要任务是培育和发展新能源产业，其中包括核能、太阳能和生物能源等可再生能源，以及发展新能源汽车和应用间隙性可再生能源需要的储能系统和动力电池等。国家"十三五"规划100个大项目中，第37项就是实现新一代光伏、大功率高效风电等核心关键技术突破和产业化。因此，新能源科学与工程专业的就业前景是非常好的。

以核电为例，我国计划2020年实现核电机组在运5800万千瓦、在建3000万千瓦的目标。中国核电的高速发展对核能专业人才产生了强烈需求。据统计，到2020年我国需要新增的核能专业人才数量约为25000人。我国高校核能相关专业人才培养的实际情况与这个要求相差很大。

从光伏产业运行情况看，截至2015年6月底，我国光伏发电装机容量达到35.78吉瓦。这意味着"十二五"的五年间，我国光伏装机从2010年的0.89吉瓦起步，实现了超过40倍的扩充。

国家可再生能源信息中心也发布过一组数据：截至2013年底，我国生物质能发电核准的装机容量是12226兆瓦。国家"十二五"规划提出2020年要达到3万兆瓦。从12226到3万还有很大的差距，所以生物质能发电还有很大的发展空间。

从这一组组数据中不难看出，国家对新能源的开发和利用是非常重视的，它可以说是新一轮经济发展的竞争焦点和战略制高点。因此，有专家预测，太阳能、风电、生物能、电动汽车等新能源领域的相关专业人才未来就业及发展前景非常看好。

看当前就业状况

新能源科学与工程专业的毕业生主要到核能、电力、制冷、低温、汽车、船舶、流体机械、石化、冶金、化工、新能源等中外大型企业从事研究、开发、策划、管理和营销等工作；也可在高等院校、科研院所和政府机关，从事教学、科学研究与管理工作。

因各校的专业方向不同，毕业生的主要就业领域也有一定的区别。如华中科技大学新能源科学与工程专业的毕业生主要在电力、动力、汽车、化工、冶金、机械等部门从事节能减排和太阳能、风能、生物质能等新能源及自动化等相关方面的研究、教学、设计、开发等工作。

河海大学的毕业生风电场运营单位需求量比较大，从目前就业情况看，已有的风电场或者在规划的风电场都缺乏风电人才，很多从业者是从热电厂转过去的，专业人才缺乏。该校新能源科学工程毕业生一般在风电场从事运行和维护工作，也有少量学生会去大型设备厂从事研发工作。

厦门大学该专业毕业生可进入新能源产业相关企事业单位、政府部门、科研院所等，厦门大学还与英国伯明翰大学建立了2+2合作办学项目，毕业生也可以出国深造、创业等。

据华北电力大学老师介绍，华电新能源科学与工程专业本科毕业生，一般是去一线的生产单位，研究生毕业去研究所、设计院比较多一些。学生会根据专业方向不同，选择不同的对口单位。从2015年的就业数据看，生物质能方向40%进入国企和事业单位，33%选择在国内外高校继续深造；光伏发电方向，进入国企和事业单位的有30%，选择继续深造的有55%；风能方向39.8%进入国企和事业单位，37.4%选择国内外高校继续深造，其他进入私企和自主择业。

生物质能方向就业对口单位主要有华能、大唐、神华、中电投、国电等发电集团公司的燃煤电厂、生物质电厂，华北、西北、西南、中南、华东五大电力设计院，以及各省级电力设计院、电科院，环卫集团、广大集团等环保企业，东锅、上锅、哈锅等锅炉、汽机等制造单位。除此之外，还可以去ABB、西门子等跨国企业，从事相关工作。

光伏发电方向的学生毕业后能胜任太阳电池设计与制造、光伏系统设计、光伏电站规划、设计、施工、运行与维护以及太阳能发电新技术开发等方面的技术与管理工作。

风电方向就业对口单位主要有五大发电集团的风电场（如华能、国电、大唐、华电、中电投）；电力设计院（如华北、西北、西南、中南、华东等）；各省设计院、电力勘测设计院；风电整机制造企业、叶片制造企业、电气设备厂和其他相关的工作。除此之外，加入一些大型的跨国企业,如GE、Gamesa等,也是不错的选择。

三、报考指南

“新兴战略产业”的相关专业

基于新能源产业对于可持续性发展的重要支撑和目前新能源专业人才匮乏的现状,教育部于2010年7月下发了《教育部关于公布同意设置的高等学校战略性新兴产业相关本科新专业名单的通知》(教高[2010]7号)批复部分高校设置新能源科学与工程专业,自2011年开始招生。

首批获批的高校包括浙江大学、华中科技大学、西安交通大学、东北大学、中南大学、重庆大学、河海大学、华北电力大学、上海理工大学、南京理工大学、江苏大学等十多所校。

经过几年的发展,开设该专业的院校不断增加,报考人数逐年递增。阳光高考平台数据显示,到目前为止全国开设新能源科学与工程专业的院校已有58所。

报考时看清专业方向和招生范围

由于这个专业开设时间不长,各校关于新能源科学与工程专业本科生的培养方案、培养模式和培养体系则处于不断探索和完善中。同时也根据社会需求和自身已有专业积累,设立了各具特色的新能源科学与工程专业。

如华北电力大学的新能源科学与工程是教育部2011年批准设立的,2012年将原有的风能与动力工程跟新能源科学与工程合并,合并以后共设有三个专业方向,即风电、太阳能光伏、生物质。报考时三个专业方向的专业代码是不同的,按三个专业招生。

河海大学该专业前身也是风能与动力工程,后来改成新能源与科学工程,培养方案更侧重于风能。主要的优势也在于开设了海上风电场等特色课程。

还有其他很多985高校以热能动力为背景,更多地偏重于生物质能。

考生在报考时,最好对学校特色和专业方向有所了解,看准目标比较清楚后,再选择符合自身情况的学校和专业。另外,很多院校该专业不是全国招生,考生在报考时一定要以当年下发的招生专业目录为准,查看自己想报考的高校和专业在当地是否有招生计划。

理工科基础要求较高

新能源科学与工程专业的学科基础来自于多个工科和理科,如物理、化学、电气、动力、机械、自动化等。如果考生具备扎实的基础学科理论和良好的工程素养,学习这个专业将更具优势。

由于这个专业比较新,很多知识不在现成的教科书上,而是在最新的国际文献里,因此学生需要较多地阅读国外的文献,与国际一流大学、研究机构交流,要有较好的英文水平。

从就业的角度看,那些具有较好的独立思考能力、动手能力、工程实践能力的综合人才更受用人单位青睐。

电气工程及其自动化(080601):国民经济的“神经中枢”

一、专业解析

什么是电气工程及其自动化

电气工程就是以电能、电气设备和电气技术为手段来创造、维持与改善限定空间和环境的一门科学,涵盖电能的转换、利用和研究三方面。小到一个开关、一部手机,大到航天飞机、宇宙飞船都离不开电。电是怎么来的?在我们的生活中,人类如何能够顺利、安全地使用电能?如何通过发电、变电、输电、配电,把电能送入千家万户……这都是电气工程及其自动化专业主要研究和解决的问题。

工学中的电类专业可分为强电和弱电两类。具体到专业上来说,电子信息工程、通信工程等专业是以弱电为主;而电气工程及其自动化专业是以强电为主,弱电为辅。

培养未来的电气工程师

在2012年《普通高等学校本科专业目录》中,电气工程及其自动化属于工学中的电气类。专业目录调整后,以前电气信息类中的部分专业合并为电气工程及其自动化专业。这一专业所涉及的范围较广,不同的大学在课程设置上都会有各自的侧重点。

电气工程及其自动化专业要学习电工技术、电子技术、信息控制、计算机等方面的专业技术基础和应用知识,主要特点是强弱电结合、软件与硬件结合、元件与系统结合、基础科学与工程技术结合。该专业的主干课程通常包括:电路原理、模拟电子技术、数字电子技术、工程电磁场、微机原理与接口技术、自动控制原理、电机学、电力电子技术、电力系统分析等。电气专业的课程在工科类专业中属于比较难的，一般对数学和物理的要求比较高。

传统的电气工程专业主要培养的是在电能的发、送、配、用四个阶段的设计、安装和维护人才。简单来说，就是培养电气工程师的专业。如发电机的维护、变压器的安装检测、输电线路的设计、安装后的调试，这些都是电气工程师的工作内容。

二、专业与就业

教育部公布的本专科专业就业状况显示，该专业2013年全国普通高校毕业生规模在60000~65000人，近三年全国就业率区间在85%~95%。与那些“热门”专业相比，电气工程及其自动化虽然没有那么火热，但却有较高的稳定性。

对口就业领域

电气工程对口的就业领域当然是国家电力系统，主要是指国家电网公司、区域电网公司；各省电力公司；五大发电集团公司(如华能、国电、大唐、华电、中电投)；电力设计院(如华北、西北、西南、中南、华东等)；各省设计院、电力勘测设计院；各城市供电公司、地区县级供电公司等。这些单位也是毕业生比较好的就业选择，同时这些单位也需要大量优秀的电气工程专业人才。目前电力行业在我国属于垄断行业，这样的单位一般门槛较高，用人单位较喜欢名牌大学毕业生或者电气工程专业全国排名靠前院校的毕业生，想进入这个系统需要很强的个人能力。

除了国家电力系统以外，大多数人的工作岗位更多偏向电气设备(如变压器)制造公司、电气设备厂和其他与电相关的工作。如果能进入一些大型的跨国企业，如通用、西门子等，年薪也相当可观。

其他发展空间

值得一提的是，几乎所有的制造类企业都需要电气工程及其自动化专业人才，这也是土机电(土木、机械、电气)三大工科类专业中电气专业的优势所在。一般来说，学科背景往往决定了就业前景。电气工程专业作为一门基础的学科，具有交叉学科的性质，与很多热门的行业有着密切的关系，如电力、电子、控制、计算机等，因而有这些学科背景的毕业生可以比较轻松地向自动化、自动控、电子、计算机等专业领域转型。这也使得电气工程及其自动化专业毕业生就业渠道进一步扩大。

另外，这是一门实践性很强的学科，无论是哪个行业、什么样的单位，都需要毕业生有较强的专业能力和现场经验。那些具有过硬的理论基础和技术能力的毕业生更加受到企业的青睐，未来发展空间也会更广阔。从该专业毕业后从事的工作内容和工作环境来讲，比较适合男生，目前就读该专业的女生相对较少，2013年全国普通高校毕业生男女性别比例为81%:19%。

三、报考指南

各高校侧重不同

目前，全国本科阶段开设电气工程及其自动化专业的院校有520余所。由于开设院校众多，这个专业在各个高校的培养特色和课程设置上也有不同侧重。有的侧重于电力系统、电力部门，有的偏向于交通铁路部门，有的偏重于自动化。

如目前清华大学电机系的学科领域涵盖“电气工程”一级学科及下属的全部五个二级学科，分别为：电力系统及其自动化、高电压与绝缘技术、电机与电器、电工理论与新技术、电力电子与电力传动，其中前4个为国家二级学科重点学科。

华北电力大学的电气工程及其自动化是国家级特色专业，本科专业中包括电力系统及其自动化、继电保护与自动远动技术、电力电子技术、高电压及信息技术4个专业方向。学生具有本专业领域内一个专业方向的基本专业知识与实际操作技能，获得较好的工程实践训练，具有综合解决工程实际问题的能力。学生的职业目标是电气工程师。就业去向：电网公司、电力设计院等。

西南交通大学“电气工程及其自动化”专业下设四个专业方向：电力系统及其自动化、铁道电气化、电力牵引与传动控制、磁浮与城市轨道交通自动化。前三年课程相同，第四年分专业方向进行教学。

很多院校的电气工程及其自动化一级学科下细分为多个二级学科，在二级学科里，强电与弱电专业划分得较为清楚，研究方向也有较大区别。

部分高校按大类招生

清华大学、华北电力大学、北京理工大学等520余所院校都是按电气工程及其自动化专业的名称来招生的。有的院校招生后再分具体的专业方向。如北京交通大学的电气工程及其自动化专业是依托电气工程一级学科，包含电力系统及其自动化、电力电子与电能变换、电机与电气传动、可再生能源发电、电气信息与控制、轨道牵引电气化等专业方向。

考生和家长要注意的是，有些高校虽然开设电气工程及其自动化专业，但在其招生专业中却找不到这个专业名称。这是因为部分高校是按“电气类”招生的，该大类专业中包括电气工程及其自动化专业。如河南理工大学的电气工程及其自动化、自动化、电子信息工程、电子信息科学与技术、电子信息技术及仪器、光电信息工程六个专业按电气信息类招生。考生在填报专业志愿时只需选择大类招生专业名称“电气信息类”,入学后经过一年半的大类基础学习后,学生可根据自己的学习成绩、兴趣爱好申请选择相应专业进入专业课程学习。考生在考虑院校时,要对该专业的特色和方向了解清楚后,再选择符合自身情况的高校。

什么样的学生适合报考

上面我们提到电气工程及自动化专业所学课程相对较难,所以学习这个专业需要具备扎实的数学、物理基础和较强的综合素质。

此类专业对身体条件并没有特别苛刻的要求。考生的身体状况只要符合教育部、卫生部、中国残联印发的《普通高等学校招生体检指导意见》即可报考。同时,考生也要留意各院校招生章程对该专业有没有特殊要求。

如华北电力大学的招生章程中就写明,电气工程及其自动化专业不适宜辨色能力异常(色盲、色弱)的考生报考。还有的学校在专业简介中也有报考提示,一眼失明另一眼矫正到4.8镜片度数大于400度、色盲、不能准确识别单颜色导线等的学生不宜报考该专业。考生在报考时,应该仔细阅读所报院校的招生章程,查看是否有特殊要求,以免发生疏漏。

计算机类(0809):就业岗位多,高端人才俏

一、专业解析

计算机专业到底学什么

翻开本科专业目录,考生、家长会看到计算机是个大类,计算机专业类包括计算机科学与技术、软件工程、网络工程、信息安全、物联网工程、数字媒体技术等七八个专业。其中,最核心、最基础的专业就是计算机科学与技术,也是各院校计算机系招生的主要专业(也有很多院校按计算机大类招生)。

计算机类专业的学生所要学习的不仅是会使用,而是要学习计算机的基本原理、基本结构、基本算法、基本设计等。具体而言,一般人所说的“会操作计算机”,也就是会使用一些现成的软件,而计算机专业的学生要远远高于一般的使用者,他们要研究如何更好地设计、制造计算机,更好地开发计算机的新系统、新软件、新功能。

计算机专业核心课程有电路原理、模拟电子技术、数字逻辑、数字分析、计算机原理、微型计算机技术、计算机系统结构、计算机网络、高级语言、汇编语言、数据结构等。

本科阶段主要课程

以计算机科学与技术专业为例,该专业的基础课程主要包括数理类课程、电器类课程、计算机类课程。由于计算机科学与技术专业是以理学相关学科为专业基础的,因此学生需要具备数学分析的思想和方法。而计算机跟人们常见的冰箱、电视等电器一样,属于电器设备,所以还要学习电路分析等电器类基础课程。

二、专业与就业

应用广泛、就业岗位多

计算机类专业应用性广、交叉面多,覆盖社会各行各业,这就决定了其就业领域非常广泛。

在IT类企业中,该类专业毕业生的主要就业岗位有管理类:如项目经理、软件架构师、硬件架构师等;研发类:软件工程师、硬件工程师、系统开发员等;测试类:软件测试工程师、硬件测试工程师、系统测试工程师等;服务销售类:市场营销、售前服务、售后服务、市场推广等。近年来,软件开发中心、数据中心等单位吸引了很多计算机类专业毕业生,他们主要从事企、事业数据系统的开发与维护、数据统计与管理等工作。

在政府、科研单位及其他非IT类企业中,软硬件的配备、网络安全、系统维护、网站开发等工作也离不开计算机专业的人才。

师范院校的计算机专业毕业生,可以到小学、中学等单位担任计算机类课程的教学工作。

近年来,计算机同艺术类专业结合,产生了不少新专业,如电脑美术设计、网页设计、影视动画设计、环境艺术设计、数字媒体等。这些专业的学生毕业后可在设计部门、广告公司、装潢公司、网络公司、软件公司、动画公司、企事业广告部等从事美术设计策划与制作、电脑绘画、动画制作、网页设计等工作。

高端人才有“市场”

在2002年之前,中国经历着计算机普及和互联网普及的大潮,无论是大学还是中小学,都大量开设

计算机课程，从教育上普及计算机；无论是机关还是企业、事业单位，都争相引入计算机人才，从而实现"现代化办公"。同时，计算机市场的销售也很旺盛，无数计算机专业毕业生在这里轻松掘得人生"第一桶金"。然而，随着计算机专业的遍地开花和市场人才的迅速增加，计算机类专业毕业生的就业大好局面也被打破，很多毕业生被用人单位挑挑拣拣。计算机专业与通信工程、自动化、电子技术、电子商务等相近专业相互挤占就业岗位，就业空间逐渐"缩水"。

计算机类专业毕业生就业形势虽然严峻，但从长期市场形势来看，对计算机专业人才的总体需求量依旧不小。教育部就业指导中心统计数据显示，2012年计算机科学与技术专业的就业率区间在85%至90%。哪些专业人才受到市场青睐呢？如软件开发方面的高端人才缺口很大，就业薪金也不菲；还有现在分离出来的软件工程专业，一些实力较强的院校还成立了软件学院，它们起点高，理论新，学费也较贵。而硬件维护方面，由于技术含量不是很高，本科生常常被一些技术比较出众而身价又比较低的职校生抢夺"饭碗"。

三、报考指南

了解专业特色和方向

目前，全国几乎所有的高校都开设了计算机类专业，分布于不同层次，既有综合型重点高校，也有普通院校，还有一些高职院校。该专业在各个高校培养特色和优势研究方向上都有很大不同。有的侧重于软件，有的侧重于硬件，有的侧重于计算机网络，有的在信息安全方面颇具特色，方向的选择可能直接影响未来的就业。

考生在考虑院校时，要对该专业的特色和方向有所了解，比较清楚后，选择符合自身情况的高校。例如：清华大学计算机科学与技术专业整体实力非常强，三个国家重点二级学科：计算机系统结构、计算机软件与理论、计算机应用技术。本科统一按计算机科学与技术（国家重点一级学科）招生和培养。

北京大学计算机科学与技术专业属于信息科学技术学院，计算机软件与理论、计算机应用技术总体实力雄踞全国前列，本科招生是培养"厚基础、宽口径、高素质"的复合型人才，学生进校后，在第一学年不进行专业分流，不同专业的学生除了完成一些必修课程外，还有很大余地根据自己的兴趣选修各种课程。

吉林大学在软件方面有明显优势，自动化、软件重用技术、人工智能、专家系统、计算机代数、定理证明与自动推理、分布式推理、分布式系统等方面居国内领先水平。

南京大学的计算机软件与理论是国家重点学科。其优势领域包括软件自动化与形式化方法、分布计算与并行处理、系统软件及其信息安全、多媒体技术、人工智能与知识工程、数据库技术、语言信息处理等。

北京航空航天大学计算机学院以计算机科学与工程为基础，形成了新一代互联网下的协同工作环境、新一代互联网络体系结构、并行与网络计算技术、虚拟现实与多媒体技术、信息安全技术等有优势有特色的学科研究方向。北航的计算机专业，一、二年级重点加强核心基础教育，三、四年级实施宽口径专业教育，强化对创新意识和能力的培养。

北京邮电大学的计算机科学与技术专业以计算机与通信相结合为特色，着力培养有深厚通信背景的计算机高级工程技术人才，侧重于数据通信、计算机网络及软硬件的开发与应用。

武汉大学的软件，尤其是在多媒体软件方面取得了不俗的成绩，研制、开发了大量的多媒体软件。

东南大学以计算机网络和数据库技术为龙头，在计算机网络及其应用、数据库及信息系统、人工智能及其应用以及现代集成制造系统（CIMS）等领域成绩显著。

西北工业大学的计算机应用技术是国家重点学科，计算机体系结构、计算机网络方向很强。

扬长避短选学校

从近年录取情况看，不同层次院校计算机科学与技术专业录取分数差别很大，一些重点高校录取分数线比较高，如北航、北邮等校近年在北京的录取平均分都超过了600分。

一般情况下，各省二批、三批院校的该专业录取分数则相对较低，且二本以下的院校计划投放量大、招生人数多，是该专业招生的"主力军"。

在二本以下分数段（含二本）的考生，一定要注意扬长避短。一是要扬兴趣爱好之长，避学科劣势之短。计算机专业的学习压力较大，想要学好这个专业，需要较强的数理基础和外语基础。在报考该专业时，考生要考虑清楚是否真正喜欢这个专业，不要盲目选择。二是在此分数段中分数较高的考生，一定要发挥分数和学科的优势，选择专业方向和兴趣爱好相符合的院校;低分段的考生选择余地相对较小,可结合自己的实际情况,参考历年录取分数综合选择。千万不要把计算机专业当成是理科生的"万金油"。

物联网工程(080905):让万事万物开口"说话"

一、专业解析

什么是物联网

请你试想下面几个生活场景。下班的时间快到了,你坐在办公室里与家中的电器"对话",电饭锅就开始煮饭了;回家路上,你动动手指给空调发个指令,它就自动调节到舒适的温度了;到家开门时,安全系统开启识别功能,电子门锁自动开门,迎接你回家。每周末,家中的冰箱也能够与食品"对话",告诉你冰箱里储存了哪些食品,上面有保质期还有食品的数量,哪些食品已经没有了,提示您及时购买,等等。

借助智能传感器,世界上的万事万物,大到汽车、楼房,小到家电、钥匙,都能开口"说话"。这一切,已不再只出现在科幻电影中,而是即将到来的物联网时代的生活写照。

所谓物联网,就是物物相连的互联网,通过各种信息传感设备,如传感器、射频识别(RFID)技术、IPv6(下一代IP协议)技术、全球定位系统、红外感应器、激光扫描器、气体感应器等各种装置与技术,实时采集任何需要监控、连接、互动的物体或过程,让声、光、热、电、力学、化学、生物、位置等各种信息,与互联网结合形成的一个巨大网络。

物联网技术可以把所有物品通过射频识别等信息传感设备与互联网连接起来,实现智能化识别和管理。简而言之,就是让一切物体相连,并可以实施感知、操作、管理。物联网被认为是继计算机、互联网之后,世界信息产业的第三次浪潮。

物联网工程专业学什么

在2012年最新颁布的《普通高等学校本科专业目录》中,物联网工程专业属于工学中的计算机大类,标准学制4年,毕业后授予工学学士学位。

物联网工程专业开设基础课程和专业核心课程两大类,学生主要学习研究信息流、物质流和能量流彼此作用、相互转换的方法和技术,有着很强的工程实践特点。

学生需要学习包括计算机系列课程、信息与通信工程、模拟电子技术、物联网技术及应用、物联网安全技术等几十门课程,同时还要打牢坚实的数学和物理基础。另外,优秀的外语能力也是必备条件,因为目前物联网的研发、应用主要集中在欧美等国家,学生需要阅读外文资料和应对国际交流。

北京科技大学招生就业处处长说,该校的课程包括物联网工程导论、嵌入式系统与单片机、无线传感器网络与RFID技术、物联网技术及应用、云计算与物联网、物联网安全、物联网体系结构及综合实训、信号与系统概论、现代传感器技术、数据结构、计算机组成原理、计算机网络、现代通信技术、操作系统等课程以及多种选修课。

物联网专业是一门交叉学科,涉及计算机、通信技术、电子技术、测控技术等专业基础知识,以及管理学、软件开发等多方面知识。作为一个处于摸索阶段的新兴专业,各校都专门制定了物联网专业人才培养方案。

二、专业与就业

行业空间很广阔

目前,全球物联网产业体系正在建立和完善中。据美国权威咨询机构forrester预测,2015年全球物联网市场规模将达3300亿美元,中国物联网产业产值规模将达到7500亿元,而且每年会以30%的速度快速递增。到2020年全球物联网与互联网的业务比例将达到30:1,物联网将成为一个上万亿美元的产业!未来十年,物联网将会被广泛应用于交通、物流、安防、电力、家居、医疗、矿业、军事等各个领域。可以预见,它将给世界经济与社会带来巨大的变化。

2009年,奥巴马就任美国总统后,美国政府首次提出"智慧地球"这一概念,并将新能源和物联网产业列为振兴经济的两大重点和竞争的关键战略。2010年,我国的两会工作报告中也明确提出要"加快物联网的研发应用",物联网进入了"国字号"发展的轨道。有人预测在未来的10年至15年,物联网行业必将迎来一个迅猛发展的时期。

本科阶段引入有争议

不过,也有专家认为,目前我国物联网产业尚处于初创阶段,虽然应用前景非常广阔,但其标准、技术、商业模式以及配套政策等条件还未成熟。迄今为止,学界、社会研究机构的物联网应用还都在摸索阶段，从业者数量不多，师资力量不均衡。各高校从电子、计算机、通信等相关专业“借调”老师的情况比较常见。除师资等软实力外，有些高校开设物联网专业的硬件实力也比较薄弱。中国物联网产业协会副理事长柏斯维曾表示，本科阶段并不是开设物联网专业的黄金时期。

有些高校老师认为，在硕士、博士阶段或少数几家拥有强大科研实力的高校做试点，试行物联网、云计算教育即可。现在将物联网专业大规模地引入高校，尤其是本科教育阶段，有些为时过早。

柏斯维认为，目前很多现有本科专业是物联网中的组成部分，不需要盲目地开设独立课程。例如，一些计算机方面的专业和物联网的联系非常紧密，如果在已有课程中加入物联网的概念及知识是比较好的选择。

人才有缺口　本科生不能满足

中科院院士、华东师大软件学院院长何积丰表示，未来的物联网技术要得到发展，需要在信息收集、改进、芯片推广、程序算法设计等方面有所突破，而做到这些的关键是如何培养人才。柏斯维也指出，从整体来看，物联网行业非常需要人才。

其实，从人才市场的需求来看，无论是物联网专业还是云计算专业的人才都是炙手可热的，但企业对人才的要求也是相当高的。很多单位和企业不但要求应聘者须是硕士以上学历，还要求有几年的相关工作经验。对此，企业纷纷表示，做核心的研发工作或核心的基础架构是需要一些经验积累的，本科应届生一般不具备这些经验。

因为物联网是个交叉学科，涉及通信技术、传感技术、网络技术以及RFID技术、嵌入式系统技术等多项知识，想在本科阶段深入学习这些知识的难度很大，而且部分物联网研究院从事核心技术工作的职位都要求硕士学历，因此本科毕业生可从与物联网有关的知识着手，找准专业方向、夯实基础，同时增强实践与应用能力。

三、报考指南

物联网工程专业是信息网络产业方向重点支持的专业之一。目前全国已有100多所院校获准开设物联网相关专业，并从2011年起开始陆续招生。

大多数考生面对物联网工程这样的新兴专业，不知道该不该报考或如何报考。由于物联网的体系庞杂，涉及领域多，国家对于物联网专业并没有统一的教材和课程要求，因此各高校在人才培养方面尚处在探索阶段。

因此，我们在此给考试提个醒，选择专业时一定要结合自己的兴趣爱好、未来的职业发展、深造情况、就业方向等多方面的因素综合考虑。这里给考生家长几点建议，仅供参考。

选择有相关强势专业的院校

由于物联网工程专业属于典型的交叉学科，涉及电子、计算机、测控、通信、软件等多个专业的知识。因此，有些高校未明确将它归属在哪个院系，有些高校的物联网工程专业是由几个院系合作共同规划建设的。所以，考生在选择时最好先了解相关专业所在院系的实力和背景，优先选择那些相关专业实力强的院校。例如，与物联网专业联系比较紧密的是计算机和通信专业，考生报考时就可以优先选择这两个专业实力背景深厚的学校。专业培养方向决定着人才的就业发展走向，有突出的强势专业，必然能带动该学科在某个领域的发展。

报考时未必紧盯着物联网专业

柏斯维曾表示，这个行业缺少的是复合型人才。因此，支撑物联网专业的交叉学科和基础学科都是希望进入此行业工作的考生可以选择的方向。

物联网工程有多学科交叉性的特殊性，因此，学生在本科阶段想要深入、全面地学习物联网方面的所有知识是不可能的。有志于物联网行业的考生没必要只锁定物联网一个专业，完全可以从其他相关的基础学科或交叉学科着手，选择一个专业方向学精，学专，未来从事更高端细分领域的工作，这样转专业时会比较容易。毕竟，好的专业发展要依靠良好的专业基础来支撑。

土木工程(081001)：技术含量高，真不是“搬砖专业”

一、专业解析

什么是土木工程

在很多学校，土木工程是一个院系的名称，也是一个招生大类名称，还是一个专业名称。我们这里说的土木工程，是专业的名称。

土木工程按照培养侧重点，有建筑工程、地下工程、桥梁工程、道路工程、交通工程、市政工程等不同方向，土木工程是国家建设的基础，与人们的住行密切相关。

在土木工程专业的学习中,学生需要运用数学、物理、化学、计算机信息科学等基础科学知识,力学、材料等技术科学知识以及相应的工程技术知识,来研究、设计和建造工业与民用建筑、隧道与地下建筑、公路与城市道路及桥梁等工程设施。因此,土木工程专业对学生的知识面要求很广泛,对知识水平要求也非常高。所以,作为本专业的学生,想要顺利毕业,就不可能"混日子"度过大学四年。

二、专业与就业

对口就业率最高的专业之一

土木工程方面的专业人才遍布国民经济建设的各条战线,可以说没有土木工程,就没有我们日常生活的最基本条件。我们住的房子,乘坐的地铁,参观的场馆,享受的休闲场所,无不与土木工程紧密相联。

高铁、活动场馆、城市轨道交通、南水北调等项目的建设中,都遍布着土木工程专业的毕业生。任何基础设施建设,都离不开土木工程专业人才的智慧。

历年来的就业情况显示,土木工程的学生就业很少偏离本专业,是对口就业率最高的几个专业之一。在阳光高考的专业满意度推荐中,很多高校的土木工程专业满意度都在80%以上,推荐人数更是排在本校专业的前列,足以说明本专业的口碑。

随着城市建设的提速和公路建设的不断增加,土木工程专业的就业形势持续走高。找到一份工作,对大多数土木工程专业毕业生来讲并非难事——根据教育部最新公布的2012年本专科专业就业状况,土木工程专业本科毕业生规模在7.5万~8万人之间,就业率区间为85%~90%,属于就业形势乐观型的专业。

与很多实践性强的专业一样,土木工程专业毕业生在就业过程中,想要为自己的提升增加砝码,就需要考取各种从业证书,如全国一、二级注册建筑师,全国注册土木工程师,全国一、二级注册结构工程师等。很多企业在招聘应届生时,更会特别标注有相关从业资格证书者优先。

就业覆盖面广,工作技术含量高

总体来说,土木工程专业的主要就业方向有工程技术方向,设计、规划及预算方向,质量监督及工程监理方向,公务员、教学及科研方向。所涉行业包括建筑业、房地产开发业、路桥施工、工程勘察设计单位、交通或市政工程类政府机关职能部门、工程造价咨询机构、科研院所等。

近日,网络上传播着一组关于土木工程专业就业方向是在工地上搬砖的调侃。事实上,在就业范围上,考生根本不必顾虑是否会去"搬砖"。"我们这个专业可不仅是搬砖,土木工程专业毕业生的就业方向算是比较广泛的,除了监理或者质检,女生的选择一般是进设计院。"在一次采访中,一位土木工程专业大四学生说。虽然土木工程专业毕业生的工作确实比较辛苦,但从事的还是技术性的工作。

目前,中国城镇化进程仍在不断向前推进,城镇化率必然会持续提高,随之而来的将是未来几十年我国对土木工程领域人才的需求。因此,土木工程专业无论"前途"还是"钱途"都非常可观,职业发展潜力巨大。

阳光高考信息平台数据显示,该专业全国报考硕士较集中的专业是:建筑与土木工程、结构工程、土木工程、岩土工程。

三、报考指南

在就业率和就业质量都看好的形势下,土木工程专业也一直是报考的热门,录取分数一直在很多高校招生专业的第一梯队中。

土木工程专业涉及课程内容专业性强,对学生学习能力和处理问题的能力要求都很高,考生报考时需充分了解自己的数学、力学、计算机等方面的能力、潜力和兴趣。

而在培养目标方面各高校由于历史沿革、师资力量和科研方向的原因,也都各有侧重。

不同院校培养特点迥异

说起土木工程专业,不能不提"建筑老八校",指的是新中国成立之初最早开设建筑学、城市规划相关专业的八所高校,包括清华大学、东南大学、同济大学、天津大学、华南理工大学、哈尔滨建筑大学(已并入哈尔滨工业大学)、重庆建筑大学(已并入重庆大学)和西安冶金建筑学院(已更名西安建筑科技大学,前身东北大学建筑系)。这八所学校的土木工程及相关专业,是社会公认的A级水平,其中清华大学、哈尔滨工业大学、同济大学、浙江大学的土木工程都是国家一级重点学科。除了这些老牌土木强校,国内开设土木工程专业的高校已有近500所,也都各有所长。

下面单独介绍一下清华大学和同济大学这两所学校的土木工程专业。

清华大学土木工程系成立于1926年,是该校历史最悠久的系科之一，早在1916年清华学校（清华大学前身）即开始招收土木工程学科的留美专科生。清华大学土木工程系自1998年开始实行本—硕统筹培养计划，约有60%成绩优秀的本科学生可免试直接攻读硕士或博士学位。

根据《清华大学本科招生报考指南2013版》介绍，清华大学土木工程系的国际化程度非常高。在QS全球分学科排名中，土木工程单系排名全球第15位，是清华大学所有工科院系中排名最高的。正因如此，清华大学土木工程专业的毕业生一直供不应求，供需比例达1∶10以上，是最受用人单位欢迎的工科专业之一。

与清华大学土木工程专业侧重建筑和水利不同，同济大学的土木工程专业则侧重建筑和桥梁。同济大学土木工程学院是国内同类专业中教学和研究实力最强的学院之一，目前院内设有建筑工程系、地下建筑与工程系、桥梁工程系、结构工程与防灾研究所和水利工程系5个系所，还有土木工程防灾国家重点实验室。

报考提示：

天津大学招办李主任说，土木工程专业的主干课有理论力学、结构力学、土力学、钢筋混凝土、房屋建筑学、钢结构、大跨度结构设计等。考生可从中看出该专业是通过力学的原理和方法，解决建筑物在设计和建造方面的问题，如果自己一看到物理书就头疼就不太适合报该专业。

土木工程专业还要求同学们具有高度的责任心和足够的耐心。

测绘工程(081201)：测经纬　绘蓝图

一、专业解析

什么是测绘工程

测绘简单地说就是测量与绘图。测绘工程是利用各种现代化方法来采集、量测、分析、存储、管理、显示、传播和应用各类地学信息的一门综合的信息科学。现代测绘科学与技术以卫星导航定位、遥感和地理信息系统为代表，它被认为是当今世界上最重要、发展最快的领域之一。

北京建筑大学测绘与城市信息空间学院杜姓副院长表示，测绘是以地球为研究对象，对它进行测定和描述的工作。随着科技的发展，现代测绘和地理信息科学、遥感科学与技术是分不开的，它们可以用三个S代表：GPS——测绘；GRS——地理信息科学；RS——遥感科学与技术。具体工作中会运用很多高科技技术，如空间测量、摄影测量、激光测量、遥感测量，绝非我们想象中的仅仅拿着卷尺游标，手工测量。

多数人会认为测绘离我们的生活很遥远，其实小到一张普通的地图，大到铁路网公路网的分布，生活中几乎无处不见测绘的踪影。国防、能源、农业、林业、水利电力、城市建设、交通规划、土地管理等都离不开测绘。举个最简单的例子，如果没有了测绘也就没有地图。如果没有大地测量中的GPS测量，我们汽车上的导航仪、手机上的导航软件也就都"不认路"了。

测绘工程学什么

翻开本科专业目录，测绘工程属于工科中的测绘类，标准学制4年，毕业后授予工学学士学位。本科阶段主要专业课程有：测绘学概论、GPS原理及其应用、地理信息系统原理、遥感原理与应用、数字地形测量学、误差理论与测量平差基础、空间信息采集技术、摄影测量学、地图学基础、工程测量学等。

在高新技术的渗透下，测绘技术手段越来越先进，可以"上天入地"，远非过去可比。但测绘以地球为研究对象，对其进行测定和描述的这一基本任务则没有发生变化。所以，在人才培养方面，各高校主要还是培养研究地理信息的获取、处理、描述和应用的技术人才。

二、专业与就业

进入高就业率专业行列

教育部最新公布的统计数据显示，测绘工程专业全国普通高校毕业生规模在7000~8000人，毕业生男女性别比例为80%∶20%，近三年来就业率保持在85%~95%，属于就业率较高专业。

测绘专业就业的良好形势是基于国民经济建设的需要。我国的建设还处于发展阶段，国家的大型建设、灾区恢复重建测绘、极地重点区域测绘、地理国情监测、国土资源普查等重大项目中都需要测绘专业的人才。

未来我们国家将建设智慧城市，其中有一半的工作都和测绘行业相关。比如，城管的工作跟测绘工程能有什么关系呢？未来网格化城管的模式就很好地诠释了两者之间的关系。网格化城管也就是将城市按区域规划成网格，一个路灯、一个井盖……只要是我们看到的东西,它的位置都能通过测绘测量出来,反映在所属的网格中。每个城市管理人员负责几个网格,只要查看负责区域,就能知道管辖区域内的具体情况。这一切都是基于测绘技术发展而来的。

工作条件大为改观

测绘专业的前辈们在艰苦的工作条件下,背着标杆,跋山涉水,风餐露宿,靠双脚丈量着国土,绘制出一张张精美的地图。今天,这个专业的工作条件已经发生了很大变化。测绘所需的各类仪器、设备和技术的现代化程度越来越高,大大改善了测绘工作者的工作条件。如今在城市,靠着相应的设备,测量人员开着车、操纵着飞机就能把需要的信息采集回来。当然在一些偏远的农村、基层和特殊环境,即使使用先进的仪器,也需要付出艰苦的努力。和一些其他专业相比,测绘工程还是比较辛苦,所以选择该专业的男生更多一些。

选择测绘工程专业的考生也一定比较关心这个专业的待遇问题。测绘英才网相关调查显示,一般测绘工程师平均工资在每月4000元左右,最低工资2000~3000元,最高工资8000~10000元,工作经验、工作年限与工资成正比趋势。该数据根据测绘企业近一年相关招聘职位发布的薪酬数据统计所得,可能因职位索引稳定性出现偏差,仅供参考。

就业领域显立体趋势

以前测绘专业的主要就业领域是在传统的测绘部门,比如各省的测绘局、测绘研究院、测绘公司。随着社会经济的发展,测绘行业逐渐成为信息行业中的一个重要组成部分,它的服务对象和范围已经从传统测绘学的应用领域(如绘制地图),扩大到了国民经济和国防建设中的方方面面。它与现代各种新技术和新工具相结合衍生出了许多新兴的领域。如测量的范围正在从三维空间测量向多维空间发展;从静态测量向动态实时测量发展;从地面向地下和宇宙空间拓展。测量行业也已经从传统的提供纸质地图产品,向数字化测绘生产体系以及管理、使用和开发空间信息数据转变。

现在测绘专业毕业生就业领域更加广泛,主要是到国民经济各部门从事国家基础测绘建设、陆海空运载工具导航与管理、城市和工程建设、矿产资源勘查与开发、国土资源调查与管理等测量工程、地图与地理信息系统的设计、实施和研究工作;或在环境保护与灾害预防及地球动力学等领域从事研究、管理、教学等方面的工作;还可从事信息系统的设计、开发建立、维护管理和信息处理分析工作,在相关部门为办公自动化、重大项目的立项、论证、投资环境的评估、各种用地的评价、重大工程的选址、规划及各种灾难的损失估计和预告提供科学的依据;也可在各类企业公司从事测绘产品、软件和设备的研究开发等工作。

三、报考指南

如何报考测绘专业

目前全国本科阶段开设建筑学专业的院校有138所,主要有:武汉大学、解放军信息工程大学、同济大学、中国矿业大学、中南大学、中国地质大学、西南交通大学、辽宁工程技术大学、北京建筑大学等。上面列举的都是国家重点学科院校或在测绘学科评估中排名靠前的高校。

各高校培养方向也会根据自身背景有所侧重。如武汉大学测绘工程专业分为城市空间信息工程、大地测量与卫星定位、工程与工业测量、航天航空测绘等专业方向,实行一二年级打通培养、三年级开始分方向选课、学生自愿选择专业方向的方案。

现在该专业在大部分院校是按照测绘工程招生,也有一些院校是按测绘类招生。如中南大学测绘类(测绘地理信息类)就涵盖了测绘工程、地理信息科学、遥感科学与技术等3个本科专业。中国矿业大学(徐州)测绘类包含测绘工程、地理信息系统两个专业,学生入学两年后根据自己的兴趣爱好,结合大学成绩再确定具体专业。同济大学按测绘类招生,从第三学期开始分为测绘工程和地理信息系统两个本科专业培养。考生在选报的时候,最好看清专业类所包含的专业,并根据自身情况和院校侧重综合考虑选择。

什么样的学生适合报考

测绘工程专业是一门专业性很强的工学专业,需要良好的工科基础。学生最好具有较强的数学能力、空间能力和动手能力,同时需要较好的方位感。如果一出去就找不到路,那么学这个专业还是有一定难度的。

另外,测绘专业对考生的身体条件也有一定的要求,根据《普通高等学校招生体检工作指导意见》,任何一眼矫正到4.8,镜片度数大于800度的;主要脏器:肺、肝、肾、脾、胃肠等动过较大手术,功能恢复良好,或曾患有心肌炎、胃或十二指肠溃疡、慢性支气管炎、风湿性关节炎等病史,甲状腺机能亢进已治愈一年的,不宜就读测绘类专业。

遥感技术(081202):观察世界的"天眼"

一、专业解析

什么是遥感

遥感技术并不神秘,从字面上说就是从远处感觉事物。广义地讲,遥感是指不直接接触地收集关于某一定对象的某种或某些特定的信息,从而了解这个对象的性质。一般多指利用电磁传播与接收技术从人造卫星或飞机上收集物资取目标的电磁辐射信息息并加以分析的技术。

简单理解,就像是在飞机或人造卫星上,安装一台功能强大的照相机,通过图像分析获取想要得到的数据。

举个简单的例子,当我们进行市容规划的时候,为了了解土地的使用情况,如果采用地面测量,工程量将会是非常巨大的,而使用遥感技术,通过空中拍摄取得规划区域的图像信息后,只需要分析这些图片就能够得到这一区域的土地资源信息——绿色的是植被,规则的长方形、正方形是建筑物,深色的是河流……一目了然,快捷准确。

很早以前,人们就希望从空中来观察地球,当时人们使用的是普通的照相机,后来发展成为专门的航空照相机。航空摄影技术在世界大战期间获得了长足的发展,基于这种照片的识别技术也得到了提高。随着飞行器技术的提高,尤其是火箭和卫星的出现,遥感技术获得了一个全新的平台。现在,遥感技术日新月异,成为在国民经济建设中不可缺少的一种重要技术。

遥感学什么

在2012年《普通高等学校本科专业目录》中,该专业的全称为遥感科学与技术,属于工学中的测绘类。遥感科学与技术是在空间科学、地球科学、测绘科学、计算机科学及其他学科交叉渗透、相互融合的基础上发展起来的一门新兴学科。主要专业课程分为三大系列:计算机科学类、测绘科学与技术类和遥感科学与技术类。

各院校根据培养特色不同,课程设置和人才培养目标也有所差异。如北京建筑大学遥感科学与技术专业主要课程包括:误差理论与数据处理、摄影测量基础、数字摄影测量、近景摄影测量、地理信息系统原理、遥感物理基础、遥感原理与方法、数字图像处理、遥感技术应用、激光雷达数据处理与应用、微波遥感、高光谱遥感、城市遥感。该校遥感专业人才培养的主要方向是,掌握遥感科学基本理论、方法和技术,兼具测绘工程、地理信息科学专业知识,适应行业发展的遥感专业人才。

遥感人才好像"破译员"

这里还有一个误区,很多人认为遥感的主要作用就是"拍照":从空中拍下照片进而获取有效信息。实际上,遥感绝非"拍照"这么简单,遥感技术的真正作用是将信息从"照片"中提取出来并加以应用。

北京建筑大学遥感科学与技术专业庞老师说,遥感中收集到的信息,就是物体发射或者被它反射的电磁波。这些电磁波包括近紫外、红外线、可见光、微波等。遥感技术就是收集这些数据,再通过对这些数据进行分析和处理,获得对象信息的技术。虽然目前遥感信息获取系统已经较为完善,但由于地球大气、陆地和水体非常复杂,不同物质反射电磁波的特性各不相同,遥感图像出现误差的情况难免会发生。遥感技术也不是无所不能的,马航失联事件就是很好的例证。世界多国调集了几十颗卫星搜救马航失联客机,依然无功而返。

如果说遥感技术是密码,那么,遥感专业人员就是解读这些密码的破译员。遥感专业人才就是要学会获取对象信息,并把它们解读出来。

一位从事遥感专业教学多年的老师介绍,无论你的专业方向偏重哪方面,学习遥感专业都必须学好英语,还得学会一门计算机编程语言,这样才能与国际接轨,才能更好地提升专业水平。

二、专业与就业

目前运用在哪些领域

卫星遥感并不是单一的技术,它集中了空间、电子、光学、计算机通信和地学等学科的成就。随着国际上卫星遥感技术的迅猛发展,人类已经进入了一个多层、立体、多角度、全方位和全天候对地观测的新时代。下面让我们一起来看看,它究竟能在哪些领域发挥作用。

1.观测PM2.5。就拿目前最受关注的雾霾治理工作来说,从2013年1月1日起,我国对70多个城市开展了PM2.5的监测,同时运用卫星遥感技术,从空中监测灰霾的影响范围。

2.用于防灾减灾。遥感卫星可以用于各类灾害应急监测和抢险救灾信息支持，如地震、火山活动、土砂灾害等。2014年8月3日，云南鲁甸发生地震后，国家共调集国内外18颗遥感卫星，对地震灾区紧急成像，获取鲁甸地震区域卫星影像数据近百景，为抗震救灾发挥了巨大作用。

3.资源普查。卫星遥感技术可以用来普查地球资源，例如水、石油、天然气、煤炭、金属矿藏储量。我国已在酒泉卫星发射中心成功将遥感卫星二十号送入太空。它主要用于科学试验、国土资源普查、农作物估产及防灾减灾等领域。

4.天气预测、掌握海面温度、海洋资讯。如果没有气象卫星，我们无法全面监测大气成分，无法做好气象预报预测;如果没有海洋卫星，我们很难解决赤潮等问题;如果没有陆地遥感卫星，我们不能有效地监测森林、沙漠等的变化情况。

5.考古研究。遥感技术在我国的考古工作中运用越来越多。在新疆的北庭古城、高昌古城，陕西的汉长安城，河南的汉魏洛阳故城、安阳殷墟等很多古代遗址的考古工作中，遥感技术获得的影像资料，为学者们发现遗迹现象、摸清遗址范围和内涵、了解遗址过去和当下的保存状况等工作，提供了很多有益的帮助。

6.农作物生产预测。卫星遥感技术可以掌握全球耕地分布，监测大宗作物的长势与估产。遥感技术的应用，让农业统计数据的获取途径发生重大变化，有了遥感技术，一个地区的粮食种植面积在卫星照片上一目了然，大大提升了数据的准确性。

7.军事。遥感在军事科学上的应用是显然的，因为可以远距离地观察目标，而且可以获得相对宏观的分析数据。在军事上，遥感可以对目标国家和地区的资源状况进行监视，还可监视对方军事部署和大规模的军事移动。在具体的作战中，遥感可以帮助分析局部的地形、资源状况，从而帮助己方进行战术行动的方案判断。

毕业生少　就业率高

人们越来越需要深刻地了解我们的地球，了解它的资源，了解它的变化，以便合理安排生产和生活。可以说，遥感技术为我们打开了观察地球的“眼睛”。

在我国，遥感科学与技术目前已成功地应用到包括资源调查、环境保护、政府管理与决策、城市规划、防灾减灾、重大工程和国防建设等众多领域。在国民经济建设以及国防建设等方面显示出独特的战略地位和意义，许多发达国家已将其列为优先发展的战略目标，具有很好的发展和应用前景。近年来，随着我国社会经济建设的迅速发展，遥感科学与技术的应用范围不断拓展，取得了良好的经济效益和社会效益。

教育部就业指导中心统计的2013年本专科专业就业状况显示，遥感科学与技术专业本科毕业生人数并不多，毕业生规模仅为800~900人。但从连续三年的就业形势来看，该专业的就业率区间从2011年的85%升高到2013年的95%，就业率呈持续上升趋势。该专业毕业生主要在城市发展与规划、国土资源与开发、环境、交通工程、海洋、国防建设等领域的科研单位、企业与行政管理及生产部门，从事与遥感技术相关的理论与应用研究、开发和管理工作，也可在高等院校从事专业教学、科研工作。

三、报考指南

各校遥感专业掠影

目前全国开设遥感科学与技术专业的院校共有20余所，包括武汉大学、西南交通大学、解放军信息工程大学、首都师范大学等院校等。其专业方向也多集中于学校自身特色方向，包括矿业、交通、农业、海洋、气象以及土地利用等领域。

在我国开设遥感科学与技术专业的院校中，武汉大学是办学历史较早，专业师资力量雄厚的院校，在国内同类院校中始终名列前茅，被业界誉为中国测绘遥感领域人才培养的摇篮。目前，该校遥感信息工程学院设有“遥感科学与技术”“地理国情监测”2个本科专业，“遥感科学与技术”拥有遥感信息工程、摄影测量、地理信息工程等三个专业方向。

2013年以前北京地区仅有北京航空航天大学和首都师范大学设有该专业，前者的遥感专业偏重于仪器类航空航天遥感，而后者则侧重于环境遥感。2014年北京建筑大学也开设了遥感专业，其专业特色建立在建筑测绘、城市遥感等基础上。

报考应当注意什么

由于学习遥感专业要运用很多专业软件，并且要进行很多编程实习。所以，不喜欢电脑，对编程完全没兴趣的同学，选报时一定要慎重。当然，没有编程基础，也完全不用担心，经过几年的学习你也许会成为一个电脑高手。

遥感专业和其他热门专业的录取分数线相比不太高。以北京考生为例，2012年武汉大学遥感科学与技术专业的录取平均分为594分，该校在京录取理科平均分为599分;2013年武汉大学遥感专业录取最低分为644分，该校理科在京录取最低分为631分。可见专业录取线与院校录取线基本持平，只略高一些，和其他热门专业录取分数线相比并不算高。

当然，各校的情况不同，生源和就业形势也在不断变化，不排除遥感专业分数线上升的可能。学生在选择报考时一定要结合自己的实际情况、兴趣爱好等情况综合考虑。另外，色弱、色盲的同学要认真阅读所选院校的招生章程，谨慎选择。

化学工程与工艺(081301)：创造出千万个“新物种”

一、专业解析

什么是化学工程与工艺

化学工程与工艺就是研究化学工业生产过程中的共同规律，并用化学方法改变物质组成或性质来生产化学产品的一门工程学科。简单来说，也就是化学在工程实际中的应用。

化学工程与技术学科是19世纪末由于化学品大规模生产的需要而形成和发展起来的。当时，为了化工生产的高效和大型化，根据典型的化学工艺和设备中出现的一些具有共同属性的工程问题，形成了单元操作的概念。20世纪50年代后发展的传递过程原理和化学反应工程使化学工程学科上升到了新的阶段。人类穿的各种合成纤维的衣物，吃的各种食物的包装加工，住的房屋所用的水泥钢材，以及人们开车所用的石油天然气，都是化工研究的方向。中科院院士陈洪渊就曾经评价化工产业为“国之重器”，能创造出数千万个“新物种”。

化学工程与工艺学什么

本科期间化学工程与工艺专业的基础课程主要有：基础化学、有机化学、物理化学、化工原理、化工热力学、化工传递过程、化学反应工程、化工工艺学、化工设计、过程动态学及控制等。学生还要学习很多相关专业的必修和选修课程。各校根据开设专业的方向和侧重不同，课程设置有所差异。另外，化工专业是一个很注重实验和实践的学科，大学期间涉及的实验和专业实践课程也很多，需要具备一定的动手能力。

大学期间，同学们可以学到一些很有意思的知识，比如，洗发水怎么配比？怎样的配方会有怎样的效果?肥皂、洗涤剂的生产工艺怎样最合理?怎样制作擦脸油、雪花膏……学生通常要通过产品设计、物质分离和转变等过程中物质和能量的转化传递规律，掌握产品与工艺开发、生产装置设计从实验室到大规模生产线的放大、过程系统优化、过程安全与环境的理论和方法，掌握物质分离与转变过程及其设备设计与操作的共同规律。

化学工程和化学的区别

化学工程专业是标准的工科专业，而化学专业是典型的理科专业，它更关注的是最基本的科学原理。举一个简单的例子，比如同样是发现了一种化学新物质，化学专业更关心这种物质是怎样合成的，而化学工程则更关心这种物质有怎样的用途，以及如何大规模地生产，如何造福社会。

二、专业与就业

主要就业方向

分析化学师、食品化学师、化妆品研发员、医药技术师这些职业你肯定听说过，但不一定想到他们与化学工程与工艺专业相关。总体来说化学工程与工艺专业的就业领域还是相当广泛的。毕业生能在化工、能源、信息、材料、环保、生物工程、轻工、制药、食品、冶金和军工等部门从事工程设计、技术开发、生产技术管理和科学研究等方面的工作。主要就业方向：

1.可到科研院所、高等院校从事化学工程与工艺相关的科研、教学等工作。不过这需要毕业生具备一定的科研水平和较高的学历。

2.到化工类、石油类、轻工类、车辆化工、建筑机械、制药、食品、涂料涂装等相关的科研单位、企业、公司从事应用研究、精细化工产品的开发、设计、生产技术和科技等工作。化工行业有很多知名的企业如美孚、壳牌、巴斯夫、中石油、中石化等。当然，除了这些大企业外，一些冶金、化纤、煤炭、橡胶等化工企业也是毕业生不错的选择。化工行业是个讲究经验和积累的行业，技术和经验是技术型人才的资本，对于刚毕业的学生来说，一般需要一个相当长时间的经验积累，从基层做起，让理论和实践充分地结合后，才能谋取个人职业更好地发展。

3.可以在相关化工类企业从事销售、管理等工作。除了走工艺、研发、质量检验等技术人才的道路外，该专业复合型销售和管理人才也为市场所青睐。关键是如何取得化工类技术以外的教育背景和从业经历。化工贸易、管理人才基本都需要是化工专业出身,同时熟知贸易规则和单位业务,还必须耐心细致,且具备和较强的语言表达能力。

选择广泛　就业有优势

教育部公布的本专科专业就业状况显示,该专业2013年全国普通高校毕业生规模在28000~30000人,近三年全国就业率区间在90%~95%,属于就业率较高专业。与热门的计算机、金融专业相比,化学工程与工艺专业在报考和就业率方面虽然没有非常“火爆”,却呈现出工作后发展速度快,就业率稳定性较高等优势。

相关从业人员都表示,化工专业毕业生要找到一份工作并不难,但找什么样的工作就因人而异了。该专业毕业生的就业情况和所在院校及院校专业方向也有一定关系。化工各个方向分类较细,各个大学都有自己擅长的专业方向。如有些学校侧重石油化工、煤化工;有些侧重医药化工;有的则偏重金属冶炼或精细化工等。另外,还有一些人对化工就业存在这样的误区,担心学这个专业毕业后要去挖煤、炼石油。实际上,传统的石油化工、煤化工只是其中的一个就业方向,如果你对这个方向不感兴趣,还有更广泛的领域可供选择。如可以选择和人们生活息息相关的精细化工,我们用的洗发水、洗面奶、沐浴液的研发生产都是化工的主要就业领域。还有食用油、巧克力等食品加工企业,香水、化妆品、奢侈品制造等也是化工很好的就业方向。

三、报考指南

目前,全国招收化学工程与工艺专业的高校约有350所。其中有影响力的代表院校如:天津大学、清华大学、浙江大学、华东理工大学、北京化工大学等。

选学校看方向

各大学的专业方向和培养侧重点各有不同。专业方向的选择可能直接影响未来的就业,考生在考虑院校时,最好对学校特色和专业方向有所了解,看准目标比较清楚后,再选择符合自身情况的学校和专业。

如清华大学化工系有化学工程与工业生物工程和高分子材料与工程两个本科专业,每年招收本科生共120名。清华化工近年来更专注于绿色环境友好型的新能源、新材料、节能环保和生物产业等战略性新兴产业方向。

天津大学该专业为国家特色专业,其所属的化学工程与技术一级学科在2003年、2006年和2012年教育部组织的第一轮到第三轮学科评估中,排名连续三次蝉联全国第一。其专业划分最为细致,下设了几十个研究方向。

浙江大学本科阶段的化学工程与工艺专业着重培养能从事绿色工程技术和清洁生产工艺开发的高级科技人才。

北京化工大学一直致力于化工领域的发展,该校高分子材料与工程、过程装备与控制工程等专业的实力非常雄厚。

北京石油化工学院的化学工程与工艺专业是学校成立最早的专业之一,是国家第一类特色专业建设点和“卓越工程师教育培养计划”试点专业。其专业更注重培养的是在化工、炼油、冶金、能源等领域方面的工程技术人才。

报考看章程

化学工程与工艺专业是一门专业性很强的工学专业,学生最好具有较强的理工科基础和动手能力。实验在教学中占据着一定的比重,细心谨慎、有想象力和动手能力、善于分析实验结果的学生更加容易脱颖而出。有很多考生家长担心,化学工程专业会不会有危险。其实,在本科学习中能接触到的危险物质少之又少。即使实验课上遇到一些比较危险的物质,如强酸、强碱,课堂上也有严格的操作流程和安全保护措施。

化学工程与工艺专业属于工科中的化工与制药类,报考该专业对色觉是有一定要求的。根据《普通高等学校招生体检工作指导意见》,对以颜色波长作为严格技术标准的化学类、化工与制药类、药学类等专业,患有轻度色觉异常(俗称色弱)的考生,学校可不予录取。所以,考生一定要看清招生章程或咨询学校招办,弄清楚学校对报考具体专业的相关要求。

交通运输(081801):国民经济的传送带

一、专业解析

什么是交通运输

交通运输(以前称交通运输工程)是研究铁路、公路、水路及航空运输基础设施的布局及修建、载运工具运用工程、交通信息工程及控制、交通运输经营和管理的工程领域。交通运输专业培养的就是能够研究生产交通运输设备，组织、规划和管理交通运输生产，实现经济和社会效益的专业人才。

在招生时，大部分高校按“交通运输专业”名称进行；也有部分学校按照“交通运输类”专业招生。这里介绍的是交通运输专业。

基础要扎实，技术含量高

除了微积分、线性代数、力学等基础课程之外，高校的交通运输专业一般还会开设运筹学、管理学、交通运输组织学方面的课程。另外，根据培养方向不同，学生还会学到轨道相关知识、民航相关知识或汽车相关知识等。在很多学校，交通运输专业课程还会加入交通运输信息化相关的内容，以适应社会的人才需求。

总的来说，交通运输专业是一个实用性很强，专业性很强，需要扎实的理工科基础的专业。虽然本专业对考生的要求根据高校层次不同，也有所区别，但总体来说是个“技术含量很高”的专业。

二、专业与就业

教育部最新公布的统计数据显示，交通运输专业每年全国普通高校毕业生规模在10000~12000人，毕业生性别比例为男生75%，女生25%，最近三年就业率保持在90%~95%，毕业生就业形势良好，也是近年来高就业率高就业质量的代表专业之一。

就业方向

交通运输专业的就业方向比较集中，主要包括如下方向：

第一，到大型的交通运输企业，比如中国远洋运输集团公司等就业。这是交通运输专业对口的行业，并且入门比较低，工作比较容易上手，待遇也不错，许多交通运输专业的毕业生直接到这些部门工作。

第二，到物流公司就业，比如顺丰、四通一达（申通、圆通、中通、汇通、韵达）等公司。随着电子商务近年来的蓬勃发展，物流行业也迅速壮大，吸收了大量交通运输专业的毕业生，有时还会出现交通运输专业毕业生供不应求的局面。

第三，到国家交通部、地方交通厅（局）、行业协会等单位就业。这些单位一般都是公开招考，大多工作稳定，并且社会地位高，很受毕业生的青睐。

第四，到交通部下属的各研究院、大专院校等就业。有些学历比较高的毕业生到研究院、高校等单位就业，有的从事研究工作，有的从事教学工作，也是很不错的就业方向。考研深造也是不少毕业生的选择。阳光高考信息平台的数据显示，该专业全国报考硕士较集中的专业是：交通运输规划与管理、交通运输工程、载运工具运用工程、车辆工程。

三、报考指南

在高铁建设轰轰烈烈，支线机场呼声此起彼伏，电商物流需求越来越大的今天，交通运输专业也逐渐进入考生和家长的视线。

阳光高考信息平台的数据显示，全国共有145所本科高校开设交通运输专业，包括北京交通大学、东南大学、西南交通大学、同济大学、中南大学、长安大学、北京航空航天大学等。

根据学校的学科优势和传统不同，各高校对学生的培养也会有不同的方向和侧重，如公路、铁路、物流、航空等。如东南大学，因有国立东南大学交通运输系及国立中央大学土木工程系的路工组的前身积累，在培养方向上，就是“大交通”概念，专业骨干课程包括物流学、物流系统规划与设计、运输系统规划与设计、运输组织学、城市客运交通运营组织、物流信息系统、载运工具、汽车构造与原理、汽车运用工程等，学生所学课程范围非常广泛。而作为交通运输工程一级学科在教育部评估中连续11年全国排名第一的高校，因有“山海关北洋铁路官学堂”直到“唐山铁道学院”至今的雄厚积累，西南交通大学的交通运输专业的方向为“铁路运输、城市轨道交通”。

报考提示

北京交通大学招生办公室闫老师提醒考生和家长，报考交通运输专业，需要考生对轨道交通或道路交通方面有兴趣，有较强的数理基础和动手实践能力。如果有钻研、探索的精神，则会更加合适。北交大的交通类专业立足于培养掌握轨道交通系统理论和轨道交通工程领域的专门知识与关键技术，具备较强研究能力和工程实践能力，具有能够引领轨道交通科技与管理发展潜质和国际竞争力的工程拔尖创新人才。

另外，交通运输专业毕业后，下现场的比较多，即使是去研究所、政府部门也有这种工作需求。所以，建议报考的考生要有个好体力，就读期间也要锻炼好身体。

航空航天类专业(0820):“敢上九天揽月”

一、专业解析

航空和航天的区别

航空航天,顾名思义包括航空和航天两大部分。两者虽然仅有一字之差,却被称为两大技术门类。最能集中体现两者成果和不同之处的就是飞行器。

人们依据飞行环境和工作方式的不同,把飞行器分为航空器和航天器。在大气层内飞行的称为航空器,如各种军用飞机、民用飞机、热气球等;在大气层外飞行的飞行器称为航天器,主要包括航天飞机、宇宙飞船、人造卫星、深空探测器、运载火箭、导弹等。虽然都是在天上飞,但两者还是有很大不同的。

航空航天类包括哪些专业

在2012年新版《普通高等学校本科专业目录》中航空航天属于工学中的一个专业类。它包含航空航天工程、飞行器设计与工程、飞行器制造工程、飞行器动力工程、飞行器环境与生命保障工程、飞行器质量与可靠性、飞行器适航技术等7个专业。当然,开设航空航天类专业的院校会根据自身的学科优势和发展历史,选择开设其中的一个或几个专业。

这里简单说一下飞行器设计与工程、飞行器动力工程、飞行器制造工程三个主要专业。这三个专业名称听起来很相近,却是有很大区别的。飞行器设计、飞行器制造、飞行器动力最终的目的都是完成一个可以投入实际运用的飞行器。简单地说,区别就是一个是将飞行器设计出来,一个是将飞行器制造出来,一个研究的是飞行器所需的动力装置。说起来容易,但真正实施并最终完成飞行器,还需要大量的分析、计算和实验。

培养什么样的人才

我国高校在航空航天领域的人才培养上功不可没。据北京航空航天大学李未院士介绍,在“神五”、“神六”、“神七”第一线工作的骨干工程师,平均年龄只有37岁,他们绝大多数是由中国的高校培养的。这说明我国在航空航天高等教育方面已经达到了世界先进水平。

从广义上讲,航空航天类专业是培养如何把飞行器设计制造出来并送上天空的工程技术专业人才。然而,无论是飞机还是航天器,都是综合科学技术的结晶,涉及众多知识领域。所以,此类专业对学生的要求是“厚基础、强能力,高素质、重创新”。学生主要学习和掌握航空航天科学与技术、力学、机械学等基础理论和知识,接受航空航天工程方面的系统训练,并且通过各种实践性教学环节,使学生具备坚实的理论基础,良好的实践能力和分析、解决问题的能力,以及创新能力。

航空航天类专业的课程主要包括基础课程和专业课程,基础课程的核心主要有数学、力学、物理、计算机等;专业课程根据不同专业领域和方向的要求,深入学习专业基础知识。

二、专业与就业

就业率:持续三年95%~100%

航空航天科技是20世纪兴起的现代科技,自其形成以来,一直汲取基础科学和其他应用科学领域的最新成就,高度综合各领域的最新成果,力学、热力学、材料学、医学、电子技术、自动控制、喷气推进、计算机、真空技术、低温技术、半导体技术、制造工艺学等都对航空航天的进步发挥了重要作用。可以说,航空航天是综合性尖端科技的象征和结晶,是工业皇冠上的一颗明珠。

进入21世纪以来,航空航天技术是最为活跃的高科技领域之一,更是衡量一个国家综合国力的重要标志,全世界的国家都在抢占这一科技制高点,未来的发展潜力自然不容小视。国务院公布的《国家中长期科学和技术发展规划纲要(2006—2020年)》中,关于大型飞机、高分辨率对地观测系统、载人航天工程与探月工程等航空航天领域范畴的工程便占到16个重大专项中的4项。近些年来大飞机、载人航天、探月工程等项目的重大突破,给我国的航空业带来了空前繁荣,也为航空航天类专业毕业生带来了良好的机遇。

教育部最新公布的2012年本专科专业就业状况显示,飞行器设计与工程、飞行器动力工程、飞行器制造工程等三个航空航天类主要专业的毕业生规模为3000~4500人。这三个专业连续三年就业率区间持续保持在95%~100%,属于高就业率专业。

就业面:适用性广,应用性强

可供毕业生选择的对口职业有很多,毕业生可进入航空航天系统内的科研院所,从事设计、制造、研发、管理等工作。如飞机制造集团、中国航天航空集团下属的航天一院(中国运载火箭技术研究院)、航天二院(地空导弹研究院)、航天三院(飞航导弹研究院)、航天五院(中国空间技术研究院)等十多家研究院、数十个科研基地及上百个加工制造厂都是对口单位。当然,这些对口的研究院所对毕业生的要求也是相当高的。

有些考生家长担心学了航空航天类专业将来毕业都要到艰苦的偏远地区工作。事实上,目前我国的航空航天事业在软硬件条件上已有了极大改善,大多数研究机构设在北京、上海、西安、武汉、沈阳等大城市。比如,神舟飞船的研制工作都是在大城市的研究院里完成的,只有装备、发射在基地进行。一些研发人员可能会去当地出差一段时间来配合发射,但大部分科技人员主要还是在城市工作。

由于航空航天科技工业是知识密集和技术密集的高技术领域,其技术成果早已不仅仅应用于飞机或航天飞船上,正逐渐向电子、机械、汽车、通信、气象、能源、探测等领域渗透。也就是说,航空航天专业毕业生除了面向航空航天系统内就业外,还可以到其他领域工作。加之航空航天类专业毕业生专业基础扎实、实践能力强,促成了其就业适用面广、应用性强等特点,很多相关行业也非常欢迎航空航天类专业的毕业生。

三、报考指南

哪些院校开设相关专业

北京航空航天大学宣传部邓姓副部长介绍,除了部队所属院校外,目前我国已有21所普通高校开办了航空航天专业,专业也由最初的4个发展到涵盖航空航天科学的所有学科,逐步形成了国家重点大学与地方高校共同培养不同层次航空航天人才的格局。其中隶属于工业和信息化部的高校有北京航空航天大学、哈尔滨工业大学、南京航空航天大学等7所,教育部所属高校有清华大学、厦门大学、湖南大学等7所,交通运输部所属高校有中国民航大学,地方所属高校有长春大学、上海工程技术大学、南昌航空大学等7所。

方向各异　层次不同

航空航天类专业虽然开设的院校不多,但由于院校层次和发展历史不同,专业实力也有一定的差距。目前,我国开设航空航天类专业的重点院校有北京航空航天大学、南京航空航天大学、西北工业大学、哈尔滨工业大学、北京理工大学等。近些年来,清华大学、北京大学、上海交通大学、浙江大学、厦门大学等也相继开设了此类专业,还有一些院校如南昌航空大学、沈阳航空航天大学、郑州航空工业管理学院等也开设了相关专业。填报志愿时,考生可以根据实际情况,确定自己的位置,选择和自己分数、批次相符合的院校。

航空航天类专业的招生方式主要有两种:一是按专业招生,二是按"航空航天类"招生。如北京理工大学就是按航空航天类招生的,该校航空航天类包含飞行器设计与工程、飞行器动力工程、航空航天工程、武器发射工程等4个专业。上海交通大学则是以航空航天工程专业招生;南京航空航天大学分别以飞行器设计与工程、飞行器制造工程、飞行器动力工程、飞行器环境与生命保障工程专业招生。北京航空航天大学将其分为航空学院和宇航学院。航空学院设有三个本科专业:飞行器设计与工程、工程力学、飞行器环境与生命保障工程;宇航学院设有飞行器设计与工程(航天)、探测制导与控制技术(航天)和飞行器动力工程(航天)三个本科专业。

考生在考虑院校时,最好能对院校和专业方向有所了解,选择那些符合自身实际情况和兴趣爱好的高校选报。

什么样的学生适合报考

一些考生和家长误以为报考航空航天类专业将来就是当航天员,所以对身体要求一定非常严格。其实不然,学了航空航天类专业不是开飞机也不是当飞行员,主要是为了培养航空航天领域的专业技术人才。所以,此类专业对身体条件并没有特别苛刻的要求。考生的身体状况只要符合教育部、卫生部、中国残联印发的《普通高等学校招生体检指导意见》即可报考。

还有一些人误认为航空航天类专业不招收女生。其实,只要成绩和相关条件符合要求,高校对女生报考航空航天类专业是没有限制的。在教育部最新公布的2012年本专科专业就业状况中,航空航天类三个主要专业全国普通高校毕业生性别比例分别为:飞行器制造工程男93%:女7%;飞行器动力工程男92%:女8%;飞行器设计与工程男88%:女12%。可见还是有不少女生在航空航天领域发挥聪明才智的。

另外,航空航天类专业要求学生有很好的逻辑思维能力、学习钻研能力和动手能力。从所学的课程中也不难看出,航空航天专业普遍对力学、数学、物理的要求非常高,开设的课程也比较难。所以,数学、物理等科目成绩优异,且具有较强逻辑思维能力、钻研动手能力的学生更适合选择这类专业。

建筑学(082801):建筑师的摇篮

一、专业解析

什么是建筑学

建筑学是一种技术,更是一门艺术。好的建筑不但可以记录某个阶段人类社会生活的状态,还可以像音乐那样唤起人们的某种情感,让人产生庄严肃穆、明朗欢快等不同的情绪。很多人把建筑称为"石头的史书"或"凝固的音乐",就是这个意思。

据北京建筑大学建筑与城市规划学院马副院长介绍,传统的建筑学是研究建筑物及其环境的一门学科,包括建筑学、城乡规划、风景园林等多个专业。随着建筑事业的发展,园林学和城市规划逐步从建筑学中分离出来。现在建筑学更多的是研究解决建筑的空间、功能和形式等问题。不同的建筑因目标人群和使用性质的不同,有各自不同的功能目标和要求,如民用建筑、工业建筑等。建筑设计必须充分考虑不同的功能要求,并保证这些功能要求的实现。另外,建筑设计还常常需要运用绘画、雕刻、工艺美术、园林艺术,创造室内外空间艺术环境。因此,建筑是一门综合性很强的艺术。

培养什么样的人才

建筑学本科阶段的主干课程包括:建筑设计基础、建筑设计原理及设计、建筑构造、建筑力学和建筑结构等(各校根据开设专业、培养年限不同,课程设置有所差异,具体可查询各校的专业设置情况)。

建筑学专业着重培养从事建筑规划和建筑设计的高级技术人才,通俗地说就是建筑师。马副院长介绍,在一个项目中,建筑师负责整体建筑的设计方案,然后结构工程师根据方案计算结构,设备工程师负责给排水、供暖、供电等功能的实施。建筑师在一个建筑项目中起着龙头的作用。所以,这个专业对学生的综合素质要求相当高。学生既要掌握相当的工程知识、绘图能力,拥有一定的艺术修养,还要有较强的分析问题和解决问题的能力。

建筑学学位还是工学学位

很多人存在这样的疑问,为什么同样是学建筑,有的拿的是工学学位,有的拿的却是建筑学学位呢?

建筑学专业本科设有5年和4年两种学制,可获得"建筑学学士学位"或者"工学学士"学位。当然,不是所有的五年制建筑学专业都可以颁发建筑学学位。只有通过了全国高等院校建筑学专业教育评估的几十所大学可以颁发建筑学学士学位,其他学校只能颁发工学学位。

对于建筑学专业的学生来说,如果毕业后要报考一级注册建筑师的话,拥有建筑学学位所需的从业时间要短一些。建筑学学士毕业3年后可以报考,工学学士毕业5年后才可报考。

二、专业与就业

就业率呈上升趋势

"目前我国的建筑行业不敢说是八九点钟的太阳,但也是上午十点钟左右的光景,显示出了勃勃的生机。建筑专业发展前景还是非常广阔的。"北京建筑大学建筑与城市规划学院马副院长这样评价建筑专业的前景。"为什么这样说呢?可以从三个方面来看。一是目前我国一线的中心城市虽然建设比较快,但二三线城市和农村还是欠发达,甚至是滞后的。这就给建筑行业提供了发展空间。二是城市老旧建筑的改造和拆除是城市更新的重要方式之一。在这方面,建筑专业毕业生可以有广阔的施展舞台。另外,我国还是个文化古国,文物古建筑是宝贵的历史文化遗产,需要投入大量的人力、物力来维护。目前国家每年都在加大这方面的资金投入力度,专业人才稀缺。所以,近几年建筑类中的建筑遗产保护方向也是非常受到市场欢迎的。"

人要生存就要盖房子,只要盖房子,建筑专业就有市场。近几年房地产市场的火爆就是证明。教育部公布的2012年本专科专业就业状况显示,建筑学专业毕业生规模在1.2万~1.4万人。近三年就业率呈上升趋势,近两年保持在90%~95%,属于高就业率专业。有资料显示,2012年就业率较高的前50名本科专业中,建筑和建筑类的专业排在前20名中的就占了4个。另外,建筑及建筑类专业的平均月收入在主要本科专业中也是连续几年排名前列。

企业到高校抢人才

建筑学专业毕业生的就业方向归纳起来主要有:

1.在建筑设计研究院和建筑设计事务所等建筑行业的设计单位,主要从事建筑物的设计和有关建筑的研究工作。

2.在房地产开发企业,主要从事建筑项目的前期策划、方案设计、施工图设计等工作。

3.在建设厅、规划局等政府管理部门,从事建设行业管理、城市管理、房屋质量检测、古建筑保护等工作。

“经常会有企业单位打电话来向我们要实习生，可这不是想要就能有的，学生数量是有计划的。往年我们建筑专业全国才招两个班，今年会增加一个班。”马副院长介绍，建筑学专业就业率各校普遍都比较高，一些知名院校的毕业生十分抢手，企业去学校预定人才的现象也不少见。当然，大部分毕业生愿意去对口单位就业，建筑设计研究院、建筑设计事务所等单位还是建筑毕业生的主要选择。

三、报考指南

建筑学高校报考

目前全国本科阶段开设建筑学专业的院校有250多所，既有一本院校，也有二本和三本院校。考生可选择的跨度空间较大。

首选当然是实力强劲的名牌高校。说起国内知名的建筑院校，不得不提建筑“老八校”：清华大学、同济大学、东南大学、天津大学、哈尔滨建筑大学（现为哈尔滨工业大学）、华南工学院（现为华南理工大学）、重庆建筑大学（现并入重庆大学）、西安建筑科技大学。它们地处东西南北中，建筑学历史悠久，专业实力突出，且各有特色。可以说是我国建筑学学科最好的八所高校，属于建筑专业的第一集团军。

接下来就是通过了全国高等院校建筑学专业教育评估的高校。目前，全国通过评估的高校仅有48所。在这48所通过评估的高校中，又有通过了七年有效期评估和四年有效期评估之分。毋庸置疑，通过七年评估的学校，其办学条件、师资力量更加完备，课程体系、教学质量略胜一筹。目前通过了七年评估的高校共有16所，除了上述的8所建筑第一集团军外，还有浙江大学、南京大学、北京建筑大学、沈阳建筑大学、湖南大学、山东建筑大学等，它们属于第二军团。在填报志愿时，考生可以根据实际情况，确定自己的位置，选择和自己分数、批次相符合的院校。

什么样的学生适合报考

建筑学专业需要学生有一定的艺术修养。那些具备空间想象力、造型能力和表现能力，同时有较强的沟通能力和吃苦耐劳精神的学生比较适合学习建筑专业。

因为要求考生具有一定的艺术修养和绘图能力，一些院校的建筑学等专业要求考生加试徒手画，虽然不计入总成绩，却是录取的重要依据。如北京交通大学2013年招生章程中规定：建筑学专业要有一定的美术基础，如考生所在省级招生机构组织徒手画加试，考生要有徒手画加试成绩。新生入学后要进行美术考试，成绩不合格者转至土木工程或环境工程等相关专业学习。西安建筑科技大学要求报考建筑学、城乡规划、风景园林专业的考生须有美术基础，入学后素描加试不合格者调整到其他专业学习。

当然也不是所有招收建筑专业的高校都要求加试美术，如北京建筑大学等一些高校就在章程中写明，所有专业不设美术加试。考生可以根据自己的实际情况，认真查阅各校当年招生章程，合理选择学校，恰当填报专业。另外，还有很多院校建筑学专业不招色盲、色弱考生，考生在报考时也要注意。

城乡规划（082802）：培养城乡建设的规划师

一、专业解析

什么是城乡规划

从字面上理解，城市规划就是规划城市；城乡规划则是规划城市和乡村。但这个专业的真正内涵远没有这么简单。如果让你规划一座城市，你会从何入手？需要考虑哪些问题？城市布局、建筑风格、交通规划、管理模式……所有这些都在规划者的考虑范围之内。

北京建筑大学建筑与城市规划学院马副院长表示，城市规划从宏观到微观分为整体性规划、分区性规划、控制性详细规划、修建性详细规划等几个步骤。整体规划如土地利用、空间布局、发展形态；详细规划如建筑密度、高度、容积率，大到一个城市规模、小到一块儿绿地，可以说都是城市规划的范畴。

随着城乡一体化统筹发展，城市之间的距离越来越近，规划已不仅仅局限于一个单一的城市，还会考虑到城市与城市之间、乡村与乡村之间、城市与乡村之间的协调，甚至是区域性的多个城乡联动规划，实行资源共享，优化配置，实现城乡一体、持续发展。

由此可见，城乡规划是一个多学科交叉的综合学科，需要经济、地理、交通、社会、历史、文化等多学科知识的支撑。

城乡规划学什么

城乡规划属于工学中的建筑类。传统的建筑学涵盖非常广,城乡规划、风景园林等一些专业都被包含其中。随着建筑行业和社会的发展,这些专业逐渐从建筑学中分离出来,形成了独立的专业。所以,规划和建筑学有极深的渊源。该专业开设的主干学科是城市规划设计、建筑学;主要课程包括建筑学基础课程、设计类课程、城乡规划理论课程、软件技术课程等。

城乡规划专业培养的是规划师。该专业本科多为五年制,也有部分院校为四年制。一般本科一、二年级阶段先搭建在建筑学专业平台上,学习建筑专业相关知识,后两三年进行规划专业知识学习。学生毕业后,可取得工学学士学位。

容易混淆的专业

以往在填报志愿时,经常有同学把"城乡规划"和"人文地理与城乡规划"两个专业弄混,认为它们是一回事。

其实"人文地理与城乡规划"原名叫"资源环境与城乡规划管理",是一个侧重应用的地理科学专业,属于地理科学类的范畴,可授理学或管理学学位。地理科学研究地球上的大气圈、岩石圈、水圈、生物圈与人类圈的相互作用,是一个研究型的专业。近几年,土地资源开发和城市加速建设为地理科学带来了发展机会。"人文地理与城乡规划"侧重应用地理科学为资源环境、土地管理、房地产开发等问题提供帮助,与城乡规划专业还是有差别的,大家在选择专业时一定不要望文生义,而要认真去了解。

二、专业与就业

教育部公布的本专科专业就业状况显示,该专业2013年全国普通高校毕业生规模在6000~7000人,2011—2012年就业率均在90%~95%,2013年就业率区间在85%~90%,属于就业率较高的专业。

当今中国正处在高速化发展阶段,许多城市面临大规模的城市新区开发、旧城改造、配套环境和景观建设。城市化脚步的加快、城乡一体化的发展、新农村建设等都离不开规划人才。未来高层次的规划专业人才有着巨大的发展潜力和空间。

从规划工作的范畴来看,城乡规划的项目和方向还是有很多的。比如城乡整体规划、详细规划、居住区规划设计、公共中心规划设计、旅游风景区规划设计、历史文物古迹保护规划设计等。

城乡规划专业毕业生的就业方向归纳起来主要有:

1.各级规划管理部门。如在发改委、建设局、规划局、国土局、园林局等从事经济发展规划、区域规划、城市开发及城乡规划管理等工作。

2.各级规划设计院。如在城市规划院、建筑设计院、风景园林设计院等单位从事城市规划设计、乡村规划设计、区域项目规划设计及研究等工作。

3.在建筑规划设计公司、房地产企业、规划开发咨询机构,从事项目规划设计、房地产筹划及相关政策法规的咨询和研究工作。

当然,还有很多毕业生选择继续报考城乡规划专业研究生或出国深造。这里要提醒考生的是,我国城市规划编制单位实行资质管理制度,将其资质划分为甲、乙、丙三个等级,分别规定了各等级单位承担城市规划编制任务的范围,不得越级编制规划,以保障城市规划编制的质量。城市规划编制单位的规模有大有小,水平有高有低。不同规模和级别的研究所、设计院,能学到的东西相差很多,薪金、待遇也是有差别的。

三、报考指南

全国200余所高校开设该专业

目前,全国有200余所高校开设城乡规划专业。建筑和规划基本是一体的,规划专业的代表院校和建筑专业的格局差不多。业界比较认可的院校,如我们之前在建筑专业中提到的建筑"老八校":清华大学、同济大学、东南大学、天津大学、哈尔滨建筑大学(现为哈尔滨工业大学)、华南工学院(现为华南理工大学)、重庆建筑大学(现并入重庆大学)、西安建筑科技大学等,都是实力强劲的名牌高校。

在国内,以工科见长的院校所开设的城乡规划专业比较偏向于建造规划,例如清华大学、同济大学等;以理科见长的院校的城乡规划专业则侧重于研究类规划,专业涉及经济地理、自然地理等相关知识;还有一些高校的城乡规划专业侧重于管理类规划。考生在报考时可以根据自身情况,确定自己的位置,选择和自己分数、兴趣相符合的院校。

城乡规划本科阶段各院校基本没有细分专业方向,到了研究生阶段再分专业方向。当然也有一些院校在专业设置中标明了专业方向和专业特色,考生在报考时可以留意一下。如北京交通大学该专业体现建筑学、设计学与城乡规划交融的特色,依托交通运输规划与管理等重点学科,突出交通、管理、建设工程等对城乡规划专业人才的培养。北京建筑大学城乡规划专业在四年级进行城市规划与设计和风景园林设计2个专业方向分流培养。

报考城乡规划应注意什么

城乡规划是经济学、社会学、历史、文化很多学科的总和。相比于建筑学专业，城乡规划专业涉及的领域比较宽泛。除了需要基本的建造知识之外，该专业的学生还需要对社会学、经济学、管理学等背景知识有所了解。

城乡规划设计要求学生有较强的空间立体感和丰富的想象力。所以，不少高校的城乡规划专业对考生美术功底有一定要求。如北京林业大学要求"报考园林、风景园林、城乡规划、木材科学与工程(家具设计与制造方向)专业的考生具备一定的美术基础，但高考时不加试"。西安建筑科技大学要求报考建筑学、城乡规划、风景园林专业的考生有美术基础，入学后素描加试不合格者调整到其他专业学习。

在身体要求方面，有不少院校城乡规划专业不招色盲、色弱考生。考生在报考时一定要认真查阅各校当年的招生章程，合理选择院校专业志愿。

园艺专业(090502)：园丁的艺术

一、专业解析

什么是园艺

在2012年《普通高等学校本科专业目录》中，园艺是属于农学中植物生产类的一个专业。园艺主要是教会人们如何对果树、蔬菜、花卉及观赏树木进行栽培与繁育的一门技术。中国农业大学农学生物技术学院刘副院长说："园艺和农学的区别在于，农学做的是大田作物(粮食作物、经济作物)的理论、新品种、栽培、耕作制度的研究，园艺研究的是果树、蔬菜、花卉的理论、新品种培育与栽培、耕作制度等。"

园艺专业的主要培养方向有观赏园艺、花卉与景观设计等。根据培养方向的不同，各校开设的课程也有所差异，其中核心课程有植物学、生物化学、生态学、园艺植物育种学、果树栽培学、蔬菜栽培学、花卉栽培学、观赏树木学，等等。园艺专业基础课中会涉及很多化学类的课程，对化学有兴趣的同学学习起来会比较有优势。

该专业主要培养从事园艺作物的生产、栽培、育种、经营、管理及庭园绿化设计与施工的高级科学技术人才。

园艺和园林的区别在哪里

园林和园艺由于名字相近，考生很容易将两者混淆。某中学老师提到过这样一个例子："以前有个考生，在填报志愿时，想做园林设计工作，却填报了园艺专业。入学后才发现，两个专业培养方向是完全不同的。"

虽然只有一字之差，却是迥然不同的两个专业。它们的主要区别在于：园林偏重景观设计、绿化等，而园艺侧重植物养护栽培。

北京林业大学就同时开设了这两个专业，该校招生办主任说："我们园艺专业培养的是园艺师，工作内容主要是观赏植物的生产、栽培和销售。"而园林是培养园林设计师的专业，主要学习园林绿地规划与设计方面的知识，用植物来营造怡人的绿色空间和美好环境。由此可见，园艺专业和园林专业之间还是有很大差别的。

二、专业与就业

就业率较稳　但薪资不高

园艺行业历史悠久，中国古代就有在温室中栽培、种植名贵花卉、果木的记载。随着时代的变迁，园艺产业不断发展，现代园艺为各种科学技术提供了应用领域，园艺产品已成为完善人类食物营养及美化、净化生活环境的必需品。和其他农业产业相比，园艺产业更具有劳动、技术密集的特点。园艺产业的就业率和毕业人数相对稳定，在理科专业中女生的选择比例也是比较多的。

教育部最新公布的2012年本专科专业就业状况显示，园艺专业的本科就业率连续三年为85%~90%，属于就业率稳定专业。2012年全国高考招生文理科比例为：文科3%;理科占94%;文理综合为3%。2012年全国普通高校毕业生规模为6000~7000人，毕业生性别比例为：男38%，女62%。

但相对于国外的园艺行业而言，我国园艺行业产业链还不够成熟，毕业生会面临就业面相对狭窄、待遇偏低的问题。历年来的就业情况显示，园艺专业属于薪资较低的本科专业之一。但是随着环保绿化理念深入人心，花卉、绿植、有机蔬菜等已经渐渐融入了人们的生活，成为人们生活的重要组成部分，园艺行业未来的发展前景还是非常值得期待的。

主要就业领域

一般的园艺专业对口工作单位都位于城市边缘，刚开始工作时会比较辛苦，工资也不高。如果毕业生能够脚踏实地地从基层做起，学到真本事，将来自己承包花圃、苗圃、果园或开办园艺公司的还是比较多

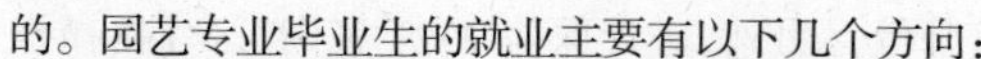

的。园艺专业毕业生的就业主要有以下几个方向：

1.园艺作物生产公司，包括种子、种苗、切花、盆花生产企业和苗树公司等。主要从事园艺作物的繁殖、栽培工作。

2.园艺作物物流公司，包括花卉的代理、运输、销售企业等。

3.园艺作物应用公司，包括园林设计和工程公司。主要从事园艺作物的植物造景、绿化工程施工以及苗木养护工作。

4.国家机关和事业单位，包括中央和地方隶属的林业局、园林局、绿化管理处、各级公园等。

5.园艺作物科学研究单位，包括高校以及农林科学的研究单位。

三、报考指南

110余所院校可选择

目前，全国开设园艺专业的本科院校有110余所，北京有三所院校开设该专业：中国农业大学、北京林业大学和北京农学院。其中，中国农业大学、北京林业大学在本科一批中招生，北京农学院该专业在本科二批中招生。另外，各省的农林院校也普遍开设了该专业，如沈阳农业大学、南京农业大学等。

在开设园艺专业的农林类高校中，各个学校会有一些差异。例如：北京林业大学的园艺专业是观赏园艺方向，注重园林植物的学习；华中农业大学的园艺专业则偏重果树方向；中国农业大学的园艺专业主要偏重在蔬菜和果树方向；还有些学校是各个方向都涉及，如南京农业大学、青岛农业大学。所以在填报志愿的时候要考虑这一点，明确所报院校的具体专业培养情况。

身体要求要看清

这里要提醒考生家长注意的是，园艺专业对考生的身体条件还是有要求的。

根据《普通高等学校招生体检工作指导意见》，如果考生患有轻度色觉异常（俗称色弱），不能录取的专业中，就包括园艺专业。如《北京农学院2013年招生章程》中就明确规定："色盲色弱考生限报我校生物技术、生物工程、农学、种子科学与工程、园艺、植物保护、农业资源与环境、动物科学、动物医学、园林、环境设计、林学、食品科学与工程、食品质量与安全、包装工程、兽医、园林工程技术、会展策划与管理等专业。"

考生在填报志愿时一定要根据实际情况，看清学校对身体条件的要求，确定自己的位置，选择和自己分数、批次相符合的院校。

临床医学（100201K）：学制长、分数高、要求严

一、专业解析

医学门类下设基础医学、临床医学、口腔医学、公共卫生与预防医学、中医学、中西医结合、药学、中药学、法医学、医学技术、护理学等11个专业类，共有几十个本科专业。临床医学和基础医学专业是医学门类中最核心、最基础的专业，被考生广泛关注。

临床医学专业的毕业生将来大多会从事临床工作，也就是医院中各科室的临床大夫。基础医学相对而言更偏重于医学研究，以疾病研究为主要目的。

临床医学和基础医学开设的课程有相近之处，主要包括公共基础课、生物医学基础课、临床医学课等三部分。公共基础课有英语、数学、物理、化学、医学史等。生物医学基础课包括人体解剖学、组织胚胎学、生理学、生物化学、免疫学、病原学、遗传学、病理学、病理生理学、病理解剖学、药理学、预防医学、生物医学实验等。临床医学课则主要有诊断学、内科学、外科学、妇产科学、儿科学、眼科学、耳鼻喉科学、神经内科学、传染病学、康复医学基础等。各院校根据开设专业、培养年限不同，课程设置有所差异。

二、专业与就业

从近年的高考录取分数上看，医学类院校和专业的录取分数普遍较高。教育部公布的2012年本专科专业就业状况显示，临床医学专业的就业率在80%至85%之间；毕业生规模在60000至65000人。综合医学类各专业近三年的情况来看，就业率基本处于75%至80%之间。

女医师协会健康管理中心杨主任表示，由于学科的特殊性，医学专业就业面窄是不争的事实。尤其是临床医学，虽然每年的毕业生很多，但就业率并不特别高。实际上，很多医学院校毕业生进入医院就业的比例不到40%。我国大医院的体制基本都是国家事业单位，很多人想进入大城市的大医院。所以，像北京、上海等大城市的医院就业率相当低。公立医院编制有限，私立医院在中国的发展又很一般，因此无法消化每年大量的毕业生。不仅是本科生，近些年连临床医学的研究生也面临就业问题。

当然就业难的原因有很多，一般人是大医院进不去，小医院不想去。于是很多毕业生最终做了医药代表，或者医疗器械销售。一个医生从20岁学习，到40岁成熟，一直可以干到60岁退休，退休后又被医院返聘回来。这样算下来，在职医生所占岗位的时间比较长，从自然更新淘汰的规律来看，新人进入医院就比较难。

这里要说一句，不是所有的医学类专业就业都难，像护理本科、麻醉学、放射医学等，在很多地区的就业会比临床医学好一些。

不进大医院到哪儿去求职

实际上，临床医学就业难大多是毕业生自己局限了求职范围。除了到三甲、二甲等医院就业以外，医学类专业的毕业生还有很多不错的发展方向。比如，基层医疗工作单位、健康管理中心、健康管理师、健康知识普及等。

基层医疗工作

从各国人均拥有医生的数量来看，我国医疗人员的缺口非常大，尤其是基层偏远地区。2010年3月，卫生部部长陈竺在谈到医疗人才缺口时指出，“目前我国全科医生的人数远远不够，到2020年争取通过多种途径培养30万名全科医生。”随着医改的不断深入，医学类毕业生在基层势必拥有更广阔的发展空间。

目前，我国基层很多地方缺医少药，社区医疗中心条件没有得到改善，正需要专业人才。

健康管理师

现代人的生活节奏不断加快，工作压力越来越大，处于亚健康状态的人也越来越多，促使社会对健康管理人才的需求越来越旺盛。

据杨主任介绍，目前国内合格的健康管理师人数大约是2000人，而最终的目标是让“4亿医保人”都拥有自己的健康管理师。照此推算，健康管理师的理想人数是100万人。医学专业毕业生，尤其是临床医学和预防医学的专业人才有系统的医疗专业知识作为基础，从事这一行业更是如虎添翼。健康体检中心、健康管理中心也可以是毕业生的就业选择。

从事医学相关工作

要拓展就业领域，不必拘泥于专业对口，毕业生可以选择那些与医学专业相近或相邻的新兴行业工作，如制药公司、生物医药公司、保健、康复、美容、家庭护理、临终关怀、养老院等单位；还可以到一些相关职业和交叉学科的领域工作，如保险公司的医药核赔师等。另外，医疗保险、医疗咨询、医疗器械推广等方面的成功人士中也不乏医学专业毕业生。

医学是个经验型行业，医生的专业知识、技术经验、年龄阅历对未来的发展有着重要作用。因此，毕业生坚持一线工作，增加实践经验才能为未来打基础。

三、报考指南

医学类专业的特点是培养周期长、课业负担重；对学生的身体条件和录取分数要求都较高。

近年来，不管是综合性大学里的医学类专业还是专业的医学类院校，录取分数都相对较高。如清华大学、北京大学医学部、上海交通大学医学院、四川大学等顶尖院校的八年制临床医学，在京录取分数都在650分左右。很多二批录取的医科类院校临床医学五年制的本科，在京录取分数也在490分左右。

人才培养周期长

在人才培养上，临床医学有五年制、六年制、七年制、八年制之分。考生和家长要在详细了解各学制培养目标后再结合实际做选择。

临床医学五年制，就是一般的临床本科，主要培养从事临床医疗工作的医学专门人才，要求学生掌握基础医学、临床医学的基础理论和医疗技能；能够正确诊治常见病及多发病，对急、难、重症能进行初步处理。

临床医学六年制，主要是各个学校的特色外语医学。第一年强化外语，以后的课程和五年制差不多，但是会非常强调外语。

七年制临床医学教育实行“7年一贯、本硕融通”的培养模式，旨在培养在医学理论知识和实际工作能力方面均达到硕士水平的高层次医学人才。

八年制临床医学专业是本、硕、博连读，主要培养适应医药卫生事业发展需要，具有宽厚扎实的理论知识基础，有熟练的临床工作能力和独立的临床科研工作能力，有较强创新精神和实践能力，有较大发展潜能的高素质临床医学高层次专门人才。目前我国可以办八年制临床医学专业的有：北京大学医学部、北京协和医学院、复旦大学医学院、华中科技大学同济医学院、中山大学中山医学院、中南大学湘雅医学院、四川大学华西临床医学院、浙江大学医学院、吉林大学白求恩医学院等。

身体条件要求高

医学类专业对身体条件要求较高，考生报考时一定要注意医学类院校和专业在身体、性别、科类等方面的要求。

例如，首都医科大学各专业对考生视力的要求是：眼睛的近视矫正视力不低于4.8，双眼矫正视力镜片度数差不大于200度，各眼矫正视力镜片度数不超过800度，无色盲、色弱，无斜视、弱视。由于医学类专业学习与将来就业的特殊性，学校一般要求考生检验肝功能与乙肝病毒表面抗原。新生入校后要进行身体复查，不适合学习者，学校有权取消其入学资格。

还有一些专业会有特殊要求，如首都医科大学等院校的口腔医学专业只招右利手考生(即不招“左撇子”)；一些院校的护理专业招生有男女限制等。所以，考生在报考时，一定要看清《普通高等学校招生体检工作指导意见》和各高校招生章程中的具体要求。

报考看清专业代码

一些医学院和综合大学实施合作办学，有的专业是单独招生，有的专业在综合类大学中招生。在填报志愿时，考生要看清院校代码和专业代码。

例如，北大医学部与北大校本部在招生时使用不同的院校代码，在报考时要分别报考。

2006年“中国协和医科大学”更名为“北京协和医学院(清华大学医学部)”，八年制临床医学专业的招生计划纳入清华大学的总招生计划之中。也就是说，凡想报考协和医学院临床医学专业的考生，要在清华大学的专业目录中找，并填报清华大学的专业代码，即“清华大学8年制临床医学专业”。而报考协和护理学专业的考生，则要填报北京协和医学院护理学专业。

药学(100701)：就业专业性强，薪酬差距大

一、专业解析

什么是药学

药学是医学门类中药学专业类中的一个专业，主要研究和药物相关的学问。具体来说，从最开始的药物研究、开发，到生产、加工，以及最后的流通使用，所有过程只要是和“药”相关的，都属于药学的研究范畴。人们常会将药学和工学门类的制药工程混淆，药学主要注重于药品本身的基础研究；制药工程的重点则在于工程，侧重于制造生产出合格的药品。

哪类学生更适合

药学专业的主干课程有：无机化学、有机化学、生物化学、化学分析、物理化学、药物化学、天然药物化学、药剂学、药物分析、药理学，等等。各校根据开设专业培养方向不同，课程设置也有所差异。

药学主要是以化学和生物医学为基础的。从该专业所学的课程不难看出，其中很多与化学相关。有人开玩笑说，药学是半个化学。从专业学习的角度出发，那些化学、生物学科基础比较好，或是对它们较感兴趣的学生能更好地适应药学专业的学习。

二、专业与就业

教育部统计数据显示，药学专业2012年全国普通高校毕业生规模为1.6万至1.8万人，就业率区间为85%至90%。总体来看，就业率处于较高水平。

就业专业性强　收入差距大

目前，药学专业的就业方向大致分为如下几种：科研人员——在大学、研究所、药厂的研究部门，从事药物的研发工作；医院药剂师——在医院药剂科、药房、药厂等从事制剂、质检、临床药学等工作；药检人员——在药检所从事药物的质量鉴定和相应的质量标准制定等工作；公司职员、医药销售人员——在医药贸易公司或制药企业从事药品生产、流通及销售等工作。

从北京各医药类院校学生的就业意愿看，主要是北京三甲医院的药房和医院的临床药师。但实际就业情况却并非如此，学生真正进入医疗卫生单位的只有5%左右，除了30%左右考研深造以外，很大一部分被各医药公司、制药厂吸收。

从业多年的资深技术人员李女士说，从事药品开发、研究类职业，对专业能力的要求非常高，相应地对学历等各个方面的要求也比较高。从事生产质量保证等工作，对学历的要求没有那么高，但对相关专业知识的要求依然是很严格的。比较之下，从事销售工作对专业要求要低一些，而更侧重销售能力和社交能力。

这些年来药学专业毕业生中一直流传着“一流的人才去卖药”的说法。面对这种情况，中国药学会刘姓委员表示，从整体来看，普通药学专业毕业生收入和药品销售工作收入确实有一定差距。很多人做药品销售能够很快赚到钱，但从职业的发展来看，同学们还需要有一个长期的职业规划。药学和医学一样是一个经验型、技术型行业，选择好自己的专业方向，踏实而坚定地走下去，未来必然有非常广阔的领域和发展空间。

高端人才很抢手　终端人才有缺口

一些名牌大学的药学专业就业情况是很不错的。如，中国药科大学、北京大学医学部药学院、沈阳药科大学、四川大学华西药学院等院校的毕业生就业率接近100%，总体供需比率能够达到1∶3至1∶4。有关人士表示，中国的制药业若要摆脱依赖仿制药、进口药的局面，就需要更多的专业人才加入新药开发的队伍中来。其中，很多专业高质量人才还是非常稀缺的，有些院校的药物制剂、天然药物化学等专业学生供需比甚至达到1∶10，非常抢手。

药学的主要专业方向有药物化学、药物分析、药剂学、药理学等。在这些专业方向中，药物化学（主要是药物合成）的就业形势是最好的，人才缺口最大，工资也非常高。但是药物合成接触的试剂都是毒性很大的，危险性很大。另外，药物分析专业就业面也比较广，而且薪金待遇也不错。再次就是药剂学、药理学、天然药物化学、中药化学等。药剂学近几年有所降温，但是，西药药剂等专业对人才还是有很大的需求量。药理学虽然就业面较窄，但只要涉及研发新药，不管西药中药还是外企国企，都需要做药理实验。

在选择职业时，很多人宁可去做药品销售，也不愿做驻店执业药师。面对这种情况，李女士说："最关键的是含金量和收入不成比例。"执业药师和注册会计师、执业律师一样，都由国家统一考试、注册，而考试通过率仅约20%，而且还要定期接受继续教育，执业门槛较高，但其在药店的收入没有体现其含金量，所以很多执业药师都放弃药店，流向了一些工资较高的药企或医疗服务机构。

目前我国高等院校药学毕业生虽然很多，但真正的一线岗位人才缺口还是不小。尤其在新的《药品管理法》出台后，药品的管理越来越规范严格，要求销售处方药和甲类非处方药的零售药店必须配备驻店执业药师或药师以上药学技术人员。但现状是，我国药店众多，而具有执业药剂师资格的人员仅约22.6万人（截至2012年底）。按欧美国家每800人至1500人就配有一名执业药师的标准计算，我国执业药师的数量远远不能满足需求。

三、报考指南

两类招生院校可选择

目前，全国本科阶段开设药学专业的高校有180多所，开设药学专业的院校主要可以分为两类：一类是专业药学院校，主要代表院校有中国药科大学和沈阳药科大学等；另一类是综合性大学开设的药学院系，如北京大学药学院、复旦大学药学院、四川大学华西药学院等。

根据院校的侧重不同，专业方向的优势也不同。如北京大学、北京协和医学院—清华大学医学部、中国药科大学、第二军医大学的药学专业是国家级重点学科。沈阳药科大学、复旦大学、四川大学的药剂学被评为国家重点学科。而哈尔滨医科大学、南京医科大学、中南大学、中山大学的药理学方向是国家级重点学科。

从全国的角度看，虽然开设药学专业的院校不算很多，但在本科一批、二批、三批院校中均有开设。从这一点上讲，想要报考这一专业的考生还是有可选空间的。考生可以根据自己的实力和兴趣，选择和自己分数、批次相符合的院校。

两类招生方式需注意

药学专业的招生方式主要有两种：一是按药学专业招生，如首都医科大学、南开大学、天津大学、天津医科大学。二是按"药学类"招生，如武汉大学、山东大学、河北医科大学等都是按药学类招生的。药学类主要包括药学和药物制剂等专业方向。学生入学后再根据兴趣、学习成绩等分流到具体的专业。如西南大学药学类专业实行2+2培养模式，学生入学后在前两年完成药学类课程结构体系中基础课程的学习，后两年根据人才需求情况和学生的学习成绩、志愿情况可选择到本类药学、制药工程（生物制药方向、化学制药方向）各专业继续学习。

看清身体条件的要求

药学类专业对考生的身体条件是有要求的，轻度色觉异常（俗称色弱）不能录取的专业中就包括药学类专业。

具体到各个院校的要求，可能会更严格、更细致、更明确。例如，首都医科大学招生章程中明确规定，各专业对考生视力的要求是：眼睛的近视矫正视力不低于4.8，双眼矫正视力镜片度数差不大于200度，各眼矫正视力镜片度数不超过800度，无色盲、色弱，无斜视、弱视；对考生听力的要求是：双耳听力范围均不低于3米。该校在药学专业的介绍中强调，肝功能异常者不要报考，不鼓励躯干或肢体残疾考生报考。

所以，考生在报考时，一定要看清《普通高等学校招生体检工作指导意见》和各高校招生章程中的具体要求。

工商管理(120201K):"鸡肋"还是"机会"?

一、专业解析

工商管理类包括很多专业

工商管理类专业属于管理学中的一个大类。这个大类所包含的专业很多,主要有:工商管理、市场营销、会计学、财务管理、国际商务、人力资源管理、审计学、资产评估、物业管理、文化产业管理等。近些年,越来越多的院校开始以"工商管理大类"招生,学生入学后再根据自己的兴趣分流到具体的专业。

工商管理以前的名称是企业管理。这个专业的知识范围较广,学生所学涵盖了经济学、管理学的很多课程,主要课程包括经济学、管理学、企业管理、财务管理、人力资源管理、会计学、统计学、计算机等,是一门跨自然科学、工程科学、技术科学以及人文社会科学的综合性交叉科学。该专业主要培养能够独立从事各部门管理工作的管理人才。

知识面宽,适应力强

首都经济贸易大学工商管理系徐主任介绍,与会计、物流管理、市场营销等相关专业相比,工商管理专业在本科阶段更强调提高学生的综合素质,提高他们对未来社会和企业要求的适应能力。当然,在强调通行性、适应性的同时,该专业也强调培养学生的核心专长。

学习工商管理对学生的数学、英语等水平都有一定要求。毕业生将在各种组织中发挥协调作用,因此要有良好的组织能力、协调能力、人际沟通能力等。

二、专业与就业

专业技能有侧重,实践机会要历练

根据教育部就业指导中心统计的2012年本专科专业就业状况,工商管理专业本科毕业生规模为5.5万至6万人,就业率区间在85%至90%之间。从数据可以看出,该专业的毕业生规模较大,总体就业情况尚可。当然,名校和一般学校的就业情况差别是很大的。

工商管理类专业的就业渠道主要集中在以下几个领域:一是各级政府、企业的管理部门;二是会计师事务所和其他类型的咨询服务等中介企业;三是银行、证券公司等各类金融机构;四是在国内院校继续攻读硕士、博士学位或到国外的学校深造学习。

徐主任介绍,除考研外,该专业毕业生到银行、保险公司、证券公司等工作的都有,部分学生报考公务员,还有的学生自主创业。从具体岗位来看,企业的人力资源部、战略发展部、市场部、策划部等都需要相关人才。本科毕业生一般需要从基层做起,研究生毕业后则一般会在相关职能部门做管理工作。

很多考生在填报志愿时也有顾虑,本科毕业生没有社会经验,学的都是管理理论,用人单位会提供管理岗位给一个刚毕业的学生吗?当然,本科毕业生在没有工作经验的情况下,想直接进入各级单位的管理部门是不太现实的。缺乏实践的历练也是毕业生求职时最大的"短板"。如何才能弥补"短板",使毕业生在就业求职时更具有竞争力呢?

其实,工商管理专业可以在很多领域里选择工作。考生可根据个人爱好选择,如企业管理、市场营销、人力资源、企业投资等方向。在校期间,考生不要只学一个学科,可以再选修一个其他学科,如学习计算机、法学、外贸、旅游管理、物流管理等方面的知识,或有选择性地向某一专业领域倾斜,形成"工商管理+××专业"的复合型知识结构。既懂管理又懂技术的毕业生,才是用人单位所看好的"香饽饽"。

另外,很多人抱着一毕业就能进企业当管理人员的想法也是很不现实的。卓越的管理能力要有科学的理念和来自一线实践的支撑,实践能力是从具体工作和实际操作来积累的。因此,学生在校期间要有意识地多接触社会和企业,利用寒暑假和更多的业余时间,到企业进行锻炼,从最基层的工作做起,积累从业经验,锻炼自己的实际操作能力,这样在求职时才会具有竞争力,也能为今后从事相关工作或走上管理岗位打下良好的基础。

三、报考指南

开设院校多,选择空间大

目前,开设工商管理专业的高校非常多,本科一批、二批、三批,专科院校中均有开设。从这一点上讲,想要报考这一专业的考生可选择的空间很大。

首选当然是实力强劲的名牌高校。如:北京大学光华管理学院、清华大学经管学院、中国人民大学、厦门大学、中山大学、西安交通大学等,这些著名高校的工商管理专业整体实力都非常强劲。还有就是各省的财经院校一般都具有较好的工商管理学科基础。这类高校如:江西财经大学工商管理学院、西南财经大学工商管理学院、南京财经大学工商管理学院等。但是这些学校的录取分数也相对较高,考生可根据实际情况，选择和自己分数、批次相符合的院校报考。

院校多按大类招生，考生要看清分流专业

考生家长从近几年的《招生专业目录》中可以看到，工商管理专业的招生方式主要有两种：一是按工商管理专业招生，二是按“工商管理类”招生。近些年，越来越多的院校开始以“工商管理类”进行大类招生，入学后再根据学生的兴趣和学习情况，分流到具体的专业。专业方向主要有：工商管理、市场营销、会计学、财务管理、国际商务、人力资源管理、审计学、资产评估、劳动关系等。各校根据自己的专业设置不同，在工商管理大类中招生的专业也不同。

例如：北京大学按照工商管理类统一招生，分为金融学、会计学、市场营销三个专业方向。新生入学后，统一进行为期一年半的英语和数学强化训练，二年级第一学期末根据学生志愿和学习状况再分专业。

南开大学工商管理类(本科类)则包括工商管理、财务管理、人力资源管理、市场营销、会计学等5个专业。

北京工商大学工商管理类(本科类)包括工商管理、市场营销、人力资源管理、旅游管理、管理科学共5个专业。

北京科技大学本科“工商管理类”包括工商管理、会计学两个专业。新生进校一年半后开始分专业学习，专业选择的原则基本是自愿与学院协调相结合，需要考虑学生在校前一年半的学习成绩。

当然，按工商管理大类招生的院校还有很多，不能一一列举。这里想要提醒考生家长注意的是，即使是按大类招生，各院校开设的专业数量和专业方向也是不同的。同一大类，细分后有些是学财务管理，有些是学会计、金融，有些是学市场营销，很多院校的大类中包含三个、五个甚至更多的专业方向。仅上面列举的四所院校的工商管理类就涉及了近十个专业。因此，考生在选择时，应根据各校招生章程，结合考生不同的特点和需求，有目的地进行选择。考生一定要弄清所报院校的大类中包含哪几个分流专业，哪个专业是考生的兴趣所在，对准专业再选择院校。

注会专门化：会计职业中的“金饭碗”

一、专业解析

注册会计师是中国的一项执业资格考试，特指取得注册会计师证书并在会计师事务所从业的人员，英文全称 Certified Public Accountant，简称为CPA。同时，注册会计师是一种特殊的会计职业，它不从属于哪个单位，而是一般供职于会计师事务所，为各种机构、企事业单位提供专业服务。这种专业服务涵盖审查会计报表、验证资本、评估资产和管理咨询等项目。注册会计师的专业服务对发展市场经济是必不可少的，它保证着社会经济的正常运转和经济资源的合理流向。例如，各种层次的投资者在决定是否购买某只股票时，凭借的正是会计师事务所提供的有关这只股票的信息。

在高校招生中，注册会计师专门化或注册会计师方向是会计学下设的一个专业方向，主要培养掌握会计学基础理论和方法，具有从事审计、税务咨询、管理咨询等注册会计师业务能力的专业人才。

注册会计师专业(方向)学习的主要内容是以会计学为基础，会计、审计、公司财务等几个学科相互交叉，更偏重于审计方面。该专业主要课程有基础会计、中级财务会计、高级财务会计、成本会计、管理会计、审计学、会计信息系统、财务管理学、经济法、税法等等。

二、专业与就业

注会专业毕业生的就业去向与会计专业大致相同，如：会计师事务所、企事业单位、各类公司等。众所周知，注册会计师的薪水相对较高，一般一个二三线城市的会计工资在2000元至3000元。而一个刚入职四大国际会计师事务所(普华永道、安永、毕马威和德勤)的员工通常月薪在5000元至6000元，年薪基本锁定在7万至8万元，而一些高级经理的年薪则可高达到50至60万元。虽然近年来各行业都受到金融危机的影响，但总体而言，注册会计师的工资待遇仍比普通财务人员高很多。

凡是选择了“注会”方向的考生，毕业后基本都希望在这一行业中就业，但能否通过注册会计师考试，就成为进入这一行业的关键门槛。注册会计师考试是国内声誉最高的执业资格考试之一，具有很高的含金量，是进入事务所的敲门砖。一旦通过该考试，进入好的会计师事务所的机会将大大增加，而且该考试也接受非会计专业的考生报名，所以竞争十分激烈。我国从1991年起开始实行注册会计全国统一考试制度。1993年起每年举行一次,每年参加注册会计师考试的人数有50万至60万人,到目前为止累计通过CPA考试的人数共约16万。据了解,注册会计师缺口较大——如果要满足中国经济发展需求,则需要至少30万注册会计师人才。

三、报考指南

注会专门化方向不是所有院校都能开设,它是国内部分试点院校为培养注册会计人才而开设的专业。目前,经中国注册会计师协会确定的注册会计师专业方向试点院校共23所。其中,1994年批准了中国人民大学、厦门大学、上海财经大学、中南财经大学、东北财经大学、天津财经学院、西南财经大学等7所高校于当年首次招收。1995年,又确定了第二批16所注册会计师专业方向为试点院校。

能开设注会专门化方向的院校在会计方面的培养实力都比较强,录取分数通常都不低。例如,中央财经大学理科2011年注册会计师专门化方向在京招生仅4人,分数段全部达到了630分至639分。首都经济贸易大学的该专业在京属于招生大户,数据显示,2011年该校注册会计师专门化方向理科在京招生45人,高分数段录取1人,在640分左右,低分段也在560分至569分。

不过也有人认为,有些院校的注册会计师专门化所学内容和普通会计专业区别并不大,只是强化了注会考试的内容。如果考生分数不够,也可先选择普通会计学专业,将来再继续考CPA,同样可以从事会计和审计工作。所以,考生在选择时一定要根据自己的兴趣爱好和分数成绩等因素,综合考虑选择院校和专业。

财务管理(120204):企业的"心脏"

一、专业解析

财务管理是什么

在2012年《普通高等学校本科专业目录》中,财务管理属于管理学门类下的工商管理类,相近专业有工商管理、市场营销、会计学、人力资源管理、旅游管理、商品学、审计学、电子商务、物流管理、国际商务等。

财务管理是伴随人们对生产管理的需要而产生的。随着社会生产力的发展,财务管理也经历了一个由简单到复杂、由低级到高级的发展过程。国内所说的财务管理,一般是指企业的财务管理。

财务管理是企业管理的一个组成部分,它是根据财经法规制度,按照财务管理的原则,组织企业财务活动,处理财务关系的一项经济管理工作。简单地说,财务管理是组织企业财务活动,处理财务关系的一项经济管理工作。财务管理是研究如何通过计划、决策、控制、考核、监督等管理活动对资金运动进行管理,以提高资金效益的一门经营管理学科。

财务管理与会计的区别

财务和会计是既有密切联系又有区别的两个概念。两者都是对资金进行管理,具有相互依存的关系。会计是对经济业务进行计量和报告,财务管理是在会计的基础上,强调在经营活动、筹资活动、投资活动、分配活动中对资金的运用。

简单地说,会计看过去,财务管理看未来;会计重记录,财务管理重分析;会计偏实务一些,财务管理偏宏观一些。

从大学本科阶段的学习来看,这两个专业绝大部分的课程是一样的。财务管理专业略偏重于管理,而会计专业更侧重于具体的会计处理方法;但到研究生阶段以及实务工作中,这两者还是有很大的区别的。会计专业偏向于会计准则相关的内容以及在实际会计工作中可能出现的问题的研究;财务管理则会很大程度上偏向金融。对资金的筹集、投放、使用和分配都离不开金融相关知识,当然管理相关知识也是不可或缺的。从这个意义上说,财务管理比会计的综合性更强,更侧重高层次的管理工作。

从本科生就业来看,两个专业就业方向也差不多。这里要特别注意一个误区。有人认为学财务管理比较容易当财务领导,这是完全错误的。公司招聘财务领导时,都会选择有一定工作经验的人士,而不会招应届毕业生。无论是财务管理还是会计专业的毕业生,一般都要从基层做起,比如先当出纳或会计,优秀者再成长为财务经理(财务主管),财务经理中的出类拔萃者可以成为CFO(首席财务官或财务总监)。

如果考生非要在这两个专业里二选一,不妨参考以下说法:"如果你更喜欢思考如何使用一笔钱,如何从银行贷到款,如何让企业少花一点钱,那么去学财务管理。如果你更喜欢踏踏实实,仔仔细细地核算每一笔业务，那么去学会计专业。”

财务管理专业学什么

财务管理专业主要是要培养具有扎实的市场经济理论和经济管理基础的复合应用型人才。该专业要求学生熟悉国家法规和财经政策，系统掌握会计学、财务学等专业知识与技能，熟悉公司治理和资本市场规则，具备较强的中外语言表达能力、计算机应用能力和社会活动能力，能够从事财务管理工作及相关业务工作。

在本科教学中，学校往往会结合课程的特征，引导学生运用所学的专业知识，撰写财务分析等各类研究报告，提高学生分析问题和解决问题的能力。

专业核心课程：会计学原理、成本会计学、管理会计学、企业财务学、财务诊断与决策实验、投资学、国际财务管理、企业集团财务管理等。

二、专业与就业

就业形势看好　就业面宽

前面介绍了，市场经济越发达，对财务管理的人才需求量越大。无论是企业、事业单位还是国家机关，都会发生经济活动。可以说，财务管理专业的就业面很宽。

教育部公布的2012年本专科专业就业状况显示，2012年全国普通高校财务管理专业毕业生规模为50000~55000人，近几年全国就业率区间为85%~90%。该专业本科生毕业后也可以选择学习深造，报考硕士较集中的专业有会计学、会计、工商管理、企业管理等。

财务管理专业的毕业生就业去向主要有：到政府机关和事业单位从事会计核算、财务管理等工作；到会计师事务所、审计事务所等中介机构从事审计、资产评估、管理咨询等工作；到银行、投资公司、证券公司等金融机构从事财务分析、投资分析、资本运作等工作。

拿到资格证　竞争添实力

考生毕业后如果能够考取相应资格证书，会在求职中为自己增加竞争力。很多用人单位对资格证书是认可或有上岗要求的。

从事会计岗位，需要会计从业资格证，从事银行证券等领域需要理财规划师、资产评估师等资格证，从事房地产评估需要房地产估价师等资格证。

常见的同财务管理、会计有关的证书有以下几种。

1.会计师从业资格证

该证书是具有一定会计专业知识和技能的人员从事会计工作的资格证书，是从事会计工作必须具备的基本最低要求和前提条件，是证明能够从事会计工作的唯一合法凭证，是进入会计岗位的“准入证”。凡是从事会计工作的人员必须取得会计从业资格证书。

2.会计专业技术资格证书

该证书也就是我们通常提到的会计职称。会计职称是衡量一个人会计业务水平高低的标准，会计职称越高，表明其会计业务水平越高。我们国家现有会计职称：初级、中级和高级，初级职称有会计员、助理会计师，中级职称有会计师，高级职称有高级会计师。

3.注册会计师证书

该证书是指依法取得注册会计师证书并接受委托从事审计和会计咨询、会计服务业务的执业人员。注册会计师主要承接的工作有审查企业的会计报表，出具审计报告；验证企业资本，出具验资报告；办理企业合并、分立、清算事宜中的审计业务，出具有关的报告；法律、行政法规规定的其他审计业务等。

我国实行注册会计师全国统一考试制度（于1991年创立）。注册会计师全国统一考试办法，由国务院财政部门制定，由中国注册会计师协会组织实施。从2009年起，注册会计师考试划分为专业阶段考试和综合阶段考试。考生在通过专业阶段考试的全部科目后，才能参加综合阶段考试。

三、报考指南

财务工作是一个比较严谨的职业。学习财务专业不一定要求数学好，但是要心细，有责任感，对数字有一定的敏感性，一个小数点都是不能马虎的，否则就会铸成大错。考生在选择该专业时，要考虑自己对财务、会计工作是否有兴趣，性格是否合适，等等。

目前，开设财务管理专业的高校非常多，本科一批、二批、三批，专科院校中均有开设。想要报考这一专业的考生可选择的空间很大，但不同高校的实力也不一样。考生可认真阅读高校的专业介绍或进一步咨询。比如，西南财经大学、徐州工程学院、北京工商大学、山西财经大学、天津商业大学的财务管理专业都是国家特色专业建设点，其专业优势比较明显，特色比较突出。

由于各高校的规定有所不同，考生除了要了解当地招生政策外，还要认真阅读欲报高校招生章程中的相关规定。

需要特别提醒考生的是，根据《普通高等学校招生体检工作指导意见》，“不能准确识别红、黄、绿、蓝、紫各种颜色中任何一种颜色的导线、按键、信号灯、几何图形”的考生不能报考工商管理类专业（包括财务管理）。也就是说，财务管理专业对考生的辨色力是有要求的。

播音与主持艺术专业（130309）：“金话筒”是怎样炼成的

一、专业解析

培养复合型语言传播人才

播音与主持艺术专业是中国大学特有的一个专业，国外是没有的，由此也可看出国家对播音主持专业人才培养的重视。本专业是面向广播影视媒体及相关机构，培养具备中国播音学、新闻传播学、中国语言文学、哲学美学、艺术学等多学科知识与能力，从事广播电视普通话新闻播音主持及新闻报道、专题播音主持、文艺节目主持、体育评论解说、影视配音及演播，以及播音主持教学与研究工作的复合型语言传播人才。

在专业学习过程中，学生一般会学到播音学、新闻传播学、中国语言文学、哲学美学、艺术学等多种相关学科知识。根据培养方向和本校特色，高校还会设立其他的必修课程，比如体育节目主播方向会学习体育赛事的相关知识，双语主播方向的课程则会着重练习外语听说能力。

台上十分钟，台下十年功

“台上十分钟，台下十年功”，播音与主持艺术专业是一个要吃苦练功的专业。毕业于中国传媒大学播音与主持艺术学院的新锐主持人宗国强在接受采访时曾谈到他的大学生活：“每天清晨6点准时在学校的小山坡上练嗓，不免吵醒了很多同学，还多次被他们大骂。”但是久而久之，他的坚持渐渐成为大家敬佩的典范，也成为校园里的一段佳话。由此可见，在播音与主持艺术专业的学习中，日常的“练功”是必不可少的，甚至很多主播在毕业后仍然坚持每天清晨起来练功，保持最佳状态。

不仅如此，作为一档栏目的主播，除了基本的播音功底，还要在栏目策划之初就参与进来，了解栏目内容，了解受众群，以及各种相关的背景知识。比如，凤凰卫视知名栏目《有报天天读》，前主持人杨锦麟从早晨6点开始，到完成节目准备大约要花两个小时，阅读当天港台地区、东南亚、韩国、日本的主要报刊，有时候紧张得连喝杯水的机会都没有。两个小时的电脑制作影像输入电脑后，杨锦麟进棚，直接录制节目，此间辛苦可见一斑。

与此同时，主持人还需要练就在栏目进行中随机应变的能力，以应付录制或直播中出现的各种意外。以中央电视台著名栏目《面对面》为例，当时的栏目主持人王志在接受媒体采访时曾举例说：“非典时期，我接到采访代市长王岐山的任务时已经是晚上11点多，当时台里只告诉我有一个面见王岐山的机会，尽量长说，我刚从广州回来，北京情况我不知道，心里有点慌。我就以一个北京市民的心态去考虑问题，把我想到的信息列了一个单子，上网查信息，与朋友联络询问他们想从王岐山那儿知道什么？在采访时，代市长王岐山的讲话令我很感兴趣，我忽略了自己事先的一些设想，根据他的回答想我的问题。”

总之，不仅播音与主持艺术专业是一个肯吃苦的专业，主播也是一个需要在工作中不断提高，终身学习的职业。工作中，需要主播具备海量的知识储备，以便为节目提供广阔的背景，也只有这样才能跟各行各业、不同层次的人打交道，才能更好地把握住节目的节奏，打造精品节目。

二、专业与就业

教育部公布的本专科专业就业状况显示，播音与主持艺术专业2013年全国普通高校毕业生规模在10000~12000人，近三年全国就业率区间在从2011年的85%~90%到2012年的80%~85%，再到2013年的75%~80%逐年下降。由此可见，本专业毕业生的就业形势呈逐年下降趋势，在校生急需提高自己的基本功和素质，提前为就业打好基础。

就业空间广泛

话虽如此，对于整个专业的评价，不可单看就业率。从所处行业来说，全国广播电视媒体这些年发展很快。全国省或直辖市级广播电台有四十多家，各省台又分信息、文艺、娱乐、旅游、交通、经济、都市等几家甚至十几家系列台。电视台频道化分细致，数量明显增加，尽管竞争激烈，但无疑给播音主持专业的毕业生提供了广泛的就业机会。

此外，最近几年各大在线视频网站纷纷推出自己的节目，反映了数字电视也在进入飞速发展时期。而多元化电视媒体的选择，必然为更多有志于从事媒体行业的优秀人才提供了更广泛的发展空间。

在就业岗位方面，播音与主持艺术专业的毕业生除了去做以上提到的各种栏目的主播之外，还可以做栏目编导、策划等相关工作，相应职位机会也是很多的。

着眼于自我培养

作为一名播音与主持艺术专业的学生，开拓就业门路，应从入学时开始。大家要着眼于自我培养，以广泛的知识面和再学习的能力，成为复合型人才。学生要发挥优势，培养强项：主攻播音的同时，学学写作；主攻新闻写作的同时，练练播读。声音一般，可以在语言表达上下一番工夫，练练脱口秀……不同特长的人才，在不同媒体形态的不同栏目、不同节目样式中，都能找到适应点。

所以，想要报考播音与主持艺术专业的考生们也不必太过担心。只要练好基本功，选择自己合适的高校，入校后加强专业课学习，多多拓展人脉，就业不会是多么艰难的事情。

三、报考指南

对身体条件有要求

由于播音与主持艺术专业的特殊性，高校一般都对考生的身体条件有所要求。尤其是要求发音器官无疾病，无色盲，无夜盲，五官端正。另外各高校对考生的身高也有不同要求，如中国传媒大学要求男生身高一般不低于1.75米，女生身高一般不低于1.65米；而浙江传媒学院则要求男生身高一般不低于1.70米；女生身高一般不低于1.60米。

除了这些要求，报考本专业的考生更需要关注的是自身条件是否满足专业要求，比如相貌、音质、形体、性格、敏感度、语言等。要知道，镜头前的你和现实生活中的你是有差别的，所以才有"上镜"一说。因此，尽管你可能比较漂亮，但不一定适合登上电视屏幕。

谨慎参加考前培训班

各高校一般会为播音主持考试举行初试和复试；也有的学校将初试和复试合并为一次考试；有的学校的专业考试分为初试、复试和三试。具体情况视各个学校的招生简章的要求而有所不同。

由于播音与主持艺术专业近年来十分火爆，相应地催生了影视艺术类的培训班。事实上，虽然有一些培训班师资力量雄厚，培训效果好，但大多数还是滥竽充数的。考生和家长对参加考前培训班的事一定要慎之又慎，万万不可轻易决定。可以找参加过目标高校考试的师兄师姐咨询。

各高校考试内容不同

各个学校的考试内容大同小异，如：指定稿件朗读、自备稿件朗诵、新闻稿件朗读、模拟主持、命题评述等。有的学校因教学需要还要加试才艺展示，如南京艺术学院、南广学院、中华女子学院、中国戏曲学院等院校就需要加试才艺展示。

英语播音等双语播音的考试内容一般有英文自我介绍、朗读单词和文章段落、2~3分钟的英语日常话题评述、看图说话等。

动画专业（130310）：就业难不是整体现象

一、专业解析

什么是动画专业

在新版专业目录中，动画专业属于艺术学中的戏剧与影视学类，是一种综合艺术门类。它是集合了绘画、漫画、电影、数字媒体、摄影、音乐、文学等众多艺术门类于一身的艺术表现形式。

医学证明，人类具有"视觉暂留"的特性，就是说人的眼睛看到一幅画或一个物体后，在1/24秒内不会消失。利用这一原理，在一幅画还没有消失前播放出下一幅画，会给人造成一种流畅的视觉变化效果。

动画就是许多帧静止的画面连续播放时的过程。通过把人、物的表情、动作、变化等分段画成许多画幅，再用摄影机连续拍摄成一系列画面，给人的视觉造成连续变化的图画。它的基本原理与电影、电视一样，都是视觉原理。无论其静止画面是由电脑制作还是手绘，抑或只是模型每次轻微的改变，只要它的拍摄方式是采用的逐格方式，播放时将单帧的画面串联在一起，并且以每秒12帧或以上去播放，观看时就会形成活动影像的效果。

本科阶段学习什么

在本科阶段，动画专业学生将系统地学习动画基础知识和动画技法，学习剧作、分镜、视听语言等专业知识，掌握相关动画制作软件，能够进行完整的动画短片设计制作。动画专业可以大致分为动画编导、动画设计、数字动画等专业方向。主要培养学生造型设计、原画、动画设计的能力；培养学生运用视听语言设计表达动画的能力；培养学生应用2D、3D、后期软件进行动画角色、背景、特效设计制作、编辑

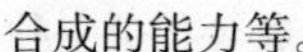

合成的能力等。

需要怎样的基本素质

在观众看来，能把一幅幅画作原稿变成可以播放的动画作品是一件非常美妙的事情。但很多从业人员表示，这不是一项容易的工作。举个例子，一部完整的作品前期需要编剧、导演等设计脚本和动画分镜；然后根据脚本的要求创作原画；除了“原画”以外，还要加大量的“中间画”（动画中一个动作是由很多画组成的，这些画中的第一张和最后一张被称为“原画”，其余中间的部分称为“中间画”）；后期将制作好的动画扫描、上色、合成、添加电脑特效等。一般5分钟左右的片子，总作画量大概在800张左右。这需要很强的手绘功底，而且需要付出大量密集艰辛的劳动。在专业人士看来，这项工作不但需要创造力和绘画的能力，更不能缺少工作的热情和耐心。

北京电影学院动画学院李院长这样寄语动画专业的学生：“动画专业需要绘画基本功扎实而且绝不浮躁的人才，要求学生具有非常扎实的造型基本功，而且也需要有很好的文化课基础。”

二、专业与就业

据教育部阳光高考信息平台数据统计，全国普通高校动画专业年毕业生规模在1.4万~1.6万人，连续三年全国就业率区间处于85%~90%。前不久教育部公布了全国31个省份和新疆生产建设兵团就业率较低的本科专业名单。动画专业也位列其中，这是不是说明动画专业的就业前景不容乐观呢？

就业难不是整体现象

从我国动画专业开设的历史来看，最早开设该专业的是一些艺术类院校。从2000年开始，国家发布了一系列优惠政策鼓励本土动漫产业发展，2006年动画产业得到国家的大力扶持呈井喷式增长。面对这样的市场前景，众多院校纷纷开设动画专业。据教育部阳光高考信息平台数据统计，到目前为止开设动画专业的本科高校数量接近350所。全国一共1100多所本科高校，也就是说，超过1/3的本科院校开设了这一专业。

虽然开设院校很多，但不同院校培养的学生质量参差不齐，人才培养与市场需要不匹配，基础人才过剩、高端人才不足，学生技能太过单一无法满足企业的需求等因素，造成了部分地区动画专业毕业生就业难的局面。

对比以上就业率较低的本科专业名单，我们清楚地看到，各省低就业率专业有较显著的差异。例如同在华北地区的北京、天津，近两年就业率较低的本科专业名单完全不同，北京共有音乐学、社会学、法学等10个专业进入名单，天津就业率较低的本科专业则包括药物制剂、作曲与作曲技术理论、历史学、针灸推拿学等8个专业。距离如此之近的两个地区甚至没有一个低就业率专业是相同的。

由此可见，局部不能代表全局，某个专业在一个省就业率不高，不代表它在所有地区就业率都不好。如动画专业，在31个省份中只有安徽、吉林、江西、湖北、云南5省将其列为低就业率专业，其在各省的上榜率甚至不如英语专业。从目前动画产业的市场来看，像北京、上海这样创意文化产业密集的城市，人才远远没有达到饱和的程度，问题的关键是企业能否招到技术过硬的专业人才。

市场缺什么样的人才

据报道，目前在北京已形成了6个动漫游戏产业集聚区，相关调查报告指出，北京的动漫行业缺少三类人才。一是缺少高端原创人才，大部分动漫企业管理者认为在企业内部只有22%的创意人员才算得上是创新型人才，而多数人才(78%)属于复制型或模仿型。这种人才结构导致原创产品很少，企业核心竞争力不足。二是缺少管理人才，与传统企业相比，动漫游戏企业的组织形式既有分散的个别劳动，又有简单协作的集体劳动和集中的社会劳动，创意人才具有较强的工作独立性，创意工作过程难以监督。这些工作特点给传统的管理理念与管理方式带来挑战。三是缺少经营人才，实践证明，创意人才往往在市场经营才能上有所欠缺。市场对将创意“产业化”及“市场化”的经营人才非常欢迎。

未来就业出路

《2014年全球及中国动漫行业研究报告》显示，2013年中国动漫行业产值突破900亿元，同比增长约21.0%，产业链各环节发展程度不尽相同。从制作和播映市场来看，动画片产量连续3年(2011—2013年)下滑，但动画电影市场和动漫衍生品市场，同比增长了13.34%和20%。一些与传统动漫相关的新兴产业如网络、手机游戏等，为动漫产业开拓了新的发展空间，也促使了动漫产业链条不断完善和延伸。万豪卡通总裁陈雷表示，在多数人看来，动漫只是传统意义上的动画和漫画的总称。但是，广义的动漫应该是动画技术跨行业、跨平台、跨媒体的应用。只要放开思路，动画技术的特长可以广泛应用在各行各业。比如像世博会这样的展会，运用动画技术可以实现虚拟现实的影像展示；在影视方面，可以用动画技术制造特技效果；在医疗方面，可以用动画技术虚拟病灶，可用于宣传医疗卫生知识等。在陈雷看来，“大动漫”理念带来了大机遇，动漫并非缺乏市场，反而需要充分地市场化。在文化领域交叉融合的大趋势下，行业界限不断被打破，文化产业市场也更加广阔。

目前动画专业的学生从事的工作主要集中在：动画公司、游戏、电影、电视、广告制作、影视包装等行业。在未来文化交叉融合的趋势下，动画专业的毕业生势必可以在其他领域得到更广泛的发展。如在教育、建筑、设计、航天、医学等行业从事动画虚拟演示、特技效果制作等工作。

三、报考指南

不同院校各具特色

动画专业虽然属于艺术学中的戏剧与影视学类，但目前国内高校开设的动画专业主要被设置在四大类学科之下：艺术设计类、美术类、影视传媒类、计算机类。动画专业大多是依据本校的学科优势来设置的，如美术类院校有绘画基础强的传统优势;工科院校动画专业则偏向计算机技术、软件等方向。国内高校动画专业依托各院校不同的背景突出不同的特色。

北京电影学院是国内最早开办动画学院的艺术院校，现有五个本科专业方向：动画艺术、电脑动画、漫画方向、游戏设计和动漫策划方向。据北京电影学院副院长、动画学院院长孙立军介绍，联合作业可以说是北京电影学院动画学院的一大办学特色。学生从大三开始组成联合作业组，用一年左右的时间制作动画短片。联合作业组由学生自愿组合，导演、制片、编剧、分镜、原画、动画、后期合成等各个工种齐全，学生们真刀真枪投入动画电影实战演练。

中国传媒大学动画专业以“大动画”教学生态环境闻名，本科下设动画编导、动画设计、数字动画三个专业方向。动画编导方向侧重于影视动画和新媒体动画的前期策划、编剧、导演等；动画设计侧重于动画形象设计、动画场景设计、分镜脚本与构图设计、原画设计；数字动画侧重于以三维动画技术为核心的数字动画电影、电视动画片、手机动画、网络及游戏动画制作。教学实行模块化培养模式，学生入学后，经学院统一考察按其兴趣特长进行分方向培养。

因为动画专业开设院校众多，考生在选报院校时，可以根据自身兴趣爱好、院校录取分数、专业特色方向等，综合分析比较，选择与自身实际情况相符合的高校。

报考时要注意什么

普通高校艺术类专业招生考试包括文化课考试和艺术类专业考试两个部分。艺术类专业考试又分为省级招生考试机构统一组织的专业考试（简称省统考）和招生院校组织的专业考试（简称校考）。动画专业属于艺术类专业，因此考生的专业考试和文化课成绩都要达到学校要求。

一般来说，动画专业的专业考试包括素描、速写、色彩、命题创作、面试等，分别考核学生的人物造型、美术功底、构思及设计能力、审美能力、想象力和知识面等。有些高校还要求考生展示自己在美术、文学、计算机等方面的才艺、作品或相关证书。考生可详细阅读所在省份当年艺术类专业招生工作实施办法及院校简章。

视觉传达设计（130502）：不只是“平面设计”

一、专业解析

专业名称的由来

很多人认为视觉传达设计就是“平面设计”、“图形设计”，这样的认识有局限性。虽然视觉传达设计最早起源于“平面设计”或称“印刷美术设计”，但随着现代设计的范围逐步扩大，数字技术已经渗透到视觉传达设计的各个领域，多媒体技术手段对艺术与设计的影响和参与也越来越深。

2012年以前艺术类专业目录中并没有视觉传达设计这个名字，人们看到的更多的是艺术设计。而科技发展日新月异，设计表现的内容已无法涵盖一些新的信息传达媒体，视觉传达设计便应运而生。

2012年新版专业目录将部分专业进行了调整，艺术设计专业被细分为：视觉传达设计、环境设计、产品设计等专业。视觉传达设计在国外兴起较早，国内一些院校也是很早就设立了这个专业。从名字上来看，这个专业名称更加科学、严谨，蕴含着未来设计的趋向。

什么是视觉传达设计

视觉传达设计是指依据特定的设计目的，对信息进行分析、归纳并通过文字、图形、色彩、造型等基本要素进行设计创作，是将可视化信息传达给受众并对受众产生影响的过程。

简单来说,视觉传达设计是通过视觉媒介表现传达给观众的设计。它是“给人看的设计,告知的设计”。视觉传达一般归纳为:“谁”、“把什么”、“向谁传达”、“效果、影响如何”四个程序。在我们的生活中视觉传达设计所涉及的领域有很多,如电视、电影、建筑物、造型艺术、各类设计产品,以及各种图标、舞台、文字设计等。

清华大学美术学院教授何洁认为,20世纪以来,数字化媒体的出现使社会环境发生了质的变化,静态的媒体时代已经不能完全满足21世纪的需求。视觉设计也渐渐超越了其原先的范畴,走向愈来愈广阔的领域。网络技术、数码艺术设计、数字电影电视、多媒体广告短片等相继登上历史舞台。人们企盼视觉传达设计在新精神、新艺术、新工具、新空间、新媒体空前发展的情形下,能够展现出神奇的风貌,满足各方面的需求。

核心课程有哪些

视觉传达设计专业的主要课程有:设计基础、品牌设计、广告设计、包装设计、编排设计等。各校的课程设置根据自己的培养方向和教学特点有所不同。

例如,浙江大学视觉传达设计专业本科核心课程主要分为三大块:(一)视觉要素基础训练课程。如图形语言、色彩语言、创意形态学;(二)平面设计类课程。如品牌设计、包装设计、书籍装帧与版式编排设计等;(三)多媒体、综合设计类课程。如交互设计、影像设计、动画设计、展示设计等。着重培养学生对图形、色彩、文字等视觉要素的敏锐感知力和创造力,训练学生运用视觉元素进行平面设计的综合表达能力,突出对多媒体技术在视觉设计中的应用,强调技术和视觉设计的交叉融通。

二、专业与就业

产业发展有空间

在2014年10月教育部公布的全国各省份低就业率本科专业名单中,艺术设计学被列为低就业率专业。但比较具体省市名单我们不难发现,设计类专业只有在内蒙古、辽宁、吉林、山东、甘肃等5省份呈现了就业率的低状态。可见,就业率高低在不同地域有很大差异。

2004年到2012年,我国文化产业产值从3100亿元增加到1.8万亿元,增加值年均增速超过23%。文化创意产业不断优化并保持快速增长,给设计领域发展带来了无限的空间。从电视到网络、从品牌到包装、从广告到形象设计,设计的功能和作用不断放大,影响力涉及社会的各个方面和行业。

主要就业方向

不少从业人员表示,这是一个实践性很强的专业,表现力和创造性是非常重要的。视觉传达设计在就业方向上主要可以分为三大块:一是二维平面设计,例如,标志设计、插图设计、书籍装帧、海报设计等;二是三维立体设计,如展示设计、包装设计等;三是四维设计,例如,舞台设计、影视广告设计、公司推广短片等。对于毕业生来说,不需要面面俱到,只要把基础知识、基本能力掌握扎实,选好一个方向,把握一技之长,找工作还是不成问题的。毕业生可在以下机构工作:

1.可以在广告公司、设计公司、彩色印刷、家装公司、企业策划设计公司等设计部门担任平面设计、装饰设计、效果图设计、展览、展示设计等工作;

2.可在出版机构、报社、杂志社、网站等媒体、相关设计类企业的设计部门从事美术编辑、摄影、刊物设计、装帧设计、产品包装设计、网站形象设计、网页制作、Flash设计等工作;

3.还可在电视台、影视制作公司、媒体与传播类公司,从事影视制作、栏目包装、企业形象宣传片、产品专题片、视频拍摄、影视编辑等工作;

4.也可在相关高等院校或教育机构,从事设计、设计管理、艺术教学等工作。

三、报考指南

注意专业招生名称

目前,在我国高等院校中开设视觉传达设计专业的学校很多,全国共有637所。由于开设院校多,想要报考这一专业的考生可选择空间还是很大的。各个高校在培养特色和课程设置上也会有不同侧重,有的侧重于媒体;有的偏向于平面;有的细分了多个专业方向。如,中国传媒大学视觉传达设计本科专业下设平面设计、综合媒体设计、艺术管理三个专业方向,统一招生,本科二年级后分方向培养。考生可以根据自己的兴趣爱好、分数情况、整体实力等综合考量。

另外,考生还应该注意报考时院校的招生专业名称。部分院校视觉传达设计专业入学时会按“设计学类”大类招生,也有的院校报考时按“艺术设计”专业统一报名,入学后再根据考生的兴趣分流到具体的专业。如中央美术学院中央美术学院2014年本科招生简章中明确规定,视觉传达设计、工业设计、产品设计、服装与服饰设计、数字媒体艺术、摄影本科专业，按艺术设计专业统一报名、考试、评卷、录取。入学后一年内不分专业方向，第二学年按考核与志愿相结合的原则进入各专业方向学习。北京交通大学艺术类专业设有视觉传达设计、环境设计、数字媒体艺术3个本科招生专业，按“设计学类”进行大类招生。

这里提醒考生家长注意的是，按大类招生，各院校开设的专业数量和专业方向有所不同，最好弄清所报院校的大类中包含哪几个专业，找准专业再选择大类院校。

阅读院校简章了解报名条件

视觉传达设计属于艺术类专业，一般参加全国艺术类提前批次录取，很多报考设计类相关专业的学生除了要参加艺术类的省统考外，还要参加招生院校组织的校考。

如中央美术学院2014年本科招生简章中就明确规定：“报考我院各专业的考生必须参加本省美术专业统考，统考合格（省统考未涉及的专业除外）并且通过我院专业考试的考生，才有资格被我院录取。”简章中还写明了专业录取办法和文化课成绩折算办法。如文化课成绩折算办法为：相对成绩=考生文化课成绩总分÷考生所在省本科（文/理）一批线×100。

另外，很多院校在简章中也写明了专业对身体的要求，如一些院校设计类专业要求考生身体健康，符合《普通高等学校招生体检工作指导意见》，无色盲、色弱。考生在报考时，最好详细阅读所在省市艺术类专业的招生办法及所报院校的艺术类招生简章，了解报名条件、录取方法、身体要求等。

产品设计（130504）：技术与艺术的结合

一、专业解析

产品设计是什么

产品设计是一个将某种目的或需要转换为一个具体的物理形式或工具的过程，是把一种计划、规划设想、问题解决的方法，通过具体的载体表达出来的一种创造性活动过程。在这个过程中，通过多种元素如线条、符号、数字、色彩等方式的组合把产品的形状以平面或立体的形式展现出来。

在我们的生活中产品设计无处不在。例如，一把勺子，是什么材质，羹匙与长柄的比例，怎样的弧度更容易盛取食物；一组移动抽屉，如何合理地搁置文件、档案、文具及隐藏纠缠的电线；一件珠宝，从首饰表现方式，到雕蜡、加工、镶嵌、金工制作，都是产品设计需要考虑的问题。

好的产品设计，不仅能表现出产品功能上的优越性，而且便于制造，生产成本低，从而使产品的综合竞争力得以增强。所以说产品设计是集艺术、文化、历史、工程、材料、经济等各学科的知识于一体的创造性活动，是技术与艺术的完美结合，反映着一个时代的经济、技术和文化水平。

由艺术设计和工业设计合并而来

产品设计所包含的范畴非常广，与生活有关的各种器物都存在设计的需求。小如杯盘、刀叉、电子产品，大至家具、汽车、轮船、各类机械等。而根据性质和用途的不同，产品设计被划分为很多种类，如手工艺设计和工业设计；外观设计和结构设计等。

事实上，在专业目录修订之前，很多院校没有“产品设计”这个专业名称，而是叫“艺术设计”或“工业设计”。直到2012年《普通高等学校本科专业目录》出台后才统一改为“产品设计”。现在的“产品设计”专业是由部分“艺术设计”专业和部分“工业设计”专业合并而来。

产品设计学什么

产品设计专业主要课程有：设计素描、设计色彩、平面构成、立体构成、计算机辅助设计、思维与创意、设计概论、表现技法等。由于产品设计涉及社会生活的方方面面，各校的课程设置根据培养方向和教学特点也有所不同：有的偏重于家居装饰，有的偏重于纺织，有的偏重于陶瓷，有的侧重于公共设施设计，有的侧重于工业产品的外观。考生可具体查看开设该专业院校的课程设置。

如中国地质大学的产品设计专业就偏重于珠宝首饰设计方向。主要课程有：构成、素描和色彩、设计概论、设计创意、非物质文化遗产、金工制作基础、镶嵌、雕蜡、玉雕加工、珠宝概论、珠宝首饰设计、珠宝首饰表现方法、计算机辅助设计等。

二、专业与就业

各行各业都需设计人才

科学技术的突飞猛进推动着产品的发展和演化，而设计则是将科技成果转化为现实生产力的媒介。近几年，许多企业已意识到设计的重要性。今天的文化、艺术、食品、汽车、手机、电脑市场中，各企业越来越关注设计问题，谁的设计有创新能取胜，谁就能赢得市场。

美国一位画家，只是把橡皮用铁皮固定在铅笔上，就变成了我们现在常用的带橡皮的铅笔。这一设计在办了专利手续后，卖了55万美元。苹果产品已经在消费者心目中有了鲜明的印记，它以优越的性能、独特的外形和完美的设计，一度成为“酷”和“时尚”的代表，风靡全球。同样国内的很多大企业如海尔集团，也高薪聘用了多名外国工业设计专家，每年投入的开发设计费达8000多万元。

目前，我国的产品设计正处在由“中国制造”向“中国创造”的转折点上。各种新产品都希望以新颖独特的外观和性能，吸引大众的目光。各行各业对设计人才的需求日渐凸显。学习产品设计的毕业生可从事的工作很多：如可以在互联网、手机、电子、纺织、机械、仪器仪表、交通、家居、家用电器、奢侈品、装饰品、手工艺品、生活用品、食品、旅游产品等行业从事产品开发设计、展示设计、交互设计、设施设计等工作；也可从事产品开发相关的媒体、印刷、包装、广告、营销等研究与管理工作；还可在高校从事教学、科研、产品研究以及顾问等工作。

就业与行业背景相关

产品设计专业就业有一定的特殊性，它的就业与所依托的产品行业背景密切相关。产品设计师可以延伸到各个设计领域当中去，当然在不同的行业，不同的公司就业也会有一定的差异。现在很多大学的产品设计专业与其他相关课程结合在一起，充分体现了行业背景和教学优势，展示了不俗的就业实力。

例如，中国地质大学的产品设计专业就是以培养高端珠宝首饰设计人才为主要目标。据珠宝学院王老师介绍，该校这类人才在当前的需求中非常稀缺，近十余年来，首饰设计专业毕业生就业率超过98%，就业前景非常可观。毕业生主要就职于与珠宝首饰相关的大型珠宝首饰公司或者高端珠宝首饰会所或工作室。有的已成为相关公司的设计总监、设计师等，还部分人员选择了自主创业，在业界也具有良好的影响力。

北京林业大学该专业毕业生大多在机械、交通、轻工、环境、纺织、电子信息、环境等行业从事创新设计工作，就业单位包括：德国保时捷公司、韩国现代汽车、北京汽车研究院、洛可可设计集团、品物设计集团、北京东道设计公司、英皇集团等。就业率近年一直保持在100%。苏州大学产品设计专业学生毕业后主要从事染织美术、家纺、服装等单位的设计、研究和管理工作，就业率达98.5%。

企业需要什么样的人

产品设计既是艺术设计，又是技术设计，同时还是文化的设计。产品设计师是新型的综合型人才。那么，具备哪些能力的产品设计师更受企业的青睐呢？

业内人士表示，设计能力、绘画基础、创造能力、规划能力、逻辑思维能力等都是产品设计人才必须具备的素质。设计能力和图画是设计师的语言，虽然现在用计算机、模型、绘制工具等方法可以更全面地表达设计师的构思，但纸笔作画仍是最简单、直接、快速的方法。最重要的想象、推敲过程绝大部分都是通过简单的纸和笔来进行的。同时，缜密的思维能够提升产品的严谨性，创造能力和创新思维能开发新产品和开拓新的市场格局。

在谈到产品设计专业需要具备怎样的素质和条件时，中国地质大学王鼐老师说：“产品设计专业的学生需要具备良好的空间造型、色彩表达等能力和一定的文化素质修养。当然，思维创新能力和较好的动手能力也是必备素质。”

乔布斯曾经说过这样一段话：“设计是一个有趣的话题。一些人认为设计意味着外观。但是，如果你深入地考虑话，设计意味着工作性能。如果想把产品设计得很好，这一点必须考虑到。你必须对于它的一切心领神会。真正彻底地理解一些东西是需要热心奉献精神的，细细咀嚼，而不要囫囵吞枣。绝大多数人不愿意在这上面花费时间。创造伟大的产品一需要耐心，二要专注于你的强项。”

三、报考指南

开设院校多　培养方向不同

产品设计专业是艺术向其他行业延伸的代表专业之一，也是艺术类各专业中专业方向较多，覆盖行业较广的专业。产品设计专业最早开设在艺术院校，重在产品的外形设计。后来部分理工科院校也开设了产品设计或工业设计专业，并将其并入机械学院，重在产品的功能实现。虽然是艺术类专业，但目前依然有不少院校的产品设计隶属于机械、机电、珠宝等不同的学院，同时也体现出各校不同的专业特色和专业优势。

据教育部阳光高考平台数据统计，目前，全国本科阶段开设产品设计专业的院校有340余所。有的院校产品设计专业侧重于工业产品及外观，如电子产品、机械产品的设计；有的侧重于家居环境，如家具装饰、公共设施设计等；有的则偏重于珠宝首饰设计、手工艺、染织、家纺、陶瓷工艺品的设计。

例如，北京化工大学产品设计专业隶属于北京化工大学机电工程学院，本科毕业授予艺术学学士学位。开设有产品造型设计、展示展览设计、视觉传达设计及公共艺术设计方向等四个培养方向。

中国地质大学产品设计专业隶属于珠宝学院，设有珠宝首饰设计方向。主要培养从事首饰设计与工艺、品牌首饰的规划与设计、艺术首饰设计、宝石琢型设计、珠宝包装展示与广告设计、珠宝企业形象设计、珠宝设计及工艺专业研究等工作的高级技术和设计人才。

天津理工大学产品设计专业为天津市品牌专业，以工业产品的外观与功能设计及人——产品——环境之间的相互关系为研究方向。

江南大学本科产品设计专业是由原工业设计调整而来，是国内该领域中创建较早的专业之一，国家特色专业建设点，江苏省重点专业类建设专业。主干学科有产品设计方法学、人机工程学、材料与工艺学等。

景德镇陶瓷学院该专业是江西省特色专业和品牌专业，设有产品设计和产业陶瓷设计两个专业方向。浙江理工大学产品设计专业设有纺织品艺术设计和家具设计等方向。考生可以根据自己的兴趣爱好、分数情况、整体实力等综合考量，选择报考。

要依据相关要求报考

文化产业与其他产业的结合，改变了艺术类专业限于美术、音乐、舞蹈领域的局面，艺术类考生可以选择的专业及方向增多了，那些擅长美术，同时又在理科学习方面有优势的同学，可以借助产品设计、工业设计等专业充分施展自己的才华。

当然，报考艺术类专业需按照艺术类专业相关要求，取得省统考合格证，有的还需要参加各校组织的校考。注意了解所报院校对专业是否有特殊的规定，如身体条件、文化课成绩、录取方式等要求。考生最好详细阅读所在省份当年艺术类专业招生工作实施办法及院校简章。

另外，根据教育部逐步提高艺术类专业文化成绩的要求，近两年，提高艺术类专业文化成绩已是大势所趋，很多艺术类院校已经提高了文化课成绩在招生录取中的权重。考生在关注艺术类专业课考试的同时，也不能落下文化课的学习。